böhlau

Katja Sturm-Schnabl · Bojan-Ilija Schnabl (Hg.)

Enzyklopädie der slowenischen Kulturgeschichte in Kärnten/Koroška

Von den Anfängen bis 1942

Band 1: A–I

2016
BÖHLAU VERLAG WIEN KÖLN WEIMAR

Veröffentlicht mit der Unterstützung des Austrian Science Fund (FWF): PUB 210-G23

BUNDESKANZLERAMT ÖSTERREICH

LAND KÄRNTEN
Volksgruppenbüro

 REPUBLIKA SLOVENIJA
URAD VLADE RS ZA SLOVENCE V ZAMEJSTVU IN PO SVETU

Gedruckt mit der Unterstüzung durch den Zukunftsfonds der Republik Österreich

Die Förderung der Forschung und der redaktionellen Arbeit erfolgte durch:
Austrian Science Fund (FWF) Projektnummer P 19519-G-03,
Zukunftsfonds der Republik Österreich,
Bundeskanzleramt Volksgruppenangelegenheiten,
Amt der Kärntner Landesregierung, Volksgruppenbüro,
Urad vlade R. Slovenije za Slovence v zamejstvu in po svetu

Teile des Textes wurden mit Hilfe des Eingabesystems ZRCola (http://ZRCola.zrc-sazu.si) erstellt, das im Wissenschaftlichen Forschungszentrum der Slowenischen Akademie der Wissenschaften und Künste in Ljubljana (http://www.zrc-sazu.si) von Peter Weiss entwickelt wurde.

Haftung für Links:
Unser Angebot enthält Links zu externen Webseiten Dritter, auf deren Inhalte wir keinen Einfluss haben. Deshalb können wir für diese fremden Inhalte auch keine Gewähr übernehmen. Für die Inhalte der verlinkten Seiten ist stets der jeweilige Anbieter oder Betreiber der Seiten verantwortlich. Die verlinkten Seiten wurden zum Zeitpunkt der Verlinkung auf mögliche Rechtsverstöße überprüft. Rechtswidrige Inhalte waren zum Zeitpunkt der Verlinkung nicht erkennbar. Eine permanente inhaltliche Kontrolle der verlinkten Seiten ist jedoch ohne konkrete Anhaltspunkte einer Rechtsverletzung nicht zumutbar. Bei Bekanntwerden von Rechtsverletzungen werden wir derartige Links umgehend entfernen.

Bibliografische Information der Deutschen Nationalbibliothek:
Die Deutsche Nationalbibliothek verzeichnet diese Publikation in der Deutschen Nationalbibliografie; detaillierte bibliografische Daten sind im Internet über http://dnb.d-nb.de abrufbar.

Umschlagabbildungen:
Recto: Markus Pernhart, Maria Saal/Gospa Sveta gegen Süden (40 x 47), Foto Hansjörg Abuja; verso: Autonome Sprachenzählung 1910 (NUK – Z 282.4-6)

© 2016 by 2015 by Böhlau Verlag GmbH & Co. KG,
Wien Köln Weimar
Wiesingerstraße 1, A-1010 Wien, www.boehlau-verlag.com

Alle Rechte vorbehalten. Dieses Werk ist urheberrechtlich geschützt. Jede Verwertung außerhalb der engen Grenzen des Urheberrechtsgesetzes ist unzulässig.

Wissenschaftliche Redaktion:
Bojan-Ilija Schnabl, Katja Sturm-Schnabl
Mitarbeit: Maja Francé (Juli 2010–September 2011)
Sprachlektorat: Susanne Wixforth.
Fotoredaktion: Bojan-Ilija Schnabl
Technische Redaktion: Bojan-Ilija Schnabl
Korrektorat: Herbert Hutz, Drasenhofen
Satz: Michael Rauscher, Wien
Druck und Bindung: Balto Print, Vilnius
Gedruckt auf chlor- und säurefrei gebleichtem Papier
Printed in the EU

ISBN 978-3-205-79673-2

Inhalt

Geleitwort von Ana Blatnik, Präsidentin des Bundesrates (Juli – Dezember 2014) **7**

Spremna besede Ane Blatnik, predsednice državnega sveta (julij – december 2014) **8**

Geleitwort von Johannes Koder **9**

Vorwort der Herausgeberin und des Herausgebers **11**

Einleitung – slowenische Kulturgeschichte in Kärnten/Koroška **15**

Alphabetische Liste der AutorenInnen/BeiträgerInnen im vorliegenden Band **38**

Verzeichnis der Siglen **40**

Verzeichnis der Abkürzungen und Benutzungshinweise **46**

Editoriale Hinweise **51**

Lemmata Band 1 A – I **55**

Band 2

Alphabetische Liste der AutorenInnen/BeiträgerInnen im vorliegenden Band **547**

Lemmata Band 2 J – Pl **549**

Band 3

Alphabetische Liste der AutorenInnen/BeiträgerInnen im vorliegenden Band **1047**

Lemmata Band 3 Po – Ž **1049**

Verzeichnis aller AutorInnen/BeiträgerInnen und ihrer jeweiligen Lemmata **1571**

Verzeichnis aller ÜbersetzerInnen und die von ihnen übersetzten Lemmata **1577**

Verzeichnis der BeiträgerInnen von Bildmaterial **1579**

Verzeichnis der Abbildungen **1580**

Synopsis (deutsch/English/slovensko) **1599**

Biographien der Herausgeber **1602**

Geleitwort von Ana Blatnik, Präsidentin des Bundesrates (Juli – Dezember 2014)

»Warum hast du mir deine Art zu denken, zu fühlen und zu handeln vorenthalten?« – diese Frage der Tochter an den Autor war der Ausgangspunkt des im Jahre 2008 erschienenen Sachbuchs von Mirko Bogataj »Die Kärntner Slowenen«. Gemeint ist ihre Muttersprache und Kultur. Welche Antwort hätte man/frau damals geben sollen? Kultur und – oft – schmerzvolle Geschichte werden im Mikrokosmos der Familie überliefert, aber auch auf der Makroebene der Schule, Wissenschaft und Forschung. In jedem Fall sind Nachschlagewerke *das* Werkzeug für den Transfer von Wissen von Generation zu Generation. Es erfüllt mich daher mit großer Freude, dass diese »Enzyklopädie der slowenischen Kulturgeschichte in Kärnten/Koroška von den Anfängen bis 1942« ein Tor zu einer Welt von neuen Erkenntnissen bereit hält. Dieses Buch in der engagierten Herausgeberschaft von Univ.-Prof. Dr. Katja Sturm-Schnabl und Mag. Bojan-Ilija Schnabl MAS schafft Synergien von Forschungen und neuesten Erkenntnissen zahlreicher Autorinnen und Autoren aus verschiedenen europäischen und außereuropäischen Ländern; unterstützt haben die Enzyklopädie auch zahlreiche Institutionen insbesondere aus Österreich und Slowenien sowie insbesondere aus Kärnten/Koroška. Es ist also ein Gemeinschaftsprodukt, das einer langen historischen Tradition folgt. Das heutige Slowenien und das heutige Kärnten haben eine lange gemeinsame Geschichte erlebt. »Nationale« und sprachliche Trennlinien sind erst im Verlauf des 19. Jahrhunderts willkürlich erfunden worden. Die Menschen dieser Region besitzen unendlich viel mehr an gemeinsamem Erbe, als Menschen das im Zeichen des Nationalismus wahrhaben woll(t)en. Wollte man hier Trennungslinien ziehen, so würden diese die Gene jedes einzelnen spalten. Diesen kulturhistorischen Zusammenhang hat der Journalist und Literat Bertram Karl Steiner in seinen Werken oft skizziert. Der von ihm beschriebenen, bunten, vielsprachigen Kulturgeschichte Österreichs gilt es neues Leben einzuhauchen – Schritt für Schritt. Diese Enzyklopädie – ein interdisziplinäres Projekt, das den Geist Europas atmet und das Frau Univ.-Prof. Dr. Katja Sturm-Schnabl 2006 beim Fonds zur Förderung der wissenschaftlichen Forschung (FWF) eingereicht hatte und das seither in Zusammenarbeit mit Mag. Bojan-Ilija Schnabl MAS vertieft wurde – es wäre vor wenigen Jahren so nicht vorstellbar gewesen. Es ist ein Schritt am Wege, ein weiterer Schritt.

Veränderung wird spürbar, in vielen Facetten unserer Gegenwart im 21. Jahrhundert: auf Ortstafeln, an Schauplätzen der Demokratie, am Kärntner Landesfeiertag, im Umgang von Menschen miteinander, der Deutschsprachigen und den Angehörigen der slowenischsprachigen Volksgruppe. Auch diese Grenzen haben begonnen zu verschwimmen, jeder Mensch hat heute mehr als eine kulturelle Identität, wie der Historiker Marjan Sturm aufgezeigt hat. Doch Mehrsprachigkeit sollte nicht nur gelebt, sondern auch dokumentiert und damit an nachfolgende Generationen weitergegeben werden. Ein Stück des Weges ist gemeinsam gegangen worden, offen für Abenteuer des Entdeckens, offen für die »Sollbruchstellen« auf dieser Reise in die gemeinsame Zukunft. Wie denken, wie fühlen, wie handeln wir? – Heute öffnen sich viele Wege, darauf zu antworten. Die »Enzyklopädie der slowenischen Kulturgeschichte in Kärnten/Koroška von den Anfängen bis 1942« ist ein wertvoller Beitrag auf diesem gemeinsamen Weg.

Ana Blatnik
Präsidentin des österreichischen Bundesrates
(Juli – Dezember 2014)
Ludmannsdorf/Bilčovs – Wien, am 6. November 2014

Spremna beseda Ane Blatnik, predsednice Zveznega sveta Republike Avstrije (julij–december 2014)

»Zakaj si mi zatajila svoj način razmišljanja, občutenja in ravnanja?« To vprašanje avtorjeve hčerke je bilo izhodišče za poljudnoznanstveno knjigo Mirka Bogataja »Die Kärntner Slowenen« (»Koroški Slovenci«). Mišljeni sta bili njeni materinščina in kultura. Kako bi ji/mu takrat lahko odgovorili? Kultura in – pogosto – boleča zgodovina se prenašata v mikrokozmosu družine, pa tudi na makroravni šole, znanosti in raziskovanja. V vsakem primeru so priročniki primerno orodje za prenašanje znanja iz roda v rod. Zelo me veseli, da »Enciklopedija slovenske kulturne zgodovine na Koroškem, od začetkov do leta 1942« odpira vrata v svet novih spoznanj. Knjiga, ki se mora za svoj izid zahvaliti prizadevnemu uredništvu univ. prof. dr. Katje Sturm-Schnabl in mag. Bojana-Ilije Schnabla MAS, ustvarja sinergije med raziskovanji in najnovejšimi spoznanji številnih avtoric in avtorjev iz različnih evropskih in zunajevropskih držav. Pripravo enciklopedije so podprle številne ustanove iz Avstrije, Slovenije ter zlasti iz avstrijske Koroške. Nastalo je skupno delo, ki sledi zgodovinski tradiciji. Današnja Slovenija in današnja avstrijska Koroška imata dolgo skupno zgodovino, »nacionalne« in jezikovne ločnice so bile arbitrarno postavljene šele v 19. stoletju. Ljudje te regije imajo veliko več skupne dediščine, kot so si to v imenu nacionalizma sami želeli (si želijo) priznati. Če bi tu želeli potegniti ločnice, potem bi te razcepile gene vsakega posameznika. Prav to kulturnozgodovinsko povezavo je novinar in pisatelj Bertram Karl Steiner pogosto opisoval v svojih delih. Pisani in mnogojezični kulturni zgodovini Avstriji, ki jo opisuje, je treba – korak za korakom – vdihniti novo življenje. Pričujočo enciklopedijo, ki je rezultat interdisciplinarnega dela in izžareva evropski duh, je leta 2006 univ. prof. dr. Katja Sturm-Schnabl vložila pri Avstrijskem skladu za znanstveno raziskovanje (FWF) ter jo v sodelovanju z mag. Bojanom-Ilijo Schnablom poglobila. Enciklopedije, ki je dodatni korak na tej poti, si pred nekaj leti v tej obliki ne bi mogli niti predstavljati.

Na začetku 21. stoletja so spremembe očitne. Izražajo se na krajevnih napisih, prizoriščih demokracije, ob dnevu koroškega deželnega praznika, v odnosu med ljudmi, med nemško govorečimi in pripadniki slovenske narodnostne skupnosti. Tudi te meje so se začele izgubljati, saj ima, kot je to pokazal zgodovinar dr. Marjan Sturm, vsak človek več kot samo eno kulturno identiteto. Vendar večjezičnosti ni treba le živeti, treba jo je tudi dokumentirati in jo tako predajati naslednjim rodovom. Na tem potovanju v skupno prihodnost je pot odprta tako za pustolovščine odkrivanja kot za »namerna mesta prelomov«. Kako razmišljamo, kako občutimo, kako delujemo? Danes se odpirajo številne nove poti, s pomočjo katerih bi lahko odgovorili na postavljena vprašanja. »Enciklopedija slovenske kulturne zgodovine na Koroškem, od začetkov do leta 1942« je dragocen prispevek na tej skupni poti.

Ana Blatnik
Predsednica Zveznega sveta Republike Avstrije
(julij–december 2014)
Bilčovs, Dunaj, dne 6. novembra 2014

Geleitwort

Die »Enzyklopädie der slowenischen Kulturgeschichte in Kärnten/Koroška, von den Anfängen bis 1942« ist ein *opus magnum*, das man als Lebenswerk von Univ.-Prof. Dr. Katja Sturm-Schnabl bezeichnen darf. Sie und Mag. Bojan-Ilija Schnabl sind aufrichtig zum Abschluss und zur Publikation dieser drei Bände zu beglückwünschen, die auf einer von ihnen hervorragend koordinierten wissenschaftlichen Leistung aller im Vorwort und im »Verzeichnis der AutorInnen und BeiträgerInnen« (mehr als 160) Genannten beruht. Konzeptuell und inhaltlich regt das Werk zur Intensivierung einer vorurteilslosen Betrachtung der Kultur und Geschichte der Slowenen innerhalb und außerhalb Österreichs an, denn es bietet hierfür eine überaus breite Quellenbasis und vertritt klare Positionen.

Als zeitweiliger Obmann der Balkan-Kommission darf ich kurze erklärende Hinweise auf das fachliche Interesse der Österreichischen Akademie der Wissenschaften an den Forschungen im Kontext dieser Enzyklopädie geben: Die Kaiserliche Akademie der Wissenschaften in Wien setzte bereits 1897 eine »Kommission für die historisch-archäologische und philologische Durchforschung der Balkanhalbinsel« ein, die 1950 von der Österreichischen Akademie der Wissenschaften in »Balkan-Kommission« umbenannt wurde. Bedauerlicherweise wurde die Balkan-Kommission trotz erfolgreicher und auch zeitgemäßer Forschung 2011 aufgelöst. Die Balkan-Kommission sah ihre Forschungsaufgaben in der zweiten Hälfte des 20. Jahrhunderts vornehmlich in der Erforschung der »Kulturen, Sprachen und Literaturen der Balkanhalbinsel (unter besonderer Berücksichtigung ihrer Ethnographie und ihrer Geschichte)« im weitesten Sinn. Sie stand damit in der Tradition der Forschungen des berühmten Sprachwissenschafters und Slawisten slowenischer Abkunft Franz von Miklosich/Fran Miklošič (1813–1891), der seit 1848 Mitglied der Akademie war. Unabhängig davon, dass die Zugehörigkeit zu Balkan-Europa für Slowenien und die über dessen staatliche Grenzen hinausreichende slowenische Kultur, Sprache und Literatur diskutiert wurde und wird, betreute die Balkan-Kommission seit jeher auch slowenistische Forschungen. Beispielhaft sei hier wenigstens ein weit gediehenes Langzeitprojekt genannt, der »Thesaurus der slowenischen Volkssprache in Kärnten«, der von dem Akademiemitglied Stanislaus Hafner (1916–2006) initiiert und tatkräftig vorangetrieben wurde. Der »Thesaurus« – zuletzt erschien 2012 der 7. Band (l–mi) – wird seit Langem von den Slawisten Erich Prunč und Ludwig Karničar (Graz) betreut.

Die nun vorliegende Enzyklopädie beruht auf Jahrzehnte währenden, oft unter schwierigen Bedingungen geleisteten Vorarbeiten der Projektleiterin Katja Sturm-Schnabl. Auch die Tatsache, dass das Vorhaben in einer frühen Phase der Institutionalisierung dank eines von ihr geleiteten und vom Fonds zur Förderung der wissenschaftlichen Forschung finanzierten Projekts von 2007 bis 2010 in der Balkan-Kommission beheimatet war, geht auf ihre Anregung zurück und wäre ohne ihre Planung und organisatorische Aktivität nicht möglich gewesen; Sie legte den damaligen Mitgliedern der Kommission ihr Forschungskonzept so überzeugend dar, dass diese dem Vorhaben einmütig zustimmten, und die Österreichische Akademie der Wissenschaften kann stolz darauf sein, zu diesem Werk in Form der zeitweiligen Schirmherrschaft einen Beitrag geleistet zu haben.

Das Vorhaben trug in den genannten Jahren noch den stärker eingrenzenden Titel »Enzyklopädie der slowenischen Sprache und Literatur in Kärnten bis 1938«, doch zielte es bereits damals »auf die Herausgabe eines wissenschaftlichen Nachschlagewerks, das sowohl als Synopsis des bislang zugänglichen Wissens und dessen kritischer Bewertung als auch durch das Einbringen genuiner Forschung in wichtigen Teilbereichen eine vorläufige Vereinheitlichung der wissenschaftlichen Erkenntnisse auf hohem Niveau bietet«.

Diesen Anspruch erfüllt die nun vorliegende kulturgeschichtliche Enzyklopädie, doch geht sie in ihrem umfassenden kulturhistorischen Ansatz über »Sprache und Literatur« weit hinaus. Sie bietet eine Einleitung von erheblicher Informationsdichte und schließt daran vielfältige Lemmata an: Den »harten Kern« bildet eine slowenische Kulturprosopografie für den Raum Kärntens. Sie behandelt nicht nur Slowenen, sondern auch Personen, die aufgrund ihrer Gesinnung und ihres

Agierens für das Slowenentum von Bedeutung waren, wie z.B. der Statthalter/Landespräsident Johann Nepomuk Freiherr von Schloißnigg.

Die personenbezogenen Lemmata werden durch eine Fülle weiterführender Einträge vernetzt, die sozialhistorische, wirtschaftliche, politische, rechtliche, religions- und kirchengeschichtliche, kulturgeografische, künstlerische, literarische und sprachliche Aspekte behandeln. Auch die komplexen Fragen der Ethnogenese und der (kollektiven) Identitäten werden, jeweils im chronologischen Kontext, diskutiert. Einige willkürlich herausgegriffene Beispiele für die inhaltliche Vielfalt, den weitreichenden Wissenshorizont und den breiten chronologischen Rahmen: Die Lemmata »Kulturvereine, slowenische« und »Edinost Šenttomaž/Katholischer slowenischer Bildungsverein St. Thomas« beleuchten die – auch von kirchlichen Kreisen unterstützten – Bemühungen, der kulturellen Unterdrückung auf lokaler Ebene zu begegnen; in diesem Zusammenhang sei auch auf das Lemma »Bukovništvo« hingewiesen, das die in der einfachen Bevölkerung verbreitete religiöse, belehrende und politisierende Literatur thematisiert. Als Beispiel für die archäologisch-frühgeschichtliche Komponente der Enzyklopädie möge »Grabelsdorf/Grabalja vas im Frühmittelalter« stehen. Für die Einbeziehung des Staates und seiner Institutionen sei schließlich auf das charakteristische Lemma »Landesverfassung, Kärntner von 1849« verwiesen, das den rechtshistorischen Forschungsstand zur Entwicklung der Politik in Hinblick auf die Verfassungsstrukturen nach 1848 beschreibt.

Die wissenschaftlichen Ergebnisse der drei Bände betreffen sowohl die slowenische Kulturgemeinschaft per se als auch die Interaktion aller Ethnien, Sprachen und Kulturen einer durch die gemeinsame Vergangenheit bis in die Gegenwart geprägten Region.

Die Enzyklopädie der slowenischen Kulturgeschichte zeigt schließlich auch, hoffentlich zukunftweisend, welchen Beitrag Kärnten, als »eine kleine Welt, in der die große ihre Probe hält«, dank seiner geografischen Lage an der Schnittstelle dreier Sprachräume und Kulturen zu einer positiven Entwicklung der Europäischen Union leisten kann, wenn diese die nationalstaatlichen Grenzen und Beschränkungen hinter sich lässt und – die eigene Geschichte nicht ausblendend, sondern akzeptierend – auf die produktive Vielfalt der Kulturen Europas vertraut – in höherem Maße vertraut, als dies in der Vergangenheit geschah.

Die von den Herausgebern am Ende ihres Vorworts ausgesprochenen Wünsche teilend, hoffe ich, dass dieses enzyklopädische Werk als Träger kultureller Information eine starke, auch durch Übersetzungen über den deutschen Sprachraum hinausgehende Breitenwirkung erfährt und dass die darin aufbereiteten Quellen als Ausgangspunkte einer Vielzahl weiterer Forschungen dienen werden.

Johannes Koder

Vorwort der Herausgeberin und des Herausgebers

Die vorliegende »Enzyklopädie der slowenischen Kulturgeschichte in Kärnten/Koroška von den Anfängen bis zum Jahre 1942« hat wie jedes »grande œuvre« eine Entstehungsgeschichte, an der Menschen beteiligt waren, denen es gilt, Dank zu sagen.

An erster Stelle möchten wir den Byzantinisten w.M. emer. o. Prof. Dr. phil. Dr. h. c. Johannes Koder nennen, dem Univ.-Prof. Dr. Katja Sturm-Schnabl seit ihrer Mitarbeit am »Prosopographischen Lexikon der Palaiologenzeit (PLP)« in kollegialer Freundschaft verbunden ist und ohne dessen Unterstützung dieses Projekt nie eine Chance bekommen hätte, verwirklicht zu werden.

Aus dem Kreis befreundeter Kollegen und Kolleginnen wurden kompetente Wissenschafter und Wissenschafterinnen gefunden, die bereit waren, ihr Wissen und ihre Erfahrungen in einem initialen Brainstormingprozess einzubringen, dessen Resultat der Entschluss zu einem enzyklopädischen Projekt war.

Für das Teilhaben an diesem Brainstorming danken wir daher Herrn w.M. Univ.-Prof. i. R. Dr. phil. Otto Kresten von der Wiener Byzantinistik, Herrn emer. o. Univ.-Prof Dr. m. Otto Kronsteiner von der Slawistik der Universität Salzburg, Dr. Gertraud Marinelli-König, Kulturhistorikerin und Slawistin von der ÖAW sowie Herrn Univ.-Prof. Dr. Andreas Leben von der Slawistik an der Universität Graz.

Besonderer Dank gilt auch Herrn w.M. emer. o. Univ.-Prof. Dr. phil. Dr. h. c. Herwig Friesinger, damaliger Generalsekretär des ÖAW, welcher durch die Finanzierung zweier Werkverträge eine qualitative Vorbereitung des Projektantrages ermöglichte. Diese wurden den Herren Dr. Erwin Köstler und Dr. Michael Reichmayr anvertraut.

Univ.-Prof. Dr. Sturm-Schnabl reichte das Projekt im April 2006 beim FWF ein, im November 2006 wurde es unter ihrer wissenschaftlichen Leitung genehmigt.

Mit dem Beginn der Laufzeit am 1. März 2007 wurden Dr. Erwin Köstler und Dr. Michael Reichmayr als wissenschaftliche Mitarbeiter des Projektes an der Balkan-Kommission angestellt.

Nach einer ca. einjährigen Sistierung begann Herr Mag. Bojan-Ilija Schnabl MAS im Februar 2010 weiterführend an der Enzyklopädie zu arbeiten und mit den externen Autoren und Autorinnen in einen redaktionellen Dialog zu treten. Im Juli 2010 wurden er und Mag. Maja Francé als wissenschaftliche/r Mitarbeiter und Mitarbeiterin angestellt. Mit dem Ende von deren formellen Vertragsverhältnissen Oktober/November 2011 versiegten im Wesentlichen auch die Projektmittel, die Redaktion und sämtliche Autoren wirkten von nun an auf freiwilliger Basis, getragen von der einzigen Motivation der wissenschaftlichen Erkenntnis. Ende 2012 war das Manuskript dem FWF vorgelegt und abgerechnet worden. Im März 2014 konnte es mit Ergänzungen versehen dem Böhlau-Verlag vorgelegt werden, im Oktober 2014 war die Fotoredaktion abgeschlossen, zur gleichen Zeit wurde vom FWF der Druckkostenbeitrag für die Herausgabe der dreibändigen Enzyklopädie genehmigt, so dass der Verlag mit den Druckvorbereitungen beginnen konnte.

Mit Februar 2010 hatten wir begonnen das Konzept der Enzyklopädie in einem kontinuierlichen Prozess zu erweitern und bis dato weitgehend unentdeckte geografische Landschaften sowie Fach- und Wissensgebiete der slowenischen Kulturgeschichte in Kärnten/Koroška konzeptuell erstmals zu erfassen. Weiterführende und vertiefende, interdisziplinäre und interkulturelle Forschungen erschienen unumgänglich, um wissenschaftstheoretisch relevante Ergebnisse in einen europäischen Rahmen eingliedern zu können. Zunächst unscheinbare Versatzstücke der Geschichte und Kulturgeschichte und die wiederkehrenden Topoi der Historiografie zum Slowenischen im Land waren aufgrund von konkreten Indizien und Vorwissen aus unserer Felderfahrung als lokal verwurzelte Herausgeber nicht mehr haltbar und erforderten eine neue Einbettung in ein weiteres integratives kulturhistorisches Gesamtbild.

Dabei erwies sich der von der Projektleiterin vertretene Ansatz, die zutiefst in der französischen Tradition verwurzelte Methode der Enzyklopädisten, als wahrer Glücksgriff für die moderne, innovative wissenschaftliche Forschung. Zwar hatten die ersten Enzyklopädisten Diderot und D'Alembert noch den Anspruch der abschließenden Darstellung des universellen Wissens

– was heute überholt erscheint, weil jede wissenschaftliche Forschung nur ein Beitrag zur universellen Zivilisation sein kann –, doch ist der Ansatz der Darstellung von zahlreichen Segmenten durch Autoren unterschiedlicher Fachausrichtungen und Prägungen eine hervorragende Methode einerseits für die detaillierte Darstellung von Partialwissen, andererseits traten erst aus der Zusammenschau verschiedener Darstellungen weitere Fragen und noch nicht erforschte Sachgebiete zutage.

Die ab 2010 in Auftrag vergebenen Lemmata über die Geschichte der slowenischen Kulturvereine und ihre Träger an externe, vielfach lokal engagierte Autoren – die oft selbst Aktivisten der lokalen Kulturarbeit in der Tradition der regionalen slowenischen Kulturbewegung des Bukovništvo waren und sind – bestätigten nicht nur den methodischen Ansatz, sie erwiesen sich gleichzeitig als wahre Quelle von Innovationen und Spezialwissen. In deren Darstellungen wurde eine große Anzahl, vielfach im Einzelnen noch nicht erforschter Biografien von Kulturaktivisten eingebracht, die im Laufe des Projektes zum Ausgangspunkt weiterer vertiefender prosopografischer bzw. biografischer, soziologischer, soziolinguistischer und anderer Forschungen wurden. Damit wandelte sich gleichzeitig der Schwerpunkt der Enzyklopädie von einer Kompilation vorhandenen Wissens im Diderot'schen Sinne zu einem genuinen, umfassenden interdisziplinären Forschungsprojekt moderner europäischer Prägung des 21. Jahrhunderts. Die so wiederentdeckten slowenischen Bürgermeister und Aktivisten ergaben in der Gesamtschau ein neues, lebendiges Bild der gesellschaftlichen Realität, in der Zeit da das slowenische Element als konstitutiver Teil des Landes fest verankert war. Daraus ergaben sich wiederum Rückschlüsse auf politische Muster in der Geschichte, die gesondert erörtert werden mussten und neue Erklärungsmodelle zu geschichtlichen Prozessen beisteuerten. In der Zusammenschau der neuesten enzyklopädischen Forschungsresultate insbesondere zu Assimilation und posttraumatischen Belastungsstörungen – zwei zentralen Topoi der neueren Geschichte – zusammen mit den Erkenntnissen etwa zum Wirken der slowenischen Kulturvereine, zur Liquidierung des slowenischen Genossenschaftswesens und zum Aufkommen der Widerstandsbewegung kam es zu einer neuen Bestimmung des zeitlichen Horizonts der Enzyklopädie selbst, da nunmehr das Jahr 1942 als historische Schnittstelle der slowenischen Kulturgeschichte in Kärnten/Koroška identifiziert wurde.

Die im Rahmen der enzyklopädischen Arbeit zu Rechtsgrundlagen einzelner, vorerst scheinbar im rechtsleeren Raum stehender Rechtsakte und -dokumente führten zu wesentlichen Innovationen im Verständnis der österreichischen, Kärntner und slowenischen Verfassungsgeschichte, die durch die Identifizierung einer Anzahl von als Slowenen ausgewiesener Bischöfe in und aus Kärnten/Koroška (bzw. in den Diözesen Gurk/Krška škofija und Lavant/Lavantinska škofija) in der Zeit des Vormärz einen neuen gesellschaftspolitischen Rahmen und eine historische Logik erhielt. Die vereinzelten Rechtsakte und Dokumente sowie schließlich die bis dato quasi unbekannte Landesverfassung von 1849 – die in Artikel 3 die Gleichberechtigung der konstitutiven Völker statuiert (!) – selbst erschienen in einem neuen historischen Gesamtbild, das ein sinnhaftes Ganzes ergab. Das zweisprachige Landesgesetzblatt, das erstmals eingehend für die Zwecke dieser Enzyklopädie wissenschaftlich aufgearbeitet wurde, erhielt damit eine verfassungshistorische Erklärung. Zudem wurde damit die einschlägige slowenische Terminologie, ja sogar die literaturübliche slowenische Periodisierung der Geschichte um die Mitte des 19. Jahrhunderts einer kritischen Betrachtung unterzogen und um eine verfassungsgeschichtliche Dimension erweitert.

Die detaillierten Forschungen zu den Edlingern auf dem Gebiet der heutigen Marktgemeinde Magdalensberg/Štalenska gora vom nunmehrigen Direktor des Landesarchivs Dr. Wadl führte zur Frage nach der rechtshistorischen Begründung der Langlebigkeit ihrer Rechtswirkungen bis ins moderne österreichische Katastralrecht und damit zu einer neuen Konzeption von historischer Kontinuität. Über sechzig Einzelforschungen zu slowenischen kulturgeschichtlichen Erscheinungen am Klagenfurter Feld/Celovško polje offenbaren eine Kulturlandschaft, die selbst in der slowenischen Fachliteratur bisweilen als Terra incognita erscheint, so das auch diesbezüglich neue Konzepte und eine entsprechende zweisprachig bzw. bikulturell konzipierte Fachterminologie neue und nunmehr integrierte interdisziplinäre Erklärungsmodelle zu historischen Prozessen und Erscheinungen bieten.

Ähnliches gilt auch für viele weitere Fachgebiete, so etwa die frühmittelalterliche und barocke Sprachgeschichte, die Soziolingusitik oder die Kunstgeschichte, wo durch die Vielzahl von Einzelforschungen neue Synthesen erforderlich und ermöglicht wurden, die weitere Lemmata und neue Konzepte nach sich zogen, die wiederum neue, im interkulturellen Wissenschaftsdialog brauchbare Erkenntnisse und Terminologien hervorbrachten.

Von besonderer Bedeutung ist die geisteswissenschaftliche Grundlagenforschung aufgrund der zahlreichen konzeptionellen Innovationen sowie der Bemühungen eine moderne Terminologie anzubieten, die den Anforderungen eines zukunftsweisenden interkulturellen und interdisziplinären Wissenschaftsdiskurses gerecht wird.

Das gesammelte Wissen zur slowenischen Kulturgeschichte in Kärnten/Koroška, von den Anfängen bis 1942, bildet so ein vielfältiges und vielschichtiges Bild, bei dem die einzelnen Beiträge bzw. Lemmata gleichsam Mosaiksteine darstellen. Vielfach erschließen die konzeptionellen Querverweise eine Metaebene, die in der Zusammenschau der zahlreichen Lemmata »begreifbar« wird und ein tieferes Verständnis der einzelnen Aspekte oder Prozesse der slowenischen Kulturgeschichte ermöglicht. Biografien zahlreicher Kulturaktivisten wurden erstmals geschrieben, die zahlreichen konzeptionellen Querverweise oder die konzeptionellen Einträge zu Kulturaktivisten weisen gleichzeitig auf weitere zukünftige Forschungsfelder hin. In diesem Sinne will die Enzyklopädie Anregungen für künftige vertiefende Forschungen bieten.

Besonderer Dank gilt den zahlreichen Autorinnen und Autoren, die wertvolle Anregungen zur Aufnahme zahlreicher zusätzlicher Lemmata lieferten bzw. mit ihrem Rat und Wissen zur Gestaltung und Ausrichtung der Enzyklopädie an sich beitrugen. Vielfach schrieben sie selbst zusätzliche einschlägige Lemmata oder animierten weitere potenzielle Autoren zur freiwilligen Mitarbeit. Sie können in diesem Rahmen nur alphabetisch aufgezählt werden: Theodor Domej, Danijel Grafenauer, Reinhold Jannach, Matjaž Klemenčič, Harald Krahwinkler, Otto Kronsteiner, Engelbert Logar, Avguštin Malle, Herta Maurer-Lausegger, Martina Piko-Rustija, Uši Sereinig, Polona Sketelj, Tomaž Simetinger, Janez Stergar, Simon Trießnig, Peter G. Tropper, Reginald Vospernik, Wilhelm Wadl, Markus Wenninger, Peter Wiesflecker, Janko Zerzer u. a. m. Dank gilt überhaupt allen Autorinnen und Autoren, die über die Jahre am Projekt festhielten und es in unterschiedlichster Form unterstützten und sei es dadurch, dass sie sämtliche Beiträge redaktionell entsprechend den neuen redaktionellen Vorschlägen anpassten, Übersetzungen neu akkordierten, Bildmaterial beisteuerten oder die die Redakteure beim Peer-Reading unterstützten. Deren menschlicher und intellektueller Beitrag kann nicht hoch genug eingeschätzt werden.

Sie alle trugen durch ihren kollegialen und wissenschaftlichen Dialog mit den Herausgebern/Redakteuren vor allem zur konzeptuellen Erweiterung und zur nunmehrigen umfassenden kulturgeschichtlichen und prozessorientierten interdisziplinären, interkulturellen und transkulturellen Ausrichtung der Enzyklopädie bei. Insbesondere trugen sie alle zu einer Dynamik des positiven Dialogs bei, dem nachhaltige Effekte beschieden sind. Dabei gilt es aus formellen Gründen zu betonen, dass die Autoren für ihre jeweiligen Lemmata, in denen sie Spezialgebiete darstellen, verantwortlich zeichnen. In manchen Bereichen wurden von der Redaktion gewisse Harmonisierungen im Dialog diskutiert, eine völlige Harmonisierung jedoch nicht angestrebt, weil sie aufgrund der zahlreichen Fachgebiete und wissenschaftlichen Schulen und Traditionen unmöglich und erkenntnistheoretisch auch nicht erstrebenswert erschien.

Besonderer Dank gilt auch all jenen, die wertvolles Bildmaterial beigesteuert haben, das vielfach ein tieferes Verständnis für die kulturgeschichtlichen Zusammenhänge erlaubt. So manches wurde aus Privatarchiven zur Verfügung gestellt, vieles sind genuine Bilddokumente, die für die Zwecke der Enzyklopädie erstellt wurden, andere wurden kostenlos bereitgestellt, andere wiederum konnten Dank neuer Technologien aus dem Internet bezogen und genutzt werden.

Besonderer Dank gilt auch den zahlreichen Einrichtungen, deren Mitarbeiter und Vertreter, die das Enzyklopädie-Projekt in unterschiedlicher Weise unterstützt haben und ohne deren vielfältige Beiträge die Enzyklopädie in ihrer jetzigen Form nicht hätte entstehen können:

Narodopisni inštitut Urban Jarnik/Volkskundeinstitut Urban Jarnik (NIUJ, Klagenfurt/Celovec), *Slovenska študijska knjižnica Celovec* (Slowenische Studienbibliothek in Klagenfurt/Celovec), Diözesanarchiv der Diözese Gurk/*Krška škofija* (ADG, Klagenfurt/Celovec) sowie Alpen-Adria-Universität (Klagenfurt/Celovec), Artikel 7 (Bad Radkersburg/Radgona – Graz), *Bilka* (Ludmannsdorf/Bilčovs), Bundesdenkmalamt, Landeskonservatorat für Kärnten (Klagenfurt/Celovec), *Centralna pravosodna knjižnica* (Ljubljana), *Danica*, St. Primus/Šentprimož; Drava Verlag (Klagenfurt/Celovec), Fachbereichsbibliothek Osteuropäische Geschichte und Slawistik, Universität Wien, Gailtaler Zeitbilder (Hermagor/Šmohor), www.gailtal-erinnern.at (Hermagor/Šmohor), Geschichtsverein für Kärnten (Klagenfurt/Celovec), *Gorjanci* (Köttmannsdorf/Kotmara vas), *Inštitut za narodnostna vprašanja* (INV, Ljubljana),

Jepa – Baško jezero (Latschach/Loče), Kärntner Landesarchiv (KLA, Klagenfurt/Celovec), Kärntner Landtag (Klagenfurt/Celovec), *Knjižnica Mirana Jarca* (Novo mesto), *Koroška osrednja knjižnica dr. Franca Sušnika* (KOK, Ravne na Koroškem), *Krščanska kulturna zveza*/Christlicher Kulturverband (KKZ, Klagenfurt/Celovec), *Koroški pokrajinski muzej* (Slovenj Gradec), *Lipa* (Völkermarkt/Velikovec), Kunstsammlung des Landes Kärnten/MMKK (Klagenfurt/Celovec), *Mladinska knjiga* (Ljubljana), *Mohorjeva družba in založba*/Hermagoras (Klagenfurt/Celovec), *Narodna galerija* (NG, Ljubljana), *Narodna in univerzitetna knjižnica* (NUK, Ljubljana), *Nedelja* (Klagenfurt/Celovec), Parlamentsbibliothek (Parlament Wien), *KD Planina* (Zell/Sele), *SPD Radiše* (Radsberg/Radiše), *Slovenska prosvetna zveza*/Slowenischer Kulturverband (SPZ, Klagenfurt/Celovec), *Slovenski etnografski muzej* (SEM, Ljubljana), *Slovenski šolski muzej* (SŠM, Ljubljana), *Slovenski znanstveni inštitut v Celovcu*/Slowenisches Wissenschaftsinstitut (Klagenfurt/Celovec), *KD Škocjan (Vinko Poljanec)* (St. Kanzian am Klopeiner See/Škocjan v Podjuni), *Trta* (Sittersdorf/Žitara vas), Universität Bamberg, *Univerza v Ljubljani*, *SPD Zarja* (Bad Eisenkappel/Železna Kapla), *Znanstveno raziskovalni center Slovenske akademije znanosti in umetnosti* (ZRC SAZU, Ljubljana).

Last but not least möchte die Projektleiterin dem FWF für die Genehmigung des Projektes danken und insbesondere den Betreuerinnen, Frau Dr. Beatrix Asamer, Frau Sabina Abdel Kader und Frau Mag. Ulrike Varga, für deren loyale und professionelle Hilfe im Zuge der notwendig gewordenen Sistierung ihnen an dieser Stelle herzlichen Dank aussprechen.

Die »Enzyklopädie der slowenischen Kulturgeschichte in Kärnten/Koroška, von den Anfängen bis 1942« kann und will als moderne Enzyklopädie, so sehr oder gerade weil sie Ergebnisse genuiner geisteswissenschaftlicher Grundlagenforschung bietet, keinen universellen Anspruch erheben und zu den erörterten geografischen und historischen Räumen – um nur diese zu nennen – mögen noch zahlreiche weitere Enzyklopädien mit anderen Schwerpunkten geschrieben werden. Als Herausgeber haben wir uns zum Ziel gesetzt, gerade jene Themen und Fragen aus der slowenischen Kulturgeschichte in Kärnten/Koroška zu bearbeiten, die sie »schon immer« in der Fachliteratur und im Internet finden wollten und die sie nun in der vorliegenden Enzyklopädie auch finden.

Möge die »Enzyklopädie der slowenischen Kulturgeschichte in Kärnten/Koroška, von den Anfängen bis 1942« noch lange den Leserinnen und Lesern eine interessante Lektüre und Quelle neuer Erkenntnisse sein, vielfache Anregungen bieten sowie zum Ausgangspunkt vielfältiger, weiterer gesellschaftsrelevanter Forschungen werden.

Katja Sturm-Schnabl, Bojan-Ilija Schnabl

Einleitung

Dimensionen einer modernen pluridisziplinären, interdisziplinären und interkulturellen Enzyklopädie zur slowenischen Kulturgeschichte in Kärnten/Koroška, von den Anfängen bis 1942

= Lemma »Kulturgeschichte, slowenische in Kärnten/Koroška«

Slowenische Kulturgeschichte in Kärnten/Koroška, Geschichte und → Geschichtsschreibung kultureller Manifestationen des Slowenischen im Land. Die slowenische Kulturgeschichte ist ein Teil der allgemeinen österreichischen, slowenischen, italienischen (→ Val Canale/Kanaltal/Kanalska dolina) und mitteleuropäischen Geschichte, die durch spezifische Perspektiven- und Schwerpunktsetzung charakterisiert ist. Dies ergibt sich auch aus der Tatsache, dass in Kärnten/Koroška zwei konstitutive, autochthone Sprachgruppen leben und im Land zwei historische → Landessprachen gesprochen werden (→ Minderheit/Volksgruppe). Sie umfasst insbesondere das einst weitgehend geschlossene slowenische Siedlungsgebiet → Südkärntens/Južna Koroška, wobei stets Überlegungen zu den vielfältigen interkulturellen Beziehungen und zu Prozessen der → Inkulturation in einer transkulturellen, europäischen Perspektive in die jeweiligen Betrachtungen einfließen. Die slowenische Kulturgeschichtsschreibung bereichert zahlreiche weitere wissenschaftliche Zweige, die wiederum neue Perspektiven, Analysen und Erklärungsmodelle bieten, und hat dabei keinerlei Anspruch auf Exklusivität. Die gegebenenfalls auftretenden Widersprüche und Inkohärenzen der verschiedenen wissenschaftlichen Ansätze und Methoden bilden zusätzliche Ausgangspunkte für weiterführende interdisziplinäre Forschungen (vgl. dazu die Begriffspaare → Kroatengau/→ *In pago Crouuati*, → Slawen/→ karantanerslowenisch, Slawenzehent/ → Slowenenzehent). Jedenfalls erfordert eine integrativ verstandene slowenische Kulturgeschichte einen interdisziplinären und prozessorientierten Ansatz.

Vielfach erlaubt erst eine spezifisch **»slowenische« Perspektive oder Fragestellung** – immer im Bewusstsein, dass es immer noch weitere Aspekte gibt, die durchaus relevant sein können –, neue, relevante und zusätzliche Erkenntnisse sowie schließlich ein umfassendes Verständnis kulturgeschichtlicher Phänomene im Land und darüber hinaus. Und das gilt für alle Bereiche, die Rechts- und Staatsrechtsgeschichte einschließlich der Verfassungsgeschichte ebenso wie etwa für die Soziolinguistik, die Mythologie, Ethnologie, Religionsgeschichte, die Kulturgeografie oder für das weite Feld der biografischen Forschungen, um nur diese zu nennen. Vielfach verbinden sich erst durch einen derart vertiefenden integrierten pluridisziplinären, interdisziplinären und interkulturellen Zugang vereinzelte kaum wahrgenommene Erscheinungen von scheinbar »unlogischen« historischen Zufallserscheinungen – wie es vielfach aufgrund von kognitiven Dissonanzen und sonstigen Prägungen im gegebenen gesellschaftlichen und auch wissenschaftlichen Kontext den Anschein haben mag (→ Geschichtsschreibung, → Geschichtsschreibung und kognitive Dissonanzen) – zu einer vernetzten Struktur, was zu einem tieferen Verständnis von kulturhistorischen Prozessen und Erscheinungen führt.

Dabei erweist sich gerade eine moderne Begrifflichkeit bzw. → **Terminologie** für die Erfassung und das Verständnis mannigfaltiger kulturgeschichtlicher Prozesse von eminenter Bedeutung, weil vielfach erst damit die ihnen zugrunde liegenden Konzepte zum Ausdruck gebracht, kommuniziert und verstanden werden. Somit hat die kulturgeschichtliche Terminologie, wie sie sich in den einzelnen Lemmata der vorliegenden Enzyklopädie spiegelt, einen konzeptuellen sowie einen normativen Charakter. Moderne Forschungsergebnisse etwa aus den Bereichen der Ethnologie, der Soziolinguistik, der Rechts- und Sprachgeschichte, der Dialektologie, aber auch der biografischen Forschungen zeigen auf, wie wichtig eine moderne interdisziplinäre kulturgeschichtliche Terminologie in beiden Landessprachen ist, die zudem den Bedürfnissen des besonders in Kärnten/Koroška stets präsenten und notwendigen interkulturellen Dialogs entsprechen muss. Das deutet auch auf die Bedeutung **translationswissenschaftlicher Überlegungen** im Hinblick auf die Terminologie hin. Zahlreiche in der Folge angeführte Beispiele aus der slowenischen Kulturgeschichte in Kärnten/Koroška unterstreichen dies.

Markus Pernhart, Maria Saal/Gospa Sveta, Öl auf Leinwand (1850), Foto Hansjörg Abuja

I. Fachbereiche

Zunächst trägt wohl eine **moderne Herrschaftsgeschichte** bekannter **geografischer und politischer Großräume** zum Verständnis grundsätzlicher Prozesse und staatshistorischer Rahmenbedingungen bei (→ Kärnten/Koroška, → Krain/Kranjska, → Karantanische Mark, → Innerösterreich, → Illyrische Provinzen, → Königreich Illyrien). Dem folgen vertiefende und konkretisierende Überlegungen zu karantanischen Fürsten (→ *Duces Carantanorum*) und später zu den → Herzögen von Kärnten/Koroška und den im slowenischen geografischen Kontext spezifischen Rechtstraditionen und Rechtsriten (→ Fürstenstein, → Fürsteneinsetzung) oder zu spezifischen Sozialstrukturen (→ Edlinger/*kosezi*, → Edlingergerichtsbarkeit, → Edlingerdienste), die jedoch erst mit einem systematischen rechtshistorischen Zugang (→ Personalitätsprinzip, → Rechtsinstitutionen, karantanerslowenische) in ihrer historischen → Kontinuität verstanden werden können. Spezifische Forschungen zu einzelnen Adelsgeschlechtern (→ Grafen von Cilli/*Celjski grofje*, → Porcia) vervollständigen das Bild einer modernen Herrschaftsgeschichte der politischen Großräume.

Eine moderne, integrative und interdisziplinäre **Kulturgeografie** ist aufgrund der angestrebten Synthese von kulturellen Manifestationen in Raum und Zeit angetan, spezifische Erkenntnisse zur allgemeinen Kulturgeschichte beizusteuern, um die → Kulturlandschaft und ihre Gesamtentwicklung zu beleuchten. Diese kann einerseits Regionen bzw. Gegenden in ihrer Gesamtheit erfassen, so etwa: → Gailtal/Ziljska dolina, → Jauntal/Podjuna, → Karawanken/Karavanke, → Klagenfurter Feld/Celovško polje, → Krähwald/Hrebelja bzw. Hrebl(j)e, → Lavanttal/Labotska dolina, → Mežiška dolina (Mießtal), → Ossiacher Tauern/Osojske Ture und Moosburger Hügelland/Možberško gričevje, → Rosental/Rož, → Sattnitz/Gure, → Saualpe/Svinja, → Val Canale/Kanaltal/Kanalska dolina, → Völkermarkter Hügelland/Velikovško podgorje, → Zollfeld/Gosposvetsko polje. Dabei ist offensichtlich, **dass diese vermeintlich objektiven geografischen Räume insbesondere auch konzeptuelle Räume sind**. So ist im Deutschen der Begriff des → Klagen-

Fürstenstein, Foto Zalka Kuchling, Detail

furter Feldes kulturhistorisch wenig gebräuchlich und wird meist mit dem Begriff Klagenfurt-Land oder Klagenfurt-Umgebung umschrieben, während die autochthone slowenische Entsprechung *Celovško polje* einen historischen slowenischen Zentralraum bezeichnet, dem eine spezifische Benennung der Einwohner, den *Poljanci* und den *Poljanke* entspricht. Andererseits ist der slowenische ethnologische Begriff → »*Rož*« [Rosental] eben nicht mit dem allgemeinsprachlichen geografischen Begriff *Rož*/Rosental gleichzusetzen und als ethnologischer Terminus, dem Kontext entsprechend, mit dem Begriff → Südkärntner Zentralraum (slow. *Osrednja južna Koroška*) zu übersetzen.

Die Kulturgeografie kann andererseits aber auch **einzelne Orte oder Gemeinden** in ihrer kulturhistorischen Dimension diachron betrachten, so etwa: → Agoritschach/Zagoriče, → Arnoldstein/Podkloštr, → Bleiburg/Pliberk, → Eisenkappel/Železna Kapla, → Ferlach/Borovlje, → Hermagor/Šmohor, → Karnburg/Krnski Grad, → Keutschach/Hodiše, → Klagenfurt/Celovec, → Maria Saal/Gospa Sveta, → Tainach/Tinje, → Viktring/Vetrinj, → Villach/Beljak, → Völkermarkt/Velikovec, → Wernberg/Vernberk u.a. Daneben erscheinen bisweilen Schwerpunktsetzungen und Einschränkungen auf gewisse Epochen durchaus epistemologisch besonders wertvoll (z.B. → Schwabegg/Žvabek, Neuhaus/Suha und Leifling/Libeliče: Kulturaktivismus seit 1882).

Die **Toponomastik** ist ihrerseits angetan, spezifische historische Aspekte der Kulturgeografie sowie der politischen Geografie zu beleuchten. Die slowenische → Namenkunde und das weite Feld der Toponomastik, wie sie sich u.a. in den → Ortsrepertorien und → Ortsverzeichnissen (von 1850, 1854 [2 Repertorien], 1860, 1880, 1883, 1918) spiegelt, sind nicht zuletzt für die *territoriale* → *Identität* von Bedeutung. Diese Ortsverzeichnisse haben überdies eine nicht immer wahrgenommene rechtliche Dimension und sind Ausdruck des staatlichen im Verfassungsrecht begründeten Selbstverständnisses, zumal in der diachronen Gesamtschau zu Zeiten der Monarchie auch solche Orte amtlich zweinamig ausgewiesen wurden, in denen keine einzige Person oder nur eine sehr geringe Zahl von Personen mit Slowenisch als → Umgangssprache im Rahmen der Volks- bzw. → Sprachenzählungen repertoriert sind.

Die slowenische Kulturgeschichte befasst sich natürlich mit der **Sprache**, dem → Slowenischen in Kärnten/Koroška, mit → Sprachgattungen, der → Standardsprache, der → Schrift. Sie befasst sich insbesondere auch mit den zahlreichen → **Dialekten** und → Dialektgruppen sowie mit den einzelnen Mundarten. So befasst sie sich mit dem → Jauntaler Dialekt/*podjunščina* und den im heutigen Slowenien gesprochenen → Mießtaler Dialekt/*mežiško narečje* und dem → Remšnik-Dialekt/*remšniško narečje*, mit dem westlichsten südslawischen Dialekt überhaupt, dem → Gailtaler Dialekt/*ziljščina*, der auch im italienischen → Val Canale/Kanaltal/Kanalska dolina gesprochen wird, und dem aus diesem migrationsbedingt hervorgegangenen → resianischen Dialekt/*rezijanščina*; sie befasst sich weiters mit dem → Obir-Dialekt/*obirsko narečje* mitten in den österreichsichen → Karawanken/Karavanke sowie mit dem literaturüblich als → Rosentaler Dialekt/*rožanščina* bekannten Dialekt des → Südkärntner Zentralraumes/*Osrednja južna Koroška* bzw. mit dem Zentralsüdkärntner Dialekt/*osrednje južnokoroško narečje*.

Diese wurden u.a. von Sprachwissenschaftern und **Dialektologen** wie Aleksandr Vasil'evič → Isačenko, Urban → Jarnik, Vatroslav → Oblak, Fran → Ramovš, Johann → Scheinigg vielfach erforscht und bieten immer noch Forschungsfelder, wie es die von Katja Sturm-Schnabl untersuchte slowenische *Mundart des → Klagenfurter Feldes/Celovško polje* beweist. Die Benennung der Mundart selbst kann schon als Forschungsobjekt angesehen werden, zumal Name bzw. die Benennung und die Identität (→ Name und Identität) in einer engen Wechselbeziehung stehen – und zwar sowohl in der Betrachtung von außen als für die Benannten selbst. Deshalb wurde in jüngster Zeit diese Mundart im Sinne einer terminologischen Normierung entsprechend den Benennungen anderer Dialekte von Bojan-Ilija Schnabl im Deutschen, im Slowenischen sowie in weiteren europäischen Sprachen *benannt*: die slowenische Mundart der Poljanci vom Klagenfurter Feld/Celovško polje (slow. *poljanščina/poljanski govor Celovškega polja*, engl. *the slovenian dialect oft the Poljanci oft the plain of Klagenfurt/Celovec*, fr. *le dialecte slovène des Poljanci de la plaine de Klagenfurt/Celovec*, it. *il dialetto sloveno dei Poljanci della pianura di Klagenfurt/Celovec*, bosn./kroat./serb. *slovenački dialekt Celovačkog polja*). Selbst die Benennung und konzeptuelle Rezeption des literaturüblich als Rosentaler Dialekt/*rožanščina* bezeichneten Dialektes zeigt die epistemologische und sogar sprachsoziologische Bedeutung einer modernen, angemessenen Terminologie, die sogar in einem scheinbar klar definierten Raum Platz für Modernisierungen und Innovationen aufweist.

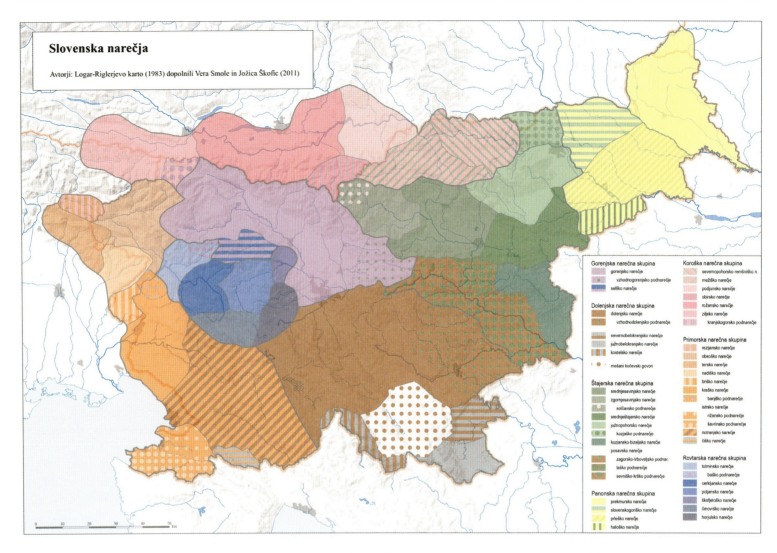

Die slowenischen Dialekte nach Tine Logar, Jakob Rigler, Vera Smole, Jožica Škofič, 2011

Zahlreiche weitere **Sprachwissenschafter** und Philologen beschäftigten sich mit dem Slowenischen, das am Kreuzungspunkt verschiedener Sprachfamilien und mit vielen → Archaismen versehen, für die slawischen Philologien ebenso interessant ist wie im Hinblick auf die sprachlichen Interferenzen verschiedener Sprachen (→ Entlehnung; Anton → Breznik, Josef → Dobrovský, Oswald → Gutsmann, Aleksandr Vasil'evič → Isačenko, Anton → Janežič, Štefan → Kociančič, Bartholomäus → Kopitar, Gregor → Krek, Koloman → Kvas, Franz Serafin → Metelko, Ivan → Navratil, Luka → Pintar, Janez Nepomuk → Primitz, Pavel Josef → Šafarik, Karl → Štrekelj, Matija → Valjavec, Aleksandr Christoforovič → Vostokov, Jakob → Zupan).

Von besonderer Relevanz für die slowenische Kulturgeschichte sind die mannigfaltigen Aspekte der **Soziolinguistik** (→ Akkulturation, → Assimilant, → Assimilation, → Assimilationszwang, → Bildungssprache, → Deutschtümler, → gemischtsprachig, → Immersion, → Kryptoslowenen, → Lingua franca, → Mischsprache, → Muttersprache, → Relevanz und Redundanz von Sprache, → Soziolekt, → Sprachenzählung, → Sprachverfall, → Sprachwechsel, → Umgangssprache, → Windische Ideologie, → Zweisprachigkeit, *Kärntner* → *Zweisprachigkeitsideologie*. Diese ist aber auch in einer historischen Perspektive relevant (→ Adelssprache, → Germanisierung, *statistische* → *Germanisierung*, *mittelalterliche* → *Kolonisierung*, *mittelalterliche* → *Sprachmischung*, *mittelalterliche* → *Zweinamigkeit*; Karl → Czoernig). Von zentraler Bedeutung dabei ist ein interdisziplinärer und transkultureller Zugang, der zu neuen relevanten Erkenntnissen führt. So zeigt die Zusammenschau von barocken slowenischen → Chronogrammen aus dem 18. Jh. und die soziolinguistische Analyse von → *Übersetzungen*

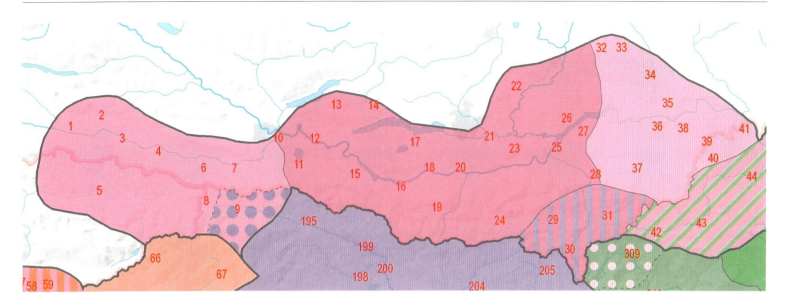

Slowenisch in Kärnten/Koroška, mit Informationspunkten nach Tine Logar, Jakob Rigler, Vera Smole, Jožica Škofic, 2011

von Patenten und Kurrenden jener Zeit (die zweisprachige → *Klagenfurter Marktordnung* aus 1793 ist nur ein Beispiel dafür), dass die Festigung der slowenischen Schrifttradition des → Bukovništvo in einem kulturhistorischen Kontext zustande kam, der dies erst ermöglichte und eben keine kulturgeschichtliche »Zufallserscheinung« darstellt.

Relevant für die slowenische Kulturgeschichte im Land ist – insbesondere wegen des mangelnden Zugangs zu staatlichen Machtinstitutionen – die **Literatur** in all ihren Formen. Diese besondere Betonung von Sprache und Literatur und weniger der Staatsrechts- und Herrschaftsgeschichte ist im Übrigen eine Besonderheit der slowenischen »Perspektive« in der Kulturgeschichtsschreibung.

Zunächst ist es die mündlich tradierte Literatur, die mythologische Stoffe von Generation zu Generation weiterträgt und die in den → Volksliedern besungen wird (→ Mythologie, → Volkserzählung, → *lepa Vida*, → *kralj Matjaž*). Die Volksliteratur der Volksliteraten, *bukovniki* genannt (→ Bukovništvo), übersteigt die »übliche« literarische Folklore oder folkloristische Dialektdichtung. Gleiches gilt für die systematisch geförderte → Kinder- und Jugendliteratur.

Zahlreiche **Literaten** formten das sprachliche Selbstbild der Slowenen in Kärnten/Koroška und nahmen darüber hinaus am gesamtslowenischen literarischen Diskurs teil (Fran → Eller, Milka → Hartman, Dr. Ožbolt → Ilaunig, Mimi Malinšek, Franc Ksaver → Meško, → Prežihov Voranc (Lovro Kuhar), Maks → Sorgo, Hani Weiss oder der in Šmarje pri Jelšah geborene, doch in Kärnten/Koroška wirkende Jakob → Sket sowie die jüngeren Dichter und Literaten wie Gustav Januš, Andrej Kokot, Florian Lipuš, Janko Messner, Janko Ferk und die 2011 mit dem Bachmann-Preis ausgezeichnete Maja Haderlap u.a.).

Zahlreich sind die **mit Kärnten/Koroška verbundenen Autoren aus dem Gebiet des heutigen Slowenien**, die ebenso das literarisch-kulturelle Bild des Landes mitgestalteten (Anton → Aškerc, France → Bevk, Ivan → Cankar, Franc Saleški → Finžgar, Ivan → Hribovšek, Simon → Jenko, Josip → Jurčič, Fran → Levstik, Anton Tomaž → Linhart, Ivan → Pregelj, France → Prešeren, Josip → Stritar, Ivan → Tavčar, Janez → Trdina, Valentin → Vodnik, Stanko → Vraz, Oton → Župančič). Ihrem Wirken und der → **Literaturgeschichte** in ihren vielfältigen Aspekten, den *literarischen* → *Gattungen*, der *literarischen* → *Identität* usw. widmeten sich zahlreiche slowenische Literaturwissenschafter (u.a. Matija Čop, Karel → Glaser, Fran → Ilešič, France → Kidrič, Julius → Kleinmayr, Matija → Murko, Avgust → Pirjevec, Ivan → Prijatelj, Franc → Grafenauer, Ivan → Grafenauer, Fran → Vidic; → Bibliographie).

Das Bukovništvo. Das Bukovništvo ist langläufig vor allem als literarisches Phänomen bekannt, das sich durch die literarische, musikalische und kulturelle Produktion von Autodidakten, so genannten *bukovniki* oder Volkspoeten, auszeichnet. In seiner tiefen gesellschaftspolitischen und europäischen zivilisatorischen Dimension ist das → **Bukovništvo** aber auch eine, wenn auch weniger rezipierte, bedeutende gesellschaftliche Strömung und Bewegung, die als solche eine besondere Beachtung verdient, zumal sie einen genuinen Kärntner Beitrag zum **immateriellen (Welt-)Kulturerbe** darstellt.

Die Wurzeln des Bukovništvo reichen in die Zeit des → Protestantismus zurück und weisen Beziehungen zum → Kryptoprotestantismus auf. Diese Strömung hatte eine außerordentlich nachhaltige konzeptuelle Ausstrahlung und es zeichnet sie trotz oder gerade wegen des fehlenden → Schulwesens und sonstiger staatlicher fördernder Einrichtungen ein bemerkenswertes **Streben nach Höherem** und höchster kultureller und kreativer Qualität aus. Als volksliterarisches Phänomen erfasste das Bukovništvo ganze → Kulturlandschaften, so dass etwa das → Rosental/Rož als → *slowenisches Athen* bezeichnet wurde, das zahlreiche Literaten, Kulturschaffende und → Kulturaktivisten hervorbrachte: Andrej → Einspieler gründete 1865 die Zeitung → *Slovenec* (→ Publizistik) und Franc → Treiber 1872 in St. Jakob i. R./Šentjakob v R. die erste bäuerliche Darlehenskasse auf dem Gebiet des heutigen Österreich (→ Genossenschaftswesen). Matija → Ahacel war Herausgeber des ersten slowenischen → Liederbuches mit Noten. Der Volkspoet Miha → Andreaš aus Feistritz/Bistrica bei St. Jakob/Šentjakob unterhielt sich angeblich mit dem bedeutendsten *bukovnik* Andrej → Schuster – Drabosnjak in gereimter Sprache. Hinzu kommen die Volkspoeten Janez Kajžnik, Verfasser mehrerer Hirten-, Liebes- und Scherzlieder, Janez Dobernik aus Srajach/Sreje und der Bauerndichter Primož Koschat aus Dieschitz/Deščice. Im 20. Jh. zählen hierzu noch der Musiker Franc → Rauter, seine dichtende Frau Flora → Rauter und der Komponist Anton → Nagele hinzu. Ebenso ist der 1903 gegründete Bildungs- und Kulturverein *Izobraževalno društvo* → *Kot* [Bildungsverein Winkl] zu nennen. Mit diesem Kulturverein ist wiederum die Verbreitung des gleichsam mythologischen Theaterstückes *Miklova Zala* [Die Zala vom Mikl-Hof] von Jakob → Sket als Parabel für den kulturellen Widerstand gegen Unterdrückung im gesamten slowenischen Sprachraum verbunden, das dem slowenischen → Theater, dem → Laienspiel auf höchstem Niveau und der Sprachkultur einen entscheidenden nachhaltigen Impetus lieferte. Das Laienspiel und die → Lesekultur wurden zu Säulen der Kulturbewegung, die zur Gründung von unzähligen slowenischen Bildungs- und → Kulturvereinen in Kärnten/Koroška führte. Zu nennen ist in diesem Zusammenhang auch das traditionsreiche und vielfältige → Chorwesen, das ebenso mit einer gesellschaftlichen Mission beseelt war

Diese kurze Charakteristik des Bukovništvo zeigt seine die Literatur oder Volkskultur weit überragende, gesellschaftliche Dimension und Bedeutung, die Vorbildcharakter in Europa hat. Die Idee, hohe kulturelle Werte mit höchsten kulturellen Ansprüchen als Ausdruck eines positiven → Identitätsbewusstseins in einer breiten Bevölkerung zu verankern, stellt einen **qualitativen Sprung im gesamteuropäischen Kontext** dar, wie wir ihn in der Regel in betont sozial differenzierten und elitären Nationalkulturen nicht oder nicht in diesem Maße finden. Diese **Hochkultur im Volk**, wie sie die Gründerväter der → *Mohorjeva* anstrebten, und die Tatsache, dass diese so stark in die slowenische Gesellschaft integriert wurde, ist eben mehr als »nur« eine literarische Strömung. Das Bukovništvo ist eine im Volk verankerte Kulturströmung, ein »**Kulturphänomen**« europäischen Ranges. In der Tat kann das Bukovništvo nur aufgrund der Besonderheiten der slowenischen Sozial- und Kulturgeschichte verstanden werden. Gerade das Bukovništvo als gesellschaftspolitisch relevante **Kulturbewegung**, die ein breit organisiertes Kulturleben hervorgebracht hatte, vermag erst zu erklären, warum die Slowenen trotz mehrfacher tief greifender **zivilisatorischer Katastrophen**, die mit dem modernen Begriff der systematischen im historischen Kontinuum verankerten → »ethnischen Säuberungen« umschrieben werden können (→ Militärgerichte, → Internierungen 1919, → Vertreibung 1920, → »Generalplan Ost«, → Verfolgung slowenischer Priester ab 1938 in Kärnten/Koroška, → Deportationen 1942), und der tiefen kollektiven Traumatisierungen, die diese verursachten (→ Assimilation, dort PTBS), sowie der nachhaltigen institutionellen, politischen und wirtschaftlichen Diskriminierungen (→ Assimilationszwang) als Kollektiv nicht nur überlebten, sondern weiterhin individuell und organisiert schöpferisch tätig waren (und sind) und mit ihrem Wirken weit über die Landesgrenzen hinaus ausstrahl(t)en. Das slowenische Bukovništvo in Kärnten/Koroška brachte nicht nur einzelne (Volks-)Literaten hervor (Miha → Andreaš, Milka → Hartman, Andrej → Schuster – Drabosnjak, Thomas/Tomaž → Ulbing, Blaž → Mavrel) sondern ist darüber hinaus eine Kulturbewegung, wie sie sich in der Gründung und im oben genannten Wirken zahlreicher lokal und überregional tätiger Kulturvereine und Chöre sowie im Wirken von unzähligen → **Kulturaktivisten** manifestiert(e). Insgesamt trugen und tragen diese Bemühungen zum individuellen und kollektiven sprachlich-kulturellen → Identitätsbewusstsein der Kärntner Slowenen bei, das sich durch das Streben nach eigenener sprachlicher und kultureller Vervollkommnung auszeichnet und nicht durch die (Herab-)Wertung anderer.

Das Bukovništvo hat somit eine europäische Dimension und stellt einen Beitrag im Hinblick auf die zivilisatorischen Herausforderungen unserer Zeit in Europa dar. In seiner Gesamtheit, in seinen mannigfaltigen Ausprägungen und in seiner zivilisatorischen Bedeutung und Vorbildwirkung stellt das slowenische Bukovništvo in Kärnten/Koroška, als Kulturbewegung verstanden, ein wertvolles **immaterielles (Welt-)Kulturerbe** von einzigartigem Rang dar, das seinesgleichen zumindest in Europa sucht.

Weitere Ansätze einer slowenischen Kulturgeschichte im Land bieten Forschungen aus den Bereichen → **Ethnologie**, Volkskultur, Brauchtum (→ Brauch, → Bekleidungskultur, → Gailtaler Tracht/*ziljska noša*, → Kufenstechen/*štehvanje*, → Linde, → Tanz, → Volkskunst), → Volkslied, → Volksarchitektur (auch zu → Wehrkirchen), die auf zahlreiche Forscher zurückgehen (Franz → Franziszi, Urban → Jarnik, Balthasar → Hacquet, France → Marolt). Aus ihr entsprangen viele literarische Motive, die Metaphern der fundamentalen Sehnsüchte sind (→ *kralj Matjaž*, → *lepa Vida*, → Bauernaufstände, → Karantanien). Nicht unwesentlich sind dabei die terminologischen und konzeptuellen Begriffsbestimmungen und Innovationen im Bereich der Ethnologie, die sich aufgrund neuer Erkenntnisse und einer kritischen Evaluierung bestehender sprachlicher und fachsprachlicher Usancen ergeben haben (→ Klagenfurter Feld/Celovško polje; → Rož; → Südkärntner Zentralraum/Osrednja južna Koroška; → Terminologie).

Die **christliche Religion** bzw. die **Kirche** spielte seit der Frühzeit der → Salzburger Mission eine eminente kulturgeschichtliche Rolle, da die → Liturgiesprache auch Schrift- bzw. → Standardsprache wurde. Mit den → *Freisinger Denkmälern* sind in ihrem Schoß die ältesten erhaltenen slowenischen und slawischen Texte entstanden, älter noch als die → *Kiever Blätter*. Bis ins 20. Jh. deckten die späteren, ursprünglich Lutherischen Bibeltexte, die in einer agrarischen und frühbürgerlichen, frühneuzeitlichen Gesellschaft entstanden waren, im Wesentlichen die sprachlichen Bedürfnisse der Sprecher ab, so dass jene, die regelmäßig in die Kirche gingen, durch ihren repetitiven Charakter mit der slowenischen Liturgie grundsätzlich auch die slowenische → Standardsprache erlernten (→ Dalmatinbibel, → Gebetbuch, → Kirchenlied, *geistliches* → *Volkslied*).

Aspekte der Kirchengeschichte und des Kirchenrechts ziehen sich wie ein roter Faden durch die slowenische Kulturgeschichte. Größte Bedeutung hatten die einzelnen Institutionen: so die **Diözesen** → Gurk/Krška škofija, → Lavant/Lavantinska škofija, → Aquileia, → Freising, → Ljubljana, → Salzburg, → Seckau, die **Klöster** wie → Arnoldstein/Podkloster, → Bamberg, → Brixen, → Freising, → Innichen, → Kremsmünster, → Millstatt/Milštat (Milje), → Molzbichl (Molec), → Ossiach/Osoje, → Sankt Andrä im Lavantal (Šentandraž v Labotski dolini), → Sankt Paul im Lavantal/Šentpavel v Labotski dolini, → Tanzenberg (Plešivec), → Viktring/Vetrinj; → Wernberg/Vernberk und die **Orden und Einrichtungen** wie die → Jesuiten und das → *Collegium sapientiae et pietatis*, das → Frintaneum, das → Priesterseminar, die → *Sodaliteta*, das → Marianum sowie → Visitationsberichte und die → Pfarrkarte der Diözese Gurk/Krška škofija 1924.

Zunächst begegnen wir in der **mittelalterlichen Kirchengeschichte** noch → Abraham Bischof von Freising, → Domitian von Kärnten/Domicjan, → Hemma von Gurk/Ema Krška, → Hermagoras/Mohor sowie → Modestus/Modest und → Virgil, die wichtige Träger des Prozesses der → Inkulturation christlicher Elemente in die slowenische Kultur bzw. Kulturgeschichte waren. Dazu kann auch die hl. → Hildegard von Stein/Liharda Kamenska gezählt werden. Danach finden sich einige bedeutende **slowenische Bischöfe** oder solche, die für die slowenische Kulturgeschichte von Bedeutung waren. Zur Zeit des Humanismus in → Wien war dies der Slowene Jurij → Sladkonja aus Novo mesto in der Dolenjska (Unterkrain), der erste Bischof der neu gegründeten Diözese Wien. Karl Johann → Herberstein als österreichischer Adelsspross und Bischof von Ljubljana, war als Jansenist Anhänger der josephinischen Reformen und Anhänger der slowenischen Wiedergeburtsbewegung (→ Jansenismus, → Spätjansenismus, → Josephinismus, → *Preporod*; Jurij → Japelj). Die slowenischen Bischöfe Tomaž → Hren (Ljubljana), Matevž → Ravnikar (Koper/Capodistria und → Trieste/Trst/Triest), Janez → Tavčar (→ Ljubljana) waren allerdings Großteils mit Kärnten/Koroška nur mittelbar verbunden, ebenso Karl Michael

→ Attems, Erzbischof von → Gorizia/Gorica/Görz. Gleiches gilt für den Humanisten und Bischof von Ljubljana Christoph → Rauber (1494–1536). Gregorij → Rožman (1883–1959), ein gebürtiger Slowene aus Kärnten/Koroška, war Bischof von Ljubljana in der Vorkriegszeit und emigrierte danach in die USA.

In Kärnten/Koroška treffen wir noch in der ersten Hälfte des 19. Jh.s auf eine beeindruckende Zahl von Slowenen, die die Bischofswürde erlangten: 1824 der Tainacher Franz Xaver → Luschin/Lušin, der jedoch zunächst nach Trient und später aufgrund seiner einschlägigen Sprachkenntnisse nach → Gorizia/Gorica/Görz berufen wurde und nie in seinem heimatlichen Kronland Bischof war sowie der Gurker Kurzzeitbischof aus Maria Rain/Žihpolje Jakob Peregrin → Paulitsch/Paulič (1824–1827). In der Diözese → Lavant/Lavantinska škofija untermauern diese Stellung des Slowenischen noch der 1824 ernannte Ignaz Franz → Zimmermann sowie sein 1843 ernannter Nachfolger Franz Xaver Kuttner/Kutnar, die sich beide dezidiert für das Slowenische einsetzten. Die Erhebung von zwei (mit Zimmermann eventuell drei) Slowenen zur Bischofswürde im Jahr 1824 kann durchaus als Ausdruck der gesellschaftlichen Stellung des Slowenischen im Land bzw. in der Monarchie gewertet werden und ist zudem relevant für die Beurteilung des gesellschaftlichen Umfelds der Bestimmungen über die Gleichberechtigung der konstitutiven Völker der → Oktroyierten Märzverfassung 1849 sowie der darauf aufbauenden → Landesverfassungen. Doch im Gegensatz zu Gorizia/Gorica/Görz hatte die Diözese Gurk/Krška škofija nach Paulitsch/Paulič keinen slowenischen Bischof mehr, was ebenfalls die Frage nach den ethnopolitischen Ursachen aufwirft.

Einer der bedeutendsten slowenischen Bischöfe der Neuzeit war zweifelsohne Anton Martin → Slomšek (1846–1862), der 1859 die politische Meisterleistung vollbrachte, den Bischofssitz aus → Sankt Andrä im Lavantal (Šentandraž v Labotski dolini) nach → Maribor zu verlegen und so eine an den slowenischen Sprachraum ausgerichtete Diözese zu schaffen. (In Lavant wirkten vor ihm neben den bereits Genannten etwa Johannes → Rot [1468–1483], Vinzenz Josef → Schrattenbach [1795–1800]).

Am Bischofssitz von Gurk/Krška wirkten ab dem zweiten Drittel des 19. Jh.s lediglich Nicht-Slowenen (u.a. Valentin → Wiery [1858–1880], Peter → Funder [1881–1886], Josef → Kahn [1887–1910], Balthasar → Kaltner [1910–1914], Adam → Hefter [1914–1939], Andreas → Rohracher [1939–1945]), was insgesamt das systemimmanente zwiespältige Verhältnis der Kärntner (Staats-)Kirche zu den Slowenen belegt, auch wenn ihnen einzelne Bischöfe durchaus »wohlgesinnt« waren.

Besondere Erwähnung verdienen die über 40 slowenischen Priester und *Sodalen*, die Mitglieder der slowenischen Priestervereinigung → *Sodaliteta presvetega srca Jezusovega* waren und die das Land 1919/1920 verlassen mussten (→ Vertreibung 1920,) ebenso wie ihre über 60 verfolgten und vertriebenen Leidensgenossen 18 Jahre später ab dem Tag des »Anschlusses«, dem 12. März 1938, an dem bereits der Erste von ihnen, der Priester und Vinko → Poljanec verhaftet wurde und der im August desselben Jahres an den Folgen der Haft verstarb. Er gilt als erstes Opfer des NS-Terror- und Unrechtsregimes (→ Verfolgung slowenischer Priester ab 1938 in Kärnten/Koroška). Die **slowenische Volkskirche**, die nach der Vertreibung fast der gesamten slowenischen Intelligenzija 1920 die zivilisatorische Mission des Erhalts der slowenischen Sprache und Kultur mit unermesslichem Engagement übernommen hatte – unzählig sind die slowenischen Priester, die als → Kulturaktivisten in die Geschichte eingingen –, war den aufeinanderfolgenden Machthabern ein Dorn im Auge. Nach dem Überfall auf → Jugoslawien am 6. April 1941 fielen die letzten Scheinbeschränkungen und die lokalen Vertreter der Macht gingen daran, im Konkreten lokal das zu verwirklichen, was der Rassenwahn in Europa vorhatte (→ »Generalplan Ost«). Erschwerend erscheint nur, dass sich auch nach der Befreiung zahlreiche relevante gesellschaftliche Akteure nicht von der Intentionalität der »ethnischen Säuberungen« distanzierten (→ »Entethnisierung«) und durch die wiederholte Traumatisierung der Opfer und der nachfolgenden Generationen erst zur nachhaltigen Zivilisationszerstörung beitrugen und ganze Landstriche in die → Assimilation und → Germanisierung trieben.

Noch zur Zeit der Reformation und des → **Protestantismus** führten das konzeptuelle und kirchenrechtliche Wirken von Primož → Trubar sowie die Übersetzung der → Bibel die Slowenen in die Reihe jener europäischen Völker, die unter den Ersten eine Bibel in ihrer Volkssprache hatten (Jurij → Dalmatin, → Dalmatinbibel). Dass diese Sprache allerdings nicht »nur« Volkssprache war, sondern dass ihr ein spezifischer und rechtlicher Charakter zugewiesen wurde, zeugt die → *Ideologie des »windischen« Herzogtums Kärnten/Koroška*, die – wenn auch aus politischen Gründen zur

Anton Martin Slomšek, von Peter Markovič, Öl auf Leinwand 1928, Foto Bojan-Ilija Schnabl

Josef Stefan, Denkmal im Arkadengang des Ehrenhofes der Universität Wien (Detail), Foto Bojan-Ilija Schnabl

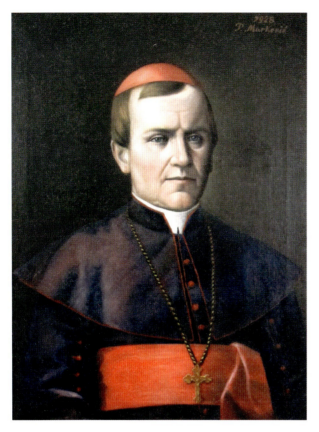

Abgrenzung der Landstände von den Bambergern – explizit auf die Rolle des Slowenischen bei der Herzogseinsetzung verwies. Und dass dies nicht nur inhaltsleere »Ideologie« war, zeugt das viersprachige Wörterbuch von Hieronymus → MEGISER oder die in einer regionalen Mikrostudie nachgewiesene → Edlingergerichtsbarkeit auf dem Gemeindegebiet von Magdalensberg/Štalenska gora am → Klagenfurter Feld/Celovško polje noch tief im 16. Jh. (→ Adelssprache). So strahlte der Humanismus, der bei den Slowenen insgesamt bereits sehr stark an die 1366 gegründete Universität → Wien gebunden war (Jurij → SLADKONJA), auch nach Kärnten/Koroška aus (Michael Gotthard → CHRISTALNIK, Gregor → FASCHANG, Johann → FASCHANG, Siegmung Freiherr von → HERBERSTEIN, Andreas → LANG, Anton → LEBAN, Hieronimus → MEGISER, CHRISTOPH → RAUBER, Paolo → SANTONINO, Bernhard → STEINER, Hans Freiherr VON → UNGNAD, Jakob → UNREST; → *Collegium sapientiae et pietatis*).

Die Dalmatinbibel behielt ihre Gültigkeit auch nach der → **Gegenreformation** und wurde von den → Jesuiten weiterhin verwendet. Einige Persönlichkeiten stehen charakteristisch für die Zeit der Gegenreformation, so Jernej → BASAR, Janez → ČANDIK, Gašpar → GLABOTSCHNIG, Tomaž → HREN, Primož → LAVRENČIČ, Matthias → PERDON, Jakob → ROHRMEISTER.

Aus der Perspektive jener Slowenen, die in der Folge über die Barockzeit hinaus im Herzogtum → Krain/Kranjska wirkten, war Kärnten/Koroška jedenfalls Teil der slowenischen **»geistigen Geografie«** (Jurij → JAPELJ, Anton Tomaž → LINHART, Janez Vajkart → VALVASOR, Žiga → ZOIS). Dabei gilt im Zeitalter des Barock der Kanaltaler Anton → KAŠUTNIK als erster Dramatiker unter den Slowenen. Mit Johann Siegmund → POPOWITSCH/POPOVIČ (1705–1774) haben die Slowenen einen weiteren barocken Eruditen von europäischem Rang, der nicht nur im Wettstreit mit dem Sachsen Johann Christoph GOTTSCHED das Süddeutsche als Grundlage für die deutsche Standardsprache durchsetzte, sondern auch explizit in seinen *Untersuchungen vom Meere* von der slowenischen, man kann durchaus sagen *ethnisch/nationalen* und *territorialen* → Identität seiner Landsleute sprach und in der Tradition und → Kontinuität TRUBARS das → »*Ethnonym Slovenci* im Slowenischen« und als Zitat im Deutschen verwendete. Im Zeitalter des → Josephinismus und der → Aufklärung bestand zudem kein staatsrechtlicher Grund in → Innerösterreich Grenzen zu suchen, wo keine waren. Ihren Anteil an der slowenischen Kulturgeschichte im Lande hatten in der Folge nicht zuletzt auch die → Illyrischen Provinzen.

Im 19. Jh., als mit den josephinischen Reformen 1784 das Deutsche bereits zur → Amtssprache erhoben worden und in seiner gesellschaftlichen Funkion gefestigt war, war die soziale Differenzierung der Sprachen endgültig rechtlich besiegelt. In jener Zeit waren es die unzähligen slowenischen **Geistlichen,** die slowenische Kulturgeschichte schrieben und eine gleichberechtigte Stellung der Sprache und Kultur noch vor den großen Verfassungsreformen der zweiten Hälfte des 19. Jh.s im Geiste des → Illyrismus einforderten (→ *Preporod*, Anton Martin → SLOMŠEK, Matija → MAJAR – ZILJSKI, Stanko → VRAZ, Andrej → EINSPIELER u. v. m.).

Das → **Schulwesen** war und ist Kernpunkt sprachlich-kultureller Anliegen seit der Zeit der ersten → Grammatiken bei den Protestanten und später bei den slowenischen Vertretern der → Aufklärung (Valentin → VODNIK) und der slowenischen Wiedergeburtsbewegung (→ *Preporod*; Oswald/Ožbald → GUTSMANN [1727–1790] oder Marko → POHLIN [1735–1801]). Ein frühestes Zeugnis der didaktischen Methode der → Immersion finden wir in der → Goldenen Bulle von 1356. Und während in Europa sozial stark stratifizierte Gesellschaften Bildung den »oberen« Gesellschaftsschichten angedeihen ließen und relativ spät die breite Bevölkerung höchstens so weit bildeten, dass sie ihren Untertanenpflichten nachkommen konnten, wirkte etwa GUTSMANN bereits im Sinne einer breiten Volksbildung mit einem höheren Streben. So war das Schulwesen ein zentrales sprachpolitisches Anliegen der slowenischen Zivilgesellschaft bereits in den letzten Jahrzehnten der Monarchie (→ *Družba sv. Cirila in Metoda,*) sowie staatlicherseits in der Zeit der SHS-Verwaltung Südkärntens (→ Schulwesen unter jugoslawischer Verwaltung in der Zone A; slowenische → Schulschwestern; → *Narodna šola*). Dieses Verständnis der Volkskultur wirkt bis heute in den Intentionen einschlägiger traditionsreicher Vereine nach (→ *Slovensko šolsko društvo*), die das Fehlen angemessener staatlicher Strukturen nach Möglichkeit wettzumachen suchen.

Von großer Bedeutung für die sprachliche und kulturelle Entwicklung war das auf den konzeptuellen Grundlagen des → *Bukovništvo* basierende **organisierte Kulturleben** der Kärntner Slowenen, dessen Anfänge nach Avguštin MALLE in die zweite Hälfte des 18. Jh.s reichen und in den 20er-Jahren des 19. Jh.s an Intensität gewannen. Sie fungierten als Gegengewicht zu den staatspolitischen Trends. Sie sind verbunden mit kulturellen Größen wie Urban → JARNIK, Anton Martin → SLOMŠEK, Matija → AHACEL und Matija → MAJAR – ZILJSKI (→ Illyrismus). Einen neuen Elan schuf das → Revolutionsjahr 1848 (→ *Slovensko društvo v Celovcu*, → *Slovanska čitalnica*). Ab den 1870er-Jahren des 19. Jh.s kam es infolge der erneuten Gewährung von Grundrechten im Rahmen der → Dezemberverfassung von 1867 zu einer Proliferation von Bildungs- und → Kulturvereinen im gesamten slowenischsprachigen Gebiet und die Liste kann nicht einmal annähernd alle Vereine erfassen: → *Bilka* (Ludmannsdorf/Bilčovs), → *Borovlje* [Ferlach], → *Brdo* (Egg im G.], → *Danica* (St. Primus/Šentprimož), → *Dobrač* (Fürnitz/Brnca), → *Edinost Pliberk* [Einheit Bleiburg], → *Edinost Šenttomaž* [Einheit St. Thomas am Zeiselberg], → *Edinost Škofiče* [Einheit Schiefling], → *Globasnica* (Globasnitz], → *Jepa* (Latschach/Loče, Petschnitzen/Pečnica), → *Kočna* (Suetschach/Sveče), → *Kostanje* [Köstenberg], → *Kot* (St. Jakob im R./Šentjakob v Rožu), → *Kotmara vas* [Köttmannsdorf], → *Lipa* (Völkermarkt/Velikovec), → *Melviče* [Mellweg], → *Planina* (Zell/Sele), → *Radiše* [Radsberg], → Schwabegg/Žvabek, → *Skala* (Grafenstein/Grabštanj), → *Srce* (Eberndorf/Dobrla vas), → *Šentjanž* [St. Johann im R.], → *Škocjan* [St. Kanzian], → *Šmihel pri Pliberku* [St. Michael ob Bleiburg], → *Trta* (Sittersdorf/Žitara vas), → *Vogrče* [Rinkenberg], → *Zarja* (Eisenkappel/Železna Kapla), → *Zila* (Achomitz/Zahomec) sowie die zahlreichen slowenischen Vereine und Kirchenchöre im → Völkermarkter Hügelland/Velikovško podgorje.

Ebenso bedeutend für die slowenische Kulturgeschichte in Kärnten/Koroška ist der weite Bereich der **Musik.** Das slowenische → Lied, das → Kunstlied, das *geistliche* → *Volkslied* und das → Chorwesen hinterließen ein Fülle von charakteristischen → Liederbüchern und *handschriftlichen* → *Liedersammlungen* von zahlreichen begnadeten Volksmusikern, die ebenso wie die *bukovniki* aus der Tradition schöpften und nach Höherem strebten (Oskar → DEV, Anton → JOBST, Josef → KATTNIG, Pavle → KERNJAK, Pavel → KOŠIR, Luka → KRAMOLC, Franc → LEDER-LESIČJAK, Anton → NAGELE, Franc → RAUTER, Jožef → TOMAŽOVEC und der Orgelbauer Ignacij → ZUPAN). Künstler wie Foltej → HARTMANN, der im KZ Dachau Sänger um sich sammelte und im wahrsten Sinne des Wortes um sein Leben sang, waren vielfach die Seelen zahlreicher Chöre und Gesangsvereine (so etwa der → *Zvezda* in Keutschach/Hodiše). Thomas → Koschat aus dem einst weitgehend slowenischen Viktring/Vetrinj popularisierte das für das Slowenische so charakteristische → Volkslied über die Landesgrenzen hinaus, wenn auch in deutscher Sprache. Die → Tamburizzamusik in den zahlreichen Tamburizzachören wurde aus einer panslawischen Motivation heraus (→ Panslawismus) zu einer weiteren typischen Ausdrucksform slowenischen kollektiven Kulturschaffens in Kärnten/Koroška, die zu einer gemeinsamen Identität beitragen sollte, ebenso wie das → Theater bzw. das → Laienspiel das auch die sprachliche Vervollkommnung unterstützte. Diesem Zwecke dienten ebenso die zahlreichen Vereinsbibliotheken und Lesehallen, die zudem die → Lesekultur heben sollten.

Biografische Forschungen. Die slowenische Kulturgeschichte umfasst zudem das weite Feld der biografischen Forschungen zu jenen Personen, die relevante kulturgeschichtliche Beiträge leisteten, wobei vielfach erst ihre Zusammenschau und die besondere slowenische kulturhistorische Perspektive neue Einblicke in gesellschaftliche Zusammenhänge erlauben.

Die Biografien der **slowenischen Bischöfe** F. X. → Luschin/Lušin, J. P. → Paulitsch/Paulič, F. K. → Kuttnar/Kutnar ebenso wie jene von I. F. → Zimmermann und A. M. → Slomšek, die alle in der ersten Hälfte des 19. Jh.s und etwas darüber hinaus wirkten, ergeben zusammen wertvolle zusätzliche Erklärungsmomente für die gesellschaftliche Stellung des Slowenischen als → Landessprache und deren Verankerung in der → Landesverfassung von 1849, die so nicht als historische Zufallserscheinung, sondern durchaus in ihrer historischen Logik erscheint. Gleiches gilt für das Wirken des Statthalters in der Funktion des Landeshauptmannes J. N. → Schloissnigg/Šlojsnik, der sich zehn Jahre institutionell für die Gleichberechtigung des Slowenischen einsetzte und in dessen Amtszeit die Genehmigung zur Gründung der → *Mohorjeva* fällt ebenso wie das Erscheinen des zweisprachigen → Landesgesetzblattes.

Zahlreich waren die kärntnerslowenischen **Politiker, → Bürgermeister** der → *Koroška slovenska stranka* und → **Abgeordnete zum Landtag**, die einen integrativen ethnopolitischen Beitrag zur gesellschaftlichen Entwicklung leisten wollten und die durch ihre Funktion bestätigten, dass das Land zwei Landesteile hatte, aber nicht → zweisprachig oder → gemischtsprachig im heutigen Sinn war. Slowenische Bürgermeister waren etwa Florijan → Ellerdsorfer (Griffen/Grebinj), Josef → Hebein (Feistritz im Gailtal/Bistrica na Zilji), Ferdo → Kraiger (Globasnitz/Globasnica), Matevž Krasnik (→ *Šentjanž*), Jurij → Kraut (Feistritz ob Bleiburg/Bistrica pri Pliberku), Mirko → Kumer-Črčej (Moos bei Bleiburg/Blato – und Vizebürgermeister von Bleiburg/Pliberk), Pavel → Miklavič (Moos bei Bleiburg/Blato), Johann → Millonig (Hohenthurn/Straja vas), Matija → Prosekar (Köttmannsdorf/Kotmara vas), Alois → Schaubach, beide Johann → Schnabls und Ferdinand → Wiegele (alle vier Hohenthurn/Straja vas) sowe Mathias → Vospernik (Wernberg/Vernberk).

Zu ihnen reihten sich Träger des Amtes des Vizebürgermeisters wie Florijan → Lapuš in St. Johann i. R./Šentjanž v Rožu, ebenso zahlreiche Gemeinderäte wie etwa Franc → Resman in Ledenitzen/Ledinca, Luka → Siencnik in Eberndorf/Dobrla vas, Andrej → Sturm in St. Thomas am Zeiselberg/Šenttomaž pri Celovcu, Josip → Vintar in St. Michael bei Bleiburg/Šmihel pri Pliberku sowie der Klagenfurter Stadtrat Bernard Gašper → Rossbacher. Eine solche Vielzahl wurde in der Folge u.a. durch Gemeindezusammenlegungen allein aufgrund der statistischen und demografischen Gegebenheiten oftmals gezielt unmöglich gemacht (→ Germanisierung, statistische). In der Biografie des Jakob → Lutschounig aus Maria Rain/Žihpolje spiegeln sich die politische Geschichte, die Assimilation und der Sprachwechsel im Land.

Ein aus der slowenischen kulturhistorischen Perspektive wenig bearbeitetes Feld biografischer Forschung bilden die **Klagenfurter Bürgermeister** früher Epochen, von denen 1588 Christoph → Windisch der erste von den Landständen berufene Bürgermeister war, zumal nicht nur eine Reihe von ihnen offensichtlich Namen slowenischer Herkunft haben, sondern die Stadt auch 1793 eine zweisprachige Marktordnung erhielt (→ Klagenfurter Marktordnung aus 1793) und sich jahrhundertelang im slowenischsprachigen Binnenland befand.

So manche Biografien **erfolgreicher Emigranten** zur Zeit der Monarchie geben Einblick in die gesellschaftspolitische Situation des Slowenischen abseits von Gemeinplätzen. So wurde Milan → Amruš, Sohn des k. u. k. Militärarztes Ivan → Amruš, Bürgermeister von Zagreb. Und der Besitzer einer der größten Bierbrauereien in Frankreich seiner Zeit, der Köttmannsdorfer Anton → Trampitsch, der 1840 geboren wurde und mit 17 sein Heim verließ, wurde in Frankreich als Slowene rezipiert und scheint in keiner → Quelle als »Kärntner« auf, sondern als Slowene. Ein Hinweis darauf, dass in jener Zeit die nationale Identität »Slowene« durchaus gefestigt war und über das eigene Kronland hinausreichte. Noch zu Zeiten der Monarchie wanderten in die Untersteiermark/Spodnja Štajerska nahmhafte Kärntner Slowenen aus und nahmen regen Anteil am gesellschaftlichen und politischen Leben. Dr. Jernej → Glančnik, gebürtig aus St. Stefan/Šentštefan bei Völkermarkt/Velikovec, zählt zu den Gründervätern des slowenischen Genossenschafts- und Bankwesens in Maribor und war einer der Erbauer des Kultur-, Vereins- und Veranstaltungszentrums *Narodni dom* [Volkshaus], das sich ethnopolitischen und identitätsverteidigenden Aufgaben widmete. Die Mitglieder der → Serajnik-Familie (Domicijan, Vater, Sohn und Enkel, sowie Franjo) exportierten gleichsam ihre kärntnerslowenischen Kulturmuster aus St. Jakob im Rosental/Šentjakob v Rožu bzw. aus St. Egyden/ Šentilj ob Dravi und gründeten und leiteten zahlreiche Chöre – wenn auch wahrscheinlich aus einer gewissen Wehmut, denn Domicijan Vater war dem deutschnationalen Druck gewichen und ausegwandert. Der Maler und Architekt Domicijan → Serajnik der Jüngste, der bereits in Slowenien geboren worden war, gestaltete u.a. Elemente der Inneneinrichtung des slowenischen Nationalversammlung (1958).

Bedeutende politische Funktionen, wie die eines **Landtagsabgeordneten**, hatten auch zahlreiche weitere slowenische Politiker inne: Rudolf → Blüml, Albert → Breznik, Lambert → Ehrlich, Gregor → Einspieler, Anton → Falle, Franc → Grafenauer (der Orgelbauer, auch Gemeinderat in Egg/ Brdo), Johann → Kazianka, Gregor → Kersche, Karl → Mikl, Vinko → Möderndorfer, Franc → Muri (auch Bürgermeister von Jezersko), Janko → Ogris, Franc → Petek, Vincenc (Vinko) → Poljanec, Ivan → Starc, Joško → Tischler, Vinko → Zwitter. Sie zeichnen noch ein Bild einer weitgehend intakten slowenischen Gesellschaft, die – abgesehen von den höchsten politischen Ämtern und höchsten Wirtschaftseliten im Land – noch ein sehr breites Spektrum bot und eben noch nicht → »Minderheit« war, und zwar weder faktisch noch rechtlich bis zum → Vertrag von Saint-Germain.

Die institutionellen Grundlagen für eine solche demokratische Vertretung und Mitgestaltung sollten in der Folge allerdings immer mehr reduziert werden. So manche wurden bereits 1920 in die → **Emigration** getrieben und hinterließen für Generationen eine geistige Lücke. So wurden Albin → Poznik Bürgermeister von Novo mesto, Fran → Schaubach Bürgermeister von → Maribor, Jurij Matej → Trunk seinerseits emigrierte in die USA und wirkte dort. Zahlreich waren auch die vertriebenen slowenischen Priester jener Zeit, von denen manche nie, andere nur sehr spät zurückkehren konnten.

Ab Juli 1914 wurden slowenische Priester wegen vorgeblicher Serbophilie systematisch verhaftet, schikaniert und unschuldig zu schwerem Kerker verurteilt (→ Internierungen 1919, I. → Brabenec). Insbesondere aber wurden ab 1918/19 über 40 slowenische Priester (sog. *Sodale*) aus Kärnten/Koroška gewaltsam vertrieben (→ *Sodaliteta*). Das bedeutete insgesamt einen äußerst schweren Verlust von Humanressourcen unter den Kärntner Slowenen und hatte nachhaltig negative Auswirkungen für das ganze Volk bzw. die Volksgruppe im Land (→ Vertreibung 1920). Zu den vertriebenen *Sodalen* zählen nach Vrečar der Gründer und Theologieprofessor Lambert → Ehrlich, die Gründungsmitglieder Janko → Arnejc (Präfekt des → Marianums), Janko → Maierhofer (Pfarrer von Poggersdorf/Pokrče), Franc → Cukala (Kanonikus in Maria Saal/Gospa Sveta und später Generalvikar der Diözese → Maribor), ebenso Franc Lasser (Religionslehrer in Völkermarkt/Velikovec) und Matej → Ražun (Gründer der slowenischen Privatschule in St. Peter/Šentpeter bei St. Jakob im Rosental/Šentjakob v Rožu), Franc → Smodej (Redakteur der christlichsozialen Wochenzeitung → *Mir*), Janko Arnuš (Erbauer eines der ersten Arbeiterheime in Unterloibl/ Podljubelj 1908), Franc Ksaver → Meško, Gregorij → Rozman (der spätere Bischof von Ljubljana), Franc → Treiber (Gründer der slowenischen Privatschule in St. Ruprecht bei Völkermarkt/Šentrupert pri Velikovcu [→ *Narodna šola*]), Jurij → Trunk und Josip Zeichen (Direktor der Druckerei der → *Mohorjeva*). Diese »ethnische Säuberung« sollte sich kaum 20 Jahre später systematisch unter der Nazi-Gewaltherrschaft wiederholen.

Insbesondere im 19. Jh. war allerdings Kärnten/ Koroška als historischer Teil → Innerösterreichs auch politisch eng mit den übrigen innerösterreichischen Ländern verbunden, wie dies die zahlreichen Biografien slowenischer **Politiker aus den anderen slowenischen** → **Kronländern** zeigen (Janez → Blei-

Weis, Anton → Korošec, Janez Evangelist → Krek, Vladimir → Ravnihar, Valentin → Rožič, Franc → Smodej, Lovro → Toman, Josip → Vošnjak, Valentin → Zarnik). Ivan → Žolger sollte als einziger Slowene in einer habsburgischen Regierung noch kurz vor dem Zusammenbruch der Monarchie als Minister ohne Portefeuille eine neue, die nationale Frage lösende Verfassung schreiben, doch verlor auch er jegliche Hoffnung auf eine Reformfähigkeit des Staates, und das weitere Schicksal der Kärntner Slowenen, die einem systematischen Assimilations- und Germanisierungsdruck ausgesetzt waren, sollte ihm recht geben. Die Statistiken der → Sprachenzählungen sprechen für sich.

Zahlreich sind auch jene **Politiker kärntnerslowenischer Herkunft**, die dem gesellschaftlichen Druck nicht standhielten und sich im Laufe ihres politischen Lebens aufgrund der soziolinguistischen und politischen Verhältnisse solchen Lagern anschlossen, die in der extremsten Form die Existenzberechtigung des Slowenischen im Land negierten (M. → Abuja, J. → Lutschounig, J. → Seebacher, V. → Schumy). Sie bestätigen, dass es aufgrund eines allgegenwärtigen → Assimilationszwanges jener Zeit keinerlei Möglichkeiten des gesellschaftlichen Aufstiegs und der politischen Partizipation auf Landesebene gab bzw. dass slowenisches → Identitätsbewusstsein und gesellschaftliche Mitgestaltung auf Landesebene einander ausschlossen.

Jakob → Scheliessnigg und Matthias → Rulitz ihrerseits stehen noch außerhalb des ethnopolitischen Konfliktes, der erst nach ihrer Zeit das Land überrollen sollte.

Schließlich seien die zahlreichen **akademischen Künstler** ab der zweiten Hälfte des 19. Jh.s genannt, die ihrerseits das künstlerische Antlitz des Landes mitprägten, wenn dieses auch schon lange nur mehr am Rande mit den europäischen zeitgenössischen Strömungen mithalten konnte. Der akademische Maler Peter → Marković (1866–1929) schwankt zwischen einer allgemein verständlichen, fast folkloristisch anmutenden warmen Bildsprache und einer im Altarbild von Dolina/Dolina durchscheinenden Stimmung, die bereits von der gesellschaftlichen Kälte des beginnenden 20. Jh.s geprägt ist. Der slowenische Krainer Bildhauer Alojzij → Progar (1857–1918) und Andrej → Cesar (1824–1885) stehen für die Ausstrahlung des krainisch-slowenischen Raumes und für die Wechselbeziehungen zwischen den deutschsprachigen und slowenischsprachigen Ländern. Der klassische friaulische Maler neonazarenischer Ausrichtung Jacobo → Brollo (1834–1918), der vornehmlich im slowenischsprachigen Raum wirkte, integrierte sich gänzlich im noch slowenischsprachigen Land bzw. Landesteil, wie es seine slowenischen → Inschriften und Kyrill-und-Method-Darstellungen in Sakralbauten im → Klagenfurter Feld/Celovško polje beweisen. Wie weit die Ethnizität für die Maler slowenischer Herkunft im Rahmen des Viktringer Künstlerkreises (*Vetrinjska šola umetnikov* oder *Vetrinjski krog*) um die Textilindustriellen-Familie, beginnend mit Eduard von Moro (1790–1846), ein Teil des Selbstverständnisses oder ein positiv besetztes Thema war, wird in der Literatur nicht einmal thematisiert – am ehesten noch beim Landschaftsmaler Markus → Pernhart (1824–1871), kaum oder gar nicht bei dessen Künstlerkollegen Josef → Possod/Posod (1802–1830) und dem Ferlacher Anton → Gregoritsch (1868–1923), der in der Folge in München wirkte. Bezeichnend für die Rezeption in der Kunstgeschichte ist, dass das gesamtgesellschaftlich zentrale Thema der Identität und Sprache – auch des → Sprachwechsels und der Assimilation bzw. des → Assimilationszwangs – als Voraussetzung für den gesellschaftlichen Aufstieg kaum thematisiert wird. So auch nicht bei den Künstlern des Nötscher Kreises (*Čajnska šola umetnikov* oder *Čajnski krog*) **Franz → Wiegele** (1887–1944) und Sebastian Isepp (1884–1954), die gebürtige Nötscher waren und die in einer Zeit geboren waren, in der der Ort und die Pfarre Nötsch/Čajna im → Gailtal/Zilja noch weitgehend slowenischsprachig waren. Für Franz Wiegele ist belegt, dass er im Alltag slowenisch im Gailtaler slowenischen Dialekt sprach, d.h. dass er Slowene war. (Dass damals die Modernität der k. u. k. Reichs- und Residenzhauptstadt Wien und anderer Metropolen des Expressionismus eine besondere Attraktivität ausstrahlten, scheint evident, ebenso wie die Tatsache, dass die expressionistische Malerei, die eben nicht mit den Mitteln der Sprache wirkt und diese sogar obsolet erscheinen lässt, u. a. auch Ausdruck des Zeitgeistes ist.) Jedenfalls lassen sich in den wenigen Künstlerbiografien auch Hinweise auf die gesellschaftlichen Verhältnisse und Wandlungsprozesse ausmachen, die wiederum das künstlerische Wirken und die Kunst beeinflussten. Das künstlerische Werk des Malerpriesters Auguštin → Čebuls harrt noch der kunsthistorischen Analyse.

Insgesamt von Bedeutung für die slowenische Kulturgeschichte im Land ist der weite Bereich der

künstlerischen Manifestationen und Kunstwerke
im Südkärntner, heute zweisprachigen Gebiet, weil sie eben im weitgehend geschlossenen slowenischen Sprachgebiet entstanden sind, auch wenn sie vielfach interkulturelle Beziehungen manifestieren (→ Inkulturation, → Bildstock, → Chronogramm, → Kreuzweg). Leider werden diese in der einschlägigen fach- und populärwissenschaftlichen Literatur vielfach nicht behandelt, auch dort, wo etwa slowenische → Inschriften einen deutlichen sprachlich-kulturellen Bezug aufzeigen. Noch Ende des 20. Jh.s (1994/95) wurde überdies, und beispielhaft sei nur dieser genannt, der einst mit slowenischen Texten in der historischen slowenischen → Schrift der Bohoričica gestaltete → Kreuzweg vom Wallfahrtsort → Maria Gail/Marija na Zilji mit einer ahistorischen zweisprachigen Textfolge versehen. Allerdings wurden andere slowenische Inschriften im öffentlichen, auch kirchlichen Raum völlig entfernt und mutwillig zerstört.

Neben den akademischen Künstlern sind es aber vor allem unzählige, regional relevante Persönlichkeiten, die als → **Kulturaktivisten** im Rahmen von zahlreichen → Kulturvereinen, Chören oder Genossenschaften einen wichtigen gesellschaftlichen Beitrag leisteten. Deren Charakteristik ist gerade, dass sie, obwohl sie als Künstler Liebhaber waren, höchste künstlerische Ansprüche an sich stellten und in ihrer Kunst weit über die in sozial hierarchisierten Gesellschaften übliche Folklore und traditionelle → Volkskunst hinausreichten. Ihr künstlerischer Anspruch ist ein Schlüssel zum Verständnis, warum die Slowenen trotz zahlreicher großer zivilisatorischer Tragödien und Traumatisierungen und trotz des eklatanten Mangels an relevanten staatlichen Einrichtungen als Sprachgruppe überlebten. Aus der Plejade verdienstvoller Persönlichkeiten »aus dem Volke«, die als → **Kulturarbeiter** und **Kulturaktivisten** wirkten, können hier nur stellvertretend für viele etwa Ivan → Brabenec (eigentlich ein geborener Tscheche), Niko → Kriegl, Marija → Inzko (geb. Einspieler), Marija → Inzko (geb. Ziherl), Mirko → Kumer-Črčej, Florian → Lapuš, Jožef → Petermann, Kristijan → Srienc, Andrej → Sturm, Alojzij → Vauti, Maria → Zwitter, Zdravko → Zwitter angeführt werden.

Insgesamt waren (und sind) das autonome Organisations- und → **Vereinswesen** sowie das → Genossenschaftswesen bzw. institutionelle Aspekte des organisierten gesellschaftlichen Wirkens von eminenter Bedeutung für die slowenische Kulturgeschichte in Kärnten/Koroška, zumal diese den Mangel an fördernden staatlichen Strukturen beheben sollten (u.a. → *Beljaško omizje* [Villacher Kreis] in → Trieste/Trst/Triest, → *Beljaško omizje* [Villacher Kreis] in Villach/Beljak, → *Društvo za zgodovino in narodopisje koroških Slovencev* [Verein für Geschichte und Ethnologie der Kärntner Slowenen], → *Družba sv. Cirila in Metoda* [Kyrill und Method Verein], → Europäischer Nationalitätenkongress, → Kärntner Ackerbaugesellschaft, → *Katoliško politično in gospodarsko društvo za Slovence na*

Franz Wiegele, Abschied von der Jugend, 1932-41, Öl auf Leinwand, 105 x 70 cm, ©: Kunstsammlung des Landes Kärnten/MMKK (Foto: Ferdinand Neumüller)

Koroškem [Katholischer politischer und wirtschaftlicher Verein für die Slowenen in Kärnten], → *Klub koroških slovenskih akademikov na Dunaju* [Klub der Kärntner slowenischen Akademiker in Wien], → *Kmečka zveza* [Bauernbund], → *Koroška slovenska stranka* [Kärntner slowenische Partei], → *Mohorjeva*, → *Podporno društvo za slovenske visokošolce na Koroškem* [Förderverein für die slowenischen Hochschüler in Kärnten], → *Slovanska čitalnica [Slovanska [Slovenska] čitavnica]* [Slawischer/ slowenischer Lesesaal] → *Slovanska Liga Katoliških Akademikov* [Slawische Liga katholischer Akademiker], → *Slovenska krščansko-socialna zveza za Koroško* [Slowenischer christlich-sozialer Verband für Kärnten], → *Slovenska prosvetna zveza* [Slowenischer Kulturverband], → *Slovenski krožek* [Slowenischer Kreis], → *Slovensko društvo v Celovcu* [Slowenischer Verein in Klagenfurt], → *Slovensko šolsko društvo* [Slowenischer Schulverein], → *Sodaliteta* [Sodalitas], → *Tabor* [Tabor], → *Trdnjava* [Festung], → *Zveza ženskih društev na Koroškem* [Verband der Frauenvereine in Kärnten]).

Daneben formierten sich die slowenischen Vertriebenen nach 1920 auch im Ersten Jugoslawien (→ Vereinswesen in Jugoslawien), bzw. wurde deren Organisationen dort traditionell in vielfältigen Einrichtungen besondere Aufmerksamkeit geschenkt (→ *Akademija slovenskih bogoslovcev*, → *Manjšinski inštitut*, → *Jugoslovenska matica*, → *Klub koroških Slovencev*, → *Legija koroških borcev*, → *Slovenska matica*, → *Slovenska straža* → *Zgodovinsko društvo v Mariboru*).

Eine Breitenwirkung entfalteten die slowenische → **Publizistik** und die zahlreichen Zeitschriften in slowenischer Sprache insbesondere ab der zweiten Hälfte des 19. Jh.s, Almanache, Kalender (→ *Koledar Mohorjeve družbe*) und → Briefmuster (u.a. → *Bogoljub*, → *Cvetje iz domačih in tujih logov*, → *Domači prijatelj*, → *Domoljub*, → *Drobtinice za novo leto*, → *Glas pravice*, → S*lovenski Glasnik*, → *Koledar Mohorjeve družbe*, → *Korošec, Gospodarski in političen list za koroške Slovence*, → *Kres*, → *Ljubljanski zvon*, → *Mir*, → *Slavjan*, → *Slovanski svet*, → *Slovenec*, → *Slovenska bčela*, → *Slovenski glasnik*, → *Slovenske večernice*, → *Slovenski čebelar*, → *Slovenski pravnik*, → *Šolski prijatelj*). Bedeutend waren auch die Zeitschriften der Plebiszitzeit und danach (→ *Hoorrruk …!*, → *Jugoslovenski Korotan*, → *Koroška domovina*, → *Koroška zora*, → *Koroški Slovenec*, → *Koroško Korošcem*, → *Mlada Jugoslavija*, → *Mladi Korotan*, → *Omladina*, → *Vzbudi se, Sloven!*). Eine eigene Stellung nehmen die slowenischen Zeitschriften antislowenischer Haltung wie der → *Štajerc* ein. Fachzeitschriften rundeten das publizistische Angebot ab (→ *Časopis za slovenski jezik, književnost in zgodovino*, → *Časopis za zgodovino in narodopisje*). Eine Sonderstellung nahmen schließlich deutschsprachige Fachzeitschriften ein, die sich mit der slowenischen Kulturgeschichte in unterschiedlichster Form befassten, so das → *Archiv für Slavische Philologie* und die → *Carinthia*, in der in der Anfangszeit noch Urban → Jarnik publizieren konnte. So manche dieser Zeitschriften befinden sich nunmehr bereits im Internet, was eine demokratische Öffnung der Forschung ermöglicht (z.B. www.mindoc.eu).

Kulturgeschichtliche Aspekte finden sich ebenso in der **Gender- und Sozialgeschichte** (→ Frauenliteratur, → Frauenfragen, → *Zveza ženskih društev na Koroškem* [Verband der slowenischer Frauenvereine], → *Frauen im ländlichen Raum*, aber auch → Gailtaler *žlahta* und Gailtaler → Nachbarschaft/*sosečina*). Bedeutend für die sich entwickelnde Stellung der Frauen in der Gesellschaft waren die zahlreichen slowenischen → Kulturvereine, in denen sie als Kulturaktivistinnen eine wichtige, aktive Rolle einnahmen. Diese Geschichte spiegelt sich in den zahlreichen Biografien von Frauen, die trotz der gesellschaftlichen repressiven Umstände in dieser oder jener Form das gesellschaftliche Leben im Land mitgestalteten (Milka → Hartman, Marija → Inzko (geb. Einspieler), Marija → Inzko (geb. Ziherl), Maria Magdalena → Knafelj-Pleiweis, Matilda → Košutnik, Amalija → Lužnik, Katarina → Miklav, Pavlina → Pajk, Louise → Pesjak, Angela → Piskernik, Flora → Rautar, Maria → Zwitter) oder dieses durch ihr Schaffen mitgestalteten, obwohl sie von außen kamen (Marija → Kmet, Zofka → Kveder, Josipina → Turnograjska).

Božena → Němcová steht als Beispiel der intensiven slowenisch-tschechischen Beziehungen insbesondere seit dem 19. Jh., das auch von der **slawischen Wechselseitigkeit** geprägt war (→ Austroslawismus, → Illyrismus, → Neoillyrismus, → Neoslawismus, → Panslawismus, → Russophilie, → Slawenkongresse; → Moskau, → Prag; Matija → Majar Ziljski, Franz → Muri, Stanko → Vraz).

Für die slowenische Kulturgeschichte relevant sind ebenso Aspekte der **Wirtschafts- und Sozialgeschichte**. Von besonderer Bedeutung war das frühe → Genossenschaftswesen, das aus der → *Tabor*-Bewegung hervorgegangen war und das eine größere wirtschaftliche Autonomie und damit eine kulturelle Eigenständigkeit gewährleisten sollte, ebenso die einzelnen Proponenten dieser Bestrebungen (etwa Valentin → Janežič, Janez → Vospernik). Wirtschaftsgeschichtliche Aspekte prägten die → Binnenwanderungen und → Emigration und finden sich beispielhaft etwa auch im Lemma → Šentjanž – *Katoliško slovensko izobraževalno društvo za Št. Janž in okolico* [Katholischer slowenischer Bildungsverein für St. Johann und Umgebung] ebenso wie in den Lemmata zu den Städten, wo die nationale Frage eng mit der wirtschaftlichen Entwicklung verknüpft war: → Völkermarkt/Velikovec, → Villach/Beljak oder → Celje, → Maribor, → Slovenj Gradec.

Ein im kärntnerslowenischen Raum bisher wenig bekanntes Phänomen, das verschiedene Aspekte der slowenischen Wirtschafts- und Sozialgeschichte verbindet und das insbesondere auf die traditionelle Orientierung der Gailtaler Slowenen hin zu Trieste/Trst/Triest zurückzuführen ist, sind die temporären Arbeitsmigrantinnen, die es um die Jahrhundertwende vom 19. zum 20. Jh. nach Ägypten verschlug und die in der slowenischen Literatur als → *Aleksandrinke* [Alexandrinerinnen] bekannt sind, wobei diese literaturüblich vor allem aus dem Görzer Raum stammten. Neueste Forschungen und Dokumente belegen auch einige Gailtalerinnen – bis dato nur aus Achomitz/Zahomec – waren in Ägypten. Die Biographie des Johann → Miklautsch aus Labientschach/Labenče bei Nötsch/Čajna, der in der Zwischenkriegszeit aus wirtschaftlichen Gründen mehrfach in die USA auswanderte und schließlich zurückkehrte, ergänzt das differenzierte Bild der regionalen Wirtschafts- und Sozialgeschichte und zeigt exemplarisch deren nachhaltige Verflechtungen mit den Wirtschafts- und Sozialgeschichten anderer Räume auf.

Von zentraler Bedeutung waren für die Wirtschafts-, Sozial- und Sprachgeschichte die jeweilig geltenden **historischen Rechtsgrundlagen** bzw. das weite Feld der **Rechts- und Verfassungsgeschichte** (→ Eidesformeln, → Klagenfurter Marktordnung aus 1793, → Übersetzungen von Patenten und Kurrenden, → Oktroyierte Märzverfassung 1849, → Landesverfassung 1849, → Dezemberverfassung 1867, → Vertrag von Saint-Germain, → Wahlordnungen, → Wahlkreiseinteilungen, → Reichsgesetzblatt, → Kundmachung (1–3), → Landesgesetzblatt und darin kundgemachte zweisprachige → Ortsrepertorien bzw. → Ortsverzeichnisse).

II. Zeitliche und geografische Eckpunkte

In der historischen Perspektive stellt sich auch die Frage nach den zeitlichen und geografischen Eckpunkten der slowenischen Kulturgeschichte in Kärnten/Koroška. Zu berücksichtigen sind alle Phänomene und Prozesse der → Inkulturation oder Verflechtungen und Interferenzen mit der Welt außerhalb des regionalen Mikrokosmos (u.a. → Altkirchenslawisch, → Altladinisch, → Binnenwanderungen, → Entlehnung, → Emigration → Goldene Bulle 1356, → Graz, → Lingua franca, → Pannonische Theorie, → Reichsgesetzblatt, → Spätjansenismus, → Wien; Karl Michael → Attems, Leo → Thun Hohenstein).

Dreikopfstein/*Triglav* vom Magdalensberg/Štalenska gora, Foto Bojan-Ilija Schnabl

Vielfach spürt man in der wissenschaftlichen Literatur ein Unbehagen in Bezug auf die **Anfänge** und die Frage, ab wann man von einem slowenischen → Ethnos sprechen kann (→ Ethnogenese, → Windisch). Auch hier kann man Anleitung aus anderen europäischen Kulturgeschichten nehmen. So wie man in der französischen Geschichtsschreibung ethnisch nicht eindeutig definierte – vor allem aber nicht mit den heutigen Franzosen gleichzusetzende Karolinger, Merowinger und Kapetinger (fr. *Carolingiens, Mérovingiens, Capétiens*) – und die an sich keltischen und später romanisierten Gallier in der Kulturgeschichte berücksichtigt, ebenso berücksichtigt man in der deutschen und österreichischen Rechtsgeschichte die ethnisch mit den beiden heutigen Nationen nicht gleichzusetzenden frühmittelalterlichen Germanen, *Baivaren* (→ Bagoaria, → Altbairisch), Franken, Sachsen und deren Rechtssysteme und selbstverständlich auch die Babenberger und das literaturüblich als althochdeutsch bezeichnete Schrifttum jener Zeit, das im Rahmen der »deutschsprachigen« Literaturgeschichte mitberücksichtigt wird, wobei klar ist, dass es für heutige, nicht einschlägig gebildete Leser ohne Vorwissen kaum bzw. nicht verständlich ist. Deshalb muss eine slowenische Kulturgeschichte in Kärnten/Koroška das Themenfeld des frühmittelalterlichen → Karantanien und der → *Slovenia submersa* bzw. der slawischen Besiedelung im Ostalpenraum berücksichtigen (→ Archäologisches Bild, → Karantanisch-Köttlacher Kulturkreis, → Grabelsdorf/Grabalja vas im Frühmittelalter, → Frühmittelalterliche Kirchen in Karantanien, die *slawischen [slowenischen]* → Toponyme in der Steiermark, → Toponyme slawischer bzw. slowenischer Herkunft in Osttirol und in Salzburg, → Slowenenzehent, → Karantanische Mark, → *Ostarrichi*, → Raabtaler Slowenen).

II. Zeitliche und geografische Eckpunkte

Freisinger Denkmäler, Faksimile, Clm 6426, 78r., Bayerische Staatsbibliothek München

Klagenfurter Handschrift/ *Celovški rokopis*, KLA

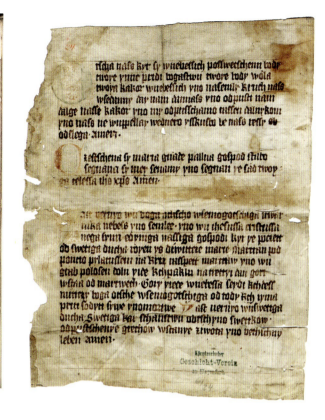

Elemente des **frühmittelalterlichen Rechtssystems**, die *karantanerslowenischen* → *Rechtsinstitutionen* und der frühen Sozialordnung (→ *Duces Carantanorum*, → Edlinger/*kosezi*, → Domitian, → Frühmittelalterliche Kirchen in Karantanien, → St. Peter am Bichl/ Šentpeter na Gori) hatten aufgrund des frühmittelalterlichen Parallelismus der Rechtsordnungen (dem sog. → Personalitätsprinzip) langfristige Folgen, wie etwa die → Fürsten- bzw. Herzogseinsetzung bis 1414 in slowenischer Sprache und auf Deutsch bis ins 17. Jh. Hinzu kommen das Siedlungskontinuum und die Toponymie (→ Orts- und Siedlungsnamen, → Bergnamen, → Gewässernamen etc.), die bis heute relevant sind. Die frühe Staatlichkeit hatte auch nachhaltige gesellschaftspolitische und rechtliche Auswirkungen (→ Windische Ideologie des 16. Jh.s, → Edlingergerichtsbarkeit und → Edlingerdienste im Gemeindegebiet von Madalensberg/Štalenska gora, → Edlinger-Gemeinschaftswald am Christofberg/Krištofova gora). Nicht zuletzt gehört dazu die → Kontinuität in der Sprache (→ Slowenisch in Kärnten/Koroška). Diese hat bis heute Spuren in der Toponymik bis hin nach Osttirol oder in den Salzburger Lungau hinterlassen sowie Sprachreste außerhalb Südkärntens (→ Sprachgrenze; → Sprachgrenze im 18. Jh.; → Kolonisierung, mittelalterliche).

Literaturüblich unbestritten ist, dass die → **Freisinger Denkmäler**, die ältesten slawischen Schriftdenkmäler in lateinischer Schrift, bereits dem Slowenischen zuzuzählen sind. Sie wurden gegen Ende des karantanischen Staatswesens Ende des 10., Anfang des 11. Jh.s niedergeschrieben (→ Abraham, Bischof von Freising). Sie dienten pastoralen Zwecken bei der → Christianisierung der Karantaner (→ *Carantani*), die mit Unterbrechungen durch Aufstände (→ *Carmula*) ab Mitte des 8. Jh.s einsetzt, und wurden schon vor ihrer Niederschrift mündlich tradiert (→ Iro-schottische Mission, → Modestus, → Virgil). Jež datiert die Entstehungszeit der mündlich tradierten Texte in die Mitte des 9. Jh.s Da also das frühmittelalterliche Fürstentum Karantanien eng mit der ersten Niederschrift in einer frühen Form des Slowenischen (→ Altslowenisch, → Karantanerslowenisch) verbunden ist, muss es in einer interdisziplinären slowenischen Kulturgeschichte berücksichtigt werden. Bereits B. → Grafenauer sprach deshalb im Slowenischen von der Christianisierung der Slowenen.

Sind die (geschriebenen) *Freisinger Denkmäler* dem Slowenischen zuzuschreiben, dann verwendeten jene, die diese niedergeschriebene Sprache sprachen, eben eine frühe Form des Slowenischen (→ Altslowenisch,

→ Karantanerslowenisch). Der Sprache nach waren sie also Slowenen, **dem Staatswesen nach Karantaner**, ab 976 **Kärntner** oder mit einer weiteren regionalen bzw. *territorialen* → *Identität* behaftet. Vielfache und Parallelidentitäten ziehen sich seit jener Zeit wie rote Fäden durch die slowenische Kulturgeschichte. Dabei ist unbestritten, dass man in jener frühen Zeit nirgendwo in Europa von modernen Nationen bzw. von Nationen im heutigen Sinn sprechen kann. Man denke an die italienischen Stadtstaaten und deren identitäre Rivalitäten oder an den identitären Zwiespalt des *valenciano* zwischen *catalan (català)* und *castellano*. Und ebenso folgte dem → karolingischen Staatsbildungsprozess mit Höhen und Tiefen ein jahrhundertelanger Prozess der Regionalisierung. Jedenfalls Slowenisch im Sinne von Sprache war die von → Johann von Viktring beschriebene Herzogseinsetzung sowie das berühmte → *Buge waz primi gralva Venus* von Bernhard von Spanheim aus dem Jahr 1227, das der → Minnesänger Ulrich von Liechtenstein im autobiografischen Versroman *Frauendienst* niederschrieb, ebenso wie später die slowenischen Zitate in den Gedichten des Oswald von Wolkenstein (1377–1445). Auch wird man aus historischen Gründen → Hermannus de Carinthia (geboren um 1111), der von Cluny bis Spanien wirkte und sich mit dem Koran befasste, in der slowenischen Kulturgeschichte mitberücksichtigen.

Aus kulturologischer Sicht können auch die frühmittelalterlichen oder **stammesrechtlichen Rechtsinstitutionen** (→ Fürsteneinsetzung, → Edlinger/*kosezi*), die weit ins Hochmittelalter reichen, insbesondere mit dem rechtshistorischen Erklärungsmodell des → **Personalitätsprinzip** verstanden werden, weil sie mit dem bereits entwickelten Feudalsystem nicht konkordant waren. Ebenso können neuere Entwicklungen in Staats- und Gesellschaftswesen ohne die vorausgehenden historischen Abläufe nicht erklärt werden (→ Dialektgruppen, → Protestantismus, → Trubar, → Dalmatinbibel, → Revolutionsjahr 1848, → *Zedinjena Slovenija*).

Allgemein literaturüblich wird nunmehr eine → **Kontinuität** zwischen spätantikem Norikum, dessen Kirchenprovinzen und dem Fürstentum Karantanien angenommen (→ Terminologie, christliche; → Altladinisch; → Walchen; → *Tabula peutingeriana*). Ebenso ist die rechtliche, sprachliche und »ethnische« Kontinuität zwischen Karantanien bzw. dessen, wie Stefan Eichert sie hic loco nennt, slawischer »Staatssprache« mit den staatsrechtlichen Epochen danach ein plausib-

Chronogramm in St. Magdalena/sv. Magdalena, rechter Seitenaltar, Foto Tomo Weiss

les und logisches Erklärungsmodell für die kulturhistorischen Prozesse. Deshalb ist für die slowenische Kulturgeschichte auch die Phase seit der Besiedelung Ende des 6. Jh.s (→ Innichen) und der Festigung des Fürstentums Karantanien und seiner → *duces Carantanorum*, der → *carmulae*, über den → Ljudevit-Aufstand und der Einführung der Grafschaftsverfassung relevant. Denn sie zeitigte in der Folge aufgrund des → Dialekt-, Siedlungs- und Rechtskontinuums über die Errichtung des Herzogtums Kärnten/Koroška 976 hinaus Nachwirkungen, was sich auch in der kulturellen Entwicklung des Landes spiegelte.

Dabei ist zu berücksichtigen, dass die slowenische → **Ethnogenese** nicht wie in Frankreich linear verlief, wo das Staatswesen – abgesehen von den lange Zeit diskriminierten Regionalsprachen – eine Staatsnation und das Konzept des modernen Nationalstaates (*Etatnation*) hervorbrachte. Die Ethnogenese der Slowenen ist seit früher Zeit von zahlreichen politischen Veränderungen und territorialen Teilungen und Brüchen gekennzeichnet (→ Karantanien, → Karantanische Mark, → Kärnten/Koroška, → Innerösterreich, → Illyrische Provinzen). Trotz der gleichen Sprache führten diese zu vielfachen regionalen, territorialen und staatlichen (Parallel-)Identitäten und Selbstbezeichnungen (→ Name und Identität). Lediglich zu Kroatien und insbesondere zum Kajkavischen hin (→ Wiener Schriftsprachen-Abkommen) führten frühe historische Grenzen verschiedener Staatswesen zur Heranbildung unterschiedlicher nationaler Identitäten trotz des Dialektkontinuums der sudslawischen Sprachen insgesamt. Unbeirrt davon legte Trubar sein protestantisches Wirken überregional an, indem er den gesamten slowenischen Sprachraum einbezog (→ Protestantismus, → Agoritschach/Zagoriče, → Dalmatinbibel) und apostrophierte seine Landsleute mit »moji liubi

Wappen des Königreiches Illyrien

Landesgesetzblatt 1859
Titelblatt II Teil/razdel b

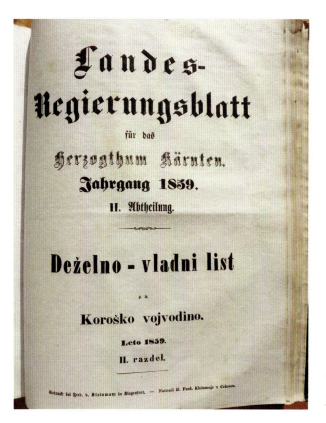

Slovenci« [meine lieben Slowenen]. Damit fixierte er endgültig das → Ethnonym *Slovenci* im Slowenischen. Im Deutschen verwendete er den damals üblichen Begriff → *windisch*, den man heute mit *slowenisch* übersetzt (das → Ethnonym *Slowene* im Deutschen kam aufgrund der Sprachentwicklung im Deutschen später auf). Ähnliches gilt für den barocken Eruditen → Popowitsch/Popovič (siehe oben).

Formal haben die Slowenen in den innerösterreichischen Ländern als konstitutive Völker eine neuzeitliche **moderne Verfassungsgeschichte**. Diese verläuft parallel zur österreichischen bzw. kann als Teil dieser gesehen werden. Die frühkonstitutionelle Periode beginnt mit der Pillersdorf'schen Verfassung von 1848 und dem darauf folgenden Kremsierer Entwurf (Entwurf von Kroměříž), zumal diese zum Kanon der österreichischen Verfassungsgeschichte zählen. Insbesondere umfasst sie die in der Folge erlassene → Oktroyierte Märzverfassung von 1849 mit ihren grundlegenden und vielfach bis heute relevanten Innovationen zur Modernisierung des Staatswesen (die auch strukturelle, nachhaltige ethnopolitische Auswirkungen zeitigte) sowie die auf dieser beruhenden und in der slowenischsprachigen wie auch deutschsprachigen Literatur nicht bis kaum diskutierten und terminologisch wie auch konzeptuell bis dato wenig rezipierten → Landesverfassungen von 1849/50 – den einzigen habsburgisch-österreichischen Landesverfassungen, die den Slowenen (bzw. den jeweils beiden im Lande lebenden Völkern) den Status als konstitutive Völker (→ »Volksstamm«) explizit im Grundsatzartikel 3 eine Gleichberechtigung zuerkannten. Die frühkonstitutionelle Periode wird mit dem Inkrafttreten des Silvesterpatents vom 31. Dezember 1851 beendet.

Die einschlägige literaturübliche, slowenischsprachige/slowenische historische Terminologie, die von der »Verfassungsperiode« (→ *ustavna doba*) ab 1860/61 (Oktoberdiplom 1860 und Februarpatent 1861) spricht und davor den Bach'schen Absolutismus und das Revolutionsjahr 1848 setzt, ist terminologisch im interkulturellen Wissenschaftsdialog problematisch, bzw. unbrauchbar, weil die ihr zugrunde liegende **Periodisierung** konzeptuell irreführend ist, zumal sie die Zeit von 1849 bis einschließlich 1851, der formellen Geltungsdauer der → Oktroyierten Märzverfassung, außer Acht lässt. Mit dieser zentralstaatlich ausgerichteten Verfassung erhalten die → Kronländer eine den modernen österreichischen »Bundesländern« eher vergleichbare staatsrechtliche Stellung ohne völkerrechtlich relevante Souveränitätsrechte. Die Bestrebungen für ein »Vereintes Slowenien« (→ *Zedinjena Slovenija*) werden damit materiell und verfassungsrechtlich untergraben und präjudizieren langfristig die weitere staatliche Zugehörigkeit Kärntens. Das ist gleichzeitig auch ein Erklärungsansatz für die unterschiedliche Periodisierung der politischen und staatsrechtlichen Geschichte, wie sie in der unterschiedlichen Terminologie zum Ausdruck kommt.

Diese moderne Verfassungsgeschichte ist in der Folge von der Tatsache gekennzeichnet, dass die → Dezemberverfassung von 1867 vielfach systematisch unterlaufen wurde und Grundrechte, auch die auf → Amtssprache, gezielt nicht gewährt wurden – was nicht nur die Slowenen betraf und schließlich zum Untergang der Monarchie wesentlich beitrug. Das gesetzlich geregelte → Schulwesen untergrub rechtlich legitimiert die verfassungsmäßig gewährleisteten Grund- und Menschenrechte, da die gesetzlichen Bestimmungen zum sog. utraquistischen Schulwesen die Germanisierung als materielles Unterrichtsziel festschrieben, da das Slowenische nur so weit unterrichtet werden sollte, bis die Schüler ausreichend Deutsch konnten, um dem Unterricht in Deutsch zu folgen.

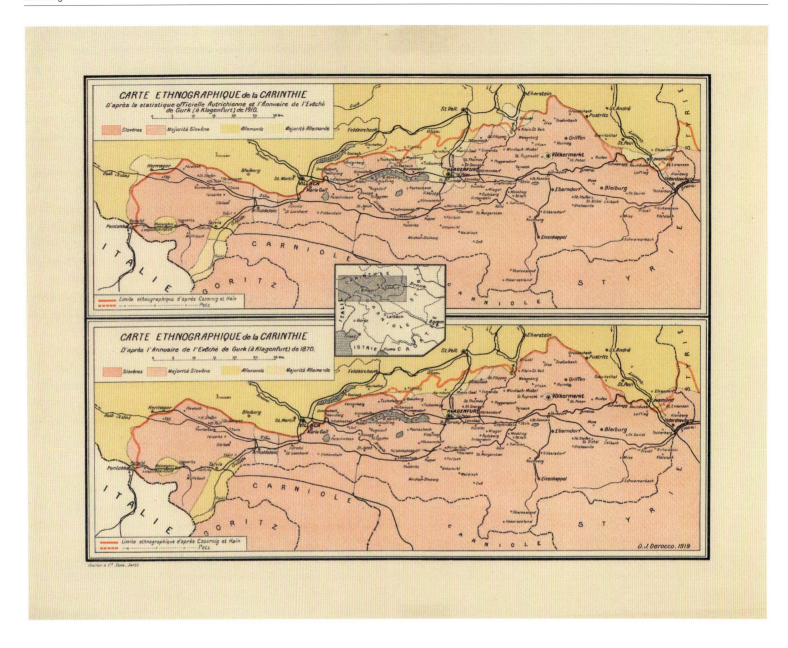

Kombinierte Darstellung der Sprachgrenze 1870–1910, NUK

Mit dem → Vertrag von Saint-Germain wird der verfassungsrechtliche Status der Slowenen in Österreich grundlegend verändert und sie werden zur → »Minderheit«. Am Rande sei erwähnt, dass die ständestaatliche Maiverfassung aus 1934 formal den Status der Slowenen nicht verschlechterte. Erst mit dem → »Anschluss« von 1938 und dem → »Generalplan Ost« kommt es zur ethnozidären und genozidären Negation des Existenzrechtes der Slowenen, die in → »ethnische Säuberungen« und in die → Verfolgung slowenischer Priester ab 1938 sowie in die massiven geplanten und teilweise durchgeführten → Deportationen 1942 mündete. Besonderen Verfolgungen wurden auch die slowenischen → Zeugen Jehovas vom NS-Regime ausgesetzt, die aufgrund ihres konsequenten religiösen, antimilitaristischen und kriegsdienstverweigernden Bekenntnisses sowie als Slowenen Opfer waren (→ Uran, Anton). Die Wiedererrichtung Österreichs nach dem Krieg, in deren Zusammenhang vielfach der entscheidende Beitrag der slowenischen → Widerstandsbewegung erwähnt wird, hat auch verfassungs- und völkerrechtliche Folgen, was 2005 durch eine Verfassungszielbestimmung zum Schutz und zur Förderung der autochthonen österreichischen Volksgruppen ergänzt wird (Art. 8/2 BVG). Auf die aktuelle Landesverfassung hatte dies jedoch bis dato (Mai 2014) – aus verfas-

Kreuzwegstation in Poggersdorf/Pokrče, Foto Bojan-Ilija Schnabl

sungsrechtlicher Sicht wenig nachvollziehbaren Gründen – noch keine Auswirkungen, die Slowenen werden darin nicht genannt, sie werden nur durch eine Negativformulierung bedacht, was nicht dem Geiste des Art. 8/2 aus 2005 entspricht, während in jüngerer Zeit der Umweltschutz als positiv formulierte Verfassungszielbestimmung in die Kärntner Landesverfassung sehr wohl aufgenommen wurde. Im Oktober 2015 wurde im zuständigen Landtagsausschuß für Recht, Verfassung, Europa, Volksgruppen, Bildung, Personal und Immunität ein Mehrheitsbeschluß zur Abänderung der Kärntner Landesverfassung gefasst (sog. Punktuationen), wonach die Landesregierung beauftragt wird, dem Landtag einen Änderungsvorschlag vorzulegen. Darin soll es nun heißen: »Das Land Kärnten bekennt sich zu seiner gewachsenen sprachlichen und kulturellen Vielfalt. Sprache und Kultur, Traditionen und kulturelles Erbe sind zu achten, zu sichern und zu fördern. Die Fürsorge des Landes und der Gemeinden gilt den deutsch- und slowenischsprachigen Landsleuten gleichermaßen.«

Nicht zuletzt liegt die Bedeutung einer modernen Kulturgeschichte, die sich mit dem Slowenischen in Kärnten/Koroška befasst, insbesondere darin, dass diese aufgrund der spezifischen politischen Geschichte der → **Germanisierung** vielfach bewusst ignoriert wurde. Die **deutschnationale Ideologie**, wie sie der Historiker Martin → Wutte in der → Windischentheorie formulierte, hatte vielfach negative Auswirkungen auf die wissenschaftliche Forschung (→ Kranzmayer, → Lessiak, → Lexer). In → Grabelsdorf/Grabalja vas wurden seit der Zwischenkriegszeit archäologische Forschungen unternommen, doch bezeichnenderweise erst in jüngerer Zeit → »slawische« Artefakte gefunden. Zuvor war alles keltisch oder römisch – nur nicht verbunden mit der slowenischen Kulturgeschichte. »Alles, nur nicht slowenisch«, könnte man sagen. Aus humanistischer Sicht erschreckend ist, mit welcher »wissenschaftlichen« Akribie bereits im Rahmen des → »Generalplans Ost« die Völkervernichtung geplant wurde, die auch die Slowenen unmittelbar betraf. Erschreckend auch, dass sich Wissenschafter in den Dienst des NS-Mörder- und Verbrecherregimes begaben. (Der Slawist Viktor Paulsen [→ »Entethnisierung«] beteiligte sich als Angehöriger der SS an Plünderungen osteuropäischer Archive, was als Grundlage für »ethnische Flurbereinigungen«, also für → »ethnische Säuberungen« herangezogen wurde). Die ideologische Belastung bezog sich vor allem aber auch auf unbewusste Denkmuster der Forscher, sowie jener, die die entsprechenden Einrichtungen legitimierten und finanzierten, da auch die Wissenschaft und die Wissenschafter kognitiven Dissonanzen unterliegen (→ Geschichtschreibung und kognitive Dissonanzen; → Zweisprachigkeitsideologie). So hatten so manche der »Wissenschafter« nach dem Zweiten Weltkrieg angesehene Stellungen in Kärnten/Koroška, so dass es systemisch bedingt erscheint, dass noch Ende 2011 in der inzwischen abgebauten ständigen Ausstellung des Kärntner Landesmuseums im 1. Stock kein einziges Mal das Wort »Slowene« oder »slowenisch« vorkam. Jedenfalls bildete die slowenische Kulturgeschichte im Land kein systemisches Betrachtungselement – ganz im Unterschied zum Burgenländischen Landesmuseum, das alle im Lande lebenden Volksgruppen umfassend integriert. Die intensive Zusammenarbeit mit zahlreichen einst gewiss belasteten Landesinstitutionen im Rahmen der vorliegenden Edition weist hingegen neue, wissenschaftlich relevante Perspektiven auf, die auch dem Verfassungsauftrag zum Erhalt und zur Förderung der österreichischen Volksgruppen der Bundesverfassung entsprechen und zukunftsweisend sind.

In einer vermeintlichen regionalhistorischen Perspektive negierten die Vertreter der deutschnationalen Ideologie in Kärnten/Koroška weitgehend bzw. im größten möglichen Ausmaß alles Slowenische im Land und billigten diesem höchstens die **Stellung einer inkohärenten Zufallserscheinung der Geschichte** zu. Diese ideologisierte Geschichtsschreibung wird bei der Frage der historischen → Kontinuität offensichtlich. Während im Zusammenhang mit der Kontinuität zwischen dem spätantiken römischen Reich und den slawisch-awarischen »Alpenslawen« (→ Alpenslawisch) Letztere sehr rasch unter fränkischer Herrschaft vermutet werden, war das karantanisch-slowenische Rechts-, Sprach-, Dialekt- und Siedlungskontinuum lange Zeit nicht Forschungsobjekt und somit nicht oder kaum existent. Das so vermittelte Geschichtsbild reduzierte sich auf: Antike (Römer/Kelten) – Völkerwanderung (amorphe Alpenslawen) – fränkisch-bairische Oberhoheit (als deutsch interpretiert) – politische Forderungen der Slowenen im 19. Jh. (wenn überhaupt) – Abwehrkampf (→ Grenzfrage 1918/20, → Volksabstimmung) – Erste/Zweite Republik (Kärntner Slowenen als → Minderheit, die »überzogene«, weil nicht begründete Forderungen stellt). Damit wird auch eine suggestive und deutsch-ideologisch motivierte Ethnisierung der Geschichtsschreibung (→ »Entethnisierung«, vgl. die Beispiele im Lemma) beschrieben. Diese »wissenschaftliche Gehirnwäsche« hatte auch tragische Auswirkungen in der jüngeren politischen Geschichte abseits des demokratischen und verfassungsrechtlichen Rahmens (Ortstafelsturm, Dreiparteienpakt) bzw. hatte Auswirkungen auch auf das Image des Landes außerhalb seiner Grenzen. Das wiederum begründet die Notwendigkeit einer spezifischen, integrativen slowenischen Kulturgeschichte in Kärnten/Koroška.

Die politisch intendierte → **Germanisierung und systematische Assimilationspolitik** der autoritären Regimes (→ Assimilation, dort PTBS), die aber auch von den demokratisch legitimierten Einrichtungen nicht verhindert wurden (oder werden konnten), führten zudem zu einer teilweise systematischen obrigkeitlichen **Zerstörung des materiellen sowie immateriellen slowenischen kulturellen Erbes** im Land. Auch das untermauert die Bedeutung von weiteren Forschungen zur spezifischen slowenischen Kulturgeschichte im Zusammenhang mit politischer Verfolgung, ebenso wie die systematische → Vertreibung der slowenischen Intelligenzija 1920, die von langer Hand geplanten ethnozidären → Deportationen 1942 (Ver-

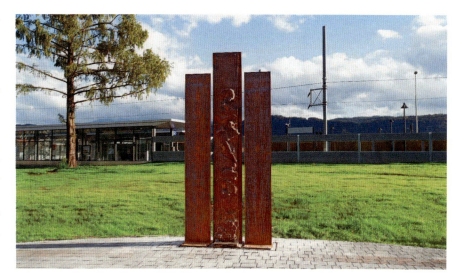

Denkmal der slowenischen Deportierten 1942, Ebenthal/Žrelec (2012)

trauliches Rundschreiben von MAIER-KAIBITSCH für den Kärntner Heimatbund vom 7. Oktober 1938, mit dem die Bekanntgabe von 3–6 führenden Slowenen pro Gemeinde gefordert wurde; HITLER-MUSSOLINI-Abkommen vom 21. Oktober 1939, betreffend u.a. die Umsiedlung der Kanaltaler nach Kärnten/Koroška, und Anordnung von Heinrich HIMMLER vom 25. August 1941, Nr. 46/I). Gleiches gilt für die Diskriminierungen bis hin zum Verbot der slowenischen Sprache und der slowenischen Kulturvereine sowie der Zerstörung der Vereinsbibliotheken (nach Janez STERGAR wurden über 80.000 slowenische Bücher und Druckwerke aller Art der slowenischen Kulturvereine verbrannt oder vernichtet, so jene des *Katoliško slovensko izobraževalno društvo za* → *Šmihel in okolico* [Katholischer slowenischer Bildungsverein für St. Michael ob Bleiburg und Umgebung]). Hinzu kommt auch die systematische Zerstörung von Denkmälern, die von besonderer Bedeutung für die slowenische Kulturgeschichte sind bzw. waren (wie etwa die Malereien und slowenischen → Inschriften eines Jacobo → BROLLO oder → Grabinschriften).

Jedenfalls sollte es noch lange nach Ende des Holocausts und des Krieges dauern, um diese Ideologie vollends zu überwinden. Die angeführten positiven jüngeren Beispiele mögen jedenfalls zukunftsweisend sein.

Im Hinblick auf die Ethnogenese und somit die slowenische Kulturgeschichte waren die gemeinsame slowenische Sprache, die gemeinsame → Liturgiesprache sowie die mythologische Bedeutung der frühen Staatsgeschichte immer verbindende Elemente, die die Brüche im ethnogenetischen Prozess überwanden und

Das vom Rat der Kärntner Slowenen/Narodni svet koroških Slovencev promovierte Wappen der Kärntner Slowenen mit dem historischen etatistischen Rechtsdenkmal, dem Fürstenstein/knežji kamen

eine Kontinuität zuließen. In Kärnten/Koroška umfasst daher die slowenische Kulturgeschichte die Zeit und den Raum seit der frühen Besiedlung und insbesondere seit der Entstehung der mündlichen Textvorlagen der *Freisinger Denkmäler*. Jene Bereiche der historischen slowenischen → Kulturlandschaft, in denen ein über die Jahrhunderte verlaufender → Sprachwechsel stattgefunden hat, werden aus der historischen Perspektive berücksichtigt (→ Ortsrepertorium 1860, 1880, 1883, 1918, → Sprachgrenze, → Sprachenzählung).

Quellen: Vertrauliches Rundschreiben von MAIER-KAIBITSCH für den Kärntner Heimatbund Klagenfurt vom 7. Oktober 1938, mit der Bitte um Bekanntgabe von 3–6 führenden Slowenen pro Gemeinde. Faksimile in: F. Kukovica: *Moja dežela, učbenik za 4. razred dvojezične ljudske šole in glavno šolo na Koroškem*. Celovec/Klagenfurt 1996, S. 33; *Anordnung 46/1 des Reichskommissars für die Festigung des deutschen Volkstums über die Umsiedlung der Kanaltaler und die Aussiedlung von Slowenen aus Kärnten* (Berlin-Halensee, 25. August 1941). Faksimile in: ebenda, S. 36.

Lit.: vgl. die einschlägigen Lemmata, sowie R. Cefarin: *Beiträge zur Geschichte des kärntnerischen Tagesschrifttums und der Zeitschriften Kärntens, II. in slowenischer Sprache*. In: *Carinthia* (1952) 604 ff.; E. Nussbaumer: *Geistiges Kärnten. Kultur- und Geistesgeschichte des Landes*. Klagenfurt 1956; M. Zadnikar: *Med umetnostnimi spomeniki na slovenskem Koroškem. Obisk starih cerkva pa še kaj mimogrede*. Celje 1979; J. Stergar [e. a.]: *Kronološki pregled zgodovine Koroških Slovencev od 1848 do 1983*. In: Fr. Brglez [e. a.] (Hg.): Koroški Slovenci včeraj in danes. Ljubljana 1984, 233; M. Zadnikar: *Po starih koroških cerkvah*. Celovec 1984; N. Golob: *Poslikani leseni stropi na Slovenskem do sredine 18. stoletja*. Ljubljana 1988; O. Kronsteiner: *Zur Slowenizität der Freisinger Denkmäler und der alpenslawischen Orts- und Personennamen*. In: *Die Slawischen Sprachen* 21 (1990) 105–114; J. Jež: *Opombe h zgodovini slovenskega naroda a časa brižinskih somenikov*. In: Monumenta Frisingensia = Brižinski spomeniki: la prima presentazione in Italia dei Monumenti letterari Sloveni di Frisinga del X–XI secolo coevi alle prime tracce scritte della lingua italiana: con traduzione dei testi cenni di storia degli Sloveni e dati sugli Sloveni in Italia/Janko Jež; prefazione ed appendici storiche di Paolo G. Parovel; [a cura di Ariella Tasso-Jasbitz e Paolo G. Parovel]. Trieste, Firenze 1995, 91–105; P. Burke: *Was ist Kulturgeschichte?* Frankfurt am Main 2005; S. Eichert: *Die frühmittelalterlichen Grabfunde von Tamsweg-Apfelknab, Salzburg*. In: *Beiträge zur Mittelalterarchäologie Österreichs* 24 (2008) 97–110; I. Žnidaršič: *O izgonu Slovencev, organiziranosti slovenskih izgnancev, prisilnih delavcev in beguncev ter prizadevanjih za ureditev pravic do vojne odškodnine*. Ljubljana 2009; S. Eichert, R. Kastler: *Das Gräberfeld von Tamsweg-Apfelknab. Die Slawen im Lungau – Trachtkultur und Siedlungsspuren*. In: P. Husty, P. Laub (Hg.), *ARS SACRA. Kunstschätze des Mittelalters aus dem Salzburg Museum. Jahresschrift* 53 (Salzburg 2010) 253–260; S. Eichert: *Kirchen des 8. bis 10. Jahrhunderts in Kärnten und ihre Bedeutung für die Archäologie der Karantanen*. In: L. Poláček, J. Maříková-Kubková (Hg.): Frühmittelalterliche Kirchen als archäologische und historische Quellen. Internationale Tagungen in Mikulčice VIII = Spisy Archeologického Ústavu AV ČR Brno 41 (Brno 2010) 219–232; B.-I. Schnabl: *Inkulturacija, fenomen kulturnih procesov na Koroškem*. In: *Studia mythologica slavica* XV (2012) 231–246; B.-I. Schnabl: *Celovško polje, neznani zaklad osrednje slovenske kulturne pokrajine*. In: KK 2013. Celovec [201]2, 107–122; V. Gotthardt: *Slika sreča besedo*. In: *Nedelja* (27.1.2013) 12; B.-I. Schnabl: *1824 in 1849, ključni letnici za razumevanje slovenske politične in ustavne zgodovine na Koroškem*. In: KK 2014. Celovec [2013], 177–189; B. Entner: *Wer war Klara aus Šentlipš/St. Philippen? Kärntner Slowenen und Sloweninnen als Opfer der NS-Verfolgung. Ein Gedenkbuch*. Klagenfurt/Celovec 2014; M. Škrabec: *Slovenski pozdrav s Koroške, Stare razglednice pripovedujejo*. Ljubljana 2014.

Bojan-Ilija Schnabl

Alphabetische Liste der AutorenInnen/BeiträgerInnen im vorliegenden Band

Ahačič, Kozma, Ljubljana
Bahovec, Tina, Klagenfurt/Celovec
Bandelj, David, Nova Gorica
Bernard, Antonia †, Paris
Bernhard, Günther, Graz
Burger, Hannelore, Wien
Burz, Ulfried, Klagenfurt/Celovec
Cvirn, Janez †, Ljubljana
Čavič-Podgornik, Nieves, Wien
Čurkina, Iskra Vasiljevna, Moskva/Moskau
Destovnik, Irena, Ljubljana
Deželak Trojar, Monika, Ljubljana
Dolinar, Darko, Ljubljana
Domej, Theodor, Klagenfurt/Celovec
Dović, Marijan, Ljubljana
Drobesch, Werner, Klagenfurt/Celovec
Eichert, Stefan, Wien
Filipič, Hanzi, Klagenfurt/Celovec
Francé, Maja, Wien
Frankl, Karl Heinz, Wien
Furlan, Metka, Ljubljana
Gantar Godina, Irena, Ljubljana
Götz, Judith, Wien
Grafenauer, Danijel, Ljubljana
Granda, Stane, Ljubljana
Grdina, Igor, Ljubljana
Grum, Martin, Ljubljana
Hartman, Božo, Klagenfurt/Celovec
Hladnik, Miran, Ljubljana
Inzko, Marija, Suetschach/Sveče
Inzko (jun.), Valentin, Suetschach/Sveče
Jannach, Reinhold, Villach/Beljak
Jevnikar, Ivo, Trieste/Trst/Triest
Karničar, Ludwig, Graz, Ebriach/Obirsko
Kenda Jež, Carmen, Ljubljana
Kersche, Peter, Klagenfurt/Celovec
Kert-Wakounig, Sonja, Klagenfurt/Celovec
Klemenčič, Matjaž, Maribor
Klemun, Marianne, Wien
Kmecl, Matjaž, Ljubljana
Knific, Bojan, Ljubljana
Kotnik Verčko, Majda, Ravne na Koroškem
Krahwinkler, Harald, Klagenfurt/Celovec
Križnar, Franc, Škofja Loka
Kronsteiner, Otto, Samerberg/Bayern
Linasi, Marjan, Slovenj Gradec
Logar, Engelbert, Graz, Schwabegg/Žvabek
Ložar Podlogar, Helena, Ljubljana
Malle, Avguštin, Klagenfurt/Celovec
Maurer-Lausegger, Herta, Klagenfurt/Celovec
Merše, Majda, Ljubljana
Mihelič, Darja, Ljubljana
Mihurko Poniž, Katja, Ljubljana
Mlinar, Janez, Ljubljana
Nartnik, Vlado, Ljubljana
Oman, Žiga, Maribor
Perenič, Urška, Prem
Pibernik, France, Kranj
Piko-Rustia, Martina, Klagenfurt/Celovec
Pleterski, Andrej, Ljubljana
Pogačar, Tim, Bowling Green, Ohio (USA)
Pohl, Heinz Dieter, Klagenfurt/Celovec
Poniž, Denis, Ljubljana
Pronk, Tijmen, Zagreb
Rahten, Andrej, Maribor
Rajšp, Vincenc, Wien
Rustia, Peter, Trieste/Trst/Triest
Schnabl, Bojan-Ilija, Wien, Zinsdorf/Svinča vas
Schnabl, Vesna-Patricia, Wien
Schwarz, Karl W., Wien
Sereinig, Ursula, St. Jakob im Rosental/Šentjakob v Rožu
Simetinger, Tomaž, Črna na Koroškem, Ljubljana
Sketelj, Polona, Ljubljana
Slavec Gradišnik, Ingrid, Ljubljana
Smolik, Marijan, Ljubljana
Stanonik, Marija, Ljubljana
Stergar, Janez, Ljubljana
Sticker, Alois, St. Jakob im Rosental/Šentjakob v Rožu
Sturm, Boris, Bleiburg/Pliberk
Sturm-Schnabl, Katja, Wien, Zinsdorf/Svinča vas
Till, Josef, Klagenfurt/Celovec
Trießnig, Simon, Latschach am Faaker See/Loče ob Baškem jezeru
Tropper, Peter, Klagenfurt/Celovec
Vospernik, Reginald, Klagenfurt/Celovec

Vovko, Andrej †, Ljubljana
Wadl, Wilhelm, Klagenfurt/Celovec
Wakounig, Franc, Ferlach/Borovlje
Wakounig, Marija, Wien
Wakounig, Samo, Sankt Primus/Šentprimož v Podjuni
Wenninger, Markus, Klagenfurt/Celovec
Wieser, Vinko, Köttmannsdorf/Kotmara vas
Wolfram, Herwig, Wien
Wulz, Monika, Zürich
Zerzer, Janko, Klagenfurt/Celovec
Zorn, Matija, Ljubljana
Žele, Andreja, Ljubljana
Žerjal Pavlin, Vita, Ljubljana

Verzeichnis der Siglen

ABl. – *Amtsblatt der Europäischen Gemeinschaften*, http://eur-lex.europa.eu/JOIndex.do?ihmlang=de

ADB – *Allgemeine Deutsche Biographie*. Hg. Histor. Kommission der Bayrischen Akademie der Wissenschaften, http://www.ndb.badw-muenchen.de/adb_baende.htm

ADDG – Archivio diocesano di Gorizia, http://www.gorizia.chiesacattolica.it/spip.php?rubrique98

ADDU – Archivio Diocesano di Udine, http://www.archiviodiocesano.it/

ADG – Archiv der Diözese Gurk, http://www.kath-kirche-kaernten.at/dioezese/organisation/C2524

Adler – Adler, Heraldisch-genaologische Gesellschaft, Wien (seit 1870), http://www.adler-wien.at

AES – Archiv der Erzdiözese Salzburg, http://www.kirchen.net/archiv/

ALEX – Österreichische Nationalbibliothek, Historische Rechts- und Gesetzestexte online, http://alex.onb.ac.at/indcx.htm

AfSlPh – *Archiv für slavische Philologie*. Berlin; 1876–1929

AnzSlPh – *Anzeiger für slavische Philologie*. Graz: Akad. Dr.- u. Verl.-Anst.; Wiesbaden: Harrassowitz; Wiesbaden: Reichert; 1966 –, http://www.adeva.com/produkt_detail.asp?id=408

AÖG – *Archiv für Kunde österreichischer Geschichtsquellen*. Wien, Bd. 1–33, 1848–1865, Wien, k. k. Hof- und Staatsdruckerei, sowie

Archiv für österreichische Geschichte. Bd. 34–125, Wien/Graz, seit 1865, k. k. Hof- und Staatsdruckerei/Böhlau/Verlag der ÖAW.

ARS oder AS – *Arhiv Republike Slovenije*, http://www.arhiv.gov.si/

ASV – Archivio Segreto Vaticano, http://www.archiviosegretovaticano.va/en

AVA – Allgemeines Verwaltungsarchiv, http://www.oesta.gv.at/site/4984/default.aspx

AVGT – *Archiv für vaterländische Geschichte und Topographie*. Klagenfurt: Geschichtsverein für Kärnten; Weimar: Böhlau; 1849 –

B – *Besednik*. V Celovcu: A. Janežič, 1869–1878

BBKL – *Biographisch-Bibliographisches Kirchenlexikon*, Verlag Trautgott Bautz, Nordhausen, http://www.bbkl.de/

BDA – Bundesdenkmalamt, Landeskonservatorat für Kärnten, http://www.bda.at/organisation/853/Kaernten

BLKÖ – *Biographisches Lexikon des Kaiserthums Oesterreich* = Wurzbach, http://www.literature.at/collection.alo?objid=11104

BLP – M. Suhodolčan-Dolenc, M. Jukič: *Biografski leksikon občine Prevalje*. Prevalje 2005

BVG – Bundes-Verfassungsgesetz

Car – *Carinthia*. Klagenfurt: Naturwiss. Verein; 1891 –

Car I – *Carinthia: geschichtliche und volkskundliche Beiträge zur Heimatkunde Kärntens; Mitteilungen des Geschichtsvereines für Kärnten. 1, Zeitschrift für geschichtliche Landeskunde von Kärnten*. Klagenfurt: Verlag des Geschichtsvereines für Kärnten; 1891–

COBISS *oder* COBISS.SI – *Kooperativni online biografski sistem in servisi*, Ljubljana, http://www.cobiss.si/

sodelujoče knjižnice [Bibliotheken des Verbundes] http://home.izum.si/cobiss/o_cobissu/knjiznice.asp

COBISS.BH – *Kooperativni online biografski sistem i servisi*, Sarajevo, http://www.cobiss.ba/

CPK – *Centralna pravosodna knjižnica*, Ljubljana (COBISS: CPKLJ), http://www.sodisce.si/sodisca/centralna_pravosodna_knjiznica/

CRR – *Celovško/Rateški rokopis* (Klagenfurter Handschrift)

CS – Christlichsoziale Partei

CZ – *Celovški zvon*, Celovec: Mohorjeva družba, 1983–1998

ČJKZ – *Časopis za slovenski jezik, književnost in zgodovino*. Ljubljana: Prijatelji slovenske znanosti, 1918–1931

ČZN – *Časopis za zgodovino in narodopisje*. Maribor: Obzorja, 1904–, http://www.zgdmaribor.si/czn.html

DAG – Diözesanarchiv Graz, http://www.katholische-kirche-steiermark.at/dioezese/ordinariat/ordinariatskanzlei-und-archiv/dioezesanarchiv

DAW – Diözesanarchiv Wien, http://www.kirchen.net/kirchenarchive/page.asp?id=12166

Dehio (*auch* Dehio Kärnten *oder* Dehio 2001) – *Dehio-Handbuch – Die Kunstdenkmäler Österreichs – Kärnten*. Basierend auf den Vorarbeiten von Karl Ginhart. Neu bearbeitet von Ernst Bacher, Ilse Friesen, Géza Hajós, Wolfram Helke, Elisabeth Herzig, Horst R. Huber, Margarete Migacs, Jörg Oberhaidacher, Elisabeth Reichmann-Endres, Margareta Vyoral-Tschapka mit Beiträgen von Paul Gleirscher, Gernot Piccottini und Albrecht Wendel. Dritte, erweiterte und verbesserte Auflage 2001, bearbeitet von Gabriele Russwurm-Biró. Verlag Anton Schroll & Co, Wien 2001, ISBN 3-7031-0712-X.

DiD – *Družina in dom*, Celovec = Klagenfurt: Mohorjeva družba, 1949–2007, http://www.mohorjeva.at/zalozba/did/

DiS – *Dom in svet: zabavi in pouku.* V Ljubljani: Katoliško tiskovno društvo, 1888–1944

DLL – *Deutsches Literaturlexikon*, http://www.degruyter.com/view/serial/36276

DNSAP – Deutsche Nationalsozialistische Arbeiterpartei

DÖW – Dokumentationsarchiv des österreichischen Widerstandes, http://www.doew.at/

DP (NRD) – *Dobri pastirji. Naši rajni duhovniki.* (Hg. Janko Zerzer) Celovec 2006.

DPU – *Dušnopastirski urad* (Slowenisches Seelsorgeamt), Klagenfurt/Celovec, http://www.kath-kirche-kaernten.at/dioezese/organisation/C2647/

DPZ – *dekliški (pevski) zbor* [Mädchenchor]

Drobt. – *Drobtince: učitelam ino učencam, starišam ino otrokam v podvučenje ino za kratek čas.* V Celovci [etc.]: Anton Martin Slomšek, 1846–1901

DSS – *Die Slawischen Sprachen*, Salzburg: Institut für Slawistik der Universität Salzburg; Samerberg: Österreichisch-Bayerisches Zentrum für Bulgaristik; 1982–2001

Dvz – *Dr(e)ržavni zakonik in vladni list* (vgl. RGBl.)

DzKr/LGBlKr – *Deželni zakonik in vladni list za kranjsko kronovino*/Landes-Gesetz und Regierungs-Blatt für das Kronland Krain

Dzvl. – *Deželni zakonik in vladni list*

EJ – *Enciklopedija Jugoslavije*. Zagreb: Leksikografski zavod FNRJ, 1955–1971, 2. Ausgabe 1980–[1990]

ES – *Enciklopedija Slovenije*, Band 1–16. Ljubljana: Mladinska knjiga, 1987– 2002

EvC – Evangelium von Cividale, slow. *Čedajski evangeliar, Čedajski rokopis* (ČE)

FD – Freisinger Denmäler, slow. *Brižinski spomeniki* (BS)

GDVP – Großdeutsche Volkspartei

GK – *Goriška knjižnica Franceta Bevka, Nova Gorica (COBISS: SIKNG),* http://www.ng.sik.si/

GMDS – *Glasnik Muzejskega Društva za Slovenijo.* Ljubljana: Muzejsko društvo za Slovenijo, 1919–1945

GSED, Glasnik SED – *Glasnik Slovenskega etnološkega društva.* Ljubljana, http://www.sed-drustvo.si/publikacije/glasnik-sed

HDA – *Handwörterbuch des deutschen Aberglaubens*, http://www.ub.uni-leipzig.de/emedien/datenbanken-dbis/detailansicht.html?libconnect%5Btitleid%5D=6542

HHStA – Haus-, Hof- und Staatsarchiv, Wien, http://www.oesta.gv.at/site/4980/default.aspx

HRG – *Handwörterbuch der deutschen Rechtsgeschichte*, Hg. A. Erler, E. Kaufmann. Berlin 1978–

INV – *Inštitut za narodnostna vprašanja*, Ljubljana, http://www.inv.si

INZ – *Inštitut na novejšo zgodovino*, Ljubljana, http://www.inz.si/

ISJ FR ZRC SAZU – *Inštitut za slovenski jezik Fran Ramovš, Znanstveno raziskovalni center Slovenske akademije znanosti in umetnosti*, Ljubljana, http://isjfr.zrc-sazu.si/#v

JiS – *Jezik in slovstvo*. Ljubljana: Slavistično društvo Slovenije, 1955–, http://www.jezikinslovstvo.com/

JM – *Jugoslovanska matica* (Jugoslawische Organisation zur Dokumentation und Förderung der jugoslawischen Minderheiten in den Nachbarstaaten)

K – *Kreis*. Celovec: Tiskarna Družbe sv. Mohorja, 1881–1886

KA – Domkapitelarchiv

KBB – Kärntner Bauernbund, http://kaerntner.bauernbund.at/

KBS – *Klagenfurter Beiträge zur Sprachwissenschaft.* Klagenfurt 1979 –

KCMD – *Koledar (Vestnik) šolske družbe sv. Cirila in Metoda.* V Ljubljani: Družba sv. Cirila in Metoda, 1903–1933

KD – *kulturno društvo* [Kulturverein]

KEZ – *Koroški etnološki zapisi*, Klagenfurt = Celovec: Slovenski narodopisni inštitut in društvo Urban Jarnik, 1999–

KF – *Koroški fužinar*, Ravne na Koroškem: Železarna, 1951–2007

KHB – Kärntner Heimatbund

KHD – Kärntner Heimatdienst

Killy – *Killy Literatur Lexikon (Killy-LL), 2011*, De

Gruyter, http://www.ub.fu-berlin.de/digibib_neu/datenbank/metalib/titel/KOB20126.html

KK – *Koroški koledar*, hg. Slovenska prosvetna zveza. Celovec 1963

KKSAD – *Klub koroških slovenskih akademikov na Dunaju* [Klub der Kärntner slowenischen Akademiker in Wien]

KKZ – *Krščanska kulturna zveza, Celovec, Christlicher Kulturverband, Klagenfurt*, http://www.kkz.at/home_sl/

KLA – *Kärntner Landesarchiv*, http://www.landesarchiv.ktn.gv.at/214172_DE

KMD – *Koledar Družbe svetega Mohorja/Mohorjev koledar/Koledar Mohorjeve družbe v Celovcu*. Celovec: Mohorjeva družba, 1872–; V Celovcu: Družba sv. Mohora, 1874–1891 (Natisnil Janez Leon); V Celovcu: Družba sv. Mohorja, 1890–1955 (Natisnila tiskarna Družbe sv. Mohora)

KMJ – *Knjižnica Mirana Jarca*, Novo mesto (COBISS: SIKNM), http://www.nm.sik.si/si/

KnKo – *Knjižnica Kočevje* (COBISS: SIKKOC), http://www.knjiznica-kocevje.si/

KOK Ravne – *Koroška osrednja knjižnica dr. Franca Sušnika*, Ravne na Koroškem (SIKRA), http://www.rav.sik.si/

KOŽ – *Knjižnica Otona Župančiča*, Ljubljana (COBISS: SIKOZ), http://www.mklj.si/

KPD – *katoliško prosvetno društvo* [katholischer Kulturverein]

KPJ – Kommunistische Partei Jugoslawiens

KS – *Koroški Slovenec*. Dunaj = Wien; Celovec = Klagenfurt: Bohumil Sirotek, 1921–1941

KSK – *Koledar slovenske Koroške*. Celovec: izdala in založila Slovenska prosvetna zveza, 1948–1961

KSS – *Koroško slovenska stranka* [Kärntner slowenische Partei]

LB – Landbund

LGB2 – *Lexikon des gesamten Buchwesens*. Zweite, völlig neubearbeitete Auflage. Hg. von Severin Corsten u.a. Stuttgart: Anton Hiersemann 1987

LGBl. – *Landesgesetzblatt, Landesgesetz- und Regierungsblatt*

LGBlK./DzvlK. – *Landesgesetz- und Regierungsblatt fur (das Kronland Herzogthum) Kärnten/Deželni zakonik in vladni list za (kronovino vojvodino) Koroško*

LGBlKr./DzKr. – *Landesregierungsblatt für das Herzogthum Krain/Deželni vladni list za kranjsko vojvodino*

LGBlSt./DvlSt. – *Landesgesetz- und Regierungsblatt für (das Kronland Herzogthum) Steiermark/Deželni zakonik in vladni list za (kronovino vojvodino) Štajersko*

LJM – *Leksikon jugoslavenske muzike*. 2 Bd. Zagreb: Jugoslavenski leksikografski zvaod »Miroslav Krleža« 1984.

LMS – *Letopis Matice Slovenske*. V Ljubljani: Matica Slovenska, 1869–1912

LPJ – *Leksikon pisaca Jugoslavije*. Novi Sad 1972 –

LuH – Wahlliste »Landbund für Österreich (Wahlgemeinschaft des Landbundes und des Handels- und Gewerbebundes)« bzw. »Landtagsklub des Landbundes und des Hagebundes«

LWO – Landtagswahlordnung

LZ – *Ljubljanski zvon*. V Ljubljani: Tiskovna zadruga, 1881–1941

MAG – Mittheilungen der Anthropologischen Gesellschaft in Wien, Anthropologische Gesellschaft, Wien. Horn; Wien: Berger; Wien: Hölder; 1871 –

MB – *Mohorska bibliografija*. Celje: Mohorjeva družba, 1957 (v Celju: Celjska tiskarna)

ME – *Muzička enciklopedija*. 3 Bd. Zagreb: Jugoslavenski leksikografski zavod 1971–1977.

MePZ – *mešani pevski zbor* [gemischter Chor]

MGH – *Monumenta Germaniae Historica*, http://www.mgh.de/dmgh/

MGSLk – *Mitteilungen der Gesellschaft für Salzburger Landeskunde*, http://www.landeskunde.at

MINDOC – Minderheiten-Informations- und Dokumentationszentrum – Online Archivsystem/ *Manjšinski informacijski in dokumentacijski center – online arhivski system*, www.mindoc.eu

MIÖG – *Mitteilungen des Instituts für Österreichische Geschichtsforschung*, http://www.univie.ac.at/Geschichtsforschung/

MK – *Mohorjev koledar*. Celje, 1972–

MMZ – *mešani mladinski zbor, po mutacijski* [gemischter Jugendchor nach Stimmbruch] MoPZ – *moški pevski zbor* [Männerchor]

MPZ – *mladinski (pevski) zbor* [Jugendchor]

MSE – *Mala splošna enciklopedija*, Ljubljana, Beograd 1973–76

MV – *Mariborski večernik Jutra*

NDB – *Nova doba*

NDB – *Neue deutsche Biographie*, http://www.ndb.badw-muenchen.de/adb_baende.htm

NDH – *Nezavisna Država Hrvatska*

NDk – *Narodni dnevnik*

NG – *Narodna galerija*, Ljubljana, http://www.ng-slo.si/

NMS – *Narodni muzej Slovenije*, Ljubljana (COBISS: NMLJ), http://www.nms.si/
NR – *Naši razgledi*, Ljubljana: Delo, 1952–1992
NRD – *Naši rajni duhovniki: kratki orisi njihovega trudapolnega dela in življenja*. Hg. Krščanska kulturna zveza. V Celovcu 1968
NS – Nationalsozialismus, nationalsozialistisch
NSDAP – Nationalsozialistische Deutsche Arbeiterpartei
NSKS – *Narodni svet koroških Slovencev*/Rat der Kärntner Slowenen, Klagenfurt/Celovec, www.nsks.at
NŠAL – *Nadškofijski arhiv Ljubljana*, http://nadskofija-ljubljana.si/nadskofija/nadskofijski-arhiv/
NŠAMb – *Nadškofijski arhiv Maribor*, http://arhiv.nadskofija-maribor.si/index.php/de/
NT – *Naš tednik*. Celovec = Klagenfurt: Narodni svet koroških Slovencev, 1949–2003
NUK – *Narodna in univerzitetna knjižnica v Ljubljani*, http://www.nuk.uni-lj.si/
NWL – Nationaler Wirtschaftsblock und Landbund (politische Partei)
NZ – *Naši zapiski*. Ljubljana; Gorica: Slovenska socialna Matica, 1902–1922
ÖAW – Österreichische Akademie der Wissenschaften, http://www.oeaw.ac.at/
Obdobja – *Obdobja*/Filozofska fakulteta, Oddelek za slovanske jezike in književnosti, Seminar slovenskega jezika, literature in kulture. Ljubljana: Filozofska fakulteta, Oddelek za slovanske jezike in književnosti, Seminar slovenskega jezika, literature in kulture, 1979–, http://www.centerslo.net/
ÖBL – *Österreichisches biographisches Lexikon*, http://www.oeaw.ac.at/oebl/
OeML – *Oesterreichisches Musiklexikon*. Wien 2002–2006, http://www.musiklexikon.ac.at/ml?frames=yes
OeStA – Österreichisches Staatsarchiv, http://www.oesta.gv.at/
ÖGL – *Österreich in Geschichte und Literatur*, Arbeitskreis für Österreichische Geschichte; Institut für Österreichkunde, Wien. Wien: Inst. für Österreichkunde; Graz: Stiasny; Graz: Styria; Wien: Ueberreuter; Wien: Braumüller; 1957–
OHK – *Osrednja humanistična knjižnica, Filozofska fakulteta*, Ljubljana (COBISS: FFLJ), http://www.ff.uni-lj.si/1/ohk.aspx
OKC – *Osrednja knjižnica Celje* (COBISS: SlKCE), http://www.ce.sik.si/
OKK – *Osrednja knjižnica Kranj* (COBISS: SlKKR), http://www.mks.si/
OKKP – *Osrednja knjižnica Srečka Vilharja Koper - Biblioteca centrale Srečko Vilhar Capodistria* (COBISS: SIKKP), http://www.kp.sik.si/
OLA – Общеславянский лингвистический атлас, *Slovanski lingvistični atlas*, http://www.slavatlas.org/
ÖNB – Österreichische Nationalbibliothek, http://www.onb.ac.at/
ÖNf – *Österreichische Namenforschung*. Wien 1973–1980. Salzburg 1981–1986
ÖOH – *Österreichische Osthefte*, Österreichisches Ost- und Südosteuropa-Institut; Arbeitsgemeinschaft Ost. Wien; Münster: LIT-Verl.; Graz: Stiasny; Wien: Typograph. Anst.; Wien: Böhlau; Wien; Berlin; Bern; Bruxelles; Frankfurt/M.; New York, NY; Oxford: Lang; Wien: LIT-Verl.; Wien; Zürich: LIT-Verl.; Münster; Berlin; Hamburg; London; Wien: Lit-Verl.; Wien: Lang; 1959 – 2006
OPZ – *otroški (pevski) zbor* [Kinderchor]
ORF – Österreichischer Rundfunk und Fernsehen, www.orf.at
OSNP – *Odbor za nabiranje slovenskih narodnih pesmi*
OTTŮV – *Ottův slovník naučný, naučný,* auch *Ottova encyklopedie*, Prag 1888–1909, *http://moodle.fhs.cuni.cz/mod/forum/discuss.php?d=3869*
OVSBL – *Osebnosti. Veliki slovenski biografski leksikon.* 2 Bd. Ljubljana 2008.
ÖZV – *Österreichische Zeitschrift für Volkskunde*. Wien: Verein für Volkskunde; Wien: Österr. Bundesverlag für Unterricht, Wissenschaft u. Kunst; 1895–, http://www.volkskundemuseum.at/index.php?id=15
PAMb – *Pokrajinski arhiv Maribor*, http://www.pokarh-mb.si/si/index.html
PK – *Primerjalna književnost*, Ljubljana: Slovensko društvo za primerjalno književnost, 1978–
PSBL – *Primorski slovenski biografski leksikon*, http://www.sistory.si/publikacije/iskanje/?sort=&dir=&results=&search=Primorski+slovenski+biografski+leksikon
PV – *Planinski vestnik*. Ljubljana: Planinska zveza Slovenije, 1895 –
RES – *Revue des études slaves,* Paris: Institut d'études slaves: Institut d'étude et de recherche sur les nouvelles institutions et sociétés à l'Est, 1921–
RGBl. – *Reichsgesetzblatt* (ab 1849 des Kaiserthums Österreichs, ab 1867 der im Reisrathe vertretenen Königreiche und Länder)
RKF – »Reichskommissar für die Festigung deutschen Volkstums«
RSHA – »Reichssicherheitshauptamt«

RTVS – *Radiotelevizija Slovenija,* http://www.rtvslo.si/

RuLGBlP – Reichs- und Landesgesetzblatt-Patent (vom 4. März 1849)

RuSHA – »Rasse- und Siedlungshauptamt«

S – *Slovenec: političen list za slovenski narod.* Ljubljana: Ljudska tiskarna, 1873–1945

SAGV – Sammelarchiv Geschichtsverein für Kärnten, (Kärntner Landesarchiv)

SAZU – *Slovenska akademija znanosti in umetnosti,* http://www.sazu.si/

SB – *Slovenska bčela.* V Celovcu: Kleinmayr, 1850–1853

SB – *Slovenska biografija,* http://www.slovenska-biografija.si/

SBL – *Slovenski biografski leksikon,* Internetausgabe: http://www.slovenska-biografija.si/

SČS – *Slovník českých spisovatelů.* Praha: Československý spisovatel, 1964

SD – »Sicherheitsdienst«

SDA – *Südostdeutsches Archiv,* München: Oldenbourg; 1958–

SDAP – Sozialistische Arbeiterpartei Österreichs

Sdb *oder* Sd – *Sodobnost.* Ljubljana. I (1933) bis IX (1941) sowie XI (1963) bis heute. Erschien zwischen 1953 und 1962 unter dem Titel *Naša Sodobnost.*

SDL – V. Smolej: *Slovenski dramski leksikon.* I. Ljubljana 1961; II. Ljubljana 1962.

SE – *Slovenski etnograf,* Ljubljana: Etnografski muzej, 1948–1991, http://www.etno-muzej.si/publications

SED – *Slovensko etnološko društvo,* Ljubljana, http://www.sed-drustvo.si/, *Glasnik SED* http://www.sed-drustvo.si/publikacije/glasnik-sed/glasniki

SEEJ – *Slavic and East European Journal,* Bloomington, Ind.: American Association of Teachers of Slavic and East European Languages, 1957–, http://www.aatseel.org/publications/see_journal/

SEL – A. Baš (ur.): *Slovenski etnološki leksikon.* Ljubljana: Mladinska knjiga, 2011 (Ljubljana: Korotan)

SEM – *Slovenski etnografski muzej,* Ljubljana http://www.etno-muzej.si/

SG – *Slovenski glasnik.* V Celovcu: Anton Janežič, 1858–1868

SHS – *Studia historica Slovenica.* Maribor: Zgodovinsko društvo dr. Franca Kovačiča, 2001–, http://shs.zgodovinsko-drustvo-kovacic.si/

SJ – *Slovenski jezik – Slovene Linguistic Studies,* Znanstvenoraziskovalni center Slovenske akademije znanosti in umetnosti, Inštitut za slovenski jezik Frana Ramovša Ljubljana, Slovenija in, and The Joyce and Elizabeth Hall Center for the Humanities, University of Kansas, Lawrence, USA. Ljubljana: Inštitut za slovenski jezik Frana Ramovša; Lawrence (Kan.): University of Kansas, Department of Slavic Languages and Literatures, 1997–

SK – *Slovanska knjižnica* (COBISS: SLK), http://www.mklj.si/slovanska-knjiznica

SLA – *Slovenski lingvistični atlas,* http://isjfr.zrc-sazu.si/sl/publikacije/slovenski-lingvisticni-atlas-1#v

SlavR – *Slavische Rundschau. Berichtende und kritische Zeitschrift für das geistige Leben der slavischen Völker.* Hg. von Franz Spina und Gerhard Gesemann, Prag. Berlin: Gruyter; 1929–1939

SlKnj – *Slovenska književnost.* Ljubljana 1996.

SLO – Slowenien

SlSt – *Slovene Studies: Journal of the Society for Slovene Studies.* (Slov. Stud.). Bloomington: Society for Slovene studies, 1979–

SM – *Slovenska matica* [Slowenische Gesellschaft für Literatur und Kultur], http://www.slovenska-matica.si/

SMS – *Studia Mythologica Slavica.* Ljubljana: Znanstvenoraziskovalni center Slovenske akademije znanosti in umetnosti, Inštitut za slovensko narodopisje; Pisa: Università degli Studi di Pisa, Dipartimento di Linguistica, già Istituto di Lingua e Letteratura, 1998–,
http://sms.zrc-sazu.si/

SN – *Slovenski narod.* Ljubljana: Narodna tiskarna, 1868–1943

SNI UJ – *Slovenski narodopisni inštitut Urban Jarnik (Celovec)* (Slowenisches Volkskundeinstitut Urban Jarnik), http://www.ethno.at/institut.html

SO – *Slovenski oktet,* http://www.slovenski-oktet.si/

SPD – *slovensko prosvetno društvo* [slowenischer Kulturverein]

SR *oder* SRL – *Slavistična revij.* Ljubljana: Slavistično društvo Slovenije, 1948– (am Titelblatt ist es SRL)

SSM – *Slovenski šolski muzej,* Ljubljana, http://www.ssolski-muzej.si/slo/

SŠK – *Slovenska študijska knjižnica,* Celovec (COBISS: SSKCEL), http://www.celovec.sik.si/

StGG – Staatsgrundgesetz

StLA – Steiermärkisches Landesarchiv, http://www.landesarchiv.steiermark.at/

SV – *Slovenske večernice.* Celje: Mohorjeva družba, 1860–

SVB – Salzburger Verbrüderungsbuch, slow. *Salzburška bratovščinska knjiga* (SBK)

ŠAL – *Škofijski arhiv Ljubljana*, http://nadskofija-ljubljana.si/nadskofija/nadskofijski-arhiv/

TKM – *Teološka knjižnica Maribor* (COBISS: STK), http://www.teof.uni-lj.si/?viewPage=29

TRANS – *Zeitschrift für Kulturwissenschaften*. Internet: http://www.inst.at/trans/index.htm

UBG – Universitätsbibliothek Graz, http://ub.uni-graz.at/

UBI – Universitätsbibliothek Innsbruck, http://www.uibk.ac.at/ulb/

UBK – Universitätsbibliothek Klagenfurt, http://ub.uni-klu.ac.at/cms/index.php

UBW – Universitätsbibliothek Wien, http://bibliothek.univie.ac.at/

UKM – *Univerzitetna knjižnica Maribor*, http://www.ukm.uni-mb.si/podrocje.aspx

UL TEOF – *Teološka fakulteta*, Ljubljana (COBISS: TEOFLJ), http://www.teof.uni-lj.si/

UT – *Učiteljski tovariš*. V Ljubljani: J.U.U.-sekcija za dravsko banovino, 1861–1941

ViD – *Vera in dom*. Celovec = Klagenfurt: Mohorjeva družba, 1949–2007

VKP – *Vestnik koroških partizanov: glasilo Osrednjega odbora Skupnosti koroških partizanov v Ljubljani in Zveze koroških partizanov v Celovcu*. Ljubljana: Osrednji odbor koroških partizanov: Zveza koroških partizanov v Celovcu, 1967–1991

VMSV – *Vojaški muzej Slovenske vojske*, Maribor, http://www.vojaskimuzej.si/

VÖB – Verband Österreichsicher Bibliothekare, http://www.univie.ac.at/voeb/

VoMi – Volksdeutsche Mittelstelle

VSB – Völkisch-Sozialer Block (politische Partei)

VSL – *Veliki splošni leksikon*, 8 Bd. Ljubljana 1997–1998.

WIKI (oder Wiki) – Wikipedia, http://de.wikipedia.org/wiki/Wikipedia:Hauptseite, http://sl.wikipedia.org/wiki/Glavna_stran; Wikimedia Commons http://commons.wikimedia.org/

WSA – *Wiener Slawistischer Almanach*. München: Sagner; Wien: Ges. zur Förderung Slawist. Studien [–2002]; Wien: Inst.; 1978–

WSI – *Die Welt der Slaven: internationale Halbjahresschrift für Slavistik*. München: Sagner; Wiesbaden: Harrassowitz; Köln: Böhlau; 1956–

WSlJb – *Wiener Slavistisches Jahrbuch*. Wien 1950–

Wurzbach – Constantin von Wurzbach: *Biographisches Lexikon des Kaiserthums Oesterreich* (BLKÖ). Wien 1856–1891, http://www.literature.at/collection.alo?objid=11104

ZAL – *Zgodovinski arhiv Ljubljana*, http://www.zal-lj.si/

ZČ – *Zgodovinski časopis*. Ljubljana: Zveza zgodovinskih društev Slovenije, 1947–, http://www.zgodovinskicasopis.si/

ZDSPP – *Zbrana dela slovenskih pesnikov in pisateljev*. Državna založba Slovenije. Ljubljana 1946–

Zedler – Johann Heinrich Zedler: *Grosses vollständiges Universal-Lexicon aller Wissenschafften und Künste, welche bißhero durch menschlichen Verstand und Witz erfunden und verbessert worden …* (64 Bde., 4 Suppl.-Bde.). Halle u. Leipzig 1732–54. Neudr. Graz 1961–64.

ZfSl – *Zeitschrift für Slawistik*. Berlin: Akad.-Verl.; 1956 –, http://www.uni-potsdam.de/u/slavistik/slav_reihen/zfslav/zfsld.htm

ZMS – *Zbornik Matice Slovenske*. V Ljubljani: Slovenska šolska Matica, 1926–1940

ZRC SAZU – *Znanstvenoraziskovalni center Slovenske akademije znanosti in umetnosti*, http://www.zrc-sazu.si/

ZSlPh – *Zeitschrift für Slavische Philologie*. Begr. v. Max Vasmer. Leipzig 1925–

ZSO – *Zveza slovenskih organizacij*/Zentralverband slowenischer Organisationen, Klagenfurt/Celovec, www.slo.at

ZSS – *Zgodovina slovenskega slovstva*. 7 Bd. Ljubljana 1956–1971

ZUZ – *Zbornik za umetnostno zgodovino*. Ljubljana: Slovensko umetnostnozgodovinsko društvo, 1921–1944.

ŽPZ – *ženski (pevski) zbor* [Frauenchor]

Verzeichnis der Abkürzungen und Benutzungshinweise

Verzeichnis der Abkürzungen

Verwendet werden ausschließlich allgemeinsprachlich übliche bzw. kontextuell erwartete Abkürzungen, so slow. (slowenisch) und dt. (deutsch), wenn diese elliptische Sprachbezeichnungen bei terminologischen Angaben sind, sowie etwa Abb. (Abbildung), Bd./Bde. (Band/Bände), bosn. (bosnisch), Br. (Brief), Diss. (Dissertation), [e. a.] (et altera), ebd. (ebenda), franz. (französisch), friul. (friulanisch), Hg. (HerausgeberInnen), hist. (historisch), HS (Handschrift), Jg. (Jahrgang), Jh. (Jahrhundert), Jh.s (Jahrhunderts), kroat. (kroatisch), lad. (L/ladinisch), lat. (L/latein/-isch), Lit. (Literatur), Mag.Arb. (Magisterarbeit), MS (Manuskript), Pl. (Plural), Ps. (Pseudonym), Red. (Redaktion, RedakteurIn), russ. (russisch), S. (Seite), serb. (serbisch), Sp. (Spalte), Üb. (Übersetzung, ÜbersetzerIn), ur. (*urednik/urednica*), vlg. (vulgo), Web (Internet/Internetseite) und Zit. (Zitat).

Einer enzyklopädischen Tradition folgend, werden in der Regel die Titel der Lemmata im jeweiligen Lemma entweder mit einem etablierten Akronym oder sinnhaft abgekürzt wiedergegeben. Kürzel, die mit politisch belasteten Akronymen verwechselt werden könnten, werden vermieden, ebenso wie Kürzel in jenen Fällen nicht verwendet werden, in denen es zu einer schwer lesbaren Aneinanderreihung von Abkürzungen, Akronymen und Satzzeichen gekommen wäre.

Lediglich bei Personenlemmata (sowie beim literaturüblichen Jh./Jh.s) wurde das Genetiv-s bei Abkürzungen verwendet (z.B. im Lemma zu Primož Trubar: »… T.s Werk …« für »… Trubars Werk …«).

Mit *hic loco* wir auf Autoren und/bzw. deren Lemmata in der vorliegende Enzyklopädie hingewiesen.

Typographische Hinweise

Es gelten allgemein gebräuchliche Regeln der Edition. Daneben werden insbesondere Familiennamen in Kapitälchen gesetzt (nicht jedoch Namen von Herrscherfamilien, z.B. die Habsburger, die Auffensteiner), ebenso in Kapitälchen gesetzt werden Vornamen, wenn dies historisch begründet ist (Johann von Viktring, Josef II.) oder in Sonderfällen (Prežihov Voranc). Bisweilen finden sich aufgrund von Rezeptionsgeschichte und wissenschaftlicher Methodik auch in den Lemmata zwei relevante Namensvarianten mit »/« verbunden (z.B. Miklosich/Miklošič, Popowitsch/Popovič, Schloissnig/Šlojsnik).

Grundsätzlich ist der Haupttext auf Deutsch. Im Hinblick auf den interkulturellen und interdisziplinären Charakter der Enzyklopädie, sind in der Regel slowenische Bezeichnungen und Namen von Institutionen, Einrichtungen bzw. von Werken oder Zitate von Textpassagen *kursiv* gehalten, um als solche leichter graphisch identifiziert zu werden. Meist wörtliche Übersetzungen wurden in [eckigen Klammern] nachgestellt. Dieses Lösungsmodell wurde unter Berücksichtigung der bisherigen Rezeptionsgeschichte und kommunikationspsychologischer Überlegungen gewählt. Bisweilen haben Autoren der Erstnennung einer Institution o. Ä. in deutscher Sprache den Vorzug gegeben, worauf die slowenische Entsprechung *(kursiv in Klammer)* nachgestellt ist. Allerdings wurden slowenische Ortsnamen nicht kursiv gehalten, weil, abgesehen von Überlegungen zu Aspekten der Gleichberechtigung der Sprachen, der Gesamteindruck des Schriftbildes und damit die Lesbarkeit gewährleistet werden sollte. Kursiv gehalten sind ebenso Titel von *Periodika*.

Die Umlaute ä, ö, ü werden wie im Deutschen üblich behandelt, die slowenischen und kroatischen Buchstaben č, ć, š, ž sind eigenständige Buchstaben und werden entsprechend alphabetisch geordnet: z.B. … Cukala, Franc *Cvetje iz domačih in tujih logov* / Czoernig, Karl / Čandik, Janez / … / Čebul, Avguštin / … / *Črnjanski rokopis* / Dalmatin, Jurij / Dalmatinbibel … Kocel / Kociančič, Štefan / Kočevar, Ferdo / *Kočna* / Koder, Anton / … / Sušnik, Franc / Svetec, Luka / Svetina, Anton jun. / Svetina, Anton sen. / Šafařik, Pavel Josef / Šašel, Josip / … / *Tabor* / … / Zwitter, Vinko / Zwitter, Zdravko (Valentin) / *Žlahta im Unteren Gailtal/Spodnja Ziljska dolina* / Žolger, Ivan / Župančič, Oton.

Querverweise

Querverweise zu anderen Lemmata in der vorliegenden Enzyklopädie (gekennzeichnet mit → unmittelbar vor der jeweiligen Nennung des Terminus oder in Klammer nachgesetzt) wurden in der Regel von der Redaktion bei der erstmaligen Nennung des Begriffs eingefügt (wenn nachgesetzt, dann entweder gewichtet oder alphabetisch). Mit → wird entweder jeweils das erste Wort des jeweiligen Lemma-Titels bezeichnet, u. U. werden Ordnungszahlen ergänzend angeführt (in der regel nicht für die beiden Lemmata zu → Abgeordneten) oder es werden insb. bei Lemma-Titeln, die aus Phraseoloxemen bestehen, mehrere Worte nach dem → *kursiv angeführt*, insb. wenn sonst Mehrdeutigkeiten auftreten würden. Bezieht sich ein Querverweis mit → auf einen Doppelbegriff vor und nach dem Pfeil, so sind in der Regel bzw. bei Zweifelsfällen beide Wörter kursiv (z.B. ... die *christliche* → *Terminologie* ist ... - der Querverweis bezieht sich auf das Lemma »Terminologie, christliche« und nicht auf das Lemma »Terminologie«. Analog verhält es sich etwa beim Querverweis *statistische* → *Germanisierung*; aber: Diözese → Gurk/Krška škofija, Diözese → Lavant/Lavantinska škofija). Bei Querverweisen zu Personennamen wurde auf eine zusätzliche kursive Darstellung von Vor- und Familiennamen verzichtet, wenn der → zwischen die beiden gesetzt wurde. Auf eine durchgehende Darstellung der Querverweise zu Kärnten/Koroška sowie zu den historischen Landeshauptstädten Klagenfurt/Celovec, Graz, Ljubljana und Wien wurde aufgrund deren Häufigkeit verzichtet, ebenso auf durchgehende Querverweise zu den ebenso durchgehend auftretenden Begriffen → Kulturaktivist und → Kulturarbeiter. In ausgewählten Fällen wurde auf weiterührende konzeptuelle Querverweise verwiesen (siehe unten).

Konzeptuelle Querverweise

Weitere konzeptuelle Dimensionen erschließen über 1.200 konzeptuelle Einträge in Form von Lemmata-Titeln, die im Wesentlichen nur zu anderen Lemmata und deren Inhalten innerhalb der Enzyklopädie verweisen (z.B. Imkerei, → [...]; Frühmittelalter → [...]; Verfassungsgeschichte, → [...]). Sie ermöglichen ein vernetztes Lesen der Enzyklopädie und verweisen auf verschiedene Informationsebenen, auf Synthesen ebenso wie auf Einzelstudien.

Vor den eigentlichen Lemmata zu verschiedenen Orten oder Gegenden/Regionen wurden zudem konzeptuelle Quervereise erstellt, die aufzeigen, in welchen Sach- oder Personenlemmatas einzelne Orte oder Gegenden/Regionen vorkommen, um so deren kulturhistorische Bedeutung prägnant zu beleuchten. Bei Gemeinden ergab sich aus der Methodik in der Regel, dass nur solche kleinere Orte angeführt sind, die auch Geburts- oder Sterbeorte der daneben angeführten Person(en) sind oder aber Orte, in denen diese wirkten. Bei Gemeindezentren bzw. namengebenden Hauptorten hingegen werden alle mit dem Ort/der Gemeinde in Verbindung gebrachten Sachlemmata und Personen erwähnt. In der Regel wurden zuerst die mit dem Ort unmittelbar verbundenen Sachlemmata angeführt und danach alphabetisch alle weiteren (z.B.: Tainach/Tinje vgl. Sachlemmata: → Tainach/Tinje, → Tainacher Handschrift/*tinsjki rokopis*, sowie [weitere alphabetisch geordnete Sachlemmata gefolgt von Personenlemmata: ...]; Mellweg/Melviče vgl. Sachlemmata: → *Melviče, slovensko katoliško prosvetno društvo* [Katholischer slowenischer Kulturverein Mellweg] [der örtliche slowenische Kulturverein], sowie [weitere Sachlemmata gefolgt von Personenlemmata: ...]). Bisweilen sind einzelne Orte, die nicht Gemeindesitze sind oder waren, mit eigenen konzeptuellen Querverweisen versehen, wenn es sachlich fundiert erschien, weshalb beim entsprechenden (Alt-)Gemeindelemma lediglich darauf verwiesen wird (St. Thomas am Zeiselberg/Šenttomaž pri Celovcu vgl. Sachlemmata: → Edinost Št. Tomaž [Einheit St. Thomas] ..., Personenlemmata: ... → St. Lorenzen ob der Gurk/Šentlovrenc pri Šenttomažu: (siehe dort); Zeiselberg/Čilberk: → Lesjak, Valentin; ...). In der Regel wurden die verschiedenen historischen Ortsregister (einschließlich des Lemmas zu Kranzmayers alphabetischem Verzeichnis) nicht angeführt, außer es erschien einen besonderen Mehrwert darzustellen. Da die aktuell gebräuchlichen slowenischen Ortsnamen in Kärnten/Koroška vielfach ediert und insbesondere von Pavel Zdovc in ihrer sprachlichen Funktion umfassend beschrieben wurden, werden in der vorliegenden Enzyklopädie als eigenständige Ortsnamenslemmata nur solche Orte zusätzlich aufgenommen, die aufgrund neuerer Quellenstudien oder neueren Feldforschungen verifiziert werden konnten (z.B. Drautschen/Dravče, Landskron/Vajškra, Roseneck/Rožnek, Schöndorf/Lepa vas oder, in Anlehnung an die Methodologie von Pavel Zdovc etwa den nichtamtlichen Ortsnamen Joschap (bzw. Joschapsied-

47

lung)/Jožap). Zudem erschließen zahlreiche Lemmata zu Ortsverzeichnissen ab 1849 eine Vielzahl weiterer historisch-amtlicher Toponyme bzw. regionaler slowenischer Endonyme in einer strukturierten Form.

Besondere Beachtung fanden die unzähligen, in den verschiedenen Lemmata zu den Kulturvereinen und anderen kulturhistorischen Überblickslemmata erwähnten KulturaktivistInnen, die exzerpiert wurden und als eigenständige Einträge gesondert ausgewiesen sind, zumal sie vielfach in verschiedenen Lemmata aufscheinen. Die Information wurde aus den jeweiligen Lemmata übernommen, weshalb gleichzeitig auch auf die jeweiligen Autoren und der von ihnen zitierten Literatur verwiesen wird. Vielfach gilt es, die Geschichte dieser Kulturaktivisten bzw. deren Biografien erst zu schreiben, was im Rahmen der vorliegenden Enzyklopädie trotz zahlreicher Forschungen für die Zwecke der Enzyklopädie nicht immer möglich war. Das bleibt weiteren Generationen von Forschern überlassen, wobei die vorliegende Enzyklopädie bewusst Ansatzpunkte für weiterführende Forschungen bietet. Die Ortsangaben bei diesen konzeptuellen Querverweisen wurden in der Regel nicht in den oben erwähnten Querverweisgruppen zu Orten berücksichtigt.

In für die kulturgeschichtliche weiterführenden Forschungen relevanten Fällen wurden bei ausgesuchten konzeptionellen Querverweisen wesentliche Zusatzinformationen oder spezifische, einzelne Aspekte beleuchtende weiterführende Literatur angeführt, ohne dabei den Anspruch zu erheben, dass diese Einträge ein ganzheitliches Lemma darstellen würden (z.B. Verhniak, Josef [* 16. März 1892 in Prevalje], → Mežiška dolina [Mießtal]. »In Haft ab Herbst 1942, Haftgrund unbekannt, der Literatur nach ›als Slowenenpfarrer politisch verdächtig‹.« Siehe → Verfolgung slowenischer Priester ab 1938 in Kärnten/Koroška … Oder aber: Thörl-Maglern/Vrata-Megvarje [Gemeinde Arnoldstein/Podkloštr], unter italienischer Hoheitsverwaltung zwischen 1918 und November 1924, vgl. Sachlemmata: → Arnoldstein/Podkloštr, → Vetrag von Saint-Germain).

Ortsnamen

Für die Schreibung von Ortsnamen im Kärntner Kontext finden sich in der Literatur zahlreiche Lösungsmodelle, die vielfach durchaus wissenschaftlich begründet werden können. Nachstehend werden die im Rahmen der Enzyklopädie in der Regel angewendeten Modelle dargestellt, wobei die Betonung bei »in der Regel« liegt.

Aufgrund des interkulturellen, pluridisziplinären und interdisziplinären Charakters der Enzyklopädie mit Schwerpunkt Kärnten/Koroška wurden in der Regel Kärntner Ortsnamen zweisprachig angeführt. Insbesondere wurden die Orte des sog. zweisprachigen Gebietes durchgehend in beiden Landessprachen Deutsch/Slowenisch angeführt, wie es sich im Beobachtungszeitraum der Enzyklopädie und insbesondere noch Ende des 19. und noch bis zur Mitte des 20. Jh.s bzw. 1938/1942 (sowie insbesondere im Rahmen der Schulverordnung zum zweisprachigen Volksschulwesen aus dem Jahr 1945) darstellte. Diese hat Pavel Zdovc 2010 linguistisch und sprachhistorisch in seinem Standardwerk »*Slovenska krajevna imena na Koroškem = Die slowenischen Ortsnamen in Kärnten*« erfasst und definiert. Diese stellen auch die slowenische standardsprachliche Sprachnorm dar. Bei literaturüblich deutschsprachigen Nordkärntner Orten, die eine traditionelle und/oder gebräuchliche slowenische Bezeichnung haben, wurde, soweit es aus dem interkulturellen Dialog relevant erschien und als Beitrag zur Perspektivenerweiterung der Historiografie, der slowenisch geläufige Ortsname bzw. das regionale Endonym (in Klammer) nachgesetzt.

Allein schon dieses einfach erscheinende Regelwerk zeigte angesichts neuer Erkenntnisse zur amtlich anerkannten sprachlichen Situation in den Randbereichen des (historischen) slowenischen Sprachgebietes seine Grenzen. Insbesondere aber erwies es sich in den zahlreichen Ortsregistern und alphabetisch-tabellarischen sowie bei sonstigen Aufzählungen von Ortsnamen als nicht geeignet, weshalb in diesen Fällen einer Differenzierung durch einfache Trennung mittels Schrägstrich (/) der Vorzug gegeben wurde. Damit sollte eine Lesbarkeit gewährleistet werden.

Lediglich bei den Ortsverzeichnissen aus den Jahren 1849/50 und 1854 spiegelt diese Aufzählung mittels Schrägstrich (/) zudem die Verfassungsordnung und Staatskonzeption von zwei im ganzen Land gleichermaßen konstitutiven Völkern bzw. Sprachgruppen wider.

Bisweilen wurde ebenso der Lesbarkeit der Vorzug gegeben, und die Nennung mehrerer aneinandergereihter Orts-, Gegend- oder Gewässernamen mit Schrägstrich wiedergegeben. Damit wurde bewusst auf eine differenzierende Bedeutungsebene verzichtet, zumal in vielen Fällen Fußnotenerläuterungen notwendig gewesen wären (die Mur/Mura fließt in der Obersteiermark, aber auch durch das heutige Slowenien – und Kroatien – die doppelsprachige Nennung entspricht hier also dem Bestreben einer interkulturellen, mehrsprachigen [geografischen] Terminologie der Enzyklopädie). In der Regel wurden die Namen der innerösterreichischen, also regional slowenischen Herzogtümer bzw. Kronländer, insbesondere im historischen Kontext, standardisiert zweisprachig deutsch/slowenisch angegeben.

Bei Orts- und Gegendnamen im heutigen Slowenien wurden in eventu die historischen deutschen Namensformen (in Klammer) nachgesetzt. Bei Ljubljana, Maribor oder Celje (ebenso wie bei Wien) wurde in der Regel darauf verzichtet.

Im Zuge der Arbeit kamen zudem zahlreiche Orte und Namen von Regionen (Gegendnamen) auf, die heute in Italien liegen und bei denen eine wie auch immer gehandhabte Zweisprachigkeit der Toponymie nicht zufriedenstellend erschien, weil in der Regel vier Sprachen kulturhistorische Bedeutung haben (neben dem Italienischen das Friulanische, das Slowenische und das Deutsche). Zudem haben ganz unterschiedliche historische Prozesse zur heutigen Situation geführt. Ortsnamen im heutigen Italien haben unterschiedliche historische Hintergründe, denen durch ihre Wiedergabe gerecht werden sollte.

So finden sich auch Erstnennungen auf Italienisch oder Deutsch (bisweilen ident) mit Nennungen in anderen Sprachen in Klammer nachgesetzt.

Das Val Canale/Kanaltal/Kanalska dolina etwa kam erst 1919 zu Italien und ist nunmehr dessen konstitutiver Teil. Als Ordnungsbegriff für das entsprechende Lemma wurde der eingebürgerte und sprachlich tief verwurzelte deutsche Name gewählt, während im entsprechenden Lemma selbst die viersprachige Realität einschließlich der ladinischen Namensform wiedergegeben wurde. Unter Berücksichtigung der Rezeptionsgeschichte wurde durchgehend die Schreibung der Städte Trieste/Trst/Triest und Gorizia/Gorica/Görz gewählt, um deren multikulturellen Charakter zu spiegeln. Gerade die Rezeption der kulturhistorischen Bedeutung der Zentralorte Triest und Görz bzw. Trieste/Trst/Triest und Gorizia/Gorica/Görz zeigt die Bedeutung von Denkschulen. Spricht man in der österreichischen Schulgeschichtsschreibung von den Grafen von Görz-Tirol, so wird in den seltensten Fällen auch ein Konnex mit der slowenischen Kulturgeschichte bewusst (gemacht), obschon er gegeben ist (auch wenn er in vielen Fällen nicht primär relevant erscheinen mag).

Bei weiteren Städten Friauls (des Friuli/Friûl/Friaul/Furlanija oder it. Friuli, lad. Friûl, dt. Friaul, slow. Furlanija) wurden in eventu unterschiedliche Namensformen ergänzend angeführt. Insgesamt wurde jedoch auch auf die Lesbarkeit der Texte geachtet, so dass die vielfältigen Namensformen zusätzliche Dimensionen erschließen sollen, weshalb bisweilen unterschiedliche Darstellungen (mit Schrägstrich oder mit Klammer) oder einsprachig angeführte Ortsnamen im Gesamtzusammenhang der Enzyklopädie durchaus vertretbar erschienen, zumal diese keine politische Dimension oder einen sonstigen historischen »Anspruch« wiedergeben wollen.

Insgesamt spiegeln die Ortsangaben die vielfältigen und unterschiedlichen Möglichkeiten ihrer Schreibweise wider. Eine völlige Harmonisierung wurde im Rahmen der pluridisziplinären, interdisziplinären und multikulturellen Enzyklopädie angesichts der unterschiedlichen historischen und sprachlichen Verhältnisse vermieden, um so auch der Multidimensionalität der wissenschaftlichen Rezeption gerecht zu werden. Weil sich insgesamt die Enzyklopädie als Beitrag zum interkulturellen Diskurs ohne Anspruch auf Exklusivität versteht, ist die Nennung von Orten und Gebieten in der einen oder anderen Form nicht Ausdruck irgendeines ideologischen oder ethnischen Anspruchs, sondern entweder pragmatische Lösung oder Beitrag zur Bewusstwerdung unterschiedlicher historischer und kultureller Dimensionen. Wikipedia bietet jedenfalls umfangreiche und leicht einsehbare relevante Zusatzinformationen, soweit gewünscht.

Terminologie

Um das Werk aber auch für den interkulturellen und interdisziplinären Dialog relevant zu gestalten, wurde insbesondere das Augenmerk auf die weitgehend zweisprachige, deutsch-slowenische Terminologie gelegt. Im Dialog und Einvernehmen mit den Autoren wurden entsprechende redaktionelle Lösungen erbeten, gesucht und gefunden. Zudem wurden vielfach entsprechende Sachlemmata erstellt, die sich speziell mit Fragen der Terminologie aus interkultureller und transdisziplinärer Sicht befassen. Damit wurde bewusst ein Beitrag zur geisteswissenschaftlichen Grundlagenforschung gemacht.

Liste deutschsprachiger Exonyme (Wiki)

Seznam slovenskih imen avstrijskih krajev (Viki)

Gendering

Die interkulturell, pluridisziplinär und interdisziplinär ausgerichtete Enzyklopädie hat vielschichtige Kommunikationsebenen, weist vielfach parallel eine mehrsprachige Terminologie auf und ist u.a. auf ein Publikum ausgerichtet, das Deutsch nicht notwendigerweise als Muttersprache hat, ebenso wenig wie Slowenisch. Aufgrund der besonderen Herausforderungen in Bezug auf die Vermittlung der diversen Inhalte und Ebenen wurden zwar einerseits im Rahmen des Forschungsprojektes besonders genderbezogene Fragen erörtert und als eigenständige konzeptuelle Sach- oder Personen-Lemmata berücksichtigt, andererseits wurde jedoch ein durchgehendes Gendering nicht verfolgt und ebenso wie bei den oben angeführten Ortsnamensangaben eine im Endeffekt lesbare Gesamtlösung gesucht. Auf besonderen Wunsch von Autoren wurde als zusätzliche Kommunikationsebene das Gendering berücksichtigt.

Personenregesten

Einleitend zu den Personenlemmata wurden die wesentlichen biografischen Angaben zur jeweiligen Person in einem eigenen Abschnitt/Absatz angeführt. Eingeleitet werden diese mit der in der Regel deutschsprachigen Namensversion von Familien- und Vornamen für Personen aus Kärnten/Koroška, danach Namensvarianten, insbesondere slowenische und Pseudonyme. Vielfach wurde jedoch aufgrund der spezifischen Biografie und Rezeptionsgeschichte der/einer slowenischen Namensvariante der Vorzug gegeben. Beim Geburtsort wurde für solche Orte, die im österreichischen Bundesland Kärnten/Koroška liegen, die jeweilige aktuelle politische Gemeinde in Klammer hinzugefügt, für solche in Slowenien die aktuelle politische Gemeinde und Region (außer bei Ljubljana und Maribor). Bei historischen Persönlichkeiten finden sich auf besonderen Wunsch der Autoren bisweilen begründete Varianten, so etwa mehrsprachige Nennungen von Orten im heutigen Slowenien oder anderen historischen Ländern, etwa für Orte im Kronland Böhmen.

Editoriale Hinweise

Die vorliegende Enzyklopädie stellt sich zur Aufgabe, unterschiedliche Aspekte der slowenischen Kulturgeschichte in und mit Bezug auf Kärnten/Koroška einem deutschsprachigen bzw. deutsch lesenden Lesepublikum in einer pluridisziplinären, interdisziplinären und interkulturellen Perspektive näherzubringen. Mitgewirkt haben über 160 Autoren unterschiedlicher Horizonte, fachlichen und persönlichen Hintergrunds. Dank des intensiven Dialogs mit und zwischen den Autoren, zahlreichen im Rahmen des Projektes eigens in Auftrag gegebenen und durchgeführten Forschungen wurde ein umfassendes, pluridisziplinäres, interdisziplinäres und interkulturelles Editionsprojekt mit zahlreichen innovativen Ergebnissen erstellt.

Auswahl der Lemmata

Die *Enzyklopädie der slowenischen Kulturgeschichte in Kärnten/Koroška, von den Anfängen bis 1942* umfasst mehr als 1.000 von Autoren unterfertigte Lemmata bzw. solche mit relevanten Bilddokumenten sowie über 1.200 konzeptuelle Querverweise, insgesamt mehr als 2.100 Einträge.

Einerseits handelt es sich, man möchte sagen, um einen »klassischen«, in einer einschlägigen Fachenzyklopädie erwarteten Kanon an Lemmata. Im Zuge des im Dialog mit den über 160 AutorInnen stattgefundenen Entstehungsprozesses wurden andererseits weitere mögliche Lemmata identifiziert und konzeptualisiert. Vielfach wurden überhaupt neue Themengebiete erstmals umfassend erörtert. So etwa die *Kärntner → Landesverfassung aus 1849*, Landeshauptmann Johann Nepomuk → Schloissnig/Šlojsnik, nach dem im ganzen Land außer im Oberen Gailtal/Zgornja Ziljska dolina bei Hermagor/Šmohor keine einzige Straße oder kein einziger Platz benannt ist, obschon er von zentraler Bedeutung für die regionale und überregionale slowenische Kulturgeschichte war. Oder es wurden innovative konzeptuelle Wege beschritten (z.B. → Kryptoslowenen, → Name und Identität, → Relevanz und Redundanz von Sprache). Bisweilen wurde der Schwerpunkt auf spezifische, mit der slowenischen Kulturgeschichte verbundene Aspekte erörtert (→ Goldene Bulle aus 1356; → Immersion, → Lingua franca) oder aber Konzepte aus den in Kärnten/Koroška gesellschaftlich relevanten Fragestellungen erörtert (z.B. → Akkulturation, → Inkulturation, → gemischtsprachig, → Mischsprache, → Zweisprachigkeit, *Kärntner → Zweisprachigkeitsideologie*). Bisweilen wurden Lemmata aus translationswissenschaftlichen Gründen aufgenommen, weil sich eine konzeptuelle Diskrepanz zwischen der slowenischen und deutschsprachigen Terminologie ergab (es finden sich deshalb deutschsprachige und slowenischsprachige Lemmatabegriffe, so z.B. → Kronland; → *Rož*; → *Ustavna doba*; → *Zgodovinske dežele*). Über 60 Einträge, die sich mit Aspekten der slowenischen Kulturgeschichte des → Klagenfurter Feldes/Celovško polje befassen, bieten die bisher wohl umfangreichste Darstellung der bisher in der Literatur beider → Landessprachen kaum erörterten zentralen Kärntner → Kulturlandschaft. In anderen Fällen konnten ob der noch geringen Sekundärliteratur oder des spärlichen Forschungsstandes neue Themen erstmals ansatzweise erörtert werden (→ *Aleksandrinke* [Alexandrinerinnen]). Auch wird etwa kaum wo die ethnische Herkunft des expressionistischen Malers Franz Wiegele thematisiert. Deshalb steht eine *kunst*historische Gesamtbetrachtung seiner Person im gesellschaftlichen Umfeld einer im Sprachwandel befindlichen Heimatregion, dem → Gailtal/Ziljska dolina, eigentlich noch aus und so bietet die Enzyklopädie zusätzliche Aspekte im Hinblick auf zukünftige Forschungen. Auch im Fall der → Bürgermeister von Klagenfurt/Celovec, von denen in frühen Epochen einige eindeutig slowenische Namen in einer Stadt trugen, die 1793 eine zweisprachige → Marktordnung erhielt, wurde dieser Aspekt – soweit bekannt – nicht erörtert und harrt weiterer Forschungen (der erste von den Landständen im Jahr 1588 bestellte Bürgermeister der Stadt war Christoph → Windisch). Das Panoptikum der Lemmata reicht also von Spurensuche auf der lokalen Ebene bis zur Grundlagenforschung.

Pluridisziplinäre Beiträge zum interdisziplinären und interkulturellen Dialog

Grundsätzlich versteht sich die Enzyklopädie als Beitrag zum pluridisziplinären, interdisziplinären und interkulturellen Dialog und hegt – trotz der grundsätzlich wohlüberlegten Inhalte – keinerlei Anspruch auf Exklusivität der dargestellten Inhalte, Methoden und Ansätze. Zahlreiche Forscher mögen andere legitime Ansätze vertreten bzw. in Zukunft die dargestellten Ergebnisse vertiefen, erweitern oder bereichern und sind dazu herzlich eingeladen. Vielfach erscheinen unterschiedlichste Lösungen gleichermaßen möglich und vertretbar. Oft konnten aus epistemologischen Gründen nicht alle Ansätze gleichermaßen dargestellt werden. Forschung, so universell ihr Anspruch sein mag, ist immer auch eine Perspektivenverengung und Auswahl. Auch das spiegelt sich in den editorialen Hinweisen.

Seitens der Redaktion wurde im Zuge des Entstehungsprozesses im intensiven wissenschaftlichen Dialog mit den Autoren versucht, eine gewisse Harmonisierung in der Form zu erreichen, um den LeserInnen mit bestimmten wiederkehrenden Mustern das Lesen und die Rezeption der Inhalte zu erleichtern. Vielfach wurde jedoch der Vielfalt der sich darbietenden Perspektiven und Ansätze der Vorzug gegeben. Denn sehr bald wurde klar, dass eine kulturwissenschaftliche, pluridisziplinäre, interdisziplinäre und interkulturelle Enzyklopädie nicht mit einer mathematischen Formel verglichen werden kann, wo gleichsam computerisierte Strukturen eine rigide Einheitlichkeit vorgeben mögen. Auch konnten und sollten die Ansätze, Methoden und Perspektiven einer spezifischen wissenschaftlichen Denkschule nicht exklusiv vertreten werden, zumal es für den pluridisziplinären, interdisziplinären und interkulturellen Diskurs sogar interessanter erschien, dass **die einzelnen für ihre Texte verantwortlich zeichnenden Autorinnen und Autoren** Themen aus ihrer jeweiligen Perspektive behandeln, weshalb folglich die darin dargestellten Ansichten, Standpunkte und Analysen nicht notwendigerseise jene der Herausgeber spiegeln. Nicht zuletzt trägt die Enzyklopädie gleichzeitig auch die »Unterschrift« der Herausgeber, wobei besonderer Dank auch zahlreichen Autorinnen und Autoren gilt, die redaktionell unterstützend wirkten, sei es als Peer-Reader bzw. Fachgutachter, sei es mit ihrem allgemeinem fachlichen Rat zur Breite der Enzyklopädie, zur Bestimmung der Lemmata oder zu deren Konzeption beitrugen.

Literaturangaben

Die Literaturangaben zu den einzelnen Lemmata folgen in der Regel einer einheitlichen Struktur und führen, dort wo relevant, »Archive«, »Quellen«, »Werke« (der jeweiligen im Lemma dargestellten Autoren), »Üb[ersetzungen]« der Werke und »Lit.« (Literatur im Sinne von Sekundärliteratur) an. Dem Anspruch einer modernen Enzyklopädie des 21. Jahrhunderts entsprechend, wurden vielfach Internetangaben hinzugefügt, und zwar entweder in den eben angeführten Abschnitten oder separat unter »Web«. Vielfach finden sich dazu QR-Codes (siehe unten). Insgesamt handelt es sich um eine Auswahl der vorhandenen Literatur. Im Abschnitt »Lit.« wurden zunächst lexikografische bzw. enzyklopädische Werke mit deren Akronym angeführt, bei denen das jeweilige Lemma alphabetisch zu finden ist. Vielfach wurden dort, wo etwa Sachtitel auf Slowenisch anders lauten als auf Deutsch, Lemmatitel gesondert angeführt bzw. wurden deren Autoren angegeben, wenn dies im Lemma von besonderer Relevanz erschien. Nach dem Bindestrich wurde die übrige Literatur chronologisch und innerhalb eines Jahres alphabetisch nach Autor bzw. Herausgeber geordnet. Besondere Aufmerksamkeit wurde im Dialog mit den jeweiligen Autoren darauf gelegt, dort wo möglich, den interkulturellen Dialog auch in Bezug auf die angegebene weiterleitende Literatur zu führen und Literatur in beiden Landessprachen anzugeben, um damit einerseits die dargestellten Inhalte zu spiegeln und andererseits interkulturelle konzeptuelle und terminologische Dimensionen zu erschließen. Weiterführende (Spezial-)Literaturangaben finden sich insbesondere auch in den im Text mit → gekennzeichneten vertiefenden Lemmata.

Multimediale Enzyklopädie

QR-Codes sind das moderne multimediale Werkzeug oder Tool der Enzyklopädie der slowenischen Kulturgeschichte in Kärnten/Koroška. Mit Smartphone, Tablett-PC oder Computer können dank der QR-Codes viele Internet-basierte Quellen, Bilddokumente, Hörproben und Zusatzinformationen wie auch wissenschaftliche Abhandlungen und moderne Homepages von historischen Vereinen oder deren Nachfolgeorganisationen erschlossen, unmittelbar eingesehen und interaktiv benutzt werden. In der Enzyklopädie finden

SPD Radiše, fb

Sie bei ausgewählten Texten und Literaturangaben QR-Codes sowie Internet-Adressen.

Aktivieren Sie den QR-Code-Scanner auf Ihrem Handy (oder laden Sie zunächst eine kostenlose App herunter) und scannen Sie den Code ein!

Damit haben Sie in der Regel unmittelbar Zugang zu den Web-Informationen oder können von den angeführten Seiten weitersurfen und sich etwa die zahlreichen Abbildungen von Gemälden oder Kunstwerken ansehen.

Sollten Sie kein Smartphone besitzen, können Sie auch die angeführten Internet-Seiten wie üblich a) am internetfähigen Computer öffnen oder b) in der elektronischen Enzyklopädie-Fassung elektronisch öffnen.

Bitte beachten Sie, dass Ihnen durch das Abrufen von Internet-Quellen Internet-Kosten und/oder im Ausland Roaming-Gebühren entstehen können.

Haftung für Links (Hinweis des Verlags und der Herausgeber)

Dieses Buch enthält Links zu externen Webseiten Dritter, auf deren Inhalte wir keinen Einfluss haben. Deshalb können wir für diese fremden Inhalte auch keine Gewähr übernehmen. Für die Inhalte der verlinkten Seiten ist stets der jeweilige Anbieter oder Betreiber der Seiten verantwortlich. Die verlinkten Seiten wurden zum Zeitpunkt der Verlinkung auf mögliche Rechtsverstöße überprüft. Rechtswidrige Inhalte waren zum Zeitpunkt der Verlinkung nicht erkennbar. Eine permanente inhaltliche Kontrolle der verlinkten Seiten ist jedoch ohne konkrete Anhaltspunkte einer Rechtsverletzung nicht zumutbar. Bei Bekanntwerden von Rechtsverletzungen werden wir derartige Links umgehend entfernen.

Enzyklopädie der slowenischen Kulturgeschichte in Kärnten/Koroška, Von den Anfängen bis 1942

Band 1 A – I

Abgeordnete (zum Kärntner Landtag und zu den parlamentarischen Vertretungen auf gesamtstaatlicher Ebene). Die österreichische Verfassungsentwicklung und -geschichte seit 1848 bzw. die aufeinanderfolgenden → Wahlordnungen einerseits sowie auch die allgemeinen soziolinguistischen Entwicklungen im Land andererseits haben ihren Widerhall in der politischen Geschichte auch der Slowenen in → Südkärnten/Južna Koroška.

Dabei sticht insbesondere das Paradigma des → Assimilationszwanges hervor, das den politischen und gesellschaftlichen Aufstieg in zunehmendem Maße mit der Verneinung der slowenischen Identität junktimierte. Einen derartigen gesellschaftlichen Aufstieg stellte insbesondere auch die Wahl zum Landtags- oder in habsburgischer Zeit zum Reichsratsabgeordneten bzw. allgemein in den gesamtstaatlichen parlamentarischen Vertretungen dar, sodass aufgrund der diskriminierenden Wahlordnungen und → Wahlkreiseinteilungen sowie weiterer soziolingusitischer Rahmenbedingungen identitätsbewusste Slowenen kaum höhere politische Ämter einnehmen konnten, ebenso wie ihnen de facto höhere Beamtenpositionen weitgehend verwehrt waren. Lediglich das Amt des → Bürgermeisters (und des niederen Klerus) scheint in habsburgischer Zeit noch weitgehend Slowenen zugänglich gewesen zu sein. Folglich findet sich nur eine geringe Anzahl von Slowenen im Kanon der identitätsbewussten »slowenischen Politiker« auf Landesebene.

Zudem wird die Rezeption der politischen Partizipation der Slowenen in dieser Zeit durch die → Geschichtsschreibung selbst zusätzlich minimiert, da die slowenischen Aspekte systematisch ausgeblendet und weitgehend verdrängt wurden (→ »Entethnisierung«). Es wurden nur jene wenigen politischen Akteure oder gesellschaftliche Gegebenheiten als »slowenisch« identifiziert, die explizit einen slowenischen identitätsstiftenden Charakter hatten. Alles andere wurde in der Regel nur aus der Perspektive einer regionalen bzw. *territorialen* → *Identität* dargestellt, was die wissenschaftliche Forschung zur slowenischen → Kulturgeschichte im Land erheblich erschwert (→ Geschichtsschreibung und kognitive Dissonanz). Doch auch die »slowenische« Geschichtsschreibung scheint ihrerseits einen ethnischen Ansatz verfolgt zu haben bzw. konzentrierte sich auf identitätsbewusste ethnische Slowenen.

Insgesamt zeigt sich zudem eine Diskrepanz zwischen einem weitgehend geschlossenen ethnischen Territorium (→ Sprachgrenze, → Pfarrkarte der Diözese Gurk/Krška škofija 1924) und den daraus hervorgegangenen Abgeordneten, deren ethnischer Hintergrund nicht thematisiert wird. Teilweise ist das wohl auf die oben angeführten soziolinguistischen und historiografischen Problemfelder zurückzuführen, teilweise darauf, dass in den deutsch dominierten Wahlkreisen aus rein statistischen Gründen deutschsprachige Politiker zum Zug kamen (→ Germanisierung, statistische; Franz → Muri). Unabhängig davon trugen alle Abgeordneten auf ihre Art zum politischen, gesellschaftlichen, wirtschaftlichen und kulturellen Leben des in jener Zeit weitgehend slowenischsprachigen Südkärntens bei, zumal nicht jeder Politikbereich notwendigerweise auch ethnonationale oder identitätsbetreffende Interessen originär berührte. Allein deshalb sind sie jedoch u.a. auch für die »slowenische« Geschichtsschreibung relevant.

Im provisorischen Landtag von 1848 können so zwei Persönlichkeiten als Slowenen identifiziert werden, die nicht vorrangig eine slowenische identitätsstiftende oder nationale Politik verfolgen. **Matija** → **Rulitz**, ein Slowene aus → Ferlach/Borovlje, trug die Petition zur Loslösung des Kronlandes Kärnten/Koroška vom Gubernium in Ljubljana. **Jakob** → **Scheliessnigg** ist seinerseits vornehmlich für seine wirtschaftspolitischen Interessen und als Mitglied des Frankfurter Parlaments bekannt, wo er eine österreichische, für die Slowenen damals durchaus günstigere Position vertrat. Der Gailtaler **Johann** → **Millonig** sen. wurde 1848 Abgeordneter zum Kärntner Landtag und in Folge Mitglied des provisorischen Landtags-Ausschusses (bis 1858). Er vertrat eine deutschfreundliche und persönlich motivierte antiklerikale und antikonservative Haltung.

Millonig forderte etwa eine dem Slowenischen in Kärnten/Koroška angepasste Sprachnorm der Gesetzestexte (→ Standardsprache) und »stellte am 24. April 1849 den formellen Antrag, jene Gesetze und Verordnungen, die in Kärnten zur Verlautbarung kamen, im slowenischen Dialekt herauszugeben. Millonig behauptete, dass in Kärnten der ›Krainer Dialekt‹, in dem die → Übersetzungen der Patente und Kurrenden abgefasst seien, unverständlich sei« (Domej, 440).

In habsburgischer Zeit zählen ab 1861 zu den zentralen Persönlichkeiten der ethnopolitisch engagierten Slowenen im Kärntner Landtag **Andreas → Einspieler, Franc → Muri, Gregor → Einspieler,** und **Franc → Grafenauer**. **Florijan → Ellersdorfer**, der sich als Landtagsabgeordneter einer slowenischen Liste nicht primär für »slowenische« nationale Belange einsetzte, wandte sich nach der Volksabstimmung von den slowenischen Belangen gänzlich ab und verkörpert so die ethnopolitischen Entwicklungen jener Zeit. Nach dem Ersten Weltkrieg sind wieder regelmäßig identitätsbewusste Slowenen im Landtag vertreten, auch wenn sie gegen die erdrückende deutschnationale, antislowenische Mehrheit nichts ausrichten konnten (→ Abgeordnete zum Kärntner Landtag – ethnopolitisch engagierte Slowenen). Zumindest aber ließ das System eine gewisse Vertretung ethnopolitischer slowenischer Belange im Kärntner Landtag zu, was in den Jahrzehnten nach dem Zweiten Weltkrieg faktisch nicht mehr möglich sein sollte.

Laut Apih ist **Rak** (nach Abgleich der Abgeordnetenlisten wahrscheinlich Josef Rack, Appellationsrat aus St. Andrä i L./Šentandraž v Labotski dolini), neben **Rulitz** einer von zwei gebürtigen Slowenen aus Kärnten/Koroška, die 1848 in den provisorischen Kremsierer Reichstag gewählt wurden. Als erster identitätsbwusster kärntnerslowenischer Abgeordneter im cisleithanischen Abgeordnetenhaus des Reichsrates gilt **Lambert → Einspieler** (1897–1901) noch vor Franc → Grafenauer (1860–1935, Abgeordneter 1907–1916 bzw. bis 1918).

Laut Wiesflecker (hic loco) war Millonigs Sohn, **Johann Millonig** (jun.) (1826–1900), ebenfalls langjähriger Bürgermeister der Gemeinde Hohenturn/Straja vas, in der ersten Hälfte der 1870er-Jahre Landtagsabgeordneter wie sein Vater, während sein Enkel **Simon Michor** (Bürgermeister der Gemeinde Emmersdorf/Smerče) bei den Landtagswahlen 1909 als (deutsch-) liberaler Kandidat zum Landtagsabgeordneten gewählt wurde. Millonigs Enkel Alois **Millonig** (1869–1937) und Millonigs Urgroßneffe **Filip (Philipp) → Millonig** waren Bürgermeister von Hohenthurn/Straja vas.

Von den deutschtümelnden, d.h. aktiv antislowenischen Abgeordneten slowenischer Herkunft (slow. *nemškutar*) sind insbesondere **Matthias → Abuja** und **Johann → Seebacher** bekannt, ebenso **Hans → Ferlitsch** (→ Deutschtümler). Matthias Abuja bezeichnete sich in der Landtagssitzung vom 19. Jänner 1888 im Rahmen der Diskussion um slowenische Grundbucheintragungen selbst als Slowene, lehnte aber die entsprechende Forderung der slowenischen Kollegen im Landtag ab.

Auch **Jakob → Lutschounig** (1848–1934) Realitätenbesitzer und Landwirt aus Untertöllern/Spodnje Dole bei Maria Rain/Žihpolje, Bürgermeister von Maria Rain/Žihpolje, Reichsratsabgeordneter 1911 (Deutscher Nationalverband [Deutsche Arbeiterpartei]) und Mitglied der Provisorischen Nationalversammlung 1918/1919, reiht sich als *Kärntner Slowene*, wie er sich selbst apostrophiert, nahtlos in diese Liste. Franc → Grafenauer erachtete (*Svoboda* 1951: 61) als wahre »Verräter des eigenen Volkes«, als »unterwürfige Knappen« und als »deutsch-dressierte Abgeordnete – Deutschtümler« im Landtag die Abgeordneten **Martin Fischer/Fišer** (Wahlkreis Landgemeinden Tarvisio/Tarvis/Trbiž, Arnoldstein/Podklošter), **Simon**

Josef Ferdinand Fromiller: Herzogseinsetzung, Wandfresko im Wappensaal des Kärntner Landhauses (1740) (Foto Gert Eggenberger), Detail

Die Kärntner Slowenen und der Reichsrat, Ljubljana 1908

Abgeordneter in der 10. Wahlperiode (1909–1914) in der Kurie der Landgemeinden im Wahlkreis Villach/Beljak, Paternion/Špartjan, Rosegg/Rožek. **Simon Michor/Mihor** war Abgeordneter in der 10. Wahlperiode (1909–1914) in der Kurie der Landgemeinden im Wahlkreis Tarvis/Trbiž und Arnoldstein/Podklošter. **Matthäus Orasch/Oraš** war Abgeordneter aus dem Wahlkreis der Landgemeinden Villach/Beljak, Paternion/Špartjan, Rosegg/Rožek von der 6. bis zur 9. Wahlperiode zwischen 1892 bis 1908. **Jakob Plawetz** war Abgeordneter in der 7. Wahlperiode (1892–1896) in der Kurie der Städte und Märkte aus dem Wahlkreis Völkermarkt/Velikovec, Bleiburg/Pliberk und Eisenkappel/Železna Kapla.

Zu den bekanntesten (phasenweisen) antislowenischen Politikern slowenischer Herkunft der Zwischenkriegszeit zählt zweifellos Landeshauptmann **Vinzenz → Schumy**. Schumy, der in seinen frühen Jahren noch mit Šumi unterzeichnete und identitätsbewusster slowenischer Aktivist war, nahm später eine antislowenische Haltung ein. Schumy sollte nicht der einzige antislowenische Landeshauptmann slowenischer Herkunft bleiben: Nach dem Zweiten Weltkrieg war dies **Ferdinand Wedenig** (10. Mai 1896 Gurniz/Podkrnos – † 11. November 1975 Klagenfurt/Celovec), der politischer Verfolgter unter den Nazis war, sechs Jahre in Kerkerhaft, zwei Jahre in Polizeihaft und neun Monate im KZ Dachau interniert war, setzte 1958 die Verordnung über das verpflichtende zweisprachige Schulwesen aus dem Jahr 1945 außer Kraft (im Ruhestand wurde er Präsident der Österreichischen Liga für Menschenrechte und der Österreichisch-Jugoslawischen Gesellschaft und war des Öfteren Mitunterzeichner von Aufrufen der slowenischen Kulturorganisationen zur Anmeldung der Schüler zum Slowenischunterricht [Liška 1984: 191]). **Hans Sima** (1918 Camporosso/Saifnitz/Žabnice – † 2006 Klagenfurt/Celovec) seinerseits sollte noch 1974 über seine allzu große »Slowenenfreundlichkeit«, d.h. Menschenrechts- und Verfassungstreue, stürzen. Schließlich war auch die in Tirol ansässige Familie des Kanzlers des austrofaschistischen Ständestaates **Kurt Schuschnigg** (geboren in Riva del Garda) ursprünglich aus Radsberg/Radiše und Schuschnigg in der namengebenden Linie slowenischer Herkunft.

Michor/Mihor (Landgemeinden Tarvisio/Tarvis/Trbiž, Arnoldstein/Podklošter) (vgl. → Millonig, Johann), **Matthäus Orasch/Oraš** (Wahlkreis Landgemeinden Villach/Beljak, Paternion/Špartjan, Rosegg/Rožek), **Franz Kirschner/Franc Kiršner** (Wahlkreis Landgemeinden Klagenfurt/Celovec, Feldkirchen/Trg, Ferlach/Borovlje) und **Hans Pinteritsch/Pinterič** (Wahlkreis Städte, Märkte, Industrieorte Völkermarkt/Velikovec, Bleiburg/Pliberk, Eisenkappel/Železna Kapla in der 9. und 10. Wahlperiode zwischen 1903 und 1914).

Hey 2002 weist »gemäß den Schilderungen des Landespräsidenten« darauf hin, dass »sich immer wieder auch ›slowenisch-fortschrittliche‹ Abgeordnete der Landtagsmajorität anschlossen, so 1890 Matthias Abuja und Mattäus Orasch sowie Jakob Plawetz, 1904 Martin Fischer und 1909 Johann Gailer«. Unter »slowenisch-fortschrittlich« ist im gegenständlichen Fall wohl liberal bzw. deutschfreundlich zu verstehen. **Martin Fischer** war ab 1904 Abgeordneter in der 9. Wahlperiode im Wahlkreis der Landgemeinden Tarvis/Trbiž und Arnoldstein/Podklošter. **Johann Gailer** war

Weitere Abgeordnete zeichneten ein Abstimmungsverhalten oder Wortmeldungen im Landtag aus, die nicht dem bereits herrschenden Trend der Zeit entsprachen. So sprachen sich **Dr. Hermann → Mertlitsch** und **Albert → Pucher** 1868 (26. Sitzung der II. Session am 6. Oktober 1868) zusammen mit den Abgeordnetenkollegen **Gabriel Jessernigg**, **Leobegar Canaval**, Franz MURI und Andreas EINSPIELER für slowenische Übersetzungen des → Landesgesetzblattes aus.

Für andere Landtagsabgeordnete lässt sich eine slowenische Herkunft nur vermuten (so etwa von **Valentin Pleschiutschnig**, 1903–1908 gewählt im Wahlkreis V., Landgemeinden Völkermarkt/Velikovec, Eberndorf/Dobrla vas).

Das politische Geschehen des Landes und dessen Regionen gestalteten weiters die in jener Zeit im weitgehend slowenischen Jauntal/Podjuna gewählten Abgeordneten **Alex Helbling, Karl Hillinger, Josef Horner, Josef Luggin, Josef Novak, Josef Ullmann**. Schließlich ist zur ethnischen Herkunft einer Reihe von Reichsratsabgeordneten, obschon untersuchungswert, nichts Näheres bekannt (so z.B. von **Anton Moritsch**, V. und VI. Wahlperiode, **Mathias Petritsch**, V. Wahlperiode).

Quellen/Web: KLA, ÖNB (ALEX, http://alex.onb.ac.at); *Stenographische Protokolle des kärntnerischen Landtages*; Parlament Wien: *Stenographische Protokolle des Abgeordnetenhaus in der V. Legislaturperiode, Stenographische Protokolle des Abgeordnetenhaus in der VI. Legislaturperiode.*
Stenographische Protokolle der II. Session aus der II. Wahlperiode des kärntnerischen Landtages zu Klagenfurt, vom 19. August bis 8. Oktober 1868. Klagenfurt 1868 (Protokoll der 21. Sitzung der II. Session am 30. 9. 1868, S. 379 f. [S. 393 f.], Protokoll der 26. Sitzung der II. Session am 6. 10. 1868, S. 499 f. [503 f.]);
Stenographische Protokolle des Abgeordnetenhaus in der V. Legislaturperiode (1873–1879). Namensverzeichnis nach Kronländern (Stand: 17. Mai 1879);
Stenographische Protokolle der II. Session der VI. Wahlperiode des kärntnerischen Landtages Klagenfurt vom 25. November 1885 bis 19. Dezember 1885 und vom 7. Jänner 1886 bis 16. Jänner 1886. Klagenfurt 1886, S. XIV, und 645 ff.;
Stenographische Protokolle des Abgeordnetenhaus in der VI. Legislaturperiode (1879–1885). Namensverzeichnis nach Kronländern (Stand: 22. April 1885);
Stenographische Protokolle des kärntnerischen Landtages, IV. Session der VI. Wahlperiode des kärntnerischen Landtages vom 24. November 1887 bis 21. Dezember 1887 und vom 9. Jänner 1888 bis 19. Jänner 1888. Klagenfurt 1888, S. XLVI und 693 ff.;
Stenografische Protokolle des Abgeordnetenhaus XII. Legislaturperiode (XXII. Session: 30.05.1917–12.11.1918), *Personenregister: Mitglieder des Hauses*, S. 231, http://alex.onb.ac.at/cgi-content/alex?aid=spa&datum=0022&size=45&page=237;
Verhandlungen des österreichischen Reichstages nach der stenographischen Aufnahme, 5 zv. (Wien: k.k. Hof- und Staatsdruckerei, 1848–1849).
Lit./Web: ES. – J. Apih: *Slovenci in 1848. leto.* Ljubljana: 1888, 10 ff., 178 ff. (www.dlib.si, URN:NBN:SI:DOC-1R2UKD7I); W. Müller (Hg.): *Inhalts-Verzeichnis über die Beschlüsse des Kärntn. Landtages vom Jahre 1861 bis einschließlich 1898.* Klagenfurt 1900; *Koroški Slovenci in državni zbor.* [Priloga »Mir-u« No. 48]. Založili državni poslanci S.L.S. V Ljubljani 1908, 109 S.; A. Skedl (Hg.): *Der politische Nachlaß des Grafen Eduard Taaffe.* Wien [e.a.] 1922, 323 ff., 340 ff.; F. Grafenauer: *Moja leta.* In: *Svoboda* 3 (1950) Nr. 8–9, S. 215–216 (und *Svoboda* 4 (1951) Nr. 3–4, Zit. S. 61); J. Pleterski: *Narodna in politična zavest na Koroškem, Narodna zavest in politična orientacija prebivalstva slovenske Koroške v letih 1848–1914.* Ljubljana 1965 (www.sistory.si/SISTORY:ID:871); J. Liška [e.a.] (Hg.): *Koroški Slovenci v Avstriji včeraj in danes.* Ljubljana 1984, ²1985; T. Domej: *Die Slowenen in Kärnten und ihre Sprache, mit besonderer Berücksichtigung des Zeitalters von 1740 bis 1848* (Phil. Diss.). Wien 1986, 440; J. Pleterski: *Slowenisch oder deutsch?: nationale Differenzierungsprozesse in Kärnten [1848–1914].* Klagenfurt/Celovec 1996; V. Melik: *Wahlen im alten Österreich: am Beispiel der Kronländer mit slowenischsprachiger Bevölkerung.* Wien, Köln, Weimar 1997; V. Melik: *Slovenski poslanci na Dunaju in v Beogradu.* In: Z. Čepič, D. Nećak, M. Stiplovšek (Hg.): *Mikužev zbornik.* Ljubljana 1999, 17–20 (www.sistory.si/?urn=SISTORY:ID:20752); H. P. Hye: *Der Kärntner Landtag 1861–1914/18 im Spiegel der Quellen der Wiener Regierung.* In: H. Krahwinkler (Hg.): *Staat – Land – Nation – Region, Gesellschaftliches Bewußtsein in den österreichischen Ländern Kärnten, Krain, Steiermark und Küstenland 1740 bis 1918.* Klagenfurt/Celovec [u.a.] 2002, 239–286, 263; H. Filipič: *Die slowenischen politischen Parteien und Organisationen im 20. Jahrhundert.* In: W. Drobesch, A. Malle (Hg.): Nationale Frage und Öffentlichkeit. Klagenfurt/Celovec [e. a.] 2005 (S. Karner [Hg.]: Kärnten und die nationale Frage. Bd. 2), 67–90; V. Melik: *Nekaj iz slovenske volilne preteklosti.* In: D. Nećak (Hg.): *Stiplovškov zbornik.* Ljubljana 2005, 321–323 (www.sistory.si/?urn=SISTORY:ID:26780); P. Wiesflecker: *Drei alte Grabsteine erzählen eine Familiengeschichte.* In: *Mitteilungsblatt der Gemeinde Hohenthurn* 2 (2005), 12–13; P. Wiesflecker: *Hohenthurn. Geschichte eines Lebensraums und seiner Menschen.* Klagenfurt 2009; A. Rahten: *Slovenski politiki in diplomati na cesarskem Dunaju.* In: V. Rajšp: *Slovenski odnosi z Dunajem skozi čas.* Wien, Ljubljana 2013, 81–93; Parlament Wien: *Wer ist Wer*: www.parlament.gv.at/WWER/PAD_00970/index.shtml; http://www.parlament.gv.at/WWER/PAD_01441/index.shtml.

Bojan-Ilija Schnabl

Abgeordnete zum Kärntner Landtag – ethnopolitisch engagierte Slowenen. Nach den ersten Wahlerfolgen von **Andrej** → **Einspieler** (1862 und 1871) waren es einige wenige deklarierte Slowenen, die aktiv slowenische identitätsstiftende Interessen vertraten und als solche auftraten, von 1880 bis zum Ersten Weltkrieg im Kärntner Landtag vertreten (→ Wahlordnungen, → Wahlkreiseinteilungen). In der Regel wurden ein, zwei oder sogar drei Abgeordnete auf slowenischen Wahllisten gewählt. Nach Andrej EINSPIELER waren dies noch **Franc** → **Muri, Gregor** → **Einspieler, Franc** → **Grafenauer** und **Florijan** → **Ellersdorfer**. Vereinzelt wurden Slowenen, die ihre Identität verbargen oder auch nicht, auch auf anderen nicht slowenischen Listen gewählt. Mit der neuen Geschäftsordnung wurde 1905 das Slowenische auch formell aus dem Vertretungskörper verdrängt. Bei den letzten Landtagswahlen im Rahmen der Habsburgermonarchie im Jahr 1909 erhielten die slowenischen Kandidaten in der allgemeinen Kurie 7.290 Stimmen und in der Kurie der Landgemeinden 3.337 Stimmen.

Im provisorischen Kärntner Landtag von 1918 waren die Slowenen trotz einer Gesamtbevölkerung von 82.212 Slowenen (offizielle Zahlen der → Volkszählung 1910) bzw. 21 %-Anteil der Gesamtbevölkerung nicht vertreten, was jedenfalls eine ethnopolitisch motivierte rechtliche Diskriminierung darstellte. Nach der → Volksabstimmung und bis zur Einrichtung des Ständestaates erlangte die slowenische Wahlpartei → *Koroška slovenska stranka* [Kärntner slowenische Partei] immer genügend Stimmen, um zwei Vertreter in den 42 Sitze zählenden Landtag zu entsenden. Bei den Landtagswahlen am 16. Juni 1921 wurden **Ferdo** → **Kraiger** und **Vinko** → **Poljanec** mit 9.870 Stimmen gewählt (das Mandat von Dr. **Franc** → **Mišič** wurde allerdings nicht verifiziert), bei jenen am 21. Oktober 1923 erneut Poljanec und **Franc** → **Petek** mit 9.868 Stimmen, bei den Wahlen am 24. April 1927 Petek und **Janez** → **Starc** mit 9.578 Stimmen. Bei den Landtagswahlen am 9. November 1930 erhielten diese beiden Abgeordneten 9.205 Stimmen. Als nach drei Jahren Mandatsdauer Starc sein Mandat aufgrund seines Priesteramtes aufgeben musste, folgte ihm **Janko** → **Ogris** in diese Position.

Die slowenischen Abgeordneten machten im Landtag zwar auf die nicht verwirklichten Minderheitenrechte sowie auf die wirtschaftliche Benachteiligung des slowenischen bzw. ethnisch gemischten Gebietes → Südkärntens aufmerksam, doch erhielten sie keine Unterstützung für ihre diesbezüglichen Forderungen von der Mehrheit im Landtag. In der zweiten Hälfte der 20er-Jahre konnten nicht einmal die Verhandlungen über eine → Kulturautonomie (bzw. Autonomie im Schulwesen) der Kärntner Slowenen erfolgreich abgeschlossen werden.

Die *Koroška slovenska stranka* [Kärntner slowenische Partei] wirkte als Wahlliste, ihre Vertreter kamen aus der → *Slovenska krščansko-socialna zveza za Koroško* (SKSZK) [Slowenischer christlich-sozialer Verband für Kärnten] (die Priester Poljanec und Starc) sowie aus dem → *Katoliško politično gospodarsko društvo za Slovence na Koroškem* (KPGDSK) [Katholisch-politischer und Wirtschaftsverein für die Slowenen in Kärnten] (der → Bürgermeister von Globasnitz/Globasnica **Ferdo** → **Kraiger** und der Arzt Franc Petek). Petek sorgte auch für die Herausgabe der Zeitung → *Koroški Slovenec*. Die slowenischen Abgeordneten vertraten die Volksgruppe auch bei den alljährlichen → Europäischen Nationalitätenkongressen (ENK). In den 20er-Jahren gelang es der *Koroška slovenska stranka* nicht mehr, genügend Stimmen für ein Nationalratsmandat zu erlangen. Die jüngere Generation der politischen Elite der Volksgruppe entschloss sich deshalb, bei den Parlamentswahlen im Herbst 1930 die Christlich-soziale Partei zu unterstützen.

Nach der Einrichtung des Ständestaates wurden 1934 die Landwirte **Karel** → **Mikl** und **Albert** → **Breznik** in den Kärntner Landtag als Vertreter der slowenischen Volksgruppe entsandt, während der slowenische Prälat **Rudolf** → **Blüml** darin die Katholische Kirche in Kärnten/Koroška vertrat.

Von 1921 bis 1934 war der Slowene **Anton** → **Falle** Abgeordneter zum Nationalrat. Nach dem Tod von Florian Gröger 1928–34 wurde er Vorsitzender der Kärntner Sozialdemokraten und Leiter der Kärntner Redaktion des »Arbeiterwillens«.

(Vgl. dazu auch die zahlreichen slowenischen Bürgermeister der lokal durchaus gut verankerten *Koroška slovenska stranka*, siehe auch Bernard Gašper → Rossbacher, Stadtrat in Klagenfurt/Celovec.)

Lit.: ES. – F. Grafenauer: *Moja leta*. In: *Svoboda* 3 (1950) Nr. 8–9, Zit. 215–216, und 4 (1951) Nr. 3–4, 61; F. Petek: *Iz mojih spominov*. Ljubljana-Borovlje 1979; J. Lukan: *Franz Grafenauer (:1860–1935:). Volkstribun der Kärntner Slowenen*. Klagenfurt/Celovec 1981 (Studia Carinthiaca Slovenica; 2); I. Lapan: *Der Kärntner Landtag von 1918–1938 und die Tätigkeit der Abgeordneten*. (Diss.) Graz 1982; J. Liška [e.a.] (Hg.): *Koroški Slovenci v Avstriji včeraj in danes*. Ljubljana 1984, ²1985; J. Stergar: *Prva slovenska poslanca v koroškem deželnem zboru: 19. VI. 1921*. In: Slovenska kronika XX. stoletja (hg. M. Drnovšek, D. Bajt), Bd. 1: 1900–1941. Ljubljana 1995, 263; J. Pleterski: *Slovenisch oder deutsch?: nationale Differenzierungsprozesse in Kärnten [1848–1914]*. Klagenfurt/Celovec 1996; V. Melik: *Wahlen im alten Österreich: am Beispiel der Kronländer mit slowenischsprachiger Bevölkerung*. Wien, Köln, Weimar 1997; H. Filipič: *Die slowenischen politischen Parteien und Organisationen im 20. Jahrhundert*. In: W. Drobesch, A. Malle (Hg.): Nationale Frage und Öffentlichkeit, 67–90. Klagenfurt/Celovec [e. a.] 2005 (S. Karner [Hg.]: Kärnten und die nationale Frage. Bd. 2); A. Rahten: *Slovenski politiki in diplomati na cesarskem Dunaju*. In: V. Rajšp: Slovenski odnosi z Dunajem skozi čas. Wien, Ljubljana 2013, 81–93.

Janez Stergar; Üb.: Bojan-Ilija Schnabl

Abraham, Bischof von Freising († 994 in Freising).

Seit 957 bis zu seinem Tod war A. Bischof von → Freising, das sind über 30 Jahre Episkopat. A. war unter Kaiser Otto I. Berater und Mitregent der bairischen Fürstenwitwe JUDITH (*dux et domina, venerabilis domna*) und ihres Sohnes (in Vormundschaft), des bairischen Fürsten/Herzogs HEINRICH II. JUDITH erhielt von OTTO I. die Saline in Reichenhall geschenkt und wurde somit die reichste Frau Baierns. Auf Bitten JUDITHs schenkte er einem Vasallen/Gefolgsmann des Bischofs A. namens *Negomir* 965 einen Besitz in Wirtschach/Zvirče in Kärnten/Koroška (bei Klagenfurt/Celovec). 974 gab es eine Verschwörung gegen OTTO II. Daraufhin erklärte er 976 einen Teil → Karantaniens als von Baiern (→ Bagoaria) unabhängiges Fürstentum/Herzogtum »Kärnten«. Kaiser OTTO III. schenkte 993 dem *sclavus* SEBEGOJ (*Zebegoi*) einige *mansi in villis Suarzdorf, Podinauuiz, Duchumuzlidorf, Gumulachi, Donplachi* und *in pago Croudi* und in der Grafschaft des *Otgeri* [Otakar] Grundstücke mit Jagdrecht, Fischfang, Mühlen, sowie 996 dem Freisinger Bischof GOTTSCHALK, dem Nachfolger von A. → *Ostarrichi* bei Neuhofen (Niederösterreich). Bischof A. dürfte an den »slowenischsprachigen« Freisinger Besitztümern in Kärnten/Koroška persönlich großes Interesse gehabt haben. Darauf ist wohl auch die Aufnahme eines slowenischen Textes in das Missionshandbuch zurückzuführen.

Da die Schriftart (literaturüblich: → karolingische Minuskel) der → Freisinger Denkmäler mit der im 10. Jh. im Salzburger Raum üblichen auffällig übereinstimmt, dürfte auch das von A. in Auftrag gegebene Missionshandbuch mit den als → *Freisinger Denkmäler* bekannten Abschriften im 10. Jh. entstanden sein. Trotz verschiedener Vermutungen bleiben die genaue Zeit und der genaue Ort der ursprünglichen Salzburger Erstniederschrift der »Freisinger Denkmäler«, der für die Missionierung → Karantaniens ab dem 8. Jh. unerlässlichen Texte, weiterhin unbekannt.

Die Namen (→ Personennamen) der Salzburger Bischöfe *Vitalis* und *Arn* (1. Erzbischof und Einführer des → Slowenenzehents) und der Freisinger Bischöfe *Corbinian, Arbeo, Atto, Anno* sind ladinisch. Die meisten Namen sind außer ein paar irischer (wie → *Virgil/Fergeil* und *Dobdagrecus*) germanisch (*Hrodbertus/Rupert, Adalram, Liubram, Adalwin*), wenn sich auch hinter ihnen Ladiner und Slowenen verbergen können. Nie umgekehrt, denn Baiern hatten keine ladinischen oder slowenischen Namen (→ Altladinisch). *Biblische* Namen waren ungewöhnlich und weisen eher auf nicht ladinische und nicht bairische Herkunft. Unter den Salzburger Chorbischöfen (*chori episcopi*) in Karantanien gibt es im → Salzburger Verbrüderungsbuch einen *Salomon*, vermutlich ein Slowene. Auch der Name *Abraham* ist ungewöhnlich und könnte daher seiner politischen und religiösen Bedeutung nach ein Hinweis auf vornehme slowenische Abstammung und sein besonderes Interesse für die Slowenen in den Freisinger Besitzungen in Karantanien/Kärnten sein.

Lit.: NDB, BBKL, LThK (vgl. Vollzitate mit weiterführender Lit.), SBL. – *Die Urkunden der deutschen Könige und Kaiser, Zweiter Band zweiter Teil, Die Urkunden Otto III.*, Hg. Gesellschaft für ältere deutsche Geschichtskunde (MGH). Hannover 1823, Nr. 133 (zu Sebegoi), S. 544; *Die Urkunden der deutschen Könige und Kaiser, Erster Band, Die Urkunden Konrad I., Heinrich I. und Otto I.*, Hg. Gesellschaft für ältere deutsche Geschichtskunde (MGH). Hannover 1879–1884, Nr. 279 (zu Negomir), S. 395–396; K. Becher: *Abraham*. In: Neue Deutsche Biographie 1 (1953), 21 [Onlinefassung]; F. W. Bautz: *Abraham von Freising*. In: *Biographisch-Bibliographisches Kirchenlexikon* (BBKL). Band 1. Hamm 1975, Sp. 9–10; O. Kronsteiner: *Die alpenslawischen Personennamen*. Österreichische Namenforschung, Sonderreihe 2. Wien 1975, ²1981; *Geschichte Salzburgs*. Bd. I, I. Teil. Hg. H. Dopsch. Salzburg 1981; B. Bischoff: *Paläographie des römischen Altertums und des abendländischen Mittelalters*. Berlin ²1986; W. Störmer: *Abraham*. In: Lexikon für Kirche und Theologie (LThK), Erster Band, A bis Barcelona. Freiburg [e. a.] ³1993, Spalte 68–69.

Otto Kronsteiner

Abstimmungszonen, die territorialen Abstimmungseinheiten bei der → Volksabstimmung 1920 in Kärnten/Koroška.

Der Schlussakt des Ersten Weltkrieges wurde die Friedenskonferenz von 1919 in Paris. Der Vertrag mit Österreich wurde am 10. September 1919 in Saint-Germain unterzeichnet (→ Vertrag von Saint-Germain). Auf Grundlage dieses Vertrags erhielt Österreich in Kärnten/Koroška das → Gailtal/Zilja und → Villach/Beljak. Italien bekam Südtirol, das → Val Canale/Kanalska dolina/Kanaltal und die Krainer Gemeinde Bela Peč (dt. Weißenfels, ital. Fusine in Valromana). Dem Königreich SHS wurde der südliche Teil des Kronlandes Steiermark/Štajerska (die Spodnja Štajerska, dt. Untersteiermark) und die → Mežiška dolina (Mießtal) sowie die Gemeinde Jezersko (Seeland) zugesprochen. Für → Südkärnten/Južna Koroška verfügte die Friedenskonferenz im Widerspruch zur Kongruenz von Staats- und Sprachgrenzen eine → Volksabstimmung (slow. *plebiscit*). Die Grenzforderungen des Königreichs SHS (→ Jugoslawien) wurden berücksichtigt und dienten als Grundlage für die Bestimmung des Gebiets, in welchem die Volksabstimmung abgehalten werden sollte. Das Abstimmungsgebiet wurde in zwei Zonen eingeteilt. In die Zone A (1.768 km²) mit → Völker-

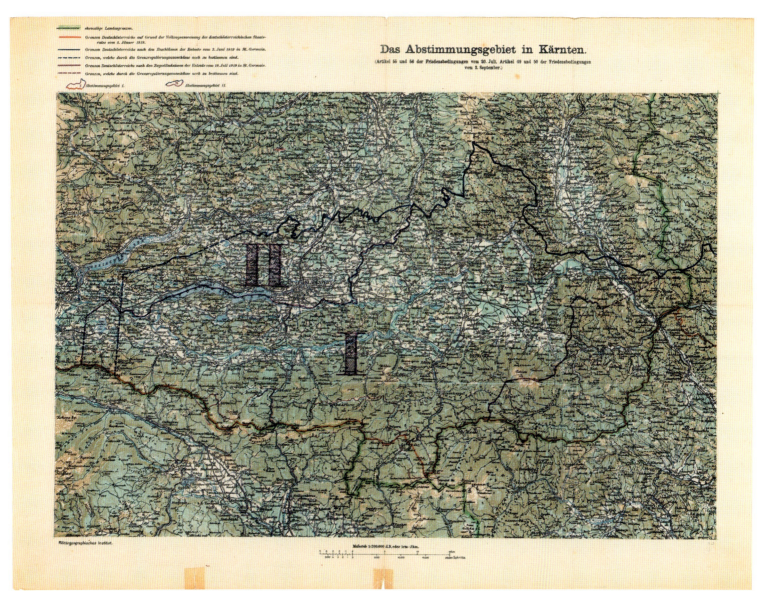

Militärgeographisches Institut: Abstimmungszonen 1919/20, NUK - Z 282.4-80

markt/Velikovec als Zentrum, diese wurde der Verwaltung des Königreichs SHS unterstellt. In diesem Gebiet hatten bei der Volkszählung von 1910 69,18 % von 73.488 Einwohnern Slowenisch als Umgangssprache angegeben. Hier wollte man die Abstimmung zuerst abhalten. In der zweiten, der Zone B (→ Klagenfurt/Celovec und Umgebung, 352 km²), die unter österreichischer Verwaltung gestellt wurde, sollte die Abstimmung erst nach der Entscheidung in der Zone A stattfinden, falls diese die Mehrheit für das Königreich SHS bringen sollte. Die Zonen waren durch die sogenannte lebende Nationengrenze getrennt, wie dies die jugoslawische Seite begründete, die »grüne« Linie, wie sie auf der Konferenz bezeichnet wurde. Die Volksabstimmung wurde am 10. Oktober 1920 durchgeführt.

Es entschied die einfache Mehrheit aller gültig abgegebenen Stimmen, nicht aber der Ausgang in den einzelnen Gemeinden, wofür sich die jugoslawische Seite eingesetzt hatte.

In der Zone A beteiligten sich 95,79 % von den 39.291 Stimmberechtigten, davon waren 37.304 gültige Stimmen, wovon wieder 22.025 (59,04 %) auf Österreich fielen.

Die vier Abstimmungsbezirke waren:

1. Rosegg/Rožek (46,07 % für Österreich) mit den damaligen Abstimmungsgemeinden: Augsdorf/Logavas, Drau/Na Dravi, Latschach/Loče, Ledenitzen/Ledenice, St. Jakob/Šentjakob, Rosegg/Rožek;

2. Ferlach/Borovlje (56,34 % der Stimmen für Österreich) mit den damaligen Abstimmungsgemein-

den: Ebental/Žrelec, Feistritz im Rosental/Bistrica v Rožu, → Ferlach/Borovlje, → Keutschach/Hodiše, Köttmannsdorf/Kotmara vas, Ludmannsdorf/Bilčovs, Maria Rain/Žihpolje, Maria Wörth/Otok, Mieger/Medgorje, Oberdörfl/Zgornja Vesca, Radsberg/Radiše, St. Margarethen im Rosental/Šmarjeta v Rožu, Schiefling/Škofiče, Unterferlach/Medborovnica, Unterloibl/Podljubelj, Viktring/Vetrinj, Weizelsdorf/Svetna vas, → Windisch-Bleiberg/Slovenji Plajberk, Zell/Sele;

3. Bleiburg/Pliberk (48,97 % der Stimmen für Österreich) mit den damaligen Abstimmungsgemeinden: → Bleiburg/Pliberk, Eberndorf/Dobrla vas, → Eisenkappel/Železna Kapla, Feistritz/Bistrica pri Pliberku, Gallizien/Galicija, Globasnitz/Globasnica, Leifling/Libeliče, Loibach/Libuče, Moos/Blato, Rückersdorf/Rikarja vas, St. Kanzian/Škocjan, → Schwabegg/Žvabek, Sittersdorf/Žitara vas, Vellach/Bela;

4. Völkermarkt/Velikovec (77,27 % der Stimmen für Österreich) mit den damaligen Abstimmungsgemeinden Diex/Djekše, Grafenstein/Grabštanj, Griffen/Grebinj, Haimburg/Vovbre, Lavamünd/Labot, St. Peter am Wallersberg/Šentpeter na Vašinjah, Poggersdorf/Pokrče, Pustritz/Pustrica, Ruden/Ruda, → Tainach/Tinje, → Völkermarkt/Velikovec, Waisenberg/Važenberk.

Die Abstimmung in Zone B fand nicht statt, da die Mehrheit der gültigen Stimmen für Österreich abgegeben worden war. Etwa 10.000 slowenische Stimmen entschieden das Plebiszit für Österreich. Gründe für deren Entscheidung waren: Die zunehmende → Germanisierung sowie die österreichische → Volksabstimmungspropaganda, die den Landespatriotismus in den Vordergrund stellte sowie die Vorteile eines Lebens in einer sozial geordneten demokratischen Republik, in der es keine Wehrpflicht gab. Zudem wurde darauf hingewiesen, dass das Königreich SHS damals noch keine Verfassung hatte und dass es auf dem Balkan Grenzunruhen gebe. Für die Bauernschaft war das Landeszentrum Klagenfurt/Celovec von enormer wirtschaftlicher Wichtigkeit. Für die Entscheidung eines Teiles der Slowenen waren auch die politischen Parteien, die sie vor 1914 gewählt hatten, von Bedeutung. Letzteres lässt den Schluss zu, dass die Mehrheit der slowenischen, für Österreich abgegebenen Stimmen von den Sozialdemokraten stammt. Eine Aufgliederung und Analyse der Ergebnisse zeigt, dass sich die Mehrheit der Slowenen (59,2 %) für das Königreich SHS ausgesprochen hatte.

In Übereinstimmung mit dem Vertrag von Saint-Germain garantierte Österreich der slowenischen → Minderheit allseitige Berücksichtigung sowie den Genuss gleicher Rechte wie jene der deutschen Mehrheitsbevölkerung. Die feierliche Erklärung mit der Zusicherung der Garantien für die Achtung der Minderheitenrechte wurde unmittelbar vor der Volksabstimmung am 28. September 1920 vom Kärntner Landtag verabschiedet. Aber bereits am 25. Oktober 1920, nur wenige Tage nach der Volksabstimmung, verkündete der Landesverweser Arthur Lemisch, dass nur eine Generation Zeit bleibe, um das Land endgültig zu germanisieren und definierte damit gleichsam die lange Zeit gültige Landesideologie (→ Germanisierung).

Lit./Web: ES (J. Pleterski: *Koroški plebiscit*). – F. Zwitter: *Koroško vprašanje*. Ljubljana 1937; J. Pleterski, L. Ude, T. Zorn (Hg.): *Koroški plebiscit: razprave in članki*. Ljubljana 1970; T. Ferenc, M. Kacin-Wohinz, T. Zorn: *Slovenci v zamejstvu*. Ljubljana 1974; H. Haas, K. Stuhlpfarrer: *Österreich und seine Slowenen*. Wien 1977; T. Zorn: *Vprašanja koroškega plebiscita*. In: VKP 12/2–4 (1978) 2–17; *Kärnten – Volksabstimmung 1920: Voraussetzungen, Verlauf, Folgen*. Wien, München 1981; A. Moritsch: *Abwehrkampf und Volksabstimmung – Mythos und Realität*. In: Austria slovenica: Die Kärntner Slowenen und die Nation Österreich. Klagenfurt 1996, 58–70; H. Valentin, S. Haiden, B. Maier (Hg.): *Die Kärntner Volksabstimmung 1920 und die Geschichtsforschung: Leistungen, Defizite, Perspektiven*. Klagenfurt 2002; J. Pleterski: *Kärntner Volksabstimmung 1920: Versuch einer enzyklopädischen Auslegung des Stichwortes »Kärntner Volksabstimmung«*. Ljubljana 2003; N. Troha: *Koroški plebiscit*. In: *Slovenska novejša zgodovina*, 1. Ljubljana 2005, 221–222; H. Valentin: *Die Entwicklung der nationalen Frage in Kärnten 1918–1945*. In: H. Valentin, P. Karpf, U. Puschnig (Hg.): Der Staatsvertrag von Wien 1955–2005: Die Kärntner Perspektiven. Kärnten Dokumentation, Bd. 22. Klagenfurt 2006, http://www.volksgruppenbuero.at/images/uploads/band22_final_sc.pdf, 43–44.

Matija Zorn; Üb.: Katja Sturm-Schnabl

Abuja, Dr. Matthias (Matija, * 23. Februar 1850 Vorderberg/Blače [St. Stefan im Gailtal/Štefan na Zilji], † 20. November 1903 Klagenfurt/Celovec), Rechtsanwalt, Klagenfurter Stadtrat, Landtagsabgeordneter.

A. war der Sohn von Anton und Katharina Abuja und stammte aus dem damals völlig slowenischen Ort Vorderberg/Blače im Gailtal/Ziljska dolina und wurde zu einem der erfolgreichsten Rechtsanwälte in Klagenfurt/Celovec. Er vertrat in Rechtsangelegenheiten u. a. seinen slowenischen Landsmann aus dem Gailtal/Ziljska dolina, den Orgelbauer Franc → Grafenauer (1860–1935). Als »gemäßigter heimatliebender Slowene« (slow. *zmerni rodoljub*) besuchte er den slowenischen Lesezirkel (→ *Slovanska čitalnica*) und war im Frühjahr 1884 Mitglied des Gedenkausschusses zum 100. Geburtstag von Urban → Jarnik. Als Ver-

Achomitz/Zahomec um 1900, Archiv Martin Wiegele

Družina Zwitter, *Travənčə sa žiə zeliənə*

treter des Wahlkreises Hermagor/Šmohor – Tarvisio/Tarvis/Trbiž – Arnoldstein/Podkloster – Kötschach/Koče wurde er nach einer spontanen Entscheidung der Wahlmänner am 8. August 1884 in die Kurie der Landgemeinden des Kärntner Landtages gewählt (→ Wahlordnungen). Unmittelbar nach seiner Wahl trat er offen ins deutsch-liberale Lager über (in slowenischen Zeitungen als »Geschäfts-Slovene« qualifiziert; vgl. → Assimilant, → Assimilationszwang) und begann Positionen gegen die slowenische nationale Bewegung einzunehmen, die mit den Deutsch-Konservativen und Klerikalen in Verbindung standen. Er hielt schriftlich fest und wiederholte dies im Landtag, dass er in deutschen Schulen ausgebildet worden sei und dass er deshalb mit den Deutschen sympathisiere, die in Kärnten/Koroška führend seien. Die deutsche Seite vertrat er in der Folge mehrmals in Rechtsangelegenheiten gegen die slowenische Zeitung → *Mir* und gegen ihren Herausgeber, den → Landtagsabgeordneten Gregor → Einspieler. Nach dem Wahlkampf, in dem er seine Liebe zur slowenischen → Muttersprache betont hatte und zugleich seine Dankbarkeit gegenüber den deutsch-fortschrittlichen Kräften für die umfassende Entwicklung des Gailtales/Ziljska dolina Ausdruck verlieh, wurde A. erneut am 20. August 1890 in den Landtag gewählt (und zwar diesmal ausdrücklich als Gegenkandidat zum Slowenen J. Ehrlich). Bei den folgenden Wahlen am 21. September 1896 unterlag er dem slowenischen »Volkstribun« Franc Grafenauer, der seinen Gegenspieler als »konzilianten Mann und hervorragenden Redner« (im Landtag und bei Treffen des Bauernbundes) bezeichnete. A. gratulierte diesem zur Wahl und bot ihm seinen guten Rat an (Grafenauer erachtete als wahre »Verräter des eigenen Volkes«, als »unterwürfige Knappen« und als »deutschdressierte Abgeordnete – → Deutschtümler« im Landtag die Abgeordneten Martin Fischer/Fišer, Simon Michor/Mihor, Matthäus Orasch/Oraš, Franc Kirchner/Kiršner [sic!] und Hans Pinteritsch/Pinterič). In der Folge wurde A. im Wahlkreis Tarvisio/Tarvis/Trbiž – Arnoldstein/Podkloster nochmals am 10. November 1902 (gegen J. Ehrlich) gewählt, verstarb jedoch ein Jahr danach. A. war zeitweilig auch Stadtrat in Klagenfurt/Celovec.

Archive: KLA, Stenographische Protokolle des kärntnerischen Landtages.
Quellen: Stenographische Protokolle des kärntnerischen Landtages, IV. Session der VI. Wahlperiode des kärntnerischen Landtages vom 24. November 1887 bis 21. Dezember 1887 und vom 9. Jänner 1888 bis 19. Jänner 1888, Klagenfurt 1888, S. XLVI und 693 ff.; *Slovenski narod* (Ljubljana) XVII, 29.8.1884, Nr. 199, S. 1; *Mir* (Celovec) XXII, 1903, 26.11., Nr. 48, S. 195.
Lit.: F. Grafenauer: *Moja leta*. In: *Svoboda* 3 (1950) Nr. 8–9, Zit. 215–216, und 4 (1951) Nr. 3–4, 61; J. Pleterski: *Politični profil koroškega časopisa »Mir«*. In: ZČ 10–11 (1956–1957) 183–216, Zit. 190–191; V. Melik: *Wahlen im alten Österreich: am Beispiel der Kronländer mit slowenischsprachiger Bevölkerung*. Wien, Köln, Weimar 1997 (slowenische Erstausgabe Ljubljana 1965); J. Pleterski: *Slovenisch oder deutsch?: nationale Differenzierungsprozesse in Kärnten [1848–1914]*. Klagenfurt/Celovec 1996 (slowenische Erstausgabe Ljubljana 1965); J. Lukan: *Franz Grafenauer (:1860–1935:). Volkstribun der Kärntner Slowenen*. Klagenfurt/Celovec 1981 (Studia Carinthiaca Slovenica; 2) 28–29, 31, 42, 44, 46, 47; H. Grafenauer: *Geschichte der Katastralgemeinde Vorderberg/Blače von 1830 bis zur zweiten Hälfte des zwanzigsten Jahrhunderts. Sozial-wirtschaftliche Entwicklung und nationaler Differenzierungsprozess* (Diplomarbeit). Klagenfurt 1988, Zit. 84–85, 110–111.

Janez Stergar; Üb.: Bojan-Ilija Schnabl

Achomitz/Zahomec, vgl. Sachlemmata: → *Zila, Katoliško slovensko izobraževalno društvo* [Katholischer slowenischer Bildungsverein Zila (Gail/-tal)], sowie → *»Aleksandrinke«* [Alexandrinerinnen]; → *Edinost Škofiče. Slovensko prosvetno društvo »Edinost« Škofiče* [Slowenischer Kulturverein Edinost (Einheit) Schiefling]; → Gailtal/Ziljska dolina; → *Klub koroških slovenskih* *akademikov na Dunaju* (KKSAD) [Klub der Kärntner slowenischen Akademiker in Wien]; → Kufenstechen; → *Melviče, Katoliško slovensko izobraževalno društvo* [Katholischer slowenischer Bildungsverein Mellweg]; → Nachbarschaft/*soseščina* im Unteren Gailtal/Spodnja Ziljska dolina; → Žlahta im Unteren Gailtal/Spodnja Ziljska dolina;

Personenlemmata: → Kriegl, Niko; → Milonig, Filip; → Schaubach, Franc; → Schnabl, Franc sen.; → Schnabl, Gregor; → Schnabl, Johann/Janez (1827–1904); → Schnabl, Johann (1897–1964); → Srienc, Kristijan; → Wiegele, Ferdinand; → Zwitter, Davorin; → Zwitter, Franci; → Zwitter, Maria.

Achter (Tanz), → *Osəmca*.

Actores Sclavorum → Rechtsinstitutionen, karantanerslowenische.

Adamič, Miloš (Widerstandskämpfer), → Knez, Alojz.

Adaptation, → Inkulturation.

Adel, karantanischer, vgl. Sachlemmata: → Adelssprache; → Carmula, → Edlinger; → Edlingerdienste; → Grabelsdorf/Grabalja vas, → Ljudevit-Aufstand; → St. Georgen am Längsee (Šentjurij ob Dolgem jezeru); → St. Peter am Bichl/Šentpeter na Gori;

Personenlemmata: → Abraham, Bischof von Freising; → Domician von Kärnten; → Hemma von Gurk/Ema Krška; → Hildegard von Stein/Liharda kamenska.

Adelssprache, die Sprache der führenden Gesellschaftsschicht im Feudalstaat (→ Soziolekt), die die historischen politischen Prozesse und die → Kulturgeschichte spiegelt.

Im Frühmittelalter hatte das Slowenische in → Karantanien und aufgrund der staatlichen → Kontinuität danach in → Kärnten/Koroška einen relevanten rechtlichen, politischen und sozialen Status. Dies ist auch im eigenständigen »karantanisch-slowenischen Stammesrecht zwischen dem 7. und dem 11. Jh.« (Baltl/Kocher) einerseits und des → Personalitätsprinzips andererseits begründet, zumal die → Fürsteneinsetzung auf lokalen Rechtstraditionen beruhte. Deshalb war das Slowenische gerade im geografischen und politischen Zentrum im Vergleich zu den anderen slowenischen Ländern wie der → Karantanischen Mark bzw. Steiermark/Štajerska, → Krain/Kranjska, Grafschaft Görz und Istrien/Istra, aus dem das spätere Küstenland/Primorje hervorgehen sollte, sowie im Gebiet der ungarischen Krone (→ Raabtaler Slowenen) in einer günstigeren Lage. Die → Kontinuität der *karantanerslowenischen* → *Rechtsinstitutionen* ist insbesondere in der besonderen Rolle des Standes der → Edlinger/*kosezi* anschaulich, da sie das Privileg der Fürsteneinsetzung hatten und diese zunächst in karantanischer, danach in → karantanerslowenischer und schließlich bis 1414 in slowenischer Sprache abhielten.

Die Sprache der frühen → *duces Carantanorum* einheimischen Ursprungs (Borut, Gorazd, Hotimir,

Achomitz/Zahomec, Pri Kriegl 1932, Archiv Milka Kriegl

Achomitz/Zahomec, Zeichnung, Archiv Sonja Welsh-Millonig

Goldene Bulle, Übersetzung Wolfgang Fritz

VALTUNC oder ETGAR u.a.) war auch nach der Annahme der fränkischen Oberhoheit weiterhin das einheimische Idiom. Die Legende des karantanischen, aus → Millstatt/Milštat (Milje) stammenden hl. → Domician ist ebenfalls ein Hinweis auf die gesellschaftliche Stellung des einheimischen Adels. Die mit der → Christianisierung (ab Mitte des 8. Jh.s) im Zuge der → *iro-schottischen Mission* unternommene Übersetzung von → Bibel-Texten, wie sie mit den Mitte des 9. Jh. entstandenen und in der zweiten Hälfte des 10. bzw. in der ersten Hälfte des 11. Jh.s niedergeschriebenen → Freisinger Denkmälern dokumentiert ist (vgl. KRONSTEINER hic loco), deutet auf die Relevanz sowie auf die gesellschaftliche Bedeutung des → Karantanerslowenischen/→ Altslowenischen und auf die gesellschaftliche und rechtliche Kontinuität in einer Zeit hin, die nicht ethno-national bestimmt war (→ Inkulturation; zur Rolle des karantanischen Adels bei der Christianisierung vgl. auch → St. Peter am Bichl/Šentpeter na Gori). Die → Verbrüderungsbücher geben weiters Hinweis auf die gesellschaftliche Stellung der darin genannten Karantaner bzw. Slowenen. Allerdings weist MITTERAUER auf das Phänomen hin, dass der karantanische Adel sehr rasch bairische Namen übernommen habe, wobei Angehörige der slawischen Oberschicht weiterhin als solche identifiziert werden können (→ Zweinamigkeit, mittelalterliche): So nennt etwa MITTERAUER den Grafen MOIMIR (vor 927/28) oder einen ZWENTIBOLCH, der 898 umfangreiche Schenkungen im Gurktal (Krška dolina) und in Zeltschach sowie später die Herrschaften Mettnitz (Motnica) und Grades (Gradež) zu eigen erhielt und der in der Ahnenreihe der → HEMMA VON GURK steht († um 1045). Slowenisch in seiner älteren Form (→ Altslowenisch) war de facto → Landessprache im weitesten Sinn zu Zeiten des ARNULF VON KÄRNTEN (850–899). HEMMA VON GURK, die bei den Slowenen unter dem Namen (H)EMA KRŠKA als slowenische Heilige gilt, zählt zu jenen Angehörigen des alten slawisch-slowenischen Adels, den auch Christine TROPPER in → Sankt Georgen am Längsee (Šentjurij na Dolgem jezeru) hic loco identifiziert. Abt → JOHANN VON VIKTRING weist in seinem *Liber certarum historiarum* (1340–1343) darauf hin, dass nicht nur der Inthronisierungsritus der Fürsten bzw. → Herzöge auf Slowenisch war, sondern: »Außerdem ist, wer immer Klage führt, hinsichtlich des Kaisers verpflichtet, in slowenischer Rede, wie sie hier üblich ist, und nicht in einer anderen Sprache, zu antworten.« Jakob → UNREST führt in seiner »Kärntner Chronik« (*Chronicon Carinthiacum*) 1490 Gleiches an: »von Allter haben all Hertzogn von Kernndtn die Freiheit gehabt, wann sy vor ainen Romischn Khayser oder Kunig verklagt sind word, oder angesprochen, so habn sy sich in windischer Sprach verantwurt. Darumb das Kerndten ain rechts Windisch Landt ist« (zitiert nach MAL, vgl. auch → *Herzöge von Kärnten/Koroška*). Aufgrund des → Personalitätsprinzips ist davon auszugehen, dass der Stand der *kosezi* aufgrund seiner militärischen und politischen Prärogative aus fränkischer Sicht zunächst als Feudalstand sui generis angesehen wurde, der über die Jahrhunderte den Wandel der einheimischen slawischen/karantanischen und schließlich slowenischen Sprache mit vollzog, wobei die Vertreter des Standes mit der Zeit nur in geringerem Maße zu Ministerialen und in den niederen Adelsstand aufstiegen. Neben dem Herzogbauern in Blasendorf/Blažnja vas bildeten nach WADL in der Gemeindechronik von Magdalensberg/Štalenska gora etwa die Edlinger in Portendorf/Partovca und drei weitere Geschlechter in diesem Gebiet eine Ausnahme. (Vgl. dazu → Edlingerdienste und → Edlingergerichtsbarkeit im Gemeindegebiet von Magdalensberg/Štalenska gora).

Aus den spärlichen und sporadischen Berichten, etwa jenen des ULRICH VON LIECHTENSTEIN († 1276), ist ersichtlich, dass das Slowenische in Kärnten/Koroška auch eine Alltagssprache des hohen Adels war bzw. durchaus noch in einer staatstragenden Funktion gesehen werden kann (→ Landessprache). So begrüßte Herzog BERNHARD VON KÄRNTEN und sein Gefolge am 1. Mai 1227 bei Thörl/Vrata den als Venus verkleideten ULRICH VON LIECHTENSTEIN mit den slowenischen Grußworten → *Buge waz primi, gralva Venus*. In diesem Kontext ist auch die Präsenz des Slowenischen bei den an den Höfen wirkenden → Minnesängern zu erwähnen, so etwa bei Oswald VON WOLKENSTEIN (1377–1445).

Die → *Goldene Bulle* aus 1356 des Kaisers KARL IV. und böhmischen Königs, der mütterlicherseits aus dem böhmisch-tschechischen Geschlecht der Přemysliden war, ist – neben der vornehmlichen staatsrechtlichen Dimension – auch sprachhistorisch und sprachpolitisch von Bedeutung. Denn es wird von der faktischen Vielsprachigkeit des Reiches ausgegangen und von der Notwendigkeit, dass die Kurfürsten und ihre Söhne auch selbst mehrere Sprachen sprechen. Dabei wird im lateinischen Original neben dem Italienischen besonders *Sclavica* (nach FRITZ wohl tschechisch, nach MAL slawisch) hervorgehoben. Für die Habsburger selbst, die in der Goldenen Bulle nicht berücksichtigt waren, reklamiert sich RUDOLF IV. mit einer Fälschungsurkunde, dem *Privilegium Maius* 1358/59, hinein, das Kaiser FRIEDRICH III. 1453 reichsrechtlich anerkannte. Die Goldene Bulle behielt ihre formale Gültigkeit bis 1806.

Mit dem Tod von ULRICH II. 1456, dem letzten → *Grafen von Cilli*, verlieren die Slowenen das größte und international ausstrahlende einheimische Adels- und Fürstengeschlecht mit Stammsitz im slowenischen Sprachraum, was durchaus auch als relevant für die slowenische soziale Sprachgeschichte angesehen wird.

MAL führt den Bericht des Kanzlers des Patriarchen von → Aquileia an, wonach Omelia, die Gattin des Burgherrn Hartmann HOLLENEGGER auf dem Monsberg, ebenso gut deutsch wie slowenisch sprach (dabei handelt es sich wohl um den Reisebericht des Paolo → SANTONINO aus 1487 und dessen Besuch bei Hartmann HOLLENECK [HOLLENEG] und dessen Frau Amalia auf Schloss Majšperk [dt. historisch Monsberg] in der heute slowenischen Štajerska [im Dravinjatal]).

Für Kaiser MAXIMILIAN I. (1459–1519), der seine Kindheit teilweise in Finkenstein/Bekštanj verbrachte, führt DOMEJ, SIMONITI folgend, Hinweise an, dass auch er des Slowenischen mächtig war. In seinem Gefolge gab es am Hof einige bedeutende slowenische Humanisten. Dessen kaiserlicher Sekretär Paulus OBERSTEIN (ca. 1480–1522) sprach vom Slawischen/Slowenischen als einer Sprache, die mehr als alle anderen verbreitet sei *(lingua Sclavonica omnium aliarum latissima)*, und SIMONITI weist weiters darauf hin, dass Kaiser MAXIMILIAN I. »von seinem Höfling OBERSTEIN die Erstellung eines Wörterbuchs verlangte, damit er Slowenisch vollständig erlerne« (→ Immersion). Zu diesem Kreis der Humanisten zählt auch Georg (Jurij) → SLATKONJA (1456–1522), zwischen 1513 und 1522 erster residierender Bischof von Wien, der 1498 die Hofkapelle gründete. Sigismund VON → HERBERSTEIN (1486–1566) ist einer der zahlreichen Leiter diplomatischer Missionen an den russischen Zarenhof, die aus dem slowenischen Sprachraum stammten, denen gerade die Kenntnis des Slowenischen zum Vorteil gereichte. Ebenso war Johann COBENZL (Janez Kobencl) 1575–1576 wegen seiner Slowenischkenntnisse (so KOŠIR) Gesandter von Kaiser MAXIMILIAN II. (1527–1576) am Hofe von IVAN DEM SCHRECKLICHEN. Die durchaus politisch motivierte Ideologie des → ›windischen‹/slowenischen Herzogtums Kärnten/Koroška (→ Windische Ideologie), die von den Kärntner Landständen im 16. Jh. kultiviert wurde, bestätigt die selbstverständliche gesellschaftliche Stellung des Slowenischen im Land. Diese war die Grundlage dafür, dass die Landstände von Kärnten/Koroška, → Krain/Kranjska und Steiermark/Štajerska 1584 den Druck der → DALMATIN-Bibel mit beträchtlichen Mitteln finanzierten. Für den niederen Adel, der ständig im geschlossenen slowenischsprachigen Umfeld, etwa in Kärnten/Koroška lebte, ist Slowenisch ebenso selbstverständlich eine Alltagssprache, weil er sonst nicht mit der Umgebung kommunizieren konnte. Zudem deuten der slowenische Lehenseid *Juramentum Slavonicum* aus der Zeit Kaiser FERDINANDS III. (1608–1657), der nach DOMEJ für alle innerösterreichischen Länder galt (→ Innerösterreich), ebenso wie der *Gurker Lehenseid* aus dem Jahr 1653 darauf hin, dass das Slowenische auch noch zu jener Zeit eine relevante Sprache im Adel war bzw. »dass nicht der gesamte Adel der slowenischen Länder deutsch sprechen konnte« (→ Eidesformeln).

Die → Übersetzungen von Patenten und Kurrenden aus josephinischer Zeit oder die → *Klagenfurter Marktordnung* in Deutsch und Slowenisch aus dem Jahr 1793 bestätigen nur, dass die Umgebung eben noch nicht das Deutsche als → Lingua franca angenommen hatte. Gleiches bestätigen die überlieferten slowenischen › Eidesformeln. Und das deutet auf die Relevanz des Slowenischen auch in allen Kontaktsituationen zwischen den verschiedenen Gesellschaftsschichten hin. Insgesamt bestätigt DOMEJ jedoch die Tendenz zum Aufkommen einer »sozialen« → Sprachgrenze.

Das Interesse für das Slowenische und seine Sprecher stieg im Adel bewusst erneut im 18. Jh. So ist die Korrespondenz von Esther Maximiliana → CORADUZZI, geborene PRÜCKENTHAL, bestehend aus 31 Briefen und Blättern, in slowenischer Sprache aus den Jahren zwischen 1685 und 1700 erhalten. Wahrscheinlich wurde sie in Neuhaus/Suha geboren und lebte dort bis zu ihrer Verehelichung 1662. Sie korrespondierte mit ihrer in → Trieste/Trst/Triest lebenden Tochter Baronin Maria Isabella MARENZI über private Angelegenheiten. Teilweise kann man dies dem Geist der europäischen Romantik zuschreiben, teilweise auch als Reaktion auf die politische und verwaltungsmäßig verstärkte Zentralisierung im Staat sowie der damit einhergehenden Einschränkung der Vorrechte des Adels und der Landesautonomien sehen. Der Adel zählte zu den bedeutenden Trägern des Landesbewusstseins und unterstützte deshalb auch die slowenische Landeskultur, doch tat er nicht den Schritt von der Landes- zur slowenischen nationalen Politik und entfernte sich zu-

Protestantische Kirche in Agoritschach/Zagoriče, Foto Bojan-Ilija Schnabl

nehmend von der aufkommenden politischen nationalen Idee der Slowenen. Trotzdem behielten einige Angehörige des Adels, u.a. wegen der Familientradition, ein positives, wenn auch – wie etwa bei Anton Alexander Graf von → AUERSPERG (Anastasius GRÜN) – bisweilen ambivalentes Verhältnis zur slowenischen Kultur und Sprache. Erst mit dem Aufkommen den modernen nationalistischen Strömungen kommt es zu einer offenen gesellschaftlichen Zurückdrängung des Slowenischen, die aber vom Adel bis zum Untergang der Monarchie nicht durchgehend in gleicher Weise getragen wurde (vgl. J. N. → SCHLOISSNIGG/ŠLOJSNIK, J. A. → GOËSS).

Quellen: *Die Goldene Bulle: d. Reichsgesetz Kaiser Karls IV. vom Jahre 1356* / [Akad. d. Wiss. d. DDR, Zentralinst. für Geschichte]. Deutsche Übersetzung von W. D. Fritz. Geschichtl. Würdigung von Eckhard Müller-Mertens. Weimar 1978, 35–38 (Berlin-Brandenburgische Akademie der Wissenschaften, http://pom.bbaw.de/mgh/); Iohannis Victoriensis: *Liber certarum historiarum*. 1–2. Herausgegeben von Fedor Schneider. Hannover, Leipzig 1909, 1910; Johann von Viktring: *Das Buch gewisser Geschichten*, Übersetzt von W. Friedensburg. Leipzig 1888.

Lit.: B. Grafenauer: *Ustoličevanje koroških vojvod v država karantanskih Slovencev – Die Kärntner Herzogseinsetzung und der Staat der Karantanerslawen*, Ljubljana 1952; M. Mitterauer: *Slawischer und bayrischer Adel am Ausgang der Karolingerzeit*. In: *Car. I*, 1–4 (1960) 693; J. Mal: *Die Eigenart des karantanischen Herzogtums*, Südostforschungen 20, 1961, 33–37, 48, 70; S. Vilfan: *Rechtsgeschichte der Slowenen bis zum Jahre 1941*. Graz 1968; P. Merku: *Slovenska plemiška pisma*. Trst 1980, 14; P. Merku: *Zasebna slovenščina v 17. stoletju*. In: SR 30,2 (1982) 121–150; T. Domej: *Die Slowenen in Kärnten und ihre Sprache mit besonderer Berücksichtigung des Zeitalters 1740 bis 1848* (Phil Diss. Universität Wien). Wien 1986, 52 f., 85 f., 141, 142 f., 148, 153, 178 f.; W. Wadl (Hg.): *Magdalensberg, Natur, Geschichte, Gegenwart, Gemeindechronik*. Klagenfurt 1995; *Celjski grofje, stara tema – nova spoznanja, Zbornik mednarodnega simpozija* (Hg. Fugger Germadnik Rolanda). Celje 1999; I. Grdina: *Od Brižinskih spomenikov do razsvetljenstva*. Maribor 1999; P. Štih: *Srednjeveško plemstvo in slovensko zgodovinopisje*. In: V. Rajšp [e.a.] (Hg.): Melikov zbornik. Ljubljana 2001, 61–72; H. Baltl, G. Kocher: *Österreichische Rechtsgeschichte: unter Einschluss sozial- und wirtschaftsgeschichtlicher Grundzüge; von den Anfängen bis zur Gegenwart*, Graz [11]2008; P. Simoniti: *Humanismus bei den Slowenen, Slowenische Humanisten bis zur Mitte des 16. Jahrhunderts*. Wien 2008, 186 f, 189; M. Košir: *V spremstvu Katarine Velike – Krimsko potovanje Ludvika Kobencla*. In: E. Petrič [e.a.]: Slovenski diplomati v slovanskem svetu. Ljubljana 2010, 49–58; N. Zajc: *Hasburški diplomat Sigismund Herberstein, Rusija in Moskovski zapiski*. In: E. Petrič [e.a.]: Slovenski diplomati v slovanskem svetu. Ljubljana 2010, 19–48; P. Štih: *Integracija Karantancev in drugih alpskih Slovanov v frankovsko-otonsko cesarstvo*. In: ZČ 68, Nr. 1–2 (2014) 8–27; P. Štih: *Die Integration der Karantaner und anderer Alpenslawen in das fränkisch-ottonische Reich. Einige Beobachtungen*. In: Car. I 204/1 (2014) 43–59.

Bojan-Ilija Schnabl, Stane Granda

Agoritschach/Zagoriče, vgl. Sachlemmata: → Agoritschach/Zagoriče, sowie → Bamberg; → Bibel; → Bukovništvo; → Ethnonym *Slovenci* im Slowenischen; → Gailtal/Ziljska dolina; → Gegenreformation; → Kirchenlied; → Kulturgeschichte (= Einleitung, Band 1); → Protestantismus; → *Sadnikerjev rokopis* [Die Sadniker Handschrift]; → Windischen, die; Personenlemmata: → OBLAK, Vatroslav Ignacij; → SAKRAUSKY, Oskar.

Agoritschach/Zagoriče. Der Ortsname Goritschach kommt in Kärnten/Koroška sehr häufig vor. A./Z. aber gibt es nur ein einziges Mal, der Name bedeutet: »bei den Leuten hinterm Bühel«. Und der Ort auf einem Hochtal oberhalb von → Arnoldstein/Podklošter im → Gailtal/Ziljska dolina nimmt auch unter den evangelischen Gemeinden in Kärnten/Koroška eine Sonderstellung ein. Denn es ist die einzige evangelische Gemeinde, die ihre Entstehung nicht direkt der Wittenberger Reformation und Martin LUTHER verdankt, sondern dem Slowenen Primož → TRUBAR (1508–1586).

TRUBAR stammte aus einem Dorf in der Umgebung von → Ljubljana, aus Raščica bei Velike Lašče in der

Dolenjska (Unterkrain), wo heute in der elterlichen Mühle ein kleines Museum eingerichtet ist. Er wird mit Recht der »Luther der Slowenen« genannt, weniger wegen seiner theologischen Ableitung vom Wittenberger Zweig der Reformation, denn auf ihn wirkten anfänglich mehr noch die Schweizer Reformatoren in Basel und Zürich, sondern vor allem weil er die biblische Botschaft seinem »Krainerischen Volk« nahebringen wollte (→ Protestantismus). Deshalb begann er mit der Übersetzung der Evangelien in die Sprache seiner Heimat. Den Anfang markierte freilich die Übersetzung eines Katechismus von Martin LUTHER, mit dem er überhaupt erst die slowenische Schriftsprache begründete (→ Standardsprache). Sein »Catechismus in der Windischenn Sprach (…)« von 1550 war das erste in Druck gelegte slowenische Buch, von dem nur mehr ein einziges Exemplar vorhanden ist und in der Österreichischen Nationalbibliothek verwahrt wird. Als Domherr in Ljubljana schloss er sich der Reformation an, in der Folge wurde er im Zuge der → Gegenreformation vertrieben, musste zweimal fliehen (1548, 1565) und fand in Württemberg Zuflucht. Im Amandenhof in Urach hatte Hans → UNGNAD VON SONNEGG 1561 eine Druckerei für den südslawischen Bibeldruck (die »Windische, Chrabatische und Cirulische Truckherey«) eingerichtet, um Slowenen, Kroaten, ja selbst die Türken für die Reformation zu gewinnen. Zum Leiter dieses Unternehmens mit ausgesprochen missionarischen Zielsetzungen bestimmte er Primus TRUBAR, der als Pfarrer in Derendingen bei Tübingen eine Anstellung fand.

In dieser enormen Kulturleistung, die zu seiner reformatorischen Sendung hinzutrat, liegt auch begründet, warum TRUBAR in Slowenien so hoch geschätzt wird und sein Antlitz nicht nur auf den seinerzeitigen Tolarnoten abgebildet war, sondern nunmehr auch auf der slowenischen Euro-Münze. Ihm zur Seite stand Jurij → DALMATIN (1550–1589), sein Schüler, der die Bibelübersetzung 1579 vollendete (→ Dalmatinbibel).

In A./Z. konnte die frühe slowenische Buchkultur überleben, während sie anderwärts im Zuge der Gegenreformation untergegangen ist. Aus der (Bleiberger) Kirchenchronik wissen wir, dass in A./Z. im Jahre 1790 mehr als zwanzig verschiedene slowenische Reformationsdrucke vorhanden und in Gebrauch waren (dazu kommt noch die aus dem 18. Jh. stammende slowenische → Liederhandschrift → *Sadnikerjev rokopis*). Darunter befand sich die slowenische Bibelübersetzung von Jurij → DALMATIN, gedruckt 1584 in Wittenberg, und die Übersetzung des Kleinen Katechismus von Martin LUTHER von 1580, Letztere ist nur mehr in einem Exemplar vorhanden. Es handelt sich also um ausgesprochene Raritäten und Unikate der Reformationsgeschichte, die jedenfalls die These erlauben – sie wurde vom maßgeblichen Truber-/Trubar-Forscher Oskar → SAKRAUSKY (1914–2006), dem späteren Bischof der Evangelischen Kirche, entfaltet –, dass sich in dem einschichtigen A./Z. in den Jahren der Gegenreformation ein slowenischsprachiger Kryptoprotestantismus halten konnte. Gespeist wurde er durch das erwähnte reformatorische Schrifttum in slowenischer Sprache, das über geheime Wege (»der Weg des Buches«) in Fässern verpackt, zumeist ungebunden als Konterbande durch zuverlässige Speditionen nach Kärnten/Koroška gelangte; → Villach/Beljak war ein ausgesprochener Umschlagplatz für die südslawische reformatorische Literatur.

Als 1781 das josefinische Toleranzpatent den Akatholiken ein Privatexerzitium ihres Glaubens ermöglichte, da meldeten sich auch in den beiden Ortschaften A./Z. und Seltschach/Sovče bis Juni 1782 120 Personen zum »tolerierten Glauben« (→ Josephinismus). Es handelte sich um ehemalige Untertanen des Benediktinerstifts Arnoldstein/Podklošter, das kurze Zeit später im Zuge der josephinischen Klosterreform aufgehoben wurde (→ Arnoldstein/Podklošter, Kloster). Es wurden Glaubensverhöre durchgeführt, um die Rechtmäßigkeit des Konversionswunsches zu überprüfen. Nach Ablauf der Übertrittsfrist im Dezember 1783 musste sogar ein katholischer Religionsunterricht absolviert werden, bevor der Übertritt genehmigt wurde. Die römisch-katholische Kirche war nicht gewillt, die Übertritte einfach hinzunehmen, sondern unternahm alles, um diese einzuschränken und die Akatholiken abzuschrecken. Trotzdem konnte die erforderliche Seelenzahl erreicht und ein Toleranzbethaus »auf dem Wurianischen Grunde« errichtet werden. Im Stadel des Georg WURIAN war schon am 21. Dezember 1783 der erste Gottesdienst gefeiert worden. A./Z. wurde als Tochtergemeinde an die Toleranzgemeinde von Bleiberg angeschlossen, seit 1969 gehört es zur Pfarrgemeinde von Arnoldstein/Podklošter. Das Bethaus wurde am 18. Sonntag nach Trinitatis 1785 eingeweiht, der aus Württemberg stammende Pastor von Bleiberg hielt seine Einweihungsrede sogar in »wendischer«, d.h. slowenischer Sprache (→ windisch). Infolge der räumlichen Entfernung von der Muttergemeinde Bleiberg konnte in A./Z. nur jeweils am ersten Sonntag des Monats und am zweiten Tage der drei Hauptfeste (Weihnachten, Ostern, Pfingsten) Gottesdienst gehalten werden, während sich an den übrigen Sonn- und Festtagen die Gemeindemitglieder von A./Z. zu »religiösen Versammlungen« ohne Pastor trafen: In ihnen wurde nach Vätersitte aus einem in »wendischer Sprache« geschriebenen Predigtbuch (Laibach 1578) vorgelesen und gebetet. Ein Gemeindemitglied leitete diese Versammlungen und nahm diesen Lektorendienst wahr, ein Gemeindeältester, der in beiden Sprachen versiert war und auch eine deutsche Predigt des Bleiberger Pastors in einer Stegreifübersetzung vorzutragen vermochte. Ein Gebetbüchlein war ursprünglich der besondere Stolz der Gemeinde, eine Übersetzung von Jurij Dalmatin (1584) ins Slowenische, die ein Bauer auf eigene Kosten 1784 in der Druckerei Kleinmayr in Klagenfurt/Celovec drucken ließ. Allerdings wurde diese slowenische Gottesdienstpraxis sukzessive aufgegeben, weil die sprachliche → Assimilation dermaßen fortgeschritten war. Beschleunigt wurde dies durch ein 1856 in Nürnberg herausgegebenes Gesangbuch, das der Gemeinde geschenkt und am Kirchtag des Jahres 1856, dem 5. Sonntag der Trinitatis-Zeit (22. Juni 1856), zur Feier der Orgelweihe eingeführt wurde. Mochten sich auch alle Pastoren bemüht haben, das in A./Z. gebräuchliche Slowenisch zu lernen, so spürt man dennoch die Unaufhaltbarkeit des Assimilierungsprozesses (→ Assimilation). Von einem Pastor wird berichtet, dass er die Kinder aus A./Z. und Seltschach/Sovče in die deutsche Schule nach Arnoldstein/Podkloster mitnahm. Wollte er damit die überlieferte konservative Frömmigkeit der Gemeinde überwinden und seiner zeitgenössischen rationalistischen Theologie anpassen, so tat er es um einen hohen Preis, denn dadurch wurde der Assimilierungsprozess erst recht beschleunigt.

So bleibt ein merkwürdig paradoxer Befund: Die slowenische Identität der Evangelischen in A./Z. konnte leichter bewahrt werden, solange sie als Kryptoprotestanten im Verborgenen ihr Glaubensleben pflegten. Die Pastorisierung durch deutsche Geistliche und der Unterricht in deutscher Sprache beschleunigten die Assimilation, 1878 wurde der slowenischsprachige Gottesdienst abgeschafft. Eine schwere Krise durchlebte die Gemeinde nach dem Ersten Weltkrieg, als sie zwischen der slowenisch-katholischen und der deutschen Bevölkerungsgruppe aufgerieben zu werden drohte. Sie wandte sich an den zuständigen Senior in Trebesing und bat um die Anstellung eines »Bundesvikars«, also eines vom Evangelischen Bund finanzierten geistlichen Amtsträgers, damit die evangelische Filialgemeinde »vor ihrem Untergange« gerettet werde. In diesem Brief vom August 1918 heißt es, dass die Zahl der Evangelischen immer mehr abnehme, weil gemischte Ehen »meist zum Vorteile des katholischen Teiles« geschlossen würden, dass die »slowenischkatholischen Gegner mit allen erdenklichen Mitteln« arbeiten würden, um den Untergang der Gemeinde herbeizuführen. Der Senior leitete den Hilferuf aus A./Z. umgehend an das zuständige Pfarramt Bleiberg (Plajberk) weiter und bat dasselbe, für eine bessere Versorgung der Filiale zu sorgen. Am besten wäre es, wenn ein Bundesvikar angestellt werden könnte – wie in den sogenannten »Los-von-Rom-Gemeinden«. Der Senior fügte dem die Bemerkung hinzu, dass eine Los-von-Rom-Bewegung in A./Z. kaum zu erzielen sein werde, aber dort gelte es, ein »Hin-zu-Rom« zu verhindern.

Die Krise der Gemeinde wurde durch die Entwicklung nach dem Weltkrieg noch verschärft. Zahlreiche Gemeindemitglieder wirkten im Abwehrkampf mit, etliche wanderten nach Amerika aus. Die Abnahme der Seelenzahl wurde auch anlässlich der Visitation der Gemeinde durch den Superintendenten Johannes Heinzelmann (1873–1946) am 29. März 1936 erörtert. Er ermahnte die Gemeinde, sich der auffallend großen Zahl der katholischen Eheschließungen mit katholischer Kindererziehung bewusst zu werden und für ein Umdenken Sorge zu tragen.

Nur mehr ein nebensächliches Thema der Beratungen war die Gottesdienstsprache, denn auf die Frage des Superintendenten, »*ob ein Bedürfnis nach Abhaltung slowenischer Gottesdienste […] vorhanden sei*«, wurde gesagt, »*dass ein solches nicht bestehe*«. In diesem Zusammenhang brachte der Kurator sogar die Anfrage an den Superintendenten vor, die geeignet war, das fortgeschrittene Stadium der Assimilation zu illustrieren. Die Gemeinde sei im Besitze eines wertvollen Gebetbuches in slowenischer Sprache und frage sich nun, »ob dieses Buch um seines hohen Wertes willen verkauft werden könnte«. Der Superintendent bejahte das Anliegen, doch blieb es beim evangelischen Pfarramt Bleiberg (Plajberk) in Verwahrung, bis es nach der Gründung des Diözesanmuseums nach Fresach (Breže) gelangte. Deutlicher als durch diese Verkaufsüberlegungen konnte die Gemeinde gar nicht auf Distanz zu ihrer eigenen Geschichte und Tradition gehen.

»Es felen vnns Leut, so zu dem ministerio tauglich und der windischen Sprach verständig sein«, hatte der Klagenfurter Pfarrer Martin Khnorr 1570 nach

Regensburg an den dortigen Superintendenten Nicolaus Gallus (1516–1570) geschrieben mit der Bitte um geistlichen Nachwuchs. In A./Z., so stellte Mirko Bogataj in einer einschlägigen Untersuchung über die Kärntner Slowenen (Klagenfurt/Wien 1989) enttäuscht fest, »gibt es heute […] kein Bedürfnis mehr nach slowenischen Gottesdiensten«. Dieser konstatierte Traditionsabbruch datiert aber nicht erst mit dem 20. Jh., mit der durch den Kirchengemeindevorstand so unmissverständlich artikulierten Distanzierung, sondern war im Grunde genommen schon seit der Mitte des 19. Jh.s nicht mehr aufzuhalten. Der Traditionszweig des slowenischen Reformationswerkes auf dem Boden der Evangelischen Kirche in Österreich war unweigerlich verloren gegangen, er konnte sich nur mehr als »musealer Gedanke« und kenntnisreich dokumentiert im Diözesanmuseum in Fresach (Breže) in die Gegenwart hinüberretten (→ Windische).

Lit.: O. Sakrausky: *Agoritschach. Geschichte einer protestantischen Gemeinde in Südkärnten*. Klagenfurt 1960, ²1978; O. Sakrausky: *Gesammelte Beiträge zur Protestantengeschichte in Innerösterreich.* = Carinthia I 171 (Klagenfurt 1981); O. Sakrausky: *Slowenische Protestantica im evangelischen Diözesanmuseum in Fresach*. In: Protestantismus bei den Slowenen = Protestantizem pri Slovencih. Beiträge zur 3. Slawistentagung der Universitäten Klagenfurt und Ljubljana 1983. Wien 1984, 7–13; O. Sakrausky: *Primus Truber. Der Reformator einer vergessenen Kirche in Krain*. Wolfsberg 1986; E. Hüttl-Hubert: *»verborgen mit gfar«. Die Anfänge der slowenischen Bibel*. In: *biblos* 52 (2003) 87–120; K. [W] Schwarz: *Von der Konfrontation zur Solidarität. Der Protestantismus und die nationale Frage in Kärnten*. In: W. Drobesch, A. Malle (Hg.): Nationale Frage und Öffentlichkeit = S. Karner (Hg.), Kärnten und die nationale Frage Bd. 2, Klagenfurt 2005, 265–289; K. W. Schwarz: *Agoritschach/Zagoriče – eine evangelische Gemeinde im gemischtsprachigen Südkärnten*. In: *Car. I* 198 (2008) 333–353 – in slowenischer Übersetzung: *Zagoriče/Agoritschach – evangeličanska fara na dvojezičnem Koroškem*. In: *Stati inu obstati* 11–12/2010, 137–160; A. Hanisch-Wolfram: *Protestanten und Slowenen in Kärnten. Wege und Kreuzwege zweier Minderheiten 1780–1945*. Klagenfurt 2010.

Karl W. Schwarz

Ägypten, → »*Aleksandrinke*« → Pečnik, Dr. Karel

Ahacel, Matija (Achazel, Matthias, Ahacelj, * 24. Februar 1779 Gorintschach/Gorinčiče [St. Jakob im Rosental/Šentjakob v Rožu]), † 23. November 1845 Klagenfurt/Celovec), Lyzealprofessor, Förderer landwirtschaftlichen Wissens, Sammler slowenischen Liedgutes, Meteorologe.

A., Sohn eines slowenischen Bauern aus einfachsten Verhältnissen, besuchte die Trivialschule und Normalschule in St. Jakob/Šentjakob v Rožu und in Rosegg/Rožek. Gefördert durch Geistliche wie Kaplan Franz Hudelist in St. Jakob/Šentjakob, der das Quartiergeld übernommen hatte, konnte A. trotz Armut und unter vielen Entbehrungen das Gymnasium und das Studium der Philosophie am Lyzeum in Klagenfurt/Celovec absolvieren. Von seinem ursprünglichen Plan, die geistliche Laufbahn zu ergreifen, kam A. ab, weil sich für ihn schon während des Studiums die Möglichkeit ergab, den erkrankten Professor der Mathematik Paris Giuliani zu vertreten. Damit eröffnete sich ihm das Betätigungsfeld des Pädagogen, in dem er bis zu seinem Lebensende mit viel Engagement verblieb. 1807 konnte er die Lehrkanzel für Mathematik definitiv übernehmen, und er hielt sodann seine Vorlesungen zur Elementarmathematik im ersten Jahrgang des Lyzeums. Die 1808 neu geschaffene Lehrkanzel für Landwirtschaftslehre, die er 1820 vom international anerkannten Agronomen Johann Burger zusätzlich erhalten hatte, war ihm ebenfalls bis zu seinem Tode anvertraut. Allerdings blieb es bei einer provisorischen Bestellung. Denn die Benediktiner, denen ab 1807 die Verantwortung über den sekundären Bildungsbereich übertragen worden war, behielten sich vor, die Lehrkanzel selbst zu besetzen. Deshalb bewarb sich A. 1825 auch um die Stelle des Bibliothekars, die ihm aber nicht zugeteilt wurde. Er erhielt jedoch die Verantwortung für das neu eingeführte Freifach »Allgemeine Naturgeschichte«, welches er dann zusätzlich zur Lehrkanzel für Mathematik betreute. Das Direktorat des Philosophischen Studiums hatte A. viermal inne, und im Rahmen der Kärntner Landwirtschaftsgesellschaft wirkte er ab 1820 als deren Kanzler. In dieser Funktion publizierte er zahlreiche Beiträge, die die Verbesserung der Landwirtschaft zum Ziel hatten. A.s Bedeutung ist mit vier großen Betätigungsfeldern in Verbindung zu bringen. Eines davon bilden die innovativen Aktivitäten, die der Hebung der Landwirtschaft dienten. Dabei ging es um die Propagierung von Verbesserungen, etwa in der Obstkultur, aber auch um die optimale Organisation einer Gesellschaft, deren Geschicke er als Kanzler bestimmte: Er trug wesentlich dazu bei, dass die »k. k. Kärntnerische Gesellschaft zur Beförderung der Landwirtschaft und Industrie« (→ Kärntner Ackerbaugesellschaft) ihre alte elitäre Beschränkung auf einen engen Kreis von Wissenschaftern und Beamten aufgab und ihr Wirkungspotenzial von 14 ordentlichen Mitgliedern im Jahr 1820 auf 322 im Jahr 1833 ausweiten konnte. Erstmals waren auch 29 Landwirte im Mitgliedsstand vertreten. Eine wesentliche Voraussetzung

Ahacel, Liederbuch

dieser positiven Breitenwirkung der Gesellschaft war A.s Idee, für das ganze Land 23 zuständige Korrespondenten zu nominieren, die als Verbindungsglieder Berichte über den Zustand des jeweiligen Gebietes liefern sollten. Auch an der Formulierung der 1830 genehmigten Statuten war A. wesentlich beteiligt. Die Anlage eines in Klagenfurt/Celovec noch fehlenden öffentlichen botanischen Gartens war A. ein persönliches Anliegen. Er realisierte ihn auf seinem Privatgrund in der Klagenfurter Viktringer Vorstadt/Vetrinjško predmestje und stellte ihn der Ackerbaugesellschaft zur Verfügung. Der Garten erhielt 1831 einen öffentlich-rechtlichen Status, nachdem er in das Eigentum der Gesellschaft übergegangen war. Das Areal diente zur Erprobung wenig verbreiteter Nutzpflanzen, der Obstbaumzucht oder dem Versuchsanbau von vegetabilen Surrogaten für Kaffee. Der Garten hatte auch eine Lehrfunktion im Naturgeschichteunterricht.

Der zweite Aspekt ist A.s Bedeutung und Ausstrahlungskraft als Pädagoge. Es gelang ihm, sowohl bei seinen Schülern, wie auch bei seinen Mitmenschen das Interesse für Naturgeschichte zu wecken. Dass er besonders prägend wirkte, beweist einer seiner berühmtesten Schüler, Friedrich → WELWITSCH, der botanische Erforscher Angolas. Ein Bereich des Gartens war nach dem gängigsten System der Zeit, nach dem Carls VON LINNÉ, geordnet. Im Garten wurde demnach theoretisches Wissen der Systematik vermittelt. Zugleich wurde er auch als Versuchsgarten genutzt, was eine geglückte Symbiose der Vermittlung von Theorie und Praxis belegt. A.s eigene Naturaliensammlung stand seinen Studenten und anderen Interessierten ebenfalls zur Verfügung, allerdings blieb sein Einsatz für die Gründung eines in Kärnten/Koroška noch fehlenden Museums wegen einer Choleraepidemie und mangels eines entsprechenden Gebäudes zunächst noch erfolglos. Indem A. testamentarisch verfügte, dass sein ganzer Besitz von der Ackerbaugesellschaft öffentlich verkauft und in die Förderung des Schulwesens investiert würde, wirkte er über seinen Tod hinaus. Sammeln im Sinne des Zusammentragens von Daten, Wissen und Objekten bildete eine auf allen Gebieten grundlegende Aktivität A.s. Sie war lokalpatriotisch motiviert und auf die Kultur und Natur von Kärnten/Koroška bezogen.

Das Sammeln slowenischer Lieder ist besonders hervorzuheben. Es ist die dritte Aktivität, die mit A.s Person verbunden ist. Lange vor Thomas → KOSCHAT, der sich persönlich der Komposition deutschsprachiger Kärntner Lieder widmete, ging es A. in einer eigenen Publikation *Pesme po Koròshkim* (1833) um die Dokumentation von slowenischen → Liedern (vgl. A. M. → SLOMŠEK). A., der in einem Bewerbungsschreiben von sich angegeben hatte, dass er sich »slavisch, deutsch, lateinisch, italienisch, französisch und griechisch zu verständigen vermochte«, nannte seine Muttersprache, die ihm ein wichtiges Anliegen war, hier nicht zufällig an erster Stelle. Infolge des Einflusses der Romantik und einer Konzentration auf die lokale Kultur etablierte sich diese Hinwendung zur bewussten Darstellung des bisher in Kärnten/Koroška kulturell eher marginalisierten Slowenisch als lebendiges ethnografisches Programm, das auch von Urban → JARNIK und Matija → MAJAR getragen wurde. Nach der Einführung des Slowenischen 1821 im → Priesterseminar in Klagenfurt/Celovec übergab er diesem slowenische Bücher als Spende.

Dass A. sich auch einem vierten Betätigungsfeld, der angewandten Meteorologie, widmete, ist am wenigsten bekannt. Als Professor der Mathematik betreute er auch die Sammlung von Instrumenten, die er für die regelmäßige Wetterbeobachtung nutzte. Eine kontinuierliche, bis zur Gegenwart reichende, ununterbrochene meteorologische Messreihe in Klagenfurt/Celovec, beginnend 1806, ist A.s persönliche Initiative. Bereits 1812 nützte er das *Intelligenzblatt* der *Klagenfurter Zeitung* und später ab 1814 die → *Carinthia*, um Listen der Ergebnisse von dreimal täglich vorgenommenen Thermometer-, Barometer- und Hygrometer-Ablesungen periodisch zu veröffentlichen. Schon 1830 thematisierte er den innovativen Gedanken eines über das Land verteilten Messnetzes, an dem sich Freiwillige beteiligen könnten, ein Plan, der nicht zuletzt von Johann PRETTNER, A.s Schüler, ab 1846 in die Realität umgesetzt wurde. Dass Kärnten/Koroška in der zweiten Hälfte des 19. Jh.s über das dichteste funktionierende Messnetz innerhalb der habsburgischen Länder verfügte, geht auf A.s Wirken zurück. Dabei ging es ihm als Agronomen darum, mögliche Zusammenhänge zwischen Witterungsverhältnissen und Ernteerträgen darzustellen.

Werke: *Übersicht und Vergleichung der meteorologischen Beobachtung zu Klagenfurt.* In: *Car* 4/14–15 (1814); *Die Kultur des Kaffee-Stragels.* In: *Car* 15 (1825) 41–44; *Bericht über den Erfolg des unter Prämienaussetzung zu Lindenhain 1830 stattgefundenen Probepflügens.* In: *Blätter für Landwirtschaft und Industrie* 1 (1831) 70–74; M. Ahazel: *Pesme po Koròshkim ino Shtajarskim snane, enokoljko popravlene ino na novo sloshene.* V Zelovzi 1833 (³ 1855).
Lit.: Wurzbach, SBL; ÖBL; ES; OVSBL. – T. Lanner: *Nekrolog nach Mathias Achazel.* In: Mittheilungen über Gegenstände der

Landwirthschaft und Industrie Kärntens 3 (1846) 2–4; K. Glaser: *Zgodovina slovenskega slovstva*. 2. [Ljubljana] 1895, 196–197; A. M. Slomšek: *Matija Ahacel*. In: Koledar 1876 za prestopno Leto. Celovec, 63–72; M. Klemun: *Die naturgeschichtliche Forschung in Kärnten zwischen Aufklärung und Vormärz*. Phil. Diss. Wien 1992, 4 Bde., bes. 104–107 u. 655–657; M. Klemun: *Wissenschaftliche Gartenanlagen in Klagenfurt vor der Gründung des eigentlichen Botanischen Gartens (1862)*. In: Wulfenia 2 (1993) 3–7; M. Klemun: *Aufbau und Organisation des meteorologischen Meßnetzes in Kärnten (19. Jahrhundert)*. In: Car II 184/104 (1994) 97–114; M. Klemun: *Zur Geschichte der ältesten und höchsten meteorologischen Station der Habsburger Monarchie auf dem Obir (1846–1948)*. In: Der Hochobir, Aus Natur und Geschichte (Hg. Naturwissenschaftlicher Verein für Kärnten). Klagenfurt 1999, 84–94.

Marianne Klemun

Aichholzer, Franz (Franc, Fran, * 12. Februar 1884 Unteraichwald/Dobje [Finkenstein/Bekštanj], † 5. Oktober 1976 ebd.), Pädagoge, Redakteur, Publizist.

A. absolvierte die Lehrerbildungsanstalt in Klagenfurt/Celovec. Sein Slowenischprofessor war der Historiker Josip → APIH. Als zweisprachiger Lehrer bekam er seine erste Anstellung in Kotlje in der → Mežiška dolina (Mießtal). Hier unterrichtete er Lovro und Alojzij → KUHAR. Er setzte sich für die slowenische Sprache in allen gesellschaftlichen Bereichen ein, was zahlreiche Versetzungen zur Folge hatte. Während des Ersten Weltkrieges war A. provisorischer Schulleiter in Latschach ober dem Faaker See/Loče ob Baškem jezeru und anschließend übernahm er die Leitung der privat geführten Schule → *Narodna šola* in St. Jakob im Rosental/Šentjakob v Rožu. Während der jugoslawischen Verwaltung in → Südkärnten/Južna Koroška wurde er zum Schulinspektor für den Bezirk → Ferlach/Borovlje ernannt. Dieser Anstellung sollte nach der Kärntner → Volksabstimmung ein jahrelanger Rechtsstreit um seine Staatszugehörigkeit folgen. Erst 1924 bekam er eine Dienststelle als Lehrer an der einsprachigen deutschen Schule in Eisentratten in Oberkärnten/Zgornja Koroška zugewiesen. 1928 folgte die nächste Versetzung nach Fellach/Bela bei → Villach/Beljak. Hier unterrichtete er bis 1938 und war auch Schulleiter.

Während seiner Suspendierung als Lehrer wurde A. 1921 erster Redakteur des neu gegründeten slowenischen Wochenblatts → *Koroški Slovenec*. Auf kultureller Ebene gründete er gemeinsam mit Josip → OGRIS, dem Pfarrer von Latschach/Loče, den slowenischen Bildungsverein → *Jepa*, der nach dem Ersten Weltkrieg die organisierte Kulturarbeit in der Region zwischen Mittagskogel/Jepa und Faaker See/Baško jezero belebte und fortführte. A. war sich der Notwendigkeit einer wirtschaftlichen wie politischen Reorganisation der Kärntner Slowenen nach der Volksabstimmung bewusst und wurde Ausschussmitglied des bedeutenden Vereins → *Politično in gospodarsko društvo za Slovence na Koroškem* [Politischer und wirtschaftlicher Verein für die Slowenen in Kärnten]. Er engagierte sich auch im Bankwesen. Ein wesentlicher wirtschaftlicher Faktor der Kärntner Slowenen waren seit den 1870er-Jahren die slowenischen Darlehenskassen (→ Genossenschaftswesen). A. wirkte als Gründungsmitglied bzw. Mitglied bei mehreren dieser Darlehenskassen, so in Latschach/Loče (gegründet 1886), St. Stefan bei Mallestig/Šteben pri Maloščah (gegr. 1910) und bei der slowenischen Darlehenskasse in Ledenitzen/Ledince (gegr. 1929). Nach der Volksabstimmung musste für diese Darlehenskassen ein neuer Dachverband in Klagenfurt/Celovec gegründet werden, die *Zveza koroških slovenskih zadrug v Celovcu*. A. war deren Gründungsmitglied. Er war einer der wenigen zweisprachigen Lehrer, die Kärnten/Koroška nach der Volksabstimmung 1920 nicht verlassen mussten (→ Vertreibung 1920). A. verfasste Abhandlungen zur Schulthematik und war Sekretär des Slowenischen Schulvereins (→ *Slovensko šolsko društvo*).

Franc Aichholzer

Quellen: Privatbesitz [Nachlass].
Lit.: ES; OVSBL. – J. Stergar, V. Sima: *Aicholzer, Franz*. In: S. Karner (Hg.): *Kärnten und die nationale Frage* = S. Karner, A. Moritsch (Hg.): *Aussiedlung – Verschleppung – nationaler Kampf*, Band 1. Klagenfurt/Celovec [e. a.] 2005, 294; S. Triessnig: *Ravnatelj Franc Aichholzer – vidna osebnost koroških Slovencev 20. stoletja*. In: KMD (2008) 119–122.

Simon Trießnig

Aichwalder, Marija, vlg. Skandolf (* ca. 1913–2006, Diex/Djekše), Liedersammlerin, → Liedersammlung, handschriftliche.

Akademie der slowenischen Priesterseminaristen
→ *Akademija slovenskih bogoslovcev v Celovcu*.

Akademija slovenskih bogoslovcev v Celovcu
[Akademie der slowenischen Priesterseminaristen]. Die A. wurde formal 1848 gegründet und zählt zu jenen slowenischen »Vereinen« bzw. Vereinigungen in Klagenfurt/Celovec mit der längsten Tradition (→ Vereinswesen). Die Grundlagen dafür legte Anton Martin → SLOMŠEK mit seinem mehrere Jahrzehnte langen Wirken für eine größere Präsenz des Slowenischen im öffentlichen Leben in Kärnten/Koroška. Die A. war

Tamburizzachor der Priesterseminaristen, 1903, Archiv Nužej Tolmajer, Radsberg/Radiše

nie ein »Verein« im zivilrechtlichen Sinn, sondern eine »innerkirchliche« Organisation der Diözese → Gurk/Krška škofija, deren Statuten vom jeweiligen Bischof bestätigt wurden.

Als 1848 das Vereinsleben der Slowenen in Klagenfurt/Celovec aufblühte, schlossen sich der slowenischen nationalen Wiedergeburtsbewegung (→ *Preporod*) auch die slowenischen Theologiestudenten am Klagenfurter → Priesterseminar an, die in jener Zeit mehr als zwei Drittel aller Studenten ausmachten. Das Klagenfurter Priesterseminar bildete nämlich Priester für die Diözese Gurk/Krška škofija wie auch für die überwiegend slowenische Diözese → Lavant/Lavantinska škofija aus. Die erste Aufgabe der A. war, den Mitgliedern Unterricht in slowenischer Sprache anzubieten, da die angehenden Priester neben der fachlichen Ausbildung auch die Sprache der Gläubigen beherrschen mussten. Die Sprache war aber auch ein Attribut der ethnischen Zugehörigkeit, weshalb die Mitglieder der A. das Slowenische im alltäglichen beruflichen wie auch privaten Leben verwenden sollten. Die Priesterseminaristen übten sich in slowenischen Predigten, im Schreiben und in Auftritten. Sie richteten auch eine eigene Bibliothek ein. Die A. unterstützte bei den jungen Seminaristen die Liebe zur slowenischen Sprache und → Identität und bereitete sie auf ihre seelsorgliche und kulturpolitische Arbeit bei den Slowenen vor.

Wegen der Notwendigkeit, die Sprache der Gläubigen zu beherrschen – was im Übrigen auch von der Diözese Gurk/Krška škofija durchgehend betont wurde –, lernte ein bedeutender Anteil der deutschsprachigen Seminaristen zumindest bis zur Mitte der 60er-Jahre des 19. Jh.s, d.h. bis zum Aufkommen des deutschen Liberalismus und des verschärften Nationalitätenkampfes, Slowenisch. 1865 wurde auch eine deutsche Akademie »Eichenlaub« gegründet, die zwei Jahre tätig war. 1891 gründeten die Priesterseminaristen deutscher Muttersprache ihre eigene »Deutsche Akademie«. Zwischen den beiden Akademien kam es zeitweilig zu Reibereien und Gegensätzen, die von der Leitung des Priesterseminars auch sanktioniert wurden. Bereits seit der Gründung der slowenischen A. gaben die slowenischen Seminaristen das handgeschriebene Blatt *Venec* heraus, das später in *Lipa* umbenannt wurde (→ Publizistik). Die Zeitschriften dienten der Festigung der Kenntnisse in slowenischer Sprache, in der die Seminaristen ihre Beiträge publizierten. Die A. stand in Verbindung mit den Seminaren in → Maribor, → Ljubljana und → Gorizia/Gorica/Görz, zeitweise auch mit dem Priesterseminar in Brno (Brünn), Djakovo und Lviv (Lemberg). Nach dem Weggang der Lavantiner Seminaristen nach Maribor 1859 ging die Bedeutung und Vitalität der A. stark zurück, so dass ihre Tätigkeit 1874 sogar gänzlich zum Erliegen kam. Mitte der 80er-Jahre des 19. Jh.s folgte ein Versuch der Seminarleitung, angesichts der verschärften nationalen Verhältnisse eine gemeinsame Akademie, die sog. »Karlsakademie« (*Karlova akademija*), einzurichten, in die alle Seminaristen verpflichtend einbezogen wurden. Bereits nach gut einem Jahr kam auch ihre Tätigkeit wahrscheinlich wegen der nationalen Konflikte zum Erliegen, sodass der Versuch, eine nationale Wechselseitigkeit im Klagenfurter Priesterseminar einzuführen, ruhmlos scheiterte. Bis zur ersten Wiederbelebung der Aktivitäten der slowenischen A. kam es am Ende der 80er-Jahre des 19. Jh.s, als ins Klagenfurter Priesterseminar eine größere Zahl slowenischer Studenten und Studenten aus anderen slawischen Ländern der Monarchie (vor allem aus Böhmen und Mähren) eintraten. Der wichtigste Initiator der erneuerten A. war Matej → Ražun, der im Studienjahr 1887/88 daranging, den »Geist Slomšeks« zu beleben. Die Hauptversammlung zur Erneuerung der A. fand am 2. Februar 1888 statt. An dieser nahmen 26 Seminaristen teil.

Wahrscheinlich führte der Tod Andrej → Einspielers, der einige Wochen zuvor am 16. Jänner 1888 verstorben war, dazu. Dieses Ereignis rief gleichsam noch mehr nach der Gründung einer Vereinigung, deren Ziel die Pflege und Förderung der Liebe zur → Muttersprache in der Tradition von SLOMŠEK und EINSPIELER sein sollte. Die slowenische A. zählt zwar zu den national defensiven Vereinigungen, war jedoch nicht im selben Maß national aggressiv wie ihr deutsches Pendant.

Bereits im November 1888 wurde beschlossen, die handschriftliche Zeitschrift → *Bratoljub* zu gründen, die in der Tradition der Vorgängerblätter stehen würde. Die slowenische Sprache wurde vor allem im Rahmen von Akademiestunden geübt, in denen verschiedene Themen mit Bezug zu den Slowenen und ihrer Geschichte im Vordergrund standen. Besonders wurde mit Vorträgen und in darauf folgenden Diskussionen die Liebe zur Muttersprache, zu den Slowenen und zur Religion betont, es fehlten aber auch nicht andere, z.B. soziale oder wirtschaftliche Themen. Zudem nahmen die slowenischen Priesterseminaristen an Sommerstudientreffen teil, wo sie aktiv mit Referaten und bei der Organisation mitwirkten. Sie pflegten aktiv Kontakte zu slowenischen Schülern an verschiedenen Mittelschulen in Kärnten/Koroška. Stets suchten sie auch den Kontakt mit ähnlichen Vereinen und Aktivisten im weiteren slowenischen ethnischen Gebiet. In der Öffentlichkeit trat die A. zu Beginn des Studienjahres und bei Abschlussveranstaltungen in Erscheinung sowie im Rahmen von feierlichen Akademien, wo sie ihre Tätigkeiten vorstellte. In den 90er-Jahren des 19. Jh.s begann im Rahmen der A. auch der Chor *Pobratimija* zu wirken, am Ende des Jh.s auch der erste slowenische Tamburizzachor in Kärnten/Koroška, der vor allem bei Feierlichkeiten und Veranstaltungen der A. und des Seminars auftrat (→ Chorwesen, → Tamburizzamusik).

Die A. wurde vom Vorstand *(načelništvo)* geleitet, der sich aus einem gewählten Präsidenten sowie einem Sekretär, einem Kassier und einem Bibliothekar zusammensetzte, die auf Vorschlag des Präsidenten gewählt wurden. Später gesellte sich zum Vorstand noch der Redakteur des *Bratoljub* sowie der Chorleiter des *Pobratimija*. Der Vorstand traf monatlich zusammen. Ende des 19. und zu Beginn des 20. Jh.s spiegelt sich der verschärfte Nationalitätenkampf auch im Wirken der Seminaristen wider. Bis zum Beginn des Ersten Weltkrieges hatte die A. regelmäßig mehr als 20 Mitglieder, danach wurde diese Zahl nur noch ausnahmsweise in den Jahren unmittelbar vor dem Zweiten Weltkrieg übertroffen.

Eine Folge der Aktivität der slowenischen Seminaristen im Rahmen der A. war, dass sich diese in den schicksalshaften Momenten des Landes für den Anschluss zum Königreich SHS (→ Jugoslawien) aussprechen und dort mehr Sicherheit für die Slowenen sahen als in der Republik Deutsch-Österreich. Folge dessen war die Verfolgung und → Vertreibung zahlreicher slowenischer Priester im Zuge bzw. nach der → Volksabstimmung 1920 (→ Militärgerichte). Der Erste Weltkrieg, die fortschreitende → Germanisierung und der Liberalismus führten zu einem starken Rückgang der Priesterkandidaten allgemein und somit auch der Mitglieder der A., die 1921 wieder ihre Tätigkeit in ähnlicher Weise wie zuvor aufnahm. Die Aktivitäten wurden durchgehend von slowenischen Priestern in Kärnten/Koroška getragen. Die A. brachte slowenische Priester hervor, die vielfach die slowenische geistige und teilweise auch die slowenische politische Elite an der Spitze der slowenischen kulturellen und politischen Organisationen bildeten (→ *Katoliško politično in gospodarsko društvo za Slovence na Koroškem*, Rudolf → BLÜML; Janez → STARC). Die slowenische Priesterschaft setzte so ein Gegengewicht zum Prozess der → Assimilation und gewaltsamen Germanisierung, der ohne sie noch viel rascher vonstattengegangen wäre.

Mit dem Beginn des Zweiten Weltkriegs stellte die A. ihre Tätigkeit ein, die mit dem Überfall Hitlerdeutschlands auf Jugoslawien auch formell beendet wurde. Da die nazistischen Machthaber 1938 das Gebäude des Klagenfurter Priesterseminars am Lendkanal beschlagnahmt hatten, musste das Seminar zunächst nach St. Georgen am Längsee (Šentjurij ob Dolgem jezeru) und 1943 nach Gurk (Krka) ausweichen. Dort nahm die slowenische A. ihre Tätigkeit im Studienjahr 1946/47 wieder auf, und zwar in ähnlicher Weise wie in den Jahren vor dem Krieg, wobei jedoch die slowenischen Seminaristen keinen Kontakt mit ihren Kollegen aus Slowenien mehr hatten. Akademische Stunden zu nationalen und sozialen Fragen gab es weniger. 1953 kehrte das Priesterseminar wieder nach Klagenfurt/Celovec zurück. Die Wirkungsweise war in jener Zeit nicht mehr so breit gestreut wie zuvor. Die Zahl der Priesterseminaristen ging zurück und 1971 wurde das Seminar auf Salzburg übertragen. Gegen Ende ihrer Tätigkeit nahm die A. auch slowenische Laienpriester auf, Kontakte wurden auch zu Priesterseminaristen in Ljubljana gesucht. 1995 siedelten die Seminaristen nach Graz. Mitte der 90er-Jahre des 20. Jh.s stellte die slowenische A. formell ihre Tätigkeit ein.

Archive: ADG, MS Nr. 448 (nicht nummerierte Seiten = Sitzungsprotokolle der Akademiestunden vom 2. 2. 1888 bis zum 30. 11.

1901; *Arhiv slovenskega znanstvenega inštituta* (ASZI), MS von 31. 10. 1915 bis 2. 7. 1939, u.a.

Lit.: V. Müller: *Das Diözesanseminar und die theologische Lehranstalt in Klagenfurt*. In: H. Zschokke: Die theologischen Studien und Anstalten der katholischen Kirche in Österreich. Wien/Leipzig 1894, 725–743; mi [Mirko Isop]: *Akademija slovenskih bogoslovcev v luči preteklosti, sedanjosti in prihodnosti*. In: *Vera in dom*, Celovec, leto 18/1966, Nr. 9, S. 141; Nr. 10, S. 155; leto 19/1967, Nr. 1, S. 13; Nr. 2, S. 26–27; Nr. 3, S. 58; Nr. 4, S. 59–60; Nr. 5, S. 75–76; Nr. 6, S. 92–93; Nr. 7, S. 106; Nr. 8, S. 123–124; Nr. 9, S. 138; Nr. 10, S. 155; J. Obersteiner: *Die Bischöfe von Gurk 1824–1979*. In: Aus Forschung und Kunst 22. Klagenfurt 1980; H. Rumpler: *Katholische Kirche und Nationalitätenfrage in Kärnten. Die Bedeutung des Klagenfurter Priesterseminars für die Ausbildung des slowenischen Klerus (1848–1920)*. In: *Südostdeutsches Archiv 30/31*, München (1987/1988), 40–77; M. Šulc, J. Stergar: *Akademija slovenskih bogoslovcev, Organizacije, društva, ustanove in glasila koroških Slovencev v Avstriji v letu 1991*. In: *Vestnik koroških partizanov*, l. 25 (1991) Nr. 3–4, S. 69; A. Malle: *O dolžnosti vernikov in narodni disciplini. Zapleteni odnosi med krškim ordinariatom in koroškimi Slovenci v prvem desetletju po zlomu monarhije odnosno po plebiscitu*. In: A. Moritsch (Hg.): *Problemfelder der Geschichte und Geschichtsschreibung der Kärntner Slowenen/Problemska polja zgodovine in zgodovinopisja koroških Slovencev*. (= Unbegrenzte Geschichte/ Zgodovina brez meja 1). Klagenfurt/Celovec [e. a.] 1995, 33–75; P. G. Tropper: *Vom Missionsgebiet zum Landesbistum. Organisation und Administration der katholischen Kirche in Kärnten von Chorbischof Modestus bis zu Bischof Köstner*. Klagenfurt 1996; D. Grafenauer: *Kratka biografija slovenskih duhovnikov Podgorca, Ražuna in Limpla s poudarkom na njihovem delovanju v Akademiji slovenskih bogoslovcev v Celovcu*. In: T. Bahovec (Hg.): Eliten und Nationwerdung: die Rolle der Eliten bei der Nationalisierung der Kärntner Slovenen/Vloga elit pri narodovanju koroških Slovencev (= Unbegrenzte Geschichte, Bd. = zv. 10). Klagenfurt/Celovec [e. a.] 2003, 321–343; J. Till: *Kirche und Geistlichkeit als Faktoren der »Nationalisierung« der Kärntner Slowenen*. In: T. Bahovec (Hg.), Eliten und Nationwerdung/Elite in narodovanje (Unbegrenzte Geschichte/Zgodovina brez meja 10, Celovec [e. a.] 2003), 143–221; A. Malle: *Kirche und Kärntner Slowenen im 20. Jahrhundert. Zur Problematik des gesellschaftspolitischen Engagements von Geistlichen*. In: S. Karner (Hg.) Kärnten und die nationale Frage = W. Drobesc, A. Malle (Hg.): Nationale Frage und Öffentlichkeit, Band 2. Klagenfurt/Celovec [e. a.] 2005, 219–247; A. Malle: *Akademija slovenskih bogoslovcev*. In: M. Vrečar (ur.): Južna Koroška in njena cerkvena podoba v 20. stoletju. Celovec 2007, 87–167.

Danijel Grafenauer; Üb.: Bojan-Ilija Schnabl

Akanje bezeichnet im slowenischen dialektalen Sprachgebrauch die Lautverschiebung von e → a (z.B. *žana* ← *žena* [Ehefrau], *zalan* ← *zelen* [grün], *praprat* ← *praprot* [Farn]) (→ Dialekt, → Terminologie).

Lit.: A. Benko: *Teoretični model za izdelavo strokovnega narečnega slikovnega slovarja (na primeru koroškega podjunskega narečja)*. (Phil. Diss). Maribor 2013, http://dkum.uni-mb.si/Dokument.php?id=55578; A. Benko: http://narecna-bera.si/ (7.11.2013).

Bojan-Ilija Schnabl

Akkomodation, → Inkulturation.

Akkulturation. Die A. ist ein generationenübergreifender Prozess der graduellen Angleichung in Sprache und Kultur von Personen in einem sozial dominanten Umfeld, der im Wesentlichen *ohne* äußeren kollektiven wirtschaftspolitischen, gesellschaftlichen und psychosozialen Zwang stattfindet. Dieser Prozess kann folglich, auf das Individuum bezogen, als integriert angesehen werden. A. ist ein vielfach auftretendes, individuelles Phänomen des Sprach- und Kulturwechsels in der Neuzeit, das häufig in Verbindung mit Migration in Erscheinung tritt (→ Binnenwanderung; → Emigration; → Identität, territoriale). Von einer A. kann man in Kärnten/Koroška insbesondere in der mittelalterlichen Phase der Fernkolonisierung bis zum 12. Jh. und der folgenden Binnenkolonisierung bis zum 15. Jh. ausgehen, mit der eine Konsolidierung und Vereinheitlichung des ethnischen Raums beiderseits der → Sprachgrenze einhergeht (→ Sprachwechsel, mittelalterlicher; → Landessprache).

Häufig wird im gesellschaftlichen ebenso wie im wissenschaftlichen Diskurs in Kärnten/Koroška jedoch der Begriff der A. mit jenem der → Assimilation verwechselt bzw. vermengt. Wenn etwa von einer mehr als »tausendjährigen« engen Verwobenheit beider Sprachen und Kulturen in Kärnten/Koroška gesprochen wird, um das Phänomen des rasanten Sprachwechsels in der jüngeren Geschichte zu erklären, so wird die Tatsache verschwiegen, dass der mittelalterliche Sprachwechsel sprachsoziologisch kaum etwas gemein hat mit dem sozialen Strukturwandel und der politisch intendierten → Germanisierung ganzer Regionen oder sozialer Gruppen ab dem Ende des 18. Jh.s und vor allem Ende des 19. und im 20. Jh.s. Diesbezügliche »sozialdarwinistische Ansätze« (teilweise durchaus aufgrund von kognitiven Dissonanzen) stellen die Einseitigkeit des Prozesses in jüngeren historischen Phasen nicht nur nicht infrage, sondern begründen und rechtfertigen diese pseudowissenschaftlich und ideologisch (→ Wutte; → Windischentheorie; → Zweisprachigkeitsideologie, Kärntner; → Germanisierung, statistische). Gleichzeitig suggerieren sie eine unterschiedliche Wertigkeit der Sprachen und Kulturen. Damit werde nach Grafenauer das Resultat der Politik des 20 Jh.s in die graue Vergangenheit zurückverlegt ebenso wie die Verantwortung dafür. Damit aber machen sie den konzeptuellen Schritt von einer nach Innen orientierten Geschichtsromantik zu einer politisch manipulativen, exklusivistischen Geschichtsverfälschung und -instrumentalisierung, die auch vor der Negation von Grund- und Menschenrechten der als → »Minderheit« bezeichneten slowenischen Volksgruppe nicht scheuen (→ Assimilation und PTBS; → Geschichtsschreibung; → »Entethnisierung«).

Lit.: H. Haas, K. Stuhlpfarrer: *Österreich und seine Slowenen*. Wien 1977; G. Fischer: *Das Slowenische in Kärnten, Bedingungen der sprachlichen Sozialisation. Eine Studie zur Sprachenpolitik*. Wien, Sprache und Herrschaft, Zeitschrift für eine Sprachwissenschaft als Gesellschaftswissenschaft, Reihe Monographien Nr. 1 /1980; B. Grafenauer (Hg.): *Urban Jarnik (1784–1844), Andeutungen über Kärntens Germanisierung/Pripombe o germanizaciji Koroške*. Klagenfurt/Celovec 1984, 99; Comité européen pour la défense des réfugiés et immigrés (CEDRI) (Hg.): *Gemeinsam oder getrennt? Die Situation der slowenischen Minderheit in Kärnten am Beispiel der Schulfrage, Bericht einer internationalen Beobachterkommission 1985*. Basel 1985; T. Domej: *Die Slowenen in Kärnten und ihre Sprache, mit besonderer Berücksichtigung des Zeitalters von 1740 bis 1848*. (Phil. Diss.). Wien 1986, VII, 562 S.; R. Wörsdörfer: *Südosteuropa an Rhein und Ruhr, Die »westfälischen Slowenen« 1880–1941*. In: U. Brunnbauer, A. Helmedach, S. Troebst (Hg.): Schnittstellen, Gesellschaft, Nation, Konflikt und Erinnerung in Südosteuropa, Festschrift für Holm Sundhaussen zum 65. Geburtstag. München 2007, 95–110; T. Feinig: *Slovenščina v šoli, zgodovina pouka slovenščine na Koroškem – Slowenisch in der Schule, Die Geschichte des Slowenischunterrichts in Kärnten*. Klagenfurt/Celovec 2008; V. Wakounig: *Der heimliche Lehrplan der Minderheitenbildung, Die zweisprachige Schule in Kärnten*. Klagenfurt/Celovec 2008; B.-I. Schnabl: *Asimilacija in sindrom posttravmatskega stresa*. In: KK 2011. Celovec 2010, 117–130.

Bojan-Ilija Schnabl

Alasia da Sommaripa (* 1578 Sommariva, † 1626 Rom), Historiker, Philologe, vgl.: → Dreikönigssingen; → Grammatik; → Standardsprache; → Volkslied, geistliches; → Oblak, Vatroslav.

Albarius, dux, → *Duces Carantanorum*.

Albrecht, Kaspar (* 18. Jänner 1788 Replach/Replje [Bleiburg/Pliberk?], † 13. August 1861 Klagenfurt/Celovec), Geistlicher.

Aus armen Verhältnissen stammend, konnte A. erst spät und mit der Unterstützung von Wohltätern sein Studium beginnen. Nach Absolvierung des → Priesterseminars in Klagenfurt/Celovec und der Priesterweihe im Herbst 1815 wurde er Kaplan in → Bleiburg/Pliberk und danach 1816 in Eberndorf/Dobrla vas. Zwischen Ende 1816 und Sommer 1817 studierte A. auf dem höheren Priester-Bildungs-Institut → Frintaneum in Wien, kehrte aber bald wieder nach Bleiburg/Pliberk zurück. Im Frühjahr 1818 wurde er Spiritual des Priesterseminars in Klagenfurt/Celovec. Im Amt blieb er bis zum Frühjahr 1826, als er innerhalb von zwei Tagen Dompfarrer zu St. Andrä/Šentandraž, Dechant des dortigen Dekanats, Kanonikus des Domkapitels und Konsistorialrat wurde. Im Frühjahr 1847 wurde A. zum Domdechanten ernannt; er bekleidete das Amt bis zu seinem Tod. Als Spiritual des Klagenfurter → Priesterseminars übte A. großen Einfluss auf seine Studenten und den späteren slowenischen Bischof von → Lavant, Anton Martin → Slomšek, aus. Er verfasste im Jahre 1823 als Erster in den innerösterreichischen Ländern (→ Innerösterreich) einen *Ritus celebrandi Missam* [Wie die hl. Messe gefeiert werden muss], welcher als Hilfsmittel für die Theologiestudenten gedacht war. Als Student schrieb Slomšek ihm zu Ehren das Gedicht *Zvezda svetih treh kraljev* [Der Stern der Hl. Drei Könige] und er hielt »seinem treuen Freund«, den er zeitlebens sehr verehrte, auch die Trauerrede.

Quellen: NAŠMb, Kartoteka duhovnikov.
Werke: *Ritus celebrandi Missam*. Klagenfurt 1823.
Lit.: A. M. Slomšek: *Das letzte Lebewohl am Grabe des Hochwürd. Herrn Kaspar Albrecht, influierten Domdechantes von Lavant*. Graz 1861; F. Kovačič: *Zgodovina lavantinske škofije*. Maribor 1928, 392, 435 und 438; A. Hozjan: *Kaspar Albrecht*. In: K. H. Frankl, P. G. Tropper (Hg.): *Das »Frintaneum« in Wien*. Klagenfurt 2006, 126.

Žiga Oman

Albreht, Ivan (Ps. Ivan Gregorjev, I. Petrovič, Ivan Gnjevoš, Ivan Hrast, Teta Meta, * 7. Mai 1893 Hotedršica [Logatec, Notranjska], † 12. Juli 1955 Ljubljana), Erzähler, Dichter, Publizist.

Nach dem Gymnasium in Ljubljana ging A. 1913 nach Graz, um Naturgeschichte zu studieren. In der Zwischenkriegszeit arbeitete er als Publizist, Kritiker, Beamter am Sozialamt und an der Universität, zeitweise auch als Freiberufler. Vorrübergehend war er Redakteur der politischen Bauern-Zeitschrift *Gruda* (1924–1941) und *Mladina* (1924–1929), Koredakteur der radikalen Tageszeitung *Jutranje novosti* (1923) und der Buchreihe *Splošna knjižnica* (1923–1928). Während des Volksbefreiungskampfes *(Narodnoosvobodilna borba, NOB)* verurteilten ihn die italienischen Besatzer zum Tode, die Strafe wurde jedoch auf 20 Jahre Haft abgemildert. A. verfasste zahlreiche kritische Beiträge und publizierte im → *Slovenec*, → *Slovenski narod*, *Glas Naroda* sowie dem Kalender → *Koledar Slovenske Koroške* (KSK), den Jugendblättern *Zvonček*, *Angelček* u.a. Er war der Autor des ersten slowenischen, von Maksim Gaspari illustrierten Bilderbuchs in Gedichtform für Kinder (*Mlada

Ivan Albreht, Foto Maja Francé

greda [Das junge Beet] 1920). Jakob Šlebinger, 1910–16 Redakteur der Literaturzeitschrift → *Ljubljanski zvon*, wollte A.s Gedichte anfangs nicht veröffentlichen. Erst eine Intervention Ivan → Cankars, der A.s schriftstellerisches Talent erkannt hatte, ebnete ihm den Weg in dieses elitäre Literaturblatt. Unter seinem Einfluss entstanden neben moderner Lyrik (*Slutnje* [Vorahnungen] 1919, *Eros inferi* 1938) und naturalistischer, realistischer Prosa (*Malenkosti* [Kleinigkeiten] 1920) Theaterstücke (*Sestrica gre* [Das Schwesterchen geht] 1932), Kinder- und Jugendliteratur (*Sirota Jerica* [Die Waise Jerica] 1929). Obwohl A.s Prosawerk noch romantisch-sentimentalistische Züge erkennen lässt, beweisen seine Arbeiten, dass er sich vom traditionellen Regelkanon bereits befreit hatte und empfänglich war für modernere Strömungen. Seine Gedichte etwa gehen ins Expressionistische über. Seine Werke spielen meist im bäuerlichen Milieu, beschreiben nicht selten den Krieg und bilden oftmals Ereignisse und Orte aus seiner Heimatregion ab (*Dom na Slemenu* [Der Hof Sleme] 1932).

Nach der Absolvierung des Wehrdiensts heiratete A. nach Dollich/Doli bei Ferlach/Borovlje, wo er einige Jahre lebte und wirkte, was sich in seinem Prosawerk widerspiegelt, in dem sein slowenisches Identitätsbewusstsein stets zum Ausdruck kommt (*Zlato srce* [Das goldene Herz], in: *Domovina* 1926). Besonders gerne thematisierte er das Rosental/Rož (*Paberki iz Roža* [Erlesenes aus dem Rosental] 1920), wobei sein Fokus auf das nationale soziopolitische Dilemma im postplebiszitären Kärnten/Koroška gerichtet war. In seinem Gedichtzyklus *Koroška pisma* (in: *Prisluškovanje* [Der Lauschangriff] 1926) herrscht angesichts der → Volksabstimmung und in weiterer Folge des Verlusts des slowenischen Kulturgebiets ein melancholischer, fast düsterer Ton vor. Im Gedicht *Od Celovca do Beljaka* [Von Klagenfurt bis Villach] bezeichnet er Maria Saal/Gospa Sveta als Wiege des slowenischen Volkes in Kärnten/Koroška, das jetzt unter fremder Vorherrschaft unfrei, schwach und zerstreut sei. Wegen der kulturellen Isolation emigrierte letztlich auch A. wie viele andere slowenische Intellektuelle aus Kärnten/Koroška (→ Vertreibung 1920).

Quellen/Web: NUK, Kulturno turistično društvo Hotedršica, Knjižnica Logatec, www.dlib.si.
Werke: *Paberki iz Roža*. Ljubljana 1920; *Malda greda*. Ljubljana 1920; *Dom na Slemenu*. V Ljubljani 1932; *Eros inferi*. Maribor 1938; *Črni žubelj*. Ljubljana 1942; *Sestrica gre: igrokaz v enem dejanju*. Ljubljana 1932.
Üb.: Heinrich Mann: *Srce: novele*. Ljubljana 1920.
Lit.: SBL; OVSBL. – F. Zadravec: *Slovenska Koroška v prozi, pesmi in drami od 1919 do 1942*. In: JiS 15 (1970) 7/8, 201–210; J. Vidmar: *Dva spomina*. In: *Sodobnost* 23 (1975) 10, 756–782; P. Zablatnik: Literatur der *Kärntner Slowenen vom Jahre 1918 bis zur Gegenwart*. In: R. Vospernik, P. Zablatnik, E. Prunč, F. Lipuš (Hg.): *Das slowenische Wort in Kärnten*. Wien 1985, 175; M. Žebovec: *Slovenski književniki, rojeni od leta 1870–1899*. V Ljubljani 2010, 211–212.

Maja Francé

Albuin, hl. (Bischof 977–1006), → Hildegard von Stein/Liharda Kamenska.

Aleksandrinke [Alexandrinerinnen], temporäre slowenische Arbeitsmigrantinnen in Ägypten. Als A. werden die zahlreichen slowenischen, literaturüblich vornehmlich aus dem Görzer Gebiet stammenden slowenischen Ammen, Kindermädchen, Köchinnen, Hausmädchen und Gouvernanten bei reichen ägyptischen Familien genannt, wobei die Bezeichnung auf den wichtigsten Arbeitsort Alexandria Bezug nimmt. Der wirtschaftlich motivierte Migrationsstrom weiblicher slowenischer Arbeitskräfte entwickelte sich seit der Öffnung des Suezkanals 1869, durch die zunehmend ausländische Fachkräfte ins Land kamen.

Diese temporäre Migrationsbewegung hatte als Ausgangspunkt die Hafenstadt → Trieste/Trst/Triest. Diese erlebte ihren großen Aufschwung, nachdem sie von Karl VI. zum Freihafen ernannt worden war. Sie breitete sich auf das umgebende ethnisch slowenische Gebiet aus und in der Folge hatte sie in absoluten Zahlen die größte Anzahl von slowenischen Einwohnern (56.000 Slowenen). Sie wurde zum Migrationsziel und Ausgangspunkt der → Emigration zahlreicher Slowenen aus dem weiteren Umland ebenso wie für die Gailtaler Slowenen. Die Migrationsbewegung nach Ägypten dauerte bis zum Zweiten Weltkrieg. Die letzten »Aleksandrinerinnen« kamen in den 60er- und 70er-Jahren des 20. Jh.s in ihren Pensionsjahren zurück in ihre Heimat. Erwähnenswert ist auch der hic loco von D. Grafenauer beschriebene Lebensweg des Rosentaler Arztes Dr. Karel → Pečnik, der ebenfalls in Alexandrien wirkte. Die Lebenswege von zwei Schwestern des Franc → Schnabl spiegeln die traditionelle Bindung der Gailtaler Slowenen an Trieste/Trst/Triest und dessen Möglichkeiten. Sie waren zeitweise in ihren jüngeren Jahren als Kindermädchen in Alexandria in Ägypten tätig. Laut Familienquellen war **Josefa Schnabl** (* 16. März 1874, † 1932) in Ägypten tätig, heiratete dort Ferdinand Münch und hatte drei Kin-

Ansichtskarte aus Alexandrien, 21.12.1903, recto (l.), verso (r.)

Ansichtskarte aus Kairo, 22.1.1904, recto (l.), verso (r.)

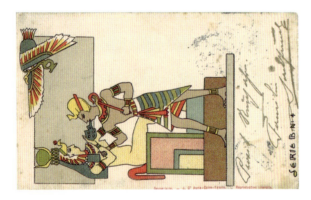

Ansichtskarte aus Kairo, 27.12.1905, recto (l.), verso (r.)

der (Elsa, Erwin, Ewald). In Alexandria war auch ihre Schwester **Franc(k)a Schnabl** (* 15. Februar 1887, † 10. Jänner 1968), die 1915 in → Villach/Beljak den Epidemiologen Dr. Herman → Vedenik ehelichte. Wie ihre Schwester sprach sie fließend arabisch. Auf einer Postkarte vom 29. Oktober 1907 an Gregor → Schnabl ist weiters eine »Lisa« mitunterzeichnet, möglicherweise **Elisabeth Schnabl** (* 16. September 1880, † 1. Februar 1937), eine weitere Tochter des Gregor Schnabl.

Laut freundlicher Auskunft von Peter Wiesflecker war auch **Theresia Müller** (1883–1972), in zweiter Ehe verehelichte **Wiegele**, vlg. Drčnik (Achomitz/Zahomec), in ihrer Jugend in Ägypten tätig.

Aus Achomitz/Zahomec war auch **Marija Müller**, vlg. Spahojneva Mojca (1887–1976). Sie war laut freundlicher Auskunft von Millka Kriegl ebenso zeitweise in Ägypten tätig. Weiterführende Forschungen wären angetan, weitere konkrete Beispiele dieser zeitweiligen Arbeitsmigration aufzuzeigen.

Über 30 in einem Privatarchiv erhaltene Korrespondenz vor allem aber Ansichtskarten ebenso wie Briefe an Franz Schnabl sen. (sowie jeweils eine Ansichtskarte an dessen Vater Gregor Schnabl und an den 1917 gefallenen Bruder Paul Schnabl) aus Ägypten aus den Jahren 1903 bis 1911 sowie jeweils eine Ansichts- und eine Korrespondenzkarte aus 1932 und

1937, vornehmlich von Elsa und Ferdinand Münch, dokumentieren die familiären Bande jener Zeit über die Kontinente hinweg.

Archive/Quellen: Archiv Wiesflecker/Schnabl (Achomitz/Zahomec), Milka Kriegl (Achomitz/Zahomec), Mira Schnabl (Klagenfurt/Celovec), Paul Miroslav Schnabl (Magdalensberg/Štalenska gora).
Lit./Web: SEL (I. Miklavič-Brezigar: *aleksandrinke*). – D. Makuc: *Aleksandrinke*. Gorica 1993; K. Sturm-Schnabl: *Ideja romantične svobode in občutenje v poeziji Urbana Jarnika in Franceta Prešerna*. Simpoziji o Urbanu Jarniku, zbornik predavanj. In: *Koroški etnološki zapisi* 2 (2003) 43–62 (Anm. 3 zu den GailtalerInnen, die über Trieste/Trst/Triest nach Ägypten gingen, S. 43, dort zitiert M. Gregorič: *Šumi Nil*. In: *Ljubljanski zvon* 21 [1901] 349–352); G. Koncilja: *Ob stoletnici prihoda šolskih sester v Egipt: 1908–2008.* [Trst: Šolske sestre sv. Frančiška Kristusa Kralja, 2008?]; D. Koprivec: *Descendents of the »Alexandrian women«: revisits and pilgrimages tracing the migration of Slovene women to Egypt*. In: Migration, diaspora, pilgrimage: ICOM-ICME Annual Meeting, Jerusalem, November 17-19, 2008, 25–26; I. Miklavčič-Brezigar: *Aleksandrija – Po poteh in sledeh žena, deklet in šolskih sester na začasnem delu v Egiptu*. In: *Glasnik SED* 49/1,2 (2009), 89–91, www.sed-drustvo.si/publikacije/glasnik-sed/glasniki/glasnik-slovenskega-etnoloskega-drustva-49-12-2009; D. Koprivec: *Migracije otrok aleksandrink od tridesetih do šestdesetih let 20. stoletja*. In: J. Žitik Serafin (Hg.): Slovensko izseljeništvo v luči otroške izkušnje. Ljubljana 2011, http://isi.zrc-sazu.si/eknjiga/Zitnik-ur-2011.pdf (21. 6. 2014); F. Però, P. Vascotto (Hg.): *Le rotte di Alexandria: convegno di studi*, Trieste, 1–2 dicembre 2008 = *Po aleksandrijskih pote: simpozij*, Trst, 1.–2. decembra 2008. Trieste 2011; V. Prinčič (Hg.): *Blišč in beda aleksandrink: projekt Aleksandrinke*. Gorica 2008–2010 = *Splendori e miserie delle alessandrine: progetto Le alessandrine*. Gorizia [2008–2010] = *Splendôrs e miseriis des alessandrinis: progjet Lis alessandrinis*. Gurize [2008–2010]; [Übersetzungen:] prevodi Služba za jezikovne identitete Pokrajine Gorica = traduzioni Servizio identità linguistiche della Provincia di Gorizia = traduzions Servizi identitâts linguistichis di Provincie di Gurize]. Gorica: Zveza slovenskih kulturnih društev: Pokrajina = Gorizia: Unione dei circoli culturali sloveni: Provincia = Gurize: Union dai circui culturâi slovens: Provincie, 2011; D. Koprivec: *Dediščina aleksandrink in spomini njihovih potomcev*. Ljubljana 2013; M. Malešič (Hg.): *Sledi služkinj in aleksandrink po Krasu, Brkinih in Vipavskem*. Gorjansko: Društvo Univerza za tretje življenjsko obdobje Kras, 2013; B.-I. Schnabl: *Koroške aleksandrinke – iz Zahomca v Aleksandrijo v mitičnem Egiptu*. In: KMD 2015. Klagenfurt/Celovec 2014, 50–53.

Bojan-Ilija Schnabl

Alexandrien (Ägypten), → *»Aleksandrinke«* [Alexandrinerinnen].

Aljančič, Andrej (Alliantschitsch, * 21. November 1813 Kovor [Tržič, Gorenjska], † 9. April 1894 Klagenfurt/Celovec), Domkapitular, Schulinspektor, Bildungspolitiker.

A. war einer der führenden slowenischen Geistlichen in der ländlichen Region. Einen Teil der Kindheit verbrachte er in St. Margarethen im → Lavanttal, wo er bei seinem Onkel Deutsch lernte. Er besuchte das Untergymnasium in → St. Paul/Šentpavel und das Obergymnasium in Klagenfurt/Celovec, den letzten Jahrgang in Ljubljana. A. studierte Theologie am Klagenfurter → Priesterseminar, wo Anton M. → Slomšek sein Spiritual und Slowenisch-Lehrer war. Nach der Ordination (1838) und der Kaplanstätigkeit in → Völkermarkt/Velikovec, → Eisenkappel/Železna Kapla und → St. Andrä (Šentandraž) wurde er 1847 in St. Andrä (Šentandraž) (Diözese → Lavant) Kanonikus, 1848 Pfarrer in St. Kanzian/Škocjan v Podjuni und 1855 Schulinspektor für das Dekanat Eberndorf/Dobrla vas in der Diözese Lavant. Nach der Verlegung des Bischofssitzes von St. Andrä (Šentandraž) nach → Maribor und der damit verbundenen Diözesanregulierung wurde A. 1862 Dechant in Völkermarkt/Velikovec und 1873 Kanonikus in der Diözese → Gurk/Krška škofija und Mitglied des Bezirksschulrates für die Umgebung von Klagenfurt/Celovec. In Völkermarkt/Velikovec forderte er mit geringem Erfolg die Verwendung der slowenischen Sprache in der Volksschule und vor allem im Religionsunterricht (→ Schulwesen). A. war Ausschussmitglied der → *Mohorjeva*. Seine soziale Einstellung äußerte sich in der finanziellen Unterstützung mittelloser Studenten, der Knabenseminare → Marianum in Klagenfurt und Ljubljana sowie des Vinzenzvereins.

Quellen: ADG, Personalakt Aljančič.
Lit.: SBL. – J. Till: *Kirche und Geistlichkeit als Faktoren der »Nationalisierung« der Kärntner Slowenen*. In: T. Bahovec (Hg.): Eliten und Nationwerdung/Elite in narodovanje. 10. Bd. Klagenfurt [e. a] 2003, 143–221.

Josef Till

Aljaž, Jakob (1845–1927), → Volkslied, geistliches.

»Alles, nur nicht slowenisch« (»Entslowenisierung«), → »Entethnisierung«.

Allesch, Arnold, vlg. Blatnik (Vereinsvorsitzender, Kulturaktivist), → *Edinost Škofiče. Slovensko prosvetno društvo »Edinost« Škofiče* [Slowenischer Kulturverein Edinost (Einheit) Schiefling].

Allesch, Simon, vlg. Požaričnik (Kulturaktivist, Häftling im KZ Dachau), → *Edinost Škofiče. Slovensko prosvetno društvo »Edinost« Škofiče* [Slowenischer Kulturverein Edinost (Einheit) Schiefling].

Alpenslawisch, slow. *alpskoslovansko*, ist wie *Balkanslawisch*, *Balkanromanisch* oder *Alpenromanisch* eine sprachgeografische Bezeichnung im Hinblick auf slawische → Orts- und → Personennamen in Österreich, Italien und Slowenien. Gelegentlich wird von österreichischen Historikern, Germanisten und Slawisten *slawisch* in dieser Kombination statt *slowenisch* auch ideologisch verwendet (→ »Entethnisierung«). In der slowenischsprachigen Literatur wurde *alpskoslovansko* sprachgeografisch seit 1936 von → RAMOVŠ, in der deutschsprachigen Literatur seit 1964 von KRONSTEINER verwendet, ethnonymisch (die *Alpenslawen*) seit 1909 von A. DOPSCH. Seither sind korrektere Varianten für A. üblich: → Karantanisch/*karantansko* im Hinblick auf die slawischen Dialekte des slowenischen Staatswesens → Karantanien, präziser → *Karantanerslowenisch* im Hinblick auf die Dialekte *und* die Literatursprache mit Betonung des nicht krainischen Gebiets (Carniola). Im archäologischen Kontext wird auch die karantanerslowenische → Köttlacher Kultur als A. bezeichnet. Als *slawisch* bezeichnet man 18 geografisch weit voneinander entfernte Schriftsprachen. Es gibt keine Sprache namens *Slawisch* oder *Südslawisch/Westslawisch*. Die für eine Zuordnung infrage kommenden Schriftsprachen sind erst, wie auch Deutsch, Jahrhunderte nach den → Ortsnamen (inklusive → Berg-, → Gewässer-, → Flurnamen) entstanden: *Slowenisch* (historisch → *Windisch*) im 16. Jh., *Tschechisch* (historisch *Böhmisch*) im 15. Jh., *Slowakisch* (ungarisch historisch *tót* < taut/teut) im 19. Jh. Ältere Namen und Texte sind *Alt*dialekte, partielle Vorgänger heutiger Schriftsprachen. Ausgenommen ist davon das *Karantanerslowenisch*: Die karantanerslowenische Literatursprache (→ Freisinger Denkmäler) scheint literaturüblich damnativ als Schriftsprache in der Slawistik nicht auf. A. ist linguistisch *slowenisch* bzw. → *altslowenisch/staroslovensko* als eigener Sprachraum und eigene Literatursprache *vor* dem heutigen (seit dem 16. Jh. verwendeten) Krainerslowenisch (in der Terminologie → MIKLOSICHS »neuslovenisch«). In Übersetzungen aus dem Lateinischen werden Glottonyme, → Ethnonyme und Choronyme literaturüblich unkorrekt wiedergegeben. Die → Carantani der → Conversio als Kärntner, die *Sclavi* (ohne Rücksicht auf die Region) als → Slawen, die *Baivarii* (→ *Bagoaria*) als Bayern (wie die fränkischen und alemannisch-schwäbischen Bewohner des heutigen Freistaats). Sinngemäß und korrekt wäre: *Karantaner*, *Slowenen* (im Fall Österreichs, Italiens und Sloweniens), *Baivaren* (oder etymologisch »Salzachgauer« im Gegensatz zu den heutigen Staats-Bayern mit »y«). Zu beachten ist, dass mit Karantanern gelegentlich auch Ladiner oder Baivaren gemeint sein können.

Die slawischen Ortsnamen Österreichs im Mittelalter sind südlich der Donau *alpenslawisch*, präziser *karantanerslowenisch* oder *slowenisch* (→ altslowenisch). Genaue Grenzangaben historischer Sprachgebiete sind nicht möglich (→ Sprachgrenzen; → Toponyme, karantanisch-slowenische in der Steiermark; → Toponyme slawischer bzw. slowenischer Herkunft in Osttirol und in Salzburg). Die ältere bairische und »deutsche« Bezeichnung für *Slowenisch* ist → *Windisch*, wie in den Namen *Windisch*garsten (Oberösterreich), *Windisch* Matrei (Osttirol) oder *Windischen*dorf (Niederösterreich), wobei der Begriff *Windisch* eingedenk des ideologischen Missbrauchs (→ Windischentheorie) im heutigen Deutsch amtlich nicht mehr verwendet wird.

Die → Freisinger Denkmäler, die ältesten slawischen, dem Slowenischen zuzuordnenden Sprachdenkmäler sind sprachgeografisch *alpenslawisch*, glottonymisch → *altslowenisch* oder *karantanerslowenisch*, und etatistisch → *karantanisch* (= nicht krainisch). Die → *Slovenia submersa* umfasst die in der → Conversio genannten Regionen: *Sclavinia, Confines, Pannonia* und den Großteil der *regio Carantanorum*. Die slawischen Orts- und → Personennamen im Alpenraum, wo heute nicht mehr slowenisch gesprochen wird, sind sprachgeografisch *alpenslawisch*, glottonymisch *altslowenisch*, präziser *karantanerslowenisch* oder einfach *slowenisch*.

Lit.: A. Dopsch: *Die ältere Sozial- und Wirtschaftsgeschichte der Alpenslawen*. Weimar 1909; F. Ramovš: *Kratka zgodovina slovenskega jezika*. Ljubljana 1936; F. Bezlaj: *Eseji o slovenskem jeziku*. Ljubljana 1967; O. Kronsteiner: *Die alpenslawischen Personennamen*. Wien 1975, ²1981 (Österr. Namenforschung, Sonderreihe, 2); O. Kronsteiner: *Sind die slawischen Ortsnamen Österreichs slawisch, alpenslawisch oder slowenisch?* In: *Die Slawischen Sprachen* 58 (1998) 81–99; O. Kronsteiner: *»Voreinzelsprachlich«. Romanisch oder Ladinisch, Slawisch oder Slowenisch, Germanisch oder Bairisch oder Deutsch?* In: *Nichts als Namen*. Ljubljana 2003: 48–59.

Otto Kronsteiner

Alphabet, → Glagolica; → Schrift.

Altbairisch. Literaturüblich wird *nicht* lateinisches Schrifttum im südlichen Deutschland, in Österreich und der Schweiz in der Zeit von 780 bis 1050 als »althochdeutsch« bezeichnet. Korrekter und differenzierter ist *altbairisch*, *altalemannisch* und *altfränkisch*. Schriftsprache war Latein. Geschrieben wurde nur in den Skriptorien der Klöster. Die drei *alt*-Glottonyme sind als Anfang möglicher Literatursprachen nicht gleichwertig (→ Glottonyme). In Baivaria/Baiern (→ Bagoaria) gibt es im Gegensatz zum Alemannischen und Fränkischen fast nur lateinische Texte (*lex Baivariorum, conversio Baivariorum et Carantanorum, notitia Arnonis, codex millenarius, liber confraternitatum, vita Corbiniani,* u.a.). Altalemannisch und Altfränkisch haben deutlich mehr eigene Literatur. Die Anfänge der *bairischen* Literatur (= Literatur in Baiern) sind überwiegend lateinisch. Alles »andere« sind einzelne Wörter und Namen der »Volkssprache«. Das kann je nach Region auch ein romanischer oder slawischer Dialekt der *linguae vulgares*, ein *vulgare vocabulum* der gesprochenen Sprache sein. A. ist vor allem die gesprochene Sprache in Baivarien an Salzach/*Ivaro* und Inn/*Aenus* im Großraum → Salzburg (ausgenommen in den ladinischen Sprachinseln), und später allmählich im heutigen Ober- und Niederbayern, in Österreich (ausgenommen Vorarlberg und die slowenischsprachigen Regionen) und in Südtirol. Der potenzielle bairische Sprachraum ist mit der Ausdehnung des Erzbistums Salzburg (seit 798) identisch. Als Sprache ist A. ein kreolischer Typ aus Ladinisch (→ Altladinisch) und Alemannisch. Bischof Arbeo von → Freising verfasst 760 den viel zitierten *Abrogans*, ein lateinisches Wörterbuch mit Übersetzungsversuchen ins A. Die wenigen altbairischen Texte sind meist wörtliche Übersetzungen aus dem Lateinischen wie das *Vater unser* (mit lateinischer Wortstellung *pater noster*), eine *confessio generalis*, eine *adhortatio* zum *Glaubens-* und *Sündenbekenntnis*.

Von Anfang an hießen Bairisch, Alemannisch, und Fränkisch im lateinischen Kontext *lingua teodisca* (von alteuropäisch *teut-* »das Volk«, Adjektiv *teutisk* »das Volkliche« = *nicht* lateinische), später *deutsch*. Italienisch *tedesco* erinnert noch daran. Die Franzosen haben sich für *allemand* nach den benachbarten Alemannen entschieden, die Slowenen für *nemško* nach einem nicht näher bekannten Stamm *Nemeti* in Pannonien (literaturüblich von slawisch *nem-* »stumm«). Nur die Engländer blieben bei *Germans* (lat. *germani*), indem sie *dutch* auf das Niederländische reduzierten. Die »mittelhochdeutsche« Literatur besteht überwiegend aus *alt*bairischen Dialekten mit spezifischen Idiolekt-Merkmalen (→ Minnesänger).

In Baivaria/Salzburg wurde unter → Virgil ladinisch (Eigenbezeichnung *ladin*) und bairisch (lat. *teodisce*, Eigenbezeichnung *diutsch*) gesprochen. In Karantanien ladinisch und slowenisch (lat. *sclavanisce*, Eigenbezeichnung *slovenje*). Es gab also Mehrsprachigkeit und Sprachprobleme. Manche suchten auch nach irischen Einflüssen. Außer dem Kulturwort für die »Glocke« in Form der rechteckigen Kuhglocke (die Römer hatten keine Glocken) irisch *clog*, bretonisch *kloc'h*, englisch *clock*, dazu das ladinische Deminutiv *clocul/glogul*, altslowenisch *glagol* (→ Glagolica), bairisch *Klachl/Glachl* »Glockenschwengel«, *Glöckler*, gibt es kaum Hinweise.

Wahrscheinlich hat man im 8. Jh. in Karantanien noch kein Bairisch verstanden. Die Salzburger Mönche konnten nicht Slowenisch. Erst Erzbischof Adalwin († 873) soll in den pannonischen Gebieten, östlich von Karantanien (→ Kocelj), slowenisch gepredigt haben. → Virgil schickt nach Karantanien Priester, die ihrem Namen nach (→ Modestus, Maioranus, zwei Latinus) Ladiner (→ Walchen) waren. Ladinisch war die erste Kontaktsprache zwischen Baivarii/Salzburgern und Karantanern, vielleicht auch auf dem → Chiemsee mit den slowenischen Fürstensöhnen Carastus/Gorazd, Cheitmar/Hotimir und dem ladinischen Priester Lupo. In Karantanien gab es offenbar damals noch Ladinischsprachige. Die christlichen Termini (→ Terminologie) des → Karantanerslowenischen sind eindeutig ladinisch (→ Altladinisch). Das geht auf die zweisprachigen ladinischen Mönche von Salzburg und die → zweisprachigen einheimischen Karantaner zurück. In dieser Mehrsprachigkeit entsteht in Karantanien, 100 Jahre vor Method, unter Virgil († 784) der älteste slowenische Text: die → Freisinger Denkmäler, das sind drei slowenische Texte in einem lateinischen Missionshandbuch nach altbairischen (literaturüblich *althochdeutschen*) Vorlagen. Einige Salzburger ladinische und bairische Priester haben Slowenisch gelernt, einige Karantaner Bairisch. Vermutlich ist der Autor ein zweisprachiger Karantaner mit frühchristlichem Hintergrund. Ebenso entstanden für den Gottesdienst und die Seelsorge Übersetzungen von Gebeten (*Vaterunser*) und Bibeltexten.

Das karantanische Gebiet wird später vom 10. bis 14. Jh. durch zunehmend bairischen Grundbesitz (bei langer → Zweisprachigkeit, im Süden Kärntens bis heute) zulasten des Slowenischen sprachlich baivarisiert.

Das Bewusstsein, dass Österreich (ausgenommen das alemannische Vorarlberg) sprachlich auch *bairisch* ist, hat sich seit der Monarchie verändert. In Ortsnamen gab es noch die Unterscheidung zwischen *Bairisch* und dem historischen Begriff für Slowenisch → *Win-*

disch (*Bairisch* Graz und *Windisch*graz, *Bairisch*garsten und *Windisch*garsten). In all diesen Fällen wird *Bairisch* heute nicht mehr verwendet. Umgekehrt geht im Freistaat Bayern (und in Deutschland generell) das Bewusstsein verloren, dass auch die Österreicher, abgesehen von den sprachlichen Minderheiten, historisch *Baiern* sind und *bairisch* reden. Der wesentliche Unterschied zwischen *bairisch/bayerisch* wird nur noch in kleinen intellektuellen Kreisen und unter gut informierten Sprachwissenschaftern gepflegt: *Bayerisch* ist das Adjektiv zum Landesnamen *Bayern*. Seine Bewohner sind die Staats-*Bayern*. Das *y* für den Staat/das Königreich Bayern wurde 1825 von König Ludwig I. verordnet. Der Dialekt ist (neben Fränkisch und Alemannisch) *bairisch*. Die Österreicher sind historisch (mit den genannten Ausnahmen) *Baiern*, aber keine *Bayern*. »Bajuwarisch« ist eine unbegründete Erfindung der Germanistik des 19. Jh.s (→ Bagoaria). Statt *i*-Bairisch wird heute oft *altbairisch* verwendet.

Lit.: H. Eggers: *Deutsche Sprachgeschichte I. Das Althochdeutsche.* Hamburg 1963 (rowohlts deutsche enzyklopädie 185/186); W. Mayerthaler: *Woher stammt der Name ›Baiern‹?* In: Das Romanische in den Ostalpen. Hg. D. Messner. ÖAW Philosophisch-Historische Klasse. SB 442, Wien 1984, 7–72; O. Kronsteiner: »*Alpenromanisch*« *aus slawistischer Sicht.* Ebd. 1984, 73–93; *Die Bajuwaren. Von Severin bis Tassilo 488–788.* Gemeinsame Landesausstellung des Freistaates Bayern und des Landes Salzburg. Hg. H. Dannheimer und H. Dopsch. Salzburg 1988; E. und W. Mayerthaler: *Aspects of Bavarian Syntax or Every Language Has at Least Two Parents.* In: *Die Slawischen Sprachen* 35 (1994) 53–111; O. Kronsteiner: *Waren in der Salzburger Kirchenprovinz schon vor Method Teile der Bibel ins Altslowenische übersetzt?* In: *Die Slawischen Sprachen* 53 (1997) 19–36; O. Kronsteiner: *Ladinisch, das Romanisch des Alpenraums.* In: Nichts als Namen. Ljubljana 2003, 99–107.

Otto Kronsteiner

Altbulgarisch → Altkirchenslawisch.

Altkirchenslawisch. Literaturübliches → Glottonym für die Sprache der Bibelübersetzung (beendet 882 im *castrum Chezilonis* in Moosburg/Zalavár) durch Kyrill/Method (→ Methodvita) und der davon erhaltenen Abschriften in glagolitischer (→ Glagolica) und kyrillischer Schrift. Spätere Abschriften und andere (nicht biblische) Texte werden meist unexakt auch als *kirchenslawisch* (→ Sprachgattungen) bezeichnet, wiewohl sie nicht für den kirchlichen Bereich bestimmt waren. Allgemein wird damit eine schriftliche Sprachform bezeichnet, für die je nach nationaler Interpretation der Geschichte der eigenen Literatursprache an die 50 verschiedene Glottonyme in Umlauf sind. Slawistisch am (dialektgeografisch und kulturhistorisch) korrektesten wäre in den meisten Fällen *altbulgarisch*, was aber außerhalb Bulgariens, bei nicht bulgarischen Slawisten, unüblich ist (ausgenommen die deutschsprachigen Slawisten Leskien, Aitzetmüller, Kronsteiner). Daher auch die Glottonyme *altrussisch* (drevnerusskij) in der russischen Slawistik, *altserbisch* in der serbischen und *altukrainisch* in der ukrainischen für ein und dieselbe Sprache (Methodbibel). Als Synonyme für A. werden besonders in Kroatien *staroslavenski* »altslawisch« verwendet, in der russischen Russistik *slavjanskij* »slawisch«, in Serbien *slavenski* (aber *slovenački* für slowenisch). Dieses A. erfuhr ab dem 12. Jh. beim oftmaligen Abschreiben regional verschiedene phonetisch/orthografische Veränderungen (literaturüblich *Redaktionen*). Die Bezeichnung *slawisch* sollte suggerieren, dass es die Kirchensprache *aller* Slawen war, was zumindest auf die lateinschriftigen Slawen und die 100 karantanerslowenischen Jahre vor Kyrill/Method nicht zutrifft. Diese Terminologie ist Ergebnis einer die gesamte Slawistik beherrschenden ideologischen *damnatio memoriae*: die Verschweigung von hundert Jahren äußerst aktiver Salzburger Missionstätigkeit in → Karantanien und Pannonien *vor* den beiden »Slawenaposteln« (vor 863, → »pannonische Theorie«). Der Schüler und Nachfolger Miklosichs im Wiener Institut für Slawistik, der Kroate V. Jagić, hat 1886–1908 international erfolgreich über seine Zeitschrift → *Archiv für slavische Philologie* das Konzept und die Terminologie seines slowenischen Lehrers und Vorgängers Miklosich abgeändert in *altslawisch/staroslavenski* mit der Suggestion, das literarische Leben der → Slawen beginne erst mit Kyrill/Method ab 863 im »Großmährischen Reich« (Mähren, Slowakei, Böhmen), nicht mit dem (vermeintlich) »deutschen« → Salzburg (→ Altladinisch), sondern mit dem glagolitischen Schrifttum (Glagolica). Dies gilt in der Folge ebenso für die gesamte in Wien wirkende tschechische und slowakische Slawistik. Die Freisinger Denkmäler seien eine lateinische Transliteration aus dem (glagolitischen) »großmährischen« Kulturraum (so ursprünglich auch → Isačenko). Warum Jagić wider besseres Wissen diese Interpretation initiiert hat, bleibt ungeklärt. Offensichtlich passen die ersten hundert Jahre (→ *Karantanerslowenisch*) nicht ins glagolitisch-kroatische Geschichtsbild. Die viel diskutierte Frage der Existenz eines »großmährischen Reichs« spielt eine zusätzliche Rolle. Zahlreiche auffällige Ladinismen (→ Altladinisch) mussten daher als »Moravismen« interpretiert werden, obwohl es in Mähren keinerlei Romanität gab. Die glagolitischen → Kiewer Blätter, literaturüblich »das älteste slawische Sprachdenkmal«, sind vermutlich ein ursprünglich mit lateinischen Buchstaben geschriebenes karantanerslowenisches Messordinarium, das von einem Schüler METHODS (→ Methodvita) in glagolitischer Schrift abgeschrieben wurde. Das Wort *visond* »Kommunion« z.B. gibt es nur im Ladinischen und im Bairischen noch heute (*weissaten gehen* »ein neugeborenes, getauftes Kind besuchen und Geschenke [das *Weisat*] mitbringen« < lat. *visitare/visare*). Das konnte weder METHOD noch ein »mährischer« Slawe wissen oder kennen.

KOPITAR und MIKLOSICH gingen davon aus, dass das Entstehungsgebiet des A. Pannonien sei. MIKLOSICH benannte (in *Radices linguae slovenicae veteris dialecti* 1845, *Die Wurzeln des Altslovenischen* 1857, *Lexicon linguae slovenicae veteris dialecti* 1850 u.a.) die heute A. genannte Sprache als → »Altslovenisch« (slow. *staroslovenski*), ausgehend von der historischen Eigenbezeichnung *slovenski*. Und »um eine Verwechslung zu vermeiden«, nannte er das (moderne) Slowenisch »Neuslovenisch«. Aufgrund des heutigen Wissensstandes ist festzustellen, dass das erste Zentrum einer slawischen Kirchensprache → Karantanien und die östlichen Grenzgebiete (*confines*) unter Salzburger Führung (→ KOCELJ) stand. Das war das Slowenisch des karantanischen Alpenraums (→ Karantanerslowenisch), dessen wichtigstes Schriftdenkmal die → Freisinger Denkmäler sind. Diese literarische Sprachform lebte in Karantanien (Kärnten/Koroška, Steiermark/Štajerska, → *Slovenia submersa*) weiter, bis mit den Bibelübersetzungen (→ Bibel) von → TRUBAR und → DALMATIN die Grundlage für die neuere slowenische Schriftsprache geschaffen wurde. Diese Sprache (→ Karantanerslowenisch) ist in die Übersetzungstexte von KYRILL/METHOD († 885), die in Pannonien angefertigt wurden, eingeflossen (→ Terminologie, christliche). Das blieb jedoch von der Slawistik lange unbemerkt. Dem Method-Team in Moosburg/Zalavár gehörten auch Leute an, die mit den Texten und der Übersetzungspraxis in Karantanien (→ Maria Saal/Gospa Sveta) vertraut waren, wie sein gewünschter »in den lateinischen Schriften gut bewanderter« (→ Methodvita XVII) Nachfolger GORAZD. Der primäre Raum der ältesten slawischen Schriftsprache war Karantanien und hernach das pannonische Gebiet um Moosburg/Zalavár. Die christliche → Terminologie (→ Altladi-

nisch) des altslowenischen Raums ist durch METHOD und seine Mitarbeiter zu den Bulgaren und Russen gelangt. Die Sprachform der Method-Bibel ist *altbulgarisch* und bleibt in dieser Form bis zum Entstehen der neuzeitlichen Schriftsprachen *die* Literatursprache der orthodoxen Slawen.

Man kann einen mit lateinischen Buchstaben geschriebenen eindeutigen Originaltext wie die Freisinger Denkmäler als → *alpenslawisch* bzw. Slowenisch des Alpenraums (im Hinblick auf eine geografische Zuordnung), als → *karantanisch* (im Hinblick auf das Staatswesen Karantanien), als → *altslowenisch* oder präziser → *karantanerslowenisch* (im Hinblick auf die slowenische Sprachgeschichte) und als *altkirchenslawisch* (im Hinblick auf die Funktion, nicht allerdings im chronologisch damnativen Sinn JAGIĆ's) benennen, auch wenn die älteste erhaltene Kopie erst aus dem 10. Jh. stammt.

Wegen der *grundlegenden* Voraussetzungen für das Entstehen der ältesten slawischen Schriftsprache in lateinischen Buchstaben im karantanisch-pannonischen Raum und der Tätigkeit der Salzburger (→ MODESTUS in Maria Saal/Gospa Sveta) und der karantanischen Priester in den 100 Jahren *vor* den »Slawenaposteln«, ganz abgesehen von der dominant ladinisch geprägten christlichen Terminologie, die in alle slawischen Sprachen übernommen wurde, wäre das Glottonym *altbulgarisch* für das Weiterleben der Sprache der Method-Bibel und ihres Textes in der südöstlichen und östlichen Slavia den irreführenden Glottonymen *altkirchenslawisch* und *altslawisch* vorzuziehen. Die älteste slawische Schriftsprache vorher (und in Karantanien auch nachher) aber ist erwiesenermaßen nicht irgendein *Slawisch* oder *Altkirchenslawisch*, sondern → *Karantanerslowenisch*. Die Benennungen mit dem Element *slawisch* sind im 19. Jh. im Geist eines romantisch diffusen Panslawismus entstanden und im 20. Jh. oft aus nationaler Eifersüchtelei bewusst und unbewusst zur ideologischen »Entslowenisierung« (→ »Entethnisierung«) verwendet worden.

Lit.: V. Jagić: *Entstehungsgeschichte der kirchenslavischen Sprache*. Wien 1900; W. Vondrák: *Altkirchenslavische Grammatik*. Berlin ²1912; A. Leskien: *Handbuch der altbulgarischen Sprache*. Heidelberg 1919; N. Trubetzkoy († 1938): *Altkirchenslavische Grammatik*. Wien 1954 (hg. durch R. Jagoditsch); I. Boba: *Moravia's History Reconsidered*. The Hague 1971; J. Hamm: *Staroslavenska čitanka*. Zagreb 1971 und *Staroslavenska gramatika*. Zagreb 1974; F. V. Mareš: *An Anthology of Church Slavonic Texts of Western (Czech) Origin*. München 1979; I. Boba: *Wo war die »Megale Moravia«?* In: *Die Slawischen Sprachen* 8 (1985) 5–19; O. Kronsteiner: *Virgil als geistiger Vater der Slawen-*

mission und der ältesten slawischen Kirchensprache. In: *Die Slawischen Sprachen* 8 (1985) 119–128; O. Kronsteiner: *Altbulgarisch oder/und Altkirchenslawisch? Eine Glosse zu slawistischen Benennungsmythen.* In: *Die Slawischen Sprachen* 9 (1985) 119–128; K. Sturm-Schnabl: *Der Briefwechsel Franz Miklosich's mit den Südslaven – Korespondenca Frana Miklošiča z Južnimi Slovani.* Maribor 1991: 350 f.; O. Kronsteiner: *Wie kommen die Moravismen an die Morava/March?* In: *Die Slawischen Sprachen* 33 (1993) 131–148; O. Kronsteiner: *Waren in der Salzburger Kirchenprovinz schon vor Method Teile der Bibel ins Altslowenische übersetzt?* In: *Die Slawischen Sprachen* 53 (1997) 19–36; K. Sturm-Schnabl: *Kurzer historischer Exkurs in die Frühzeit, Kyrillo-Methodianische Bibel, Franz Miklosich – Fran Miklošič (1813–1891).* In: M. Mitrović: Geschichte der slowenischen Literatur, Von den Anfängen bis zur Gegenwart. Klagenfurt/Celovec 2001: 17 f., 21 f., 186 f.; K. Sturm-Schnabl: *Aktualnost Miklošičevega znanstvenega dela in misli.* In: *Jezikovni zapiski* 10/2 (2004) 19–46.

Otto Kronsteiner

Altladinisch, → Glottonym für die noch nicht schriftsprachlichen ladinischen Dialekte des Alpenraums im Mittelalter. Eigenbezeichnung *ladin*, altbairisch *walchisch/welsch*, slow. (historisch) *vlaško/laško*.

Der gebildete Europäer kennt Latein aus dem Lateinunterricht in Gestalt *klassischer* Texte, die katholischen Priester als Liturgie- und Kirchensprache. Die lateinische Volkssprache (literaturüblich *Vulgärlatein*) wurde von Anfang an aus dem Unterricht und der Forschung exkludiert. Sie entfernt sich schon zur Zeit des Imperiums (auch in den Alpenländern) unter dem Einfluss der einheimischen Dialekte von der uns bekannten Literatursprache. Fast überall entstehen neue eigene Sprachen, obwohl diese »Volkssprachen« nur gesprochen und lange nicht schriftlich verwendet wurden. In den Straßburger Eiden (842) unterscheidet man die *lingua latina* von den beiden Volkssprachen *lingua romana* und *lingua teodisca*. Im baivarischen Raum unterscheidet man *romani* als Rechtsträger (*possessores, tributarii*) und *latini* als Sprachbenützer. Heute spricht/schreibt man (Literatursprache) *Ladinisch* in Südtirol, im Schweizer Engadin (deutsch meist *rätoromanisch* oder *rumontsch*) und in Friaul (deutsch meist *friulanisch* oder *friaulisch*). Die potenzielle Gesamtzahl der Ladiner liegt heute bei 700.000 Sprechern ohne gemeinsame Literatursprache.

Im Alpenraum wurden entgegen literaturüblicher Behauptungen jahrhundertelang ladinische Dialekte gesprochen. 591 war in Teurnia/Lurnfeld in Kärnten ein ladinischer Bischof *Leonianus* im Amt. Um Salzburg wurde bis ins 13. Jh., um Innsbruck bis ins 16. Jh. ladinisch gesprochen. 1316 werden in Ulmerfeld (Niederösterreich) *duo coloni latini* erwähnt. Die vielen → *Walchen*-Orte (*Walchen*, See*walchen*, Strass*walchen*, Traun*walchen*, Rot*walchen*) weisen darauf hin, dass noch lang in diesen Sprachinseln A. gesprochen wurde. Bei den karantanischen Slowenen zeigen es die Ortsnamen *Ladin, Ladinik* und *Laschitzen* in Teurnia/St. Peter in Holz (zu *vlah/lah*, dem späteren slawischen Wort für Romanen in Südosteuropa, polnisch: *Włochy* »Italien«), im Land Salzburg *Latein, Ladein*.

Erkennbar wird A. in lateinischen Texten als »schlechtes Latein« *sine flexione* (aus Sicht der klassischen Philologen: Endungs*fehler*, Kasus*fehler*). Sonst in → Personennamen, besonders zahlreich im Salzburger → Verbrüderungsbuch (784–1111), wo ladinische Namen in lateinischer und ladinischer Form nebeneinander genannt sind (*Amicus/Amico, Dominicus/Dominico, Ursus/Urso*). Auffällig sind auch die beliebten Sentimental-Formen auf *ello* (geschrieben meist *ilo*, literaturüblich »westgermanisch«) wie *Tasso/Tassilo, Oto/Otilo, Urso/Ursilo, Izzo/Izzilo, Cazzo/Cazzilo* (→ Kocelj). Dieses Sentimentalsuffix (vgl. lat. *frater/fratellus*, *soror/sorella*) ist noch heute als *erl* im österreichischen Bairisch lebendig (*Freunderl, Schnitzerl, Maderl, Dirnderl*) im Gegensatz zum norddeutschen *chen* (*Freundchen*). Ein gutes Drittel der ca. 1.200 Namen des Salzburger → Verbrüderungsbuches ist ladinisch. Besonders deutlich ist die *Ladinia submersa* in geografischen Namen des alten Zentral-Baierns (→ Bagoaria) beiderseits von Salzach/*Ivaro* und Inn/*Aenus* erkennbar: in Ortsnamen wie Muntigl (< *monticulus/munticulu*), Gampern (< *campus/campu*), Bradl (< *pratellum/pratellu*), Plain (< *plagina/plaina*) und in den zahlreichen Namen ehemaliger *villae rusticae* und *villaria* auf *ina/in* (bairisch-kreolische Form = *ing* für ladinisch *in* < lat. *inus*) wie *villa Ursina* (> Üršin > Irsching). Der Großteil der *ing*-Namen geht auf ladinisch *in* zurück (literaturüblich: althochdeutsch, folglich germanisch *ing*).

Die Mönche von St. Peter haben Ladinisch und Bairisch (→ Altbairisch) gesprochen. Wegen des hohen Anteils ladinischer Personennamen im Verbrüderungsbuch dürfte A. im Klerus dominiert haben. Die Mönche kommen aus den zahlreichen *Walchen*-Orten der Umgebung. Die Kontaktsprache der Salzburger Priester mit den karantanischen Fürsten war offensichtlich Ladinisch, wie auch aus den nach → Karantanien entsandten Ladinern → *Modestus, Maioranus, Latinus* zu erkennen ist. Ein Salzburger Priester namens *Lupo* (ladinisch »Wolf«) hat den Sohn und Neffen des Karantaner Fürsten Borut (→ *Duces Carantanorum*) am → Chiemsee wahrscheinlich auf Ladinisch im

Christentum unterwiesen. Es ist nicht anzunehmen, dass er Slowenisch konnte. Hinter damals modischen germanisch-alemannischen Personennamen können sich manchmal Ladiner verbergen, nie umgekehrt Baiern oder Alemannen hinter ladinischen. Das Verhältnis zwischen Ladinern (→ Walchen) und Baiern dürfte nicht unproblematisch gewesen sein, wie aus den zweisprachigen Kasseler Glossen (um 800) hervorgeht: *Stulti sunt romani, sapienti sunt paioari. Tole sint uualha, spahe sint peigira* (Blöd sind die Ladiner, gescheit sind die Baiern).

Zahlreiche Wörter der slowenischen Kirchen- bzw. → Liturgiesprache Karantaniens sind altladinisch (→ Terminologie, christliche), was eindeutig die noch lebendige Dominanz des A. im Klerus zeigt: *nedel/nedela* »Sonntag« (< dies natalis), *binkošti* »Pfingsten« (< pentecosta), *oltar* »der Altar« (< altare), *koštel* »Kirche« (< castellum), *raj* »Paradies« (< radius), *glagolati* »reden« (< keltisch *cloc/klok* über ladinisch *clocul/glogul* »Glockenschwengel, der die Glocke zum ›sprechen‹ bringt«, → Freisinger Denkmäler. Germanen, Römer und Slawen kannten keine Glocken) oder die Heiligennamen mit *šent* (< sanctus/šent) wie *šent Maria, šent Peter, šent Laurenc*. Zahlreich sind ladinische Wörter noch heute im Bairischen. Schließlich ist Bairisch (→ Altbairisch) eine Mischsprache aus Ladinisch und Alemannisch. Von allen oberdeutschen Dialekten hat Bairisch den höchsten Anteil ladinischer Wörter.

Sprachliche Besonderheiten der Phonetik des baivarischen und karantanischen A. sind besonders deutlich in der Orthografie der offenbar von einem Ladiner geschriebenen → Freisinger Denkmäler erkennbar: die Verwechslung stimmloser und stimmhafter Konsonanten (noch heute im Bairischen kein phonematischer Unterschied) p/b (*potomu/botomu* »weil«, *izpovedat/izbovedati* »beichten«, wie *pagus*/bagivari > Baiern, *pirum*/bera > Birne); t/d (Personennamen Otilo/*Odilo*, Latinus/*Ladino*); k/g (Ortsname campus/*gampu* > Gampern); s wird š (= sch) gesprochen: *miša* »Messe«, *krišt* »Christus«, *šent* »heilig«, der Ortsname Irsching (Ursin > Üršin); u als ü: *križ* »Kreuz« (< *krüš*), *mir* »Mauer« (< *mür*) in Ortsnamen Mir (Mirišče/dt. Mairist), *mita* »Maut« (*müta* < lat. mutare »die Gebühr beim Pferdewechsel«, literaturüblich aus dem Gotischen); ti/te als ts (= z, literaturüblich oberdeutsche/althochdeutsche Lautverschiebung) in Ortsnamen *Pfunzen* (< pons/pontem/*ponz* oder < fons/fontem/*fonz*), Pitzen (< puteus/*püz*), in Personennamen Carantianus/*Coranzan*. Wissenschaftsgeschichtlich ist die Existenz des A. in der Germanistik und Slowenistik lange nicht wahrgenommen worden. Die ideologische → »Entethnisierung« der Ladiner und des A. in der Germanistik erfolgt meist durch Ableitungen aus dem *Lateinischen, Mittellateinischen* oder *Romanischen*. Literaturüblich »entladinisierungsfördernd« ist die Ableitung des Ortsnamensuffixes *ing* aus dem germanischen Althochdeutschen plus Verbindung mit einem »althochdeutschen Personennamen«, und die Erklärung der *Walchen*-Namen als »Ort der Lodenwalker«. Der Germanist → Kranzmayer behauptet wider alle Fakten: Östlich der Linie Salzburg/Villach gibt es nichts Romanisches.

Lit.: K. Forstner: *Das Verbrüderungsbuch von St. Peter in Salzburg.* Graz 1974; O. Kronsteiner: *Salzburg und die Slawen. Mythen und Tatsachen über die Entstehung der ältesten slawischen Schriftsprache. Die Slawischen Sprachen* 2 (1982) 27–51; O. Kronsteiner: *»Alpenromanisch« aus slawistischer Sicht.* In: Das Romanische in den Ostalpen. Hg. D. Messner. ÖAW Philosophisch-Historische Klasse. SB 442. Wien 1984, 73–93; H. Goebl: *Sprachatlas des Dolomitenladinischen und angrenzender Dialekte* (ALD). Wiesbaden (Teil I) 1985–1998, (Teil II) 1999–2012; W. Mayerthaler: *Über einige bemerkenswerte argumentative Muster der germanischen Philologie zur bairischen Namenkunde.* In: Österreichische Namenforschung 1 (1985) 31–79; P. Pleyel: *Das römische Österreich.* Wien 1987; O. Kronsteiner: *Ladinisch, das Romanisch des Alpenraums.* In: Nichts als Namen. Ljubljana 2003, 99–107.

Otto Kronsteiner

»Altslovenisch«, slow. *staroslovansko*, ursprünglich ein linguistisch-historischer, nunmehr in dieser Bedeutung nicht mehr verwendeter Terminus für den heute literaturüblich verwendeten Begriff des → Altkirchenslawischen, slow. *starocerkvenoslovansko* (→ Glottonyme/Sprachnamen, → Terminologie).

Diesen Terminus definierte Franz → Miklosich in seiner *Altslovenischen Formenlehre in Paradigmen* (Wien 1874) in der er insbesondere ausdrücklich darauf hinwies, dass der Begriff »altslovenisch« (sic!) keinen Bezug zur (neu)slowenischen Sprache habe (Dies gehört zu Miklosichs innovativen Ansätzen zur Weiterentwicklung der sog. → pannonischen Theorie von Bartholomäus → Kopitar). Er wurde damals in dieser Bedeutung allgemein verwendet, ebenso von Miklosichs kroatischem Studenten und Nachfolger Vatroslav Jagić, der sich explizit mit dem Terminus in seiner Definition einverstanden erklärte und der seine Vorlesungen zum Altkirchenslawischen bis zum Sommersemester 1901 mit »Altslovenisch« angekündigt hatte. Lediglich der Indogermanist und Slawist August Leskien, der das Altkirchenslawische aufgrund der eminenten Bedeutung von → Methods Bibelübersetzung im pannonischen Raum im Zusammenhang mit dessen bulgarischer/makedonischer sprachlicher Herkunft sah, verwendete durchwegs den Begriff »Altbulgarisch«. Erst nach dem Tod MIKLOSICHS (1891) setzte sich der Begriff Altkirchenslawisch allmählich durch.

MIKLOSICH begründet seine Begriffsbestimmung des A., wenn auch anhand eines damals noch unvollständig vorhandenen Quellenmaterials, aufgrund der Selbstbezeichnung, wo die Sprache noch ausschließlich ›slověnski‹ heißt und nicht etwa ›bulgarisch‹, so etwa im Jahr 880 bei Papst JOANNES VIII *litterae sclaveniscae* oder bei KLIMENT VON OHRID. Dabei verwendet MIKLOSICH, »um Missverständnissen« vorzubeugen, statt den transliterierten ›slovenisch‹ den Begriff A. Im Serbischen heißt bis heute slawisch *slovenski* ›slověnski‹ und slowenisch *slovenački*.

Erst in der späteren Rezeption der insgesamt bahnbrechenden Forschungstätigkeit im Sinne eines fächerübergreifenden, transkulturellen und integrativen Wirkens von MIKLOSICH, wurden, nicht zuletzt aufgrund der zweifelhaften Rolle JAGIĆS und exklusivistischer ethnonationaler Ansätze, die konzeptuellen Errungenschaften in Zweifel gezogen, ohne die jedoch die bis heute maßgeblichen Ergebnisse aus MIKLOSICHS Werken wie das *Lexicon Paleoslovenico–Graeco–Latinum* (Wien 1862) und das *Etymologisches Wörterbuch der slavischen Sprachen* (Wien 1886) nicht denkbar wären. (→ Altslowenisch)

Quellen: F. Miklosich: *Vergleichende Lautlehre der slavischen Sprachen*. Wien 1852, VI-VII; F. Miklosich: *Lexicon Paleoslovenico – Graeco – Latinum*. Wien 1862; F. Miklosich: *Etymologisches Wörterbuch der slavischen Sprachen*. Wien 1886; F. Miklosich: *Altslovenische Formenlehre in Paradigmen mit Texten aus glagolitischen Quellen*. Wien 1874, I, III, VII f., IX, XIX, XXII.

Lit.: S. Hafner: *Geschichte der österreichischen Slawistik*. In: Beiträge zur Geschichte der Slawistik in nichtslawischen Ländern. Wien 1985, 62; M. Orožen: *Fran Miklošič – raziskovalec slovanske obredne terminologije*. In: Miklošičev zbornik. Kulturni Forum Maribor. Maribor 1991, 137–162; K. Sturm-Schnabl: *Der Briefwechsel Franz Miklosich's mit den Südslaven – Korespondenca Frana Miklošiča z Južnimi Slovani*. Maribor 1991, 484, Anm. 1 und 2 und 350, Anm. 1; K. Sturm-Schnabl: *Aktualnost Miklošičevega znanstvenega dela in misli*. In: *Jezikovni zapiski* 10/2 (2004) 19–46.

Bojan-Ilija Schnabl, Katja Sturm-Schnabl

»Altslowenen« (politische konservative Formierung, 19. Jh.), → *Staroslovenci*.

Altslowenisch, slow. *staroslovensko*, bezeichnet ältere Formen des Slowenischen vor dessen moderner Normierung (→ Standardsprache) durch Primož → TRUBAR und der → Bibel-Übersetzung von Jurij → DALMATIN (→ Dalmatinbibel), d.h. ab dem Aufkommen der ältesten, in der Lehre einhellig dem Slowenischen zuzuschreibenden Texte, den → Freisinger Denkmälern, die gleichzeitig eine grundlegende zivilisatorische Neuerung darstellen (vgl. nach KRONSTEINER hic loco → Karantanerslowenisch; → Inkulturation; → Kulturgeschichte).

Mit der Prägung und literaturüblichen Verwendung des Begriffspaares *Kirchenslawisch/→ Altkirchenslawisch* statt dem vormals durch Franz → MIKLOSICH geprägten → Altslovenisch kann nunmehr der Begriff Altslowenisch (in der modernen Orthographie) als Glottonym die Frühform des Slowenischen verstanden bzw. verwendet werden. Dabei unterscheidet OROŽEN zwischen dem Slowenischen des Alpenraumes (*alpskoslovensko*) vom Slowenischen des pannonischen Raumes (*panonsko slovensko*) (→ Liturgiesprache) während etwa B. → GRAFENAUER bezeichnenderweise das Begriffspaar *Karantanerslawen/karantanski Slovenci* [Karantaner Slowenen] verwendet. MIKHAILOV verwendet seinerseits den Begriff *frühslowenisch* für die *handschriftliche Periode der slowenischen Sprache (XIV Jh. bis 1550)*.

MIKLOSICH geht davon aus, dass sich die slawischen Sprachen bereits vor dem 9. Jh. differenziert hatten, wenn er meint, »Die annahme, dass noch im neunten jahrhundert die slawischen völker eine einzige sprache redeten, hat viel verwirrung angerichtet.« (sic!) (*Formenlehre und Paradigmen*. 1874 S. VIII). Demnach waren schon in jener Zeit die slawischen Sprachen dialektal getrennt, so auch die der Karantaner (→ *Carantani*) und der pannonischen Slowenen/Slawen. Spätere Prozesse von → Ethnogenesen führten aufgrund von feudal- und staatsrechtlichen Entwicklungen zu weiteren Differenzierungen und unterschiedlichen, teilweise parallelen oder mehrfachen bzw. neuen *territorialen* → Identitäten.

SMOLE periodisiert die slowenische Sprachgeschichte und dialektale Entwicklung. Sie identifiziert ab dem Ende des 8. Jh.s in allen südslawischen Sprachen gemeinsame Veränderungen: Depalatalisierung von Selbst- und Mitlauten, Verlust des Gegensatzes zwischen vorderem und hinterem Selbstlaut, Liquida-Metathese sowie die erste Veränderung, die der sog. *alpska slovanščina* (das Slawische des Alpenraumes) die Charakteristik eines westlichen südslawischen Dialektes verlieh und die das Kajkavische und das Čakavische umfasste. Ab dem 9. Jh. sind weitere Veränderungen festzustellen: Verstummung der Halblaute in schwachen Positionen, Veränderung der Halblaute in starken Positionen, Aufkommen geschlossener Silben, Aufkommen eines sekundären Halblautes, Vereinfachung der Aussprache in den neu entstandenen Mitlautverbindungen, die von Einflüssen der → Christianisierung und der *christlichen → Terminologie* überlagert werden. Zwischen dem 10. und 11. Jh. erfolgen weitere autonome Entwicklungen und führen nach Smole zur Entstehung der slowenischen *alpska slovenščina* oder *praslovenščina* [Slowenisch des Alpenraumes oder Urslowenisch]. Bis zum Ende des 13. Jh. sei es danach zur Konsolidierung der neuen slowenischen Sprache gekommen und zur dialektalen Differenzierung in einen nordwestlichen und einen südöstlichen Dialekt. Diese Differenzierung wurde zwischen dem 14. und dem 16. Jh. aufgrund der kirchenrechtlichen Grenzen gefestigt, wobei es auch zu einer Verschiebung der Isoglossengrenze Nordost und Südwest gekommen sei (→ Dialektgruppen).

Diese Periodisierung nach Smole setzt ein Siedlungs-, Sprach-, Dialekt- und ein Rechtskontinuum (→ Kontinuität) ebenso wie die → Inkulturation von mythologischen Inhalten voraus und spiegelt teilweise die Meilensteine der Staatsrechtsgeschichte: Mitte des 6. Jh.s Einwanderung der Slawen (→ Innichen [*San Candido*]), weiteste Ausdehnung des slawischen Sprachgebietes, → *Slovenia submersa*, (→ Sprachgrenze), 623 sog. Königreich Samos unter Einbeziehung der Karantaner (→ *Carantani*) und nach dessen Tod 658 Schaffung des eigenständigen Staates → Karantanien, 752 Beginn der Christianisierung, bis ca. 820 → *carmula* und → Liudevit-Aufstand, nach 955 Errichtung der → Karantanischen Mark, Ende 10./Anfang 11. Jh. Niederschrift der Freisinger Denkmäler, 976 Errichtung des Herzogtums → Kärnten/Koroška, das 1335 in den Besitz der Habsburger kommt. 1414 letzte Herzogseinsetzung in slowenischer Sprache (→ Fürsteneinsetzung), gleichzeitig Rechtskontinuum (vgl. → Rechtsinstitutionen, → Slowenenzehent) und karantanisch-slowenisches Stammesrecht vom 7. bis zum 11. Jh. aufgrund des → Personalitätsprinzips (Übergang von den *kosezi* zu den → Edlingern, deren Reste sich bis ins 16./17. Jh. nachweisen lassen), ebenso wie der Ritus der Herzogseinsetzung selbst (vgl. auch → Edlingerdienste, → Edlingergerichtsbarkeit, → Edlinger-Gemeinschaftswald, → Klagenfurter Feld/Celovško polje). 1551 Katechismus von P. Trubar und 1584 → Dalmatinbibel sowie insgesamt im 16. Jh. die → Windische Ideologie des Herzogtums Kärnten/Koroška. (→ Krain/Kranjska, → Grafen von Cilli).

Lit.: ES (V. Smole: *Slovenska narečja*). – F. Miklosich: *Altslovenische Formenlehre in Paradigmen mit Texten aus glagolitischen Quellen*. Wien 1874, Zitat S. VIII; F. Ramovš: *Dialektološka karta slovenskega jezika*. Ljubljana 1931; B. Grafenauer: *Ustoličevanje koroških vojvod in država karantanskih Slovencev, Die Kärntner Herzogseinsetzung und der Staat der Karantanerslawen*. Ljubljana 1952; S. Vilfan: *Pravna zgodovina Slovencev, od naselitve do zloma stare Jugoslavije*. Ljubljana 1961; S. Vilfan: Rechtsgeschichte der Slowenen bis zum Jahre 1941. Graz 1968; F. Ramovš: *Zbrano delo I*. Uredila T. Logar in J. Rigler. Ljubljana 1971; T. Logar, J. Rigler: *Karta slovenskih narečij*. Ljubljana 1983; S. Hafner: *Geschichte der österreichischen Slawistik*. In: Beiträge zur Geschichte der Slawistik in nichtslawischen Ländern. Wien 1985, 62; J. Toporišič: *Enciklopedija slovenskega jezika*. Ljubljana 1992; J. Toporišič: *Periodizacija slovenskega knjižnega jezika*. In: *Slavistična revija* 41/1. Ljubljana 1993; M. Orožen: *Poglavja iz zgodovine slovenskega knjižnega jezika. Od Brižinskih spomenikov do Kopitarja*. Ljubljana 1996; A. Šivic-Dular: *Odsev etnogeneze v jeziku slovenskega prostora (v času od 6.–12. stol.)*. In. Migrationen und Ethnogenese im pannonischen Raum bis zum Ende des 12. Jahrhunderts. Graz 1996, 137–153; F. Ramovš: *Zbrano delo II*. Uredil J. Toporišič. Ljubljana 1997; N. Mikhailov: *Frühslowenische Sprachdänkmäler. Die handschriftliche Periode der slowenischen Sprache (XIV Jh. bis 1550)*. Amsterdam 1998; H. Baltl, G. Kocher: *Österreichische Rechtsgeschichte, Unter Einschluss sozial- und wirtschaftsgeschichtlicher Grundzüge, Von den Anfängen bis zur Gegenwart*. Graz [11]2008, 46–75; M. Orožen: *Kulturološki pogled na razvoj slovenskega knjižnega jezika: od sistema k besedilu*. Maribor 2010; B. Pogorelec: *Jezikoslovni spisi I: Zgodovina slovenskega knjižnega jezika*. Ljubljana 2011; P. Štih: *Slovansko, alpskoslovansko ali slovensko? O jeziku slovanskih prebivalcev prostora med Donavo in Jadranom v srednjem veku (pogled zgodovinarja)*. In: ZČ 65 (2011) 8–51.

Bojan-Ilija Schnabl, Katja Sturm-Schnabl

Amrusch, Dr. Ivan (Amruš, * 17. September 1804 St. Jakob im Rosental/Šentjakob v Rožu, † 10. Dezember 1882 Zagreb), Militärarzt.

A. wirkte als Militärarzt in Nova Gradiška und Slavonski Brod in Kroatien und in Schlosshof bei Wien sowie danach in Ogulin und Zagreb, und ist so ein Beispiel für die slowenische → Binnenwanderung in der Habsburgermonarchie. A. war verheiratet mit der kroatisch-illyrischen Schriftstellerin Marija Brlić (Jagoda Marija Agata, 1824–1897). Besondere Verdienste erwarb sich A. um die Entwicklung des Gesundheitswesens in der Militärgrenze (Vojna krajina). Seinen Berufsweg setzte sein Sohn Milan → Amruš fort, der als Bürgermeister von Zagreb in die Geschichte einging.

Lit.: EJ (V. Dugački).

Janez Stergar; Üb.: Bojan-Ilija Schnabl

Amruš, Janko (Pfarrprovisor von Unterloibl/Podljubelj, Kulturaktivist, Gründungsmitglied des Vereins *Slovensko krščansko-socijalno delavsko društvo za Podljubelj in okolico* [Slowenisch-christlichsozialer Arbeiterverein für Unterloibl und Umgebung]), → *Borovlje. Slovensko prosvetno društvo »Borovlje«* [Slowenischer Kulturverein »Borovlje« (Ferlach)].

Amruš, Dr. Milan (* 1. Oktober 1848 Slavonski Brod (Kroatien), † 26. Mai 1919 Zagreb), Arzt, Politiker, Abgeordneter des kroatischen Sabor, Bürgermeister von Zagreb.

A. war Sohn des kärntnerslowenischen Militärarztes Ivan → Amrusch (Amruš) und der kroatisch-illyrischen Schriftstellerin Marija Brlić (Jagoda Marija Agata, 1824–1897). Nach der Grundschule und dem Gymnasium in Slavonski Brod, Vinkovci und Zagreb absolvierte er 1872 sein Medizinstudium am Josephinum in Wien. Danach war er Militärarzt in Wien, Zagreb und in Sarajevo. Als Direktor des Gesundheitsamtes der Landesregierung in Sarajevo schuf er bis 1882 die Grundlagen für einen modernen Gesundheitsdienst im damals besetzten Bosnien und Herzegowina. Danach verließ er den Militärdienst und studierte ab 1882 Rechtswissenschaften in Zagreb, wo er 1890 promovierte. 1886 veröffentlichte er eine medizinische Abhandlung über die Morphologie des Tuberkulosebazillus und danach noch einige Artikel über die Vermeidung der Schwindsucht.

Als Mitglied der *Neodvisna narodna stranka* [Unabhängige nationale Partei] wurde er 1887 in den kroatischen Sabor gewählt, danach 1893 ein weiteres Mal. In seiner Zeit als Bürgermeister von Zagreb 1890–92 und 1904–10 wurden die Straßen asphaltiert, die Straßenbeleuchtung elektrifiziert (u.a. mit Unterstützung von Nikola Tesla), es wurde ein neuer Bahnhof errichtet und es wurden das Schulwesen, das Gesundheitswesen und die Babybetreuung ausgebaut. 1907 eröffnete er das städtische Museum, ein Archiv und eine Bibliothek. Er initiierte auch Aktionen für die Errichtung einer technischen und einer medizinischen Fakultät und gründete den Handelsverein *Zagrebački zbor*, ein Vorgänger des *Zagrebački velesajam*, der Messe Zagreb. 1910–12 (oder bis 1911) leitete er in Zagreb die Abteilung für Kultus- und Schulwesen. Sein ansehnliches Vermögen hinterließ er der Stadt Zagreb für humanitäre Zwecke. 1919 wurde er Ehrenbürger der Stadt. Nach ihm ist die Gesundheitsanstalt in Zagreb und die Grundschule in Slavonski Brod benannt.

Lit.: ÖBL; EJ (V. Dugački). – M. Prelog: *Amruš Milan dr.* In: St. Stanojević (Hg.): *Narodna enciklopedija srpsko-hrvatsko-slovenačka*, 1. knjiga, A–H. Zagreb 1925, 52–53; *Hrvatska Enciklopedija, 1, A–Automobil*. Zagreb 1941, 386; V. Bazala: *Poviestni razvoj medicine u hrvatskim zemljama*. Zagreb 1943; I. Ulčnik: *Dr. Milan Amruš*. In: *Revija »Zagreb«*, 1943, Nr. 11, 1944, Nr. 12.
Web: http://os-mamrus-sb.skole.hr/skola/milan_amrus (21. 1. 2013).

Janez Stergar; Üb.: Bojan-Ilija Schnabl

Milan Amruš

Milan Amruš

Amtssprache. Ein zentrales Anliegen der Kärntner Slowenen seit ca. 200 Jahren ist die gleichberechtigte Möglichkeit der Verwendung des Slowenischen als A. neben dem Deutschen im historisch slowenischen bzw. heute zweisprachigen Gebiet Kärntens. Dabei geht man davon aus, dass Behörden von sich aus in beiden → Landessprachen tätig sein müssen.

Bereits aus den mittelalterlichen → Fürsten- bzw. Herzogseinsetzungen am → Fürstenstein in Karnburg/Krnski Grad ist bekannt, dass die herrschenden Häupter Kärntens beide Landessprachen beherrschen mussten, um Recht sprechen zu können. Daran knüpft etwa auch die Forderung der Krainer Stände aus 1527 an, wonach der Landesverweser »nach altem Brauch« auch slowenisch sprechen muss.

Bis ins 18. Jh. gab es in den habsburgischen Ländern keine die A. betreffenden gesetzlichen Bestimmungen. Erst 1784 führte Joseph II. aus einem utilitaristischen Ansatz heraus das Deutsche als innere A. ein, wobei es weiterhin zu → *Übersetzungen von Patenten und Kurrenden* ins Slowenische kam, weil, wie es die → zweisprachige → *Klagenfurter Marktordnung* aus 1793 beweist, die Adressaten der Gesetze und Verordnungen nicht Deutsch konnten bzw. Deutsch noch nicht als allgemeine → *Lingua franca* angesehen wurde (→ Josephinismus). Doch mit der Einführung des Deutschen als *innerer Amtssprache* erfuhr das Slowenische in Kärnten/Koroška (im innerbehördlichen Austausch) eine stufenweise soziale Degradierung bis hin zur Abschaffung. Durch die Verwaltungs- und Gerichtsreform im Jahr 1748 wurde die Beherrschung der landesüblichen Sprache für Beamte, zumindest im Verkehr mit den Bürgern (*äußere Amtssprache*), wieder zur Notwendigkeit.

Im Rahmen der → Illyrischen Provinzen wurde in Teilen Kärntens, die in diesen aufgegangen waren, das Slowenische zur A. erhoben, was langfristig für das politische Selbstverständnis der Slowenen im Rahmen der Wiedergeburtsbewegung (→ *Preporod*) und danach von großer Bedeutung wurde, wobei das Slowenische in → Innerösterreich und insbesondere in Kärnten/Koroška dermaßen selbstverständlich war, dass das Ge-

Gerichtsorganisation 1854,
→ Landesgesetzblatt/*deželni zakonik* 1854.

biet im Rahmen der Verfassungsbestrebungen infolge des → Revolutionsjahres 1848 noch in seiner Gesamtheit als → *Königreich Illyrien* berücksichtigt wurde. Ab dem Jahr 1850 wurden in der habsburgischen Monarchie auf der Grundlage der → Oktroyierten Märzverfassung von 1849 die → Reichsgesetzblätter in 10 gleichermaßen authentischen Sprachfassungen erlassen (die Jahrgangsbände enthalten auch Gesetze aus 1849). Gleichzeitig wurden jeweils zweisprachige → Landesgesetzblätter in den jeweiligen Landessprachen auf der Grundlage der Reichs- und der → Landesverfassungen eingeführt, wobei zur jeweiligen Landessprache immer auch eine deutsche Fassung parallel ediert wurde. Ab dem Jahr 1852 galt für das Reichsgesetzblatt als Original nur noch die deutsche Version, die Texte in den jeweiligen Landessprachen wurden nur mehr als amtliche Übersetzungen betrachtet. Ab dem Jahr 1850 wurden im Strafverfahren slowenische Niederschriften eingeführt, zunächst unverbindlich, ab 1867 verpflichtend, in → Krain/Kranjska galt dies auch für Zivilrechtssachen und Außerstreitverfahren. Als Schöpfer der dazu erforderlichen slowenischen Rechts- und Verwaltungsterminologie traten vor allem der Jurist und Sprachwissenschafter Matej → Cigale zusammen mit dem Mentor der Slawistik und Reichsratsmitglied Fran(z) → Miklosich/Miklošič

hervor (*Juridisch-politische Terminologie für die slavischen Sprachen*, 1853; *Deutsch-slovenisches Wörterbuch*, 1860). Durch den Grundrechtskatalog der → Dezemberverfassung von 1867 wurde die Gleichberechtigung aller in Österreich-Ungarn landesüblichen Sprachen in Schule, Amt und öffentlichem Leben vom Staat anerkannt und verfassungsmäßig abgesichert.

Grundsätzlich war die slowenische Sprache als zusätzliche A. in der habsburgischen Monarchie also verfassungsmäßig klar geregelt, doch gab es in der Praxis keine konkreten bzw. einheitlichen Durchführungsbestimmungen. Für jeden Bereich mussten (wie auch heute noch) anlassbezogene höchstgerichtliche Entscheide und Grundsatzentscheidungen erkämpft werden. Der deutsche Verwaltungsapparat war auch nicht gewillt, als Anstellungsbedingung die Beherrschung der slowenischen Sprache in Wort *und* Schrift einzufordern. Die Geltendmachung des Amtssprachenrechts war zudem von vielen subjektiven Faktoren, insbesondere der persönlichen Einstellung höhergestellter Instanzen, abhängig. So hatte etwa das Triester Oberlandesgericht eine für die slowenische Sprache günstigere Praxis als das Grazer Oberlandesgericht. In Kärnten/Koroška wurden trotz der klaren Gesetzgebung und der durchwegs slowenisch sprechenden Bevölkerung

Amtssprache

Gerichtsorganisation 1854

Schloissnigg, Handbuch für den Amtsgebrauch, 1850, Archiv Karl Hren

Nr. 11914.

An die Ortsgemeinde-Vorstehungen im Kronlande Kärnten.

Von dem lebhaften Wunsche durchdrungen, den Gemeinden jede Hilfe angedeihen zu lassen, wodurch sie den Forderungen und Pflichten der ihnen gewordenen Selbstständigkeit vollkommen zu entsprechen vermögen, hat der Herr Minister des Innern es für zweckmäßig erachtet, denselben in der mitfolgenden Anleitung zur Verwaltung des Gemeinde-Eigenthums einen Leitfaden an die Hand zu geben, der die bezüglichen Bestimmungen des Gemeindegesetzes vom 17. März 1849 erläutert, die Grundsätze einer geregelten Eigenthums-Verwaltung erörtert, die bei dieser Verwaltung zu beobachtenden Rechtsvorschriften auseinandersetzt und der endlich die Formularien jener Verzeichnisse und Rechnungen enthält, deren Führung die Ordnung im Gemeindehaushalte bedingt und daher das Gemeindegesetz fordert.

Gemeinden mit eigenen Statuten, so wie auch andere Gemeinden, die ein bedeutendes Vermögen besitzen, bedürfen zwar zur Verwaltung, Verrechnung und Controlle ihres Eigenthums ausführlichere, den Institutionen der besondern Gemeindestatute oder der Größe und Beschaffenheit des Vermögens entsprechende Bestimmungen, denen auch die erforderlichen Ausweise und Rechnungen angepaßt werden müssen.

Diese Gemeinden benöthigen jedoch hierüber nicht einer besondern Belehrung, indem sie in sich selbst die Kräfte und Mittel haben, um innerhalb der durch die Gesetze gezogenen Grenzen die entsprechenden Bestimmungen über die Verwaltung des Gemeinde-Eigenthums zu treffen, und die ordnungsmäßige Handhabung derselben durchzuführen.

Insoferne daher der gegenwärtige Leitfaden nicht Erläuterungen von Gesetzen enthält, die für alle Gemeinden gleich giltig sind, soll derselbe zunächst für jene Gemeinden bestimmt seyn, die mit ihrer neuen Stellung noch unvertraut einer Anleitung nicht entbehren können, die sie über ihr Thun und Lassen in einer der wichtigsten Gemeinde-Angelegenheiten belehrt.

Klagenfurt am 24. Dezember 1850.

Der Statthalter von Kärnten:
Schloißnigg.

Št. 11914.

Na srenjske županstva u koroškej kronovini.

Srenje (županije) so samostalne in svobodne postale; s tim so pa tudi nove dolžnosti in opravila na se vzele.

Serčno želi gospod minister znotrajnih opravil, da bi se srenjam (županijam) vsi pomočki na roke dali, po kterih bi svoje nove dolžnosti in opravila popolnoma izpolnovati zamogle. Zatorej je on za dobro spoznal, jim naslednji navod v roko podati, kako imajo svojo srenjsko lastnino (premoženje) oskerbovati. Te poduk razjasni dotične določbe srenjske postave 17. marca 1849, razloži pravila, kako gre redno lastnino oskerbovati, lpove, ktere pravdne vodila se imajo pri tem oskerbovanju pred očmi imeti in obsěže nazadnje tudi obrazke (formularje) tistih imenikov in rajting, kterih je za red v srenjskem gospodarstvu in tudi po srenjskej postavi pisati treba.

Nektere srenje so posebne srenjske postave dobile; druge srenje imajo imenitno premoženje. Da bi taj tako srenje znale, svojo lastnino oskerbovati, zarajtovati, in občuvati, bi sicer treba bilo, to posebej in obširnejši določiti, kakor se to priležno posebnim postavam, ki so jih srenje dobile, in premoženju, ki ga srenje imajo; ravno tako bi se imeli potrebni izkazi in potrebne rajtenge primerno napraviti.

Vendar ni treba take srenje čez to še posebej podučiti; zakaj one že same znajo in zamorejo po obstoječih postavah določiti, kako se ima srenjska lastnina oskerbovati, in to, kar so odločile, tudi redno izpeljevati.

Kolikor te pričujoči poduk ne razjasni postave, ki za vse srenje jednako veljajo, je posebnjo za tiste srenje namenjen, ktere se še s svojimi novimi opravili soznanile niso, in kterim je zatorej potrebno, da se podučijo, kaj je jim pri tej za srenje zlo imenitnej reči storiti ali opustiti.

U Celovcu 24. decembra 1850.

Deželni poglavar na Koroškem:
Šlojsnik.

fast ausschließlich Beamte angestellt, die nicht oder nur mäßig gut slowenisch sprachen. Das führte zu Nachteilen für die überwiegend slowenisch sprechende Kärntner Bevölkerung, etwa zu Fehlurteilen bei Gericht oder Fehldiagnosen beim Arzt. Gesuche von Gemeindevertretungen um slowenische Übersetzungen von Landesgesetzen wurden wiederholt abgewiesen (→ Landesgesetzblatt), slowenische Eingaben an den Landesausschuss von diesem (rechtswidrig) sogar mit Geldstrafen geahndet. Der Entwicklungsschub, den die slowenische Sprache im 18. und 19. Jh. in Literatur und Kultur erlebte, konnte aus diesen Gründen nicht auf den amtssprachlichen Bereich ausgedehnt werden. Gleich nach der Kärntner → Volksabstimmung im Jahr 1920 sollten die im → *Vertrag von Saint-Germain* verbrieften, wenn auch restriktiv angesetzten Rechte, die erstmals von einer → Minderheit sprechen und nicht mehr von konstitutiven Völkern (bzw. → »Volksstämmen«), zur Anwendung kommen. Jedoch wurde jedweder Dienstbetrieb in slowenischer Sprache in Kärnten/Koroška eingestellt. Der Slowenischunterricht an Schulen, wodurch die slowenische Bevölkerung zum Schriftverkehr in slowenischer Sprache befähigt werden könnte, wurde sukzessive abgeschafft (→ Schulwesen). Die Verhandlungen um eine → Kulturautonomie für die Kärntner Slowenen, geführt in den Jahren 1928 bis 1930 auf Druck deutscher Minderheiten in anderen Ländern, denen die schlechte Lage der Kärntner Slowenen bei ihren eigenen Bemühungen um Minderheitenrechte schadete, verliefen im Sande.

Die Lage nach 1945 bis zur Gegenwart. Die aktuelle Amtssprachenregelung und deren Umsetzung folgen weitgehend restriktiven historischen Mustern. Für die Kärntner und → *steirischen Slowenen* stützt sie sich im Wesentlichen auf Artikel 7 Z. 3 des Staatsvertrages von Wien (BGBl. Nr. 152/1955), welcher bestimmt, dass in den Verwaltungs- und Gerichtsbezirken Kärntens mit slowenischer und gemischter Bevölkerung das Slowenische zusätzlich zum Deutschen als Amtssprache zugelassen ist. Aus der Entstehungsgeschichte des Staatsvertrages ist klar ersichtlich, dass hier jenes Gebiet gemeint war, in dem das zweisprachige Schulwesen nach dem Beschluss der provisorischen Kärntner Landesregierung vom 31. Oktober 1945 eingeführt wurde. Eine konsequente Durchsetzung der slowenischen Amtssprache hätte von Anfang an den Aufbau einer zweisprachigen Landesbürokratie erfordert. Zweisprachigkeit wäre dementsprechend Anstellungserfordernis im öffentlichen und staatsnahen Sektor geworden. Das hätte naturgemäß den Bedarf nach einer qualifizierten zweisprachigen Schulbildung und einem zweisprachigen Schulsystem gestärkt. Dementsprechend präzisierten die Kärntner Slowenen ihre Vorstellungen, vor allem den Geltungsbereich der slowenischen Sprache als zusätzliche A., in einem Memorandum im Jahr 1955 (Klemenčič 2010, 89, Vouk 2012, 152). Die zum Artikel 7 ergangenen einfachgesetzlichen Regelungen (Volksgruppengesetz 1976, Amtssprachenverordnung 1977) sind viel restriktiver und wurden vom österreichischen Verfassungsgerichtshof mehrfach (1987, 1996, 1999, 2000) als verfassungswidrig aufgehoben. Die praktische Anwendung der slowenischen Sprache bei Behörden und Ämtern ist aufgrund der komplizierten Regelungen über Zuständigkeiten und Verwendungsberechtigung erschwert und für den Einzelnen mühsam. Im Jahr 2000 entschied der Verfassungsgerichtshof, dass in Gemeinden mit 10 % oder mehr slowenischer Bevölkerung die slowenische Sprache zusätzlich zum Deutschen als Amtssprache zugelassen sein muss. Nach Untätigkeit der zuständigen Behörden (Republik Österreich und Land Kärnten/Koroška) erkannte im Jahr 2005 das Ministerkomitee des Europarates in seinem ersten Staatenbericht strukturelle Mängel in der österreichischen Sprachenpolitik und verlangte die unverzügliche Umsetzung des Erkenntnisses des Verfassungsgerichtshofes zur slowenischen Amtssprache. Die Amtssprachenregelung ist eng mit der Regelung der Aufschriften topografischer Natur (sog. Ortstafel-Frage) verbunden. Die dort geübte restriktive Praxis findet ihren Niederschlag auch in der Amtssprachenpolitik. Das nach dem sogenannten »Kärntner Ortstafelkompromiss« im Juli 2011 geänderte Volksgruppengesetz enthält neue diskriminierende und dem Gleichheitsgrundsatz widersprechende Regelungen zur Amtssprache, dies sogar im Verfassungsrang. Vom Präsidenten des österreichischen Verfassungsgerichtshofs Dr. Holzinger wurden diese Bestimmungen als »nicht nachvollziehbar« bezeichnet. So wurde auf politischen Druck des rechten Lagers in Kärnten/Koroška (FPÖ bzw. FPK) in zwei Kärntner Gemeinden mit einem slowenischen Bevölkerungsanteil von mehr als 10 % das Recht auf Gebrauch der slowenischen Sprache als A. nur Bewohnern bestimmter Ortschaften (Gemeinde Eberndorf/Dobrla vas: 3 Ortschaften, Gemeinde St. Kanzian/Škocjan: 11 Ortschaften) gewährt, was gegen EU-Recht und gegen das **Verschlechterungsverbot** von Minderheitenschutzbestimmungen verstößt.

In der Gemeinde St. Kanzian/Škocjan wird überdies rechtlich gegen Bürger, die ihr Recht auf den Gebrauch der slowenischen Sprache geltend machen, vorgegangen. Zwischen 2008 und 2014 wurden über 100 Verfahren, auch vor Höchstgerichten, geführt, gegenwärtig (2015) ist wieder eines anhängig. In seinem ersten Erkenntnis zu einer Amtssprachenfrage in der Gemeinde St. Kanzian/Škocjan nach dem »Ortstafelkompromiss« sieht sich der Verfassungsgerichtshof der Möglichkeit beraubt, den Artikel 7 leg. cit. noch als Maßstab heranzuziehen. Auch das ist als wesentliche Verschlechterung von Minderheitenschutzbestimmungen zu werten.

Quellen: dr. Moravski [Valentin Rožič]: *Slovenski Korotan*. Celovec 1919; Erkenntnis des österreichischen Verfassungsgerichtshofes vom 11. Oktober 2012, Zl. 610/12-14*; Protestresolutionen der Bürger von Eberndorf/Dobrla vas und St. Kanzian/Škocjan (im Besitz der Autorin); *Juridisch-politische Terminologie für die slavischen Sprachen*. Wien 1853; *Deutsch-slovenisches Wörterbuch*. Wien 1860.

Lit.: L. Sienčnik: *Borba koroških občin za slovenski uradni jezik ob koncu preteklega stoletja/Kampf der Kärntner Slovenen für slovenische Amtssprache am Ende des 19. Jh*. In: *Mladje. Literatura in kritika* 28 (1977) 69–84; V. Valenčič: *Slovenščina v uradih in v uradni publicistiki od srede 18. do srede 19. stoletja*. In: ZČ 31, 3 (1977) 329–360; G. Stourzh: *Die Gleichberechtigung der Nationalitäten in der Verfassung und Verwaltung Österreichs 1848–1918*. ÖAW Wien 1985; S. Vilfan: *Pravna zgodovina Slovencev. Od naselitve do zloma stare Jugoslavije*. Ljubljana 1996; B.-I. Schnabl: *Dvojezična ustava Koroške in deželni glavar Janez Nepomuk Šlojsnik*. In: KK 2012. Celovec [2011], 165–188.

Lit. zur aktuellen Lage: R. Vouk: *Kärntner Slowenen*. In: Volksgruppenreport 1997. Wien 1997, 15–98; D. Kolonovits: *Sprachenrecht in Österreich*. Wien 1999; F. Schruiff: *Artikel 7 – Die verkannte »Magna Charta« der Minderheiten*. In: Stimme von und für Minderheiten, Nr. 56, Wien 2005. M. Klemenčič/V. Klemenčič: *Die Kärntner Slowenen und die zweite Republik. Zwischen Assimilierungsdruck und dem Einsatz für die Umsetzung der Minderheitenrechte*. Klagenfurt/Celovec [e. a.] 2010; R. Vouk: *Jenseits des Rechts. Wie es tatsächlich zur Ortstafellösung kam und ob es tatsächlich eine Lösung ist*. In: K. Hren & M. Pandel (Hg.): Ein Jahr danach. Die Ortstafelregelung 2011 und was daraus wurde/Leto kasneje. Ureditev krajevnih napisov 2011 in kaj je iz tega nastalo. Klagenfurt/Celovec [e. a.] 2012, 147–220.

Sonja Kert-Wakounig

Andreas de Laibaco (1431 Professor an der Universität Wien), → Wien.

Andreaš, Miha (* 28. Oktober 1762 Feistritz/Bistrica [St. Jakob im Rosental/Šentjakob v Rožu], † 27. Mai 1821 ebd.), slowenischer Leinenweber und Dichter, Volkspoet, »Bukovnik«.

Während seiner Handwerkslehre in Podgorje/Maria Elend erlernte er als Autodidakt Slowenisch lesen und schreiben. Deutschkenntnisse erwarb er im deutschsprachigen Teil Kärntens. Mit großem Einsatz erlernte er auch beide, die slowenische und deutsche → Standard- bzw. Schriftsprache. A. war ein geschätzter Kirchensänger. Das → Kirchenlied und die Lektüre animierten ihn dazu, dass er selbst begann, weltliche und geistliche → Lieder zu schreiben und Melodien dazu zu komponieren (→ Liturgiesprache). Damit zählte er zu den bekanntesten, frühen Vertretern der spezifischen slowenischen literarischen Tradition der Volkspoeten, die hohe, die reine Folklore bei Weitem übersteigende Ansprüche an ihr eigenes Werk stellten – und das obwohl sie Autodidakten waren (→ Bukovništvo). Mit dem jüngeren Volkspoeten Andrej → Schuster – Drabosnjak war er bekannt und sie sollen miteinander immer nur in Reimen gesprochen haben. Bereits 1793 schrieb A. ein Gedicht, in welchem er die → Französische Revolution, den grausamen Tod des Königs Ludwig XIV. und der Königin Marie Antoinette, das Leid der Menschen und ihren Wunsch nach Frieden thematisiert. A. war ein Mann strenger Prinzipien, daher haben seine Lieder einen ernsten, z. T. moralisierenden Ton. Die Bekanntschaft mit Matija → Ahacel mag ihn wohl dazu angeregt haben, philosophische Schriften und Schiller zu lesen. Aus A. Nachlass übernahm Ahacel acht Gedichte in seine Gedichtsammlung *Pesme po Koroškim in Štajerskim znane* auf.

Werke: M. Ahacelj (Hg.): *Pesme po Koroškim in Štajerskim znane, XII–XIV*. Celovec 1833.

Lit.: SBL; ES. – F. Erjavec: *Koroški Slovenci 6*. Celovec 1960, 255–256; M. Mitrović: *Geschichte der slowenischen Literatur, Von den Anfängen bis zur Gegenwart, Aus dem Serbokroatischen übersetzt, redaktionell bearbeitet und mit ausgewählten Lemmata und Anmerkungen ergänzt von Katja Sturm-Schnabl*. Klagenfurt/Celovec [e.a.] 2001, 113–114 (das erwähnte Gedicht ist darin im Original und in der Übersetzung von Sturm-Schnabl wiedergegeben).

Katja Sturm-Schnabl

Andrejaš, Simon (aus Pugrad/Podgrad bei Ludmannsdorf/Bilčovs), → Liedersammlung, handschriftliche.

»Anschluss« Österreichs an Nazi-Deutschalnd am 12. März 1938, vgl. Sachlemmata: → »Anschluss« und die Kärntner Slowenen (1938–1942), sowie → Antisemitismus; → Binnenwanderung; → Bleiburg/Pliberk; → Celje; → Deutschnationale Vereine; → *Edinost Pliberk. Katoliško slovensko izobraževalno društvo Edinost v Pliberku* [Katholischer slowenischer Bildungsverein *Edinost* (Einheit) in Bleiburg]; → *Edinost Šenttomaž. Katoliško slovensko izobraževalno društvo Edinost Št.*

KS 20. 4. 1938

Tomaž pri Celovcu [Katholischer slowenischer Bildungsverein St. Thomas]; → *Edinost Škofiče. Slovensko prosvetno društvo »Edinost« Škofiče* [Slowenischer Kulturverein Edinost (Einheit) Schiefling]; → Eisenkappel/Železna Kapla; → Emigration; → Ethnogenese; → Ferlach/Borovlje; → Frauenfrage; → Genossenschaftswesen; → *Globasnica, Slovensko izobraževalno društvo* [Slowenischer Bildungsverein Globasnitz]; → *Gorjanci. Slovensko izobraževalno društvo Gorjanci, Kotmara vas* [Slowenischer Bildungsverein Gorjanci, Köttmannsdorf]; → Graz; → *Jepa. Izobraževalno društvo »Jepa«* [Bildungsverein »Jepa«]; → Kanaltal (Val Canale, Kanalska dolina); → *Koroški Slovenec* (KS) [Der Kärntner Slowene]; → Kulturgeschichte, slowenische in Kärnten/Koroška (= Einleitung, Band 1); → Kulturvereine; → Landessprache; → Ljubljana; → Maria Gail/Marija na Zilji; → Maribor; → *Melviče, Katoliško slovensko izobraževalno društvo* [Katholischer slowenischer Bildungsverein Mellweg]; → Minderheit/Volksgruppe; → *Mohorjeva, Družba svetega Mohorja, Mohorjeva družba*, dt. Hermagoras-Verein; → *Planina, Katoliško prosvetno društvo v Selah (KPD Planina)* [Katholischer Kulturverein Planina in Zell]; → Schulwesen; → *Slovenska prosvetna zveza* [Slowenischer Kulturverband]; → *Slovenski krožek* [Slowenischer Kreis]; → Sprachenzählung; → *Šmihel. Slovensko katoliško izobraževalno društvo za Šmihel in okolico* [Slowenischer katholischer Bildungsverein für St. Michael und Umgebung]; → Val Canale/Kanal/Kanalska dolina; → Verfolgung slowenischer Priester ab 1938 in Kärnten/Koroška; → Vereinswesen (1) in Kärnten/Koroška, slowenisches; → Vertreibung 1920; → Völkermarkt/Velikovec; → Volksabstimmung, Kärntner; → Wahlkreise der Landtagswahlordnungen in Kärnten/Koroška ab 1849; Personenlemmata: → Blüml, Rudolf; → Hartman, Foltej; → Hefter, Adam; → Kandut, Ciril; → Kumer, Mirko-Črčej; → Mairitsch, Ludwig; → Ogris, Janko; → Petek, Franc; → Poljanec, Vincenc; → Schumy, Vinzenz; → Schuster, Dr. Oton; → Smodej, Franz; → Tischler, Joško; → Wutte, Martin; → Wuttej, Rado.

»Anschluss« und die Kärntner Slowenen (1938–1942). Der »Anschluss« Österreichs an das Deutsche Reich, der materiell mit dem Einmarsch deutscher Truppen am 12. März 1938 besiegelt war, wurde nicht nur Österreich von der Landkarte gestrichen, sondern fand den Zuspruch vieler, die noch nicht ihre österreichische nationale Identität entwickelt hatten. Für die Slowenen in Kärnten/Koroška bedeutete dies eine weitere historische Zäsur, denn sie waren unmittelbar dem rechtlich legitimierten NS-Staatsterror ausgesetzt, dessen Ideologie u.a. einen völligen Ethnozid und Genozid der Slowenen vorsah. Zudem verloren sie den völkerrechtlichen Schutz des → Vertrags von Saint-Germain.

Die Anfänge des Nationalsozialismus in Kärnten/Koroška. Dabei reichen die Anfänge des Nationalsozialismus in Kärnten/Koroška in die Frühzeit der Ersten Republik, als die Nationalsozialisten bei den Landtagswahlen 1921 im Wahlbündnis mit dem Kärntner Bauernbund auftraten. 1926 wurde der NS-Lehrerverein Kärntens gegründet. Bei den Landtagswahlen erhielten die Nationalsozialisten in Kärnten/Koroška 2.158 Stimmen und 24 Gemeinderatsmandate, davon 6 in → Südkärnten/Južna Koroška und davon wiederum allein drei in → Völkermarkt/Velikovec. Bereits 1940 hatte die NSDAP einen Mitgliederstand von 10 % der Landesbevölkerung, am Ende des Krieges sollte allein Kärnten/Koroška einschließlich Osttirols ca. 60.000 Mitglieder haben. Die ethnozidäre Politik der NSDAP in Bezug auf die Slowenen wurde bereits in der ersten Hälfte der 30er-Jahre vom Parteiführer Hugo Herzog bei einer Versammlung in → Ferlach/Borovlje klar definiert. Als im Juli 1932 die Nationalsozialisten aus dem Landtag ausgeschlossen wurden, ist dies mit den Stimmen der zwei slowenischen Landtagsabgeordneten geschehen (→ Abgeordnete, ethnopolitisch aktive Slowenen). Als nach dem fehlgeschlagenen Juliputsch von 1934 die NSDAP verboten wurde, fand sie in den etablierten → *deutschnationalen Vereinen* (Heimatbund, Turnerbund und Lehrerverein) neue Wirkungsmöglichkeiten.

Besetzung Österreichs. Die Deutsche Wehrmacht überschritt am 12. März 1938 die Grenzen Österreichs und besetzte es, ohne auf Widerstand zu stoßen, in fünf Tagen. Am 13. März 1938 erließ die neue österreichische Regierung unter dem Vorsitz des Nationalsozialisten Seyss-Inquart ein Verfassungsgesetz, wonach Österreich ein Land des Deutschen Reiches wurde, und beraumte für den 10. April eine Volksabstimmung über die »Wiedervereinigung« Österreichs mit dem Deutschen Reich an. Mit dem Gesetz über den Aufbau einer Verwaltung in der Ostmark (Ostmarkgesetz) wurde der Name Österreich in der amtlichen Verwendung gelöscht und durch den Begriff Ostmark ersetzt. Nach 1942 wurde auch der Name Ostmark nicht mehr verwendet. Verwendet wurden nur mehr die Namen der sieben Länder, die jeweils die Bezeichnung Reichsgau erhielten und unmittelbar Hitler und den Zentralbehörden in Berlin unterstellt wurden. Kärnten/Koroška wurde auf diese Weise mit dem angeschlossenen Osttirol zum *Gau Kärnten*. Am 12. und 13. März wurde auch die erste nationalsozialistische Kärntner Landesregierung unter dem Vorsitz von Vladimir von Pawlowski gebildet, der auch der Generalsekretär des KHB, Alois Maier-Kaibitsch, angehörte. Doch eine bedeutendere Rolle als der Vorsitzende der Landesregierung spielte der Gauleiter der NSDAP, der spezielle national-politische Aufgaben, vor allem in den besetzten Gebieten der Gorenjska (Oberkrain), der → Mežiška dolina (des Mießtales) mit dem Gebiet von Dravograd (Unterdrauburg) und Jezersko (Seetal) (»Besetzte Gebiete Kärntens und der Krain«), die Kärnten/Koroška angegliedert waren, zu erfüllen hatte und somit unmittelbar Hitler unterstellt war. Der erste Gauleiter von Kärnten war der Kärntner Hubert Klausner. Nach seinem Tod übernahm diese Aufgabe Friedrich Rainer, der sie bis zum 7. Mai 1945 innehatte, als er sein Amt den Vertretern der neu gebildeten provisorischen Kärntner Landesregierung, die sich aus den Vertretern der ehemaligen österreichischen Parteien zusammensetzte, übergab. Die ehemaligen politischen Bezirke wurden in »Landkreise« umbenannt. Im zweisprachigen südlichen Teil Kärntens waren dies → Völkermarkt/Velikovec, → Klagenfurt/Celovec, → Villach/Beljak und → Hermagor/Šmohor. Klagenfurt/Celovec war mit seinen umliegenden Gemeinden St. Martin/Šmartin, St. Peter/Šentpeter, St. Ruprecht/Šentrupert und Annabichl/Trna vas ein eigener Stadtkreis. Mit dem Anschluss setzte sich sowohl in Österreich und ganz besonders in Kärnten/Koroška das nationalsozialistische System, dem schon Jahre vorher die heimischen Nationalsozialisten den Weg geebnet hatten, durch. Schon bald nach dem Anschluss verhafteten die Nationalsozialisten auf dem Territorium des ehemaligen Österreich ca. 20.000 Personen, von denen sie annahmen, dass sie in Opposition zum Regime treten könnten, und lösten alle politischen und öffentlichen Vereine auf. Oppositionelle Zeitungen wurden eingestellt. Die Arbeitervereine wurden in die Deutsche Arbeitsfront (DAF) eingegliedert. Alle öffentlichen Stellen wurden von Nazigegnern gesäubert. Die NSDAP übernahm die volle Kontrolle über das öffentliche Leben. Am 20. Juni 1938 führte das NS-Regime auf dem Territorium des ehemaligen Österreich die deutschen Bestimmungen über Hoch- und Landesverrat ein, politische Auflehnung wurde zu einem strafbaren Vergehen erklärt. Mit Ausbruch des Krieges erweiterte die Regierung den Rahmen dieser Gesetze und erließ neue Verordnungen, die neue politische Vergehen definierten und mit schweren Strafen belegten. Diese Vergehen reichten vom Abhören ausländischer Rundfunksender über den verbotenen Umgang mit Kriegsgefangenen bis zur Wehrkraftzersetzung. Neben den regulären Landesgerichten wurden spezielle politische Sondergerichte eingeführt. Die schwersten Fälle der illegalen Betätigung behandelte der sogenannte »Volksgerichtshof« mit dem Sitz in Berlin, der seine Senate in verschiedene Gebiete des Reiches, auch nach Wien, Graz und Klagenfurt schickte. Im November 1939 wurden bei den Landesgerichten eigene Gerichte ins Leben gerufen, die sich mit »kleineren« politischen Angelegenheiten zu befassen hatten.

Aufgrund dieser festen organisatorischen und ideologischen Verankerung der Nazis im Land erklärt sich auch der Umstand, dass Kärnten/Koroška den »Anschluss« als erstes Bundesland organisatorisch und rechtlich durchgeführt hatte. Vom allgemeinen gesellschaftlichen Ambiente und den wichtigsten antislowenischen Akteuren änderte sich somit für die Slowenen im Land mit dem »Anschluss« wenig.

Slowenen und »Anschluss«. Für die slowenische Volksgruppe war so von allem Anfang an die Bedrohung klar. Um sich nicht weiterem Terror auszusetzen, rieten die slowenischen Organisationen bei der Volksabstimmung am 10. April 1938 für den »Anschluss« zu stimmen, was in der Folge in der Tat dazu führte, dass unmittelbare Strafaktionen aus diesem Grund nicht stattfanden. Zudem wurden auf Geheiß von Berlin vor den Tagen der Abstimmung einige für die Slowenen scheinbar beruhigende Aussagen getroffen, so auch von Maier-Kaibitsch.

Doch schon am ersten Tag der Besetzung Österreichs am 12. März 1938 verhafteten die Nationalsozialisten einige Minderheitenvertreter. Der ehemalige slowenische Landtagsabgeordnete Pfarrer Vinko → Poljanec starb bald nach seiner Freilassung an den Folgen des Gefängnisaufenthaltes. Die neuen NS-Machthaber gliederten den Kärntner Heimatbund (→ Deutschnationale Vereine) sofort in ihren Apparat ein und begannen mit den Vorbereitungen für eine radikale Lösung der Kärntner Frage zum Vorteil des Deutschtums durch die Vertreibung und die schnelle → Germanisierung der slowenischen → Volksgruppe.

Um diesen Prozess zu verhindern oder zumindest aufzuschieben, sicherten die Vertreter der Kärntner Slowenen, Dr. Joško → TISCHLER für die → *Slovenska prosvetna zveza* [Slowenischer Kulturverband] und Dr. France → PETEK, – auch auf den Rat aus → Jugoslawien hin – dem neuen Staat die Loyalität zu, was sie auch durch ihren Besuch beim Landeshauptmann PAWLOWSKI zum Ausdruck brachten, und forderten die Angehörigen der Volksgruppe auf, bei der Volksabstimmung am 10. April 1938 für den Anschluss zu stimmen. Die Volksgruppe leistete diesem Aufruf Folge und stimmte in einigen Gemeinden, die dann zu »Führergemeinden« proklamiert wurden, fast hundertprozentig für den Anschluss. Darauf beriefen sich die Volksgruppenvertreter später stets, wenn die Nationalsozialisten offen die Loyalität der Volksgruppe zum Reich infrage stellten. Bei slowenischen Versammlungen und in der Wochenzeitschrift → *Koroški Slovenec* kritisierten Vertreter der Kärntner Slowenen jedoch die NS-Unterdrückung offen und zum Teil sehr gewagt. Die Nationalsozialisten schränkten die Arbeit der slowenischen Kultur- und Wirtschaftsorganisationen drastisch ein.

Im Mai 1940 wurde die → *Mohorjeva* aufgelöst, die anderen slowenischen Organisationen fristeten ihr Dasein mehr recht als schlecht bis zum Überfall Hitlerdeutschlands auf Jugoslawien. Die Nationalsozialisten hatten ab diesem Zeitpunkt freie Hand in ihrer Politik gegenüber den Kärntner Slowenen. Das Vermögen der slowenischen Vereine wurde beschlagnahmt oder vernichtet. Bischof Adam → HEFTER begrüßte HITLER bei seiner Ankunft in Klagenfurt/Celovec. Trotzdem musste er den Forderungen nach einer Versetzung des Großteils der slowenischen Priester, die zuvor aus verschiedenen, willkürlichen Gründen festgenommen worden waren, nachgeben (→ Verfolgung slowenischer Priester ab 1938 in Kärnten/Koroška). Weit über 60 slowenische Priester waren während der NS-Herrschaft schon von allem Anfang Schikanen ausgesetzt. Zusammen mit einigen Theologiestudenten, die zwangsweise mobilisiert wurden, waren es genau 70. Im Sommer 1938 richteten die Nationalsozialisten an die 60 Kindergärten ein, um die Landkinder schnell einzudeutschen, und im Herbst desselben Jahres schafften sie den Slowenischunterricht an allen 67 utraquistischen (zweisprachigen) Schulen, die von mehr als 10.000 Kindern besucht wurden, ab. Zu Beginn des Zweiten Weltkrieges, am 1. September 1939, kam es zu einer Welle von Verhaftungen und Verboten. Nur aus außenpolitischen Gründen wurde die »Endlösung« der Minderheitenfrage in Kärnten/Koroška noch vermieden, denn das NS-Regime versuchte Jugoslawien zum Beitritt zum Dreierpakt zu bewegen.

Die NS-Behörden in Kärnten/Koroška bewilligten, nachdem Jugoslawien der Erneuerung des Schwäbisch-Deutschen Kulturbundes zugestimmt hatte, die Wiederherstellung der *Slovenska prosvetna zveza* [Slowenischer Kulturverband] und anerkannten seinen Status als Minderheitendachverband. Unmittelbar vor dem Angriff auf Jugoslawien und unmittelbar danach begann der Pogrom gegen die Kärntner Slowenen, der im April 1942 durch die → Deportation nach Deutschland – es wurden 917 Personen deportiert – seinen Höhepunkt erreichte. Es wurden vor allem jene vertrieben, die vor der NS-Herrschaft im politischen und kulturellen Leben der → Minderheit eine bedeutende Rolle gespielt hatten. Der Generalsekretär des KHB, Alois MAIER-KAIBITSCH, kündigte am 10. Juli 1942 die endgültige Austilgung der Minderheit an: »Die Windischen, welche sich zur deutschen Volkszugehörigkeit bekannt haben, sind eben Deutsche und für die Slowenen kann hier kein Platz mehr sein.« Wegen des direkten Interesses des NS-Regimes, das sich mit den Plänen über die Deportation – euphemistisch Aussiedlung genannt – aller Kärntner Slowenen und über die Ansiedlung der Kanaltaler und Südtiroler Deutschen befasste (nach der Vertreibung von 917 Slowenen im April 1942 begann man, diese auch tatsächlich auf den verlassenen Gehöften anzusiedeln), wurden bei der NS-Volkszählung (→ Sprachenzählung) im Jahre 1939 mehr Personen mit slowenischer → Muttersprache gezählt als bei den vorangegangenen Zählungen, nämlich 44.708. Diese Zahl kam durch die Verwendung der Kategorie → »Windisch« in verschiedenen Kombinationen mit Slowenisch und Deutsch zustande. Schließlich wurden die Zahlen aus verschiedenen Kombinationen subsummiert, was darauf hinweist, dass das NS-Regime im Falle der Verwirklichung seiner geplanten → *ethnischen Säuberung* alle vertrieben hätte – auch jene, die es für Windische hielt und die die deutschen Nationalisten (jetzt größtenteils Nationalsozialisten) vorher für sich vereinnahmt und als Mittel für die Schmälerung der Rechte der Kärntner Slowenen missbraucht hatten.

Die Nationalsozialisten bezogen so wie in der Gorenjska (Oberkrain) und der slowenischen Štajerska (Untersteiermark) auch Kärnten/Koroška in den sogenannten → »Generalplan Ost« ein, der in der ersten Jahreshälfte 1942 im Auftrag HIMMLERS von der Planabteilung seines Stabsamtes für die Festigung deutschen Volkstums ausgearbeitet wurde. Dieser sah die Vertreibung von 31 Millionen Slawen in das Gebiet von Westsibirien östlich der Linie Ladoga-See – Waldaischer Bergrücken – Brjansk – Schwarzes Meer vor. Außerdem planten sie in diesem Gebiet 4,5 Millionen Deutsche anzusiedeln, sodass ihre Gesamtzahl 10 Millionen erreicht hätte. Die noch verbliebenen Slawen wären schrittweise germanisiert worden, auf dem Lande in fünf Jahren und in den Städten in zehn Jahren, aber laut Hitler und Himmler, die die Pläne begutachteten, sollte dieses Ziel noch früher erreicht werden. Nur der Kriegsverlauf zum Nachteil NS-Deutschlands war der Grund, dass das NS-Regime mit der Umsetzung des Planes im vorgesehenen Umfang nicht einmal beginnen konnte. Am 13. Jänner 1943 befahl Hitler, alle Pläne und Vorbereitungen für die Zeit nach dem Krieg aufzuschieben. Um alle materiellen und menschlichen Ressourcen für die Kriegswirtschaft zu bündeln, wurden schon im Frühjahr und im Sommer 1941 die Massenvertreibungen aus den annektierten Gebieten Jugoslawiens aus nationalpolitischen Gründen eingestellt. Von diesem Zeitpunkt an sollten als Vergeltungsmaßnahme nur jene, die offen Widerstand leisteten, vertrieben werden. Trotz des Beschlusses über die Verschiebung der Massenvertreibungen auf die Zeit nach dem Krieg wurden zwei größere Aussiedlungsaktionen durchgeführt, und zwar in der slowenischen Štajerska (Untersteiermark), in der Gorenjska (Oberkrain) und in Kärnten/Koroška sowie im Distrikt Lublin des Generalgouvernements in Polen. Die → Deportation der Kärntner Slowenen im April 1942 gehört somit zu den äußerst späten Massenvertreibungsaktionen, wenn es sich nicht überhaupt um die späteste Aktion einer Massenvertreibung der Bevölkerung aus nationalpolitischen Gründen im Zweiten Weltkrieg in einem von Deutschland besetzten Gebiet handelt.

Lit.: ES (*Koroški Slovenci; Nacizem*). – L. Sienčnik, B. Grafenauer: *Slovenska Koroška. Seznam krajev in politično-upravna razdelitev.* Ljubljana 1945, 5–11; D. Nećak: *Iz zaslišanja nacističnega gaulajterja dr. Friedricha Rainerja pred jugoslovanskimi oblastmi.* In: *Vestnik koroških partizanov*, 2, 3 (1973) 106–113; *Nacizem na Koroškem; Priključitev Avstrije nacistični nemčiji in posledice za slovensko manjšino; Nacistični poskus uničenja koroških Slovencev*. In: T. Ferenc, M. Kacin-Wohinz, T. Zorn: *Slovenci v zamejstvu*. Ljubljana 1974, 162–170, 275–279; L. Ude: *Teorija o vindišarjih*, Koroško vprašanje. Ljubljana 1976, 163–212; F. Fritz: *Der deutsche Einmarsch in Österreich 1938*. Wien ³1982; R. Luža: *Der Widerstand in Österreich 1938–1945.* Wien 1985, 30; T. Domej: *Prvo leto koroških Slovencev pod kljukastim križem*. In: A. Malle, V. Sima (Hg.): *Der »Anschluss« und die Minderheiten in Österreich/»Anschluss« in manjšine v Avstriji*. Klagenfurt 1989, 66–88; T. Domej: *O ponemčevanju južne Koroške za časa nacizma in odmevi nanj (1938–1942)*. In: *Narodu in državi sovražni/Volks- und staatsfeindlich*. Klagenfurt/Celovec 1992, 210–213; A. Malle: *Koroški Slovenci in katoliška cerkev v času nacizma*. In: Ebd., 85–132; V. Sima: *Die Vertreibung von Kärntner Slowenen 1942, Vorgeschichte, Reaktionen und Interventionen von Wehrmachtsstellen*. Ebd.: 133–209; J. Rausch: *Der Partisanenkampf in Kärnten im Zweiten Weltkrieg*. Wien ³1994 (S. 17–18 der ersten Auflage); M. Linasi: *Die Kärntner Partisanen, Der antifaschistische Widerstand im zweisprachigen Kärnten unter Berücksichtigung des slowenischen und jugoslawischen Widerstandes*. Klagenfurt/Celovec [e.a.] 2013, insb. 15–16, 24–27; B. Entner: *Wer war Klara aus Šentlipš/St. Philippen? Kärntner Slowenen und Sloweninnen als Opfer der NS-Verfolgung. Ein Gedenkbuch*. Klagenfurt/Celovec 2014.

Marjan Linasi

Ansichtskarte, oder Postkarte, slow. *razglednica*, Druck- und Kommunikationsmittel, das sich um die Wende des 19. zum 20. Jh. steigender Beliebtheit erfreute, zumal Fotografie- und Vervielfältigungstechniken dessen Demokratisierung ermöglichten. Die Motive der Bildseite spiegelten die gesellschaftlichen Veränderungen wider und entsprachen insbesondere den Bedürfnissen einer aufkommenden Tourismusgesellschaft. In Kärnten/Koroška drücken die Motive, die von Drnovšek/Lukan und in jüngster Zeit von Škrabec in einer Monografie vereint wurden, zusätzliche, vordergründige oder suggestive ethnopolitische Dimensionen und lokale kulturelle und sprachliche Identitäten aus. Um bzw. nach 1920 erschienen zudem A. mit eindeutiger politischer Botschaft. Vielfach waren A. auch Werbeträger von slowenischen → Kulturvereinen. Eine weitere Ebene historischer Studien zu A. stellen die handschriftlich verfassten Texte dar.

Hervorzuheben sind A. mit gedruckten slowenischen Begleittexten zu historischen Themen und Bezugspunkten, so die A. aus dem Jahr 1914 zum 500. Jubiläum der letzten Herzogseinsetzung in slowenischer Sprache im Jahr 1414 (→ Fürsteneinsetzung) und den dazu abgehaltenen Gedenkveranstaltungen bzw. Theateraufführungen (→ Laienspiel, → Theater) sowie A. mit Abbildungen der entsprechenden historischen Zentralorte (→ Fürstenstein, → Karnburg/Krnski Grad, → Maria Saal/Gospa Sveta, → Zollfeld/Gosposvetsko polje). Zahlreich sind A. mit Abbildungen der Mitglieder der einzelnen slowenischen → Kulturvereine, Theatergruppen, Theateraufführungen, Tamburizzachöre (→ Tamburizzamusik) oder Persönlichkeiten des gesellschaftlichen Lebens. Diese A. können als Werbe- und Motivationsträger aufgefasst werden und trugen zur Sichtbarkeit des Slowenischen

500 Jahr-Feier der letzten Herzogseinsetzung in slowenischer Sprach

im öffentlichen Raum bei (→ Landessprache; → Relevanz und Redundanz von Sprache). Verschiedene A. aus dem → Gailtal/Ziljska dolina thematisieren die örtlichen → Bräuche des → Kufenstechens/*štehvanje* und des Lindentanzes (→ *Prvi rej*/Hoher Tanz), wobei der slowenische sprachlich-kulturelle Aspekt bei A. mit deutschsprachigen Begleittexten nicht zum Vorschein kommt und die reine Folklore und touristische Attraktion für ein deutschsprachiges Publikum hervorgehoben wird, sodass hier der Tourismus als Vektor der → Germanisierung und → Assimilation verstanden werden kann. Zahlreich sind A. mit Motiven oder Landschaftsfotos einzelner Gemeinden oder Gegenden sowie von → Wallfahrtsorten mit einsprachigen slowenischen oder deutschen oder aber zweisprachigen Ortsangaben, wobei diese auch eine suggestive ethnopolitische Botschaft in sich tragen.

Archive: SEM; NUK.
Lit.: M. Drnovšek (Hg.), W. Lukan (Mitarbeit, Autor des Kapitels *Koroška*): *Pozdravi iz slovenskih krajev. Dežela in ljudje na starih razglednicah*. Ljubljana (Erstedition 1987), 1990, 28–77; M. Škrabec: *Slovenski pozdrav s Koroške, Stare razglednice pripovedujejo*. Ljubljana 2014 (mit weiterführender Literatur), Auswahl von Ansichtskarten daraus: *Ernest Železni, zadnji v slovenskem jeziku ustoličeni koroški knez*, 1914, S. 8; *Spomin na zadnje ustoličenje koroških knezov (1414–1914)*, S. 10; *Knez Volkun prisega*, 1914, S. 14; *Žabnice, Saifnitz*, vor 1905, S. 26; *J. Majer krojač Schneider, M. Krecar Gemischtwarenhandlung* [Camporosso/Saifnitz/Žabnice im → Kanaltal/Val Canale/Kanalska dolina] 1907, S. 27; *Žabnice in sv. Višarje*, vor 1905, S. 29; *Ziljska narodna noša* [→ Gailtaler Tracht], S. 40; *Brda, zilska dolina* [Egg bei Hermagor, Gailtal], S. 42; *Gruss aus dem Gailthale*, S. 48; *Na slovenskih koroških planinah*, gesendet 1910, S. 51; *Brnca na Koroškem*, gesendet 1913, S. 56; *Devica Marija na Zili p. Beljak*, gesendet 1912, S. 60; *Cerkev sv. Križa na Peravi pri Beljaku*, vor 1905, S. 64; *Hotel Trabesinger v Celovcu, Velikovška cesta 5*, gesendet 1912, S. 70; *Miklova Zala v Celovcu*, gesendet 1912, S. 71; *Telovadni odsek »Orel« v Celovcu – ustanovljen 9. XI. 1911*, 1912, S. 73; *Celovec, Stari trg*, gesendet 1912, S. 78; *Pozdrav iz Št. Tomaža pri Celovcu*, gesendet 1912; S. 87; *Pozdrav iz St. Lipša Gruss aus St. Filippen*, gesendet 1905, S. 92; *Gozdanje nad Vrbo*, um 1905, S. 93; *Pozdrav iz Strmca*, gesendet 1912, S. 94; *Otok na Vrbskem jezeru pri Celovcu*, gesendet 1913, S. 102; *Slov. pev. dr. »Zvezda« Hodiše*, wahrscheinlich 1904, S. 104; *Miklova Zala, Št. Janž*, um 1910, S. 107; *Žihpolje*, 1908, S. 123; *Št. Jakob v Rožu*, vor 1905, S. 124; *Sv. Jakob v Rožu – Narodni Dom*, gesendet 1908, S. 127; *Št. Jakob in Št. Peter v Rožu, Narodna šola*, gesendet 1914, S. 132; *Pozdrav iz Sveč*, 1909, S. 144; *Weizelsdorf – Svetna vas* [zweisprachige Bahnhofsaufschrift], gesendet 1930, S. 151; *Društvo Slov. Dilet. V Borovljah Lumpaci vagabund 9. V. 1926*, 1926, S. 154; *Pevsko društvo Drava v Glinjah*, vor 1905, S. 156; *Hochfeistritz, Visoka Bistrica*, vor 1905, S. 178; *Pozdrav iz Velikovca*, gesendet 1912, S. 184; *Narodna šola v Velikovcu na Koroškem*, gesendet 1900, S. 187; *Pozdrav iz Tinj, Gruss aus Tainach*, gesendet 1909 (im Buch gereiht im Kapitel Jauntal/Podjuna), S. 188 und 189; *Dobrla vas na Koroškem*, gesendet 1905, S. 194; *Sinčaves* (sic!), gesendet 1909, S. 195; *Žitara Vas* (sic!). *Koroško, Društveni Dom*, gesendet um 1915, S. 201; *Pozdrav iz Železne kaple* (sic!), um 1910, S. 208; *V tem znamenju boš zmagal v Vogerčah*, gesendet 1918, S. 218; *Žvabek pri Pliberku*, 1927, S. 233; *Gosposvetsko polje – Slovensko Kosovo*, 1919.

Bojan-Ilija Schnabl

Ante pante populore

Ante pante populore bezeichnet den → Brauch des Kirchleintragens (slow. *nošenje cerkvic*) in Bad → Eisenkappel/Železna Kapla am Abend vor Mariä Lichtmess (slow. *svečnica*, 2. Februar). Die Kinder fertigen kleine Kirchen aus Karton oder Holz an, die Türen und Fenster werden mit durchsichtigem farbigem Papier verziert und in die Kirchlein Kerzen gestellt.

Am Vorabend von Mariä Lichtmess versammeln sich die Kinder mit den mit Kerzen beleuchteten Kirchlein vor der Pfarrkirche Maria Dorn/Marija v Trnju. Nach dem Aveläuten werden die beleuchteten Kirchen in einer bunten Lichterprozession zur Schlossbrücke getragen. An der Brücke über die Vellach/Bela hält der Zug an, die Kirchlein werden von den Stäben genommen und vorsichtig den Fluten der Vellach/Bela übergeben.

Die Kinder schreien unterwegs *Ante pante populore, Koclja vrata cvilijore*. Die fortwährenden Wiederholungen klingen dabei wie ein Litaneigesang. Die Geistlichkeit sang früher zur Lichtmessliturgie den Lobgesang des Simeon, wobei unter anderem folgender Vers gesungen wurde: »… *quia viderunt oculi mei salutare tuum, quod parasti ante faciem omnium populorum* …« – »… denn meine Augen haben dein Heil gesehen, das du vor dem Angesicht aller Völker bereitet hast …« (Luk. II, 30–31). Im Laufe der Jahrzehnte sind vom Lobgesang nur die verballhornten Reste *ante pante populorum* … übrig geblieben. Der Überlieferung nach bekam im Jahre 1854 der verballhornte Spruch noch den Zusatz »*Koclja vrata cvilijore*« [Die Tür des Kocelj kreischt] – durch die im Spaß entstandene Zeile über eine beim vlg. Kocelj (vormals Gasthof Schumi/pri Šumiju – heute Hotel Obir) kreischende Haustürangel. Das Wort *cviliti* [kreischen] wurde durch eine latinisierende Ad-hoc-Neuschöpfung im Slowenischen in *cvilijore* umgewandelt.

Der Legende nach wurde der Brauch zur Erinnerung an die große Hochwasserkatastrophe von 1180 eingeführt, bei welcher die ganze Ortschaft überschwemmt worden war und nur die Kirche Maria Dorn/Marija v Trnju verschont blieb. Die Bewohner gelobten eine genaue Nachbildung der Kirche Maria Dorn/Marija v Trnju aus Holz zu bauen und diese dem Wasser zu opfern. Als dies geschah, dauerte es nicht lange und der

Himmel heiterte auf. In dankbarer Erinnerung an die Rettung des Marktes werden nun alljährlich am Vorabend von Mariä Lichtmess die erleuchteten Kirchlein den Fluten übergeben.

Ähnliche Prozessionen mit brennenden Kerzen finden wir auch in verschiedenen Orten in der Region Gorenjska (Oberkrain), z.B. in Kropa, Kamna gorica, Železniki und Tržič, wo am Vorabend des Gregorjevo (Hl. Georg, 12. März) Papierschiffchen mit brennenden Kerzen ins Wasser gelassen werden, als Zeichen dafür, dass nun die Tage länger werden und wieder bei Tageslicht gearbeitet werden kann. Der Brauch des Heraufbeschwörens des Sonnenlichtes könnte auch dem Eisenkappler Brauch zugrunde liegen und so auf Prozesse der → Inkulturation deuten.

Lit.: P. Zablatnik: *Čar letnih časov v ljudskih šegah na Koroškem*. Celovec 1984, 87–89.
Web: www.bad-eisenkappel.info/256-0-kirchleintragen-ante-pante.html (15.5.2013). www.kath-kirchekaernten.at/themen/detail/C669/alter_brauch_des_kirchleintragens_in_bad_eisenkappel_kerzenweihe_und_blasiu/ (15.5.2013)

Martina Piko-Rustia

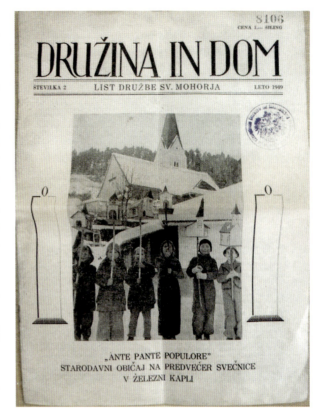

Ante pante populore, Titelblatt in: *Družina in dom*, 1949

Antikrist, *Antich[i]rsta Shivllenie ali LEBN ANTECHRISTA* [Das Leben des Antichrist], 1767 im → Rosental/Rož entstandene und in mehreren Abschriften tradierte Übersetzung von Dionys von Luxemburgs *Leben Antichristi* (1682). Der slowenische Bukovnik (Volkspoet) Matija Žegar (Schegar, 1734–1798), Bauer aus der Umgebung von → Keutschach/Hodiše oder St. Jakob i.R./Šentjakob v Rožu, hatte 1767 dieses Buch der Prophezeiungen in den → Rosentaler Dialekt *(rožansko narečje)* übersetzt (→ Bukovništvo).

Diese Übersetzung von Žegar war eine beliebte Lektüre und wurde in Abschriften verbreitet. Nach den Angaben Franc → Kotniks hat der Pfarrer Stefan → Singer 1902 die älteste originale Übersetzung in Augsdorf/Loga vas gefunden. Die Originalhandschrift ist ein umfassendes »Buch«, eine in Folioformat geschriebene Handschrift. Sie umfasst 378 Seiten. Die Besonderheit dieser Handschrift besteht darin, dass sie mit gewöhnlichen und färbigen Illustrationen sowie einigen schönen barocken Kopfvignetten ausgestattet ist. Sie besteht aus fünfzig Kapiteln und drei »Betrachtungen«, die *predige* genannt werden. Die Handschrift ist in der Bohoričica (→ Schrift) geschrieben. Auf den leeren Blättern finden sich verstreut kurze Anmerkungen mit den Unterschriften von Lesern (Franc Ujc, B. Sterkon, Jožef Hafner, Miškulnik) sowie die Jahreszahl 1869. Mit dem Erwerb des Nachlasses von Franc Kotnik kam die Handschrift in den Bestand der *Študijska knjižnica* [Studienbibliothek, heute *Koroška osrednja knjižnica*] in → Ravne na Koroškem. Das Originalexemplar ist in sehr schlechtem Zustand, einige Blätter sind nur teilweise erhalten, die Bindung ist zerstört. Verschiedene erhaltene spätere Abschriften des Antikrist (aus Kärnten/Koroška, der Gorenjska, der Dolenjska, dem Pohorje und aus Ljubljana) sind den sprachlichen Besonderheiten des Umfelds ihrer Entstehung angepasst (1769, 1790, das Exemplar von Naglič, eine Abschrift aus dem Jahr 1803 oder 1805, 1814, 1817, 1838, 1854, das von Merhar, das von Tausig vom Beginn des 19. Jh.s, eine Abschrift aus den Jahren 1880–1890).

Quellen: *Antich[i]rsta Shivllenie ali LEBN ANTECHRISTA Inu nia zieua mogozhnost univagovam dianie nia zalla Shivllenia Resnizhna poshribinga al pridiozhah Rezhi tiga sveta [k prvemo] so sribane inv storiane [skves] P. F. Donisivsa od linza burga kapuzinarska orna te Rainesh prosinz predigaria vtem leto 1682. Vtem leto 1767. pak po svabeij Modrvesti na svovenski jesik preboerniane po tem vezham dove vseto inv prevrshane skves Matiasha Shegaria sa voll nigovah dobrah Periatellov.* KOK Ravne: Seznam rokopisov in izrednih redkosti iz zapuščine dr. Franc Kotnika, št. 14: Žegarjev Antikrist, 1767, bukovnik Matija

Antikrist, KOK Ravne na Koroškem

Žegar (1734–1798), 378 strani, ilustracije, Loga vas na avstrijskem Koroškem.

Lit.: SBL; ES. – D. v. Luxemburg: *Leben Antichristi oder Ausführliche, gründliche und Historische Beschreibung von den zukünftigen Dingen der Welt*. Frankfurt 1682; F. Kotnik: *Bukovniški rokopisi Antikrista*. In: Zbornik zimske pomoči. Ljubljana 1944, 415–424; F. Kotnik: *Naši bukovniki, ljudski pesniki in pevci*. In: Narodopisje Slovencev. II. Ljubljana, 1952, 86–102; A. Ogris: *Woher stammte der Kärntner »bukovnik« Matthias Schegar/Matija Žegar?* In: *Car I* 188 (1998) 445–463; M. Ogrin: *Sijaj rokopisna kulture, Pripis k starejšim koroškim rokopisom*. In: KMD 2014. Klagenfurt/Celovec [e.a.] 2013, 43–47.

Majda Kotnik Verčko; Üb.: Katja Sturm-Schnabl

Antisemitismus. A. bezeichnet eine generell feindliche Einstellung und Hetze gegen die Juden und deren Vertreibung, die sich unter der faschistischen Gewaltherrschaft in Deutschland im 20. Jh. zum industrialisierten Massenmord mit der beabsichtigten Ausrottung, dem Holocaust, steigerte. Aus extrem rassistischer und chauvinistischer Sicht und Mystifizierung hat der A. die Schuld an einer Vielzahl von sozialen, wirtschaftlichen und gesellschaftlichen Missständen den Juden zugewiesen, um deren gesellschaftliche und politische Diskriminierung zu rechtfertigen. Die traditionell herabwürdigende Haltung gegenüber dem Judentum hatte zunächst ihre Wurzeln im christlichen Antijudaismus. Dazu kam der wirtschaftliche und rassische A. Sie alle instrumentalisieren Vorurteile und stereotype Zuschreibungen (z.B. in der → Publizistik), die von einzelnen Pogromen zum Völkermord und Ausraubung im 20 Jh. führte. Ausschreitungen und diskriminierende Maßnahmen gegen die jüdische Bevölkerung sind bereits seit dem Ende des 13. Jh. in mehreren Regionen Österreichs belegt. Dazu gehören auch die slowenischen Länder, aus denen die Juden vertrieben wurden: 1497 aus der Steiermark/Štajerska (bzw. → Maribor), 1515 aus dem Herzogtum → Krain/Kranjska (bzw. → Ljubljana). Erst das Toleranzpatent JOSEPHS II. ermöglichte den Juden eine freiere gesellschaftliche Entfaltung, in deren Folge es zu einer starken jüdischen Zuwanderung aus Böhmen, Mähren und Galizien nach Wien kam (→ Josephinismus). Erst nach 1867 waren den Juden praktisch fast alle freien Berufe zugänglich (so konnten sie in der Habsburgermonarchie zwar Anwälte sein, nicht aber Richter). Als Religions- und Kulturgemeinschaft strebten sie nicht den Status einer eigenen Volksgruppe an *(cuius regio eius lex)* und wurden deshalb nach außen als eine undefinierte nationale und religiöse Gemeinschaft, eben als *Juden*, wahrgenommen. Solchermaßen beeinflusst haben die anderen Völker der Habsburgermonarchie den Juden Eigenarten und Anderssein zugeschrieben, welche antijüdische Vorurteile und Emotionen förderten und produzierten. Die Öffnung des Zutrittes zum Universitätsstudium beflügelte die Juden und es entstand innerhalb kurzer Zeit eine verhältnismäßig große Schicht an Universitätsabsolventen (Rechtsanwälte, Ärzte), die zum wirtschaftlichen und finanziellen Erfolg, sowie zur Einbindung in alle Sphären der Hochkultur, Wissenschaft und Politik und zum rasch wachsende gesellschaftliche Einfluss der jüdischen Gemeinschaft beitrug, was wiederum den Neid der christlichen Mitbürger begünstigte. Als eine jüdische Masseneinwanderung aus dem Osten, vor allem aus Polen und Russland einsetzte, wurde nach 1870 der A. in der ungarischen Reichshälfte noch prononcierter. In der ungarischen Reichshälfte war es zwischen 1870 und 1914 fast zu einer Verdoppelung des jüdischen Bevölkerungsanteils gekommen, 1910 stellten die Juden ca. 5 % der Bevölkerung Ungarns.

Als Beginn der verstärkten Aggressionen gegen die Juden kann das im September 1882 beschlossene deutschnationale Linzer Programm identifiziert werden, welches die soziale und die nationale Frage in den Vordergrund stellte. Es wurde der Zusammenschluss aller deutschsprachigen österreichischen Länder, unter Einschluss Böhmens und Mährens, gefordert. Zur Absicherung der deutschen Mehrheit im Parlament verlangte man eine administrative Trennung Dalmatiens und Galiziens von den österreichischen Ländern. Deutsch sollte alleinige Staatssprache (→ Amtssprache) werden, rein über die dynastische Linie aber hätte die Anbindung an Ungarn zu laufen.

In den Städten der innerösterreichischen Kronländer (→ Innerösterreich), wo die Juden vom aufkommenden slowenischen Bürgertum als Konkurrenz betrachtet wurden, die es zu bekämpfen galt, herrschte Mitte des 19. Jh.s eine ausgeprägte antijüdische Stimmung (1884 etwa wurde in Ljubljana zu diesem Zweck der Verein *Slovenski narod* [Das slowenische Volk] gegründet). Studierende vom Land wurden in ihren Studienstädten zu Antisemiten (rassischer A. wird in den *Spomini* [Erinnerungen] Josip → Vošnjaks oder bei Josip → Apih thematisch verarbeitet). Durch die Dreyfus-Affäre (1894–1899) in Frankreich und die Hilsner-Affäre (1899) in Böhmen bekam der slowenische A. Stärkung. In den innerösterreichischen Kronländern waren Katholiken und Liberale, Austrophile, Slawophile und Intellektuelle ebenso wie das einfache Volk Antisemiten. Die Sozialdemokraten und die Anhänger Masaryks bildeten eine Ausnahme und wurden von den übrigen Parteien beschuldigt, unter dem Schutz einer jüdischen »Lobby« zu agieren.

Die ersten umfangreicheren Judenverfolgungen sind in Kärnten/Koroška bereits für das Jahr 1338 in Wolfsberg (Volšperk) belegt, während in manchen anderen Orten die Juden im Einvernehmen mit der christlichen Bevölkerung lebten. Im frühen 15. Jh. und Ende des 15. Jh.s wurden die jüdischen Gemeinden aus → Villach/Beljak und Friesach (Breže) vertrieben, nach 1496 bzw. am Beginn des 18. Jh.s aus ganz Kärnten/Koroška bzw. aus allen innerösterreichischen Kronländern. Ende des 18. Jh.s wurde Juden der Aufenthalt wieder erlaubt (→ Josephinismus). Die Ersten, die wiederkamen, waren zunächst Hausierer aus Böhmen, Mähren oder Ungarn. Erst 1867, nach der Aufhebung der persönlichen Beschränkungen, konnten sich Juden wieder verstärkt in den innerösterreichischen Kronländern und damit in Kärnten/Koroška ansiedeln. Die Volkszählung 1910 ergab 341 jüdische Personen, die großteils in und um Klagenfurt/Celovec, ein größerer Teil auch in Villach/Beljak als Teil der Kärntner Bevölkerung, lebten. Sie verfügten seit 1887 sogar über eine eigene Israelitische Kultusgemeinde in Klagenfurt/Celovec. Nach der → Volksabstimmung 1920 war offenbar der antisemitische Druck vonseiten der → deutschnationalen Vereine und Organisationen in Kärnten/Koroška noch nicht extrem stark, denn diesen war die »Abrechnung« mit der slowenischen Volksgruppe vorrangig. Bis zum Ende der 1920er-Jahre aber wurden die antijüdische Propaganda und die verbale Aggression gegen die Juden immer stärker. Nach dem → »Anschluss« Österreichs an Nazi-Deutschland kam es auch in Kärnten/Koroška zu systematischen Verfolgungen, Plünderungen, Enteignung und Deportation der jüdischen Bevölkerung.

Für die Kärntner Slowenen wurde der christliche Antijudaismus zum Muster, der in der katholischen slowenischen Presse (→ Publizisitk) zumeist mit antisozialistischer oder »antibolschewistischer« Agitation verbunden und mit Argumentationsstrategien des wirtschaftlichen und des rassischen A. verstärkt wurde. Die in der Presse und Literatur transportierten Stereotypen und Vorurteile wurden bisher nur am Rande thematisiert (Grdina 1989, Malle 2005). Mirjam Malle untersuchte in ihrer Bereichsarbeit die zentralen katholischen Zeitschriften auf antisemitische Äußerungen. Für die Zeit vor der Volksabstimmung fand sie in → *Mir* nur wenige Belege, für die Zwischenkriegszeit aber im → *Koroški Slovenec* zahlreiche Belege mit hoher verbaler Aggressivität, in der Zeitschrift → *Nedelja* hingegen weniger Belege des A. Einige Belege fand sie auch im *Mohorjev koledar* (→ Celje, → *Koledar Mohorjeve družbe*) in den 1930er-Jahren, darunter sehr groteske → Karikaturen (1939, 63 und 102). Aggressiver A. findet sich auch in anderen Publikationen, z.B. *Aus dem Wilajet Kärnten* (1913), und bei anderen Autoren (z.B. in Fran → Celestins Reiseerinnerungen).

In der Literatur der Kärntner Slowenen ist die Figur des »ewigen Juden« in Andrej → Schuster – Drabosnjaks *Prerokouanje od tega Ebekshustarja* [Die Prophezeiung des Ewigen Schusters] zu nennen. Dieser hatte als Vorlage die deutsche Ahasver-Legende vom Beginn des 17. Jh.s ins Slowenische übersetzt. Zu außerordentlicher Popularität brachte es die Erzählung *Miklova Zala* [Die Zala vom Mikl-Hof] von Jakob → Sket (1884). Christlicher Antijudaismus spiegelt sich in der negativen Darstellung des Juden Tresoglav, der als geizig, habgierig und boshaft beschrieben wird, in den körperlichen Merkmalen seiner Tochter Almira, die klein, dunkelhäutig, mit tiefen, dunklen Augen gezeichnet wird, während die christliche Zala groß, blond und blauäugig ist. Almiras leidenschaftlicher Unruhe stehen Zalas ruhiger Ernst und Tugendhaftigkeit gegenüber […]. In der Bearbeitung für die Bühne von Jaka → Špicar wird der Jude noch schlechter dargestellt als in Skets Erzählung.

Lit.: F. Kotnik: *Drabosnjakov Ahasver*. In: DiS 35 (1922); A. Walzl: *Die Juden in Kärnten und das Dritte Reich*. Klagenfurt 1987; I: Grdina: *Podoba žida v slovenski literaturi*. In: *Kronika* 37/3 (1989) 267–277; V. Valenčič: *Odnosi Slovencev do Židov in židovstva ter antisemitizem*. In: *Židje v preteklosti Ljubljane*. Ljubljana 1992; P. G. Tropper: *Kirche im Gau*. Klagenfurt 1995; M. Hudelja: *Zakaj se Judje niso ustalili v slovenskem prostoru. Stereotipi o Judih na Slovenskem in Ahasver*. In: *Časopis za kritiko znanosti* 23/179 (1996) 47–62; A. Ožinger: *Maribor 1848–1918, Od multietničnega do multireligioznega mesta*. In: Od Maribora do Trsta. Maribor 1997, 337–347; W. Wadl: *Zur Geschichte der Juden in Kärnten im Mittelalter, Mit einem Ausblick bis zum Jahre 1867*. Klagenfurt ³2009; I. Grdina: *Žid v zrcalu slovenske književnosti*. In: T. Smolej (Hg.): Podoba tujega v slovenski književnosti. Ljubljana 2002 (²2005), 67–90; M. Štepec: *Antisemitizem, Evropa in Slovenci*. In: P. Vodopivec (Hg.): Slovenci v Evropi. Ljubljana 2002, 61–85; I. Gantar Godina: *On the Attitude of Slovene Intellectuals in Bohemia and Croatia to Jews*. In: Dve domovini/Two Homelands 24 (2006) 133–143; M. Malle: *Antisemitizem in koroški Slovenci. Področna naloga iz zgodovine* [Fachbereichsarbeit aus Geschichte] ZG/ZRG za Slovence. Šentjanž 2005; A. Verdnik: *Arisierung in Kärnten, Die Enteignung jüdischen Besitzes im Hitlers Mustergau*. Klagenfurt 2014.

Irena Gantar Godina; Üb.: Katja Sturm-Schnabl

Anthropologisches oder ethnografisches Modell, → Inkulturation.

Apih, Josip (* 16. März 1853 Zapuže [Radovljica, Gorenjska], † 19. Jänner 1911 Klagenfurt/Celovec), Historiker, Lehrer.

Aus bäuerlichen Verhältnissen stammend, besuchte A. die zweiklassige Volksschule in Zapuže bei Radovljica, wo er vor dem Eintritt ins Gymnasium in Ljubljana 1863/1864 die 4. Klasse der Bürgerschule besuchte. Sein Klassenkollege war A. Bonaventura Jeglič, der spätere Bischof von Ljubljana. A. maturierte 1872. Das Studium der Geschichte und Geografie an der Universität Wien schloss er 1876 ab. 1879 legte er die Prüfung aus Deutsch (Wien) und 1892 aus Slowenisch (Graz) für die Unterstufe des Gymnasiums ab. Das Probejahr absolvierte A. 1875/76–1876/77 an der Realschule in Ljubljana. Im zweiten Semester des Schuljahres 1876/1877 wurde er Supplent für Geschichte, Geografie und Deutsch an der Oberrealschule in Nový Jičín (Mähren), 1877 wurde er provisorischer und 1879 definitiver Lehrer an dieser Anstalt. Mit 30. August 1892 kam A. als Lehrer an die Lehrer- und Lehrerinnenbildungsanstalt in Klagenfurt/Celovec und blieb hier bis zu seiner Pensionierung 1907. Von 1892 bis 1897 leitete A. auch die Höhere Töchterschule der Ursulinen in Klagenfurt/Celovec, musste dieses Amt aber auf Druck der deutschnationalen Landtagsmehrheit abgeben. 1900 übernahm er die Leitung der privaten Lehrerinnenbildungsanstalt der Ursulinen in Klagenfurt/Celovec (→ Schulwesen). A. wurde 1899 in den Vorstand der → Mohorjeva gewählt, ab 1906 bis zu seinem Ableben bekleidete er die Funktion des Kassiers. A. trug wesentlich zur inhaltlichen Hebung der Qualität der jährlichen Büchergaben bei. Er bekleidete führende Funktionen bei folgenden slowenischen Vereinen in Klagenfurt/Celovec: *Učiteljski dom* [Lehrerheim], → *Slovensko šolsko društvo* [Slowenischer Schulverein] und → *Podporno društvo za slovenske dijake Koroške* [Unterstützungsverein für slowenische Schüler Kärntens]. A. war Mitarbeiter der Zeitschriften → *Ljubljanski zvon*, des *Letopis Matice Slovenske*, der *Izvestja Muzejskega društva za Krajnsko* (Ljubljana), des → *Časopis za zgodovino in narodopisje*, des *Österreichischen Jahrbuches* und der → *Carinthia I* (→ Publizistik). In seinen historischen Abhandlungen befasste er sich v. a. mit der Geschichte des 18. und 19. Jh.s. Seine Abhandlung *Slovenci in 1848. leto* [Die Slowenen und das Jahr 1848] ist noch heute von Bedeutung.

Politisch trat A. nicht in Erscheinung, obwohl seine Ernennung zum Lehrer an der Lehrer- und Lehrerinnenbildungsanstalt und die Führung der Höheren Töchterschule in Klagenfurt/Celovec sowie der Privaten Lehrerinnenbildungsanstalt der Ursulinen zu heftigsten Polemiken in der Tagespresse und z.T. auch im

Kärntner Landtag führten. Seine Ernennung zum Direktor der Lehrer- und Lehrerinnenbildungsanstalt in Ljubljana wurde verhindert. A. war spätestens ab 1897 wesentlich am Aufbau einer jungen laizistischen Intelligenzschicht unter den Kärntner Slowenen beteiligt. Durch seine sporadischen, überlegten und maßvollen Wortmeldungen verhinderte er nach 1907/1908 z.T. eine schärfere politische Eskalation unter den Kärntner Slowenen.

Werke: *Slovenci in 1848. leto.* Ljubljana 1888 [einzelne Kapitel in: Österreichisches Jahrbuch 1890, 1892, 1894 u. 1896]; *Naš cesar.* Celovec 1898; *Deželni stanovi kranjski od 1818–47.* In: LMS, 1890, 131–179; *K zgodovini novomeški v 18. veku.* In: IMK 2, 1892, 92–104; *K obrtni politiki 18. veka.* In: IMK 4, 1894, 58–73, 87–103; *Ustanovitev narodne šole na Slovenskem.* In: LMS, 1894, 353–317; 1895, 146–233; *Die theresianisch-josefinische Schulreform in Kärnten.* In: *Car I*, 1903, Nr. 2, 47–64, Nr. 3/4, 94–119, Nr. 5/6, 164–181, Car I, 1904, Nr. 1, 10–21, Nr. 2, 42–51, Nr. 3/4, 102–120, Nr. 5/6, 141–193; *Zgodovinska učna snov za ljudske šole.* Ljubljana 1902–1905 (Mitautor).
Lit.: SBL, ES. – K. Glaser: *Zgodovina slovenskega slovstva.* 4. [Ljubljana] 1898, 167–168; Franc Kotnik: *Profesor Josip Apih.* In: KMD 1912, 130–135.

Avguštin Malle

Aquileia (älter auch Aquileja, altertümlich Aglei, friul. Aquilee, slow. Oglej, kroat. Akvileja) wurde 181 v. Chr. von den Römern als Kolonie latinischen Rechts zur Abwehr gegen Kelteneinfälle aus dem Alpenraum angelegt. Unter Augustus stieg A. zum Hauptort der »Zehnten Region« Italiens, *Venetia et Histria,* auf. Spätestens Mitte des 3. Jh.s bestand in A. eine organisierte Christengemeinde. Deren Entstehung wird in Legendenüberlieferung mit dem Evangelisten Markus in Beziehung gesetzt. Als erster Bischof wird der Hl. → Hermagoras genannt, der vermutlich im 3. Jh. lebte und gemeinsam mit dem Diakon Fortunatus das Martyrium erlitt (Gedenktag: 12. Juli). Historisch besser einzuordnen ist Bischof Hilarius, der ca. 285 hingerichtet wurde (Gedenktag: 16. März). Kurz nach dem Toleranzedikt Kaiser Konstantins (313) ist auf dem Konzil von Arles 314 ein Bischof Theodorus »aus der Stadt Aquileia in der Provinz Dalmatien« (*de civitate Aquileiensi provincia Dalmatia*[!]) bezeugt, dessen Name auch im Mosaikboden von A. inschriftlich verewigt ist. Auf ihn geht ein früher Kirchenbau zurück. Die Synode von A. 381 befasste sich mit der Abwehr arianischer Theologie. Ein Jahrhundert später wirkte als bedeutender Theologe Bischof Chromatius von A. (388–408). Weitere herausragende Theologen bzw. Kirchenschriftsteller in der zweiten Hälfte des 4. Jh.s im Umkreis von A. waren Rufinus und Hieronymus. Um 425 war A. – in der Spätantike viertgrößte Stadt Italiens und neuntgrößte des Imperium Romanum – zeitweise auch Kaiserresidenz. Nach Zerstörungen angeblich durch die Hunnen unter Attila (452) wurde ein Kirchenbau mit Atrium und Baptisterium errichtet. Die Metropolitangewalt des Bischofs von A. erstreckte sich im 5. Jh. über Venetia et Histria, Westillyricum (Pannonia superior), Noricum und Raetia II. In einem Brief des Papstes Pelagius I. (559) ist erstmals – abwehrend – der Titel eines Patriarchen für den Metropoliten von A. bezeugt (*Venetiarum ... atque Histryae patria[r]c[h]a*). Nach dem Langobardeneinfall 568 floh Patriarch Paulinus I. mit dem Kirchenschatz auf die Inselfestung *(castrum)* Grado (lat. *gradus* = hier: Anlegeplatz, Hafen; slow. Gradež). Das Schisma im seit Mitte 6. Jh. virulenten »Drei-Kapitel-Streit« führte 606/07 zur Spaltung der Kirchenprovinz A. in die Patriarchate A. und Grado, die auch nach Beilegung des Streits (699) fortdauerte und erst 1180 zur formellen päpstlichen Anerkennung der beiden Patriarchate führte. Im Norden und Nordosten bewirkte das Vordringen von → Slawen den Verfall der Kirchenorganisation. Erst unter Patriarch Paulinus II. (787–802) reaktivierte A. missionarische Aktivitäten im Alpenraum. Im Streit zwischen → Salzburg (Erzbischof Arn) und Aquileia (Patriarch Ursus, dann Maxentius) um die jurisdiktionelle Zugehörigkeit des großteils slawischen → Karantanien *(Karantana provincia)* legte Kaiser Karl der Grosse am 14. Juni 811 die Drau/Drava als Grenze der beiden Diözesen fest, ohne freilich Markierungspunkte am Fluss anzugeben. Diese von Kaiser Ludwig dem Frommen am 27. Dezember 819 bestätigte Festlegung galt bis zur Aufhebung des Patriarchats Aquileia 1751 bzw. darüber hinaus bis zur josephinischen Diözesanregulierung (ab 1781). Die Grenzen der Diözese A., einer der größten des Abendlandes, waren fast ein Jahrtausend lang: im Westen der Unterlauf des Tagliamento (slow. Tilmen), im Nordwesten das Cadore und ein Teil der Sextener Dolomiten, im Norden die Drau/Drava bis östlich des antiken Poetovio (slow. Ptuj, dt. Pettau), dann südwärts bis zur Kolpa (kroat. Kupa, dt. Kulpa) und diesen Fluss entlang nach Westen, über den Karst (slow. Kras, it. Carso) bis nördlich von → Trieste/Trst/Triest an die Adriaküste. Nach den Ungarneinfällen konnte die Kirche von A., durch Privilegien der karolingischen, ottonischen und salischen Herrscher begünstigt, ihren Besitzstand festigen und erweitern. In diesem Zusammenhang begegnen auch die Erstnennungen des Kastellortes Udine (friul. Udin, slow. Videm) (983) und des Gutshofes bzw. Weilers → Gorizia/Gorica/Görz (1001: *villa quae Sclavorum lingua vocatur Goriza*). Dem aus einer Kärntner Grafenfamilie (Gründer des Klosters → Ossiach/Osoje) stammenden Patriarchen Poppo (1019–1042) ist der machtvolle Neubau des Doms von A. mit den eindrucksvollen Apsisfresken zu verdanken (Einweihung der Kirche am 13. Juli 1031). Im Kontext des »Investiturstreites« erlangte Patriarch Sigehard 1077 die weltlichen Herrschaftsrechte (Grafschaft bzw. Mark) in Friaul (it. Friuli, friul. Friûl, slow. Furlanija), in → Krain/Kranjska und in Istrien/Istria/Istra (erneuert 1093 und 1209). Diese Machtposition führte zur Bildung des sog. »Patriarchenstaates« von A. (1077–1420), dessen Schwerpunkt in Friaul lag *(Patria del Friuli, Patrie dal Friûl)*. Der »Patriarchenstaat« konnte seine Landesherrschaft als geistliches Fürstentum des römisch-deutschen Reiches in der ersten Hälfte des 13. Jh.s unter den Patriarchen Wolfger von Erla (1204–1218) und Berthold von Andechs-Meranien (1218–1251) zur Geltung bringen; Letzterer verlegte die Residenz (vorwiegend) nach Udine. In Nachahmung des Friesacher Pfennigs prägten die Patriarchen von A. seit 1147 den »Agleier«. Seit dem 13. Jh. bildete sich allmählich eine als »Parlament« bezeichnete Ständeversammlung des Landes Friaul unter Vorsitz des Patriarchen bzw. dessen Vertreters heraus. Nach dem Tod Marquards von Randeck (1365–1381), der als Gesetzbuch für das Land Friaul die *Constitutiones patriae Foriiulii* erließ, verfiel der »Patriarchenstaat« zusehends. Venedig eroberte 1418–1420 die verbliebenen weltlichen Herrschaftsrechte des Patriarchen (Ludwig von Teck 1412–1439) in Friaul, auf die dann Ludovico Trevisan 1445 formell Verzicht leistete. Im umfangreichen Diözesangebiet Aquileias wurde 1461/62 – im Zusammenwirken von Kaiser (Friedrich III.) und Papst (Pius II.) – das kleine Bistum Ljubljana errichtet. Nicht verwirklicht wurden eine Reihe frühneuzeitlicher Bistumspläne, die den Sprengel von A. betrafen. In dem im Archidiakonat Kärnten/Koroška *(Archidiaconatus Carinthiae)* zusammengefassten Verwaltungsbereich des Diözesansprengels von A. fungierten als Vikare des Patriarchen der Propst von Eberndorf/Dobrla vas als Archidiakon für das → Jauntal/Podjuna, der Abt von → Viktring/Vetrinj als Archidiakon für das Untere → Rosental/Spodnji Rož, der Abt von → Arnoldstein/Podklošter als Archidiakon für die klösterlichen Pfarren im → Val Canale/Kanaltal/Kanalska dolina und im → Gailtal/Ziljska dolina.

Das Patriarchat Grado (slow. Gradež) – dessen Sitz bereits seit 1156 auf dem Rialto lag – hatte nur bis 1451 Bestand und wurde dann vom Patriarchat Venedig abgelöst. Hingegen existierte das Patriarchat A. noch drei Jahrhunderte. Freilich wurde das Patriarchat A., dessen Diözesangebiet großteils auf habsburgischem Territorium lag, zunehmend von Venedig abhängig, was sich auch in der Besetzung des Patriarchenstuhles zeigte. Die habsburgisch-venezianischen Konflikte führten dazu, dass Kaiser Ferdinand II. 1628 dem Patriarchen die geistliche Jurisdiktion auf österreichischem Gebiet untersagte. Im Jahre 1751 wurde schließlich – im Zusammenwirken zwischen der habsburgischen Regentin (Maria Theresia) und dem Papst (Benedikt XIV.) – das Patriarchat A. aufgehoben (Bulle *Iniuncta nobis* vom 6. Juli 1751; letzter Patriarch war Daniele Delfino 1734–1751/60). In Nachfolge des Patriarchats A. wurden zwei Erzbistümer mit Sitz in Friaul eingerichtet: 1752 Gorizia/Gorica/Görz (für den habsburgisch-innerösterreichischen Bereich) und 1753 Udine (für den venezianischen Bereich).

Lit.: S. Piussi: *Bibliografia aquileiese* (Antichità altoadriatiche 11). Udine 1978; K. von Lanckoroński (unter Mitwirkung von G. Niemann und H. Swoboda): *Der Dom von Aquileia. Sein Bau und seine Geschichte.* Wien 1906; vgl. Neuausgabe in Übersetzung: K. von Lanckoroński: *La basilica di Aquileia, a cura di S. Tavano.* Gorizia 2007; H. Schmidinger: *Patriarch und Landesherr. Die weltliche Herrschaft der Patriarchen von Aquileja bis zum Ende der Staufer* (Publikationen des Österreichischen Kulturinstituts in Rom I/1). Graz, Köln 1954; M. Ostravsky: *Beiträge zur Kirchengeschichte im Patriarchate Aquileia* (Kärntner Museumsschriften 30). Klagenfurt 1965; P. Paschini: *Storia del Friuli.* Udine ⁴2003; *Poppone. L'età d'oro del patriarcato di Aquileia.* Catalogo a cura di S. Blason Scarel. Roma 1997; R. Bratož: *Il cristianesimo aquileiese prima di Costantino fra Aquileia e Poetovio* (Ricerche per la Storia della Chiesa in Friuli 2). Udine, Gorizia 1999; P. Cammarosano (a cura di): *Il patriarcato di Aquileia – uno stato nell'Europa medievale.* Udine 1999; S. Tavano, G. Bergamini (a cura di): *Patriarchi. Quindici secoli di civiltà fra l'Adriatico e l'Europa Centrale.* Milano 2000; S. Tavano, G. Bergamini, S. Cavazza (a cura di): *Aquileia e il suo patriarcato* (Pubblicazioni della Deputazione di Storia Patria per il Friuli 29). Udine 2000; K. H. Frankl: *Patriarchat Aquileia (ecclesia Aquileiensis).* In: E. Gatz, unter Mitwirkung von C. Brodkorb und H. Flachenecker (Hg.): Die Bistümer des Heiligen Römischen Reiches von ihren Anfängen bis zur Säkularisation. Ein historisches Lexikon. Freiburg im Breisgau 2003, 37–51; G. Hödl: *Aquileia, Patriarchat und Patriarch von.* In: W. Paravicini (bearb. von J. Hirschbiegel und J. Wettlaufer) (Hg.): Höfe und Residenzen im spätmittelalterlichen Reich. Ein dynastisch-topographisches Handbuch. Teilband 1: Dynastien und Höfe (Residenzenforschung 15/I). Ostfildern 2003, 471–475; C. Sotinel: *Identité civique et christianisme. Aquilée du IIIe au VIe siècle* (Bibliothèque des Écoles françaises d'Athènes et de Rome 324). Rome 2005; vgl. dazu: R. Bratož in: ZČ 61 (2007) 175–200; S. Tavano: *Da Aquileia a Gorizia. Scritti scelti.*

Trieste 2008; R. Härtel (unter Mitarbeit von U. Kohl) (a cura di): *I patti con il patriarcato di Aquileia 880–1255*. (Pacta Veneta 12). Roma 2005; G. Bernhard: *Documenta patriarchalia res gestas Slovenicas illustrantia. Listine oglejskih patriarhov za slovensko ozemlje in listine samostanov v Stični in Gornjem Gradu (1120–1251). Patriarchenurkunden von Aquileia für Slowenien und die Urkunden der Klöster Sittich und Oberburg (1120–1251)*. Wien/Dunaj – Ljubljana 2006. Zum Projekt eines Urkundenbuches des Patriarchats Aquileia: R. Härtel: *Diplomatar oglejskega patriarhata*. In: ZČ 47 (1993) 397–412.

Harald Krahwinkler

Arbeiterbewegung (Wirtschafts- und Sozialgeschichte), vgl. Sachlemmata: → *Aleksandrinke* [Alexandrinerinnen]; → Genossenschaftswesen, → Binnenwanderungen, → Emigration; → Frauen im ländlichen Raum, → Nachbarschaft (*soseščina*), → *Žlahta*; → Saualpe/Svinška planina (dort insb. auch Krähwald/Hrebelja); → *Socialist za plebiscitno ozemlje*; → *Šentjanž – Katoliško slovensko izobraževalno društvo za Št. Janž in okolico* [Katholischer slowenischer Bildungsverein für St. Johann und Umgebung]; sowie → Villach/Beljak; → Völkermarkt/Velikovec oder → Celje, → Maribor, → Slovenj Gradec; Personenlemmata: → Falle, Anton; Gross, Šimen; → Perlornig(g), Ferdinand; → Prežihov Voranc; → Vospernik, Janez; → Wutte, Valentin.

Archaismus. Der Begriff A. wird insbesondere in der Lexikografie für Worte und Wortverbindungen verwendet, die im sprachlichen Gebrauch immer weniger verwendet und daher als veraltet empfunden werden, z.B. das im Slowenischen schon seltene *zvezdogled* für Astrologe gegen das allgemein gebräuchliche *astrolog*, oder *pobarati* gegen *povprašati* [fragen].

Lexikalische A. können bewusst als Stilmittel eingesetzt werden, sowohl in der Lyrik und Prosa als auch bei öffentlichen Reden und Auftritten. In der diachronen Sprachwissenschaft ist A. die Bezeichnung für ein Element, das durch die vergleichende Sprachanalyse als älter erkannt wurde und einen petrifizierten Rest älterer Sprachstufen darstellt. Ein Wort kann aufgrund seiner phonetischen, morphologischen, wortbildenden oder semantischen Merkmale als A. eingestuft werden. In einem konkreten Wort ist meist nur eines der angeführten möglichen archaischen Elemente enthalten; z.B. kann das Substantiv *mati* [Mutter], Gen. *matere* im Slowenischen einzig wegen des alten Deklinationsmusters als morphologischer A. ausgemacht werden. Während mit dem Terminus lexikalischer A. ein Wort oder eine Wortverbindung mit niedriger Frequenz bezeichnet wird, können phonetische, morphologische, wortbildende oder semantische A. auch der allgemeinen, in der Frequenz unterschiedlich verwendeten Lexik angehören, wie es das Substantiv *mati* veranschaulicht.

Die slowenischen Kärntner → Dialekte bewahren viele A., in denen sich Elemente der ursprünglichen slowenischen Sprachstufe erkennen lassen. Zu den phonetischen A. zählt der Erhalt der Konsonantenverbindung *tl* und *dl* im Gegensatz zum *l* im Großteil des übrigen slowenischen Sprachraumes, die späte Denasalisierung die Nasalvokale ę und ǫ sowie der Erhalt der bilabialen Natur des ṷ gegen das labiodentale *v* anderswo; weiters zählen zu den morphologischen A. der Erhalt der bestimmten Form des N. Sing. neutr. der adjektivischen Flexion mit -ě < *-oje gegen die unbestimmte mit -o, der Erhalt der alten Formen mit *c, z* und *s*, die aus der urslawischen zweiten Palatalisierung der Velare stammen und die anderswo zu *k, g, h* wurden (z.B. *v roce* gegen *v roki*, [in der Hand]). Zu den wortbildenden A. gehört der teilweise Erhalt von Worten mit dem Präfix *vi* < *vy- [aus] wie in der Lehnübersetzung *vigred* < *vygrędъ [Frühling], was darauf hinweist, dass dieses Präfix in Kärnten/Koroška einst auf dem Kärntner Gebiet weiter verbreitet war. Weiters der Erhalt des Adjektivs *vьs-ьnъ im → Rosentaler Dialekt (*rožansko narečje*) *vəsnə* [Dorf > Dorf-], das anderswo nur in Ableitungen vorkommt. Einen semantischen A. finden wir im → Obir-Dialekt (*obirsko narečje*) im Wort *dim* [Heim, Heimstätte], der anderswo nur noch in → Ortsnamen aufscheint, ebenso *polnoč* [Norden] u.a.

Lit.: F. Ramovš: *Historična gramatika slovenskega jezika. 7. Dialekti*. Ljubljana 1935; F. Bezlaj: *Arhaizmi v koroških narečjih*. In: F. Bezlaj: *Zbrani jezikoslovni spisi 1*, Hg. M. Furlan. Ljubljana 2003.

Metka Furlan; Üb.: Katja Sturm-Schnabl

Archäologisches Bild von Kärnten/Koroška im Frühmittelalter. Das Archäologische Bild von Kärnten/Koroška im Frühmittelalter hilft die historische Vergangenheit zu verstehen, wie sie sich anhand der archäologischen Quellen darstellt. Dazu zählt man Gegenstände, Gräber, Siedlungen, Kirchen und die Kulturlandschaft. Jede der angeführten Gruppen materieller Überreste bietet eine eigene Perspektive und beleuchtet ein spezifisches Segment der Vergangenheit. Obwohl die bisherigen archäologischen Untersuchungen des Frühmittelalters in Kärnten/Koroška äußerst spärlich sind, erlauben sie in der Zusammenschau mit den Ergebnissen aus benachbarten Gebieten doch die

Erstellung einiger Interpretationsmodelle (→ Toponyme, alpenslawische [slowenische] in der Steiermark, → Toponyme slawischer bzw. slowenischer Herkunft in Osttirol und in Salzburg).

Die mittelalterlichen Autoren schreiben von den → Slawen als von Leuten mit einer weitgehend gleichen Sprache, gleichem Recht und gleichen Bräuchen. Als grundlegende Einheiten von Verwaltung und Politik können wir bei den Slawen die einzelnen župe (Einzahl župa [Suppanei davon župan = der Vorstand der župa]) ansehen. Diese waren allesamt ähnlich strukturiert, sprachen eine verwandte Sprache, hatten ein ähnliches Recht und ähnliche Bräuche und Riten. All dies stellt auch die Vorbedingung für den Eindruck einer Gesamtheit dar, den alle hatten, die die Slawen von außen beschrieben. Wahrscheinlich kann am ehesten der Vegleich der župe mit mathematischen Teilmengen, Fraktalen dienen, da man auf der Ebene der einzelnen župe auch das findet, was man auch bei den Gruppierungen mehrerer župe in größeren territorialen Einheiten, den Fürstentümern, findet. Trotz der anscheinenden Einheitlichkeit der slawischen Welt war das eigenständige und unabhängige Auftreten der einzelnen Teile charakteristisch, die sich untereinander immer stärker unterschieden. Einerseits wegen der unterschiedlichen geografischen Bedingungen, andererseits wegen der unterschiedlichen Zivilisationssubstrate und wegen der unterschiedlichen Nachbarn. Und obwohl nur sehr langsam – und deshalb für den äußeren Beobachter kaum sichtbar –, so zeigten sich diese Unterschiede auch in der Sprache.

Die militärischen Auseinandersetzungen der Baiern (→ Bagoaria), Slawen und → Awaren in den Ostalpen und den angrenzenden Gebieten gegen Ende des 6. Jh.s sind noch kein Beweis für deren dauerhafte Ansiedlung. Im 7. Jh. kommt es jedoch zu zahlreichen strukturellen Veränderungen, die man nicht mit einem Wandel der Lebensweisen der alteingesessenen Bevölkerung zu erklären vermag. Es kommt zur Besiedlung durch slawisch sprechende Siedler, die die ansässige Bevölkerung als slow. *Vlahi* (→ Walchen, → Altladinisch) bezeichnen, sich selbst jedoch als *Slovani* [Slawen] bezeichnen (→ Altslowenisch, Bogo → Grafenauer, → *Conversio Bagoariorum et Carantanorum*).

Der fremde Raum ist nach dem damaligen Verständnis chaotisch und erlaubt als solcher kein Überleben. Deshalb war es notwendig, ihn zu ordnen und ihn menschenfreundlich zu gestalten. Zu diesem Zwecke richteten die Slawen ein System von Kultorten mit heiligen Bäumen, Quellen und Steinen ein. Im Zuge der → Christianisierung wurden diese oft von Kirchen ersetzt (→ Inkulturation). In den Kontext der rituellen Handlungen fiel auch die Einsetzung der neuen karantanischen Fürsten (→ *Carantani*, → Fürsteneinsetzung). Mit der Fürsteneinsetzung wurde im Chaos, das nach dem Tod des vorgehenden Fürsten herrschte, erneut die Ordnung wiederhergestellt, symbolisch die Welt der Menschen mit der Welt der Götter verbunden und so die Rückkehr des Wohlstands ermöglicht. Für die Verhältnisse im 7. Jh. ist charakteristisch, dass die Steine, die bei der Fürsteneinsetzung am → Zollfeld/Gosposvetsko polje verwendet wurden, aus älteren Ruinen entnommen und zu etwas Neuem umgestaltet wurden (→ Fürstenstein). Bemerkenswert ist weiters, dass sie sich in der Nähe des antiken Verwaltungszentrums Virunum befanden und doch nicht ganz auf ihm. In gleicher Weise gestalteten die Habsburger die rituellen Steine im 14. Jh. um, als sie aus alten steinernen Teilen den neuen Herzogstuhl (slow. *vojvodski prestol*) errichteten und so den Ritus feudalisierten, der bis dahin in vielerlei Hinsicht im europäischen Maßstab außerordentlich archaische Merkmale bewahrt hatte.

Ähnlich geschah es in der 2. Hälfte des 8. Jh.s in → Molzbichl, dem ersten Kloster bei den Slawen überhaupt. Anlässlich der Errichtung der dortigen Kirche wurden aus dem benachbarten Teurnia die Reliquien und der Grabstein des hl. Nonnosus überführt (→ Domitian). Das deutet auf eine ununterbrochene Tradition einer christlichen Gemeinschaft hin und beweist die Toleranz der slawischen Religion. Weil für die Errichtung der Kirche und in größerem Ausmaß des Klosters das finanzielle Vermögen und die politische Unterstützung der weltlichen Macht notwendig waren, spiegelt die Anordnung der frühmittelalterlichen Kirchen beides wider. Die frühmittelalterlichen Kirchen sind in zwei räumlichen Gruppen angeordnet. Die eine befindet sich im zentralen Bereich des Klagenfurter Beckens/Celovška kotlina und die zweite in Oberkärnten/Zgornja Koroška in der Umgebung von Spittal an der Drau (Špital ob Dravi). In diesen zwei geografischen Räumen sind gegen Ende des 8. und zu Beginn des 9. Jh.s steinerne Kircheneinrichtungen nachgewiesen, die mit Flechtwerken verziert wurden (→ frühmittelalterliche Kirchen). Dabei handelt es sich um außerordentlich repräsentativ angelegte Steinmetzerzeugnisse, mit denen sich die lokale Elite darstellte und vor ihren Nachbarn punktete. Die Aufschrift *Otker Radoslav* aus der Kirche von → Sankt Peter am Bichl/Šentpeter na

Gori kann als Doppelname des letzten karantanischen Fürsten ETGAR gedeutet werden (→ *Duces Carantanorum*), dem Mäzen des künstlerischen Meisterwerkes. Gleichzeitig zeigt es den Prozess der → Akkulturation auf, die in → Karantanien vor sich ging.

Die jeweils zwei Kirchengruppen, Machtbereiche und Gruppen von Flechtwerksteinen entsprechen zwei ehem. römischen Verwaltungszentren, Virunum und Teurnia. Bei ihnen finden sich auch zwei verwandte symbolhafte Raumstrukturen, die im Einklang mit dem alten slawischen Glauben den Raum ordnen. Bei beiden entstanden in der Folge, nicht jedoch vor der 2. Hälfte des 9. Jh.s, große Festungen mit sorgsam angelegten Schutzwällen: Hochgosch über dem Millstätter See (Milštatsko jezero) und → Karnburg/Krnski grad. All das deutet auf das Bestehen von zwei getrennten slawischen Fürstentümern hin: Liburnien/*Liburnija* und Karantanien/*Karantanija*. Die Geschichtsschreibung, die nur auf schriftlichen Quellen beruht, hat Liburnien bisher nicht wahrgenommen. Die beiden Fürstentümer wurden in der Folge im Rahmen der Verwaltungsreform in der ersten Hälfte des 9. Jh.s vereint in eine größere territoriale Einheit, die den Namen Karantanien/*Karantanija* behalten hatte sowie die Tradition der Fürsteneinsetzung am Zollfeld/Gosposvetsko polje. Von dieser Zeit an spricht man von karantanischen Slawen auf dem Gebiet des heutigen Kärnten/Koroška, in Osttirol, in einem Gutteil der Steiermark/Štajerska und im Lungau. Mit der Verbreitung des Begriffs Karantanien/*Karantanija* im letzten Viertel des 10. Jh.s gegen Süden und Südwesten bis Istrien und dem nordöstlichen Italien wurde die Grundlage für eine verallgemeinerte Perzeption der späteren mittelalterlichen Autoren geschaffen, dass Karantaner *(Carinthier)* den Raum zwischen Tschechien (Böhmen) und Mähren im Norden sowie Ungarn und Dalmatien im Osten und im Süden besiedelten, die nach ihrer Sprache und ihren Bräuchen den Slawen anderswo ähnlich waren.

Das Fürstentum in Oberkärnten/Zgornja Koroška, das schriftliche Quellen im 9. Jh. als Liburnia bezeichnen und aus dem sich in der Folge die Grafschaft Lurn (slow. *Lurnska grofija*) entwickeln sollte, brachte den legendären Fürsten → DOMITIAN VON MILLSTATT/ DOMICIJAN hervor. Das Kloster in Millstatt (Milštat) bewahrt noch heute seine Reliquien und seinen Grabstein auf. Unter seiner Schirmherrschaft entstand das Männerkloster in Molzbichl und das Frauenkloster in Millstatt (Milštat). Beide Klöster schufen jenen intellektuellen Rahmen, der die ersten schriftlichen Zeugnisse in einer slawischen Sprache hervorbrachte und der den Beginn und die Wurzeln der späteren → Freisinger Denkmäler der slowenischen Schriftsprache darstellt (→ MODESTUS, → Maria Saal/Gospa Sveta). Diese Texte und der karantanische Ritus der Fürsteneinsetzung sind der Beweis für das Vorhandensein einer slawischsprachigen Elite, die zur Slawisierung der altansässigen *Vlahi* (→ Walchen) beitrug. Diese lebten, wie es die Funde am Hemmaberg/Rozalija im Jauntal/ Podjuna belegen, noch lange Zeit im 7. Jh. in ihren Höhensiedlungen, wobei es bereits zu Handel und anderen Kontakten mit den Slawen in der Ebene kam. Langsam siedelten die Walchen in der Ebene und vermischten sich mit den dortigen Slawen.

Das Wissen der *Vlahi* (Walchen) war entscheidend für das Überleben im gegebenen natürlichen Umfeld. Ihr Wissen und der Transfer des Wissens sind gut ersichtlich bei der Töpferei, wo in zahlreichen Fällen keine klare Trennlinie zwischen den früheren spätantiken und den späteren frühmittelalterlichen Artefakten gezogen werden kann (→ Inkulturation; → Kontinuität; → Terminologie, christliche).

Schmuck zählt zu den attraktivsten Erzeugnissen. Dieser wurde mit jenem Wissen hergestellt, der auf die mediterrane Überlieferung zurückzuführen ist, sei es unmittelbar, sei es über den pannonischen Raum oder über die Gebiete des fränkischen Staates. Lokale Merkmale deuten auf die hohe Wahrscheinlichkeit des Bestehens einheimischer Werkstätten.

Der vorherrschende Bestattungsritus bei der slawischen Bevölkerung im 7. Jh. war die Brandbestattung. Obwohl solche Gräber im gesamten slawischen Raum

Peter am Bichl (Šenpeter na Gori). Rekonstruktion der Inschrift Otker Radozlav (Franz Glaser, Landesmuseum Kärnten)

Molzbichl: Scheibenfibel aus Bronze mit blauen und weißen Emaileinlagen aus dem 9. Jh. (links Foto, rechts Umzeichnung). Dargestellt ist das Lamm Gottes, dessen Deutung sich aus vergleichbaren, detaillierter gearbeiteten Fundstücken ergibt. Foto P. Schwarz, Zeichnung: F. Glaser, Archiv: Landesmuseum Kärnten.

selten sind, scheint es, dass solche Gräber in → Grabelsdorf/Grabalja vas entdeckt wurden. Dieser folgte ebendort die Bestattung einer nicht eingeäscherten vornehmen Person, deren Rang und Bedeutung durch die prunkvolle Kleidung und die Krieger- und Reiterausrüstung bezeugt wird. Im 9. und im 10. Jh. finden die Bestattungen zunehmend auf kirchlichen Friedhöfen (→ Hermagor/Šmohor) statt und im 11. Jh. verliert sich für längere Zeit der Brauch der Beigabe von Grabbeigaben.

Die Entwicklungen in Kärnten/Koroška gleichen in groben Umrissen den Veränderungen in den Nachbarregionen. Deutlich tritt hervor, dass nach den fränkischen Eroberungen in der Zeit Karls des Grossen ein riesiger politisch geeinter Binnenraum im südlichen Mitteleuropa entstand, wo Wissen über Handwerkstechniken ausgetauscht wurde und wo ein verhältnismäßig verbundener Handelsraum bestand. All das ist jedoch in keiner Weise ein Beweis für eine → Germanisierung dieses Raumes (→ Personalitätsprinzip). Im Gegenteil, im Evangeliar von Kaiser Otto III. wird zwischen den allegorischen Figuren, die sein Reich symbolisieren gleichberechtigt auch die *Sclauinia* dargestellt (→ *Slovenia submersa*).

Lit.: B. Grafenauer: *Ustoličevanje koroških vojvodov in država karantanskih Slovencev – Die Kärntner Herzogseinsetzung und der Staat der Karantanerslawen* (sic!). Ljubljana 1952; P. Korošec: *Zgodnjesrednjeveška arheološka slika Karantanskih Slovanov, Archäologisches Bild der karantanischen Slawen im frühen Mittelalter*. Ljubljana 1979; F. Glaser: *Domicianus dux*. In: F. Nikolasch (Hg.): Studien zur Geschichte von Millstatt und Kärnten, Klagenfurt 1997, 137–150; A. Pleterski: *Die Kärntner Fürstensteine in der Struktur dreier Kultstätten*. In: A. Huber (Hg.): *Der Kärntner Fürstenstein im Europäischen Vergleich*. Gmünd 1997, 43–119; F. Glaser (Hg.): *Kelten, Römer, Karantaner, Kunstgeschichte Kärntens*. Klagenfurt 1998; A. Pleterski: *Die altslawische župa – der Staat vor dem Frühstaat*. In: H. Kóčka-Krenz, A. Łosiński (Hg.): Kraje słowiańskie w wiekach średnich: profanum i sacrum. Poznań 1998, 79–81; F. Glaser: *Inschrift karantanischer Kirchenstifter*. In: *Archäologie Österreichs* 10/1 (1999) 19–22; H.-D. Kahl: *Der Millstätter Domitian*. Stuttgart 1999; P. Gleirscher: *Karantanien. Das slawische Kärnten*. Klagenfurt 2000; A. Pleterski: *Modestuskirchen und Conversio*. In: R. Bratož (Hg.): Slovenija in sosednje dežele med antiko in karolinško dobo: začetki slovenske etnogeneze – Anfänge der slowenischen Ethnogenese. Ljubljana 2000, 425–476; K. Karpf: *Frühmittelalterliche Flechtwerksteine in Karantanien*. Innsbruck 2001; S. Eichert: *Die Frühmittelalterlichen Grabfunde Kärntens*. Klagenfurt 2010; P. Štih: *Slovansko, alpskoslovansko ali slovensko? O jeziku slovanskih prebivalcev prostora med Donavo in Jadranom v srednjem veku (pogled zgodovinarja)*. In: ZČ 65 (2011) 8–51, S. Eichert: *Frühmittelalterliche Strukturen im Ostalpenraum. Studien zu Geschichte und Archäologie Karantaniens*. Klagenfurt 2012.

Andrej Pleterski; Üb.: Bojan-Ilija Schnabl

Archiv für slavische Philologie (AfslPh), erste internationale slawistische Zeitschrift. Sie wurde von 1876–1929 in Berlin herausgegeben. Die Artikel erschienen einheitlich in deutscher Sprache. Der erste Herausgeber des AfslPh war der Kroate Vatroslav Jagić (1838–1923). Jagić redigierte die ersten 37. Bände. Nach Jagićs Tod übernahm Erich Bernecker (1874–1937) die Redaktion. Unter Bernecker erschienen weitere fünf Bände. Aus dem Briefwechsel führender Slawisten der damaligen Zeit werden zwei entscheidende Details zur Gründung des AfslPh deutlich (vgl.: Sturm-Schnabl, 1991). Zum einen regte August Leskien (1840–1916) Jagić zur Edition einer slawistischen Zeitschrift an. Zum anderen empfahl Franc → Miklošič (1813–1891) das Deutsche als → *lingua franca*. Miklošič hatte nämlich anhand seiner slawistischen Zeitschrift *Slavische Bibliothek* die Problematik einer mehrsprachigen wissenschaftlichen Zeitschrift erkannt. Jagić editierte das AfslPh nicht alleine. Mitarbeiter waren u.a.: A. Brückner, J. Gebauer, C. Jireček, A. Leskien, F. Miklošič, W. Nehring, St. Novaković, M. Rešetar, K. → Štrekelj, W. Wesselofsky.

Slowenistische Artikel waren, mit Ausnahme der letzten Jahre, gut vertreten. Einerseits erschienen Artikel slowenischer Autoren zu Kärntner slowenischen Themen, etwa: France → Kidrič: *Slovenische Protestanten aus dem Gailtale in der Lausitz?* (AfslPh 37, 1920), und Vatroslav Oblak: *Bibliographische Seltenheiten und ältere Texte bei den slovenischen Protestanten Kärntens* (AfslPh 15, 1893). Andererseits publizierten auch Kärntner Slowenen, wie Ivan → Grafenauer: *Zum Accente im Gailthaler Dialekte* (AfslPh 27, 1905); Anton → Janežič: *Slovensko-nemški slovar. Tretji na-*

tis, predelal in pomnožil Franc Humad, Klagenfurt, 1893 (AfslPh 16, 1894); Julij → Kleinmayer: *Zgodovina slovenskega slovstva, Celovec 1881* (AfslPh 5, 1880); Primus → Lessiak: *Noch einmal »Klagenfurt-Celovec«* (AfslPh 17, 1905); *Zum sechsten Male »Klagenfurt-Celovec«* (AfslPh 32, 1911); Luka → Pintar: *Celovec = Klagenfurt. Ein neuer Erklärungsversuch* (AfslPh 26, 1904). *Nochmals »Klagenfurt-Celovec«* (AfslPh 31, 1910); Janez → Scheinigg: *Nochmals »Klagenfurt-Celovec«* (AfslPh 27, 1905); *Narodne pesni koroških Slovencev, Ljubljana, 1889* (AfslPh 13, 1891). Artikel zu Kärntner slowenischen Themen wurden auch von anderen Wissenschaftern verfasst, wie z.B. J. Baudoin de Courtenay: *Celovec = Klagenfurt* (AfslPh 26, 1904).

Quellen: Archiv für slavische Philologie (alle Bände).
Lit.: ES. – K. Günther: *Archiv für slavische Philologie – Gesamtinhaltsverzeichnis*, Deutsche Akademie der Wissenschaften – Slawistik, Sonderreihe Bibliographie, Akademie-Verlag, Berlin, 1962; F. Pastrnek: *Bibliographische Übersicht über die slavische Philologie – zugleich Generalregister zu Archiv Band I–XIII*. Berlin, 1892; F. Ramovš: *Slovenistika v Jagićevem »Archiv-u für slavische Philologie«*. Ljubljana 1918; K. Sturm-Schnabl: *Der Briefwechsel Franz Miklosich's mit den Südslaven – Korespondenca Frana Miklošiča z Južnimi Slovani*. Maribor 1991, s. v. und Br. 185, 244 Anm. 9, Br. 47 Anm. 3, Br. 248, Anm. 1.

Reinhold Jannach

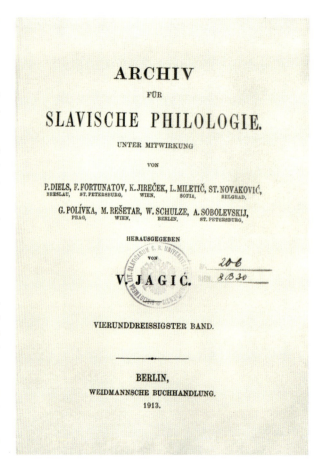

Archiv für slawische Philologie, Berlin 1913

Archivwesen, vgl. Sachlemmata: → Archivwesen, sowie → Pfarrarchiv; → Quelle; → Sammlung, landeskundliche; → Slovenica im Kärntner Landesarchiv; → Slovenica-Carinthiaca in Kärntner Bibliotheken in vorjosefinischer Zeit.

Archivwesen. Bedingt durch die territoriale Aufsplitterung Kärntens im Mittelalter in mehrere bedeutende kirchliche und weltliche Herrschaftsgebiete wirkten diese Kräfte stärker prägend als die des Landesfürsten, so dass im Vergleich zu anderen österreichischen Bundesländern in Kärnten/Koroška die Landesausbildung erst sehr spät erfolgt war, nämlich durch die Verträge König Ferdinands I. 1535 mit dem Erzbistum → Salzburg und dem Bistum → Bamberg, in deren letzter Konsequenz der Verkauf der Bamberger Herrschaften im Jahre 1759 an Kaiserin Maria Theresia stand. Daneben wirkten aber auch die Landstände seit dem Ausgang des Spätmittelalters und in der frühen Neuzeit für die Einheit des Landes, unter anderem mit der Etablierung ihrer ständischen Verwaltung, mit der Errichtung der Kanzlei, der Buchhaltung, der Registratur und des Archivs im Jahre 1579.

Während im Mittelalter die Aufbewahrung des wie ein Schatz gehüteten Archivgutes, besonders der Urkunden, nach verschiedensten Ordnungsprinzipien in feuersicheren Schreinen *(scrinia)* und Kisten *(cistae)* erfolgte, standen in der Neuzeit, dem Zeitalter der Akten, verstärkt Kästen und Stellagen für die Aufbewahrung der Archivalien zur Verfügung. Innerhalb dieser Ordnung waren die verschiedenen Bereiche, mit den einzelnen Buchstaben des Alphabets ausgezeichnet, in bestimmte Unterordnungen gebracht worden.

Einen Einschnitt nicht nur in die Kärntner Archivlandschaft stellten die Klosteraufhebungen unter Kaiser Joseph II. (1782/1790) dar (→ Josephinismus). Obwohl damals seitens der böhmisch-österreichischen Hofkanzlei Verordnungen über die Archive und Bibliotheken der aufgelösten Klöster ausgegangen waren, zeigte ihre Umsetzung ein anderes Bild. Vieles wurde zwar beschrieben und aufgenommen, besonders die Urkunden und Handschriften. Die Archive blieben aber größtenteils vor Ort, waren oft über längere Zeit frei zugänglich oder wechselten beim Verkauf der nunmehr als Staatsherrschaften verwalteten Herrschaften den Besitzer, sodass viele Akten verschwanden. Andererseits hatten die maßgeblichen Behörden, die innerösterreichische Staatsgüterverwaltung (→ Innerösterreich) und das Gubernium, über den Verbleib mancher Archive nach der Aufhebung keine Kenntnis.

Viele Archivbestände in Kärnten/Koroška waren durch Feindeinwirkung oder Feuer bereits vor der Klosteraufhebung stark dezimiert worden. So wurden im Prämonstratenserkloster Griffen/Grebinj durch einen Brand im Jahre 1751 viele Dokumente zerstört, auch das Benediktinerstift → Arnoldstein/Podklošter war 1789 sehr arm an Archivgut und besaß keine Handschriften und Stiftungsurkunden mehr.

Das Archiv von → Ossiach/Osoje befand sich im Jahre 1780 in größter Unordnung, war aber 1790 noch zur Gänze vorhanden. Im Ossiacher Archiv wurde ursprünglich auch die Urkunde von König KARLMANN vom 9. September 878 verwahrt, die 1813 von Dr. Johann Jenull, der bei der Aufhebung von Ossiach zugegen war, dem Joanneum in Graz geschenkt wurde; das Dokument stellt heute das älteste Stück in der Urkundensammlung des Kärntner Landesarchivs in Klagenfurt/Celovec dar.

Das Archiv des *Klosters* → *Viktring/Vetrinj* befand sich 1773 im Zimmer neben der Wohnung des Prälaten. Die Urkunden waren auf drei Kästen verteilt in Schubladen aufbewahrt, daneben gab es mehrere Stellagen und Kästen für die Akten. Das Archiv blieb nach dem Verkauf der Herrschaft vor Ort, 1859 schenkte der damalige Besitzer Fürst FRIEDRICH VON LIECHTENSTEIN das gesamte Archiv von Viktring/Vetrinj dem → Geschichtsverein für Kärnten, wie überhaupt dieser Verein um die Mitte des 19. Jh.s bemüht war, die Archive der aufgehobenen Klöster in Kärnten/Koroška, die unter Staatsverwaltung standen, zu erwerben (→ Slovenica-Carinthiaca in Kärntner Bibliotheken in vorjosefinischer Zeit).

Nach dem Zusammenbruch der österreichisch-ungarischen Monarchie schloss die Republik Österreich mit dem Königreich der Serben, Kroaten und Slowenen im Jahre 1923 einen Vertrag (Artikel 93, 191 bis 196 des → Vertrages von St-Germain, 1919) über die Verteilung des Archivgutes. Allerdings wurde in der Zwischenkriegszeit das Abkommen nicht in allen beiderseitigen Belangen umgesetzt, weil es grundsätzliche Auffassungsunterschiede gab (keine einheitliche Umsetzung von Provenienz- und Pertinenzprinzip). Wenig Erfolg war auch der im Jahre 1958 eingesetzten Österreichisch-Jugoslawischen Gemischten Kommission beschieden. Ab 1975 wurden die Verhandlungen zur Umsetzung des Archivabkommens wieder aufgenommen. So wurde beispielsweise 1975 der Verbleib des Bestandes der Illyrischen Baudirektion in Ljubljana/Laibacher Gubernium, 1788–1849, im Kärntner Landesarchiv weder von Jugoslawien noch von Slowenien infrage gestellt, zumal auch Österreich bereits weit mehr Dokumente abgegeben hatte, als der Vertrag von 1923 festgeschrieben hatte. Slowenien und Kärnten/Koroška erreichten schließlich am 10./11. September 2001 ein »endgültiges Ergebnis«. In einem umfangreichen Archivaustausch auf der Basis des Provenienzprinzips wurden von Kärnten/Koroška Akten an Slowenien abgegeben, die sich ausschließlich auf heutiges slowenisches Staatsgebiet beziehen bzw. umgekehrt alle von Slowenien abgetretenen Archivalien Kärntner Gebiet betreffen.

Ein Landesarchiv im Sinne einer Sammelstelle von Archivalien gab es in Kärnten/Koroška bis 1904 nicht. Die Anfänge des landständischen Archivs reichen jedoch bis in das letzte Drittel des 16. Jh.s zurück. In den Jahren 1815/1820 schlugen erste Versuche in Kärnten/Koroška, das A. neu zu ordnen, fehl. Erst mit der Begründung des Geschichtsvereines im Jahre 1844 etablierte Gottlieb Freiherr von ANKERSHOFEN auch ein Archiv, in dem alle → Quellen zur Landesgeschichte gesammelt werden sollten. Erst 1904 mit der Übernahme des Archivars des Kärntner Geschichtsvereines August von JAKSCH, der sich um die Edition der Kärntner Geschichtsquellen große Verdienste erworben hatte, in den Landesdienst kann man vom Beginn eines Landesarchivs in Kärnten/Koroška sprechen, das anfangs allerdings nur die landschaftliche Registratur umfasste. Um diesen Kern herum gelang es JAKSCH, neben den Ordnungs- und Erschließungsarbeiten auch die Bestände des Archivs kontinuierlich zu vermehren. Mit der Verwaltungsreform vom Jahre 1925, als die Staats- und Landesbehörden zusammengeschlossen worden waren, wurden auch das Landesregierungsarchiv und das Landesarchiv vereinigt. Die Aufgaben dieses Archivs lagen in erster Linie in der Aufbewahrung der geschichtlich wertvollen Archivalien, der Akten und Behelfe der politischen Verwaltungs- und Landesbehörden sowie der Stadt- und Marktverwaltungen im Land Kärnten/Koroška, aber auch in der Öffentlichkeitsarbeit und in den wissenschaftlichen Leistungen der Archivare. Die Bestände gliedern sich in Urkunden, Akten, Handschriften und Sondersammlungen. Den Großteil liefert dabei das landständische Archiv, das reichlich Material zur Landesgeschichte bietet, aber auch fremde Archivkörper verschiedenster Herkunft, darunter seit 1974 die Bestände des Archivs des Kärntner Geschichtsvereines.

Unter den Beständen des Landesarchivs befindet sich auch die in slowenischer Sprache abgefasste → Klagenfurter Handschrift (slow. *Celovški rokopis*; Signatur GV-HS 6/24), drei Gebetsformeln, das Vaterunser, das Gegrüßet seist du Maria und das Glaubensbekenntnis. Entstanden sind diese Gebete in der Zeit zwischen 1362 und 1390, sie stellen nach den → *Freisinger Denkmälern* das zweitälteste slowenische Schriftdenkmal aus dem Mittelalter dar. Verwiesen sei auch auf eine slowenische Fassung des Bürgereides von Eisenkappel (Allg. Hs. 1912, fol. 138) (→ Eidesformeln; → Slovenica im Kärntner Landesarchiv). Unter den Nachlässen sind jene von Josef Friedrich → Perkonig und Michelangelo Zois hervorzuheben.

Einen wichtigen Bestand des Kärntner Landesarchivs bildet seit einigen Jahren das Archiv der Familie Khevenhüller, einer im späten 14. Jh. aus Oberfranken nach Kärnten/Koroška eingewanderten Handelsbürgerfamilie in → Villach/Beljak, die binnen weniger Generationen an die Spitze des landständischen Adels aufstieg. Aufgrund der Glaubensspaltung wanderte der Großteil der Familie mit dem Archiv – es stammte von Schloss Landskron/Vajškra bei Villach/Beljak – 1629 nach Nürnberg aus. Durch Einheirat gelangte das Archiv an die reichsgräfliche Familie Giech in Thurnau (Oberfranken). Die Kärnten/Koroška betreffenden Teile dieses Archivs konnten im Jahre 2004 über die Archivverwaltung des Freistaates Bayern für das Landesarchiv in Klagenfurt/Celovec erworben werden. Die Bestände haben nicht nur für die Geschichte Kärntens im Spätmittelalter und in der frühen Neuzeit Bedeutung, sondern auch für die Ortsgeschichte des Gebietes vom Mölltal bis Klagenfurt/Celovec. Das Archiv enthält aber kaum Material zur Osterwitzer Linie der Khevenhüller (Burg Hochosterwitz/Ostrovica).

Das Archiv des Benediktinerklosters → St. Paul im Lavanttal/Šentpavel v Labotski dolini war im Jahre 1778 in einem geordneten Zustand. Heute setzt sich das Archiv aus den ursprünglich erhalten gebliebenen Beständen von Alt-St. Paul nach der Aufhebung im Jahre 1787 zusammen, sowie aus den Archivkörpern von St. Blasien im Schwarzwald und von dem im Jahre 1807 aufgelassenen Chorherrenstift Spital am Pyhrn, wo die Mönche von St. Blasien vor ihrem Einzug in St. Paul/Šentpavel kurzzeitig Zwischenstation machten. Während die Bestände von St. Blasien von größter wissenschaftlicher und kulturgeschichtlicher Bedeutung sind, darunter Handschriften aus dem 5. bis 18. Jh., kommen noch mindestens 51 Pergamenthandschriften aus Spital am Pyhrn hinzu. Die Bestände von Alt-St. Paul umfassen neben der umfangreichen Urkundenanzahl, die von P. Beda Schroll wissenschaftlich aufgearbeitet wurde, die Archivalien der Herrschaften Rabenstein, Kollnitz, Dravograd (Gutenstein, Guštanj), Möchling/Mohliče, Leonstein-Pörtschach/Leonstein-Poreče, Pfarre Klein-St. Paul/Mali Šentpavel im Görtschitztal/dolina Krčice, die Städte → Klagenfurt/Celovec, → Völkermarkt/Velikovec, St. Veit an der Glan (Šentvid ob Glini), ferner Lavamünd/Labot und → Bleiburg/Pliberk, Loschental, Eberndorf/Dobrla vas, Faal/Fala und Lembach/Limbuš.

Unter den Beständen des Diözesanarchivs Gurk (ADG) in Klagenfurt/Celovec sind besonders die Tauf-, Trauungs- und Sterbebücher hervorzuheben, die nicht nur wertvolle kirchen- und kulturgeschichtliche Quellen repräsentieren, sondern auch unumgänglich für jede genealogische Forschung sind. Zudem können diese Matrikenbücher auch die Wandlung der Anthroponymie einer Familie dokumentieren, da die Schreibung unserer Familiennamen im Laufe der Jahrzehnte so manche Veränderung erfahren hat (→ Personenname). Im Diözesanarchiv Gurk in Klagenfurt/Celovec finden sich die Matrikenbücher für vier Fünftel der Kärntner Pfarren (Stand 2008).

Eng mit dem 1873 durch Privatinitiative begründeten Museum der Stadt Villach/Beljak ist das angeschlossene Archiv verbunden. Im Zuge der Gründung der Alpen-Adria-Universität in Klagenfurt/Celovec 1970/1971 hat sich ein Archiv etabliert, das auch die Akten der Landeslehrer- und Studienbibliothek vom Ende des 19. Jh.s etwa bis 1970 verwaltet; seit 1997 besteht eine Archivarsplanstelle.

Von den slowenischen Archiven finden sich für Kärnten/Koroška relevante Bestände in folgenden Institutionen: *Zgodovinski arhiv Ljubljana* [Geschichtliches Archiv → Ljubljana]: Jesenice; *Pokrajinski arhiv Maribor* [Landesarchiv → Maribor]: Dravograd, Slovenj Gradec. Ravne na Koroškem. Die *Koroška osrednja knjiznica dr. Franca Sušnika* (Kärntner Zentralbibliothek Dr. Franc → Sušnik, Ravne na Koroškem), 1949 als Studienbibliothek für den Bezirk Dravograd unter der Mitwirkung von Franc Sušnik (1898–1980) begründet, besitzt diese Bibliothek aus dem Nachlass von France → Kotnik (1882–1955) u.a. Handschriften von Andreas → Schuster – Drabosnjak (1768–1825) aus Köstenberg/Kostanje am Wörther See/Vrbsko jezero, dem großen slowenischen Volksschriftsteller (→ Bukovništvo).

Lit.: S. Laschitzer: *Die Archive und Bibliotheken des Jesuitenkollegiums in Klagenfurt und der Stifter Eberndorf und Millstatt*. In: *Car I* 72 (1882) 29–43, 77–87, 113–121; S. Laschitzer: *Geschichte der Klosterbibliotheken und Archive Kärntens zur Zeit ihrer Aufhebung unter Kaiser Joseph II*. In: *Car I* 73 (1883) 129–148, 161–187, 193–205; M. Wutte: *Das Archiv des Geschichtsvereins für Kärnten*. In: *Car I* 103 (1913) 52–81; M. Wutte: *25 Jahre Kärntner Landesarchiv*. In: *Car I* 119 (1929) 112–134; H. Wiessner: *Das Kärntner Landesarchiv in den Jahren 1938 bis 1946*. In: Mitteilungen des Österreichischen Staatsarchivs 1 (1948) 475–482; W. Goldinger: *Geschichte des Österreichischen Archivwesens*. In: Mitteilungen des Österreichischen Staatsarchivs, Ergänzungsband 5. Wien 1957; F. Zwitter: *Arhivska konvencija z avstrijo iz leta 1923 in vprašanje njene izvedbe*. In: ČZN 3 (1967) 270–283; F. Zwitter: *Odprto pismo o neizpolnjenem arhivskem sporazumu med Jugoslavijo in Avstrijo*. In: *Archivist* 23 (1973) 5–7; W. Neumann: *Das Kärntner Landesarchiv, seine Entwicklung und Aufgaben*. In: *Scrinium* 15 (1976) 3–16; *Vodnik po arhivih Slovenije*. Ljubljana 1965; S. Vilfan, J. Žontar: *Arhivi v Sloveniji*. Ljubljana 1970; B. Grafenauer: *Kaj pomenijo ugovori zoper že tako uresničevanje arhivskega sporazuma med Jugoslavijo in Avstrijo, ki so se pojavili v avstrijskem tisku in parlamentu letos poleti: ali se pripravlja z avstrijske strani že tretjič blokiranje izvedbe tega sporazuma?* In: *Arhivi* 4 (1981), Nr. 1/2, 101–106; G. Rill, E. Springer, Ch. Thomas: *60 Jahre Österreichisch-Jugoslawisches Archivübereinkommen*. In: Mitteilungen des Österreichischen Staatsarchivs 35 (1982) 288–347; K. Dinklage: *Die Anfänge der Kärntner Landesverwaltung. Der Aufbau von Kanzlei, Buchhaltung, Registratur und Archiv der Landstände bis zur Adelsemigration von 1629*. In: *Car I* 173 (1983) 239–287; P. Klasnic (Hg.): *Arhivski fondi in zbirke v arhivih in arhivskih oddelkih v SFRJ*. SR Slovenija. Beograd 1984; J. Mrdavšic: *Koroška osrednja knjiznica dr. Franca Sušnika*. Ravne na Koroškem 1989; F. W. Leitner: *Das Archiv des Benediktinerstiftes St. Paul im Lavanttal*. In: Schatzhaus Kärntens. St. Paul 1991. Band 2. Klagenfurt 1991, 647–653; A. Ogris: *Der geplante Neubau für das Kärntner Landesarchiv (1993–1997)*. In: Mitteilungen des Österreichischen Staatsarchivs 43 (1993) 43–57 und *Car I* 183 (1993) 9–29; A. Suppan: *Jugoslawien und Österreich 1918–1938*. Wien [e.a.] 1996, 362–368; J. Papritz: *Archivwissenschaft*. Band 1. Nachdruck der 2. Auflage. Marburg 1998; A. Ogris: *Der Archivalienaustausch zwischen Kärnten und Slowenien. Von den österreichisch-jugoslawischen Archivverhandlungen zur pragmatischen Lösung*. In: *Car I* 192 (2002) 11–45 (mit Anhang); 100 Jahre Kärntner Landesarchiv 1904–2004. In: *Car I* 194 (2004) 13–182 (mit verschiedenen Beiträgen); *Vodnik po fondih in zbirkah Arhiva Republike Slovenije*. Ljubljana 1999; W. Wadl: *Das Khevenhüller-Archiv*. Klagenfurt 2004. E. Webernig: *Archivschutz in Kärnten unter besonderer Berücksichtigung der Familienarchive (Adelsarchive) und Nachlässe*. In: Mitteilungen des österreichischen Staatsarchivs 56 (2011) 359–385.

Günther Bernhard

Arnejc, Franjica, → Internierungen 1919.

Arnejc, Dr. Ivan (Janko, * 7. Februar 1876 Obergoritschach/Zgornje Goriče [Rosegg/Rožek], † 15. Oktober 1936 Ljubljana), Sprachwissenschafter.

A. besuchte von 1887–1895 das Gymnasium in Villach/Beljak, studierte von 1895–1903 klassische Philologie an der Universität in Graz und promovierte 1904 zum Dr. Phil. Als Supplent war er danach in Graz (1903–1904), in Klagenfurt/Celovec (1904–1906) und in Leoben (1906–1909). 1909 bekam er eine Stelle als Professor am Gymnasium in → Maribor, wo er bis 1914 unterrichtete. Gleichzeitig vertiefte er seine Studien an der Universität in Berlin und bereitete seine Habilitation vor. 1914 wurde er dank der Bemühungen des Landtags- und Reichsratsabgeordneten Karel VERSTOVŠEK in Wien dem Unterrichtsministerium zugeteilt, wo er mit der Herausgabe slowenischer Schulbücher und anderer Lehrmittel befasst war. Nach dem Ersten Weltkrieg leitete er die *Kraljeva zaloga šolskih knjig* [etwa Königlicher Schulbuchverlag] (1919–1924) und unterrichtete am Gymnasium in Ljubljana. Anlässlich der Gründung der Universität Ljubljana war er als erster möglicher Kandidat für den Lehrstuhl der Gräzistik genannt, doch lehnte er diese Stelle aus ungeklärten Gründen ab. Zwischen 1933 und 1936 war er Lehrbeauftragter der klassischen Philologie.

In seinen Studentenjahren befasste er sich mit der Sammlung von Volksgut nicht nur in Kärnten/Koroška und in der Steiermark/Štajerska, sondern auch in anderen slawischen Ländern (→ Ethnologie). Als Gymnasialprofessor begeisterte er die Schüler in Maribor für die Poesie und die Dichtkunst und auf seine Initiative begannen diese, die handschriftliche Literaturzeitschrift *Bodočnost* [Zukunft] zu publizieren.

In den Jahrbüchern des Gymnasiums von Maribor veröffentlichte er zwei sprachwissenschaftliche Studien, die erste (in Latein) aus dem Bereich der Latinistik (*De origine et vi vocis »tamen«*, 1909) und die zweite (in Slowenisch) aus dem Bereich der Gräzistik (*Indogermanski aorist s posebnim ozirom na grščino* [Der indoeuropäische Aorist mit besonderer Berücksichtigung des Griechischen] 1911). Seine umfassendste und bedeutendste Abhandlung aus dem Bereich der Gräzistik erschien unter dem Titel *Doneski k zgodovini grške elegije* [Beiträge zur Geschichte der griechischen Elegie] in zwei Folgen in der Zagreber Zeitschrift *Nastavni vjesnik* (1910).

Er war unter den Gründungsmitgliedern des Mariborer *Časopis za zgodovino in narodopisje* [Zeitschrift für Geschichte und Volkskunde] (1904) und war in Klagenfurt/Celovec Redakteur des → *Mir* (1905), wo er Beiträge über slowenische Volksmärchen und Erzählungen publizierte (→ Volkserzählung), er war Mitbegründer und Aktivist der Mariborer Zeitschrift *Straža* [Wacht] (1909), Mitbegründer und Ausschussmitglied des → *Podporno društvo za slovenske visokošolce na Koroškem* [Unterstützungsverein für slowenische Hochschüler in Kärnten], wahrscheinlich auch des → *Gosposvetski zvon* und des *Udruženje koroških Slovencev* (→ *Klub koroških Slovencev*) [Klub der Kärntner Slowenen] in Ljubljana. In den Schriften und der Literatur über das ethnopolitische Engagement von A. kommt es oftmals zu Verwechslungen mit seinem Zeitgenossen und Namensvetter, dem Kärntner-slowenischen Landsmann und Priester sowie Kanonikus Dr. Janko → Arnejc (1877–1967).

Lit.: SBL; OVSBL. – K. Gantar: *Ivan Arnejc (Arneiz)*, (MS für das neue SBL).

Danijel Grafenauer; Üb.: Bojan-Ilija Schnabl

Arnejc, Dr. Janko (* 24. März 1877 Pečnica pri Ledincah/Petschnitzen bei Ledenitzen [Finkenstein am Faaker See/Bekštanj], † 21. Juli 1967 Ljubljana), Priester, Kulturaktivist.

A. studierte in Klagenfurt/Celovec und in Rom. Am 28. Oktober 1901 erhielt er in Rom die Priesterweihe. Im darauffolgenden Jahr beendete er seine theologischen Studien am Collegium Germanicum Hungaricum mit dem Doktorat. In den Jahren 1903–1904 war er Präfekt im Knabenseminar in Klagenfurt/Celovec, danach Kaplan in St. Jakob/Šentjakob bei → Villach/Beljak. 1906 wurde er aufgrund von gesundheitlichen Problemen Priester in Ebenthal/Žrelec bei Klagenfurt/Celovec, wo er bis 1920 blieb. Er setzte sich für die Rechte der Slowenen in Kärnten/Koroška ein. Nach dem Krieg (1918) rettete er sein Leben durch Flucht vor den Deutschnationalen nach → Jugoslawien. 1919 kehrte er auf Einladung aus Ljubljana in seine Pfarre zurück, wo er im Hinblick auf die Vorbereitungen auf die → Volksabstimmung die Verwaltung des slowenischen Teiles der Gemeinde übernahm. Nach der Volksabstimmung musste er auf Geheiß des Bischofs von Gurk nach Jugoslawien emigrieren (→ Vertreibung 1920), »weil weder er noch die Regierung für mein Leben garantieren konnte«. 1921 übernahm er die Maiandachten im Dom von Ljubljana. Nach einigen Veränderungen wurde er Pfarrer von Trstenik in der Gorenjska, wo er 10 Jahre blieb. A. war ein angesehenes Mitglied des → *Klub Koroških Slovencev* [Klub der Kärntner Slowenen] (KSS) und langjähriger Vizepräsident desselben. Zwischen den beiden Weltkriegen leitete er regelmäßig die Gedenkmessen für die verstorbenen Kärntner Slowenen bei den jährlichen Jahresmitgliederversammlungen in → Celje. Er hielt auch Vorträge anlässlich der Jahrestage der Volksabstimmung sowie bei anderen Gelegenheiten. Im KSS setzte er sich für die Unterstützung der Kärntner Slowenen und für die nationale Eintracht der Slowenen ein. Während seiner Besuche in Kärnten/Koroška stand er unter Beobachtung der Sicherheitspolizei, da er »zur Aufhetzung fanatischer jugoslawischer Anhänger« gekommen sei. 1938 wurde er zum Pfarrer von Breznica in der Gorenjska ernannt, von wo er 1941 vor den Nazis nach Ljubljana flüchtete. Im Ljubljana teilte ihm 1943 Bischof Gregorij → Rožman, mit dem er noch aus Kärntner Zeiten ein freundschaftliches Verhältnis pflegte, die Pfarre von St. Jakob zu. Gemeinsam mit Rožman ging er 1942 nach Rom, wo sie beim Papst gegen die Verfolgungen von Slowenen durch die italienischen Okkupatoren Protest einlegten. Nach dem Zweiten Weltkrieg war er 14 Monate als politischer Gefangener in Haft (1946–1947). Verschiedene Mitglieder des KSS, die um seine Verdienste für die Rechte der Kärntner Slowenen wussten, halfen ihm aus dem Gefängnis zu kommen. 1951 wurde er Domkanonikus. Er war auch Konsistorialrat. Im Juni 1967 verstarb A. Die Abschiedsrede am Grabe hielt der Erzbischof von Ljubljana, Dr. Jožef Pogačnik.

Lit.: *Dr. Janko Arnejc umrl.* In: *Naš tednik*, Jg. 17 (27. 7. 1967) 4; T. Kompare: *Logatec, črtice iz življenja kraja in obeh župnij.* Logatec: Župnijski urad sv. Nikolaja, 1990, 104; J. Stergar: *Klub koroških Slovencev v Ljubljani.* In: T. Bahovec (Hg.): Eliten und Nationwerdung/Elite in narodovanje: Die Rolle der Eliten bei der Nationalisierung der Kärntner Slovenen/Vloga elit pri narodovanju koroških Slovencev (Unbegrenzte Geschichte/Zgodovina brez meja, Bd./zv. 10). Klagenfurt/Celovec [e.a.] 2003, 48; T. Griesser Pečar: *Cerkev na zatožni klopi.* Ljubljana 2005, 23, 100–101, 279–284; D. Grafenauer: *Življenje in delo Julija Felaherja in koroški Slovenci* (Phil. Diss.). Maribor 2009.

Danijel Grafenauer; Üb.: Bojan-Ilija Schnabl

Arnejc, Katica → Internierungen 1919.

Arnoldstein/Podklošter, vgl. Sachlemmata: → Arnoldstein/Podklošter, → Arnoldstein, Kloster, sowie → Abgeordnete; → Agoritschach/Zagoriče; → Aquileia; → Archivwesen; → Bamberg; → Bibel; → Bukovništvo; → Gailtal/Ziljska dolina; → Gailtaler Dialekt/*ziljsko narečje*; → Gegenreformation; → Geschichtsverein für

Tamburizza in Pöckau/Peče, Gemeinde Arnoldstein/Podklošter, *Mir*, 11.5.1905

St. Leonhard bei Siebenbrünn/Šentlenart pri Sedmih studencih, Ansichtskarte, KOK Ravne na Koroškem

Vabilo k veselici, katera se vrši v nedeljo, dné 14. maja v gostilni pri „Gaggl"-nu v Pečah. Spored: Tamburanje, deklamacija, tamburanje, igra: „Eno uro doktor". — Tamburanje, deklamacija. — Prosta zabava in ples. Igrajo brnski igralci in tamburaši. — Začetek točno ob štirih. K obilni udeležbi se vabi.

Sv. Lenart pri Sedmih studencih.

Kärnten; → Hermagor/Šmohor, Pfarre; → Josephinismus; → Karantanien; *Katoliško politično in gospodarsko društvo za Slovence na Koroškem* (KPGDSK) [Katholisch-politischer und Wirtschaftsverein für die Slowenen in Kärnten]; → Kirchenlied; → KRANZMAYER, Ortsnamen, alphabetisches Verzeichnis; → Kreuzweg; → Kulturgeschichte (= Einleitung, Band 1); → Liederbuch; → Liedersammlung, handschriftliche; → Linde; → Pfarrkarte der Diözese Gurk/Krška škofija 1924; → Protestantismus; → *Sadnikerjev rokopis* [Die Sadniker Handschrift]; → Slovenica-Carinthiaca in Kärntner Bibliotheken in vorjosefinischer Zeit; → Sprachgrenze (2) im 18. Jh. in Kärnten/Koroška; → Verfolgung slowenischer Priester ab 1938 in Kärnten/Koroška; → Volkslied, geistliches; → Wahlkreise der Landtagswahlordnungen in Kärnten/Koroška ab 1849; → »Windischen, die«; → Zweinamigkeit, mittelalterliche; Personenlemmata: → ABUJA, Matthias; → CUKALA, Dr. Franc; → CZOERNIG, Karl (Carl) von; → EINSPIELER, Gregor; → FERTALA, Franc; → KUGY, Julij; → MAURER, Luka: *Cerkvene pesmi*, 1744 [Kirchenlieder]; → MILLONIG, Johann; → RUPRECHT, Viktor; → SANTONINO, Paolo; → SCHAUBACH, Franc; → SCHNEIDER, Matthias; → TREIBER, Franc; → WIEGELE, Ferdinand; Pöckau/Peče: → MIKULA, Franz; Hart/Ločilo: → RAUTER, Flora; St. Leonhard bei Siebenbrünn/Št. Lenart pri sedmih studencih: → ČEBUL, Avguštin; → GRAFENAUER, Franc (1894–1956); → MARKOVIČ, Peter; → PIPP, Johann; → STARC, Johann; → VINTAR, Josip.

Arnoldstein/Podklošter, Burg seit 1014 im Besitz des Bistums → Bamberg, 1062 im Besitz der Eppensteiner, 1106 Gründung eines Klosters zu Ehren des hl. Georg durch Bamberg, das mit reichem Besitz im → Gailtal/Ziljska dolina ausgestattet wurde; 1376 Erstnennung des Dorfes am Fuße des Klosters, das zweifellos schon zuvor bestand, da 1316 die Pfarrkirche genannt wird; 1476 Brandschatzung von Ort und Kloster durch die Türken; eine Etablierung der Siedlung als Markt konnte auf Dauer nicht durchgesetzt werden; 1783 Aufhebung des Klosters (Gebäude 1883 durch Brand zerstört) und Übergang in staatlichen Besitz; 1811–1814 Arrondissement A./P. des Kantons → Villach/Beljak; 1849–1851 Teil der Bezirkshauptmannschaft (BH) → Hermagor/Šmohor; 1851–1868 gemischtes Bezirksamt A./P., seit 1868 Teil der BH Villach/Beljak; ursprünglich eigener Gerichtsbezirk, heute mit Villach/Beljak vereinigt; nach 1848 bildete der Gerichtsbezirk A./P. gemeinsam mit den Gerichtsbezirken Tarvisio/Tarvis/Trbiž und Hermagor/Šmohor einen eigenen Wahlbezirk (→ Wahlkreiseinteilung).

Wenngleich die Fugger bereits im 15. Jh. hier eine Bleihütte betrieben, blieb der Ort gemessen an seiner Einwohnerzahl lange hinter anderen Orten des Tales zurück; seit 1797 in Gailitz/Ziljica eine Glättefabrik; seit 1882 Standort einer Bleihütte der Bleiberger Bergwerksunion; dies und der Anschluss an das Eisenbahnnetz trugen dazu bei, dass A. neben Hermagor/Šmohor der einwohnerstärkste Ort des Tales wurde, dem besondere zentralörtliche Funktion und vor allem wirtschaftliche Bedeutung für das Untere Gailtal/Spodnja Zilja zukam. Während des Abwehrkampfes war A. Schauplatz von militärischen Kampfhandlungen (→ Grenzfrage). Der zum Gemeindegebiet gehörende Ort Thörl/Vrata war von November 1918 bis November 1924 von italienischen Truppen besetzt. Der Grund dafür waren strategische Überlegungen der Italiener, in T., das seit 1873 Staatsbahnstation war, einen Grenzbahnhof größeren Stils zu errichten, da die geografischen Voraussetzungen hier ungleich besser waren als im Raum Tarvis. Im Protokoll von Bozen (30. Oktober 1924) wurde T. Österreich zugesprochen.

Gemeinde: 1850 als Gemeinde eingerichtet, seit 1922 Marktgemeinde; 1864 und 1877 Erweiterung des

Gemeindegebiets durch Eingemeindung der Steuergemeinden Maglern/Megvarje (1864) und Seltschach/Sovče (1877), beide zuvor Teil der Gemeinde Hohenthurn/Straja vas.

Katholische Pfarre: 1106 Stiftung eines dem hl. Georg geweihten Klosters durch Bischof Otto von Bamberg; das Lambert-Patrozinium der Pfarrkirche lässt auf eine schon zuvor bestehende Eigenkirche der Eppensteiner schließen; Pfarrkirche 1316 urkundlich genannt; Pfarre dem Kloster inkorporiert; bis 1751 Teil des Patriarchats → Aquileia, 1751–1786 zum Erzbistum → Gorizia/Gorica/Görz gehörig, seit 1786 zur Diözese → Gurk/Krška škofija (ausgenommen 1809–1814 Diözese → Ljubljana) (→ Sprachgrenze [2] im 18. Jh. in Kärnten/Koroška). A. gehört heute zum zweisprachigen Dekanat Villach-Land/Beljak-dežela. Auf der Pfarrkarte der → Diözese Gurk/Krška škofija 1924 wird A./P. als slowenisch-deutsche Pfarre ausgewiesen, während die Filialkirchen in Gailitz/Ziljica, Lind/Lipa, Pöckau/Peče und Seltschach/Sovče als rein slowenisch angeführt wurden.

Evangelische Pfarre: In → Agoritschach/Zagoriče bestand seit 1798 eine Tochtergemeinde der Pfarre Bleiberg (Plajberk pri Beljaku); dort festigte sich seit der Reformation eine protestantische Tradition, die von Primož → Trubar selbst begründet wurde und gegen die das Kloster vehement, jedoch letztlich vergeblich vorging (→ Protestantismus, → Gegenreformation); seit 1969 ist Agoritschach/Zagoriče eine eigene Pfarrgemeinde mit zeitgleichem Kirchenneubau (in Arnoldstein/Gailitz).

Sonstiges: Der ursprünglich gemischt, später überwiegend deutschsprachige Ort A./P. besaß für die umliegenden Orte vorrangig Bedeutung als Marktort sowie im 19. Jh. als Sitz von Behörden und Industrieort, nicht jedoch als Sitz von slowenischen → Kulturvereinen oder Genossenschaften (→ Genossenschaftswesen). Diese entstanden vielmehr in den umliegenden Orten (Fürnitz/→ Brnca) (→ »Dobrač«, *Slovensko tamburaško in pevsko društvo* [Slowenischer Tamburizza und Gesangsverein »Dobrač«]), St. Leonhard/Šentlenart pri sedmih studencih und Gemeinden (v. a. Hohenthurn/Straja vas und Feistritz/Bistrica na Zilji).

Der zur Gemeinde A./P. gehörende Ort Gailitz/Ziljica ist der Heimatort des aus einer örtlichen Bauern- und Gastwirtfamilie stammenden Landbundpolitikers, Kärntner Landeshauptmanns, österreichischen Vizekanzlers und Innenministers Vinzenz → Schumy (1878–1962). Aus Hart/Ločilo bei St. Leonhard bei Siebenbrünn/Št. Lenart pri sedmih studencih stammte die in zwei Sprachen schreibende Volkspoetin Flora → Rautar (1896–1996), aus St. Leonhard bei Siebenbrünn/Št. Lenart pri sedmih studencih selbst der Lehrer Franc → Grafenauer (1894–1956), der 1920 aus politischen Gründen in den SHS-Staat emigrierte.

Lit.: ES. – *Dehio-Handbuch Kärnten*. Wien ³2001. *Erläuterungen zum Historischen Atlas II/8/1*. Klagenfurt 1966. W. Deuer: *Die Kärntner Gemeindewappen*. Klagenfurt 2006, 48.

Peter Wiesflecker

Arnoldstein, Kloster. Die Gründung des Klosters A. – vgl. den slowenischen Namen des Ortes zu dessen Füßen: Podkloster – erfolgte 1106 mit Zustimmung des diözesan zuständigen Patriarchen von → Aquileia durch Bischof Otto I. von Bamberg an der Stelle einer diesem Bistum durch die Eppensteiner entfremdeten Burg (→ Herzöge von Kärnten/Koroška). Als erster Abt des Benediktinerklosters A. wird Ingram (1126) genannt. Die Besitzausstattung des Klosters A. (Kirchenpatrone: Hl. Maria, Hl. Georg) blieb bescheiden. Wechselnde Vogteiverhältnisse wurden 1328 dauerhaft geregelt, indem seither der jeweilige bambergische Vizedom in Wolfsberg (Volšperk) die Vogtei über Kloster A. ausübte; diese fiel nach dem Verkauf der Kärntner Güter → Bambergs (1759) an die Habsburger. Schwere wirtschaftliche Beeinträchtigungen des Klosters durch das Erdbeben vom 25. Jänner 1348 hatten auch die vom Patriarchen von Aquileia 1391 vorgenommene Inkorporierung der Pfarre Hermagor/Šmohor nach A. zur Folge. In der Zeit der Türkeneinfälle wurden Markt und Kloster A. (1476) von einer Feuersbrunst heimgesucht. Eine Situationsschilderung vom September 1486 findet sich im »Itinerarium« des Paolo → Santonino. Im 16. Jh. verfiel das Kloster zunehmend. 1783 wurde es aufgehoben. Schließlich wurde die Anlage 1883 durch Brand völlig zerstört. Restaurierungsarbeiten seit den 1990er-Jahren ermöglichen auch eine Revitalisierung im Rahmen kultureller Aktivitäten.

Lit.: J. Grabmayer: *Arnoldstein*. In: *Germania Benedictina* III/1 (2000) 290–336 (mit Quellen- und Literaturhinweisen, knappen Angaben zu Archivalien und zur Bibliotheksgeschichte); W. Deuer: *Stiftertraditionen und -grablegen in Kärntner Klöstern. Eine ikonographisch-künstlerische Spurensuche*. In: Symposium zur Geschichte von Millstatt und Kärnten (2003) 19–52, bes. 25–27.

Harald Krahwinkler

Arnuš, Janko (Pfarrer, Kulturaktivist), → *Gorjanci. Slovensko izobraževalno društvo Gorjanci, Kotmara vas* [Slowenischer Bildungsverein Gorjanci, Köttmannsdorf] (stellvertretender Obmann); → *Sodaliteta* (Erbauer eines der ersten Arbeiterheime in Unterloibl/Podljubelj 1908)*;* → *Šentjanž. Katoliško slovensko izobraževalno društvo za Št. Janž in okolico* [Katholischer slowenischer Bildungsverein für St. Johann und Umgebung] (Mitinitiator der Vereinsgründung); → Smodej, Franz.

»Artemis«, Jagdverein in Ferlach/Borovlje, → Mišič, Dr. Franc.

Artikel VII Kulturverein, → Steirische Slowenen.

Artikel 19 Grundrechtskatalog, → Dezemberverfassung 1867.

Assimilant(en), *assimilant(i)*, in Kärnten/Koroška Bezeichnung von Slowenen, die sich ihrer slowenischen ethnischen und sprachlichen Identität bzw. der → Muttersprache entsagen, diese in einem weiteren Schritt bewusst verneinen und verschweigen und schließlich in Überspielung dieses (unbewusst) höchst traumatischen Aktes der Selbstaufgabe im öffentlichen und familiären Bereich aus kompensatorischen Gründen die neue (vermeintlich deutsche) *territoriale* → *Identität* hypermanifestieren (sei es im politischen Bereich, sei es in einem neu erfundenen Pseudo-Brauchtum), während sie ein aggressives Verhalten gegenüber den Slowenen, der slowenischen Sprache, deren Organisationen und historischen Identitätsmerkmalen zeigen. Synonym: Ethnokonvertit. Nicht zu verwechseln mit den Folgen eines weitgehend nicht von Zwang gekennzeichneten und deshalb integrierten Prozesses der → Akkulturation. Von den → Kryptoslowenen unterscheidet sie insbesondere die autoaggressive Selbstverneinung, die → Deutschtümler hingegen haben den Schritt hin zur Assimilation bzw. zum → Sprachwechsel noch nicht vollzogen (→ Windische).

Da jede externe Manifestation des Slowenischen die Erinnerung an das eigene menschliche Scheitern und an die eigene selbstverneinende Haltung gleichsam ein schlechtes Gewissen erweckt, wird vor menschenrechtsverneinenden Akten nicht zurückgescheut. In der Historiografie begegnet man so neben der ideologischen Begründung/Rechtfertigung durch die → Windischentheorie dem Phänomen der →»Entethnisierung« (etwas darf im gegebenen Kontext alles andere sein, nur nicht slowenisch).

Gesellschaftspolitische Gründe für die → Assimilation sind einerseits wirtschaftliche Zwänge der Existenzgefährdung (Verlust des Arbeitsplatzes, subjektive Existenzängste), politische Ängste (Angst vor Verfolgungen: → Internierungen 1919, → Vertreibung 1920, Deportationen 1942) sowie die lange Tradition des Ausschlusses jedweden gesellschaftlichen Aufstiegs (eines zutiefst menschlichen Bedürfnisses) bei Beibehaltung der originären slowenischen Identität als Ausdruck des gesellschaftlichen → Assimilationszwangs. Durch die solchermaßen geschaffene psychologische Zwangssituation entsteht eine gesellschaftliche Dynamik, die umso stärker wird, je mehr Menschen sich assimilieren bzw. zur Assimilation gezwungen werden.

Da Traumata generationenübergreifende Wirkungen zeigen, hat der individuelle Akt der Assimilation aufgrund der Tabuisierung des Slowenischen auch transgenerationelle Folgen, derer sich jedoch die nachfolgenden Generationen bei Weitem nicht bewusst sind (→ Assimilation und PTBS). Und gerade weil sie nicht bewusst sind, werden die kompensatorischen antislowenischen Verhaltens- und Denkmuster so lange umso stärker transportiert, bis es zu einer Integration neuer kultureller Muster (die nicht eine Negation per se darstellen) kommt (→ Akkulturation; → Inkulturation).

A. sind (auf Kärnten/Koroška bezogen) ein Phänomen der slowenischen → Kulturgeschichte und eine vielfach auftretende menschlich-zivilisatorische Tragödie. Angesichts der zahlreichen politischen Akteure mit Assimilationshintergrund handelt es sich auch in → deutschnationalen Vereinen um ein Problem der österreichischen politischen Integration und Kultur sowie der Verfassungs- und Menschenrechtssituation (vgl. etwa V. → Schumy).

Lit.: vgl. Lemma → Assimilation sowie: V. Melik: *Nemci in Slovenci (1815–1941)*. In: ZČ 46/2 (1992) 171–174; B.-I. Schnabl: *Celoviško polje, neznani zakladi osrednje slovenske kulturne pokrajine*. In: KK 2013, Celovec 2012, 107–122.

Bojan-Ilija Schnabl

Assimilation, eines der zentralen Phänomene eines kollektiven → Sprachwechsels der Slowenen in Kärnten/Koroška. Sie geht mit den Industrialisierungsprozessen ab der Mitte des 19. Jh.s einher, wobei sich die zugrunde liegende politische Intentionalität zur strukturellen Herbeiführung des Sprachwechsels durch A. in den aufeinanderfolgenden Verfassungen ab 1860/61 und deren Ausführungsbestimmungen ausmachen lässt (→ Dezemberverfassung 1867, → Wahlordnungen, → Wahlkreiseinteilungen). Sie wird am 25. Oktober, wenige Tage nach der → Volksabstimmung 1920, trotz der Schutzbestimmungen des → Vertrages von Saint-Germain von 1919 vom Landesverweser Arthur LEMISCH gleichsam zur Landesideologie erklärt, die pseudowissenschaftlich in der → Windischentheorie legitimiert wird und schließlich in der Umsetzung der Ideologie der Vernichtungsmaschinerie Nazi-Deutschlands gipfelt (→ »Generalplan Ost«, → Deportationen 1942).

Oswald → GUTSMANN und Urban → JARNIK zählen zu den ersten slowenischen Autoren, die sich 1777 respektive 1832 mit dem Phänomen der → Germanisierung auseinandersetzen. Der Assimilationsprozess nimmt im gesamten 20. Jh., insbesondere aber ab der Mitte des 20. Jh.s drastische Ausmaße an. Es bedarf im Kärntner Kontext einer besonderen Beleuchtung aus der Perspektive der posttraumatischen Belastungsstörungen (PTBS), die wesentliche zusätzliche Erklärungsansätze für den gesellschaftlichen Umfang der A. beisteuern. A. ist nicht zu verwechseln mit dem Begriff der → Akkulturation.

Der Prozess der A., insbesondere im Kärntner Kontext, ist im Gegensatz zur Akkulturation seit dem 19. Jh. weitgehend von äußeren wirtschaftspolitischen und psychosozialen Zwängen durch eine dominante Sprach- und Wirtschafts-»Elite« gekennzeichnet (→ Assimilationszwang). Dabei umfasst deren Wesensinhalt durchaus auch Mechanismen der Selbstverneinung zur Gewährleistung einer gewissen Form der persönlichen Integrität der einzelnen → Assimilanten, ohne die ein so massiver Sprach- und Kulturwandel in derart kurzer Zeit nicht möglich gewesen wäre.

Assimilation als vielfach auftretendes individuelles Phänomen. Die Einführung des Deutschen als → Amtssprache 1784 stellt einen ersten großen strukturellen Meilenstein im Assimilationsprozess dar, da damit rechtlich die gesellschaftliche Stratifizierung der Sprache verstärkt wird und der gesellschaftliche Aufstieg mit der Sprache verbunden wurde. Einschränkend dazu ist festzustellen, dass die rationalistische Sprachauffassung des aufgeklärten Absolutismus durchaus zu einer pragmatischen Berücksichtigung des Slowenischen als äußere Amtssprache führte, so etwa zu → *Übersetzungen von Kurrenden und Patenten* und zur Veröffentlichung der zweisprachigen → *Klagenfurter Marktordnung* 1793. Zudem können die Ernennungen von slowenischen bzw. slowenophilen Bischöfen 1824 (→ LUSCHIN/LUŠIN, → PAULITSCH/PAULIČ, → ZIMMERMANN sowie → KUTTNAR/KUTNAR 1843) als Indikatoren für die soziolinguistische Stellung des Slowenischen aufgrund der materiellen vorherrschenden Sprachverhältnisse gesehen werden. In der Folge des → *Revolutionsjahres 1848* kommt es zudem noch zu einer formalen, verfassungsrechtlichen Gleichstellung der Sprachen (→ Oktroyierte Märzverfassung, → Landesverfassung 1849) und in der Zeit von 1849–1859 (–1872) zur → Kundmachung von Gesetzen im → Reichsgesetzblatt und in den → Landesgesetzblättern in slowenischer Sprache (→ Kundmachung [1, 2, 3]). Einen weiteren rechtlich-institutionellen Meilenstein stellt der in Bezug auf das Slowenische äußerst restriktive Ansatz und die restriktive Umsetzung der → Dezemberverfassung von 1867 dar, weil insbesondere in Kärnten/Koroška und in der Steiermark/Štajerska bzw. in den jeweiligen geschlossenen slowenischen Siedlungsgebieten die auf die Sprache bezogenen Grundrechte der Slowenen nicht oder nur teilweise anerkannt und umgesetzt wurden. Nicht zuletzt trug dies schließlich zum Untergang der Monarchie bei (→ Maideklaration 1917). A. in dieser Phase kann also insbesondere als ein vielfach auftretendes individuelles Phänomen gewertet werden.

Wandel von der individuellen zur kollektiven Assimilation. Die nationalideologisch begründeten politischen Verfolgungen vor der → Volksabstimmung 1920, die zur → Vertreibung praktisch der gesamten slowenischen Elite aus dem Land führten (Internierungen 1919, → Windischentheorie), die institutionellen Diskriminierungen sowie die strategisch-systematische wirtschaftliche Existenzbedrohung der slowenischen Gemeinschaft als solche in Kärnten/Koroška in der Zwischenkriegszeit, und die gezielte Ansiedlungs- bzw. Kolonisierungspolitik seitens → *deutschnationaler Vereine* waren weitere zentrale Gründe für die A. bzw. → Germanisierung weiter Teile der slowenischen Bevölkerung und Regionen und zwar ausgehend von den regionalen Wirtschaftszentren und den ethnischen Randgebieten, wie sie sich bis zum Ende des 18. Jh.s gefestigt hatten (→ Sprachgrenze im 18 Jh., → Ortsverzeichnisse 1860/1880/1883/1918, → Pfarrkarte 1924). Die faktische Junktimierung von gesellschaftlichem Aufstieg und Assimilation bzw. im Gegensatz dazu slowenischer Identität und gesellschaftlicher Exklusion führten zu einem gesellschaftlichen → Assimilationszwang, der nationalideologisch bereits am 25. Oktober 1920 vom Landesverweser Arthur LEMISCH formuliert

Kärnten Dokumentation, Bd. 22

Wutti, *Drei Generationen*

wurde (→ Volksabstimmungspropaganda). Der obrigkeitliche und öffentliche Umgang mit der slowenischen Frage nach 1920 kann als gezielte Einschüchterung und somit Traumatisierung einer Gemeinschaft in ihrer Ganzheit gewertet werden, die jeden Einzelnen in der Existenz betraf und zu dessen individueller Entscheidung zur A. führte (vgl. dazu den Grundsatzerlass Nr. 6693 vom 13. Mai 1924 von Landeshauptmann Vinzenz → Schumy – selbst slowenischer Herkunft – wonach die Landesregierung weder verpflichtet noch berechtigt sei, slowenische Eingaben entgegenzunehmen oder zu behandeln). Zudem ließ der Ausgang der Volksabstimmung für jene, die vorher Kärnten/Koroška verlassen mussten, nun keine Zukunftsvision im Land mehr zu und führte ins dauerhafte Exil. Zu berücksichtigen ist jedoch gleichzeitig, dass das Volkszählungsergebnis von 1939 (→ Sprachenzählung; → Germanisierung, statistische), bei dem wieder ein größerer slowenischer Anteil der Bevölkerung als 1934 erhoben wurde, ein Indiz dafür ist, dass die A. bzw. die Zurechnung zu einer anderen Volksgruppe differenzierter Parameter bedarf bzw. dass die A. zu diesem Zeitpunkt bei manchen Bevölkerungsteilen nicht tief greifend und durchaus noch opportunistisch war (polnische Zwangsarbeiter lernten nach Sturm-Schnabl [2009] noch während des Zweiten Weltkriegs nordöstlich von Klagenfurt/Celovec Slowenisch in der Variante des autochthonen slowenischen → Dialektes, obwohl die Sprache verboten war [vgl. → Klagenfurter Feld/Celovško polje]). Zur systematischen → »ethnischen Säuberung« in den Reihen der slowenischen Priesterschaft kommt es ab 1939 durch die NS-Gewaltherrschaft, die durchaus auch kolletkive Effekte der Einschüchterung der gesamten slowenischen Bevölkerung hatte (→ Verfolgung slowenischer Priester ab 1938 in Kärnten/Koroška). Die gezielt geografisch im gesamten slowenischen Siedlungsgebiet durchgeführten → Deportationen 1942 aufgrund eines staatlich geplanten Genozids und Ethnozids (Nürnberger Rassengesetze, → »Generalplan Ost«, Führeraufrufe, wonach dieses Land deutsch zu machen sei) sind als extrem traumatisierende Ereignisse (»man-made-disasters«) nach Bohleber (1998) zu werten, die die Diskriminierungen und Verfolgungen der Zwischenkriegszeit verstärkten. Jurič-Pahor (2001), Keilson folgend, spricht von sequenzieller Traumatisierung, und identifiziert drei Trauma-Sequenzen: a) Verhaftung und Deportierung, b) Lagerhaft und NS-Terror sowie c) Nachkriegszeit mit der Problematik der Wiederfindung der Normalität (vgl. auch Wutti, Junge … 2013, Wutti/Wutti 2012). Allerdings führten die zweifellos traumatisierenden Deportationen zum bewaffneten Widerstand. Insgesamt findet spätestens in der Zwischenkriegszeit ein Wandel vom vornehmlich individuellen Phänomen der A. hin zu einem kollektiven Phänomen, wie es die Statistiken der Volkszählungen widerspiegeln.

Kollektive Assimilation als Folge von kollektiver posttraumatischer Belastungsstörung (PTBS). Vergleicht man jedoch die Statistik der A. in Kärnten/Koroška mit der ethnischen Struktur in den befreiten Gebieten Sloweniens, die unter dem italienischen Faschismus und unter den Nazis ähnlichen Verfolgungen ausgesetzt waren wie die Slowenen in Kärnten/Koroška (aus der slowenischen Štajerska [Untersteiermark] wurden sogar 60.000 Slowenen deportiert), so erscheint es offensichtlich, dass die kollektive Aufarbeitung der Traumata in der Phase danach entscheidend für die Fähigkeit war, die individuelle sowie die kollektive traumatische Geschichte als Element der persönlichen, abgeschlossenen Vergangenheit und der kollektiven Geschichte zu integrieren und in höherem Ausmaß zu überwinden.

Avguštin Malle (2002) nennt als Schlüsseldatum den 20. Juni 1949: »Obwohl der Verband der slowenischen Ausgesiedelten und der Verband der ehemaligen Partisanen Slowenisch Kärntens zum systematischen Sammeln der Erinnerungen und Dokumente aufgerufen hatten, fanden nur einzelne Betroffene den Mut und begannen zu schreiben. […] Gründe für dieses Verhalten gab es mehrere. Nach dem 20. Juni 1949, nachdem die Großmächte in Paris entschieden hatten, die Grenzen Österreichs unverändert zu belassen, erschien es vielen nicht angebracht, dies zu tun. Sie hatten ihren Teil zur Niederlage des Nationalsozialismus beigetragen, in nationaler Hinsicht aber erkannten sie bald, dass alles unverändert bleiben würde. Sie hüllten sich lieber in Schweigen.« Und dieses Schweigen drückte auch den Verlust der Hoffnung und des Glaubens an eine Zukunft ohne Diskriminierungen aus und führte wohl auch zum Verdrängen und Verschweigen, ja zur Tabuisierung der slowenischen Sprache, d.h. zur A. Die mehrfache Opfergeschichte des aufgrund seiner religiös motivierten Wehrdienstverweigerung zum Tode verurteilten Zeugen Jehovas slowenischer Herkunft Anton → Uran ergänzt das Bild um eine weitere Facette der Nachhaltigkeit der Traumatisierung des Umfeldes der jeweiligen Opfer.

Insgesamt muss davon ausgegangen werden, dass folgende gesellschaftliche Erscheinungen maßgeblichen

Anteil an der massiven A. der Slowenen nach 1945 hatten: der diskriminierende Umgang mit den zurückgekehrten Deportationsopfern und Lagerinsassen, der Umgang mit den slowenischen Befreiungskämpfern (Partisanen), der Umgang mit den Daheimgebliebenen, die gesellschaftliche Umkehr der Täter-Opfer-Rollen unmittelbar nach dem Krieg und in den Jahrzehnten danach, der im Umgang mit der Schulfrage 1956–1959 seinen Ausdruck fand, die politischen, institutionellen und wirtschaftlichen Diskriminierungen, der ethnisch motivierte Verlust oder die Androhung des Verlusts des Arbeitsplatzes sowie die nicht erfolgte Entnazifizierung im Schul- und Lehrerausbildungswesen (→ Schulwesen) bzw. im Beamtenapparat (vgl. WUTTI/WUTTI 2013). So war noch zu Beginn der 70er-Jahre des 20. Jh.s Dr. Franz KOSCHIER, Direktor des »Landesmuseums von Kärnten«, gleichzeitig Vorsitzender des Kärntner Heimatdienstes, ein illegaler Nazi in der Vorkriegszeit und hochrangiger SSler im von den Nazis besetzten Slowenien, der den öffentlichen politischen antislowenischen Diskurs maßgeblich mittrug (vgl. BRGLEZ: 264). Hinzu kommen die ideologisch begründete Tabuisierung des Begriffs Slowene/slowenisch in Gesellschaft, Medien und in der Wissenschaft bzw. die Reduktion des Gebrauchs des Begriffs im Zusammenhang mit negativ besetzten politischen Forderungen sowie die öffentliche Verwendung einer → Terminologie, die das Slowenische aus dem kollektiven Bewusstsein drängte, so die zu hinterfragenden Begriffe → Zweisprachigkeit, → Gemischtsprachig, → Windisch u. Ä. (Kärntner → Zweisprachigkeitsideologie; → »Entethnisierung«). Diese allgegenwärtigen, sich in ihrer menschenrechtsverachtenden Haltung gleichenden Erscheinungen, WUTTI/WUTTI sprechen von »Traumata perpetuierenden Sequenzen«, führten zu einer immer wiederkehrenden Bestätigung der traumatischen Erlebnisse, zu einem weiteren Verlust der Zukunftsvision und folglich zu einer nachhaltigen und umso tieferen kollektiven existenziellen Traumatisierung. Und diese muss als Form der tiefen posttraumatischen Belastungsstörung (PTBS) gewertet werden. Als kollektiver Ausweg aus dieser gesellschaftlich und individuell untragbaren existenziellen Stresssituation wurde in der Öffentlichkeit die A. gleichsam suggeriert.

Psychoanalytische Aspekte von Assimilation. Die A. der Slowenen in Kärnten/Koroška wurde nach der Rückkehr der Deportations- und KZ-Opfer bzw. nach Kriegsende für jene, die die Nazigreuel vor Ort überlebt und unterschiedlichsten Generationen angehört hatten, zu einem durchwegs kollektiven Phänomen in Verbindung mit PTBS. Dabei weist Marija JURIČ-PAHOR (2004) vom psychoanalytischen Standpunkt auf die Langzeitwirkung traumatischer Erfahrungen der nationalsozialistischen Verfolgungen hin, da die Opfer eines existenziellen Traumas (sei es einmalig, kurzzeitig oder kumulativ und langzeitig) dieses gleichsam unmittelbar verdrängen müssen, um ihre Integrität zu bewahren (Dissoziation).

Auf das Konzept eines kollektiven Charakters der Identität aus psychoanalytischer Sicht weist Arthur B. MITZMAN hin. Nach MITZMAN (1998) kann sich Identität durch einschneidende Ereignisse wie etwa Katastrophen oder aber evolutionär verändern. Dabei sah »das Endergebnis eines Identitätswandels jedoch [stets so aus], dass die frühere Mentalität, die bei der Ausbildung von Normen und Werten in den individuellen Ichs als Über-Ich fungierte, nach ihrer Auflösung und Unterdrückung mit dem assoziiert wurde, was die Psychoanalyse vielleicht als Es-Impulse bezeichnen würde. Jedenfalls wurden die älteren Glaubenssysteme, wo es sie noch gab, theologisch gesprochen in der Unterwelt des Glaubens angesiedelt, mit Assoziationen an das Böse und den Teufel.« Die Verdrängung und Verneinung der emotional stark behafteten → Muttersprache kann mit der beschriebenen Verdrängung eines Glaubenssystems verglichen werden. Wird die (Mutter-)Sprache verdrängt, die ein wesentlicher Träger der frühesten kindlichen emotionalen Persönlichkeitsbildung ist, kommt dies einer Zerstörung eines wesentlichen Teils der tiefsten Identität gleich und das muss gleichsam überkompensiert werden.

Die massiv auftretende kollektive A. in Kärnten/Koroška stellt einen derartigen traumatischen Identitätswechsel dar, der von den Eltern/den → Assimilanten zudem tabuisiert werden musste, da, analog zu den von BOHLEBER (1998) beschriebenen Nazi-Tätern und -Mitläufern, »[u]nerträglicher Zweifel an sich selbst und an den eigenen Idealen […] zum Zusammenbruch, zu depressiver Entleerung und Selbstanklage geführt [hätte], wenn sie zugelassen worden wären«. Und diese Tabuisierung hatte umso tiefer greifende Auswirkungen, als sie ein massives gesellschaftliches Phänomen darstellte, wo der Einzelne keine gesellschaftlich relevanten relativierenden Modelle in der Politik und in den Medien mehr vorfand (→ Assimilationszwang) (eben im Unterschied zur Nachkriegssituation in den oben erwähnten Gebieten in Slowenien/Jugoslawien). Zudem wurden A. und Tabuisierung generationenübergreifend relevant, weil einerseits die »Kinder [...] benutzt [werden], um sich der Gültigkeit der alten Ideale und Identifizierungen zu versichern«, andererseits machte die »frühkindliche Loyalitätsbindung [...] die Kinder in vielen Fällen unbewusst zu Komplizen der Eltern« (BOHLEBER). Die »Gültigkeit der alten Ideale« ist in unserem Fall die Legitimität der Selbstverneinung durch A.

Für BOHLEBER (1998) »wird in der Verklammerung der Generationen [ganz allgemein] das Erbe der vorausgehenden von den folgenden aufgenommen und bearbeitet«. Bei sog. »man-made-disasters« wirken diese noch in den Generationen danach, so dass wir gezwungen sind, »uns noch in den Generationen danach mit den traumatischen Auswirkungen und den untergründig fortwirkenden Identifizierungen auseinanderzusetzen«. Weiters unterstreicht BOHLEBER, dass »[k]ollektive Traumatisierungen nun besondere Generationenkonflikte und Formen der Identifizierung in der Aufeinanderfolge der Generationen [erzeugen]. [...] Das Extreme Trauma [wird] von den Kindern in der Phantasie identifikatorisch übernommen.« Die gewaltsame Zerstörung eines Teils der eigenen Persönlichkeit durch die aggressive Verneinung der eigenen Muttersprache und Geschichte ist ebenso ein traumatisches »man-made-disaster«, das einen Teil des aggressiven minderheitenfeindlichen Diskurses nachfolgender Generationen mit erklärt.

KESTENBERG (1989) spricht dabei von »Transposition«, weil diese Identifizierung auch eine Identifizierung mit der Geschichte umfasst, FAIMBERG (1987) identifiziert diese unbewusste Identifizierung als ein Ineinanderrücken von drei Generationen (*téléscopage, Telescoping*). Nach BOHLEBER (1998) brauchen zudem die Eltern/Opfer ihre Kinder gleichsam, um das »unerträgliche Übermaß an Trauer und Aggression projektiv zu entlasten. Unbewusst wird vom Kind erwartet, dass es die affektiv belasteten Traumata ungeschehen macht, die die seelische Struktur der Eltern zerstört haben.« Und dies gilt für die Slowenen und Opfer ebenso wie für die, die den Weg der A. beschritten und sich so einem identitären Gewaltakt unterwarfen, den sie wiederum in irgendeiner Weise integrieren mussten.

In beiden von MITZMAN und BOHLEBER oben beschriebenen Varianten finden sich also konvergierende Erklärungsmodelle für die emotionale Intensität, Intransigenz und menschenrechtsverachtende Intoleranz gegenüber den nicht assimilierten Slowenen, individuell seitens jener ersten Generationen nach dem traumatischen Identitäts- bzw. → Sprachwechsel bzw. kollektiv seitens der politischen Eliten nach dem kollektiven Identitätswechsel in weiteren Landstrichen → Südkärntens/Južna Koroška (vgl. auch GRÜNBERG 2002, BOHLBER 2009, ZÖCHMEISTER 2010).

Mit dem in → Sprachenzählungen statistisch nachvollziehbaren rasanten »unnatürlichen« → Sprachwechsel von Familien, Orten und → Kulturlandschaften ist von einer steigenden Anzahl von Menschen auszugehen, die dem seelischen Druck der mit gesellschaftlichem Zwang verbundenen A. nicht standhalten konnten, da sie ihrer emotional besetzten Muttersprache entsagt hatten. Folglich musste gleichsam die kollektive Dynamik der gesellschaftlichen Intoleranz gegenüber dem Slowenischen steigen, was in diversen verfassungswidrigen obrigkeitlichen politischen Manifestationen offensichtlich wird (Schulstreik, Ortstafelsturm, Dreiparteienpakt etc. – die »Traumata perpetuierenden Sequenzen« nach WUTTI). Fasst man zwanghafte (kollektive) A. als Verbrechen an der eigenen Seele auf, so ist die psychoanalytische Feststellung von BOHLEBER (1998) pertinent und per Analogie anwendbar, wonach »bei Patienten der zweiten Generation, deren Eltern in die Nazi-Verbrechen verwickelt waren, stets die Gefahr [besteht], dass die Vergangenheit derealisiert [bzw. bagatellisiert oder abgespalten] wird«. Gerade der gesellschaftliche und wissenschaftliche Diskurs, wonach das Slowenische in Kärnten/Koroška oftmals als Zufallserscheinung einer historisch weit zurückreichenden Vergangenheit zugeschrieben und die → Zweisprachigkeit eines vormals einsprachig slowenischen Gebietes suggeriert wird und der massive Sprachwechsel nicht in jüngster Vergangenheit stattgefunden habe (GRAFENAUER 1984), kann mit BOHLEBERS Konzept der Derealisierung des gewaltsamen Sprachwechsels durchaus verglichen bzw. erklärt werden. In der → Geschichtsschreibung entspräche das einem Verschweigen bzw. einer → »Entethnisierung« der slowenischen → Kulturgeschichte oder der Hypermanifestation einer neuen *territorialen* → *Identität*.

Die nachhaltige Wirkung der transgenerationellen Traumatisierung ergibt sich auch insbesondere daraus, dass unter den Überlebenden des Krieges zahlreiche Angehörige jüngerer Generationen und Kinder waren, die nie eine Phase gesellschaftlicher Normalität bewusst oder rational erlebt hatten, an die sie in ihrem weiteren Leben wieder hätten anknüpfen können, um die Traumata zu relativieren, zu integrieren und um zu einer Normalität »zurückzukehren«, die sie nie gekannt hatten. Zudem wurden diese jungen Generationen erst

Jahre und Jahrzehnte nach Kriegsende selbst Eltern und bekamen Kinder, welche wiederum »verspätet« zur oben beschriebenen zweiten Generation bzw. zur Generation der Kinder der Opfer wurden.

Für Jurič Pahor (2004) erklärt der lange Zeitraum der Latenz der Traumatisierung, warum viel an der etwa von Malle beschriebenen Erinnerungsliteratur erst Jahrzehnte später verfasst und publiziert wurde, zumal etwa für Levi die Erinnerung an die Traumata selbst als traumatisch empfunden wird. Wutti 2012 weist darauf hin, dass in den betroffenen Familien selbst vielfach über die Erlebnisse und Traumata nicht gesprochen, sondern geschwiegen wurde.

Insgesamt hatte bereits die Generation der direkten Kinderopfer je nach Altersstufe sehr unterschiedliche Wahrnehmungsmuster der Diskriminierungen, der Verfolgung und der Deportation, was zu unterschiedlichen Formen der Traumatisierung und somit gegebenenfalls auch zu unterschiedlichen Modellen ihrer Integration führte.

Die Diskriminierungs- insbesondere aber auch die Deportationsopfer mussten gleichsam notgedrungen mangels entsprechender Öffentlichkeitsarbeit, gesellschaftlicher Gegenströmungen und therapeutischer Maßnahmen oder Coachings ihre Traumata weitergeben, deren Nachfolgegenerationen übernahmen sie unbewusst. Was diese posttraumatische Stresssituation umso schwerwiegender machte, war, dass die Opfer ohne systematische Aufarbeitung, d.h. ohne »bewusste seelische Durcharbeitung« (Bohleber 1998) die Traumata nicht in ihre jeweilige persönliche und kollektive Geschichte als abgeschlossenes Ereignis integrieren und somit nicht entsprechend überwinden konnten (im Gegensatz zu den oben erwähnten Slowenen in Slowenien). Zudem bestätigte der Transfer des Opfertums an die nachfolgenden Generationen gleichermaßen das eigene Leid. Das wiederum verringerte die gesellschaftliche Attraktivität des Slowenischen und trug zusätzlich zum kollektiven Phänomen der A. bei. Deshalb konnte die A. auch die zweite und dritte Generation aus den Reihen der ehemaligen slowenischen gesellschaftlichen Elite in Kärnten/Koroška treffen, die aus der ersten Welle der Deportierten im April 1942 hervorgegangen waren und die sich in der Regel aus wirtschaftlich wohlhabenden und/oder politisch und gesellschaftlich exponierten Familien und Persönlichkeiten rekrutierten.

Ein Modell zur Überwindung von Traumata entwickelte Schnabl 2007 im Rahmen der postkonfliktualen, primär institutionellen und gesellschaftlichen Wiederaufbauarbeit in Bosnien und Herzegowina, wobei dieses stark inspiriert ist von betriebswirtschaftlichen Wissens-, Prozess- und Konfliktmanagement-Studien und Erfahrungen und sich in der Praxis bewährt hat. Es ist durchaus auf verschiedene Trauma-Situationen übertragbar (ohne sich dabei eine medizinische Dimension anzumaßen). Das Modell geht davon aus, dass die individuelle und kollektive traumatische Erfahrung – sosehr sie auch Folge von Unrecht und Verfolgung ist, so real sie ist und so legitim der Ausdruck des Schmerzes sein mag – die traumatisierten Personen und Gemeinschaften in ihrer Entwicklung insgesamt aufgrund einer Eigendynamik von Traumata blockiert. Während die Negativbilder immer wieder aufkommen und noch relativ klar zum Ausdruck bringen, was *nicht* gewollt und was abgelehnt wird, und während im Kollektiv diese negative Erfahrung immer wieder gegenseitig bestätigt wird, wird die für die integrierte Persönlichkeitsentwicklung oder Entwicklung der Gemeinschaft notwendige *positive Zielbestimmung* vernachlässigt. Das Trauma bestimmt subjektiv gleichsam die gesamte oder einen Großteil der persönlichen Erfahrungswelt bzw. Persönlichkeit (das Dreieck im Kreis, Schema A). Die Konzentration und Befassung mit zahlreichen Alternativen und Entwicklungspotenzialen über längere Zeiträume negiert nicht die Traumata, klammert sie allerdings im Unterschied zur medizinischen Behandlung eigentlich aus und nimmt ihnen so die Allmacht des Absoluten. Alternative Handlungen und Prozesse schaffen positive Erfahrungen, die die Allmacht der Traumata in der Persönlichkeitsentwicklung relativieren und diese so als Teil einer vergangenen persönlichen Geschichte integrieren. Das trägt zu deren Überwindung bei (Schema B). Da diese Strategie der Überwindung nicht ein linearer Prozess ist, sondern in der Verwirklichung kleiner, bisweilen *minimalster* SMART-Ziele besteht (SMART = *Smart, Specific, Attractive* [positiv formuliert], *Realistic, Measurable, Timed*), tragen die einzelnen positiven Erfahrungen schrittweise zur Stärkung der Persönlichkeitsentwicklung und zu einem Aufblühen der Persönlichkeit bei (Schema C). Daher die Bezeichnung Dahlien-Modell (Schnabl 2010). Dabei kann u. U. das vergangene Trauma sogar ein Ausgangspunkt für positiv empfundene, kreative Entwicklungsschritte und für die Bestimmung einer positiven Lebensvision oder Lebensaufgabe sein. Der Schwerpunkt liegt also nicht bei der Lösung von »Problemen« bzw. der Behandlung der

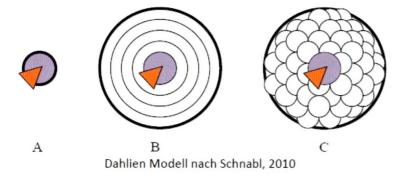

Dahlien Modell nach Schnabl, 2010

Traumata oder der traumatischen Erfahrungen an sich, sondern bei der Entwicklung von Zukunftspotenzialen, die eine psychoanalytische Bearbeitung von Traumata nicht nur flankieren, sondern die Persönlichkeit durch alternative, positive Lebenserfahrungen insgesamt stärken. Dieses Modell kann konzeptuell bei Individuen ebenso wie bei postkonfliktualen Gemeinschaften angewendet werden.

Auf Kärnten/Koroška bezogen bestärkten gerade die oben beschriebenen »Traumata perpetuierenden Sequenzen« nach WUTTI/WUTTI (2013) durch die ständige gesellschaftliche Bestätigung der Traumata die persönlichkeitsprägende Allmacht der Traumata und behinderten die Entwicklung der Gemeinschaft bzw. trugen zur A. bei. Die Kulturarbeit in den zahlreichen slowenischen → Kulturvereinen war und ist ihrerseits angetan, alternative positive Lebenserfahrungen im Sinne des Modells zu generieren und positive Zielbestimmungen und Lebensvisionen zu entwickeln, und zwar vor allem dort, wo im Kollektiv intensiv an der Entwicklung der Humanressourcen und gemeinsamen Zukunftsvisionen der Gemeinschaften gearbeitet wurde (vielfältige Schulungen der Vereinsfunktionäre und → Kulturaktivisten). Deshalb ist weiters das Bildungs- bzw. → Schulwesen für die → Volksgruppe von so existenzieller Bedeutung, was mit ein Grund für dessen Politisierung ist (vgl. FEINIG 2008, WAKOUNIG 2008). Dabei ist nicht nur die Vorschule und Grundschule gemeint, sondern auch das Sekundarschulwesen wie auch die (nachuniversitäre) Erwachsenenbildung (Training, Coaching) in den autonomen Institutionen (Vereinen).

Ist die A. Ausdruck einer bewussten oder, weil generationenübergreifend, unbewussten traumatischen Erfahrung, so zeigt dieses Modell allerdings auch auf, dass eine kollektive Überwindung von Traumata auch sehr stark vom allgemeinen gesellschaftlichen Ambiente abhängig ist. Indikatoren dafür wiederum sind gelebte Verfassungszielbestimmungen (Art. 8/2 BVG), eine positive Gesetzgebung und die reale Möglichkeit zur gesellschaftlichen und politischen Partizipation (→ »Minderheit«, → Landessprache, dort Art. 8/2 BVG.).

Lit./Web: ES. – Ante Beg: *Narodni kataster Koroške*. V Ljubljani, dne 2. julija 1910 (http://www.sistory.si/SISTORY:ID:27172); dr. Moravski [Valentin Rožič]: *Slovenski Korotan*. Celovec 1919; G. Fischer: *Das Slowenische in Kärnten, Bedingungen der sprachlichen Sozialisation, Eine Studie zur Sprachenpolitik*. Wien, Sprache und Herrschaft, Zeitschrift für eine Sprachwissenschaft als Gesellschaftswissenschaft, Reihe Monographien Nr. 1/1980; E. Susič, D. Sedmak: *Tiha asimilacja, psihološki vidiki nacionalnega odtujevanja*. Trst 1983; F. Brglez [e.a.]: *Koroški Slovenci v Avstriji včeraj in danes*. Ljubljana 1984; B. Grafenauer (Hg.): *Urban Jarnik (1784–1844), Andeutungen über Kärntens Germanisierung/Pripombe o germanizaciji Koroške*. Klagenfurt/Celovec 1984, 99; I. Grubrich-Simitis: *Extremtraumatisierung als kumulatives Trauma, Psychoanalytische Studien über seelische Nachwirkungen der Konzentrationslagerhaft bei Überlebenden und ihren Kindern*. In: H.-M. Lohmann (Hg.): Psychoanalyse und Nationalsozialismus. Beiträge zur Bearbeitung eines unbewältigten Traumas. Frankfurt/M. 1984, 210–235; Comité européen pour la défense des réfugiés et immigrés (CEDRI) (Hg.): *Gemeinsam oder getrennt? Die Situation der slowenischen Minderheit in Kärnten am Beispiel der Schulfrage, Bericht einer internationalen Beobachterkommission 1985*. Bâle 1985; G. Stourzh: *Die Gleichberechtigung der Nationalitäten in der Verfassung und Verwaltung Österreichs 1848–1918*. Wien 1985; H. Faimberg: *Die Ineinanderrückung (Telescoping) der Generationen*. In: *Jahrbuch der Psychoanalyse* 20 (1987) 114–142; Klaus-Börge Boeckmann [u.a.]: *Zweisprachigkeit und Identität*. Klagenfurt/Celovec 1988; P. Gstettner: *Zwanghaft Deusch? Über falschen Abwehrkampf und verkehrten Heimatdienst*. Klagenfurt/Celovec 1988; J. Kestenberg: *Neue Gedanken zur Transposition, Klinische, therapeutische und entwicklungsbedingte Betrachtungen*. In: *Jahrbuch der Psychoanalyse* 24 (1989) 163–189; P. Levi: *Die Untergegangenen und die Geretteten*. München [e.a.] 1990; G. Hardtmann (Hg.): *Spuren der Verfolgung. Seelische Auswirkungen des Holocaust auf die Opfer und ihre Kinder*, Gerlingen 1992; M. S. Bergmann, M. E. Jucovy, J. S. Kestenberg (Hg.): *Kinder der Opfer, Kinder der Täter: Psychoanalyse und Holocaust*, Frankfurt/Main 1995; H. Burger: *Sprachenrecht und Sprachengerechtigkeit im österreichischen Unterrichtswesen 1867–1918*. Wien 1995; G. Rosenthal (Hg.): *Der Holocaust im Leben von drei Generationen. Familien von Überlebenden der Shoah und von Nazi-Tätern*. Gießen 1997; W. Bohleber: *Transgenerationelles Trauma, Identifizierung und Geschichtsbewußtsein*. In: J. Rüsen, J. Straub (Hg.): Die dunkle Spur der Vergangenheit, Psychoanalytische Zugänge zum Geschichtsbewusstsein, Erinnerung, Geschichte, Identität 2. Frankfurt/Main 1998, 256–274; G. Fischer, P. Riedesser: *Lehrbuch der Psychotraumatologie*. München 1998; A. B. Mitzman: *Vom historischen Bewusstsein zur mythischen Erinnerung, Nationale Identitäten und Unterdrückung im modernen Europa*. In: J. Rüsen, J. Straub (Hg.): Die dunkle Spur der Vergangenheit, Psychoanalytische Zugänge zum Geschichtsbewusstsein, Erinnerung, Geschichte, Identität 2. Frankfurt/Main 1998, 397–416; G. Rosenthal: *Transgenerationelle Spätfolgen einer nationalsozialistischen Familien-Vergangenheit*. In: *Vortragsreihe des Instituts für Soziologie Nr. 21*. Wien 1998; A. Friedman, E. Glück, D.

Vyssoki (Hg.): *Überleben der Schoah – und danach, Spätfolgen der Verfolgung aus wissenschaftlicher Sicht*. Wien 1999; V. Sima: *Kärntner Slowenen unter nationalsozialistischer Herrschaft: Verfolgung, Widerstand und Repression*. In: E. Tálos [e. a.] (Hg.): NS-Herrschaft in Österreich. Ein Handbuch, Wien 2000, 744–766; G. Rosental: *Die Shoah im intergenerationellen Dialog. Zu den Spätfolgen der Verfolgung in Drei-Generationen-Familien*. In: A. Friedmann, E. Glück, D. Vyssoki (Hg.): Überleben der Schoah und danach, Spätfolgen der Verfolgung aus wissenschaftlicher Sicht. Wien 1999, 68–88; M. Jurič-Pahor: *Vpliv fašizma in nacionalsocializma na prvo, drugo in tretjo generacijo, Primer koroški in tržaški Slovenci, Zaključno poročilo o rezultatih raziskovalnega projekta*. Ljubljana 2001; A. Malle: *Spominjanje na pregon in upor, Erinnerung an Vertreibung und Widerstand*. In: A. Malle (Hg.): *Die Vertreibung der Kärntner Slowenen, Pregon Koroških Slovencev*. Celovec 2002, 87–112 u. 213–247 (Zitat S. 213 f.); K. Grünberg: *Tradierung des Nazi-Traumas und Schweigen*. In: I. Özkan (Hg.): *Trauma und Gesellschaft. Vergangenheit in der Gegenwart*. Göttingen 2002, 34–63; I. Özkan (Hg.): *Trauma und Gesellschaft. Vergangenheit in der Gegenwart*. Göttingen 2002; G. Hüther: *Die Auswirkung traumatischer Erfahrungen im Kindesalter auf die Hirnentwicklung*, (S. 25–38). In: L. Koch-Kneidl, J. Wiesse (Hg.): Entwicklung nach früher Traumatisierung. Göttingen 2003; M. Jurič-Pahor: *Neizgubljivi čas, Travma fašizma in nacionalsocializma v luči nuje po »odbodbju latence« in transgeneracijske transmisije*. In: *Razprave in Gradivo*. Ljubljana 2004, 38–64; C. Brunner, U. von Seltmann: *Schweigen die Täter, reden die Enkel*. Frankfurt/Main 2005; H. Prüger (Hg.): *Wir haben nichts damit zu tun, Gedichte für uns, im Angesicht der Shoah*, Klagenfurt/Celovec [e.a.] 2004; H. Valentin: *Die Entwicklung der nationalen Frage in Kärnten 1918–1945*. In: H. Valentin, P. Karpf, U. Puschnig (Hg.): Der Staatsvertrag von Wien 1955–2005: Die Kärntner Perspektiven. Kärnten Dokumentation, Bd. 22. Klagenfurt 2006, www.volksgruppenbuero.at/images/uploads/band22_final_sc.pdf, 43–44; A. Polluk: *Die Bewältigungs- und Abwehrmechanismen bei der Erinnerung bezüglich des Holocaust und Nationalsozialismus in St. Veit im Jauntal/Št. Vid v Podjuni*. Klagenfurt 2006; L. Rettl, V. Obid: *Partisanenkinder, Überleben, weiterleben = Partizanski otroci, Preživeti, živeti*.Klagenfurt/Celovec 2006; B.-I. Schnabl: *Strategische Gemeindeplanung in Nordwest-Bosnien 2002-2007 – Best-Practice-Beispiele und Innovationen für eine integrierte gesellschaftliche Dynamik* (Master Thesis). Klagenfurt 2007, 220 S.; T. Feinig: *Slovenščina v šoli, zgodovina pouka slovenščine na Koroškem – Slowenisch in der Schule, Die Geschichte des Slowenischunterrichts in Kärnten*. Klagenfurt/Celovec 2008; H. Radebold, W. Bohleber, J. Zinnecker (Hg.): *Transgenerationale Weitergabe kriegsbelasteter Kindheiten. Interdisziplinäre Studien zur Nachhaltigkeit historischer Erfahrungen über vier Generationen*. Weinheim, München 2008; V. Wakounig: *Der heimliche Lehrplan der Minderheitenbildung, Die zweisprachige Schule in Kärnten*. Klagenfurt/Celovec 2008; W. Bohleber: *Wege und Inhalte transgenerationeller Weitergabe. Psychoanalytische Perspektiven*. In: H. Radehold, W. Bohleber, J. Zinnecker (Hg.): Transgenerationelle Weitergabe kriegsbelasteter Kindheiten. Interdisziplinäre Studien zur Nachhaltigkeit historischer Erfahrungen über vier Generationen. München 2009, 107–118; K. Sturm-Schnabl: *Slovensko narečje v funkciji komunikacijskega sredstva za tuje prisilne delavce v letih 1938–1945 v političnem okraju Celovec. Dokumentacija o slovenskem življu do druge svetovne vojne*. In: *Obdobja 26 – Metode in zvrsti. Slovenska narečja med sistemom in rabo*. Ljubljana 2009, 371–391; B.-I. Schnabl: *Asimilacija in sindrom posttravmatskega stresa*. In: KK 2011. Celovec 2010, 117–130; M. Zöchmeister: *Vom Leben danach. Eine transgenerationelle Studie über die Shoah*. Verein ASPIS – Forschungs- und Beratungszentrum für Opfer von Gewalt in Klagenfurt, Forschungsbericht. Klagenfurt/Celovec 2010; K. Ottomeyer: *Die Behandlung der Opfer. Über unseren Umgang mit dem Trauma der Flüchtlinge und Verfolgten*. Stuttgart 2011; H. Burger: *Der Generalplan Ost und die ›Bereinigung der Slowenenfrage‹*. In: V. Oman, K. Vouk: *Denk Mal: Deportation!*, hg. von der Zveza slovenskih izseljencev, Verband slowenischer Ausgesiedelter. Celovec 2012, 13–20; Š. Vavti: *Včasih ti zmanjka besed. Etnične identifikacije pri mladih Slovenkah in Slovencih na dvojezičnem avstrijskem Koroškem*. Klagenfurt/Celovec 2012; F. Wutti, D. Wutti: *Kein Ende traumatischer Erfahrungen der Kärntner SlowenInnen nach dem 2. Weltkrieg*. In: T. Heise, S. Golsabahi, I. Özkan (Hg.): Integration. Identität. Gesundheit. Beiträge zum 5. Kongress des Dachverbands der transkulturellen Psychiatrie, Psychotherapie und Psychosomatik im deutschsprachigen Raum e. V. 23.–25. September 2011 Alpen-Adria-Universität Klagenfurt. Berlin 2012; D. Wutti: *Die Nähe zur Vergangenheit – Transgenerationale Übertragungen vor soziopolitischem Hintergrund*. In: T. Heise, J. Küchenhoff, I. Özkan, Ibrahim, S. Golsabahi (Hg.): Die Herstellung von Differenz. Zum Umgang mit Fremdheit in der transkulturellen Psychiatrie, Psychotherapie und Psychosomatik im deutschsprachigen Raum e.V. (DTPPP.) 6.–8. September 2012. Klinik Baselland Liestal. Berlin 2013 141–149; H. Schliefnig: *»Meine Mama hat außer Windisch nichts Deutsch können.«: Eine Forschungsreise zu den eigenen Wurzeln*. Books on Demand, Auflage: 2 (2. September 2013) ISBN-10:3839188806; H. Schliefnig: *Schief Gewachsen – Wenn Wurzeln Keinen Halt Finden*. Books on Demand, 2013, ISBN 3732230368, 9783732230365; D. Wutti: *Drei Familien, drei Generationen, Das Trauma des Nationalsozialismus im Leben dreier Generationen von Kärntner Slowenen*. Klagenfurt/Cclovec 2013; D. Wutti. *Junge Minderheitenangehörige im intrafamiliären und gesellschaftlichen Spannungsfeld*. In: Zeitschrift für Sozialpsychologie und Gruppendynamik in Wirtschaft und Gesellschaft 38/1 Heft 126 (2013) 26–35; D. Wutti: *Transgeneracijski prenosi v družinah koroških Slovencev*. In: Inštitut za narodnostna vprašanja (Hg.): *Treatises and documents. Journal of Ethnic Studies/Razprave in gradivo. Revija za narodnostna vprašanja*. 70 (2013) 45–54; D. Wutti: *Trauma und Sprache in Kärnten/Koroška*. In: Zeitschrift für Psychotraumatologie, Psychotherapiewissenschaft, Psychologische Medizin, 3 (2013) 47–58.

Film/Doku: S. Zwitter-Grilc (Regie und Buch): *Schatten der Scham = Sence sramote* (Film/Dokumentation), Produktion »Zila Film« SPD Zila, Österreich 2013, 90 Min.

Bojan-Ilija Schnabl

Assimilationszwang, Konstante des gesellschaftspolitischen Lebens in Kärnten/Koroška und Vorbedingung für den gesellschaftlichen, insbesondere politischen Aufstieg auf überregionalem Niveau. Empirisch wird diese Konstante seit der zweiten Hälfte des 19. Jh.s deutlich sichtbar durch die fast durchgehende Absenz von ethnopolitisch engagierten Slowenen in landes-, reichs- oder später bundespolitisch führenden Positionen. Über die Gemeindeebene und eigenständige Wahllisten hinaus hatten identitätsbewusste Slowenen kaum Möglichkeiten, als solche gesellschaftlich zu avancieren (→ Bürgermeister).

KS 21. 1. 1925

> **Št. Vid v Podjuni.** (Kje je enakopravnost?)
> Ko smo šli pred tedni od maše domov, smo videli bliščati pred Boštjančičevo trgovino lep dvojezičen nov napis. Preteklo nedeljo pa slovenskega besedila na zadnjem mestu ni bilo več najti, bil je prepleskan. Pripovedovalo se je nam, da je imel od onega časa trgovec Boštjančič orožnike vsled dvojezičnega napisa pogosto pred vratmi, ki tako dolgo niso prenehali z zahtevo po izbrisu, dokler se ni udal pritisku. Slovenec se koroškega orožnika pač daleč rad izogne. Opozarjamo na nepostavno postopanje orožnikov deželno vlado, da se prihodnjič ne bo mogla izgovarjati, da tega ne ve, in druge merodajne faktorje. Vsekakor tako — najbrž samolastno — postopanje ni v skladu z mirovno pogodbo o varstvu manjšin. Na Dunaju smejo biti češki napisi, slovenski na Koroškem pa ne in poleg tega se mora pustiti nadlegovati avtohtoni Slovenec s strani privandranih Nemcev.

Ein A. ergab sich auch aufgrund der massiven wirtschaftlichen Konsequenzen, die jene, die sich dem A. nicht unterwerfen wollten, zu tragen hatten. Vielfach drohte ihnen der Verlust des Arbeitsplatzes, Arbeitslosigkeit und Armut alleine aufgrund ihres Festhaltens an der ethnischen Identität bzw. verloren die Menschen deshalb tatsächlich den Arbeitsplatz. Vielfach war dies auch der Grund für die → Emigration. Anschaulich wird dies in den wirtschaftlichen und ethnopolitischen Diskriminierungen durch Vertreter von Behörden, Staatsbetrieben, der Kirche und der freien Wirtschaft (→ Deutschnationale Vereine; → Germanisierung; → Militärgerichtsbarkeit; → Vertreibung 1920). Diese mussten etwa die Mitglieder des → *Beljaško omizje* [Villacher Kreis] über sich ergehen lassen. Ebenso veranschaulichen dies die Geschichte des → Kulturvereines → *Šentjanž* sowie die zahlreichen persönlichen Schicksale von identitätsbewussten Slowenen (vgl. etwa Ivan → Hochmüller, Ángela → Piskernik, Jurij → Trunk, Franc → Aichholzer u.a.).

Um die Mitte des 19. Jh.s, noch vor dem Aufflammen der nationalen Frage, sind zwar noch → Abgeordnete slowenischer Herkunft anzutreffen, so Matija → Rulitz oder Jakob → Scheliessnigg, die sich allerdings nicht ethnopolitisch engagierten. Später trifft man auf wenige ethnopolitisch engagierte slowenische → Abgeordnete aus einem einzigen → Wahlkreis, in dem sie reale Chancen hatten, gewählt zu werden – so Andrej und Gregor → Einspieler, Franc → Grafenauer, Franz → Muri oder später Vinko → Poljanec, Franc → Petek, Janez → Starc und Ferdo → Kraiger. Einziger österreichisch-ungarischer Minister und bekennender Slowene war Ivan → Žolger kurz vor dem Ende der Monarchie. Identitätsbewusste Kulturaktivisten sind vor allem in autonomen Organisationen zu finden, so in der → *Kmečka zveza* [Bauernbund] und in der → *Koroška slovenska stranka* [Kärntner Slowenische Partei] (so Mirko → Kumer, Johann → Millonig, Johann → Schnabl, Matija → Vospernik sowie Andrej → Sturm u.a.).

Die rechtlich-institutionelle Grundlage kann in den die deutschsprachigen Bevölkerungsteile bevorzugenden → Wahlordnungen und → Wahlkreiseinteilungen gesehen werden, die mittels einer ethnisch vorhersehbaren Wahlarithmetik das Ziel der Ungleichbehandlung und Diskriminierung auf ethnischer Grundlage – was an sich grundrechtswidrig war – verfolgen. Ein frühes Zeugnis diesbezüglicher politischer Überlegungen findet sich in einem Briefwechsel zwischen dem Büro des Ministerpräsidenten Eduard Taaffe und dem Kärntner Landespräsidenten Franz Schmidt-Zabierow zur Kandidatur des slowenischen → Landtagsabgeordneten Franc → Muri aus den Jahre 1887/1888. Aus dem Büro des Ministerpräsidenten heißt es da: »Derselbe [Franz Muri] – dermal Landtagsabgeordneter – soll, wenn auch Slowene, ein sehr mäßiger, ruhig denkender Mann sein, dessen Wahl als eine gute bezeichnet werden müsse.« Der Landtagspräsident hebt jedoch die Absicht der Diskriminierung hervor: »Durch die Wahlordnung ist der zum Bezirke Klagenfurt gehörige ganz slowenische Gerichtsbezirk Ferlach zu Villach geschlagen worden, eben um die natürliche slowenische Majorität in Völkermarkt-Klagenfurt zu alterieren.« Durch das solchermaßen manipulierte demokratische Grundrecht bei vorhersehbaren Wahlergebnissen (Slowenen können/werden nicht gewählt), verlieren die slowenischen Bevölkerungsteile die Relevanz als »Mehrheitsbeschaffer«, was strukturell die Spirale der rechtlich bedingten Exklusion vom gesellschaftlichen Leben verschärft, da in einer Demokratie gerade die zukünftige Zusammenarbeit eine Grundlage für eine Berücksichtigung potenzieller Interessen der gesellschaftspolitischen Partner darstellt (→ *Germanisierung, statistische*). Und gerade dies wird durch die manipulativen Wahlordnungen und Wahlkreiseinteilungen ausgeschaltet, wie es in der frühkonstitutionellen Phase das Zensuswahlrecht war, das weite Teile der Bevölkerung aufgrund ihrer sozialen Herkunft faktisch aus der politischen Partizipation ausschloss (→ Oktroyierte Märzverfassung 1849, → Dezemberverfassung 1867). Gesellschaftlich positioniert wurde diese Konstante durch die Einführung des utraquistischen → Schulwesens, das darauf abzielte, dem Slowenischen jegliche soziolinguistische → Relevanz zu nehmen. Quasi zur Landesideologie erhoben wurde die Assimilation bzw. der A. vom Landesverweser Arthur LEMISCH in einem Beitrag in der *Kärntner Landsmannschaft* vom 25. Oktober 1920, wenige Tage nach der → Volksabstimmung und den leeren Versprechungen der → Volksabstimmungspropaganda, und als Aufgabe definiert, für die eine Generation Zeit sei.

Eine ideologische Begründung kann in der die historische und gesellschaftliche Präsenz der Slowenen negierenden ideologischen Positionierung der Landeseinheit identifiziert werden, die in der → Windischentheorie einen Höhepunkt erfuhr. Ihre Vertreter akzeptierten in der Konsequenz nur assimilierte Slowenen, sog. → Deutschtümler oder → Windische, und ließen die Slowenen, die keinen Grund sahen, ihr fundamentales Grundrecht auf Sprache und Kultur infrage zu stellen, in keiner Weise am gesellschaftlichen und politischen Leben teilhaben. Dass es sich dabei um eine Diskriminierung aufgrund der ethnischen Herkunft und somit um eine schwere Missachtung der Menschenrechte handelte, wurde im breiten politischen Konsens in Kauf genommen. Dabei wurde der gesellschaftliche Konsens des A. nicht nur von → *deutschnationalen Vereinen* getragen, sondern auch von den politischen Parteien der herrschenden Mehrheit. So hatte Kärnten/Koroška ab der Mitte des 19. Jh.s, abgesehen vom Bischof von → Lavant A. M. → SLOMŠEK sowie im Unterschied zum Bistum von → Gorizia/Gorica/Görz, auch keinen einzigen slowenischen Bischof der Diözese → Gurk/Krška škofija (abgesehen vom Kurzzeitbischof Jakob P. → PAULITSCH/PAULIČ, der wohl slowenischer Herkunft war, aber als solcher nicht in Erscheinung trat; die Kärntner Slowenen Gregorij → ROŽMAN und Franz X. → LUSCHIN/LUŠIN waren Bischöfe in Ljubljana respektive in Gorizia/Gorica/Görz).

Mit fortschreitender → Assimilation und → Germanisierung (weitgehend) slowenischer Landesteile erfasste der A. immer weitere Bereiche des lokalen politischen und wirtschaftlichen Lebens und wurde bei Beibehaltung der eigenen slowenischen Sprache zur höchst traumatisierenden Erfahrung der absoluten Existenzgefährdung (→ Assimilation und PTBS), bei der die → Assimilanten aus kompensatorischen Gründen selbst Verfechter des A. waren und die kulturelle bzw. sprachliche Identität zu einer *territorialen* → *Identität* »echter Kärntner« reduzierten. Die so im gesellschaftlichen Diskurs positionierte Gleichung des Assimilationszwangs lautete: »Slowene = Nationalist, und nur ein Kärntner, der seine slowenische Herkunft verneint bzw. sich dieser öffentlich entsagt und dies mit antislowenischen Handlungen beweist, ist ein ›guter‹ Kärntner.« Und nur als solcher hatten Kärntner (Slowenen) objektiv und subjektiv empfundene gesellschaftliche und wirtschaftliche Zukunftschancen. Diese Konstellation prägte für Generationen die Möglichkeiten der gesellschaftlichen und wirtschaftlichen Partizipation, ließ statistisch nachverfolgbar (→ Sprachenzählung) nur die Alternative zwischen Assimilation oder, in extremis, → Emigration (→ Internierungen 1919; → Vertreibung 1920; Franc → SCHAUBACH) oder zumindest Flucht in die gesellschaftliche Isolation zu, die zu Auflösungserscheinungen und zur inneren Entsolidarisierung der slowenischen Gemeinschaft führten (→ Kryptoslowenen). Diesem Phänomen konnten die slowenischen → Kulturvereine und das slowenische → Genossenschaftswesen trotz humanistischer Anstrengungen keine den staatlichen Machtinstrumenten vergleichbaren Mittel entgegensetzen, um zu einer menschenrechtskonformen Situation beizutragen.

Namhafte politische Persönlichkeiten und Kulturträger aus dem weitgehend slowenischen südlichen Landesteil (→ Südkärnten/Južna Koroška) und slowenischer Herkunft bestätigen die empirische Feststellung eines systematischen A. und einer damit einhergehenden Verneinung der slowenischen ethnischen und sprachlichen Identität und Herkunft als Bedingung für gesellschaftliche Partizipation (etwa M. → ABUJA, F. → ELLERSDORFER, T. → KOSCHAT, J. F. → PERKONIG, V. → SCHUMY, J. → SEEBACHER; vgl. dazu auch die diesbezüglichen Überlegungen im Lemma → Abgeordnete). Bei anderen verliert sich mit zunehmendem Alter die Spur öffentlicher Manifestationen der slowenischen Herkunft (A. → FALLE, F. X. → LUSCHIN, M. → PERNHART, J. → SABLATNIG, J. → SCHELIESSNIGG). Zu welcher der beiden Kategorien P. → LESSIAK, F. → WELWITSCH oder H. → WOLF gezählt werden können, ist nicht gänzlich geklärt (→ Akkulturation).

Anzeige wegen der Farbe des Blumenschmuckes bei slowenischen Inschriften anlässlich des Bischofsbesuches, KS 26. 8. 1925

In der »wissenschaftlichen« Forschung finden sich in der → »Entethnisierung« Parallelen zum politischen und wirtschaftlichen A., wobei auch ein enger Konnex zwischen → *Geschichtsschreibung und kognitiver Dissonanz* besteht (siehe dort).

Lit. (vgl. auch obenLit zu *Assimilation*): A. Skedl (Hg.): *Der politische Nachlaß des Grafen Eduard Taaffe*. Wien [e.a.] 1922, 323 ff., 340 ff.; V. Melik: *Volitve na Slovenskem 1861–1918*. Ljubljana 1965; J. Pleterski: *Narodna in politična zavest na Koroškem: narodna zavest in politična orientacija prebivalstva slovenske Koroške v letih 1848–1914*. Ljubljana 1965; G. Fischer: *Das Slowenische in Kärnten, Bedingungen der sprachlichen Sozialisation, Eine Studie zur Sprachenpolitik*. Wien, Sprache und Herrschaft, Zeitschrift für eine Sprachwissenschaft als Gesellschaftswissenschaft, Reihe Monographien Nr. 1/1980; A. Suppan: *Die österreichischen Volksgruppen. Tendenzen ihrer gesellschaftlichen Entwicklung im 20 Jahrhundert*. Wien 1983; P. Gstettner: *Zwanghaft Deutsch? – über falschen Abwehrkampf und verkehrten Heimatdienst – ein friedenspädagogisches Handbuch für interkulturelle Praxis im »Grenzland«*. Klagenfurt/Celovec 1988; J. Pleterski: *Slowenisch oder deutsch? – nationale Differenzierungsprozesse in Kärnten (1848–1914)*. Klagenfurt/Celovec 1996; V. Melik: *Wahlen im alten Österreich – am Beispiel der Kronländer mit slowenischsprachiger Bevölkerung*. Wien [e.a.] 1997; A. Malle: *Spominjanje na pregon in upor, Erinnerung an Vertreibung und Widerstand*. In: A. Malle (Hg.): *Die Vertreibung der Kärntner Slowenen, Pregon koroških Slovencev*. Celovec 2002; W. Drobesch, A. Malle (Hg.): *Nationale Frage und Öffentlichkeit* (= S. Karner: (Hg.): Kärnten und die nationale Frage, Bd. 2). Klagenfurt 2005; M. Klemenčič, V. Klemenčič: *Die Kärntner Slowenen und die Zweite Republik – zwischen Assimilierungsdruck und dem Einsatz für die Umsetzung der Minderheitenrechte*. Klagenfurt/Celovec [e. a.] 2010, 39–51 (Volkszählungen bis 1939), 105–130 (Volkszählungen 1951–1971), 155–226 (Volkszählungen 1976–2001); B.-I. Schnabl: *Asimilacija in sindrom posttravmatskega stresa*. In: KK 2011. Celovec 2010, 117–130.

Bojan-Ilija Schnabl

Aškerc Anton (Ps. Gorazd, * 9. Jänner 1856 Globoko [Laško, Štajerska], † 10. Juni 1912 Ljubljana), Dichter, Übersetzer und Herausgeber.

A. war das älteste von sechs Kindern. Er wuchs in ärmlichen Verhältnissen auf. Seine Mutter verstarb als er 12 Jahre alt war. Er besuchte zuerst die slowenische, dann die deutsche Volksschule und das Gymnasium in → Celje. Nach dem Gymnasium studierte er von 1877–1881 an der theologischen Fakultät in → Maribor. A., der schon während seiner Studienzeit ein Freidenker war und kirchliche Dogmen anzweifelte, überwarf sich fortwährend mit den Kirchenoberen, weshalb er von einer entlegenen Pfarre in die nächste versetzt wurde. Aufgrund der Differenzen mit der Kirchenleitung wurde A. 1898 in den vorzeitigen Ruhestand versetzt. Von seiner Pensionierung bis zu seinem Tod 1912 war A. Stadtarchivar von Ljubljana. Er unternahm viele Reisen in den europäischen und Nahen Osten. Auf diesen Reisen setzte er sich u.a. mit östlichen Religionen auseinander, in denen er einen Ausgleich zum katholischen Westen zu finden hoffte. Seine Reisen verarbeitete er in einigen seiner Gedichte und Reisetagebücher *(V Husrev-begovi džamiji, Izlet v Carigrad, Dva izleta na Rusko)*. Zudem widmete er sich der Übersetzung östlicher, besonders russischer Literatur. Unter V. Bežek, Redakteur des → *Ljubljanski Zvon* von 1895 bis 1899, war A. Koredakteur für Poesie. Von 1900–1902 war A. selbst Redakteur des *Ljubljanski Zvon*. A. wurde bis um 1900 von den Modernisten (u.a.: Ivan → Cankar) als größter lebender slowenischer Dichter und als Vorbild gefeiert. Marja Boršnik nennt A. den eigentlichen Wegbereiter der slowenischen Moderne, weil er die Vorarbeit für freies Schriftstellertum leistete. Als die Werke der Modernisten A.s Schaffen zu überragen begannen, trennten sich die Modernisten von A.

A.s literarische Entwicklung: Nach einigen anonymen Veröffentlichungen in der Zeitschrift *Zgodnja Danica* publizierte er 1880 das Gedicht *Trije potniki* unter dem Pseudonym Gorazd in der Zeitschrift *Zvon*. Dieses Pseudonym behielt er bei, als er ab 1881 seine Gedichte im *Ljubljanski Zvon* veröffentlichte. Angeregt durch → Levstik und → Jurčič verfasste er anfangs lyrische Gedichte über Liebe und Heimat. 1882 begann er Balladen und Romanzen zu verfassen, bis er sich schließlich der epischen Poesie widmete. Über die epische Poesie kam er dem Realismus und dem Programm Fran → Celestins (1843–1895) immer näher. A. trat, unaufhörlich zweifelnd am Katholizismus, immer deutlicher für das slowenische nationale Bewusstsein und sozialistische Ideen ein. Sein Sinnen nach Freiheit der Völker und sozialer Gerechtigkeit kommt im Zyklus *Stara pravda*, in dem er die Zeit der slowenischen → Bauernaufstände in 15. und 16. Jh. aufgreift, zum Ausdruck. Die Einsetzung der Kärntner Herzöge in slowenischer Sprache griff A. in der Dichtung *Knežji kamen* [→ Fürstenstein] auf (→ Fürsteneinsetzung). Mit den Gedichtsammlungen *Balade in romance* [Balladen und Romanzen] (1890) und *Lirske in epske poezije* [Lyrische und epische Gedichte] (1896) erreichte er den Höhepunkt seines Schaffens. Die Sammlung *Balade in romance* wurde durch die deutsche Poetik Rudolf Gottschalls und Ernst Kleinpauls beeinflusst. A. gelang es, die eigentlich romantische, dreiteilige Ballade an den Realismus anzupassen. An dieser Stelle gilt es u.a., seine Balladen, *Mejnik, Brodnik, Godčeva balada, Svatba v Logeh* und *Pravljica o koscu* hervorzuheben. Seine dritte Gedichtsammlung *Nove poezije* [Neue Gedichte] (1900) ist bereits von schwindender Dichtkraft, Wiederholungen und einem moralisierenden Beiklang geprägt. Nach den *Nove poezije* veröffentlichte A. noch etliche Gedichtsammlungen und epische Gedichte (*Četrti zbornik, Zlatorog, Primož Trubar, Poslednji Celjan* usw.) die allerdings im Hinblick auf die Qualität hinter seinen ersten beiden Sammlungen zurückbleiben. In *Poslednji Celjan* verarbeitet er die Geschichte ULRICHS II. VON CILLI/ULRIK II CELJSKI (1406–1456), der Ungarn erfolgreich gegen die Osmanen verteidigte, schließlich aber ermordet wurde (vgl. *Grafen von → Cilli*). A. versuchte sich, wenngleich wenig erfolgreich, auch im Naturalismus (*Izmajlov, Red sv. Jurja, Tujka*).

Werke: *V Husrev-begovi džamiji*, 1887; *Stara pravda*, 1888; *Balade in romance*, 1890; *Izlet v Carigrad*, 1893; *Lirske in epske poezije*, 1896; *Izmajlov. Red sv. Jurja. Tujka*, 1900; *Nove poezije*, 1900; *Dva izleta na Rusko*, 1903; *Četrti zbornik poezij*, 1904; *Zlatorog*, 1904; *Ali je Primož Trubar upesnitve vreden junak ali ne?*, 1905; *Primož Trubar*, 1905; *Mučeniki*, 1906; *Junaki*, 1907; *Jadranski biseri*, 1908; *Akropolis in piramide*, 1909; *Pesnitve. Peti zbornik*, 1910; *Atila v Emoni*, 1912; *Poslednji Celjan*, 1912.

Lit.: ES. – М. Боршник: Антон Ашкерц, Полит. Београд 1957; M. Mitrović: *Geschichte der slowenischen Literatur*. Klagenfurt/Celovec 2001; V. Novak (Hg.): *Aškerčev zbornik – ob stoletnici pesnikovega rojstva*. Celje 1957; A. Slodnjak: *Slovensko slovstvo*. Ljubljana 1968.

Reinhold Jannach

Attems, Karl Michael Graf (* 1. Juli 1711 Gorizia/Gorica/Görz, † 18. Februar 1774 ebd.), Erzbischof von Gorizia/Gorica/Görz 1752–1774.

A. wurde am 1. Juli 1711 in → Gorizia/Gorica/Görz geboren. Im Juni 1750 wurde er mit 38 Jahren zum apostolischen Vikar in Gorizia/Gorica/Görz bestellt. Seine Regierung als erster Erzbischof von Gorizia/Gorica/Görz ab 1752 ist gekennzeichnet von der konsequenten Durchsetzung eines Pastoralkonzeptes, das sich auf intensiven persönlichen Kontakt zwischen Bischof, Klerus und Volk stützte. Diesem Zweck dienten ausgedehnte Pastoralreisen, die A. zwischen den Jahren 1750 und 1767 wiederholt in die 473 Seelsorgestationen seines riesigen Erzbistums unternahm und bei denen er jeweils in der Sprache der Bevölkerung predigte. Der Sprengel des Erzbistums umfasste die Grafschaft Gorizia/Gorica/Görz, einen großen Teil der Herzogtümer Kärnten/Koroška, → Krain/Kranjska und Steiermark/Štajerska, die beiden Pfarren Lavant und Tristach (Osttirol), Cortina d'Ampezzo und eine stattliche Reihe von Enklaven auf dem Gebiet der Udineser Erzdiözese. Von der ethnischen Struktur her umfasste dieses Gebiet Slowenen, Italiener, Friulaner, Ladiner und Deutsche. Sieben der 18 Görzer Archidiakonatssitze lagen in Kärnten/Koroška. Nicht immer problemlos war das Zusammenwirken des Erzbischofs mit der Regierung in Wien. Zwar erfreute sich A. der besonderen Wertschätzung der Kaiserin MARIA THERESIA, doch widersetzte er sich erfolgreich einer beabsichtigten Vereinigung des Bistums von → Ljubljana mit der Erzdiözese von Gorizia/Gorica/Görz im Jahr 1758 und trat vehement gegen die Aufhebung des Jesuitenordens ein (→ Jesuiten). A., dessen geistliches Profil sowohl vom Ideal des tridentinischen Reformbischofs als auch von den kirchlichen Erneuerungsbestrebungen des aufgeklärten Katholizismus im Geiste MURATORIS geprägt erscheint, starb am 18. Februar 1774 in Gorizia/Gorica/Görz an den Folgen eines Schlaganfalls und wurde in der dortigen Seminarkirche begraben.

Anton Aškerc

Lit.: OVSBL. – F. M. Dolinar, L. Tavano (Hg.): *Carlo Michele d'Attems primo arcivescovo di Gorizia (1752–1774) fra Curia romana e Stato asburgico. I. Studi introduttivi*. Gorizia 1988; F. M. Dolinar, L. Tavano (Hg.): *Carlo Michele d'Attems primo arcivescovo di Gorizia (1752–1774) fra Curia romana e Stato asburgico. II. Atti del Convegno*. Gorizia 1990; P. G. Tropper (Hg.): *Atti delle visite pastorali di Carlo Michele d'Attems arcivescovo di Gorizia 1752–1774. 3. Die Berichte der Pastoralvisitationen des Görzer Erzbischofs Karl Michael von Attems in Kärnten von 1751 bis 1762*. Wien 1993; P. G. Tropper: *Das Wirken des Görzer Erzbischofs Karl Michael von Attems in Kärnten*. In: J. Vetrih (Hg.): *L'arcidiocesi di Gorizia dall'istituzione alla fine dell'Impero asburgico*. Gorizia 2002, 51–56.

Peter G. Tropper

Auersperg, Anton Alexander Graf (Ps. Anastasius Grün, * 1. April 1806 Ljubljana, † 12. September 1876 Graz), Dichter, Politiker, Landtagsabgeordneter in Krain/Kranjska.

A. verbrachte seine Schulzeit größtenteils in Wien, wo er 1813–1815 das Theresianum, 1815–1817 das Gymnasium und 1817–1818 die Kriegs- und Ingenieurakademie besuchte. 1819–1824 war er im privaten Klinkowströmschen Erziehungsinstitut für Knaben katholischer Religion aus allen Ständen untergebracht, wo France → PREŠEREN sein Erzieher war. Nachdem A. das Studium der Philosophie an der Universität Wien (1824–1826) abgeschlossen hatte, studierte er 1826–1831 in Graz Jus. Danach lebte er auf seinem Schloss Thurn am Hart (Turn pri Krškem) und befasste sich mit dessen Bewirtschaftung. 1839 heiratet er die

Gräfin Maria ATTEMS und machte danach vorwiegend Graz zu seinem Aufenthaltsort.

Schon während der Studienjahre begann A. zu dichten. Seine erste Gedichtesammlung *(Blätter der Liebe, 1830)* ist noch nicht besonders originell, doch bereits in seinem zweiten Werk *(Der letzte Ritter, 1830)* kommt sein Talent zum Durchbruch. Im Jahre 1831 erschienen unter dem Pseudonym Anastasius GRÜN in Hamburg *Spaziergänge eines Wiener Poeten*, in denen er sich als Kritiker des Metternich'schen Absolutismus auswies. Nachdem die Metternich'schen Polizeibehörden 1838 eruiert hatten, dass das Pseudonym für A. stand, erhielt er von METTERNICH die Aufforderung, auf das Publizieren zu verzichten oder Österreich zu verlassen. A. entschloss sich für den Publikationsverzicht, konnte aber nicht vollständig von der Kritik am Regime ablassen. 1845 unterzeichnete er mit anderen Autoren eine Petition, die Erleichterungen bei der Zensur einforderte.

Nachdem in Wien die Märzrevolution (→ Revolutionsjahr 1848) ausgebrochen war, wurde er aktives Mitglied einer Bewegung für politische Veränderungen. Im April 1848 nahm er die Einladung zu einer Sitzung des deutschen Vorparlaments in Frankfurt an, in Ljubljana wurde er Anfang Mai zum Abgeordneten ins Frankfurter Parlament gewählt. A. polemisierte öffentlich mit dem Wiener akademischen Verein *Slovenija* (→ *Zedinjena Slovenija*), da dieser mit der Propaganda gegen das Frankfurter Parlament begonnen hatte. A. forderte seine »slovenischen Brüder« auf, nicht gegen Großdeutschland zu sein. Bis September 1848 war A. Abgeordneter im Frankfurter Parlament. Da er die kleindeutschen Konzepte nicht mittragen wollte, kehrte er in seine Heimat zurück. Zur Zeit des Neoabsolutismus fokusierte sich A. auf seine literarische Arbeit. 1850 erschienen die *Volkslieder aus Krain* in seiner Übersetzung ins Deutsche; im selben Jahr die epische Dichtung *Der Pfaff vom Kahlenberg*, die er mehr als fünfzehn Jahre früher verfasst hatte. Darin rechnete A. als Liberaler mit dem Metternich'schen Absolutismus ab. Im Epos machte A. auch die Einsetzung der → Kärntner Herzöge zum Thema, wobei er die Notwendigkeit der Übertragung der Macht auf einen Herrscher durch das Volk selbst hervorhebt. 1860 wurde A. Mitglied des Verstärkten Reichsrats, war darin aber nicht besonders aktiv. Bei den Landtagswahlen im März 1861 wurde er zum Landtagsabgeordneten von → Krain/Kranjska gewählt. Im selben Jahr ernannte ihn der Kaiser zum Mitglied des Herrenhauses. In dieser Funktion schrieb er die meisten Entwürfe an die Adresse des Herrenhauses und setzte sich als einer der Meinungsführer der deutschen Verfassungspartei durch. In seinen Wortmeldungen im Herrenhaus und im Landtag vertrat A. einen großdeutschen und großösterreichischen Standpunkt. Er setzte sich für eine führende Rolle des österreichischen Kaiserreiches im Deutschen Bund ein, lehnte aber Sonderrechte für Ungarn ebenso ab, wie Konzepte für eine föderalistische Umgestaltung der Monarchie. Die Februarverfassung sah er als »*die schützende Burg der Macht, der Einheit der Einheit des Reiches und der Freiheit seiner Völker* …« In der Verfassungstreue und im Rechtsstaat sah er das eigentliche Wesen des Liberalismus, in der Gegnerschaft zur Verfassung aber Konservatismus und Reaktion. Daher war er entschieden gegen die Sistierung der Verfassung durch BELCREDI (20. September 1865). Die Annäherung zwischen der Krone und der ungarischen liberalen Opposition waren ihm suspekt. Die Niederlage gegen Preußen 1866 bedauerte er aufrichtig, lehnte aber trotzdem eine dualistische Umgestaltung der Monarchie ab. Noch Ende 1866 hatte A. im Landtag von Krain/Kranjska den österreichisch-ungarischen Dualismus als doppelte Krücke bezeichnet, nur einige Monate später aber akzeptierte er den österreichisch-ungarischen Ausgleich als notwendiges Übel. Im Entwurf an die Adresse des Herrenhauses sieht er darin die Vorbedingung für eine neue verfassungsmäßige Entwicklung und Stärkung der Monarchie nach innen und außen. A. war überzeugt, dass man einem zentralisierten Ungarn ein zentralisiertes Cisleithanien mit deutscher Vorherrschaft entgegen halten müsse und stellte sich daher zur Zeit der Regierung POTOCKI und HOHENWART entschieden gegen das beabsichtigte dualistische Experiment. In mehreren seiner Reden im Herrenhaus griff er auch in andere politische Auseinandersetzungen ein. Besonderen Widerhall fanden seine Reden gegen die Vorrechte der katholischen Kirche und das Konkordat, das er als Canossagang bezeichnete und mit dem das Österreich des 19. Jh. für den Josephinismus des 18. Jh. Buße tun müsse. A. war auch der Hauptredner zur Unterstützung des Ehegesetzes (20. März 1868).

A. repräsentierte eine der ältesten und angesehensten Adelsfamilien in Krain/Kranjska und war mit seiner engeren Heimat sehr verbunden. Er bewunderte PREŠEREN (dessen Gedichte er ins Deutsche übersetzte) und war vom slowenischen → Volkslied begeistert. Den Slowenen gegenüber aber verhielt er sich paternalistisch, wie es für den damaligen deutschen Liberalismus typisch war. A. glaubte an die Kulturmission des Deutschtums, das schrittweise alle Nationen und Völker auf ein höheres kulturelles Niveau führen sollte, ohne dabei seine dominante Position zu gefährden. In seiner Polemik mit der Wiener *Slovenija* (1848) und in der Vorrede zu den *Volksliedern aus Krain* (1850) hatte A. den Slowenen noch eine schöne Zukunft prophezeit. Nach der Wiederherstellung des Verfassungslebens schätzte er die slowenischen Forderungen nach sprachlicher Gleichberechtigung und einem vereinten Slowenien (→ *Zedinjena Slovenija*, Peter → Kozler, Franz → Miklosich) sowie in der Orientierung auf die (Süd-)Slawen als destruktive, gegen den Fortbestand der Monarchie gerichtete, Politik ein. Im Landtag von Krain/Kranjska nannte er bei den immer häufigeren Auseinandersetzungen mit den slowenischen Liberalen die slowenische Sprache eine nicht vollwertige »Kombinationssprache«, die als »Scheidemünze für den Lokalverkehr« diente, während das Deutsche für ihn die »Goldmünze für den Weltverkehr« darstellte. Die Forderug nach einem Vereinten Slowenien *(Zedinjena Slovenija)*, die zur Zeit der → Taborbewegung immer stärker wurde, hielt er für staatsfeindlich und staatsschädigend, das Schielen nach dem slawischen Süden aber für blinde Nachahmung der tschechischen Politik und für dumm. In einem Brief an Karl/Dragotin → Deschmann/Dežman vom 12. Jänner 1871 bringt er seine tiefe Enttäuschung mit den slowenischen politischen Führern zum Ausdruck: »*Unsere Slovenen sind ein Produkt und Bild des umgekehrten Darwinismus; denn diese Affen der Czechen sind offenbar gegen die Originale keine fortgeschrittene, veredeltere Race, sondern nur zurückgebliebene, unentwickelbare Organismen* ...« Nachdem er 1867 in den steirischen Landtag gewählt worden war, griff er in die Politik in Krain/Kranjska nicht mehr unmittelbar ein, er blieb jedoch in Briefkontakt mit seinen politischen Gesinnungsgenossen.

Werke: *Gesammelte Werke* (Hg. L. A. Frankl), 5 Bd. Berlin 1877; *Anastasius Grüns Werke in sechs Teilen* (Hg. E. Castle.), Berlin 1909.
Lit.: Wurzbach; SBL; ÖBL; EJ; ES; OVSBL. – P. Radics: *Anastasius Grün's Lehrer und Freund, der slovenische Dichter France Prešeren*. In: *Kres* (1882) 495; J. Lokar: *Anstasius Grüns Briefe an Prešeren und Bleiweis*. In: *Carniolia* (1908) 187–201; *Graf Anton Auersperg als Parlamentarier und Politiker*. (Sonderabdruck aus dem *Grazer Taghlatt*, 19. Jg. [1909]) Graz [o. J.]; M. Pivec-Stelle: *Pisma Antona Auersperga Karlu Dežmanu*. In: *GMDS* (1930) 43–71; A. Janko, A. Schwab (Hg.): *Anastasius Grün und die politische Dichtung im Vormarz*. München 1995; B. Požar: *Anastasius Grün in Slovenci*. Maribor 1970; V. Melik: *A. A. Auersperg in slovenski narod*. In: V. Melik: *Slovenci 1848–1918*. Maribor 2003, 127–140.

Janez Cvirn †; Üb.: Katja Sturm-Schnabl

Aufklärung. Die A. ist eine Geistesströmung, die in den Jahren 1720–1730 entstand, nach und nach ganz Europa und ebenso Amerika erfasste und sich vereinzelt erst Mitte des 19. Jh.s verlor. Die aufklärerischen Ideen, die zunächst in England (Newton, Locke) und Frankreich (Voltaire, Montesquieu, Rousseau) aufkamen und mit welchen Europa in ein neues Zeitalter eintrat, nahmen sehr unterschiedliche lokale Ausprägungen an. Die Quintessenz des aufklärerischen Gedankens liegt in der Voranstellung der Ratio des Menschen, der die Fähigkeit hat, mithilfe seiner Erfahrungen Einfluss auf die Welt auszuüben und Gutes in ihr zu bewirken. Der Mensch, der nicht mehr der geburtsbedingten Hierarchie untergeordnet, sondern frei und allem anderen ebenbürtig ist, was sich in den noch heute aktuellen menschlichen Grundrechten manifestiert, macht von seinen natürlichen Fähigkeiten Gebrauch, und avanciert als Einzelner sowie als Mitglied der Gesellschaft; so macht er sich frei von Vorurteilen und wandelt aus der Finsternis der Unkenntnis ins Licht der Erkenntnis, was ihm individuelle Freiheit bringt, Fortschritt und Glück und der Menschheit friedliches Zusammenleben. Hier entspringt die Mobilisierungskraft dieser gewaltigen und komplexen geistigen Bewegung, die sämtliche Sphären des Lebens betraf.

Im mitteleuropäischen Raum kennen wir v. a. die deutsche, etwas spätere Variante der A. unter ebendiesem Namen, die jedoch nicht gänzlich mit dem englischen *Enlightenment* oder den französischen *Lumières* gleichgesetzt werden kann. In diesen zwei Ländern hatte sich die A. unter anderen sozialen, politischen und kulturellen Bedingungen entfaltet und konzentrierte sich besonders auf die philosophisch-politischen Sphären, während die deutsche A. eher eine pragmatische geografische und zeitliche Dimension angenommen hatte. Der aufgeklärte Absolutismus, der von der Voraussetzung ausgeht, dass in der ersten Phase der eingesetzte Monarch das ihm anvertraute Volk langsam auf den Weg zum Licht und zu einer stärker rational orientierten Gesellschaft führen kann, entwickelte sich im Besonderen in Mittel- und Osteuropa.

Im eigentlichen Wesenskern des aufklärerischen Gedankens in Mitteleuropa begegnen wir der Philosophie von Leibniz und Kant, der im Jahr 1784 die berühmte Definition der A. niederschrieb: *Aufklärung ist der Ausgang des Menschen aus seiner selbst verschuldeten Unmündigkeit*, und weiter riet: »Sapere aude!« [Habe Mut, dich deines eigenen Verstandes zu bedienen!]. Eine große Rolle bei der Verbreitung der A. spielten der

Katja Sturm-Schnabl

Theologe Christian THOMASIUS (1655–1728) und insbesondere Christian WOLF (1679–1754), Professor an der Universität Halle, sowie seine Schüler J. C. GOTTSCHED und A. G. BAUMGARTEN. Sowohl der Glaube an die Fähigkeiten des Menschen und an seine Vervollkommnung als auch an die Vervollkommnung der Welt, was der göttlichen Vollkommenheit entspricht, bildet die Grundlage für seinen Optimismus. Der Mensch erhielt seinen Verstand von Gott, um ihn aktiv für sein eigenes Wohl bzw. utilitaristisch einzusetzen. Darum ist es falsch, A. mit Atheismus gleichzustellen.

In Westeuropa wurde das aufklärerische Gedankengut über Klubs und Salons weitergegeben, in welchen Adel und Hochbürgertum verkehrten, aber auch über Publikationen, unter denen die französische Enzyklopädie die größte Rolle spielte, welche das gesamte bis dahin gesammelte Wissen beinhalten sollte. Auf mitteleuropäischem Gebiet fand die A. über die Universitäten und unterschiedliche Akademien und wissenschaftliche Vereinigungen, in denen u.a. auch Theologen und Geistliche tätig waren, protestantische ebenso wie katholische, Ausbreitung. Zuversicht und Glaube an den allseitigen Fortschritt ergriffen allmählich breite Bildungsschichten und wurden in konkrete Taten umgesetzt. Gesundheitswesen, Hygiene und eine moderne Wirtschaft wurden zum festen Bestandteil der Bildung, einschließlich in Priesterseminaren.

Mit dem Rationalismus und der damit verbundenen Suche nach einer neuzeitlichen, gerechteren sowie effizienteren Gesellschaftsordnung (»Gesellschaftsvertrag«) kommt auch das Problem der Sprache auf, eine Schwierigkeit, die auf ihre Weise paradox ist. Die Sprache wird zum unausweichlichen Medium der erweiterten Kommunikation, zum notwendigen Instrument in Forschung, Bildung und Wissenschaft, wesentlich bei der freien Meinungsbildung, essenziell in der Gesetzgebung, die das Individuum in die Gesellschaft der neuen demokratischen Welt einbindet. Ähnlich den Fossilien in der Naturwissenschaft können auch ausgestorbene Sprachen (z.B. Sanskrit) und altertümliche Texte beim Evolutionsverstehen einer Welt behilflich sein, die ihre statische Gestalt verloren hatte. Und gerade unter diesem neuen Aspekt bzgl. des Phänomens Sprache hatte die A. in Mitteleuropa außergewöhnlich fundamentale und weitreichende Auswirkungen.

Am vernünftigsten wäre der Gebrauch einer einzigen Sprache, mit deren Unterstützung neue Ideen eingeführt würden, die so zu einem schnellen Fortschritt der ganzen Menschheit führten. Der Abstand zwischen Ideal- und Realzustand erwies sich jedoch als zu groß. Das Französische als Vermittler und Propagandist aufklärerischer Prinzipien in Europa hatte sich in den Augen vieler den Status der klarsten und vollendetsten Sprache verschafft und besaß eine dominante Position, allerdings nur in den höheren Gesellschaftsschichten. Die Vielzahl an noch weniger bekannten Sprachen, die sowohl auf dem europäischen Kontinent selbst als auch in jenen neuen Regionen gesprochen wurden, auf welche man im Zuge von Entdeckungsreisen stieß, stellte sich zunächst als Hindernis auf dem Weg zur Wissenschaft und zum Universalismus heraus. Die Ideen der A. konnten auch durch Übersetzungen oder den Gebrauch dieser »volkstümlichen« Sprachen vermittelt werden, die sich von der Voreingenommenheit anderer befreien mussten.

Andererseits nimmt die A. die Sprache als natürliches, allen anderen Disziplinen ähnelndes Phänomen wahr und erforscht sie auch als solches. Die Sprache selbst wird zum Gegenstand der Untersuchungen. Daher ist es nicht verwunderlich, dass sich DOBROVSKÝ bzw. Sigismund → ZOIS nebst der Sprache auch mit Botanik, Mineralogie u.Ä. beschäftigen.

Dieses zweifache Herantreten an die Sprachenproblematik ist im Slowenischen besonders anschaulich, schließlich wurde die Sprache mit Bartholomäus → KOPITARS Grammatik, der sich u.a. vornehmlich für linguistische Charakteristika in den Kärntner Mundarten interessierte (z.B. für Restnasalierung) (→ Dialekt), im Geiste der neuen Wissenschaft aufbereitet und beschrieben. Parallel dazu erschien in den ersten zwei Jahrzehnten des 19. Jh.s eine Reihe von qualitativ sehr unterschiedlichen Grammatiken und Wörterbüchern auf Slowenisch. In einer Zeit, in der das Habsburgerreich modernisiert und das Schulwesen reformiert wurde, zeugten diese Publikationen von einem betont offenen Zugang zur Sprache an sich, der wiederum die Notwenigkeit sowie das Interesse an der Sprache belegte.

Die Verbesserungen im Bildungswesen, die mit der Zeit immer weitere Bevölkerungskreise erreichten und ebenfalls als Resultat des aufklärerischen Geistes zu werten sind, hatten wesentliche Auswirkungen auf die gesellschaftliche Entwicklung, die Sprache und das Nationalbewusstsein. So bildeten sich in der eigenen Nationalität allmählich Eliten, die geeint wurden vom gemeinsamen Wissensdurst und vom Wunsch, das Licht der Erkenntnis an die eigenen Landsleute in der eigenen Sprache weiterzugeben. Die Intellektuellen gründeten unter dem Einfluss des aufklärerischen Gedankengutes Zirkel, kooperierten in Akademien, sorgten für rege Pressetätigkeit und stellten Schulbücher und fachspezifische Literatur für das Volk zusammen.

Wie überall in Mitteleuropa treffen wir auch in Kärnten/Koroška auf die A., überwiegend in ihrer pragmatisch-praktischen oder sogar volksnahen Form. Da es hier weder größere slowenische Städte noch eine nennenswerte slowenische Aristokratie bzw. Bürgertum gab, waren die Träger der aufklärerischen pragmatischen Ideen vor allem Geistliche, die gleichzeitig fast die einzigen Vertreter der slowenischsprachigen Bildungsschicht darstellten (→ Spätjansenismus, M. → Ravnikar).

Der aufgeklärte Absolutismus und der Jansenismus erreichten Kärnten/Koroška zuerst, vor allem unter dem Einfluss der aufgeklärten Machthaber, deren Reformen, obwohl sie schrittweise durchgeführt wurden (persönliche Freiheit, Robotpatent, Schulpflicht), zweifelsohne zur Schaffung günstiger Voraussetzungen für die zukünftigen kulturellen, sprachlichen, technologischen und wirtschaftlichen Entwicklungen verholfen hatten.

Von besonderer Bedeutung für die Kärntner Bildungsschicht ist zudem der Zirkel um Zois oder das Wirken des Kreises um Janez Nepomuk → Primic in Graz sowie die Akademie von St. Urban *(svetourbanska akademija)*. Hervorzuheben ist zudem der Austausch zwischen → Klagenfurt/Celovec, → Ljubljana und Graz, was sich auch im Anstieg verschiedener Vereine niederschlägt. So wurde 1814 der Gelehrtenverband *Večerno društvo* [Abendgesellschaft] gegründet, in welchem sich u.a. Franz → Grundtner (1767–1827) und Matija → Ahacel (1779–1845) engagierten. Die Zeitschrift → *Carinthia*, die 1811 ins Leben gerufen worden war, sowie das Sammelwerk *Kärntnerische Zeitschrift* (nach 1819) standen im Zusammenhang der A. Die praxisorientierten Wissenschaften wurden im Rahmen bäuerlicher Vereine unter das Volk gebracht, die um den Fortschritt auf dem Lande bemüht waren, wo zu jener Zeit überwiegend Slowenen lebten. Bereits 1764, und damit um fünf Jahre eher als in Ljubljana, gründete man den Bauernverein *Kmetijska družba* in Klagenfurt/Celovec, ein Jahr darauf die Sonntagsschule für handwerklich-technische Berufe. In Klagenfurt/Celovec gab es außerdem den nach dem Kunstmäzen und Industriellen benannten Herbert-Kreis (1822), der mit Anhängern der Philosophie Kants in Kontakt stand.

Unter den Einrichtungen mit pragmatischer aufklärerischer Orientierung bedarf das Priesterseminar von Klagenfurt/Celovec besonderer Erwähnung, wo sich ab 1821 Anton Martin → Slomšek v. a. für die slowenische Sprache engagierte, und so einer der einflussreichsten slowenischen Aufklärer wurde, der so manchen Landsmann für das Slowenische, aber ebenso für Wissen und Fortschritt zu begeistern vermochte. Der aufklärerische Gedanke zeichnete sich außerdem im Wirken von Oswald → Gutsmann, Andrej → Einspieler, Anton → Janežič usw. ab. Die Quelle der Energie, aus welcher sowohl die großen Gelehrten als auch Lehrer und Pfarrer bei ihren aufopfernden Bemühungen um eine universale Modernisierung und A. des Volkes schöpften, war in der A. selbst verwurzelt. Die Gebundenheit an die slowenische Sprache, also die Sprache des Volkes, war in ihrem kulturellen Engagement begründet, das auf diese Weise eine aufklärerisch-nationale Prägung annahm.

Diese »späten« aufklärerischen Impulse beflügelten auch die Begründer des Volksverlags → *Mohorjeva*, deren Hauptanliegen, den ideologischen Konventionen des 18. Jh.s entsprechend, in der Volksbildung sowie im Wecken des Nationalbewusstseins lag. Diese Bestrebungen im aufklärerischen Sinne umschrieb Slomšek mit folgenden Worten: *Glejte, ena luč Slovencem gor gre* [Seht, ein Licht geht den Slowenen auf]. Mit der *Mohorjeva* wurde Klagenfurt/Celovec zum Sitz des größten und kulturell sowie literarisch breit gefächerten Verlagshauses der slowenischen Länder (→ *Bukovništvo*). Die Kraft der neuartigen Ideen ist darüber hinaus im Programm eines Vereinten Sloweniens (→ *Zedinjena Slovenija*) gleichsam spürbar, in welchem Matja → Majar schrieb, dass *resnice večna luč [je] žalostne dni dolge in bridke sužnosti končala* [das ewige Licht der Wahrheit den traurigen Tagen der langen und bitteren Sklavenschaft ein Ende bereitet hat]. Auch seine Zeitschrift *Slavjan* war den *Slavjane književne in razsvetljene* [den literaturkundigen und aufgeklärten Slawen] zugedacht (→ *Preporod*).

Die A. sowie die kulturellen Aktivitäten, die sich aus ihr entwickelt hatten, stellten gegen Ende des 18. Jh.s und zu Beginn des 19. Jh.s eine genuine Motivationsquelle für eine immense Anzahl slowenischer Intellektueller. Sie führten schließlich die sog. slowenischen Länder in die Gegenwart hinüber, womit sie ihnen eine besondere Gestalt verliehen, die bei Weitem noch nicht in allen ihren Dimensionen erforscht ist.

Lit.: F. Kidrič (Hg.): *Korespondenca Janeza Nepomuka Primca: 1808–1813*. Ljubljana, Znanstveno društvo, 1934 (Reihe Korespondence pomembnih Slovencev; 1[a]); I. Prijatelj: *Duševni profili slovenskih preporoditeljev*. Ljubljana 1935; J. Morskoi: *Die slowenische Wiedergeburt im Lichte der deutschsprachigen Publizistik von 1800–1850*. Wien 1954; E. Ermatigen: *Deutsche Kultur im Zeitalter des Aufklärung*.

Frankfurt a/M. 1969; P. Grappin: *L'Allemagne des Lumières*. Paris 1982; B. Paternu, B. Pogorelec, J. Koruza (Hg.): *Obdobje razsvetljenstva v slovenskem jeziku, književnosti in kulturi. Tipološka problematika ob jugoslovanskem in širšem evropskem kontekstu*. Ljubljana 1980; K. Sturm-Schnabl: *L'influence de la Révolution française sur le mouvement de l'affirmation de l'individualité nationale slovène*. In: L'Image de la France révolutionnaire dans les pays et les peuples de l'Europe Centrale et du Sud-Est. Colloque international tenu à Paris du 13 au 15 octobre 1988. Publications Langues 'O. Paris 1989, 103–120; W. Baum (Hg.): *Weimar – Jena – Klagenfurt. Der Herbertkreis und das Geistesleben Kärntens im Zeitalter der französischen Revolution*. Klagenfurt 1989; K. Sturm-Schnabl: *Slovenski narodni preporod in njegovi neposredni odnosi s francoskim razsvetljenstvom in janzenizmom*. In: *Zgodovinski časopis* 43 (1989) 359–363 und 43 (1989) 635; K. Sturm-Schnabl: *Pensée scientifique et réveil national slovène au XVIIIème siècle*. In: Progrès technique et évolution des mentalités en Europe Centrale (1750–1840). Colloque international tenu à Paris du 22 au 24 novembre 1990. Publications Langues 'O. Paris 1991, 49–59; U. Hof: *Das Europa der Aufklärung*. München 1993; F. I. Niethammer: *Korrespondenz mit dem Klagenfurter Herbert- und Erhard-Kreis*, hg. v. Wilhelm Baum [e.a.]. Wien 1995; W. Baum: *Der Klagenfurter Herbert-Kreis zwischen Aufklärung und Romantik*. In: *Revue Internationale de Philosophie* 197 (1996), 483–514; A. Bernard, *Posebnosti slovenskega razsvetljenstva v primerjavi s francoskim z ozirom na religijo in jezik*, *Dajnkov zbornik*, Maribor 1998, 35–54; M. Mitrović: *Geschichte der slowenischen Literatur, Von den Anfängen bis zur Gegenwart*. Aus dem Serbokroatischen übersetzt, redaktionell bearbeitet und mit ausgewählten Lemmata und Anmerkungen ergänzt von Katja Sturm-Schnabl. Klagenfurt/Celovec 2001, 83 ff. und 119 ff.

Web: K. Sturm-Schnabl: *Die Rolle der Literatur- und Sprachwissenschaft bei der Affirmierung der slowenischen nationalen Identität*. In: TRANS Internetzeitschrift für Kulturwissenschaften Nr. 6, Sept. 1998 www.inst.at/trans/6Nr/sturm.htm; A. Moritsch: *Pomlad narodov – Der Völkerfrühling*. Klagenfurt/Celovec 1999; www.mohorjeva.at (9. 8. 2010).

Antonia Bernard †; Üb.: Maja France

KS 4. 9. 1935

Augsdorf/Loga vas, Pfarre und Altgemeinde (→ Velden am Wörthersee/Vrba) in der einst u.a. das *Slovensko pevsko in izobraževalno društvo Loga ves* [Slowenischer Gesangs- und Bildungsverein Augsdorf] und die registrierte Genossenschaft *Posojilnica za župnije Škofiče, Loga vas, Otok in Št. Ilj* [Darlehenskasse für die Pfarren Schiefling, Augsdorf, Maria Wörth und St. Egyden] wirkten, vgl. Sachlemmata: → Abstimmungszonen; → Antikrist; → Bukovništvo; → Chorwesen; → Genossenschaftswesen, → Kirchenchor von Schiefling/Škofiče; → *Klub koroških slovenskih akademikov na Dunaju* (KKSAD) [Klub der Kärntner slowenischen Akademiker in Wien]; → *Koroška slovenska stranka* (KSS) in der Ersten Republik; → *Kostanje. Katoliško slovensko izobraževalno društvo za Kostanje in okolico* [Katholischer slowenischer Bildungsverein für Köstenberg und Umgebung]; → Kreuzweg; → Liedersammlung, handschriftliche; → Mežiška dolina (Mießtal); → Pfarrkarte der Diözese Gurk/Krška škofija 1924; → Sattnitz/Gure; → Wehrkirche(n); Personenlemmata: → HABIH, Miha; KOSCHIER, → KOŠIR, Kristo; → KOŠIR, Pavel, → KOŠIR, Pavel; MARKOVIČ, Peter; → MÜLLER, Valentin; → PREŽIHOV VORANC; RAINER, Matevž (→ Bürgermeister); → SCHUSTER, Andrej, vulgo Drabosnjak; → SINGER, Stefan.

Quellen: *Mir* 2. 2. 1905; KS 21. 1. 1925; KS 6. 5. 1925; KS 9. 9. 1925; KS 24. 2. 1926; KS 1. 12. 1926; KS 2. 10. 1927; KS 19. 10. 1927; KS 10. 1. 1934; KS 28. 2. 1934; KS 20. 2. 1935; KS 13. 3. 1935; KS 3. 4. 1935 (Haushaltskurs); KS 4. 9. 1935; KS 6. 11. 1935; KS 4. 12. 1935; KS 9. 3. 1938; KS 13. 4. 1938; KS 22. 6. 1938; KS 10. 5. 1939.

Austroslawismus, das Bestreben der slawischen Nationen innerhalb der Habsburgermonarchie nach einer (föderalistischen) Umgestaltung zu einem Staat mit slawischer Vorherrschaft.

Zu Ende des 18. und am Beginn des 19. Jh.s festigte sich unter der Intelligenzia der kleinen, nicht dominanten slawischen Nationen das Bewusstsein, dass die Habsburgermonarchie der ethnischen Mehrheit nach ein slawischer Staat war. Sie erwartete von diesem Staat die Unterstützung der kulturellen Bemühungen der slawischen Nationen innerhalb seiner Grenzen. Jernej → KOPITAR hatte ein umfangreiches kulturpolitisches Programm zur Entwicklung der slawischen Sprachen und Kulturen in der Monarchie entworfen, und sah in Wien das künftige geistige Zentrum der (West-)Slavija. Graf Leo → THUN-HOHENSTEIN vertrat in seinem Buch *Über den gegenwärtigen Zustand der böhmischen Literatur und ihre Bedeutung* die Ansicht, dass es die Schutzbedürftigkeit der verschiedenen slawischen Nationen der Monarchie vor der Bedrohung durch die mächtigen Nachbarn war, die diese Nationen vereinte. Deshalb sollte die Monarchie auf der gegenseitigen Achtung der Individualität aller ihrer Nationen beruhen. Karel HAVLÍČEK BOROVSKÝ schrieb (1846) eine Artikelserie *Slovan a Čech* [→ Slawe und Tscheche], in der er herausarbeitete, dass Österreich der beste Garant für den Fortbestand der »tschechischen und illyrischen Nationalität« sein könnte. František → PALACKÝ formulierte diesen Gedanken in dem berühmten Brief vom 11. April 1848, in dem er eine Mitarbeit im Frankfurter Parlament ablehnte. Dieser Gedanke wurde danach auch von vielen slowenischen Intellektuellen aufgegriffen; Matija → MAJAR zitiert den ersten Satz [wie nach ihm viele andere, unvollständig, denn

Palacký hatte diesen Satz nach einem Komma weiter geführt »..., *wenn er seine Aufgaben erfüllt hätte ...*«] in der Zeitschrift *Slovenija* vom 12. Dezember 1848 in Ljubljana. Seit dem → Slawenkongress in Prag (1848) hatte der A. die Form eines konkreten Plans zur politischen Föderalisierung der Monarchie (und Mitteleuropas) angenommen, wobei die Loyalität zur Habsburgermonarchie zum integralen Bestandteil der Politik der kleinen slawischen Völker bis hin zu deren Zerfall wurde. Diese Treue zur Monarchie war bei allen slawischen Völkern von Anfang an in der Hoffnung verankert, dass diese ihnen angesichts ihrer zahlenmäßigen Stärke größere Rechte einräumen bzw. sie sich zu einem Staat mit slawischer Vorherrschaft wandeln werde; dabei divergierten die Vorstellungen über diesen Wandel von Nation zu Nation bzw. von Persönlichkeit zu Persönlichkeit (Anton → Korošec, → Maideklaration).

Der Begriff A., den Tomáš Garrigue Masaryk 1896 erstmals verwendete, wurde in der Zwischenkriegszeit von der tschechischen Historiografie benützt und kam nach dem Zweiten Weltkrieg allgemein in Gebrauch. Bis heute wird der Begriff A. in der Geschichtsschreibung nicht einheitlich verwendet (→ Illyrismus, → Neoslawismus, → Panslawismus).

Lit.: A. T. Linhart: *Versuch einer Geschichte von Krain und den übrigen Ländern der südlichen Slaven Oesterreichs*, 2 Bd. Ljubljana 1788–1791; J. Dobrovský: *Ueber die Ergebenheit und Anhänglichkeit der Slavischen Völker an das Erzhaus Östreich*. Prag 1791; L. Thun: *Über den gegenwärtigen Zustand der böhmischen Literatur und ihre Bedeutung*. Prag 1842; J. Marn: *Kopitarjeva spomenica*, Ljubljana 1880; J. Kopitar-Matija Čop: *Izbrano delo*. Ljubljana 1973; H. H. Hahn: *Der Austroslawismus: Vom kulturellen Identitätskurs zum politischen Konzept*. In: G.-B. Kohler, R. Grübel, H. H. Hahn (Hg.): Habsburg und die Slavia. Frankfurt a. M. 2008; F. Zwitter (in Zusammenarbeit mir J. Šidaka und V. Bogdanova): *Nacionalni problemi v Habsburški monarhiji*. Ljubljana 1962; S. Hafner, O. Tureček, G. Wytrzens (Hg.): *Slawische Geisteswelt, West- und Südslaven, Staatlichkeit und Volkstum*. Baden-Baden 1959, 180 und 182; A. Moritsch (Hg.): *Austroslawismus. Ein verfrühtes Konzept zur politischen Neugestaltung Mitteleuropas*. Wien [e.a.] 1996; St. Hafner: *Der Beitrag der österreichischen Slawistik für das Erkennen und für den Aufbau der slawischen Nationalkulturen*. In: *Die slawischen Sprachen* 55 (1977) 7–18.

Janez Cvirn †; Üb.: Katja Sturm-Schnabl

Awaren, slow. *Obri*. Der lateinische Name *Huni* (so in der → *Conversio*) taucht Anfang des 7. Jh.s erstmals auf. Etwas später ist von *avari vel sclavi* die Rede. Es ist ein Volk, ein Stamm, ein Konglomerat von Stämmen, eine Konföderation, eine heidnische Gruppe unter den christlichen Karantanerslowenen.

Überall in Österreich, wo A. erwähnt sind, wo es »awarische« Funde gibt (→ archäologisches Bild von Kärnten/Koroška im Frühmittelalter, → karantanisch-Köttlacher Kulturkreis), gibt es auch slawische/→ altslowenische Ortsnamen. 596 besiegt der *dux Baivariorum*, Tassilo I., die A. in der *provincia Sclaborum* und macht reiche Beute. 611 besiegen die → Slawen/Slowenen mit Unterstützung des awarischen Chans (*superveniente cacano*) die *Baivari* im Pustertal. Um 740 ersucht Borut, der slowenische → *dux Carantanorum*, die Baivari und ihren dux Odilo um Hilfe gegen die A. 796 unterwerfen sich die A. in ihrer ungarischen »Hauptstadt« *Rinch* (lat. *Arrabona*, ungarisch *Győr*, dt. *Raab*) dem fränkischen Pippin, dem Vater Karls des Grossen. Zwischen 800 und 805 werden sie von Karl endgültig besiegt und vernichtet. Das Gebiet östlich der Enns/*Anisus* hieß *Avaria* oder Sclavinia (literaturüblich *Awarenmark*). 200 Jahre übten die A. im Alpenraum Macht aus. Literaturüblich werden sie, wie schon vom byzantinischen Kaiser Porphyrogennetos, »Slawen(be)herrscher« *sklabarchontes* bezeichnet. Ihre Funktion im karantanischen Alpenraum ist fluktuierend.

A. ist eine Sammelbezeichnung für ein archäologisch relativ gleichartiges (Pferdeschmuck, Steigbügel, Pferdebestattung) Stämme-Konglomerat aus turkischen, mongolischen und slawischen Elementen, wobei die Rolle der → Slawen am unklarsten ist. Die Slawen waren zahlenmäßig (sprachlich) am stärksten und setzten sich überall durch und »die anderen« assimiliert: in Pliska die awarischen *Bulgaren*, in Dalmatien die awarischen *Kroaten* und in Karantanien die »Awarendörfer« (→ *In pago Crouati*). Ein Element des Stämmeverbands waren auch die Bulgaren, die sich mit den *anderen* A. zerstritten. Von diesen ging eine Gruppe in den Süden und gründete mit Chan Asparuch einen Staat im ostbulgarischen Pliska (mit eigener Schriftkultur: altbulgarische Runeninschriften, von denen einige Buchstaben in die → Glagolica übernommen wurden; Anfänge eines eigenen awarisch-bulgarischen Christentums). Eine andere suchte Zuflucht bei den Baiwaren. Diese wurde 631 auf fränkischen Befehl in *einer* Nacht ermordet (literaturüblich: der »bairische Bulgarenmord«). Eine andere Gruppe ging nach Dalmatien, worüber Porphyrogennetos berichtet. Eine andere, offenbar vermögende und christianisierte Gruppe suchte Schutz in den Marchauen, wo das literaturübliche Zentrum des »großmährischen Reichs« (*vyšnaja Morava* »das berühmte Morava«) gewesen sein soll. Zu beachten ist die Begegnung der Baivaren unter TASSILO im Traungau (pagus Druni) mit einem *župan* und *actores* und den späteren Otakaren von Styrapurk/Steyr. Anfang des 9. Jh.s sind die A. als eigenes Volk aus der Geschichte verschwunden. Die Überlebenden dürften sich »slawisiert« haben. Übrig blieb die Erinnerung der Nestorchronik an ihre außergewöhnliche Körpergröße und Grausamkeit. Das Verhältnis zu den Slawen/Slowenen in Karantanien war ambivalent, teils freundschaftlich, teils feindlich. Teils führten sie gemeinsame Kämpfe, teils war ihre Herrschaft durch Unterdrückung gekennzeichnet. Dass es auch eine awarische Sprache gab, ist wahrscheinlich (→ VIRGIL). Elemente einer anderen Sprache finden sich jedenfalls in der karantanerslowenischen Rechts- und Dignitätsterminologie (*chan/kagan, župan, ban/bojan, tudun, krovat, kosezi, zakon*) und in Personennamen (in Dalmatien: die Brüder *Klukas, Lobelos, Kosentsis, Muchlo, Chrobatos* und die Schwestern *Tuga* und *Buga*). In der Kiewer Nestorchronik (um 1100) heißt es über sie: *Die Awaren waren groß und stolz. Doch Gott vernichtete sie. Alle gingen zugrunde und kein Aware* [obrin] *blieb übrig. Daher sagt man in der Rus bis heute: »untergehen wie die Awaren«. Kein Stamm von ihnen besteht mehr, noch irgendeine Spur.*

PORPHYROGENNETOS schreibt etwas verwirrend, dass in Dalmatien zuerst die A. herrschten, die dann von den Kroaten besiegt wurden. Es gäbe allerdings unter den Kroaten noch Nachkommen dieser A., die sich ihrer awarischen Herkunft bewusst sind.

Christianisierte A. (ein *Cacan/Chan* ABRAHAM und ein *Tudun* THEODOR) verhandeln 805 in Aachen mit dem fränkischen Kaiser KARL DEM GROSSEN und bitten ihn wegen der ständigen slawisch-slowenischen Belästigungen um sicherere neue Wohnsitze zwischen Sabaria (dt. Zöbern) bzw. ung. Szombathely, dt. Steinamanger, slow. Monošter) und Carnuntum/Niederösterreich. Auch die *primores ac duces Sclavorum circa Danubium habitantium* baten um Hilfe. Umgekehrt heißt es in der → *Conversio* schon unter 743 *coeperunt Huni eosdem Quarantanos hostili seditione graviter affligere* [die Awaren haben angefangen, diese Karantaner durch einen feindseligen Aufstand schwer zu bedrängen], sodass BORUT den *dux Baivariorum* ODILO um Hilfe bitten musste (→ Salzburg). PIPPIN, der Vater KARLS DES GROSSEN, beauftragt die Salzburger Kirche, in *Hunia* (das sind die *confines Carantanorum*) *cum doctrina et ecclesiastico officio procurare populum qui remansit de Hunia et Sclavis in illis partibus* [in Lehre und Gottesdienst das Volk zu betreuen, das von der Hunia und den Slawen in diesen Regionen übrig geblieben war]. 811 musste KARL DER GROSSE ein ganzes Heer nach Pannonien schicken *ad controversias Hunorum et Sclavorum finiendas* [um die Streitigkeiten zwischen Awaren und Slawen zu beenden].

VIRGIL hat sich für die Sprache der A. interessiert und, wie man vermutet, ein Alphabet für sie geschaffen. Möglicherweise hat er wegen Interessenkonflikten die slowenischen Karantaner deshalb nicht selbst aufgesucht. Eher ist seine Absenz aber auf der ständigen → *carmula*, die Auseinandersetzungen zwischen der heidnischen (postawarischen) und christlichen Oberschicht zurückzuführen – zwischen den karantanerslowenischen Christen, für die BORUT (→ *Duces Carantanorum*) bei VIRGIL um Priester »zur Stärkung im Glauben« bat und den vermögenden *pagani gentiles* (*kosezi*, → Edlinger), die noch an andere Götter glaubten.

Bei den Karantanern sind die *Obri*/Awaren Gegenstand von Sagen (vgl. *in pago* → *Crouuati*). Manche vermuten, dass die A. aus den *confines* in Karantanien nur überwinterten. Die dabei entstandenen awarisch/slawischen Söhne hätten einen Aufstand gegen ihre Väter organisiert. Literaturüblich hält man die A. für die Oberschicht, die Slawen/Slowenen für die Unterschicht (das Bauernvolk). Eher besteht ein Gegensatz zwischen Christen und *pagani*, möglicherweise zwischen Einheimischen und Fremden. Immerhin: die slowenischen → Slawen haben ein eigenes Staatswesen *Carantania* (→ Karantanien), eigene → Rechtsinstitutionen, eine eigene Sprache, ein eigenes Christentum. Offenbar gab es zwischen den karantanischen Slowenen und A. fliegende Partnerschaften. Die Slowenen treten zumindest seit BORUT als selbstständig Handelnde auf, wenn auch ursprünglich nicht positiv im bairischen Sinn. 611 heißt es: *mortuo Tassilone duce Baivariorum filius eius Garibaldus in Agunto a Sclavis devictus est* [nach dem Tod von TASSILO, dem Fürsten der Baiern, ist sein Sohn GARIBALDUS in Aguntum/Lienz von den Slawen/Slowenen besiegt worden]. 725 im Salzburger Pongau: *a vicinis Sclavis (…) erat devastata eadem cella propter inminentes Sclavos et crudeles paganos* [von den Slawen/Slowenen der Umgebung … Diese Zelle ist wegen der eindringenden Slawen/Slowenen und grausamen Heiden verwüstet worden]. 777 in Sierning bei Kremsmünster: *terra quam illi Sclavi cultam fecerant sine consensu nostro* [das Land, das die Slawen/Slowenen rodeten ohne unsere Erlaubnis].

Der Alpenraum war für die A. strategisch wichtig, nicht als Siedlungsraum, allenfalls als Rückzugsgebiet.

Die Verkehrswege mussten geschützt und intakt sein. Daher auch die Kroatensiedlungen (vgl. → *in pago Crouuati*) an strategisch wichtigen Punkten.

Wenig geklärt ist die schnelle Ausbreitung des Slawisch/Slowenischen innerhalb weniger Generationen, wie aus den zahlreichen Ortsnamen hervorgeht. Nach dem Zerfall der römischen Administration und den Raubzügen marodierender germanischer Söldner des römischen Heeres unter verschiedenen Namen (literaturüblich »Völkerwanderung«) beherrschten die A. die nordöstlichen Gebiete des alten Imperiums. Als Quellen aus jener Zeit sind nur einige Personennamen bekannt. Die Nestorchronik berichtet, die Slawen kommen »von der Donau«, also vom Zentralraum der A. Unklar bleibt, ob sie gemeinsam mit den Slawen in den Alpenraum gekommen sind. Die Eroberung des Alpenraums war relativ leicht, da überall noch die römische Infrastruktur (Straßen, Brücken, *mansiones*, Lager, Gestüte) vorhanden war.

Anfang des 7. Jh.s ist erstmals von *sclavi* im Alpenraum die Rede. Das *slawischsprachige* Element war offenbar dynamischer. Die von Pannonien/Ungarn aus agierenden awarischen Reiter waren ursprünglich mit den Slawen verbündet. Die eigentliche Herkunft der Slawen und ihrer Sprache (Dialektkontinuum, → Dialektgruppe) bleibt im Dunklen. Die literaturüblichen Erklärungen mit einer »Urheimat« hinter den Karpaten und einer Auswanderung von dort »in großen Massen« sind wenig überzeugend.

Lit.: J. Mal: *Probleme aus der Frühgeschichte der Slowenen*. Ljubljana 1939; A. Kollautz: *Die Awaren. Die Schichtung in einer Nomadenherrschaft*. In: *Saeculum* 5 (1954) 129–178; F. Daim: *Die Awaren in Niederösterreich*. St. Pölten 1977 (Wissenschaftliche Schriftenreihe Niederösterreich); H. und I. Friesinger: *Niederösterreich im 9. und 10. Jh*. In: Germanen Awaren Slawen in Niederösterreich. Wien 1977, 103–112; H. Wolfram: *Die Völkerbewegungen im niederösterreichischen Raum des 1. Jahrtausends*. In: Germanen Awaren Slawen in Niederösterreich. Wien 1977, 127–137; H. Friesinger: *Die Slawen in Niederösterreich. Beiträge der Frühmittelalterarchäologie*. St. Pölten/Wien ²1978; O. Kronsteiner: *Gab es unter den Alpenslawen eine kroatische ethnische Gruppe?* In: *Wiener Slavistisches Jahrbuch* 24(1978) 137–157; *Die Byzantiner und ihre Nachbarn, Die De administrando imperio genannte Lehrschrift des Kaisers Konstantinos Porphyrogenetos für seinen Sohn Romanos*. Übersetzt, eingeleitet und erklärt von Klaus Belke und Peter Soustal, Byzantinische Geschichtsschreiber, Hg. J. Koder. Bd. XIX. Wien 1995, 165; W. Pohl: *Die Awaren. Ein Steppenvolk in Mitteleuropa 567–822 n. Chr.* München ²2002.

Otto Kronsteiner

Ažman, Anton, vlg. Štampu (Kulturaktivist, Förderer des Vereins), → *Šmihel*. Slovensko katoliško izobraževalno društvo za Šmihel in okolico [Slowenischer katholischer Bildungsverein für St. Michael und Umgebung].

Bad Eisenkappel/Železna Kapla → Eisenkappel/Železna Kapla.

Bagoaria. Ungewöhnliche Schreibung der Salzburger → *Conversio Bagoariorum et Carantanorum* (um 870) statt *Baivaria* oder *Bavaria* in anderen lateinischen Texten. Die *Conversio* nennt zwei Völker *gentes* auf dem Gebiet des heutigen Österreichs und Bayerns: die *Bagoarii* (Baivarii) in Salzburg und der weiteren Umgebung und die → *Carantani* in Kärnten/Koroška und der Steiermark/Štajerska (einschließlich von Regionen in Ober- und Niederösterreich, Salzburg, Ost- und Südtirol), alles ohne genaue Grenzangaben. *Bagoaria* (Baivaria) und *Carantania* (→ Karantanien) sind Fürstentümer *ducatus* mit eigenen Fürsten → *duces (Carantanorum)*.

Die literaturübliche Übersetzung für *Bagoaria/Baivaria* mit *Bayern* (der heutige Freistaat mit Franken und alemannischen Schwaben) ist unkorrekt. Das *y* in »Bayern« für den Gesamtstaat wurde 1825 vom bayerischen König verordnet. Alles vorher ist *bairisch* mit *i* ohne Franken und Alemannen, ebenso der Dialekt (→ Altbairisch). Es gibt keine *bayerische* Sprache, sondern nur *bairische* Dialekte (→ Glottonym *bairisch*). Die Österreicher sprechen, von den alemannischen Vorarlbergern und den Minoritäten abgesehen, *bairisch*, aber nicht *bayerisch*. Literaturüblich wird *bairisch* und *bayerisch* von österreichischen Germanisten und Historikern ständig verwechselt. Tatsächlich liegt ein Problem in der sonderbaren Schreibung mit *g (Bagoarii)*. Im mittelalterlichen Latein wird *g* oft für *i*, *ge/gi* oft für *j* geschrieben; *o/ou* für *w*. Die *Bagoarii* sind daher zu lesen als *Baiwarii*. Möglicherweise ist das auch eine etymologisierende Schreibung für *Pagivarii*, wie »die Nachbarn der Franken« des byzantinischen Kaisers Porphyrogennetos noch um 950 heißen, nämlich griechisch *Pagibaroi* (= Paivari). *Pagivaria/Bagivaria* ist der *pagus* am *Ivarus* »der Gau an der Salzach«, die Bagivarii (Baivari) »die Leute im Salzachgau«. Diese oft umstrittene Erklärung ist phonetisch problemlos. Die Konsonanten *p/b* werden in der Ladinia Salzburgs (und noch heute im Bairischen wegen des nicht bestehenden phonematischen Unterschieds von *stimmlos/stimmhaft*) ständig verwechselt. Daher auch die schulische Differenzierung in: *hartes/weiches p*. Geht man von *Pagivarii/Bagivarii* aus (*agi > ai* wie in *magister > Meister*, im Dialekt *oa > Mo*asta), ergibt das

Baivari/*Baiern*, analog im Dialekt *Boarn* und *boarisch*. Im Romanischen ergibt *agi > a*, daher ladinisch *Bavaria*, italienisch *Bavaria/bavarese*, französisch *Bavière/bavarois*. Die popularisierte Aussprache mit *ju* (*Bajuwaren*) ist eine Erfindung der »Wissenschaft« des 19. Jh.s. Aus *Bajuwaren* würden phonetisch auch keine *Baiern/Boarn*. Das Rechtsdenkmal der angesehenen »Monumenta Germaniae historica«, literaturüblich *lex Bajuvariorum*, müsste korrekt *lex Baivariorum* heißen. Auch Ludwig »der Deutsche« († 876), ebenfalls ein Zusatz der Historiker des 19. Jh.s, nannte sich *rex Baivariorum*, nicht ›Bajuvariorum‹.

Vermutlich ist der Name der Anwohner des *pagus Ivari*, der *Pagivarii/Baivari* »Salzachgauer«, für → Salzburg/*Ivavum* als neues aufstrebendes Zentrum nach der alten, bedeutungslos gewordenen Provinzhauptstadt von *Noricum ripense* Wels/*Ovilavis* so wichtig geworden, dass man ihn für eine neue Identität popularisieren und fördern wollte. Der Name *Noricum/Norici* verschwindet völlig aus der Literatur. Die Gaubezeichnung war daher schon für »Größeres« besetzt. Der *geographus bavarus* erwähnt noch um 800 in seiner *descriptio civitatum*, dass sich die Baiern ursprünglich nach einem Fluss *a fluvio* benennen. Das Bewusstsein dieser Etymologie war noch lebendig. Groß-Salzburg, das im Westen bis zum Chiemgau und Inn reichte, war wegen seines Reichtums an Salz *(ad salinas)* angesehen und daher einflussreich. Sein Bischof wurde nicht zuletzt wegen seiner wirtschaftlichen Potenz 798 Erzbischof (mit mehreren nachgeordneten Suffragan-Bistümern: Freising, Passau, Regensburg, Neuburg, Säben; Chorbistümern: → Maria Saal/*Gospa Sveta* [→ Modestus], und eigenen Bistümern: → Gurk/*Krka* 1072, Chiemsee 1215, → Seckau 1218, → Lavant 1228) und schließlich *primas Germaniae*.

Die Vita Severini (511) kennt noch keine Baiern, nur *Romani* und *Alamanni*. 551 erwähnt Jordanes in seiner Gotengeschichte *(de origine actibusque Getarum)* östlich der Schwaben die *regio illa Suavorum ab oriente Baioras habet* (die Region der Schwaben hat vom Osten her die Baiern). 576 schreibt Venantius Fortunatus in seinem Reisebericht erstmals von *Baivaria* in der Nähe des Inns und dem *Baivarius* (*neq te baiouarius obstat*, sofern sich dir kein Baivarier entgegenstellt). Es gibt für Baiern/Bayern mehrere Deutungen, die phonetisch, morphologisch und sachlich unwahrscheinlich sind. Literaturüblich bringt man die Baiern mit den »keltischen« *Boii* und dem römischen Ortsnamen *Boiodurum/Boiotro* (heute Beiderwies/Passau) in Beziehung. Die Ableitung von einem nicht belegten *baja/warioz »die Männer aus Boiohaemum/Böhmen« gilt in der Germanistik als *opinio communis*. Das erfordert allerdings zu den angeblich in Bayern schon anwesenden Franken und Alemannen Einwanderung (»Völkerwanderung«) durch den großen Urwald (Böhmerwald, nach 1945 auch Bayerischer Wald, tschechisch *Šumava*), wobei die lange Existenz des Romanischen (→ Altladinisch) in Zentral-Baiern, im Großraum Salzburg beiderseits von Inn und Salzach, und das Fortleben zahlreicher alteuropäischer Toponyme und Hydronyme nicht erklärbar ist. Eine eigene Frage bleibt die *Baivarisierung* Österreichs. Am wahrscheinlichsten erweist sich eben ein im Lateinischen und Altladinischen üblicher Gauname mit *pagus (in pago Ivari)*. Es ist bis ins Mittelalter weltweit üblich, Menschen nach Flüssen oder Seen zu benennen. Schon Tacitus erwähnt die Benennungsart mit *pagi*, Caesar bei den rätischen Schweizern. Die Kelten benannten Flussanwohner mit *ambe* »Fluss«, was von den Römern in latinisierter Form übernommen wurde als *Ambilici* (Flussname *Licus*: Lechtaler, Gailtaler/*Ziljani*), *Ambidravi* (*Dravus*: Drautaler), *Ambisonti* (*Isontius*: Pinzgauer, nach dem Oberlauf der Salzach), *Ambivari* (*Ivarus*: in Belgien). Im Alpenraum ersetzten die Römer *ambi* später durch lateinisch *pagus*. Im → Altbairischen entstand die Zwitterform *ge/aua* = Gau (aus alemannisch *ge-* und ladinisch *aua* »Wasser«): Ammergau, Rottgau, Chiemgau, Mattiggau, Attergau, Traungau. In der lateinischen Urkundensprache hieß es: *in pago Rotagaoe, in pago Matagaoe, in pago Atragaoe, in pago Chimingaoe* (→ Chiemsee).

Auffällig ist, dass es zwar einen Salzburggau (*in pago Salzburchgaoe*, → Salzburg) gab, aber keinen, der offiziell nach der Salzach/*Ivarus* oder dem Inn/*Aenus* benannt wäre. Die Salzach/*Ivarus*, nicht der Inn/*Aenus*, ist auf der → *tabula Peutingeriana* als wichtigster Fluss (ladinisch *Ivaro*) eingezeichnet, der im Gegensatz zur heutigen Salzach bis zur Mündung in Passau so geheißen hat. *Ivarus/Ivaro* ist, wie der »iberische« *Ebro/Ivarus*, in zahlreichen Flussnamen bis zum *Ibar* im Kosovo ein alteuropäisches Hydronym, verwandt mit baskisch *ibar* »der Fluss, das Flusstal« und lat. *ebrius* »betrunken«.

Wenn der → *dux Carantanorum* die *Baivari* wegen andauernder politischer Unruhen (→ *carmula*) um Schutz gegen die *Huni* (→ Awaren) bittet, meint er nicht die »heutigen« Bayern, sondern die Salzachgauer/*Baivari* mit dem Zentrum Salzburg, mit dem *dux* oder *rex Baivariorum* und ihrem Bischof. Die *Baivari* haben strategisch geholfen, die *Carantania* zu stabilisieren, und damit von sich abhängig gemacht.

135

Während die Sprache der *Baivaria* (um 800 identisch mit dem Gebiet des Salzburger Erzbistums) allmählich neben *Ladinisch* (→ Walchen, → Altladinisch) überall → *altbairisch* und schließlich ab dem 16. Jh. auch Schrift-Deutsch wird, bleibt die der *Carantania* lange, regional bis heute *Slowenisch* (historisch → *Windisch*). Mit der Übernahme des Protestantismus wird bei den Slowenen in Kärnten/Koroška (→ Agoritschach/Zagoriče, → Klagenfurt/Celovec) die slowenische Schriftsprache zur Sprache der Liturgie und des Kirchenliedes (→ Liturgiesprache; → Liedersammlung, handschriftliche; → Volkslied, geistliches). Die Österreicher haben eine dominant *bairische* und regional *slowenische* (→ *Slovenia submersa*), im Westen *ladinische* (Ladinia submersa) sprachliche Vergangenheit. Aus den oft zitierten (lateinischen/bairischen) Kasseler Glossen (um 800) geht vielleicht eine erste Identitätsfindung der Salzachtaler Baiwaren gegenüber den an sozialem Prestigeverlust leidenden Ladinern hervor: *Stulti sunt romani, sapienti sunt paioari. Tole sint uualha, spahe sint peigira* (Blöd sind die Walchen, gescheit sind die Baiern).

Lit.: G. Diepolder: *Die Orts- und ›in pago‹-Nennungen im bayerischen Stammesherzogtum zur Zeit der Agilofinger*. In: *Zeitschrift für bayerische Landesgeschichte* 20 (1957) 364–436; *Die Bajuwaren. Von Severin bis Tassilo 488–788.* Gemeinsame Landesausstellung des Freistaates Bayern und des Landes Salzburg. Rosenheim/Bayern, Mattsee/Salzburg, 19. Mai bis 6. November 1988. Hg. H. Dannheimer und H. Dopsch; W. Mayerthaler: *Woher stammt der Name Bayern? Ein linguistisch-historischer Beitrag zum Problem der bairischen Ethnogenese und Namensentstehung*. In: Das Romanische in den Ostalpen. Hg. D. Messner, Wien 1984, 7–72; O. Kronsteiner: *Der altladinische Pag[o]ivaro als Kernzelle der bairischen Ethnogenese. Ein Affront gegen germanistische Lautgesetze?* In: *Österreichische Namenforschung* 2 (1984) 3–31; I. Reiffenstein: *Etymologie, Lautwandel und der Baiernname*. In: *Österreichische Namenforschung* 1 (1985) 5–17; *Die Byzantiner und ihre Nachbarn, Die De administrando imperio genannte Lehrschrift des Kaisers Konstantinos Porphyrogennetos für seinen Sohn Romanos*. Übersetzt, eingeleitet und erklärt von Klaus Belke und Peter Soustal, Byzantinische Geschichtsschreiber, Hg. Johannes Koder. Bd. XIX. Wien 1995; O. Kronsteiner: *Muss man von woher kommen? Die Herkünfte der Baiern*. In: Nichts als Namen. Ljubljana 2003, 72–78; O. Kronsteiner: *Der Bayern-Mythos*. In: Oberbayerisches Volksblatt. Rosenheim (22. August 2010).

Otto Kronsteiner

Bairisch → Altbairisch.

Baivaria → Bagoaria.

Bajuk, Marko (* 29. März 1882 Drašiči [Metlika, Bela krajina], † 20. Juni 1961 Mendoza, Argentinien), Klassischer Philologe, Musiker, Organisator im Schulbereich.

B. besuchte die Volksschule in Drašiči und Metlika, die ersten zwei Klassen des Gymnasiums in Novo mesto (1895–1897) und die restlichen sechs am humanistischen Gymnasium in Ljubljana (1897–1903). Danach studierte er an der Universität Wien klassische Philologie und Musik und beendete seine Studien 1909. Seine Karriere verlief im Schulbereich, zunächst war B. Professor am Gymnasium in Kranj, dann in → Ljubljana, weiters war er Sekretär, Direktionsassistent, Schulinspektor und Direktor. Im Mai 1945 verließ er → Jugoslawien und ging in die Emigration. Im Flüchtlingslager Peggez bei Lienz organsierte B. ein slowenisches Schulwesen und leitete dort das slowenische Flüchtlingsgymnasium. 1949 ging B. in die Emigration nach Argentinien und lebte dort bis zu seinem Tode als Arbeiter. Sehr früh schon war B. von der → Tamburizzamusik eingenommen, während seiner Studienzeit in Wien spielte er in einem slowenischen Tamburizza Ensemble. In Ljubljana gründete er mehrere Tamburizza-Orchester und verfasste Handbücher für den Tamburizzaunterricht: *Na Gorenjskem je fletno*; *Jaz pa pojdem na Gorenjsko*; *Šola za tamburice*, 1922 *Teoretično praktična tamburaška šola*, 1929. Im Jahre 1920 gründete er in Ljubljana den Sängerbund *Pevska zveza*, 1922 den Verein der Musiklehrer *Društvo učiteljev glasbe*, dessen Vorsitzender er bis 1938 war. B. war Herausgeber mehrerer Lehr- und Lesebücher für den Lateinunterricht. Er befasste sich auch mit der Erforschung des → Volksliedes, sammelte und gab slowenische Volkslieder heraus. 1904–1927 erschien seine fünfbändige Sammlung *Slovenske narodne pesmi*. Auch in Argentinien blieb er musikalisch tätig, wo 1988 in Buenos Aires seine Auswahl slowenischer Volklieder *Še bomo peli* [Wir werden noch weiter singen] erschien. Darin finden sich Beiträge über sein Leben und Werk.

Mit Kärnten/Koroška verbindet ihn das Arrangement und die Herausgabe von Milka → Hartmans Gedichten in zwei Heften: Es handelt sich um die erste Buchveröffentlichung Milka Hartmans, die 1934 im Selbstverlag in Ljubljana erschienene Ausgabe *Dekliške pesmi* [Mädchenlieder] umfasst zusammen 49 von B. »harmonisierte« Gedichte.

Quellen: NUK, Glasbena zbirka; Privatarchiv [Familie Bajuk], Mendoza, Argentinien.

Werke: *Slovenske narodne pesmi*, 5 Bd. Ljubljana 1904–1927; *Odmevi naših gajev*, 2 Bd. Ljubljana 1908–1910; *Šola za tamburice*. Ljubljana 1922; *Pevska šola*. Ljubljana 1922; *Mera v slovenski narodni pesmi*. Ljubljana 1928; *Teoretično praktična tamburaška šola*. Ljubljana 1929; M. Hartman: *Dekliške pesmi*. Ljubljana 1934 [Hg. und Arrangement M. B.]. *Še bomo peli …* Buenos Aires 1988.

Lit.: SBL; LJM; ES; OVSBL. – S. Trobina: *Slovenski cerkveni skladatelji.* Maribor 1972; L. Kaselj: *Dekliške pesmi med cvetjem in v solncu.* In: M. Hartman: Med cvetjem in v solncu. Celovec 1995, 3–4; V. Lokar-Lavrenčič, H. Gabriel: *Po sledeh tamburaštva na Koroškem.* Celovec, KKZ, 2005 (²2011), 228; A. Leben: *Nachwort.* In: Milka Hartman: Der Frost verspinnt die Beete mir mit feinen Netzen. Klagenfurt/Celovec 2007, 128; A. Leben: *Pesniški in življenjski svet Milke Hartman.* In: M. Hartman: Težka je moja misel od spominov. Celovec 2007, 131;

Franc Križnar; Üb.: Katja Sturm-Schnabl

Bamberg, Wappen nach Megiser, *Das siebente Buch der Chronik,* S. 686

Bamberg wurde Sitz eines auf Initiative König HEINRICHS II. Anfang November 1007 gegründeten Bistums (seit 1818 ist B. Erzbistum). Erster Bischof wurde der bisherige königliche Kanzler EBERHARD (1007–1040); der zweite Bischof, SUITGER, wurde sogar Papst: CLEMENS II. (1046–1047). Zunächst Suffragan von Mainz, war B. ab 1245 exemt (direkt dem Papst unterstellt). Dank königlicher Förderung erlangte B. schon im 11. Jh. wichtige Positionen im Südosten des Reiches, zumal auch in Kärnten/Koroška. Hier war B. im Mittelalter die – nach → Salzburg – bedeutendste exterritoriale (Grund-)Herrschaft. Neben Streubesitzungen – um Feldkirchen (Trg), Griffen/Grebinj, im → Gailtal/Ziljska dolina (um St. Stefan a. d. Gail/Štefan na Zilji und → Hermagor/Šmohor) – ragen zwei durch Bergbau bedeutende Gebiete heraus: das obere → Lavanttal/Labotska dolina mit St. Leonhard (Šentlenart) und Wolfsberg (Volšperk) sowie der Bereich von → Villach/Beljak mit dem unteren Gailtal/Spodnja Zilja und dem → Val Canale/Kanaltal/Kanalska dolina von Tarvisio/Tarvis/Trbiž bis Pontebba/Pontafel/Tablja. Unter Bischof GUNTHER erhielt das bambergische Villach/Beljak 1060 das Marktrecht (König HEINRICH IV.). In der ersten Hälfte des 13. Jh.s ist Villach/Beljak als Stadt (*civita*s – 1240) konstituiert. Zu Beginn seines Pontifikats gründete Bischof OTTO von B. (1106–1139) das Kloster → Arnoldstein/Podklošter 1106. Im 12. Jh. konnte das Bistum B. durch Verbindung der beiden Besitzkomplexe um Villach/Beljak und Feldkirchen (Trg) die verkehrspolitische Lage nutzen (»Schräger Durchgang« durch das Kanaltal nach Friaul [Friuli, Friûl, Furlanija], Kontrolle von Drautal/Dravska dolina, Gailtal/Ziljska dolina und Straße über den Wurzenpass/Korensko sedlo nach → Krain/Kranjska). Die Villacher Maut war wichtige Einnahmequelle des Hochstifts B. Auf Bischof EKBERT, der die Rechte von B. energisch gegen den Kärntner Herzog BERNHARD II. verteidigte, geht auch die Gründung des Prämonstratenserstiftes Griffen/Grebinj (1236) zurück. Spätestens im 12. Jh. besaß B. das Gebiet um den Markt Feldkirchen (Trg), wo der »Amthof« an die Herrschaft von B. erinnert (→ Herzöge von Kärnten/Koroška). Ostkärntner Stützpunkte von B. befanden sich in Griffen/Grebinj und im Lavanttal/Labotska dolina. In → Ravne na Koroškem (hist. Guštanj, dt. Gutenstein) erstreckte sich der Einfluss von B. im Mittelalter auch in das heutige Slowenien. Diözesan im Gebiet nördlich der Drau/Drava war der Erzbischof von → Salzburg, südlich der Drau/Drava der Patriarch von → Aquileia. An der Spitze der bambergischen Zentralverwaltung im Südosten stand seit dem Hochmittelalter ein Vizedom, der seinen Sitz zunächst in Villach/Beljak (nachweisbar 1264), seit 1328 jedoch in Wolfsberg (Volšperk) hatte. Von Wolfsberg aus wurden auch die bambergischen Güter in der Steiermark/Štajerska und im Land ob der Enns verwaltet. Erst 1759 wurden die Bamberger Besitzungen in Kärnten/Koroška von der Landesfürstin MARIA THERESIA käuflich erworben und dem Land Kärnten/Koroška einverleibt. Nach dem Toleranzpatent von 1781 gründeten Bewohner von Bleiberg (Plajberk) in ehemals bambergischem Gebiet eine evangelische Gemeinde mit einer Tochtergemeinde in → Agoritschach/Zagoriče – die einzige slowenischsprachige Toleranzgemeinde Kärntens.

Lit.: A. Ogris: *Die Kirchen Bambergs, Freisings und Brixens in Kärnten.* In: *Kärntner Jahrbuch für Politik* (2000) 139–153, bes. 147–150; H. Flachenecker: *Bistum Bamberg.* In: Die Bistümer des Heiligen Römischen Reiches von ihren Anfängen bis zur Säkularisation. Ein historisches Lexikon. Hg. von E. Gatz unter Mitwirkung von C. Brodkorb und H. Flachenecker. Freiburg i. Br. 2003, 70–81; J. Urban (Hg.): *Das Bistum Bamberg um 1007. Festgabe zum Millennium* (Studien zur Bamberger Bistumsgeschichte 3). Bamberg 2006, darin bes. C. Tropper: *Bamberg und Kärnten. Das erste Jahrhundert einer wechselvollen Beziehung*: 298–315; C. und K. van Eickels: *Das Bistum Bamberg in der Welt des Mittelalters* (Bamberger interdisziplinäre Mittelalterstudien. Vorträge und Vorlesungen 1). Bamberg 2007, darin bes. H. Dopsch: *An der Grenze des Reiches. Herrschaften, Hoheitsrechte und Verwaltungspraxis des Bistums Bamberg in Kärnten*: 189–209; L. Göller (Hg.): *1000 Jahre Bistum Bamberg 1007–2007. Unterm Sternenmantel*, Katalog. Petersberg 2007, darin bes. C. Tropper: *Die Herrschaft Bambergs in Kärnten*, 265–275.

Harald Krahwinkler

Barock, vgl. Sachlemmata: → Chronogramme, → Jesuiten; → Spätjansenismus; → Standardsprache;

Personenlemmata: → CORADUZZI, Esther Maximiliana; → BASAR, Jernej; → ČANDIK, Janez; → DORNIGG, Egidij; → HERBERSTEIN, Karl Joh. (1719–1787); → HREN Tomaž; → HUDELIST, Sebastian; → JANSEN, Cornelius; → KAŠUTNIK, Anton; → VALVASOR, Johann Weichhard.

Bartel, Anton (* 27. 11. 1853 Mirna peč [Dolenjska], † 1. September 1938 Ljubljana), Prosaist, Lexikograf, Redakteur, Herausgeber. Nach dem Gymnasium in Novo mesto (1873) und dem Studium der klassischen Philologie in Wien (1877) war er Lehrer in Ljubljana. B. bearbeitete und korrigierte Pleteršniks Wörterbuch (1894–95) und betreute die 3., 4. und 5. erweiterte Ausgabe von → Janežičs *Deutsch-slovenischem Hand-Wörterbuch*, das 1889, 1905 und 1921 im Verlag der → *Mohorjeva* erschien. Er übernahm die redaktionelle Arbeit an → Štrekeljs Jahrbuch *Letopis Slovenske matice za leto 1895*. Von Januar bis Oktober 1881 veröffentlichte B. im → *Kres* die national aufgeladene und mit legitimistischer Tendenz geschriebene Erzählung *Pomladanski vetrovi* [Frühlingswinde]. Sie spielt in der Dolenjska (Unterkrain) zu Zeiten der → Illyrischen Provinzen. Frühlingswinde symbolisieren die französische Oberherrschaft in → Krain/Kranjska und stehen im Kontrast zu der scheinbar schwachen Pflanze, die für die scheinbar schwache, tatsächlich aber starke slowenische Gemeinschaft, die sich nie dem Wind beugt, steht. Sein Werk *Tihodolski učitelj* [Der Lehrer von Tihi dol] aus dem Jahr 1923 wurde nie gedruckt. Aufgrund seines literarischen Schaffens im *Kres* wird B. in der nationalen Literaturgeschichte zu den Epigonen und Dilettanten gezählt.

Quellen: Anton Bartel: *Pomladanski vetrovi*. In: *Kres*, let. 1, št. 1–10, 1881 (1. 1., 1. 2., 1. 3., 1. 4., 1. 5., 1. 6., 1. 7., 1. 8., 1. 9., 1. 10.; 2–11, 69–80, 133–149, 197–211, 245–262, 310–324, 365–384, 421–436, 476–489, 533–544).
Lit.: SBL. – J. Pogačnik: *Zgodovina slovenskega slovstva 4*. Maribor, 1970; *Slovenska književnost*. Ljubljana 1996, 22.

Urška Perenič

Bartoloth, Maria (* 1938 Göriach/Gorje), Volkspoetin, → Gailtal/Ziljska dolina.

Basar, Jernej (* 20. August 1683 Škofja Loka [Gorenjska], † 10. März 1738 Ljubljana), slowenischer Prediger und Ordensmann von zentraler Bedeutung für die Entwicklung der slowenischen Sprache seiner Zeit.

Zunächst studierte B., vermutlich in → Ljubljana, Philosophie, dann in Wien Philosophie und Theologie. Um 1710 wurde er zum Priester geweiht. Nachdem er acht Jahre u.a. in Ljubljana als Pfarrer gearbeitet hatte, trat er 1718 in den Orden der → Jesuiten ein. Er wurde sowohl Leiter von Exerzitien (geistlichen Übungen) als auch Vorsitzender der Bruderschaft *Bratovščina trpečega Kristusa* [Bruderschaft des leidenden Christus]. Besondere Verdienste erwarb er sich mit seinen slowenischen Predigten und geistlichen Schriftstücken. Seine Zeitgenossen zählten ihn zu den wichtigsten Predigern im damaligen Österreich, sein Ruhm reichte aber weit über Mitteleuropa hinaus. In Erinnerung an Johannes Chrysostomos/Janez Zlatousti nannte man ihn auch *patriae Chrysostomus*. B. wirkte an den Jesuitenkollegien in → Trieste/Trst/Triest, → Gorizia/Gorica/Görz, Klagenfurt/Celovec und Ljubljana als Prediger. Während seines Aufenthaltes in Klagenfurt/Celovec wirkte er wahrscheinlich auch im Stift Eberndorf/Dobrla vas. Die Jesuiten widmeten sich anfänglich dem Druck katholischer slowenischer Bücher, um gegen den → Protestantismus auftreten zu können (→ Gegenreformation). Nachdem der Protestantismus größtenteils ausgemerzt worden war, sahen sie keinen Bedarf mehr an slowenischen Büchern. B. war somit nach einer hundertjährigen Pause der erste Jesuit, der wieder slowenische Bücher verfasste. 1734 gab er in Ljubljana die Predigtsammlung *Conciones iuxta libellum Exercitiorum s. p. Ignatii* (slow. *Pridige iz bukvic, imenovanih Exercitia svetega očeta Ignacija, zložene na vsako nedelo čez lejtu*) heraus. Diese Predigtsammlung umfasst 52 slowenische Predigten. Die Predigten waren als Vorlage für die sonntägliche Kanzelpredigt gedacht. Zudem sollten sie eine Richtschnur für jene sein, die wohl des Slowenischen, aber nicht des Lateinischen mächtig waren. In diesem Zusammenhang sei die Bruderschaft *Bratovščina sv. Ignacija* in Eberndorf/Dobrla vas erwähnt, die bei ihren Exerzitien auf slowenische Texte angewiesen war und um die sich B. verdient gemacht hatte. B., der ab 1732 Leiter der *Bratovščina sv. Ignacija* war, ist vermutlich auch der Verfasser der slowenischen Fassung des Bruderschaftshandbuches *Stabat mater* (slow.: *Pomuč živim, umiriječim inu mertvim*, 1735). Mit seinen Predigten führte B. einen neuen Predigtstil ein. Die logisch aufgebauten, sich direkt auf das Evangelium beziehenden Predigten appellieren an den individuellen Verstand. Trotzdem fehlen in seinen Predigten die für den Barock typischen Stilmittel nicht. B. betonte immer die Wichtigkeit der volkssprachlichen Predigt. Als sprachliche Vorlage diente ihm u.a. die → Dalmatinbibel, deren Sprache und Rechtschreibung er aber nicht konsequent übernahm. Seine Übersetzungen lehnten sich allgemein kaum an frühere Übersetzungen an. In die Unterkrainer slowenischen Schriftsprache der Reformationszeit ließ er Elemente seines heimatlichen slowenischen Dialekts (Gorenjska [Oberkrain]) einfließen. Gemeinsam mit den Ordensmännern Matija Kastelec und Janez Svetokriški leistete B. einen außerordentlich wichtigen Beitrag zur Entwicklung und

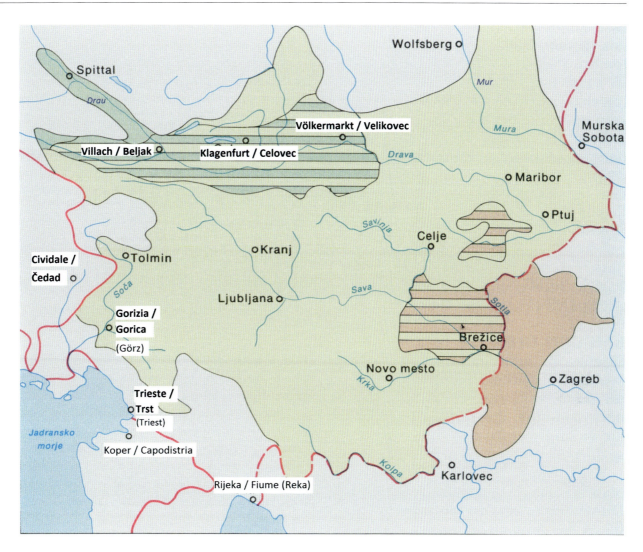

Stabilisierung der slowenischen Schriftsprache.

Lit.: SBL; ES. – O. Luthar: *The Land Between – A history of Slovenia.* Frankfurt/Main 2008.

Reinhold Jannach

Bauer, Maria (Marienerscheinung), → Dolina/Dolina.

Bäuerliche Architektur → Volksarchitektur.

Bauernaufstände. Als Teil der europäischen sozialen Bewegungen der Bauern waren nach Bogo → GRAFENAUER die B. im weiteren Sinn zunächst Ausdruck des Widerstands gegen die Einführung des Feudalismus. Später richteten sich die B. der frühen Neuzeit, die geografisch weite Teile der slowenischen Gebiete erfassten, gegen die Missbräuche des Feudalismus, und gegen Ende richteten sie sich gegen seine zu langsame und zu

Die wichtigsten Bauernaufstände in den slowenischen Ländern im 15. und 16. Jh. (nach B. Grafenauer)

- Kärntner Bauernaufstand 1478
- Slowenischer Bauernaufstand 1515
- Bauernaufstände im slowenisch-kroatischen Grenzbereich 1572-73
- Habsburgisch-venezianische Grenze
- Habsburgisch-ungarische Grenze

Bauernaufstände

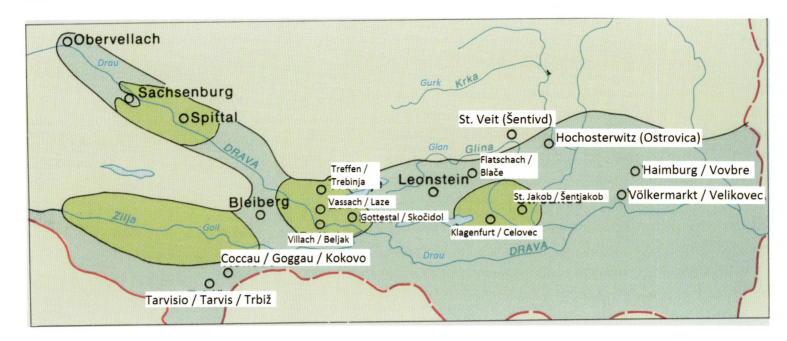

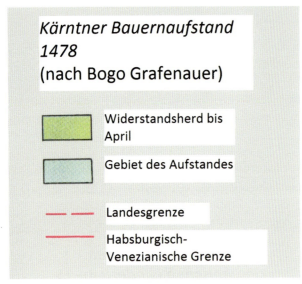

Kärntner Bauernaufstand 1478 (nach Bogo Grafenauer)

- Widerstandsherd bis April
- Gebiet des Aufstandes
- --- Landesgrenze
- — Habsburgisch-Venezianische Grenze

wenig radikale Abschaffung. Überliefert sind auch bäuerliche Unruhen größeren Ausmaßes, die jedoch nicht gegen das gesellschaftliche System und seine Anomalien als solche gerichtet waren, sondern die auf unterschiedliche Interpretationen von Servitutsverhältnissen in Wäldern bzw. von Besitzrechten zurückgingen.

Zu B. kam es nicht nur aus Widerstand gegen den Feudalismus an sich bzw. gegen seine Missbräuche, sondern es ging um ein Zusammentreffen von allgemeinen und lokalen Faktoren. In Kärnten/Koroška gehörte dazu zweifellos der fehlende Schutz vor den osmanischen Einfällen ab 1474.

Die ältesten verlässlichen Angaben zu Aufständen slowenischer Bauern gehen auf das 14. Jh. zurück. In Kärnten/Koroška löste der Einfall der Osmanen 1473 über Jezersko (Seeland) ins → Jauntal/Podjuna eine Widerstandsbewegung aus. Wegen des mangelnden Schutzes der Bauern durch die Landstände bildeten die Bauern einen Bund, der sich im Land auch gegen die Einführung einer neuen landesfürstlichen Steuer für die Finanzierung der militärischen Abwehr richtete. Den Höhepunkt erreichte der Aufstand nach Februar 1478, als er vornehmlich die südlichen, slowenischen Landesteile erfasste wie auch einige nördlich gelegenen Gebiete. Auslösende Wirkung dieses Aufstands soll auch der steirische Aufstand aus der Umgebung von Schladming gehabt haben. Der Bauernaufstand erfasste die westlichen und die zentralen Teile → Südkärntens. Die Organisation der Aufständischen war einmalig und hatte sogar eine eigene finanzielle Grundlage (vgl. dazu → Edlinger-Gerichtsbarkeit auf dem Gebiet der heutigen Gemeinde Magdalensberg/Štalenska gora). Doch noch bevor es zum Zusammenstoß mit den Grundherren kam, wurde das Bauernheer bei Coccau/Goggau/Kokovo an der Gailitz/Ziljica von den osmanischen Eindringlingen am 25. Juli 1478 geschlagen.

Kärnten/Koroška war 1515 nochmals Schauplatz eines Bauernaufstandes, der vom Unteren → Lavanttal/Spodnja Labotska dolina über das Jauntal/Podjuna bis ins → Gailtal/Ziljska dolina sowie von der südlichen Landesgrenze bis ins Krappfeld (Grobniško polje) reichte. Die Bauern verfolgten die Landstände von

→ Völkermarkt/Velikovec bis → Villach/Beljak und belagerten es sogar. Die Organisation der Bauern war überregional, trotzdem gilt der Aufstand angesichts der Geschehnisse in den anderen slowenischen Ländern als slowenischer bzw. »Windischer Bauernbund«, zumal sich in einem gedruckten zeitgenössischen Bericht in Wien die ersten slowenischen gedruckten Worte aus einem Widerstandslied wiederfinden.

Eine bedeutende Bewegung der Bauern erfasste Kärnten/Koroška auch nach der Märzrevolution 1848 (→ Revolutionsjahr 1848). Das nachhaltigste Echo riefen die Unruhen in Hollenburg/Homburg, Eberndorf/Dobrla vas und in einigen anderen Orten hervor. Matija → Majar – Ziljski hatte als konsequenter Demokrat zwar Verständnis für die Probleme und Anliegen der Bauern, doch unterstützte er die Unruhen nicht, da sie mittelbar die Haltung der Gegner der Revolution stärkten bzw. deren Bereitschaft zu einer militärischen Abrechnung.

Die B. nahmen im slowenischen nationalen, politischen und kulturellen Bewusstsein eine bedeutende Rolle ein, und zwar nicht nur weil das erste slowenische gedruckte Wort auf diese zurückgeht, sondern vor allem deshalb, weil die historischen Quellen von ihrem slowenischen Charakter berichten und weil ein allgemein anerkanntes Syntagma Slowene – Bauer besteht und Grundherr – ein für den Bauern sozial und national feindlich gesinnter »Fremder«. In den B. sind viele bereit, die erste politische revolutionäre Manifestation der Slowenen zu sehen.

Die B. wurden schon im 19. Jh. in der Kärntner slowenischen Volks- und populären Literatur verarbeitet (*Miklova Zala*, vgl. J. → Sket), sie wurden aber auch in der modernen slowenischen Literatur thematisiert: A. → Aškerc *(Stara pravda)*, Ivan → Pregelj *(Tolminci)*, Bratko → Kreft *(Velika puntarija)*.

Lit./Web: ES (B. Grafenauer: *Kmečki upori*; B. Grafenauer: *Koroški kmečki upor*). – D. J. Ure: *Bauernkrieg, Türkennot u. ungarische Besitznahme in Kärntens unter Kaiser Friedrich III* (I. Teil. In: 39. Jahresbericht der k. k. Staats-Realschule in Pilsen, Schuljahr 1911–12. Pilsen [1912], 5–35; II. Teil. In: 40. Jahresbericht der k. k. Staats-Realschule in Pilsen, Schuljahr 1912–13. Pilsen [1913], 3–34); B. Grafenauer: *Kmečki upori na Slovenskem*. Ljubljana 1962 (www.sistory.si/SISTORY:ID:20816); S. Škaler: *Boj za staro pravdo*. Ljubljana 1973; B. Grafenauer: *Boj za staro pravdo v 15. in 16. stoletju na Slovenskem: slovenski kmečki upor 1515 in hrvaško-slovenski kmečki upor 1572/73.* Ljubljana 1974 (www.sistory.si/SISTORY:ID:20861); J. Koropec: *Mi smo tu, Veliki punt na Slovenskem v letu 1635*. Maribor 1985; W. Brunner: *Ein Bericht über den windischen Bauernaufstand von 1573*. In: V. Rajšp [e.a.] (Hg.): *Melikov zbornik*. Ljubljana 2001, 273–284; *Paul Kheppiz: Clagenfurterische Chronik*, ediert von D. Jandl. Klagenfurt ²2008 (»*windisch pauernpundt*«, 1–3); T. Domej: »*Le vkup, Le vkup, uboga gmajna!*«, Ob 500-letnici slovenskega kmečkega upora. Kmečki upori na Koroškem. In: KK 2015. Celovec 2014, 26–42.

Stane Granda; Üb.: Bojan-Ilija Schnabl

Bauernbund, Kärntner, vgl. Sachlemmata: → *Kmečka zveza* [Bauernbund]; → Publizistik, slowenische in Kärnten/Koroška; → Wahlordnungen und Nationalitätenpolitik vor dem Ersten Weltkrieg; Personenlemmata: → Abuja, Matthias; → Breznik, Albert; → Ferlitsch, Hans; → Mikl, Karl; → Schumy, Vinzenz; → Seebacher, Johann; → Sturm, Andrej.

Bayern, → *Bagoaria*.

Beauharnais, Eugène Rose de (* 3. September 1781 Paris, † 21. Februar 1824 München). Seit 1804 Prinz von Frankreich, 1805 Vizekönig von Italien, 1807 Prinz von Venedig, 1810 Erbherzog von Frankfurt, Herzog von Leuchtenberg und Fürst von Eichstädt (ad personam).

B. war der Sohn aus erster Ehe von Marie Josèphe Rose Beauharnais, geb. Tascher de la Pagerie, und Alexandre Vicomte de Beauharnais, der 1794 während der »Terreurs« unter der Guillotine zu Tode kam. Seine Mutter heiratete 1796 Napoléon Bonaparte, der 1797 seinen 16-jährigen Stiefsohn zum Offizier und persönlichen Adjutanten ernannte. B. begleitete seinen Stiefvater auf den Feldzügen nach Norditalien und nach Ägypten, stand ihm in der Schlacht von Marengo zur Seite, beim Staatsstreich am 18. Brumaire (9. November 1799) leistete B. ihm relevante Dienste. Seit Napoléon 1804 die Kaiserwürde erlangt und seine Frau zur Kaiserin Joséphine gekrönt hatte, adoptierte er den ihm ergebenen B. und förderte seine Laufbahn großzügig. 1804 ernannte er ihn zum Prinzen Frankreichs, 1805 zum Vizekönig von Italien, 1807 zum Fürsten von Venedig und 1810 zum Großherzog von Frankfurt. B. wurde als Vizekönig ein umsichtiger Staatsmann, setzte die Gesetzgebung Napoléons I. um, reorganisierte die Verwaltung und baute das Straßennetz aus. Zudem war er einer der erfolgreichsten Kommandanten in Napoléons *Grande Armee*. Sein diszipliniertes Heer von über 80.000 Mann führte er von Italien aus im Defensivkrieg gegen die Streitkräfte Österreichs und bekämpfte diese im Soča-/Isonzo-Tal, im Gebiet von Tarvisio/Tarvis/Trbiž und besiegte sie in der Schlacht an der Piave. Danach zog er gegen Kärnten/Koroška, nahm → Villach/Beljak ein und eroberte in einer Schlacht → Klagenfurt/Celovec

(Urban → JARNIK thematisiert diese in einem Gedicht). B. bezwang zusammen mit den französischen Truppen die Österreicher unter Erzherzog JOHANN in der Schlacht bei Raab am 14. Juni 1809. B. bekämpfte auch die Tiroler Rebellen und ließ Andreas HOFER am 20. Februar 1810 in Mantua erschießen. In seinen Memoiren beschreibt B. die Zeit dieses Feldzuges ausführlich, und schreibt (S. 29. op.cit.): *Die Bewohner der Provinzen Krain und Kärnten fürchteten die Franzosen, ohne sie zu hassen, sie ließen ihrer strengen Disziplin Gerechtigkeit widerfahren; sie erinnerten sich ohne Unzufriedenheit an den Aufenthalt der französischen Armee bei ihnen; sie fürchteten weit mehr die ungarischen und kroatischen Truppen, mit denen sie bedroht waren.* Der Übersetzer der → *Carinthia* sah sich veranlasst, in einer Fußnote hinzuzufügen: *So spricht der Vicekönig, ich führe seine Worte in getreuer Uebersetzung an, ohne selbe zu verantworten.* Als hervorragender, dem Kaiser ergebener Feldherr wurde er im Russlandfeldzug gefeiert, wo er durch sein umsichtiges Kommando die Verluste minderte. Als Vizekönig von Italien und direkter Stellvertreter des Königs von Italien NAPOLÉON I. übte er auch die Aufsicht über die → Illyrischen Provinzen aus.

Auf den Wunsch NAPOLEONS hatte B. im Jänner 1806 die 17-jährige Prinzessin AUGUSTE VON BAYERN in Anwesenheit des französischen Kaiserpaares geheiratet. AUGUSTA war die älteste Tochter von König MAX I. JOSEPH VON BAYERN. Erst als NAPOLÉON I. endgültig besiegt und nach St. Helena verbannt worden war, zog sich B. von seinen Funktionen zurück und ging mit seiner Familie an den bayrischen Hof und nahm forthin keine Funktionen an. Sein Schwiegervater MAX I. JOSEPH VON BAYERN verlieh ihm 1817 die Würde eines Herzogs von Leuchtenberg und Fürsten von Eichstätt. Von den 7 Kindern des Paares heiratete die älteste Tochter Joséphine Maximiliane Eugénie NAPOLÉON DE BEAUHARNAIS (1807–1876) den nachmaligen König von Schweden und Norwegen, OSKAR I. (1799–1859) (den Sohn von Jean-Baptiste BERNADOTTE, Marschall von Frankreich, gewählter Kronprinz von Schweden und von 1818–1844 König KARL XIV. VON SCHWEDEN bzw. KARL III. JOHAN VON NORWEGEN).

Werke: *Mémoires et correspondance* (P. E. A. Du Casse). Paris 1858–1860; *Auszüge aus den Memoiren des Prinzen Eugen von Beauharnais, Herzogs von Leuchtenberg, bzw. des Prinzen Eugen Beauharnais, des Vizekönigs von Italien und nachmaligem Herzog von Leuchtenberg*, übersetzt für die »Carinthia«, zusammengestellt von Paul F. Herbert. In: *Car* 49 (1859) 25–32, 115–119, 122–123, 132–134, 153–159, 170–173, 180–182, 187–189.

Lit.: F. Masson: *Napoléon et sa famille*. Paris, P. Ollendorff, 1897–1919; A. Lévy: *Napoléon et Eugène* de *Beauharnais*. Paris ⁸1926; A. von Bayern: *Eugen Beauharnais, der Stiefsohn Napoleons. Ein Lebensbild*. Berlin 1940, München ²1950; F. de Bernardy – *Eugène de Beauharnais*. Paris 1973; J. Tulard: *Dictionnaire Napoléon*. Paris 1987; P. Gašperič, M. Orožen Adamič, J. Šumrada: *Zemljevid Ilirskih provinc iz leta 1812 = Carte des Provinces illyriennes de 1812*, ZRC SAZU. Ljubljana 2012; C. Oman: *Napoléon's viceroy, Eugène de Beauharnais*. London 2012.

Katja Sturm-Schnabl

Becelj, Florijan (Edling/Kazaze), → Chorwesen.

Beg, Ante (* 31. Dezember 1870 Sv. Florjan [Rogaška Slatina, Štajerska], † 23. Dezember 1946 Ljubljana), engagierter Kulturaktivist, Herausgeber, Publizist, Übersetzer.

In → Celje absolvierte B. sechs Klassen des Gymnasiums. Die Qualifikation für den Beruf des Lehrers erwarb sich B. auf privatem Wege. In Jurklošter und Ribnica na Pohorju war er als Hilfslehrer tätig und Herausgeber der Zeitschrift *Domovina*, die in Celje erschien, 1902–1909 war er Redakteur der Tageszeitung *Slovenski narod* sowie Verleger des Organs der slowenischen Kreditkassen und Genossenschaften *Slovenska zadruga*, das von 1898–1930 in Celje herausgegeben wurde. 1908–1915 war B. als einer von zwei Wanderlehrern und Organisatoren der → *Družba sv. Cirila in Metoda* (CMD) [Kyrill-Method-Bruderschaft] tätig. Seine Aufgabenbereiche waren Kärnten/Koroška und das Kočevje (Gottschee). Nach 1908 bewirkte B. eine Belebung der Tätigkeit der CMD-Filialen in Kärnten/Koroška. Seit 1912 war er alleiniger Wanderlehrer der CMD in Kärnten/Koroška, sein Tätigkeitsbereich betraf auch die Steiermark/Štajerska. Als Wanderlehrer war er auch zuständig für Reden auf Gründungs- und Jahresversammlungen sowie bei Festen der CMD-Filialen und für die Verbreitung von Druckschriften der CMD. B. sammelte Daten für einen Nationalkataster für Kärnten/Koroška und die Gorenjska (Oberkrain); zudem sammelte er auch Daten zur Lokalisierung der slowenisch-deutschen Sprachgrenze in Kärnten/Koroška und im Kočevje. Daraus gingen die einschlägigen Bücher *Slovensko-nemška meja na Štajerskem* [Die slowenisch-deutsche Grenze in der Steiermark] (1905), *Slovensko-nemška meja na Koroškem* [Die slowenisch-deutsche Grenze in Kärnten] (1908), *Narodni kataster Koroške* [Nationalkataster Kärntens] (1910), *Slovensko-nemška meja na Kočevskem* [Die slowenisch–deutsche Grenze in der Gottschee] (1911) und *Slovensko šolstvo na Koroškem v preteklem stoletju* [Das slowenische

Alte Ferlacher Tracht, KMD 1889

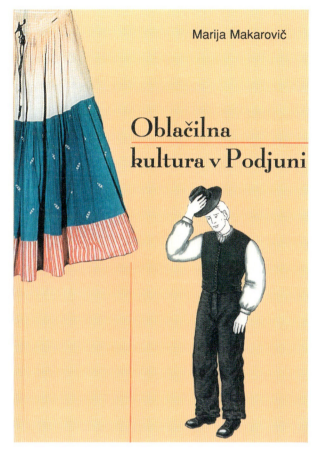

Buchcover, Mohorjeva

Val Canale/Kanaltal/Kanalska dolina

→ Schulwesen in Kärnten im vergangenen Jahrhundert] (1912) hervor. Bei der Zeitschrift *Slovenski Branik,* die 1908–1914 in Ljubljana erschien, war B. Mitherausgeber. Er war auch Mitarbeiter der Zeitschriften *Edinost, Soča, Slovenski narod* und *Narodni dnevnik.* Nach dem Jahre 1918 redigierte B. die Zeitschriften *Domovina, Kmetijski list* und *Jugoslavija.* Er schrieb auch ein populärwissenschaftliches Buch über Pilze.

Werke: *Slovensko-nemška meja na Štajerskem.* Ljubljana 1905; *Slovensko-nemška meja na Koroškem.* Ljubljana 1908; *Ustoličenje koroških vojvod. Kulturnozgodovinske črtice s posebnim ozirom na pravni in gospodarski pomen za Slovence.* Ljubljana 1908; *Narodni kataster Koroške.* Ljubljana 1910; *Slovensko-nemška meja na Kočevskem.* Ljubljana 1911; *Slovensko šolstvo na Koroškem v preteklem stoletju.* Ljubljana 1912; *Naše gobe, Navodilo za spoznavanje užitnih in strupenih gob.* Ljubljana 1923. **Lit.:** SBL; ES; OVSBL. – A. Vovko: »*Slovenski Branik*« o koroških podružnicah CMD. In: KK (1985) 155–165; A. Vovko: *Mal položi dar … Portret slovenske narodnoobrambne šolske organizacije Družbe sv. Cirila in Metoda 1885–1918.* Ljubljana 1994; Z. Stropnik: *Kdo je napisal prvo slovensko knjigo o gobah?* In: *Gobarski vestnik* 11/2 (1996) 89–100.

Andrej Vovko; Üb.: Katja Sturm-Schnabl

Bekleidungskultur der Slowenen in Südkärnten/ Južna Koroška. Die Bekleidung der Slowenen in → Südkärnten/Južna Koroška spiegelt die enge Verbindung der slowenischen Bevölkerung im weiteren gesellschaftlichen und kulturellen Raum, da sich die Bekleidungstradition der Slowenen in Kärnten/Koroška in den vergangenen Jahrhunderten bis heute kaum von der deutschsprachigen Bevölkerung im Land noch von jener der Slowenen auf dem Gebiet des heutigen Slowenien bzw. in Slowenien unterscheidet. Eine Besonderheit stellt die Gailtaler Frauentracht dar, die aufgrund der erlebten und betonten Unterschiedlichkeit etwas Besonderes ist (→ Gailtaler Tracht/*ziljska noša*) und zu besonderen Anlässen getragen wird. Auch bei der Alltagskleidung entwickelten die slowenischen Gailtalerinnen ihre Besonderheiten.

Die slowenische bäuerliche Bevölkerung übernahm vereinfachte Formen der allgemeinen europäischen Bekleidungsmode, wie sie sie bei Angehörigen höherer Gesellschaftsschichten und anderer Bezugsbilder verfolgen konnte. Die ländliche Bevölkerung, die Arbeiterschaft und die übrige slowenische Bevölkerung in Kärnten/Koroška passte diese neuen Formen den bis dato tradierten Formen sowie den allgemeinen gesellschaftlichen, politischen und kulturellen Verhältnissen an (→ Inkulturation), was insgesamt auch das Erscheinungsbild der Bekleidung beeinflusste. Von zentraler Bedeutung ist, dass sich dieses Erscheinungsbild der Bekleidung den Umständen und insbesondere dem gesellschaftlichen Status, der Jahreszeit, dem Anlass usw. anpasste, weshalb man bei der allgemeinen Alltagsbekleidung von keinen spezifischen ethnischen Besonderheiten sprechen kann. Die Kärntner Sloweninnen trugen in der ersten Hälfte des 19. Jh.s und in den Jahrzehnten davor meist sog. *rokavce*, das ist eine Leinenbluse mit langen Ärmeln, einen Rock, ein Mieder aus gekauftem Stoff oder aus eigener Erzeugung, eine Schürze, wobei bei der Alltagskleidung die Funktion und bei der Festtagskleidung die Verzierung im Vordergrund stand. Das Erscheinungsbild ergänzten je nach Bedarf Strümpfe und Schuhe bzw. an Arbeitstagen Holzschuhe. Als Kopfbedeckung dienten die Haube *(avba),* der Hut, ein Kopftuch *(peča* oder regional *hadrca* im → Klagenfurter Feld/Celovško polje, *hadra* ist das große Schultertuch anstelle eines Mantels), die je nach Bedarf mit einem Mieder, einem Halstuch oder einem Dreieckstuch am Oberkörper kombiniert wurden. Dazu kamen der Gürtel, ein Spenzer *(špencer),* Sakko, Ledermantel oder Unterrock.

Die slowenischen Männer in Kärnten/Koroška trugen zur gleichen Zeit ein Hemd, knielange Hosen und

Rosentaler Tracht, Archiv Maria Inzko, geb. Ziherl

Rosentaler Tracht, Archiv Maria Inzko, geb. Ziherl

M. Makarovič, Sommerliches Sonntagkleid einer älteren Bäuerin aus Leppen/Lepena um 1900 (Zeichnung)

eine hoch schließende Weste, Strümpfe, Schuhe oder hohe Stiefel an den Füßen und eine Zipfelmütze und darüber einen Hut. Hinzu kamen ein Halstuch, Hosenträger, eine Schürze *(opasica)*. Als Oberbekleidung kamen Sakko, Mantel oder Ledermantel infrage. In der zweiten Hälfte des 19. Jh.s wurde die mitteleuropäische Mode verstärkt rezipiert, wenn auch in angepasster Form. Bei Frauen folgten dem Faltrock der Taillenrock sowie die *kočemajka* und später die Bluse. Bei den Herren setzte sich in dieser Zeit der Dreiteiler aus gleichem Stoff durch, wobei die drei Teile, lange Hose, Gilet und Sakko, aus demselben Stoff waren.

Anders als bei der Alltagskleidung war es bei der Bekleidung für besondere Anlässe bzw. bei Kostümen. Da wurde auf Elemente der älteren Bekleidungstradition zurückgegriffen. Diese Kleidungsstücke können als spezifisch kärntnerslowenisch identifiziert werden. Die größte Besonderheit stellt zweifelsohne die slowenische Gailtaler Tracht dar, während in anderen Landesteilen die Kärntner Haube oder Kappe (*koroška*

Buchcover, Mohorjeva

avba oder *koroška kapa*) für die Kärntner Slowenen charakteristisch waren. Dabei handelt es sich um eine eng anliegende schwarze Kopfbedeckung, die mit andersfarbigen gebundenen Zusätzen versehen war. Die *avba* wurde von den slowenischen Frauen vor allem in der ersten Hälfte des 19. Jh.s getragen, in einzelnen Ausnahmen bis zum Ersten Weltkrieg. Bei Kostümen wird sie bis heute meist in Kombination mit langärmeligen Hemden, einem Faltrock, einer dunklen Schürze sowie mit einem zum Dreieck gefalteten, über der Schulter drapierten Seidentuch mit Fransen getragen. Dabei wird für gewöhnlich die längste Seite des Tuches am Rücken gefaltet und mit einer Brosche befestigt. Die beiden Enden des Tuches vorne werden in das Mieder gesteckt. Die traditionell gekleideten slowenischen Männer unterscheiden sich von den übrigen Slowenen des alpinen Bekleidungsbereiches vor allem durch die besondere Art des Verknotens des seidenen Halstuches. Dieses wird zum Dreieck gefaltet und dann zu einem einige Zentimeter breiten Band gerollt, unter den Kragen gelegt und vorne so verknotet, dass die beiden Enden über die Knöpfe des Gilets fallen.

Lit./Web: M. Makarovič: *Slovenska ljudska noša v besedi in podobi: Zilja: Peti zvezek*. Zveza kulturnih organizacije Slovenije. Ljubljana 1991; M. Makarovič: *Oblačilna kultura slovenskega kmečkega prebivalstva v Rožu*. Krščanska kulturna zveza. Celovec [e.a.] 1996; M. Makarovič: ›Govorica oblačilne kulture slovenskega kmečkega prebivalstva na Koroškem.‹ In: *Koroški etnološki zapisi* 1 (1999) 39–41; M. Makarovič: *Oblačilna kultura slovenskega kmečkega prebivalstva v Podjuni*. Krščanska kulturna zveza in Narodopisni inštitut Urban Jarnik. Celovec 1999; K. Kenda-Jež: *Shranli smo jih v bančah: slovarski prispevek k poznavanju oblačilne kulture v Kanalski dolini = contributo lessicale alla conoscenza dell'abbigliamento in Val Canale*. Ukve, Ljubljana 2007, http://bos.zrc-sazu.si/c/Dial/Kenda_Jez/Kenda-Jez%202007%20--%20Shranli%20smo%20jih%20v%20bancah.pdf (6.9.2013).

Bojan Knific; Üb.: Bojan-Ilija Schnabl

Beljaško omizje [Villacher Kreis] in Trieste/Trst/Triest. Der slowenische Villacher Kreis (→ *Beljaško omizje* [Villacher Kreis] in → Villach/Beljak) vereinigte ursprünglich identitätsbewusste Slowenen in einem kleinen Villacher Wirtshaus. Die Gruppe unterstützte finanziell den Wohltätigkeitsverein *Drava* [Drau] in Villach/Beljak. Wie aus Zeitungsartikeln über ihr Wirken hervorgeht, war die Mehrzahl der Mitglieder bei der Eisenbahn in Villach/Beljak beschäftigt. Gerade wegen ihres Engagements und ihrer Mitgliedschaft in der Gruppe wurde ein Gutteil der Mitglieder zwischen 1906 und 1909 an einen neuen Arbeitsort der Eisenbahn nach → Trieste/Trst/Triest versetzt.

Trotz der Entfernung hörte die Gruppe nicht mit ihrer Tätigkeit auf. Bald kam es zur Gründung des *Beljaško omizje* [Villacher Kreis] in Trieste/Trst/Triest. Die Gruppe traf sich in den Räumlichkeiten des *Narodni dom* [Volkshaus, slowenisches Kulturzentrum] in Trieste/Trst/Triest. Über den Verein und seine Mitglieder, die sich in Trieste/Trst/Triest wiedergefunden hatten, berichtete die Klagenfurter slowenische Zeitung → *Mir* ebenso wie die slowenische Triestiner Zeitung *Edinost* [Einheit]. Der erste Bericht, den die Mitglieder der Gruppe selbst verfasst hatten, erschien im *Mir* am 18. August 1906. Darin wird festgehalten, dass das erste Treffen bereits am ersten Dienstag nach deren Ankunft stattfand und dass daran 16 Mitglieder des Kreises und vier Triestiner teilgenommen hätten.

Der Aufenthalt in Trieste/Trst/Triest trug dazu bei, dass sich die Mitglieder des Kreises mit den Triestiner slowenischen Verhältnissen bekannt machten und dass sich persönliche Bande zwischen Slowenen in Trieste/Trst/Triest und in Kärnten/Koroška entwickelten.

Die Mitglieder des Kreises organisierten am 9. November 1907 einen Ausflug zum Grab des slowenischen Dichters Simon → Gregorčič sowie 1909 einen ge-

> *Omizje je naša trdnjava ob meji,*
> *Branitelji majke nam Slave smo mi,*
> *Borimo za geslo se vedno krepkej[š]i:*
> *Naj mili naš narod na veke živi.*
>
> *Slovensko omizje beljaško je skala,*
> *nas sila sovražna ne uniči nikdar,*
> *branimo se krepko vsi zoper krivice,*
> *ki dela nam ljuti sovražnik jih naš,*
> *in v slogi branimo si svoje pravice*
> *umreti za narod je zadnji naš glas.*
>
> Der Stammtisch ist unsere Festung an der Grenze,
> Wir sind die Verteidiger unserer Mutter Slava,
> für unseren Wahlspruch kämpfen wir mehr und mehr:
> Möge es auf ewig leben unser holdes Volk.
>
> Der slowenische Stammtisch von Villach ist der Fels,
> niemals wird uns die feindliche Macht zerstören,
> mit aller Kraft kämpfen wir gegen das Unrecht,
> das der gehässige Feind uns antut.
> In Einheit wollen wir unsere Rechte verteidigen,
> für unser Volk zu sterben soll uns unser letzter Atemzug sein.

meinsamen Ausflug beider Kreise aus Villach/Beljak und aus Trieste/Trst/Triest nach → Gorizia/Gorica/Görz. Der erste Besuch einer Gruppe von Triestiner Bergsteigern auf die Achomitzer Alm/Zahomška planina kam auf Einladung von Ivan MILLONIG zustande, einem Mitglied des Kreises in Trieste/Trst/Triest.

Lit.: P. Rustja: *Beljaško omizje v Trstu*. In: KMD 2000. Celovec [1999], 83–85.

Peter Rustja; Üb.: Bojan-Ilija Schnabl

Beljaško omizje [Villacher Kreis] in Villach/Beljak.

Der slowenische sog. Villacher Kreis *(Beljaško omizje)* war eine traditionelle Form wöchentlicher Treffen der identitätsbewussten Slowenen in → Villach/Beljak vor dem Ersten Weltkrieg. Es war ein Art Debattierklub, dessen Mitglieder sich bis zum Krieg im Gasthaus Brunner trafen, wo sie den Chorgesang pflegten und verschiedene Vorträge organisierten (→ Kulturvereine, → Chorwesen). Der Stammtisch bzw. Kreis hatte seine Hymne, dessen Text Ivan FROLE geschrieben hatte und die von Karl ROŽANC vertont wurde, die beide in der Eisenbahndirektion in Villach/Beljak beschäftigt waren.

Den Kreis leitete bis 1904 Prof. Jakob → WANG, danach bis 1906 der Priester Jurij → TRUNK. Ihnen folgten der Psychologe Mihajlo ROSTOHAR und der Professor am Villacher Gymnasium Josip SKRBINŠEK. Als SKRBINŠEK kurz vor dem Ersten Weltkrieg an die Prager Universität ging, leitete den Kreis Professor Štefan PODBOJ, der bereits am ersten Tag des Krieges mobilisiert wurde und auch in einem der ersten Kämpfe fiel.

Die Zahl der ständigen Mitglieder schwankte zwischen 15 und 40. Mitglieder waren slowenische Professoren an den Mittelschulen in Villach/Beljak (Jakob WANG, Josip SKRBINŠEK, LENDOVŠEK, ARTL), Eisenbahnbeamte (Ivan FROLE, Karl ROŽANC, KNAFELC, ZOBEC, KUSTRIN), der Händler ŠUSTER, die Priester Jurij TRUNK, Anton → BRANDNER (der spätere Vorsitzende des → *Klub koroških Slovencev* [Klub der Kärntner Slowenen] in → Maribor) sowie auch Fran → ELLER, Lehrer in → Maria Gail/Marija na Zilji und der Militärkaplan R. POTOČNIK usw. Unter den Mitgliedern des Kreises finden sich auch einige Tschechen und Kroaten.

Das aktivste Mitglied war Ivan → HOCHMÜLLER, der 1900 bei der Direktion der staatlichen Eisenbahnen in Villach/Beljak beschäftigt war. Zusammen mit anderen Mitgliedern war er bestrebt, in Villach/Beljak ein Zentrum für die identitätsstiftende und politische Tätigkeit der Slowenen im westlichen Teil → Südkärntens zu schaffen. Aus den Mitgliedern des Kreises rekrutierte er Mitglieder für den Gesangs- und Tamburizzaverein (→ Tamburizzamusik) und trat mit ihnen im gesamten Umland von Villach/Beljak sowie auch in anderen »slowenischen« Ländern auf. Er half bei der Gründung des *Dijaški tamburaški zbor* [Schüler-Tamburizza-Orchesters], im Jahr 1905 unterstützte er finanziell die Gründung des Blattes *Dijaški odmevi* [Schüler-Echo]. Er trug sehr viel zur Gründung der Bildungs- und Tamburizzavereine → *Dobrač* [Dobratsch] in Fürnitz/Brnca und *Lipa* [Linde] in Föderlach/Podravlje bei. Wegen seines identitätsstiftenden Engagements wurde HOCHMÜLLER zusammen mit einigen anderen Mitgliedern des Kreises und Eisenbahnbediensteten anlässlich der Eröffnung der Bahnlinie Villach/Beljak – → Trieste/Trst/Triest 1906 in die dortige Eisenbahndirektion versetzt. In Trieste/Trst/

Triest kamen sie wieder zusammen und gründeten den ebenso genannten Kreis → *Beljaško omizje* [Villacher Kreis]. Dort trafen sie sich im *Narodni dom* [Volkshaus] – dem Hotel Balkan, wo sich auch identitätsbewusste Slowenen aus der Stadt an den Treffen beteiligten. 1910 kehrte HOCHMÜLLER nach Villach/Beljak zurück, nachdem er aufgrund von schweren Verletzungen bei einem Unfall in den Ruhestand versetzt worden war.

Neben großen Verdiensten für die Festigung der slowenischen Identität auf dem Lande wurden auf Initiative des Kreises in Villach/Beljak der Wohltätigkeitsverein *Drava* [Drau] gegründet. Ziel dieses Vereines war es, jungen Kärntner Slowenen bei der Ausbildung behilflich zu sein. Wegen seines Wirkens für das slowenische Identitätsbewusstsein waren der Kreis und auch der Wohltätigkeitsverein *Drava* oftmals Ziel von Anfeindungen seitens deutschnationaler Kreise.

Mit dem Beginn des Ersten Weltkrieges war die Tätigkeit des Kreises wegen der Verfolgungen, denen die Slowenen ausgesetzt waren, äußerst erschwert (→ Militärgerichtsbarkeit, → Internierungen 1919). Weil die Deutschnationalen die Mitglieder aus jedem öffentlichen Lokal vertrieben, trafen sie sich einige Zeit versteckt bei Ivan HOCHMÜLLER. Die Zahl der Mitglieder sank von Tag zu Tag wegen der Mobilmachung, der Verhaftungen und wegen der Versetzungen identitätsbewusster Slowenen, weshalb die Tätigkeit des Kreises gegen Ende des Krieges, vor allem aber nach der → Volksabstimmung 1920 völlig zum Erliegen kam (→ Vertreibung 1920).

Lit.: Ante Beg: *Narodni kataster Koroške*. V Ljubljani, dne 2. julija 1910, 46 (http://www.sistory.si/SISTORY:ID:27172); D. Grafenauer: *Življenje in delo Julija Felaherja in koroški Slovenci* (Phil. Diss). Maribor 2009; *Ivan Hochmüller in Koroška*. In: *Mariborski večernik Jutro* 12–40, vom 19. februar 1938, S. 3.; J. M. Trunk: *Spomini*. Celje 1950; M. Klemenčič: *Jurij Trunk med Koroško in Združenimi državami Amerike ter zgodovina slovenskih naselbin v Leadvillu, Kolorado, in v San Francisku, Kalifornija*. Celovec [e.a.] 1999.

Matjaž Klemenčič; Üb.: Bojan-Ilija Schnabl

Benetek, Anton (* 19. Mai 1877 Griže [Celje], † 18. Oktober 1964 Tainach/Tinje), Propst, Publizist, Mitarbeiter der Hermagoras-Bruderschaft, Bildungspolitiker.

Die Grundschule absolvierte B. in Griže; nach dem Vorbereitungslehrgang in → Celje (weil das Gymnasium von Celje nur die deutsche Unterrichtssprache gebrauchte) besuchte er die Gymnasien in Celje und Novo mesto. Den Militärdienst leistete B. 1898–1901 in Pula/Pola ab; während der Manöver 1899 kam er nach Kärnten und nach → Tainach/Tinje. 1903 legte B. am Gymnasium in Novo mesto die Matura ab und begann mit dem Theologiestudium in Klagenfurt/Celovec, weil das Bibelstudium in Latein und nicht in Griechisch zu absolvieren war. Als Alumne des ersten Jahrganges erteilte er freiwillig Slowenischunterricht. Die Resonanz darauf war in der Öffentlichkeit heftig, während dies im Priesterseminar kaum jemanden besonders bewegte. Die Ordination erfolgte am 19. Juli 1907 in Klagenfurt/Celovec. Seine ersten Kaplansjahre 1907–1909 verbrachte B. in Črna na Koroškem. 1909 kam er zunächst für einige Monate nach → Eisenkappel/Železna Kapla, später als Provisor nach St. Egyden/Št. Ilj, 1910 dann nach St. Georgen am Weinberg/Št. Jurij ob Vinogradih und 1911 als Pfarrer nach Diex/Djekše und Grafenbach/Kneža. Hier wurde er Leiter der *Hranilnica in posojilnica za Djekše* [Spar- und Darlehenskasse für Diex] (→ Genossenschaftswesen), war zwischenzeitlich Gemeindeausschussmitglied und Mitarbeiter in der Gemeindeverwaltung (→ Völkermarkter Hügelland/Velikovško podgorje, → Saualpe/Svinška planina). Die Situation während des Krieges und bis zur → Volksabstimmung 1920 war konfliktreich und für B. persönlich riskant (→ Vertreibung 1920). 1924 erfolgte die Berufung zum Pfarrer von Maria Rain/Žihpolje (1924–1928) und zum Dechanten von Ferlach/Borovlje. 1928 ernannte ihn Papst PIUS XI. zum Propst und Dechanten von Tainach/Tinje, wo er bis zum Ruhestand 1959 blieb (Obmann der Sodalitas → Sodaliteta/Sodalitas 1929–1954). Nach seiner Pensionierung wurde B. zum Publizisten und zum Biografen verstorbener ihm bekannter Priester, er veröffentlichte seine volksnahen Beiträge vorwiegend in der slowenischen Sonntagszeitung → *Nedelja*. Während des Krieges bot B. 43 geistig behinderten Kindern und sieben Schwestern des Maria-Josefinum-Heimes, die im Dritten Reich aus ihrer Heimstätte in St. Martin/Šmartin – Klagenfurt/Celovec vertrieben worden waren, in der Tainacher Propstei Unterkunft. Allerdings blieben in weiterer Folge nur die Knaben in Tainach/Tinje.

Quellen: ADG, *Personalakt Benetek*.
Werke: A. Benetek: *Erinnerungen eines Priesters aus »viermal Österreich«!* [Aus dem Slowenischen R. Blüml]. Klagenfurt 1965.
Lit.: *Naši rajni duhovniki*. Celovec 1968, 13–24; P. G. Tropper: *Nationalitätenkonflikt, Kulturkampf, Heimatkrieg. Dokumente zur Situation des slowenischen Klerus in Kärnten 1914–1921*. Klagenfurt 2002; J. Zerzer: *Dobri pastirji, Naši rajni duhovniki 1968–2005*. Celovec/Klagenfurt 2006.

Josef Till

Bergname, Namentyp, der eine besondere Gruppe unter den → Flurnamen darstellt. Die meisten B. sind erst in jüngerer Zeit überliefert, im Allgemeinen erfolgte ihre Festlegung im Zuge der wirtschaftlichen Erschließung der Berge zunächst als Bergweiden und für den Bergbau sowie als Jagdgebiete und seit dem 19. Jh. für den Fremdenverkehr. Obwohl die B. größtenteils relativ jung sind – die meisten älteren stammen aus dem Hoch- und Spätmittelalter – finden sich in ihnen die gleichen Sprachschichten wie im sonstigen Namengut Kärntens, sowohl in den einzelnen B. selbst (z.B. *Polinik* [Karnische Alpen/Karnijske Alpe] und Kreuzberggruppe [*Mölltaler Polinik*] aus slow. *poludnik* o. Ä. ›Mittagsberg‹, *Egel* in *Spitzegel* [slow. *Negal*], *Vellacher Egel* [Gailtaler Alpen/Ziljske Alpe] aus romanisch *aculeu [›Stachel, Spitze‹]) als auch in den einzelnen Bergwörtern selbst. Aus dem Slowenischen stammen zahlreiche Namen und Wörter wie z.B. *Kulm* (meist auf slow. *holm* ›Hügel, Kogel‹ beruhend) oder *Daber* (Osttirol) ›Klamm‹ (zu slow. *deber* bzw. *daber* ›Schlucht‹). Bemerkenswert ist die semantische Gleichung dt. *Ofen* ›Fels‹, slow. *peč* ›Ofen und Fels‹ (z.B. *Ofen* [Karawanken/Karavanke], slow. *Peč*, italienisch *Monte Forno*, heute deutsch meist *Dreiländereck*).

An Benennungsmotiven finden sich allgemeine Bezeichnungen (z.B. *Peč* ›Ofen‹), Bergformen bzw. Bodenverhältnisse (z.B. *Ojstrc* ›Spitz‹, *Ojstra* ›die spitze [Erhebung]‹, zu slow. *oster* ›scharf, spitz‹), Flora und Fauna (z.B. *Javornik* [*Jauernik(gupf)*] ›Ahornberg‹, *Medvedjak* (Bärensattel), Bodennutzung bzw. Besitzverhältnisse (z.B. *Košutnikov turn* (*Koschutnikturm* nach dem benachbarten Hofnamen, *Rožca* oder *Rošca* aus *Rož-ščica* ›Rosegger Alm‹, zu *Rož* ›Rosental‹), Volksglaube und Mythologie (z.B. *Stol* ›Hochstuhl‹, *Baba* – im Deutschen vergleichbar den zahlreichen *Bösen Weibelen*).

Die Bezeichnung des Gebirgszugs der → Karawanken/Karavanke (in denen wir primär eine fast ausschließlich slowenisches Namengebung vorfinden) ist gelehrter Herkunft aus der Zeit des Humanismus aufgrund von Ptolomäus' *Karuankas*, das einer vorkeltischen Sprachschicht zuzuordnen ist, etwa *kar-wank- ›mit Felsen, Steinen versehen‹ (zu indoeuropäisch *(s)kar- ›hart‹, → Korotan), von den Kelten später mit *karvos* ›Hirsch‹ volksetymologisch in Zusammenhang gebracht und zu ›Hirschberg(e)‹ umgedeutet (vgl. slow. *Košuta* ›Hirschkuh‹ für den zentralen Teil der Karawanken). Mundartlich wurden sie früher als *Krainer Berge* bzw. *Kranjske gore* bezeichnet (→ Südkärnten/Južna Koroška).

Lit.: J. Scheinigg: *Die Ortsnamen des Gerichtsbezirkes Ferlach*. In: 56. Programm des Staats-Obergymnasium zu Klagenfurt 1905/1906. Klagenfurt 1906, 3–26; *Aus dem Wilajet Kärnten*, Klagenfurt 1913; L. Jahne: *Völkischer Reiseführer durch die Siedlungen Südösterreichs* (Hg. Fremdenverkehrsausschuß der deutschen Volksräte für die Alpenländer). Klagenfurt 1914; F. Ramovš: *Historična gramatika slovenskega jezika. 2: Konzonantizem*. Ljubljana 1924, *7: Dialekti*. Ljubljana 1935; F. Ramovš: *Kratka zgodovina slovenskega jezika. 1*. Ljubljana 1936 (Nachdruck 1995); R. Badjura: *Ljudska geografija*. Ljubljana 1953; E. Kranzmayer: *Ortsnamenbuch von Kärnten*, 2 Bde. Klagenfurt 1956–1958; O. Kronsteiner: *Die slowenischen Namen Kärntens – Slovenska imena na Koroškem*. Wien 1982; H.-D. Pohl: *Gebirgs- und Bergnamen: Slavisch*. In: Namenforschung – Ein internationales Handbuch zur Sprach- und Kommunikationswissenschaft, 2. Berlin [e.a.] 1996, 1524–1531; H.-D. Pohl: *Slowenisches Erbe in Kärnten und Österreich, Ein Überblick*. In: Kärntner Jahrbuch für Politik (2005) 127–160; H.-D. Pohl: *Die Slavia submersa in Österreich: ein Überblick und Versuch einer Neubewertung*. In: Linguistica XLV – Ioanni Orešnik septuagenario in honorem oblata I. Ljubljana 2005, 129–150; H.-D. Pohl: *Unsere slowenischen Ortsnamen, Naša slovenska krajevna imena*. Klagenurt/Celovec 2010; P. Zdovc: *Slovenska krajevna imena na avstrijskem Koroškem, razširjena izdaja. Die slowenischen Ortsnamen in Kärnten, erweiterte Auflage*. Ljubljana 2010.
Web: J. Turk: *Slovenski toponimi v Karnijskih Alpah med Ziljsko dolino in Kanalsko dolino*. In: KK 2012. Klagenfurt/Celovec [2011], 140–149, www.gore-ljudje.net/novosti/72483/; http://members.chello.at/heinz.pohl/Bergnamen.htm (6. 8. 2013).

Heinz-Dieter Pohl

Bernhard von Spanheim (* 1176 oder 1181; † 4. Jänner 1256), Herzog von Kärnten/Koroška; → *Buge was primi;* → Herzöge von Kärnten/Koroška.

Bervar, Karol/Karel (1864–1956) Organist, Orgellehrer, → Liedersammlung, handschriftliche.

Bevk, France (* 17. September 1890 Zakojca pri Cerknem [Cerkno, Goriška/Primorska], † 17. September 1970 Ljubljana), slowenischer Schriftsteller.

Bevk war vom Beruf Lehrer. Dieser Tätigkeit ging er aber nur von seinem Ausbildungsabschluss 1913 bis 1917, seiner Einberufung zum Kriegsdienst an der Ostfront, nach. Nach dem Ersten Weltkrieg arbeitete Bevk in → Ljubljana als Redakteur der Zeitungen *Večerni list* bzw. *Slovenec*. Schon 1920/21 verließ er Ljubljana wieder, um in seiner weiteren, damals zu Italien gehörenden Heimat als Redakteur der Zeitschrift *Mladika*, als Leiter der Bücherei *Narodna knjigarna* sowie als Vertreter der *Goriška Matica* zu wirken. Bevk wurde wegen seiner slowenischen, gegen die von den italienischen Faschisten betriebene Italianisierung gerichteten Publikationen mehrfach verurteilt und inhaftiert. Von 1940 bis 1943 saß er deshalb im Gefängnis. Nach sei-

Geografija avstrijske Koroške (Wiki)

www.geopedija.si

www.gore-ljudje.net

Heinz-Dieter Pohl

www.Kagis.at

Janez Turk

www.hribi.net

Slovenska bčela 8.1850, Bernard vojvod Gorotanski

ner Enthaftung 1943 schloss er sich den Partisanen an und nahm in weiterer Folge höhere Positionen in der jugoslawischen Befreiungsbewegung ein. 1953 wurde er Mitglied der slowenischen Akademie der Wissenschaften und Künste (SAZU).

Bevk schrieb Dramen, Gedichte, Kinder- und Jugendbücher, Kurzgeschichten, Novellen und Romane, außerdem war er als Übersetzer tätig. Am Beginn seines Schaffens erschienen seine Werke in Zeitungen und Zeitschriften. Erst nach dem Ersten Weltkrieg begann er Sammlungen seiner Texte herauszugeben. Bei Bevk finden sich Einflüsse verschiedener literarischer Strömungen, wie z.B.: Symbolismus, Expressionismus und (sozialer) Realismus. Bevks Werke haben meist einen Bezug zu den Lebensumständen der damaligen Zeit, auch wenn die Handlung in der Vergangenheit spielt. Bevk greift soziale Missstände auf und thematisiert die Unterdrückung der slowenischen Sprache, Kultur und Bevölkerung im faschistischen Italien. Anerkennung als Schriftsteller fand Bevk vor allem aufgrund seiner Kinder- und Jugendliteratur sowie für seinen 1938 erschienen Roman *Kaplan Martin Čedermac*. In *Kaplan Martin Čedermac* hält die Hauptfigur, der Kaplan Čedermac, allen Unbilden zum Trotz in der Kirche an seiner slowenischen Muttersprache fest. Da sich die Kirchenleitung nicht gegen die politischen Machthaber stellt, wird Čedermac zwangspensioniert und so von Altar und Kanzel entfernt. *Kaplan Martin Čedermac* ist aber kein einseitig slowenisch-nationalistischer Roman – es treten auch positiv dargestellte, aufrichtige Italiener auf – während sich so mancher Slowene mit den italienischen Faschisten arrangiert. Den Stoff zur Erzählung lieferte ein 1933 für die Slavia Veneta (Beneška Slovenija) in Kraft getretenes Verbot, das den Gebrauch der slowenischen Sprache bei kirchlichen Handlungen untersagte.

Werke (nach Mitrović): *Faraon*, 1922; *Rablji*, 1923; *Smrt pred hišo*, Roman, 1925; *Kajn* (Drama) 1925; *Brat Frančišek*, 1926; *Hiša v strugi*, 1927; *Jakec in njegova ljubezen*, 1927; *Kresna noč*, 1927; *Krvavi jezdeci* (erstes Buch des historischen Romans *Znamenja na nebu*), 1928; *Vihar*, 1928; *Zastava v vetru*, 1928; *Črni bratje in sestre* (drittes Buch des historischen Romans *Znamenja na nebu)*, 1929; *Krivda*, 1929; *Muka gospe Vere*, 1929; *Sestra in drugi spisi*, 1929; *Skorpijoni zemlje* (zweites Buch des historischen Romans *Znamenja na nebu)*, 1929; *Tuje dete in drugi spisi*, 1929; *V zabladah*, Roman, 1929 (zweite Ausgabe: *Zablode*, 1963); *Človek proti človeku*, Roman, 1930; *Gospodična Irma*, 1930; *Julijan Sever*, 1930; *Nagrada in drugi spisi*, 1930; *Umirajoči bog Triglav*, 1930; *Živi mrlic in drugi spisi*, 1930; *Burkež gospoda Viterga*, 1931; *Kamnarjev Jurij*, 1931; *Predporočna noč in drugi spisi*, 1931; *Stražni ognji*, 1931; *Vedomec*, Roman, 1931; *Slepec je videl v drugi spisi*, 1932; *Železna kača*, Roman, 1932; *Žerjavi*, 1932; *Dedič*, 1933; *Gmajna*, 1933; *Povesti o strahovih*, 1933; *Veliki Tornaž*, 1933; *Živa groza in drugi spisi*, 1933; *Bridka ljubezen in drugi spisi*, 1935; *Huda ura*, 1935; *Samote*, 1935; *Mrtvi se vračajo*, 1935; *Srebrniki*, 1936; *V mestu gorijo luči*, 1936; *Izlet na Špansko*, Reisenovellen, 1936; *Ubogi zlodej*, 1937; *Bajtar Mihale in drugi spisi*, 1938; *Kapelan Martin Čedermac*, Roman, 1938; *Deset dni v Bolgariji*, Reisenovellen, 1938; *Dan se je nagibal*, 1939; *Legende*, 1939; *Pravica do življenja*, 1939; *Med dvema bojnama*, 1946; *Morje luči*, 1947; *Novele*, 1947; *Mati*, 1949; *Obračun*, 1950; *Začudene oči*, Erinnerungen, 1952; *Pot v svobodo*, Erinnerungen, 1953; *Tuja kri*, 1954; *Črna srajca*, 1955; *Iskra pod pepelom*, 1956; *Krivi računi*, 1956; *Mrak za rešetkami*, 1958; *Viharnik*, 1959; *Domačija*, 1960; *Brez krinke*, 1960; *Slepa ulica*, 1961; *In sonce je obstalo*, Roman, 1963; *Mlini življenja*, 1967; *Mati Polona*, 1968; *Maja mladost*, Spomini, 1969; *Ljudje pod Osojnikom*, 1973; *Rož, Podjuna, Zila* (Reisebericht). *Izbrani spisi I–XII*. Ljubljana 1951–65; *Izbrano mladinsko delo I–XV*, Ljubljana, 1952–59. **In deutscher Übersetzung** (nach Mitrović): *Der starke Peter*, Ensslin & Laiblin Verlag, 1959; *Die Hirtenjungen*, Lengerich (Westf.) 1964; *Die Kinder auf der Hutweide*, Lengerich 1964; *Die Kleinen Waisen*. Lengerich 1964; H. Kitzmüller (Hg.): *Friaul*, Reihe *Europa Erlesen*, Wieser Verlag. Klagenfurt/Celovec 1997 (mit Texten u.a. von France Bevk).

Lit.: SBL; ES. – F. Bevk: *O nastanku »Kaplana Martina Čedermaca«*. In: JiS Jg. 4. Nr. 8 (1959) 232–233; H. Glušič: *France Bevk*. Ljubljana 1964; *Bevkova knjiga* (mit Bibliographie), Hg. B. Gerlanc. Ljubljana 1972; J. Dolenc, F. Koblar: *France Bevk (Znameniti Slovenci)*. Ljubljana 1990; M. Mitrović: *Geschichte der slowenischen Literatur. Von den Anfängen bis zur Gegenwart*, Aus dem Serbokroatischen übersetzt, redaktionell bearbeitet und mit ausgewählten Lemmata und Anmerkungen ergänzt von Katja Sturm-Schnabl. Klagenfurt/Celovec [e.a.] 2001, 434–441; L. Kralj, P. Scherber: *Slovenske kratke zgodbe med koncem ene in začetkom druge vojne*, 2010.

Web: *Muoč naroda, La forza di un popolo*: www.dom.it/muo-narodaemla-forza-di-un-popoloem/ (13.08.2013)

Reinhold Jannach

Bibel oder »Heilige Schrift«, das sind die Bücher des Alten und Neuen Testaments. Das Neue Testament besteht aus den vier Evangelien, der Apostelgeschichte, den Apostelbriefen und der Apokalypse. Im Gottesdienst am öftesten verwendet und daher zuerst übersetzt waren aus dem Neuen Testament die *Evangelien*. Darin ist das älteste christliche Gebet, das *Vater unser* nach Matthäus 6, 9–13 und Lukas 11, 2–4.

Fragmente biblischer Texte gibt es schon in den → Freisinger Denkmälern. Die erste *vollständige* Übersetzung in eine slawische Sprache war die von Kyrill und Method in der neu erfundenen glagolitischen Schrift (→ Glagolica), bei der vermutlich Elemente älterer (ab etwa nach 750) slowenische Übersetzungen übernommen wurden (siehe dazu → Kiewer Blätter [Messtexte]). Nach dem Tod Kyrills (869) war Method beim Plattensee am Hof des *dux/knez* → Kocelj tätig, in den *confines Carantanorum* des großen Salzburger Kirchengebiets (literaturüblich in »Großmähren«). Method war 2 ½ Jahre in Salzburger Klosterhaft, vermutlich im Benediktinerkloster Herrenchiemsee (→ Chiemsee), literaturüblich »in Schwaben« (Ellwangen, Baden-Württemberg). In der ältesten (12. Jh.) altbulgarischen Handschrift der → Methodvita aus Russland heißt es *na Svaby* (= *Švaby*). Das ist eine Bezeichnung für alles, was man sonst mit *nemcy* (anachronistisch übersetzt »Deutschland«) bezeichnete. In der Salzburger Klosterhaft und über seine slowenische Mitarbeiter (→ Methodvita XVII) konnte sich Method mit slowenischen Texten vertraut machen. Das Unternehmen »Bibelübersetzung« (*Method-Bibel*) war 882 mithilfe von Schnellschreibern *skoropisci* abgeschlossen. Einige Mitarbeiter waren gewiss aus dem karantanischen Raum und mit → karantanerslowenischen/→ altslowenischen Bibeltexten vertraut. Dieser Text (gewichtmäßig mehrere Folianten) ist über das damals bulgarische Belgrad nach Bulgarien gekommen. Bei den slowenischen → *Carantani* wurde die Method-Übersetzung nicht verwendet und wäre auch von den Salzburger Weihbischöfen und Priestern (in → Maria Saal/Gospa Sveta) nicht zugelassen worden. In der südöstlichen Salzburger Kirchenprovinz, deren Zentrum Karantanien war, gab es schon 100 Jahre vor Method Übersetzungen von Teilen der Heiligen Schrift (für *doctrina et officium*), allerdings keine »Vollbibel«.

Papst Hadrian II. hat Method angeordnet: »*Diesen einen Brauch aber bewahrt: bei der Messe lest den Apostel und das Evangelium zuerst römisch* (= lateinisch), *dann slawisch* (= slowenisch).« Das bedeutet, es gab schon karantanerslowenische/slowenische Übersetzungen. Method hat sich übrigens als Nachfolger seinen Mitarbeiter Gorazd gewünscht, weil dieser »in lateinischen Schriften gut bewandert ist« (→ Methodvita). Der slowenischen Übersetzung liegt wie in Salzburg/*Baivaria* die lateinische *Vulgata* und nicht der griechische Reichstext zugrunde.

Die Übersetzung der B. ist für die meisten europäischen Sprachen der Beginn einer eigenen Schriftsprache. Die christlichen (*avant la date* katholischen) Slowenen in Karantanien (→ Maria Saal/Gospa Sveta) und Pannonien (Moosburg/Zalavár) hatten schon seit Anfang der Salzburger Mission nach 750 für Evangelium und Lesung beim Gottesdienst slowenische Übersetzungen in lateinischer Schrift. Das sind die ältesten Bibeltexte und Texte von slawischen Sprachen überhaupt. Die (ebenfalls *avant la date* katholischen) Kroaten hatten theoretisch seit 882/885 die Vollbibel des Method in glagolitischer Schrift und die später orthodoxen Slawen in Bulgarien, Serbien, der Ukraine, und in Russland in kyrillischer Schrift. Das Prestige eines solchen Textes stand weit über sonstiger Literatur.

Vollbibeln oder Gesamtbibeln erschienen meist erst im Zusammenhang mit der politisch-religiösen Bewegung des → Protestantismus, des sprachlichen Selbstbewusstseins und der bewussten Volkwerdung (→ Ethnogenese). Das Vorbild für die erste Gesamtübersetzung ins Slowenische war für die Protestanten und später auch Katholiken die Übersetzung durch Martin Luther (1534). Der Krainer → Dalmatin bemüht sich in seiner 1584 in Wittenberg (Sachsen-Anhalt) gedruckten Bibel, mit einer deutschen Vorrede für *alle* slowenischen Dialekte (darunter vor allem *kranjski* und *koroški*) verständlich zu sein, und gibt eine Art Dialekt-Konkordanz in einem »Register« heraus (→ Dialektgruppen). Auch der Krainer → Trubar, der Evangelienübersetzer nach der Luther'schen Vorlage, wendet sich in seinem Katechismus (1550) an das ganze slowenische Volk, Protestanten und Katholiken. Er spricht in der deutschen Vorrede von *unserer windischen Sprach* (→ Windisch) und wendet sich im slowenischen Text mit *lubi Slovenci* (meine lieben Slowenen) an *alle* Slowenen (→ Ethnonym *Slovenci* im Slowenischen, → Ethnonym *Slowene* im Deutschen). Die Bibelübersetzung → Dalmatins zählt nach der Luthers zu den ersten europäischen Voll-Übersetzungen der B. in eine »Nationalsprache«, was trotz Fehlens eines Nationalstaates bemerkenswert ist. Das erklärt sich als noch gefühlte relevante historische → Kontinuität karantanerslowenischer → Rechtstraditionen wie etwa der → Fürsteneinsetzung (seit dem 8. Jh. auf Karantanerslowenisch und dann bis 1414 in den neueren slowenischen und bairischen Sprachformen), die → Trubar auf seinen Reisen durch Kärnten/Koroška wahrgenommen haben musste. Beachtenswert ist die Gründung der protestantischen Gemeinde → Agoritschach/Zagoriče (→ Arnoldstein/Podklošter), die über Jahrhunderte als kryptoprotestantische Gemeinde die slowenische Buchtradition wahrte und die Dalmatin-Bibeln aufbewahrte. Damit beginnt eine sprachliche Erneuerung/Veränderung auf krainischer Grundlage, die primär für die Protestanten gedacht war. Die heutige slowenische Schriftsprache basiert auf diesen von Krainern geschaffenen Texten. Der → Protestantismus wird zum Geburtshelfer der neuen gesamtslowenischen Literatursprache und somit der slowenischen Nation. In den (katholischen) Kirchen Kärntens wurden weiterhin die alten Texte verwendet, allmählich

dom.it

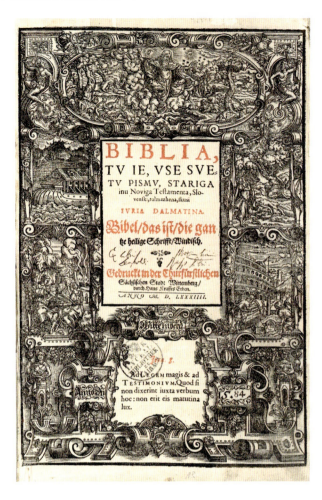

Dalmatinbibel, 1584, NUK

aber mehr und mehr durch die »protestantischen« krainischen Übersetzungen ersetzt. Weder TRUBAR noch DALMATIN setzen die *karantanerslowenische* Tradition fort. Dennoch ist schon vor ihnen viel Karantanerslowenisches von den Krainern übernommen worden (→ Terminologie, christliche).

In den → Freisinger Denkmälern (Original um 770, erhaltene Abschrift 10. Jh.) ist der *Vaterunser*-Text nicht enthalten, obwohl es ihn selbstverständlich wie das Glaubens- und Sündenbekenntnis *(confessio generalis)* gab. Der älteste karantaner-/kärntnerslowenische Text ist zufällig erst in der relativ späten schon bairisch (dein Reich/*bogastvu tvoje*) beeinflussten → Klagenfurter Handschrift aus dem 14. Jh. erkennbar.

KYRILL/METHOD haben wahrscheinlich die (ältesten) slowenischen/karantanerslowenischen Texte in ihre »Übersetzung« übernommen. Es wäre durchaus sinnvoll, vom Methodtext wie im Euchologium Sinaiticum, wo Elemente der Freisinger Denkmäler auf glagolitisch auftauchen, als ältester überlieferter karantanerslowenischer Textform auszugehen. Der Text der → Klagenfurter Handschrift (14. Jh.) enthält noch erkennbar die alte karantanerslowenische (= altladinische) Wortfolge Substantiv/*Adjektiv*, Substantiv/*Pronomen* (heutige Orthografie): *Oča naš, kir si v nebesih, posvečenu bodi tvoje ime, pridi bogastvu tvoje, bodi vola tvoja kakor v nebesih ino na zemli. Kruh naš vsedani daj nam danas, ino odpusti nam dalge naše, kakor ino mi odpuššamo našen dal[ž]nikom, ino nas ne vupelaj v ednero izkusbo, le nas reši od zlega. Amen*

Der Text aus TRUBARS Katechismus (1550): *Oča naš, kir si v nebesih, posvičeno bodi tuje ime, pridi k nam tuje kralestvu. Izidi se tuja vola, koker v nebi taku tudi na zemli. Daj nam danas naš vsagdani kruh, inu nam odpusti naše dalge, koker mi odpuščemo našim dalžnikom, inu nas ne upelaj v to izkušno, samu ž nas reši od zlega. Amen*

Die orthodoxen Slawen verwendeten durch die Jahrhunderte die Texte der Method-Bibel. Die erste vollständige Übersetzung in russischer Sprache erschien erst 1812 bis 1876. Die lateinschriftigen Slawen beginnen die ersten vollständigen Übersetzungen in *ihre* »Nationalsprachen« im 16. Jh. Die alten Teilübersetzungen der Slowenen aus dem 8. Jh. wurden in Karantanien (später nur noch in Kärnten/Koroška) bis ins 16. Jh. von den katholischen Slowenen weiterverwendet und allmählich durch die »protestantische« DALMATIN-Bibel ergänzt und ersetzt. Die erste vollständige Übersetzung aus den Originalsprachen in heutiges Standard-Slowenisch für Katholiken und Protestanten ist die der Slowenischen Bibelgesellschaft (*Svetopisemska družba Slovenije*) von 1996.

Lit.: I. Grafenauer: *Kratka zgodovina starejšega slovenskega slovstva*. Ljubljana 1973; O. Kronsteiner: *Method und die alten slawischen Kirchensprachen*. In: *Die Slawischen Sprachen* 8 (1985) 105–132; O. Kronsteiner: *Das Leben des hl. Method, des Erzbischofs von Sirmium. Žitie blaženaago Methodia arhiepiskupa moraviskaago* (Übersetzung mit Kommentar). In: *Die Slawischen Sprachen* 18 (1989); *Sveto pismo stare in nove zaveze. Slovenski standardni prevod iz izvirnih jezikov*. Svetopisemska družba Slovenije. Ljubljana 1996; O. Kronsteiner: *Waren in der Salzburger Kirchenprovinz schon vor Method Teile der Bibel ins Slowenische übersetzt?* In: *Die Slawischen Sprachen* 53 (1997) 19–36; O. Kronsteiner: *Für welche Slawen hat Method aus dem Griechischen übersetzt?* In: *Die Slawischen Sprachen* 56 (1998) 41–53; E. Hüttl-Hubert: *»verborgen mit gfahr« – Die Anfänge der slowenischen Bibel*. In: *biblos* 1–2, Wien 2003: 87–120; J. Krašovec: *Die Rolle der Bibel in der slowenischen Kultur*. In: Die Grundlagen der slowenischen Kultur. Hg. F. Bernik, R. Lauer. Berlin, New York 2010, 185–206.

Otto Kronsteiner

Bibliografie, Bücherverzeichnis jeglicher Art; im engeren Sinn Verzeichnis wissenschaftlicher Literatur zu einem Themen- oder Fachgebiet bzw. Literaturzusammenstellung, die einer wissenschaftlichen Arbeit angeschlossen oder vorangestellt wird. Man unterscheidet zwischen selbstständig und unselbstständig erschienenen B., versteckten B. (Kryptobibliografien), nach der Erscheinungsweise zwischen abgeschlossenen und periodisch herauskommenden B. Hervorzuheben sind zudem die Bibliografien der Bibliografien. Wichtige Hilfsmittel sind die Zeitungs- und Zeitschriftentitelbibliografien sowie die Zeitschriften- und Zeitungsinhaltsbibliografien, die sich diesen unauslotbaren Informationsquellen widmen. Die wichtigsten selbstständig erscheinenden Bibliografie-Typen sind National-, Regional-, Fach- und Personalbibliografien. Die Nationalbibliografie ist bestrebt, alle Druckschriften eines Landes oder Sprachgebietes zu verzeichnen. Zielsetzungen erweitern sich, etwa wenn die *Deutsche Nationalbibliographie* beginnt, das im Ausland erscheinende deutschsprachige Schrifttum und Übersetzungen deutscher Autoren in fremde Sprachen zu erfassen. Die Regionalbibliografie dokumentiert das Schrifttum eines Landes (Kronlandes, Bundeslandes) oder eines kleineren Gebietes und bringt außer Publikationen in Buchform in Auswahl auch Zeitschriften- und Zeitungsartikel. Die Fachbibliografie registriert eine Auswahl wichtiger Publikationen zu einem Fachgebiet. Die Personalbibliografie bemüht sich um eine möglichst lückenlose Ermittlung der Primär- und Sekundärliteratur zu einer bestimmten Person.

Der Unterschied zwischen B. und Katalog, der in der Regel nur den Bestand einer Sammlung oder Bibliothek erschließt, wurde unerheblich, als Verbundkataloge zugänglich gemacht wurden. Eine große Anzahl an Katalogen und Datenbanken steht im Internet kostenlos zur Verfügung. Die für die Befassung mit Kärnten/Koroška besonders relevanten Verbundkataloge sind der Gesamtkatalog des Österreichischen Bibliothekenverbundes und die virtuelle Bibliothek Sloweniens COBISS.SI; in ihr sind hervorzuheben die Kataloge der National- und Universitätsbibliothek in Ljubljana, der Zentralbibliothek in Ravne na Koroškem und der Slowenischen Studienbibliothek in Klagenfurt/Celovec. Für die Zeit bis 1918 machen die Kataloge der Österreichischen Nationalbibliothek den weltweit größten slowenistischen Buchbestand zugänglich. Hervorzuheben sind auch die reichhaltigen Bestände der Universitätsbibliothek Klagenfurt/Celovec.

Trotzdem sind viele gedruckte B. weiterhin unentbehrlich, denn sie enthalten Informationen, die sonst nicht auffindbar wären. Die ausführlichsten periodischen B. für die Befassung mit Geschichte, Sprache und Literatur der Kärntner Slowenen sind die seit 1961 erscheinende *Kärntner Bibliographie* (betreut v. Friedrich Zopp, seit 1984 v. Rotraud Stumfohl) sowie die seit 1989 im *Koroški koledar* erscheinende *Koroška bibliografija* [Kärntner B.] (betreut von Meta Domej). Ein unverzichtbares bibliografisches Einzelwerk stellt Janko Modeṛs 1957 in Celje erschienene *Mohorska bibliografija* dar, die nicht nur Buchpublikationen des Hermagorasverlags (→ *Mohorjeva*) chronologisch auflistet, sondern auch die Verlagszeitschriften genau auswertet und selbst Abbildungen erfasst.

Historisch relevante bibliografische Quellen stellen Verlags-, Buchhändler- und Antiquariatsverzeichnisse dar. Erwähnt sei die früheste derartige, von Theodor → Strastil genannte Quelle, das *Verzeichnis derjenigen neuen Bücher, welche bey Carl Friedrich Walliser, Buchhändlern in Klagenfurt, zu haben sind* (ca. 6 Verzeichnisse, die zwischen 1780 und etwa 1790 erschienen), aber auch ein kleines aber unbekanntes Verlagsprospekt mit dem Titel *Das Verzeichnis vorzüglicher Werke aus dem Verlage von Joh. Fried. Leon in Klagenfurt* (um 1863), das sich im Privatbesitz Stanislaus Hafners befand. Zugänglich ist das Verzeichnis *Carinthiaca. A. Raunecker's Buch-, Kunst-, Musikalien- und Antiquariats-Handlung* (1885). In öffentlichen Bibliotheken wurden damals in den seltensten Fällen Verlagsprospekte aufbewahrt, geschweige denn verzeichnet, dementsprechend gering ist die Anzahl der Verlagsankündigungen und Verzeichnisse, die für den Kärntner Raum tradiert sind. Die in der Zeitschrift → *Carinthia* schon früh enthaltenen bibliografischen Hinweise sind zwar gelegentlich hilfreich, aber letztlich von marginaler Bedeutung. Diese Mitteilungen streben keine kontinuierliche bibliografische Erfassung an, die Selektionskriterien sind überdies oft nicht nachvollziehbar. Auf zwei Beiträge mit größerem Informationswert sei aber hingewiesen: der erste, S. M. Mayers *Verzeichniß der im Herzogthume Kärnten lebenden Schriftsteller* (1820), berücksichtigt u.a. Matija → Ahacel und Urban → Jarnik; der zweite ist ein Auszug aus den *Österreichischen Blättern für Literatur und Kunst* mit dem Titel *Die literarischen Zustände Kärntens im Jahre 1855* (1858), der von der Redaktion auf Grundlage von Wurzbachs *Bibliographisch-statistischer Übersicht der Literatur des österreichischen Kaiserstaates* (1856) mit Anmerkungen kommentiert wurde. Wurzbachs *Biographisches Lexikon des Kaiserthums Österreich* selbst ist meist mit

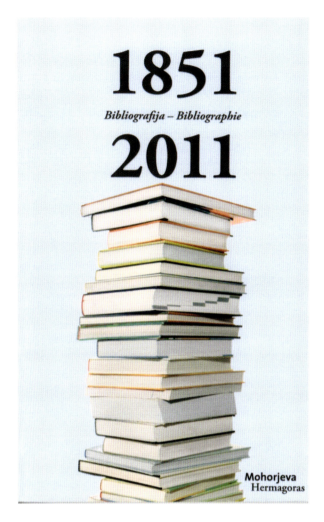

Buchcover, Mohorjeva

ausführlichen bibliografischen Angaben versehen. In ihm sind zahlreiche Persönlichkeiten Kärntner slowenischer Herkunft vertreten bzw. durch unterschiedliche Gründe mit Kärnten/Koroška in Verbindung stehende Persönlichkeiten dargestellt, u.a. Matija AHACEL, Miha → ANDREAŠ, Anton → JANEŽIČ, Urban JARNIK, Anton M. → SLOMŠEK, Josef → STEFAN, Anton → UMEK. Quellenwert haben auch die bibliografischen Angaben in frühen literaturgeschichtlichen Werken, so in P. J. → ŠAFÁŘIKs *Geschichte der südslawischen Literatur* (Prag 1864–1865), deren erster (z. T. auf Vorarbeiten Matija → ČOPs fußender) Band *Slowenisches und glagolitisches Schriftthum* zur Kenntnis bringt. Karl GOEDEKES *Grundriß zur Geschichte der deutschen Dichtung aus den Quellen* (²1884 ff.) enthält im siebenten und achten Buch Einträge zu Urban JARNIK und zur Literatur in Kärnten/Koroška.

Die in den ersten 100 Jahrgängen (1811–1910) der *Carinthia* erschienenen Beiträge sind in einem alphabetischen, Autorennamen und Schlagwörter enthaltenden Register mit dem Titel *Carinthia I. Mitteilungen des Geschichtsvereines für Kärnten* erfasst (Klagenfurt 1911). Durch die zusätzliche Aufnahme von Beiträgen der *Kärntnerischen Zeitschrift* 1818–1835 und des *Archivs für vaterländische Geschichte und Topographie* 1849–1900 wird dieses Zeitschriftenregister zu einer selektiven Regionalbibliografie erweitert. In ihm bleiben nicht Kärnten/Koroška betreffende Notizen unberücksichtigt, die Belletristik wird nur in Ausnahmefällen aufgenommen. Für die Jahrgänge 101–125 (1911–1935) wurde dieses Register durch M. GATTERER fortgesetzt (Klagenfurt 1936).

Aus regionalgeschichtlicher Perspektive sind im Hinblick auf Kärnten/Koroška auch Hinweise relevant, die das Kronland → Krain/Kranjska betreffen. Die früheste Landesbibliografie Krains stellt Marko → POHLINs umfangreiche *Bibliotheca Carnioliae* dar. Die elf Bogen umfassende Handschrift, die sich in der Bibliothek des Theresianums in Wien befindet und 1862 veröffentlicht wurde, verzeichnet jene Werke, die in → Krain/Kranjska gedruckt worden sind, und berücksichtigt auch Autoren aus den übrigen slowenischen Gebieten. Als B. zur Krainer Landesgeschichte ist Oskar GRATZYs *Repertorium zur 50-jährigen Geschichtsschreibung Krains 1848–1898* (Laibach 1898) zu nennen, das die *Mitteilungen des historischen Vereins für Krain* 1846–1868, die *Mitteilungen des Musealvereins für Krain* 1866, 1889–1898, die *Jahreshefte des Vereins des krainischen Landesmuseum* 1856, 1858, 1862, die Zeitschrift *Argo* 1892–1898, die *Blätter aus Krain* 1857–1865 sowie die *Carniolia* 1838–1844 erfasst. Seine Fortsetzung fand GRATZYs Repertorium in Melitta PIVEC-STELÈs *Kazalo k zgodovinskim publikacijam Muzejskega društva za Slovenijo 1891–1939* [Index zu den historischen Publikationen des Museumsvereins für Slowenien] (Ljubljana 1939).

Die erste laufende slowenische B. erschien 1869–1907 im *Letopis Matice Slovenske* [Jahrbuch der Slovenska matica], später *Zbornik Slovenske matice* [Sammelband der Slovenska Matica], und war bemüht, den gesamten slowenischen Sprachraum bibliografisch zu erfassen. Der erste Teil von Franc → SIMONIČs *Slovenska bibliografija* [Slowenische Bibliografie] (Ljubljana 1903–1905) berücksichtigt die slowenischen Buchpublikationen von den Anfängen 1550 bis zum Jahr 1900. Diese B. nennt STRASTIL als Quelle für seine *Bibliographie der im Herzogtume Kärnten bis 1910 erschienenen Druckschriften* (Klagenfurt 1912), welche einen separaten Teil mit Werken in slowenischer Sprache enthält. J. Šlebingers *Slovenska bibliografija za leta 1907–1912* [Slowenische B. für die Jahre 1907–1912] (Ljubljana 1913) benötigt für die erfassten sechs Jahre 336 Seiten, während Simonič für 350 Jahre noch mit 627 Seiten das Auslangen findet. Die Werke Simoničs und Šlebingers sind bereits als Nationalbibliografien im eigentlichen Sinn anzusprechen. Die Handhabung entspricht aber nicht dem Komfort, den man heute an eine B. stellt, denn die Werke enthalten weder ein Sach- noch ein Fachregister und keine regionale oder chronologische Übersicht. Man kann die Kärnten/Koroška betreffenden Publikationen nur durch das Durchlesen der B. ermitteln.

Die *Slovenska bibliografija* wurde v. a. wegen der politisch und wirtschaftlich unstabilen Zeit erst nach dem Zweiten Weltkrieg fortgesetzt. Wichtige Quellen in der Zwischenkriegszeit bleiben aber slowenische Spezialbibliografien, Zeitschriftenbibliografien und Register sowie bibliografische Angaben in lexikalischen Werken. Für Kärnten/Koroška von regionalgeschichtlicher Relevanz sind France → Kidričs bibliografischer Abriss des slowenischen Schrifttums der → Gegenreformation *Opombe k protireformacijski (katoliški) dobi v zgodovini slovenskega pisemstva* (1921–22) sowie seine bedeutende B. zur Geschichte der südslawischen reformatorischen Literatur im 16. Jh. *Bibliografski uvod v zgodovino reformacijske književnosti pri južnih Slovanih v 16. veku* (1927). Das *Slovenski biografski leksikon* [Slowenisches biografisches Lexikon] (1925–1991), das zahlreiche Kärntner Slowenen auflistet, enthält ausführliche, für die Erstinformation wichtige bibliografische Angaben. Das das Lexikon abschließende Namensverzeichnis verweist nicht nur auf Personenartikel, sondern auch auf Namensnennungen in den Biografien. An themenrelevanten Registern zu nennen ist J. Glazers und K. Prijateljs *Kazalo k Časopisu za zgodovino in narodopisje 1–20* [Index der Zeitschrift für Geschichte und Volkskunde] (1926) mit einem Schlagwortverzeichnis zu den ersten 20 Jahrgängen. Den Zeitschriftenindex von Anton Dokler *Jubilejno kazalo za vseh petdeset letnikov Doma in sveta* [Jubiläumsindex zu allen 50 Jahrgängen der Zeitschrift *Dom in svet*] (1938) sollte man für Kärntner Betreffe nicht außer Acht lassen, obwohl er durch Jože Mundas *Bibliografsko kazalo Doma in sveta 1888–1944* [Bibliographischer Index des *Dom in svet*] (2003) überholt ist. In ihm lassen sich teils Primär- bzw. Sekundärliteratur von Kärntner Slowenen oder mit Kärnten/Koroška in Kontakt gestandenen Autoren auffinden, z. B. Franc → Kotniks Beitrag über Andrej → Schuster – Drabosnjak, Angelar Zdenčans (das ist Frančišek Kraljs) Beitrag über Jernej → Levičnik oder Beiträge von Franz Ks. → Meško. Die Publizistik der Kärntner Slowenen erfasst J. Šlebinger in seiner bibliografischen Übersicht *Slovenski časniki in časopisi* [Slowenische Zeitschriften und Zeitungen] (1937) für den Zeitraum von 1797 bis 1936.

Quellen: *Verzeichnis derjenigen neuen Bücher, welche bey Carl Friedrich Walliser, Buchhändlern in Klagenfurt, zu haben sind.* Klagenfurt 1780–ca. 1790; S. M. Mayer: *Verzeichniß der im Herzogthume Kärnten lebenden Schriftsteller. Aus den vaterländischen Blättern.* In: *Carinthia* 10/36 (2. September 1820); C. Wurzbach: *Biographisches Lexikon des Kaiserthums Österreich*, Wien 1856–1891; *Die literarischen Zustände Kärntens im Jahre 1855.* In: *Carinthia* 48 (1858) 49–52; M. Pohlin: *Bibliotheca Carnioliae.* In: Mittheilungen des historischen Vereins für Krain (1862); P. J. Šafářik: *Geschichte der südslawischen Literatur.* Prag 1864–1865; K. Goedeke: *Grundriß zur Geschichte der deutschen Dichtung aus den Quellen.* Dresden ²1884 ff.; *Carinthiaca. A. Raunecker's Buch-, Kunst-, Musikalien- und Antiquariats-Handlung.* Klagenfurt 1885; O. Gratzy: *Repertorium zur 50-jährigen Geschichtsschreibung Krains 1848–1898.* Laibach 1898; *Zbornik Slovenske matice.* Ljubljana 1899–1907; M. Ortner: *Systematisch geordnetes Verzeichnis der in der k. k. Studien-Bibliothek zu Klagenfurt vorhandenen neueren Litteratur.* Klagenfurt 1901 ff.; F. Simonič: *Slovenska bibliografija. I. del. Knjige (1550–1900).* Ljubljana 1903–1905; *Carinthia I. Mittheilungen des Geschichtsvereines für Kärnten.* Klagenfurt 1911; T. Strastil von Strassenheim: *Bibliographie der im Herzogtume Kärnten bis 1910 erschienenen Druckschriften.* Klagenfurt 1912; J. Šlebinger: *Slovenska bibliografija za leta 1907–1912.* Ljubljana 1913; F. Kidrič: *Opombe k protireformacijski (katoliški) dobi v zgodovini slovenskega pisemstva.* In: *Časopis za slovenski jezik, književnost in zgodovino* 3 (1921–22) 73–78; *Slovenski biografski leksikon.* Ljubljana 1925–1991; *Kärntnerische Buchkunst-Ausstellung.* Klagenfurt 1925; J. Glazer, K. Prijatelj: *Kazalo k Časopisu za zgodovino in narodopisje 1–20.* Maribor 1926; F. Kidrič: *Bibliografski uvod v zgodovino reformacijske književnosti pri južnih Slovanih v 16. veku.* Ljubljana 1927; H. Menhardt: *Handschriftenverzeichnis der Kärntner Bibliotheken. Bd. 1.* Klagenfurt [e.a.] 1927; J. Šlebinger: *Publikacije Slovenske Matice od leta 1864 do 1930.* Ljubljana 1930; M. Gatterer: *Carinthia I. Geschichtliche Beiträge zur Heimatkunde Kärntens.* Klagenfurt 1936; J. Šlebinger: *Slovenski časniki in časopisi, Bibliografski pregled od 1797–1936.* In: *Razstava slovenskega novinarstva v Ljubljani 1937.* Ljubljana 1937, 1–175; A. Dokler: *Jubilejno kazalo za vseh petdeset letnikov Doma in sveta.* Ljubljana 1938; M. Pivec-Stelè: *Kazalo k zgodovinskim publikacijam Muzejskega društva za Slovenijo 1891–1939.* Ljubljana 1939.

Lit.: ES (J. Logar: *Bibliografija*). – A. Slodnjak: *Geschichte der slowenischen Literatur.* Berlin 1958, 1; J. Logar: *Die Bibliographie in Slowenien.* In: *biblos* 24 (1975) 192; S. Hafner: *Der slowenische Briefsteller von Matija Majar Ziljski 1850.* In: WSA 10 (1982) 66, 75; P. Drews: *Deutsch-südslawische Literaturbeziehungen 1750–1850.* München 2004, 55.

Peter Kersche

Bibliothekswesen, vgl. Sachlemmata: → Archivwesen; → Kulturvereine, slowenische in Kärnten/Koroška

Bildstock bei Ameisbichl/Svamene Gorice, Foto Bojan-Ilija Schnabl

Tomankreuz/Tomanov križ, Foto Bojan-Ilija Schnabl

www.kleindenkmäler.at

(auch die einzelnen Vereine); → Lesekultur; → Sammlung, landeskundliche; → *Slovanska čitalnica*.

Bildstock. Unter einem B. (slow. *znamenje*, regional *križ*) versteht man generell einen frei stehenden, gemauerten Pfeiler oder eine Säule mit Aufsatz, der mit bildlichen, seltener mit figuralen Darstellungen religiösen Inhalts ausgestattet ist. Die Grundform wurde in der Gotik ausgebildet und besteht aus Basis *(podnožje)*, Schaft *(trup)*, Aufsatz *(nastavek)* und Helm *(kapa, strešica)*. Die Formenvielfalt, die sich daraus entwickelt hat, ist groß. Zu den häufigsten Erscheinungsformen des Bildstocks im Grenzgebiet Österreich/Slowenien zählen: Pfeiler- und Säulenbildstöcke *(stebrna in slopna znamenja)*, Breitpfeilerbildstöcke mit Satteldach *(širokoslopna znamenja z dvokapno streho)*, Kapellenbildstöcke *(kapelice zaprtega tipa)*, Laubenbildstöcke *(kapelice odprtega tipa)* und darüber hinaus schlankere oder breitere drei-, fünf- sechs- und achtseitige Pfeiler. Im Gegensatz zu Breitpfeilern mit einer großen, nicht zum Boden reichenden Nische oder Wandvertiefung haben Kapellen- und Laubenbildstöcke einen kleinen betretbaren Innenraum. Die architektonische Gestaltung und Bemalung der Bildstöcke reicht von den qualitätsvollsten Errungenschaften der unterschiedlichen Stilepochen bis zu deren einfachsten Ausprägungen (→ Volkskunst).

Einige Wissenschafter sehen eine Verwandtschaft der Bildstöcke mit antiken Wegsteinen, die von den Römern neben den Straßen zur Erinnerung an verstorbene Reisende aufgestellt wurden oder mit Meilensteinen, die als Entfernungsanzeiger an Straßen das Reisen erleichterten.

Die Herkunft der Bildstöcke im Südkärntner Raum wird in Frankreich vermutet, zumal die ältesten Bildstöcke eine große Ähnlichkeit mit den steinernen Totenleuchten von Burgund aufweisen (→ Südkärnten/Južna Koroška, → Inkulturation). Möglicherweise wurde die älteste, in Österreich erhaltene spätromanische Totenleuchte von Köttmannsdorf/Kotmara vas am Anfang des 13. Jh.s von französischen Steinmetzen, die von den Zisterziensern nach → Viktring/Vetrinj geholt wurden, errichtet. Totenleuchten mit charakteristischen offenen, tabernakelartigen Aufsätzen, wo ein Licht für die Verstorbenen entzündet wurde, stehen hauptsächlich auf Friedhöfen. In Kärnten/Koroška sind acht Totenleuchten bzw. Lichtsäulen bekannt: Köttmansdorf/Kotmara vas, → Keutschach am See/Hodiše, Globasnitz/Globasnica, Straßburg, Steuerberg, Völkermarkt/Velikovec, → Maria Saal/Gospa Sveta und Gurk (Krka).

Zu den ältesten erhaltenen Bildstöcken zählen Bildstöcke, die Grundherrschafts-, Gerichtsbarkeits- oder andere Grenzen markieren. Als ältester steinerner Bildstock Südkärntens, der an der ehemaligen Grenze zwischen der Gerichtsbarkeit der Stadt → Villach/Beljak und der Burg Landskron/Vajškra stand, gilt das Weiße Kreuz/*Beli križ* (1399 urk. erwähnt) beim Zehenthof in Villach/Beljak. Als Grenzkreuz wurde auch das Armesünderkreuz/*Križ ubogih grešnikov* in St. Stefan im Gailtal/Štefan na Zilji errichtet (1499), da bis zu dieser Stelle die Gerichtsbarkeit der Herrschaft Aichelburg reichte. Es ist mit Fresken aus der Schule Urban GÖRTSCHACHERS ausgestattet und zählt zu den vier in Kärnten/Koroška denkmalgeschützten gotischen Bildstöcken. Breda VILHAR vertritt die Ansicht, GÖRTSCHACHER sei »vermutlich der verdeutschte slowenische Name *goričan* nach dem Ort Goriče/Görtschach im Unteren Gailtal«. VILHAR führt weiter aus: »Auch bei [Margareta] WITTERNIGG wird erwähnt, dass sein Name ein heimischer Kärntner Name sei, aus ›Windisch Görtschach‹ abgeleitet.«

Denkmalgeschützt sind noch: das Hauser- und das Gangl-Stöckel in Reisach (Rajže) im → Gailtal/Zilja (1499), das Kernmaier-Kreuz in St. Walburgen (Sv. Valpurga) im Gebiet des Görtschitztals/dolina Krčice (Fresken um 1425/30) und das Tschahonig-Kreuz/*Čahovnikov križ* in St. Martin am Techelsberg/Šmartin na Teholici. Laut www.kleindenkmäler.at ist Letzterer »der gewaltigste spätgotische Nischenbildstock Kärntens mit einer Höhe von 8 Metern und einer Tabernakelbreite von 2 Metern. Ein riesiges Kegeldach ruht auf einem massiven Vierkanter auf. Der Nischenkörper hebt sich deutlich vom verjüngten Schaft ab. Das Kegeldach ist mit Fichtenschindeln gedeckt und wird gekrönt von einem vergoldeten Christusmonogramm: IHS. Die kostbaren gotischen Fresken (15. Jh.?) sind leider zum Großteil verblasst.« Aufgrund des Entstehungsortes zwischen → Ossiacher Tauern/Osojske Ture und Moosburger Hügelland/Možberško gričevje sowie aufgrund der Entstehungszeit ist auch bei diesem von einem Prozess der → Inkulturation auszugehen und ist dieser u.a. in die slowenische → Kulturgeschichte einzureihen.

Obwohl viele Bildstöcke nicht erhalten geblieben sind oder ihren ursprünglichen Entstehungszweck verloren haben, erzählen sie Geschichte, berichten von Sagen und Legenden und erinnern an besonders schwere Zeiten, wie Pestepidemien. Sie spiegeln lokales Brauchtum wider und sind eingebunden in die religiösen Vollzüge (z.B. Flurprozessionen) der meist ländlichen Bevölkerung (→ Brauch). Sie begleiten als Wegweiser alte Verkehrs- und Pilgerwege (z.B. Olip [Vilip] Kreuz/*Olipov* [*Vilipov*] *križ* in → Bleiburg/Pliberk oder die spätbarocke Wegkapelle, genannt »Windische Kapelle« in Pörtschach a. Wörthersee/Poreče). Als persönliche Gedächtnisstätten erinnern sie an tragische Unfälle oder drücken den Dank für eine erhörte Bitte in Not aus (z.B. das Truppe- oder Truppi-Bildkreuz/*tablici pri Trupiju* in Finkenstein am Faaker See/Bekštanj ob Baškem jezeru; das Baštej-Kreuz/*Baštejev križ* in Ludmannsdorf/Bilčovs aus 1893).

Kulturgeschichtlich interessant sind jene, die aufgrund eines Gelöbnisses errichtet wurden oder aus Dank für die glückliche Rückkehr aus dem Zweiten Weltkrieg bzw. aus der Lagerhaft nach den → Deportationen 1942, weil sie eine konzeptuell andere Vision jener Zeit offenbaren, als sie die heroisierenden Krieger- und Gefallenendenkmäler ausdrücken. Diese slowenischen Kapellen sind in ihrer Botschaft vergleichbar mit zahlreichen slowenischen → Grabinschriften in Kärnten/Koroška: Beispielhaft seien genannt das Gedenkkreuz der Familie KUMER-ČRČEJ bei Moos/Blato als Ausdruck des Danks dafür, dass der Familie die → Deportation 1942 erspart blieb, das Žlajhar Kreuz/*Žlajharjev križ* in Zedras/Sodraževa bei Ludmannsdorf/Bilčovs, die Svec-Kapelle/*Svečeva kapelica* in Aich/Dob bei Bleiburg/Pliberk, das Peter-Kreuz/*Petrov križ* in Grablach/Grablje, das Wrulich-Kreuz der Familie WRULICH, vlg. Selanovi, slow. *Selanov križ,* in Tuzach/Tuce am Radsberg/Radiše. Die Lajmiš-Gedenkkapelle/*Lajmiševa spominska kapelica* erinnert ihrerseits an eine tragische Explosion von Kriegsmaterial kurz vor Kriegsende, die fünf Burschen in den Tod riss.

Die Bildmotive in den Nischen (Christus- und Marienbilder, Heilige, Dreifaltigkeitsdarstellungen) sind meist nach bestimmten Regeln angebracht. Häufig ist auf der der nächsten Kirche zugewandten Seite der Kirchenpatron dargestellt, weshalb Bildstöcke in der Vergangenheit auch eine wichtige Wegweiserfunktion hatten. Dem entspricht die Darstellung des hl. Laurentius bei einem der seltenen Beispiele barocker Herrschaftsarchitektur (im Gegensatz zur sonst üblichen → Volksarchitektur), dem dreiseitigen Toman-Kreuz/*Tomanov križ* in Zinsdorf/Svinča vas in der Gemeinde Magdalensberg/Štalenska gora. Bei DEUER heißt es zu diesem Kreuz: »Über dreieckigem Grundriss errichtet, schwingen seine Seiten zwischen den abgeschrägten Ecken (mit profiliertem Sockel- und Kämpfergesims) konkav ein, während das Abschlussgebälk in der Mitte jeder Seite nach vorn gewölbt ist. Die Bilder in den rechteckigen Nischen (Maria mit Kind, Andreas und Laurentius sowie eine Kreuzigung mit Assistenzfiguren) wurden im 19. Jh. erneuert« (DEUER: 285).

Bildstock in Goritschach/Goriče (Schiefling am See/Škofiče), SEM

Bildstock am Faaker See/Basko jezero, Foto Vincenc Gotthardt

Bildstock in St. Thomas am Zeiselberg/Šenttomaž pri Celovcu, Foto Bojan-Ilija Schnabl

In den einst slowenischen, nunmehr zweisprachigen Pfarren Südkärntens tritt insbesondere die Darstellung der Slawenaposteln Kyrill und Method hervor, die meist in Richtung Osten weisen (→ Methodvita). Im kulturgeschichtlichen Kontext sind sie Ausdruck einer slowenischen Identität der Stifter. Erhaltene und bis dato im Projekt »Kulturdenkmäler in Kärnten und Slowenien« (noch nicht aber von Dehio 2001) repertorierte Beispiele dafür sind: in Bleiburg/Pliberk das Brak-Kreuz/*Brakov križ* (errichtet 1903, restauriert 1994 von Jožef Stefan, * 1945), das Glinik-Kreuz/*Glinikov križ* (errichtet 1670 ?, restauriert von Jožef Stefan), das Olip (Vilip) Kreuz/*Olipov (Vilipov) križ* (F. Jerina, restauriert von Jožef Stefan) und das Zgonc-Kreuz/*Zgončev križ* (1969, Bilder von Jožef Stefan), in Finkenstein am Faaker See/Bekštanj die Kuri-Kapelle/*Kurijeva kapelica* (errichtet 1893, restauriert von Jožef Stefan), in Ludmannsdorf/Bilčovs das Pvavc-Kreuz/*Pvavčev križ* (Bilder von Jožef Stefan) und der Kapellenbildstock bei der Kirche der hl. Helena/*kapelica pri cerkvi sv. Helene* (»tri glave«) (errichtet 1763, restauriert von Jožef Stefan) in Rinkenberg/Vogrče das Pfarrhofkreuz/*farovški križ* (restauriert von Jožef Stefan) und in Velden am Wörther See/Vrba das Sušnik-Kreuz/*Sušnikov križ* (1781 und 1828 restauriert).

Auf die Sprachsituation beziehen sich bisweilen die Benennungen von Wegkreuzen. So weist Dehio eine »Windische Kapelle« in Pörtschach am Wörthersee/Poreče aus (Dehio 2001: 644) und Deuer gibt den Zweitnamen »Windisches Kreuz« in Ottmanach/Otmanje am Magdalensberg/Štalenska gora an (neben der Bezeichnung Krenn-Kreuz oder Grünes Kreuz), das »wegen des Verlaufs der alten Umgangssprachgrenze« so genannt sei (Deuer: 286) (→ Sprachgrenze, → Umgangssprache).

Hervorzuheben sind jene Bildstöcke und Kapellen, die slowenischen Inschriften aufweisen bzw. bei denen slowenische Inschriften erhalten sind und so gleichsam landschaftsarchitektonische Zeugnisse der slowenischen Kulturgeschichte darstellen: das Trunkic, vormals Bohnar Kreuz/*Trunkičev (prej Bobnarjev) križ* und die Kreuzwegkapelle in Heiligengrab/Božji grob in Bleiburg/Pliberk, das Baštej-Kreuz/*Baštejev križ*, das Pvavc-Kreuz/*Pvavčev križ* und das Zahojnik Kreuz/*Zahojnikov križ* in Ludmannsdorf/Bilčovs oder das Schmautzkreuz/*Šmavcerjev križ* in Neuhaus/Suha. In Suetschach/Sveče ist die slowenische Inschrift am Friedhofsbildstock/Kapelle mit dem Weg ins Jenseits verbunden (*Kar ste vi – smo bili mi/Kar smo mi – bote tudi vi*), während jene von der Grabkappelle in Gurnitz/Podkrnos nur noch bruchstückhaft erhalten ist. Die Kapelle Maria Waldesruh/*Ovčičeva kapelica* in Preliebl/Preblje bei Köttmannsdorf/Kotmara vas hatte einst ebenso slowenische Inschriften, die jedoch wie in so vielen Fällen im 20 Jh. übermalt wurden und zuletzt nicht mehr restaurierbar waren, sodass nunmehr die neue Glocke eine zweisprachige Inschrift trägt (*Novice* 14. 6. 2013). Das mehrfach restaurierte Polzer-Kreuz/ *Polcerjev križ* in Leisbach/Ležbe aus 1680 hat hingegen auf der Nordseite eine lateinische Inschrift (»FATUM, 1680, RENOVATUM, A: 1878« und »T: Molchior«) und reiht sich durchaus in die regionale slowenische Kulturgeschichte ein.

Bildstöcke oder »Kreuze« (slow. regional *križ*) wie sie von der Bevölkerung bezeichnet werden, sind hauptsächlich in katholischen Gegenden anzutreffen. In evangelischen Gebieten wurden diese Glaubenszeugnisse meist im 16. Jh. entfernt. Sie sind im → Gailtal/ Ziljska dolina weniger stark verbreitet als im → Südkärntner Zentralraum (im → Rosental/Rož, auf der → Sattnitz/Gure, im → Klagenfurter Feld/Celovško polje und in den → Ossiacher Tauern/Osojske Ture bzw. im Moosburger Hügelland/Možberško gričevje) und im → Jauntal/Podjuna. Sie sind Zeugen der → Kulturgeschichte des Landes und verleihen der → Kulturlandschaft dieser Region ihre charakteristische Prägung. Bei Deuer heißt es dazu, dass »… insbesondere der südliche Landesteil mit den gemischtsprachigen Gebieten – […] besonders reich an Bildstöcken, Wegkreuzen und -kapellen [ist]. Sie sind untrennbarer Bestandteil der Flur, der von Menschenhand geformten Landschaft, geworden und verkörpern eine besonders unmittelbare Ausdrucksform der Volksfrömmigkeit, weil sie meist ohne direkte Einwirkung kirchlicher Institutionen von der Bevölkerung in Eigeninitiative errichtet worden sind und auch ihre Erhaltung bis zum heutigen Tag im Ermessen der Besitzer, Anrainer oder ganzer Nachbarschaften liegt …« (Deuer: 284). Auf Deuer geht auch der Entwurf des Gemeindewappens von Poggersdorf/Pokrče im → Klagenfurter Feld/ Celovško polje zurück, in dem neben → Edlingern zuzuschreibende Symbole u.a. auch ein Südkärntner Bildstock dargestellt ist. Traditionell wurden und werden (»slowenische«) Lindenbäume neben Bildstöcken gepflanzt (→ Linde) oder dort, wo sie Opfer der Zeit werden, werden Linden nachgepflanzt, so neben den zahlreichen Bildstöcken an der Görtschitztalbundesstraße zwischen den Pfarren St. Thomas/Šenttomaž und Timenitz/Timenica, wo sie die Landschaft prägen.

Lit.: Dehio. – M. Witternigg: *Urban Görtschacher und seine Stellung in Kärnten*. In: *Car. I*. Klagenfurt 1941; F. Hula: *Die Totenleuchten und Bildstöcke Österreichs – ein Einblick in ihren Ursprung, ihr Wesen und ihre stilistische Entwicklung*. Wien 1948; M. Zadnikar: *Znamenja na Slovenskem*. Ljubljana ²1970; E. Skudnigg: *Bildstöcke und Totenleuchten in Kärnten*, 3. Auflage, Klagenfurt ³1977; P. Zablatnik: *Od zibelke do groba, Ljudska verovanja, šege in navade na Koroškem*. Celovec 1982, 119; P. Fister: *Arhitektura, Zilje, Roža, Podjune*. Celovec 1989, 60–64, 130–136, 185–193; P. Fister: *Erlebte Architektur in Südkärnten. Bauernhöfe, Bildstöcke, Kirchen, Burgen, Schlösser*. Klagenfurt/Wien 1991, 60–64, 130–136, 185–193; J. Markl, M. Gutterer: *Flurdenkmäler in Kärnten. Wegkreuze und Bildstöcke*. Klagenfurt 1991; Z. Kuchling: *Verska znamenja naše okolice = Bildstöcke in unserer Umgebung. Katalog k razstavi = Katalog zur Ausstellung*. Velikovec/Völkermarkt: Prosvetno društvo Lipa/Kulturverein Lipa 1992; W. Deuer: *Ausgewählte Flurdenkmäler*. In: W. Wadl: *Magdalensberg, Natur, Geschichte, Gegenwart, Gemeindechronik*. Klagenfurt 1995, 284–286; B. Vilhar: *Ziljske freske in še kaj s poti za sledovi gotskega stenskega slikarstva med Marijo na Zilji in Šmohorjem = Die Gailtaler Fresken*. Celovec [e.a.] 1996, 77; E. Waldner, F. Pristovnik: *Križi in znamenja v Selah – Bildstöcke und Wegkreuze in Zell*. Samozaložba – Selbstverlag E. Waldner. Viktring, Zell-Pfarre 2000; W. Deuer: *Die Kärntner Gemeindewappen*. Klagenfurt 2006, 218 f.; F. und K. Farthofer: *Die Bildstöcke Kärntens*. 4., erg. Auflage. Klagenfurt 2006; T. Domej: *Križevi poti na Koroškem iz družbenojezikovnega in jezikovnozgodovinskega zornega kota*. In: M. Košuta (Red.): *Slovenščina med kulturami*, Hg. Slovenski slavistični kongres. Celovec, Pliberk 2008, 64–76; *Das Dekanat Ferlach, Geschichte und Gegenwart = Dekanija Borovlje, Zgodovina in sedanjost*. Hg. Dekanalamt Ferlach/dekanijski urad Borovlje. Klagenfurt/Celovec 2012, u.a. 98; *Prenovljena Ovčičeva kapela, Krasi jo spet slovenski napis*. In: *Novice* 23 (14. 6. 2013) 8.
Web: www.kleindenkmaeler.at (18. 9. 2012), ein Projekt des Kärntner Bildungswerks in Zusammenarbeit mit dem Institut Urban Jarnik, dem Koroški pokrajinski muzej und dem Denkmalamt Maribor.

Usi Sereinig, Bojan-Ilija Schnabl

Bildungshäuser (Exerzitienheime), vgl. → Sodaliteta; → Tainach/Tinje.

Bildungssprache, Bezeichnung der Sprache, in der ein Kind bzw. Jugendlicher oder junger Erwachsener den Großteil seiner schulischen und universitären Laufbahn als Haupt- und Referenzsprache durchläuft. Obschon im einsprachigen Bereich vielfach synonymisch mit → Muttersprache verwendet, ist B. nicht mit dieser gleichzusetzen, zu welcher eine spezifische tiefenpsychologische und emotionale Bindung besteht, weshalb → Assimilation auch so traumatisierend und identitätszerstörend wirkt (→ Assimilant, → Assimilation und PTBS). B. ist die Sprache, in der der Sprecher in der Regel die fachlich breitesten **funktionalen Sprachkenntnisse** erwirbt. Bei Populationen mit Migrationshintergrund ist dies oftmals die gesellschaftlich dominierende Sprache des Einwanderungslandes. In der Folge können diese Zweitsprachkenntnisse u. U. durchaus in Formen der → Akkulturation übergehen. Im Kärntner Kontext war Bildungs- und Schulsprache allerdings immer ein Kernelement der Assimilationspolitik, denn bereits das utraquistische → Schulwesen zielte vorerst – unter Missachtung verfassungsrechtlicher Normen – gesetzlich legitimiert darauf ab, durch Deutsch als B. die empirisch nachvollziehbaren Grundlagen für einen zeitlich versetzten Sprach- und Identitätswechsel zu schaffen. Pädagogisch unzureichende Methoden des zweisprachigen Schulwesens nahmen zudem in der Folge durch Submersion bzw. → Immersion in der Fremd- und Bildungssprache in Kauf, ganze Generationen in der Muttersprache nicht ausreichend auszubilden (→ Mischsprache). Durch mangelnde funktionale Sprachkenntnisse in der Muttersprache und gleichzeitig höhere gesellschaftliche → Relevanz des Deutschen sowie durch eine ideologische Positionierung der → Zweisprachigkeit (→ Zweisprachigkeitsideologie; → Minderheit) wurde mit mehr oder weniger offener Gewalt und unter Missachtung von Menschenrechtsstandards die Assimilation eines Großteils der Slowenen in Kärnten/Koroška in kürzester Zeit materiell herbeigeführt bzw. sprachsoziologisch erzwungen.

Lit.: G. Fischer: *Das Slowenische in Kärnten, Bedingungen der sprachlichen Sozialisation. Eine Studie zur Sprachenpolitik.* Wien, Sprache und Herrschaft, Zeitschrift für eine Sprachwissenschaft als Gesellschaftswissenschaft, Reihe Monographien Nr. 1 /1980; H. Lotherington: *Bilingual Education*: In: A. Davies, C. Elder (Hg.): *Handbook of Applied Linguistics* (Malden MA [e. a.]: Blackwell Publishing, 2005), 695–718; T. Feinig: *Slovenščina v šoli, zgodovina pouka slovenščine na Koroškem – Slowenisch in der Schule, Die Geschichte des Slowenischunterrichts in Kärnten.* Klagenfurt/Celovec 2008; V. Wakounig: *Der heimliche Lehrplan der Minderheitenbildung. Die zweisprachige Schule in Kärnten.* Klagenfurt/Celovec 2008; B.-I. Schnabl: *Asimilacija in sindrom posttravmatskega stresa (SPTS).* In: KK 2011. Celovec [2010], 117–130; I. Destovnik: *Vsakdanji jezik in jezik izobraževanja, Intervju z Vladimirjem Wakounigom.* In: KK 2013. Celovec [2012], 159, 165.

Bojan-Ilija Schnabl

Bilka, Katoliško slovensko izobraževalno društvo
[Katholischer slowenischer Bildungsverein Bilka/Halm] in Ludmannsdorf/Bilčovs. Gegründet wurde der Verein auf der Gründungsversammlung am 25. Februar 1912, die Statuten wurden seitens der Landesregierung am 6. März desselben Jahres bestätigt. Die erste ordentliche Jahresvollversammlung fand am 2. März 1913 statt. Zum Vorsitzenden wurde Anton KURISELO, Wagenmacher aus Selkach/Želuče, und zum stellvertretenden Vorsitzenden Valentin KOPRIVNIK, Landwirt aus Ludmannsdorf/Bilčovs, gewählt. Sekretär wurde Mihael WEBER, Landwirt aus Selkach/Želuče, dessen Stellvertreter wurde Anton TEUL, Priester in Ludmannsdorf/Bilčovs, Kassier war Josip MARTIČ, Gutsbesitzer aus Selkach/Želuče, dessen Stellvertreter Gregor JEROLIČ, Landwirt aus Franzendorf/Branča vas, Bibliothekar wurde Franc KAPUS, der Organist aus Ludmannsdorf/Bilčovs, dessen Stellvertreter Franc KRUŠIC, Bauernsohn aus Wellersdorf/Velinja vas. Rechnungsprüfer wurden die → Bürgermeister von Ludmannsdorf/Bilčovs und von Strein/Stranje, Filip MARTIČ respektive Janez OGRIS. Bei der Gründung hatte der Verein 27 Mitglieder. Die Gründungsversammlung und alle weiteren Treffen fanden im Pfarrhof statt. Die Mitglieder des Vereins trafen einander vorerst einmal pro Monat. Ziel des Vereins war die Erhaltung der slowenischen Sprache und Kultur sowie die Weiterbildung der Mitglieder, zumal in jener Zeit die Schulen nicht dem Bildungsauftrag des Erhalts der slowenischen Sprache nachkamen (→ Schulwesen, dort Utraquismus).

Im Rahmen des Vereins waren ein Männerchor und ein Frauenchor unter der Leitung von Franc KAPUS aktiv, der Organist in Ludmannsdorf/Bilčovs war (→ Chorwesen). Eine Vereinsbibliothek wurde eingerichtet und es wurden regelmäßig Fortbildungsveranstaltungen mit Vorträgen abgehalten. Der Verein erhielt Räumlichkeiten im Gasthaus Miklavž, das im Zentrum des Ortes lag. Dort wurde auch eine Vereinsbühne errichtet, auf der die ersten Laienspiele aufgeführt wurden. Die Tätigkeit des Vereins wurde durch den Ersten Weltkrieg unterbrochen, als die Mehrzahl der Vereinsfunktionäre dem Einberufungsbefehl folgen musste. Viele fielen im Krieg. Die erste Generalversammlung nach dem Ersten Weltkrieg fand im Jahr 1920 statt, wobei das Vereinsleben wiederum von den Wirren der Volksabstimmungszeit geprägt war. Das → Theater, das nach der Wiederbelebung des Vereins zunächst einige Monate wieder auflebte, kam nach der → Volksabstimmung gänzlich zum Erliegen. Die gesamte Tätigkeit des Vereins war zu jener Zeit stark erschwert, da u.a. der damalige Besitzer der Gastwirtschaft Miklavž wegen der verschärften politischen Lage dem Verein den Mietvertrag kündigte. Die Mitglieder des Vereins waren sich dessen Bedeutung für den Erhalt des slowenischen Wortes bewusst, weshalb sie bereits im April 1921 eine Generalversammlung abhielten. Damals hatte der Verein über 100 Mitglieder. Zwischen 1921 und dem Zweiten Weltkrieg führte der Verein schrittweise seine Aktivitäten im Sinne der anfangs gestellten Ziele zum Erhalt der slowenischen Sprache weiter. Die Leitung des Vereins übernahm 1921 Janko → OGRIS, der spätere Eigentümer des Gasthauses Miklavž,

Št. Jakob v Rožu — Bilčovs. Bilčovsko društvo „Bilka" gostuje dne 25. sept. t. l. v Št. Jakobu v Rožu, kjer uprizori na igralnem odru tamošnjega izobraževalnega društva ob 3. uri pop. lepo igro „Roza Jelodvorska". Prijatelji naši, pridite v prav obilnem številu!

Vabilo.
Dne 5. julija t. l. na praznik sv. Cirila in Metoda priredi Izobraževalno društvo v Bilčovsu

Mladinski dan

Spored: Zjutraj ob šestih sv. maša za umrle člane društva, ob pol 9. slovesna sv. maša. Popoldne ob pol 2. blagoslov, po blagoslovu na prostem pred Pomočem **slavnostni govor, igra „Pogodba" in tombola.**

Vsi člani in prijatelji društva se vljudno vabijo. Prihitite tudi sosedna društva in prijatelji! Odbor.

KS 1. 9. 1927

KS 24. 6. 1925

der zwischen 1920 und 1938 Sekretär der Gemeinde Ludmannsdorf/Bilčovs sowie einer der Träger der Erneuerung des slowenischen kulturellen, politischen und wirtschaftlichen Lebens im Rosental/Rož war. Er veröffentlichte Beiträge in der Zeitung → *Koroški Slovenec*. Bei den Landtagswahlen 1930 kandidierte er an dritter Stelle für die → *Koroško slovenska stranka* [Kärntner slowenische Partei] und war von 1933 bis 1934 Vertreter der Slowenen im Kärntner Landtag. Unter seiner Leitung wurden im Rahmen des Vereins mehrere Sektionen eingerichtet, darunter die Literatursektion (die die → Lesekultur und die Kenntnis der slowenischen, der slawischen und der Weltliteratur mit Diskussionen über die bekanntesten Dichter und Schriftsteller sowie durch Deklamationen förderte), die landeskundliche Sektion *Naša država* [unser Staat] (zur Förderung des geografischen Horizonts und des Wissens über die aktuellen politischen Verhältnisse im Land), die Sektion »Abstinenz« (für den Kampf gegen den Alkoholismus), die Frauensektion (die eigene Protokolle über ihre Aktivitäten zu Haushalts- und → Frauenfragen führte und die Frauen über die aktuelle politische Lage aufklärte und die Frauenzeitschrift *Slovenka* abonniert hatte), die Gesangssektion, die Jugendsektion und ab 1923 die Theatersektion. Im Jahr 1923 wurde eine Vereinsbühne im Gashaus Petrovc in Oberndörfl/Zgornja vesca eingerichtet. Die Aufführungen fanden im Freien statt. Für Sitzungen, Chorproben und für die Bibliothek wurden Räumlichkeiten beim vlg. Lesjak in Ludmannsdorf/Bilčovs angemietet, die Generalversammlungen wurden meist im Gasthaus Pomoč ebendort abgehalten. Jeden ersten Sonntag im Monat war die Bibliothek geöffnet und eines der Mitglieder sorgte jeweils für die Entlehnung der Bücher. Außerdem spendeten die Mitglieder wechselweise Brennholz für die Vereinsräumlichkeiten, wie überhaupt der Zusammenhalt im Verein sehr groß war.

1924 wurde ein Holzschuppen für die Bühne im Gastgarten des Gasthauses Pomoč errichtet, das im Eigentum der Familie SAFRAN stand. Die Veranstaltungen fanden weiterhin in den Sommermonaten und bei Schönwetter statt. Von 1920 bis 1927 wurden u. a.

Bilka, Moški pevski zbor, 1935

folgende Werke aufgeführt: *Berite novice* [Lest Zeitungen!], *Trije ptički* [Drei Vögel], *Svatba* [Die Hochzeit], *Domen*, *Tri sestre* [Drei Schwestern], *Pogodba* [Der Vertrag], *Naša kri* [Unser Blut], *Revček Andrejček* [Der arme kleine Andrej], *Dekle z biseri* [Das Mädchen mit den Perlen], *Jurčki* [Die Steinpilze], *Ne kliči vraga* [Rufe nicht den Teufel!] und *Roža Jelodolska* [Die Rose von Jelodol]. Beim Pomoč hielt der Verein auch seine Generalversammlungen und sonstige Treffen ab. Die Zahl der Mitglieder wuchs stetig in den 20er- und 30er-Jahren. 1928 wurde eine neue Vereinsbühne im Gasthaus

KS 6. 4. 1927

DRUŠTVENI VESTNIK

Bilčovs. (Občni zbor „Bilke".) Dne 20. III. je imelo naše kat. slov. izobraževalno društvo svoj redni občni zbor. Dasi smo imeli predpoldne zelo dobro obiskan shod čg. Poljanca, ki se je moral vršiti vsled velike udeležbe na prostem, se je vendar zbralo popoldne precejšnje število članov društva na občni zbor. Dosedanji predsednik g. Janko Ogriz je otvoril občni zbor s pozdravom na navzoče. V svojem nagovoru je omenil, da je ravno 15 let od tega, odkar imamo v Bilčovsu izobraževalno društvo. Hvaležno se je spominjal onih, ki so po svoji zavednosti in delavnosti poklicali društvo v življenje. Med nejagilnejšimi ustanovitelji društva so bili pač člani prvega odbora s svojim predsednikom Antonom Kuriselo, ki je žrtvoval mnogo časa. Ravno tako tudi naš podpredsednik Valentin Kropivnik, nadalje rajni čg. župnik Teul, potem v vojni padli Jozej Martič, pd. Kovač v Želučah ter rajni mežnar Franc Kapus, ki je pustil svoje življenje v vojni. Naše priznanje pa zasluži tudi g. Gregor Jerolič, pd. stari Kržej, ki je bil tudi član prvega odbora. Vsem tem se imamo zahvaliti mi mlajši za one dobrine, ki jih sedaj imamo od društva. — Leta 1926 je imelo društvo 105 članov. Odseki so štirje: dramatični, pevski, ženski in mladeniški. Odbor je imel 4 seje. Vprizorili smo dve igri: Revček Andrejček in Dekle z biseri. Napravili smo dva izleta: v Št. Jakob, kjer smo ponovili igro Dekle z biseri, in v Hodiše ob priliki blagoslavljanja doma sv. Jožefa. Imeli smo tudi lepi prireditvi: mladinski in materinski dan. Knjižnica šteje 196 knjig, prebralo se jih je 204. Naročenih je več listov. Blagajna izkazuje 650,06 S dohodkov in 415,10 šilingov izdatkov. Za predsednika društva se je izvolil Boštjančič Jakob, ostali odbor se je potrdil stari. Govornik z Dunaja je nato razložil pomen in bistvo izobrazbe ter nalogo društva. Pevski zbor je s par lepimi pesmi zaključil občni zbor.

Bilka

Knaberle in Wellersdorf/Velinja vas eingerichtet. 1934 wurden dann die Vereinsräumlichkeiten erneut ins Zentrum von Ludmannsdorf/Bilčovs in das Gasthaus Miklavž verlegt, da der neue Eigentümer Janko OGRIS die slowenische Sprache und die Vereinstätigkeit förderte. Noch heute ist die Tätigkeit des Vereins stark mit diesem Gasthaus verbunden.

Die Vereinstätigkeit kam nach dem → »Anschluss« und durch die nationalsozialistischen Verfolgungen vor und während des Zweiten Weltkrieges wiederum zum Erliegen, da jegliche slowenische Vereinstätigkeit ebenso wie der Gebrauch der slowenischen Sprache verboten wurden. Die Mitglieder des Vereins waren starken Verfolgungen ausgesetzt, das Vereinsvermögen wurde eingezogen, die Vereinsbibliothek verbrannt und die Tamburizza-Instrumente wurden weggeführt (→ Tamburizzamusik). Einige Bücher konnte der Wirt August SAFRAN, vlg. Pomoč, retten. 1942 kam es zu planmäßigen → Deportationen. Davon waren die aktivsten Mitglieder des Vereins betroffen. Viele Mitglieder wurden zur Wehrmacht eingezogen. Deportiert und enteignet wurde die Familie OGRIS, vlg. Miklavž, und das Gasthaus wurde von einer Familie aus Oberösterreich übernommen. Einige identitätsbewusste Slowenen wurden in Klagenfurt/Celovec inhaftiert.

Der Verein wurde 1945 unter dem Namen *Slovensko prosvetno društvo Bilka* (SPD Bilka) [Slowenischer Kulturverein Bilka/Halm] wieder gegründet und in den slowenischen Kulturverband *Slovenska prosvetna zveza* eingegliedert. Das Vereinsziel blieb weiterhin die Pflege und Förderung der slowenischen Sprache und Kultur. Die Vereinsbibliothek wurde aus Spenden der Mitglieder wiedererrichtet.

Quellen: Sitzungsprotokolle des SPD Bilka 1912–1945, unveröffentlichtes Archivmaterial beim jeweiligen Vereinssekretär.
Lit.: J. Ogris: *Zgodovina prosvetnega društva Bilka v Bilčovsu*. In: KSK 1959, 55–61; J. Ogris: *Zlati jubilej Prosvetnega društva Bilka v Bilčovsu*. In: KSK 1963, 68–74; A. Malle (Hg.): *Janko Ogris: življenje in delo: 31. 10. 1898–8. 12. 1981*. Celovec 1981; A. Ferk-Gasser [e.a.] (ur.): *90 let Slovensko prosvetno društvo Bilka*. Bilčovs/Ludmannsdorf 2002; www.bilka.at (30. 10. 2012).

Polona Sketelj; Üb.: *Bojan-Ilija Schnabl*

Binnenwanderung, auch Binnenmigration. Der Begriff der B. definiert jene räumlichen Veränderungen von Einzelpersonen oder Gruppen aus einem Abwanderungs- hin in ein Einwanderungsgebiet oder an einen Ort mit dem Ziel einer temporären oder dauerhaften Auswanderung bzw. Niederlassung, bei der die Migranten gewisse Grenzen (z. B. natürliche geografische Gebiete, Verwaltungseinheiten usw.) innerhalb eines Staates überschreiten. Theoretisch kann man B. auch als Wanderungsbewegungen innerhalb von konzeptuell bestimmten Räumen definieren (z. B. innerhalb eines ethnischen Gebietes) und zwar unabhängig von Staatsgrenzen. So gelten bis zum Ende des Ersten Weltkriegs auch alle Migrationen im Rahmen der Habsburgermonarchie als B., am Ende des Ersten Weltkriegs bzw. nach der → Volksabstimmung 1920 jedoch nur noch innerhalb der Republik Österreich.

Im Zeitalter der klassischen Agrargesellschaft war der Großteil der B. nur auf kürzere Entfernungen und zudem verbunden mit Familiengründungen (z. B. durch Heirat) beschränkt. Auf größere Entfernung wanderten die Militärangehörigen, Verwaltungsbeamte im Staatsdienst und anderen staatlichen Diensten (insbesondere Lehrer, Gendarmen, Richter) sowie Handwerker. Nach der Gründung der Universität Wien im Jahr 1365 kamen vermehrt Studenten aus der ganzen Monarchie in die Stadt. So studierten in Wien allein aus dem slowenischen ethnischen Territorium über 8.300 Personen. Vom 17. Jh. an waren für Studenten zusätzlich Graz und Prag attraktive Studienorte.

Mit der Entwicklung des Handwerks, der ersten industriell geführten Betriebe und des Bergbauwesens nahm der Umfang der Migrationsbewegungen immer stärker zu. Die Wanderungen vom Land in die Städte steigerten sich insbesondere nach der Annahme des Grundentlastungspatents vom 7. September 1848 durch den Reichsrat (→ Revolutionsjahr 1848, → Oktroyierte Märzverfassung 1849). Zu den wichtigsten Gründen für den raschen Anstieg der Landflucht zählen der rasche Anstieg der Bevölkerung, die agrarische Überbevölkerung des ländlichen Raums und die schlechte wirtschaftliche Lage der Bauern wegen zu kleiner Wirtschaften, der hohen Steuerbelastung und der Überschuldung der Bauernhöfe. Die B. wurde auch durch den Ausbau der Eisenbahn erleichtert, die die einst entlegenen und von Verkehrsverbindungen unerschlossenen agrarischen Gebiete nun näher an die Beschäftigungs- und Landeszentren heranrücken ließ.

Für die Bevölkerung von Kärnten/Koroška waren als Ziele der B. am attraktivsten die Industriezentren und Bergbaugebiete in den sog. Alpenländern, in denen nach den Volkszählungsergebnissen von 1910 54.352 Migranten aus Kärnten/Koroška lebten. Die meisten Kärntner (31.359) lebten in der Steiermark/Štajerska. Darunter waren 29.413 Kärntner mit Deutsch als → Umgangssprache und 1.525 mit Slowenisch als Umgangssprache. Ungefähr ein Viertel aller Zuwanderer aus Kärnten/Koroška in die Steiermark/Štajerska ließ sich in Graz nieder und die Mehrzahl der übrigen in den Wirtschaftszentren an der Mur (Mura) und der Mürz (Murica) (z.B. Kapfenberg, Bruck an der Mur, Leoben). Wegen der spezifischen Verwaltungsgliederung Kärntens, die die ethnischen Verhältnisse nicht gebührend berücksichtigte, ist es nicht möglich, die Migrationen aus und nach → Südkärnten/Južna Koroška genau zu verfolgen. Zu berücksichtigen ist, dass die Auswanderung in ein deutschsprachiges Umfeld für die slowenische Bevölkerung eine zumindest statistische → Assimilation bedeutete (→ Sprachenzählung). Für die Kärntner Bevölkerung waren die wirtschaftlich weiter entwickelten Länder Tirol (7.703), Salzburg (2.476) und Niederösterreich (2.625) attraktiv. Mehr als 95 % aller Zuwanderer in diese Gebiete waren statistisch Einwohner mit Deutsch als Umgangssprache, jedoch waren unter ihnen viele – zumindest 40 % – Kärntner mit slowenischen Wurzeln aus Südkärnten/Južna Koroška.

In den Karstländern lebten 1910 7.255 Personen, die aus Kärnten/Koroška zugewandert waren. Die Mehrzahl lebte in → Krain/Kranjska (2.671) und in der Stadt → Trieste/Trst/Triest (2.439). Während unter den Zuwanderern nach Krain/Kranjska mehr als 58 % Slowenisch als Umgangssprache hatten, sprachen die Zuwanderer in die übrigen Kronländer mehrheitlich Deutsch als Umgangssprache (nach Trieste/Trst/Triest 66,5 %). Unter den Slowenen, die bereits vor dem Ersten Weltkrieg nach Krain/Kranjska, Untersteiermark/Spodnja Štajerska sowie nach → Gorizia/Gorica/Görz und Gradisca/Gradiška ausgewandert waren, befanden sich etliche, die wegen ihres Bekenntnisses zur slowenischen Identität in Kärnten/Koroška keine Beschäftigung finden konnten, so wie z.B. Waldarbeiter, Beamte, Eisenbahner und andere höher gebildete Personen. Im slowenischen Umfeld behielten so die slowenischen Migranten auch statistisch ihre slowenische Umgangssprache. (Vgl. dazu auch → *Beljaško omizje* [Villacher Kreis] in Trieste/Trst/Triest und Flora → RAUTER.)

Einige Tausend Migranten aus Kärnten/Koroška lebten 1910 auch in den Sudetenländern Böhmen, Mähren und Schlesien und in den Karpatenländern Galizien und Bukovina, etwas weniger als 2.000 auch in den Ländern der ungarischen Krone Kroatien und Slawonien und in Ungarn selbst. Zu diesen zählen auch Beamte und Militärangehörige slowenischer Herkunft, wie etwa der verdienstvolle Militärarzt Ivan → AMRUSCH aus St. Jakob im Rosental/Šentjakob v Rožu und der aus dessen Ehe mit einer Kroatin entstammende und bereits in Slavonski Brod geborene, spätere Bürgermeister von Zagreb und Mitglied des Sabors, Milan → AMRUŠ. Zu dieser Kategorie zählt etwa auch der Statistiker in Tuzla und Sarajevo Ivan → STRAUSS.

Nur etwas weniger intensiv als die Auswanderung aus Kärnten/Koroška war die Zuwanderung aus anderen Kronländern der Monarchie. Nach den Angaben der Volkszählung 1910 lebten in Kärnten/Koroška 47.840 Personen aus anderen Teilen Cisleithaniens und aus dem »Ausland«, zu dem damals auch Transleithanien statistisch gezählt wurde. Mehr als 55 % aller Zuwanderer war aus den Alpenländern (Steiermark/Štajerska

18.271, Niederösterreich 3.926, Tirol 2.183, Oberösterreich 1.416, Salzburg 820 und Vorarlberg 101). Aus den Karstländern waren bis 1910 8.530 Personen nach Kärnten/Koroška zugewandert, die meisten aus Krain/Kranjska (6.140) und aus Görz und Gradisca/Goriška in Gradiška (1.675). 4.213 Personen waren aus den Sudetenländern nach Kärnten/Koroška eingewandert, die meisten aus Böhmen (2.277) und Mähren (1.402). Daneben waren noch 400 Personen aus den Karpatenländern zugewandert und etwas weniger als 8.000 aus dem Ausland, zu dem statistisch auch die ungarische Reichshälfte gezählt wurde.

Fast 70 % der Zuwanderer nach Kärnten/Koroška hatten Deutsch als Umgangssprache, etwas mehr als 15 % Slowenisch, ca. 15 % waren Zuwanderer mit anderen Umgangssprachen (davon 13 % »Fremde«). Die Mehrzahl der Personen mit Slowenisch als Umgangssprache war aus Krain/Kranjska zugewandert (2.574) und aus der sog. Untersteiermark/Spodnja Štajerska (3.767). Dabei handelte es sich im Wesentlich um Personen, die im heimatlichen Umfeld aus wirtschaftlichen Gründen keine Beschäftigung finden konnten.

Die Migrationen haben bedeutend zur → Germanisierung des slowenischen ethnischen Territoriums beigetragen. Ganz besonders gilt das für Südkärnten/Južna Koroška, das in den großdeutschen nationalen Programmen als Bollwerk Großdeutschlands im Süden galt und als Ausgangspunkt für die Germanisierung der Territorien zwischen Kärnten/Koroška und der nördlichen Adria (→ deutschnationale Vereine). Die Germanisierung von Kärnten/Koroška breitete sich so ab der ersten Hälfte des 19. Jh.s von den Städten, Märkten und anderen Beschäftigungszentren entlang der Eisenbahn und anderen wichtigen Verkehrsverbindungen auf den damals noch gänzlich slowenischen ländlichen Raum aus. Weil seit der Veröffentlichung des Programms eines Vereinten Sloweniens 1848 (→ *Zedinjena Slovenija*) die Germanisierung ein Teil der Bestrebungen zur Sicherung der geostrategischen Interessen der Monarchie wurde, wurde diese Politik in weitem Umfang, planmäßig und dauerhaft geführt und in vielen Fällen finanziert seitens des deutschnationalen Vereins Südmark. Auf eine planmäßige Germanisierung von Kärnten/Koroška deutet auch der hohe Anteil von 69,8 % der Zuwanderer mit Deutsch als Umgangssprache. Zwei Drittel oder mehr als 22.300 Personen siedelten aus den wirtschaftlich wesentlich entwickelteren Alpenländern nach Kärnten/Koroška, da zum Unterschied zu den Slowenen deutschsprachige Personen mit Leichtigkeit eine Beschäftigung in staatlichen Einrichtungen und in der Verwaltung fanden.

Nach dem Ende des Ersten Weltkriegs bzw. nach der Volksabstimmung in Südkärnten/Južna Koroška und in Szopron (Ödenburg) verringerte sich der Bereich der B. auf das Gebiet der neu entstandenen Republik Österreich. Unter den neuen Rahmenbedingungen erfolgte die B. noch immer in Form von Auswanderung aus wirtschaftlich benachteiligten in wirtschaftlich entwickeltere Gebiete. Zahlreiche Kärntner Slowenen fanden so eine Beschäftigung im Bereich des Krappfeldes/Grobnisko polje und auf den großen Gütern im Gurktal (Krška dolina) und im Metnitztal (dolina Motnice). Weiterhin anziehend für zahlreiche Menschen waren die Industriegebiete entlang der Mur/Mura und der Mürz/Murica in der Steiermark/Štajerska. Unter ihnen waren auch viele Slowenen, die in der Zeit vor dem → »Anschluss« noch slowenische Arbeitervereine organisierten.

Andererseits war ein bedeutender Teil der B. verbunden mit der Germanisierung/Kolonisierung der ethnisch gemischten Bereiche des Burgenlandes, der Grenzgebiete in der Steiermark/Štajerska an der österreichisch-jugoslawischen Grenze und ganz besonders in Südkärnten/Južna Koroška. So mussten nach der Volksabstimmung fast alle slowenischen Intellektuellen vom slowenischen ethnischen Territorium Südkärntens in deutschsprachige Teile oder in andere österreichische Bundesländer bzw. in das Königreich SHS, in andere europäische Staaten und nach Übersee emigrieren (Priester, Lehrer, Juristen, Ärzte, Beamte usw.), die sich in der Zeit der Volksabstimmung offen für einen Anschluss von Südkärnten/Južna Koroška an das neu entstandene Königreich SHS ausgesprochen hatten (→ Vertreibung 1920, → Jugoslawien). Ihre Arbeitsplätze nahmen deutsch sprechende Kärntner ein oder deutsch sprechende Zuwanderer aus anderen Teilen Österreichs. Treibende Kräfte bei der Germanisierung von Südkärnten/Južna Koroška wurden der Kärntner Heimatdienst, der vor der Volksabstimmung gegründet worden war (1924 umbenannt in Kärntner Heimatbund) sowie der Deutsche Schulverein Südmark (→ deutschnationale Vereine). Beide hatten sich das Ziel gesetzt, das Deutschtum in den slowenischen Gebieten zu fördern und eine größtmögliche Zahl deutscher Familien in Südkärnten/Južna Koroška anzusiedeln. Diese gezielte Ansiedlungspolitik von Deutschsprachigen in Kärnten/Koroška wurde bis zum »Anschluss« 1938 verfolgt.

Lit.: W. Hecke: *Volksvermehrung, Binnenwanderung und Umgangssprache in den österreichischen Alpenländern und Südländern.* In: *Statistische Monatschrift* 39–1 (1913) 323–392; M. Klemenčič: *Migrations in History.* In: Ann Katherine Isaacs (Hg.): Immigration and Emigration in Historical Perspective (Migration, 1). Pisa 2007, 28–54; M. Klemenčič, V. Klemenčič: *Die Kärntner Slowenen und die Zweite Republik. Zwischen Assimilierungsdruck und dem Einsatz für die Umsetzung der Minderheitenrechte.* Klagenfurt/Celovec [e.a.] 2010, 27–52; V. Valenčič: *Izseljevanje Slovencev v druge dežele habsburške monarhije.* In: *Zgodovinski časopis* 44–1 (1990) 49–71; J. Zupančič: *Slovenci v Avstriji* (Geographica Slovenica, 52). Ljubljana 1999, 78–96.

Matjaž Klemenčič; Üb.: Bojan-Ilija Schnabl

Bischöfe und Heiligenviten vgl. Personenlemmata: → Abraham, Bischof von Freising; → Domitian von Kärnten; → Funder, Peter; → Hefter, Adam; → Hemma von Gurk/Ema Krška; → Herberstein, Karl Johann; → Hermagoras/Mohor; → Hildegard von Stein/Liharda Kamenska; → Hren, Tomaž; → Kahn, Josef; → Kaltner, Balthasar; → Kuttner/Kutnar, Franc Ksaver; → Luschin/Lušin, Franz Xaver; → Methodvita; → Modestus/Modest; → Paulitsch/Paulič, Jakob Peregrin; → Rauber, Christoph; → Ravnikar, Matevž; → Rohracher, Andreas; → Rožman, Gregorij; → Rot, Johannes; → Rozman (Konjički), Jožef; → Schrattenbach, Vinzenz Josef; → Sladkonja, Georg/Jurij; → Slomšek, Anton Martin; → Tavčar, Janez; → Virgil; → Wiery, Valentin; → Zimmermann, Ignaz Franz.

Bisernica (der erste Tamburizzaverein in Klagenfurt/Celovec), → Tamburizzamusik.

Bister, Terezija, vlg. Hauptmann (aus Ottosch/Otož bei St. Egiden/Šentilj), → Liedersammlung, handschriftliche.

Bizer, Radoslav (Jakob Wieser), Kulturaktivist, → *Borovlje. Slovensko prosvetno društvo »Borovlje«* [Slowenischer Kulturverein »Borovlje« (Ferlach)].

Blažič, Andrej und **Ivanka** (Greutschach/Krčanje), → Liedersammlung, handschriftliche.

Bleiburg/Pliberk, vgl. Sachlemmata: → Bleiburg/Pliberk und → *Edinost Pliberk. Katoliško slovensko izobraževalno društvo Edinost v Pliberku* [Katholischer slowenischer Bildungsverein *Edinost* (Einheit) in Bleiburg], sowie → Abgeordnete; → Abstimmungszonen; → Archivwesen; → Bildstock; → Bürgermeister; → Chorwesen; → Dezemberverfassung (1867); → *Družba sv. Cirila in Metoda* (CMD) [Gesellschaft der hl. Kyrill und Method]; → Eidesformeln; Gewässer in Südkärnten/Južna Koroška; → Grenzfrage 1918–1920; → Gurk, Diözese/Krška škofija; → Jauntal/Podjuna; → Jauntaler Dialekt/*podjunsko narečje*; → Karawanken/Karavanke; → *Klub koroških slovenskih akademikov na Dunaju* (KKSAD) [Klub der Kärntner slowenischen Akademiker in Wien]; → *Kmečka zveza* [Bauernbund]; → Kulturvereine, slowenische in Kärnten/Koroška; → Landesverfassung, Kärntner von 1849; → Liedersammlung, handschriftliche; → Mežiška dolina (Mießtal); → *Mir* [Der Friede]; → Ortsname; → Ortsrepertorium; → Pfarrkarte der Diözese Gurk/Krška škofija 1924; → Revolutionsjahr 1848; → Schulwesen unter jugoslawischer Verwaltung in der Zone A in den Jahren 1919–1920; → Schwabegg/Žvabek, Neuhaus/Suha und Leifling/Libeliče: Kulturarbeit seit 1882; → Slovenica im Kärntner Landesarchiv; → Slovenica-Carinthiaca in Kärntner Bibliotheken in vorjosefinischer Zeit; → Südkärnten/Južna Koroška; → *Šmihel. Slovensko katoliško izobraževalno društvo za Šmihel in okolico* [Slowenischer katholischer Bildungsverein für St. Michael und Umgebung]; → Vertreibung 1920; → Volksarchitektur in Südkärnten/Južna Koroška; → Volkslied; → Wahlkreise der Landtagswahlordnungen in Kärnten/Koroška ab 1849; → Widerstandsbewegung; → Zweinamigkeit, mittelalterliche; Personenlemmata: → Brandstätter, Valentin; → Dobernik, Jože; → Doberšek, Karel; → Ebner, Johann; → Ehrlich, Martin; → Einspieler, Gregor; → Felaher, Julij; → Hornböck, Janez; → Kandut, Ciril; → Košir, Kristo; → Kramolc, Luka; → Kristan, Etbin; → Malgaj, Franjo; → Muri, Ignac(ij); → Podgorc, Valentin; → Ražun, Matej; → Serajnik, Lovro; → Somer, Josef; → Srienc, Kristijan; → Svetina, Anton (Junior); → Svetina, Anton (senior); → Štaudeker, Franc; → Švikaršič, Zdravko; → Urbanc, Anton; → Zechner, Aleš; → Zwitter, Dr. Zdravko; Dolintschitschach/Dolinčiče: → Rožman, Gregorij; Grablach/Grablje: Potočnik, Karl (→ Widerstandsbewegung); → Bildstock; Dobrowa/Dobrava: → Vauti, Alojzij; Loibach/Libuče: → Hartman, Foltej; Moos/Blato: → Kumer, Mirko-Črčej; → Miklavič, Pavel; Replach/Reple: → Albrecht, Kaspar; Rinkenberg/Vogrče: → Miklavič, Pavel; Schiltendorf/Čirkovče: → Volksarchitektur in Südkärnten/Južna Koroška;

Markus Pernhart, Bleiburg/Pliberk mit Petzen/Peca, Öl auf Leinwand, Foto Hansjörg Abuja

Unterloibach/Spodnje Libuče: → Hartman, Milka; → Kušej, Radoslav; → Scheliessnigg, Jakob.

Bleiburg/Pliberk, urbanes Zentrum im südöstlichen → Jauntal/Podjuna im zweisprachigen Gebiet → Südkärntens/Južna Koroška (1.205 Einwohner im Jahr 2001) im Bezirk → Völkermarkt/Velikovec, Sitz des Gerichtsbezirkes und der Stadtgemeinde sowie Wirtschafts- und Bildungszentrum.

Die Ansiedlung entwickelte sich im Talboden zwischen Kömmelberg/Komeljski hrib (1.065 m) im Osten und dem Inselberg Libitsch/Libič (630 m) im Westen, der vom einzigen in dem Teil des Jauntales/Podjuna bestehenden größeren Bach Feistritz/Bistrica geformt wurde. Diese abgeschiedene Lage an der sog. »Mießtaler Straße« *(meziška pot)* am Fuße von mehreren Hügeln und des niedrigen Holmecpasses/Holmec (545 m) schränkte in der Folge die Entwicklungsmöglichkeiten ein. Durch B./P. führen zwar schon seit jeher mehrere Straßen, doch sind alle nur von lokaler Bedeutung. Zudem liegt der Ort am östlichen Rand des Jauntales/Podjuna, so dass dessen Gravitationsraum nicht einmal alle Jauntaler Orte südlich der Drau/Drava umfasst.

Der Ort wird urkundlich erstmals zwischen 993 und 1000 als *Liupicdorf* erwähnt (slow. *Ljubeka;* ebenso wie *Libuče* > Loibach und *Libič* > Libitsch), und war zusammen mit der Umgebung, dem Besitz des bairischen Geschlechtes der Aribonen. Spätestens im 12. Jh. wird er Besitz der mit diesen verwandten Grafen von Heunburg *(Vovbrški grofi).* Zu Beginn des 12. Jh.s wurde auf dem Hügel östlich des Ortes eine Burg *(castrum)* errichtet, die 1228 Sitz der Grafen von Heunburg wurde. In einer Urkunde vom 9. Mai desselben Jahres wird der Ort erstmals als Markt *(iudex forti) Plyburch* bezeichnet. Als die Heunburger 1322 in männlicher Linie ausstarben, kam die Herrschaft Plyburch in den Besitz des Neffen Ulrich von Pfannenberg, der ihn jedoch Konrad von Auffenstein verpfändete.

Die Auffensteiner hatten Besitzungen in der Steiermark/Štajerska und in Kärnten/Koroška. 1368 wurden Konrad und Friedrich von Auffenstein auf der Burg Bleiburg/Pliberk wegen ihres Aufstands gegen die Landesfürsten Albrecht III. und Leopold III. von Habsburg von diesen belagert. Burg und Ort wurden daraufhin verwüstet, Konrad und Friedrich wegen Hochverrats zu lebenslanger Haft verurteilt und ihr gesamter Besitz eingezogen. Bis 1381 wurde die Burg lediglich verwaltet, danach wurden damit verschiedene Geschlechter belehnt. Im 15. und 16. Jh. waren es die Ungnad von Sonnegg/Ženek. Im April 1601 verkaufte Ferdinand II. Burg und Herrschaft B./P. dem Grafen und Baron Hans-Ambros von Thurn im Tausch für Besitzungen in Ptuj (Pettau). Die Burg ließen die Thurn Anfang des 17. Jh.s in ein mächtiges Renaissanceschloss umbauen. Sie ist bis heute im Besitz der Familie Thurn-Valsassina.

Am 15. November 1370 verliehen die Herzöge Albrecht III. und Leopold III. B./P. das Stadtrecht zusammen mit allen Privilegien, um so die Stadt nach den Verwüstungen aus der Zeit der Verschwörung der Auffensteiner wieder aufzubauen. Im Jahr 1393 verlieh Albrecht III. den Bürgern von B./P. das Recht, einen Stadtrichter aus den eigenen Reihen zu wählen, sowie das Recht, einen Markt zu Mariä Himmelfahrt am 15. August zu veranstalten. Der Bleiburger Wiesenmarkt (slow. *Jormak*) wird urkundlich erstmals 1428 erwähnt, und zwar im Zusammenhang von Entschädigungszahlungen für die Nutzung der Wiese an die damaligen Guttensteiner Besitzer.

Die Pfarre B./P. wird erstmals 1241 als Filialkirche der Urpfarre St. Michael ob Bleiburg/Šmihel pri Pliberku erwähnt. 1461 ging die Pfarre St. Michael / Šmihel als Dotation in die neu gegründete Diözese → Ljubljana über. Im Rahmen dieser Diözese blieb sie bis zu den josephinischen Kirchenreformen Ende des 18. Jh.s (→ Josephinismus). Bald nach der Gründung der Diözese Ljubljana wurde der Sitz der Pfarre in die Stadt B./P. verlegt. Diese Pfarre war nach der Ausdehnung und der Anzahl der Gläubigen eine der größten

Pfarren in Kärnten/Koroška, da ihr auch die Filialkirchen in Mežica und in Šentanel der → Mežiška dolina (Mießtal) unterstellt waren. Die Zahl der Pfarrmitglieder bewegte sich zwischen 4.000 und 5.000. Auch nachdem die genannten Filialkirchen in der zweiten Hälfte des 18. Jh.s eigenständige Pfarren geworden waren, hatte die Pfarre B./P. noch immer zwischen 3.200 und 3.500 Pfarrmitglieder. Die Messen wurden in der Bleiburger Pfarrkirche bis 1641 in Slowenisch abgehalten (→ Liturgiesprache). Erst damals hatten deutschsprachige Pfarrmitglieder den Bischof um die Erlaubnis gebeten, einmal wöchentlich eine Messe in deutscher Sprache abzuhalten.

In den Jahren 1473, 1476 und 1478 fielen in B./P. die Türken/Osmanen ein, die die umgebenden Dörfer und Kirchen am stärksten verwüsteten. Damals versuchte man, die Stadt mit einem Stadtgraben zu schützen, der 1479 erneuert wurde, sowie mit einer Stadtmauer, die bis heute sichtbar ist. 1715 wurde die Stadt von einer Pestepidemie heimgesucht, der ca. ein Drittel der Bevölkerung zum Opfer fiel. In der Stadt wüteten mehrmals auch Feuersbrünste. 1640 wurde so die Hälfte der Häuser zerstört, 1666 dann fast alle Häuser. Stark in Mitleidenschaft gezogen wurde auch der Stadtpfarrturm, der danach gänzlich abgerissen werden musste und erst nach über einem halben Jh. wiedererrichtet wurde.

Vom Beginn des 17. Jh.s an waren es die Thurn-Valsassina, die das Leben in B./P., dem weiteren Umland im Jauntal/Podjuna und in der benachbarten Mežiška dolina entscheidend prägten. In ihren Hammerwerken in Kärnten/Koroška wurden zu Beginn des 17. Jh.s verschiedene Eisenprodukte erzeugt. Besondere Aufmerksamkeit schenkten sie der Suche nach Bleierzvorkommen im Petzengebirge, die erst zu Beginn des 19. Jh.s zu erliegen kam.

Bis zum Beginn des 19. Jh.s kann B./P. als »slowenische« Stadt betrachtet werden, da nur wenige Bürger deutscher Herkunft waren. Und auch diese waren Zuwanderer aus anderen Kronländern, während die autochthone Stadtbevölkerung slowenisch war. Auch Graf HANS-AMBROS (IVAN AMBROŽ) THURN, der 1601 die Herrschaft B./P. erwarb, sprach slowenisch und deutsch (→ Adelssprache). Die Bürger waren nur dem Stadtrichter verpflichtet, den sie selbst aus ihren eigenen Reihen wählten. Mittelbar war B./P. nur dem Landesfürsten untergeordnet und so war B./P. eine der vier landesfürstlichen Städte des Herzogtums Kärnten/Koroška, die einen Vertreter in den Kärntner Landtag

Buchcover, Mohorjeva

entsenden durften. Die Bürger gingen verschiedenen Gewerben nach, betrieben aber für den eigenen Bedarf auch Landwirtschaft. Nach Angaben des Vikars von B./P. hatte 1754 die Stadt 711 Einwohner.

Wegen seiner Lage mitten im wenig entwickelten ländlichen Raum entwickelte sich auch B./P. nur langsam, da die wenigen gewerblichen Betriebe nur wenig neue Einwohner anzogen (→ Binnenwanderung). Die Zahl der Einwohner stieg bis 1846 auf 781. B./P. begann sich erst mit den Verwaltungsreformen im Zuge der Umsetzung der → Oktroyierten Märzverfassung von 1849 unter FRANZ JOSEF I. schneller zu entwickeln, als es Sitz des Bezirksgerichtes und der Stadtgemeinde wurde (erster Bürgermeister wurde Josef MESSINER) und als die Eisenbahnverbindung 1863 → Maribor – Guštanj (→ Ravne na Koroškem) – B./P. – Klagenfurt/Celovec errichtet worden war. So hatte B./P. nach der Volkszählung von 1880 bereits 1.121. Einwohner. Bis 1910 ging die Einwohnerzahl erneut leicht auf 1.070 zurück – ähnlich wie auch in dessen gesamtem Umland. In jener Zeit war die *statistische* → *Germanisierung* der slowenischen Bevölkerung fast abgeschlossen und nach den Angaben der Volks- bzw. → Sprachenzählung war B./P. eine fast völlig deutschsprachige Stadt. So lebten laut den angeführten Daten 1880 in B./P. nur noch 171 (15,25 %) Einwohner mit Slowenisch als → Umgangssprache, 1910 waren es nur noch 124 oder 11,59 %. Dass diese Angaben über den Anteil der Einwohner mit Slowenisch als Umgangssprache nicht den tatsächlichen Verhältnissen entsprachen, zeigten auch die Ergebnisse der von slowenischer Seite durchgeführten

Kulturni dom, Foto Milan Piko, Detail

Kulturni dom, Bleiburg/Pliberk

unabhängigen Sprachenzählung von 1910. Nach diesen Angaben lebten in B./P. 788 oder 76,64 % Slowenen.

Zur Abwehr einer rascheren → Germanisierung, die wegen der Diskriminierung des Slowenischen im öffentlichen Bereich drohte, begannen die Slowenen, sich zu Beginn des 20. Jh.s im kulturellen und wirtschaftlichen Bereich zusammenzuschließen. Wegen der Diskriminierungen im wirtschaftlichen Bereich kam zu Beginn des Jahres 1908 die Idee auf, eine Darlehenskasse zu gründen (→ Genossenschaftswesen). Die Gründungsversammlung der *Hranilnica in posojilnica v Pliberku* [Spar- und Darlehenskasse in Bleiburg] wurde am 2. April 1908 beim Glink am Hauptplatz einberufen. Erster Vorsitzender wurde der Realitätenbesitzer und → Bürgermeister von Feistritz ob Bleiburg/Bistrica pri Pliberku Jurij RUDOLF. Mit der neu gegründeten Sparkasse konnten sich die Slowenen leichter gegen die Wucherer wehren, die den Menschen in Not Geld zu hohen Zinsen verliehen. Gleichzeitig ermöglichte sie ein gleichberechtigtes und selbstständiges Entscheiden im wirtschaftlichen Bereich.

Am 20. Mai 1909 wurde der Bildungs- und → Kulturverein *Katoliško slovensko izobraževalno društvo* → *Edinost v Pliberku* [Katholischer slowenischer Bildungsverein *Edinost* in Bleiburg] gegründet, da den Bleiburger Proponenten wie den übrigen Slowenen bewusst war, dass die Pflege der Kultur ein Gegengewicht zur Germanisierung darstellt. Die Mitglieder des neuen Vereins organisierten Fortbildungs- und Bildungsmaßnahmen, um den Mangel an muttersprachlicher Schulbildung zu überwinden, die das damalige utraquistische → Schulwesen kaum bot. Das Slowenische diente lediglich als »Mittel« zum Spracherwerb des Deutschen (→ Immersion). Der Verein organisierte so bereits vor dem Ersten Weltkrieg neben drei oder vier Theateraufführungen jährlich auch mehrere Bildungsvorträge und solche informativ-politischer Natur (→ Laienspiel, → Theater). Im Rahmen des Vereins wurde auch eine Bibliothek eingerichtet. Der Erste Weltkrieg brachte das → Vereinswesen der Slowenen im Bereich der Kultur und der Wirtschaft fast gänzlich zum Stillstand.

Am 13. November 1918 besetzten die Einheiten des Generals → MAISTER und der Freiwilligen unter → MALGAJ B./P. und Umgebung. Obwohl das Gebiet bis zur → Volksabstimmung 1920 unter jugoslawischer Kontrolle blieb, fand im Ort eine intensive → Volksabstimmungspropaganda für den Anschluss an Österreich bzw. an das neu gegründete Königreich der Serben, Kroaten und Slowenen statt (→ Jugoslawien). Dabei gab es einige gewalttätige Ausschreitungen. So demolierten die Angehörigen der Volkswehr 1919 die Geschäftsräumlichkeiten der *Hranilnica und posojilnica v Pliberku*, deren Tätigkeit bereits davor stark vom Krieg betroffen war.

Bei der Volksabstimmung stimmten in B./P. 75,27 % für Österreich. Die Ereignisse nach der Volksabstimmung behinderten die Tätigkeit der slowenischen Vereine stark, da die österreichischen Behörden alle identitätsbewussten slowenischen Kulturaktivisten und die slowenische Bildungsschicht verfolgten und die deutschnationalen Kräfte das Slowenische aus dem öffentlichen Leben, einschließlich aus der Kirche, verdrängten. Der starke Assimilationsdruck war während der ganzen Zwischenkriegszeit gegen die Slowenen gerichtet (→ Assimilation, → Assimilationszwang). So riet bei einer → Volksabstimmungsfeier am 12. Oktober 1920 der Landeshauptmann Vinzenz → Schumy allen unzufriedenen Kärntner Slowenen, die sich nicht in die neuen Verhältnisse einfügen wollten, zu gehen, »wohin sie das Herz zieht«. Natürlich dachte er dabei an Jugoslawien jenseits der → Karawanken/Karavanke. Trotz allem nahmen der slowenische Kulturverein *Edinost* und die *Hranilnica und posojilnica v Pliberku* ihre Aktivitäten erneut auf.

Nach der Volksabstimmung 1920 wurde die Landesgrenze neu gezogen und B./P. verlor die → Mežiška dolina (Mießtal) als wirtschaftliches Hinterland. So blieb der Ort auch im 20. Jh. lediglich ein Wirtschaftszentrum von lokaler Bedeutung mit einem verhältnismäßig kleinen Umland, das lediglich den östlichen, agrarisch geprägten Teil des Jauntals umfasst. Auch vom Äußeren behielt der Ort die Charakteristik eines ruhigen lokalen Zentrums, wo zahlreiche Einwohner der Landwirtschaft nachgingen. Am Ortsrand blieben zahlreiche Bauernhöfe bestehen.

Die Einwohnerzahl ging im Vergleich zur Zeit vor dem Ersten Weltkrieg nochmals zurück: von 1.070 im Jahr 1910 auf 973 im Jahr 1934. Der Rückgang wäre wahrscheinlich noch größer gewesen, wenn B./P. nach 1920 nicht einige Verwaltungsfunktionen erhalten hätte, die mit der neu entstandenen österreichisch-jugoslawischen Grenze im Zusammenhang standen.

Nach dem → »Anschluss« verschlechterte sich die Lage der Slowenen weiter, da nach dem Überfall Hitlerdeutschlands auf Jugoslawien 1941 das Verbot jedweder Tätigkeit slowenischer Kultur- und Wirtschaftsorganisationen sowie des Gebrauchs des Slowenischen folgte, was in den von langer Hand geplanten → Deportationen 1942 kulminierte (→ »Generalplan Ost«). Der daraus resultierende bewaffnete Widerstand der Slowenen trug seinerseits maßgeblich zur Wiedererrichtung der Republik Österreich in den Grenzen von 1938 bei.

Lit.: M. Wutte: *Kärntner Heimatatlas.* Klagenfurt 1923; W. Fresacher: *Kärnten südlich der Drau.* In: Erläuterungen zum Historischen Atlas der österreichischen Alpenländer II. Kirchen- und Grafschaftskarte, Jg. 8, Nr. 1 (1966) 196–198; B. Grafenauer: *Narodnostni razvoj na Koroškem od srede 19. stoletja do danes.* In: Koroški zbornik. Ljubljana 1946, 117–248; A. Melik: *Slovenski alpski svet.* Ljubljana 1954; H. Wiessner: Stadt im Grenzland. In: Car. I, 150 (1960) 865–878; A. Svetina: »Prispevki k zgodovini Pliberka in okolice«, *Zgodovinski časopis,* Jg. 28 (1974), Nr. 3–4, 223–268; G. Glawar: *Geschichte Bleiburgs.* Bleiburg ²1991; A. Hudl, J. Hudl, L. Kolenik, V. Smrečnik: *Iz roda v rod duh išče pot: 100-letna kronika Slovenskega prosvetnega društva »Edinost« v Pliberku.* Pliberk 2009.

Matjaž Klemenčič; Üb.: Bojan-Ilija Schnabl

Bleiweis, Janez (vitez Trsteniški, * 19. September 1808 Kranj [Gorenjska], † 29. November 1881 Ljubljana), Politiker, Zeitungsherausgeber, Arzt, Tierarzt, nationaler Erwecker.

Janez Bleiweis, von Jan Vilímek, 1881 (NUK/Wiki)

B. besuchte und beendete das Gymnasium und die zwei Lyzealjahrgänge in Ljubljana (1826), danach studierte er in Wien Medizin und promovierte 1832. 1833 erwarb er die Spezialisierung als Magister der Geburtshilfe, 1835 beendete er das Studium am Wiener veterinärmedizinischen Institut, war dort zunächst Supplent und 1836 Korrepetitor. 1841 erhielt er die Professur als Veterinär- und Gerichtsmediziner an der mediko-chirurgischen Schule in Ljubljana, die er bis zu deren Auflösung 1850 innehatte. Als Direktor leitete er ab 1849 bis zu seinem Tode 1881 die Hufschmiede- und tierärztliche Schule, ab 1861 auch das Entbindungsheim in Ljubljana. B. war 1850–1870 Mitglied der ständigen Gesundheitskommission für → Krain/Kranjska, 1855–1856 Mitglied der Kommission zur Abwehr der Cholera. Von 1856 bis zu seiner Pensionierung 1874 war er Landestierarzt und von 1860 bis 1861 zeitweiliger Landesgesundheitsrat. Sekretär der Krainer Agrargesellschaft *(Kranjska kmetijska družba)* war B. seit 1842; Vorsitzender des Lesevereins *Ljubljanska čitalnica* (→ Lesekultur) war er von 1863 bis 1881. Die → *Slovenska matica* [Slowenische Gesellschaft für Wissenschaft und Kultur] hatte B. in den Jahren 1863–1864 mit organisiert, 1875 bis 1881 war er deren Vorsitzender. Seit 1843 war B. Chefredakteur der *Kmetijske in rokodelske novice* [Nachrichten für Bauern und Handwerker], kurz → *Novice.* Diese war zunächst die einzige Zeitung, entwickelte sich aber zum führenden slowenischen Nachrichtenorgan. Darin publizierte B. Beiträge zur Wirtschaft und zu praktischen Fragen, daneben aber auch literarische Beiträge und national erweckende Schriften, wie z.B. die patriotischen Gedichte eines Jovan koseski (→ *preporod*). Durch seine vielseitige Tätigkeit war sein Ansehen schon in der Epoche des Vormärz so groß geworden, dass er 1848 in die Politik eintrat. Seit dieser Zeit datierte seine langjährige enge Zusammenarbeit mit Franz → Miklosich (auf dessen Initiative konnte B. die slowenischen Lesebücher für die Unterstufe der Gymnasien herausgeben, während miklosich jene für die Oberstufe übernommen hatte. Vgl. → Schulbuch, Jožef → muršec). Seine Tätigkeit konnte er aufgrund seiner Mäßigung und Vorsicht sowohl in der Zeit des Neoabsolutismus ausführen als auch nach der Wiedereinführung der Verfassungsordnung 1860/1861 beibehalten. 1861 wurde

Rudolf Blüml, Archiv KKZ

B. in drei Bezirken zum Landtagsabgeordneten gewählt, behielt das Mandat der bäuerlichen Gemeinden in der Umgebung von Ljubljana bei und wurde dort 1867 (zweimal), 1869, 1870, 1871 und 1877 immer wieder gewählt; 1861–1877 war er auch Mitglied des Landtagsausschusses; 1871–1872 vertrat er den Landeshauptmann, 1878–1881 erfüllte er die Funktion des Landeshauptmannstellvertreters. 1881 wurde er vom Kaiser in den Stand es Erbadels erhoben. Für seine fachliche Arbeit hatte B. in Österreich-Ungarn und in Russland viele Auszeichnungen erhalten.

Die Formierung seiner Persönlichkeit vollzog sich im Rahmen der Ideale der Spätaufklärung, denen er bis zum Tode treu blieb. B. vertrat einen überlegten Nachvollzug der Veränderungen der Zeit, und war gegen die Einführung von noch unüberprüften Neuerungen. Im Jahr 1848 hatte sich B. nicht exponiert, sondern lediglich den Vorsitz im Verein → *Slovensko društvo* übernommen. Konservative Einstellungen widersprachen der nationalen Idee, daher konnte er ihnen nichts abgewinnen. In der Bildungsarbeit aber lehnte er sich an die Geistlichen an und kritisierte den Liberalismus, dessen einziges Ziel es war, gegen die Religion zu opponieren. Er trat jedoch entschieden gegen jede Art von Frömmelei auf und verteidigte die Freiheit der Wissenschaft (→ *staroslovenci*).

In Kultur, Politik und Wirtschaft vertrat B. eine gesamtslowenische Vereinigung (→ *Zedinjena Slovenija*). In diesem Geiste trat er auch auf dem → *Tabor* in Vižmarje 1869 vor 30.000 Zuhörern auf. In den *Novice* führte er den slowenischen Schriftstandard (Gajica, → *Schrift*) ein. Mit seiner *Pratika* (Bauernkalender), die er ab 1844 in hoher Auflage herausgab, mit den wirtschaftlichen, praktischen und kulturellen Beiträgen in den *Novice* sowie mit Fachliteratur hob er das Bildungsniveau der Bauern wesentlich. Trotz der Auseinandersetzungen mit den Anhängern radikaler liberaler und radikal katholischer Einstellungen wurde er zur Feier seines 70. Geburtstages mit der nationalen Anerkennung »Vater des slowenischen Volkes« ausgezeichnet.

Lit.: SBL; ÖBL; EJ; ES; OVSBL. – K. Glaser: *Zgodovina slovenskega slovstva.* [Ljubljana] 1896, 55–59; I. Grafenauer: *Zgodovina novejšega slovenskega slovstva*, 2. Ljubljana 1911, 38–81, 147–157; I. Prijatelj: *Duševni profili slovenskih preporoditeljev.* Ljubljana 1935; I. Prijatelj: *Borba za individualnost slovenskega knjižnega jezika v letih 1848–1857.* Ljubljana 1937. K. Sturm-Schnabl: *Franz Miklosich' Korrespondenz mit den Südslaven – Miklošičeva korespondenca z južnimi Slovani.* Maribor 1991, Br. 12 (14. 11. 1849), 29, 30, 31, 78, 81, 341, 376, 379 (1881 03. 05.); K. Sturm-Schnabl: *Miklosichs Bedeutung für die Slowenistik unter besonderer Berücksichtigung seiner Lesebücher für Mittelschulen.* In: *Wiener slavistisches Jahrbuch,* Band 53. Wien 2007, 229–239.

Igor Grdina; Üb.: Katja Sturm-Schnabl

Blüml, Rudolf (* 16. April 1898 Karnitzen/Krnica [St. Stefan an der Gail/Štefan na Zilji], † 28. September 1966 Klagenfurt/Celovec), Dompropst, Pädagoge, Publizist, Schulinspektor, Bildungspolitiker, Landtagsabgeordneter/Vertreter der Kirchen- und Religionsgemeinschaften im Kärntner Landtag, Staatswissenschafter.

Nach der Volksschule in St. Paul im Gailtal/Šentpavel na Zilji absolvierte B. das Gymnasium in Klagenfurt/Celovec (1910–1918). Nach dem Krieg studierte er zunächst in Klagenfurt/Celovec Theologie (1918), wechselte 1919 nach → Maribor und 1920 nach Ljubljana, wo er 1922 die Priesterweihe erhielt. Dann ging B. ans Wiener Augustineum, wo er Theodor Innitzer, dem Direktor des Augustineums und seinem späteren Doktorvater, sowie Ignaz Seipel begegnete, mit dem er freundschaftlich verbunden war. B. promovierte 1924 zum Doktor der Theologie mit der These *Paulus und der dreieinige Gott. Eine biblischdogmatische Studie* und 1926 bei Othmar Spann in Staatswissenschaften mit der Studie *Das Wesen der Organisation in ontologischer Begründung und soziologischer Anwendung.* Seine theologische Dissertation *Paulus und der dreieinige Gott* wurde 1929 veröffentlicht. B. betätigte sich in den 1930er-Jahren als Biograf des Prälaten und ehemaligen Bundeskanzlers I. Seipel und gab das Buch Seipels über den Frieden heraus. Einen Lehrauftrag für Staatswissenschaften schlug B. aus. Die liturgische Reformbewegung Pius Parschs bestimmte seine weitere Laufbahn. Ab 1928 arbeitete er im sozial-karitativen, liturgischen, spirituellen, pastoralen, pädagogisch-katechetischen und politischen Bereich in Kärnten/Koroška. Er leitete die neu errichtete slowenische Caritas-Abteilung, die Vorläuferin des slowenischen Pastoralamtes, und die Pfarre St. Johann im Rosental/Šentjanž v Rožu (1930). B. übernahm die Funktion eines Sachwalters der Hermagoras-Bruderschaft (→ *Mohorjeva*) und eines Sekretärs der Exerzitienbewegung der Diözese → Gurk/Krška škofija. Als Caritassekretär war er Ideengeber, Organisator und Ausübender seiner eigenen Theorien. Seine Theologie hatte eine anthropologische Komponente, die den Dienst am Menschen zum Ziel hatte. Das zeigte sich in seinem Ansatz der »Caritas religiosa« mit dem ekklesiologischen Aspekt (Caritasarbeit im Rahmen der Kirche), der »Caritas moralis« mit dem ethischen Aspekt (Caritasarbeit als moralische Verpflichtung) und der »Caritas socialis« mit dem Sozialaspekt (in Form einer Sozialethik). Wie ein roter Faden durchzieht der liturgische Aspekt die unterschiedlichen Ansätze karitativer Arbeit. Besonderes Augenmerk legte er auf die Jugendarbeit, die soziale Frage, die Suchtprävention und die Armutsfalle. Träger und Financiers der Caritasarbeit waren die Mitglieder der slowenischen Priesterbruderschaft → *Sodaliteta* und die *Mohorjeva*, nicht aber die Diözese Gurk/Krška škofija. Drei Jahre lang war B. slowenischer Prediger an der Heiligengeistkirche in Klagenfurt/Celovec (1930–1933). Von 1928 bis 1935 initiierte er den Bau von sechs Exerzitienheimen. 1933 wurde B. Mitglied der liturgischen und homiletischen Kommission in der Diözese Gurk/Krška škofija sowie Provisor in Göltschach/Golšovo und beeinflusste nachhaltig die Zweite Gurker Diözesansynode (1933). Als Publizist veröffentlichte er im Sonntagsblatt → *Nedelja* seine pastoralen Ideen und bestimmte inhaltlich die Linie des Blattes. Das Caritassekretariat verantwortete ebenso die Herausgabe und die Administration des slowenischen Kirchenblattes. Politisch war B. aktiv im Verband → *Slovenska krščansko-socialna zveza za Koroško* [Slowenischer christlich-sozialer Verband für Kärnten], dem er 1930 eine Annäherung an die deutsch christlich-soziale Partei empfahl. Dabei unterstützte ihn Vinko → Zwitter. 1934 wurde B. zum Domkapitular und zum Leiter des Bischöflichen Seelsorgeamtes für ganz Kärnten/Koroška ernannt, nachdem ihm der Lehrstuhl für Pastoraltheologie in Wien vorenthalten worden war. 1930–1938 war B. Professor an der Privatlehrerinnenbildungsanstalt der Ursulinen in Klagenfurt/Celovec und Erwachsenenbildungsreferent. Gleichzeitig publizierte er in beiden → Landessprachen. In der Zeit des Ständestaates war B. Abgeordneter als Vertreter des Bischofs bzw. als Vertreter der Kirchen- und Religionsgemeinschaften im Kärntner Landtag (1934–38), obwohl die österreichische Bischofskonferenz am 30. November 1933 die politische Betätigung der Priester und die Ausübung politischer Funktionen untersagt hatte. B. beschäftigte sich mit dem → Schulwesen und der sozialen Fürsorge. Nach der Auslöschung Österreichs wurde er als Landtagsabgeordneter entlassen, in seiner Arbeit als Seelsorger behindert und seine Privatkorrespondenz wurde beschlagnahmt. Der Caritasverband wurde in die *Arbeitsgemeinschaft der freien Wohlfahrtspflege in der Ostmark* eingegliedert, so dass die Caritas und B. ihre Arbeit in den Pfarren einstellen mussten. B. kümmerte sich in Klagenfurt/Celovec um die Jugend und war nach dem → »Anschluss« weiter für die Sparten Pastoralwesen, Liturgische Erneuerung, Exerzitien, Volksmissionen, Katholische Presse, Ewige Anbetung und das Predigtwesen zuständig. Im Herbst 1938 wurde er zum Dompfarrer berufen (1938–1950) und gleichzeitig zum Lehrbeauftragten für das Fach Pastoraltheologie an der Philosophisch-Theologischen Diözesanlehranstalt in Klagenfurt/Celovec. 1940 übernahm B. das Seelsorgeamt und die Funktion eines Stadtdechanten von Klagenfurt/Celovec. Am Palmsonntag, 6. April 1941, wurde B., Obmann der → Sodalitas, beim Mittagessen im Dompfarrhof von der Gestapo verhaftet und Ende April des Gaues verwiesen. Er fand zunächst bei den Elisabethinen in Wien Unterschlupf, ging nach St. Martin am Lofer (Salzburger Land), wo er bis Kriegsende blieb. Grund für den Gauverweis war seine politische Tätigkeit im Ständestaat. Ein steirischer Anwalt suchte 1942 über das Klagenfurter Ordinariat Kontakt zu B. Er hegte die Absicht, das Buch B.s über Prälat Seipel ins Esperanto zu übertragen, was B. zum Verhängnis hätte werden können. Schriften in Esperanto sowie die Herausgabe von Bibeln und Katechismen waren nämlich zur Zeit des Krieges verboten.

Quellen: ADG, KA Hs 26. *Liber memorabilium Capituli Gurcensis* 321.
Werke: *Paulus und der dreieinige Gott. Eine biblisch-dogmatische Studie.* Wien 1929; *Prälat Dr. Ignaz Seipel. Ein großes Leben in kleinen Bildern.* Klagenfurt 1933; *Ignaz Seipel, Mensch, Christ, Priester in seinem Tagebuch.* Wien 1933; R. Blüml (Red.): *Zweite Gurker Synode.* Klagenfurt 1933; R. Blüml (Hg.): *Ignaz Seipel: Der Friede. Ein sittliches und gesellschaftliches Problem.* Innsbruck [e.a.] 1937.
Lit.: *Naši rajni duhovniki.* Celovec 1968, 25–41; A. Malle: *Koroški Slovenci in katoliška cerkev v času nacizma.* In: A. Malle, V. Sima (Red.): *Narodu in državi sovražni. Pregon koroških Slovencev 1942 – Volks- und staatsfeindlich. Die Vertreibung von Kärntner Slowenen 1942.* Celovec/Klagenfurt 1992, 85–130 (deutsche Zusammenfassung: Die Kärntner Slowenen und die katholische Kirche, S. 131 f., zu Blüml S. 98–99); J. Till: *Prälat, Pädagoge und Politiker. Rudolf Blüml.* In: J. Mikrut (Hg.): *Faszinierende Gestalten der Kirche Österreichs*, 8. Wien 2003, 11–38; J. Stergar: *Blüml, Rudolf.* In: S. Karner (Hg.): *Kärnten und die nationale Frage* = S. Karner, A. Moritsch (Hg.): *Aussiedlung – Verschleppung – nationaler Kampf*, Band 1. Klagenfurt/Celovec [e.a.] 2005, 295; J. Marketz: *80 let pastoralnega načrtovanja in organiziranja na južnem Koroškem.* In: M. Vrečar (Hg.): *Južna Koroška in njena cerkvena podoba v 20. stoletju.* Celovec 2007, 169–231; D. Sturm: *Duhovniki Sodalitete in prosvetni domovi.* In: M. Vrečar (Hg.): *Južna Koroška in njena cerkvena podoba v 20. stoletju.* Celovec 2007, 233–258.

Josef Till

Bogoljub, Jg. 8, Nr. 5, 1910, INV

Bogoljub, *Cerkveni list za Slovence* [Gottesslieb. Kirchenblatt für Slowenen], *Cerkveni list za slovensko ljudstvo* [Kirchenblatt für das slowenische Volk], Ljubljana 8. Jänner 1903–November 1944. Gedruckt bei: Katoliška tiskarna (Ljubljana), Jugoslovanska tiskarna (Ljubljana). Herausgegeben von: Janez KALAN (bis 1925), Ivan RAKOVEC (1926–1942), Jože SODJA (1942–1944). Verantwortliche Redakteure: Janez KALAN (bis 1925), Alojzij MERHAR (1925–1926), Anton ČADEŽ (1926–1942, bis 1935 zusammen mit Ciril POTOČNIK, bis 1942 zusammen mit Josip ŠIMEC), Franc ZABRET (1942–1944). Erschien: bis 1906 zweimal monatlich, 1906–1944 einmal monatlich.

Die Zeitschrift B. erschien als Fortsetzung des *Venec cerkvenih bratovščin* [Kranz der kirchlichen Bruderschaften] (1896–1902), der von Frančišek UŠENIČNIK herausgegeben worden war. Verlegt wurde er von der *Katoliška bukvarna* [Katholische Buchhandlung] und deren Nachfolgerin *Jugoslovanska tiskarna* [Jugoslawische Druckerei] und richtete sich an eine konservative anspruchslose Leserschaft. Durch den Wechsel von Janez KALAN, der lange Jahre der Herausgeber gewesen war, zu Ivan RAKOVEC, dem Leiter des *Slovenec* (katholische Tageszeitung), kam es in der Redaktionspolitik zu Änderungen und Modernisierungen. Als der Politiker Jože SODJA, der ebenso in der Verwaltung des *Slovenec* wirkte, Herausgeber wurde, bemühte man sich, die slowenische, katholisch ausgerichtete Intelligenzia durch qualitative Beiträge zu gewinnen.

Quellen: NUK; TKM; OKK; UBM; SK.
Lit.: ES. – T. Debenjak: *Ob štiridesetem letniku Bogoljuba.* In: *Slovenec* 70/150 (1942) 3; R. Cefarin: *Beiträge zur Geschichte des kärntnerischen Tagesschrifttums. Geschichte des Zeitungswesens in Kärnten.* In: *Car I* 142 (1952) 540–609 (604).

Martin Grum; Üb.: Katja Sturm-Schnabl

Bohinjec, Peter (Ps. Branibor), Publizist, Mitarbeiter der Zeitschrift, → *Mlada Jugoslavija* [Junges Jugoslawien].

Bohničar, Jurij (Weinberg/Vinogradi) Vereinsvorsitzender, → *Trta, Katoliško slovensko izobraževalno društvo* [Katholischer slowenischer Bildungsverein Trta].

Bohorič, Adam (Bohorizh, * ca. 1520 bei Brestanica [Štajerska], † 20. November 1598 Deutschland), Protestantischer Pädagoge, Humanist, Philologe, Verfasser der ersten Grammatik der slowenischen Sprache.

In Wien machte B. 1547 das Bakkalaureat und studierte anschließend bei Philipp MELANCHTHON an der artistischen Fakultät in Wittenberg und war auch ausgebildeter Musiker. Er leitete von 1551 bis 1563 in Krško eine eigene Schule. Direktor der Landschaftsschule in Ljubljana war B. von 1566 bis 1582 und von 1595 bis 1598. Er verfasste um 1580 das (heute verschollene) Werk *Elementale Labacense cum Nomenclatura trium linguarum, Latinae, Germanicae et Sclavonicae* sowie die in Fragmenten erhaltene *Otročja tabla* [Kindertafel]. In die Geschichte des → Schulwesens eingegangen ist B. als Direktor der Landschaftsschule, für die er die erste (heute verschollene) Schulordnung verfasst hatte (1568). Diese wurde 1575 redigiert und ist als Handschrift erhalten geblieben. Seit 1581 war B. Mitglied der Revisionskommission für die slowenische Bibelübersetzung (→ Dalmatinbibel). Durch seine Tätigkeit als Sprachrevisor wurde er zum Verfassen seiner 1584 in Wittenberg publizierten → Grammatik mit dem Titel *Arcticae horulae succisivae, de latinocarniolana literatura, ad latinae linguae analogiam accomodata, [...]* angeregt. Diese Sprachlehre veröffentlichte B. in lateinischer Sprache und Schrift und legte ihr den zeitgenössischen europäischen grammatikalischen Forschungsstand zugrunde. Das Werk widmete er den »Söhnen der Steiermärkischen, Kärntner und Krainer Autoritäten« wobei die Wappen dieser Länder am Titelblatt zusammen dargestellt sind. Eine Einleitung beschreibt u. a. die Verbreitung der slawischen Sprachen, enthält eine tabellarische Übersicht über Schriften und Rechtschreibung sowie ein Kapitel über die Etymologie (Formenlehre und Wortbildung) und Satzlehre. Darin bestimmt B. auch die orthografischen Regeln der später nach ihm benannten Bohoričica (→ Schrift), die bis zur Mitte des 19. Jh.s für slowenische Texte und Bücher verwendet wurde. Die Grammatik von B. war in zwei gedruckten und in einer handschriftlichen Überarbeitung bis zum Ende des 18. Jh.s in Gebrauch. Eine dieser Überarbeitungen haben die → Jesuiten in Klagenfurt/Celovec 1758 in deutscher Übersetzung herausgegeben.

Werke: *Elementale Labacense cum Nomenclatura trium linguarum Latinae, Germanicae et Sclavonicae.* Ljubljana, [ca. 1580]; *Otrozhia [tabla].* Ljubljana 1580; *Arcticae horulae succisivae, de latinocarniolana literatura, ad latinae linguae analogiam accomodata, [...].* Wittenberg 1584; *Arcticae horulae fuccifivae – Zimske urice proste* (Üb. J. Toporišič). Maribor 1987.
Lit.: SBL; ES; OVSBL. F. Kidrič: *Otrozhju Tabla (uli Biblia) o. 1580.* In: ČJZK 4 (1924) 125–128; F. Kidrič: *Bohoričev Elementale Labacense cum Nomenclatura.* In: ČJZK 4 (1924) 128–130; F. Kidrič: *Slovenske knjige v protestantski stanovski šoli v Ljubljani 1563–1598.* In: ČJZK 4 (1924) 130–139; V. Schmidt: *Pedagoško delo protestantov na Slovenskem v XVI. stoletju.* Ljubljana 1952; Adam Bohorič: *Arcticae horulae: Die erste Grammatik der slowenischen Sprache: II. Teil: Untersuchungen.* München 1971; K. Ahačič: *Zgodovina misli o jeziku in književnosti na Slovenskem: protestantizem.* Ljubljana 2007 [darin weitere Literatur zur Grammatik B.s]; K. Ahačič: *The History of Linguistic Thought and Language Use in 16th Century Slovenia.* Frankfurt am Main [e.a.] 2014, 329 S.

Kozma Ahačič; Üb.: Katja Sturm-Schnabl

Bohoričica → Schrift.

Borgias Vitali, Franz, 1785–1793 Bürgermeister der Stadt Klagenfurt/Celovec, → Windisch, Christoph.

Borovlje. Slovensko prosvetno društvo »Borovlje« [Slowenischer Kulturverein »Borovlje« (Ferlach)]. → Kulturvereine waren bei den Slowenen immer auch Bildungsvereine, denn im Wort »prosveta« stecken die Begriffe Bildung und kulturelle Tätigkeit. Der *Slovensko prosvetno društvo »Borovlje«* [Slowenischer Kulturverein »Borovlje«] in → Ferlach/Borovlje zählt zu den ältesten Kultur- und Bildungsvereinen der Kärntner Slowenen

Bohorič, Landewappen, NUK

und in Kärnten/Koroška überhaupt, da er unwidersprochen in der Nachfolge aller vorhergehenden slowenischen Kultur- und Bildungsvereine in Ferlach/Borovlje und Umgebung steht.

Die ältesten, eher spärlichen Spuren organisierter slowenischer Kultur und Bildungstätigkeit in Ferlach/Borovlje reichen bis ins Jahr 1848 zurück. Die Zeitung → *Slovenec* berichtet, dass im Zuge des »Völkerfrühlings – *pomlad narodov*« im damals fast durchwegs slowenischen Ort im Jahre 1848 der Lehrer Gregor Sommer eine *čitalnica*, also einen slowenischen Leseverein gründete (→ Publizistik, → *Preporod*, → *Slovanska čitalnica*).

Am 4. Dezember 1870 wurde im Gasthaus Jurkelj in Dollich/Doli der Verein *Slovensko katoliško konstitucionalno društvo* [Slowenischer katholisch-konstitutioneller Verein] gegründet, der Sitz wurde 1874 nach Ferlach/Borovlje verlegt. Obmann war der Historiker

KS 21. 1. 1925
KS 26. 1. 1926

und Volkskundler Dr. Janez Šajnik (→ Scheinigg), sein Vize der Geistliche Valentin Legat, weiters erwähnt werden Pavel Rabič, Janez Ovčar-Jurkeljc, Urban Oraže-Ilovnik, Pfarrer Franc Godec, Franc Colarič und Lovro Zablačan. Obwohl der Verein sehr aktiv war und die gesamte gesellschaftliche und politische Elite der Ferlacher Slowenen mitwirkte, wurde er zehn Jahre später, im Jahre 1880, aus bisher unbekannten Gründen aufgelöst.

Wenn schon in Ferlach/Borovlje selbst die organisierte slowenische kulturelle Tätigkeit für einige Jahrzehnte verstummte, blühte sie in den umliegenden Orten umso mehr auf. Wie man sehen wird, wirkte diese periphere kulturelle Aktivität langfristig sehr befruchtend auf die Gründung verschiedener slowenischer Vereine im Zentrum, also in Ferlach/Borovlje.

Ab dem Jahr 1890 war in Glainach/Glinje die *Slovenska čitalnica* [Slowenischer Leseverein] sehr aktiv (→ *Slovanska čitalnica*), im Jahre 1903 wurde das *Slovensko pevsko društvo »Drava«* [Slowenischer Gesangsverein Drau] gegründet.

Am 12. März 1905 wurde im Gasthaus Kajzer in Unterloibl/Podljubelj, einer Arbeiterhochburg, das *Slovensko krščansko-socialno delavsko društvo za Podljubelj in okolico* [Slowenisch-christlichsozialer Arbeiterverein für Unterloibl und Umgebung] gegründet. Obmann war Gregorij Spöck, sein Stellvertreter Janez Sparovc, Radoslav Bizer war Schriftführer und Matevž Ogriz Kassier. Der Verein hatte 60 Gründungsmitglieder, von denen Janez Kuhar, Matevž Užnik, Lovro Smole, Valentin Lavsekar und Janko Amruš, Pfarrprovisor von Unterloibl/Podljubelj, ausdrücklich erwähnt werden. Vereinsziele waren Bildung, kulturelle Tätigkeit, Glaube und die Stärkung des slowenischen Identitätsbewusstseins.

Im Jahre 1906 wurde in Ferlach/Borovlje das *Tamburaško društvo »Strel«* [Tamburizzaverein Strel/Schuss] aus der Taufe gehoben (→ Tamburizzamusik), im Jahre 1908 entstanden die Filiale des → *Društvo sv. Cirila in Metoda* [Cyrill und Method-Verein] und das *Lovsko društvo »Artemis«* [Jagdverein Artemis], seit dem Jahre 1909 wirkte in Ferlach/Borovlje das *Slovensko telovadno društvo »Sokol«* [Slowenischer Turnverein Sokol/Falke]. Im Jahre 1908 wurde die *Hranilnica in posojilnica Borovlje* [Spar- und Darlehenskasse] gegründet und somit die slowenische kulturelle Szene in Ferlach/Borovlje und Umgebung auf eine starke und autonome wirtschaftliche Basis gestellt (→ Genossenschaftswesen). Zeitgleich wurde in → Windisch Bleiberg/Slovenji Plajberk ein Tamburizzaverein gegründet. Diese starke wirtschaftliche und kulturelle Präsenz, gepaart mit einer bedeutenden politischen Wirkung der slowenischen Gemeinderäte im lokalen Gemeinderat, war eine notwendige und logische Antwort auf das immer aggressivere Auftreten → deutschnationaler Vereine und Verbände wie »Südmark« und »Deutscher Schulverein« in der Stadt.

Zum Zwecke einer ungestörten und ungehinderten kulturellen Entfaltung wurden zwei slowenische Kulturheime in Unterloibl/Podljubelj (*Delavski dom* [Arbeiterheim]) und in Tratten/Trata (*Cingelc*) erbaut.

SPD Borovlje

Um die kulturelle Tätigkeit der Slowenen in Ferlach/Borovlje und Umgebung zu beleben, wurde im Oktober 1912 in Ferlach/Borovlje das *Katoliško slovensko izobraževalno društvo v Borovljah za Borovlje in okolico* [Katholischer slowenischer Bildungsverein in Ferlach für Ferlach und Umgebung] als Nachfolger des Arbeitervereins in Unterloibl/Podljubelj gegründet, der aufgrund interner Querelen seine Tätigkeit ruhend gestellt hatte. Zum Obmann wurde Radoslav Bizer (Jakob Wieser) gewählt, seine Stellvertreterin wurde Terezija Polič, Schriftführer wurde Kaplan Janez → Starc. Der Verein wurde Mitglied der *Slovenska krščansko-socialna zveza za Koroško* [Slowenischer christlichsozialer Verband für Kärnten], die damalige Dachorganisation der Slowenen in Kärnten/Koroška.

Anno 1909 spaltete sich nämlich der Verein in Unterloibl/Podljubelj aus weltanschaulichen Gründen in zwei Vereine. Es entstanden das *Kmečko društvo za Podljubelj in okolico* [Bäuerlicher Verein für Unterloibl und Umgebung] und das *Slovensko podporno društvo slovenskih kovinarjev na Koroškem* [Slowenischer Unterstützungsverein slowenischer Metaller in Kärnten]. Nach etwa drei Jahren lösten sich beide Gruppen auf.

In ihrer aktiven Zeit wurden insbesondere slowenische Theateraufführungen (»*igre*«) massiv und gezielt von deutschnationalen Kreisen gestört, der Erste Weltkrieg warf schon seine bedrohlichen Schatten (→ Laienspiel, → Theater).

Während des Krieges ruhte die Vereinstätigkeit. Im Jänner 1919, Ferlach/Borovlje war infolge der ungelösten Grenzfrage unter jugoslawischer Verwaltung, wurden Danijel Lavsekar zum Obmann und Ciril → Kandut zum Schriftführer gewählt, im Febuar 1920 übernahm Helena Ogriz aus Unterloibl/Podljubelj den Verein, Danijel Lavsekar wurde ihr Stellvertreter, Schriftführerin wurde Gusti Komploj.

Nach der → Volksabstimmung am 10. Oktober 1920 wurde die slowenische Kulturtätigkeit am 13. April 1924 mit dem Verein *Društvo slovenskih diletantov v Borovljah* [Verein slowenischer Dilettanten in Ferlach] auf neue Grundlagen gestellt und damit die slowenische Vereinstätigkeit in Ferlach/Borovlje ungebrochen weitergeführt. Obmann wurde Valentin Vertič, Jakob Wieser (Rado Bizer) sein Vize, Peter Krajner wurde Schriftführer, im Vorstand waren noch Josip Šušnik, Štefan Krajner, Mici Ilovnik, Franc Jamar, Hugo Friedl und Gusti Komploj. Die Chortätigkeit und die Theatergruppe wurden belebt (→ Chorwesen, → Laienspiel, → Theater). Obwohl die politischen, wirtschaftlichen und kulturellen Rahmenbedingungen der slowenischen Bevölkerung im Lande wegen des deutschnationalen Siegestaumels nach der Volksabstimmung 1920, des aufkommenden Nationalsozialismus und des allgemeinen wirtschaftlichen Niederganges immer beengter wurden, war ihre kulturelle Tätigkeit ungebrochen. Theaterstücke, Konzerte und vielfältige Fortbildungsangebote waren Schwerpunkte der Tätigkeit in einer Zeit der Depression.

1930 wurde Jakob Wieser zum Obmann gewählt, dann übernahm Peter Krajner den Verein und 1932 wurde erneut Valentin Vertič Obmann.

Am 11. Jänner 1940 wurde der Verein von den Nationalsozialisten aufgelöst bzw. verboten und das Kulturhaus beim Cingelc in Tratten/Trata enteignet. Am 14. und 15. April 1942 wurden etliche Familien (darunter auch Obmann Valentin Vertič und andere Vereinsmitglieder) von ihren Höfen vertrieben und dann ins Deutsche Reich deportiert (→ Deportationen 1942), am 29. April 1943 wurde Ivan Dovjak in Wien wegen Hochverrates enthauptet, einige Vereinsmitglieder kamen ins KZ, andere aber schlossen sich dem Partisanenwiderstand an.

Nach dem Zweiten Weltkrieg wurde die Vereinstätigkeit erneuert und der Verein unter dem Namen *Slovensko prosvetno društvo »Borovlje«* [Slowenischer Kulturverein »Borovlje«] wiedergegründet.

Valentin Vertič wurde am 18. August 1946 erneut zum Obmann gewählt, sein Vize wurde Martin Wieser, Schriftführer Janez Kerschitz. Der Verein wurde Mitglied der → *Slovenska prosvetna zveza* [Slowenischer Kulturverband] in Klagenfurt/Celovec.

Lit.: *80 let kulturnega delovanja v Borovljah in okolici/115 let Slovenskega katoliško-konstitucionalnega drštva v Borovljah*. Izdajatelj Slovensko prosvetno društvo »Borovlje«. Borovlje 1985.
Web: www.spdborovlje.at (20. 1. 2013).

Franz Wakounig

Borštner, Vincenc (Kulturaktivist), → *Slovanska čitalnica*.

Borut, dux → *Duces Carantanorum*.

Bosnien und Herzegowina, vgl. Sachlemmata: → Assimilation; → Binnenwanderung; → Dezemberverfassung 1867; → Emigration; → Maideklaration 1917; → *Narodni Svet za Slovenijo*; → Wiener Schriftsprachen-Vereinbarung; Personenlemmata: → Amrusch, Milan; → Strauss, Ivan; → Vedenik, Dr. Herman.

Buchcover: Jernej pl. Andrejka, Mohorjeva 1904

Grabstein in Poggersdorf/Pokrče, Foto Bojan-Ilja Schnabl

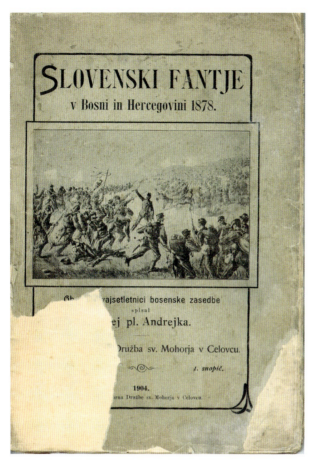

Bosnisch/Kroatisch/Serbisch (BKS), → Wiener Schriftsprachen-Vereinbarung.

Boštjančič, Šiman (Gründungsmitglied des Vereins, Kulturaktivist), → *Danica, Katoliško izobraževalno društvo* [Katholischer Bildungsverein Danica (Morgenstern)].

Božič, Valentin (* 6. September 1827 in der Pfarre Petschnitzen/Pečnica, † 2. September 1895 Poggersdorf/Pokrče), Priester in Poggersdorf/Pokrče.

Von B. gibt es in Ermangelung eines Personalakts im ADG nur rudimentäre Daten aus den kirchlichen Schematismen, woraus sein Geburtsort und seine Priesterweihe am 28. August 1850 hervorgehen sowie der Beginn seiner seelsorglichen Anstellung am 16. Oktober 1850.

Nach SINGER fällt B.s Wirken zwischen 1868 und 1895 in die Zeit der Entwicklung der beliebten slowenischen Marienwallfahrt in → Dolina/Dolina im Zentrum des → Klagenfurter Feldes/Celovško polje (vgl. auch → Kreuzweg; → Wallfahrten).

B.s slowenische → Grabinschrift in der Pfarrkirche in Poggersdorf/Pokrče lautet: »*Tukaj mirno počivajo / visokovredni gospod / Valentin Božič / župnik Pokerški / celih 27. let, / mašnik 45 let, stari 68 let, / umerli 2. Septembra 1895 / Usmiljenje o Jezus! Usmiljenje! / meni in ovčikam mojim!*« [Hier ruhen in Frieden / Hochwürden / *Valentin Božič* / Poggersdorfer Pfarrer / ganze 27 Jahre lang / Priester 45 Jahre, 68 Jahre alt / gestorben am 2. September 1895 / Bamherzigkeit o Jesus! Bamherzigkeit! / mir und meinen Schäfchen!].

Archive: ADG, Schematismen.
Quelle: Fotodokumentation Bojan-Ilija Schnabl; Todesanzeige in: *Mir*, Jg. XIV, Nr. 25 (10. kimovec [September] 1895) 102, Hinweis Peter G. Tropper.
Lit.: S. Singer: *Kultur- und Kirchengeschichte des Dekanates Tainach.* Klagenfurt/Celovec [e.a.] 1995, 176–177.

Bojan-Ilija Schnabl

Brabenec, Jan (Ivan, Janez, * 22. August 1871 Heralec, Böhmen, † 24. Dezember 1938 Gurnitz/Podkrnos), Priester, Kulturaktivist.

Bauernsohn, besuchte das Gymnasium in Havlíčkův Brod in Böhmen, wo er 1891 maturierte. Danach ging er an das Priesterseminar in Klagenfurt/Celovec, und wurde am 22. Juli 1894 vom Fürstbischof Josef → Kahn zum Priester geweiht. Am 1. Juli 1895 trat er die Stelle eines Kaplans in → Eisenkappel/Železna Kapla an. B. erlernte als Tscheche die slowenische Sprache, sodass er diese akzentfrei sprach. Mitte Juli 1896 kam er als Provisor an die Pfarre St. Thomas a. Z./Šenttomaž pri Celovcu. Im Jahre 1900 wurde er Pfarrer und blieb es bis zum 1. Oktober 1929, als er zum Propst von Gurnitz/Podkrnos ernannt wurde. Die Pfarre war starkem Assimilationsdruck ausgesetzt (→ Assimilation, → Germanisierung). Laut *Liber Memorabilium* wurden gemäß Beschluss des Kärntner Landtages vom 18. Februar 1910 Erhebungen durchgeführt, ob an jenen 30 Schulen im gemischtsprachigen Gebiet, in denen aufgrund des § 6 R. V. Sch. G. Deutsch als Unterrichtssprache vorgeschrieben war, dies auch im Religionsunterricht eingehalten wurde. Dabei kam zutage, dass dies nur auf 2 Schulen zutraf, während in 20 Schulen der Religionsunterricht in Deutsch und Slowenisch erfolgte, an 7 Schulen, darunter auch in St. Thomas/Šenttomaž, wurde der Religionsunterricht hingegen nur in slowenischer Sprache erteilt. Vom Landesschulrat wurde daraufhin ein Verbot des slowenischen Religionsunterrichtes durch einen Erlass im Sinne des Utraquismus gefordert (→ Schulwesen). B. verfasste ein Memorandum an das bischöfliche Ordinariat, in welchem er u.a. feststellte, dass von 94 Kindern nur 9 Deutsch konnten. Er brachte außerdem Argumente in Bezug auf die Bedeutung der → Muttersprache vor, die den Erkenntnissen der heutigen modernen Pädagogik entsprachen (→ Immersion; A. M. → Slomšek). Seine Zivilcourage manifestierte er am Ende des Memorandums, indem er schrieb: »Was einem recht ist, soll auch dem anderen billig sein. Aus Allem folgt, daß der ehrfurchtsvoll Gefertigte nach dem oben citierten Erlasse des k. k. Landesschulrathes nicht vorgehen kann, sonst müßte er I.) gegen sein Gewissen, II.) gegen die Kirche, III.) gegen die gesunde Pädagogik handeln. Auf Grund dessen bittet der ehrfurchtsvoll Gefertigte das hochwürdigste Ordinariat wolle in dieser Sache den gerechten Standpunkt der kath. Kirche verteidigen.« In einem gedruckten Rundschreiben der bischöflichen Kanzlei vom 11. Juli 1910 hatte sich die Kirchenbehörde die Entscheidung über die Sprache des Religionsunterrichtes im Sinne der Muttersprache der Kinder vorbehalten. (Alle Schreiben hielt B. im *Liber memorabilium* S. 342–348 in Abschrift fest). Auch weltlichen Behörden gegenüber verteidigt B. den Gebrauch der slowenischen Sprache, das zeigt sein Rekurs, als die Gesundheitsbehörde die slowenische Pockenimpfungsbestätigungen des Matrikelamtes auf Kosten der Pfarre übersetzen ließ (siehe dazu einen Bericht in *Mir 6/8 1910, Nr. 32*). Durch deutschnationale Agitatoren wurde die Bevölkerung verhetzt und gespalten, es wurde von beiden Seiten um die → Liturgiesprache, vor allem die Predigtsprache gekämpft. B. hielt im *Liber memorabilium* fest (S. 306), dass sich bei der Volkszählung 1890 in der Gemeinde St. Thomas/Šenttomaž 335 Personen als Slowenen und 114 Personen als Deutsche deklarierten, während es 1900 nur noch 37 Slowenen gegen 337 Deutsche waren. Für die Gemeinde Hörtendorf/Trdnja vas hielt er fest, dass sich 1890 449 Personen als Slowenen deklarierten und 302 Personen als Deutsche, während es 1900 nur noch 98 Slowenen und 682 Deutsche

Grabstein in Gurnitz/Podkrnos, Foto Bojan-Ilja Schnabl

waren. Am Palmsonntag 1910 gründete B. gemeinsam und generationenübergreifend mit jüngeren und älteren Gemeindebewohnern das *Katoliško slovensko izobraževalno društvo* → *Edinost Št. Tomaž* [Katholischer slowenischer Kultur- und Bildungsverein St. Thomas]. B. gehörte zu den ersten Ausschussmitgliedern; am 7. Juli 1910 wurde die slowenische *Hranilnica in posojilnica Št. Tomaž* [Spar- und Darlehenskasse St. Thomas], gegründet, deren erster Vorsitzender B. war (→ Genossenschaftswesen, Andrej → Sturm). Diese beiden Institutionen entfalteten eine weitreichende kulturelle und wirtschaftliche Tätigkeit in der Gemeinde, aber auch im weiteren Umland im → Klagenfurter Feld/Celovško polje und bis → Maria Saal/Gospa Sveta. B. war aktives Mitglied und weiser Mentor dieser Institutionen und sorgte für eine umfassende Bildung der Jugend. Für das Tamburizza-Orchester finanzierte er die Instrumente im Voraus (→ Tamburizzamusik). Sein Organist und Mesner Franc Roveredo leitete das Orchester und bildete Jugendliche auch in anderen Instrumenten aus. Ein besonderes Anliegen war B. die Vereinsbibliothek, mit der er eine intensive → Lesekultur unter seinen slowenischen »Pfarrkindern« bewirkte. B. war auch bei der Theatergruppe des *Društvo Edinost* als Leiter der Mädchengruppe tätig (→ Theater). Am 9. September 1915 wurde B. aufgrund einer Denunziation – er hätte vom Postwagen aus einem Mann »Eviva Italiano« zugerufen – vor dem Gericht des k. k. Gruppenkommandos Nr. 10 in Klagenfurt/Celovec zu einer verschärften Kerkerstrafe von 6 Monaten verurteilt (→ Militärgerichtsbarkeit).

B. besaß eine umfangreiche Privatbibliothek, hatte wissenschaftliche Interessen und befasste sich insbesondere mit Medizin. Er entzifferte auch eine antike Inschrift an der Südseite der Pfarrkirche St. Thomas/Šenttomaž, die er im *Liber memorabilium* festhielt. B. sorgte vorbildlich für die Instandhaltung und Verschönerung der Pfarrkirche St. Thomas/Šenttomaž und der beiden Filialkirchen St. Margareten/Šmarjeta und St. Lorenzen/Šentlovrenc (Jakobo → Brollo). Alle slowenischen Institutionen wurden von den Nationalsozialisten verboten, das Vermögen der *Hranilnica und Posojilnica* [Spar- und Darlehenskasse] von der Raiffeisenbank übernommen. Die aktivsten Familien wurden 1942 enteignet und nach Deutschland deportiert (→ Deportationen 1942).

Quellen: ADG; *Liber Memorabilium Parochue St. Thomasenses Zeiselberg.* Inceptus a die 1 me Januarii 1847; *Mir 6/8 (1910) Nr. 32; Podkrnos.* In: *Koroški Slovenec* (10.7.1935) (www.mindoc.eu); *Srebrni jubilej »Hranilnice in podojilnice v Št. Tomažu pri Celovcu«.* In: *Koroški Slovenec* (17. 7. 1935) (www.mindoc.eu).
Lit.: *Naši rajni duhovniki. Kratki oris njihovega trudapolnega dela in življenja.* Izdala krščanska kulturna zveza v Celovcu 1968, 41–44; K. Sturm-Schnabl: *Slovensko kulturno življenje v fari Št. Tomaž pri Čilberku od začetka 20. stoletja do nemške okupacije 1938.* In: KK 2009, 139–156; P. G. Tropper: *Nationalitätenkonflikt, Kulturkampf, Heimatkrieg. Dokumente zur Situation des slowenischen Klerus in Kärnten von 1914 bis 1921.* Klagenfurt 2002, 15, 41f., 51f., 63f., 124, 129 (Das Kärntner Landesarchiv 28).

Katja Sturm-Schnabl

Bramor, Franc (Vorsitzender der *Slovenska krščansko-socijalna zveza za Koroško* [Slowenischer christlich-sozialer Verband für Kärnten]), → Kulturvereine.

Brandner, Anton (* 11. September 1891 Susalitsch/Žužalče [Finkenstein/Bekštanj], † 22. Mai 1983 Maribor), Sozialarbeiter und ethnopolitisch engagierter Aktivist.

Nach der Grundschule in Fürnitz/Brnca schloss er 1908 die Handelsschule in → Villach/Beljak ab. Er wirkte aktiv im sog. → *Beljaško omizje* [Villacher Kreis] in → Villach/Beljak mit. Im Oktober 1909 kam B. nach → Trieste/Trst/Triest und arbeitete zunächst im Betrieb eines slowenischen Landsmanns Wiegele und Co. aus dem → Gailtal/Zilja. 1910 wechselte B. in die slowenische Konsum-Genossenschaft *Narodna delavska organizacija* [Slowenische Arbeiterorganisation] und war 1912 bis 1915, d.h. bis zu seiner Einberufung deren Sekretär. In dieser Funktion gelang es ihm im Küstenland/Primorje und in → Krain/Kranjska zahlreiche Arbeiter und einfache Angestellte – insbesondere auch die Jugend – zu gewinnen, die mit dem »neutralen« Standpunkt der Sozialdemokratie in der nationalen Frage nicht einverstanden waren. Im November 1918 schloss er sich als Agent und slowenischer Propagandist den Vorbereitungen der → Volksabstimmung an. Ende 1920 musste er Kärnten/Koroška verlassen (→ Vertreibung 1920). Im November 1920 wurde er in die jugoslawische verfassunggebende Versammlung gewählt und damals intervenierte er auch mehrmals bei der jugoslawischen Regierung, um die Kärntner Slowenen aus ihrer Situation zu retten (→ Jugoslawien, → Vereinswesen in Jugoslawien). 1923–1924 war er Sekretär der Partei *Narodno-socijalna zveza* [National-sozialer Bund] und Redakteur der Zeitschrift *Nova pravda* [Neues Recht]. 1925 fand er eine Beschäftigung beim Magistrat in → Maribor (im Bereich Sozialwesen, bis

1941 und danach wieder 1946–1949). 1941 wurde er von den Nationalsozialisten nach Ljubljana vertrieben, war dort Mitarbeiter der slowenischen *Osvobodilna fronta* (OF) [Befreiungsfront] und kehrte im Juni 1945 nach Maribor zurück. 1928/29 war er Gründungsmitglied des → *Klub koroških Slovencev* (KKS) [Klub der Kärntner Slowenen], 1948–1976 Vorsitzender von dessen Zweigverein in Maribor und später Ehrenvorsitzender des KKS in Maribor und Ljubljana. Er war auch Ausschussmitglied der *Zveza prostovljcev borcev za severno mejo* [Verband der Freiwilligen Kämpfer/Veteranen für die Nordgrenze]. Als Vorsitzender des Fonds → »Prežihov Voranc« (Lovro Kuhar) unterstützte er die Kulturtätigkeit der Kärntner Slowenen.

Lit.: ES; OVSBL. – *Tone Brandner, osemdesetletnik*. In: *Slovenski vestnik*, Nr. 40 (1525), 8. 10. 1971, 4; B. de Corti: *Kako je bilo v poslanskih klopeh pred 50 leti*. In: *Večer*, 13. 8. 1973, 3; J. Kuster: *Anton Brandner (1891–1983)*. In: *TV-15*, 4. 8. 1983, 13; J. Natek (Hg.): *Kronika Kluba koroških Slovencev v Mariboru 1928–1988*. Maribor 1988, 90–91; A. Suppan: *Jugoslawien und Österreich 1918–1938, bilaterale Außenpolitik im europäischen Umfeld*. Wien 1996, 649–654; S. Karner, V. Sima, J. Stergar: *Wer war wer? Slowenen in Kärnten – Deutschkärntner in Slowenien*. In: S. Karner, A. Moritsch (Hg.): Aussiedlung, Verschleppung, nationaler Kampf. Klagenfurt/Celovec [e.a.] 2005, 295; D. Grafenauer: *Življenje in delo Julija Felaherja in koroški Slovenci* (Phil. Diss., Univerza v Mariboru). Maribor 2009, 164–168.

Janez Stergar; Üb.: Valentin Sima, Bojan-Ilija Schnabl

Brandstätter, Valentin (* 5. Jänner 1891 Feistritz a. d. Gail/Bistrica na Zilji, † 1. Jänner 1968 Klagenfurt/Celovec), Priester, Propst von Eberndorf/Dobrla vas.

B. entstammte einer alteingesessenen slowenischen Bauernfamilie aus dem unteren → Gailtal/Spodnja Zilja, die vom 17. bis ins 19. Jh. in großem Stil auch im Fuhrwerk und Handel tätig war. Seine Mutter entstammte einer slowenischen Holzhändler- und Bauernfamilie aus Achomitz/Zahomec. B. besuchte die Volksschule in seinem Heimatort, danach als Zögling des Fürstbischöflichen Seminars → Marianum das Gymnasium in Klagenfurt/Celovec (Matura 1912), wo er im Anschluss in das → Priesterseminar eintrat und am 18. Juni 1916 zum Priester geweiht wurde.

Zu seinen Lehrern zählte der spätere Bischof Gregor → Rožman. Seinen Dienst in der Seelsorge begann B. als Kaplan in → Ferlach/Borovlje, anschließend wurde er Kaplan in → Bleiburg/Pliberk. Von 1920 bis 1925 war B. Kaplan und später Provisor in → Eisenkappel/Železna Kapla, ehe er 1925 zum Pfarrer von St. Ruprecht/Šentrupert pri Velikovcu bestellt wurde. Dort unterstützte er insbesondere die slowenischen → Schulschwestern, die in St. Ruprecht/Šentrupert seit 1896 eine private slowenische Schule (→ *Narodna šola*) führten, die nach dem Ersten Weltkrieg erneuert und als Haushaltungsschule geführt wurde. Nach dem Tod von Dechant Hribar (1935) wurde er zum Stadtpfarrer und Dechanten von Bleiburg/Pliberk bestellt, musste als Slowene während des Nazi-Regimes die Pfarre 1941 verlassen und war nach kurzer Tätigkeit in Launsdorf und Malta Provisor von St. Jakob im Lesachtal. Von 1945 bis 1957 war B. Pfarrer von Kappel an der Drau/Kapla ob Dravi, von 1957 bis zu seinem Tod Propst und Dechant von Eberndorf/Dobrla vas.

Quellen: Pfarrarchiv Feistritz a. d. Gail/Bistrica na Zilji, Taufbuch. Liber memorabilium I und II zu den Jahren 1916 und 1968

Lit.: *Naši rajni duhovniki*. Klagenfurt/Celovec 1968, 44–47; A. Malle: *Koroški Slovenci in katoliška cerkev v času nacizma*. In: A. Malle, V. Sima (Red.): Narodu in državi sovražni. Pregon koroških Slovencev 1942 – Volks- und staatsfeindlich. Die Vertreibung von Kärntner Slowenen 1942. Celovec/Klagenfurt 1992, 85–130 (deutsche Zusammenfassung: Die Kärntner Slowenen und die katholische Kirche, S. 131 f., zu Brandstätter S. 99); P. Wiesflecker: *Ein Feistritzer als Propst von Eberndorf. Ein Lebensbild zum 40. Todestag von Propst Valentin Brandstätter (1891–1968)*. In: *Mitteilungsblatt der Gemeinde Feistritz an der Gail* 2 (2008) 12–13; P. Wiesflecker: *»… hast halt doch noch deine liebe Heimat …« Die Aussiedlung slowenischer Familien aus dem Gebiet der Gemeinden Feistritz an der Gail und Hohenthurn*. In: *Car. I* 202 (2012), 435–470, v. a. 448–449.

Peter Wiesflecker

Bratoljub (Zeitschrift), → Publizistik.

Brauch *(šega)*. Bräuche und Gewohnheiten können aus kulturgeschichtlicher Perspektive als vorab bestimmte Verhaltensmuster von einzelnen Personen oder von Personengruppen definiert werden, die von den Vorfahren oder von anderen Gesellschaftsgruppen übernommen wurden bzw. das Resultat einer jüngeren Handlung von Einzelnen oder Gruppen sind. Die mit einem Brauch verbundenen Handlungen sind von einer höheren formalen Stufe gekennzeichnet, verbunden mit dem Übernatürlichen und können die Feierlichkeit des Augenblicks betonen. Bräuche sind eine der zentralen Quellen zur Erforschung der Gesellschaften für Ethnologen und Kulturanthropologen (→ Ethnologie), da sie vielfach mittelbar oder unmittelbar auch den kulturellen Kontext einer Gesellschaft spiegeln, in denen sie gepflegt werden, und sich unter anderem auch Prozesse der → Inkulturation nachweisen lassen (vgl. auch Ložar-Podlogar 2007, 600; Kuret 1974, 69–80; Buckser 1997, 410–412).

Institut Urban Jarnik

»Pranganje« [Umzug], Diex/Djekše, slowenischer Kirchenchor 1961

Am häufigsten werden Bräuche wie folgt eingeteilt:

Bräuche des Lebenszyklus. Dabei handelt es sich um Verhalten des Einzelnen oder von Gruppen, die mit verschiedenen Meilensteinen des Lebens in Verbindung stehen, wie Geburt, Hochzeit, Primiz, Namenstag, Geburtstage, Tod, Anfang oder Ende der Schulzeit, Feste zu verschiedenen Jahrestagen (Hochzeiten, 50 Jahre, …) u.a.

Vor allem die Bräuche des Lebenszyklus sind vielfach verbunden mit Übergangsriten von einem Zustand zum anderen. Die Bräuche des Lebenszyklus beinhalten zahlreiche apotropäische, d.h. abwehrende Elemente wie z.B.: Bei der Brautabholung vor der eigentlichen Hochzeit werden dem Bräutigam zunächst falsche Bräute gegeben, da diese die bösen Kräfte überwinden helfen, die der »richtigen« Braut schaden wollen (Zablatnik 1982, Kuret 1998a, 1998b, Bogataj 1992).

Bräuche des Jahreszyklus. Das sind Bräuche zu verschiedenen Festtagen im Laufe eines Kalenderjahres, die staatlich oder kirchlich sein können. Die kirchlichen Festtage teilen sich in die großen, fest vorgeschrieben (und ev. arbeitsfreien) Kirchenfeste mit überregionalen und regionalen Riten und Bräuchen: Mariä Himmelfahrt, Ostern, Weihnachten, Heilige Drei Könige (→ Dreikönigssingen/*trikraljevsko koledovanje*). Dazu zählen auch die übrigen kirchlichen oder staatlichen Festtage wie → Kirchtage, Namenstage von Heiligen (Johannes der Täufer, Mariä Himmelfahrt, hl. Michael, hl. Bartholomäus, Stephanitag usw.) und solche, die mit besonderen lokalen Bräuchen verbunden sind, wie z.B. → Wallfahrten (das sog. Striezelwerfen/*metanje krzejev* im Gedenken an die hl. → Hildegard von Stein/Liharda Kamenska), das Florianisingen (→ *Florijana peti*) oder das → *Ante pante populore* u.a. Diese Feste werden in der Regel periodisch begangen. Die Feiertage und damit die Bräuche, die damit einhergehen, sind vielfach arbeitsfrei, es werden Glückwünsche ausgesprochen, besondere Speisen werden dargeboten, Festtagskleidung und/oder Kostümierungen werden getragen (→ Bekleidungskultur, → Gailtaler Tracht) (vgl. Ložar-Podlogar 2007: 463; Bogataj 2011; Zablatnik 1982, 1984; Kuret 1998a, 1998b)

Bräuche des Arbeitszyklus. Dabei handelt es sich um Verhalten des Einzelnen oder von Gruppen, die sich vor oder nach getaner Arbeit bzw. während der Arbeit manifestieren und die ritualisierte und/oder dem Vergnügen bestimmte Formen haben. Meist wird damit der Beginn oder das Ende einer Arbeit formalisiert (z.B. das Gebet der Bergarbeiter vor dem Abgang in den Stollen, die Segnung des Viehs vor dem ersten Pflügen, bzw. danach etwa bei der Dachgleichenfeier *[likof]*, bei der nach getaner Arbeit die Leute bewirtet werden und

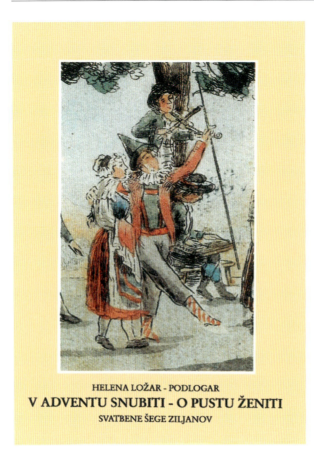
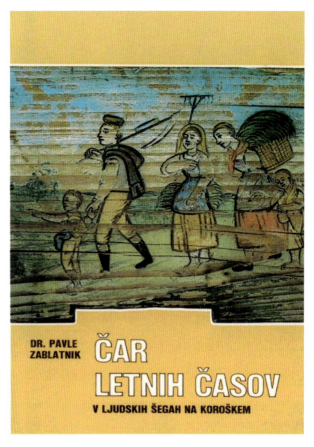

Buchcover, Mohorjeva

Buchcover, Mohorjeva

vielfach auch Veranstaltungen mit → Tanz geboten werden).

Bräuche des Arbeitszyklus wurden von verschiedenen Personengruppen begangen, wie den Industriearbeitern, Handwerkern, Müllern, Säge- und Waldarbeitern, Bergleuten, Köhlern u.a. Die häufigsten Bräuche des Arbeitszyklus sind aus dem landwirtschaftlichen Bereich tradiert. Traditionell waren die Bräuche meist mit der Viehzucht verbunden (z.B. Bräuche, die die Gesundheit des Viehs und dessen Schutz vor Zaubersprüchen gewährleisten sollten) oder mit dem Ackerbau, um die Fruchtbarkeit und den Ertrag zu sichern (z.B. Segnung der Felder). Wegen der zunehmenden Industrialisierung und Veränderungen in der Landwirtschaft in der Zwischenkriegszeit und in den Jahrzehnten nach dem Zweiten Weltkrieg wurden vielfach gemeinschaftliche Tätigkeiten und die damit verbundenen Bräuche aufgegeben (z.B. das gemeinschaftliche Streu rechen (→ steljeraja), das Flachsbrechen, die Ernte, die Ausfuhr von Dung, die Heumahd u.a.) (vgl. Ložar-Podlogar 1995, 2007: 82–83 und 600; Zablatnik 1982, 1984; Bogataj 2011; Kuret 1998 a, 1998 b).

Niko Kuret hob hervor, dass Bräuche auch nach anderen Kriterien, wie z.B. hinsichtlich der Funktion oder der Struktur unterschieden werden können. Im ersten Fall können sie etwa mit der Heilung von Kranken in Verbindung stehen, im zweiten mit unterschiedlichen Formen des Wirtschaftens und der Wirtschaftsgeschichte u.a. (Kuret nach Weber-Kellermann 1974, 79).

Die Funktionen der Bräuche sind vielfältig. Da für den Einzelnen die Einhaltung eines Brauches eine gewisse Stufe des Zwangs darstellen kann, ist damit eine der bedeutendsten Funktionen von Bräuchen verbunden, nämlich die gesellschaftliche Kohäsion und die Herstellung der gesellschaftlichen Ordnung. Ein Beispiel dafür waren die verschiedenen Burschenvereinigungen. Die Mitglieder wurden darin erst zur Volljährigkeit aufgenommen. Damit erhielten sie auch gewisse informelle Rechte, wie die Maut beim Hochzeitszug (šranganje < * dt. Schranke), das Fensterln (vasovanje) u.a., sowie Pflichten, die vielfach im Ausrichten von Festen und Bällen bestanden. Mit der Hochzeit verlor der Einzelne diese Rechte wieder.

Bräuche können auch die gesellschaftliche Solidarität hervorheben, was insbesondere bei den Bräuchen

Buchcover, Mohorjeva

des Arbeitszyklus nachvollzogen werden kann, da sie vielfach von der nachbarschaftlichen Hilfe gekennzeichnet waren (Makarovič M. 1979).

Die Einhaltung von Bräuchen stellt den Einzelnen in eine Beziehung zur Gesellschaft, in der er lebt. Mit den Mustern, die die Menschen mit Bräuchen wiederholen, können auch gesellschaftliche Unterscheidungen gefestigt werden. Bei Hochzeiten etwa spiegelte die Sitzordnung oder der ständige Sitzplatz des Hausherrn die soziale Differenzierung und die Verhältnisse zwischen den Menschen und ihre soziale Hierarchie (Makarovič G. 2007, 526; Makarovič G. und Godina-Golja 2007, 360).

Bräuche wirken auch auf der psychologischen Ebene, was insbesondere von Kuret und Buckster hervorgehoben wurde (1997, 411). Letztere lassen sich insbesondere bei den mit dem Tod verbundenen Bräuchen feststellen, weil sie verschiedene Formen der (kollektiven) Trauer beinhalten. Ähnliches kann bei den Bräuchen festgestellt werden, bei denen geweihte Gegenstände verwendet werden, so das Verbrennen von geweihtem Holz vor Hagel, das Entzünden einer geweihten Kerze bei einem Sterbenden u. a. Diese Bräuche drücken die grundlegende Bändigung der Angst und Machtlosigkeit des Einzelnen vor unvorhersehbaren und unangenehmen Situationen aus.

Besonders bedeutend sind die Übergangsbräuche, die mit apotropäischen Handlungen verbunden sind, die Sicherheit bei der Veränderung des Status bieten. Das sind etwa der Übergang vom unverheirateten zum verheirateten Status oder vom Leben in den Tod. Die Übergangsbräuche umfassen drei Teile: den Ritus der Trennung, jenen des Übergangs (im engeren Sinn) und den Ritus der Einbindung (Ložar-Podlogar 2007: 500–501; Gennep 2000). Übergangsbräuche finden sich im Kalender- und Jahreszyklus, z. B. beim Übergang vom Winter zum Frühling, am Ende oder am Beginn der Arbeit u. a.

Sobald ein Brauch in einer Gesellschaft seine Funktion verliert, wird er in der Regel aufgelassen, verändert oder durch einen anderen ersetzt. Die Unterscheidung zwischen Bräuchen und Gewohnheiten ist nicht klar definiert, da ein Brauch in eine Gewohnheit übergehen kann und umgekehrt. Eine Gewohnheit ist zwar ähnlich wie ein Brauch eine repetitive, vorbestimmte Tätigkeit, doch im Unterschied zum Brauch ist diese nicht mit dem Übernatürlichen verbunden, ist nicht symbolbehaftet und erfordert keine besondere Feierlichkeit. Die Einhaltung eines Brauches ist im Unterschied zur Gewohnheit verbindlicher. Die Nichteinhaltung eines Brauches kann für den Einzelnen oder für die Gruppe größere Folgen mit sich bringen als die Nichteinhaltung einer Gewohnheit (nach Kuret 1974 und 2007, 360). Gewohnheiten können alltäglich sein (wie das morgendliche Kaffeetrinken, der Nachmittagsschlaf …) oder keinen regelmäßigen Charakter haben (wie das zeitweilige Trinken von Wein bei einer Mahlzeit …).

Besondere Verdienste insbesondere um die wissenschaftliche Aufarbeitung des slowenischen **Brauchtums** in Kärnten/Koroška hat das slowenische Volkskunde-Institut Urban Jarnik (*Slovenski narodopisni inštitut Urban Jarnik*) in Klagenfurt/Celovec (→ Zablatnik, Dr. Pavle).

Lit.: SEL (2007) (N. Kuret: Navada; H. Ložar-Podlogar: Delovne šege; H. Ložar-Podlogar: Šega; H. Ložar-Podlogar: Praznik; H. Ložar-Podlogar, I. Stavec-Gradišnik: Rittes de passage; G. Makarovič: Sedežni red za mizo; G. Makarovič, M. Godina-Golja: Navade in pravila vedenja pri jedi). – N. Kuret, Niko: *Ziljsko štehvanje in njegov evropski okvir = La quintaine des slovènes de la valée de la Zilia (Gailtal) et son cadre européen.* Ljubljana, 1963; N. Kuret: *Navada in šega.* In: *Traditiones* 3 (1974) 69–80; M. Makarovič: *Medsebojna pomoč na vasi na Slovenskem.* Tovarna poljedelskega orodja, kmetijskih strojev in livarskih izdelkov. Ljubljana 1979; P. Zablatnik: *Ljudska verovanja, šege in navade na Koroškem.* Celovec 1982; P. Zablatnik: *Čar letnih časov v ljudskih šegah na Koroškem: Stare vere in navade na*

Slovenski etnografski muzej, Ljubljana

Koroškem. Celovec 1984; J. Bogataj: *Sto srečanj z dediščino na Slovenskem*. Ljubljana 1992; P. Zablatnik: *Volksbrauchtum der Kärntner Slowenen*. Klagenfurt, Celovec [u.a.] 1992; H. Ložar-Podlogar: *V adventu snubiti – o pustu ženiti: svatbene šege Ziljanov*. Celovec 1995; N. Kuret: *Das festliche Jahr der Slowenen. Brauchtum im Jahreslauf*. Klagenfurt, Wien [u.a.]. Celovec: 1996; *Das kleine Buch der Kärntner Bräuche*. Sonderausg., Nachdr. der »Cultur-Studien über Volksleben, Sitten und Bräuche in Kärnten«. Graz 1996; A. S. Buckser: *Ritual*. In: The Dictionary of anthropology. Thomas Barfield, ed. Malden, Oxford, Carlton, Victoria 1997; N. Kuret (1998 a): *Praznično leto Slovencev: Starosvetne šege in navade od pomladi do zime*. Prva knjiga. Ljubljana 1998; N. Kuret (1998b): *Praznično leto Slovencev: Starosvetne šege in navade od pomladi do zime*. Druga knjiga. Ljubljana 1998; A. Van Gennep: *The rites of passage*. Chicago 2000; P. Wiesflecker: *»Zakaj bi ne vrisku« – Von Liebe und Liebelei, »Prentln« und »Verehren«*. In: a Jahr. Brauchtumslieder aus Feistritz/Gail und Umgebung. Gesammelt von Franz Mörtl. Mit volkskundlichen Beiträgen von Peter Wiesflecker, hg. von der Singgemeinschaft Oisternig. Klagenfurt 2008, 13–17; F. Franzisci: *Kulturstudien über Volksleben, Sitten und Bräuche in Kärnten*. Hg. u. kommentiert von G. Biermann [Neuaufl.]. Klagenfurt 2009; J. Bogataj: *Slovenija praznuje: Sodobne šege in navade na Slovenskem*. Ljubljana 2011; P. Wiesflecker: *Hiša kot »sveti kraj« v ljudskem verovanju in običajih pri koroških Slovenih / The House as »Sacred Place« in Folk Belief and Customs of Slovenes Living in Koroška*. In: ČZN 82/4 (2011), 193–206; P. Wiesflecker: *»Jetzt weicht die Welt vor mir zurück!« Sterben, Tod und Ewigkeit in der bäuerlichen Welt Südkärntens*. In: Th. Heimerl, K. Prenner (Hg.): Vergänglichkeit. Religionswissenschaftliche Perspektiven und Thesen zu einer anthropologischen Konstante. Graz 2011, 113–133; P. Wiesflecker: *Šip, šap! Buag daj srenča!« Anmerkungen zum Brauchtum des Unschuldigen Kinder-Tages*. In: Pr'Zilə / Im Gailtal (Dezember 2013), 6 f.; P. Wiesflecker: *»Pel bom Gospodu …«*. In: KMD 2012. Klagenfurt/Celovec [e. a.] 2011, 51–57; E. Gašperšič [e. a.] (Hg.): *Dr be Zila kna biva: ljudske pesmi z Zilje iz zapuščine Lajka Milisavljeviča*. Celovec [e. a.] 2014; M. Gorinšek: *Otroški jezik in ohranjanje slovenskega kulturnega izročila na Koroškem*. In: KK 2015. Celovec 2014, 95–99; I. Ilich: *Marija išče prenočišče, Obujanje stare ljudske šege*. In: KK 2015. Celovec 2014, 100–112; A. Wernitznig (Hg.), F. Mörtl, P. Wiesflecker: *»Mi žalimo …« Weihnachtliche Lieder und Bräuche im Unteren Gailtal*. Klagenfurt 2014. **Web**: *Slovenski narodopisni inštitut*/Slowenisches Volkskunde-Institut – Urban Jarnik www.ethno.at (31. 1. 2013).

Tomaž Simetinger; Üb.: Bojan-Ilija Schnabl

Brauchtum, vgl. → Brauch, → Chorwesen, → Volkslied, → Volkskunst.

Brdo, Katoliško slovensko izobraževalno društvo [Katholischer slowenischer Bildungsverein Egg], gegründet am 15. Februar 1903 in Egg/Brdo im → Gailtal/Zilja. Er ist neben St. Jakob im Rosental/Šcntjakob v Rožu der zweite derartige Bildungsverein, der sich die religiöse Bildung und vor allem die Festigung der slowenischen Identität zum Ziel setzte. Der Bildungsverein baute auf der Tätigkeit der Ortsvereine des slowenischen Schulvereins → *Družba sv. Cirila in Metoda* (CMD) [Bruderschaft der hll. Kyrill und Method] im Gailtal/Zilja (Feistritz/Bistrica und St. Stefan/Štefan na Zilji) sowie in → Villach/Beljak auf.

An der Gründungsversammlung nahmen über 100 einheimische Bürger teil. Erster Vorsitzender wurde der → Abgeordnete zum Landtag Franc → GRAFENAUER, vlg. Plic aus Brugg/Moste, zum Vizepräsident wurde Anton WARMUTH, vlg. Miklavčič aus Fritzendorf/Limarče, gewählt, zum Sekretär der örtliche Priester Anton ŠTURM (→ Militärgerichte im Ersten Weltkrieg). Die Mitglieder des ersten Ausschusses waren Janez FLAŠBERGER, vlg. Otart aus Micheldorf/Velika vas, Vinko RAUTER, vlg. Vedenič aus Mellach/Mele, Valentin BRUGGER jun., vlg. Voltov aus Brugg/Moste, sowie Martin PETRIČ, vlg. Kovač aus Egg/Brdo.

Unmittelbar nach der Gründung des Vereins richteten die Mitglieder eine Bibliothek ein, organisierten einen Chor (→ Chorwesen), ab 1909 wurden auch Theaterstücke aufgeführt (→ Theater). Die schärfsten Gegner des slowenischen Kulturlebens waren die Lehrer, die die Auftritte der Vereinsmitglieder zu verhindern versuchten. Diese Auftritte fanden im Gasthaus JANŠIC in Egg/Brdo, im Gasthaus von Matevž GRAFENAUER in Micheldorf/Velika vas sowie im Festsaal des Pfarrhauses in Egg/Brdo statt. Das Archiv des Vereins wurde zweimal zerstört, das erste Mal während des Ersten Weltkrieges anlässlich der Festnahme von Franc → GRAFENAUER und des Priesters Anton ŠTURM sowie in der Zeit des Nazi-Terrors 1941. Nach dem Ersten Weltkrieg begann das Kulturleben nur langsam wieder aufzuleben, denn Festnahmen und Vertreibungen der führenden Kulturschaffenden hatte die slowenische Bevölkerung stark eingeschüchtert (→ Internierungen 1919, → Vertreibung 1920). Franc GRAFENAUER musste 1919 nach Slowenien bzw. Jugo-

Brdo und Melviče, Vereins- bzw. Bibliotheksstempel, Fot/ Archiv Vincenc Gotthardt

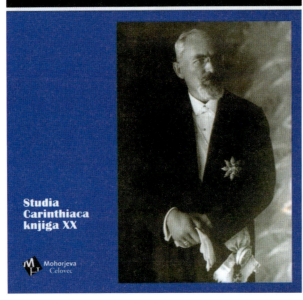

Buchcover, Mohorjeva

slawien flüchten, anstelle von Anton Šturm wurde in der Pfarre ein deutschsprachiger Pfarrer vom bischöflichen Ordinariat eingesetzt, der dem Slowenischen nicht wohl gesinnt war. Erst 1923 wurde das Vereinsleben wieder aufgenommen. Um den Slowenen wieder Mut zuzusprechen, nahm an den Vereinsaktivitäten der Pfarrer und Landtagsabgeordnete Vinko → Poljanec teil. Die Vereinsmitglieder aktivierten den Chor, was besonders dem Chorleiter Urh Rauscher zu verdanken war (→ Chorwesen). 1928 wurde im Haus von Warmuth in Fritzendorf/Limarče ein Haushaltskurs von Milka → Hartman abgehalten. Als Reaktion auf die erfolgreiche Tätigkeit des Bildungsvereins gründete die Lehrerschaft 1930 einen Zweigverein des Schulvereins Südmark (→ Deutschnationale Vereine). Es wurde ein Kochkurs abgehalten, bei dem nach Überlieferung bei Geldstrafe der Gebrauch der slowenischen Sprache verboten war. Am 6. Juni 1937 nahm der Chor am *Ziljski dan* [Gaitaler Tag] teil, einer Großveranstaltung beim Prangar in Sigmontitsch/Zmotiče. Trotz der großen Widerstände wirkte der Bildungsverein bis zu seinem Verbot mit dem Überfall Nazi-Deutschlands auf → Jugoslawien. Nach dem Krieg gelang es nicht mehr, die Tätigkeit des Vereins wiederaufzunehmen.

Lit.: KLA; J. Felaher: *Prosveta na Brdu in v Melvičah*. In: KSK 1959. Celovec, 112–128; H. Janschitz: *Vereinsleben in der Gemeinde Egg*. In: *Dulški zvon*, Februar 1983, 4–5; I. Destovnik: *Slovenska kulturna društva*. In: KK 2000. Celovec 1999, 48–201.

Uši Sereinig; Üb. Bojan-Ilija Schnabl

Brejc, Janko (* 18. November 1869 Brezje [Tržič, Gorenjska], † 6. April 1934 Ljubljana), Anwalt, Politiker, Landtagsabgeordneter in Krain/Kranjska, Präsident der Landesregierung für Slowenien.

B. studierte 1890–1895 Jus an der Universität Wien und war während dieser Zeit gemeinsam mit jungen slowenischen katholischen Intellektuellen Gründungsmitglied und Akteur des Vereins *Danica* [Morgenstern]. Bis zu seinem Tod blieben die beiden Hauptpunkte des Vereinsprogramms – der Kampf für den Katholizismus und die Stärkung des Nationalstolzes – die zentralen Grundsätze seiner Politik. Nach Beendigung des Studiums wurde B. Konzipient in der Anwaltskanzlei von Ivan Šušteršič, der später die Führung der *Kranjska katoliška narodna stranka* [Krainische katholische Volkspartei] übernahm. Beide wurden zu politischen Weggefährten, wobei B. von seinen liberalen Gegnern als »des nervösen Advokaten nervöser Konzipient« apostrophiert wurde. Nach mehreren Monaten in → Ljubljana kehrte er wieder nach Wien zurück, schloss sein Anwaltspraktikum ab und war Mitarbeiter bei der Redaktion der katholischen Studentenzeitschrift *Zora* [Morgenröte]. 1896 ließ sich B. in → Klagenfurt/Celovec nieder, wo er unter anderem auch für die slowenischen Kandidaten bei den Septemberwahlen zum Kärntner Landtag agitierte. Nach beendeten Wahlen kehrte B. nach Ljubljana zurück und schloss sich dem neu gegründeten nationalen Verteidigungsverein *Naša straža* [Unsere Wacht] an, in dem er die Funktion des Vereinssekretärs übernahm. Zusammen mit Janez E. → Krek und Andrej Kalan beteiligte er sich 1898 am Parteitag der kroatischen *Stranka prava* [Rechtspartei] in Trsat (heute Stadtteil von Rijeka). Dabei anerkannten die Krainer Katholisch-Nationalen das kroatische Staatsrecht als Grundlage für die staatsrechtliche Verbindung der jugoslawischen Völker der Habsburgermonarchie. Bei den Wahlen 1901 kandidierte B. erfolgreich und wurde in den Krainer Landtag gewählt. Er beteiligte sich an der Obstruktion gegen die Koalition der verfassungstreuen Großgrundbesitzer und der slowenischen Liberalen. Als Vizevorsitzender der Katholischen Volkspartei genoss er damals das volle Vertrauen von Šušteršič, hatte er ihm doch angesichts der berüchtigten »Žlindra-Affäre« mit rechtlichen Ratschlägen geholfen, dass dieser in der politischen Szene verbleiben konnte. Beide traten für eine Reform des Wahlrechts ein, mit der sie die Koalition der Verfassungstreuen mit den Liberalen zu zerschlagen suchten. Doch 1903 trennten sich ihre Wege, vor allem wegen divergierender Ansichten über die Fortsetzung der Obstruktion im Krainer Landtag. B. übersiedelte wieder nach Klagenfurt/Celovec, wo er eine Anwaltskanzlei eröffnete.

In Kärnten/Koroška wurde B. Mitglied des → *Katoliško politično in gospodarsko društvo za Slovence na Koroškem* [Katholisch-politischer und wirtschaftlicher Verein für die Slowenen in Kärnten], dessen Leitung er 1906 übernahm. Er modernisierte die Arbeit der → *Koroška slovenska stranka* [Partei der Kärntner Slowenen] mit wirkungsvollen organisatorischen Maßnahmen zusammen mit einer entschiedenen Mobilisierungspolitik. Auch an den Kärntner Gerichten begann B. mit Engagement aufzutreten und exponierte sich mit Forderungen nach konsequenter Gleichberechtigung der slowenischen Sprache bei Verhandlungen (→ Amtssprache). Die deutschnationale Elite reagierte mit scharfer Kritik und bedachte ihn mit beleidigenden Beinamen, wie »der zugewanderte Krainer Hetzadvokat«, »der Hetzapostel«, »der bezahlte Agitator«, »der Vertreter der berüchtigten Žlindra-Partei«. Obwohl B. die Partei der Kärntner Slowenen nach dem Modell der krainischen Katholischen Volkspartei reorganisiert und mit den wenigen national denkenden Liberalen in Kärnten/Koroška abgerechnet hatte, blieben die Beziehungen zu Šušteršič konfliktbeladen. Sie wurden zudem durch die Tatsache belastet, dass die Kärntner Slowenen in den Verhandlungen um die Wahlreform für den Reichsrat 1906 ihr Ziel, zwei »slowenische Mandate« zu erreichen, verfehlt hatten. B. und seine Kärntner Gesinnungsgenossen machten Šušteršič (zu Unrecht) für diesen Misserfolg verantwortlich, wodurch es zur völligen Erkaltung der Beziehungen zwischen den beiden Parteien kam. Die Stärkung der trialistischen Idee und die Verschärfung der jugoslawischen Frage in der Habsburgermonarchie aber ließen das Interesse an einer engeren Zusammenarbeit von B. und der Partei von Šušteršič wieder erstarken. Dieses Interesse erreichte 1909 seinen Höhepunkt, als die Partei der Kärntner Slowenen in die Allslowenische Volkspartei *(Vseslovenska ljudska stranka)* eingegliedert wurde. Die vereinigte Partei des slowenischen politischen Katholizismus unter der Führung von Šušteršič und in der Anbindung an die kroatische Rechtspartei wurde zur stärksten politischen Kraft im Süden der Monarchie. B. war deren Vizevorsitzender. Während der Balkankriege 1912–1913 kam es allerdings innerhalb der Allslowenischen Volkspartei zu Unstimmigkeiten zwischen Šušteršič und Krek, wobei B. Letzteren unterstützte.

Während des Ersten Weltkrieges vertiefte sich die Spaltung innerhalb der Partei nochmals. B. stand in scharfer Opposition zu Šušteršič und erwartete das Ende der Partei. Im Oktober 1918 schloss sich B. dem → *Narodni svet za Koroško* [Nationaler Rat für Kärnten] an und vertrat die Forderung nach Eingliederung des slowenischen ethnischen Gebietes von Kärnten/Koroška in den jugoslawischen Staat. Gemeinsam mit dem Herausgeber der katholischen Tageszeitung → *Slovenec* Izidor Cankar schlug er dem Bürgermeister von Ljubljana, Ivan → Tavčar, die Bildung einer Koalitionsregierung aller slowenischen Parteien vor. In der Nationalregierung der Slowenen, Kroaten und Serben in Ljubljana (unter dem Vorsitz von Josip Ritter von Pogačnik) erhielt B. das Ressort für innere Angelegenheiten. B. widersetzte sich dem Standpunkt der slowenischen Liberalen, die sich für einen zentralistisch organisierten jugoslawischen Staat einsetzten. Im Jänner 1919 wurde er zum Präsidenten der Landesregierung für Slowenien ernannt. Diese sah sich mit der Nicht-Gewogenheit der Großmächte auf der Pariser Friedenskonferenz konfrontiert. Als ehemaliger politischer Führer der Kärntner Slowenen verfolgte B. mit besonderer Aufmerksamkeit die Frage der Grenzziehung zwischen der Republik Deutsch-Österreich und dem Königreich der Serben Kroaten und Slowenen (→ Grenzfrage). Er befürwortete eine rasche Militäraktion slowenischer Truppen in Kärnten/Koroška, erhielt dazu aber keine Unterstützung von der Regierung in Ljubljana. Ende April 1919 ordnete B. persönlich eine Offensive an, diese hatte aber keinen Erfolg und verschlechterte zusätzlich die Position der slowenischen Truppen im Kampf um die »Nordgrenze«. Ende Mai 1919 reiste B. nach Paris, um die Unterstützung der Großmächte für die slowenischen Forderungen zu erlangen und bat bei dieser Gelegenheit auch den amerikanischen Präsidenten Thomas W. Wilson persönlich um Hilfe. Da sich dieser bereits für die → Volksabstimmung entschieden hatte, blieb B.s Mission erfolglos. Den Ausgang der Volksabstimmung zugunsten Deutsch-Österreichs erlebte B. als persönliche Niederlage. Im Dezember 1920 trat er als Präsident der Landesregierung für Slowenien zurück. Doch beteiligte er sich bis zu seinem Tode aktiv an den politischen Kämpfen gegen die zentralistischen Tendenzen der serbischen Parteien.

Werke: *Avstrijski problem*. In: *Čas* 20 (1925/1926) 1–25; *Od prevrata do ustave*. In: J. Mal (Hg.): *Slovenci v desetletju 1918–1928*. Ljubljana 1928, 160–214.

Lit.: SBL; ES; OVSBL. – A. Rahten: *Pozabljeni slovenski premier*. Celovec [e.a.] 2002; J. Stergar: *Brejc, Janko*. In: S. Karner (Hg.): *Kärnten und die nationale Frage* = S. Karner, A. Moritsch (Hg.): *Aussiedlung – Verschleppung – nationaler Kampf*, Band 1. Klagenfurt/Celovec [e.a.] 2005, 295–296; A. Rahten (Hg.): *Avstrijski in jugoslovanski drzavni problem. Tri razprave Janka Brejca iz prelomnega obdobja narodne zgodovine*. Ljubljana 2012.

Andrej Rahten; Üb.: Katja Sturm-Schnabl

Brennamt → Edlingerdienste.

Bressanone → Brixen.

Breznik, Albert (Bresnig, * 26. März 1902 Wackendorf/Večna vas [Globasnitz/Globasnica], † ?), Landwirt, Kulturaktivist und Landtagsabegordneter.

B. stammte vom Klamfar-Anwesen in Wackendorf/Večna vas. Nach der Volksschule in Globasnitz/Globasnica besuchte er auf eigene Kosten die Landwirtschaftsschule in Grm bei Novo mesto sowie den Genossenschaftskurs in Ljubljana und machte schließlich ein einjähriges Praktikum in der Schweiz. Vom Beginn der 30er-Jahre bis zum Jahr 1935 war er Verwalter am Drobež-Anwesen in Sittersdorf/Žitara vas. Als Vertreter der (slowenischen) Landwirte und Waldarbeiter wurde er im Ständestaat am 1. November 1934 zum → Abgeordneten in den Kärntner Landtag berufen sowie am 25. Oktober und am 20. Dezember 1936 in den Kärntner Bauernbund bzw. in den Landeskulturrat. In diesen machte er auf die Probleme der → Minderheit aufmerksam, setzte sich u.a. für eine Hebung des Bildungsniveaus der Kärntner Slowenen ein und forderte eine größere Beachtung des Slowenischen in den Landwirtschaftsschulen. Er war ein hervorragender Laienschauspieler im *Slovensko izobraževalno društvo* → *Globasnica* [Slowenischer Bildungsverein Globasnitz], in dem er 1925, 1926, 1929 und 1930 den Vorsitz innehatte und in Sittersdorf/Žitara vas als »Seele des Vereins« → *Trta* bekannt war, wo er u.a. für die slowenische Dramatisierung der Erzählung von Reimmichl *Die Schwarze Frau* (*Črna žena*) verantwortlich zeichnete.

Lit.: *Koroški Slovenec*, 21. 11. 1934, S. 3; S. Wakounig: *Uspehi in udarci v zgodovini SPD »Trta« v Žitari vasi*. In: KK 1979. Celovec [1978], 154–158, zit. S. 156–57; I. Lapan: *Der Kärntner Landtag von 1918–1938 und die Tätigkeit der Abgeordneten*, Graz 1982 (Diss.), 183; J. Stergar [e. a]: *Kronološki pregled zgodovine koroških Slovencev od 1848 do 1983*. In: *Koroški Slovenci v Avstriji včeraj in danes*. Ljubljana, Celovec 1984, ²1985, 225, 227; P. Sketelj: *Slovensko kulturno društvo Globasnica – Globasnitz: 1903–2003*. Globasnica, Celovec 2003, 43.

Janez Stergar; Üb.: Bojan-Ilija Schnabl

Breznik, Anton (* 26. Juni 1881 Ihan [Domžale, Gorenjska], † 26. März 1944 Ljubljana), slowenischer Geistlicher und Sprachwissenschafter.

Nach seinem Gymnasialabschluss 1902 studierte B. an der Theologischen Fakultät in → Ljubljana. 1906 schloss er sein Studium an der theologischen Fakultät ab und diente für ein Jahr als Kaplan. Danach studierte er in Graz Philosophie und Slawistik. 1910 doktorierte B. aus Slawistik. Schon während seiner Schul- und Studienzeit begeisterte er sich für Sprachwissenschaft. Nach seinem Doktorat wurde er Professor und später Direktor des Bischöflichen Gymnasiums in Ljubljana-Šentvid. 1921 wurde er Mitglied des *Znanstveno društvo* [Wissenschaftlicher Verein] in Ljubljana. 1940 wurde er in die *Slovenska Akademija Znanosti in Umetnosti* [Slowenische Akademie der Wissenschaften und Künste] aufgenommen. Während seines Studiums sammelte er Volkslieder für → Štrekeljs Liedsammlung *Slovenske narodne pesmi* (→ Volkslied) und anderes dialektales Material. Er beschäftigte sich neben allgemeinen slawistischen Fragen besonders mit dem Slowenischen. Einschlägige Artikel publizierte er u.a. in den Zeitschriften *Dom in Svet*, *Čas* und → *Archiv für slavische Philologie*. Seine Arbeit im Schulwesen regte ihn zum Verfassen einer slowenischen → Grammatik für Mittelschulen *(Slovenska slovnica za srednje šole)* an, die in mehreren Auflagen von 1916–1934 erschien. Ihre erste Auflage erschien in Klagenfurt/Celovec. Nach dem Ersten Weltkrieg erschien die Grammatik im heutigen Slowenien. Seine *Slovenska slovnica za srednje šole* enthält neben den grammatischen Grundlagen viele sprachwissenschaftliche Zusätze (z.B.: richtige Aussprache, Sprachgeschichte und Sprachentwicklung). Dass die Grammatik als → Schulbuch für den ganzen slowenischen Sprachraum, also auch für Kärnten, konzipiert ist, erkennt man in den vielen Anmerkungen, in denen B. auf besondere sprachliche und lautliche Erscheinungen der Kärntner slowenischen Dialekte eingeht (→ Dialektgruppe). B. war nicht nur Sprachwissenschafter. Er widmete sich auch dem Studium der neueren (19. Jh.) und älteren slowenischen Literatur (u. a.: → Japelj, → Pohlin). Seine Literaturkritiken (u. a.: → Bleiweis, → Jurčič, → Levstik, → Tavčar, → Cankar) gelten als eine der Grundlagen der modernen slowenischen Stilistik.

Werke: *Slovarski navržki* (*Dom in Svet*, 1904); *Pogreški pri nekaterih priponah* (*Dom in Svet*, 1904); *O stavi dopovednega glagola* (*Dom in Svet*, 1905); *O tujkah in izposojenkah* (*Dom in Svet*, 1906); *Kako je v naši pisavi s tujkami?* (*Dom in Svet*, 1907); *Besedni red v govoru* (*Dom in Svet*, 1908); *Slovanske besede v slovenščini* (*Čas* 1909); *Die Betonungstypen des slavischen Verbums* (*Archiv für slavische Philologie* XXXII); *Naglas v šoli* (šentv. Izvestje, 1911); *Dostavki k razpravi*. In: Paul Diels: Studien zur slav. Betonung (Rocznik, 1911); *Izreka v poeziji* (šentv. Izvestje, 1912); *Razvoj novejše slovenske pisave pa Levčev pravopis* (*Dom in Svet*, 1913–15); *Slovenska slovnica za srednje šole* (Celovec 1916; Prevalje 1921 und 1924, 1934, Celje 1944); *Literarna tradicija v »Evangelijih in listih«* (*Dom in Svet*, 1917); *Novejše napake slovenskega sloga* (*Dom in Svet*, 1918); *Jezikovne ocene* (*Dom in Svet*, 1919, 1923); *Slovenski pravopis* (Ljubljana, 1920); *Naše jezikovno edinstvo* (*Dom in Svet*, 1922); *O slovenski izreki* (SU 1923); *Slovenska slovnica za srednje šole*. Celje 1934.
Lit.: ES; SBL.

Reinhold Jannach

Breznik, Štefan (Bibliothekar des Vereins, Kulturaktivist), → *Vogrče, Slovensko katoliško izobraževalno društvo* [Slowenischer katholischer Bildungsverein Rinkenberg].

Briefmuster, auch Briefsteller, slow. *spisovnik*, Anleitungen zur Erstellung von Briefen, die mit Beispielen praktisch demonstriert werden. Solche Vorlagen sind ein Textgenre, das sprachdidaktische Tendenzen hatte und z. B. dem barocken, formal ausfernden Stil in der Briefliteratur eine moderne, einfache Sprache entgegensetzte. Das erste Werk mit solchen normativen Anleitungen und Beispielen für das Slowenische ist Matija → Majars *Spisovnik za Slovence* [Briefvorlage für Slowenen] (1850). Majars Anleitungen und Briefvorlagen transportieren Majars national-romantische Einstellung mit der er dem Slowenischen eine menschlich positivere Ausdrucksmöglichkeit zuordnete. Zugleich versuchte er inhaltlich romantisch nationale Ideen zu vermitteln. Der Nächste, der sich mit dieser Thematik befasst, ist Andrej → Praprotnik mit seinem *Slovenski spisovnik* [Slowenische Briefvorlage] (1878), erschienen bei der → Mohorjeva. Filip → Haderlap wiederum verfasste mit seiner *Zbirka ljubimskih in ženitovanjskih pisem* [Sammlung von Liebes- und Heiratsbriefen] humoristische Briefvorlagen, in denen er gelebte Lebensmuster als Themen verwendete. In weiterer Folge entwickelte sich dieses Genre mit der Evolution der sprachlichen und lexikalischen Diversität, die letztlich in der → Terminologie von Einzelsparten (z. B. Geschäftsbriefe, Bewerbungsbriefe etc.) mündet.

Quellen: NUK; ÖNB; M. Majar: *Spisovnik za Slovence*. Celovec 1850; A. Prapotnik: *Slovenski spisovnik, svetovalec v vseh pisarskih opravilih*. Celovec 1878; F. Haderlap: *Zbirka ljubimskih in ženitovanjskih pisem*. Ljubljana 1882; ⁵1885; M. Hladnik: *Praktični spisovnik ali Šola strokovnega ubesedovanja*. Ljubljana 1997.
Lit.: S. Hafner: *Der Briefsteller von Matija Majar – Ziljski, 1850*. In: *Wiener slawistisches Jahrbuch* 5/10 (1982) 63–78; S. Hafner: *O »Spisovniku za Slovence« Matije Majarja*. In: *Traditiones* 28/1 (1999) 215–223.

Katja Sturm-Schnabl

Briefsteller → Briefmuster.

Brixen (ital. Bressanone, ladinisch Persenon, Porsenù, slow. Briksen) ist Nachfolger des spätantiken/frühmittelalterlichen Bistums Säben (Sabiona), das in der zweiten Hälfte des 8. Jh.s nicht mehr zu → Aquileia, sondern zum Herzogtum Baiern bzw. zur – seit 798 bestehenden – Salzburger Kirchenprovinz gehörte (→ Salzburg).

Unter Bischof Albuin (977–1006) wurde Ende des 10. Jh.s die Residenz vom Burgberg zu Säben in den Hof zu B. (Erstnennung 901: *Prihsna*) verlegt. In der Person Albuins, der als Sohn seines gleichnamigen Vaters und der → Hildegard von Stein, einer im → Jauntal/Podjuna ansässigen und begüterten Familie (Aribonen) entstammte, sind südostalpine Verflechtungen von B. deutlich fassbar. Unter Bischof Albuin hatte B. auch Herrschaftsrechte am Wörther See/Vrbsko jezero (Reifnitz/Ribnica) und in → Villach/Beljak. Im 11. und 12. Jh. sind auch Besitzrechte von B. im → Rosental/Rož sowie an einigen Orten in Mittelkärnten/Srednja Koroška bezeugt. Der in Oberkärnten/Zgornja Koroška weit verstreute Brixner Besitz hatte seinen Schwerpunkt im Amt Lieserhofen (bis 1545). Vom Eisacktal ausgehend hatte B. Besitzungen im Pustertal erworben. Besonders stark war B. besitzmäßig in Oberkrain/Gorenjska seit dem frühen 11. Jh. verankert: im Gebiet von Bled (Veldes) (Königsschenkungen 1004, 1011) bzw. in der Wochein (Bohinj). Diese große Brixner Grundherrschaft in → Krain/Kranjska bestand – analog der noch umfangreicheren des Bistums Freising mit dem Zentrum Škofja Loka (Bischoflack) – bis zur Säkularisierung 1803. Im Jahre 1027 erhielt der Bischof

Jacobo Brollo, Fresco des hl. Kyrill in St. Martin am Freudenberg/Šmartin pri Timenici, Foto Bojan-Ilija Schnabl

von B. (HARTWIG: 1022–1039) Grafschaftsrechte im Eisack- und Inntal, 1091 (ALTWIN: 1049–1097) im Pustertal. Von der Bedeutung des an der Brennerroute gelegenen Bischofssitzes B. für das römisch-deutsche Königtum zeugt die im Juni 1080 abgehaltene Synode. Seit Mitte des 12. Jh.s wurde die weltliche Macht der Brixner Bischöfe, die zwar 1179 Reichsfürsten geworden waren, durch ihre Vögte – seit dem frühen 13. Jh. die Grafen von Görz-Tirol – zunehmend eingeschränkt. Auch auf Kosten des Bistums B. schuf Graf MEINHARD II. von Görz-Tirol (1259–1295) das Land Tirol. Bischof von B. in politisch turbulenten Zeiten war Kardinal Nikolaus CUSANUS (1450–1464). Nach der Säkularisation 1803 erfolgten Änderungen in der Diözesanstruktur im Jahre 1818. Weitreichende Folgen hatte auch die Festlegung der Brennergrenze nach dem Ersten Weltkrieg, sodass schließlich 1964 die Diözese Innsbruck geschaffen und der Sitz des Bischofs von B. nach Bozen verlegt wurde. Die Diözese Bozen/Brixen umfasst die autonome Provinz Bozen.

Lit.: A. Ogris: *Die Kirchen Bambergs, Freisings und Brixens in Kärnten*. In: *Kärntner Jahrbuch für Politik* (2000) 139–153, bes. 143–147; H. Flachenecker, H. Heiss, H. Obermair (Hg.): *Stadt und Hochstift. Brixen, Bruneck und Klausen bis zur Säkularisation 1803 – Città e Principato. Bressanone, Brunico e Chiusa fino alla secolarizzazione 1803* (Veröffentlichungen des Südtiroler Landesarchivs 12). Bozen 2000; J. Gelmi: *Bistum Brixen*. In: Die Bistümer des Heiligen Römischen Reiches von ihren Anfängen bis zur Säkularisation. Ein historisches Lexikon. Hg. von E. Gatz unter Mitwirkung von C. Brodkorb und H. Flachenecker. Freiburg i. Br. 2003, 145–153; G. Albertoni: *Die Herrschaft des Bischofs. Macht und Gesellschaft zwischen Etsch und Inn im Mittelalter (9.–11. Jahrhundert)* (Veröffentlichungen des Südtiroler Landesarchivs 14. Bozen 2003; T. Meyer, K. Karpf: *Ein unbekannter Brixner Hochstiftsbesitz des 11. Jahrhunderts in Kärnten*. In: *Car I* 194 (2004) 367–398.

Harald Krahwinkler

Brnški sekstet [Fürnitzer Sextett], → Volkslied.

Brollo, Jacobo (Jakob, * 19. September 1834 Gemona del Friuli/Glemone/Humin [Friuli/Friaul], † 30. Dezember 1918 ebd.), friaulischer Kirchen- und Tafelmaler der neonazarenischen Schule.

BROLLOS Vater war 51 Jahre lang als Maurer saisonabhängig nach → Ferlach/Borovlje zur Arbeit gefahren. 1847 kam B. in die Lehre zum Meister Giuseppe BONITTI in Gemona del Friuli (friul. Glemone, slow. Humin), von dem er nach 5 Jahren an die Akademie in Venedig wechselte. 1854 musste er für zweieinhalb Jahre zum Militär, kehrte 1859 nach Venedig zurück und begann 1860 seine berufliche Laufbahn. 1861–1867 führte er gemeinsam mit seinem Landsmann Ettore Tommaseo FANTONI (1822–1892) Auftragsarbeiten in Kirchen und Klöstern in der damaligen Untersteiermark/Spodnja Štajerska durch. Nach verschiedenen Quellen malte er über 55 Kirchen vollständig oder teilweise aus. Er malte auch 15 → Kreuzwege, zudem → Bildstöcke und Wegkapellen. B. arbeitete, wohl auch aufgrund seiner Slowenischkenntnisse, hauptsächlich in den slowenischsprachigen Landesteilen von Kärnten/Koroška und in der Steiermark/Štajerska, wobei die Kunstgeschichte in Slowenien im Wesentlichen nur seine Arbeiten in Slowenien rezipiert hat. In Kärnten/Koroška ist sein Werk bis dato wenig erforsch. Da sein Wirken eng mit der slowenischen → Kulturgeschichte verbunden ist – erhalten sind slowenische → Inschriften und slowenische Motive –, ist diese mangelnde Rezeption wohl teilweise auch auf das Phänomen der → »Entethnisierung« in der → Geschichtsschreibung zurückzuführen, zumal in einer gewissen Periode slowenische Kulturdenkmäler (solche, die mit slowenischen Aufschriften versehen waren) zerstört bzw. die Inschriften systematisch entfernt wurden (→ »Ethnische Säuberung«).

Erhalten und eindeutig B. zugeschrieben sind in Kärnten/Koroška die Malereien in St. Lorenzen/

Jacobo Brollo, Fresco mit slowenischer Inschrift in St. Lorenzen/Šentlovrenc, Foto Bojan-Ilija Schnabl

Jacobo Brollo, Fresco in der Pfarrkirche von Sittersdorf/Žitara vas, Foto Franc Kukovica

Šentlovrenc und St. Martin/Šmartin in Freudenberg/Frajnberk (Pfarre St. Thomas/Šenttomaž respektive Timenitz/Timenica, beide heute in der Gemeinde Magdalensberg/Štalenska gora im → Klagenfurter Feld/Celovško polje) sowie in der Pfarrkirche in Sittersdorf/Žitara vas. Zudem dokumentierte der Pfarrer Ivan → Brabenec im Liber memorabilium der Pfarre St. Thomas am Zeiselberg/Šenttomaž pri Celovcu auf Seite 13: »War 1889 vom Maler Brollo die hiesige Pfarrkirche [St. Thomas/Šenttomaž] und die Filialen St. Lorenzen und St. Margarethen ausgemalt.« In der Pfarrkirche St. Thomas/Šenttomaž sind keinerlei Malereien von B. zu sehen, ebenso im Inneren der Filialkirche St. Margarethen/Šmarjeta in Hörtendorf/Trdnja vas (heute Klagenfurt/Celovec), wobei aus dem kulturpolitischen Kontext heraus die ethnopolitisch motivierte Zerstörung slowenischer kulturgeschichtlicher Denkmäler als Motivation nicht ausgeschlossen werden kann. Auch in St. Lorenzen/Šentlovrenc wurde mit dem Argument (Vorwand?) ältere Malereien freizulegen, nicht berücksichtigt, dass in der Filialkirche das künstlerische Gesamtkonzept unter Integration des älteren Bestandes und einer B. zuzuschreibenden Gesamtbemalung bis dahin erhalten war, was als solches einen einmaligen kulturgeschichtlichen Wert darstellte. Die vorgesehenen Arbeiten wurden in St. Lorenzen/Šentlovrenc in der Folge jedoch aufgrund des Widerstandes engagierter Gemeindebürger nicht bzw. nur teilweise durchgeführt, der Rest in weiterer Folge vorbildlich restauriert.

Für die Pfarrkirche in Sittersdorf/Žitara vas belegt Dehio-Kärnten ebenfalls Deckenmalereien im Mittelschiff und ein Medaillon an der Emporenbrüstung von B. aus dem Jahr 1891. In der Filialkirche St. Lorenzen/Šentlovrenc (urkundlich erstmals 1261 erwähnt) finden sich im Langhaus die Himmelfahrt des hl. Laurentius sowie dekorative Blumengebinde umfasst von Schablonenmalerei, in der Apsis ein Bildfeld mit dem hl. Laurentius beim Abschied von Papst Sixtus II., mit der slowenischen Bildunterschrift: *Čez tri dni boš za menoj pridi* [sic!] (datiert 1889). Vollständig erhalten sind B.s Arbeiten in der Filialkirche St. Martin bei Schloss Freudenberg/Frajnberk aus dem Jahr 1881, die angesichts der kleinen Kirche monumental wirken; nach Dehio-Kärnten (S. 124): »In der südl. Vorhalle Wandbilder von Jakob Brollo aus Gemona: Predigt Christi sowie Hll. Cyrillus und Methodius. Zwischen den Strebepfeilern der Südwand [befindet sich] vielfiguriges Wandbild, bez. Der Erdenbürger vom selben Meister … Gewölbebemalungen um 1880 von Jacob Brollo; im Chor großformatige Wandbilder Begegnung der Frauen, Geburt Christi (mit bez. Jacob Brollo aus Gemona) und Abendmahl bzw. auf der gegenüberliegenden Wand Passahmahl und Zerbrechung der Gesetzestafeln durch Moses. Hochaltar …, mit Gemälde hl. Martin in lokaler Landschaft wohl von Jakob Brollo…«

In beiden Kirchen in der Gemeinde Magdalensberg/Štalenska gora ist das künstlerische Gesamtkonzept erhalten, d.h. die Tafelbilder wie die wandfüllenden Ornamentmalereien, wobei die Entstehungsgeschichte

Jacobo Brollo, Fresco in der Pfarrkirche von Sittersdorf/Žitara vas (Luc. VII, 14), Foto Franc Kukovica

Jacobo Brollo, Fresco in der Pfarrkirche von Sittersdorf/Žitara vas (Matt. VIII, 8), Foto Franc Kukovica

merkmalhaft für die slowenische Kulturgeschichte ist. Die ursprünglich gotische, jedoch mit einem älteren karantanischen (karolingerzeitlichen) Flechtwerkstein (→ Frühmittelalterliche Kirchen in Karantanien, → karolingisch) und römischen Ornamentsteinen versehene Filialkirche St. Lorenzen/Šentlovrenc wird nach WADL seit Anbeginn von den ihr zugehörigen Gläubigen erhalten (zu Beginn waren dies → Edlinger-Bauern, wobei St. Lorenzen/Šentlovrenc mit den umliegenden Dörfern eine niedere → Edlingergerichtsbarkeit besaß). St. Lorenzen/Šentlovrenc, das bis zur Grundreform 1848 aufgrund eines vorbeiführenden Wallfahrtweges eine reiche Filialkirche war, war Ende des 19. Jh.s vollständig slowenisch (→ Grabinschriften, → Wallfahrten). Die slowenischen → Inschriften auf dem rechten Seitenaltar in der Kirche, der dem hl. Oswald/sv. Ožbolt gewidmet ist, sowie jene über dem Torbogen der Umfassungsmauer *Bog jim daj večni mir in pokoj* [Gott gebe ihnen ewigen Frieden und Ruhe] (diese wurde erst 1979/80 durch Abkratzen zerstört, während sie in der Nazi-Zeit nur übertüncht worden war) reihen sich also nahtlos in die historische Tradition. Zu St. Martin/Šmartin heißt es bei WADL (S. 186), dass »[in] Ermangelung pfarrlicher Funktionen […] eine starke Einflussnahme der Freudenberger Schlossbesitzer diese besondere Entwicklung mitbestimmt haben [könnte].« Die Inschriften an den Kirchenmauern und in der Grabkapelle der Besitzer von Schloss Freudenberg/Frajnberk sind (zwar) auf Deutsch, weil die Erneuerung der ursprünglich spätgotischen Kirche mit den Besitzern des Schlosses in Verbindung gebracht werden muss. Die Darstellung der Slawenapostel KYRILL und → METHOD an beiden Seiten des Kircheneingangs kann nur als Konzession an die slowenische Bevölkerung gesehen werden, da gerade in jener Zeit beide Heilige die Bestrebungen nach kultureller und politischer Anerkennung in Kärnten/Koroška versinnbildlichten und beide Kirchengemeinden noch in der → Pfarrkarte der Diözese Gurk/Krška škofija 1924 als slowenisch angeführt werden. Zudem wurden etwa zu jener Zeit zahlreiche Filialen der → *Družba* sv. *Cirila in Metoda* (CMD) [Bruderschaft des hl. Cyrill und Method], einem überregionalen slowenischen Schulverein, für Klagenfurt/Celovec und Umgebung (1886), Gaber/Haber pri Medgorjah (1888), Völkermarkt/Velikovec (1893) und insbesondere im nahe gelegenen Poggersdorf/Pokrče und Umgebung (1897) gegründet.

Insgesamt ist also die Vielzahl an Arbeiten von B. im damals weitgehend slowenischen → Klagenfurter Feld/Celovško polje zu vermerken, wobei weitere Forschungen erst die stilistisch ähnlichen Arbeiten etwa in der Kapelle in St. Johann/Čajnža vas bei Poggersdorf/Pokrče oder in der Friedhofskapelle in Gurnitz/Podkrnos (wo ebenfalls slowenische Inschriften bruchstückhaft erhalten sind) sowie am Toman-Kreuz/*Tomanov križ* bei Zinsdorf/Svinča vas im Lichte des Wirkens von B. beleuchtet werden müssen (→ Bildstock).

Quellen: ADG; *Liber Memorabilium Parochue St. Thomasenses Zeiselberg. Inceptus a die 1 me Januarii 1847. Naš tednik*, vom 17. 1. 1980, 1, 8.
Lit.: SBL; ES; Dehio 2001, 148, 149, 758, 882. – W. Deuer, W. Wadl: *St. Lorenzen an der Gurk, Kirchenführer*. St. Thomas 1994 (Selbstverlag der Pfarre); W. Wadl (Hg.): *Magdalensberg, Natur, Geschichte, Gegenwart, Gemeindechronik*. Klagenfurt 1995; B.-I. Schnabl: *Celovško polje, neznani zaklad osrednje slovenske kulturne pokrajine*. In: KK 2013. Celovec 2012, 107–122.

Bojan-Ilija Schnabl

Brückl/Mostič, vgl. Sachlemmata: → Pfarrkarte der Diözese Gurk/Krška škofija 1924; → Klagenfurter Feld/Celovško polje; Ortsverzeichnis 1860, 1880, 1883, 1918; → Saualpe/Svinška planina; → Pogačnik, Jožef; St. Ulrich am Johannserberg/Šenturh na Šentjanški gori: → Mairitsch, Ludwig; → Schwar/Švarc, Pankratius/Pankracij.

Lit.: Ante Beg: *Narodni kataster Koroške*. V Ljubljani, dne 2. julija 1910, 43 (www.sistory.si/SISTORY:ID:27172);

Brugger, Valentin jun. (vlg. Voltov aus Brugg/Moste), Kulturaktivist, → *Brdo, Katoliško slovensko izobraževalno društvo* [Katholischer slowenischer Bildungsverein Egg].

Buchleute → Bukovništvo.

Buge waz primi, gralva Venus, slowenische Grußworte des Kärntner Herzogs Bernhard von Spannheim (1176 ?–1256) an den Ritter und → Minnesänger Ulrich von Liechtenstein (1200 ?–1275), wie sie von diesem im Reimbericht *Frauendienst (Vrowen dienst)* aus 1255 wiedergegeben werden. Darin berichtet Ulrich in einem Reim u.a. von der Begegnung mit Herzog Bernhard bei seiner Ankunft von seiner Reise aus Venedig nach Kärnten/Koroška literaturüblich am 1. Mai 1227 in Thörl/Vrata im → Gailtal/Ziljska dolina, bei der er als Venus verkleidet erschienen war (Matičetov datiert das Ereignis mit 1238). Im Frauendienst heißt es:

> Mostič. (Požar.) Težka nesreča je zadela 3. novembra 1925 g. Štefel Ignacija, pd. Coklarja in to na zimo, ko je vse spravljeno pod streho. Požar mu je uničil hišo z vsem, kar je bilo v njej. Zgorelo mu je vso žito, vsa obleka, vsa hrana, ves denar, da znaša škoda okrog 80 milijonov kron, zavarovalnina pa le 10 milijonov. Preskrbeti ima staro mater in 6 otrok, od katerih je najstarejši šele 11 let. Vsekakor hud udarec. Slovenci ste nesrečnikom vedno radi pomagali v sili. Zato trkamo tudi sedaj na vaša usmiljena srca, da priskočite pogorelcu na pomoč bodisi z denarjem, hrano ali obleko. Eventuelna darila se oddajo lahko tudi v upravi našega lista.

Brückl/Mostič, KS 20. 1. 1926

Der fürste und die gesellen sin / mich hiezen willkommen sin. / ir gruoz was gegen mich alsus: / »buge waz primi, gralva Venus!« (Der Fürst und sein Gefolge hießen mich willkommen sin. Ihr Gruß an mich war so: »Gott zum Gruß, königliche Venus«) (zitierte nach Zablatnik)

Der Frauendienst gilt als der erste in der Ich-Form geschriebene Roman in deutscher Sprache in epischen Strophen und Liedern und ist formell und inhaltlich Ausdruck höfischer Literatur und Kultur. Obwohl das Slowenische in dieser kurzen Episode noch in einer höfischen Funktion als → Adelssprache aufscheint und einen Hinweis über die sprachliche und *territoriale* → Identität des Landes bzw. des Herzogs in seiner Funktion als Landesfürst gibt (→ Landessprache), ist es eines der seltenen erhaltenen slowenischen mittelalterlichen Sprachdenkmäler überhaupt. Diese soziolinguistische Disparität in der Sprachentwicklung wird – allerdings ausschließlich im Hinblick auf die Kirchen- und → Liturgiesprache – erst mit den slowenischen protestantischen Autoren Mitte des 16. Jh.s überwunden (→ Slowenisch in Kärnten/Koroška, → Protestantismus, P. → Trubar, J. → Dalmatin, → Dalmatinbibel).

Das aus dem »Buge waz primi« abgeleitete *Bog Vas primi/Bog Te primi* ist bis heute ein betont traditioneller, herzlicher, slowenischer Gruß im Gailtal/Zilja ebenso wie im historischen slowenischen sprachlichen und politischen Zentralraum, dem → Klagenfurter Feld/Celovško polje (vgl. auch → Maierhofer, Janez).

Lit.: P. Zablatnik: *Slowenische Literatur in Kärnten von den ersten Anfängen bis zur Barockzeit*. In: R. Vospernik, P. Zablatnik, E. Prunč, F. Lipuš: *Das slowenische Wort in Kärnten = Slovenska beseda na Koroškem, Schrifttum und Dichtung von den Anfängen bis zur Ge-*

Matija Kresnik, *Pesmi stare jinu nove*, KOK Ravne na Koroškem

genwart = Pismenstvo in slovstvo od začetkov do danes. Wien 1985, 22–23; M. Messner: *Buge vas primi* (ein Bühnenstück, Regie: Peter Militarov. Musik: Heino Fischer. Choreografie: Janez Mejač). Ferlach/Borovlje 1989; M. Matičetov: *Od koroškega gralva 1238 do rezijanskega krajaua 1986*. In: JiS 38 (1992/93) (Digitalisat); F. V. Spechtler, B. Maier (Hg.): *Ich – Ulrich von Liechtenstein. Literatur und Politik im Mittelalter*. Akten der Akademie Friesach »Stadt und Kultur im Mittelalter« 1996. Klagenfurt 1999; F. V. Spechtler (Hg.): *Ulrich von Liechtenstein. Frauendienst.* Aus dem Mittelhochdeutschen ins Neuhochdeutsche übersetzt. (= Europa erlesen. Literaturschauplatz.). Klagenfurt 2000; S. Linden, Ch. Young (Hg): *Ulrich von Liechtenstein. Leben – Zeit – Werk – Forschung.* Berlin, New York 2010; B.-I. Schnabl: *Celovško polje, neznani zaklad osrednje slovenske kulturne pokrajine*. In: KK 2013. Celovec 2012, 107–122.

Bojan-Ilija Schnabl

Bukovništvo als literarisches Phänomen: → Bukovništvo, als gesellschaftliche Strömung und Bewegung: → Kulturgeschichte (= Einleitung, Band 1).

Bukovništvo. Der Begriff *bukovniki*, der sich vom slowenischen Wort *bukve* ›Buch‹ ableitet, wurde in der Literatur- und Kulturgeschichte von Janko → KOTNIK eingeführt und diente als Bezeichnung für laienhafte, literarisch tätige Männer oder öffentliche Wortführer und Redner bei besonderen Anlässen und wird im Deutschen als *Volkspoet* oder *Volksliterat* übersetzt. Der Begriff *bukovski* ist jedoch bereits bei Jurij → DALMATIN (1584) belegt. Die *bukovniki* waren ursprünglich Schreiber aus der bäuerlich-handwerklichen Schicht, die in der Zeit vor der allgemeinen Schulpflicht lesen und schreiben konnten. Im slowenischsprachigen Gebiet in Kärnten/Koroška traten sie erstmals gegen Ende des 16. Jh.s in Erscheinung und verbreiteten sich in Kärnten/Koroška und → Krain/Kranjska, vor allem in der Region um → Arnoldstein/Podkloŝter sowie in der Dravska dolina (slowenisches Drautal) und in der → Mežiška dolina (Mießtal). Das Phänomen B. war nach MITROVIĆ (2001) teilweise auch im slowenischen Prekmurje (Übermurgerbiet) und im Komitat Vas (Eisenburg) in Westungarn vertreten.

Die *bukovniki* verfassten volksnahe Schriften mit religiöser Motivation und europäische Kolportageliteratur in Form von Abschriften, Überarbeitungen, Übersetzungen und Kompilationen diverser deutscher und slowenischer Vorlagen, die größtenteils auf älteren Texten unterschiedlicher Provenienz basieren.

Die Sprache der *bukovniki* stellt eine substandardsprachliche Koine dar, die vielfältige Sprachmerkmale aufweist (→ Standardsprache). Die variantenreichen, überregionalen Texte enthalten prästandardsprachliche Charakteristika des Slowenischen, unzählige Regionalismen, Dialektismen, Lehnwörter und auch spontane Kalkierungen. Die Schreiber orientierten sich weitgehend an deutschen Vorlagen und traditionellen, auf zentralslowenischem Oberkrainer Dialekt basierenden Schriften (→ Dialektgruppen).

Das literarische Repertoire der *bukovniki* bilden Textabschnitte aus der Hl. Schrift und aus anderen religiösen und mystischen Texten. Dies sind etwa Gebet- und Gesangsbüchlein, Apokryphe, Segenssprüche, Beschwörungsformeln, volksmedizinische Schriften, Rezepte, Volksbücher, religiöse Volksschauspiele, moralisierende und lehrreiche Versifikationen, Volks- und Kirchenlieder, Niederschriften aus mündlicher Überlieferung u.a. Als Träger substandardsprachlicher Varietäten spielten die *bukovniki* eine bedeutende Rolle für den Erhalt des → Slowenischen in Kärnten/Koroška. Ihr literarisches Schaffen durchlief eine stufenweise Entwicklung. Der Phase der protestantischen Abschreiber (16., 17. und teils auch noch im 18. Jh.) folgte um die Mitte des 18. Jh.s eine Phase, die von Übersetzungen dominiert wurde und die gegen Ende des 18. Jh.s im *klassischen Bukovništvo* gipfelte.

Der älteste Schriftbeleg der *bukovniki* stammt vom Ende des 16. Jh.s aus der Umgebung von Arnoldstein/Podklošter, wo die protestantischen Ortschaften → Agoritschach/Zagoriče und Seltschach/Sovče das geistige Zentrum der slowenischen protestantischen Bewegung in Kärnten/Koroška darstellten. Nach Eindämmung des → Protestantismus fehlten den Geheimprotestanten slowenische religiöse Bücher (→ Gegenreformation). Sie behalfen sich mit eifrigem Abschreiben protestantischer Texte. Die Entstehung der ältesten Handschriften wird auf die Mitte des 18. Jh.s datiert. Überliefert sind Abschriften von Postillen, protestantische Lieder, Gebete u.a. In der Handschrift → *Sadnikerjev rokopis* [Sadniker Handschrift] finden sich z.B. 43 Lieder aus protestantischen Gesangsbüchern, zehn Gebete aus »Tulščaks Gebetbuch« (*Kerszhanske leipe molitve*, 1579), zwei Gebete und ein Psalm aus der 2. Ausgabe des »Gebetbuches von Dalmatin« (*Lepe karszhanske molitve*, 1595) u.a. Den protestantischen Schreibern schlossen sich bald auch katholische Schreiber an und führten die slowenische schriftliche Tradition in Kärnten/Koroška fort.

Gegen Ende des 17. Jh.s bis zur Mitte des 18. Jh.s, in der Zeit des Pietismus und Mystizismus, verlagerte sich das Interesse der *bukovniki* auf abergläubisches, apokryphes Schrifttum, dessen Wurzeln oft ins jüdische und frühchristliche Zeitalter zurückreichen: Beschwörungs- und Segensformeln, magische Sprüche und Zeichen, Übersetzungen der deutschen Kolportageliteratur und Adaptierungen diverser Textvorlagen. In diesen Texten sind sowohl Aberglaube als auch pragmatisches Christentum vertreten. Die ältesten, anonym im Druck veröffentlichten Büchlein der *bukovniki* stammen aus der ersten Hälfte des 18. Jh.s und basieren auf Vorlagen. Die → *Duhovna bramba* [Geistlicher Schild] und der → *Kolomonov žegen* [Colomanisegen] erfuhren jeweils mehrere Auflagen, deren Drucke voneinander abweichen.

Dieses Schrifttum kursierte auch in zahlreichen handschriftlichen Abschriften, Varianten und sprachlichen Adaptionen, z.B. der *Kolomonov žegen* aus *Solčava* (Colomani-Segen aus Sulzbach), der sprachlich eine Mischung von Oberkrainisch und Mießtalerisch darstellt (→ Mießtaler Dialekt/*mežiško narečje*). Ein weiteres Beispiel ist die als Autograf erhaltene *Duhovna vahta* [Geistliche Schildwacht] von Andreas → Schuster – Drabosnjak (um 1815), die eine Paraphrase eines Abschnitts aus einer nicht näher bekannten Vorlage der *Duhovna bramba* repräsentiert.

Apokryphe Texte finden sich auch in protestantischen und katholischen Handschriften, wie z.B. in der »Sadniker Gebets- und Liederhandschrift« → *Sadnikerjev rokopis* und im → *Leški rokopis* [Handschrift aus Liescha] aus Leše pri Prevaljah aus der Mitte des 18. Jh.s, die zu den ältesten volkstümlichen Schriftstücken in der Mežiška dolina (Mießtal) zählt. Eine umfassende handschriftliche Textsammlung aus der Umgebung von Prevalje (Prävali) hinterließ im 19. Jh. Matija Kresnik (1821–1890). Die 1754 datierte Liederhandschrift von Luka → Maurer aus Arnoldstein/Podklošter enthält 90 verschiedene katholische Lieder aus diversen Quellen. Beim Gebetbuch von Simon Gabernik, einer Handschriftensammlung von 1780, handelt es sich um ein »getarntes« slowenisches Aberglaubenbuch aus dem → Rosental/Rož. Als bekanntester *bukovnik* des 18. Jh.s im Prekmurje (Übermurgebiet)

Matija Kresnik, *Pesmi stare jinu nove*, KOK Ravne na Koroškem

Bezjak, *Rokopisni zbornik*, KOK Ravne na Koroškem

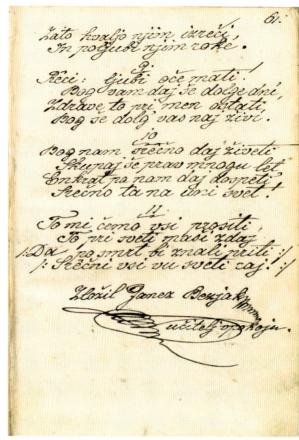

gilt nach Mitrović (2001) der protestantische Pastor Štefan Küzmič (1723–1799), der in seinem regionalen Dialekt schrieb. Weitere wichtige Vertreter des B. in diesem Gebiet sind der Autor und Dichter Miloš Küzmič (1737–1804) und der Kulturschaffende Jožef Košič (1788–1867), der von 1829 bis zu seinem Tode in Gornji Senik (heute in Ungarn) wirkte. In der zweiten Hälfte des 18. Jh.s sind die ersten volksmedizinischen Texte weltlicher Natur zu verzeichnen, wie z.B. das volksmedizinische Büchlein *Arcniske bukve* (1765) von Andreas Goritschnig aus dem Rosental/Rož, u.a.

In der Blütezeit des *klassischen Bukovništvo* treten auch selbstständige und freie Formen literarischen Schaffens auf. Zu den bedeutendsten Vertretern dieser Zeit zählen der Bauer, Volksdramatiker und Volkspoet Andreas Schuster – Drabosnjak (1768–1825) aus Drabosenig/Drabosinje bei Köstenberg/Kostanje und der Weber, Autodidakt und Volkspoet Miha → Andreaš (1762–1821) aus St. Jakob im Rosental/Št. Jakob v Rožu. Weitere Volksdichter und Schreiber aus der Region, die an der Tradition des B. im Rosental/Rož festhielten, waren Janez → Dobernik (1795–1865), Franc → Treiber (1809–1878), Janez Kajžnik (1837–1914) u.a. Im → Gailtal/Zilja wirkte Jožef → Kattnik (Katnik) (1862–1942) aus Feistritz an der Gail/Bistrica na Zilji und im → Jauntal/Podjuna der originelle Volkstroubadour und Volksdichter Franc → Leder-Lesičjak (1833–1908) aus Globasnitz/Globasnica, dessen oft spontan entstandene Volkslieder ins volkstümliche Kulturgut übergingen. Diese Art der Volksdichtung setzte sich auch in der → Mežiška dolina (Mießtal) sowie im Pohorje (Bachergebirge) in der Dravska dolina (slowenisches Drautal) fort. Besonders bekannt war hier der Weber und Volkspoet Jurij Vodovnik (1791–1858) aus Skomarje am Pohorje. In späterer Zeit machte sich in Tržič der Volksdichter und Stellmacher Vojteh → Kurnik (1826–1886) einen Namen.

Von Matija Žegar (1734–1798) aus Augsdorf/Loga vas stammt der → *Antikrist* (1767), der die erste Übersetzung des apokryphen Buches »Leben Antichristi« von Dionysius von Lüztenburg bietet und als ein herausragendes Werk dieser Zeit gilt. Handschriftliche Abschriften und Varianten kursierten in Kärnten/Koroška, Krain/Kranjska, in der Dravska dolina und in der Mežiška dolina. Eine Abschrift der slowenischen

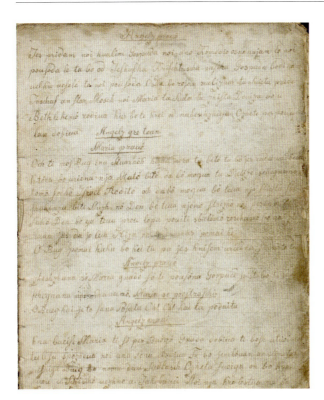

Rokopisi Jurija Thomashisha, KOK Ravne na Koroškem

Übersetzung des Antichrists/*Antikrist* verfasste 1814 Janez Osirnik aus Pameče pri Slovenj Gradcu. Besonderer Beliebtheit erfreuten sich bei den *bukovniki* auch die apokryphen Sibyllinischen Bücher (→ *Šembiljine bukve, Sibiline bukve*).

Die Tradition des B. – eine Ära, in der Volks- und Dialektliteratur als sprachliches und literatursoziologisches Spezifikum der Kärntner Slowenen gilt –, klingt am Ende des 19. Jh.s, sprachpolitisch bedingt, weitgehend aus. Erinnerungen an das traditionsreiche B. werden erst wieder Jahrzehnte später in modifizierten Formen wach (vgl. Milka → Hartman).

Die Literatur der *bukovniki* findet sich heute vorwiegend in österreichischen und slowenischen Bibliotheken, Institutionen, Archiven und privaten Sammlungen. Viele Texte aus dem Repertoire des B. sind in diversen Bearbeitungen im Druck erschienen, Teile davon liegen auch in digitalisierter Form vor. Einen vergleichbaren kulturellen Anspruch in der Tradition der *bukovniki* findet man in der Folge bei der → Mohorjeva, die Hochkultur im Volk verbreitete und so den Mangel einer slowenischen gesellschaftlichen Elite wettmachte, was nachhaltig für den Erhalt der slowenischen Sprache in Kärnten/Koroška von Bedeutung werden sollte.

Archive: Koroška osrednja knjižnica dr. Franca Sušnika Ravne na Koroškem, Institut für Slawistik der Universität Wien, NUK, Semeniška knjižnica Ljubljana, Univerzitetna knjižnica Maribor, Osrednja knjižnica Celje u.a.

Lit.: ES. – F. Kotnik: *Andreas Schuster – Drabosnjak: Sein Leben und Wirken* (Phil. Diss.). Graz 1907; I. Grafenauer: »Duhovna bramba« in »Kolomonov žegen«. In: ČZN 4 (1907), 1–70; F. Ramovš: *Zanimiv koroško-slovenski rokopis*. In: ČJKZ 2, 1920, 282–295; I. Grafenauer: *Najstarejši slovenski zagovori = Die ältesten slovenischen Segenssprüche*. V Mariboru 1927 (Sonderdruck), 275–293; P. Košir, V. Möderndorfer: *Ljudska medicina med koroškimi Slovenci*. Maribor 1926; P. Košir, V. Möderndorfer: *Ljudska medicina med koroškimi Slovenci*. In: ČZN 22/1–2 (1927), 9–32; I. Grafenauer: »Duhovna bramba« in »Kolomonov žegen« (Nove najdbe in izsledki). In: Razprave I/4, SAZU, Filozofsko – filološko – historični razred, 1943, 201–337; F. Kotnik: *Bukovniški rokopisi antikrista*. In: Zbornik zimske pomoči. Ljubljana 1944, 415–424; I. Grafenauer: *Narodno pesništvo* (Sonderdruck). Ljubljana 1945, 12–85; F. Kotnik: *Naši bukovniki, ljudski pesniki in pevci; Verske ljudske igre; Iz ljudske medicine*. Ljubljana 1945, 86–133; F. Kotnik: *Naši bukovniki, ljudski pesniki in pevci; Verske ljudske igre; Iz ljudske medicine* (Sonderdruck). Ljubljana 1946, 86–133; I. Grafenauer: *Narodno pesništvo*. In: Narodopisje Slovencev II. Ljubljana 1952, 12–84; F. Kotnik: *Naši bukovniki, ljudski pesniki in pevci*. In: Narodopisje Slovencev II. Ljubljana 1952, 86–102; I. Grafenauer: *Verske ljudske igre*. In: Narodopisje Slovencev II. Ljubljana 1952, 103–121; P. Košir, V. Möderndorfer: *Die Volksmedizin bei den Kärntner Slowenen = Ljudska medicina med koroškimi Slovenci*. Aus dem Slowenischen übers. von Niko Kuret. (Sonderdruck). Darmstadt 1967, [27]–71; I. Grafenauer: *Slovensko slovstvo na Koroškem – živ člen vseslovenskega slovstva*. In: I. Grafenauer (Hg.): Literarnozgodovinski spisi. Ljubljana 1980, 441–528; P. Zablatnik: *Bukovniki – Volkspoeten*. In: R. Vospernik, P. Zablatnik [e.a.] (Hg.): *Das slowenische Wort in Kärnten/Slovenska beseda na Koroškem*. Wien 1985, 90–97; H. Lausegger: *Koroško bukovništvo v*

Rokopisi Jurija Thomashisha, KOK Ravne na Koroškem

povezavi s folkloristiko. In: K. Gadány (Hg.): *III. Nemzetközi szlavisztikai napok.* Szombathely, 1988, 179–191; H. Lausegger: *Sprachliche Charakteristika des volkstümlichen »Gierten Shpils« von Andreas Schuster Drabosnjak.* In: WSA, 22 (1988), 273–294; H. Maurer-Lausegger: *Koroško bukovništvo v povezavi s folkloristiko.* In: KMD 1991. Celovec 1991, 103–109; H. Maurer-Lausegger: *Zbrana bukovniška besedila Andreja Šusterja-Drabosnjaka.* In: *Glasnik slovenskega etnološkega društva* 30/1–4 (1991), 70–74; H. Paulitsch: *Das Phänomen »Bukovništvo« in der Kärntner-slowenischen Kultur- und Literaturgeschichte.* Klagenfurt/Celovec [e.a.] 1992; H. Lausegger: *Koroško bukovništvo in Drabosnjakov Marijin Pasijon.* In: H. Lausegger (Hg.): *Andrej Šuster Drabosnjak. Zbrana bukovniška besedila I. Marijin Pasijon 1811. (Faksimile po izvodu dv. sv. dr. Pavleta Zablatnika v Celovcu z dodano prečrkovano priredbo istega besedila).* Celovec 1990, VII–XXI; H. Lausegger (Hg.): *Andrej Šuster Drabosnjak. Zbrana bukovniška besedila I. Marijin Pasijon 1811. (Faksimile po izvodu dv. sv. dr. Pavleta Zablatnika v Celovcu z dodano prečrkovano priredbo istega besedila).* Celovec 1990; H. Lausegger: *Drabosnjakov Marijin pasijon v luči pisne navade časa.* In: *Mladje* 70 (1990), 71–83; H. Maurer-Lausegger: *Zbrana bukovniška besedila Andreja Šusterja-Drabosnjaka.* In: *Glasnik SED* 30/1–4 (1991), 70–74; H. Maurer-Lausegger (Hg.): *Andrej Šuster Drabosnjak. Zbrana bukovniška besedila II. Pastirska igra in Izgubljeni sin. Po izvirnih rokopisih s prečrkovano priredbo istih besedil.* Celovec 1992, XVII + 224 S. + 11 S. Beilagen; H. Maurer-Lausegger: *Drabosnjakovi igri: Pastirska igra in Izgubljeni sin.* In: H. Maurer-Lausegger (Hg.): *Andrej Šuster Drabosnjak. Zbrana bukovniška besedila II. Pastirska igra in Izgubljeni sin. Po izvirnih rokopisih s prečrkovano priredbo istih besedil.* Ured. in izd. Herta Maurer-Lausegger. Celovec 1992, V–XVII; M. Mitrović: *Die »Bukovniki«.* In: Geschichte der slowenischen Literatur: von den Anfängen bis zur Gegenwart. Aus dem Serbokroatischen übersetzt, redaktionell bearbeitet und mit ausgewählten Lemmata und Anmerkungen ergänzt von Katja Sturm-Schnabl. Klagenfurt [e.a.] 2001, 110–118; A. Žalta: *Protestantizem in bukovništvo med koroškimi Slovenci.* In: *Anthropos* 36 (2004) 1/4, 59–72; H. Maurer-Lausegger: *Sprachliche Charakteristika apokrypher Texte des 18. und 19. Jahrhunderts (Slowenisch, Deutsch).* In: Sprach- und Literaturwissenschaftliche Brückenschläge. Vorträge der 13. Jahrestagung der GESUS in Szombathely, 12.–14. Mai 2004. Hg. Maria Balaskó, Petra Szatmári. München: Lincom Europa 2007, 241–252.

Herta Maurer-Lausegger

Burgenland (kroat. Gradišće, romanes Burgenlandi, slow. Gradiščanska, ung. Felsőőrvidék), → Raabtaler Slowenen.

Bürger, Hermann, NS-Opfer,→ Zeugen Jehovas.

Bürger, Maria, geb. Wolfahrt, NS-Opfer, → Zeugen Jehovas.

Bürger, Thomas (* 1925), NS-Opfer,→ Zeugen Jehovas.

Bürgermeister, Vizebürgermeister und Gemeinderäte, demokratisch gewählte Volksvertreter auf der Ebene der lokalen Selbstverwaltung, wie sie mit dem auf der → Oktroyierten Märzverfassung von 1849 beruhenden Provisorischen Gemeindegesetz von 1849 institutionalisiert und 1850 eingeführt wurden (und mit dem Reichsgemeindegesetz von 1862 bestätigt wurden). Ihre Wahl spiegelte einerseits die gesellschaftlichen Verhältnisse wider und stellte eine zentrale Möglichkeit der demokratischen politischen Partizipation dar, und zwar umso mehr, als identitätsbewussten Slowenen höhere politische und staatliche Ämter im Land zunehmend systemisch verwehrt bzw. diese mit einer notwendigen → Assimilation junktimiert wurden (→ Assimilationszwang).

Insgesamt ist die große Zahl identitätsbewusster Slowenen (→ Identitätsbewusstsein) im Bürgermeisteramt ein Indikator für die gesellschaftliche Situation der → Volksgruppe sowie für ihre gesellschaftliche Dynamik (die sich eben auch in der Kraft ihrer autonomen Einrichtungen spiegelt, so der → *Koroška slovenska stranka* [Kärntner slowenische Partei]).

Mit der Zusammenlegung bzw. Eingemeindung kleinerer (zu einem Gutteil slowenischer) Gemeinden bzw. später der Einführung von Großgemeinden verloren die Slowenen aufgrund demografischer und regionaler politischer Gesetzmäßigkeiten bzw. aufgrund der Wahlarithmetik vielfach die Möglichkeit einer sichtbaren politischen gesellschaftlichen Partizipation. Diese verminderte gesellschaftliche Wahrnehmbarkeit der Volksgruppe war bzw. ist ein nicht unwesentlicher Aspekt, der zur Intensivierung des Assimilationsprozesses beitrug.

Unter den identitätsbewussten bzw. slowenischen Bürgermeistern, die vielfach auch → Kulturaktivisten waren oder sich im → Genossenschaftswesen engagierten, finden sich (Auswahl): → Ellerdsorfer, Florijan (Griffen/Grebinj); → Hebein, Josef (Feistritz im Gailtal/Bistrica na Zilji); → Kraiger, Ferdo (Globasnitz/Globasnica); Krasnik, Matevž (Weizelsdorf/Svetna vas; → *Šentjanž*); Krasnik, Štefan (Weizelsdorf/Svetna vas) (→ Lutschounig, Jakob); → Kraut, Jurij (Feistritz ob Bleiburg/Bistrica pri Pliberku); Krištof, Karl/Karol (provisorischer Bürgermeister von Neuhaus/Suha) (→ *Schwabegg/Žvabek, Neuhaus/Suha und Leifling/Libeliče: Kulturarbeit seit 1882*); → Kumer-Črčej, Mirko (Moos bei Bleiburg/Blato – und Vizebürgermeister von Bleiburg/Pliberk); → Lesjak, Valentin (Rosegg/Rožek); Mairitsch, Ulrich (Brückl/Mostič) (→ Mairitsch, Ludwig); Martič, Filip (Ludmannsdorf/Bilčovs) (→ *Bilka, Katoliško slovensko izobraževalno društvo* [Katholischer slowenischer Bildungsverein Bilka/Halm]); → Miklavič, Pavel (Moos bei Bleiburg/Blato); Michor, Simon (Emmersdorf/Smerče) (→ Millonig, Johann sen.); Millonig, Alois (1869–1937) (Hohenthurn/Straja vas) (→ Millonig, Johann sen.); → Millonig, Filip (Philipp) (1869–1937) (Hohenthurn/Straja vas); Millonig, Johann jun. (1826–1900) (Hohenthurn/Straja vas) (→ Millonig, Johann sen.); → Millonig, Johann sen. (Hohenthurn/Straja vas); Muri, Franc (Jezersko); Ogris, Janez (Ludmannsdorf/Bilčovs) (→ *Bilka, Katoliško slovensko izobraževalno društvo* [Katholischer slowenischer Bildungsverein Bilka/Halm]); → Prosekar, Matija (Köttmannsdorf/Kotmara vas); Rainer, Matevž (Augsdorf/Loga vas); Rudolf, Jurij (St. Michael/Šmihel pri Pliberku) (→ *Šmihel. Slovensko katoliško izobraževalno društvo za Šmihel in okolico* [Slowenischer katholischer Bildungsverein für St. Michael und Umgebung]); Rutar, Pavel (Rosegg/Rožek); → Schaubach, Alois (Hohenthurn/Straja vas); → Schnabl, Johann (1827–1904) (Hohenthurn/Straja vas); → Schnabl, Johann (1897–1964) (Hohenthurn/Straja vas); Srebotnik, Blasius/Blaž (Schwabegg/Žvabek) (→ *Schwabegg/Žvabek, Neuhaus/Suha und Leifling/Libeliče: Kulturarbeit seit 1882*); Šumah, Janez (Eberndorf/Dobrla vas) (→ *Srce. Slovensko katoliško izobraževalno društvo za Dobrlo vas in okolico* [Srce. Slowenischer katholischer Bildungsverein für Eberndorf und Umgebung]); Tomic, Ivan (St. Michael/Šmihel) (→ *Šmihel. Slovensko katoliško izobraževalno društvo za Šmihel in okolico* [Slowenischer katholischer Bildungsverein für St. Michael und Umgebung]); Urbanc, Anton (St. Stefan an der Gail/Štefan na Zilji); → Wiegele, Ferdinand (Hohenthurn/Straja vas) sowie → Vospernik, Mathias (Wernberg/Vernberk).

Das Amt des Vizebürgermeisters bekleideten von den hic loco bearbeiteten Personen: → Lapuš, Florijan (St. Johann i. R./Šentjanž v Rožu); → Ogris, Janko (Ludmannsdorf/Bilčovs).

Gemeinderäte waren u.a.: → Gross, Šimen (St. Peter am Wallersberg/Šentpeter na Vašinjah); → Resman, Franc (Ledenitzen/Ledinca); → Siencnik, Luka (Eberndorf/Dobrla vas); → Sturm, Andrej (St. Thomas am Zeiselberg/Šenttomaž pri Celovcu); → Vintar, Josip (St. Michael bei Bleiburg/Šmihel pri Pliberku); → Rossbacher, Bernard Gašper (Klagenfurter Stadtrat).

Der erste von den Landständen bestellte, historische Bürgermeister von Klagenfurt/Celovec war → Windisch, Christoph. Kärntner Slowenen waren Bürgermeister großer Städte außerhalb des Landes: Milan → Amruš, Sohn eines Kärntner Slowenen, war langjähriger Bürgermeister von Zagreb. Albin → Poznik war Bürgermeister von Novo mesto und Dr. Fran → Schaubach Großbürgermeister des Verwaltungsgebiets *Mariborksa oblast* [Mariborer Verwaltungsgebiet] (→ Maribor).

Die Rolle der demokratischen und politischen Partizipation erfüllten neben den Bürgermeistern und den Aktivisten im autonomen → Genossenschaftswesen auch die trotz einer restriktiven → Wahlordnung gewählten slowenischen → Abgeordneten zum Kärntner Landtag, wobei sie ihre ethnopolitisch relevanten Anliegen so gut wie nie durchsetzen konnten.

Den sozialen, sprachlichen und politischen Wandel im Land spiegeln wiederum die Biografien der Bürgermeister: → Lutschounig, Jakob (Maria Rain/Žihpolje) und → Seebacher, Johann (Viktring/

Vetrinj); Simon Michor (Emmersdorf/Smerče), Johann Millonig, (1793–1864) (Hohenthurn/Straja vas).

Quellen: RGBl. 170/1849: *Kaiserliches Patent vom 17. März 1849, giltig für Österreich ob und unter der Enns, Salzburg, Steiermark, Illirien, bestehend aus Kärnthen, Krain, Görz und Gradiska, Istrien und Triest mit seinem Gebiete, Tirol und Vorarlberg, Böhmen, Mähren, Schlesien, Galizien und Lodomerien mit Auschwitz und Zator, Krakau, Bukowina und Dalmatien, womit ein provisorisches Gemeinde-Gesetz erlassen wird*, vom 17. 3. 1849, S. 203; RGBl. 8/1850: *Kaiserliches Patent, wodurch die Landesverfassung für das Herzogthum Kärnthen sammt der dazu gehörigen Landtags-Wahlordnung erlassen und verkündet wird*, vom 30. 12. 1849, Stück Nr. 5, S. 73 f., zweisprachig in: LGBlK/DvzK 63/1850: *Landesverfassung für das Herzogthum Kärnten/Dežena ustava za vojvodstvo Koroško*. Klagenfurt/v Celovcu, S. 51–70; LGBlK/DzvlK 36/1850: *Currende der politischen Organisirungs-Commission für Kärnten ... Über die Eintheilung, den Umfang und Beginn der politischen Behörden im Kronlande Kärnten. Schloißnigg, Commissions-Vorstand/Razglas politiške uravnave komisije na Koroškem od 23. decembra 1849, Razdelik, obseg in začetek politiških oblastnij u koroškej kronovini. Šlojsnik, komisijski predsednik*, II. del. Klagenfurt, 16. März 1850, S. 15–36; RGBl. 58/1859: Gemeindegesetz; RGBl. 18/1862: Reichsgemeindegesetz; KS 20. 10. 1926, http://www.mindoc.eu/img.php?s=1926/10/jpglarge/1926-10-20_KOS_0004_a_aslic_00000005_00000000_0004.jpg; KS 2. 10. 1927, http://www.mindoc.eu/img.php?s=1927/10/jpglarge/1927-10-26_KOS_0003_d_aslic_00005467_00000000_0003.jpg; KS 4. 12. 1935, http://www.mindoc.eu/img.php?s=1935/12/jpglarge/1935-12-04_KOS_0003_b_aslic_00000005_00000000_0003.jpg.

Lit.: S. Vilfan: *Pravna zgodovina Slovencev, od naselitve do zloma stare Jugoslavije*. Ljubljana 1961; A. Hummitzsch: *Die territoriale Entwicklung der Ortsgemeinden in Kärnten*. Klagenfurt 1962; S. Vilfan: *Rechtsgeschichte der Slowenen bis zum Jahre 1941*. Graz 1968; H. Fischer, G. Silvestri (Hg.): *Texte zur österreichischen Verfassungs-Geschichte. Von der Pragmatischen Sanktion zur Bundesverfassung (1713–1966)*. Wien 1970; F. Stundner: *Zwanzig Jahre Verwaltungsaufbau – Die Entstehung der Bezirkshauptmannschaften (1848–1868)*; K. Dinklage: *Kärnten*. In: J. Gründler (Hg.): 100 Jahre Bezirkshauptmannschaften in Österreich, Festschrift, Wien 1970; N. Grass: *Tirol*. In: J. Gründler (Hg.): 100 Jahre Bezirkshauptmannschaften in Österreich, Festschrift, Wien 1970; O. Glanzer, R. Unkart: *Die Neuordnung der Gemeindestruktur in Kärnten im Jahre 1972*. Hg. Amt der Kärntner Landesregierung. Klagenfurt 1973 (139 S. broschiert); G. Fischer: *Das Slowenische in Kärnten, Bedingungen der sprachlichen Sozialisation. Eine Studie zur Sprachenpolitik*. Wien, Sprache und Herrschaft, Zeitschrift für eine Sprachwissenschaft als Gesellschaftswissenschaft, Reihe Monographien Nr. 1/1980; T. Veiter: *Verfassungsrechtslage und Rechtswirklichkeit der Volksgruppen und Sprachminderheiten in Österreich 1918–1938*. Wien 1980; G. Stourzh: *Die Gleichberechtigung der Nationalitäten in der Verfassung und Verwaltung Österreichs 1848–1918*. Wien 1985; W. Doralt (Hg.): *Kodex des österreichischen Rechts – Verfassungsrecht*, Verlag ORAC. Wien 5. Auflage, Stand 1. 2. 1987; T. Veiter: *Zur Rechtslage der slowenischen Volksgruppe in Kärnten*, (ebenda, S. 4–15, nicht nummeriert); E. Webernig: *Der Landeshauptmann von Kärnten, Ein historisch-politischer Überblick*. Klagenfurt 1987; W. Dreuer (Red.): *800 Jahre Klagenfurt*. Festschrift zum Jubiläum der ersten urkundlichen Nennung (= Archiv für vaterländische Geschichte und Topographie 77). Klagenfurt 1996; P. Wiesflecker: *Drei alte Grabsteine erzählen eine Familiengeschichte*. In: Mitteilungsblatt der Gemeinde Hohenthurn 2 (2005), 12–13; W. Brauneder: *Österreichische Verfassungsgeschichte*. Wien [11]2009, 131, 150 ff.; P. Wiesflecker: *Hohenthurn. Geschichte eines Lebensraums und seiner Menschen*. Klagenfurt 2009; M. Klemenčič, V. Klemenčič: *Die Kärntner Slowenen und die Zweite Republik, zwischen Assimilierungsdruck und dem Einsatz für die Umsetzung der Minderheitenrechte*, Klagenfurt/Celovec [e.a.] 2010; B.-I. Schnabl: *Dvojezična ustava Koroške in deželni glavar Janez Nepomuk Šlojsnik*. In: KK 2012. Klagenfurt/Celovec [2011], 165–188; B.-I. Schnabl: *1824 in 1849, ključni letnici za razumevanje slovenske politične in ustavne zgodovine na Koroškem*. In: KK 2014. Celovec [2013], 177–189.

Bojan-Ilija Schnabl

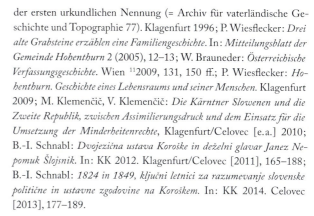

K. Sturm-Schnabl, *Soziales Engagement*

Cacatius, dux → *Duces Carantanorum*.

Camporosso (dt. Saifnitz, friul. Cjampros, slow. Žabnice), vgl. Sachlemmata: → Gailtaler Dialekt, → Kanaltal/Val Canale/Kanalska dolina.

Cankar, Ivan (* 10. Mai 1876 Vrhnika [Notranjska], † 11. Dezember 1918 Ljubljana), Dramatiker, Schriftsteller, Dichter, Politiker, Kulturjournalist.

C. wurde am 10. Mai 1876 in Vrhnika, einer Ortschaft 30 km westlich von Ljubljana, in einer kinderreichen, verarmten Handwerkerfamilie geboren. Eine Unterstützung der Gemeinde ermöglichte es dem begabten Knaben, das Gymnasium in Ljubljana zu besuchen. C.s erste, jugendliche Schaffensperiode von 1891–1896, noch während seiner Schulzeit in der Heimat, entwickelte sich aus der slowenischen klassischen literarischen Tradition heraus, ließ aber bereits seine starke Sensibilität für soziale, gesellschaftliche und nationale Diskriminierung spürbar werden. Dies ist nicht verwunderlich, kam er doch selbst aus jenem slowenischen Milieu, das aufgrund der kapitalistischen Expansion der Verarmung ausgeliefert war. Nach der Matura ging C. zum Studium nach Wien, brach dieses im Frühjahr 1897 ab und ging zunächst zurück nach Vrhnika. Nach dem Tod seiner Mutter (thematisiert in *Ena sama noč* [Eine einzige Nacht]) übersiedelte er nach Ljubljana, lebte kurzfristig in Pula und ging im Herbst 1897 zurück nach Wien, wo er als freier Schriftsteller, Journalist und Essayist 11 Jahre verbrachte. Ein Jahrzehnt, in dem er als aktiver Politiker engagiert war. Er kandidierte 1907 auf der Liste der *Jugoslovanska socialnodemokratska stranka* [Jugoslawische sozialdemokratische Partei] für den Reichsrat, erhielt allerdings kein Mandat. Dies war aber auch ein Jahrzehnt voller

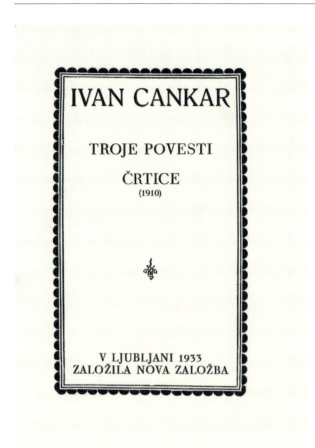

Innencover, 1937

Küstenändisch-Triestiner Erzählung

künstlerischer Schöpferkraft, in dem er die stilistischen und philosophischen Strömungen im europäischen Literaturraum studierte, assimilierte und sublimierte (Symbolismus, BERGSON, EMMERSON).

C. konnte wie kein anderer Künstler aus diesem Sublimierungsprozess heraus grundsätzliche und qualitativ umwälzende Neuerungen in die slowenische Literatur, Kultur und Politik einbringen. Sein künstlerisches, soziales, politisches und nationales Engagement verwirklichte er konsequent in seinen literarischen Schöpfungen, in denen er die Sprache in all ihren Dimensionen ganz bewusst in höchster Vollendung zum Einsatz brachte. Das heißt vor allem, dass die Kunst des Wortes – das sprachliche Kunstwerk – nicht nur Ausdrucksmittel seiner Anliegen wird. Die Sprache erhält bei C. eine autonome Kunstdimension, die vordergründig für sich und aus sich heraus als Sprache in der Sprache – eben als Kunstwerk – lebt. C. wurde der konsequenteste Vertreter der poetischen und ästhetischen Prinzipien des französischen Symbolismus in der slowenischen Literatur, der durch C. eine zusätzliche Dimension erfährt, nämlich das gesellschaftspolitische Engagement als po-

etisches Stilmittel. Dadurch wird die gesellschaftskritische Botschaft zum magischen Wort, wie es einst im Mythos wirkte, das den Menschen ganzheitlich erfasst, die bloße Information durchbricht und dem Leser den Nachvollzug, das Miterleben ermöglicht, ihn in den Bannkreis des Geschehens einbezieht und betroffen macht.

Die politische und gesellschaftliche Situation seines Volkes ließ er in seine künstlerischen Auseinandersetzungen einfließen und machte eben auch die gesellschaftspolitische Auseinandersetzung zum Sujet seines sprachlichen Kunstwerkes, das dadurch auch die Funktion einer politischen Aktion übernahm. Ein solches Werk war seine 1907 – also im Jahr seiner Kandidatur auf der Liste der slowenischen sozialdemokratischen Partei – erschienen. Es war dies seine am häufigsten übersetzte Erzählung *Hlapec Jernej in njegova pravica* [Der Knecht Jernej und sein Recht].

Mit seinem Roman *Hiša Marije Pomočnice* [Das Haus der Barmherzigkeit] aber, der 1904 erschienen war, sprengte C. zudem in mehrfacher Hinsicht den nationalen Rahmen der slowenischen Literatur. Der Stoff, das Motiv und das Sujet sind nicht seiner slowenischen Heimat entnommen, sie stammen aus den sozialen Gegebenheiten, dem menschlichen Elend in der damaligen Hauptstadt der Habsburgermonarchie, Wien. Ein Wien, das von den deutschsprachigen Schriftstellern dieser Zeit weniger beachtet wurde, die sich der »fröhlichen Apokalypse Wiens« hingaben, wie Hermann BROCH es ausdrückte, oder das Karl KRAUS als Vertreter der »Kaffeehausdekadenzmoderne« apostrophierte. In seinem Roman *Hiša Marije pomočnice* wird der realistische Stoff der Erzählung in Symbole transponiert, wodurch seine Heldinnen – dies sind 14 todkranke Mädchen – die gesellschaftliche Wirklichkeit überwinden, um in einer höheren Wirklichkeit ihre Menschenwürde zurückzuerhalten. Das Haus der Barmherzigkeit erfuhr eine exzessiv bösartige Kritik, auf die C. mit der Novelle *Gospa Judit* [Frau Judit], die ein Jahr später erschien, antwortete: Einmal ganz konkret im poetischen Vorwort mit einer subtil satirisch-zynischen Polemik, in der er mit der slowenischen bürgerlichen Gesellschaft und ihren Handlangern, den Literaturkritikern, abrechnet. Zum anderen aber lag die Antwort darin, dass er mit *Gospa Judit* eine Frau zur literarischen Heldin machte, deren Charakter sich durch kompromisslose Wahrheitsliebe und Moral auszeichnet, die aber nach den gängigen gesellschaftlichen Auffassungen als Ehebrecherin und Hure klassifiziert wurde.

In seiner letzten Schaffensperiode, die in die Zeit des Ersten Weltkrieges fiel, den er als Soldat und als Inhaftierter erlebt hatte (→ Militärgerichtsbarkeit), thematisiert C. Tod und Todesahnungen. In seinem Werk *Podobe iz sanj* [Traumbilder] transponiert C. z. B. die Gewölbe des Gefängnisses auf der Burg von Ljubljana, wo er 1914 eingekerkert gewesen war, in die Katakomben des Herzens. In dieser Periode wandte sich C. dem Expressionismus zu.

Durch sein vielfältiges Engagement und seine Werke mit europäischer Dimension, sowohl in seiner Dichtung als auch in seinen Dramen und Prosawerken, rief er als Politiker, aber auch als Künstler stets lebhafte Polemiken hervor und war daher schon im zeitgenössischen Kulturraum stets präsent, um schließlich seinen herausragenden Platz als der größte Sprachkünstler in der slowenischen Literatur- und Kulturgeschichte einzunehmen. Seine erste Gedichtsammlung (*Erotika*, 1899) ließ der Bischof von Ljubljana Anton JEGLIČ aufkaufen und verbrennen. C.s Dramen provozierten einen Teil der slowenischen konservativen bürgerlichen Gesellschaft. Die linke Intelligenzija hingegen erfasste nicht nur ihren sozialkritischen, sondern auch den künstlerischen Wert und das sprachliche Kunstwerk. So schrieb Oton → ŽUPANČIČ nach der Uraufführung des Dramas → *Lepa Vida* [Die schöne Vida], diese sei das »Hochamt des slowenischen Wortes« (*Visoka maša slovenske besede*).

C. entwickelt seine Kurzerzählungen zu einem besonderen Genre. In seiner kulturpolitischen und politischen Essayistik bezieht C. immer Stellung, doch bleiben die Inhalte immer dem sprachlichen Kunstwerk untergeordnet. Selbst die scharfe Auseinandersetzung mit seinen Kritikern in *Bela krizantema* [Weiße Chrysantheme] (1909) wird zu einem seiner schönsten Texte.

Mit Kärnten/Koroška verbindet C. vor allem die → *Mohorjeva* in → Klagenfurt/Celovec, bei der er publizierte.

Werke: Ivan Cankar: *Zbrani spisi* 1–20 Ljubljana 1925–1936 (Red. Izidor Cankar), Bd. 21, Maribor 1954 (Red. Francé Dobrovoljc); Ivan Cankar: *Izbrana dela* 1–10 Ljubljana 1951–1959 (Red. Boris Merhar); Ivan Cankar: *Zbrano delo slovenskih pesnikov in pisateljev* 1–30. Ljubljana 1967–1976.
Üb.: Der DRAVA Verlag in Klagenfurt/Celovec führt seit 1994 eine Werkausgabe in deutscher Sprache von C.s Werk in der Übersetzung von Erwin KÖSTLER.
Lit.: SBL; EJ; ÖBL; ES. – Ivan Prijatelj: *Poezija »Mlada Poljske«*. In: LZ (1925) 1, 16–25; 2, 83–94; 3, 147–157; 4, 210–218; 5, 268–298; W. Walder: *Ivan Cankar als Künstlerpersönlichkeit*. Graz/Köln 1954; D. Pirjevec: *Ivan Cankar in slovenska literatura*. Ljubljana 1964; A. Goljevšček: *Mit in slovenska ljudska pesem*. Ljubljana 1982; M. Jähnichen: *Zur Frage des sozialen Engagements im Symbolismus*. In: *Obdobja* 4/1 (1983) 115–125; I. Cesar: *Na križišcu realizma in simbolizma*. In: *Obdobja* 4/2 (1983) 155–183; F. Bernik: *Tipologija Cankarjeve proze*. Ljubljana 1983; F. Bernik (Hg.): *Ivan Cankar in Mohorjeva*. Celovec 1989; K. Sturm-Schnabl: *Ivan Cankars »Gospa Judit«, eine Frau rebelliert*. In: *Slava – debatni list* III/2 (1989) 127–143; A. Leben: *Ästhetizismus und Engagement: die Kurzprosa der tschechischen und slowenischen Moderne*. Wien 1997; M. Mitrović: *Die Geschichte der slowenischen Literatur von den Anfängen bis zur Gegenwart*. Aus dem Serbokroatischen übersetzt, redaktionell bearbeitet und mit ausgewählten Lemmata und Anmerkungen ergänzt von Katja Sturm-Schnabl. Klagenfurt/Celovec [e.a.] 2001; A. Jensterle-Doležal: *Miti o vojni in smrti. Podobe smrti pri Ivanu Cankarju*. In: *V krogu mitov. O ženski in smrti v slovenski književnosti*. In: *Slavistična knjižnica* 13 (2008) 96–109.
Web: K. Sturm-Schnabl: *Soziales Engagement und symbolistische Stilmittel bei Ivan Cankar. Das Wien der Jahrhundertwende aus der Perspektive eines europäisch-slowenischen Autors*. In: TRANS Internet Zeitschrift für Kulturwissenschaften 7. Nr. September 1999 = http://inst.at/trans/7Nr/sturm7.htm; www.drava.at (20. 1. 2013)

Katja Sturm-Schnabl

Carantani, lateinische Bezeichnung der Bewohner des Fürstentums Karantanien *ducatus Carantanorum* (um

870, → *Conversio*), dt. *die Karantaner*, alternativ *die Karantanen*, slow. *Karantanci*.

Sprachlich leiten sich die C. von der Region/dem Staat *Carantania* mit dem häufig vorkommenden alteuropäischen Toponym *carn-* »Stein, Fels« oder dem Namen des administrativen Zentrums und Sitzes der karantanerslowenischen Fürsten (→ *Duces Carantanorum*) ab. Nach Auflösung der römischen Verwaltung und infolge der politischen Bedeutungslosigkeit von *Virunum/Viruno*, Hauptstadt der alten Provinz *Noricum mediterraneum*, wird → Karnburg/Krnski grad *(curtis carantana)* in der gleichen Gegend »Hauptstadt« von *Carantania*/→ Karantanien. Der alte Name *Noricum* und *Norici* kommt außer Gebrauch. → Salzburg hat offenbar den neuen Terminus C. gefördert, ebenso wie *Baivari* statt *Norici*. In der → Conversio wird ausdrücklich hervorgehoben, dass die C. Slawen/Slowenen (*Sclavi qui dicuntur Quarantani*) sind. Die Kiewer Nestorchronik (1110) erwähnt, dass die *Chorutane* (Carantani/Karantaner) auch *Sloveni* sind. Andere Namen für diesen Raum oder Teile davon sind *marca Vinedorum, provincia Sclaborum, partes Sclavorum, Sclavinia, regio carantana, partes quarantanae, regnum carantanum*. Die viel diskutierte Ausdehnung des Fürstentums ohne genaue Grenzangaben (→ Sprachgrenze) deckt sich im 8. Jh. etwa mit den slowenischen Ortsnamen in Österreich südlich der Donau/Donava bis zur Drau/Drava und den → Karawanken/Karavanke (älter auch Kranjske gore). Die C. leben in der Nachbarschaft der *Bagivarii*/Baiern (→ Bagoaria). Auf Bitten des *dux Carantanorum* BORUT kamen die Baivaren/*Bagoarii* den C. zu Hilfe und vertrieben die → Awaren. Gemeinsam mit den Baiern (*Bawari cum Quarantanis*) verdrängten die C. die Awaren *Huni* aus Pannonien. Sie hatten auch geholfen, die Aufstände (→ *carmula*) der heidnischen *pagani gentiles* (→ Edlinger/*kosezi*) im Land niederzuschlagen. Damit unterwarfen sich die C. der Herrschaft der (fränkisch/baivarischen) Könige/*reges*. Die späteren Fürsten CARASTUS/CACATIUS und CHEITMARUS wurden als Geiseln *obsides* zur Bildung nach dem christlichen Glauben und zur Taufe nach Baivarien/*Baivaria* gebracht (→ Chiemsee). Die ladinische Bezeichnung für *Carantanus* (auch *Carantianus*) war *Carantan* und *Coranzan* (→ Personennamen im Salzburger → Verbrüderungsbuch), die → altslowenische wäre *Korontan* oder *Korontjan(in)*. Die heutige Form *Korošec* »der Kärntner« (wörtlich ein »Karantanischer«) geht wie *Koroška* »Kärnten« auf das Adjektiv *korontisk- > koroška* »das Karantanische (Land)« zurück, die deutsche Form *Kärnten/Kärntner* (bairisch *Karntn/Karntner*) auf das Ladinische *Carantania/Carantan*.

Literaturüblich gilt in der Slawistik, dass die C./Slowenen aus der »Urheimat« nördlich der Karpaten eingewandert seien und ursprünglich überall »urslawisch« bzw. »urslowenisch« gesprochen hätten. Die Begriffe »Urheimat« und »Urslawisch« beachten allerdings nicht die → Kontinuität des Einheimischen in den Ländern, wo sich das Slawische erst durch → Sprachmischung (→ Karantanerslowenisch) durchgesetzt hat, noch die unbekannte Sprachbeziehung zwischen Slawisch und »Awarisch« (→ Awaren). Im östlichen und südöstlichen Österreich war bei den C. zuerst das literaturüblich lange nicht erkannte Ladinisch (→ Altladinisch) die Substrat-Sprache. Erst später kam das Baivarisch/Bairische dazu, das selbst ein Kreol aus Ladinisch und Alemannisch ist (→ Bagoaria, → Altbairisch).

Die C. als slawisch/frühslowenische Population weisen sprachliche Besonderheiten auf, die sich weder dialektgeografisch als Kontinuum urslawischer Dialekte noch genetisch in einen urheimatlichen Zusammenhang stellen lassen. Insbesondere sind die sprachlichen Interferenzen mit der Sprache der Awaren nicht geklärt. Begriffe wie *ban, župan, kagan* sind (etymologisch) nicht slawisch. Auch die sprachliche Vermischung mit dem → Altladinischen wurde literaturüblich nicht beachtet.

Aufgrund der sprachlichen Kontinuität der karantanerslowenischen Dialekte zum Slowenischen (vom Slowenisch der → Freisinger Denkmäler zu späteren kärntnerslowenischen Dialektformen) scheint es logisch, trotz der späteren Baivarisierung der C. zu einem schon im Mittelalter ständig kleiner werdenden Gebiet, aufgrund der Staatsrechts-Traditionen (→ Fürsteneinsetzung, → Rechtsinstitutionen) die C. in die slowenische → Ethnogenese und Historiografie zu stellen. Schließlich ist durch die territoriale Verbindung mit dem heute überwiegend bairisch/deutschen Österreich auch der Beitrag der slowenischen C. zur österreichischen Ethnogenese durchaus stringent.

Lit.: M. Kos: *Conversio Bagoariorum et Carantanorum*. Ljubljana 1936; H. Wolfram: *Conversio Bagoariorum et Carantanorum. Das Weissbuch der Salzburger Kirche über die erfolgreiche Mission in Karantanien und Pannonien*. Wien, Köln, Graz 1979; O. Kronsteiner: *»Alpenromanisch« aus slawistischer Sicht*. In: Das Romanische in den Ostalpen. Hg. D. Messner. ÖAW Philosophisch-Historische Klasse. SB 442. Wien 1984: 73–93; G. Piccottini: *Die Römer in Kärnten*. Klagenfurt 1989; F. Lošek: *Die Conversio Bagoariorum et Carantanorum und der Brief des Erzbischofs Theotmar von Salzburg*. Hannover 1997; H.-D. Kahl: *Der Staat der Karantaner. Fakten, Thesen und Fragen zu einer frühen* *slawischen Machtbildung im Ostalpenraum.* Ljubljana 2002; *Conversio Bagoariorum et Carantanorum – das Weißbuch der Salzburger Kirche über die erfolgreiche Mission in Karantanien und Pannonien*, herausgegeben, übersetzt, kommentiert und um die Epistola Theotmari wie um Gesammelte Schriften zum Thema ergänzt von Herwig Wolfram [Hg. von Peter Štih]. Ljubljana 2012.

Otto Kronsteiner

Carantanus, Pseudonym für → Rožič, Valentin.

Carastus (Gorazd), dux → *Duces Carantanorum.*

Carinthia/Carinthia I. Die *Carinthia*, bis 1820 per definitionem »Ein Wochenblatt zum Nutzen und Vergnügen«, erschien erstmals am 1. Juli 1811 in Form einer Beilage der *Klagenfurter Zeitung*. Ab 1821 (bis 1890) verstand sich das Magazin als »ein Wochenblatt für Vaterlandskunde, Belehrung und Unterhaltung«.

In den Jahren 1812 bis 1826 war Urban → Jarnik Redakteur der C. für die das Slowenische betreffenden Beiträge. Seine Abhandlung »Andeutungen über Kärntens Germanisierung (ein philologisch statistischer Versuch)« ist die erste Auseinandersetzung mit dieser Thematik in deutscher Sprache (→ Germanisierung). 1864 bis 1890 gemeinsam vom → Geschichtsverein für Kärnten und dem Verein »Naturhistorisches Landesmuseum« herausgegeben, kam es nach Differenzen zwischen diesen beiden Organisationen 1891 zur Gründung der *Carinthia I* mit einem neuen Untertitel, der seit 1891 mehrere Modifikationen erfuhr: 1891 lautete er »Mitteilungen des Geschichtsvereines für Kärnten«. 1930 wurde die Zusatzbemerkung »Geschichtliche Beiträge zur Heimatkunde Kärntens« vorangestellt, 1947 abgeändert in »Geschichtliche und volkskundliche Beiträge zur Heimatkunde Kärntens«. Seit 1971 versteht sich die *Carinthia I* als »Zeitschrift für geschichtliche Landeskunde von Kärnten« (→ Geschichtsschreibung).

Die *Carinthia/Carinthia I*, die zwischen 1816 und 1855 zweimal für jeweils rund vier Monate nicht erschien und 1947 in einer Doppeledition publiziert wurde, um die 1944 und 1945 kriegsbedingt ausgefallenen Jahrgänge 134 und 135 zu ergänzen, zählt dennoch zu den ältesten gleichsam kontinuierlich veröffentlichten Zeitschriften im deutschsprachigen Raum. In Österreich gilt sie als ältestes nach wie vor bestehendes Periodikum. Trotzdem ist eine Redaktions- und Herausgebergeschichte der *Carinthia/Carinthia I*, unter Berücksichtigung prosopografischer Methoden, ein Desideratum.

Bis 1848 wurden in der Zeitschrift hauptsächlich Abhandlungen zu archäologischen, ethno- und topografischen, landwirtschaftlichen, historischen, literarischen, naturwissenschaftlichen, ökonomischen und statistischen Themen veröffentlicht. Ab dem → Revolutionsjahr 1848 fanden sich zusehends Beiträge, in welchen aktuelle zeitgenössische politische Fragen erörtert wurden. Und damit gewann das Publikationsorgan wesentlichen Anteil bei der Profilerstellung von Geschichtsbildern, die teilweise bis in die Gegenwart eine ungebrochene nicht bedeutungslose Wirkungsgeschichte in der Kärntner Gesellschaft zeigen. Das rührt nicht zuletzt auch daher, dass die *Carinthia I* bis heute das offizielle Mitteilungsorgan des Geschichtsvereines für Kärnten ist, eine Institution, die in Österreich mit derzeit rund 2.900 Mitgliedern eine gesellschaftspolitisch bedeutsame Interessengemeinschaft im Land rekrutiert. Mitverantwortlich für den besonderen Stellenwert dieser Zeitschrift, weit über Kärnten/Koroška hinaus, ist, dass der Schriftleiter der *Carinthia I*, vor allem im 20. Jh., in der Regel über längere Zeit seine Funktion ausübte.

Für die ersten zwei Schriftleiterperioden zeichneten Simon Laschitzer (1891–1897) und August v. Jaksch (1898–1912) verantwortlich. Nach einer vorübergehenden Redaktion in Trippelallianz (1913) verkörpert durch Hans Paul Meier, Max Ortner und Martin → Wutte – der 103. Jahrgang der *Carinthia I* war als Festschrift für Dr. August R. v. Jaksch konzipiert – wurde die Funktion des Schriftleiters erneut langfristig wahrgenommen: Martin Wutte (1914–1938), Gotbert Moro (1939–1970), Wilhelm Neumann (1971–1990), Alfred Ogris (1991–2007); seit 2008 Wilhelm Wadl.

Lit.: V. Rizzi: *Schlussworte.* In: *Car.* 44 (1854) 411 f.; Redaktion: *An die Leser.* In: *Car.* 54 (1864) 1 f.; N. N.: *Generalversammlung des kärntnerischen Geschichtsvereines (1890).* In: *Car.* 80 (1890) 70–79; M. Ortner: *Hundert Jahre »Carinthia«.* In: *Car. I,* 100 (1910) 165–174; A. Jaksch: *An die P. T. Leser der »Carinthia I«.* In: *Car. I,* 88 (1898) 1–4; A. Jaksch: *Statt eines Vorwortes.* In: *Car. I,* 103 (1913) 1–4; G. Moro: *An die verehrten Leser und Mitarbeiter der Carinthia I!* In: *Car. I,* 129 (1939) 1 ff.; G. Moro: *150 Jahre »Carinthia«.* In: *Car. I,* 151 (1961) 277 f., und Anhang zu Gotbert Moro, 150 Jahre »Carinthia«, 901–913; W. Neumann: *Zum Wechsel in der Schriftleitung.* In: *Car. I,* 161 (1971) V f.; W. Neumann: *Zur Übergabe der Schriftleitung.* In: *Car. I,* 180 (1990) 834; A. Ogris: *Verehrte Leser und Mitarbeiter der Carinthia I!* In: *Car. I,* 181 (1991) 9 f.; W. Wadl: *Zum Wechsel in der Redaktion.* In: *Car. I,* 198 (2008) 623 f.

Ulfried Burz

Carinthian Information Service (CIS), → Widerstandsbewegung.

Carmula bedeutet in der *Lex Baiwariorium* (MGH *Leges nat. Germanicarum* 5, 2, 1926) Aufstand gegen die legitime Macht. Um 770 wird davon im gentilen Fürstentum → Karantanien berichtet, das die bairisch-fränkische Oberhoheit anerkannt hatte, in dem jedoch Fürsten einer einheimischen Dynastie regierten (→ *Duces Carantanorum*), und das in der Frühphase der → Christianisierung zum → Salzburger Missionsgebiet gehörte.

In dem *(Libellus) de conversione Bagoariorum et Carantanorum* (→ *Conversio*) etwa aus dem Jahr 870 steht geschrieben, dass nach dem Tod des Fürsten BORUT(H) (748) drei Jahre lang zunächst sein Sohn CACATIUS (GORAZD) und danach dessen Cousin CHEITMAR (HOTIMIR) (bis ca. 770) über die Karantaner (→ *Carantani*) regierten. Im Land führte er gesellschaftliche Neuerungen ein, neue Abgaben und den christlichen Glauben. Karantanien bekam den territorial zuständigen Bischof → MODESTUS. Nach dessen Tod bat CHEITMAR den Salzburger Bischof → VIRGIL, er möge ins Land kommen. Dieser lehnte ab, weil es zum Aufstand gekommen war, den man C. nannte, und entsandte deshalb den Priester Namens LATINUS. Bald darauf verließ dieser das Land, nachdem der zweite Aufstand ausgebrochen war. Nach der Niederschlagung des Aufstandes entsandte VIRGIL zwei weitere Priester. Nachdem nach CHEITMARS Tod wieder ein Aufstand ausgebrochen war, war einige Jahre lang kein Priester im Land, bis sich der neue Fürst WALTUNC erneut an Virgil mit der Bitte wandte, Priester zu entsenden.

Zu den zwei Aufständen gegen die herrschende Macht war es zu Lebzeiten von CHEITMAR gekommen, zum dritten nach dessen Tod (MIHELIČ, 2001). Die Missionare verließen das Land. Die ersten beiden Aufstände hatte CHEITMAR niedergeschlagen, den dritten TASSILO III., Herzog von Baiern. Die *Annales Iuvavenses Maximi* sowie andere Quellen berichten, dass TASSILO 772 die Karantaner besiegte und sich das Land unterwarf: *Tassilo Carentanos vicit; Tassilo Carenthiam subiugavit; Tassilo Karinthiam subicit* (KOS, 1902, Nr. 244).

Obwohl dies in der *Conversio* nicht ausdrücklich behauptet wird, überwog in der Geschichtsschreibung die Meinung, dass es in Karantanien zu Aufständen der gesellschaftlichen Elite oder sogar zu massenhaften Unruhen gegen die heimische Fürstendynastie gekommen

war, weil diese den christlichen Glauben angenommen und verbreitet hatte. Diese Auffassung beruht u.a. auf der Tatsache, dass TASSILO, der in den dritten Aufstand eingegriffen hatte, ein brennender Verfechter der Missionstätigkeit war. Im Jahr 769 machte er dem Abt ATTON der St. Peter-Kirche in Scharnitz in Nordtirol den Ort → Innichen nahe der Grenze zu Karantanien zur Schenkung, um dort ein Kloster zu gründen und von dort die ungläubigen → Slawen auf den Weg der Wahrheit zu führen *(propter incredulam generationem Sclauanorum ad tramitem ueritatis deducendam)* (Kos, 1902, Nr. 239). Eine zeitgleiche Quelle, der Brief eines CLEMENS PEREGRINUS an den bairischen dux TASSILO, die bairischen Bischöfe und Adligen, ruft dieser zur Tapferkeit auf, Gott werde mit ihnen und für sie kämpfen, [gegen diejenigen], die Heiden und Edelleute sind, die nicht an Gott glauben, sondern Götzen anbeten *(qui sunt autem pagani atque gentiles, qui non credunt Deum vestrum, sed adorant idula)* (KOS, 1902, Nr. 245). Die Initiatoren und die Träger der Aufstände waren wahrscheinlich Mitglieder angesehener Familien, die wegen der zahlreichen Neuerungen in der Gesellschaft, in der Wirtschaft und im Glauben ihre alten Privilegien bedroht sahen.

Janez Vajkart Valvasor, *Des hochlöblichen Herzogthums Crain Topographisch-historischer Beschreibung*, Fünftes Buch, S. 383

Janez Vajkart Valvasor, *Des hochlöblichen Herzogthums Crain Topographisch-historischer Beschreibung* Fünftes Buch, S. 386

Die ältesten erhaltenen Teile der *Conversio* stammen aus dem 11. Jh., spätere Abschriften sind aus dem 12., 13. und aus dem 14. Jh. Die Rezeption und Interpretation der lateinischen, deutschen und italienischen Historiografie vom 15. bis zum 18. Jh., die von den Aufständen in Karantanien berichten, sind nicht einheitlich. Die Systematik der Gliederung der Tatsachen ist in diesen Arbeiten unlogisch, zeitlich inkonsequent und durchwoben mit erfundenen Einlagen.

Jakob → UNREST erwähnt die Aufstände nicht, berichtet jedoch davon, dass in das Land »Hunnen« (er meint → Awaren) eingedrungen waren, vor denen die Priesterschaft zurückwich. Johannes AVENTINUS (1477–1534) war von den frühen Historikern der erste, der den karantanischen Aufständen einen religiösen Charakter zuschrieb: Slawische Edelleute sollen gegen Fürst CHEITMAR aufbegehrt haben, weil dieser den Glauben der Vorfahren abgelegt und eine neue Art der Huldigung Gottes angenommen habe. Mauro ORBINI (ca. 1550–1614) stützt sich in seiner italienischen Beschreibung der Begebenheiten auf AVENTINUS.

In der späteren → Geschichtsschreibung setzte sich die Erklärung der Ereignisse auf zwei Arten durch. Die bairischen Historiker Markus WELSER (1558–1614), Andreas BRUNNER (1589–1650) und Johannes VERVAUX (1586–1661) bzw. Johannes ADELZREITTER A TETENWEIS (1596–1662) berichten sachlich und übereinstimmend mit der *Conversio*, dass CHEITMAR öfter VIRGIL einlud, nach Karantanien zu kommen, dass dieser jedoch wegen der kriegerischen Unruhen nicht kam, sondern andere Priester an seiner Stelle sandte. Nach CHEITMARS Tod kam es zu einem neuen Krieg, die Priesterschaft wurde verjagt, bis WALTUNC die Herrschaft übernahm, dem VIRGIL wieder Missionare sandte.

Gleichzeitig finden wir in der Geschichtsschreibung auch eine fantasievollere, schauerliche Beschreibung der Ereignisse, nach der zunächst die heidnischen Slawen unmenschlich mit den Christen verfuhren und sie in der Folge zuerst vom Baiernherzog TASSILO und danach von WALTUNC besiegt wurden. Dieser soll die gefangen genommenen Aufständischen am Marktplatz in → Villach/Beljak unchristlich, grausam, nach altem germanischem Gewohnheitsrecht bestraft haben. Eine solche Beschreibung erfand Michael Gothard → CHRISTALNICK, die Hieronymus → MEGISER unter seinem Namen veröffentlichte. Auf ihn stützten sich Martinus BAUZER (1595–1668), Johann Weichard → VALVASOR und Aquilinus Julius CAESAR (1720–1793). Das Geschichtswerk von CHRISTALNICK-MEGISER stellt das Zentrum des Widerstandes in Kärnten/Koroška in die Umgebung von Villach/Beljak, wobei am Heidentum auch slawische Edle in → Krain/Kranjska und in der Steiermark/Štajerska sowie in der »Windischen Mark« (slow. *Slovenska krajina/marka*) festhielten. BAUZER ortet die Ereignisse in Kärnten/Koroška und in Krain/Kranjska, während sie VALVASOR in Kärnten/Koroška, Krain/Kranjska und in der »Windischen Mark« ansetzt. Nach CAESAR war das Zentrum des Aufstandes die Steiermark/Štajerska in der Umgebung von → Maribor und → Celje sowie in der »Windischen Mark«.

Einige Zeitgenossen vermieden die sensationslüsterne Beschreibung der Ereignisse von CHRISTALNICK-MEGISER. Joanes Ludovicus SCHÖNLEBEN (1618–1681) und Markus → HANSIZ haben zwar Kenntnis von dessen Werk, doch sind sie ihm gegenüber kritisch eingestellt und zweifeln an der Verlässlichkeit von Ammonius SALASSA, der als Quelle angeführt wird. Keiner von ihnen führt die Aufstände ausschließlich auf religiöse Gründe zurück.

Mehrere Historiker schenken den Ereignissen keinerlei besondere Aufmerksamkeit und führen die Tradition der kargen Berichterstattung der bairischen Historiografen fort. Gottfriedus Philippus SPANNAGELUS (?–1732) erwähnt nur den Aufstand der Karantaner nach CHEITMARS Tod, weshalb die Geistlichen bis zur Machtübernahme von WALTUNC das Land verlassen hätten. Joannes Christophorus DE JORDAN (erste Hälfte des 18. Jh.s) kennt zwei Aufstände unter CHEITMAR und einen nach dessen Tod, kommentiert sie jedoch nicht. Karg ist auch die Beschreibung von Anton T. → LINHART, der den Aufständen einen religiösen Charakter zuschreibt: Die Slawen widersetzten sich hartnäckig dem Christentum. Der Aufstand nach CHEITMARS Tod hatte zur Folge, dass die Missionare das Land für mehrere Jahre verließen, bis WALTUNC erneut Unterstützung aus Baiern erhalten habe.

Die literarische Rezeption erreichte 1847 einen Höhepunkt mit der Einleitung zum epischen Gedicht *Krst pri Savici* [Taufe an der Savica] von France → PREŠEREN, der wiederholt Motive seiner Dichtungen in der Geschichte suchte. Darin bearbeitete er das Motiv der Christianisierung der Slawen/Karantaner im Ostalpenraum in der zweiten Hälfte des 8. Jh.s, wobei er mit aller dichterischer Kraft die blutige Gewalt beschreibt, mit der die Machthaber der aufständischen Bevölkerung die neue Religion aufzwangen. Dieses Versepos wurde Mitte des 19. Jh.s zur Parabel für die Unterdrückung der Slowenen und ein Aufruf für die nationale Wiedergeburt (→ *preporod*). Um die katholische Öffentlichkeit zu beruhigen, dichtete PREŠEREN noch einen zweiten Teil, den *Krst* [Die Taufe]. Beide Teile des Epos regen die Fantasie an und vertiefen angesichts der logischen Erklärung die Kenntnis der Geschichte.

Quellen: F. Kos: *Gradivo za zgodovino Slovencev v srednjem veku I–V*. Ljubljana 1902–1928; MGH *Leges nat. Germanicarum* 5, 2, 1926; M. Kos (Hg.): *Conversio Bagoariorum et Carantanorum* (= Razprave Znanstvenega društva v Ljubljani 11/3). Ljubljana 1936 (erste Übersetzung in eine moderne Sprache mit wissenschaftlicher Analyse und Kommentar); H. Wolfram: Conversio Bagoariorum et Carantanorum. Das Weißbuch der Salzburger Kirche über die erfolgreiche Mission in Karantanien und Pannonien. Wien [e.a.] 1979; F. Lošek (Hg., Üb.): *Die Conversio Bagoariorum et Carantanorum und der Brief des Erzbischofs Theotmar von Salzburg*. MGH. Studien und Texte, 15. Hannover 1997.

Lit.: D. Mihelič: *Vstaja imenovana ›carmula‹ (Karantanija, druga polovica 8. stoletja)*. In: V. Rajšp [e.a.] (Hg.): Melikov zbornik. Slovenci v zgodovini in njihovi srednjeevropski sosedje. Ljubljana 2001, 197–214; H.-D. Kahl: *Der Staat der Karantanen. Fakten, Thesen und Fragen zu einer frühen slawischen Machtbildung im Ostalpenraum (7.–9. Jh.)*. Ljubljana 2002; H.-D. Kahl: *Kultbilder im Vorchristlichen Slawentum, Sondierungsgänge an Hand eines Marmorfragments aus Kärnten mit Ausblicken auf den Quellenwert von Schriftzeugnissen des 8.–12. Jh.* In: *Studia mythologica slavica* (Ljubljana) VIII (2005) 9–55.

Darja Mihelič; Üb.: Bojan-Ilija Schnabl, Otto Kronsteiner

Celestin, Fran (* 13. November 1843 Klenik [Litija, Gorenjska], † 30. Oktober 1895 Zagreb), Schriftsteller, Literaturhistoriker.

C. besuchte das Gymnasium in Ljubljana, danach studierte er (bei → MIKLOSICH) Slawistik und klassische Philologie an der Universität Wien, an der er 1869 promoviert wurde. Noch im selben Jahr ging C. als »slawischer Stipendiat« nach Russland, studierte zunächst in Moskau, danach in Petersburg und legte dort 1870 die Lehramtsprüfung für Latein, Altgriechisch, Russisch, russische Geschichte und Geografie ab. Als Anhänger der → Russophilie blieb er zunächst in Russland und unterrichtete ab 1870 am Gymnasium in Vladimir (heute Vladimir-Volynsk, Ukraine) und in Charkiv (Charkov, Ukraine). 1873 kehrte C. nach Wien zurück und war bis 1876 als Gymnasiallehrer tätig. Er erhielt 1876 in Zagreb eine Stelle als Supplent, bestand die Befähigungsprüfung und wurde Professor am dortigen Gymnasium. Die Universität Zagreb berief C. 1878 als Lektor und in der Folge als Professor für slawische Sprachen. C. hatte eine durchaus kritische Einstellung zu den Verhältnissen in Russland und zur russischen Sichtweise auf die slawische Wechselseitigkeit. Durch ihn wurde die slowenische Öffentlichkeit über die zeitgenössische russische Literatur informiert (GOGOL, LERMONTOV, TURGENEV, KRILOV), genauso wie er sie auch über die politischen und gesellschaftlichen Verhältnisse in Russland aufklärte.

Zusammen mit Josip → JURČIČ hatte C. 1865 noch als Gymnasiast den Almanach *Slovenska vila* [Die slowenische Fee] im Selbstverlag herausgegeben. In Wien gehörte er zum Kreis um Josip → STRITAR. In der Zeitschrift → *Slovenski glasnik* stammen wahrscheinlich viele der darin enthaltenen Aufsätze über die zeitgenössische Literatur und Kulturarbeit bei den Bulgaren, Tschechen, Kroaten, Lausitzer Sorben, Polen, Russen, Slowaken und Ukrainern von ihm. Seine Übersetzung des 6. Gesangs der *Ilias* (1867) sowie auch Übersetzungen aus dem Tschechischen, Polnischen und Ukrainischen und zwei eigene epische Versuche, *Mala Furlanka* [Die kleine Friulanerin] (1867) und *Gostinja* [Der weibliche Gast] (1868) erschienen im *Slovenski glasnik*. Aus dem Slowenischen ins Russische sowie aus dem Russischen und Kroatischen ins Slowenische übersetzte C. hauptsächlich Lyrik. Als Literaturwissenschafter polemisiert C. in der Zeitschrift → *Ljubljanski zvon* gegen den Realismus. Sein Beitrag *Naše obzorje* [Unser Horizont] (LZ 1883), in dem er das Programm eines sozialkritischen Realismus entwickelte, blieb nicht ohne Einfluss auf die jüngere Schriftstellergeneration und weist ihn als bedeutenden Literaturwissenschafter aus.

Werke: *Oskrbnik Lebeškega grada*. In: Slovenska vila [Selbstverlag F. Celestin, J. Jurčič, F. Marn] 1865; *Roza. Igra v treh dejanjih*, Ljubljana 1869; *Naše obzorje*. In: LZ (1883); *Sebastijan Žepič †*. In: LZ (1883) 128–131; *Russland seit Aufhebung der Leibeigenschaft*. Laibach 1875; *Veselo življenje*. In: *Slovanski Svet* 1891.

Lit.: SBL; EJ; LPJ; ES; OVSBL. – F. Goestl: *Fran Celestin*. In: LZ (1876) 90–104, 145–147, 292–297: Nekrolog prof. Fran Celestin. In: LZ (1895) 775; M. Boršnik: *Fran Celestin*. Ljubljana 1951; I. Gantar Godina: *Pogledi slovenskih izseljencev v Rusiji na svojo novo domovino*. In: I. Ganter Godina, M. Breznikar (Hg.): *Davorin Hostnik med Slovenijo in Rusijo, simpozij ob 150-letnici rojstva (1853–1929), Šmartno pri Litiji 3. September 2003*, zbornik Šmartno pri Litiji, Ustvarjalno središče Breznikar 2004, 31–37.

Irena Gantar Godina; Üb.: Katja Sturm-Schnabl

Alma Karlin, Radio Agora

Celje, dt. (hist.) Cilli, Stadt an der Savinja (dt. hist. Sann) am Kreuzungspunkt bedeutender Verkehrswege zwischen den Städten → Ljubljana, → Maribor, Velenje und dem Zasavje. C. liegt am südöstlichen Rand der Celjska kotlina (Celje-Becken), am Schnittpunkt zwischen den Voralpen und dem Subpannonischen Raum. C. war Sitz der Mark an der Sann *(mejna grofija Saunije)* (ca. 1323–1341), Sitz der → Grafen von Cilli (1341–1437) und des Fürstentums Cilli (1437–1456), sowie bis 1918 Sitz des politischen und des Gerichtsbezirkes sowie Sitz der Gemeinde. Nach 1918 war die drittgrößte Stadt im jugoslawischen Teil Sloweniens Sitz des politischen und des Gerichtsbezirkes sowie der Gemeinde, ebenso war sie Handels-, Wirtschafts-, Bildungs- und kulturelles Zentrum und Verkehrsknotenpunkt des Posavje (Sanntaler Gebietes) und des Oberlaufes der Sotla (dt. Sottl, Sottla oder Sattelbach, kroatisch Sutla).

Obwohl der Zusammenlauf der Savinja und ihrer Zuflüsse (Voglajna, Hudinja, Koprivnica, Sušnica, Ložnica) wegen der häufigen Überschwemmungen keine günstigen Bedingungen für die Ansiedlung bot, war dieses Gebiet bereits in der jüngeren Steinzeit besiedelt. In der Älteren Eisen- bzw. Hallstattzeit entstand auf der Anhöhe des Miklavžev hrib eine Höhensiedlung mit einer Verteidigungsmauer, im 1. Jh. v. Chr. entstand darunter die norisch-keltische Ansiedlung Keleia. Es war dies das zweitwichtigste Handels- und Verwaltungszentrum des Königreiches Noricum *(regnum Noricum)*, in dem norische Münzen geprägt wurden. Die Bedeutung der günstigen Verkehrslage an der damals schiffbaren Savinja am Kreuzungspunkt verschiedener Wege war, wie aus der → *Tabula peutingeriana* ersichtlich, bereits den Römern bekannt. Im Jahr 15 v. Chr. besetzten diese das Königreich Noricum und verleibten es dem römischen Imperium ein. Als im Jahr 45. n. Chr. Kaiser Claudius C. das Stadtrecht verlieh, wurde sie in *municipium Claudia Celeia* umbenannt. Die größte Blüte in der Antike erlebte die Stadt im 2. Jh. Bereits im 4. Jh. wurde C. Sitz des Bistums.

In der Völkerwanderungszeit wurde C. Mitte des 5. Jh.s von den Hunnen zerstört, im Jahr 546 übergab der byzantinische Kaiser Justinian Celeia den Langobarden. Als er diese 568 in die friaulische Ebene weiterziehen ließ, wurde das Gebiet von den Slawen besiedelt. In dieser Zeit war Celeia wahrscheinlich bereits zerstört und unbesiedelt.

Das mittelalterliche C. entwickelte sich aus den Resten des römischen Celeia. Im Vergleich zu anderen Städten zum heutigen slowenischen ethnischen Gebiet entwickelte sich die Ansiedlung viel langsamer. Darauf deutet die Tatsache, dass sich der Name der Stadt bis ins frühe 12. Jh. nicht in den frühmittelalterlichen → Quellen findet. Als Markt wir C. erstmals kurz vor 1323 als Sitz der Mark an der Sann erwähnt. Damals war C. bereits ein größerer Marktort, was die Entstehung des ersten Minoritenklosters 1241 bestätigt, da die Minoriten in jener Zeit nur in Städten und größeren Orten anzutreffen sind. Die Bedeutung von C. bezeugt auch die Erwähnung mehrerer Grafen von Cilli und insbesondere die Nennung der Stadt in dem damals in ganz Europa bekannten Heldenepos von Wolfram von Eschenbach *Parzival*, das in großer geografischer Entfernung im ersten Jahrzehnt des 13. Jh.s entstanden war.

Nach 1341 gewann C. auch als militärisches und politisches Zentrum der gleichnamigen Grafschaft an Bedeutung und in der zweiten Hälfte des 14. Jh.s trugen jüdische Geldverleiher zum wirtschaftlichen Wachstum bei. Im Spätmittelalter drückte der Stadt das erfolgreiche Geschlecht der Grafen von Sanegg *(Žovneški grofje)* aus dem Savinja-Tal, der späteren Grafen und gefürsteten Grafen von Cilli, einen bleibenden Stempel auf, die 1322 ihre Besitzungen um die der ausgestorbenen Grafen von Heunburg *(Vovbrški grofje)* erweitern konnten. Die Grafen von Sanegg, die slowenischer Herkunft waren und die Kaiser Ludwig von Baiern 1341 in den Grafenstand erhoben hatte, erklommen mit einer geschickten Politik die höchsten Ebenen der damaligen europäischen Politik. C. wurde so der einzige Reichsfürstensitz auf slowenischem ethnischem Gebiet. Zunächst residierten sie in der Burg (auch Obercilli, slow. *Stari grad)*, doch bereits um 1400 im Fürstenhof *(Spodnji grad)*, einem der bedeutendsten Renaissancepaläste im damaligen Mitteleuropa. Am 11. April 1451 erhielt C. von Friedrich II. von Cilli (Friderik II.) das Stadtrecht.

Obwohl die gefürsteten Grafen von Cilli mit der Erhebung in den Reichsfürstenstand formal den Habsburgern ebenbürtig waren, anerkannten diese dies nicht an. Der Konflikt endete 1443 mit einem gegenseitigen Erbvertrag. Nachdem der letzte Graf von Cilli, Ulrich II. (Ulrik II.), 1456 in Beograd ermordet worden war, wurde seine Witwe Katharina Branković, eine geborene Kantakuzena, von den Habsburgern militärisch niedergerungen. C. ging in den Besitz der Habsburger über und entwickelte sich in der Folge zu einem Gewerbe- und Handelszentrum. 1478 erhielt C. das Recht zur Lagerhaltung von importierten Gütern und bekam so mehr Mittel für die Abwehr der Türkengefahr. Ab dem 15. Jh. stieg die Zahl der Zechen, ebenso die gewerbliche Produktion, insbesondere im 18. Jh. Unter den Habsburgern war C. bis Mitte des 18. Jh.s Sitz des landesfürstlichen Statthalters und Verwaltungszentrum des Cillier-Viertels *(Celjska četrt)* als Teil der Steiermark/Štajerska.

1469 wurde die nähere Umgebung mehrmals von den Osmanen verwüstet. Deshalb wurde 1473 die Stadt mit einer mächtigen rechteckigen und mit mehreren Türmen versehenen Stadtmauer umgeben, die auf den Fundamenten des antiken Celeia errichtet wurde. Die Stadt war auch öfter Schauplatz von → Bauernaufständen (z.B. 1515, 1635) und von Feuersbrünsten (so 1798, als lediglich 6 von ca. 200 Häusern unbeschädigt blieben).

Als 1789 die Stadtmauer abgetragen wurde, begann sich C. rasch gegen Norden und Westen sowie auf die westlichen Abhänge des Aljažev (Jožefov) hrib im Osten auszubreiten. Zu Beginn des zweiten Jahrzehnts des 19. Jh.s hatte die Stadt ca. 2.500 Einwohner. Die rasche wirtschaftliche Entwicklung wurde vom Bau der Südbahn gefördert, die von Wien über Maribor C. 1846 erreichte, sowie von den nahen Kohlevorkommen. Das Kapital und die qualifizierten Arbeitskräfte machten C. zu einem weit ausstrahlenden attraktiven Migrationszentrum. Bis 1880 stieg die Zahl der Einwohner auf 5.393. Unter den neuen Einwohnern war eine beträchtliche Zahl von deutsch sprechenden Unternehmern, Gewerbetreibenden, Händlern, Beamten und Freiberuflern aus dem deutschsprachigen Teil der Steiermark. Da auch ein beträchtlicher Teil der slowenischen Bevölkerung nach dem Zuzug die der städtischen Umgebung »angemessenere« deutsche Sprache übernahm (→ Assimilation), gab C. den Eindruck einer deutschen Stadt. Nach der Volkszählung von 1880 gaben 3.301 Einwohner Deutsch als → Umgangssprache an (61,21 %) und Slowenisch 1.872 (34,79 %).

Die deutschsprachigen Zuwanderer brachten auch eine neue Lebens- und Denkweise mit, und parallel dazu stärkte sich auch der Prozess der → Germanisierung. Der Widerstand der slowenischsprachigen Bevölkerung gegen die Germanisierung begann nach dem → Revolutionsjahr 1848 stärker zu werden. In diesem Jahr begann die *Celjske slovenske novine* [Cillier slowenische Nachrichten] zu erscheinen und 1859 noch das slowenische literarische und der Volksbildung verschriebene Blatt *Slovenska čbela* [Slowenische Biene]. Als Gegengewicht zum Deutschtum gründeten die Slowenen 1861 eine Lesehalle *(čitalnica)*, später eine slowenische Spar- und Darlehenskasse (die erste 1881), einen Gewerbeverein (1893), einen Genossenschaftsverband (1905) und andere Vereine, so etwa das → *Družba sv. Cirila in Metoda* [Kyrill und Method-Verein] (1885), *Sokol* [Turnverein Sokol] (1890), einen Gesangsverein (1894) usw. 1897 wurde der *Narodni dom* [Volkshaus und Kulturzentrum] eröffnet (→ Vereinswesen, → Genossenschaftswesen). Die Gründung zahlreicher slowenischer und deutscher Vereine war die Folge der Verschärfung der nationalen Frage und Beziehungen in der zweiten Hälfte des 19. Jh.s, die in den 70er- und 80er-Jahren des 19. Jh.s zu einer Teilung der Einwohner in Deutsche und Slowenen führte. Jeder Einwohner »musste« sich gemäß Status oder sozialer Stellung zu einer der beiden ethnischen Gruppen bekennen. Bis zum Zerfall der Monarchie beherrschten das gesellschaftliche Leben von C. die deutsche Devise »Hie Deutsche – hie Slowenen« und die slowenische »*Svoji k svojim*« [Jeder zu den Seinen]. Die deutsch-slowenischen Gegensätze wurden im 1896 errichteten slowenischen *Narodni dom* und im 1907 errichteten *Deutschen Haus* verfestigt.

Für die planmäßige Germanisierung wurde auch das → Schulwesen instrumentalisiert. Deshalb forderten die Slowenen ab 1881 die Gründung eines slowenischen Gymnasiums. 1895 wurde dann zwar ein utraquistisches Gymnasium eingerichtet, doch musste es bereits im selben Jahr die Tätigkeit einstellen. Wegen der slowenischen Parallelklassen am Gymnasium musste in diesem Jahr sogar die Regierung von Alfred

Windischgrätz zurücktreten, was in jener Zeit einen Präzedenzfall darstellte.

Bis 1910 veränderte sich das Verhältnis zwischen deutsch und slowenisch sprechenden Einwohnern in C. aufgrund des steigenden deutschen Drucks zu dessen Gunsten. Laut Volkszählung 1910 hatte C. 4.625 (66,84 %) deutschsprachige und 2.027 (29,30 %) slowenischsprachige Einwohner (→ Sprachenzählung). Deshalb ist es nicht verwunderlich, dass die Deutschen C. als »ihre« Stadt betrachteten. Doch verwarf bereits Richard Pfaundler diese These, der auf der Grundlage der Volkszählungsergebnisse von 1900 die Daten statistisch mit den Geburtsorten der Einwohner von Celje (wie auch von Maribor und Ptuj) abglich. Nachdem er die Einwohner auf der Grundlage der Umgangssprache in eine deutsche und in eine slowenische Gruppe einteilte, kam er zu dem Schluss, dass 30,71 % der Einwohner von C. im deutschsprachigen Gebiet geboren waren und 59,29 % im slowenischen Sprachgebiet. Auf der anderen Seite verwarf auch die slowenische → Geschichtsschreibung die These eines »Deutschen Cilli« aufgrund von Untersuchungen über die ethnische Herkunft der Einwohner und bestätigte so, dass noch 1910 die Einwohner mehr als zur Hälfte in slowenischen Orten geboren und zum Zeitpunkt der Zuwanderung Slowenen waren.

Anzuführen ist, dass die nationalen Spannungen insbesondere nach der Volkszählung 1910 stiegen. Der slowenische politische Verein *Naprej* [Vorwärts] hatte bereits im November 1909 eine private Volkszählung begonnen und betonte gleichzeitig in einer starken Agitation, dass die → Umgangssprache die → Muttersprache sei. Die Aktivitäten des Vereins beeinflussten wesentlich die Ergebnisse der offiziellen Volkszählung in C., da der Anteil der Bevölkerung mit slowenischer Umgangssprache im Vergleich zum Jahr 1900 um fast 8 % stieg. Trotzdem hatte die deutsche Seite noch wesentlich mehr Möglichkeiten, Einfluss auf das Ergebnis auszuüben, was sie auch tat. Deshalb erwogen die slowenischen Untersteirer, nachdem die Ergebnisse in → Trieste/Trst/Triest und in → Gorizia/Gorica/Görz für ungültig erklärt worden waren, auch die Ergebnisse in den Städten und Märkten der slowenischen Steiermark/Štajerska anzufechten. Doch kam es dort nie zu bedeutenderen Korrekturen.

Das Ende des Ersten Weltkrieges 1918, insbesondere der neue staatspolitische Rahmen und die neuen politischen Verhältnisse, veränderten das Leben in C. grundlegend. Die Zahl der Deutschen fiel wegen der Auswanderung, der veränderten statistischen Zählkriterien (statt der Umgangssprache wurde nun die → Muttersprache erhoben) und wegen der »Reassimilierungs-Politik« der slowenischen politischen Führung bis 1921 auf 859 (11,07 %) und bis 1931 auf 449 (5,91 %). Trotzdem blieben diese sozial gut organisiert und sie kontrollierten noch immer den Großteil der Industrie und des Kapitals sowie ca. 40 % aller Wohnhäuser und sonstiger Gebäude in der Stadt. Sie versammelten sich im Kulturbund und gaben die vierzehntägig erscheinende *Deutsche Zeitung* heraus. Obwohl sich die nationalen Gegensätze aus der Zeit vor dem Ersten Weltkrieg beruhigt hatten, war die deutsche → Minderheit mit ihrer Lage in C. trotzdem unzufrieden. Deshalb verfolgten ihre Mitglieder mit großem Wohlwollen den Aufstieg der Nazis in Deutschland und begeisterten sich 1933 über Hitlers Regierungsmacht. Mit Eifer begrüßten sie den → »Anschluss« Österreichs und zeigten offen ihre irredentistische Ausrichtung.

C., nach 1918 neben Ljubljana und Maribor das dritte Wirtschafts-, Verkehrs- und Kulturzentrum des jugoslawischen Slowenien, war nach Ende des Krieges auch attraktiv für Migranten aus Kärnten/Koroška (→ Vertreibung 1920). Nach dem Ersten Weltkrieg sollen sich nach Schätzungen mehrere Hundert Kärntner Emigranten in C. und dessen näherer Umgebung niedergelassen haben, darunter auch einige Büchsenmacher aus → Ferlach/Borovlje. Unter den bekanntesten Emigranten aus Kärnten/Koroška waren Julij → Felaher, der von April bis September 1938 in der örtlichen Staatsanwaltschaft beschäftigt war, France → Kotnik, ab 1933 Leiter der → *Mohorjeva družba* in C., Ivan Likar, Leiter des städtischen Verwaltungsgerichtes, Janko Rebernik, Primarius, u.a. Die Kärntner Zuwanderer trafen sich häufig im informellen Kreis.

Am 14. Oktober 1928 wurde in C. im Rahmen des Kongresses der kärntnerslowenischen Emigranten der → *Klub koroških Slovencev* [Klub der Kärntner Slowenen] gegründet. Sitz und Zentralausschuss waren in Ljubljana, einer der Zweigvereine wirkte auch in C., dessen Wirkungsbereich auf den Kompetenzbereich des Bezirksgerichtes von C. begrenzt wurde. Die Teilnehmer am Kongress nahmen auch eine Resolution an, in der sie auf die schlechten und »beängstigenden« Schulverhältnisse in Kärnten/Koroška hinwiesen und eine Reziprozität gegenüber den Deutschen in → Jugoslawien forderten. In C. fanden auch die alljährlichen Hauptversammlungen des Klubs statt.

Im Dezember 1927 wurde unter der Leitung des Direktors Josip ZEICHEN der Sitz der → *Mohorjeva družba* von Prevalje nach C. verlegt. Für C., das in jener Zeit der geografische Mittelpunkt Sloweniens war, hatten sich die Ausschussmitglieder nach der → *Volksabstimmung* in Kärnten/Koroška entschieden, als sie eine Rückkehr nach Klagenfurt/Celovec verworfen hatten. Zwischen 1930 und 1941 war die *Celjska Mohorjeva* einer der bedeutendsten Verlage für slowenische Bücher. In dieser Zeit gab sie über 120 Bände der *Mohorjeve knjižnice* [Hermagoras Bücherei] und 20 Bände der *Cvetje iz domačih in tujih logov* [Blüten aus heimischen und fremden Auen] heraus sowie zahlreiche Bücher im Rahmen der *Znanstvena knjižnica* [Wissenschaftliche Bücherei], wie z.B. die Werke von Leonid PITAMIC *Država* [Der Staat] (1927) und von Andrej GROSAR *Za nov družabni [sic!] red* [Für eine neue Gesellschaftsordnung] (1933–1935), oder aber Lehrbücher zu römischem Recht von Viktor KOROŠEC und Gregor → KREK (1936–1941), das Handbuch *Knjižnice in knjižničarsko delo* [Bibliotheken und Bibliothekswesen] von August PRIJEVEC u.a. Geplant war auch ein groß angelegtes Werk zur allgemeinen Geschichte *Mohorjeve obče zgodovine* [Die allgemeine Geschichte der Mohorjeva], von der jedoch 1939 lediglich das zweite Buch der Reihe von SOVRE *Stari Grki* [Die alten Griechen] erschien, wobei der Großteil der Auflage 1941 während der deutschen Besetzung im Altpapier landete.

Lit./Web: R. Pfaundler: *Die Grundlagen der nationalen Bevölkerungsentwicklung Steiermarks.* In *Statistische Monatsschrift* 12 (1907) 557–592; *Prvi zbor slovenskih koroških emigrantov v Celju, dne 14. oktobra 1928 in Pravila »Kluba koroških Slovencev«.* Ljubljana 1929; G. Werner: *Sprache und Volkstum in der Untersteiermark* (Forschungen zur deutschen Landes- und Volkskunde 31, Heft 3). Stuttgart 1935; A. Melik: *Slovenija: geografski opis 2. zvezek 2: Štajerska s Prekmurjem in Mežiško dolino.* Ljubljana 1957; J. Orožen: *Zgodovina Celja in okolice, I–III.* Celje 1971–80; M. Klemenčič: *Germanizacijski procesi na Štajerskem od srede 19. stoletja do prve svetovne vojne.* In: ČZN, Jg. 48 (1979), Nr. 1–2, 350–391; J. Cvirn: *Boj za Celje: politična orientacija celjskega nemštva 1861–1907.* Ljubljana 1988 (http://sistory.si/SISTORY:ID:26735); A. Suppan: *Zur Lage der Deutschen in Slowenien zwischen 1918 und 1938. Demographie – Recht – Gesellschaft – Politik.* In: H. Rumpler und A. Suppan (Hrsg.): *Geschichte der Deutschen im Bereich des heutigen Slowenien 1848–1941* (= Schriftenreihe des Österreichischen Ost- und Südosteuropa-Instituts, Bd. 13). Wien und München 1988, 171–240; J. Cvirn: *Oris družabnega življenja v Celju na prelomu stoletja.* Celje 1990; *Družba sv. Mohorja: Celovška, Celjska in Goriška Mohorjeva v slovenskem kulturnem prostoru (1851–1995).* Celovec 1996; J. Cvirn: *Trdnjavski trikotnik – politična orientacija Nemcev na Spodnjem Štajerskem (1861–1914).* Maribor 1997; J. Cvirn: *Nemci na Slovenskem.* In: D. Nećak (Hg.): *»Nemci« na Slovenskem 1941–1955.* Ljubljana 1998, 53–89; I. Grdina: *Celjski knezi v Evropi.* Celje 1999; J. Cvirn: *Aufbiks! – nacionalne razmere v Celju na prelomu 19. v 20. stoletje.* Celje 2006; D. Grafenauer: *Življenje in delo Julija Felaherja in koroški Slovenci* – Dissertation an der Abteilung für Geschichte der Philosophischen Fakultät an der Universität in Maribor. Maribor 2009.

Matjaž Klemenčič; Üb.: Bojan-Ilija Schnabl

Cemicas, dux → *Duces Carantanorum.*

Cesar, Andrej (* 1824 Soteska pri Novi Cerkvi (Vojnik/Savinjska [Štajerska]), † 1885 Zagreb), Bildhauer.

Nach STESKA machte C. eine Lehre in Bildschnitzerei und Vergoldung beim Bildhauer MASTAJAK in Frankolovo in seiner Heimatregion der Savinja und setzte dann seine Ausbildung in Graz fort. 1853 ließ er sich in Mozirje, ebenso in der Savinja-Region, nieder. Von dort nahm er verschiedene Aufträge in der slowenischen Štajerska (Südsteiermark) und in Kärnten/Koroška wahr. Dehio repertoriert den Hochaltar, die Kanzel und einen Seitenaltar der hl. Rosalia, alle im neobarocken Stil aus den Jahren 1857–1860 in der Filialkirche der hl. Katharina (St. Katharina am Kogel/Sv. Katarina) in St. Michael ob Bleiburg/Šmihel pri Pliberku. Weitere Arbeiten in Gornji grad, Ljubno, Sv. Primož nad Ljubnim, in Gorica pri Sv. Joštu, Sv. Magdalena in Solčava (allesamt im Dekanat von Gornji grad).

St. Katharina/sv. Katharina

Lit./Web: SBL (Viktor Steska); Dehio, 781. – A. Stegenšek: *Cerkveni spomeniki Lavantinske škofije. 1, Dekanija gornjegrajska,* 181; B. Vilhar, M. Piko: *Die Sakralen Denkmäler des Dekanats Bleibung/Cerkvena likovna dediščina v dekaniji Pliberk.* Hg. Slovenski narodopisni inštitut Urban Jarnik, Celovec, Ljubljana, Dunaj 2006; http://www.kath-kirche-kaernten.at/pfarren/pfarrdetail/C2921/wallfahrtskirche_der_hl._katharina_sv._katarine.

Bojan-Ilija Schnabl

Cetina, Josip → Liedersammlung, handschriftliche.

Champigneulles, Grande Brasserie de, → TRAMPITSCH, Anton.

Cheitmarus (Hotimir), dux → *Duces Carantanorum.*

Chiemsee, der größte See Bayerns, zwischen → Salzburg und München, benannt nach dem Ort *Chieming* an der Ostseite des Sees. Der Ortsname geht vermutlich zurück auf den lateinischen Namen *ad camminum* »an der Straße« (französisch *chemin,* spanisch *camino*), das ist an der *via Iulia Augusta* von Salzburg/*Ivavum* nach Augsburg/*Augusta vindelicorum*. Literaturüblich

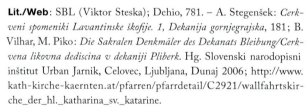

Chiemsee, Gedenktafel, Foto Bojan-Ilija Schnabl

wird er vom »althochdeutschen« → Personennamen *Chiemo abgeleitet. Der lateinische Name des Sees ist nicht bekannt, möglicherweise *Lacus bedaius* nach dem *castrum Bedaium*/Seebruck an der Brücke der Römerstraße über die Alz im Norden des Sees. Seen haben gewöhnlich regional keinen Namen, meist nur einen überregional kartografischen (wie Bodensee/*lacus Venetus*). In der → *Conversio* (um 870) heißt er *Chemingus lacus*, 891 *Chiemincseo*, 1213 *Chimse*.

Die → Kontinuität des Römischen/Romanischen im Chiemgau (8. Jh. *in pago Chimingaoe*) ist archäologisch und sprachlich eindeutig. Um den Chiemsee waren neben dem *castrum Bedaium* in schönen Lagen *villae rusticae* mit Mosaikböden (Ising/*villa Usinga*, Irsching/<*Üršin*, Urschalling/<*Üršelin*), Aussichts- und Vermessungspunkte *specula* (Spöck, Speckberg, Speckbach), Raststationen *mansiones*, Pferdegestüte *equile* (Eggstätt), eine Ziegelei und Töpferei *figlina* am Inn *ad Aenum/Adenum* (heute Pfaffenhofen, Langenpfunzen) bei Rosenheim und Mineralquellen *ad fontes* (Leonhardspfunzen) sowie eine Innbrücke *pons Aeni*. Auf den beiden Chiemseeinseln *(Fraueninsel, Herreninsel)* gab es römische, frühchristliche (literaturüblich → *karolingische*) Kirchen, auf der Fraueninsel (die Torhalle), auf der Herreninsel auch eine Befestigung (Ringwall). Seit das Christentum Ende des 4. Jh.s Staatsreligion wurde, entstanden im gesamten Imperium christliche Gemeinden und Kirchen. Das Imperium wurde flächendeckend christianisiert. Beide Inseln mit ihren Kirchen waren vermutlich schon seit dem 8. Jh. im tatsächlichen und später auch juridischen Besitz des Erzbistums Salzburg. Man beachte zur Kontinuität des Romanischen: Die christliche Terminologie des → Altbairischen und → Altslowenischen ist *ladinisch*.

Auf der **Herreninsel,** auch Herrenchiemsee, in der → *Conversio in Auua,* später *Herrenwerdt,* begründete der *dux Baivariorum* TASSILO III. (ein leidenschaftlicher Baivare, Christ, Klostergründer, in einem Kloster als Mönch gestorben) 765 ein benediktinisches Kloster für Männer, 782 auf der Fraueninsel eines für Benediktinerinnen (zwischen 782 und 788 ein Kloster in Molzbichl/*Molec*, das älteste in Kärnten/Koroška, und möglicherweise auch → Millstatt (Milštat/Milje), 770 Mattsee in Salzburg, 777 → Kremsmünster in Oberösterreich). 1125 machte der Salzburger Erzbischof KONRAD I. aus dem benediktinischen Herrenchiemsee ein Augustiner-Chorherrenstift. Herrenchiemsee war als *ecclesia petenis* (zu ladinisch *Bedaio*) Filialbistum für die westlichen Gebiete der Salzburger Erzbischöfe. In Salzburg gibt es noch heute den *Chiemseehof,* die ehemalige Salzburger Residenz des »Chiemseebischofs«, heute Sitz der Landesregierung. DOBDAGRECUS, der irische Landsmann → VIRGILS war auf der Herreninsel von 747 bis 755 als Weihbischof tätig. Nach neuestem Wissensstand bestand schon im 7. Jh. ein Kloster, in dem irische Mönche *(peregrinatio)* tätig waren. Das Kloster wurde 1803 säkularisiert und zu einer Bierbrauerei. Neben der Klosterkirche gab es für Laien die Kirche St. Maria. In ihr befindet sich heute eine slowenische Gedenkinschrift an die karantanischen *duces* CARASTUS/GORAZD und CHEITMAR/HOTIMIR (→ *Duces Carantanorum*).

Auf der **Fraueninsel,** auch Frauenchiemsee, 1175 *Nunnenwerde in insula Chiemse,* später *Frauenwerdt,* begründete TASSILO 782 ein benediktinisches Nonnenkloster, möglicherweise auch an eine ältere kirchliche Tradition anknüpfend. Berühmteste Äbtissin war IRMENGARD (857 bis † 866), die Tochter LUDWIGS des *rex Baivariorum* (843–876, literaturüblich »der Deutsche«).

Laut *Conversio* kamen kurz vor 750 (das Benediktinerkloster bestand noch nicht) der Sohn des karantanischen *dux* BORUT *Carastus/Cacatius* (slow. GORAZD, *dux* in Karantanien 750–752) und der Neffe *Cheitmarus* (HOTIMIR, *dux* 752–769) als Geiseln *obsides* (→ *Duces Carantanorum*) für die Treue der Karantaner zum baivarischen Fürstentum und zur »Unterweisung im Christentum« auf die Herreninsel, wo sie auch getauft (altslowenisch Christus/*Krišt > krištiti*) wurden. Der Salzburger Priester LUPO, offensichtlich ein Salzburger Ladiner, betreute sie. Er wurde auch ihr Taufpate *compater*. CHEITMAR/HOTIMIR wurde dem späteren Weihbischof von → Maria Saal/Gospa Sveta MODESTUS anvertraut: *duxeruntque inde secum obsides in Bagoariam. Inter quos erat filius Boruth nomine Cacatius quem pater eius more christiano nutrire rogavit et christianum facere* (und sie führten von dort Geiseln mit nach Baivaria. Unter ihnen war der Sohn des BORUT, namens CACATIUS, den sein Vater bat, ihn in christlichem Geist auszubilden und zu taufen). *Cacatius* ist offensichtlich der nicht slawische Zweitname von *Carastus*/GORAZD. Einen weiteren GORAZD erwähnt die → Methodvita hundert Jahre später »wegen seiner guten Lateinkenntnisse« als gewünschten Nachfolger METHODS. Erstaunlicherweise ist aus dieser hochpolitischen Gruppe nur LUPO im Salzburger → Verbrüderungsbuch verewigt.

869 gab der Salzburger Erzpriester RIHPALD, durch METHODS Tätigkeit bei → KOCELJ frustriert, seine kirchlichen Funktionen als Salzburger Erzpriester in Pannonien auf und kehrte nach Salzburg zurück. Nach 870 kam wahrscheinlich (auch) METHOD *quidam grecus* unter dem Salzburger Erzbischof ADALWIN, der noch 864/865 in den *confines Carantanorum* bei → KOCELJ Weihnachten gefeiert und Kirchen eingeweiht hatte, nach einem Verhör (literaturüblich in Regensburg) vor König LUDWIG (*rex Baivariorum*, nach → Methodvita IX *moravski korol*) wegen Verwendung der neuen slawischen Schrift (→ Glagolica), Missachtung des Lateinischen und Störung der kirchlichen Administration des Salzburger Kirchengebiets in zweieinhalbjährige Klosterhaft in das Benediktinerkloster auf der Herreninsel und nicht, wie literaturüblich angenommen, nach Ellwangen in Schwaben (*na Švaby*).

Lit.: M. Kos: *Conversio Bagoariorum et Carantanorum*. Ljubljana 1934; K. Forstner: *Das Verbrüderungsbuch von St. Peter in Salzburg*, Graz 1974; O. Kronsteiner: *Die alpenslawischen Personennamen*, Österreichische Namenforschung, Sonderreihe 2. Wien 1975 (²1981); H. Wolfram: *Conversio Bagoariorum et Carantanorum. Das Weißbuch der Salzburger Kirche über die erfolgreiche Mission in Karantanien und Pannonien*. Wien/Köln/Graz 1979; O. Kronsteiner: *Das Leben des hl. Method des Erzbischofs von Sirmium arhiepiskupa moravskaago vyšnnję Moravy* (altbulgarisch/deutsch mit Kommentaren). *Die Slawischen Sprachen* 18 (1989); A. J. Weichselgartner, E. Ettelt: *Herrenchiemsee*. Freilassing 1995; F. Lošek: *Die Conversio Bagoariorum et Carantanorum und der Brief des Erzbischofs Theotmar von Salzburg*. Hannover 1997; H. Dopsch, W. Brugger, J. Wild (Hg.): *Herrenchiemsee: Kloster – Chorherrenstift – Königsschloss*. Regensburg 2011.

Otto Kronsteiner

Choronym/Ländername → Gegendname.

Chorwesen. Berichte über chorischen Gesang in Kärnten/Koroška reichen ins Mittelalter zurück. Paulo → SANTONINO berichtet 1485–1487 von figuralem Gesang oder von guten Sängern in St. Daniel im → Gailtal/Zilja. Man liest von einem Nonnenchor mit vorzüglichen Stimmen und in St. Jakob/Šentjakob bei → Villach/Beljak würden ein Lehrer, ein Kantor und ein Succentor mit einer größeren Zahl von Mess- und anderen Singbüchern viele Knaben im Gesang üben und es würde täglich bei der Messe gesungen. Sie bildeten einen Engelschor, denn man hört »süße Stimmen im wunderschönen Zusammenklang«, Hymnen und Loblieder (S. 48). Im Deutsch-windischen Wörterbuch von Oswald → GUTSMANN, gedruckt in Klagenfurt/Celovec im Jahre 1789, bedeutet das Wort *koledovati* sowohl das Ansingen wie auch das Absingen eines Freudenliedes (*koleduvam*, 511) und der Chor der Sänger schlechthin ist der Ansingechor (*koledva*, 511). Das Chorwesen der Zeit ist zwar nicht gänzlich auf das Absingen von Ansingeliedern beschränkt, doch eigenständige Chorkonzerte oder ähnliche Veranstaltungen kannte man wohl nicht. Der Gesang blühte in unorganisierten Kreisen, wobei die Sänger improvisierten Gesang pflegten und dabei den typisch kärntnerischen Gesangsstil entwickelten, bei dem ein Vorsänger in mittlerer Lage die Lieder anstimmte und die weiteren vorhandenen Sänger sich teils in höheren, teils in tieferen Lagen hinzugesellten (Volksgesang, → Volkslied).

Erste Hinweise auf eine organisierte Arbeit von Chören finden wir in der Zeitschrift → *Slovenec* aus dem Jahre 1866. Es bestanden einige Lesevereine, in deren Rahmen sich auch Sänger trafen (→ *Slovanska čitalnica*). Ein Blick in die Statuten des *Bralno društvo* [Lesevereines] in Eisenkappel/Železna Kapla, das im Jahre 1866 gegründet wurde, zeigt, dass man Ziele anstrebte, wie: »… die Bildung zu fördern, die Sprache zu trainieren, das Singen zu erlernen …« (POLZER). Um das Jahr 1850 waren in Latschach/Loče und → Ferlach/Borovlje Lesevereine gegründet worden und im Priesterseminar in Klagenfurt/Celovec war ein interner Verein entstanden, wo später ein Schülerchor geführt wurde. Anton Martin → SLOMŠEK, Bischof von → Lavant mit dem Sitz in → St. Andrä im Lavanttal (Šentandraž v Labotski dolini), förderte gezielt die Verbreitung des Liedgutes der Kärntner Slowenen in den Schulen (→ Lied). Lehrer, die sich im Pflegen des Schulgesanges verdient gemacht hatten, pflegte → SLOMŠEK besonders zu belohnen, und zugleich drangen »Neuschöpfungen«, die z.T. von ihm selbst stammten, in das Liedgut der Kärntner Slowenen ein, z.B. *Preljubo veselje, En hribček bom kupil, Lahko noč*

Bratje Smrtnik, *Z mano se ozri*

Kvintet Foltej Hartman, *Marijina pesem, Ko zarja zlati nam gore*

Družina Zwitter

Duo Albert in Pavle

u.a. Auch die Volksliedausgabe von Matija → Ahacel 1833 *Pesmi po Koroskem inu Stajerskem znane* [In Kärnten und in der Steiermark bekannte Lieder] und andere in Klagenfurt/Celovec förderten die Entwicklung zum späteren chorischen Gesang. Im Vorwort zur 1. Auflage heißt es: »Innig bitte ich euch, ... unterlasst alle unwürdigen, schmutzigen und ungeeigneten Lieder, ... Ihr sollt singen, aber würdig singen ...«

Die wichtigste und in der Folge einflussreichste Institution wurde die im Jahre 1852 gegründete *Družba sv. Mohorja* (Hermagoras-Bruderschaft, → Mohorjeva). Sie betrieb seit 1871 eine eigene Druckerei, mit deren Hilfe viele Bücher unter das Volk gebracht wurden. Die Aljaž-Liedersammlung um die Jahrhundertwende war die bis dahin bedeutendste und hielt dadurch in fast allen Gemeinden Einzug.

Die Verbreitung der Lieder ging Hand in Hand mit der Gründung und Tätigkeit der → Kulturvereine. In den 1890er-Jahren entstanden zahlreiche Vereine auf Grundlage der → *Družba sv. Cirila in Metoda* [Cyrill und Method-Verein]. Dort hören wir von gelegentlichen Darbietungen bei Versammlungen dieser Vereine, die bis 1906 kräftig tätig waren.

Der erste Gesangsverein entstand im Jahre 1893 in St. Michael bei Bleiburg/Šmihel pri Pliberku und besteht bis heute unter dem Namen *Gorotan* (→ Korotan) weiter. Er hat sich, wie wir aus dem Bericht in der Zeitung → *Mir* erfahren, aus einer Runde von Gesangsliebhabern entwickelt, die den Gesang pflegten und sich gesanglich stärker zu organisieren wünschten. Es wurden ein gemischter und ein Männerchor geführt (→ *Šmihel. Slovensko katoliško izobraževalno društvo za Šmihel in okolico*).

Der zweite behördlich 1897 gemeldete Gesangsverein hatte seinen Sitz in Lind ob Velden/Lipa ob Vrbi (*Lipa* [Linde]) unter der Leitung des Organisten Bernot, und der dritte begann in St. Jakob im Rosental/Šentjakob v Rožu im Jahre 1899 mit seiner Arbeit (*Pevsko društvo Rožica* [Singverein Blümchen]). Zeitweiliger Chorleiter war Franc → Rauter, wenn dieser nicht anwesend war, vertrat ihn der Kaplan Fugger.

Doch davor bestand schon – nach den Ausführungen von Joško → Tischler (in: *Koledar slovenske Koroške* 1948, 40) – ein erstes slowenisches Männergesangsquartett in Köttmannsdorf/Kotmara vas unter der Leitung von Valentin Stangl, vlg. Mežnar (von 1903–1919 Chorleiter in St. Michael/Šmihel beim Gesangsverein *Gorotan*). Das Liedgut dieser Sänger ist aus dem 2. Teil der Liederhandschrift von Janez Modrič (*Razne Pesmi ki se nahajajo v Kotmirski okolici* [Lieder aus der Umgebung von Köstendorf]) aus dem Jahre 1890 gut nachvollziehbar. Im 3. Teil, der Volks- und Kunstliedersammlung aus dem gesamten slowenischen Sprachraum, treffen wir auf Autoren wie → Jarnik, Slomšek, → Vodnik, → Bleiweis, → Prešeren, Potočnik, Vilhar, → Erjavec, → Jenko, → Trstenjak. Volkstümlich gewordene Lieder (*Cesarska, Hej Slovenci, Naprej, Dolenska, Na jezeru, Vse mine, Slovo od lastovke, Prave sreče dom* etc.) oder jene von Slomšek (*Veseli hribček, Veselja dom, Lehko noč, Večernica, Kdo je naučil*) werden in dieser Handschrift *najnavadnejše slovenske narodne pesmi* [gewöhnliche slowenische Volkslieder] genannt, d.h., es gab um diese Zeit keine klare Trennung zwischen Volksliedern und Kunstliedern im Volksmund. Kriterium war einzig die Brauchbarkeit.

Weitere auftretende Chorvereinigungen bestanden u.a. in → Keutschach/Hodiše (→ *Zvezda*; *Mir* 22. September 1904, 149), Schiefling/Škofiče (*Mir* 23. August 1913, 240 [→ Škofiče; → Kirchenchor Schiefling/Škofiče]), → Achomitz/Zahomc, Jeserz/Jeserce und Augsdorf/Loga vas (»Slavček«, *Mir* 25. September 1909, 244, *Mir* 24. Februar 1912, 53) unter Jožef Taler. Vielerorts waren die Tamburizzaspieler auch Sänger (→ Tamburizzamusik).

Seit der Gründung des kulturellen Dachverbandes der Kärntner Slowenen in Klagenfurt/Celovec (→ *Slovenska krščansko-socialna zveza* [Slowenischer christlich-sozialer Verband]) im Jahre 1908 kam es zu ersten größeren Sängertreffen, die dieser organisierte, so z.B. im Jahre 1912 im Hotel Trabesinger in Klagenfurt/Celovec, wo mehrere Hundert Sänger auftraten (KS, 25. Oktober 1933). Die meisten Chöre sangen dort leichtere slowenische Lieder, ausgenommen der Chor »Rožica« aus St. Jakob im Rosental/Šentjakob v Rožu, der zwei bis dahin fast unbekannte Lieder: *Nmav čez jezero* und *Pojdam v rute*, vortrug. Diese beiden Lieder wurden in der Folge die beliebtesten Volkslieder und zählten auch nach dem Zweiten Weltkrieg zu den am häufigsten aufgenommenen Liedern.

Im Jahre 1923 liest man in der Zeitung → *Koroški Slovenec* (KS, 21. Februar 1923), dass im Chor in Suetschach/Sveče die bestausgebildetsten Sänger Kärntens singen würden. Den Chor leitete der Messner Jakob Begusch, der von 1890–1940 entscheidend das Chorwesen in Suetschach/Sveče organisierte. Im Jahre 1924 leitete er den Burschenchor (Alter: 19–22 Jahre) mit 18 Sängern und den Männerchor mit 15 Sängern. Im

Jahre 1933 trat der gemischte Chor in Erscheinung (S. 34), um 1935 der Mädchenchor (S. 37).

Der Organist Andrej MITSCHE hat im slowenischen Kulturverein → *Danica* in St. Veit/Šentvid v Podjuni den Gesang im gemischten und im Männerchor organisiert (*Setev in žetev*, 67). In St. Jakob/Šentjakob v Rožu konnte der Chor *Rožica* im Jahre 1922 das silberne Bestandsjubiläum begehen. In St. Johann im Rosental/Šentjanž wirkte der Organist MOČILNIK, in Ludmannsdorf/Bilčovs waren Avgust SAFRAN und Janko → OGRIS tätig, in Zell/Sele war Simon KOCIJAN Chorleiter; in → Eisenkappel/Železna Kapla erfüllten diese Aufgabe Franc HADERLAP (*2. Oktober 1894, † 19. Mai 1947) und später Karel Prušnik, in St. Kanzian/Škocjan Miha KAČNIK vlg. Joger, in St. Michael ob Bleiburg/Šmihel pri Pliberku der Gemeindesekretär KRALJ, in St. Egyden/Šentilj Pavle → KERNJAK, in Fürnitz/Brnca KROPIUNIK, in Edling/Kazaze Florijan BECELJ und in der Bleiburger Umgebung Foltej → HARTMAN (*Setev in žetev* 97).

Zu ersten Sängertourneen vereinigter slowenischer Chöre aus Kärnten/Koroška ins damalige → Jugoslawien (→ Maribor, → Celje, → Ljubljana) kam es im Jahre 1929, wobei das Programm slowenische Kärntner Volkslieder umfasste (*Nmav čez jezero, Dober večer ljubo dakle, Da bi biva lepa ura, Bom pa ruteč zoral, Dečva to mi povej, Spomlad pa luštno je, Jes mam tri ljubice, Saj nči frajda več, Moja ljubca mje pošto poslala, Bodi zdrava, srečna draga, Treba ni k moji dečli iti, Kadar Zila noj Drava, Horjančice so dro lepe, Niederlih sem se podava, Čej so tiste stezice, Söntr pojd, Je pa krajčič poslala, Spvuv ptičče pojo, Dečva je činkelca, Juhe, vigred približa se, Draga Minka bodi zdrava, Pojdam v Rute, Pojdam v Škofice*). Daneben entstanden auch schon erste Plattenaufnahmen von slowenischen Kärntner Chören. Bei Polydor erschienen die Aufnahmen des Männerchores aus Fürnitz/Brnca (16 Schellackplatten) unter der Leitung von Ivan KROPIVNIK (1910–1943). Aus dem Katalog der *Zbirka gramofonskih plošč* [Sammlung von Grammophonplatten] des *Pokrajinski arhiv Maribor* [Regionalarchiv Maribor] ersehen wir, dass sich dort neben einigen der oben angeführten (30316, 30318, 30320) zwei weitere Platten des *Moški sextet Brnca* [Männersextettes Fürnitz] befinden. Es handelt sich zum einen um das Lied *Sem šel črez gmajnico*, das offenbar neben einer weiteren Aufnahme des *Pojdam v Rute* (DEV) auf Platte gepresst wurde, zum anderen um eine in Zagreb gepresste Elektroton-Platte mit dem Lied *Žabja svadba Koroška narodna pesem* (VODOPIVEC-ŠTRITAR) (No. 47 D-3287).

In den 1930er-Jahren wurde der slowenische chorische Gesang besonders gefördert und hat sich gut entwickelt. Unter den Formen der kulturellen Aktivitäten dominierte zwar immer noch die Laientheateraufführung (→ Laienspiel, → Theater), die man in der Regel jeweils mit Gesangsdarbietungen zwecks der Gestaltung eines abwechslungsreicheren Programmes verband. Auf Sängerfesten traten immer mehr slowenische Chöre aus → Südkärnten/Južna Koroška auf. Unter der Leitung von KERNJAK, → NAGELE, OGRIS, POLJANC, KOPRIVNIK, HOLMAR, HARTMAN u.a. wurde zum Beispiel 1933 in → Ferlach/Borovlje aufgesungen, wobei das Lied von Pavle KERNJAK: *Pojdamo v Škofiče*, den größten Beifall fand. Der Dachverband slowenischer Kulturvereine (damals → *Slovenska prosvetna zveza*) in Kärnten/Koroška zählte schließlich im Jahre 1937 sechsunddreißig tätige Vereine, darunter 26 Chöre und 11 Tamburizzagruppen. Es wird eine Zahl von etwa 500 Sängern genannt. Allein im → Jauntal/Podjuna bestanden Sängerchöre in St. Michael/Šmihel, Eberndorf/Dobrla vas, St. Veit/Šentvid, St. Kanzian/Škocjan und Eisenkappel/Železna Kapla (wo um 1935 auch ein Männerchor entstand), weiters Männerchöre in → Bleiburg/Pliberk, Rinkenberg/Vogrče, St. Philippen/Šentlipš, Mittlern-Edling/Metlova-Kazaze, St. Stefan/Šteben, Globasnitz/Globasnica und in Hof bei St. Michael/Dvor pri Šmihelu, den Folti HARTMAN gründete. Hinzu kamen noch jene des → Rosentales/Rož und des → Gailtales/Zilja.

In der Liedauswahl dominierten weiterhin bearbeitete Volkslieder neben vereinzelten Kunstliedern. Die ganze Bandbreite der slowenischen Sängerschaft in Südkärnten/Južna Koroška wird jedoch erst mit der Einbeziehung der von der Presse meist nicht dokumentierten Volkssänger sichtbar, die zu diversen Gelegenheiten, z.B. bei und nach bäuerlichen Arbeiten, beim gemeinsamen Fensterln in den Dörfern, im Brauchtumsleben, beim Ansingen usw. sich und anderen durch zumeist mehrstimmigen Gesang das mitunter harte Dasein verschönten (→ Dreikönigssingen, slow. *trikraljevsko koledovanje*). Berücksichtigt man auch, dass in 57 Pfarren Südkärntens das Kunstlied und in 71 Kirchen der slowenische Volksgesang gepflegt wurde (→ Liturgiesprache) und dass slowenischer Gesang auch in den Schulen bestand, kann man abschätzen, dass der Zweite Weltkrieg auf barbarische Weise in dieses Kulturleben eingegriffen hat.

Archive: Pokrajinski arhiv Maribor.

Glasbena šola na Koroškem

Vokalni kvintet ‚Zvezda' iz Hodiš, *Kje je moj mili dom*

Združena MePZ Kotmara vas in Bilčovs, *Dekle v vrtu zelenem sedi*

Dekleta iz Rikarje vasi, *Kam si šel, angel miru*

Quellen.: O. Gutsmann: *Deutsch-windisches Wörterbuch mit einer Sammlung an verdeutschten windischen Stammwörter, und einiger vorzüglichen abstammenden Wörter*, Klagenfurt 1789; auf Slowenisch-Deutsch umgekehrt und bearbeitet von Ludwig Karničar, Graz 1999 (Zahlen sind Seitenzahlen der Originalausgabe); M. Ahacel: *Pesme, Koroshke in Shtajarske, enokoljko popravljene ino na novo sloshene*. Na svetlo dal Matija Ahazel. V Zelouzi 1838, ³1855, ⁴1895; A. Janežič: *Cvetje slovanskega naroda. Slovenske narodne pesmi, prislovice in zastavice*. Celovec 1852; A. M. Slomšek: *Šola veselega lepega petja za pridno šolsko mladino*. Celovec 1853; F. Cegnar: *Pesmi*. Celovec 1860; B. Flegerič: *Pesni, Grajenske*. Celovec 1880; J. Aljaž: *Pesmarica Slovenska*, Celovec 1896–1900, 2 Bd.; *Koroški Slovenec* 20. 11. 1929; *Koroški Slovenec* 29. 4. 1931, Nr. 17, S. 3 f.; *Koroški Slovenec*, 25. 10. 1933; Peter P. Klasinc (Hg.): *Zbirka gramofonskih plošč*, Pokrajinski arhiv Maribor 1989, 84–85, 75.

Lit.: J. Gurtner: *Die katholische Kirchenmusik Österreichs im Lichte der Zahlen*, Baden 1936; J. Tischler: 40. *Obletnica prosvetne zveze*. In: KSK 1948, 40 f.; S. Trobina: *Slovenski cerkveni skladatelji*, Maribor 1972, 265; L. Kaselj, F. Kattnig, B. Sommeregger (Hg.): *Setev in žetev, devet desetletij organizirane kulturne dejavnosti koroških Slovencev*, Klagenfurt/Celovec 1979; J. Zerzer: *Ob 70-letnici SPD Koćna*, Suetschach/Sveče 1979, 4; C. Budkovič: *Razvoj mladinskega zborovskega petja na Slovenskem*, Ljubljana 1983, 11; J. Ropitz: *Der Kirchengesang im slowenischen Anteil der Diözese Gurk-Klagenfurt*, Diplomarbeit, Wien 1985, 23 f., 40; *100 let/Jahre Gorjanci*, Kotmara vas 1985, 7; E. Logar: *Neuhaus-Suha 1885–1985. Eine Studie zur Alltagsgeschichte und Chronik einer Landgemeinde*, Maschr. Graz 1987; S. Polzer: *Das slowenische Chorwesen in Kärnten*, Diplomarbeit, Graz 1988; *100 let pevsko društvo Gorotan 1893–1993*, St. Michael 1993, 8 f.; S. Koschier: *Lipa. Eine Kulturgeschichte von Lind ob Velden/Lipa nad Vrbo und Umgebung*, Graz 2001, 29 ff.; *Pesmarica*. Janez Modrič, Hg. SPD Gorjanci, Kotmara vas 2002, 29–72.

Engelbert Logar

Christalnick, Michael Gotthard (Christallnick, Christalniccius, Gothard, * 1530/1540 Kärnten/Koroška, † 1595 St. Veit a. d. Glan [Šentvid ob Glini]), protestantischer Prediger, Humanist und Kärntner Landeshistoriker.

C. studierte in Tübingen. Er wirkte in Althofen (Stari dvor) und St. Veit (Šentvid), auf Hochosterwitz (Ostrovica) bei der Adelsfamilie Khevenhüller und auf Sonegg/Ženek im → Jauntal/Podjuna bei den Ungnads. 1578 kämpfte er gegen die Türken. Im Auftrag der Kärntner Stände verfasste C. zwischen 1579 und 1592 nach dem Vorbild von W. Lazius eine Chronik *Historia Carinthiaca* (1588) und eine Kurzfassung u. d. T. *Extract und Summarischer Bericht* (1592), die Hieronymus → Megiser als *Annales Carinthiae* (1612) in zwei Bänden edierte. Durch den Fund von Teilen der handschriftlichen Chronik im oberösterreichischen Augustiner-Chorherrenstift Sankt Florian (Hs. XI 523 und 561), die mit der Druckfassung inhaltlich völlig, der Formulierung nach meist wörtlich übereinstimmt, konnte der Historiker K. Grossmann 1949 nachweisen, dass der eigentliche Verfasser dieser monumentalen Geschichte Kärntens C. war und dass Megiser mehr oder minder nur als Herausgeber fungierte. Gotbert Moro nennt in seinem Vorwort zur Erstveröffentlichung von Wilhelm Neumanns C.-Monografie die *Historia Carinthiaca* die »erste umfassende, dem damaligen Stand des Wissens und dem Geist seiner Zeit entsprechende Landesgeschichte Kärntens«. Trotz der Einschränkungen sieht man, dass dem Werk große Bedeutung zugemessen wurde, obwohl man bereits lange davor von den vielen darin in die Welt gesetzten Geschichtsfälschungen gewusst hatte. Megiser bzw. C. wurden mehr oder minder ausführlich in zahlreichen Kärntner Ortsmonografien zitiert, so dass beide heute fest im Bewusstsein der Kärntner Historiker verankert sind. Als Quelle wurde allerdings fast ausschließlich Megiser genannt. Nicht wenige Dichter wurden durch Episoden aus dem Geschichtswerk zu literarischen Bearbeitungen inspiriert, z. B. hat der steirische Autor Carl Gottfried Leopold Ritter von Leitner (1800–1890) »Herzog Eberhard's Traum« in Reimen bearbeitet. Veröffentlicht hat er sie in der *Kärntnerischen Zeitschrift* (Bd. 5, 1826, 35–38), später abgedruckt in Hormayrs *Archiv* (1827, Nr. 1). So manche Maultasch-Stoffbearbeitung dürfte durch C. angeregt worden sein, denn C. hat die Maultasch-Geschichte besonders ausführlich dargestellt und ausgeschmückt. In diesem Zusammenhang konstatiert Neumann, dass C. als Historiker »sicher Dilettant« gewesen sei. Wilhelm Baum schreibt in seinem Maultasch-Buch (1994), dass durch die *Annales Carinthiae* die Kärntner Maultasch-Sagen in weitesten Kreisen bekannt geworden seien, bemerkt aber, »dass es nie einen Feldzug der Gräfin nach Kärnten gab«. Zedlers *Universal-Lexicon* nennt am Ende des Maultasch-Artikels nur drei Literaturangaben, darunter Megiser (Bd. 19, 1739, Sp. 1365 f.). Folgender Satz C.s aus den *Annales Carinthiae* ist zu einem geflügelten Wort in unterschiedlichen Formulierungen geworden, wenn die Rede von Kärntner Slowenen ist: »Dann es haben sich … die Windischen Khärndter mit den Deutschen in Khärndten also gewaltiglich vereiniget und under einander vermischet …, daß aus ihnen beyden einerley Volck ist worden« (→ Windischen-Ideologie).

Werke: *Historia Carinthiaca* (1588); *Extract und Summarischer Bericht* (1592); H. Megiser (Hg.): *Annales Carinthiae*, Klagenfurt 1612.
Lit.: ES; OVSBL. – M. Doblinger: *Hieronymus Megisers Leben und*

Werk. In: MIÖG, 26 (1905) 431–478; K. Großmann: *Megiser, Christalnick und die Annales Carinthiae*. In: MIÖG, 57 (1949) 359–373; H. Wiessner: *Michael Gotthard Christalnick, ein unbedankter Kärntner Geschichtsschreiber*. In: *Volkszeitung* (Klagenfurt), 23. Oktober 1949; A. Wölger: *Die historische Literatur in und für Kärnten*, (Phil. Diss.). Wien 1950; E. Heinzel: *M. Maultasch [Marjeta Krivousta]*. In: *Lexikon hist. Ereignisse u. Personen in Kunst, Literatur und Musik*, Wien 1956, 467; W. Neumann: *Michael Gothard Christalnick. Kärntens Beitrag zur Geschichtsschreibung des Humanismus*. Klagenfurt 1956, ²1999; K. Großmann: *Christalnick, Michael Gotthard*. In: NDB 3 (1957) 219; L. Kretzenbacher: *Kärntner Volkserinnerungen an die Reichs-Heiltümer*. In: *Car I* 147 (1957), 803–828; S. Hafner: *Deutschland und die Deutschen im Geschichtsbild der Slowenen*, in: SDA 3 (1960), 58, Anm. 23; W. Neumann: *Wirklichkeit und Idee des »windischen« Erzherzogtums Kärnten. Das Kärntner Landesbewußtsein und die österreichischen Freiheitsbriefe (Privilegium maius)*. In: SDA 3 (1960), 146, Anm. 7; B. Grafenauer: *Gotbert Moro, Die Kärntner Chronik des Paracelsus [...]* [Sammelrezension zu G. Moro: Die Kärntner Chronik des Paracelsus]. Klagenfurt 1955; W. Neumann: *Michael Gothard Christalnick*. Klagenfurt 1956; W. Neumann: *Wirklichkeit und Idee des »windischen« Erzherzogtums Kärnten*, SDA (1960). In: ZČ 15/1 (1961), 219–223; F. Hausmann: *Michael Gotthard Christalnick und sein Briefwechsel mit Graf Joachim zu Ortenburg*. In: *Car I* 165 (1975), 69–82; C. Fräss-Ehrfeld: *Geschichte Kärntens, 1*. Klagenfurt 1984, 180, 487, 595, 614; F. Hausmann: *Ein bisher unbekanntes Werk des Michael Gotthard Christalnick zur Geschichte Kärntens und der Grafen von Ortenburg*. In: *Car I* 179 (1989) 187–274; R. Jerolitsch: *H. Megiser und die »Annales Carinthae« (1612)*. In: *Kollegium, Lyzeum, Gymnasium*. Klagenfurt 1991, 49–60; W. Baum: *Margarete Maultasch*, Graz [e.a.] 1994; A. Strohmeyer: *Konfessionalisierung der Geschichte?* In: J. Bahlcke (Hg.): *Konfessionalisierung in Ostmitteleuropa*. Stuttgart 1999, 221–248; D. Mihelič: *Vstaja imenovana »carmula« (Karantanija, druga polovica 8. stoletja)*. In: *Melikov zbornik*. Ljubljana 2001, 197–214; P. Štih [e.a.]: *Slowenische Geschichte. Gesellschaft – Politik – Kultur*. Graz 2008, 176.

Peter Kersche

Maria Saal/Gospa Sveta, Ebner, 1947, Foto Bojan-Ilija Schnabl

Christianisierung der Karantanen. In den Jahren 741/742 hatte der Karantanenfürst BORUTH (slow. BORUT) die Baiern um Hilfe gegen die Awaren gebeten (→ altbairisch, → Bagoaria). Herzog ODILO (736/737–748) sandte ein Heer, das gemeinsam mit den Karantanen den Feind besiegte, unterstellte aber gleichzeitig die Alpenslawen seiner eigenen Oberhoheit (→ alpenslawisch, → Carantani). Zu deren Sicherung wurden der BORUTH-Sohn CACATIUS (GORAZD) und dessen Vetter CHEITMAR (HOTIMIR) zusammen mit anderen Geiseln in einzelne bairische Klöster gebracht, wo sie als Christen erzogen wurden. Ziemlich gleichzeitig hatte ZACHARIAS (741–752) als erster von drei Päpsten des 8. Jh.s → Karantanien der Jurisdiktion → Salzburgs zugesprochen.

Damit waren die Voraussetzungen für die Salzburger Karantanenmission geschaffen, die der aus Irland stammende Bischof → VIRGIL (746/747–784) energisch betrieb (→ Iro-schottische Mission). Nach dem Tod seines Onkels BORUTH wie seines Vetters CACATIUS/ GORAZD bat Fürst CHEITMAR/HOTIMIR (um 752–um 769) etwas vor 757, der Salzburger Bischof möge in eigener Person die Mission beginnen. Dieser sandte als seinen Beauftragten, *episcopus missus*, den Bischof → MODESTUS. Die Entscheidung wird deswegen auf vor 757 datiert, weil Papst STEPHAN II., der Karantanien erneut der Salzburger Kirche zugesprochen hatte, in diesem Jahr starb. Vom Wirken des ersten Salzburger Missionars ist konkret die Weihe dreier Kirchen bekannt: Auf → Maria Saal/Gospa Sveta, gegenüber dem politischen Zentrum Karnburg/Krnski Grad, folgte eine zweite Missionskirche »in der Burg Liburnia«. Der Name lebt im Lurnfeld (Lurnsko polje) bei Spittal an der Drau (Špital ob Dravi) fort und wird mit Recht von Teurnia abgeleitet. Die dritte Kirche wurde *ad Undrimas* geweiht; sie befand sich im oder am steirischen Aichfeld, d.h. in einem Gebiet, das im Westen das Pölshalsplateau und im Osten St. Margarethen bei Knittelfeld begrenzen. Der Tod des MODESTUS wird um 763 angesetzt, er fiel mit der ersten von drei heidnischen Reaktionen zusammen, deren letzte 772 durch TASSILOS Karantanensieg beendet wurde (→ *Carmula*). Insgesamt sind unter Bischof VIRGIL nicht weniger als neun Missionen bekannt, deren Personal nicht zuletzt

Götzenzerstörung im Zuge der Christianisierung: moderne → Domitian-Statue im Millstätter See (Wiki)

Slovenec, 1. 8. 1866

die baierischen Romanen aus der Umgebung Salzburgs stellten (→ altladinisch, → Walchen); doch war auch ein Ire aus Virgils Heimat darunter. Nach Virgils Tod sandte Bischof Arn (785/98–821) 14 Priester unter der Leitung eines Presbyters Ingo, dessen langjähriges und erfolgreiches Wirken in die Legende einging. Mit seiner Erhebung zum Erzbischof weihte Arn 799 auf Befehl Karls des Grossen einen Bischof Theoderich für Karantanien und Pannonien. Dieser Maßnahme war jedoch so gut wie kein Erfolg beschieden. Allerdings dürfte der Umstand, dass Karantanen im Jahre 820 die Kirche von Bischofshofen anzündeten, kaum als (letzte) heidnische Reaktion zu deuten sein.

Die Verdienste Salzburgs um die Karantanenmission stehen außer Zweifel. Daneben sind aber auch → Aquileia und v. a. → Freising zu nennen, dessen Eigenkloster Schäftlarn mit Tassilos Unterstützung 769 das Kloster → Innichen gründete, »um das ungläubige Volk der Slawen auf den Weg der Wahrheit zu führen«. Besondere Bedeutung muss das wohl nicht von Pfaffmünster (Regensburg) gegründete Tiburtius-Kloster besessen haben, das in → Molzbichl an der Drau unterhalb von Spittal lag. Mit großer Wahrscheinlichkeit hängt diese Gründung mit Tassilos Karantanensieg von 772 zusammen. Eine große Zahl qualitätvoller Flechtbandsteine erinnert heute noch an die einstige Bedeutung des Ortes (→ Frühmittelalterliche Kirchen in Kärnten/Koroška, vgl. auch → St. Peter am Bichl/Šentpeter na Gori, → Keutschach/Hodiše).

Quellen: *Conversio Bagoariorum et Carantanorum* (= MGH. Studien und Texte 15. Hg., Üb. F. Lošek). Hannover 1997. *Conversio Bagoariorum et Carantanorum: das Weißbuch der Salzburger Kirche über die erfolgreiche Mission in Karantanien und Pannonien*, herausgegeben, übersetzt, kommentiert und um die Epistola Theotmari wie um Gesammelte Schriften zum Thema ergänzt von Herwig Wolfram, [Hg. von Peter Štih]. Ljubljana 2012, ³2013.

Lit.: I. Grafenauer: *O pokristjanjevanju Slovencev in začetkih slovenskega pismenstva*. In: *Dom in svet*, Jg. 47, Nr. 6/7 (1934) 350–503; M. Kos: *Zgodovina Slovencev*. Ljubljana 1955; A. Kuhar: *The conversion of the Slovenes and the German-Slav ethnic boundary in the eastern Alps* (= Studia Slovenica 2.). New York [e.a.] ²1967; B. Grafenauer: *Zgodovina slovenskega naroda*. Ljubljana ³1978; H. Wolfram: *Salzburg, Bayern, Österreich* (= MIÖG. Erg.-Bd. 31.). Wien 1995; A. Kuhar: *Pokristjanjevanje Slovencev in nemško-slovanska etnična meja v vzhodnih Alpah*. Ravne na Koroškem [e.a.] 2001; D. Mihelič: *Vstaja imenovana »Carmula« (Karantanija, druga polovica 8. stoletja)*. In: Melikov zbornik, Slovenci v zgodovini in njihovi srednjeevropski sosedje (Red. V. Rajšp, R. Bratovž, Janez Cvirn [e. a.]). Ljubljana 2001, 197–214; W. Pohl: *Die Awaren*. München ²2002; H. Wolfram: *Grenzen und Räume. Geschichte Österreichs vor seiner Entstehung. 378–907*. Wien ²2003.

Herwig Wolfram

Christofberg/Krištofova Gora, vgl. Sachlemmata: → Edlinger-Gemeinschaftswald am Christofberg/Krištofova gora; → Inschrift, slowenische; → Klagenfurter Feld/Celovško polje; → Kreuzweg; → Landessprache; → Wallfahrt(en); → Zollfeld/Gosposvetsko polje.

Chronogramm, ein »Wort-Zahl-Spiel« in → Inschriften oder Sinnsprüchen, bei der durch Hervorhebungen der darin vorkommenden römischen Zahlenbuchstaben (durch Großbuchstaben, oder farblich abgehobene Schrift) diese zusammen gelesen eine Jahreszahl ergeben. Nach Graf (Werland folgend) ist das Ch. ein »Kind der Renaissance, groß geworden in der Barockzeit«.

Landläufig sind Ch. in lateinischen Texten bekannt und wurden zunächst meist im Lateinischen verwendet, zumal noch im Barock die Volkssprachen nicht jene Funktionen hatten, wie sie später etwa das Deutsche ab dessen Einführung als → Amtssprache im Habsburgerreich 1784 erhalten sollte. Vielfach wird damit auf sakralen oder profanen Bauten in aufgesetzten Lettern oder in Fresken entweder ein mit dem Wortlaut der Inschrift unmittelbar verbundenes Stiftungs- oder Errichtungsdatum angegeben, oder eine mit einem Ch.

215

Kapelle St. Magdalena/sv. Magdalena, Pfarre Feistritz an der Gail/Bistrica na Zilji, Bertrand Kotnik

Chronogramm in St. Magdalena/sv. Magdalena, rechter Seitenaltar, Foto Tomo Weiss

versehene Inschrift erinnert an ein Ereignis, dessen Jahreszahl aus dem hervorgeht. Ch. entspringen dem Zeitgeist einer elitären, höfischen Gesellschaft, so dass man sie auch auf Epitaphen, Münzen, Medaillen usw. findet.

In Kärnten/Koroška sind slowenische Ch. aus dem 18. Jh. in drei Kirchenbauten erhalten, zwei nördlich des Wörther Sees/Vrbsko jezero (→ Ossiacher Tauern/Osojske Ture und Moosburger Hügelland/Možberško gričevje) und eines im → Gailtal/Ziljska dolina. Ein weiteres Ch. ist aus dem 19. Jh. und befindet sich in St. Ulrich/Šenturh bei Maria Rain/Žihpolje auf der → Sattnitz/Gure.

Im Rahmen des Freskenzyklus der hl. Barbara in St. Martin am Techelsberg/Šmartin na Teholici befinden sich nach Domej mehrere Ch., darunter eines, das nach Domej die Jahreszahl 1768 ergibt. Es lautet:

VtEMNeI IezHI ChrIstVsH sVoIo
TeLKAI sWIesto NEVest'o
OWIJShzHe InV zeLV
OSDRAVI

(= *V temnej jezhi Christus svojo telkai svviesto nevest'o ovvijshzhe inu zelu osdravi*) [Im dunklen Gefängnis besucht Christus seine so (sehr) treue Braut und heilt sie ganz])

Ein slowenisches Ch. in der Filialkirche Tibitsch/Tibiče wurde nach Domej vom Pfarrer von St. Martin am Techelsberg/Šmartin na Teholici Jožef Primož Posačnik (1710–1787) um 1766 in Auftrag gegeben. Das Ch. lautet:

ChrIstVsh Nash LVbesnIVI InVDobrV
te PoVhenI IsVeLIzhar Ie KsVeteMVPe
trV RekV PaſsI oVze, PaSsI AgnIete.

(= *Christvsh nash lvbesnivi inv dobrvte povheni isvelizhar je k svetemv Petrv rekv paſsi ovze, passi agniete* [Christus unser der Güte-volle Erlöser der zum hl. Petrus sagte, hüte die Schafe, hüte die Lämmer]). Die roten Lettern des Ch. ergeben nach Domej die Jahreszahl 1771.

Das dritte erhaltene spätbarocke Ch. befindet sich am Hauptaltar der Filialkirche zur hl. Magdalena im Wald/sv. Magdalena aus 1522 in Süßenberg/Planje in der Gemeinde Feistritz an der Gail/Bistrica na Zilji. Vilhar datiert es mit 1777, nach Dehio ist es aus 1729. Bei Dehio heißt es: »Hochaltar A[nfang] 18. Jh.; im Aufsatz Bez[eichnung] mit Chronogramm 1729, Bez[eichnung] bezieht sich jedoch auf einen Isidoraltar; …« (Ein Hinweis auf die slowenische Sprache und somit slowenische → Kulturgeschichte fehlt). Das Ch. lautet:

S
IsIDorkMet
sVoLanVperbIeshaLshe
tIChrIstIanskesrVte
VshLIshI

(= *S. Izidor kmet svolan v perbieshalishe ti christianske srute uslishi* [Hl. Isidor der Bauer (auch Isidor von Madrid) auserwählt als Zuflucht, erhöre die armen Christen]).

St. Martin am Techelsberg/Šmartin na Teholici

Tibitsch/Tibiče

Chronogramm, Barbarazyklus in St. Martin am Techelsberg/Šmartin na Teholici, Foto Theodor Domej.

Chronogramm in Tibitsch/Tibiče, Foto Theodor Domej

Ein viertes Ch. ist links und rechts des hohen spitzbogigen Triumphbogens auf der Seite des Kirchenschiffes in der Kirche zu St. Ulrich/Šenturh bei Maria Rain/Žihpolje erhalten und ist vom Ende des 19. Jh.s. Es weist auf die 1894/95 stattgefundenen Renovierungsarbeiten an der Kirche hin und bestätigt die gefestigte sprachsoziologische Situation des Slowenischen auf der → Sattnitz/Gure im Nahbereich von → Klagenfurt/Celovec. Es lautet:

VČastnosLaVosV.VrhaInMartInase /
jeCerkevzDaroVIVernIkoVoLepšaLa.

(= *V častno slavo sv. Vrha in Martina se / je cerkev z darovi vernikov olepšala* [Zum ehrenvollen Ruhme der hll. Ulrich und Martin wurde die Kirche mit Gaben der Gläubigen verschönert]).

Die slowenischen Ch. in Kärnten/Koroška sind angesichts des sprachhistorischen Kontextes umso bemerkenswerter, als in der slowenischen regionalen Literatur- und Schriftsprache nach Maurer-Lausegger hic loco Mitte des 18. Jh.s in der bedeutenden Strömung des → Bukovništvo noch Übersetzungen dominierten und erst gegen Ende des 18. Jh.s die Strömung einen Höhepunkt im klassischen Bukovništvo erlebte (vgl. dazu → Standardsprache). Zudem zählen die Ch. vom Freskenzyklus zur hl. Barbara in St. Martin am Techelsberg/Šmartin na Teholici sowie die beiden Ch. von Tibitsch/Tibiče und Süßenberg/Planje zu den ältesten slowenischen Inschriften im öffentlichen Raum und deuten auf einen soziolinguistischen Kontext hin, der ein zusätzliches Erklärungsmoment für die breite Ausstrahlung der Kulturströmung des Bukovništvo, für die zahlreichen → *Übersetzung[en] von Patenten und Kurrenden* im 18. Jh. sowie die Einbettung der slowenischen Wiedergeburtsbewegung → *preporod* in ein gesellschaftliches Ganzes bietet.

Dehio 2001 weist bei St. Martin am Techelsberg/Šmartin na Teholici lediglich auf slowenische Inschriften hin, bei Tibitsch/Tibiče fehlt jeglicher Hinweis auf das slowenische Sprachdenkmal. Beim Ch. von Süßenberg/Planje fehlt ein Hinweis auf die slowenische Sprache und somit slowenische Kulturgeschichte, beim Ch. von St. Ulrich/Šenturh fehlt wiederum jeglicher Hinweis, was insgesamt ein Indikator für den Grad der kulturhistorischen Rezeption dieser bedeutenden Sprachdenkmäler ist. Ebenso sucht man vergeblich nach einer Erwähnung des Ch. von St. Ulrich/Šenturh bei Weidl oder Stefan → Singer. Die erste Zusammenschau und kulturhistorische Gesamtbewertung bietet Schnabl 2014.

Quellen/Web: Fotodokumentation Theodor Domej, Vincenc Gotthardt; www.kath-kirche-kaernten.at/ (14.7.2013).
Lit.: Dehio (Feistritz an der Gail/Bistrica na Zilji, S. 123, St. Martin am Techelsberg/Šmartin na Teholici, S. 778, St. Ulrich/Šenturh, S. 834, Tibitsch/Tibiče, S. 952). – S. Singer: *Kultur- und Kirchengeschichte des unteren Rosentales – Dekanat Ferlach*. Kappel 1934, Celovec 1997, 242–244; K. Graf: *Ein barockes Wort-Zahl-Spiel: Chronogramme in Schwäbisch Gmünd*. In: Barock in Schwäbisch Gmünd. Aufsätze zur Geschichte einer Reichsstadt im 18. Jahrhundert. Schwäbisch Gmünd 1981, 125–133; R. Weidl (Red.): *Maria Rain, Kärnten*. Salzburg 1994, 18; B. Vilhar: *Ziljske freske in še kaj s poti za sledovi gotskega stenskega slikarstva med Marijo na Zilji in Šmohorjem*. Klagenfurt/Celovec [e.a.] 1996, 47; T. Domej: *Stenske slike s slovenskimi napisi v župnijski cerkvi v Šmartinu na Teholici*. In: KMD 1998. Celovec 1997, 108–110; T. Domej: *Križevi poti na Koroškem iz družbenojezikovnega in jezikovnozgodovinskega zornega kota*. In: M. Košuta (Red.): Slovenščina med kulturami, Hg. Slovenski slavistični kongres. Celovec, Pliberk 2008, 67; Dekanalamt Ferlach (Hg.) / Dekanijski urad Borovlje (izd.): *Dekanat Ferlach, Geschichte und Gegenwart = Dekanija Borovlje, zgodovina in sedanjost*. Klagenfurt/Celovec [e. a.] 2012, 165–167; M. Ogrin: *Sijaj rokopisna kulture, Pripis k starejšim oroškim rokopisom*. In: KMD 2014. Klagenfurt/Celovec [e. a.] 2013, 43–47. Mit Dank für die Hinweise von Theodor Domej, Herta Maurer-Lausegger, Uši Sereinig, Polona Sketelj und Vincenc Gotthardt.

Bojan-Ilija Schnabl

Cigale, Matej (* 2. September 1819, Dolenje Lome [Idrija, Primorska], † 20. April 1889, Wien) Jurist und Sprachwissenschafter.

Nach dem Studium der Theologie und der Rechtswissenschaften legte er 1848 die Richteramtsprüfung ab. 1850 wurde er Ministerialkonzipient in der Redaktion des → Reichsgesetzblattes, das auf der Grundlage der Bestimmungen über die Gleichberechtigung der konstitutiven Völker der → Oktroyierten Märzverfassung nunmehr zehnsprachig erschien. Die Redaktion hatte er 38 Jahre inne.

Bereits 1847 hatte C. zusammen mit Anton Mažgon in → Gorizia/Gorica/Görz die Gemeindeordnung übersetzt. 1853 bearbeitete er den slowenischen Teil der Ausgabe der *Politisch-juridischen Terminologie für die slawischen Sprachen Österreichs (deutsch-kroatische, serbische und slovenische Separat-Ausgabe)*, die im Zuge der Edition des Reichsgesetzblattes und der → Landesgesetzblätter die dafür notwendige sprachlich-terminologische Grundlage bildete. Nach Kolarič vertrat er eine sinnvolle *(pametno)* sprachliche Annäherung insbesondere mit dem Kroatischen und Serbischen (→ Wiener Schriftsprachen-Abkommen). 1887 fertigte er eine Neuübersetzung des ABGB auf der Grundlage der Terminologie des Reichsgesetzblattes an, die jedoch nach seinem Tod nicht veröffentlicht wurde. Er schrieb juridisch-terminologische Beiträge für den → *Slovenski pravnik* (1862 sowie 1880, 1888) und befasste sich insbesondere auch mit Fragen der Wortbildung und Syntax. C. übersetzte auch verschiedenste amtliche Formulare und Drucksorten (→ Amtssprache) und publizierte Fachbeiträge in den Zeitschriften der Zeit (→ *Novice*, 1853–1884, → *Kres*, 1886, → *Slovenski glasnik*, 1858–1863, u.a.).

Als Begründer der slowenischen Rechtsterminologie und als Herausgeber einer wissenschaftlichen → Terminologie für Mittelschulen erwarb er sich größte Verdienste um die Festigung der slowenischen Sprache im öffentlichen Leben. C. übersetzte und schrieb slowenische Lehrbücher und lieferte Beiträge für Miklosichs *Slovenska berila* (→ Schulbuch). Als Rezensent von Schulbüchern überarbeitete er diese vielfach gänzlich, so den großen und den kleinen Katechismus. Er schrieb die erste, zweite und dritte deutsche Grammatik für slowenische Volksschulen sowie eine slowenische Grammatik und übersetzte Schulbücher (so Heuflers kurze Beschreibung des österreichischen Kaiserreiches für die Unterstufen der Gymnasien). Zu seinen Hauptleistungen zählt das *Deutsch-slowenische Wörterbuch* von Wolf dessen Redakteur er von 1854 bis 1859 war.

Werke: *Politisch-juridische Terminologie für die slavischen Sprachen Österreichs. Von der Commission für slavische juridisch-politische Terminologie. Deutsch-kroatische, serbische und slovenische Separat-Ausgabe«* (Wien 1850, ²1853, S. V–VIII); Matthäus Cigale: *Deutsch-slovenisches Wörterbuch hrsg. auf Kosten des Fürstbischofes von Laibach Anton Alois Wolf*. Laibach 1860 (Klagenfurt/Celovec: Wieser, 2004)*; Kratek popis Cesarstva Avstrijanskega sploh in njegovih dežel posebej – za niže gimnazije in niže realne šole (z medorezom na čelu) / sostavil Ludovik Heufler; poslovenil M. Cigale*. Na Dunaju 1861; *Slovenski atlant* (Einzelblattausgabe). Ljubljana: Matica slovenska, 1869–1877 (Faksimile-Digitalisat http://www.biblos.si/lib/book/9789612545093); C. [M. Cigale]: *Slovenske prestave postav in vladnih ukazov*. In: *Pravnik slovenski, List za pravosodje, upravo in državoslovje*, Leto I., Hg. J. R. Razlag, Ljubljana 1870, 5–12; Matej Cigale: *Znanstvena terminologija s posebnim ozirom na srednja učilišča = Deutsch-slovenische wissenschaftliche Terminologie*. Ljubljana 1880.

Lit.: SBL (Rudolf Kolarič: *Cigale, Matej*; Janko Polec: *Mažgon, Anton*). – K. Sturm-Schnabl: *Der Briefwechsel Franz Miklosich's mit den Südslaven – Korespondenca Frana Miklošiča z Južnimi Slovani*. Maribor 1991, 70, Anm. 2; G. Ressel: *Miklošič und die slowenisch-deutsche Rechtsterminologie seiner Zeit*. In: J. Toporišič, T. Logar, F. Jakopin (Hg.): *Miklošičev zbornik (Obdobja 13)*. Ljubljana 1992, 151–163: I. Orel: *Prvi slovenski terminološki slovar ter hrvaški in češki vir*. In: *Obdobja* 24. Ljubljana 2007, 343–364.

Bojan-Ilija Schnabl, Katja Sturm-Schnabl

Cigan/Czigan, France, → Liederbuch; → Liedersammlung, handschriftliche.

Cimperman, Franc (France, Fran Serafin, * 3. September 1852 Ljubljana, † 30. Mai 1873 ebd.), Dichter.

C. stammte aus einer unbemittelten Bauernfamilie. Nach der Grundschulausbildung wollte er Schriftsetzer werden, war jedoch wegen schlechter Sehfähigkeit dazu gezwungen, sich als Buchbinder zu versuchen. Da er sich als solcher nicht recht behaupten konnte, schrieb sich C. 1865 schließlich ins Gymnasium in → Ljubljana ein. Hier zählte er schon bald zu den besten Schülern, so dass man ihm finanzielle Unterstützung für ein Studium an der Universität zusicherte. Bevor C. allerdings sein angestrebtes Philosophiestudium antreten konnte, erkrankte er schwer und erlag am Ende seiner Krankheit.

Der junge Dichter veröffentlichte bereits früh Erbauungsliteratur und heimatliebende Gedichte in den Zeitschriften *Učiteljski tovariš*, *Zgodnja Danica*, *Besednik* und → *Novice*. In seiner Lyrik orientierte er sich an zeitgenössischen Autoren wie Fran → Levstik, Josip → Stritar oder Simon → Jenko. In Sonettform, spanischer Romanze, Gasel und Fabel brachte der

Josip Cimperman (NUK/Wiki)

Heranwachsende u.a. seine Liebe zur eigenen Mutter, Familie und Natur zum Ausdruck. Die Fabel erwies sich als C.s bevorzugtes literarisches Genre und er verfasste sogar eine auf LESSING gestützte theoretische Abhandlung darüber, die 1872 im Kärntner *Besednik* erschien. Dem slowenischen Kulturarbeiter und Redakteur des *Besednik* Anton → UMEK-OKIŠKI schien er besonders nahezustehen, denn ob seines Todes verfasste C. nach dem Beispiel des symbolbeladenen Gedicht France → PREŠERENS *V spomin Matiju Čopu* [Zur Erinnerung an Matija ČOP] das Lied *V spomin Antona Umeka*. Einen Teil seines Opus vereinte C.s Bruder Josip → CIMPERMAN posthum in der Anthologie *Pesni* [Gedichte] (1874), der eine Biografie und einer Elegie von Luiza → PESJAK nachgestellt war. In einem Brief an Fran → MIKLOSICH bat er jenen um eine Besprechung der Gedichte seines Bruders. Die katholische Kärntner Zeitschrift → *Slovenec* kritisierte C., da der Liederband keines der signifikanten erbaulich besinnlichen Gedichte beinhaltete und C.s Bruder nicht den gebührenden Platz in der slowenischen Literatur einräumte, obwohl jener die slowenische Sprache trotz gegenteiliger zeitgeistiger Tendenzen mit größter Sorgfalt verwendet hatte und ein nicht unbedeutender Dichter gewesen war.

Werke: *Pesni.* Zložil Franjo Ser. Cimperman; urédil Jos. Cimperman. V Ljubljanai 1874.
Lit.: SBL; PSBL; OVSBL. – K. Glaser: *Zgodovina slovenskega slovstva, 4.* V Ljubljani 1898, 38; J. Marn: *Slovenec* 2 (1874), 1–2, 68; A. Slodnjak: *Realizem 1898–1895.* In: L. Legiša (Hg.): Zgodovina slovenskega slovstva III, Ljubljana 1961 (Register s.v. Cimperman); LPJ 1 (1972) 449 (mit Bibliografie und Schriftenverzeichnis); K. Sturm-Schnabl: *Der Briefwechsel Franz Miklosich's mit den Südslaven – Korespondenca Frana Miklošiča z Južnimi Slovani.* Maribor 1991, 372–373.

Maja Francé

Cimperman, Josip (Ps. Charpentier, * 19. Februar 1847 Ljubljana, † 5. Mai 1893 ebd.), Dichter, Übersetzer.

Nach dem Abschluss der Volksschule in Ljubljana blieb C. der Weg einer Weiterbildung am Gymnasium wegen einer fortschreitenden Körperlähmung versperrt. Nichtsdestotrotz eignete er sich teils autodidaktisch, teils mithilfe seines Freundes Ivan GORNIK, der das Gymnasium besuchte, eine gute Allgemeinbildung an, konnte Italienisch, Französisch, Englisch und Spanisch und kannte die slowenische sowie deutsche Literatur. Zeit seines Lebens verdiente C. seinen Lebensunterhalt allein durch sein Engagement in der Literatur. C. war u.a. Koredakteur der Literaturzeitschrift *Slovan*, redigierte den → *Ljubljanski zvon* und bereicherte mit Übersetzungen von über 20 Theaterstücken und Libretti (Augustin MORETO, August VON KOTZEBUE, Karl BRAUN) den slowenischen Kulturraum. Schon früh begann er vereinzelte Gedichte in den Zeitschriften *Učiteljski tovariš*, *Zgodnja Danica*, → *Novice*, → *Slovenski glasnik* und *Zora* zu veröffentlichen, verstärkt im Kärntner → *Kres* und *Zvon* (→ Publizistik). Bald erschienen seine ersten zwei kurzen Gedichtbände *Pesmi* [Gedichte] (1869) und in deutscher Sprache *Rosen und Disteln* (1873). Ähnlich wie sein Bruder Franc → CIMPERMAN eiferte er in seiner Dichtung den großen Schriftstellern der Epoche Simon → GREGORČIČ, France → PREŠEREN, Fran → LEVSTIK, Josip → STRITAR und Simon → JENKO nach, die neben Luiza → PESJAK, Luiza RAZLAG, Janez → BLEIWEIS, Ivan → TAVČAR, Anton → AŠKERC u.a. gleichzeitig seine Wohltäter waren. Im Gegensatz zu seinem anfänglichen literarischen Werk, das eher als jugendlich-unausgereift bezeichnet wurde, zeichnete C. ab den 1870er-Jahren ein ausgefeilter literarischer Stil aus. Seine hervorragende technisch-formale Ausarbeitung und die kraftvolle Motivik können als Gegenpol zu C.s körperlichem Gebrechen und als Ausdruck seiner Männlichkeit verstanden werden, die jegliche emotionale Verweichlichung und übertriebene Sentimentalität ablehnte und aufrichtige Gefühle transferieren wollte. In seiner reifen schriftstellerischen Phase stellte C. eine Sammlung seiner besten Lieder in der Arbeit *Pesmi* [Gedichte] (1888) zusammen, die ihm große Anerkennung einbrachte. Als lyrischer Vertreter des STRITAR'SCHEN Formalismus fungierte C. vor dem Aufkommen der modernen Idee u.a. Anton FUNTEK, Anton MEDVED oder Mihael OPEKA als Vorbild. Obwohl ihn LEVSTIK seinerzeit als eine der markantesten Persönlichkeiten der slowenischen Dichtkunst bezeichnet hatte, ist C. schriftstellerisches Werk fast völlig in Vergessenheit geraten.

Quellen: NUK, www.dlib.si.
Werke: *Pesmi, zložil Josip Cimperman.* V Ljubljani 1869. *Rosen und Disteln.* Laibach 1873; *Pesmi, zložil Jos. Cimperman.* V Ljubljani 1888.
Lit.: SBL; PSBL; OVSBL. – P. Radics: *Anastasius Grün. Verschollenes und Vergilbtes aus dessen Leben und wirken.* Laibach 1879, 157–166 (Kapitel: *Der Musensohn im Rollstuhl*); A. Funtek: *Jožef Cimperman, o petindvajsetletnici knjižnega delovanja.* In: LZ 10 (1890) 8–9; K. Glaser: *Zgodovina slovenskega slovstva, 1.* [Ljubljana] 1894, 37–43; J. Glonar: *Iz Cimpermanovega kroga.* In: LZ 40 (1920) 8, 523–531; S. Janež: *Pregled Slovenske književnosti.* Maribor 1966; K. Sturm-

Schnabl: *Der Briefwechsel Franz Miklosich's mit den Südslaven – Korespondenca Frana Miklošiča z Južnimi Slovani*. Maribor 1991, 372–373.

Maja France

Ciril-Metodova družba *(CMD)* → *Družba sv. Cirila in Metoda*.

Colarič, Franc (Kulturaktivist), → *Borovlje. Slovensko prosvetno društvo »Borovlje«* [Slowenischer Kulturverein »Borovlje« (Ferlach)].

Collegium sapientiae et pietatis. Die ständische Schule in → Klagenfurt/Celovec, gegründet zwischen 1544 und 1551, erinnert mit ihrer Bezeichnung an das angestrebte Bildungsziel einer »sapiens et eloquens pietas«.

Der aus Straßburg/Elsass stammende Rektor Philipp MARBACH, in Klagenfurt/Celovec tätig 1585–1592, dürfte der Urheber dieses Namens gewesen sein und die Schule zur Blüte gebracht haben. Nach dem Vorbild protestantischer Schulen in Deutschland organisiert (→ Protestantismus), bot sie ein das Lateinschulwesen weit übersteigendes Studienprogramm, das den Söhnen des Adels, aber auch der Bürgerschaft die entsprechende Vorbildung vermittelte (ständische Geisteshaltung, humanistische Bildung und protestantische Gesinnung) und die Ausbildung für den Dienst in Politik und Verwaltung sowie als Prädikanten, Lehrer und Advokaten gewährleistete. Um 1562 verfolgte der kroatische Reformator Matthias FLACIUS ILLYRICUS/Matija VLAČIĆ ILIRIK zusammen mit Primož → TRUBAR den Plan einer Erweiterung der Schule zu einer Akademie (»Semiakademiola«), um den Fortschritt der reformatorischen Bewegung in Südosteuropa zu unterstützen. Die religionsrechtliche Privilegierung der Stände (1572, 1578) hatte für deren Kirchen- und Schulwesen einen enormen Entwicklungsschritt bedeutet und eine kurzfristige institutionelle Sicherung bewirkt; unter Beteiligung Klagenfurter Lehrer (Andreas LABORATOR, Jakob PRENTELIUS) wurde eine innerösterreichische Kirchen- und Schulordnung ausgearbeitet (→ Innerösterreich). An weiteren Lehrern sind zu nennen: der Historiker Hieronymus → MEGISER, Rektor 1593–1601, der 1593 ein Deutsch-Lateinisch-Slowenisch-Italienisch-Wörterbuch edierte und 1612 in Leipzig die *Annales Carinthiae* herausbrachte, und Urban PAUMGARTNER, Lehrer 1588–1600, dessen humanistischer Lobpreis auf Klagenfurt/Celovec, *Aristeion Carinthiae Claudiforum*, 1605 im Exil in Lauingen/Pfalz erschien.

In dem 1586 begonnenen großzügigen Bau (»Burg«) hatte das bildungspolitische Programm seinen architektonischen Niederschlag gefunden. Die Schule galt neben Landhaus und Dreifaltigkeitskirche als Symbol der landständischen Macht. Der Bau war allerdings noch nicht vollendet, als 1601 die → Gegenreformation deren Schließung veranlasste.

Lit.: W. Neumann: *Zur Gründung der Landschaftsschule in Klagenfurt* (1970), Nachdruck in: W. Neumann: *Bausteine zur Geschichte Kärntens*. Klagenfurt 1985, 488–493; G. Heiss: *Konfession, Politik und Erziehung. Die Landschaftsschulen in den nieder- und innerösterreichischen Ländern vor dem Dreißigjährigen Krieg*. In: G. Klingenstein, H. Lutz, G. Stourzh (Hg.): *Bildung, Politik und Gesellschaft*. Wien 1978, 13–63; W. Baum (Hg.): *Kollegium – Lyceum – Gymnasium. Vom »Collegium Sapientiae et pietatis« zum Bundesgymnasium Völkermarkter Ring*. Klagenfurt 1991; W. Neumann: *Michael Kerner und die Gründung der Landschaftsschule in Klagenfurt* (1991), Nachdruck in: W. Neumann: *Neue Bausteine zur Geschichte Kärntens*. Klagenfurt 1995, 290–297; Cl. Fräss-Ehrfeld: *Geschichte Kärntens II: Die ständische Epoche*. Klagenfurt 1994; W. Baum: *Klagenfurt. Geschichte einer Stadt am Schnittpunkt dreier Kulturen*. Klagenfurt 2002; U. Paumgartner: *Aristeion Carinthiae Claudiforum. Klagenfurt, der Ehrenpreis Kärntens*, hg., übersetzt und kommentiert von Th. Lederer und F. Witek. Klagenfurt 2002; R. Leeb: *Die Reformation in Kärnten*. In: W. Wadl (Hg.): *Glaubwürdig bleiben. 500 Jahre protestantisches Abenteuer*. Klagenfurt am Wörther See 2011, 83–105; V. Jobst: *Buchdruck und Geisteskultur im Jahrhundert der Reformation*. In: W. Wadl (Hg.): *Glaubwürdig bleiben. 500 Jahre protestantisches Abenteuer*. Klagenfurt am Wörther See 2011, 154–180; A. Hanisch-Wolfram: *Evangelisches Bildungs- und Schulwesen in Kärnten vom 16. Jahrhundert bis zur Gegenwart*. In: W. Wadl (Hg.): *Glaubwürdig bleiben. 500 Jahre protestantisches Abenteuer*. Klagenfurt am Wörther See 2011, 411–431.

Karl W. Schwarz

Confessio Carinthiaca. Das »Christliche einfeltige bekendtnus der Euangelischen Prediger in Kerndten / an die Hochlöbliche Landstend daselbs (…)« wurde am 16. Jänner 1566 im Landtag zu Klagenfurt/Celovec verlesen und als Bekenntnisschrift der Kärntner Landstände gegen den Protest des Erzpriesters von Friesach (Breže) angenommen. Es versteht sich als Antwort auf den von Erzherzog KARL am 18. Dezember 1565 erhobenen Vorwurf, die Prädikanten lehrten nicht im Sinne der *Confessio Augustana* (CA), sondern seien Sektierer.

Textgeschichtlich geht das Bekenntnis auf Formulierungen des Regensburger Superintendenten Nikolaus GALLUS, eines Schülers des Matthias FLACIUS ILLYRICUS (→ Protestantismus), zurück und lässt diese theologische Abhängigkeit vom Flacianismus durchaus erkennen. Vermutlich von den Erstunterzeichnern Martin KNORR und Johann HAUSER adaptiert, wurde das Bekenntnis von insgesamt 26 Prädikanten unterzeichnet, die alle als katholische Priester ordiniert worden waren, den Vorwurf mangelnder Berufung abwehrten und sich insgesamt auf die CA beriefen. Die Bedeutung der *Confessio Carinthiaca* liegt darin, dass hier erstmals eine öffentliche Kundgebung des Luthertums in Kärnten/Koroška in seiner flacianischen Färbung vorliegt, dem auch die slowenischen (→ »windischen«) Prediger Christoff FASCHANG, Rosegk/Rožek, Gregorius KRACKOUITZ, St. Stefan an der Gail/Štefan na Zilji, Balthasar FERHER, St. Ermachor/Šmohor, Johannes SCHWARTZRUCKHER, Moßburg/Možberk, Johannes → FASCHANG, Tultschnigk/Čajnče ihre Zustimmung gaben.

Lit.: P. Dedic: *Neue Quellen zur Geschichte des Protestantismus in Innerösterreich*. In: *Archiv für Reformationsgeschichte* 39 (1942) 220–244; O. Sakrausky: *Vierhundert Jahre evangelisches Bekenntnis in Kärnten 1566–1966*. In: *Saat* 12 (1966) F. 6, 8 f.; O. Sakrausky: *Die Unterzeichnung der Konkordienformel durch die Kärntner Pfarrer und Landstände* (1978), Nachdruck in: *Car I* 171 (1981) 141–158; P. I. Fónyad: *Confessio Carinthica 1566*, in: Peter F. Barton/László Makkai (Hg.), *Ostmitteleuropas Bekenntnisschriften der Evangelischen Kirchen A. und H. B. des Reformationszeitalters III/1 1564–1576*. Budapest 1987, 35–52; R. Leeb: *Die Reformation in Kärnten*. In: W. Wadl (Hg.): *Glaubwürdig bleiben. 500 Jahre protestantisches Abenteuer*. Klagenfurt am Wörthersee 2011, 83–105.

Karl W. Schwarz

Conversio Bagoariorum et Carantanorum [Bekehrungsgeschichte der Baiern und Karantanen], Weißbuch der Salzburger Kirche über die vom hl. RUPERT von → Salzburg durchgeführte, angebliche missionarische Tätigkeit in Baiern (→ Bagoaria, → Christianisierung) sowie die von Bischof Virgil und seinem Nachfolger Arn geleitete Bekehrung der Karantanen und Pannonier. Entstehungsgrund der Schrift: In die bairisch-mährischen Kämpfe des Jahres 870 verstrickt, geriet der vom Papst 869 zum Erzbischof von Sirmium ernannte Slawenlehrer METHODIOS († 885) in die Gewalt seiner bairischen Feinde und musste sich im Herbst 870 vor einer Synode in Regensburg verantworten (→ METHOD-Vita). Er wurde als Eindringling in eine fremde Diözese verurteilt, war zweieinhalb Jahre in einem schwäbischen Kloster inhaftiert und wurde erst aufgrund einer energischen päpstlichen Intervention freigelassen. Nach der *Vita Methodii* trug der Ostfrankenkönig LUDWIG DER DEUTSCHE (*rex Baioariorum*, 817–876) die Hauptverantwortung für METHODS Verurteilung. Anscheinend hatte die 870 von einem Salzburger Anonymus verfasste C. den König und die versammelten Synodalen überzeugt.

Milko Kos, *Conversio*

Es spricht einiges dafür, dass der Salzburger Erzbischof ADALWIN (859–873) selbst der Autor dieser Schrift war, die als »das Haupt- und Glanzstück der ruhmvollen Salzburger Historiographie« (Alphons LHOTSKY) gilt. Salzburger und baierische Annalen, Urkunden, Synodalprotokolle, liturgische Aufzeichnungen und Bischofslisten bildeten die Vorlagen für die an LUDWIG DEN DEUTSCHEN gerichtete C. Ihre vornehmste Tendenz besteht darin, die Salzburger Ansprüche auf die Pannonia inferior, auf das → karolingische Pannonien östlich der Raab/Raba und nördlich der Drau/Drava, gegen METHODIOS geschichtlich möglichst weit zurück zu legitimieren (→ Pannonische Theorie). Daher beginnt die C. mit einer kurzen Darstellung der Bekehrung der Baiern, die allein dem hl. RUPERT zugeschrieben wird, und behandelt dann ausführlich die Salzburger Mission der Karantanen (→ *Carantani*). Drei Päpste des 8. Jh.s hatten den Salzburger Missionsauftrag für → Karantanien und die jurisdiktionelle Zugehörigkeit des Landes zur Salzburger Diözese anerkannt.

Im Hinblick auf Pannonien konnten sich die Salzburger zwar auf Entscheidungen König PIPPINS von Italien (796) und seines Vaters KARLS DES GROSSEN (803), jedoch auf keine päpstliche Beauftragung berufen. Um diese gegen die aktuelle päpstliche Politik zu konstruieren, musste Pannonien als Teil Karantaniens dargestellt werden. Demnach habe Salzburgs Jurisdiktion über die Karantanen gleichzeitig auch für deren »Nachbarn«, d.h. eben für die Pannonia inferior, gegolten. Zur Verdeutlichung der geschichtlichen Argumentation behandelt der Autor selbstverständlich auch den weltlichen Bereich, so dass er einzigartige Informationen über die Entstehung Karantaniens wie zur Geschichte und Organisation des baierischen Ostlandes mit dem pannonischen Fürstentum PRIWINAS (slow. PRIBINA) und CHOZILS (slow. → KOCELJ) bis 870 bringt. Allerdings vermied der Verfasser jede Erwähnung der Rechte anderer baierischer Hochkirchen in Karantanien und vor allem die → Aquileias. Kein Wort vom Schiedsspruch KARLS DES GROSSEN, der im Jahr 811 zwar die »Provinz« Karantanien als Nachfolgerin Binnennorikums bestätigt, jedoch gegen das Kirchenrecht zwischen Salzburg und Aquileia geteilt und die bis ins 18. Jh. geltende Grenze an der Drau/Drava festgelegt hatte. Kein Wort vom feindlichen Vetter KARLS DES GROSSEN, dem Baiernherzog TASSILO III. (748–788). Der AGILOLFINGER hatte 769 → Innichen ausdrücklich zum Zweck der Karantanenmission gegründet, 772 die letzte heidnische Reaktion im Land militärisch besiegt und war wohl auch der Gründer des Klosters in → Molzbichl (Molec), das völlig in Vergessenheit geriet. Nur der »Philosoph« und »Erfinder slawischer Buchstaben«, der Grieche → Methodios (C. cc.12 und 14), verdarb nach Ansicht des Autors das große Aufbauwerk Salzburgs und bedrohte die alte, von den fränkischen Kaisern und Königen eingerichtete und geförderte Rechtsordnung. (vgl. auch → St. Peter am Bichl/Šentpeter na Gori)

Quellen: *Conversio Bagoariorum et Carantanorum* (= Razprave Znanstvenega društva v Ljubljani 11/3. Hg., Üb. M. Kos). Ljubljana 1936; *Conversio Bagoariorum et Carantanorum* (= MGH. Studien und Texte 15. Hg., Üb. F. Lošek), Hannover 1997.
Lit.: W. Pohl: *Die Awaren*. München ²2002; H. Wolfram: *Salzburg, Bayern, Österreich* (= MIÖG. Erg.-Bd. 31.). Wien 1995; D. Mihelič: *Vstaja imenovana »Carmula« (Karantanija, druga polovica 8. stoletja)*. In: Melikov zbornik, Slovenci v zgodovini in njihovi srednjeevropski sosedje (Red. V. Rajšp, R. Bratovž, Janez Cvirn [e.a.]). Ljubljana 2001, 197–214; H. Wolfram: *Grenzen und Räume. Geschichte Österreichs vor seiner Entstehung. 378–907*. Wien ²2003; *Conversio Bagoariorum et Carantanorum: das Weißbuch der Salzburger Kirche über die erfolgreiche Mission in Karantanien und Pannonien*, herausgegeben, übersetzt, kommentiert und um die Epistola Theotmari wie um Gesammelte Schriften zum Thema ergänzt von Herwig Wolfram, [Hg. von Peter Štih]. Ljubljana 2012, ³2013; I. Grdina: *Conversio Bagoariorum et Carantanorum in ustoličenje*. In: Poslednje ustoličenje na Gosposvetskem polju, Hg. Svetovni slovenski kongres = Slovenian World Congress. Ljubljana 2013, 41–52.

Herwig Wolfram

Coraduzzi, Ester Maximiliana Baronin von Prückenthal (Caraduzzi, Prigenthal * 17. Jh. möglicherweise Neuhaus/Suha, † unbekannt), Autorin slowenischer Korrespondenz.

C. ehelichte 1642 in Neuhaus/Suha Baron Franz Heinrich Coraduzzi, mit dem sie fortan auf Schloss Hallerstein in Koča vas pri Ložu lebte. Genauer Ort und genaueres Datum von Geburt und Tod sind unbekannt. Sie starb spätestens 1699 (nach Domej 1700). Bekannt ist sie wegen ihrer slowenischen Korrespondenz mit ihrer Tochter Maria Isabella, verehelichte Marenzi in → Trieste/Trst/Triest. Dieser älteste Briefwechsel in slowenischer Sprache zwischen Aristokraten – die Baronin Esther Maximiliana war aus Kärnten/Koroška – gibt Zeugnis darüber ab, dass im 17. Jh. das Slowenische auch als Sprache der intimen Kommunikation im Adel war (→ Adelssprache).

Lit.: ES. – P. Merku: *Slovenska plemiška pisma družin Marenzi-Caraduzzi s konca 17. Stoletja*. Trst 1980; P. Merku: *Zasebna slovenščina v 17. stoletju*. In: SR 30, 2 (1982) 121–150; T. Domej: *Die Slowenen in Kärnten und ihre Sprache mit besonderer Berücksichtigung des Zeitalters 1740 bis 1848* (Phil Diss.). Wien 1986, 148.

Stane Granda; Üb.: Bojan-Ilija Schnabl

Crouuati, In pago → *In pago Crouuati.*

Cukala, Dr. Franc (* 1. Dezember 1878 Gomilsko [Braslovče, Štajerska], † 7. Oktober 1964 Maribor), Priester, Kanonikus in Maria Saal/Gospa Sveta, Generalvikar der Diözese Maribor, ethnopolitischer Aktivist und Publizist.

C. wurde am 1. Dezember in Gomilsko bei → Celje geboren. Nach dem Gymnasium in Celje studierte er Theologie am Klagenfurter → Priesterseminar. Die Priesterweihe erhielt er am 20. Juni 1902. Zunächst war er zwei Jahre Kaplan in → Eisenkappel/Železna Kapla und führte danach sein Studium in Graz weiter. 1905 wurde er Säkularkanoniker in → Maria Saal/Gospa Sveta. 1907 promovierte er zum Dr. der Theologie und war danach bis zum Jahr 1912 Präfekt des Klagenfurter → Marianums sowie Prediger in der Stadtpfarrkirche in Klagenfurt/Celovec. 1912 wurde ihm die Pfarre → Arnoldstein/Podkloštar zugeteilt, wo er bis 1919 blieb.

Bereits am Klagenfurter Priesterseminar hatte C. eine bedeutende Rolle als Vorsitzender der → *Akademija slovenskih bogoslovcev* [Akademie der slowenischen Priesterseminaristen] inne, er war aber auch Redakteur der handschriftlichen Zeitschrift *Bratoljub* (→ Publizistik). Daneben war er Vizevorsitzender der sog. Oberkärntner Sektion der → *Sodaliteta*, der organisatorische Leiter der slowenischen Priester im → Gailtal/Ziljska dolina und im → Val Canale/Kanaltal/Kanalska dolina, Mitglied des Ausschusses der → *Družbe sv. Cirila in Metoda* [Kyrill und Mehtod-Verein] (1908–1912) und ab 1921 für einige Zeit auch dessen Vorsitzender. Er wirkte beim → *Politično in gospodarsko društvo za Slovence na Koroškem* [Politischer und wirtschaftlicher Verein für Slowenen in Kärnten] aktiv mit sowie im Rahmen der *Vseslovenska ljudska stranka* [Allsowenische Volkspartei]. C. engagierte sich auch aktiv im *Slovensko krščansko-socialno delavsko društvo v Celovcu* [Slowenischer christlich sozialer Arbeiterverein in Klagenfurt] (→ Vereinswesen) und war Vortragender bzw. Redner in den örtlichen → Kulturvereinen (→ *Radiše. Katoliško slovensko izobraževalno društvo na Radišah* [Katholischer slowenischer Bildungsverein in Radsberg]). Während des Ersten Weltkrieges war er dem Druck und der Hetze deutschnationaler Kräfte und der Staatsmacht ausgesetzt. Wegen seines Engagements vor dem Ersten Weltkrieg und zur Zeit der → Volksabstimmung musste er das Land 1920 verlassen (→ Vertreibung 1920; → Sodaliteta). Er wurde Pfarrer in → Ravne na Koroškem, 1923 Dekan für die → Mežiška dolina (Mießtal). In Ravne na Koroškem gründete er den Verein *Družba krščanslih mater za vzgojo otrok* [Verein christlicher Mütter für die Erziehung der Kinder] sowie den Verein *Družba krščanse dobrodelnosti* [Christlicher Wohltätigkeitsverein], deren gemeinsames Ziel es war, christlichen Grundsätzen im privaten und im öffentlichen Leben zum Durchbruch zu verhelfen. 1926 wurde er Kanonikus des Domkapitels in → Maribor, 1934 dessen Dekan und später Generalvikar.

C. schrieb Beiträge zu politischen und sozialen Fragen im → Mir, → Slovenec, *Slovenski gospodar*, im *Kirchlichen Verordnungsblatt für die Diözese Gurk* und anderswo (→ Publizisitk). Während des Zweiten Weltkrieges musste er vier Jahre ins Exil nach Zagreb (1941–1945). Nach dem Krieg war er Mitglied des *Cirilmetodijsko društvo katoliških duhovnikov Slovenije* [Kyrill und Method- Verein der katholischen Priester Sloweniens] sowie einige Zeit Vorsitzender der *Družba sv. Mohorja v Celju* [Hermagoras-Gesellschaft in Celje]. Er verstarb 1964 in Maribor.

Archive: ADG (Akt *Akademija slovenskih bogoslovcev* [Akademie der slowenischen Priesterseminaristen]). Hs. 448 (nicht nummerierte Seiten), (Personalakt Franc Cukala).
Quellen: *Slovensko krščansko-socijalno delavsko društvo v Celovcu*. In: *Mir*, let. 24, št. 51, 21. 12. 1905, str. 308; *Personalstand der Säkular und Regular Geistlichkeit der Diözese Gurk für 1912*. Klagenfurt 1918; *Dr. Fr. Cukala šestdesetletnik*. In: *Koroški Slovenec*, let. 18., št. 49, 12. julij 1938, str. 3; *Važno opozorilo vsem kor. Mohorjanom*. In: *Slovenski vestnik*, let. 3, št. 2, 9. 1. 1948, str. 3 itd.
Lit.: SBL. – M. Klemenčič: *Jurij Trunk med Koroško in Združenimi državami Amerike* … Celovec, Ljubljana, Dunaj 1999, 99; A. Malle: *Akademija slovenskih bogoslovcev*. In: M. Vrečar (ur.): *Južna Koroška in njena cerkvena podoba v 20. stoletju*. Celovec 2007, 87–167; M. Vrečar: *Dokumentacija: 100 let Sodalitete presvetega Srca Jezusovega*. In: ebd., 355-489.

Danijel Grafenauer; Üb.: Bojan-Ilija Schnabl

Cvetje iz domačih in tujih logov [Blumen aus heimischen und fremden Auen], Literaturreihe; erschienen von 1861–1868 und von 1934–1944.

Die C. war neben → *Slovenske Večernice* eine der ersten literarischen Buchreihen und daher von erheblicher Signifikanz, schließlich förderte sie die slowenische Schrifttradition zu einem Zeitpunkt, als im Zuge der Aufklärung der geistigen Verarmung der breiten Bevölkerung entgegengewirkt wurde, und unterstützte mit ihrer volksnahen Ausrichtung deren Bildungsbestrebungen. Da die Leserschaft größtenteils aus Schülern bestand und die C. dem Bildungszweck gerecht werden mussten, erreichten sie ein hohes Niveau und waren teilweise mit kritischen Kommentaren versehen.

Zwischen 1861–1868: Druck: Leon; in: V Celovcu; Herausgeber und Redakteur: Anton → Janežič. Insgesamt wurden 22 Werke in 35 Bänden herausgegeben, darunter 14 Übersetzungen klassischer, nicht slowenischer Autoren. 1861: (1) Friedrich Schillers *Maria Stuart*, Üb.: France → Cegnar. 1862: (2) Platons *Kriton und Apologie*, Nachwort und Üb.: Ivan → Božič; (3) Schillers *Willhelm Tell*, Üb.: Cegnar. 1862: (4) Božena Němcovas *Großmutter*, Üb.: Cegnar; (5) Xenophons *Erinnerungen an Sokrates* (4 Bücher), Einführung und Üb.: P. Ladislav Horvat. 1863: (6) Gregor → Kreks *Na sveti večer o polnoči* [Am Heiligen Abend um Mitternacht]; (7) Vergils *Georgica* (über den Landbau, 4 Bücher), Vorwort und kommentierte Üb.: J. Šubic; (8) Sophokles *Aias*, Einführung und Üb.: Kračmanov Matija (Matija → Valjavec); (9) H. K. Andersons *Märchen*, Vorwort und Üb.: Fran → Erjavec; (10) Jožef Frankolskis *Veronika deseniška* [Veronika von Desenic]; (11) Anton → Umek-Okiškis *Ciril in Metod* [Kyrill und Method]. Ab 1864 übernahm den Druck Jožef Blaznik, die Redaktion *vredništvo slovenskega Glasnika* [Redakteuer der slowenischen Zeitschrift → Glasnik]; (12) Fernán Caballeros *Die Familie Alvareda*, Üb.: Janez Parapat; (13) Janez → Bilcs Poesie *Pervenci* [literarische Debüts]; (14) Michail Lermontovs *Izmail-Bej*, Üb.: Janez Vesnin; (15) Prokop Chocholoušeks *Agapija*, Üb.: unbekannt; 1865: (16) Umeks *Pesmi* [Gedichte]; (17) Michael Čajkovskis *Kirdžali*, Üb.: Podgoričan (F. Levec). 1866: (18) Silvio Pellicos *Thomas Morus*, Üb.: J. Križaj Severjev; (19) das 1795 von Graf Musin-Puškin entdeckte russische Igorlied, Üb.: Maks Pleteršnik; (20) Josip → Jurčičs *Deseti Brat* [Der zehnte Bruder]. 1867: (21) M. Valjavec Kračmanovs *Zora in Solnca* [Zora und Solnca]. 1868: (22) Jurčičs *Cvet in Sad* [Blüte und Frucht]. Unter den slowenischen Vertretern waren lediglich Valjavec und Jurčič von größerer literarischer Relevanz.

1934 knüpfte der slowenische Volksverlag → *Mohorjeva* an Janežičs Initiative an und begann die C., diesmal unter dem redaktionellen Vorsitz von Jakob Šolar, in → Celje und Ljubljana erneut zu verlegen. Die C. sollten nun auf Schüler bzw. Studierende abzielen, weshalb sie mithilfe von renommierten Literaturkennern (Anton Slodnjak, Avgust Pirjevec, Ivan → Pregelj, Ivan → Grafenauer u.a.) kritisch angelegt waren und einen hohen Anspruch hatten, was die Lektüre auch für andere Leser interessant machte. In einer Informationsbroschüre aus dem Jahr 1942 stellte die Redaktion ein attraktives Programm vor, welches Hefte zu Themen wie slowenische Schriftdenkmäler, slowenische Publizistik allgemein, slowenische Periodika (→ *Dom in svet*, → *Ljubljanski zvon* u.a.), historische Epochen, ihre Vertreter (Protestanten, Jansenisten, Aufklärer u.a.) und deren signifikanteste Persönlichkeiten (Kyrill und Method, Jernej → Kopitar u.a.) u.w.m. vorsah (→ Protestantismus, → Jansenismus, → Aufklärung, → Method-Vita). Ziel war es, die Kontinuität der slowenischen Literatur darzulegen, d.h., einen fundierten Überblick über sie slowenische Literaturgeschichte zu geben, weshalb wissentlich auch Werke herangezogen wurden, die vielleicht literarisch weniger relevant waren, aber zur Hebung des slowenischen Schrifttums beigetragen hatten. Außerdem sollten hermeneutisch orientierte Einführungen und Kommentare den Slowenen die direkte, auch nationale Bedeutung des jeweiligen Textes näherbringen. Getragen wurde die Kanonliteratur von slowenischen Schriftstellern und Dichtern wie Valentin → Vodnik, Simon → Gregorčič, Matija Čop, A. T. → Linhart, Fran → Levstik, Janez → Cigler, Simon → Jenko, F. S. → Finžgar, Josip → Stritar, Fran → Erjavec, Jurčič, Jurij Kozjak; geplant waren auch: Ivan → Cankar, Matija Valjavec, Janez → Trdina, Janez → Mencinger, Fran → Levec u.a. Mit gesonderter Nummerierung erweiterten fünf Übersetzungen von Klassikern weltliterarischen Formats das Repertoire der C. (Homer, Sophokles, Gogol, Horaz). 1943 erschien ob des 100-jährigen Todestages von Anton Martin → Slomšek seine pädagogische Arbeit *Blaže in Nežica* [Blaže und Nežica] in Überarbeitung von Vinko Brumen, der zuvor eine Dissertation zur Bedeutung des kulturellen Engagements von Slomšek verfasst hatte.

Quellen: NUK.

Lit.: SBL; ES. – K. Glaser: *Zgodovina slovenskega slovstva IV*. V Ljubljani 1898, 359; J. Logar: *Cvetje iz domačih in tujih logov*. In: DiS 49 (1936) 1/2, 116–199; T. Šifrer: *Cvetje iz domačih in tujih logov (1 do 4 in 7)*. In: LZ 56 (1936) 2, 102–104; Redaktion: *Cvetje iz domačih in tujih logov. Vabimo vas da naročite*. V Ljubljani 1942.

Maja Francé

Czigan/Cigan, France, → Liederbuch; → Liedersammlung, handschriftliche.

Czoernig, Karl (Carl) von, Freiherr von Czernhausen (* 5. Mai 1804 Černousy/Tschernhausen [Böhmen, heute Tschechische Republik], † 5. Oktober 1889 in Gorizia/Gorica/Görz), hoher Staatsbeamter, bekannt wegen seiner Erhebung der ethnischen Struktur in der Monarchie.

Cz. studierte in Prag und Wien Rechtswissenschaften. Seit 1831 übte er hohe Staatsämter aus. Zunächst in → Trieste/Trst/Triest und Mailand als Regierungssecretär. 1840 wurde er Direktor des Statistischen Bureaus in Wien, 1845 administrativer Leiter der ersten Donaudampfschifffahrtsgesellschaft, 1850 Ministerialrat und Regierungsbevollmächtigter in Handels- und Schifffahrtsangelegenheiten in Hamburg, Sektionschef im Handelsministerium und Vicepräsident der Central-Seebehörde in Trieste/Trst/Triest, 1852 Vorsitzender der Centralcommission für Erhaltung historischer Denkmäler, Leiter des Staatseisenbahnwesens. 1853 wurde Cz. in den Adelsstand erhoben.

Neben seiner umfangreichen beamtlichen Tätigkeit verfasste Cz. fundierte Standardwerke wie die dreibändige *Ethnographie der Österreichischen Monarchie*, mit der in Bd. I wenig bekannten und beachteten *Vertheilung der Völkerstämme und ihrer Gruppen in der Österreichischen Monarchie*, die als Sonderdruck 1856 von der k. k. Direction der administrativen Statistik herausgegeben wurde. Darin ist unter § 4 *Die **deutsch-slowenische Sprachgrenze*** so beschrieben (Orthografie von O. Kronsteiner geändert, vgl. auch → Sprachgrenze):

*a) in **Kärnten**. Sie beginnt nächst Wolfsbach und geht in mannigfachen Schlingungen durch Kärnten, umfasst Malborghet, zieht zwischen Möderndorf und Hermagor über die Gail, folgt der Wasserscheide zwischen der Gail und Drau, wo die Felswände der Villacher Alpe (Dobrač) die natürliche Mauer des deutschen zusammenhängenden Sprachgebietes bis gegen die Mündung des Gail-Flusses bilden. Weiter östlich sind Zauchen, Dellach, Moosburg, Nussberg, Galling, St. Donat, St. Sebastian, St. Gregor, Schmieddorf, Wölfnitz, Pustritz, Gönitz, Eis und Lavamünd an der Drau die markierenden Orte des rein deutschen Sprachgebietes. Doch ist im Süden dieser Grenzlinie das ausgedehnte Gebiet von Thörl und Arnoldstein bis Windisch-Feistritz und Bärenthal, südwärts durchgehends bis an die Landesgrenze reichend, dann der Strich am Wörther See und um Klagenfurt mit den südlichen Ausbuchtungen bis Hollenburg und bis Gupf, weiterhin die Umgegend von Völkermarkt und Griffen bis*

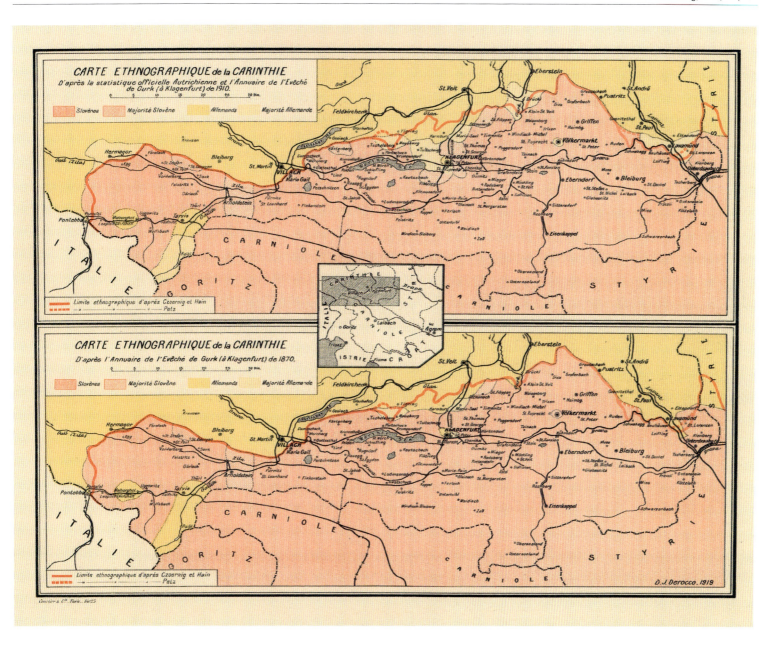

Sprachgrenze nach Czoernig, Hain, Petz und nach den kirchlichen Schematismen 1870 und 1910, NUK

hinauf nach Eberndorf, endlich ein bis Unter-Drauburg vorlaufender Landstrich vorwiegend deutsch, so dass erst jenseits dieses Districtes das rein slowenische Gebiet beginnt.

b) Die deutsch-slowenische (windische) Sprachscheide in **Steiermark** *folgt (mit Ausnahme des rein slowenischen Ober-Kappel) der Grenze des Grazer und Marburger Kreises bis in die Nähe von Spielfeld. Sowie sie schon das gemischte Gebiet von Gross-Walz bis Kranach und Ratsch einschloss, umfängt sie nun, weit südwärts ausgreifend, ein ähnliches um Marburg bis Bergenthal und St. Nikolai, kehrt wieder bis nahe an Spielfeld nach dem Norden zurück, und folgt abermals ein gemischtes Gebiet von dem rein slowenischen trennend, der bezeichneten Kreisgrenze* bis Radkersburg, von wo sie (mit Ausnahme einer geringen Rückbeugung) mit der Landesgrenze gegen Ungarn zusammenfällt (→ Steirische Slowenen).

c) Die deutsch-slowenische Grenze gelangt mit den Ortschaften Füchslinz und Simmersdorf in das ungarische **Komitat Eisenburg** *und geht nordöstlich über Tauchen, Ober-Dressen und Neumarkt nach St. Gotthard, welches den Knotenpunkt des deutschen, slowenischen und magyarischen Sprachgebietes darstellt* (→ Raabtaler Slowenen).

In seiner Statistik beziffert Cz. von insgesamt 1.171.954 Slowenen die in Kärnten/Koroška mit 95.735, die ungarischen (»sogenannte Vandalen«) mit 44.862.

Werke: *Vertheilung der Völkerstämme und ihrer Gruppen in der österreichischen Monarchie.* Wien 1856 (Nachdruck in: Die Slawischen Sprachen, Bd. 15/1988: 79–138); *Ethnographie der Österreichischen Monarchie*, 3 Bände. Wien 1855–1857; *Österreichs Neugestaltung.* Wien 1858; *Tafeln zur Statistik der österreichischen Monarchie* seit 1848.
Lit.: ÖBL; ES. – H. Goebl: *Zur Frühgeschichte der italienischen Studien in Österreich. Der statistisch-ethnographische Beitrag von Carl (von) Czoernig (1804–1889).* In: Intellektuelle Redlichkeit – Intégrité intellectuelle. FS für J. Jurt. Heidelberg 2005.

Otto Kronsteiner

Čajčman, Jaka (Pirkdorf/Breška vas), Kulturaktivist, → Šmihel. *Slovensko katoliško izobraževalno društvo za Šmihel in okolico* [Slowenischer katholischer Bildungsverein für St. Michael und Umgebung].

Čandik, Janez (Čandek, Tschandik[h], Candik, Ts[ch]ande[c]k Johann, * um 1581 Višnja Gora [Ivančna Gorica, Dolenjska], † 8. Oktober 1624 Graz), Jesuit, Autor, Prediger.

Č. hatte höchstwahrscheinlich die Lateinschule in Ljubljana besucht, im Jahre 1600 trat er in den → Jesuitenorden ein. Das Noviziat machte er in Brno (1600–1602). Nach Beendigung des Philosophiestudiums in Graz (1603–1606) unterrichtete er im Kollegium in Jindřichův Hradec (dt. Neuhaus) zunächst Grammatik, danach Syntax. 1608 kam er nach Ljubljana, wo er 1608 am Jesuitengymnasium in Ljubljana Grammatik unterrichtete, 1609 Syntax. 1610 begab er sich zum Studium der Theologie nach Graz und wurde 1612 oder 1613 ordiniert. Ende Juli 1613, nach der dritten Probation in Eberndorf/Dobrla vas kehrte er nach Ljubljana zurück. Anfang November begann er mit dem Religionsunterricht. Nach Einweihung der Jakobskirche im November 1615 predigte Č. dort als Erster in slowenischer Sprache. 1620 wurde er nach Klagenfurt/Celovec an das Jesuitenkollegium geschickt. In der Spitalskirche in Klagenfurt/Celovec sollte im selben Jahr die Predigt in slowenischer Sprache eingeführt werden, was höchst wahrscheinlich Č. zuzuschreiben ist. 1621 kehrte er nach Ljubljana zurück und nahm das Amt des Predigers wieder auf. 1624 begab sich Č. nach Graz, betreute dort Pestkranke und starb.

Mit seiner Bearbeitung von Lektionar, Katechismus und Liederbuch für die Volkssprache gehört Č. zu den bedeutendsten slowenischen Autoren der → Gegenreformation. Er vollzog damit die Zielsetzung von Bischof Tomaž → Hren. In Zusammenarbeit mit diesem erarbeitete er 1612 nach dem Missale von → Aquileia (dieses wurde trotz Verbotes durch die Synode der Diözese von Ljubljana 1604, die den römischen Ritus vorschrieb, noch immer bevorzugt verwendet) die erste slowenische Ausgabe der Sonntagslesungen und Evangelien unter dem Titel *Evangelia inu lystuvi* für den Druck. Den redigierten Text schickte er an Hren zur Approbierung, der nach Durchsicht des Manuskripts zusammen mit dem Jesuitenpater Mali, außer einigen Fremdwörtern nur wenige Änderungen vornahm. Das Buch blieb in Sprache und → Schrift der protestantischen Überlieferung und eng dem Missale von Aquilea und der Bibelübersetzung von Jurij → Dalmatin verbunden. Dem Lektionar sind zwei Gebetsformeln beigefügt (»*za vsega krščanstva nadloge in reve* [Für die Plagen und Qualen der gesamten Christenheit]) und zwei christliche Beichtformeln. Beides wurde nach der Predigt gebetet. Č. hatte sie aus dem Deutschen übersetzt. Die *Evangelia inu lystuvi* wurden zum wichtigsten Buch der Gegenreformation und waren 1613 ohne Angabe des Bearbeiters im Verlag von Hren in Graz in einer Auflage von 3.000 Stück erschienen. Von diesen sind nur wenige erhalten geblieben. Auch der kleine Katechismus von Petrus Canisius wurde von Č. übersetzt und mit dem Titel *Catechismus Petri Canisii, skuzi malane figure naprej postavlená* [Katechismus des Petrus Canisius, durch gemalte Figuren vor gestellt] versehen. Die Ausgabe erschien 1615 in Augsburg und war auf Kosten des Domdekans Michael Mikez (Mihael Mikec) von Ljubljana in einer Auflage von 2.000 Stück gedruckt worden. Das einzige bisher bekannte Exemplar bewahrt die Universitätsbibliothek München auf. Wahrscheinlich 1620–1627 ist die Übersetzung des großen Canisischen Katechismus entstanden. Möglicherweise war der Übersetzer auch Č. (bevor er 1620 nach Klagenfurt/Celovec ging). Č.s zwei Bearbeitungen sind die bedeutendsten Werke der Gegenreformation, haben sie doch für spätere Bearbeitungen und Übersetzungen die Grundlagen geschaffen.

Quellen: NUK; NMS [*Evangelia inu lystuvi*]; UB München [*Catechismus*].
Üb.: *Evangelia inu lystuvi na vse nedéle, inu jmenite prasnike, céliga léjta, po stari kàrszhanski navadi resdeleni.* v' Némshkim Grádzu 1612; *Catechismus Petri Canisij Soc. Iesu Th., skuzi malane figure napréj postavlen.* v' Augspurgi 1615.
Lit.: SBL; ZSS 1; EJ; ES; OVSBL. – J. W. Valvasor: *Die Ehre des Hertzogthums Crain*, 2. Bd., 6. Buch, Laybach 1689, 352; J. G. Dolničar: *Bibliotheca Labacensis publica Collegii Carolini Nobilium*, (Hs.) 1715, 40; Sotvell: *Tsandeck, Joannes.* In: Scriptores Provinciae Austriacae Societatis Jesu. Collectionis scriptorum ejusdem Societatis Universae. 1. Viennae 1855, 371; P. Radic: *Slovenščina v besedi in*

pismu po šolah in uradih. In: LMS 1879, 6–7; K. Glaser: *Zgodovina slovenskega slovstva*, 1. [Ljubljana] 1894, 173–174; Backer-Sommervogel: *Tschandik, Candik, Tsandeck, Jean*. In: Bibliothèque de la Compagnie de Jésus, Première partie: Bibliographie par les Pères Augustin et Aloys DE BACKER, Nouvelle édition par Carlos SOMMERVOGEL, S. J., Tome VIII. Bruxelles – Paris 1898, 260; V. Steska: *Janez Čandik, slovenski pisatelj*. In: Izvestja Muzejskega društva za Kranjsko 12 (1902) 1–12; F. Kidrič: *Zgodovina slovenskega slovstva od začetkov do Zoisove smrti*. Ljubljana 1929–1938, 97–103; F. Rozman: *Sveto pismo v spisih Janeza Ludovika Schönlebna*. Ljubljana 1962, 84–86; J. Pogačnik: *Zgodovina slovenskega slovstva*, 1. Maribor 1968, 163–164; I. Grafenauer: *Kratka zgodovina starejšega slovenskega slovstva*. Celje 1973, 135–138; L. Lukacs: *Catalogi personarum et officiorum Provinciae Austriae S. I.*, 2. Bd. (1601–1640). Romae: Institutum Historicum S. I. 1982, 6, 21, 31, 37, 49, 59, 74, 85, 145; M. Smolik: *Spremna beseda*. In: Peter Kanizij: Catechismus 1615. Faksimile. Ljubljana 1991, V–XI; M. Pohlin: *Bibliotheca Carnioliae*. In: M. Pohlin: Kraynska grammatika – Bibliotheca Carnioliae (znanstvenokritična izdaja). Ljubljana 2003, 417, 567; F. Baraga (Hg.): *Letopis Ljubljanskega kolegija Družbe Jezusove (1596–1691)*, (Üb.: M. Kiauta.). Ljubljana 2003, 57, 61, 65, 69, 72, 76, 84, 86, 99.

Monika Deželak Trojar; Üb.: Katja Sturm-Schnabl

Čarf, Jurij (Wagner, Vortandsmitglied, Kulturaktivist), → *Lipa, Katoliško izobraževalno društvo* [Katholischer Bildungsverein Lipa (Linde)].

Čarf, Roza (Kulturaktivistin), → *Šmihel. Slovensko katoliško izobraževalno društvo za Šmihel in okolico* [Slowenischer katholischer Bildungsverein für St. Michael und Umgebung].

Časopis za slovenski jezik, književnost in zgodovino (ČJKZ) [Zeitschrift für slowenische Sprache, Literatur und Geschichte], Ljubljana, 1–8 (1918–1931). Druck: Kleinmayr & Bamberg, ab dem 2. Jahrgang Delniška tiskarna. Die Zeitschrift, als Vierteljahresschrift deklariert, erschien unregelmäßig in zwei Doppelnummern pro Jahr, ab 1921 alle vier Nummern eines Jahrgangs in einem.

Der ČJKZ wurde vom dem Universitätsprofessor für slawische Philologie Rajko NAHTIGAL und dem Gymnasiallehrer Anton KASPRET (1850–1920) 1917 in Graz gegründet, später kamen der Literaturhistoriker und Kustos der Wiener Hofbibliothek France → KIDRIČ, nach ihm der Linguist und damalige Dozent in Graz Fran → RAMOVŠ hinzu. Nach dem Zusammenbruch der Habsburger Monarchie wurden die Herausgeber Professoren an der neu gegründeten Universität in → Ljubljana. Damit wurde der ČJKZ das zentrale Organ der slowenischen Slawistik, auch wenn die Verlagslandschaft Veränderungen unterworfen war. Die Ausrichtung der Zeitschrift war rein wissenschaftlich, sowie ideologisch und politisch konsequent neutral. Dreißig Autoren waren Mitarbeiter des ČJKZ, davon waren RAMOVŠ und KIDRIČ die bei weitem aktivsten. Die Zeitschrift publizierte neben slawistischen Abhandlungen auch Fachberichte, Buchrezensionen, dokumentarisches Material und Bibliographien. Der Umfang des jeweiligen Jahrganges lag zwischen 150 und 320 Seiten. Inhaltlich waren die Schwerpunkte die slowenische Sprachwissenschaft und die slowenische Literaturgeschichte, weniger die slawische Philologie und Geschichte. Die Zeitschrift behandelte keine regionalen Themen. Als Ausnahme kann ein Bericht von Fran RAMOVŠ angesehen werden, der eine Kärntner slowenische Handschrift aus dem 18. Jh. (*Zanimiv koroško-slovenski rokopis* [Eine interessante kärntnerslowenische Handschrift], ČJKZ 2/3–4, 1920, 282–295) zum Inhalt hatte (→ *Sadnikerjev rokopis*). Die thematischen Schwerpunkte, sowie die theoretische und methodologische Ausrichtung der Zeitschrift stehen für die damalige Umgestaltung der allgemeinen slawischen Philologie zu eigenständigen nationalen Wissenschaften. Vorherrschend war der empirisch gestützte, mit national-ideologischen Zielen verbundene Historismus. Trotz ihrer internationalen Anerkennung wurde die Zeitschrift wegen Überlastung der Mitarbeiter und wegen ungenügender finanzieller Unterstützung eingestellt.

Quellen: UBG Slawistik; UBS Slawistik; OeNB [2. Jg. fehlt]; UBK [1. Jg. fehlt]; NUK; NMS; SK; KOŽ; UBMb; KOK Ravne; OKC; KMJ; GK.
Lit.: D. Dolinar: »*Časopis za slovenski jezik, književnost in zgodovino*«, *slavistika in literarna veda*. In: Literarni izzivi. Ljubljana [e. a.] 2003, 37–57, auch in: D. Dolinar: *Med književnostjo, narodom in zgodovino*. Celje, Ljubljana 2007, 151–170.

Darko Dolinar; Üb.: Katja Sturm-Schnabl

Časopis za zgodovino in narodopisje (ČZN) [Zeitschrift für Geschichte und Volkskunde]. Diese slowenische historische wissenschaftliche Zeitschrift mit dem längsten Erscheinungszeitraum war das erste slowenische Periodikum, das auch der → Ethnologie gewidmet war. Es wurde vom 1904 gegründeten → *Zgodovinsko društvo v Mariboru* [Historischer Verein in Maribor] in → Maribor (1904–1935, 1940) herausgegeben (Ivan → ARNEJC war eines der Gründungsmitglieder gewesen). Den Druck besorgte die *Cirilova Tiskarna*, den Verlag *Založba Obzorja*. Die leitenden Redakteure waren Anton KASPRET (1, 1904 – 1914,

1917)), Fran Kovačič (14, 1917 – 1934, 1939), Franjo Baš und Janko Glaser (34, 1939, 1940).

1965 wurde die Herausgabe in einer neuen Reihe *(n(ova).v(rsta).)* erneuert. Die Beiträge (Abhandlungen, Bibliographien, Berichte über Institutionen, Fachtagungen etc., Berichte über Bücher, Jubiläen, Nekrologe) waren regional vor allem auf die Štajerska (Steiermark), weniger auf Prekmurje und Kärnten/Koroška fokusiert, thematisch aber auf Geschichte, Ethnographie, Archäologie, Kunst, Sprach- und Literaturwissenschaft. Einige Jahrgänge waren ausgewählten Schriftstellern oder Themen gewidmet. In den Jahren (1930–1938) führte die Zeitschrift als Beilage das *Arhiv za zgodovino in narodopisje* [Archiv für Geschichte und Volkskunde]. Die Beiträge zu Kärnten/Koroška befassten sich vor allem mit Ethnographie. So publizierte Franc → Kotnik volkskundliche Skizzen und schrieb über Andrej → Schuster – Drabosnjak, über das Passionsspiel in Köstenberg/Kostanje, die Kollation und den hl. Stefan. Weiter rezensierte er das von Graber herausgegebene *Passionspiel von Köstenberg* (1937). Pavel → Košir und Vinko → Möderndorfer behandelten die Volksmedizin und Josip → Šašelj gab eine Volksuberlieferung aus dem → Rosental/Rož heraus. Franjo Baš kritisierte und kommentierte kritisch einige Werke, die die → Windischentheorie stützten.

Quellen: ÖNB; UBG; UBI; NUK; SK; OHK; INZ; UL TEOF; UKM; TKM; PAMb; KOK Ravne; OKC; KMJ; OKSV.
Lit.: J. Glaser, F. Kovačič, K. Prijatelj: *Kazalo k Časopisu za zgodovino in narodopisje I–XX (1904–1925)*. Maribor 1926 (= ČZN 21, 1926); S. Kos: *Bibliografsko kazalo Časopisa za zgodovino in narodopisje. XXI–XXXV. 1926–1940. 1. Bibliografski popis*. In: ČZN n. v. 1 (1965) supl., 1–70; S. Kos: *Bibliografsko kazalo Časopisa za zgodovino in narodopisje. XXI–XXXV. 1926–1940. 2. Kazala*. In: ČZN n. v. 2 (1966) supl., 77–158; J. Glaser: *O zadnji številki predvojnega Časopisa za zgodovino in narodopisje*. In: ČZN n. v. 1 (1965) 7–9; V. Novak: *Etnologija v Časopisu za zgodovino in narodopisje*. In: ČZN n.v. 13 (1977) 265–273.

Ingrid Slavec Gradišnik; Üb.: Katja Sturm-Schnabl

Čavko, Anton (* 1927 aus Kirschentheuer/Kožentavra), Kurier bei der Partisanen, → Zeugen Jehovas.

Čavko, Ivan (aus → Ferlach/Borovlje), Volksliedinformant von → Štrekelj, Karel.

Čavko, Matthäus (* 1893 aus Kirschentheuer/Kožentavra), NS-Deportationsopfer, → Zeugen Jehovas.

Časopis za zgodovino in narodopisje, Maribor 1914

Čavko, Paul (* 1920 aus Kirschentheuer/Kožentavra), NS-Opfer, → Zeugen Jehovas.

Čavko, Theresia (* 1921 aus Kirschentheuer/Kožentavra), NS-Deportationsopfer, → Zeugen Jehovas.

Čebul, Avguštin (Augustinus, * 23. August 1909 St. Michael ob Bleiburg/Šmihel pri Pliberku, † 30. April 1992 Eisenkappel/Železna Kapla), Priester, Kulturaktivist, Publizist und Maler.

Č. studierte zunächst Theologie in Klagenfurt/Celovec. Während seines Theologiestudiums verdiente er sich in den Ferien ein Zubrot als Matrikenschreiber, u. a. auch bei Pavel → Gril in Šoštanj. Er beendete sein Theologiestudium in Rom. Nach Malle wurde Č. am 6. April 1941 als Administrator der Pfarre St. Leonhard bei Siebenbrünn/Šentlenart pri sedmih studencih verhaftet und zusammen mit Anton → Kuchling ins Villacher Gefängnis verbracht, wo weitere slowenische Priester inhaftiert waren. Am 30. April 1941 kehrte er in seine Pfarre zurück. Am 1. Mai 1941 »bat« er aufgrund der Umstände das Ordinariat, ins Mölltal, nach

Avguštin Čebul, Friedhofsmauer, Aquarell 1988, Foto Bojan-Ilija Schnabl

Möglichkeit in die Nähe eines anderen slowenischen Priesters, versetzt zu werden. Dort versorge er die Pfarren Berg und Mühldorf.

Nach dem Krieg kam er nach Köttmannsdorf/Kotmara vas, danach nach St. Niklas ob der Drau/Šmiklavž ob Dravi und zuletzt wieder nach St. Leonhard bei Siebenbrünn/Šentlenart pri sedmih studencih. Laut J. STERGAR war Č. nach 1945 u.a. slowenischer Vertreter in der Kärntner und der österreichischen Synode, Vorsitzender des *Slovenski pastoralni odbor* [Slowenischer Pastoralausschuss] (1973–1977), Vorsitzender der slowenischen Priestervereinigung → Sodalitas (1977–1987), Redakteur der katholischen Zeitung *Družina in dom* [Familie und Heim], sowie aktiv in Kulturorganisationen tätig. Neben seiner publizisitschen Tätigkeit war Č. auch ein ausgezeichneter Maler insbesondere von Kärntner Landschaften. Sein malerisches Œuvre wurde bisher noch nicht wissenschaftlich aufgearbeitet und ist zumeist in Privatsammlungen verstreut.

Archive: ADG.
Lit.: ES (J. Stergar). – A. Malle: *Koroški Slovenci in katoliška cerkev v času nacizma*. In: A. Malle, V. Sima (Red.): Narodu in državi sovražni. Pregon koroških Slovencev 1942 – Volks- und staatsfeindlich. Die Vertreibung von Kärntner Slowenen 1942. Celovec/Klagenfurt 1992, 85–130 (deutsche Zusammenfassung: Die Kärntner Slowenen und die katholische Kirche, S. 131 f., zu Čebul S. 99 mit weiterführender Literatur und Quellen).

Bojan-Ilija Schnabl; Katja Sturm-Schnabl

Čebul, Franc (Gemeindesekretär von Globasnitz/Globasnica), → Militärgerichte im Ersten Weltkrieg.

Čebul, Valentin, vlg. Pašovnik (Bibliothekar, Kulturaktivist), → Šmihel. Slovensko katoliško izobraževalno društvo za Šmihel in okolico [Slowenischer katholischer Bildungsverein für St. Michael und Umgebung].

Čeh, Vaclav (Priester, Kulturaktivist), → *Radiše. Katoliško slovensko izobraževalno društvo na Radišah* [Katholischer slowenischer Bildungsverein in Radsberg].

Čemernjak, Martin (Widerstandskämpfer), Onkel des → KNEZ, Alojz; → Widerstandsbewegung.

Čezdravci, oder Dravci, die Einwohner im Einzugsgebiet der Drau/Drava bei → Völkermarkt/Velikovec bzw. im Bereich des → Völkermarkter Hügellandes/ Velikovško podgorje.

Čimžar, Mirko, vlg. Obrit (Kulturaktivist), → *Gorjanci. Slovensko izobraževalno društvo Gorjanci, Kotmara vas* [Slowenischer Bildungsverein Gorjanci, Köttmannsdorf].

Čop, Matija (* 27. Jänner 1797 Žirovnica (Gorenjska), † 6. Juli 1835 Ljubljana), klassischer Philologe, Literaturkritiker, Vorreiter der slowenischen wissenschaftlichen Literaturgeschichte.

Č. wurde in einer bescheidenen Bauernfamilie in der Gorenjska (Oberkrain) geboren. Die Grund- und Mittelschule besuchte er in → Ljubljana. Er studierte 1814–1817 drei Jahre in Wien Philosophie und 1817–1820 in Ljubljana Theologie. Als Gymnasialprofessor war er 1820 in Rijeka (Kroatien) tätig, 1822–1827 in L'viv (Galizien). Sein Wunsch, eine universitäre Lehrtätigkeit zu erlangen, ging nicht in Erfüllung. 1827 kehrte Č. als Gymnasialprofessor nach Ljubljana zurück, 1830 übernahm er als Bibliothekar die Leitung der Lyzealbibliothek, die er organisierte und modernisierte. Č. reiste viel, führte eine umfangreiche Korrespondenz, erwarb umfassende Sprachkenntnisse und eignete sich bereits kulturelles Wissen an. Da er sich vor allem dem Studium und der Rezeption widmete, publizierte er nur einige wenige deutsche Texte. Im Juli 1835 verunglückte er beim Baden in der Save bei Tomačevo in der Nähe von Ljubljana und ertrank.

Bereits während seiner Studienjahre, danach in Rijeka und in L'viv und auch später erwarb Č. eine hohe Bildung und umfangreiches Wissen. Er eignet sich 19 Sprachen an, vertiefte sich in die Weltliteratur und in die zeitgenössische Kunstkritik und Praxis. Intensiv studierte Č. die griechische und römische Literatur und begann sich unter dem Einfluss der Gebrüder Schlegel und anderer für Dante, die Trubadourliteratur der Provençe, die mediterrane Rennaissance, das Barock und die zeitgenössische Romantik (Byron, Manzoni, Goethe, Mickiewicz) zu interessieren. Er sublimierte die Ideen der Theoretiker der Romantik und verbreitete diese in seinem Freundeskreis, wobei er nach dem Jahre 1828 vor allem großen Einfluss auf Francè → Prešeren ausübte, dessen Aufmerksamkeit er auf die klassische Romantik lenkte und für den Gebrauch der romanischen Versformen begeisterte. Er unterstützte die Herausgabe des Allmanachs *Kranjska čbelica* (1830–1833) und wurde als Zensor zu seinem Schutzherrn. Für P. J. → Šafaříks geplante Neuausgabe seiner *Geschichte der Slawischen Sprache und Literatur in allen Mundarten* beendete Č. im Juni 1831 das Kapitel über die slowenische Literatur. Doch das deutsche Manuskript mit Anmerkungen von Jernej → Kopitar, das als erster Versuch einer allgemeinen slowenischen Literaturgeschichte gilt, erschien erst in der Ausgabe von 1864, die Konstantin Jireček nach dem Tode seines Schwiegervaters herausbrachte. In einer Reihe von deutsch geschriebenen Artikeln griff Č. in den so genannten ABC Streit ein (In einer Separatausgabe bei Kleimayr in Ljubljana publizierte er den *ABC Krieg* 1833 mit der gesamten Polemik). Č. präsentierte darin ein neues slowenisches Kulturprogramm und verwarf die konservativen sprachlichen und kulturellen Ansichten der Gegner. Anstelle einer Erbauungsliteratur für die bäuerliche Bevölkerung, trat er für eine qualitativ hochstehende laizistische Literatur für die Gebildeten ein. Beide Konzepte kammen zwar aus demselben Geist der nationalen Wiedergeburt (→ *Preporod*), doch konnte das neue ästhetische Programm das utilitaristische nicht sogleich ersetzen. Dieselben Meinungsverschiedenheiten lagen seinem Streit mit Jernej Kopitar zugrunde. Č. interessierte sich für das Geschehen und die Publikationstätigkeit der Kärntner Slowenen), für die → *Carinthia*, besuchte mehrmals → Klagenfurt/Celovec und hatte Kontakte zu Urban → Jarnik und Anton Martin → Slomšek, sowie seinem ehemaligen Schulkollegen A. Smolnikar. In seinen literaturgeschichtlichen Überblick schloss Č. auch Kärntner Autoren (Ožbald → Gutsman, Urban Jarnik) und Kärntner Drucker ein.

Werke: *Nuovo discacciamento di lettere inutili, das ist: Slowenischer ABC-Krieg*. Ljubljana 1833 [Separatdruck aller Texte zum ABC-Streit]; *P. J. Šafařík's Geschichte der südslawischen Literatur, I. Slovenisches und glagolitisches Schrifttum*. Praga 1864; *Izbrano delo*. Ljubljana 1973; *Pisma Matija Čopa I–II*. Ljubljana 1986.
Lit.: SBL; ÖBL; EJ; ES; OVSBL. – K. Glaser: *Zgodovina slovenskega slovstva, 2*, [Ljubljana] 1895, 140–143; ZSS II (1959) 78–90; J. Kos: *Matija Čop*. Ljubljana 1979; J. Kos (Hg.): *Matija Čop. Pisma in spisi*. Ljubljana 1983; J. Kos, A. Slodnjak (Hg.): *Pisma Matija Čopa I–II*. Ljubljana 1986.

Marijan Dović; Üb.: Katja Sturm-Schnabl

Črnjanski rokopis, dt. Handschrift aus Črna na Koroškem, das ist: *Liber Fraternitatis B.M.V. [S. Osbaldi] in Sourcenpach 1633 [s]ub R. D. Andrea Millo[s]t ibidem Parocho* [Bruderschaftsbuch Beatae Mariae Virginis [St. Oswald] in Schwarzenbach 1633, geführt vom hochwürdigen Herrn Andreas Milost, Pfarrer dortselbst].

Črnjanski rokopis

Črnjanski rokopis, Titelseite,
KOK Ravne na Koroškem

Črnjanski rokopis, Innenseite,
KOK Ravne na Koroškem

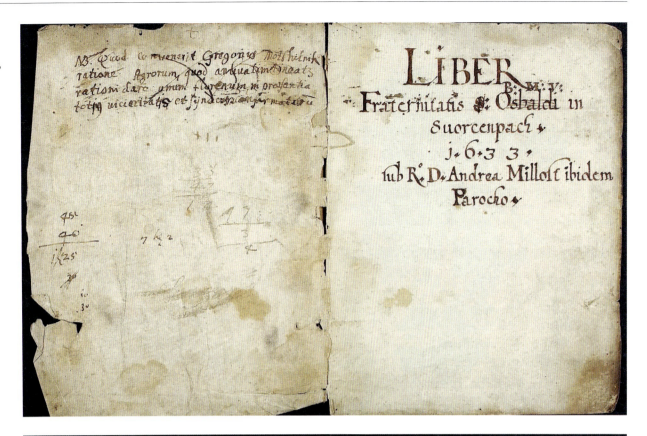

Über den Ursprung und die Geschichte des Č. r. ist wenig bekannt. Gefunden wurde diese Handschrift in den 1870er Jahren im Pfarrhaus in Črna. Angeblich wurde das Dokument vom Bischof von Maribor Vekoslav Grmič an Franc → Sušnik übergeben. Es besteht aus einem Bündel im Format 21×16 und umfasst 128 Blatt. Die fortlaufende Nummerierung ist nicht präzise. Neben einigen leeren Seiten sind vier beschriftete Blattfragmente eingelegt, das Fragment eines anderen Dokuments bildet den Umschlag. Zwischen lateinischen Notizen finden sich slowenische Namensformen und ein slowenisch geschriebenes Gebet (Fürbitte um das ewige Leben für diejenigen, die einen Beitrag für die Kirche geleistet hatten). Die Schrift ist uneinheitlich. Den besonderen Wert des Č. r. stellt die Liste der einheimischen Namen aus Črna und Umgebung dar. Den größten Teil der Handschrift umfassen Tabellen, Register und Listen slowenischer Familiennamen von Spendern und Spenderinnen. Auch die Namen der buchführenden Pfarrer sind belegt. Aus dem Jahr 1707 stammen die letzten Eintragungen. Franc → Sušnik besorgte die Transkription einer slowenischen, in der Bohoričica (→ Schrift) geschriebenen Fürbitte. Die erste und grundlegende Untersuchung veranstaltete 2007 Marija Irma Vačun Kolar. In ihrer gründlichen Untersuchung beleuchtet sie die gesellschaftlichen und kulturellen Umstände, die bei ihrer Entstehung von Bedeutung waren, die Entstehungszeit und die Motive für die Entstehung. Außerdem bewertete sie die sprachlichen, inhaltlichen und stilistischen Merkmale des Textes der Fürbitte. Diese barock gestaltete Fürbitte ist ihrem Wortlaut nach slowenisch, allerdings nicht dialektal. Der bedeutendste Teil dieser Abhandlung ist die sprachliche Analyse der eingetragenen, d. h. veröffentlichten slowenischen Eigennamen der Spender und Spenderinnen. Die Übersicht schließt v. a. jene Nachnamen ein, für die auch die weibliche Form angeführt wird, und zeigt, dass einige dieser dialektalen Endungen im heutigen → Dialekt noch lebendig sind. Die Handschrift ist noch nicht in ihrer Gänze herausgegeben und bearbeitet. Die *Koroška osrednja knjižnica* in → Ravne na Koroškem hat um das Jahr 1973 die 6 Titelseiten als Faltblatt heraus gegeben.

Quellen und **Web**: KOK Ravne; in digitalisierter Form: www.rav.sik.si/e_knjiznica/digitalna_knjiznica (24.8.2010).
Lit.: M. Kolar: *Črnjanski rokopis*. Ravne na Koroškem 2007; M. I. Vačun Kolar (Hg.): *Črnjanski rokopis*. Slovenj Gradec 2009; N. Petek: *Črnjanski rokopis – jezikovna in vsebinska analiza slovenskih priimkov, ženskih osebnih imen in molitve* (Dipl.Arb.). Ljubljana 2012, 509 S. + (CD-ROM); N. Petek: *Črnjanski rokopis: neprecenljivo bogastvo jezikovnega gradiva*. In: *Šumc: glasilo Občine Mežica*, Jg 10, 29 (Juni 2012) 7–9.

Majda Kotnik Verčko; Üb.: Katja Sturm-Schnabl

Dajnčica, → Schrift.

Dalmatin, Jurij (Georg, * um 1547 Krško (Dolenjska), † 31. August 1589 Ljubljana), protestantischer Theologe, Schriftsteller, Übersetzer.

Seine schulische Ausbildung begann D. in Krško bei Adam → Bohorič. 1572 schloss er (als Stipendiat der Tiffernus Stiftung) an der Universität Tübingen das Studium der Philosophie und der protestantischen Theologie ab. Unter dem Einfluss Bohoričs wurde er lutherischer Protestant. Primož → Trubar ermutigte ihn zum Schreiben in slowenischer Sprache. 1572 trat D. als deutscher Prediger sein Amt in Ljubljana an. Er war auch Schulaufseher sowie Mitglied im protestantischen Kirchenrat von → Krain/Kranjska.

Die Bücher der Bibel begann D. bereits während seines Studiums zu übersetzen. Der Druck seiner kompletten Bibelübersetzung wurde 1578 nach einer Sitzung in Bruck an der Mur von drei innerösterreichischen Ländern unterstützt: Krain/Kranjska, Steiermark/Štajerska und Kärnten/Koroška (→ Innerösterreich). Die Übersetzung, welche auf der *Lutherbibel* basiert und ebenfalls bereits vorhandene Übersetzungen von Trubar berücksichtigt, wurde vor ihrer Publizierung von einer Revisionskommission redigiert. Die slowenische Bibel wurde 1584 in Wittenberg gedruckt (→ Dalmatinbibel). Sie wird durch ein Register ergänzt, in welchem auch kärntnerische Äquivalentbegriffe zu zahlreichen krainischen Wörtern aufgelistet sind, die im biblischen Text vorkommen und sich von jenen unterscheiden.

D.s Bibel erweist sich als vollendetstes und stabilstes Abbild der slowenischen Schriftsprache des 16. Jh. Bis zum Erscheinen der ersten katholischen Übersetzung der Heiligen Schrift durfte sie auch von den katholischen Geistlichen benützt werden. Daneben verfasste bzw. übertrug D. vornehmlich auch → Lieder. Er gab auch andere dringend benötigte Bücher heraus: den Katechismus, seine ›Agenda‹ mit Anleitungen für die wichtigsten Zeremonien, eine Passion sowie ein Gebetsbuch. Für den Bedarf der Kärntnerischen Protestanten wurden seine Lieder und Gebete Mitte des 18 Jh. von den slowenischen Volkspoeten, den *Bukovniki*, abgeschrieben (→ Bukovništvo).

Quellen: Johann Waikart Valvasor: *Die Ehre des Herzogtums Crain*.

Jurij Dalmatin, Krščanske molitve, NUK

Dalmatinbibel, Titelblatt, NUK

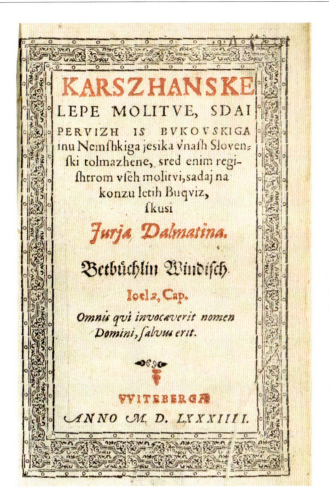
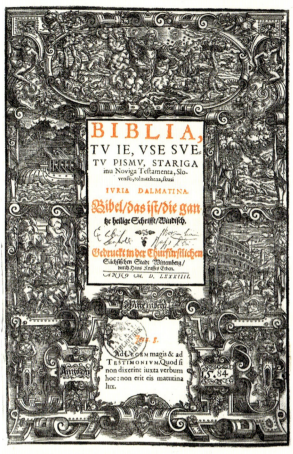

1669, Anhang des sechsten Buchs / welcher eine Anzahl gelehrter Scribenten begreifft / so aus Crain bürtig gewest, S. 348-349.

Werke: J. Dalmatin: *JESVS SIRAH*, Ljubljana 1575; *PASSION TV IE, BRITKV TERPLENE*, Ljubljana 1576; *BIBLIE, TV IE, VSIGA SVETIGA PISMA PERVI DEIL*, Ljubljana 1578; *TA CELI CATEHISMVS, ENI Pſalmi […] inu […] Peiſni*, Ljubljana 1579; *CATEHISMVS*, Ljubljana 1580; *SALOMONOVE PRIPVVISTI*, Ljubljana 1580; *BIBLIA*, Wittenberg 1584; *KARSZHANSKE LEPE MOLITVE*, Wittenberg 1584; *TA CELI CATEHISMVS, ENI PSALMI, INV […] Peiſni*, Wittenberg 1584; *AGENDA*, Wittenberg 1585; *TA KRATKI WIRTEMBERSKI CATECHISMVS*, Wittenberg 1585.

Lit.: SBL; ES; OVSBL. – F. Kidrič: *Dalmatin Jurij*. SBL I/1 (1925) 116–124; F. Ramovš: *Delo revizije za Dalmatinovo biblijo*. In: Zbrano delo I (1971) 140–179; J. Rigler: *Začetki slovenskega knjižnega jezika*. Ljubljana 1968, 142–193, 222–229; M. Orožen: *Poglavja iz zgodovine slovenskega knjižnega jezika (od Brižinskih spomenikov do Kopitarja)*. Ljubljana 1996, 114–160, 188–288; M. Merše: *Slovenische Bibelübersetzungen des 16. Jahrhunderts – Sprachentwicklungen in den Übersetzungen von Dalmatin*. In: »Biblia Slavica«, Referate bei der öffentlichen Präsentation in der Nordrhein-Westfälischen Akademie der Wissenschaften und der Künste am 28. November 2008. Paderborn [e. a.] 2010, 58–91.

Majda Merše; Üb.: Maja Francé

Dalmatinbibel. Die 1584 in Wittenberg (bei Hans Kraffts Erben) in einer Auflage von 2000 Exemplaren (mit prachtvollen Holzschnitten) erschienene und nach ihrem Autor benannte slowenische Bibelübersetzung war der letzte Höhepunkt des südslawischen Buchdrucks in Deutschland. Sie gilt als theologischer und literarischer Markstein des slowenischen → Protestantismus, der die Entwicklung der slowenischen Sprache in grammatikalischer, stilistischer und künstlerisch-poetischer Hinsicht nachweislich beeinflusst hat.

Auf wesentlichen Vorarbeiten Primus → Trubars basierend, der zwischen 1555 und 1577 alle neutestamentlichen Schriften und den Psalter ins Slowenische übersetzt und der *Kirche Gottes in der slowenischen Sprache* gewidmet hatte (sie erschienen in mehreren kommentierten Teilausgaben in Tübingen), vollendete sein Schüler Georg/Jurij → Dalmatin (1547–1589) dieses Übersetzungswerk. Er stammte aus *Krško* (Gurkfeld), war bei Adam → Bohorič zur Schule gegangen, ehe er nach einem Vorbereitungsjahr in Bebenhausen 1566–1572 als Stipendiat der Stiftung des slowenischen Humanisten und Kanzlers von St. Stefan in Wien, August TYFERNUS aus Laško bei Slovenj Gradec (gest. 1535) in Tübingen studieren konnte, 1568 zum Baccalaureus, 1569 zum Magister promoviert wurde; seit 1572 deutsch-slowenischer Prediger in → Ljubljana brachte er 1575 als seine erste Übersetzung in der gerade eröffneten Offizin von Hans MANNEL das Buch Jesus Sirach heraus; 1578 folgte der Pentateuch, 1580 die Sprüche Salomonis, das letzte in Ljubljana gedruckte Buch, denn die Druckerei des MANLIUS/MANNEL/MANDELZ musste über Druck der Regierung geschlossen werden. 1581 unterzog eine aus Philologen und Theologen zusammengesetzte Kommission, darunter die beiden in Kärnten/Koroška wirkenden Theologen Bernhard → STEINER und Johann → FASCHANG, DALMATINS Übersetzung einer Revision. 1582 erschien sodann das ganze Neue Testament in TRUBERS Übersetzung in zwei Oktavbänden in Tübingen. Die Übersetzung der → Bibel sei ihm »*von der ganzen kirchen meines vatterlandes aufferlegt*« worden, bekannte TRUBER in einem Brief (13. September 1555) an den Zürcher Reformator Heinrich BULLINGER. An dieser Verpflichtung hatte auch DALMATIN Anteil, dessen Übersetzung von den innerösterreichischen Ständen finanziert wurde (→ Innerösterreich). Die Drucklegung erfolgte schließlich in Wittenberg und wurde von DALMATIN und BOHORIČ, dem Rektor der Landschaftsschule in Ljubljana, betreut. Weltweit sind ca. sechzig Exemplare dieser Edition erhalten; von den dreihundert unter der slowenischen Bevölkerung in Kärnten/Koroška verteilten Exemplaren mindestens drei.

Der D. brachte auch die römisch-katholische Kirche Respekt und Anerkennung entgegen, ihre Verwendung war dem katholischen Klerus ausdrücklich erlaubt.

Lit.: R. Trofenik (Hg.): *Abhandlungen über die Slowenische Reformation* (= Geschichte, Kultur und Geisteswelt der Slowenen 1). München 1968; A. Slodnjak, B. Berčić: *Abhandlungen zu Jurij Dalmatin, Biblija 1584*. München 1976; G. Neweklowsky [e. a.]: *Protestantismus bei den Slowenen, Protestantizem pri Slovencih*. Wien 1984; C. Fräss-Ehrfeld: *Geschichte Kärntens II: Die Ständische Epoche*. Klagenfurt 1994, 403 ff.; R. Leeb: *Der Streit um den wahren Glauben. Reformation und Gegenreformation in Österreich*. In: Geschichte des Christentums in Österreich. Wien 2003, 145–279, 236 ff.; J. Krašovec, M. Merše, H. Rothe (Hg.): *Kommentarband zur Bibelübersetzung von Primož Trubar und Jurij Dalmatin* (= Biblia Slavica IV: Südslavische Bibeln 3/2). Paderborn [e. a.] 2006; E. Hüttl-Hubert: *Die österreichische Nationalbibliothek als Werkstätte slowenistischer Forschung*. In: *Wiener Slavistisches Jahrbuch* 53 (2007) 213–227; F.M. Dolinar: *Primus Truber und die slowenische Reformation im Rahmen des Kärntner Protestantismus*. In: W. Wadl (Hg.): *Glaubwürdig bleiben. 500 Jahre protestantisches Abenteuer*. Klagenfurt am Wörthersee 2011, 181–188

Karl W. Schwarz

Damnatio memoriae, vgl. Sachlemmata: → Altkirchenslawisch; → »Entethnisierung«; → »Ethnische Säuberung«; → Geschichtsschreibung und kognitive Dissonanz.

Danica, Katoliško izobraževalno društvo [Katolischer Bildungsverein Danica (Morgenstern)], gegründet am 25. März 1914 beim Biltežnik in St. Veit im Jauntal/Šentvid v Podjuni. Im Kärntner Landesarchiv findet der → Kulturverein erstmals unter dem Namen *Zora* [Morgenröte] Erwähnung. Von den Gründungsmitgliedern sind folgende Namen bekannt: Pfarrer SERAJNIK, Andrej MIČEJ, Šiman BOŠTJANČIČ und Franc HOBEL. Zum ersten Vorsitzenden wurde Franc HOBEL, vlg. Rojak aus Pogerschitzen/Pogrče gewählt.

Bereits vor der Gründung des Kulturvereins gab es einzelne Gruppen, die sich kulturell betätigten. Im Jahr 1912 kehrte der damals 19-jährige Andrej MIČEJ, der schon in Kindesjahren erblindet war, aus der Blindenschule zurück, wo er das Handwerk des Bürstenbinders, aber auch das Orgelspielen erlernt hatte. Er wurde Organist in der Pfarrkirche in St. Veit/Šentvid v Podjuni. Gleichzeitig gründete er einen Männerchor und einen gemischten Chor, welche sowohl in der Kirche als auch bei anderen Anlässen sangen. Das Jahr 1912 gilt daher als Gründungsjahr des Chores *Danica*.

Schon bald nach der Gründung ruhte wegen des ersten Weltkriegs jegliche Kulturarbeit im Kulturverein. Das kulturelle Leben erwachte erst nach der → Volksabstimmung. Bereits 1920 fand eine Theatervorführung statt (→ Laienspiel, → Theater). 1921 begannen der Kirchenchor, der zugleich auch Vereinschor war, und der Männerchor wieder zu singen (→ Chorwesen). Sehr bedeutend war auch die Vereinsbibliothek, die im Pfarrhof in St. Veit im Jauntal/Šentvid v Podjuni neu eingerichtet wurde (→ Lesekultur). Bereits 1924 besaß sie über 200 Bücher, die von den Leuten regelrecht verschlungen wurden. Zu den wichtigsten Aktivitäten des Kulturvereins gehörten allerdings Fortbildungsveranstaltungen für Erwachsene, wobei meist praktische Themen aus Landwirtschaft, Gesundheit und Haushalt besprochen wurden. Bereits 1925 wurde bei der Jahreshauptversammlung beschlossen, monatlich Treffen zu organisieren, bei denen die Vereinsmitglieder selbst vortragen würden. Eine weitere gewichtige Rolle im

Andrej Micej

SPD Danica

MePZ Danica in tamburaška skupina Tamika

Danica-Chor bei der Primiz
von Mohor Picej 1932

Zadnji vitez Rebrčan (1934)

Vereinsleben nahm das Laientheater ein, wobei Volksstücke aufgeführt wurden. Vor den Theateraufführungen und in den Pausen sang regelmäßig der Vereinschor. Die Veranstaltungen fanden fast durchwegs in St. Primus/Šentprimož im Gasthaus Pri Voglu statt. In dieser Zeit waren die leitenden Persönlichkeiten Pfarrer Kindlmann, der spätere Redakteur der Zeitschrift → *Koroški Slovenec* Rado → Wutte sowie Janez Kežar, der beim Kulturverein zugleich als Regisseur wirkte.

1927 fand auch ein Koch- und Haushaltskurs statt. Bereits in diesen Jahren wurden regelmäßig Muttertagsfeiern mit kürzeren szenischen Einlagen veranstaltet, Deklamationen einer Kindergesangsgruppe und Reden über die Mutter gehalten. Noch vor 1930 wurde zeitweilig auch ein Tamburizzachor gegründet (→ Frauen im ländlichen Raum, → Tamburizzamusik).

Nach dem Abgang von Pfarrer Kindlmann wurde die Vereinsbibliothek zum Parjan in St. Veit im Jauntal/Šentvid v Podjuni übersiedelt. Bücher konnten am Sonntag nach der Messe entliehen werden. Bereits 1936 fanden Sprachkurse für Kinder statt. Ihre Bedeutsamkeit bzw. die Notwendigkeit, sich bereits für die Kinder einzusetzen, wurde schon in dieser Zeit erkannt. Insgesamt war die Zwischenkriegszeit für den Kulturverein sehr produktiv.

Bis ins Jahr 1940 fanden noch Theateraufführungen statt. Danach wurde der Druck von den Nationalsozialisten zu groß. Das Vereinseigentum und sämtliche Aufzeichnungen wurden beschlagnahmt.

Nach dem Zweiten Weltkrieg fing man sofort wieder mit dem Laienspiel an. Das erste größere Treffen war im Sommer 1945 in Pogerschitzen/Pogrče, die erste Jahresversammlung des Vereins fand am 4. August 1946, davor kamen zumindest zwei Stücke zur Aufführung. Die Sänger/-innen versammelten sich erneut um Andrej Mičej. Und der 18-jährige Hanzej Kežar gründete einen Burschenchor, aus dem später der gemischte Chor hervorging.

Lit.: *Koroški Slovenec*, 2. 4. 1924, 10. 3. 1930; W. Drobesch: *Vereine und Verbände in Kärnten (1848–1938). Vom Gemeinnützig-Geselligem zur Ideologisierung der Massen* (Das Kärntner Landesarchiv 18). Klagenfurt 1991; S. Wakounig: *Zgodovina Slovenskega prosvetnega društva »Danica«*. In: Ob otvoritvi kulturnega doma »Danica« Šentprimož v Podjuni (lastnik, izdajatelj in založnik SPD Danica, 9123 Šentprimož). Šentprimož 1980, 4–104; S. Wakounig: *Zgodovina Slovenskega prosvetnega društva »Danica«/Die Geschichte des Slowenischen Kulturvereines »Danica«*. In: Slovensko prosvetno društvo

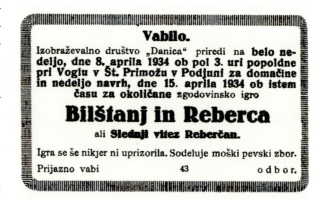

KS 4 .4. 1934

Danica v Šentprimožu: Na poti skozi čas/Auf dem Weg durch die Zeit. Klagenfurt/Celovec 2000, 19–28.
Web: www.danica.at (2. 2012).

Samo Wakounig

Decania Sclavonica/Sclavorum → Rechtsinstitutionen, karantanerslowenische.

Dekliška zveza [Mädchenverband], → Frauenfrage.

Delavsko prosvetno društvo Svoboda [Arbeiterkulturverein Svoboda (Freiheit)] in Črna, → Mežiška dolina.

Delavsko telovadna enota [Arbeitersport-Sektion], → Mežiška dolina.

Denkmuster (Denkmodelle), vgl. Sachlemmata: → Assimilant; → Assimilation; → »Entethnisierung«; → »Ethnische Säuberung«, → Gemischtsprachig; → Geschichtsschreibung und kognitive Dissonanz; → Identität; → Muttersprache; → Zweisprachigkeitsideologie, Kärntner.

Deportationen 1942 auch Vertreibung, slow. *deportacija, pregon*, lange Zeit euphemistisch als Aussiedlungen der Kärntner Slowenen bezeichnet (der Begriff *izseljeništvo* [Aussiedlung] wurde lange Zeit von den Slowenen selbst verwendet und findet sich im Verbandsnamen *Zveza slovenskih izseljencev*/Verband ausgesiedelter Slowenen). Der Begriff Aussiedlung vermag allerdings die Ebenen der politischen Verfolgung sowie den durch Zwang hervorgerufenen Aufenthalt in unterschiedlichen nationalsozialistischen Lagern nicht zu erfassen, weil zentrale Aspekte der nationalsozialistischen Verfolgung und des geplanten Ethnozids damit nicht umfasst werden.

Erinnerungsliteratur, www.slolit.at

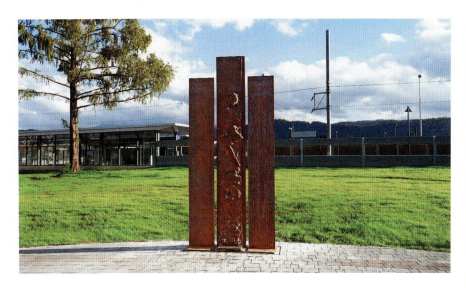

Denkmal der slowenischen Deportierten 1942, Ebenthal/Žrelec (2012)

Katja Sturm-Schnabl, Sabina Zwitter (v.l.n.r.), Schatten der Scham/*Sence sramote*

Am 14. April 1942 kam es zur D. von 1.075 zu »Staatsfeinden« erklärten Kärntner Slowenen bzw. 221 Familien. Vorgegeben wurde hochverräterische und kommunistische Einstellung, in Wirklichkeit war das Ziel jedoch die → Germanisierung der von Slowenen bewohnten Gebiete in Kärnten/Koroška wie auch in den von Nazideutschland besetzten Gebieten Sloweniens sowie Raub slowenischen Vermögens, langfristig auch die Einschüchterung der slowenische Bevölkerung (→ Assimilation, dort PTBS). Durchgeführt wurden die Deportationen, die im NS-Jargon auch »K-Aktion« genannt wurden, durch das in Lesce pri Bledu stationierte »Reservepolizeibataillon 171« auf Basis von Listen, die von der Gestapo und dem »Reichskommissar für die Festigung des deutschen Volkstums« angefertigten worden waren. Zuvor wurden bereits im besetzten Gebiet der Štajerska (Untersteiermark) 60.000 Slowenen zwangsenteignet und deportiert (→ »Generalplan Ost«). Die Grundlage für die D. in Kärnten/Koroška stellte die Volkszählung von 1939 dar. Sie war von langer Hand vorbereitet worden und stellte einen Höhepunkt in der systematischen Verfolgung dar, die im Ethnozid gipfelte (→ »Ethnische Säuberung«, → Internierungen 1919, → Vertreibung 1920, → Verfolgung slowenischer Priester ab 1938 in Kärnten/Koroška, → Zeugen Jehovas). Die kärntnerslowenischen Familien, die von den D. betroffen waren, wurden zuerst in ein sogenanntes Auffanglager in Ebenthal/Žrelec bei Klagenfurt/Celovec gebracht, wo sie registriert und ihnen Nummern zugewiesen wurden. Von Mitarbeitern der »Deutschen Ansiedlungsgesellschaft« (DAG) wurden sogenannte Übernahmeprotokolle erstellt, in denen die genauen Besitztümer und das Vermögen aufgezeichnet wurden.

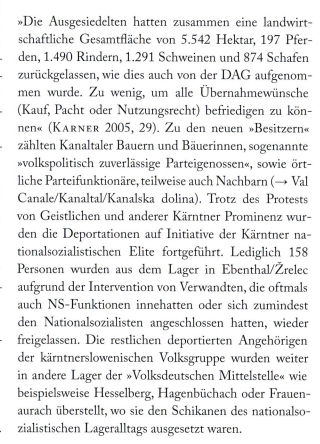

»Die Ausgesiedelten hatten zusammen eine landwirtschaftliche Gesamtfläche von 5.542 Hektar, 197 Pferden, 1.490 Rindern, 1.291 Schweinen und 874 Schafen zurückgelassen, wie dies auch von der DAG aufgenommen wurde. Zu wenig, um alle Übernahmewünsche (Kauf, Pacht oder Nutzungsrecht) befriedigen zu können« (KARNER 2005, 29). Zu den neuen »Besitzern« zählten Kanaltaler Bauern und Bäuerinnen, sogenannte »volkspolitisch zuverlässige Parteigenossen«, sowie örtliche Parteifunktionäre, teilweise auch Nachbarn (→ Val Canale/Kanaltal/Kanalska dolina). Trotz des Protests von Geistlichen und anderer Kärntner Prominenz wurden die Deportationen auf Initiative der Kärntner nationalsozialistischen Elite fortgeführt. Lediglich 158 Personen wurden aus dem Lager in Ebenthal/Žrelec aufgrund der Intervention von Verwandten, die oftmals auch NS-Funktionen innehatten oder sich zumindest den Nationalsozialisten angeschlossen hatten, wieder freigelassen. Die restlichen deportierten Angehörigen der kärntnerslowenischen Volksgruppe wurden weiter in andere Lager der »Volksdeutschen Mittelstelle« wie beispielsweise Hesselberg, Hagenbüchach oder Frauenaurach überstellt, wo sie den Schikanen des nationalsozialistischen Lageralltags ausgesetzt waren.

DÖW, Restitutionen

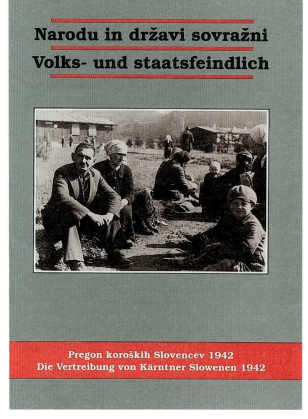

Buchcover, Drava Verlag

Spätestens in Anbetracht der Deportationen änderte sich die anfängliche Loyalität der slowenischen Volksgruppe gegenüber dem Nationalsozialismus, was unter anderem auch in der starken Unterstützung des organisierten Partisanenwiderstands resultierte. Brigitte ENTNER (2008, 43) betont in Anlehnung an Valentin SIMA, dass die Rebellion den Kärntner Slowenen nicht unbedingt »in die Wiege gelegt worden« wäre, da die meisten Angehörigen der Minderheit eher christlich konservativ und »fügsam« dem Staat gegenüber eingestellt waren und zumindest die Funktionäre sich sogar trotz der Benachteiligungen lange Zeit dem NS-Regime gegenüber loyal verhalten hatten. Den Anstoß für den Aufbau des Widerstands gaben folglich vor allem der Überfall der NS-Einheiten auf Jugoslawien sowie die Deportationen von Angehörigen der kärntnerslowenischen Volksgruppe. Die D. stellten eine Art »Zäsur« (ENTNER 2008, 44) dar, nach der auch christlich eingestellte Angehörige der → Minderheit begannen, mit dem Widerstand zu sympathisieren. Zuvor hatte es zwar auch unterschiedliche Widerstandsformen wie beispielsweise Gegenpropaganda gegeben, zum bewaffneten Widerstand vor allem in → Südkärnten/Južna Koroška war es aber erst im Jahr 1942 gekommen (→ TIGR).

Auch nach Kriegsende schien sich die Situation der kärntnerslowenischen Volksgruppe nicht unbedingt zum Besten zu wenden. Während jene Angehörigen der Volksgruppe, die im Widerstand aktiv gewesen waren, sofort nach Kärnten/Koroška zurückkehren konnten, gestaltete sich die Rückkehr für jene, die in unterschiedlichen Lagern die Befreiung erlebten, schwieriger und dauerte ca. drei Monate. Auch bei der Ankunft von 273 Personen aus den ehemaligen Lagern in → Villach/Beljak wurden sie beinahe wieder zurückgeschickt. Die Partisanen besetzten 1945 nach Kriegsende Teile Südkärntens und durch von diesen gestellte Gebietsansprüche, die jedoch von dort stationierten britischen alliierten Soldaten zurückgedrängt wurden, verschlechterte sich das Klima. Die politische Stimmung richtete sich erneut gegen die Volksgruppe. Zudem taten sich auch weitere Probleme auf: Viele fanden ihre Häuser und Höfe desolat oder noch von anderen Menschen bewohnt vor, die sich weigerten, diese zu verlassen.

Nationalfond, Findbuch

Šašel, Radio Agora

Verband slowenischer Aussiedler, *Zveza slovenskih izseljencev*

Sturm Sofija mit Franc und Katja im Zwischenlager in Ebenthal/Žrelec, April 1942

Vergessene Opfer

Deportationen 1942

Entschädigungszahlungen ließen noch lang auf sich warten.

Nicht nur die Entschädigung für Sachgüter, wie etwa intakte Höfe mit vielen Tieren, von denen nach dem Krieg wenig übrig war, gestaltete sich schwierig, sondern auch die Rückübertragung der Höfe ins Grundbuch. So wurden zwar anfänglich sogenannte Hofbegehungskommissionen mit Beteiligung von Vertretern der Volksgruppe, des Landes, der Gemeinde sowie der derzeitigen Nutzer eingerichtet. Die gesetzlichen Grundlagen für die Restitution wurden jedoch erst 1947 durch das dritte Rückstellungsgesetz geschaffen. »Insgesamt wurden zwischen 1946 und 1949 sieben Rückstellungsgesetze beschlossen. Diese wiesen aber in sich keine durchgängige Systematik auf, sodass es für die Betroffenen schwierig war, herauszufinden, welches Gesetz für ihren Fall anwendbar und bei welcher Behörde ein Antrag einzubringen war.« Zwar kam es 1946 zu ersten Entschädigungen vonseiten des Bundes, spätestens Ende der 1940er-Jahre wurden die Versprechungen, wie ENTNER und WILSCHER (vgl. 2006, 69) betonen, jedoch nicht weiter verfolgt. Anfang der 1950er-Jahre wurden die letzten Auszahlungen sogar an eine Verpflichtung, keine weiteren Zahlungsbeträge zu fordern, gekoppelt (vgl. ebd., 70). Dazu kam noch die Schwierigkeit, dass die Zahlungen auf Basis der Hofbegehungen erfolgten, die bei Weitem nicht alle Besitztümer berücksichtigt hatten und nicht von allen Betroffenen durchgeführt worden waren. Außerdem wurden lediglich die sogenannten »Ausgesiedelten« dabei berücksichtigt, Menschen, die im Widerstand tätig gewesen waren, jedoch nicht.

Erst das Bundesgesetz vom 4. Juli 1947 über die »Fürsorge für die Opfer des Kampfes um ein freies, demokratisches Österreich und die Opfer politischer Verfolgung« (Opferfürsorgegesetz, OFG) regelte auch den Umgang mit ehemaligen Partisanen und ihren Helfern.

Quellen/Web: Drittes Rückstellungsgesetz (BG vom 6. Februar 1947 über die Nichtigkeit von Vermögensentziehungen; BGBl. 54/1947) *Gegenstand:* Entzogene Vermögen, die sich in der Hand von Einzelpersonen, Firmen oder Institutionen befanden. *Vollziehende Behörde:* Bei den Landesgerichten für Zivilrechtssachen eingerichtete Rückstellungskommissionen, die aus dem Vorsitzenden und dessen Stellvertretern, die alle Richter sein mussten, sowie aus Beisitzern bestand, die Laien waren. Zweite Instanz waren die bei den Oberlandesgerichten eingerichteten Rückstellungsoberkommissionen, dritte Instanz war die Oberste Rückstellungskommission beim Obersten Gerichtshof. *Bedeutung:* Das dritte war das wichtigste aller Rückstellungsgesetze, betraf es doch die größte Zahl entzogener Vermögen. Dementsprechend heftig wurde es politisch von Wirtschaftskreisen und dem Verband der Unabhängigen, einem Sammelbecken unter anderem ehemaliger Nationalsozialisten, publizistisch und parlamentarisch bekämpft. Alle Versuche, das Gesetz zum Nachteil der geschädigten Eigentümer zu ändern, scheiterten am Widerstand der Westalliierten. Zahlenangaben sind keine verfügbar, da ein großer Teil der Akten der Rückstellungskommissionen 1986 – vermutlich aus Unwissenheit – vernichtet wurde. Auf Ersuchen des DÖW wurde diese Aktenvernichtung 1986 gestoppt, allerdings konnte damit nur mehr ein kleiner Teil der Akten gerettet werden.« (vgl. www.doew.at/frames.php?/service/ausstellung/doew_restitution/3.html; Dokumentationsarchiv des österreichischen Widerstandes: www.doew.at (20. 1. 2013).

Lit.: *Spurensuche, Erzählte Geschichte der Kärntner Slowenen. Hg. Dokumentationsarchiv des österreichischen Widerstandes*, Wien [u.a.]. Wien 1990; A. Malle, V. Sima (Hg.): *Zveza Slovenskih Izseljencev. Narodu in državi sovražni. Pregon koroških Slovencev 1942. Volks- und staatsfeindlich. Die Vertreibung von Kärntner Slowenen 1942.* Celovec/Klagenfurt, 1992; V. Sima: *Die Vertreibung der Kärntner Slowenen 1942.* In: A. Malle, V. Sima (Hg.): Zveza Slovenskih Izseljencev. Narodu in državi sovražni. Pregon koroških Slovencev 1942, Volks- und staatsfeindlich. Die Vertreibung von Kärntner Slowenen 1942. Celovec/Klagenfurt 1992, 133–208; V. Sima: *Gewalt und Widerstand 1941–1945.* In: A. Moritsch (Hg.): Die Kärntner Slowenen 1900–2000. Bilanz des 20. Jahrhunderts. Klagenfurt/Celovec [e.a.] 2000, 263–280; V. Sima: *Die Vertreibung slowenischer Familien als Höhepunkt deutschnationaler Politik in Kärnten.* In: A. Malle, V. Sima (Hg.): Pregon koroških Slovencev 1942, Die Vertreibung der Kärntner Slowenen. Klagenfurt/Celovec 2002, 133–172; K. Stuhlpfarrer: *Umsiedlungen und Deportationen während des zweiten Weltkriegs.* In: A. Malle: (Hg.): Pregon koroških Slovencev 1942, 2002, Die Vertreibung der Kärntner Slowenen. Klagenfurt/Celovec 2002, 119–132; S.

Karner: *Die Aussiedlung der Kärntner Slowenen 1942.* In: S. Karner, A. Moritsch (Hg.): *Aussiedlung – Verschleppung – nationaler Kampf. Kärnten und die nationale Frage, Band 1,* Klagenfurt/Celovec [e.a.] 2005, 21–52; A. Malle: *Widerstand unter den schwersten Bedingungen. Kärntner Slowenen im Widerstand.* In: S. Karner, K. Duffek (Hg.): Widerstand in Österreich 1938–1945. Die Beiträge der Parlaments-Enquete 2005. Graz, Wien: Verein zur Förderung d. Forschung von Folgen nach Konflikten u. Kriegen. 111–123; B. Entner, H. Wilscher: *»Sämtlich Slowenen!« Kärntner SlowenInnen zwischen Entrechtung und Diskriminierung.* In: V. Pawlowsky, H. Wendelin [Hg.]: *Ausgeschlossen und entrechtet. Raub und Rückgabe. Österreich von 1938 bis heute.* Wien 2006, 54–76; B. Entner: *Wie weiblich ist der Widerstand? Kärntner Slowenen und Sloweninnen im Kampf gegen das NS-Regime.* In: A. Baumgartner, I. Girstmair, V. Kaselitz: *Wer widerstand? Who resisted? Biografien von WiderstandskämpferInnen aus ganz Europa im KZ Mauthausen und Beiträge zum Internationalen Symposium 2008.* Wien: Mauthausen-Komitee Österreich, 43–52; B. Entner, A. Malle (Hg.): *Pregon koroških Slovencev 1942, Die Vertreibung der Kärntner Slowenen.* Klagenfurt/Celovec 2012; H. Burger: *Generalplan Ost.* In: V. Oman, K. Vouk: Denk Mal: Deportation, hg. Zveza slovenskih izseljencev, Verband slowenischer Ausgesiedelter. Klagenfurt/Celovec [e.a.] 2012, 13–20; J. W. Schaschl (Hg.): *Als Kärnten seine eigenen Kinder deportierte, Die Vertreibung der Kärntner Slowenen 1942–1945, Historischer Überblick – Zeitzeugenerzählungen – Briefe und Dokumente.* Klagenfurt/Celovec 2012; P. Wiesflecker: *»… hast halt doch noch die liebe Heimat …« Die Aussiedelung slowenischer Familien aus den Gemeinden Feistritz an der Gail und Hohenthurn.* In: *Car. I* 202 (2012), 435–470; B. Entner: *Wer war Klara aus Šentlipš/St. Philippen? Kärntner Slowenen und Sloweninnen als Opfer der NS-Verfolgung. Ein Gedenkbuch.* Klagenfurt/Celovec 2014; F. Isop: *Dnevne črtice mojega pregnanstva, Dnevniški zapis iz let 1942 do 1945.* Klagenfurt/Celovec 2014; Ch. Schütte: *Heimkehr ohne Heimat. Über Rückkehr und Neubeginn der 1942 vertriebenen Kärntner Slowenen.* Wien 2014; A. Verdnik: *Arisierung in Kärnten, Die Enteignung jüdischen Besitzes im Hitlers Mustergau.* Klagenfurt 2014; B. Gischtaler: *Ausgelöschte Namen, Die Opfer des Nationalsozialismus in und aus dem Gailtal.* Salzburg 2015.

Film: *Andri 1924–1944*, von Andrina Mračnikar (DVD 2002); *Partisan/Partizan*, von Tobias Kavelar (DVD 2005); *Das Ende der Erinnerung*, Ernst Logar. Klagenfurt-Wien/Celovec-Dunaj 2010 (inkl. DVD); *Wilde Minze*, von Jenny Gand und Lisa Rettl (DVD 2011); *»Ihr, die ihr am Leben bliebt/Vi, ki ostanete živi«* von Miha Zablatnik (DVD 2012); *Vergessene Opfer*, Eine filmische Reihe von Angelika Schuster und Tristan Sindelgruber. Teil 1: Kärntner Sloweninnen 1 – Aussiedlung; Teil 2: Überleben im Versteck; Teil 3: Kärntner Sloweninnen 2 – Partisanen; Teil 4: Wiener Rom; Teil 5: Desertion aus der deutschen Wehrmacht; Teil 6: Homosexualität; Teil 7: Kinder- und Jugendfürsorge. Eine Koproduktion von: Standbild – Verein zur Förderung audiovisueller Medienkultur, Schnittpunkt – Sindelgruber Tristan, Film- & Multimediaproduktion © 2002 / 2012, www.standbild.org/vergessene-opfer; *Schatten der Scham = Sence sramote*. Regie und Buch: Sabina Zwitter-Grilc; Kamera: Marco Zwitter & Martin Zwitter; Schnitt: Valentin Čertov; Musik: Tonč Feinig; Slovensko prosvetno društvo/Slowenischer Kulturverein Zila 2013 (11. 8. 2013).

Judith Götz

Deutschnationale Vereine. Allgemein betrachtet beschreibt der Begriff Deutschnationalismus jene großdeutschen Bestrebungen, die darauf abzielen, eine engere Anbindung des »deutschsprachigen Österreichs« an Deutschland einzufordern und die Gemeinsamkeiten eines vermeintlichen deutschen (Kultur-)Volkes in den Vordergrund zu stellen. Neben dem großdeutschen Gedanken fungieren vor allem Antiklerikalismus und Antisemitismus sowie in Kärnten/Koroška auch der Antislowenismus als integrativer Bestandteil deutschnationaler Ideologien. Diese enge Anbindung des Deutschnationalismus an den Antislowenismus sowie der Umstand, dass er nicht nur als Begleiterscheinung des Nationalsozialismus zu verstehen ist, heben auch Obid, Leben und Messner (2002, 145) hervor: »Der deutschnationale Konsens in Kärnten ist älter als der Nationalsozialismus. Die antislowenischen bzw. antislawischen Politikmuster wurden bereits vor den imperialistischen Aggressionen des Deutschnationalismus geprägt. Ihr ursprünglicher Kern war die Bekämpfung jeglicher slowenischen nationalen Integration.« Deutschnationale Bestrebungen waren bereits in der Monarchie anzutreffen gewesen, fanden während des Nationalsozialismus im Dritten Reich ihre Umsetzung bzw. ihren Höhepunkt und prägen auch in der zweiten Republik die politische Landschaft vor allem in Kärnten/Koroška, aber auch in Österreich. Bei der Etablierung und Aufrechterhaltung deutschnationaler Ideologien sowie auch bei der stärker werdenden → Germanisierung Ende des 19. Jh. spielte u.a. auch das österreichische Vereinswesen sowie die Vorstellung eines »Grenz- und Auslandsdeutschtums«, das als Teil des deutschen Volks verteidigt werden müsse, eine bedeutende Rolle. Zu nennen sind an dieser Stelle vor allem der *Deutsche Turnerbund*, der *Deutsche und Oesterreichische Alpenverein*, der *Schulverein für Deutsche*, der *Verein Südmark* und der *Kärntner Heimatbund*. Sie fanden unter der Kärntner Bevölkerung großen Zulauf, konnten zahlreiche Ortsgruppen aufbauen und orientierten sich nicht nur an einem völkischen Vereinsprinzip, sondern waren durchwegs auch volkstumspolitisch im Sinne der »Herstellung einer Volksgemeinschaft aller Deutscher« aktiv. Die heute großteils wieder gegründeten Vereine werden nicht selten als »Traditionsverbände« bezeichnet.

Deutscher Turnerbund 1889: 1845 kam es zur Gründung der ersten Turnvereine in Österreich (9. August 1862: Klagenfurter Turnverein als erster Turnverein Kärntens), die sich 1868 zum *Kreisverband der Turnvereine Deutschösterreichs* und als 15. Turnkreis der *Deutschen Turnerschaft,* 1889 nach politisch motivierten

DÖW

Spaltungen zum *Deutschen Turnerbund 1889* zusammenschlossen. Durch die äußerst frühe Implementierung des Arierparagrafen waren Juden und Jüdinnen sowie »Angehörige nichtdeutscher Völker« (und somit auch Kärntner Slowenen) sowie organisierte Arbeiter vom Verein ausgeschlossen. Zudem kam dem Turnerbund eine bedeutende Rolle als mitgliederstärkster Tarn- und Vorfeldorganisation der in Österreich noch illegalen NSDAP zu, sodass 1933 über 60 Vereine des Turnerbunds wegen nationalsozialistischer Betätigung aufgelöst wurden. Mitglieder des *Deutschen Turnerbunds* waren am Juliputsch 1934 beteiligt gewesen und hatten die Machteinsetzung der Nationalsozialisten in Österreich maßgeblich vorbereitet. Nach dem → »Anschluss« 1938 wurde der *Deutsche Turnerbund* aufgelöst und in den *Deutschen Reichsbund für Leibesübungen* eingegliedert. Nach Kriegsende wurden die Vereine des ehemaligen *Deutschen Turnerbunds* verboten und ihr Vermögen eingezogen. 1951 kam es zur Gründung der Nachfolgeorganisation *Österreichischer Turnerbund (ÖTB)*, der sich in seinen Leitsätzen immer noch an den Grundsätzen des deutschnationalen Vordenkers und Begründers des Jahn'schen Turnens, Friedrich Ludwig JAHN, orientiert und folglich einen fragwürdigen Erziehungs- und Bildungsauftrag beansprucht.

Deutscher und Österreichischer Alpenverein (DuOeAV): 1862 wurde der *Österreichische Alpenverein* gegründet und 1873 mit dem *Deutschen Alpenverein* zum *Deutschen und Oesterreichischen Alpenverein (DuOeAV)* zusammengeschlossen, dem bis 1938 über 400 Sektionen angehörten. Auch im Alpenverein wurde bereits zu Beginn des 20. Jh.s der Arierparagraf umgesetzt, sodass 1924 98 von 100 österreichischen Vereinssektionen diesen eingeführt hatten und nur »Deutsche« in ihre Reihen aufnahmen. Somit ebnete der Alpenverein ebenfalls den Weg für die Machteinsetzung des Nationalsozialismus in Österreich, da in seinen Reihen bereits vor dem Anschluss Antisemitismus und Rassismus kultiviert und alles »Undeutsche« ausgeschlossen wurde. Nach dem Anschluss wurde der Alpenverein in *Deutscher Alpenverein (DAV)* umbenannt und in den *Nationalsozialistischen Reichsbund für Leibesübungen* eingegliedert. Nach dem Krieg wurde er als *Oesterreichischer Alpenverein (OeAV)* wiedergegründet.

Deutscher Schulverein (DSchV): Am 13. Mai 1880 kam es zur Gründung des *Deutschen Schulvereins*, dessen Tätigkeit vor allem in der aktiven Stärkung sogenannter Auslands- bzw. Grenztumsdeutscher, beispielsweise durch Errichtung, Erhaltung und Unterstützung deutschsprachiger Schulen im Ausland, bestand. Wegen zu »liberaler« Haltungen Juden und Jüdinnen gegenüber kam es zur Abspaltung der deutschnationalen Kräfte innerhalb des Vereins, die sich in weiterer Folge im *Schulverein für Deutsche* organisierten und zeitweise ebenso stark waren wie die ursprüngliche Organisation. 1925 fusionierte der *Deutsche Schulverein* mit dem *Verein Südmark* zum *Deutschen Schulverein Südmark*. Wie alle anderen Vereine wurde auch der DSchV nach dem Anschluss aufgelöst und in den NS-Apparat bzw. die passende NS-Organisation, dem *Volksbund für das Deutschtum im Ausland (VDA)*, integriert. Nach dem Zweiten Weltkrieg wurde der DSchV nicht wiedergegründet, jedoch gilt die *Österreichische Landsmannschaft* als Nachfolgeorganisation, die vom Dokumentationsarchiv des Österreichischen Widerstands (DÖW) als rechtsextrem eingestuft wird.

Verein Südmark: Am 24. November 1889 kam es in Graz zur Gründung des *Vereins Südmark*, in dem laut Eigenangaben »Männer eines großen deutschen Volkes, die es als ihre Pflicht erachten müssen, den Boden unseren Nachkommen zu erhalten den gemischtsprachigen Gebieten der Region gegenübertreten wollten«. War anfangs mit Südmark vor allem das »Grenzgebiet« der Steiermark/Štajerska, Kärntens/Koroška, → Krains/Kranjska und des Küstenlandes/Primorje gemeint, dehnte sich ihr Agitationsfeld jedoch nach dem Ersten Weltkrieg auf das Sudetenland, die slowenische Untersteiermark/Spodnja Štajerska, das Kočevje (Gottschee), das → Val Canale/Kanaltal/Kanalska dolina und Südtirol aus. Trotz seines anschaulich rassistischen, antisemitischen und völkischen Gedankenguts wurde der Verein schnell zu einer einflussreichen Vereinigung. Die Abwehr von »slawischen Einflüssen« in den Grenzregionen zählte zu einem der Hauptziele des Vereins. Als Folge wurden auch völkische Ehen propagiert, um insbesondere Ehen mit slawischen Männern zu diskreditieren. Nach der Fusion mit dem *Deutschen Schulverein* zum *Deutschen Schulverein Südmark* wurde u.a. über die Errichtung von (deutschsprachigen) Schulen im Grenzgebiet versucht, »Assimilierungshilfen« zu schaffen und die slowenische Sprache zunehmend zu vertreiben sowie dadurch die »deutsche Kultur« zu »schützen« (→ Assimilation 1, 2). Anders als der *Deutsche Schulverein* und der *Deutsche Schulverein Südmark* wurde der *Verein Südmark* 1938 nicht gleichgeschaltet, sondern bestand während und nach Ende des Krieges fort.

Kärntner Heimatdienst (KHD)/Kärntner Heimatbund (KHB): Der *Kärntner Heimatdienst* wurde im

März 1920 gegründet, um die Vorbereitungen bzw. deutschnationale Propaganda für die Volksabstimmung zu übernehmen. 1924 wurde er in *Kärntner Heimatbund* umbenannt und schon bald waren in seinen Reihen wie auch in der Führung illegale Nationalsozialisten anzutreffen, die sich aufgrund des NSDAP-Verbots im KHB organisierten. Vom KHB wurde u.a. die *Kärntner Bodenvermittlungsstelle* betrieben, deren zentrale Aufgabe es war, slowenische Betriebe und Land zu germanisieren, d.h. an »deutsche« Käufer und Pächter zu vermitteln. Dabei gelang es ihr in wenigen Jahren 196 Betriebe und ca. 4.500 ha Land in »deutsche Hände« zu bringen, wobei »gefestigten Grenzland- und Reichsdeutschen der Vorzug« gegeben wurde. Er betrieb damit eine repressive Germanisierungspolitik, die auch im Nationalsozialismus fortgesetzt wurde. Nach dem Anschluss 1938 forderte der KHB beispielsweise die Bekanntgabe »führender nationaler Slowenen«, von denen viele später deportiert wurden. Nach dem Zweiten Weltkrieg wurde der Kärntner Heimatdienst 1957 neu gegründet.

Lit.: P. Grohmann, E. v. Mojsisovics: *Verhandlungen des Österreichischen Alpen-Vereines*, Heft 1. 1864. Wien 1864; Kärntner Heimatbund [Hg.]: *Abwehr und Verständigung. Antwort auf die Angriffe d. Nationalslowenischen Kulturverbandes in Kärnten*. Klagenfurt 1938; F. Danimann (Hg.): *Finis Austriae*. Wien/München/Zürich 1978; R. Krammer: *Die Turn- und Sportbewegung*. In: E. Weinzierl, K. Skalnik (Hg.): Österreich 1918–1938, Geschichte der Ersten Republik. Graz/Wien 1983; B. Allmann: *Der Deutsche Schulverein in Kärnten, Görz und Triest vor dem Hintergrund der österreichischen Schulpolitik und im Spannungsfeld nationaler Differenzierung 1880–1914*, Diplomarbeit, eingereicht an der Universität Wien 1988; E. Staudinger: *Die Südmark. Aspekte der Programmatik und Struktur eines deutschen Schutzvereines in der Steiermark bis 1914*. In: H. Rumpler, A. Suppan (Hg.), Geschichte der Deutschen im Bereich des heutigen Sloweniens. 1848–1941. München/Wien 1988; B. Perchinig: *»Wir sind Kärntner und damit hat sich's …« Deutschnationalismus und politische Kultur in Kärnten*. Klagenfurt/Celovec 1989; H. Rumpler (Hg.): *März 1938 in Kärnten, Fallstudien und Dokumente zum Weg in den »Anschluß«*. Klagenfurt 1989; M. Fritzl: *Der Kärntner Heimatdienst. Ideologie, Ziele und Strategien einer nationalistischen Organisation* (Hg. vom Slowenischen Institut zur Alpen-Adria-Forschung, Klagenfurt). Klagenfurt/Celovec 1990; W. Wiltschegg: *Österreich – der »Zweite deutsche Staat«? Der nationale Gedanke in der Ersten Republik*, Graz, Stuttgart 1992; S. Kiyem: *Der deutsche Schulverein »Südmark« 1918–1938*, Diplomarbeit, eingereicht an der Universität Wien 1995; R. Amstädter: *Der Alpinismus: Kultur, Organisation, Politik*. Wien 1996; U. Burz: *Die nationalsozialistische Bewegung in Kärnten (1918–1933). Vom Deutschnationalismus zum Führerprinzip*. Klagenfurt 1998; D. Nöbauer: *Avantgarde des Antisemitismus – der Alpenverein als Vorkämpfer des Nationalsozialismus? Eine diskurshistorische Textanalyse der »Mitteilungen des Deutschen und Österreichischen Alpen-Vereins« der Jahre 1918 bis 1925*, Diplomarbeit, eingereicht an der Universität Wien, 2004; H. Zettelbauer: *Imaginierte Körper. Geschlecht und Nation im deutschnational-völkischen Verein Südmark 1894–1918*. In: J. Gehmacher (Hg.): Bodies – Politics. Innsbruck, Wien [e.a.] 2004; V. Hellwig: *Der Sonderfall. Kärntner Zeitgeschichte 1918–2004*. Klagenfurt/Celovec [e.a.] 2005; P. Haslinger (Hg.): *Schutzvereine in Ostmitteleuropa – Vereinswesen, Sprachenkonflikte und Dynamiken nationaler Mobilisierung 1860–1939*. Marburg 2009.

Web: Dokumentationsarchiv des österreichischen Widerstandes: www.doew.at (20.1.2013).

Judith Götz

Karikatur aus der Zeit der Volksabstimmungspropaganda, ARS/INV

Deutschtümler, slow. *nemškutar*, *nemčur*, Bezeichnung für den abtrünnigen nationalen Renegaten.

Im Unterschied zum deutschsprachigen Raum, wo im Vormärz die Vertreter eines überspannten deutschen Nationalismus als D. bezeichnet wurden, bedeutet das Wort *nemškutar* im slowenischsprachigen Raum zunächst die übertriebene, unnötige Verwendung der deutschen Sprache (z.B. *Rezika nemškuta* [Die deutschtümelnde Rezika] bei France › PREŠEREN). Diese Bezeichnung erhielt 1848 einen politischen Inhalt. Jovan VESEL KOSESKI meint in seinem Gedicht *Nemškutar* (1848) damit jene Menschen slowenischen Ursprungs (vorweg Beamte), die sich in Anpassung an die neuen politischen Verhältnisse für das Frankfurter

Oskar Dev, 1910er Jahren

Parlament engagierten und die Berechtigung der slowenischen national-politischen Forderungen in Abrede stellten. Nach der Erneuerung des Verfassungslebens hießen *nemškutar* in erster Linie jene gebildeten Bürger mit »objektiv« slowenischer Herkunft, die die Politik der slowenischen nationalen (liberalen) Partei ablehnten. Dragotin DEŽMAN/Karl DESCHMANN, der 1848 das Programm der → *Zedinjena Slovenija* mitgestaltet hatte, wurde später zum Prototyp des D. Er hatte 1861 öffentlich mit dem Slowenentum gebrochen und war zum Anführer der deutschen Verfassungspartei in → Krain/Kranjska geworden. Aber nicht nur Bürger wurden mit der Bezeichnung D. belegt, sondern auch die slowenisch sprechende bäuerliche Bevölkerung in den sprachlichen Kontaktzonen in der Untersteiermark/Spodnja Štajerska und in → Südkärnten/Južna Koroška (→ Sprachkontakt), die aus verschiedenen, vor allem sozialen Gründen nicht die slowenische nationale Politik, sondern die deutschen (liberalen) Parteien unterstützten. Einerseits waren dies Menschen, die aus innerer Überzeugung vornationale (regionale) Identifikationen bevorzugten (→ Identität, territoriale), oder solche, die aufgrund des auf ihnen lastenden sozialen, wirtschaftlichen und psychologischen Druckes nachgaben und sich mit dem deutschnationalen Programm identifizierten und die (sprachliche) → Assimilation des slowenischen Teils der Bevölkerung befürworteten (→ Assimilant).

Lit.: V. Melik: *Nemci in Slovenci (1815–1941)*. In: ZČ 46/2 (1992) 171–174; T. Domej: *Slovenci v 19. stoletju v luči svojih lastnih oznak*. In: Slovenci in država. Zbornik prispevkov z znanstvenega posveta na SAZU (od 9. do 11. novembra 1994). Ljubljana 1995, 83–94; J. Pleterski: *Slowenisch oder deutsch? Nationale Differenzierungsprozesse in Kärnten (1848–1914)*. Klagenfurt/Celovec 1996, insb. Kap. 5 »Die Ideologie der ›deutschfreundlichen Slowenen‹ bzw. ›Deutschtümler‹ nach dem Jahre 1873«, 226–266; J. Cvirn: *Kdor te sreča, naj te sune, če ti more, v zobe plune. Dragotin Dežman in slovenstvo*. In: *Zgodovina za vse* 14/2 (2007) 38–56.

Janez Cvirn †; Üb.: Katja Sturm-Schnabl

Dev, Oskar (* 2. Dezember 1868 Planina [Postojna, Notranjska], † 3. August 1932 Maribor), Jurist, Komponist, Sammler, Arrangeur, Redakteur und Herausgeber von Volksliedern, Chorleiter.

Bereits am Gymnasium in Novo mesto war D. bereits von Hugolin SATTNER musikalisch beeinflusst worden. 1885–1888 besuchte er die Schule der *Glasbena matica* [Gesellschaft für Musik] in Ljubljana, wo er bei Anton FOERSTER, Fran GERBIČ und Julius OHM-JANUSCHOWSKY ausgebildet wurde. Bei Matej HUBAD in → Ljubljana studierte D. Gesang und Harmonielehre ebenso bei Julius BÖHM in Wien an der Schule des Ambrosiusvereins. In Wien war er auch Chorleiter der Vereine *Slovenija* und *Slovensko pevsko društvo* [Slowenischer Gesangsverein]. Nach Abschluss seines Jusstudiums war D. Richter in Škofja Loka, Kranj, Ljubljana und → Maribor, doch überall brachte er sich auch als Förderer des Musiklebens ein und war in Novo mesto, Postojna, Škofja Loka, Kranj und in Brdo bei Ljubljana jeweils auch Chorleiter. D. war enger Mitarbeiter von Karel → ŠTREKELJ (vgl. *Slovenske narodne pesmi*, 1895–1923). In Maribor gründete er eine *Glasbena matica* mit einer Reihe von Chören und einer Schule, wobei er deren erster Vorsitzender und Chorleiter war. D. schrieb bedeutende Kompositionen für gemischte und Männerchöre und schrieb auch → Kunstlieder. Unter den → Volksliedern, die er arrangierte, waren auch 400 Volkslieder aus Kärnten/Koroška (wie auch so populäre wie *Drumelca* [Die Maultrommel], *Gor/Nmav čez izaro* [Ein wenig über'n See], *Pojdem v rute* [Ich gehe in die Berge], die bei den Kärntner Slowenen zum identitätsbildenden Kulturgedächtnis gehören. Von diesen Liedern erschienen vier Sammlungen: bei der *Glasbena matica*, beim Verlag Schwentner in Ljubljana. Im Selbstverlag veröffentlichte er 1923 eine Sammlung jugoslawischer Volkslieder. Als lyrischer Romantiker bezeugte D. tiefes, erlebtes Gefühl für eine natürliche und unaufdringliche Ausdrucksweise und erreichte mit viel Humor sogar die neue Zeit.

Quellen: NUK, Glasbena zbirka.
Werke: *Slovenske narodne pesmi iz Ziljske doline in Podroža*. Ljubljana 1908; *Slovenske narodne pesmi s Koroške*. Ljubljana 1912; *Jugoslovanske ljudske pesmi*. 1923; *Koroške slovenske narodne pesmi*. Maribor 1926.
Lit.: SBL; ME; LJM; ES; OVSBL. – D. Cvetko: *Zgodovina glasbene umetnosti na Slovenskem*, 3. Ljubljana 1960; F. Križnar: *Ob 60-letnici smrti skladatelja Oskarja Deva (1868–1932)*. In: *Loški razgledi* 39 (1992) 105–136; J. Nemec: *Anton Nagele. Živeti hočemo!* Celovec 2004; F. Križnar: *Ivan Grohar and Oskar Dev*. In: *Kultura* 7 (Skopje 2014) 37–51.

Franc Križnar; Üb.: Katja Sturm-Schnabl

Dezemberverfassung (1867), literaturübliche Bezeichnung für fünf Staatsgrundgesetze und das Delegationsgesetz vom 21. Dezember 1867, die in der Folge des österreichisch-ungarischen Ausgleichs vom 15. März 1867 vom cisleithanischen Reichsrat mit Geltung für die österreichische Reichshälfte der Habsburgermonarchie beschlossenen worden waren, von

Kaiser Franz-Joseph I. sanktioniert wurden und tags darauf in Kraft traten. Damit wurde die Umwandlung des einheitsstaatlichen *Kaisertums Österreich* in die zweistaatliche *Doppelmonarchie Österreich-Ungarn* materiell-rechtlich besiegelt und behielt ihre Gültigkeit bis zum Ende der Monarchie. Die als liberal charakterisierten Staatsgrundgesetze stellten das Staatswesen auf eine neue verfassungsrechtliche Grundlage. Einerseits war dies die Folge der geänderten internationalen Machtverhältnisse sowie der erstarkten ungarischen politischen Bestrebungen (die Schlacht bei Solferino 1859 ebnete den Weg zum italienischen Einigungsprozess, die Schlacht bei Königgrätz [tschechisch *Hradec Králové*] 1866 festigte den Führungsanspruch Preußens und führte zur kleindeutschen Lösung bzw. der Gründung des Kaiserreiches 1871). Andererseits legte die konstitutionelle Staatsform in der Nachfolge des Oktoberdiploms von 1860 und des Februarpatentes von 1861 bzw. des Sistierungspatentes von 1865 die rechtlichen Rahmenbedingungen für die Modernisierung des Staatswesens und ließ gleichzeitig wesentliche Teile der traditionellen Machtverhältnisse unangetastet.

Die Dezemberverfassung umfasste 1. das Grundgesetz über die **Reichsvertretung** (RGBl. 141/1867), das die entsprechenden Bestimmungen über den Reichsrat des Februarpatentes von 1861 auf die österreichische Reichshälfte anpasste; 2. das Grundgesetz über die **allgemeinen Rechte** der Staatsbürger, d.h. die üblichen liberalen Grundrechte nach dem Vorbild der → Oktroyierten Märzverfassung von 1849 (RGBl. 142/1867); 3. das Grundgesetz über die Einsetzung eines **Reichsgerichts,** »welches zur Kontrolle der Verwaltung in Bezug auf die Achtung der politischen Rechte berufen war« (Walter/Mayer) und ein Vorläufer des Verfassungsgerichtshofes der Ersten Republik ist (RGBl. 143/1867); 4. das Staatsgrundgesetz über die **richterliche Gewalt** (RGBl. 144/1867), »das die Unabhängigkeit der Gerichte und bestimmte Organisationsprinzipien für die Gerichtsbarkeit vorsah und die Errichtung eines Verwaltungsgerichtshofes verhieß« (dieser wurde erst 1875, RGBl. 36/1876, eingerichtet) (Walter/Mayer); 5. das Staatsgrundgesetz über die Ausübung der **Regierungs- und Vollzugsgewalt,** »das Bestimmungen über die Stellung des Kaisers, der Regierung, das Verordnungsrecht und die Stellung der Beamten enthielt« (Walter/Mayer) (RGBl. 145/1867) sowie 6. das sog. **Delegationsgesetz,** über die allen Ländern der Habsburger Monarchie gemeinsamen Angelegenheiten und die Art ihrer Behandlung (RGBl. 146/1867).

Dieses setzte zwei Delegationen mit je 60 Mitgliedern ein, die zu einem Drittel aus Mitgliedern des Herrenhauses bzw. des Magnatenhauses und zu zwei Dritteln aus Mitgliedern des cisleithanischen Reisrates bzw. des transleithanischen Reichstages beschickt wurden, und zwar zur koordinierten Regelung von pragmatischen Angelegenheiten (Auswärtiges, Kriegs- und diesbezügliche Finanzangelegenheiten) sowie von sog. dualistischen Angelegenheiten (Zoll, Münz- und Geldwesen, Wehrsystem, indirekte Abgaben auf die industrielle Produktion, Eisenbahnlinien im Interesse beider Reichshälften). Die Landesordnungen und das ungleiche Zensus- und Kurien- und Männerwahlrecht des Februarpatentes blieben aufrecht bzw. wurden nahezu unverändert übernommen. Letzteres wurde bis zur Einführung des allgemeinen Wahlrechts für Männer 1907 sukzessive ausgedehnt, der Zensus gesenkt, 1896 eine fünfte Kurie eingeführt und die Zahl der → Abgeordneten sukzessive von 203 Abgeordneten 1867 auf 353 im Jahr 1873, auf 425 im Jahr 1896 und auf 516 im Jahr 1907 erhöht.

Der Grundrechtskatalog des Staatsgrundgesetzes über die allgemeinen Rechte der Staatsbürger umfasste 20 (19 + 1) Artikel und knüpfte an die liberalen Ansätze der Oktroyierten Marzverfassung 1849 an. Er wurde in den Rechtsbestand der Ersten Republik rezipiert sowie über Art. 149 der Bundesverfassung aus 1929 in der nunmehr geltenden konsolidierten Fassung mit einigen Anpassungen übernommen. Er umfasst staatsbürgerliche Rechte ebenso wie solche, die nicht auf Staatsbürger beschränkt sind. So regeln Art. 1 die Staatsbürgerschaft, Art. 2 den Gleichheitsgrundsatz für Staatsbürger, Art. 3 den Zutritt zu öffentlichen Ämtern für alle Staatsbürger, Art. 4 die Freizügigkeit der Person bzw. das Wahlrecht für Staatsbürger am Ort der Niederlassung, Art. 6 die Aufenthaltsfreiheit für Staatsbürger, Art. 7 die Aufhebung des Untertänigkeits- und Hörigkeitsverbandes und des geteilten Eigentums, Art. 12 die Vereins- und Versammlungsfreiheit für Staatsbürger, Art. 17 die Freiheit der Wissenschaft und Lehre bzw. das Recht jedes Staatsbürgers, im Rahmen der gesetzlichen Vorgaben Unterrichts- und Erziehungsanstalten zu gründen und zu unterrichten. Der letzte Artikel des Grundrechtskatalogs ist Art. 19., der die Gleichheit aller Völker/Nationalitäten (→ »Volksstämme«) statuiert. Angesichts der Tatsache, dass die **nationale Frage** eine zentrale politische Herausforderung war, ist dies durchaus symptomatisch, wenn man bedenkt, dass die Gleichberechtigung der »Volks-

Verfassungen Österreichs

stämme« in der Oktroyierten Märzverfassung 1849 in § 5 festgeschrieben war, ebenso wie in den meisten darauf beruhenden Landesverfassungen 1849/50 jeweils in § 3, d.h. jeweils in den konstitutiven Grundsatzartikeln der Verfassungen.

Daneben werden umfassende Freiheiten gewährt, Art. 4 die Freizügigkeit der Person; Art. 5 die Unverletzlichkeit des Eigentums; Art. 6. die Aufenthaltsfreiheit bzw. die Freiheit, den Wohnsitz frei zu wählen und Liegenschaften zu erwerben; Art. 8 die Freiheit der Person; Art. 9 die Unverletzlichkeit des Hausrechts; Art. 10 das Briefgeheimnis; Art. 11 das Petitionsrecht; Art. 13 die Meinungsäußerungsfreiheit und die Pressefreiheit; Art. 14, 15 und 16 verschiedene Aspekte der Religionsfreiheit für anerkannte und nicht anerkannte Religionsgemeinschaften; Art. 17 die Freiheit von Wissenschaft und Lehre; Art. 18 die Freiheit der Berufswahl; Art. 20 regelte die zeitliche und örtliche Suspension verschiedener Grundrechte, wie im Übrigen verschiedene Grundrechte gesetzlichen Beschränkungen unterlagen (dieser wurde jedoch nicht in das österreichische Rechtssystem rezipiert). Bezeichnend ist jedoch, wie A. MALLE dies hic loco darstellt, dass zwar in der Folge die Zensur in der Republik abgeschafft worden ist, dass sie aber von der Kärntner Landesregierung wieder eingeführt wurde und die Tätigkeit der slowenischen → Kulturvereine streng überwachte.

Die **Verwaltungsmodernisierung** war grundsätzlich bereits im Zuge der Oktroyierten Märzverfassung 1849 eingeleitet und überdauerte teilweise die Epoche des Neoabsolutismus, wobei nunmehr statt der zwischenzeitlich eingerichteten Gemischten Bezirksämter wieder die Bezirkshauptmannschaften eingerichtet wurden. Doch war der Wandel eines agrarisch geprägten Staates in einen modernen Staat im Zeitalter der industriellen Revolution ohne die Durchsetzung der liberalen Grundrechte zur Überwindung der statischen feudalen Strukturen nicht denkbar und folgte in dieser Hinsicht der Logik der Verfassungsbestimmungen aus dem Jahr 1849 (→ Binnenwanderung, → Emigration).

Allerdings stand neben der formellen egalitären Verfassungsordnung die gesellschaftliche Realität der gesellschaftlichen Ungleichheit, die eine unterschiedliche Ausgangslage für die langfristige Nutzung dieser Freiheiten der einzelnen gesellschaftlichen Gruppen mit sich brachte. Insgesamt verloren die Habsburger bzw. Österreich durch die kleindeutsche Lösung und durch das Erstarken Preußens den Führungsanspruch im gesamtdeutschen Sprachraum. Durch den Dualismus und den Ausgleich mit Ungarn kommt es mit der ethnischen Bipolarisierung im einst – mit Einschränkungen – multiethnischen Gesamtstaat, dem *Kaisertum Österreich*, zu einem Erstarken der Polarisierung in der nationalen Frage innerhalb Cisleithaniens bzw. zu einem in traditionellen Denk- und Machtmustern verhafteten Führungsanspruch der deutschsprachigen politischen und wirtschaftlichen Eliten, und zwar gegen die slawische Mehrheit (in der ungarischen Reichshälfte hatten die ungarischen Eliten denselben Führungsanspruch). In Bezug auf die Tschechen kam es 1905 noch zum *Mährischen Ausgleich*, doch gegenüber den als »ahistorisch« betrachteten Völkern (Slowenen in Cisleithanien und Slowaken in der ungarischen Reichshälfte) gab es keinerlei nennenswerte Fortschritte.

Durch die verfassungsrechtliche Bezugnahme auf die historischen »im Reichsrate vertretenen Königreiche und Länder« blieben die slowenischen Reichsteile aufgeteilt in verschiedene Kronländer und innerhalb dieser – außer in Krain/Kranjska – zahlenmäßige Minderheiten bzw. wurden diese einsprachigen slowenischen Gebiete institutionell zweisprachig, d.h. auch Deutsch bzw. Italienisch im Küstenland/Litorale/Primorje.

Dieser systemischen Ungleichheit versuchte die slowenische politische Bewegung unter dem Motto eines Vereinten Sloweniens (→ *Zedinjena Slovenija*) mit der Forderung nach einer verwaltungsmäßigen Vereinigung aller slowenischen Länder bzw. Reichsteile in einer verwaltungsmäßigen Einheit bereits ab 1848 zu begegnen. Sie behielt diese Ausrichtung im Rahmen der → *Tabor*-Bewegung ab den 1870er-Jahren und integrierte sie in die → Maideklaration 1917 noch mit dem Ziel, diese Vereinigung »unter dem Zepter der Habsburgisch-Lothringischen Dynastie« zu verwirklichen. In diesem Kontext begünstigte die **Vereins- und Versammlungsfreiheit (Art. 12)** durchaus die lokalen politischen Strömungen und traf die Behörden angesichts der ersten slowenischen → *Tabor*-Versammlungen laut A. MALLE hic loco unerwartet. Das slowenische → Vereinswesen, das → Genossenschaftswesen und die Gründung zahlreicher → Kulturvereine um die Jahrhundertwende wären ohne dieses Grundrecht nicht denkbar gewesen und fanden in der Zeit des Neoabsolutismus in dieser Form auch nicht statt.

Art. 19 des Grundrechtskataloges wiederum folgt in der Terminologie noch den vorhergehenden Verfassungen und differenziert nicht zwischen ethnischen → Minderheiten und ethnischen Mehrheiten, sondern spricht vielmehr von der Gleichberechtigung aller (konstitutiven) → »Volksstämme« im Sinne von »Völker«. Auch wird die »Gleichberechtigung aller landesüblichen Sprachen in Schule, Amt und öffentlichem Leben« als Verfassungsrecht definiert. Es wird auf das Kollektiv abgestellt und nicht, wie später im → Vertrag von Saint-Germain, auf die einzelnen Angehörigen der Minderheit. Die gesellschaftliche Realität der unterschiedlichen Machtverhältnisse interferiert allerdings bereits in den dritten Satz von Art. 19, in dem statuiert wird, dass »ohne Anwendung eines Zwanges zur Erlernung einer zweiten → Landessprache jeder dieser Volksstämme die erforderlichen Mittel zur Ausbildung seiner Sprache erhält«. Gerade in jenen Kronländern, in denen insbesondere seit den josephinischen Reformen Deutsch 1784 als innere → Amtssprache eingeführt worden war, kam es zu einer sozialen Hierarchisierung der Sprachen. Diese soziolinguistische Realität wurde durch die bereits deutschnationale, politisch motivierte Politik gestärkt und von weiteren Machtinstrumenten wie Wirtschaft, Wahlrecht bzw. → Wahlordnungen, → Wahlkreiseinteilungen, sonstige Verwaltungseinteilungen (Kreise, Bezirkshauptmannschaften, Gerichtsbezirke) und von den Bestimmungen der → Sprachenzählung und *statistischen* → Germanisierung flankiert (nach M. KLEMENČIČ). Dies führte zu systematischen rechtlichen Diskriminierungen, d.h. zu obrigkeitlich abgesegneten, verfassungswidrigen Grundrechtsverletzungen, die gegen die Slowenen und andere slawische Völker gerichtet waren. Das utraquistische → Schulwesen nutzte so einerseits die Hintertür der »Befreiung« vom »Zwang«, das Slowenische im geschlossenen slowenischen Siedlungsgebiet zu erlernen, und hatte gleichzeitig als gesetzliches Ziel, ganze Bevölkerungsteile und Gebiete zu germanisieren (→ Germanisierung, → Assimilation). Zunutze machte es sich dabei soziolinguistische und psycholinguistische Gesetzmäßigkeiten und Phänomene und legte in einer ersten Phase durch die strukturelle Erhöhung der → Relevanz des Deutschen bzw. durch die damit verbundene Redundanz des Slowenischen die Grundlagen für den generationenübergreifenden → Sprachwechsel.

In der Folge in Umsetzung des Art. 19 des Grundrechtskataloges wurde so lediglich in → Krain/Kranjska das Landesgesetzblatt wieder in einer zweisprachigen Fassung herausgegeben, bei der beide Sprachen gleichermaßen authentisch waren. Im Kärntner Landtag wurde diese Frage 1868 sogar diskutiert, doch mit nicht verfassungsrelevanten Argumenten abgelehnt. Die diesbezügliche Regelung war am restriktivsten von allen slowenischen Kronländern (→ Landesgesetzblatt, zweisprachiges Kärntner). Zudem bestimmte das »Gesetz über die Kundmachung von Gesetzen und Verordnungen durch das → Reichsgesetzblatt« vom 10. Juni 1869 (RGBl. 113/1869), dass lediglich dessen deutschsprachige Fassung authentisch sei, und dass die Ausgaben in den »übrigen landesüblichen Sprachen […] die offiziellen Übersetzungen des authentischen Textes« seien. Das höhlte somit materiell die Bestimmung von Art. 19 des Grundrechtskataloges bereits aus (→ Kundmachung [3]). In Kärnten/Koroška bzw. in dessen slowenischen Landesteil unterwanderten der Landtag und die übrigen Behörden aufgrund der Staatsordnung systematisch die verfassungsmäßig gewährleisteten Grundrechte der Slowenen (→ Landesgesetzblatt, Franc → MURI).

Differenziert ist auch das Grundrecht auf **Freiheit von Wissenschaft und Lehre (Art. 17)** in seinen Auswirkungen für die slowenische Kulturgeschichte zu betrachten. Denn obschon etwa in Graz das Slowenische an der Karl-Franzens-Universität sporadisch berücksichtigt wurde und zahlreiche Slowenen sich an Universitäten entfalteten (z.B. Franz → MIKLOSICH, Josef → STEFAN u.a.), wurde den Slowenen eine eigene Universität verwehrt. Das Grundrecht auf Freiheit von Wissenschaft und Lehre konnte institutionell in den slowenischen Kronländern und insbesondere nicht einmal in → Krain/Kranjska zur Anwendung kommen und wurde erst im SHS-Staat bzw. im ersten → Jugoslawien verwirklicht. (Mit dem Argument der Freiheit der Lehre sollte langfristig die Errichtung einer eigenständigen Lehrkanzel für Slowenistik an der Universität Wien trotz des einfachgesetzlichen Auftrages aus dem Universitäts-Organisationsgesetz aus dem Jahr 1975, des zwischenstaatlichen, d.h. völkerrechtlich wirksamen Kulturabkommens zwischen Österreich und Slowenien, und trotz der Verfassungszielbestimmung der Förderung der österreichischen Volksgruppen aus Art. 8/2 BVG aus dem Jahr 2000 [BGBl. 68/2000] systematisch bis in die Gegenwart verhindert werden [Schnabl 2013, 178–179].)

Die strukturellen Auswirkungen der **liberalen, wirtschaftlichen Grundfreiheiten** lassen sich beispielhaft an der Entwicklung der sprachlichen Situation entlang der 1857 durchgehend von Wien über Graz, → Maribor, → Celje, → Ljubljana bis → Trieste/Trst/Triest führenden Südbahn nachvollziehen, wo gerade die Kombination von wirtschaftlichen und soziolinguistischen Phänomenen nationalideologischen Intentionen entsprachen. Gleiches gilt für die urbanen und semi-urbanen Wirtschaftszentren in Kärnten/Koroška (→ Klagenfurt/Celovec und → Villach/Beljak sowie → Bleiburg/Pliberk, → Ferlach/Borovlje, → Ravne na Koroškem, → Völkermarkt/Velikovec) und die sprachlichen Randgebiete, von denen aus die Germanisierung fortschritt (→ Ossiacher Tauern/Osojske Ture und Moosburger Hügelland/Možberško gričevje; → Krähwald/Hrebelja [Hreblje]). Die allgemeinen politischen Verhältnisse festigten den gesellschaftlichen → Assimilationszwang als Vorbedingung für den gesellschaftlichen Aufstieg.

In diesem Lichte läutete die Dezemberverfassung 1867 und insbesondere Art. 19 des Grundrechtskatalogs einen Trend ein, der 1919 auf völkerrechtlicher Ebene im → Vertrag von Saint-Germain bestätigt wurde, wo aus den formell gleichberechtigten konstitutiven Völkern nicht gleichberechtigte Bevölkerungsteile, sondern staatstragende Mehrheiten und sog. → »Minderheiten« definiert wurden, wenn auch die Slowenen etwa die Mehrheit in einem weitgehend geschlossenen Siedlungsgebiet in → Südkärnten/Južna Koroška darstellten. Die Lösung der nationalen Frage konnte das dualistische System nicht bieten, weil es trotz der formellen Gleichheit der konstitutiven Völker in beiden Reichshälften jeweils eine Ethnie favorisierte und jegliche Vision oder Verhandlung einer trialistischen oder anderen Lösung an der systemischen Trägheit scheitern musste (wie es die vergeblichen Bemühungen des Ministers ohne Portefeuille Dr. Ivan → Žolger gegen Ende des Ersten Weltkrieges zeigten). Dies wurde nicht zuletzt bereits mit der Annexion Bosniens und Herzegowinas 1908 offenbar, als es nach 30 Jahren Okkupation als *corpus separatum* de facto außerhalb des institutionellen und politischen Gefüges in die Doppelmonarchie eingegliedert und dem gemeinsamen k.u.k. Finanzministerium zur Verwaltung unterstellt, aber nicht an den gesamtstaatlichen demokratischen und politischen Willensbildungsprozessen in den beiden Parlamenten, dem cisleithanischen Reichsrat und dem transleithanischen Reichstag, beteiligt wurde, was eher der Konzeption eines Kolonialstatus entspricht.

Quellen/Web: RGBl. 20/1861: *Die Verfassung der österreichischen Monarchie, nebst zwei Beilagen*; RGBl. 88/1865: *Kaiserliches Manifest vom 20. September 1865*; RGBl. 89/1865: *Kaiserliches Patent vom 20. September 1865, womit die Wirksamkeit des durch das kaiserliche patent vom 26. Februar 1861 kundgemachten Grundsatzes über die Reichsvertretung sistiert wird*; RGBl. 141/1867: *Gesetz vom 21. Dezember 1867, wodurch das Grundgesetz über die Reichsvertretung vom 26. Februar 1861 abgeändert wird*; RGBl. 142/1867: *Staatsgrundgesetz vom 21. Dezember 1867 über die allgemeinen Rechte der Staatsbürger für die im Reichsrathe vertretenen Königreiche und Länder*; RGBl. 143/1867: *Staatsgrundgesetz vom 21. Dezember 1867 über die Einsetzung eines Reichsgerichts*; RGBl. 144/1867: *Staatsgrundgesetz vom 21. Dezember 1867 über die richterliche Gewalt*; RGBl. 145/1867: *Staatsgrundgesetz vom 21. Dezember 1867 über die Ausübung der Regierungs- und Vollzugsgewalt*; RGBl. 146/1867: *Gesetz vom 21. Dezember 1867 über die allen Ländern der österreichischen Monarchie gemeinsamen Angelegenheiten und die Art ihrer Behandlung* (sog. Delegationsgesetz); sowie Staatsgesetzblatt Nr. 303/1920: *Staatsvertrag von St.-Germain-en-Laye vom 10. September 1919*, http://www.versailler-vertrag.de/svsg/3.htm#35; BGBl. 392/1929: *Bundes-Verfassungsgesetz in der Fassung von 1929*; www.verfassungen.de/at/ (13. 9. 2012); BGBl. 152/1955: *Staatsvertrag vom 15. Mai 1955 (BGBl. 152/1955) betreffend die Wiederherstellung eines unabhängigen und demokratischen Österreich* (Staatsvertrag von Wien); BGBl. 258/1975: *Bundesgesetz vom 11. April 1975 über die Organisation der Universitäten (Universitäts-Organisationsgesetz – UOG; UOG 1975/ Firnberg-UOG, eingebracht 1973)*; BGBl. 118/1999: *Sporazum med Vlado republike Avstrije in vlado Republike Slovenije o znanstveno-tehničnem sodelovanju / Abkommen zwischen der Regierung der Republik Österreich und der Regierung der Republik Slowenien über wissenschaftlich-technische Zusammenarbeit* (BGBl. III – Ausgegeben am 24. Juni 1999 – Nr. 118); http://www.ris.bka.gv.at/Dokumente/BgblPdf/1999_118_3/1999_118_3.pdf; BGBl. 68/2000: *Bundesverfassungsgesetz, mit dem das Bundes-Verfassungsgesetz geändert wird* (neuer Artikel 8/2, in Kraft getreten am 1. Avgust 2000). http://www.ris.bka.gv.at/Dokumente/BgblPdf/2000_68_1/2000_68_1.pdf; BGBl. 90/2002: *Sporazum med vlado republike Avstrije in vlado republike Slovenije o sodelovanju v kulturi, izobraževanju in znanosti / Abkommen zwischen der Regierung der Republik Österreich und der Regierung der Republik Slowenien über die Zusammenarbeit auf den Gebieten der Kultur, der Bildung und der Wissenschaft*, BGBl. Nr. III Nr. 90/2002 in Kraft seit 1. 5. 2002, Protokoll der 2. Tagung der österreichisch-slowenischen Gemischten Kommission, 15. und 16. 5. 2007 Laibach, Gültigkeitsdauer: bis 31. 12. 2012, 2010: Evaluierung durchgeführt nächster Verhandlungstermin: 2. Hälfte 2012 (Wien); http://www.bmeia.gv.at/aussenministerium/aussenpolitik/auslandskultur/kulturabkommen/liste-der-kulturabkommen.html);tudi: http://www.bmeia.gv.at/fileadmin/user_upload/bmeia/media/3-Kulturpolitische_Sektion_-_pdf/Kulturabkommen/Slowenien.pdf; BGBl. 29/2010: BGBl. III Nr. 118/1999 in Kraft seit 1. 7. 1999 (*Protokoll zur Änderung des Abkommens zwischen der Regierung der Republik Österreich und der Regierung der Republik Slowenien über wissenschaftlich-technische Zusammenarbeit*, BGBl. III Nr. 29/2010 in Kraft seit 1. 4. 2010); http://www.ris.bka.gv.at/Dokumente/BgblPdf/1999_118_3/1999_118_3.pdf.

Lit.: A. Skedl (Hg.): *Der politische Nachlaß des Grafen Eduard Taaffe*. Wien [e.a.] 1922, 323 ff., 340 ff.; R. A. Kann: *Das Nationalitätenproblem der Habsburgermonarchie. Geschichte und Ideengehalt der nationalen Bestrebungen vom Vormärz bis zur Auflösung des Reiches im Jahre 1918. Band 1: Das Reich und die Völker*. Graz, Köln 1964; V. Melik: *Volitve na Slovenskem*. Ljubljana 1965; B. Sutter: *Die Badenische Sprachenverordnungen von 1897. Ihre Genesis und ihre Auswirkungen vornehmlich auf die innerösterreichischen Alpenländer*. Graz/Köln 1960, 1965; H. Fischer, G. Silvestri (Hg.): *Texte zur österreichischen Verfassungs-Geschichte*. Wien 1970; F. Stundner: *Zwanzig Jahre Verwaltungsaufbau – Die Entstehung der Bezirkshauptmannschaften (1848–1868)*. In:

J. Gründler (Hg.): 100 Jahre Bezirkshauptmannschaften in Österreich, Festschrift. Wien 1970, 18–30; K. Dinklage: *Kärnten*. In: J. Gründler (Hg.): 100 Jahre Bezirkshauptmannschaften in Österreich, Festschrift. Wien 1970, 72–80; F. Walter: *Österreichische Verfassungs- und Verwaltungsgeschichte von 1500–1955*. Wien 1972; F. Ermacora: *Menschenrechte in der sich wandelnden Welt*. Wien 1974, 134 f.; R. A. Kann: *Die Habsburgermonarchie und das Problem des übernationalen Staates*. In: A. Wandruszka, W. Urbanitsch (Hg.): Die Habsburgermonarchie 1848–1918. Band 2: Verwaltung und Rechtswesen. Wien 1975, 1–56; R. Malli: *Die Sozialstruktur und das nationale Erwachen der Slowenen*. In: Österreichische Osthefte. Wien 1978, Jg. 20, Heft 1, 284–291; G. Fischer: *Das Slowenische in Kärnten, Bedingungen der sprachlichen Sozialisation, Eine Studie zur Sprachenpolitik*. Wien, Sprache und Herrschaft, Zeitschrift für eine Sprachwissenschaft als Gesellschaftswissenschaft, Reihe Monographien Nr. 1/1980; H. Haas: *Das Minderheitenschutzverfahren des Völkerbundes und seine Auswirkungen auf Österreich*. In: H. Konrad, W. Neugebauer (Hg.): Arbeiterbewegung – Faschismus – Nationalbewußtsein. Festschrift zum 20jährigen Bestand des Dokumentationsarchivs des österreichischen Widerstandes und zum 60. Geburtstag von Herbert Steiner. Wien, München, Zürich 1983, 349–365; L. Adamovich, B.-C. Funk: *Österreichisches Verfassungsrecht*. Wien [e.a.] ³1985, 58 f.; G. Stourzh: *Die Gleichberechtigung der Nationalitäten in der Verfassung und Verwaltung Österreichs 1848–1918*. Wien 1985; W. Doralt (Hg.): *Kodex des österreichischen Rechts – Verfassungsrecht*, Verlag ORAC. Wien 5. Auflage, Stand 1. 2. 1987; T. Veiter: *Zur Rechtslage der slowenischen Volksgruppe in Kärnten*, (ebenda, S. 4–15, nicht nummeriert); R. Walter, H. Mayer: *Grundriß des österreichischen Bundes-Verfassungsrechts*. Wien ⁶1988, 18 f.; F. Sturm: *Der Minderheiten- und Volksgruppenschutz, Art. 19 StGG; Art. 66 bis 68 StV Saint-Germain; Art. 8 B-VG; Art. 7 StV 1955*. In: R. Machacek, W. Pahr, G. Stadler (Hg.): 40 Jahre EMRK, Grund- und Menschenrechte in Österreich, Bd. II, Wesen und Werte. Kehl am Rhein, Straßburg, Arlington 1992, 77–111 (Sonderdruck); S. Vilfan: *Uvod v pravno zgodovino*. Ljubljana 1991; R. Hoke: *Österreichische und deutsche Rechtsgeschichte*. Wien [e.a.] 1992; H. Burger: *Sprachenrecht und Sprachgerechtigkeit im österreichischen Unterrichtswesen 1867–1918*. Wien 1995; J. Pleterski: *Slowenisch oder deutsch? Nationale Differenzierungsprozesse in Kärnten (1848–1914)*. Klagenfurt/Celovec 1996; V. Melik: *Wahlen im alten Österreich – am Beispiel der Kronländer mit slowenischsprachiger Bevölkerung*. Wien, Köln, Weimar 1997; W. Drobesch: *Grundherrschaft und Bauer auf dem Weg zur Grundentlastung: Die »Agrarrevolution« in den innerösterreichischen Ländern, Geschichtsverein für Kärnten*. Klagenfurt 2003; S. K. Fussek: *Der Begriff und die Rechte der slawischsprachigen Volksstämme in der Österreichisch-Ungarischen Monarchie 1867–1918. Auf der Grundlage des Artikel XIX Staatsgrundgesetz über die Allgemeinen Rechte der Staatsbürger und der Erkenntnisse des Reichsgerichts bis 1918* (Dipl.-Arb. Univ. Salzburg). Salzburg 2006; A. Malle: *Vereine in Kärnten*. In: Politische Öffentlichkeit und Zivilgesellschaft. 1. Teilband Vereine, Parteien und Interessenverbände als Träger der politischen Partizipation = Die Habsburgermonarchie 1848–1918, Bd. VIII/1. Wien 2006, 451–501; H. Baltl, G. Kocher: *Österreichische Rechtsgeschichte, Unter Einschluss sozial- und wirtschaftsgeschichtlicher Grundzüge, Von den Anfängen bis zur Gegenwart*. Graz ¹¹2008; T. Feinig: *Slovenščina v šoli, zgodovina pouka slovenščine na Koroškem/Slowenisch in der Schule, Die Geschichte des Slowenischunterrichts in Kärnten*. Celovec/Klagenfurt 2008; T. Oleschowski: *Rechtsgeschichte, Einführung in die historischen Grundlagen des Rechts*. Wien ²2008, 51 f.; W. Brauneder: *Österreichische Verfassungsgeschichte*. Wien ¹¹2009; M. Klemenčič, V. Klemenčič: *Die Kärntner Slowenen und die Zweite Republik – zwischen Assimilierungsdruck und dem Einsatz für die Umsetzung der Minderheitenrechte*. Klagenfurt/Celovec [e.a.] 2010; L. Karničar, V. Rajšp (Hg.): *Graz und Slowenen, Gradec in Slovenci, Sammelband zum gleichnamigen Symposium vom 20.–21. V. 2010 an der Karl-Franzens-Universität Graz*. Wien [e.a.] 2011; W. Brauneder: *Zum Charakter der ersten Grundrechte in Österreich 1848/49*. In: C. Jabloner, D. Kolonovits (Hg.): Gedenkschrift Robert Walter. Wien 2013, 69–77; B.-I. Schnabl: *1824 in 1849, ključni letnici za razumevanje slovenske politične in ustavne zgodovine na Koroškem*. In: KK 2014. Celovec 2013, 177–189.

Bojan-Ilija Schnabl

Dialekt, slow. *narečje*, nach Toporišič soziale, geografisch bestimmte → Sprachgattung mit einer relativ großen Anzahl von gemeinsamen Eigenheiten auf allen (oder einigen besonderen) Sprachebenen, insbesondere in Bezug auf Phonetik, Akzent, Satzmelodie, Betonung, Ausdrucksformen und bis zu einem gewissen Grad auch die auf Lexik und Syntax (die Satzphonetik ist insbesondere charakteristisch für größere → Dialektgruppen).

Anja Beko, *narečna literatura*

Die Dialektbereiche innerhalb einzelner Sprachen werden durch die verdichtet auftretenden Eigenheiten im geografischen Raum definiert, wobei einzelne Eigenheiten bisweilen entweder darüber hinausreichen oder nicht im gesamten Dialektbereich vorkommen. Die geografische Dimension sprachlicher Eigenheiten ist somit ein wesentliches Kriterium zur Unterscheidung dieses Typs von → Soziolekten.

Anja Beko, *Dialekt ali narečje*

Dialekt und Sprachnorm. D. bilden in der Regel die Grundlage für die darauf aufbauenden → Standardsprachen und sind das zentrale Forschungsfeld der → Dialektologie, wobei weitere Forschungsbereiche wie → Ethnologie, literarische → Folkloristik, → Geschichte, → Linguistik, → Rechtsgeschichte, → Mythologie, → Terminologie usw. deren Ergebnisse weiterverwerten. Dialektale Regionalismen können in die überregionale Standardsprache einfließen und so Teil der schriftlichen Sprachnorm werden. Sie können aber auch als Lehnwörter in anderen Sprachen Verwendung finden (→ Entlehnung, → Küchensprache). Standardisierte regionale slowenische Toponyme bzw. Endonyme, wie etwa die **slowenischen Ortsnamen in Kärnten,** die von Pavel Zdovc und von der *Slovenska akademija znanosti in umetnosti* [Slowenische Akademie der Wissenschaft und Künste] unter dem Titel *Slovenska krajevna imena na avstrijskem Korškem/Die slowenischen Ortsnamen in Kärnten* herausgegeben wurden, sind per definitionem standardsprachliche Norm.

Ihre richtige Verwendung stellt einen Gradmesser für gepflegte Sprache und Sprachkultur der Anwender im gesamten slowenischen Sprachraum sowie der nicht muttersprachlichen Sprecher im Slowenischen dar.

Mundarten. Die geografisch-linguistisch definierten Teilbereiche werden als Mundarten (slow. *govor/govori*) bezeichnet, während mehrere D. zusammen → Dialektgruppen bilden (können). In Übergangsbereichen einzelner D. und Dialektgruppen können Übergangsformen (slow. *prehodni govor* bzw. *prehodno narečje*) auftreten (→ Slowenisch in Kärnten/Koroška).

Die slowenischen Kärntner Dialekte (von West nach Ost und von Nord nach Süd): → Gailtaler Dialekt/*ziljščina*, → Rosentaler Dialekt/*rožanščina* (so wird literaturüblich der slowenische D. des → Südkärntner Zentralraumes/Osrednja južna Koroška genannt, slow. daher auch *osrednjejužnokoroško slovensko narečje*), → Obir-Dialekt/*obirsko narečje*, → Jauntaler Dialekt/*podjunščina*, → Mießtaler Dialekt/*mežiško narečje*, → Remšnik-Dialekt/*severnopohorsko-remšniško narečje* – Letztere in Slowenien) bilden nach → Ramovš eine eigene Dialektgruppe innerhalb der sieben Dialektgruppen des Slowenischen. Die zur Kärntner Dialektgruppe zählende Mundart von Kranjska Gora/*kranjskogorski govor* bildet eine Übergangsform zum Dialekt der Gorenjska/*gorenjsko narečje* und wird literaturüblich ausschließlich in Slowenien gesprochen (der ehemals krainische Ort Fusine in Valromana/Weissenfels/Fužine oder Bela peč wurde Italien zugesprochen und wird heute zum → Val Canale/Kanaltal/Kanalska dolina gezählt). Der → resianische Dialekt/*rezijansko narečje* in Italien bildet auf einer migrationsbedingten historischen Gailtaler Grundlage eine durch die angrenzenden Dialekte der Primorska bzw. der Venezia Slava/Benečija beeinflusste Übergangsform.

Das Beispiel der slowenischen *Mundart des → Klagenfurter Feldes/Celovško polje* zeigt die Bedeutung der wissenschaftlichen Rezeption für die Identifikation und Erforschung von D. auf. Literaturüblich wird die Mundart als Teilgröße bzw. als eine der vier Mundarten des sog. → Rosentaler Dialektes *(rožanščina)* angesehen. Deren geografisches Gebiet wird ethnologisch unter dem Begriff → *Rož* im Sinne der slowenischen ethnologischen Regionalisierung subsumiert. Bereits 1973 wurde die Mundart von Sturm-Schnabl allerdings klar als eigenständige Mundart definiert. Damit stellt sich jedoch die Frage nach der Wechselbeziehung zwischen Identifizierung und Benennung bzw. → Name und Identität auch von D. Denn Bojan-Ilija Schnabl konnte zudem nachweisen, dass die Definition des »Übergangscharakters« einer Mundart, wie es für diese Mundart lange galt, eine Frage der kulturhistorischen Perspektive und Definition und damit der konzeptuellen → Terminologie ist. Im gegenständlichen Fall ist nämlich das → Klagenfurter Feld/Celovško polje einen historisch-politischen *Kernbereich* des → Südkärntner Zentralraumes/Osrednja južna Koroška, weshalb die Mundart zudem selbst in jüngster Zeit von Bojan-Ilija Schnabl auch *benannt* wurde (slow. *poljanščina Celovškega polja*, dt. die Mundart der Poljanci vom Klagenfurter Feld/Celovško polje, engl. »the dialect of the Poljanci in the Klagenfurt/Celovec Plain«, fr. »le dialecte des Poljanci dans la plaine de Klagenfurt/Celovec«). Aufgrund dieser Überlegungen wurden deshalb gleichzeitig konzeptuell die Begrifflichkeiten für den geografischen Südkärntner Zentralraum/Osrednja južna Koroška sowie für den slowenischen Dialekt des Südkärntner Zentralraumes *(osrednjejužnokoroško narečje)* alternativ zu den erwähnten literaturüblichen Begriffen aus den Bereichen der Dialetktologie und der Ethnologie terminologisch fixiert.

Spezifische dialektologische Terminologie. Die Kärntner slowenischen Dialekte weisen einige Besonderheiten auf, die sich in der dialektologischen Terminologie widerspiegeln: So bezeichnet das sog. → **Akanje** die Lautverschiebung von e → a (z.B. *žana ← žena* [Ehefrau], *zalan ← zelen* [grün], *praprat ← praprot* [Farn]). Die Lautverschiebung → *w* wird → **Švapanje** genannt (z.B. im jauntalerischen *ćwawek* für *človek* ›Mensch‹ oder im Obir-Dialekt *hwad* für *glad* ›Hunger‹ und in der Mundart des Klagenfurter Feldes/Celovško polje am Wortbeginn vor a: *u̯asa ves ← Lasja ves* (Lassendorf), *U̯anča ves ← Lanča ves* (Lanzendorf) und vor u: *u̯uža ← luža* [Lacke]). Beim jauntalerischen → **Štekanje** wird vor Demonstrativpronomen und bei einigen Adverben die standardsprachlich mit t beginnen, ein *š* vorangesetzt (z.B.: *šəta ← ta* [diese], *šəto ← to* [das], *šˈəti ← ta* [dieser], *šˈtam ← tam* [dort], *šˈtək ← tako* [so], *šˈtˈẹːi̯ ko ← toliko* [soviel], *šˈtota ← tu tja* [dorthin], *šˈnətre ← tu notri* [darin]). Beim → **Pakanje** wird statt dem slowenischen Bindewort *in* [und] das Wort *pa* [aber] verwendet.

Quellen: U. Jarnik: *Obraz slovenskega narečja u Koruškoj (S uvodom i opazkami od St[anka]) Vr(aza)*. In: *Kolo* I (1842) 41–57; J. Scheinig: *Obraz rožanskega razrečja na Koroškem*. In: *Kres* I (1881) 412–415, 459–465, 525–527, 561–536, 617–621, 663–667; *Kres* II (1882) 427–431, 475–479, 529–532, 582–585, 628–630; J. Scheinig: *Die Assimilation im Rosentaler Dialekt. Ein Beitrag zur Kärntner-Slovenischen*

Dialektforschung. In: Programm des k.k. Staatsgymnasiums XXXII. Klagenfurt 1882, 5–27.

Lit./Web: ES (V. Smole: *Slovenska narečja*). – F. Ramovš: *Dialektološka karta slovenskega jezika*. Ljubljana 1931 (72 S. + 1 Karte); F. Ramovš: *Historična gramatika VII: Dialekti*. Ljubljana 1935; F. Ramovš: *Kratka zgodovina slovenskega jezika I*. Ljubljana 1936; F. Ramovš: *O pomembnosti nekaterih pojavov v slovenskih narečjih na Koroškem*. In: *Koroški zbornik*, 1946; P. Zablatnik: *Die geistige Volkstumskultur der Kärntner Slovenen*. Phil. Diss. Graz 1951; F. Ramovš: *Zbrano delo I* (Hg. T. Logar, J. Rigler), *Zbrano delo II* (Hg. J. Toporišič, Register von I. Orel). Ljubljani 1971 (Band I) und 1997 (Band II); P. Zdovc: *Die Mundart des südöstlichen Jauntales in Kärnten. Lautlehre und Akzent der Mundart der Poljanci*. ÖAW phil. Hist. Kl. Schriften der Balkankommission XX. Wien 1972; K. Sturm-Schnabl: *Die slovenische Mundart und Mundartreste im Klagenfurter Becken*. Phil. Diss. Wien 1973, 287 S.; J. Toporišič: *Enciklopedija slovenskega jezika*. Ljubljana 1992, 122–123; T. Logar, J. Rigler: *Slovenija, Karta slovenskih narečij 1:500.000*. Hg. Geodetski zavod Slovenije. Ljubljana 1993; P. Zdovc: *Slovenska krajevna imena na avstrijskem Korškem, razširjena izdaja = Die slowenischen Ortsnamen in Kärnten*, erweiterte Auflage. Hg. Slovenska akademija znanosti in umetnosti. Ljubljana 2010; B.-I. Schnabl: *Poljanci in poljanščina, Nova spoznanja o stari identiteti Slovencev na Celovškem polju*. In: *Nedelja*, priloga XIV dni, 1. 4. 2011, 4–6; B.-I. Schnabl: *Celovško polje, neznani zaklad osrednje slovenske kulturne pokrajine*. In: KK 2013. Celovec 2012, 116–118; A. Benko: *Teoretični model za izdelavo strokovnega narečnega slikovnega slovarja (na primeru koroškega podjunskega narečja)*. (Phil. Diss). Maribor 2013, http://dkum.uni-mb.si/Dokument.php?id=55578; A. Benko: http://narecna-bera.si/; (7.11.2013); B.-I. Schnabl: *Aspekti novejše slovenske terminologije s koroškega vidika. Izsledki enciklopedijskih raziskovanj*. In: *Obdobja* 32 (2013) 365–374; B.-I. Schnabl: *Nekaj ključnih jezikoslovnih pojmov za javni diskurz na Koroškem. Iz naše »Enciklopedija slovenske kulturne zgodovine na Koroškem, od začetkov do leta 1942«*. In: KK 2015, Klagenfurt/Celovec 2014, 113–118.

Bojan-Ilija Schnabl

Dialekt-Terminologie (dialektologische Terminologie), → Dialekt.

Dialektgruppe, slow. *narečna skupina*, mehrere → Dialekte/Mundarten, slow. *narečja/govori*, mit gleichen oder ähnlichen Merkmalen. Die Angaben über Dialekte sind meist schon historisch. In vielen Sprachräumen beklagt man ihr Aussterben. Die literaturübliche Einteilung in D. ist kaum noch überprüfbar. Die kleinräumigen Unterdialekte wie der → Mießtaler Dialekt *(mežiško narečje)*, der → Remšnik-Dialekt *(remšniško narečje)* oder der → Obir-Dialekt *(obirsko narečje)* sind dialektofile, museale Raritäten. Die literaturübliche Einteilung der D. geht von äußerlichen, geografischen Gegebenheiten (→ Gailtal/Ziljska dolina, → Rosental/→ Rož, → Jauntal/Podjuna, → Klagenfurter Feld/Celovško polje) aus, nicht von sprachlichen. Es ist undefiniert, wie viele und welche *Isoglossen* für eine D. nötig sind, ob es überhaupt *Dialektgrenzen* gibt oder nur ein großes *Dialektkontinuum*.

Koroška narečna skupina

→ Dialektologie als Wissenschaft bleibt umstritten. Die wissenschaftliche Gruppierung von Dialekten (nur gesprochenen, trotz → *Dialektliteratur/Mundartliteratur* nicht geschriebenen Sprachen) beginnt mit der Sprachwissenschaft des 19. Jh.s (→ Sprachgattungen). Bis dahin gab es nur *volkstümliche* Zuordnungen (→ Glottonyme). Bei der volkstümlichen Einteilung in Gruppen dominieren auffällige Einzelmerkmale *(Kennlaute)* wie im bairischsprachigen Österreich *i woas/i was* »ich weiß« oder *i kim/i kum* »ich komme«. Seit dem Krainer → DALMATIN wird vorrangig unterschieden zwischen dem Slowenischen in Kärnten/Koroška und dem Krainischen/*kranjščina*, wobei er in seinem Register nur einige Wörter anführt.

Bei der *wissenschaftlichen* Zuordnung zu Gruppen (relativiert durch den Begriff »Dialektkontinuum«) dominieren in der Slawistik vor allem phonetische Merkmale, im Gegensatz zur gut dokumentierten *Wortgeografie* der Romanistik. Wortgeografie ist in der Slawistik nahezu inexistent. Um einen Dialekt wissenschaftlich zu beschreiben und einzuordnen, müsste man außerdem *alle* Bereiche der Sprache (von den Lauten bis zur Intonation) beachten. → TRUBETZKOY und → ISSATSCHENKO waren die Einzigen, die die *Phonologie* der Dialekte beachteten, was bis heute kaum irgendwo Nachfolger gefunden hat. Vielmehr wird meist eine chaotische Vielfalt eigenartiger (kaum notierbarer) Laute präsentiert. Die grafische Notierung der Dialekte erschwert wegen der fantastomanen Orthografie meist ihre Lesbarkeit. Die Zeichen der internationalen Lautschrift API würden reichen, werden aber in der Dialektologie zugunsten »nationaler« Buchstabenerfindungen nicht verwendet. Die deutschen, italienischen, ladinischen, polnischen, bulgarischen oder sorbischen Dialekt-Atlasse sind von völlig unterschiedlicher Qualität. Für das Slowenische gibt es zwar zahlreiche handgezeichnete Lautkarten, aber bis heute keinen wissenschaftlichen Anforderungen genügenden Dialektatlas. Die erste kartografisch und wissenschaftlich anspruchsvolle Darstellung ist leider nicht abgeschlossen (*Die slowenische Volkssprache in Kärnten* von HAFNER/PRUNČ. Wien 1982 ff.).

Bei Angaben über historische Phänomene ist oft nicht klar, ob man sie areal oder chronologisch interpretieren soll. In der Germanistik wird gewöhnlich ein eigenartiger, siedlungsgeschichtlicher Chronologismus *(Lautgesetze, Lautwandel mit Datumsangaben)* bevorzugt. Im

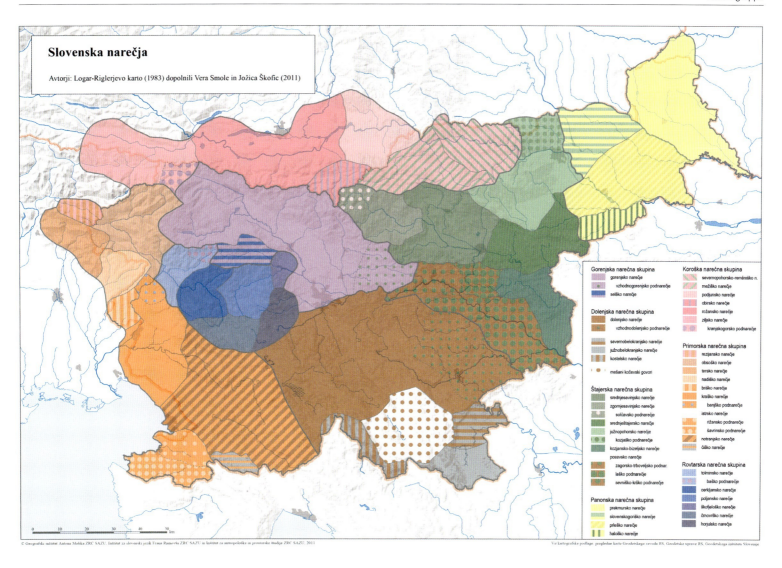

Die slowenischen Dialekte nach Tine Logar, Jakob Rigler, Vera Smole, Jožica Škofič, 2011

→ karantanerslowenischen Bereich gelten phonetisch/morphologische Dubletten als *alt* (Archaismen) und *jung*. So in der Toponymie bei → Gewässernamen auf *ika/ica* [Rybinika > Raming (= alt) – Ribnica > Reifnitz (= jung)], bei → Ortsnamen auf *iki/iči* (*iče*) [Radoviki > Radweg (= alt als Ortsname) – Radoviči/Radowitsch (= jung als Familienname), Baniki/Faning alt – Baniče jung] und sonstigen Toponymen mit *dl* (alt) und *l* (jung) oder Namen *mit lj* (jung) und *ohne* (alt) *lj* [*blj/plj/mlj/vlj – bj/pj/mj/vj*]. Literaturüblich werden solche Unterschiede auch als *west-* oder *süd*slawisch bezeichnet. Grundsätzlich gibt es in der Toponymie zahlreiche alte Wörter, die in karantanerslowenischer Zeit noch dem aktiven Wortschatz angehörten.

In *karantanerslowenischen* → *Personennamen* überwiegt im Gegensatz zu anderen slawischen und slowenischen Regionen ganz auffällig ein bestimmter Namentyp, der unpräzis für slawisch und ebenso unpräzis für allgemein slowenisch gehalten wird. Es gibt ihn in dieser Häufigkeit nur im karantanerslowenischen Raum, d.h. auch nicht in → Krain/Kranjska. Es sind die Namen *Jelen* »Hirsch«, *Medved* »Bär«, Ableitungen von *zver* »wildes Tier« *(Zverica, Zverigoj, Zverik, Zverina, Zverinega, Zverka, Zverko)* und *svent* »heilig« (altladinisch *šent* – *Sventin, Sventislav/Sventislava, Sventižizna, Sventoch, Sventogoj, Sventimir, Sventopulk, Sventuš, Sventko*) – und zusammengesetzte Namen mit *-goj*: *Bondigoj, Debelogoj, Dobrogoj, Domagoj, Kunigoj, Maligoj, Mogoj, Negoj, Pribygoj, Radigoj, Sebegoj, Stanigoj, Svegoj, Sventogoj, Tvrdogoj, Veligoj, Vitogoj, Zverigoj, Žitigoj*. Das ist areal und chronologisch im Sinn einer D. als typisch karantanerslowenisch zu interpretieren.

Die literaturüblich gewordene Gruppierung geht auf → Ramovš zurück, der, ohne den Begriff (→ Glotto-

251

nym) *koroška narečna skupina* (kärntnerslowenische D.) insgesamt zu erklären, die Kärntner Dialekte gruppiert in → Gailtalerisch *(ziljsko narečje),* → Rosentalerisch *(rožansko narečje),* und → Jauntalerisch *(podjunsko narečje).* Das entspricht dem Zustand um 1930, also vor fast 80 Jahren. Auf der »offiziellen« *Karta slovenskih narečij* (1983) werden aufgrund nur phonetischer Merkmale 7 Hauptdialekte unterschieden: die *koroška narečna skupina* (die kärntnerische oder kärntnerslowenische D.), *štajerska* (die steirische D.), *panonska* (die pannonische D.), *gorenjska* (die oberkrainische D.), *dolenjska* (die unterkrainische D.), *primorska* (die küstenlandslowenische D.), und *rovtarska narečna skupina* (die D. von Rovte). Diese werden weiter in 46 Unterdialekte gruppiert, wobei die Sinnhaftigkeit dieser *lau*torientierten Gruppierungen ohne Dialektatlas fraglich ist. Ohne Dialektatlas mit präzisen Isoglossen sind nur sehr allgemeine, approximative Angaben möglich. Ebenso diskutabel bleibt, ob man als Vergleichspunkt vom heutigen Standard-Slowenisch oder besonders bei Archaismen von einem rekonstruierten »Urslawisch« ausgehen soll.

Erstaunlicherweise fehlt bei allen kärntnerslowenischen D. die alte Zentrallandschaft »Klagenfurter Feld/Celovško polje« mit den *Poljanci,* wie dies K. Sturm-Schnabl in ihrer bis heute von der Laibacher Dialektologie nicht rezipierten Dissertation (1973) und unlängst (2011) B. Schnabl dargestellt haben (vgl. terminologisches Lemma → *Rož*). Gruppierungskriterien bei Ramovš sind ausschließlich phonetische Merkmale in vorgegebenen geografisch/administrativen Landschaften. Anderes haben nur Tesnière und → Issatschenko versucht. Bisher gibt es nur punktuelle Studien einzelner Dörfer, wo jeder Autor meist in einer Dissertation seinen vertrauten Dialekt (Heimatdialekt) beschreibt, so von den bekannteren Slawisten → Issatschenko und Germanisten → Lexer, → Lessiak, → Kranzmayer.

Gemeinsame allgemein anerkannte und vertraute kärntnerslowenische Merkmale wären heute gegenüber den anderen Dialekträumen in Slowenien (Krain/Kranjska), Ungarn und Italien: das *Švapanje* (die Aussprache des *l* als *w*: *slama/swama* »das Stroh«, *planina/pwanina* »die Alm«, *slovenje/swoweje*), der bestimmte und unbestimmte Artikel (*en vin* »ein Wein«/*ta vin* »der Wein«), die Verbalformen vom Typ *dow deržati* »nieder/halten«, *cu pripraviti* »zu/bereiten«, *gor rezati* »auf/schneiden«, die Verbindung *cmau* »zu wenig« und *cveč* »zu viel«, das Numerale von 20 bis 90 (*pet/red, šest/*

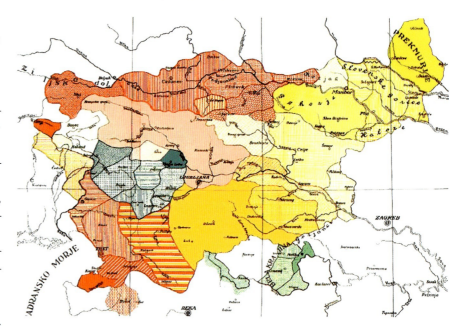

Slowenische Dialektgruppen nach Ramovš

red statt standardlich *pet/deset, šest/deset* »fünfzig, sechzig«), und lexikalische Archaismen wie *uu* (lang) »Bier«, *vigred* »Frühling«, *bratr* »Bruder«. Zahlreich sind vorromanische und ladinische (→ Altladinisch) Wörter, die im → Karantanerslowenischen noch lebendig waren und z.T. in der Toponymie weiterleben.

Innerhalb Kärntens gibt es noch eine Reihe regionaler Unterschiede wie *h* statt *g* (*hora/*gora »Berg«), der Knacklaut *ʔ* statt *k* (*ʔamen/*kamen »Stein«, *ʔrava/*krava »Kuh«, *ʔrh/*kruh »Brot«), prothetisches *w* (*woglje/*oglje »Holzkohle«) oder die Maskulinisierung der Neutra (vino > *vin* »Wein«, okno > *oken* »Fenster«, bedro/*bedər* »Schenkel«). Die Isoglossen dieser Besonderheiten stimmen allerdings nicht mit den offiziellen 3 Gruppierungen in *Podjuna,* → *Rož* und *Ziljska dolina* überein. Daher begnügt man sich volkstümlich meist mit Differenzierungen wie *Gorjanci, Poljanci, Vršani, Dravci* und dergleichen.

Lexikalische karantanerslowenische Archaismen und heutige kärntnerslowenische Besonderheiten wie *uu* »das Bier«, statt standardlichem *pivo*, wurden bisher nur von → Hafner/Prunč (Volkssprache) vermerkt.

Wie in Österreich jeder (auch ein Nicht-Sprachwissenschafter) einen Wiener von einem Kärntner, Steirer oder Tiroler unterscheiden kann, kann auch jeder Slowene einen Kärntner von einem Krainer unterscheiden. Das hat manche zur absurden Folgerung verleitet, die Kärntner Slowenen seien gar keine Slowenen, da sie von den Krainern nicht verstanden würden, sondern etwas »Eigenes« (→ Wutte, → Windischentheorie).

Nach dieser Logik wären die Wiener oder umgekehrt die Tiroler gar keine Österreicher (Deutsche, Baiern). Zahlreiche Isoglossen verbinden dennoch die Kärntnerslowenen mit den Krainern. Übrigens kann jeder Kärntner Slowene einen Jauntaler von einem Gailtaler unterscheiden. Insgesamt verlaufen die kärntnerslowenischen Isoglossen, soweit das beim heutigen Stand der Forschung erkennbar ist (z.B. *tedn/nedela* »die Woche«, *petat/modlt* »beten« mit exakten Angaben aus den 220 Informationspunkten nach HAFNER/PRUNČ), meist in westöstlicher und nicht nordsüdlicher Richtung.

Lit.: ES (T. Logar: *Dialektologija*; V. Smole: *Slovenska narečja*). – U. Jarnik: *Versuch eines Etymologikons der slowenischen Mundart in Inner-Österreich.* Klagenfurt 1832; L. Tesnière: *Atlas linguistique pour servir à l'étude du duel en slovène.* Paris 1925; F. Ramovš: *Dialektološka karta slovenskega jezika.* Ljubljana 1931; F. Ramovš: *Über die Stellung des Slovenischen im Kreise der slavischen Sprachen.* Helsinki 1932 (Nachdruck in: *Die Slawischen Sprachen* 27 [1991] 55–76); A. Issatschenko: *Die Dialekte des Jauntales in Kärnten.* Wien 1933 (Diss.); L. Tesnière: *Les diphones tl/dl en slave.* In: *Revue des études slaves* XIII (1933) 51–100; F. Ramovš: *Historična gramatika slovenskega jezika. VII. Dialekti.* Ljubljana 1935; F. Ramovš: *Kratka zgodovina slovenskega jezika.* Ljubljana 1936; A. Issatschenko: *Narečje vasi Sele na Rožu.* Ljubljana 1939; F. Bezlaj: *Eseji o slovenskem jeziku.* Ljubljana 1967; K. Sturm-Schnabl: *Die slowenischen Mundarten und Mundartreste im Klagenfurter Becken.* Wien 1973 (Diss.); O. Kronsteiner: *Die alpenslawischen Personennamen.* Österreichische Namenforschung, Sonderreihe 2. Wien 1975, ²1981; O. Kronsteiner: *Die Bedeutung der Lautgruppe dl/l für die sprachliche Klassifizierung des Alpenslawischen.* In: H. D. Pohl (Hg.): *Opuscula Slavica et linguistica: Festschrift für Alexander Issatschenko.* Klagenfurt 1976, 217–225; O. Kronsteiner: *Die slowenischen Mundarten Kärntens. Topographische Appellativa in Ortsnamen und im aktiven Wortschatz.* In: *Österreichische Namenforschung* 2 (1979) 36–53; S. Hafner und E. Prunč: *Lexikalische Inventarisierung der slowenischen Volkssprache in Kärnten (Grundsätzliches und Allgemeines),* [220 Informationspunkte]. Graz 1980; H. Goebl: *Dialektometrie. Prinzipien und Methoden des Einsatzes der Numerischen Taxonomie im Bereich der Dialektgeographie.* Wien 1982; S. Hafner, E. Prunč: *Die slowenische Volkssprache in Kärnten.* Wien 1982 ff. (ÖAW); T. Logar, J. Rigler, *Karta slovenskih narečij.* Ljubljana 1983; H.-D. Pohl: *Die Bedeutung des Slowenischen für die Dialektologie und Onomastik Kärntens (und Osttirols).* In: *Die Slawischen Sprachen* 27 (1991) 147–162; B. Schnabl, *Rož, Podjuna, Zilja – in Celovška ravnina.* In: *Nedelja, priloga 14 dni*, 1. April 2011, 4–6.

Otto Kronsteiner

Dialektologie ist jener Zweig der Sprachwissenschaft, der sich mit der Beschreibung, Klassifizierung und dem historischen Vergleich von → Dialekten sowie mit der diese Tätigkeiten betreffenden Theorie beschäftigt.

Die wissenschaftliche Erforschung und Beschreibung der slowenischen Dialekte in Kärnten/Koroška hat ihre Wurzeln in der nationalen Wiedergeburtsbewegung (→ *preporod*) des späten 18. Jh.s. Bis dahin wurden Dialektmerkmale und -unterschiede nur vereinzelt erörtert. Schon Primož → TRUBAR war klar, dass es im Slowenischen dialektale Unterschiede gab, und er erwähnt in diesem Zusammenhang die Kärntner mehrmals in seinen Werken. Adam → BOHORIČ war wahrscheinlich der Erste, der eine Eigenart des Kärntner Slowenischen beschrieb, als er in seiner slowenischen Grammatik *Arcticae horulae succisivae* (Wittenberg 1584) anmerkte, dass die Einwohner der Gorenjska (Oberkrain) und Kärnten/Koroška im Wortinnern *l* durch *v* ersetzen, wie in *kobiva* ›Stute‹ für *kobila*. Die wichtigste Person für die kärntnerslowenische D. vor dem 19. Jh. war Oswald → GUTSMANN. Er beschrieb in seiner *Windischen Sprachlehre* (Klagenfurt 1777) und seinem *Deutsch-windischen Wörterbuch mit einer Sammlung der verdeutschten windischen Stammwörter* (Klagenfurt 1789) das Kärntner Slowenisch (hist. → Windisch), kontrastiv zum sog. *Krainischen* (Oberkrainerisch). Er verwendete Wörter aus allen slowenischen Dialekten in Kärnten/Koroška, weil er als Geistlicher viel unterwegs war, und deswegen die verschiedenen Dialekte beherrschte. Eine systematische Erforschung der Dialekte setzte aber erst in der ersten Hälfte des 19. Jh.s ein.

Jernej → KOPITAR versuchte die slowenische Sprache zu definieren und eine → Standardsprache zu schaffen. Es war sein Anliegen, das Slowenische auf Grundlage der gesprochenen Sprache zu normieren, und er war der Ansicht, dass ein solches Unternehmen nur möglich sei, wenn man die Dialekte selbst erforscht. In seinem wichtigsten Werk, der *Grammatik der Slavischen Sprache in Krain, Kärnten und Steyrmark* (Laibach, 1808), spielte das Kärntnerslowenische aber, trotz des Titels, nur eine beschränkte Rolle.

Der Beginn einer slowenischen D. im engeren Sinne war eng mit den Kärntner Dialekten verknüpft. 1841 erschien in Russland Izmail I. → SREZNEVSKIJS *O narečijach slavjanskich*, eine Beschreibung und Klassifizierung slowenischer Dialekte. Er hatte zuvor Slowenien und Kärnten/Koroška – teilweise zu Fuß – durchquert. Die Kärntner slowenischen Einzeldialekte ordnete er erstmals größeren → Dialektgruppen zu: → Gailtaler Dialekt *(ziljsko narečje)*, → Rosentaler Dialekt *(rožansko narečje)*, und → Jauntaler Dialekt *(podjunsko narečje)*, wobei er Letzteren Zabelsko-Dialekt nannte. Den → Mießtaler Dialekt *(mežiško narečje)* und den → Remšnik-Dialekt *(severnopohorsko-remšniško narečje)* erwähnte er als Übergangsdialekte zu den steirischen Dialekten. Sreznevskij beschreibt auch die Grenze des slowenischen Sprachraums, wobei damals auf der Windischen Höhe und nördlich des Wörther Sees noch slowenisch gesprochen wurde (→ Ossiacher Tauern und Moosburger Hügelland/Osojske Ture in Možbeřsko gričevje). Fast gleichzeitig erschien in Zagreb Urban → Jarniks Abhandlung *Obraz slovenskoga narečja u Koruškoj*, wo dieser als Erster verschiedene Merkmale beschreibt, welche die Kärntner Dialekte vom übrigen Slowenischen trennen. Jarnik hatte darüber schon dreißig Jahre zuvor mit Kopitar und Johann Nepomuk → Primitz korrespondiert. Er nannte auch erstmals die Anzahl von Sprechern der verschiedenen Dialekte. Die Merkmale, die Jarnik zufolge das ganze Kärntnerslowenische kennzeichnen, sind der bilabiale *w*-Laut an jenen Stellen, wo das Zentralslowenische ein *l* aufweist (wie schon Bohorič beobachtet hatte), ein *l* wie in *zemla* ›Erde‹, für zentralslowenisches *lj*, und die Diphthonge *uo/ue*, wie in *Buog/Bueg* ›Gott‹, und *ie*, wie in *sviet* ›Welt‹. Er erwähnt auch Merkmale der einzelnen Dialekte, z.B. die Erhaltung der Konsonantengruppe *dl* im Gailtaler Dialekt, wie in *motovidlo* ›Haspel‹, und die Wandlung von *g* zu *h* im Rosentaler Dialekt und teilweise auch im Jauntaler Dialekt, wie in *hora* ›Berg‹.

Nach den erwähnten Aufsätzen von Sreznjevskij und Jarnik publizierte Johann → Scheinigg verschiedene Abhandlungen über den Rosentaler Dialekt unter den Titeln *Obraz rožanskega razrečja na Koroškem* (Klagenfurt/Celovec 1881 und 1882) und *Die Assimilation im Rosenthaler Dialect. Ein Beitrag zur kärntisch-slovenischen Dialectforschung* (Klagenfurt/Celovec 1882). Scheiniggs Lebenswerk *Narodne pesni koroških Slovencev* (Ljubljana 1889) enthält reiche Daten über alle Kärntner Dialekte. Im selben Zeitraum sammelte der slowenische Slawist Vatroslav → Oblak in ganz Kärnten/Koroška, aber besonders im → Jauntal/Podjuna, dialektologische Daten. Oblak veröffentlichte diese Daten nie, weil er schon im Alter von 32 Jahren verstarb, doch findet sich reiches Material in seiner Arbeit *Zur Geschichte der nominalen Declination im Slovenischen* (Archiv für Slavische Philologie 11–13, 1888–1891). Auf Grundlage des Werkes von Sreznjevskij, ergänzt um später erschienene Daten, verfasste der russische Slawist Timofej Florinskij Ende des 19. Jh.s eine verbesserte Klassifizierung slowenischer Dialekte in seinen umfangreichen *Lekcii po slavjanskomu jazykoznaniju* (Kiew 1895–1897). Die von ihm verwendeten Kärntner Materialien stammen von Sreznjevskij, Jarnik und Scheinigg.

Die Publikationen des polnischen Sprachwissenschafters Jan Baudouin de Courtenay, hauptsächlich in Bezug auf den in Italien gesprochenen slowenischen → resianischen Dialekt *(rezijanščina)*, leiten eine neue Epoche für die slowenische D. ein. Die erste Beschreibung eines kärntnerslowenischen Dialekts, die den heutigen wissenschaftlichen Kriterien entspricht, stellt Ivan → Grafenauers Schrift *Zum Accente im Gailthalerdialekte* (Berlin 1905) dar.

In den Beschreibungen des 19. Jh.s fehlten die Intonationsunterschiede der kärntnerslowenischen Dialekte. Scheinigg, wie Jarnik vor ihm, war sich bewusst, dass es Wörter gibt, die nur durch Intonationsunterschiede differenziert werden können, aber er notierte sie nicht. Zwar erkannte Stanislav Škrabec bereits Ende des 19. Jh.s Intonationsunterschiede in den zentralslowenischen Dialekten, aber erst Grafenauer integrierte die Akzentologie völlig in die Kärntner D. Seine Beschreibung der Phonologie und des Akzentsystems des westlichen Gailtaldialekts ist auch heute noch maßgebend. Grafenauer trug auch Dialektmaterial aus Vorderberg/Blače im → Gailtal/Ziljska dolina zusammen, das aber nie veröffentlicht wurde und heute in Ljubljana aufbewahrt wird.

In der ersten Hälfte des 20. Jh.s brachte Fran → Ramovš die slowenische D. zu vollem Wachstum. In vielen seiner Publikationen spielen die slowenischen Dialekte, einschließlich der kärntnerslowenischen, eine große Rolle. 1931 verbesserte er die Klassifizierung slowenischer Dialekte von Sreznjevskij für seine *Dialektološka karta slovenskega jezika*, wo er erstmals die sechs bis heute gültigen slowenischen Dialektgruppen in Kärnten/Koroška definierte. Ramovš führte den → Obir-Dialekt *(obirko narečje)* ein, den er auf seiner Karte noch Remschenig-Dialekt *(remšeniško narečje)* nannte. Seine bedeutendste dialektologische Leistung ist die Monografie *Historična gramatika slovenskega jezika VII. Dialekti* (Ljubljana 1935). Darin beschrieb er lautliche und morphologische Eigenschaften aller kärntnerslowenischen Dialekte sowie manche einzeldialektale Merkmale. Einige der besonderen dialektalen Erscheinungen sind die Bildung der Zahlwörter von 40 bis 90 mit dem Element *-red*, wie in *petred* ›fünfzig‹; der Erhalt des *n* in *mesenz* ›Monat‹ und in ähnlichen Wörtern; die Nasalvokale im Jauntaler Dialekt; die Kontraktion in den Wörtern für ›meine‹, *mwa*, und ›deine‹, *twa* im Gailtaler Dialekt; und die Wandlung von *k* zum glottalen Verschlusslaut im Rosentaler Dialekt, wie in *qral* ›König‹. Bei der Besprechung der Wandlungen der

Grafenbach/Kneža, Gemeinde Diex/Djekše, slowenischer Kirchenchor, 1947

Akzentstelle in den kärntnerslowenischen Dialekten merkt RAMOVŠ an, dass die Mießtaler und Remšnik-Dialekte die Intonationsunterschiede verloren haben.

Zeitgleich mit RAMOVŠ befassten sich noch drei nicht-slowenische Slawisten mit den Kärntner Dialekten, und zwar zwei mit dem Jauntaler und einer mit dem Gailtaler Dialekt. Der Franzose Lucien TESNIÈRE verwendet dialektale Formen aus Replach/Replje pri Pliberku (Jauntal/Pojuna), das er in den 1920er-Jahren besucht hatte, in seinen Werken über den Dual und über die Nasalvokale im Slowenischen. Der Russe Aleksander → ISAČENKO beschrieb in einem Aufsatz in *RÉS 15* (1935) die Phonologie des Jauntaler Dialekts und im folgenden Heft der gleichen Zeitschrift die Lautgeschichte des Dialekts. Im selben Jahr beendete Viktor PAULSEN seine Doktorarbeit mit dem Titel *Lautlehre des slowenischen Gailtaler Dialektes in Kärnten*, die allerdings nie publiziert wurde. PAULSEN ist bis heute der Einzige, der Dialektwörter aus dem ganzen Gailtal zusammengetragen hat, wobei die Zuverlässigkeit des Materials fraglich ist. Einen Meilenstein stellt schließlich ISAČENKOS Monografie *Narečje vasi Sele na Rožu* (Ljubljana 1939) dar, weil sie die erste umfangreiche Publikation ist, die dem Dialekt eines einzigen Ortes in Kärnten/Koroška gewidmet ist. ISAČENKO gibt eine detaillierte phonetische Analyse des Lautsystems und einen kürzeren Überblick der Morphologie des Dialekts. Die heutige Einteilung der kärntnerslowenischen Dialektgruppen stammt von Tine LOGAR und Jakob RIGLER (Karte 1983).

Erwähnenswert ist, dass der kärntnerslowenische dialektale Wortschatz in der 1. Hälfte des 20. Jh.s (in unterschiedlichem Ausmaß und unterschiedlicher Qualität) auch im Rahmen von Materialerhebungen zum *Wörterbuch der bairischen Mundarten in Österreich*, zum *Deutschen Sprachatlas* sowie zum *Atlas der deutschen Volkskunde* dokumentiert wurde (→ Entlehnung).

Lit.: ES (T. Logar: *Dialektologija*; V. Smole: *Slovenska narečja*). – P. Zdovc: *Die Mundart des südöstlichen Jauntales in Kärnten. Lautlehre und Akzent der Mundart der »Poljanci«*, Wien [e.a.] 1972; K. Sturm-Schnabl: *Die slowenische Mundart und Mundartreste im Klagenfurter Becken*. (Phil. Diss.) Wien 1973, 287 S.; G. Stone, T. Priestly: *Carinthian Slovene in the Archives of the Deutscher Sprachatlas: Unpublished Materials*. In: Oxford Slavonic Papers. New Series 25 (1992) 84–119; G. Neweklowsky: *Iz zgodovinske klasifikacije slovenskih narečij na Koroškem in nove naloge slovenske dialektologije*. In: Logarjev zbornik. Maribor 1999, 16–26; L. Karničar: *Urban Jarnik in koroška slovenska narečja*. In: *Koroški etnološki zapisi* 2 (2003) 95–103; V. Smole: *Delež avstrijske slovenistike pri Slovenskem, Slovanskem in Evropskem lingvističnem atlasu*. In: WSlJb 53 (2007) 73–78; G. Neweklowsky: *Izmail Ivanovič Sreznevskijs Reise durch Österreich 1841–1842*. In: Studia Slavica Academiae Scientarum Hungaricae 52 (2007) 309–318; H. Bermann: *Unpubliziertes kärntnerslowenisches und burgenländischkroatisches Sprachmaterial im Archiv zum Atlas der Deutschen Volkskunde – ein Projektbericht*. In: *Leksika i leksikografija* 20. Moskau 2009, 149–156; H. Bergmann: *Randstücke – slowenisches dialektales Material im Belegarchiv zum Wörterbuch der bairischen Mundarten in Österreich (WBÖ)*. In: V. Smole (Hg.): *Slovenska narečja med sistemom in rabo*. Ljubljana 2009 (= *Obdobja* 26) 83–100.

Tijmen Pronk

Dialektologische Terminologie/Dialekt-Terminologie → Dialekt.

Diex/Djekše, vgl. Sachlemmata: → Grabinschriften; → Jauntaler Dialekt/*podjunsko narečje*; → Liedersammlung, handschriftliche; → *Sadnikerjev rokopis* [Die Sadniker Handschrift]; → Sprachgrenze (1), slowenische; → Völkermarkter Hügelland/Velikovško podgorje, Kulturvereine; → Saualpe/Svinška planina; → Wehrkirchen; Personenlemmata: → BENETEK, Anton; → MAIRITSCH, Ludwig; → RAMOVŠ, Fran; Bösenort/Hudi Kraj: → SCHWARZ, Andreas/Andrej; → SCHWARZ, Josef/Jože.

Diözesen, vgl. → Aquileia, → Bamberg, → Freising, → Gurk/Krška škofija, → Lavant/Lavantinska škofija, → Ljubljana, → Salzburg, → Seckau.

Diskriminierung, vgl. Sachlemmata: → Assimilation; → Assimilationszwang; → Deportationen 1942; → Deutschnationale Vereine; → »Entethnisierung«; → »Ethnische Säuberung«; → »Generalplan

Ost«; → Germanisierung; → Internierungen 1919; → Militärgerichtsbarkeit (Erster Weltkrieg); → Slawen; → TIGR; → Verfolgung slowenischer Priester ab 1938 in Kärnten/Koroška; → Vertreibung 1920; die → Windischen; → Windischentheorie; → Zeugen Jehovas; Personenlemmata (Auswahl): → Abuja, Matthias; → Perkonig, Josef Friedrich; → Schumy, Vinzenz; → Seebacher, Johann; → Wutte, Martin.

Dobernik, Janez, vlg. Afernik (1795–1865, Srajach bei St. Jakob/Sreje pri Šentjakobu), Volksdichter aus dem Rosental/Rož, vgl. → Bukovništvo; → *Kot, Katoliško slovensko izobraževalno društvo* [Katholischer slowenischer Bildungsverein Winkl]; → Lied; → Volkslied.

Dobernik, Jože (Josef, * 6. Jänner 1892 Raun/Ravne [Rosegg/Rožek], † 3. Februar 1963 Glainach/Glinje), Priester.

Aus ärmlichen bäuerlichen Verhältnissen stammend, trat D. nach dem Besuch der Volksschule in Rosegg/Rožek ins Gymnasium in → Klagenfurt/Celovec ein. Nach der Matura 1912 besuchte er das Klagenfurter → Priesterseminar und wurde 1915 zum Priester geweiht. Nach Abschluss des Theologiestudiums 1916 und wurde er Kaplan in → Bleiburg/Pliberk und in → Ferlach/Borovlje. Noch während des Krieges wurde D. Präfekt der Zöglinge des → Marianums, das im alten Priesterhaus untergebracht war. Im Schuljahr 1919/1920 war er Leiter des *Koroški dijaški dom v Kranju* [Kärntner Schülerheim in Kranj]. Nach seiner Rückkehr war er über 20 Jahre Pfarrer in Rosegg/Rožek. Wegen Abhörens feindlicher Sender wurde er vor Gericht gestellt und zu drei Monaten Kerker verurteilt, die er aber wegen seines Gesundheitszustandes nicht absitzen musste. Im April 1941 kam er gemeinsam mit anderen slowenischen Geistlichen des Bezirkes ins Gefängnis nach → Villach/Beljak. Nach seiner Entlassung Anfang Mai und seiner Verbannung von der Pfarre lebte er überwiegend bei den Kreuzschwestern in Grein und suchte ärztlichen Rat bei Spezialisten in Wien. Ab 1949 war D. Pfarrer in Glainach/Glinje. In seinen jungen Jahren versuchte sich D. als Lyriker, nach dem Zweiten Weltkrieg war er Mitarbeiter des slowenischen Kirchenblattes → *Nedelja* (→ Verfolgung slowenischer Priester ab 1938 in Kärnten/Koroška).

Archive: ADG (Personalakt Josef Dobernik).
Lit.: *Župnik Jože Dobernik.* In: *Naši rajni duhovniki, Kratki orisi njihovega trudapolnega dela in življenja.* Celovec 1968, 47–50; A. Malle: *Koroški Slovenci in katoliška cerkev v času nacizma.* In: A. Malle, V. Sima (Red.): Narodu in državi sovražni. Pregon koroških Slovencev 1942 – Volks- und staatsfeindlich. Die Vertreibung von Kärntner Slowenen 1942. Celovec/Klagenfurt 1992, 85–130 (deutsche Zusammenfassung: Die Kärntner Slowenen und die katholische Kirche, S. 131 f., zu Dobernik S. 100); P. G. Tropper: *Kärntner Priester im Konzentrationslager.* In: M. Liebmann, H. Paarhammer, A. Rinnerthaler (Hg.): Staat und Kirche in der »Ostmark«. Frankfurt am Main [e.a.] 1998 (mit weiterführender Literatur), 411–449 (Priesterschicksale: 414–416).

Avguštin Malle

Doberšek, Karel (* 18. Oktober 1889 Leše [Prevalje, Koroška], † 14. September 1964 ebd.) Lehrer und Kulturaktivist.

D. beendete im Jahre 1908 die Lehrerbildungsanstalt in Klagenfurt/Celovec. Seine erste Arbeitsstelle bekam er in Maria Elend/Podgorje im → Rosental/Rož im Jahre 1908. Er unterrichtete dann zwei Jahre in Ojstrica bei Dravograd (Unterdrauburg), danach von 1910 bis 1915 in Schwabegg/Žvabek an der dortigen Volksschule. In den *Freien Stimmen* wurde er bald angegriffen, dass er den Boden für die slowenische Schule bereite (→ Schwabegg/Žvabek, Neuhaus/Suha und Leifling/Libeliče: Kulturarbeit seit 1882). Auch der Vorsitzende des Ortsschulrates, Hr. Liendl, wurde angegriffen und als »fanatischer Deutschenfresser« bezeichnet. In einem Artikel der Zeitschrift → *Mir* wurden diesbezügliche Angriffe jedoch zurückgewiesen (*Mir*, 2. 3. 1912, Nr. 9, S. 60). Die Schwabegger waren mit ihrem Lehrer nicht unzufrieden. Am 3. Februar 1912 kam es jedoch zu einem tragischen Unglück. An diesem Tag wehte in Schwabegg/Žvabek ein furchtbarer Schneesturm, der bis 4 Uhr nachmittags dauerte. In der Chronik liest man: »Die Knaben wurden um 12 Uhr aus der Schule entlassen, die Mädchen – wegen der Strickstunde – um 1 Uhr. Die meisten blieben im Dorfe. Zwei Schwestern – Waisen, Theresia Jamer, 9 Jahre alt und Agnes Jamer, 8 Jahre alt, zu Hause Na Bregu gingen heim. Sie vergingen sich und da sie um 4 Uhr nicht nach Hause kamen, wurde nach ihnen gesucht. Man suchte bis 1 Uhr nachts, doch vergebens […]. Erst am folgenden Nachmittag wurden die toten Kinder weitab vom richtigen Wege vom Bauernsohn Andreas Zgonc, vlg. Kupec, aufgefunden. Große Erbitterung herrschte gegen den Lehrer Hr. Doberšek als Schuldtragenden …« (Lib.mem.Sch., S. 23; Vgl.: *Mir*, 10. 2. 1912, Nr. 34, S. 6).

Die Volksschule in Neuhaus/Suha wurde, nachdem Georg Lienhardt aus Kriegsgründen ab September

1914 nicht mehr zur Verfügung stand, zeitweilig von D. von Schwabegg/Žvabek aus mitbetreut. Im Jahre 1915 wurde jedoch auch der Schulleiter D. zum Kriegsdienst einberufen. Er diente den Militärdienst an der italienischen Front ab.

Ende Oktober 1918 löste sich die österreichische Front an der Piave in Italien auf. → Jugoslawien entstand, wobei der 1. Dezember 1918 diesbezüglich als historischer Tag bezeichnet wird, als der S.H.S.-Staat zur Monarchie wurde. Von Klagenfurt/Celovec konnte man wegen der großen Wirren, die durch marodierende Soldaten hervorgerufen wurden, keine Hilfe erwarten. Daher bat man die Steirer am 19. November 1918 um Unterstützung (Logar: 146). Verstärkt durch die einheimischen Anhänger besetzten diese das Gebiet um Leifling/Libeliče und Schwabegg/Žvabek, allerdings nur mit einer kleinen Anzahl von Soldaten. Ein Feldwebel namens Rajko Kotnik aus Fettengupf/Tolsti Vrh versuchte, in der Gemeinde Leifling/Libeliče die Ordnung wiederherzustellen. Er inspizierte die Schulen und befahl die Einführung der slowenischen Unterrichtssprache, noch bevor ein jugoslawischer Schulkommissär eingesetzt worden war, was der bekannt deutschnationale Lehrer Urh Petschnig in Neuhaus/Suha ablehnte. Daher übernahm D. dort den Unterricht wieder.

Als die Lavanttaler Heimatbundeinheiten im Dezember 1918 die slowenische Besatzung nördlich der Drau vertrieben und dabei einen serbischen Soldaten erschossen, der über die Drau flüchtete, wurde dies in Neuhaus/Suha, Leifling/Libeliče und Schwabegg/Žvabek mit Sorge beobachtet. Am Neujahrstag des Jahres 1919 kamen deshalb einige Einheiten von Soldaten, auch Untersteirer und Krainer, in die Gegend, um den Frieden und die Grenze zu sichern. Die Überfuhr über die Drau/Drava wurde abgesperrt und die Kähne am linken Drauufer zerstört. Der Besitzer vlg. Überführer in Pudlach/Podlog musste sein Haus verlassen. Es entstand gleichsam eine Front vom vlg. Überführer über das Pudlacher Feld/Podloško polje, die »Kral«-Überfuhr bis zur Schwabegger Dobrova-Schanze. Ein Angriff am 3. Jänner 1919 misslang. Von jenseits der Drau/Drava herüber wurde geschossen. Granaten flogen bis Libeliče/Leifling (→ Grenzfrage 1919–1920).

Im Jänner 1919 notierte der Pfarrer von Neuhaus/Suha, es wäre vom 14.–21. Jänner zu einem Waffenstillstand gekommen, aber die deutschen Soldaten (z.T. »wackere Hochschüler von Leoben«) hätten andauernd über die Drau hinübergeschossen. Am 22. Jänner 1919 beendeten daher die hiesigen Einheiten ihrerseits den Waffenstillstand und aus der Dobrova kamen ihnen einige zu Hilfe und zündeten das Haus und den Hof vlg. Pirkschmied an (Lib.mem.N., S. 28).

Die Bewohner dieser Gegend hatten damals wenig Informationen und sammelten slowenische Flugblätter, → Korošec usw. Manchmal erhaschte man einen Flugzettel eines deutsch-österreichischen Fliegers. In der Schule unterrichtete man nach dem provisorischen Lehrbehelf → Mlada Jugoslavija.

Wie aus den Aufzeichnungen weiter hervorgeht, begann am 29. April eine Offensive der deutschen Truppen, wobei Granaten eingesetzt wurden. Die kleinen Einheiten slowenischer Truppen, die Krainer und Untersteirer, wurden vertrieben. Der Pfarrer von Schwabegg/Žvabek und der Lehrer von Neuhaus/Suha, D., flüchteten in die slowenische Steiermark (Štajerska).

Mit dem Angriff der jugoslawischen Einheiten (z.T. Serben zusammen mit den vorher vertriebenen Krainern und Untersteirern) am 27. Mai 1919 wurde die »Schreckensherrschaft« der Volkswehr (Lib.mem.Sch., S. 36) durch die Besetzung auch des Gemeindegebietes von Schwabegg/Žvabek und Leifling/Libeliče (Neuhaus/Suha) beendet. Die vorher geflüchteten Geistlichen, Lehrer, Gesandten, Einheimischen und Freunde aus der slowenischen Steiermark (Štajerska) und → Krain/Kranjska kamen am 29. Mai 1919 hierher zurück.

Mit den deutschen Soldaten war der Schlossherr von Neuhaus/Suha, Hr. Stenzl, geflüchtet. Er hatte eine eigene Front, bestehend aus 14- bis 18-jährigen Burschen, gegen die Jugoslawen aufgestellt, weshalb dann die jugoslawischen Soldaten das Schloss anzündeten.

Der Lehrer von Neuhaus/Suha, Ulrich Petschnig, wurde Ende Mai 1919 verhaftet, nach → Bleiburg/Pliberk gebracht und trat am 1. Juni 1919 den Transport nach Ljubljana an, wo er 110 Tage zusammen mit anderen »Schicksalsgenossen« im Kerker des Schlossberges festgehalten wurde. In Neuhaus/Suha wurde ab Juli 1919 eine Artillerieeinheit, bestehend aus 90 Pferden und Soldaten aus der slowenischen Steiermark (Štajerska), stationiert (Lib.mem.N., S. 29). D. übte die Zwangsverwaltung des Schlosses Neuhaus/Suha 1918–1920 aus. Er richtete den Unterricht der Volksschule Neuhaus/Suha im Schloss ein (Lib.mem.N., S. 29). Am 21. Juli 1920 traf die Abstimmungskommission ein (→ Abstimmungszone). In Schwabegg/Žvabek stand sie unter der Führung von »Capitano Guido Granato« (Lib.mem.Sch., S. 37), einem Italiener. Mit seinen

Mitstreitern Rudolf → Mencin, Pavel → Košir und Vinko → Möderndorfer organisierte D. in dieser Zeit das slowenische Schulwesen im Bezirk → Völkermarkt/Velikovec unter jugoslawischer Verwaltung mit (→ Schulwesen unter jugoslawischer Verwaltung in der Zone A). Nach der → Volksabstimmung musste er Österreich verlassen und kam an die Schule seines Geburtsortes Leše, wo er bis 1925 unterrichtete und auch seine politische Arbeit fortsetzte. Insbesondere war er an der Grenzkorrektur von Leifling/Libeliče politisch mitbeteiligt (Logar) (→ Vertrag von Saint-Germain). In Leše bemühte er sich um die Entwicklung des Ortes und die Gründung der Genossenschaft.

Von 1925 an unterrichtete D. bis zu seiner Pensionierung im Jahre 1935 an der Grundschule in Prevalje. Als Lehrer forschte und schrieb er über die sozialen Gegebenheiten des Ortes. Seine Abhandlungen veröffentlichte er im *Popotnik*. Im Jahre 1929 entstand die Monografie: *Vpliv socialnih razmer na razvoj otroka na Prevaljah*. Er war auch in Kulturvereinen aktiv und schrieb Theaterstücke. Außerdem war er aktives Mitglied der Sozialdemokratischen Partei. 1941 wurde er verhaftet und nach Serbien deportiert. Nach seiner Rückkehr 1945 widmete er sich dem bäuerlichen Genossenschaftswesen im Mießtal (Jože Jurančič in: Enciklopedija Slovenije 2/1988, S. 273).

Vom Kulturverein Leše wurde ihm zum 40. Todestag im Jahre 2004 an der Südseite der Grundschule Leše eine Gedenktafel errichtet, die folgenden Text enthält: *Karel Doberšek, 18. 10. 1889 Leše – 14. 9 .1964 Prevalje Učitelj, šolski upravitelj, kulturni delavec in publicist. KD Leše 2004* [Lehrer, Schulleiter, Kulturarbeiter und Publizist]. D.s Tochter Mira hat in der Zeitung *Večer* vom 14. 5. 1977 ihre Jugenderinnerungen an das Dorf Schwabegg/Žvabek veröffentlicht.

Quellen: Mir, 2. 3. 1912, Nr. 9, S. 60; Lib.mem.Sch., S. 23; Vgl.: Mir, 10. 2. 1912, Nr. 34, S. 6; Lib.mem.N., S. 29, 36, 37.
Werke: *Vpliv socialnih razmer na razvoj otroka na Prevaljah*. Prevalje 1929; Abhandlungen in: *Popotnik*.
Lit./Web: ES (J. Jurančič). – M. Doberšek: *Žvabek, vasica moje mladosti* In: *Večer* 14. 5. 1977; E. Logar: *Vsaka vas ima svoj glas*. Libeliče, Celovec 1994, 146; http://www.kleindenkmaeler.at/detail/gedenktafel_karel_dobershek_gewidmet (24. 1. 2014).

Engelbert Logar

»Dobrač«, Slovensko tamburaško in pevsko društvo

[Slowenischer Tamburizza- und Gesangsverein »Dobrač« (Dobratsch)], gegründet am 29. November 1906 in Fürnitz/Brnca. Ziel des Vereins war die Stärkung des slowenischen Identitätsbewusstseins durch geselliges Musikschaffen.

Im Jahr 1901 kam der Händler, Mesner und Organist Janez Miklavič aus Rinkenberg/Vogrče im → Jauntal/Podjuna nach Fürnitz/Brnca im → Gailtal/Zilja. Er war voller Ideen für den Chorgesang und die Musik. Obwohl er erst 25 Jahre alt war, gelang es ihm alsbald die Jugend um sich zu versammeln und er gründete einen ersten Kirchenchor, der auch slowenische → Volkslieder sang. 1903 begann unter seiner Leitung auch die Tamburizzagruppe zu musizieren (→ Tamburizzamusik). Der Verein wurde schließlich 1906 formell gegründet. Unter den Gründungsmitgliedern waren neben Janez Miklavič noch Michael Wielč (der erste Vereinspräsident), Ivan Kraicar, Tomaž Uršic und Karl Kacianka. Das Motto des Vereins lautete: *Tudi v sili, v šali se ne laži; Kakoršen si, takega se kaži* [Auch in der Not und im Scherz lüge nicht: Zeige dich, so wie du bist] (→ Kulturvereine).

Der Tamburizza-Verein organisierte eigenständige Konzerte und trat bei Theaterspielen (→ Theater) und Tanzveranstaltungen auf sowie im Gailtal/Zilja bei → Kirchtagen und Hochzeiten. Mit seinen Gastspielen kam er bis Mellweg/Melviče (→ *Melviče, Katoliško slovensko izobraževalno društvo*). Berühmt war er für seine *Brnška polka* [Fürnitzer Polka], die Janez Miklavič komponiert hatte. Der Verein hatte zwei

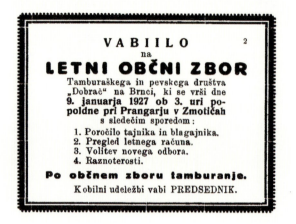

Auftritt des Tamburizzachores in Camporosso/Saifnitz/Žabice im Kanaltal/Val Canale/Kanalska dolina, KS 23. 2. 1905

Einladung, KS 1927

Moški sekstet Brnca, *Vse tə üüštne liəte moje*

Moški sekstet Brnca, *Jes səm an buərən pavər*

Tamburizzaensemble Dobrač, SEM

Gesangsvereine, einen gemischten und einen Männerchor. MIKLAVIČ war jedoch nicht nur ein hervorragender Dirigent, sondern auch ein hervorragender Regisseur. 1908 führte der Verein als erster das Volksstück *Miklova Zala* [Die Zala vom Mikl-Hof] von Jakob → SKET auf (und zwar noch nach dem Manuskript von Jaka → ŠPICAR) sowie eine Operette, den *Kovačev študent* [Der Student des Schmieds], und zahlreiche weitere Stücke.

Bevor die Vereinsmitglieder ihr eigenes Vereinshaus gründeten, führten sie ihre Veranstaltungen im Gasthaus *pri Grobnu* und später auch im Gasthaus *pri Prangarju* auf. Die feierliche Eröffnung des Vereinshauses am 14. November 1909 wollten die Deutschnationalen gewaltsam verhindern. Wegen Schulden musste der Verein das Haus 1918 wieder verkaufen. Nach dem Ersten Weltkrieg übernahm Janez GALLOB, vlg. Marko, die Leitung des Vereins, der auch die Schauspielgruppe leitete. Den Chor übernahm nach MIKLAVIČ der Organist Hanzej KROPIUNIK. Mit ihm feierte der Chor große Erfolge weit über Fürnitz/Brnca hinaus. 1931 wurde das *Brnški sekstet* [Fürnitzer Sextett] gegründet, mit dem in Salzburg die erste Schallplatte mit kärntnerslowenischen Liedern aufgenommen wurde. Am 6. Juni 1937 wurde im Gasthaus *pri Prangarju* in Sigmontitsch/Zmotiče der *Ziljski dan* [Gailtaler Tag] veranstaltet, an dem alle slowenischen Gailtaler Vereinsgruppen teilnahmen. Die Veranstaltung wurde von über 600 Besuchern aus allen Gebieten → Südkärntens/Južna Koroška besucht. Das Schauspiel *Madona v gozdu* [Maria im Walde] verboten die Nazis 1939. 1941 wurde jegliche slowenische Vereinstätigkeit untersagt und der Verein behördlich aufgelöst.

Nach dem Krieg wurde der Verein unter dem Namen *Slovensko prosvetno društvo Dobrač* [Slowenischer Kulturverein Dobrač (Dobratsch)] wiedergegründet.

Lit.: KLA; Ante Beg: *Narodni kataster Koroške*. V Ljubljani, dne 2. julija 1910, 45–46 (http://www.sistory.si/SISTORY:ID:27172); *Kako so delali prosvetaši pod Dobračem*. In: KSK 1959. Celovec 1959, 101–105; *Slovensko prosvetno društvo »Dobrač« na Brnci, Poživitev odrske dejavnosti na Brnci*. In: KK 1985. Celovec 1984, 121–122; I. Destovnik: *Slovenska kulturna društva*. In: KK 2000. Celovec 1999, 48–201. **Web**: www.spd-dobrac.at/ (8. 9. 2012).

Uši Sereinig; Üb.: Bojan-Ilija Schnabl

Dobratsch/Dobrač, → Bergname, → »Dobrač«, *Slovensko tamburaško in pevsko društvo* [Slowenischer Tamburizza- und Gesangsverein »Dobrač« (Dobratsch)]; → Gailtal/Ziljska dolina.

Dobratsch/Dobrač, vom Süden, Foto Bojan-Ilija Schnabl

Dobrovc, Josef (Kanonikus, Kulturaktivist), → *Lipa, Katoliško izobraževalno društvo* [Katholischer Bildungsverein Lipa (Linde)].

Dobrovnik, Franc, vlg. Krevčev (Wiederndorf/Vidra vas), Bibliothekar, Kulturaktivist, → *Edinost Pliberk. Katoliško slovensko izobraževalno društvo Edinost v Pliberku* [Katholischer slowenischer Bildungsverein *Edinost* (Einheit) in Bleiburg].

Dobrovnik, Maria (Sängerin im Kirchenchor), → Liedersammlung, handschriftliche.

Dobrovský, Josef (* 17. August 1753 Gyarmaty [Ungarn], † 6. Jänner 1829 Brno), tschechischer Philologe, Begründer der Slawistik, Theologe.

D. wurde als Sohn einer tschechischen Familie, die in Ungarn lebte, geboren, die aber bald nach Böhmen übersiedelte. Nach dem Abschluss des Gymnasiums studierte er Theologie und Sprachwissenschaft in Prag und trat 1772 in den → Jesuitenorden ein. Er war als Privatlehrer und Priester tätig und wurde gegen Ende des 18. und im ersten Viertel des 19. Jh.s zur Zentralfigur der tschechischen sprachwissenschaftlichen und nationalen Erneuerungsbewegung. Er starb während eines Besuches 1829 in Brno.

Zunächst waren Bibelstudien sein zentrales Interesse. Bereits 1776 publizierte er seine erste wissenschaftliche Arbeit in lateinischer Sprache. Die Fachwelt nahm ihn 1778 wahr, als er nachwies, dass eine dem Evangelisten MARKUS zugeschriebene Handschrift viel jünger war, als man vermutet hatte (*Fragmentum Pragense Evangelii S. Marci*, Prag 1778). Seit 1779 galt sein Hauptinteresse der tschechischen Sprache und Literatur. Die Rechtschreibnormen, die im Tschechischen gegen Ende des 16. Jh.s eingeführt worden waren, hielt er für richtig und lehnte laufende Änderungen ab. D. selbst schrieb in frühen Jahren lateinisch, später hauptsächlich deutsch, die tschechische Sprache verwendete er erst im letzten Lebensabschnitt.

Mit seinen sprachhistorischen, grammatikalischen und lexikalischen Studien regte er auch die slowenischen Aufklärer an, den slowenischen Wortschatz zu sammeln und zu systematisieren, die → Grammatik der slowenischen Sprache zu bearbeiten und die Rechtschreibung zu erneuern (→ Schrift). Demzufolge wurden viele tschechische Wörter in die slowenische Standardsprache aufgenommen. Durch seine große Bildung und sein Kritikvermögen hat D. das kulturelle Leben der Slowenen vielschichtig beeinflusst. In der Geschichte der Slowenistik hat sich D. einen bedeutenden Platz erworben, insbesondere an der Seite von Jernej → KOPITAR. Aus der zwischen den beiden geführten zwanzigjährigen Korrespondenz ist ersichtlich, dass die beiden Gelehrten damals aktuelle slawistische und slowenistische Probleme diskutierten, unter anderem die Edition der eben erst entdeckten → Freisinger Denkmäler über die D.s besondere, mittelbare Verbindung zur Wiener Slawistik zum Ausdruck kommt.

Josef Dobrovský von Jan Vilímek (NUK/Wiki)

Seine Grammatik der tschechischen Sprache beeinflusste die slowenischen Schriftsteller, Grammatiker und Lexikografen, wie einen Valentin → VODNIK, Matevž → RAVNIKAR, Peter DAJNKO, Anton → MURKO, und auch einen Anton → JANEŽIČ, Matej → CIGALE und Maks PLETERŠNIK (→ Lexikografie). D.s intensiveres Studium der slawischen Sprachen setzte um das Jahr 1800 ein. Ab 1806 gab er die Zeitschrift *Slawin* heraus, 1814/1815 die Zeitschrift *Slovanka*. Als erste moderne tschechische Grammatik gilt das 1809 erstmals erschienene Werk *Ausführliches Lehrgebäude der böhmischen Sprache zur gründlichen Erlernung derselben für Deutsche, zur vollkommenen Kenntnis für Böhmen* (Prag 1809, ²1819).

1822 veröffentlichte D. die erste moderne Grammatik des Altkirchenslawischen *Institutiones linguae slavicae dialecti veteris* (Wien 1822). Aufgrund dieses Werks gilt er als der Begründer der Slawistik.

Wie V. JAGIĆ meinte, hatte sich D. als Erster zum Ziel gesetzt, alle slawischen Sprachen und → Dialekte auf der Grundlage des → Altkirchenslawischen (→ Bibel) zu untersuchen und die slawischen Literaturen, Altertümer sowie die slawische → Folklore zu erforschen. Im Jahre 1929 fand anlässlich seines 110. Todestages in Prag der erste Slawistenkongress statt.

Werke: *Corrigenda in Bohemia docta Balbini juxta editionem P. Raphaelis Ungar.* Prag 1779; *Böhmische Litteratur auf das Jahr 1779.* Prag 1779; *Über die Einführung und Verbreitung der Buchdruckerkunst in Böhmen.* Prag 1782; *Über das Alter der böhmischen Bibelübersetzung,* Prag 1782; *Scriptores rerum Bohemicarum.* 3 Bd. Prag 1783–1829; *Historisch-kritische Untersuchung, woher die Slawen ihren Namen erhalten haben.* Prag 1784; *Geschichte der böhmischen Sprache und Literatur.* Prag 1792; *Deutsch-böhmisches Wörterbuch.* Prag 1802–1821; *Glagolitica. Über die glagolitische Literatur. Das Alter der Bukwitza, ihr Muster etc.* Prag 1807; *Slavin. Beiträge zur Kenntniß der Slavischen Literatur, Sprachkunde und Alterthümer, nach allen Mundarten.* Prag 1808; *Entwurf zu einem allgemeinen Etymologikon der slawischen Sprachen.* Prag 1813; *Slovanka. Zur Kenntniß der alten und neuen slavischen Literatur, der Sprachkunde nach allen Mundarten, der Geschichte der Alterthümer.* Prag 1814–1815; *Mährische Legende von Cyrill und Method.* Prag

KS 21. 1. 1925

KS 22. 7. 1925

1826; *Pis'ma Dobrovskogo i Kopitara v povremennom porjadke* (Hg. V. Jagić). Petrograd 1885; *Spisy a projevy*. Prag 1936 ff.

Lit.: ÖBL; ES; OVSBL. – I. V. Jagić: *Istorija slavjanskoj filologii, Enciklopedija slavjanskoj filologii I*. Petrograd 1910; *J. Dobrovský 1755–1829. Sborník statí* [Aufsatzsammlung, Beiträge von A. Breznik, V. Dukat, L. Stojanović, J. Kršić]. Praha 1929; A. Breznik: *Dobrovskega vpliv na slovenski pismeni jezik*. In: *Josef Dobrovský 1752–1829*. Praha 1929; F. Kidrič: *Dobrovský in slovenski preporod njegove dobe*. Ljubljana 1930; *Dějiny české literatury II* [Co-Autor]. Praha 1960; *Josef Dobrovský (Fundator studiorum slavicorum). Sborník statí* [Aufsatzsammlung]. Praha 2004.

Andreja Žele; Üb.: Katja Sturm-Schnabl

KS 14. 1. 1925

Dolina/Dolina, Wallfahrtsort (Gemeinde Grafenstein/Grabštanj, Pfarre Poggersdorf/Pokrče). Am Beginn der neuen politischen Ära und tief greifender gesellschaftlicher Veränderungen (ähnlich wie 68 Jahre später im portugiesischen Wallfahrtsort Fatima) erschien vier einheimischen Mädchen (Singer spricht bezeichnenderweise noch von drei) am 17., 18. und 19. Juni 1849 die hl. Maria auf einem Baumstamm im Wald bei Dolina/Dolina, sprach jedoch nicht. Sehr rasch verbreitete sich die Kunde und in der Folge soll es nach dem späteren Poggersdorfer Priester Valentin → Božič (1868–1895) (so bei Singer) auch zu wundersamen Heilungen gekommen sein.

Auf Drängen der einheimischen Bewohner aus Poggersdorf/Pokrče, die bereits am 26. Juni eine Delegation zum Bischof entsandten, wurde auf bischöfliche Anordnung eine kirchliche Untersuchung durch den Tainacher Propst Lorenc Welwich durchgeführt. Die Mädchen waren: Maria Bauer, Maria Lederwasch, Magdalena Palzer, Anna und Barbara Sichitz. Diese Mädchen waren laut Erhebungsportokoll vom 7. Juli 1849 der Diözese → Gurk/Krška škofija nur des Slowenischen mächtig (→ Muttersprache; → *Lingua franca*). Im Erhebungsprotokoll heißt es:

Dolina pri Pokrčah. (Novi zvon.) Dne 5. julija se je slovesno blagoslovil pri naši romarski cerkvi 1400 kg težak zvon. Darovi so se pobirali po sosednih farah, zato je odbor za nabavo novega zvona, soglasno sklenil, da bo se pelo pri blagoslavljanju slovensko in nemško. Zato pa je zvedel nepotrebni „heimatšuc", kateremu se je zdelo prenevarno, da bi pel nemške pesmi slovenski cerkveni zbor. Takoj se je zbralo precejšnje število različnih renegatov in se začeli vaditi nemške cerkvene pesmi za slovesnost, kjub temu, da je njih petje predsednik odbora za nabavo zvona odklonil. Pri prvih mašah so se pele slovenske pesmi, pri obhodu pa heimatšuclarji nemško. Po blagoslavljanju zvona pa dve slovenski in dve nemški pesmi. To bi še bilo vse v redu. A nestrpnim in hujskajočim renegatom pa le ni šlo, da bi s petjem povzdignili slovesnost cerkvenega obreda, ampak le za izzivanje in to so tudi s svojim nastopom pokazali. Ko je bila še zadnja sv. maša, so pri novem zvonu zarjuli prav izzivalno: Vom Tal bis... Vsi navzoči Nemci in Slovenci so se zgražali nad to pesmijo, ki pri romarski cerkvi in cerkvenemu opravilu prav nič nima opraviti, ampak spada tja, kjer so heimatšuclarji najrajši, namreč – v gostilno. — Pripoznati moramo, da so se pele slovenske pesmi pod vodstvom ge. Kulterer in gospoda Ledervaša zelo ubrano, eksaktno in lepo. — Z našim nastopom smo dokazali, da je naša romarska cerkev še slovenska. Tudi na zvonu je dvojezičen napis, da bodo tudi naši potomci še vedeli, da smo živeli Slovenci enkrat na Koroškem.

Marija Pomagaj v Dolini pri Pokrčah. Naši ljubki romarski cerkvici je daroval leta 1882. neimenovani, dobroznani dobrotnik lep zvon, ki je tehtal 1400 kg. in s svojim milo donečim glasom očaral vsakega romarja. Ali tudi tega je pobrala vojna in letos je prišlo za njega kot v zasmeh 600 (šest sto) K. Na splošno željo so se zbrali možje in sestavili „zvonski odbor", ki bo poskrbel nakup enega zvona. Ker pa okolica sama toliko ne premore, se obrača odbor na vse častilce Marije na slovenskem Koroškem z iskreno prošnjo za prispevke v ta blagi namen. Posebno prosimo predstojnice Marijinih družb, da vplivajo na svoje članice, da vsaka po svoji moči „mal položi dar na Marijin oltar". Ako bo do konca februarja vsaj polovica denarja skupaj, se po načrtu zvon naredi, da bo v juliju že na svojem mestu. Zbrane darove je pošiljati Zvonskemu komiteju v Dolini, pošta Grabštanj.

»Den vorgerufenen Kindern, welche nur der windischen Sprache mächtig sind und folglich auch nur in dieser Sprache ihre Aussage thun können, wurde auf eine ihrer Fassungskraft entsprechende Weise die Ursache ihrer Vorrufung begreiflich gemacht und die Erinne-

Dolina/Dolina, Innenansicht mit Altarbild von Peter Markovič, Foto Bojan-Ilija Schnabl

rung gegeben, daß sie alles, um was sie gefragt werden, wahrhaft und getreu angeben sollen.« (→ Windisch)

Die Diözese genehmigte schließlich im Oktober 1860 die Errichtung einer Kapelle, zumal Dolina/Dolina bereits zu einer populären slowenischen → Wallfahrt geworden war (obwohl die Erscheinung selbst laut Informationen des örtlichen Pfarrverbandes nie wirklich anerkannt wurde). Die Kirche, die im Gemeindegebiet von Grafenstein/Grabštanj steht, wurde gleichzeitig der unmittelbar benachbarten, damals slowenischen Pfarre Poggersdorf/Pokrče einverleibt.

Am 26. Juli 1861 wurde der Eckstein einer groß dimensionierten Kirche gelegt. Zwischen 1861 und 1863 wurde ein historistischer Kirchenbau von Anton FALESCHINI nach Plänen von Anton BIERBAUM mit hohem Presbyterium und zweiseitigem, spitzem Chorschluss errichtet. In der Folge ging nach SINGER das Geld aus und es wurde zunächst nur das Presbyterium gebaut, das Bischof Valentin → WIERY am 11. Oktober 1863 einweihte. Der 1882 errichtete Turm stürzte bereits 1889 ein und zerstörte dabei das Kirchenschiff (so der Pfarrverband). Das Altarbild aus dem Jahr 1906 stammt vom slowenischen akademischen Maler Peter → MARKOVIČ aus Rosegg/Rožek. Es ist der klassischen Bildsprache verhaftet und weist in der Formen- und Farbsprache bereits auf die Kälte des beginnenden 20. Jh.s (die für den Expressionismus charakteristisch ist). Die Zeitung → Koroški Slovenec berichtet anlässlich der feierlichen Einweihung neuer Kirchglocken mit einer zweisprachigen → Inschrift am 5. Juli 1925 von dem Ereignis und hebt insbesondere die deutschnationale Störaktion der Heimatschutzler hervor. Obwohl ohnehin ein zweisprachiger Kirchgesang vorgesehen war, weil Geld für die Glocken im weiteren Umfeld gesammelt worden war, stießen sich die Heimatzschutzler an den slowenischen → Kirchenliedern, die unter der Leitung einer Frau KULTURER und eines Herrn LEDERVAŠ harmonisch und schön vorgetragen worden seien.

Das Langhaus wurde 1957 neu gebaut. 1999/2000 kam es durch Ferdinand CERTOV und Robert MORIANZ zu einer völligen modernen Neugestaltung insbesondere des Kirchenschiffs und der Westfassade (»Autobahnkirche Maria im Walde« bzw. Maria

Dolina/Dolina, Außenansicht, Foto Bojan-Ilija Schnabl

Dolina/Dolina, Glasfenster, Foto Bojan-Ilija Schnabl

Dolina/Dolina, mehrsprachiges Glasfenster, Foto Bojan-Ilija Schnabl

Heimsuchung/*Obiskovanje Marijinemu*, am 14. Jänner 1925 im → *Koroški Slovenec* genannt *Marija pomagaj* in Dolina/Dolina). Das Innere ist nunmehr mit Glasfenstern von Giselbert HOKE und Johannes ZECHNER ausgestattet, wobei diese mehrsprachige und slowenische → Inschriften aufweisen (u.a. einen Spruch des Dichters Baccio Marin: »Der Wind der Ewigkeit wird stärker/*Veter večnosti postaja močnejši*« in acht Sprachen). Vom Ende des 19. Jh.s stammen die slowenisch beschrifteten Kreuzwegtafeln (→ Kreuzweg) (der sprachliche Aspekt findet bei Dehio 2001 keine Erwähnung). Aus der Zeit um 1420 stammt eine überfasste und teilweise überschnitzte und 1993 restaurierte Madonnenfigur mit Kind.

Mit Dolina/Dolina in Verbindung zu bringen ist auch die aus der Perspektive der slowenischen und Kärntner politischen Geschichte bedeutende Abhaltung des 17. slowenischen politischen → *Tabor* am 6. August 1871 in Oberwuchl/Zgornja Buhlja (Geburtsort von Oswald → GUTSMANN) »bei Grafenstein/Grabštanj«, an dem 7.000 Personen teilnahmen, die die Verwirklichung des Programmes der → *Zedinjena Slovenija* forderten. Der Versammlungsort lag nicht nur in der Nähe der Landeshauptstadt Klagenfurt/Celovec sondern insbesondere auch in unmittelbarer Nähe des damals beliebten slowenischen Wallfahrtsortes (→ Klagenfurter Feld/Celovško polje), wobei bereits MELIK 1971 diesen Umstand andeutet.

Archive: ADG, Alte Pfarrakten Poggersdorf/Pokrče, Filialkirche Dolina/Dolina (Besonderer Dank für den Hinweis und das Zitat an Leopold Silan und Peter G. Tropper).
Quellen/Web: *Koroški Slovenec* vom 14. 1. 1925, 22. 7. 1925, 28. 9. 1927, 4. 7. 1934, 8. 3. 1939, 27. 9. 1939, 2. 10. 1940 auf www.mindoc.eu.
Werke: B.-I. Schnabl: *Dolina, božja pot sredi Celovškega polja*. In: B.-I. Schnabl: *Božja pot v Gospo Sveto, ali, Poljanski camino*. (In Druckvorbereitung).
Lit.: Dehio 2001 (*Dolina*, S. 83). – P. O. Hajnšek: *Marijine božje poti*. v Celovcu 1971, Abb. S. 493; V. Melik: *Tabori na Koroškem*. V: *Koroška in koroški Slovenci*. Maribor 1971, 160; S. Singer: *Kultur- und Kirchengeschichte des Dekanates Tainach*. Klagenfurt/Celovec [e.a.] 1995, 176; B.-I. Schnabl: *Celovško polje, neznani zaklad osrednje slovenske kulturne pokrajine*. In: KK 2013. Celovec [2012], 107–122.
Web: www.pfarrverband-grafenstein.at/s9y/pages/pagetitle7.html; www.kath-kirche-kaernten.at/pfarren/pfarre/C3225; www.nextroom.at/building.php?id=111 (21. 2. 2014).

Bojan-Ilija Schnabl

Dolinar, Janko (Johann, Ivan, Ps. Savinčan, * 5. Juni 1881 Griže [Celje, Štajerska], † 28. September 1965 Maribor), Priester, ethnopolitischer Funktionär.

D.s Vater, der Ende der 1860er- Anfang der 1870er-Jahre Kärnten/Koroška verließ, war Lehrer in Pörtschach am See/Poreče ob Vrbskem jezeru. D. besuchte das Gymnasium in → Celje und trat 1901/1902 als Alumnus ins → Priesterseminar in → Klagenfurt/Celovec ein. Hier war er bei der → *Akademija slovenskih bogoslovcev* [Akademie der slowenischen Priesterseminaristen] aktiv und führte in den Studienjahren 1902/1903 und 1903/1904 die Redaktion der handgeschriebenen Zeitschrift *Bratoljub* (→ Publizistik). Nach der Priesterweihe wirkte er als Kaplan in → Tainach/Tinje, danach als Kaplan und Administrator in Eberndorf/Dobrla vas, hierauf als Provisor und Pfarrer in St. Margarethen ob Töllerberg/Šmarjeta pri Velikovcu. In Sankt Francisci/Želinje gründete er eine slowenische Spar- und Darlehenskasse (→ Genossenschaftswesen, → *Srce. Slovensko katoliško izobraževalno društvo za Dobrlo vas in okolico* [Slowenischer katholischer Bildungsverein für Eberndorf und Umgebung], → Völkermarkter Hügelland/Velikoško podgorje, Kulturvereine) und führte sie als Sekretär. Nach der Reorganisation des → *Katoliško politično in gospodarsko društvo za Slovence na Koroškem* [Katholischer politischer und wirtschaftlicher Verein für die Slowenen in Kärnten] wurde er dessen Vertrauensmann.

1910 war D. in die sog. Klagenfurter Bahnhofsskandale verwickelt. Er verwahrte sich gegen eine Zurechtweisung des Ordinariats und sprach diesem das Recht ab, sich einzumischen, da es sich bei der Forderung nach Fahrkarten in slowenischer Sprache weder um eine kirchliche noch um eine kirchenpolitische Angelegenheit handle. Im Mai 1919 wurde er infolge der Offensive der Volkswehr arretiert. Er kam Ende Mai frei, verließ nach der → Volksabstimmung Kärnten/Koroška und wurde auf eigenen Wunsch aus dem Dienst der Diözese → Gurk/Krška škofija entlassen. D. wirkte als Pfarrer in Sv. Primož na Pohorju, wo er wieder im lokalen → Genossenschaftswesen und auf dem Schul- und Bildungssektor tätig wurde. Im April 1941 wurde er verhaftet, in der Haftanstalt *Meljske kasarne* menschenunwürdig behandelt und nach Kroatien deportiert, wo er auf einer Pfarre in unmittelbarer Nähe des KZ Jasenovac Dienst versah und Schreckliches ansehen musste. Nach dem Krieg kehrte er auf seine Pfarre zurück. Seine umfangreichen Tagebücher sind in Verlust geraten.

Quellen: ADG; NŠAMb (Tagebuch).

Avguštin Malle

Domači prijatelj [Der Hausfreund]; Untertitel: *Zabavno-poučna priloga »Mir-u«* [Unterhaltsam-belehrende Beilage des → *Mir*]; Motto: *Vse za vero, dom, cesarja!* [Alles für den Glauben, das Heim, den Kaiser!], erschien zwischen 10. Jänner 1897 bis 30. Dezember 1898 zweimal monatlich, teils illustriert; in: V Celovcu; Druck: Tiskarna družbe sv. Mohorja (→ *Mohorjeva*); Herausgeber und Eigentümer: Gregor → Einspieler; Redakteur: Ivan Teršelič. Die Mitarbeiter, die teilweise auch für den → *Mir* schrieben, publizierten in der Regel unter einem Pseudonym, darunter: Bogdan (Franjo Neubauer, Lieder und heimatliebende Beiträge), Svečan (Franc Stingl, Lokalnachrichten), F. R. (Franc Rup), Alojzij Vakaj, Jak. Seebacher, V. Hutter, Reberčan, Kovačev, Rapizar u.a.

Rubriken: einleitendes Gedicht, anschließender Prosateil, *Gospodarske stvari* [Wirtschaftliches], *Drobiž* [Kurznachrichten], *Uganke* [Rätsel], *Smešničar* [Witzemacher].

Die Zeitschrift war inhaltlich belehrend und religiös-erbaulich angelegt. Die Prosa setzte sich aus parabelhaften Texten (*Kaznovana lakomnost* [Gestrafte Habgier]), Volkserzählungen (→ *kralj Matjaž*), Kurzgeschichten und Märchen (*Zv. Hema v Podgorjah* [Die Heilige Ema in Maria Elend]), Humoresken (*Kaj je Štefej v Celovcu doživel* [Was Štefej in Klagenfurt erlebte]), Übersetzungen u.a. zusammen. Die Texte im Nachrichtenteil resümierten bzw. übernahmen teilweise Artikel aus anderen, überwiegend slowenisch- aber auch deutschsprachigen Printmedien, u.a. aus Kärnten/Koroška, wobei genau gekennzeichnet war, aus welcher Zeitung bzw. Zeitschrift geschöpft wurde (z.B. *Carinthia*, *Besednik*, *Danica*, → *Sovenec*, → *Domoljub*, → *Slovenski glasnik*, *Slovenski gospodar*, → *Edinost*, *Novice*, *Primorski list* u.a.).

Das Blatt hatte einen starken Lokalbezug zu Kärnten/Koroška. Neben wirtschaftlich-sensibilisierenden Inhalten zu Land- und Forstwirtschaft, Obstbau (*Živinorejska pravila* [Regeln zur Rinderzucht]), u.a. brachte der D. p. auch Neuigkeiten aus der Kirche (zur Pfarre Sv. Urh in Zell Pfarre/Sele, zu Sebastian Kneipp, Davorin Štembal). Von besonderem Interesse war ein Beitrag in Folge zu den slowenischen → Ortsnamen in Kärnten/Koroška *Nekaj o slovenskih krajevnih imen na Koroškem* (3/1897–21/1897). Der Autor Franc Rup berücksichtigte bei seiner Studie → Personennamen,

Frühmittelalterliche Inschrift des Domicianus in Millstatt: Rekonstruktionsversuch (nach F. Glaser)

Lage und Umgebung (→ Flurnamen), → Gewässernamen, Pflanzennamen, Tiernamen, Siedlungen sowie aus dem politischen bzw. kirchlichen Bereich abgeleitete Terminologie. Der D. p. ist nicht zu verwechseln mit der gleichnamigen Familienzeitschrift, die unter der redaktionellen Leitung von Zofka → KVEDER erschien.

Quellen: NUK.
Lit.: SBL; ES; OVSBL.
Web: www.mindoc.eu (Edition) (7. 8. 2014).

Maja Francé

Domitian Bildgalerie (Wiki), s. a. Abb. S. 215

Domitian von Millstatt auch DOMITIAN/DOMICIAN VON KÄRNTEN, slow. DOMICIJAN KOROŠKI (um 800), karantanischer Adliger und Volksheiliger.

Im Mittelalter und in der frühen Neuzeit im Kloster → Millstatt (Milštat/Milje), wo sich angeblich sein Grab befand, als seliger (zu einer von den Jesuiten ab 1761 betriebenen Heiligsprechung kam es, wohl wegen der Aufhebung des Ordens 1773, nicht mehr) Stifter des Klosters bzw. einer Vorgängerkirche verehrter, in der modernen Forschung jedoch lange für eine legendäre Gestalt gehaltener karantanischer Adliger. In manchen Schriften wurde er auch TUITIAN genannt. Sein Namenstag ist der 5. Februar.

Durch die – teilweise hypothetische und nicht ganz unwidersprochene – Rekonstruktion der Inschrift auf seiner Grabplatte, von der ein Fragment wiedergefunden wurde, ließ er sich als historische Person etwa der Zeit 770–820 identifizieren. Anscheinend trat er selbst zum Christentum über und spielte in der Folge eine nicht unbedeutende Rolle bei der Organisation der Mission im Raum um Millstatt (Milštat), denn auf ihn geht nach der Grabinschrift die → Christianisierung der regionalen Bevölkerung zurück (→ Iro-schottische Mission). Nach der schon im 12. Jh. belegten Legende soll er tausend heidnische (also karantanische) Kultfiguren (»mille statue« als Etymologie des Klosternamens) im Millstätter See (Milštatsko jezero) versenkt haben (→ Inkulturation). Spekuliert wird auch über seine mögliche Rolle bei der Gründung des Klosters → Molzbichl (Molec). Da er in der → *Conversio Bagoariorum et Carantanorum* nicht erwähnt wird, erfolgte seine Christianisierung wohl nicht von → Salzburg aus, obwohl er nach der Legende vom hl. Rupert oder dessen Nachfolger getauft wurde. Ob der Anstoß dazu aus einem anderen bairischen Bistum (in erster Linie wäre an das im Frühmittelalter in Oberkärnten besonders aktive → Freising zu denken), vom bairischen Herzog oder aus → Aquileia kam, muss offen bleiben. Den romanischen Namen DOMITIAN, ein Name mehrerer Märtyrer, erhielt er jedenfalls erst mit der Taufe. Über seinen slawischen Namen lässt sich nichts sagen (zu solchen Doppelnamen → St. Peter am Bichl/Šentpeter na Gori, vgl. auch → Zweinamigkeit, mittelalterliche; → Personennamen, karantanerslowenische). Obwohl ihn die Grabinschrift als *dux* bezeichnet (→ *Duces Carantanorum*), war er sicher kein Herzog im späteren Sinn, und wohl auch kein gesamtkarantanischer Fürst, sondern Angehöriger der nächstunteren Ebene oder allenfalls ein Teilfürst. Denkbar wäre eine Verbindung Domitians mit der bedeutenden karolingerzeitlichen Wallanlage auf dem Hochgosch zwischen dem Millstätter See und dem Drautal und damit zwischen Millstatt (Milštat) und Molzbichl (Molec).

Lit.: F. Glaser: *Eine Marmorinschrift aus der Zeit Karls des Großen in Millstatt*. In: *Car* I 183 (1993) 303–318; K. Forstner: *Das paläographische Umfeld des sogenannten Domitianfragments*. In: *Car* I 186 (1996) 429–438; H.-D. Kahl: *Der Millstätter Domitian*. Stuttgart 1999; F. Nikolasch: *Domitian von Millstatt – Geschichte und Legenden*. In: Symposium zur Geschichte von Millstatt und Kärnten 2009, 22–41; W. Deuer: *Millstatt*. In: U. Faust/W. Krassnig (Bearb.): *Die benediktinischen Mönchs- und Nonnenklöster in Österreich und Südtirol*, Bd. 2. St. Ottilien 2001, 759–822; H.-D. Kahl: *Kultbilder im vorchristlichen Slawentum, Sondierungsgänge an Hand eines Marmorfragments aus Kärnten mit Ausblicken auf den Quellenwert von Schriftzeugnissen des 8.–12. Jh*. In: SMS VIII (2005) 26 f.

Markus Wenninger

Domoljub [Heimatfreund], Untertitel: *slovenskemu ljudstvu v poduk in zabavo* [dem slowenischen Volke zur Belehrung und Unterhaltung]; in: Ljubljana; ab 30. Dezember 1905 wöchentlich, davor alle zwei Wochen. Druck: Katoliška Tiskarna, Jugoslovanska tiskarna, Ljudska tiskarna.

Die Zeitung D. erschien von 5. Juli 1888 bis 1. November 1944 sowie zwischen 24. Jänner und 24. September 1925 unter dem Namen *Novi domoljub* [Der neue Heimatfreund]. 1909–1928 fungierte D. als Organ der *Jugoslovanska kmetska zveza* [Jugoslawischer Bauernbund]. Zunächst als Beilage der konservativen Zeitung → *Slovenec*, ab 1897 selbstständig; Herausgeber: M. Kolar, I. Janežič, Evgen Lampe, Ignacij Žitnik, Franc Kulovec, Gregorij Pečjak u.a.; erster Redakteur: Andrej → Kalan (1888–1899), 14 weitere Redakteure folgten, darunter Luka Smolnikar, Ivan Rakovec, Ignacij Žitnik, Anton Šušnik, Franc Zabret, France Kremžar, Viktor Cenčič u.a.; ab 1908 diverse Beilagen, z.B. der christlich-soziale *Društveni koledarček* [Kleiner Gesellschaftskalender] (1905–1913). Fast über ein Jahrzehnt hinweg verfasste Janez Evangelist → Krek die Leitartikel des D., andere Beiträge kamen von den beiden Kärntner Slowenen France → Wernig und Janko Mlakar, von Josip Gostinčar, Jakob Mohorič, Franc Seraf. Lackmayer u.a. literarische Mitarbeiter: Ivan → Prijatelj, Franc Kramar, Jakob Voljč, Peter Bohinjec, Ivan Baloh, Anton Erjavec, Janez Kalan, Janez Pucelj, Drago Ulaga, Joža Vovk, Narte Velikonja u.a. Mit der Devise *Vse za vero, dom, cesarja!* [Alles für den Glauben, das Heim, den Kaiser!] positionierte sich der D. eindeutig antiliberal, erwies sich also als katholisch-konservatives und volkstümliches Blatt. Seine Gründung steht im Kontext mit der von Anton Mahnič geforderten separaten gesellschaftlichen sowie politischen Organisation von Liberalen und Katholiken (slow. *ločitev duhov* [Trennung der Geister]). Der D. wurde das politische Organ der Katholiken mit der Zielsetzung, die Slowenen politisch, gesellschaftlich, national und wirtschaftlich zu sensibilisieren und indirekt finanziell zu fördern (Kalan Nr. 27/1912). Die Zeitung richtete sich an das bäuerliche Milieu und hatte überregionalen Charakter. Der Anklang war groß: zu Beginn lag die Abonnentenzahl bei 1.700, 1892 bei 7.000, 1905 bei 21.000, 1912 bereits bei 24.000. Unter anderem ebnete die weite Verbreitung des D. den Weg für die Entstehung der Partei *Vseslovenska ljudska stranka* (SLS) [Slowenische Volkspartei]. Neben dem politischen Leitartikel variierten die Rubriken über die Jahre, umfassten jedoch thematisch ähnliche Beiträge: (über-)regionale Neuigkeiten, Informationen aus Kirche und Schulwesen, Praktisches aus Land- und Hauswirtschaft, Wissenswertes aus dem Bereich Handwerk oder Handel, Feuilleton mit Prosa, z.T. Poesie, darunter auch Übersetzungen, Literaturanzeigen, Leserbriefe u.a. Der Feuilletonteil ging in einer 12-teiligen Sonderausgabe unter dem Titel *Povesti slovenskemu ljudstvu v pouk in zabavo* [Erzählungen dem slowenischen Volke zur Belehrung und Kurzweil] (1891–1899) in Druck; im Selbstverlag bei: Katoliška tiskarna; in: V Ljubljani; Herausgeber ab Nr. 4/1893: Tiskovno društvo. Redakteur: Kalan. 1909 erschien ein weiteres Heft aus dieser Reihe, allerdings ohne Nummerierung.

Nach dem Ersten Weltkrieg unterstützte der D. bei den Wahlen stets Anton → Korošec und seine Partei SLS. Gleichzeitig forderte er mehr Autonomie für ein Slowenien innerhalb des zentralistischen SHS-Staates/Königreichs SHS (Nr. 39/1920). Die Kärntner Slowenen wurden ob der → Volksabstimmung dazu aufgerufen, gegen Österreich zu stimmen, wobei den Bauern eine Agrarreform versprochen wurde und in weiterer Folge eine gerechtere Aufteilung des Großgrundbesitzes (Nr. 40/1920). Im Zweiten Weltkrieg wurde die Volksbefreiungsbewegung *Osvobodilna fronta* (OF) stark kritisiert.

Quellen: www.dlib.si.
Lit.: SBL; ES. – *Domoljub* 1 (1888) 1; A. Kalan: *O osnovi in pomenu Domoljuba*. In: *Domoljub* 25 (1912) 27, 427–428; Z. Čepič [e.a.]: *Zgodovina slovencev*. Ljubljana 1979, 560.

Dorflinde Feistritz im Gailtal/Bistrica na Zilji, Archiv Milka Kriegl

Web: www.mindoc.eu (Edition) (7.8.2014).

Maja Francé

Dorflinde/Hauslinde/Tanzlinde, vgl. Sachlemmata: → Linde sowie → Bildstock; → Brauch; → Inkulturation; → Kufenstechen; → Kulturlandschaft; → *Lipa, Katoliško izobraževalno društvo* [Katholischer Bildungsverein Lipa (Linde)]; → *Prvi rej* (Hoher Tanz).

Dornigg, Egidij (* 31. August 1671 Klagenfurt/Celovec, † 25. August 1763 Leoben), Jesuit.

D. war Ordensmann in Klagenfurt/Celovec und wurde 1688 in den → Jesuitenorden aufgenommen. Er unterrichtete sog. Humaniora und war Rektor der Kollegien in Wiener Neustadt, Steyr und Leoben. Neben verschiedenen chronologischen und geografischen Arbeiten veröffentlichte er auch eine umfassende Biografie des Jesuiten M. Gottscheer. Das ihm bisweilen zugeschriebene lateinische Poem *De amicitia* (1738, 1739) ist das Werk des Jesuiten A. Vorster.

Lit.: SBL (J. Glonar). – *Bibliothèque de la Compagnie de Jésus. Première Partie: Bibliographie*/par Augustin et Aloys de Backer, Nouv. éd. par Carlos Sommervogel. Bruxelles [u.a.], Tome III, 149.

Bojan-Ilija Schnabl

Dragaschnig, Janez (* 23. Oktober 1923, Köstenberg/Kostanje [Velden/Vrba], † 11. Mai 1968 ebd.), Priester und Kulturaktivist in NS-Lagerhaft.

D. war das älteste von sechs Kindern und verlor seine Mutter Ana, geborene Kopeinig, mit 14 Jahren. Nach Malle fiel D. zusammen mit seiner Familie als junger Bursch den → Deportationen 1942 zum Opfer und wurde zunächst ins Lager Frauenaurach verbracht. Nach *Naši rajni duhovniki* und Malle »unterrichtete« er die Kinder der deportierten Familien, wobei nach Zeitzeugenberichten aus Lagerhaft (Katja Sturm-Schnabl) solche Aktivitäten von der Lagerleitung in dem Augenblick unterbunden wurden, in dem sie davon erfuhr, weil eben Lagerkindern keine Bildung zukommen durfte und die Unterrichtenden mit Repressionen zu rechnen hatten. Er wurde zum Kriegsdienst einberufen, nach einem Jahr verwundet und pflegte sich sodann in Wien gesund. Um dem weiteren Kriegsdienst zu entgehen, versteckte er sich bei verschiedenen Familien von Deportationsopfern. Seine Angehörigen kamen in die Lager Eichstätt und Freistatt. Nach der Befreiung und Rückkehr begann D. sein Theologiestudium, das er nach dem Tod seines Vaters (am 7. Jänner 1948) mit der Priesterweihe am 8. Juli 1951 am Klagenfurter → Priesterseminar beendete. D. war zunächst Kaplan in → Völkermarkt/Velikovec, wo er laut *Naši rajni duhovniki* seine Aufmerksamkeit besonders der Jugend schenkte. Nach einigen Jahren kam er nach St. Veit an der Glan (Šentvid ob Glini), wo er schwer erkrankte und arbeitsunfähig wurde. Seine letzten Jahre verbrachte er im Rollstuhl auf dem Familienanwesen *pri Rumašu* unter der Obhut seines Bruders.

Archive: ADG.

Lit.: *Kaplan Janez Dragaschnig.* In: Naši rajni duhovniki, Kratki oris njihovega trudapolnega dela in življena. Izdala krščanska kulturna zveza v Celovcu. Celovec 1968, 52–54; A. Malle: *Koroški Slovenci in katoliška cerkev v času nacizma.* In: A. Malle, V. Sima (Red.): Narodu in državi sovražni. Pregon koroških Slovencev 1942 – Volks- und staatsfeindlich. Die Vertreibung von Kärntner Slowenen 1942. Celovec/Klagenfurt 1992, 85–130 (deutsche Zusammenfassung: Die Kärntner Slowenen und die katholische Kirche, S. 131 f., zu Dragaschnig S. 100); B. Entner: *Wer war Klara aus Šentlipš/St. Philippen? Kärntner Slowenen und Sloweninnen als Opfer der NS-Verfolgung. Ein Gedenkbuch.* Klagenfurt/Celovec 2014.

Bojan-Ilija Schnabl; Katja Sturm-Schnabl

Dragašnik, Filip (Köstenberg/Kostanje), Kulturaktivist, Deportationsopfer, → Tamburizzamusik.

Drašković, Janko (* 20. Oktober 1770 Zagreb, † 14. Jänner 1856 Radgona), Politiker, Illyrer.

D., Graf, aus hocharistokratischer kroatischer Familie, war einer der Führer der Illyrischen Bewegung (→ Illyrismus). 1787 bis 1792, während seines Dienstes in der österreichischen Armee, hatte D. eine negative Einstellung zur französischen Obrigkeit in den → Illyrischen Provinzen. Ab 1825 nahm er aktiv am politischen Leben Kroatiens teil. 1832 gab D. am Vorabend des Aufrufes zum kroatischen Sabor seine Broschüre »Dizertacija« heraus, quasi als Anweisung für die kroatischen Abgeordneten, die sich zum ungarischen Landtag von Bratislava (Pozsony) aufmachten. Dies ist die erste politische Schrift, die auf Štokavisch verfasst wurde. D. warf darin die Frage der Gründung eines Großillyriens auf, in welches neben den kroatischen Ländern auch Bosnien und die slowenischen Länder eingehen sollten. In Großillyrien sollte eine eigenständige kroatische Regierung gebildet und die Volkssprache in Ämtern, Behörden und Schulen eingeführt werden. In der »Dissertation« präsentierte D. seinen Entwicklungsplan für Industrie und Handel. Er zählte dabei auf die Unterstützung der Wiener Regierung, ohne die Verbindungen mit dem Königreich Ungarn zu lösen. 1838 publizierte D. in deutscher Sprache den Aufsatz »Ein Wort an Iliriens Hochhertzige Töchter über die ältere Geschichte und neueste literarische Regeneration ihres Vaterlandes«, in dem er erneut auf die Notwendigkeit der Gründung eines Großillyriens hinwies, welches neben den kroatischen, slowenischen und bosnischen Ländern auch Bulgarien, Albanien, Mazedonien, Serbien und Montenegro umfassen sollte. D. trat für die Schaffung einer einheitlichen Literatursprache für alle Südslawen ein. Als politisches Ideal betrachtete er England.

Gemeinsam mit Ljudevit → Gaj nahm D. regen Anteil an der Illyrischen Bewegung. Er unterstützte die Gründung von Presseorganen der *Illyrer*, der Zeitung *Novine Horvatzke* und ihrer Beilage *Danica Horvatzka, Slavonzka i Dalmatinzka*. Nicht selten publizierte er ebendort auch seine eigenen Aufsätze. Unter seiner Mitwirkung wurde 1838 die Illyrische Lesehalle in Zagreb gegründet, deren Leitung er übernahm und die sich zum Zentrum der aufklärerischen Aktivitäten in den kroatischen Ländern entwickelte. D. wirkte auch bei der Gründung der Ökonomischen Gesellschaft (1840), des Nationaltheaters (1840) und der *Matica Ilirska* (1842) mit. Nach dem Verbot der Bezeichnung »Illyrer« durch die Regierung im Jahr 1843 trug er wesentlich zur Bewahrung der Zagreber Lesehalle und der *Matica Ilirska* bei.

Während der Revolution 1848 hatte er am 22. März den Vorsitz bei jener Versammlung in Zagreb inne, bei der die »Forderungen des kroatischen Volkes« formuliert wurden. Er trat für eine unabhängige kroatische Regierung – bei einer gemeinsamen Gesetzgebung mit den Ungarn – ein. Er hielt eine enge Zusammenarbeit der Kroaten mit den Serben für notwendig. Die Niederlage der Revolution und die Etablierung des Bach'schen Absolutismus in Österreich sah er mit Betrübnis.

Werke: *Dizeracija iliti razgovor darovan gospodi poklisarom zakonskim i budućim zakonostvarcem kraljevinah naših, za buduću Dietu ungarsku odoslanem, držan oi jednom starom domorodcu Kraljevinah ovih.* Karlovac 1832.
Lit.: I. Kukuljević: *Glasoviti Hrvati prošlih viekova*. Zagreb 1886; J. Hrvat: *Janko Drašković. Zu 100-godišnicu smrti*. In: Viesnik. 13. 1. 1956; J. Ravlić: *Hrvatski narodni preporod*, Zagreb 1965; J. Šidak: *Hrvatski narodni preporod – ideje i problemi*. In: Kolo 1966. 8, 9, 10; I. I. Leščilovskaja: *Illirizm*. Moskva 1968; Z. Vince: *Putevima hrvatskog književnog jezika*. Zagreb 1978; *Hrvatski narodni preporod. 1790–1848*. Zagreb 1985; И. И. Лещиловская: *Хорватия в XVII–XIX веках : культурные аспекты исторического развития*. Москва 2013.

Iskra Vasiljevna Čurkina; Üb.: Nieves Čavić-Podgornik

Drau/Drava, vgl. → Gewässer in Südkärnten/Južna Koroška, → Gewässernamen.

Drautschen/Dravče, bisweilen slow. auch Dravčen [das Dorf an der Drau], heute eingemeindet bzw. Ortsteil von → Villach-Landskron/Beljak-Vajškra am linken, nördlichen Ufer der Drau/Drava, westlich der Drauschleife, einst eines der 12 Dörfer, die zur bis heute formal zweisprachig geführten Pfarre Gottestal/Skočidol im Dekanat Rosegg/Rožek gehörten (Dragnitz/Dragniče, Drautschen/Dravče, Duel/Dule oder Dole, Föderlach/Podravlje, Goritschach/Goriče, Gottestal/Skočidol, Kletschach/Kleče, Neudorf/Nova vas, Schleben/Žleben, Wernberg/Vernberk, Wudmath/Vudmat und Zettin/Cetinje).

Informant: Reginald Vospernik.
Quelle: http://www.kath-kirche-kaernten.at/pfarren/pfarre/C3149.

Bojan-Ilija Schnabl

Drava [Drau] (Wohltätigkeitsverein in Villach/Beljak), → *Beljaško omizje* [Villacher Kreis] in → Villach/Beljak.

Drava, Krščansko prosvetno društvo [Christlicher Kulturverein Drava (Drau)], → Schwabegg/Žvabek, Neuhaus/Suha und Leifling/Libeliče: Kulturarbeit seit 1882.

Drava, Slovensko pevsko društvo [Slowenischer Gesangsverein Drau], → Borovlje. *Slovensko prosvetno društvo »Borovlje«* [Slowenischer Kulturverein »Borovlje« (Ferlach)].

Dravci, Einwohner im Gebiet zwischen Suetschach/Sveče und Glainach/Glinje im → Rosental/Rož sowie auch die Einwohner im Einzugsgebiet der Drau/Drava bei → Völkermarkt/Velikovec bzw. im Bereich des → Völkermarkter Hügellandes/Velikovško podgorje. Diese werden alternativ auch *Čezdravci* genannt.

Dreikönigssingen, slow. *trikraljevsko koledovanje*, Brauch, bei dem am Vorabend der Heiligen Drei Könige (6. Jänner), der im slowenischen → Dialekt in Kärnten/Koroška *pernahti* genannt wird (von *pernaht*, d.h. Pernacht), ausnahmsweise auch einige Tage davor, Männer als die Heiligen Drei Könige verkleidet, selten Frauen, von Haus zu Haus ziehen. Dabei singen sie allein oder zusammen mit ihren Begleitern Ansinglieder

Drei Könige in Radsberg/Radiše 2012. Foto: Tomaž Simetinger

Drei Könige in Vorderberg/Blače, im Hintergrund die Sänger, die sie begleiteten, 2012. Foto: Tomaž Simetinger

(slow. *kolednica*). Die Ansinger *(koledniki)* erhielten für gewöhnlich vor allem Speisen wie geräuchertes Fleisch/Speck, Würste, Eier u.Ä., heute wird Geld gesammelt, das in der Regel der Missionstätigkeit zufließt. In manchen Gailtaler Orten fällt das gesammelte Geld der sog. *konta*, der dörflichen Burschenvereinigung zu. In der Vergangenheit wurden in der Gorenjska (Oberkrain), der Štajerska (slowenische Steiermark) und in Kärnten/Koroška bisweilen statt der Ansinglieder auch kürzere szenische Einlagen dargeboten (Kuret 1998, 483–489).

Der Ursprung des Brauchs ist nicht gänzlich geklärt. Vermutlich ist das *trikraljevsko koledovanje* [Dreikönigssingen] auf mittelalterliche Dreikönigsspiele zurückzuführen (Zablatnik 1884, 57–60; Kumer und Šega 2007, 203–204), worauf ein Dreikönigslied aus Vorderberg/*Blače* deutet (weitere Ansinglieder wurden von Z. Kumer in den Bänden der Sammlung *Slovenske ljudske pesmi Koroške* [Slowenische → Volkslieder in Kärnten] publiziert.)

Sem so prišli krali trija, krali trija,
joj, Gašpar, Melihar, Bolatižar,
joj, Gašpar, Melihar, Bolatižar.
Sem so prinesli ofer liəp, joj, ofer liəp:
miro, miro, čisto zlato,
miro, miro, čisto zlato.
Tan je eno detece rojano, joj rojano,
tega krala nebeščega.

Das Ansinglied ist nämlich eine Variante des Einleitungsliedes des Dreikönigsspiels, das im 19. Jh. in Železniki in der Gorenjska zur Aufführung kam. Ein ähnliches Lied veröffentlichte 1607 Fra Gregorio Alasia da Sommaripa (ca. 1578–1626) in seinem italienisch-slowenischen Wörterbuch. Er lebte damals in Duino/Devin am westlichen Rand des slowenischen ethnischen Territoriums.

Im Gegensatz dazu bezeichnete N. Kuret das Dreikönigssingen als gänzlich neue Erscheinung, die in Mitteleuropa in der ersten Hälfte des 16. Jh.s anzutreffen ist. Der Brauch hätte demnach seinen Ausgang als Privileg der Schüler vor allem der Schulen in den Städten gefunden, da er mit dem Sammeln von Mitteln für die materiellen Bedürfnisse von ihnen selbst und ihrer Lehrer in Verbindung stand (Kuret 1986, 224–226).

Der älteste Bericht über das Dreikönigssingen im slowenischsprachigen Teil Kärntens reicht ins Jahr 1641 zurück, als der Landrichter die Ansinger in St. Egyden/Šentilj bei Rosegg/Rožek dafür bestrafte, dass sie nicht zuvor eine Genehmigung eingeholt hatten. Im selben Jahr zerschlug ein Einheimischer in Afritz (Cobrc) den Stern der Ansinger, worauf er 4 Gulden Strafe zahlen musste (Kuret nach Moser 1986, 228).

Eine Besonderheit stellt das Dreikönigssingen im → Gailtal/Ziljska dolina dar, weil darin noch die alte slowenische Bezeichnung des Brauches, *kralvanje*, erhalten ist (vgl. auch Kumer 1981, 52). Dabei sind mehrere Varianten dieses *kralvanje* überliefert.

In der Vergangenheit, stellenweise noch heute, führte die Ansinger ein mit einer → Gailtaler Frauentracht *(ziljska ženska noša)* verkleideter Bursche an, dessen Gesicht verschleiert war. Am Wanderstab trug er einen beleuchteten Stern, den er ständig drehte. Dieser wurde *Šmarjeta*, *Šmarjetica* oder *Čəmarjeta* genannt. Einmal begleitete ihn ein als Harlekin verkleideter Mann, genannt *Šmarjetnjak*, *mandlc* [von dt. dialektal Männchen] oder *bajblc* [vom dt. Weib].

Die Drei Könige verkleiden sich noch heute mit bodenlangen weißen Überhängen, tragen an der Taille

Gürtel und um die Schultern bunte Tücher. Über dem Kopf und dem Gesicht tragen sie eine Krone in Form eines ca. 70 cm langen Zylinders mit Löchern für Augen und Mund. Die Kronen sind heute bisweilen aus künstlichen Materialien, in der Vergangenheit waren sie aus Pappe und durchsichtigem Papier in unterschiedlichen Farben, waren mit Ornamenten und Andachtsbildern und mit den Anfangsbuchstaben aller drei Könige (G, M, B) verziert. In der Mitte der Kronen waren Kerzen angebracht, heute werden statt der Kerzen elektrische Lampen verwendet.

Der Brauch veränderte sich mit der Zeit teilweise, sodass das Ansinglied die Heiligen Drei Könige allein sangen, wobei Caspar (*Gašper*) den Anfang machte, oder aber es begleitete die Heiligen Drei Könige eine bis zu 25 Personen zählende Gruppe von Sängern, die an deren Stelle sang. Die Heiligen Drei Könige stellen sich während des Singens in Form eines Dreiecks auf und veränderten mit rhythmischen Schritten ihre Positionen. Währenddessen kreuzen sie die Schwerter und schlagen mit den Füßen auf den Boden. Bei einigen Varianten dieser Bewegungen knien sie auch nieder, stellen ihre Schwerter in Form eines Dreiecks oder schlagen mit diesen auf den Boden. Die Figur der *Šmarjeta* dreht bisweilen den Stern während des Singens.

Heutzutage schreiben die Heiligen Drei Könige, wenn sie das Haus verlassen, auf den Türstock in Kreide die Initialen und das Jahr (z.B.: 20 G + M + B 13), mancherorts werden vorgefertigte Aufkleber verwendet.

Der Brauch wurde in der Zwischenkriegszeit vom vormaligen Pfarrer von St. Georgen im Gailtal/Šentjurij na Zilji Ludvik JANK nach Radsberg/Radiše gebracht, wo er in ähnlicher Form bis heute gepflegt wird.

Quellen: Gregorio Alasia da Sommmaripa: *Slovar italijansko-slovenski, druga slovensko-italijanska in slovenska besedila.* Udine 1607. Faximile. Ljubljana 1979, 209–210; Informaten vor Ort aus Vorderberg/Blače, Nötsch/Čajna, Mellweg/Melviče, Karnitzen/Krnica und Radsberg/Radiše.
Lit: SEL (P. Šega, Z. Kumer: *Koledovanje*). – N. Kuret: *Obredni obhodi pri Slovencih.* In: *Traditiones* 1 (1972) 93–112; Z. Kumer: *Od Dolan do Šmohora: Iz življenja Ziljanov po pripovedovanju domačinov.* Celje 1981; P. Zablatnik: *Čar letnih časov v ljudskih šegah na Koroškem: Stare vere in navade na Koroškem.* Celovec 1984; Z. Kumer: *Slovenske ljudske pesmi Koroške: Kanalska dolina.* Ljubljana, Trst, Celovec 1986; Z. Kumer: *Slovenske ljudske pesmi Koroške: Ziljska dolina.* Ljubljana, Trst, Celovec 1986; N. Kuret: *Slovenska koledniška dramatika.* Ljubljana 1986; Z. Kumer: *Slovenske ljudske pesmi Koroške: Spodnji Rož.* Celovec 1992; Z. Kumer: *Slovenske ljudske pesmi Koroške: Zgornji Rož.* Ljubljana 1996; Z. Kumer: *Slovenske ljudske pesmi Koroške: Podjuna.* Ljubljana 1998; N. Kuret: *Praznično leto Slovencev: Starosvetne šege in navade od pomladi do zime.* Druga knjiga. Ljubljana 1998;

Tomaž Simetinger; Üb.: Bojan-Ilija Schnabl

Dreikopfstein vom Magdalensberg/Štalenska gora, → Inkulturation.

Drobiunig, Jožef (Josef, * 7. November 1899 Zell/Selo bei Gurnitz/Podkrnos [Ebenthal/Žrelec], † 11. April 1971 Gallizien/Galicija), Priester, Häftling im KZ Dachau.

Nach MALLE kam D. in Konflikt mit der Gestapo, als er die Pfarre Ebriach/Obirsko betreute, weil er die Anwesenheit von Partisanen am 20. Juli 1943 im Pfarrhof nicht gemeldet hatte. Laut P. G. TROPPER war D. in KZ-Haft vom 3. Dezember 1942 bis 31. Mai 1945 wegen »Unterlassung der rechtzeitigen Anzeige von Banditenumtrieben«. Er wurde in Wien vor Gericht gestellt und kam ins KZ Dachau, wo er bis zur Befreiung durch die Alliierten blieb. Nach dem Krieg lebte er zunächst auf Schloss Ast bei Landshut in Bayern. Die letzten zwölf Jahre seines Lebens war er Priester in Gallizien/Galicija. Siehe → Verfolgung slowenischer Priester ab 1938 in Kärnten/Koroška.

Archive: ADG.
Lit.: A. Malle: *Koroški Slovenci in katoliška cerkev v času nacizma.* In: A. Malle, V. Sima (Red.): Narodu in državi sovražni. Pregon koroških Slovencev 1942 – Volks- und staatsfeindlich. Die Vertreibung von Kärntner Slowenen 1942. Celovec/Klagenfurt 1992, 85–130 (deutsche Zusammenfassung: Die Kärntner Slowenen und die katholische Kirche, S. 131 f., zu Drobiunig S. 100–101); P. G. Tropper: *Kärntner Priester im Konzentrationslager.* In: M. Liebmann, H. Paarhammer, A. Rinnerthaler (Hg.): Staat und Kirche in der »Ostmark«. Frankfurt am Main [e.a.] 1998 (mit weiterführender Literatur), 411–449 (Priesterschicksale: 414–416, hier 414); B. Entner: *Wer war Klara aus Šentlipš/St. Philippen? Kärntner Slowenen und Sloweninnen als Opfer der NS-Verfolgung. Ein Gedenkbuch.* Klagenfurt/Celovec 2014.

Bojan-Ilija Schnabl

Drobnič, Josip (Jože, * 18. April 1812 Sv. Ema [Podčetrtek, Štajerska], † 5. August 1861 Graz), Geistlicher, Schriftsteller, Redakteur, Sprachwissenschafter, Übersetzer, Kulturintendant.

Nach dem Gymnasium in → Celje und dem Lyzeum in Graz bcsuchte D. das → Priesterseminar in → Klagenfurt/Celovec, um sich 1839 zum Priester weihen zu lassen. Als Kaplan wirkte er in Rogatec, Pišece, Slovenska Bistrica, Sv. Jakob v Dolu, Artiče, Brežice und Vitanje, ab 1949 als Supplent für Slowenisch am Gymnasium in Celje, wo er bald eine zentrale Rolle im öffentlich-gesellschaftlichen Kulturgeschehen einnahm. Er rief 1850 eine Schauspielschule, 1851 einen → Leseverein ins Leben, übernahm die Regie bei einigen eigenübersetzten Bühnenstücken und verfasste selbst u.a. *Dvoboj in Raztrešenca* [Der Zweikampf und Zwei Zerstreute] (1850), *Venec gledaliških iger* [Dramenkranz] (1859). Später war er Lehrer in → Trieste/Trst/Triest, ab 1857 unterrichtete er Slowenisch am Grazer Gymnasium.

Bereits als Schüler begeisterte ihn Stanko → Vraz für die illyristische Idee (→ Illyrismus). Im Zuge dessen sammelte er Volkslieder (*Narodne pesmi ilirske* 1839) und stellte später das Wörterbuch *Ilirskonemačkotalijanski mali rečnik* [kleines illyrisch-deutsch-italienisches Lexikon] (1846–1849 in Wien) zusammen, später *Slovensko-nemško-talianski in taliansko-nemškoslovenski besednjak* [slowenisch-deutsch-italienisches und italienisch-deutsch-slowenisches Lexikon] (1858). D. wirkte bei den Zeitschriften → *Drobtinice, Slovenski prijatel* und *Kmetijske in rokodelske novice* mit. Außerdem war er Mitbegründer und Redakteur der ersten literarischen und belehrenden slowenischen Zeitschrift *Slovenska bčela* (3. Jänner–27. März 1850), in der Beiträge auf Slowenisch (Jožef Ulaga, Jožef Šubic, Anton Strajnšak u.a.), teilweise Illyrisch (Vraz als Jakob Rešetar) erschienen. Obwohl der Druck nach lediglich 13 Ausgaben wegen zu geringer Abonnentenzahl eingestellt werden musste, wobei D. sein Publikum dazu aufrief die Zeitschrift *Slovenija* zu lesen, verlieh die Wochenzeitschrift der slowenischen Schriftkultur einen entscheidenden Impuls und war von erheblicher Bedeutung, da sie zur Nachahmung animierte. Bald entstanden weitere Zeitschriften, was wiederum zur Hebung des slowenischen Schrifttums führte. Anton → Janežič etwa gründete bereits im Juni 1850 die Zeitschrift *Slovenska bčela* (→ Publizistik).

Lit.: SBL; ES; OVSBL. – F. Ilešić: *Ilirac Josip Drobnič*. U Zagrebu 1917; F. Buttolo, P. Svetina: *Slovenska književnost*. Ljubljana 1996.

Maja Francé

Drobtinice [Kleinigkeiten/Vermischtes (in Anlehnung an moderne Zeitungskonzepte), Brosamen (in Anspielung an die Begrifflichkeit des Evangelium des Markus 7,28 und die gleichnamige etwa zeitgenössische christliche Zeitschrift *Brosamen von des Herren Tisch*, später nur noch *Brosamen*, die erstmals 1888 von deren Gründer Franz Eugen Schlachter in Bern und Biel herausgegeben wurden und konzeptuelle Ähnlichkeiten aufweisen), Anm. d. Üb.], Langtitel: *Drobtinice za novo leto [...] učitelam ino učencam, starišam ino otrokom v podvučenje ino za kratek čas* [Kleinigkeiten/Vermischtes/Brosamen zum Neuen Jahr … für Lehrer und Schüler, Eltern und Kinder zur Belehrung und Zeitvertreib], ab 1863 *Slomškove Drobtinice* [Slomšeks D.], 1869 wieder *Drobtinice*. Jahrbuch populären Lesestoffs für die religiöse, moralische und nationale Erziehung der Jugend, erschien 1846–1869 und 1887–1901.

Nachdem Anton Martin → Slomšek vergeblich versuchte, eine Gesellschaft zur Herausgabe von slowenischen Büchern nach dem Vorbild der Wiener Mechitaristen (1845) zu gründen, initiierte er die Herausgabe des Jahrbuchs *Drobtinice*. Der erste Jahrgang erschien unter Slomšeks Herausgeberschaft 1846 in Graz (*V Gradci*, gedruckt bei Leykam). Die D. von 1847 (Nr. II) und 1848 (Nr. III) erschienen in → Celje (bei »J. K. Jeretina naslednikov v Celi«). Die D. für das Jahr 1849 (Nr. IV) erschienen in Klagenfurt/Celovec (»v Celovci«) Leon und wurden bei »J. K. Jeretina v Celi« in Celje gedruckt. Die D. von 1850–1858 (Nr. V–XIII) wurden gedruckt und erschienen bei Leon (*V Celovcu. Natisnil in na prodaj ima Janez Leon*). Die D. der Jahre 1858/60 (Nr. XIV) erschienen in Graz und wurden in der Druckerei von J. A. Kinreich gedruckt (*V Gradci, 1860. Natisnil Jožef A. Kinreich. Naprodaj v Marburzi*). Der 15. Jahrgang (für das Jahr 1861) wurde von der Leitung des Lavanter Priesterseminars in → Maribor herausgegeben und ebenda (*v Marburgu*) in der Druckerei von Edvard Janžič gedruckt (vgl. Diözese → Lavant/Lavantinska škofija). Die Leitung des Lavanter Priesterseminars in Maribor erscheint auch als Herausgeber der Jahrgänge 16 (1862), 17 (1863), 18 (1864), 19 (1865–1866) und 20 (1869). Diese wurden sämtlich in der Druckerei von Edvard Janžič gedruckt.

Die ersten zwei Jahrgänge brachte Slomšek heraus und war auch deren Redakteur. Nach seiner Ernennung zum Bischof von Lavant (1846) überließ er die Redaktion dem Abt Matija Vodušek aus Celje, der für die Jahrgänge III–V (1848–1850) verantwortlich zeichnete. In den Jahren 1851–1855 (Nr. VI–X) war Jožef Rozman (1812–1874) Redakteur (»korar stolne labudske cerkve in vodja škofijnega semenišča pri sv. Andreju« [Chormeister der Lavanter Domkirche und Leiter des bischöflichen Priesterseminars zu St. Andrä]), in den Jahren 1856–1859/60 (Nr. XI–XIV) Mihael Stojan (1804–1863), von 1861–1869 (Nr. XV–XX) der Kanonikus der Diözese Lavant/Lavantinska škofija in Maribor Franc Kosar (1823–1894) (dieser ist jedoch ausdrücklich nur im letzten Band erwähnt). Nach SLOMŠEKS Tod (1862) benannte KOSAR das Jahrbuch in *Slomškove Drobtinice* um (1863). Unter diesem Titel erschienen die Jahrgänge XVII, XVIII und XIX. Der letzte Jahrgang trug wieder den Titel *Drobtinice*.

In der ersten Nummer definierte SLOMŠEK den Zweck der D. wie folgt: »Der Zweck dieses Jahrbuches ist die gegenseitige Mittheilung solcher Aufsätze, welche geeignet sind, die sittlich-religiöse Bildung des Volkes im Allgemeinen und die Erziehung der Jugend insbesondere zu befördern, die Menschen zeitlich glücklich und ewig selig zu machen, sie zu wahrhaft frommen Christen und zu guten Bürger des Staates heranzubilden« (*Drobtinice*, I., 1846, S. 231). Jožef ROZMAN fügte im Vorwort des VII. Jahrgangs (1852) dem noch die ethnisch-identitätsstiftende Note hinzu: *Vse v božjo čast, v časno in večno srečo bližnega, in v povzdigo slovenskega ljudstva!* [Alles zu Gottes Ehre und für das ewige Glück des Nächsten, und zur Erbauung des slowenischen Volkes!]

Unter den Mitarbeitern der ersten Jahrgänge finden sich zahlreiche Priester, die glühende Anhänger der nationalen Idee und der slowenischen Sprache waren. Neben SLOMŠEK, der bis zu seinem Tod an den D. mitwirkte, schrieben die meisten Beiträge die Redakteure, selbst als sie diese Funktion nicht mehr ausübten. Daneben schrieben zahlreiche bekannte slowenische Priester und Theologiestudenten Beiträge: Jožef → MURŠEC-ŽIVKOV, Jožef HAŠNIK, Valentin → OROŽEN, Jožef VIRK, Matija → MAJAR – ZILJSKI, Radoslav → RAZLAG, Peter MUSI, Jožef → DROBNIČ, Felicijan GLOBOČNIK, Luka JERAN, Jožef ULAGA, Jožef → LEVIČNIK, Juri VARL, Jožef KOVAČIČ, Oroslav CAF, Lorenc HERG, Franc ŠROL, Janko SERNEC und viele andere. Die D. hatten mehrere Rubriken und brachten Predigten, Beiträge mit belehrend-erzieherischem Inhalt, Biografien bekannter Priester, die Verdienste um die »nationale Sache« hatten, Fabeln und Erzählungen, sowie im letzten Teil (u. d. T. *Slovenska gerlica*) Gedichte verschiedener Autoren, mehrheitlich ohne besonderen ästhetischen Wert (Anton Martin SLOMŠEK, Jožef Lipold REČIČKI, Valentin OROŽEN, Jožef PIRKMAJER, Radoslav RAZLAG, Jožef HAŠNIK, Josip VIRK, Mihael STOJAN, Andrej POVH usw.).

Unter den Redakteuren und Mitarbeitern überwogen die slowenischen Steirer, während die slowenischen Kärntner und Krainer in deutlich geringerer Zahl vertreten sind. In der Zeit, als die D. in Klagenfurt/Celovec erschienen, war Franjo SORČIČ Spiritual in der Stadt.

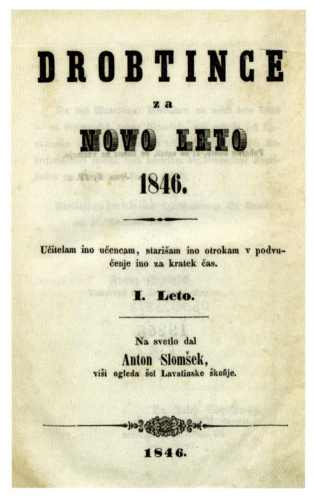

Drobtince za novo leto 1846, NUK

Unter den wenigen slowenischen Autoren aus Kärnten/ Koroška gilt es besonders Matija MAJAR (MAJER) hervorzuheben, der im IV. Jahrgang (1849) einen Übersichtsbeitrag u. d. T. *Slovensko slovstvo. Popisano 1846* [Slowenische Literatur, geschrieben 1846] publizierte (S. 204–216). Nichtsdestotrotz sind Kärntner Themen relativ gut vertreten. Im zweiten Jahrgang (1847) wurden die → Biografien von Matija → AHACEL (*Matija Ahacel, nekdanji ces. kralj. učenik sedme viši šole v Celovci, Slovencov imeniten rojak in prijatel*, S. 117–130) und vom Priester Joanez MIKLAV (S. 109–117) veröffentlicht. Im vierten Jahrgang (1849) veröffentlichte ein J. ST. einen Beitrag zum hl. → MODESTUS unter dem Titel *Sv. Modesti. Koroški apostel škof v Gospej sveti* (S. V–XIV) und SLOMŠEK seine Moosburger Predigt vom Pfingstmontag 1838 unter dem Titel *Dolžnost svoj jezik spoštovati* [Von der Pflicht, seine Sprache zu ehren] (S. 3–11). Im VII. Jahrgang (1852) veröffentlichte Jožef ROZMAN den Artikel *Turki na Koroškem* [Die Türken in Kärnten] (S. 149–159), im neunten Jahrgang (1854) den Beitrag *Zveličavna Hema, slovenska knezinja* [Heilige → Hemma, slowenische Fürstin] (S. VII–XVI) sowie die Biografie des Klagenfurter Priesters Jakob → Rohrmeister (S. 103–111). Im selben Jahrgang wurde das epische Lied *Turška bitva pri slovenski Kapli na Koroškem leta 1483* [Die türkische Schlacht beim slowenischen → Eisenkappel in Kärnten 1483], gezeichnet von Vuk, publiziert (S. 262–265). 1855 findet sich ein Nekrolog für den Fürstbischof Franz Xaver → Luschin/Lušin (Anm. d. Üb.) Im 14. Jahrgang wurde die Biografie des am 11. Oktober verstorbenen Jesuiten Ožbata Rauš veröffentlicht *Življenjepisen načrtek rajniga patra Ožbata Rauša, iz reda družbe Jezusa, ki je v Celovci umerl 11. oktobra 1885* (S. 85–93). Nach der Übersiedlung nach Maribor verschwand die Kärntner Thematik aus den D.

Im Vorwort des 19. Jahrgangs kündigte die Redaktion an, dass der nächste Jahrgang 1867 nicht erscheinen werde können, »weil von den slowenischen Schriftstellern zuwenig Hilfe komme«. So erschien der 20. Jahrgang der D. erst 1869 und danach erschienen 20 Jahre lang keine D.

Im Jahr 1887 führte die *Katoliška družba za Kranjsko* [Katholische Gesellschaft für Krain] mit der Herausgabe der XXI. Nummer die D. fort.

Unter der Redaktion von Franček Lampet und nach seinem Tod jener von Andrej Karlin erschienen bis 1901 (Nr. XXXI) elf Hefte der D. Franček Lampet definierte die Hauptaufgabe der D. dahin gehend, weiterhin katholisches Gedankengut und Lebensweise zu verbreiten und zu festigen. Er wandte sich an Leser, »die gerne gute Erzählungen, Lehren, Berichte, Ermahnungen, Gedichte lesen, die gleichzeitig auf die Bedürfnisse unserer nationalen Literatur Bedacht nehmen«. Demgemäß brachten die D. originäre und übersetzte religiöse Texte (z.B. Übersetzungen des hl. Franziskus von Assisi), Biografien bekannter Priester und des Heiligen Vaters, Berichte alljährlicher → Wallfahrten nach Rom, kurze historische und belehrend-moralische Beiträge. Die D. für das Jahr 1888 (XXII) waren dem Fürstbischof von Ljubljana Jakob Missia gewidmet, jene für das Jahr 1889 (XXIII) dem 40. Amtsjubiläum das Kaisers Franz-Josef und die D. für das Jahr 1890 (XXIV) dem zehnjährigen Amtsjubiläum des Krainer Landespräsidenten Andreas Winkler. Die D. für das Jahr 1891 waren dem Propst Dr. Anton Jarc (dem Präsidenten der *Katoliška družba za Kranjsko* [Katholische Gesellschaft für Krain]) gewidmet, jene des Jahres 1893 (XXVII) dem Fünfzigjahrjubiläum des Bischofsamtes von Papst Leon XIII. usw. Unter den Mitarbeitern finden sich eine Reihe bekannter Priester und religiöser Autoren aus → Krain/Kranjska: Josip → Gruden, Anton Medved, Andrej Karlin, Franček Lampet, Jernej Voh, Ivan Lavrenčič, Matej → Ražun, Josip Marink, Pater Florentin Hrovat, Kanonikus Karol Klun u.a. Während die D. in Ljubljana erschienen, war die Kärntner Thematik nicht vertreten.

Lit.: M. Tominšek Perovšek, F. Lampe: *Zmerno, z ljubeznijo. Portret slovenskega katoliškega misleca Frančiška Lampeta (1859–1900) in njegova vloga v družbeni in kulturno-duhovni zgodovini na Slovenskem.* Ljubljana 2006; F. Simonič: *Slovenska bibliografija (1550–1900), I. del.* Ljubljana 1903–1905; N. Ulčnik: *Slomškove Drobtinice.* In: *Studia Historica Slovenica*, 2–3 (2010) 683–703.

Janez Cvirn †; Üb./Red.: Bojan-Ilija Schnabl

Društvo za zgodovino in narodopisje koroških Slovencev [Verein für die Geschichte und Volkskunde der Kärntner Slowenen], Klagenfurt/Celovec, 1914–1919 (?). Valentin → Rožič legte am 7. März 1914 der Landesregierung die Vereinsstatuten des Vereins zur Bescheinigung vor. Das Präsidium der Landesregierung bestätigte den Verein mit 28. März 1914, praes. 1014. Als Vereinsziel wurde die Erforschung der »heimatlichen Geschichte und Volkskunde« angegeben. Die Gründungsversammlung wurde am 25. Juni 1914 abgehalten, als Vereinsorgan die seit zehn Jahren bestehende Fachzeitschrift → *Časopis za zgodovino in narodopisje* ausgewählt. Obmann wurde Pfarrer Stefan → Singer. In die Ausschüsse wurden u.a. Dr. Valentin Rožič (Kassier), Dr. Franc → Kotnik (Sekretär und Archivar), Dr. Gregorij → Rožman (Obmannstellvertreter), Prof. Stefan Podboj, Prof. Johann → Scheinigg, Lehrer Pavel → Košir (Koschier) und der akademische Maler Peter → Markovič gewählt. Die 60 eingeschriebenen Mitglieder wurden aufgefordert, Archivalien, Handschriften und volkskundliche Gegenstände zu sammeln sowie volkskundliches Gut aufzuzeichnen. Der Verein wollte in Klagenfurt/Celovec eine Bibliothek, ein Archiv und ein Volkskundemuseum aufbauen und erhalten.

Die ersten Aktionen und Vorträge standen im Zeichen des 500. Jahrestages der letzten Herzogseinsetzung, an die am 18. März 1914 in der Regie der *Narodna čitalnica* [Slowenischer Leseverein] erinnert wurde (→ *slovanska čitalnica*). Der Erste Weltkrieg verhinderte eine erfolgreichere Arbeit. Der Verein verlegte 1919 Moravskis (Ps. für Valentin Rožič) Broschüre *Slovenski Korotan*. Nach der → Volksabstimmung 1920 ist eine Vereinstätigkeit nicht mehr ausgewiesen. Singer führte seine Forschungen auf privater Basis fort. Die Bibliotheksarbeit übernahm die → *Slovenska krščansko socialna zveza za Koroško* [Slowenischer christlich-sozialer Verband für Kärnten], ab 1936 → *Slovenska prosvetna zveza* [Slowenischer Kulturverband], die volkskundliche Arbeit wurde erst nach dem Zweiten Weltkrieg wiederaufgenommen. Die Vereinsbibliothek und wichtige Handschriften und Nachlässe (u.a. von Urban → Jarnik) gingen während des Zweiten Weltkrieges verloren.

Lit.: B. Luschin: *Pfarrer Stefan Singer und der nationale Konflikt. Eine Mikrostudie zur südwestlichen Wörtherseeregion (1900–1914)*, (Phil. Diss.). Klagenfurt 2003.

Avguštin Malle

Družba sv. Cirila in Metoda (CMD) [Gesellschaft der hll. Kyrill und Method] und deren Filialen in Kärnten/Koroška. Die *Družba sv. Cirila in Metoda*, auch *Ciril-Metodova družba* (CMD) [Gesellschaft der hll. Kyrill und Method war eine private national-verteidigende Schulorganisation. Sie war nach dem Muster der tschechischen »Zentralen Schulorganisation« zur Zeit des *slogaštvo* [Eintrachtspolitik] anlässlich des 1000. Jahrestages des 885 gestorben hl. Method im Jahre 1885 in Ljubljana gegründet worden (→ Methodvita). Sie wurde in den Räumlichkeiten der *Narodna čitalnica* [Volkslesehalle] angesiedelt (→ Lesekultur, → *Slovanska čitalnica*), wo später auch ihre Administration untergebracht wurde.

Der Hauptzweck der CMD war die Einrichtung und Erhaltung privater slowenischer Kindergärten und slowenischer Volksschulen in jenen slowenischen Gebieten der cisleithanischen Habsburgermonarchie, wo die Schulgesetzgebung in Bezug auf die Schulsprache ungeachtet der Sprache der lokalen Bevölkerung den politisch stärkeren Völkern der Monarchie (Deutschen und Italienern) ungerechtfertigt den Vorzug gab und keine Kindergärten und Volksschulen mit slowenischer Unterrichtssprache vorsah. Neben ihren eigenen schulischen Einrichtungen unterstützte die CMD auch öffentliche slowenische Volksschulen und deren slowenische Lehrer und Schüler sowohl finanziell als auch mit Lehrmitteln, Kleidung und bei der Errichtung von Schulgebäuden. Die CMD erhielt ihre Einrichtungen fast ausschließlich aus freiwilligen Spenden. Zu diesem Zwecke gründete sie in → Krain/Kranjska, der Steiermark/Štajerska, Kärnten/Koroška, auf dem Gebiet von → Gorizia/Gorica/Görz, Istrien und → Trieste/Trst/Triest, in Wien, Leoben und Graz ein Netzwerk von Filialen. Diese erfüllten neben ihrem Hauptzweck, dem Sammeln von Geldmitteln, mancherorts auch die Rolle slowenischer kultureller und volksaufklärender Zentren. Bis zum Jahre 1914 waren über 330 solcher Filialen gegründet worden. Den Höhepunkt ihrer Aktivität erreichte sie 1913 mit 284 Filialen, die meisten Mitglieder, nämlich 18.653, zählten sie in im Jahre 1914. Es gab rein weibliche oder männliche Filialen, aber auch gemischte (weiblich/männlich) Filialen. In den weiblichen Filialen konnten sich die Frauen in der damals in der Habsburgermonarchie noch extrem patriarchalen Gesellschaft erstmals in öffentlichen Funktionen gleichberechtigte Geltung verschaffen. In Kärnten/Koroška wirkte die CMD bis zum Zerfall der Habsburgermonarchie. Auf dem Gebiet des neu entstandenen Staates → Jugoslawien konzentrierte sie ihre Tätigkeit auf die Unterstützung von öffentlichen Schulen im slowenischen Grenzgebiet und der Angehörigen der slowenischen Minderheiten, die vom Mutterland abgeschnitten waren, insbesondere jene in Österreich und Italien. Bis zum Jahre 1914 gründete die CMD 8 eigene Volksschulen, davon eine in St. Ruprecht/Šentruprrt bei → Völkermarkt/Velikovec (→ Schulschwestern, slowenische) und 21 eigene Kindergärten. Zwei weitere erhielten ihre Unterstützung. Im Schuljahr 1913/14 beherbergte sie in ihren Einrichtungen 1.794 Kinder im Vorschulalter und 2.514 Schulkinder. Die größten Erfolge konnte die CMD in Trieste/Trst/Triest verzeichnen, wo bis zum Jahre 1914 18.178 Schüler ihre Einrichtungen besucht hatten.

Die CMD war trotz der bescheidenen slowenischen Verhältnisse eine Antwort auf das Wirken der deutschen privaten Schulorganisation Deutscher Schulverein (→ Deutschnationale Vereine) und des italienischen Pro Patria und der Lega Nazionale, hinter denen neben den heimischen nationalistischen Kreisen Italien bzw. Deutschland standen. Zum Unterschied zu deren agressiver Tätigkeit auf slowenischem ethnischen Gebiet hatte die Tätigkeit der CMD ausgesprochen defensiven Charakter. Sie arbeitete im Geiste des *slogaštvo* und war vorwiegend liberal eingestellt. Im Jahre 1908 war es auch innerhalb der CMD, im Hinblick auf die allgemeinen slowenischen Verhältnisse mit einiger Verspätung, zur Trennung der Geister zwischen den mehrheitlich liberalen und den minderheitlich katholisch-nationalen Mitgliedern gekommen. Letztere, die Mehrheit katholische Priester, traten aus

Vestnik šolskega društva sv. Cirila in Metoda 8 (1894)

der CMD aus und gründeten 1910 ihre eigene, private, national-verteidigende Organisation, die → *Slovenska straža*, die hauptsächlich, nicht aber ausschließlich, auf schulischem Gebiet tätig war.

In Kärnten/Koroška wurden in den Jahren 1885–1911 24 Filialen der CMD gegründet: Klagenfurt/Celovec und Umgebung (1886), Villach/Beljak und Umgebung (1886), Feistritz a. d. Gail/Bistrica na Zilji (1887); → Bleiburg/Pliberk und Umgebung (1888), Abtei/Apače (1888), St. Kanzian/Škocjan und Umgebung (1888), Tolsti Vrh (Großenegg) und Umgebung (1888); St. Johann i. R./Šentjanž v Rožu (1888), Haber pri Medgorjah/Gaber bei Mieger (1888), Črna (Schwarzenbach) und Umgebung (1889), St. Stefan a. d. Gail/Štefan na Zilji und Umgebung (1890), Köttmannsdorf/Kotmara vas und Umgebung (1890), Pribelsdorf/Pribla vas und Umgebung (1890), Leifling/Libeliče (1891) (vgl. → Schwabegg/Žvabek …), Rosegg/Rožek und Umgebung (1893), → Völkermarkt/Velikovec (1893), Poggersdorf/Pokrče und Umgebung (1897), Loibach/Libuče und Umgebung (1902), → Ferlach/Borovlje (1908), St. Margareten im Rosental/Šmarjeta v Rožu (1908), Glainach/Glinje und Umgebung (Männer, 1909), Vorderberg, Latschach/Blače, Loče und Umgebung (1909), Prevalje (Prävali) und Umgebung (1910), Völkermarkt/Velikovec (Frauen, 1911). Die größte Anzahl wirkte in den Jahren 1908–1919, die meisten Mitglieder hatten die CMD-Filialen im Jahre 1895, nämlich 2.143, die größte Spendensumme, nämlich 887,44 Kronen wurde im Jahre 1889 gesammelt. Der Anteil der Mitglieder in Bezug auf die gesamte CMD betrug im Jahre 1890 bei den Kärntner Filialen 26 % und fiel im Jahre 1914 auf 1 %; der Anteil der gesammelten Finanzmittel betrug 1889 12 % und fiel im Jahre 1918 auf 0,2 %.

Die Ausschüsse der Kärntner CMD-Filialen setzten sich u.a. zusammen aus 93 landwirtschaftlichen Grundbesitzern, 49 Priestern, 11 Beamten und 6 Professoren, kein einziger Lehrer war vertreten. Unter den Ausschussmitgliedern fanden sich mehrere angesehene Vertreter des slowenischen politischen und kulturellen Lebens in Kärnten/Koroška wie z.B. die Priester Valentin → Brandstätter, Lambert → Ehrlich, Andrej → Einspieler, Gregor → Einspieler, Anton → Gabron, Janez → Hornböck, Ksaver → Meško, Valentin → Podgorc, Matija → Ražun, Franc → Treiber, Jurij → Trunk, die Professoren Josip → Apih, der Anwalt Janko → Brejc sowie die Gutsbesitzer Matija → Prosekar und Matija Wutti. Nach dem Zerfall der Habsburgermonarchie stellten die Filialen in Kärnten/Koroška ihr Wirken ein.

Die Entwicklung der CMD-Filialen in Kärnten/Koroška stellt für den slowenischen Raum eine Besonderheit dar. Bemerkenswert ist zu Anfang eine blühende Wachstumsperiode, die sich aber nicht so sehr in den finanziellen Beiträgen spiegelt, sondern in der Anzahl und im Engagement der Mitglieder. Nach der Jahrhundertwende und der Eröffnung der Schule in St. Ruprecht/Šentrupert pri Velikovcu, die ihre einzige schulische Einrichtung in Kärnten/Koroška blieb, beginnt eine Zeit der Krise, die trotz zeitweiliger Anzeichen einer Wiederbelebung von Filialen in Wirklichkeit kein Ende fand. Für die Erfolglosigkeit der CMD in jener Region, für die sie eigentlich gegründet worden war, sind vor allem zwei Gründe maßgebend. Der erste ist die bereits erwähnte Absenz von Lehrern in den Ausschüssen, die in den anderen slowenischen Regionen einen beträchtlichen Anteil stellten. Der zweite wichtige Grund liegt in den politischen Meinungsverschiedenheiten zwischen den hauptsächlich katholisch ausgerichteten Kärntner Slowenen und den übrigen CMD-Akteuren, die liberal eingestellt waren. Diese Meinungsverschiedenheiten zeigten sich im scharfen Konflikt zwischen der CMD und dem → *Slovensko šolsko društvo* [Slowenischer Schulverein] in der Frage, welcher von beiden Vereinen berechtigt sein sollte, eigene Filialen zu gründen, und welcher zugunsten des anderen davon Abstand nehmen müsse.

Quellen: *Vestnik (koledar) Šolske družbe sv. Cirila in Metoda.* Ljubljana 1887–1934.

Lit.: T. Zorn: Iz *delovanja Družbe sv. Cirila in Metoda na Koroškem pred prvo svetovno vojno.* In: ZČ 31 (1977) 361–374; A. Vovko: *Podružnice »Družbe sv. Cirila in Metoda« na Koroškem 1885–1918.* In: KK 1978, 151–161; A. Vovko: *Odborniki podružnic »Družbe sv. Cirila in Metoda« na Koroškem v letih 1885–1918.* In: KK 1979, 110–121; A. Vovko: *Boj za šolo Družbe sv. Cirila in Metoda v Vodičji vasi.* In: KK 1983, 137–141; A. Vovko: *Mal položi dar ... Portret slovenske narodnoobrambne šolske organizacije Družbe sv. Cirila in Metoda 1885–1918.* Slovenska matica. Ljubljana 1994; A. Vovko: *Odborniki in članstvo podružnic Družbe sv. Cirila in Metoda 1885–1918.* ZRC SAZU. Ljubljana 2004.

Andrej Vovko; Üb.: Katja Sturm-Schnabl

Dualismus der Rechtsordnungen → Personalitätsprinzip.

Duces Carantanorum. In der deutschsprachigen Geschichte Karantaniens/Kärntens beginnt das älteste »Herzogtum« Österreichs mit der endgültigen Trennung Karantaniens von Baivarien durch OTTO II. im Jahr 976. 1976 feierte man das Millennium des »Fürstentums« als *Tausend Jahre Herzogtum Kärnten.* Laut → *Conversio* gab es im 8. und 9. Jh. die beiden *ducatus* Baivaria und Carantania (→ Karantanien). *Carantania* wurde unter BORUT nach der siegreichen Hilfe der Baivaren/Salzburger gegen die → Awaren und die nicht christlichen slowenischen *gentiles* (→ *carmula*) von den Baivaren/Baiern (→ Bagoaria) abhängig (→ LJUDEVIT-Aufstand).

Die größte regionale Ausdehnung beider Herrschaftsgebiete (→ Sprachgrenze) war für die → *Baivaria* (literaturüblich, aber unkorrekt »Bayern«) der Salzach-/Inngau bis zur Donau, das südliche Salzkammergut und Oberösterreich bis zur Slawen/Slowenen-Grenze (nach Karte KRONSTEINER → Sprachgrenze), Tirol, Ost- und Südtirol. Die *Carantania (Carantani, partes Quarantanae, Sclavinia, regio Carantanorum, Carontania Sclavaniorum)* umfasste Kärnten/Koroška bis zur Drau/Drava (eigentlich bis zu den → Karawanken/Karavanke), die Steiermark/Štajerska, das südöstliche Oberösterreich (St. Florian, Kremsmünster, Windisch-garsten) und das Salzkammergut (Bad Ischl, Goisern), das südwestliche Niederösterreich (→ Ostarrichi/Ostriki) und das Semmeringgebiet (um Gloggnitz).

In der lateinischen Urkundensprache verwendet man für die Anführer des *ducatus* den Titel *dux*, der literaturüblich bald als *Fürst* bald als *Herzog* übersetzt wird, *ducatus* demgemäß als *Fürstentum* oder *Herzogtum*, ebenso verwirrend die literaturübliche Bezeichnung *Fürsten/*stein aber *Herzog/*stuhl. Beides heißt slowenisch »nur« *knez* (*knežji kamen, knežji stol* – neuerdings auch *vojvodski prestol*). Die *duces* Karantaniens waren laut Quellen → *Sclavi*/Slowenen.

Die literarisch bekannten *duces Baivariorum* waren THEOTO/THEODO, OTILO/ODILO († 748) und TASSILO († um 796). Der von Historikern LUDWIG »der Deutsche« († 876) Benannte nennt sich selbst *rex Baivariorum*. Das Gesetz der *gens* heißt *lex Baivariorum* (literaturüblich »Bajuvariorum«, → Personalitätsprinzip). Bei den Karantaner *Sclavi qui dicuntur Quarantani* (Slawen/Slowenen, die Karantaner heißen) war der Erstgenannte *dux gentis illius* SAMO *quidam sclavus manens in Quarantanis* (Samo, der Fürst dieser *gens*, irgendein Slawe, der sich im Karantanischen aufhält), literaturüblich (aber unbewiesen und unwahrscheinlich) »ein fränkischer Kaufmann«. Zwischen SAMOS Tod und BORUT ist eine Lücke von etwa 100 Jahren. Danach wird BORUTH/BORUCH († ca. 750) als *dux* erwähnt. Sein Sohn CACATIUS/KARASTUS/GORAZD († 752) und der Sohn seines Bruders, CHEITMAR/CHENMARUS/HOTIMIR († 769), kommen als Geiseln auf die Herreninsel im → Chiemsee, wo sie vom Salzburger Priester LUPO zu Christen »erzogen« und getauft wurden. CACATIUS wurde kurze zwei Jahre *dux*. Nach seinem Tod wurde CHEITMAR zum Fürsten gewählt. Keiner dieser Fürsten ist im Salzburger → Verbrüderungsbuch erwähnt. Nach dem Tod CHEITMARS folgte der im Verbrüderungsbuch erwähnte WALTUNC/WALTUC (DOMITIANUS?), vermutlich *Vladuk* oder *Vladyka* († 788), nach. Nach ihm sind als *duces* noch erwähnt PRIWIZLAUGA, CEMICAS, ZTOIMAR, ETGAR, HELWINUS, ALBARIUS, PABO († 861), während die Anführer der Baivari sich ab 825 nur noch *rex* nannten. Das *ducatus Carantanorum* begann mit *duces*, eigentlich mit SAMO im 7. Jh. Der erste urkundlich gesicherte Fürst/Herzog ist *dux* BORUT († 750). Das sind vier Jahrhunderte, die eigenartigerweise nicht zur Geschichte von Kärnten/Koroška gerechnet werden, vor dem in der deutschsprachigen Literatur üblichen Beginn des »Herzogtums Kärnten« (976).

Zu CHEITMARS Zeiten, unter Bischof → VIRGIL († 784) von Salzburg und dem *dux Baivariorum* TASSILO, ging → MODESTUS († 763) mit den Priestern WATTO, REGINBERTUS, COZHARIUS und LATINUS als Bischof *episcopus missus* zu den *duces Carantanorum*. Er weihte dort die Kirchen *sanctae Mariae* (→ Maria Saal/Gospa Sveta), in *Liburnia* (Teurnia/St. Peter im Holz/Šentpeter v Lesu im Lurnfeld/Lurnsko polje), *ad Undrimas* (Ingering bei Seckau) und andere mit St. Peter-Patrozinium, die möglicherweise schon als frühchristliche Kirchen (Urpfarren) bestanden. Nach seinem Tod schickte Salzburg wegen der → *carmula* längere Zeit nur Priester. Die nächsten *episcopi sclavorum* in Karantanien waren THEODERICH, OTTO und OSBALDUS/HOSBALDUS († 863).

Die Namen der baivarischen *duces* OTILO und TASSILO sind *ladinisch* (Sentimentalformen zu *Oto* und *Tasso*; nicht wie literaturüblich »westgermanisch«). THEUTO, ein in mehreren Sprachen verbreiteter → Personenname, ist sprachlich nicht exakt zuzuordnen. Etymologisch geht er auf alteuropäisch *teut-* »Volk« zurück. Die Namen der karantanischen *duces* sind slawisch/slowenisch. Ungewöhnlich sind *Cacatius* (offenbar der awarische Zweitname zu *Carastus/Gorazd*) und *Etgar*. *Etgar* ist weder bei den Baiern, Alemannen noch bei anderen Germanen üblich. Der Name könnte identisch sein mit dem *Otker* Radoslav in der Inschrift der Kirche → St. Peter am Bichl/Šentpeter na gori (→ Archäologisches Bild von Kärnten/Koroška im Mittelalter), *Aotachar* (im Salzburger → Verbrüderungsbuch) und dem Namen der von den Salzburgern unter PRIBINA eingeweihten Kirche *Otachareschirichun*, nämlich *Otakar* (heute tschechisch *otakárek* »Schwalbenschwanz« als Name eines Schmetterlings, davon der → Personenname *Otakar/Ottokar*). *Albarius* und *Pabo* könnten *ladinisch* sein, *Helwinus* bairisch oder auch ladinisch (Albinus). Namen der herrschenden Schicht erlauben allerdings keine Schlüsse auf die Sprache der Benannten. Die späteren (nach 976) *duces* des Herzogtums Kärnten/Koroška mit germanischen/bairischen Namen sprechen alle (auch) → windisch/slowenisch.

Der steirische → Minnesänger ULRICH VON LIECHTENSTEIN († 1276), als Venus verkleidet, wurde vom Landesfürsten auf *Windisch/Slowenisch* begrüßt: → *Buge waz primi, gralva Venus* [Gott zum Gruß, königliche Venus]. Die bekannte → Fürsteneinsetzung auf dem → Fürstenstein/*knežji kamen* in → Karnburg/Krnski Grad fand beim Herzogstuhl (Fürstenstuhl) auf dem → Zollfeld/Gosposvetsko polje unter »windischen Gesängen«, ebenfalls auf *Windisch/Slowenisch* statt (von den Anfängen bis 1414, später auch auf Bairisch). Mehrsprachigkeit war damals undiskutierte Normalität.

Sagenumwoben bleibt die Gestalt des *dux* DOMITIANUS (→ DOMITIAN VON MILLSTATT). Er gilt als Begründer der Kirche *fundator huius ecclesiae* und des Stiftes → Millstatt (Milštat/Milje), wo er begraben ist (Grabinschrift). Da er in der → *Conversio* nicht unter diesem Namen genannt ist und ein lateinischer Name für einen Fürsten Karantaniens ungewöhnlich wäre, bleibt die Möglichkeit, ihn aus zeitlichen Gründen mit dem *dux* WALTUNC/VLADYKA, dem vierten der bekannteren *duces*, zu identifizieren. Es könnte der Mönchsname von WALTUNC sein, der (wie damals öfter üblich) gegen das Ende seiner Tage Mönch wurde und sich von *seinem* Stift aus der Wohltätigkeit widmete. Das würde auch seine große Verehrung im »Volk« erklären (Domitian-Kult, Domitian-Kapelle, Domitian-Denkmal, bei den Slowenen bekannt als *Domicijan Koroški*). Kirchen- und Klostergründer war übrigens auch der von den »Franken« abgestrafte Zeitgenosse TASSILO von Baivarien, der ebenfalls als einfacher Mönch gestorben ist. Die ursprüngliche Kirche von Millstatt (Milštat/Milje) (literaturüblich seit 1070) dürfte allerdings schon auf frühchristliche Zeit zurückgehen. Bis 1469 bestanden eine Benediktinerabtei und ein angesehenes Skriptorium. Mit der Unabhängigkeit Kärntens von Baiern endet formal auch → Karantanien, nicht jedoch die innere sprachliche, kulturelle und rechtsinstitutionelle → Kontinuität (→ Inkulturation, → Rechtsinstitutionen). (Vgl. auch → Herzöge von Kärnten/Koroška.)

Lit.: R. Eisler: *Die Legende vom heiligen Karantanerherzog Domitianus*. In: *Mitteilungen des Instituts für österreichische Geschichtsforschung*. Innsbruck 28 (1907) 52–116; M. Kos: *Conversio Bagoariorum et Carantanorum*. Ljubljana 1934; J. Mal: *Probleme aus der Frühgeschichte der Slowenen*. Ljubljana 1939; B. Grafenauer: *Ustoličevanje koroških vojvod in država karantanskih Slovencev*. Ljubljana 1952; O. Kronsteiner: *Die frühmittelalterlichen Sprach- und Besiedlungsverhältnisse Österreichs aus namenkundlicher Sicht*, Österreichische Namenforschung 2 (1976) 5–24; O. Kronsteiner: *Die alpenslawischen Personennamen*. Österreichische Namenforschung, Sonderreihe 2. Wien 1975, ²1981; H. Wolfram: *Conversio Bagoariorum et Carantanorum. Das Weissbuch der Salzburger Kirche über die erfolgreiche Mission in Karantanien und Pannonien*. Wien/Köln/Graz 1979, ²2012; F. Lošek: *Die Conversio Bagoariorum et Carantanorum und der Brief des Erzbischofs Theotmar von Salzburg*. Hannover 1997; F. Glaser: *Domicianus dux*. In: Studien zur Geschichte von Millstatt und Kärnten (Hg. F. Nikolasch). Klagenfurt 1997, 137–150; F. Glaser, *Inschrift karantanischer Kirchenstifter*. In: *Archäologie Österreichs* 10/1 (1999), 19–22 (Otker Radoslav).

Otto Kronsteiner

Duhovna bramba, dt. der »Geistliche Schild«, Texte zur Abwehr von Unheil und zum Schutz gegen allerlei Gefahren. Die *D. b.* spiegelt die magische Weltsicht ihrer Zeit wider und erfährt ihre Blütezeit im Spätmittelalter und im 18. Jh. In Europa kursierten damals neben illegalen, christlich-magischen, mit volkstümlichen Aberglauben vermischten Grimoires (Zauberbüchern) auch variantenreiche Schriften und Bücher, die Apokryphen, Segenssprüche, magische Gebete, Anrufungen von Heiligen, (Schutz-)Beschwörungen u.a. enthielten. Die anonym erschienenen volkstümlichen Büchlein wurden zur Untermauerung ihrer Glaubwürdigkeit unter dem Namen von Päpsten veröffentlicht. Der deutschsprachige wahre *Geistliche Schild* (1647), der in zahlreichen Ausgaben vorliegt, ist eine mit abergläubischen Stoffen durchsetzte Übersetzung des lateinischen Gebetbüchleins »*Leo Magnus, Hoc in enchiridio manualive, pie lector, proxime sequenti habentur septem psalmi poenitentiales, oratio devota Leonis papae, oratio sancti Augustini: aliquot item orationes adversus omnia mundi pericula*« (Romae 1525), das von Papst Leo X. bestätigt wurde. In die deutschen und auch französischen Übersetzungen flossen allmählich andere Inhalte ein. Ein bekanntes Beispiel einer späteren Ausgabe ist das *Enchiridion manuale Leonis papae* (Roma 1740), auf dessen Grundlage u.a. der »Geistliche Schild« und die auf deutschen Vorlagen beruhenden, variantenreichen Schriften der *D. b.* und des → *Kolomonov žegen* [Colomanisegen] basieren. Nach Grafenauer (1943) ist der *Kolomonov žegen* einige Jahre älter als die Erstausgabe der *D. b.*

Inhaltlich geht es bei der *D. b.* nach Kidrič (1929/38) um Texte zur Abwehr von Unheil, Gefahren und Feinden. Das Büchlein versprach besonders den Reisenden und Pilgern Hilfe bei allen Gefahren zu Wasser und Land sowie Schutz vor allen Feinden, die ihnen begegnen könnten. Das Büchlein war v. a. für Wallfahrer, die zu den in Köln, Aachen und Trier verehrten Reliquien pilgerten, bestimmt. Der im Büchlein enthaltene *Segen zu Wasser und Land* steht ständig in Beziehung zu diesen Orten. Druck- und die angeblichen Approbationsorte des »Geistlichen Schildes« bzw. der *D. b.* sind Köln und Trier oder Orte, die auf dem Weg von den Alpen- bzw. Sudetenländern zu diesen Wallfahrtsorten liegen, wie z.B. Mainz und Prag.

Die *D. b.* setzte sich in der Regel nach Grafenauer (1943) aus folgenden Texten zusammen: *Duhovna bramba* [Geistlicher Schild], *Žegen na vodi in na suhem* [Heiliger Segen zu Wasser und zu Land], *Duhovna vahta* [Geistliche Schild-Wacht] und *Sv. maša* [»Andächtig Weis dem Amt der Hl. Meß nützlich beyzuwohnen«]. Dieses Büchlein wurde mehrfach und in wechselnden Zusammenstellungen gedruckt. Die mit der Jahreszahl 1740 datierte Kärntner slowenische Fassung der *D. b. (Duhouna branua)* umfasst die ersten drei zuvor genannten Titel und einen weiteren Zusatz, der z.B. in einer deutschen Fassung des »Geistlichen Schildes« von 1791 nicht aufscheint. In der von Grafenauer (1943) untersuchten steirisch-slowenischen Version mit dem Erscheinungsjahr 1705 finden sich hingegen alle vier Texte. Slowenische Druckfassungen des »Geistlichen Schildes« *(Duhouna bramba)* sind in überregionalsprachlichen Varianten aus Kärnten/Koroška und der Steiermark/Štajerska überliefert. Die Kärntner Drucke sind u.a. mit den Jahreszahlen 1740, 1747, 1810 und 1820 versehen, der steirische mit dem Jahr 1705 oder auch ohne Jahresangabe aus der Zeit um 1835 stammend.

Die *D. b.*, in Kärnten/Koroška *Duhouna branua*, aus der Mitte des 18. Jh.s, repräsentiert nach dem *Kolomonov žegen* [Colomanisegen] das erste gedruckte Büchlein in der Sprache der Kärntner slowenischen *bukovniki* (→ Bukovništvo). Für die Verbreitung dieser apokryphen, abergläubischen (aber auch religiösen), auf Vorlagen basierenden Volksliteratur sorgten die Kärntner Volksliteraten *bukovniki* aus bäuerlich-handwerklicher Sphäre. Einzeltexte oder Passagen unterschiedlicher Länge aus diesem Büchlein kursierten zudem in unzähligen handschriftlichen, voneinander abweichenden Versionen. Sprachlich widerspiegeln sie individuelle Besonderheiten des jeweiligen Schreibers und, je nach Entstehungszeit, mehr oder minder stark ausgeprägte Charakteristika der kryptoprotestantischen literarischen Tradition (→ Protestantismus). Es finden sich in ihnen dialektale Besonderheiten des unteren → Gailtales/Ziljska dolina in der Übergangszone zum → Rosental/Rož (→ Rosentaler Dialekt/*rožanko narečje* und → Gailtaler Dialekt/*ziljsko narečje*), aber auch aus dem Dialekt der Regionen Gorenjska und Dolenjska (Ober- und Unterkrain).

Mithilfe computergestützter Untersuchungen konnte von Maurer-Lausegger (1992) wissenschaftlich belegt werden, dass die Texteinheit *Duhouna vahta* [Geistige Schild-Wacht] von Andrej → Schuster – Drabosnjak eine grundlegende sprachliche Überarbeitung und Adaptierung der gedruckten *Duhouna vahta* [Geistlichen Schildwacht] darstellt. Einzelne Texte aus diesem Büchlein finden sich z.B. auch

Duhovna bramba, Stephan Bachter

in folgenden Texten der Kärntner slowenischen *bukovniki:* im *Kolomonov žegen* [Colomanisegen], im *Gabernikov rokopis* [Gabernik-Handschrift], im → *Sadnikarjev rokopis* [Sadniker Handschrift], im → *Leški rokopis* [Handschrift aus *Leše* (Liescha)] u. a. Ausführlichere sprach- und kulturwissenschaftliche Vergleiche und Analysen dieser Textvarianten und des gesamten Repertoires der Volksliteraten *bukovniki* liegen mit wenigen Ausnahmen in der Fachliteratur bis dato nicht vor.

Archive: Institut für Slawistik der Universität Wien, NUK, Semeniška knjižnica Ljubljana, Univerzitetna knjižnica Maribor, Koroška osrednja knjižnica dr. Franca Sušnika, Ravne na Koroškem, Osrednja knjižnica Celje.

Quellen: *Duhouna branua: prad duhounah – inu shuotnah nauarnostah sakobart per sabe nossiti: u' katirei so mozhni shegni inu shebranje, katiri so od sama Boga osnanuani, od te Zirkle, inu s. s. ozhetou storjeni, inu od papasha Urbana VIII. unkadani, skus s. Kolmana poterdnjeni bli: k' troshtenji usah teh, kiri na vodi, inu semli raishajo … ſ is nemshkiga u to suovensko spraho sprabernjana, inu drukana n' Köln u' tam lete 1740* [*… drukana n' Köln* [i. e. Ljubljana: Eger], 1740 [i. e. 1810]. 175, [5] S.; *Duhouna branua: prad duhounah – inu shuotnah nauarnostah sakobart per sabe nossiti: u' katirei so mozhni shegni inu shebranje, katiri so od sama Boga osnanuani, od te Zirkle, inu s. s. ozhetou storjeni, inu od papasha Urbana VIII. unkadani, skus s. Kolmana poterdnjeni bli: k' troshtenji usah teh, kiri na vodi, inu semli raishajo … ſ is nemshkiga u to suovensko spraho sprabernjana, inu drukana n' Köln u' tam lete 1740.* [Köln: s. n., 1740] ([s. l.: s. n.]). 186, [5] S.; *Duhovna bramba. Kero je dobro pri ſebi imeti próti duhovnim ino telovnim nevarnoſtim; sapopáde haſnovitne shegne ino molitve, en tál od Boga rasodete, od zirkve ino ſvetih ozhakov narédte, ino od Papesha Urbana VIII. poterdjene, k tróſhti vſim vernim keri na vodi ali ſuhem potujejo, da ſkos toto branbo, zhe jo pri ſebi majo, od mnogih neſrezh snajo reſheni biti. Cum Lic. Ord. Cens. Trev. ibidem Án. 1647 impressum. Natiſnjeno v Mainzi,* [s. n., um 1835]. 216 S.

Lit.: I. Grafenauer: »*Duhovna bramba« in »Kolomonov žegen«.* In: ČZN 4 (1907), 1–70; I. Grafenauer: »*Duhovna bramba« in »Kolomonov žegen«, (Nove najdbe in izsledki).* In: Razprave I/4, SAZU, Filozofsko – filološko – historični razred, 1943, 201–337; I. Grafenauer: »*Duhovna bramba« in »Kolomonov žegen« (nove najdbe in izsledki),* [S. l., s. n., 1943] (Sonderdruck), 138 S.; A. Jacoby: *Geistlicher Schild.* In: Handwörterbuch des deutschen Aberglaubens (HDA) 3, Berlin, New York 1987, 566 f.; A. Jacoby, Adolf: *Grimoire.* In: Handwörterbuch des deutschen Aberglaubens (HDA) 3. Berlin 1987, 1170–1172; H. Lausegger, *Koroško bukovništvo v povezavi s folkloristiko.* In: K. Gadányi (Hg.): III. Nemzetközi szlavisztikai napok, Szombathely 1988, 179–191; W. Baum: *Geistlicher Schild = Duhovna Branua.* In: *Die Brücke, Kärntner Kulturzeitschrift* 17/2 (1991), 52–53; H. Paulitsch, *Das Phänomen »Bukovništvo« in der Kärntner-slowenischen Kultur- und Literaturgeschichte.* Klagenfurt/Celovec [e. a.] 1992; G. Biermann; H. Schinnerl: *Volksglaube Beschwörung Segensformel. Magische Vorstellungen und Praktiken aus 3 Jahrhunderten.* Ehrental 2001; H. Maurer-Lausegger: *Sprachliche Charakteristika apokrypher Texte des 18. und 19. Jahrhunderts (Slowenisch, Deutsch).* In: M. Balaskó, P. Szatmári (Hg.): Sprach- und Literaturwissenschaftliche Brückenschläge. Vorträge der 13. Jahrestagung der GESUS in Szombathely, 12.–14. Mai 2004. München 2007, 241–252; A. Žalta: *Protestantizem in bukovništvo med koroškimi Slovenci.* In: *Anthropos* 36 (2004) 1/4, 59–72.

Web: S. Bachter: *Anleitung zum Aberglauben. Zauberbücher und die Verbreitung magischen »Wissens« seit dem 18. Jahrhundert* (Phil. Diss. Univ. Hamburg). Hamburg 2005: http://ediss.sub.uni-hamburg.de/volltexte/2007/3221/pdf/DissBachter.pdf.

Herta Maurer-Lausegger

Dürnfeld/Suho polje in der Gemeinde → Magdalensberg/Štalenska gora wird bei Vouk in dieser Form in beiden Landessprachen angeführt. (Bei Zdovc im deutsch-slowenischen Verzeichnis slow. Dürnfeld bzw. Niče. Im slowenisch-deutschen Verzeichnis bei Zdovc weist dieser darauf hin, dass der Ort umgangssprachlich slowenisch üblich Niče bezeichnet werde, wobei das jedoch eigentlich Leibnitz bezeichnen würde. Dieses wird wiederum bei Vouk slow. mit Ličje angeführt.)

Lit.: R. Vouk: *Popis koroških utrakvističnih šol do leta 1918, Bestandsaufnahme der Kärntner utraquistischen Schulen bis 1918,* Klagenfurt/Celovec 1980, 33, 74; P. Zdovc: *Slovenska krajevna imena na avstrijskem Koroškem, razširjena izdaja. Die slowenischen Ortsnamen in Kärnten, erweiterte Auflage.* Ljubljana ²2010, 53, 144.

Bojan-Ilija Schnabl

Ebenthal/Žrelec, vgl. Sachlemmata: → Deportationen 1942; → Goëss; → Klagenfurter Feld/Celovško polje; → *Sadnikerjev rokopis* [Sadniker Handschrift]; → Sprachgrenze (1), slowenische; Personenlemmata: → Arnejc, Dr. Janko; → Goëss, Johann Anton Graf von; → Vospernik, Janez; → Gurnitz/Podkrnos: – Sachlemmata: → Bildstock; → Inschrift, slowenische; → Klagenfurter Feld/Celovško polje; → Liedersammlung, handschriftliche; → Verfolgung slowenischer Priester ab 1938 in Kärnten/Koroška; – Personenlemmata: → Brabenec, Jan; → Brollo, Jacobo; → Drobiunig, Jožef; → Jarnik, Urban; → Limpel, Valentin; → Mitsch, Josef Anton; → Unrest, Jakob; → Wang, Jakob; → Widowitz, Johann Baptist; Obermieger/Zgornje Medgorje: → Pernhart, Markus; → Radsberg/Radiše: – Sachlemmata: → *Radiše. Katoliško slovensko izobraževalno društvo na Radišah* [Katholischer slowenischer Bildungsverein in Radsberg], sowie → Abgeordnete; → Abstimmungszonen; → Bildstock; → Dreikönigssingen/*trikraljevsko koledovanje;* → *Gorjanci. Slovensko izobraževalno društvo Gorjanci, Kotmara vas* [Slowenischer Bildungsverein Gorjanci, Köttmannsdorf]; → Klagenfurter Feld/Celovško polje; → Klagenfurter Feld, die slowenische Mundart der Poljanci; → *Koroška slovenska stranka* (KSS) in der

Eberndorf/Dobrla vas mit Stift

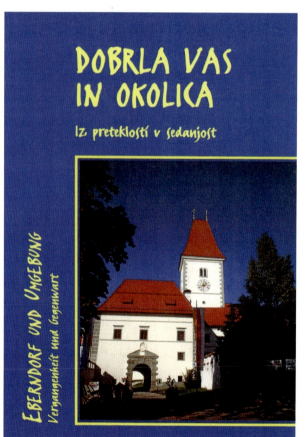

Buchcover, Mohorjeva

Ersten Republik; → Liedersammlung, handschriftliche; → Pfarrkarte der Diözese Gurk/Krška škofija 1924; → Sattnitz/Gure; → Tamburizzamusik; – Personenlemmata: → Kogelnik, Ivan, → Widowitz, Johann Baptist; Priedl/Predel: → Wang, Jakob; → Widowitz, Joahnn Baptist; Rottenstein/Podgrad: → Ebner, Johann; → Hildegard von Stein/Liharda Kamenska; → Progar, Alojzij; → Wang, Jakob; Zell/Selo, Pfarre Gurnitz/Podkrnos: → Dobernig, Josef.

Eberndorf/Dobrla vas, vgl. Sachlemmata: → *Srce. Slovensko katoliško izobraževalno društvo za Dobrlo vas in okolico* [Slowenischer katholischer Bildungsverein für Eberndorf und Umgebung]; → Kirchenchor von Eberndorf/Dobrla vas sowie: → Abgeordnete; → Abstimmungszonen; → Amtssprache; → Aquileia; → Archivwesen; → Bauernaufstände; → Bürgermeister; → Chorwesen; → Eisenkappler Passionsspiel/ *kapelški pasijon*; → *Florijana peti* [Florianisingen]; → Gurk, Diözese/*Krška škofija*; → Inschrift, slowenische; → Jauntal/Podjuna; → Jesuiten; → Kreuzweg; → *Kmečka zveza* [Bauernbund]; → Kulturgeschichte (= Einleitung, Band 1); → Kulturvereine, slowenische in Kärnten/Koroška; → *Listina Pilatove ustanove* [Pilat-Stiftungsurkunde]; → Mežiška dolina (Mießtal);

Eberndorf/Dobrla vas, Wappen des Probstes nach Megiser, *Das siebente Buch der Chronik*, S. 812

→ St. Paul im Lavanttal/Šentpavel v Labotski dolini; → Schulwesen; → *Sodaliteta presvetega Srca Jezusovega;* → Tamburizzamusik; → Theater, slowenisches in Kärnten/Koroška; → Vertreibung 1920; → Wahlkreise der Landtagswahlordnungen in Kärnten/Koroška ab 1849; → Wahlordnungen und Nationalitätenpolitik vor dem Ersten Weltkrieg; Personenlemmata: → Albrecht, Kaspar; → Aljančič, Andrej; → Basar, Jernej; → Brandstätter, Valentin; → Čandik, Janez; → Dolinar, Janko; → Ehrlich, Lambert; → Ellersdorfer, Florijan; → Hartman, Foltej; → Kogelnik, Ivan; → Kristan, Etbin; → Ladinig, Simon; → Randl, Matthias; → Rohrmeister, Jakob; → Rožman, Gregorij; → Rudmaš, Šimen; → Scheliessnigg, Jakob; → Sekol, Janez; → Sienčnik, Dr. Luka; → Tavčar, Janez; → Uranšek, Franc; → Zechner, Aleš; Güsselsdorf/Goselna vas: → Kirchenchor von Eberndorf/Dobrla vas; Hart/Dobrava: → Kuchling, Anton; Kohldorf/Vogje: → Tomasch/Tomaž, Maria/Marija; Kühnsdorf/Sinča vas: → Kirchenchor von Eberndorf/Dobrla vas; → Eisenkappel/Železna Kapla; → Völkermarkt/Velikovec; → *Zveza ženskih društev na Koroškem* [Verband der Frauenvereine in Kärnten]; → Einspieler, Lambert; → Inzko, Marija (geb. Einspieler); → Kahn, Josef; Podgorc, Valentin. Mökriach/Mokrije: → Starc, Johann; Wasserhofen/Žirovnica: → Hansiz, Markus.

Ebner, J. (Sänger des Kulturvereins *Gorotan* aus St. Michael/Šmihel, *Mir* vom 3. Februar 1895), vgl. → Schwabegg/Žvabek, Neuhaus/Suha und Leifling/Libeliče: Kulturarbeit seit 1882; → *Šmihel. Slovensko katoliško izobraževalno društvo za Šmihel in okolico* [Slowenischer katholischer Bildungsverein für St. Michael und Umgebung].

Ebner, Johann (* 8. August 1868 Damtschach/Domačale [Wernberg/Vernberk], † 4. August 1942 Abtei/Apače), Priester, Kulturaktivist.

E. besuchte die Volksschulen in Damtschach/Domačale, Kranzelhofen/Dvor und Velden/Vrba, danach von September 1882 bis 1890 das Obergymnasium in Klagenfurt/Celovec. Die Matura legte er am 10. Juli 1890 ab. Das Klagenfurter → Priesterseminar besuchte er vom 3. Oktober 1890 bis Mitte Juli 1894. Die Weihen des Subdiakonats erhielt er am 12. Juli, die des Diakonats am 14. Juli und die des Presbyteriats am 16. Juli 1893. Als Sprache wird im ADG-Personalakt lediglich Slowenisch angeführt.

Seine Dienstzuteilungen sind laut ADG-Personalakt vielfältig, bisweilen kurzzeitig: Kaplan in Prevalje (Prävali) (20. Juli 1894–5. Dezember 1895), in → Bleiburg/Pliberk (6. Dezember 1895–31. März 1896), Provisor in Mieter (?) (wahrscheinlich Mieger/Medgorje) und Mitprovisor in Rottenstein/Podgrad (1. April 1896–25. Mai 1897), Hilfspriester in Monte Lussari/Maria Luschari/Sv. Višarji (25. Mai 1897–5. Oktober 1897), Pfarrer in Mieger/Medgorje (1. Mai 1898–30. April 1904), Pfarrer in St. Stefan/Dürnstein (1. Mai 1901–30. April 1901), Pfarrer in Köttmannsdorf/Kotmara vas (1. Mai 1904–16. Juni 1907), Provisor in Haimburg/Vovbre (17. Juni 1907–30. April 1908), Pfarrer in St. Stefan bei Trixen/Šentštefan pri Velikovcu und Mitprovisor von Haimburg/Vovbre (1. Mai 1908–30. April 1921), Pfarrer in Gallizien/Galicija (1. Mai 1921–15. Juni 1923), Pfarrer in → Eisenkappel/Železna Kapla (16. Juni 1923–31. Juli 1929, Pfarrer in Egg bei Hermagor/Brdo pri Šmohorju (1. August 1929–30. September 1939), Jurisdiktion für Abtei/Apače (21. Mai 1941–??), Temporalienverwalter von Abtei/Apače (1. Jänner 1941– ??), Pfarrliche Jurisdiktion für Abtei/Apače ab 21. Mai. 1941). Am 1. Oktober 1939 wurde er in den Ruhestand versetzt. Seit 15. Juni 1940 war er wohnhaft in Abtei/Apače und verstarb dort am 4. August 1942.

E. war nach Angaben von Martin Kuchling hic loco an der Gründung des slowenischen Kulturvereins *Izobraževalno društvo za Vovbre, Št. Štefan in okolico* [Bildungsverein für Haimburg, St. Stefan und Umgebung] beteiligt und wurde dessen Schriftführer (wobei diese Vereinsgründung nach Kuchling bereits am 15. Juli 1906 stattgefunden hatte (vgl. → Völkermarkter Hügelland/Velikovško podgorje – slowenische Kulturvereine). Aufgrund der zeitlichen und geografischen Überschneidung ist er eventuell mit jenem »J. Ebner« gleichzusetzen, den Engelbert Logar hic loco als Sänger des Kulturvereins *Gorotan* aus St. Michael/Šmihel erwähnt, wie dies aus einem Artikel in der Zeitung → *Mir* vom 3. Februar 1895 hervorgeht (→ Schwabegg/Žvabek, Neuhaus/Suha und Leifling/Libeliče: Kulturarbeit seit 1882).

Nach Malle scheint E. nicht im bischöflichen Verzeichnis slowenischer Priester auf, sondern in jenem der von den Behörden nach dem Überfall auf → Jugoslawien verhafteten Priester. Er wurde gemäß der Absprache zwischen Ordinariat und Gestapo am 9. April 1941 freigelassen und durfte in seiner Pfarre Abtei/Apače bei Gallizien/Galicija bleiben (→ Verfolgung slowenischer Priester ab 1938 in Kärnten/Koroška).

281

Archive: ADG (Personalakte Ebner, Johann; Mappe Gestapo, Priester im gemischtsprachigen Gebiet, Mappe Gestapo, Priester in Haft) (zitiert nach MALLE).

Lit.: A. Malle: *Koroški Slovenci in katoliška cerkev v času nacizma*. In: A. Malle, V. Sima (Red.): Narodu in državi sovražni. Pregon koroških Slovencev 1942 – Volks- und staatsfeindlich. Die Vertreibung von Kärntner Slowenen 1942. Celovec/Klagenfurt 1992, 85–130 (deutsche Zusammenfassung: Die Kärntner Slowenen und die katholische Kirche, S. 131 f., zu Ebner S. 101).

Bojan-Ilija Schnabl

Ebriach/Obirsko, vgl. Sachlemmata: → Obir-Dialekt/ *obirsko narečje*, sowie → Eisenkappel/Železna Kapla; *Florijana peti* [Florianisingen]; Karawanken/Karavanke; Personenlemmata: DROBIUNIG, Jožef; → MIKULA, Franz; ZECHNER, Aleš.

Edinost Pliberk. Katoliško slovensko izobraževalno društvo Edinost v Pliberku [Katholischer slowenischer Bildungsverein *Edinost* (Einheit) in Bleiburg], gegründet als Bildungsverein am 20. Mai 1909 in → Bleiburg/Pliberk und Vorgängerorganisation des *Slovensko prosvetno društvo Edinost v Pliberku* [Slowenischer Kulturverein Edinost (Einheit) in Bleiburg]. Wesentliches Vereinsziel war die Festigung der slowenischen Identität (→ Kulturvereine).

Die Statuten des Vereins *Katoliško slovensko izobraževalno društvo v Pliberku* erstellte der damalige Kaplan in Bleiburg/Pliberk Ivan (Janez) → HORNBÖ(C)K. Den ersten Vereinsausschuss bildeten Jožef KROF, vlg. Oserbanov in St. Margarethen/Šmarjeta (Vorsitzender), Kaplan Ivan HORNBÖCK (stellvertretender Vorsitzender), Ignacij TREHTAR, vlg. Bauhnarjev aus Aich/Dob (Sekretär), Kaplan Urh HAFNER (stellvertretender Sekretär), Franc DOBROVNIK, vlg. Krevčev aus Wiederndorf/Vidra vas (Bibliothekar), Tomaž STAREJ, vlg. Mežnarjev aus Oberloibach/Zgornje Libuče (stellvertretender Bibliothekar), sowie Aleš RIEDL, vlg. Žibernikov (Kassier), und Janez TURK, vlg. Šternov, beide aus Unterort/Podkraj (stellvertretender Kassier). Anlässlich der Gründungsversammlung schenkte Ivan HORNBÖK dem Verein 300 Bücher, die den Grundstock der bis heute bestehenden und nunmehr 4.000 Bücher umfassenden Vereinsbibliothek bildeten, die sich heute im *Kulturni dom Pliberk* [Kulturhaus Bleiburg] befindet.

In Verfolgung der Vereinsziele wurden zudem zahlreiche Bildungs- und soziale Kurse angeboten und eine → Theater-Sektion gebildet. Diese Laienschauspielgruppe war äußerst aktiv und brachte zahlreiche Stücke zur Aufführung, so die Stücke *Veriga* [Die Kette], *Tom-*

Gasthof – gostilna Breznik, Narodni dom, 1912

Edinost Pliberk, Haushaltskurs 1931

bola [Tombola], *Dve sestri* [Zwei Schwestern], *Revček Andrejček* [Der arme Wicht Andrejček], das populäre Volksstück *Miklova Zala* [Die Zala vom Mikl-Hof] von Jakob → SKET und noch viele mehr.

Bereits im Jahr 1919 findet sich in den Vereinsprotokollen die Volkspoetin Milka → HARTMAN (→ Bukovništvo), die in der Mädchen- und in der Haushalts-Sektion mitwirkte. In den folgenden Jahren leitete sie verschiedene Haushalts- und Kochkurse (vgl. auch Maria Magdalena → KNAFELJ-PLEIWEIS) und prägte die Aktivitäten der »Frauen-Sektion« des Vereins. Später organisierte der Verein zahlreiche Kindertheateraufführungen für alle Gelegenheiten, die Milka HARTMAN eigens für dafür geschrieben hatte und dabei auch Regie führte.

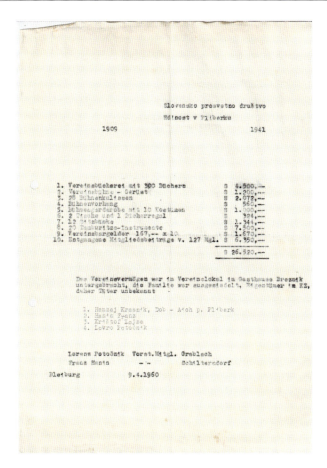

Edinost Pliberk, Schadensaufstellung 1960

Edinost Pliberk

Der Sitz des Vereins war im sog. *Narodni dom* [Volksheim], das jetzige Gasthaus und Hotel der Familie BREZNIK (Altes Brauhaus). Auch die *Posojilnica* [Darlehenskasse] hatte zunächst ihren Sitz im *Narodni dom* am Hauptplatz in Bleiburg/Pliberk (→ Genossenschaftswesen).

Nach der → Volksabstimmung 1920 war die Vereinstätigkeit in Bleiburg/Pliberk stark erschwert, da die Bezirkshauptmannschaft sowie die Landesregierung vielfach Veranstaltungen des Vereins wie Theateraufführungen oder Bildungs- und soziale Kurse schlichtweg verboten. So war der Verein oftmals gezwungen in andere Orte der Region, nach Dob/Aich, Schiltendorf/Čirkovče, Rinkenberg/Vogrče oder nach St. Michael/Šmihel auszuweichen. 1924 wurde Foltej → HARTMAN in den Vereinsausschuss als stellvertretender Sekretär gewählt. Um Foltej HARTMAN sammelten sich 1931 Sänger des Unteren Jauntales/Spodnja Podjuna, und so entstand der Männergesangsverein des Vereins, den Foltej HARTMAN seit der Gründung selbst 52 Jahre leitete. Nach seinem Tod beschlossen die Sänger, ihm zu Ehren den Gesangsverein in »*Moški pevski zbor Foltej Hartman*« *iz Pliberka* [»Männergesangsverein Foltej Hartman« aus Bleiburg] umzubenennen (→ Chorwesen). Unter seiner Leitung war der Chor sehr aktiv, so dass er unter den Mitbegründern der musikalischen Revue *Od Pliberka do Traberka* [Von Bleiburg bis Traberk] aufscheint, ebenso als Initiator und Mitbegründer der musikalischen Revue der Partnerchöre *Od Korotana do Jadrana* [Von Kärnten bis zur Adria] sowie der noch größeren Gesangsversammlung *Pesem ne pozna meja* [Das Lied kennt keine Grenzen].

Bald nach dem → »Anschluss« verboten die nazistischen Machthaber jegliche Vereinstätigkeit und beschlagnahmten das Vereinsvermögen. Zahlreiche Vereinsmitglieder wurden in der Folge in Lager deportiert (→ Deportationen 1942), aus denen einige zum Glück zurückkehrten, so manche mussten jedoch unter den unmenschlichen Lebensbedingungen ihr Leben lassen, wie z.B. Štefan BREZNIK, der dem Verein ein Dach geboten hatte, oder Janez HORNBÖCK, der die treibende Kraft bei der Gründung des Vereins war.

Nach der Befreiung 1945 wurde der Verein unter dem Namen *Slovensko prosvetno društvo Edinost v Pliberku* [Slowenischer Kulturverein Edinost (Einheit) in Bleiburg] wieder gegründet und nahm seine Aktivitäten wieder auf. Foltej HARTMAN kehrte aus der KZ-Haft in Dachau wieder zurück, sammelte umgehend Burschen und Männer um sich und sie begannen wieder zu singen.

Lit.: SPD Edinost (izd.): *Iz roda v rod duh išče pot. 100-letna kronika Slovenskega prosvetnega društva »Edinost« v Pliberku.* Pliberk 2009. **Web**: www.kulturnidom.at (3.1.2013).

Boris Sturm; Üb.: Bojan-Ilija Schnabl

Edinost Šenttomaž. Katoliško slovensko izobraževalno društvo Edinost Št. Tomaž pri Celovcu [Katholischer slowenischer Bildungsverein St. Thomas] in St. Thomas am Zeiselberg/Šenttomaž pri Celovcu, heute in der Marktgemeinde Magdalensberg/Štalenska gora. Wie Ivan/Jan → BRABENEC im *Liber Memorabilium Parochue St. Thomasenses* … S. 38 f. festhält, wurde E. am Palmsonntag im Jahre 1910 gegründet (→ Klagenfurter Feld/Celovško polje, → Kulturvereine, → Vereinswesen).

Die erste Sitzung der E. wurde am 20. März 1910 abgehalten. Die Wahl des Vorstandes ergab: 1. Vorsitzender Jurij WALDHAUSER vlg. Jožap in St. Thomas/Šenttomaž, 2. Vorsitzender Jurij ROSEGER Sohn vlg. Ukež in Hörtendorf/Trnja vas; 1. Sekretär Franc

ROVEREDO, Mesner in St. Thomas/Šenttomaž, 2. Sekretär Franc KUHER Sohn vlg. Ruš in St. Lorenzen/Šentlovrenc; 1. Kassier Andrej KUS Sohn vlg. Smrečnik in Reigersdorf/Rogarja vas, 2. Kassier Blaž ŠTURM Sohn vlg. Toman in Zinsdorf/Svinča vas; Bibliothekar Pfarrer J. BRABENEC in St. Thomas/Šenttomaž; Rechnungsprüfer wurden gemeinsam Balt. KOGELNIK vlg. Oberseher in Gundersdorf/Gundrska vas und Vinc. KULE vlg. Frisaher in Gundersdorf/Gundrska vas. Bei der 2. Sitzung am 17. April 1910 wurden zwei Unterausschüsse gewählt, einer für die männlichen Schauspieler, bestehend aus Pfarrer BRABENEC, Andrej KUS, Valentin KUS, Andrej → STURM, Jozef ROZEGER, Jozef HOLCER, Mihi NOVAK, der zweite für die Schauspielerinnen, bestehend aus Pfarrer BRABENEC, Andrej KUS, Alojzija NUSBAUMER, Marija KRAMER, Angela KUS, Marija ŠTURM, Neža ŠTURM. Damit zeichnete sich klar ab, dass das Laientheater als zentrale kulturelle Tätigkeit des Vereines angedacht war Laientheater (→ Theater). Gespielt wurde nicht nur in der eigenen Vereinshalle, sondern auch in der weiteren Umgebung, wobei die Vorstandsmitglieder die Orte und den Transport der Kulissen organisierten. Der Anschaffung von Theaterkostümen wurde viel Bedeutung beigemessen, so wird bei der Sitzung am 8. Juni 1910 der Ankauf eines Schrankes für die Kostüme und je ein neues Kostüm für die Mädchen beschlossen. Dabei wurde über Ausschussbeschluss dafür Sorge getragen, dass die Schauspieler und Schauspielerinnen nach den Aufführungen durch Speis und Trank und gemeinsame Unterhaltungsveranstaltungen jeweils ihre Verbundenheit stärken konnten.

Hervorzuheben sind die Maßnahmen zur Fortbildung der Mitglieder – im Jahre 1912 waren es bereits 120 – zu diesem Zwecke wurden Stenografie- und Buchhaltungskurse organisiert und ein Turnlehrer aus Klagenfurt/Celovec eingeladen. Ebenso wurden Fachvorträge abgehalten, für die »gute«, d.h. fachkundige Redner eingeladen wurden (z.B. Niko → KRIEGL oder Vinko → POLJANEC u.a.). Die Vereinsmitglieder wurden über mögliche Subventionen informiert, z.B. bei der Sitzung vom 6. Jänner 1914 über jene, die der Landeskulturrat für rationelle Stallumbauten zuteilte. Die → Lesekultur wurde durch die Vereinsbücherei gepflegt und angeregt, die der Pfarrer BRABENEC selbst leitete und ausbaute. »Am Sonntag nach der Messe blieb kein Buch auf der Stellage liegen«, erzählt Andrej → STURM in späten Jahren. Zum selben Zweck wurden Zeitungen für die Vereinsmitglieder abonniert,

Edinost Šenttomaž (St. Thomas a. Z.)

so → *Mir*, → *Slovenec*, → *Domoljub*, *Kmetovalec*, *Zlata doba list Slovenske straže*. Im Jahre 1911 wurde auch ein Tamburizzaorchester gegründet; die Instrumente kaufte zunächst Pfarrer BRABENEC, der Verein zahlte sie ihm in Raten zurück. Der Mesner Franc ROVEREDO stellte das Tamburizzaorchester zusammen und bildete die Spieler aus. Das Orchester wird als Begleitung bei Theateraufführungen eingesetzt, oder aber wurden Unterhaltungen mit → Tamburizzamusik und Gesang veranstaltet. Bereits bei der Sitzung am 3. März 1912 beschloss man, mit dem Baumeister MALEJ aus Klagenfurt/Celovec einen Vertrag für den Bau einer Vereinshalle zu schließen. Das Sitzungsprotokoll vom 25. März 1912 berichtet von einem leicht veränderten Ausschuss, der 2. Vorsitzende wird Jožef MIKLAUC, der 2. Sekretär Jurij TRAUN. Unter Punkt 6 des Sitzungsprotokolls vom 29. Dezember 1912 wurde der Beschluss festgehalten, aus Rücksicht auf betroffene Mitglieder von einer gerichtlichen Verfolgung gegen Verleumder der E. abzusehen. In der Sitzung am 11. Mai 1913 wurden sieben Punkte behandelt. Pkt. 1: der damals 17-jährige Andrej → STURM wurde zum Kassier gewählt, Pkt. 2: dass am 18. Mai das Theaterstück *Tri sestre* [Drei Schwestern] und die komische Einlage *Kmet Herod* [Der Bauer Herod] aufgeführt und Pkt. 3: Herr KRIEGL als Redner eingeladen werden sollten. Schließlich Pkt. 4: das Stück *Tri sestre* sollte, wenn man den Raum beim Hribernik bekäme, in Hörtendorf/Trdnja vas aufgeführt werden. Laut Pkt. 5 sollte am 29. Juni beim Kropf in Reigersdorf/Rogarja vas das Stück *Krčmar pri zvitem rogu* [Der Wirt beim

Edinost Šenttomaž, *zapisnik*/ Sitzungsprotokoll 1910 (Titelseite)

Edinost Šenttomaž, *zapisnik*/ Sitzungsprotokoll vom 10. Oktober 1937

verdrehten Horn] gespielt werden, und laut Pkt. 6 sollte am 20. Juni in St. Thomas/Šenttomaž das Stück *Ne v Ameriko* [Nicht nach Amerika] zur Aufführung kommen und nach Pkt. 7 wurde beschlossen, die Baugenehmigung für die Vereinshalle bei der Landesregierung einzureichen. Am 9. November 1913 wurde auf der Sitzung bereits die notwendige Heizung für den Vereinssaal thematisiert, »damit man im Winter wird [Theater] spielen können«. Aussagekräftig für das historische Bewusstsein ist auch der Pkt. 7 im letzten Protokoll des Jahres 1914 (s. d.): »7) *Odbor sklene na sv. Petra in Pavla zborovanje o ustoličevanju slov. vojvod na gosposve. polju*« [Der Ausschuss beschließt zu St. Peter und Paul eine Veranstaltung über die Einsetzung der slowenischen → Herzöge auf dem → Zollfeld] (→ Fürsteneinsetzung, → Karnburg/Krnski Grad). E. entwickelte in den Jahren 1910–1914 eine rege Tätigkeit in den Bereichen Kultur (vor allem Theater, Musik, Gesangswesen), Bildung und Wirtschaft. Mit diesen Themen befassten sich die 21 Sitzungsprotokolle der Jahre 1910, 1911, 1912, 1913 und 1914, die erhalten sind. E. erfreute sich weit über die Gemeindegrenzen hinaus großer Beliebtheit (ebenso die *Hranilnica in posojilnica* [Spar- und Darlehenskasse]). Sie wird allerdings von deutschnationaler Seite schon früh angegriffen. Mit dem Ausbruch des Ersten Weltkrieges kommt die Tätigkeit fast zum erliegen, da erstens viele der jungen Männer einrücken mussten und zweitens weil die Slowenen starker Diskriminierung (→ Militärgerichte, → Internierungen 1919, → BRABENEC) ausgesetzt waren, vor allem seit der → Maideklaration von Anton → KOROŠEC. Nach dem Ende des Ersten Weltkrieges und nach der Volksabstimmung erholte sich E., obwohl einige Mitglieder nach Jugoslawien flüchten mussten (→ Vertreibung 1920) und nahm seine Tätigkeit wieder auf. Die Anfeindungen wurden allerdings stärker, vor allem die »igre« [so wurden die Theaterstücke von deutschnational gesinnten Mitbürgern in einem Beschwerdeschreiben apostrophiert] (→ Germanisierung) waren den deutschnational gesinnten Gemeindebürgern, Pfarrbrüdern und Pfarrschwestern ein Dorn im Auge. Aus dieser Zeit sind keine Protokolle erhalten, wohl aber kann man aus den Unterlagen (Privatarchiv) von der *Hranilnica in posojilnica Št. Tomaž* [Spar- und Darlehenskasse St. Thomas] ersehen, dass praktisch flächendeckend mit Einbezug von Nachbargemeinden Bauern, Handwerker und Arbeiter Mitglieder dieser slowenischen Institution waren. Berührend ist das einzige erhaltene Protokoll aus der Zwischenkriegszeit von einer Sitzung am 10. Oktober 1937. Darin wird unter Pkt. 1 die nächste Sitzung für November beschlossen, unter Pkt. 2, dass für das kommende Jahr das Stück *Miklova Zala* vorbereitet werden soll (vgl. Jakob → SKET) und unter Pkt. 3, dass zwei Vereinsmitglieder zu einem Führungskurs, der am 7. und 8. November in Klagenfurt/Celovec stattfinden werde, entsendet würden. Unterschrieben sind die Protokolle M[aria] Sturm, Micha Sturm, J. Waldhauser (→ Joschap bzw. Joschapsiedlung/Jožap), Jurij Traun; Mar[ia] Novak. Nach dem → »Anschluss« an Hitlerdeutschland wurde, wie alle anderen slowenischen Institutionen auch, die E. verboten, die Vereinsbücherei zerstreut (→ Lesekultur). Die Tamburizzainstrumente überlebten auf dem Dachboden des Hauses von Andrej → Sturm, der von den Nazis enteignet und mit der gesamten Familie deportiert (→ Deportationen 1942) worden war. Der Vereinssaal bestand noch. Aber da er Eigentum der Pfarre war, durfte er unter dem neuen Pfarrer nicht mehr benützt werden, die slowenische Aufschrift wurde nach 1955 entfernt (→ Inschrift). Die Slowenen in der Gemeinde waren von der Deportation der »aktivsten« Slowenen traumatisiert und wagten es nicht mehr, als Slowenen »auffällig« zu werden (→ Assimilation und PTBS, → Assimilationszwang).

Im Jahr 1910 war auch die **Hranilnica in posojilnica v Št. Tomažu pri Celovcu** [Spar- und Darlehenskasse St. Thomas bei Klagenfurt] gegründet worden – vom Landesgericht in Klagenfurt/Celovec laut Beschluss »Firm 741, Gen IV–115/1« vom 7. Juli 1910 genehmigt (→ Genossenschaftswesen). Der erste Vorstand setzte sich zusammen aus Ivan/Jan Brabenec, als Vorsitzendem, die Ausschussmitglieder waren: Jurij Waldhauser vlg. Jožap St. Thomas/Šenttomažu; Baltasar Kogelnik, Oberseher von Schloss Gundersdorf/Gundrska vas; Gustav Pippan vlg. Jörg in Kreuzbichl/Goričica; Josef Kucher vlg. Ruš Sohn in St. Lorenzen/Šentlorenc; Jožef Miklautz vlg. Raat in Haag/Zapuže. Unterzeichnet: *Št. Tomaž dne 9./5. 1911* Johann Brabenec Pfarrer. Obschon nach dem Zweiten Weltkrieg nach langem Rechtsstreit 1949 von der Raiffeisen in Pischeldorf/Škofji Dvor aufgrund eines Gerichtsentscheids restituiert, konnte die slowenische Spar- und Darlehenskasse ihre angestammten Räumlichkeiten im eigens von ihren Trägern errichteten Kultur- und Genossenschaftshaus in St. Thomas/Šenttomaž nicht mehr verwenden, weil dies der örtliche Priester (formell gehörte das Gebäude der Kirche) nicht mehr erlaubte. Die wiedergegründete Darlehenskasse hatte von nun an ihre Räumlichkeiten im Zentralverband der slowenischen Genossenschaften *(Zveza slovenskih zadrug)* in Klagenfurt/Celovec,

Edinost Šenttomaž (St. Thomas a. Z.)

Stempel der *Hranilnica Šenttomaž*

konnte aber ihre wirtschaftliche Bedeutung nicht mehr erlangen und wurde formell 1984 aus dem Register gelöscht.

Quellen: Sejni zapisnik /:tajnik:/ za leto 1910 Franc Roveredo; Ovalstempel: KAT. IZOB. DRUŠTVO EDINOST ŠT TOMAŽ PRI CELOVCU (Privatarchiv); *Liber Memorabilium Parochue St Thomasenses Zeiselberg Inceptus a die 1 me Januarii 1847* (ADG); *Blagajniški dnevnik, Pomožna knjiga z 99 listom*. Ljubljana dne 14. septembra 1910 (Kassabuch der *Hranilnica in posojilnica Št. Tomaž*, ca. 25,5 x 34 cm) (1910–1931); Podkrnos. In: *Koroški Slovenec* (10. 7. 1935); *Srebrni jubilej »Hranilnice in podojilnice v Št. Tomažu pri Celovcu«*. In: *Koroški Slovenec* (17. 7. 1935); *Št. Tomaž pri Celovcu (Nova družina)*. In: *Koroški Slovenec* (19. 9. 1939) (www.mindoc.eu); K. Sturm-Schnabl: *Die slovenischen Mundarten und Mundartreste im Klagenfurter Becken* (Phil. Diss.). Wien 1973, 287 S.
Lit.: W. Wadl (Hg.): *Magdalensberg, Natur, Geschichte, Gegenwart, Gemeindechronik*. Klagenfurt 1995; K. Sturm-Schnabl: *Kulturno*

življenje v fari Št. Tomaž od začetka 20. stoletja do nemške okupacije. In: KK 2009. Celovec 2008, 139–156; K. Sturm-Schnabl: *Slovensko narečje v funkciji komunikacijskega sredstva za tuje prisilne delavce v letih 1938–1945 v političnem okraju Celovec. Dokumentacija o slovenskem življu do druge svetovne vojne.* In: *Obdobja 26 – Metode in zvrsti. Slovenska narečja med sistemom in rabo.* Ljubljana 2009, 371–391; B.-I. Schnabl: *Asimilacija [med koroškimi Slovenci] in sindrom posttravmatskega stresa.* In: KK 2011. Celovec 2010, 117–130; B.-I. Schnabl: *Celovško polje, neznani zaklad osrednje slovenske kulturne pokrajine.* In: KK 2013. Celovec 2012, 107–122; M. Škrabec: *Slovenski pozdrav s Koroške, Stare razglednice pripovedujejo.* Ljubljana 2014 (Abbildung einer Postkarte aus St. Thomas/Šenttomaž: *Pozdrav iz Št. Tomaža pri Celovcu,* gesendet 1912; S. 87).

Katja Sturm-Schnabl

KS 6. 1. 1926

Edinost Škofiče. Slovensko prosvetno društvo »Edinost« Škofiče [Slowenischer Kulturverein Edinost (Einheit) Schiefling]. Die Gründungsversammlung wurde für den 22. Jänner 1905 im Saal der Krištof-Villa einberufen. Der Verein nannte sich zunächst Bildungs- und Gesangsverein »Slavček« (Nachtigall) und noch vor der Volksabstimmung wurde der → Kulturverein in »Edinost« [Einheit] umbenannt. Es ist nicht völlig klar, warum man sich gerade für diesen Namen entschied. Vermutlich deshalb, um die Geschlossenheit der slowenischen Reihen zu betonen.

Ziel des Vereines war es, durch Bildung und Geselligkeit die slowenische Identität zu stärken und die slowenische Kultur zu pflegen. Zum Obmann wurde Pfarrer Stefan → Singer gewählt. Es wurden ein Harmonium, Bücher und Gesangsbücher gekauft (→ Lesekultur, → Chorwesen). Der Verein verzeichnete viele Theateraufführungen (→ Theater), Gesangsdarbietungen und drei bis vier öffentliche Versammlungen pro Jahr, bei denen Obmann Singer über die Geschichte der Slawen und vieler anderer sprach. Die Proben wurden im Haus Blatnik abgehalten. Im Jahre 1908 wurde das 60-jährige Thronjubiläum Kaiser Franz Josefs gefeiert. Auf der Versammlung im Jahre 1913 sprachen zwei Pfarrer aus Achomitz/Zahomec, wie die Frauen und Mädchen im christlich-nationalen und im wirtschaftlichen Sinne tätig sein müssten. Die Schieflinger bekamen auch Ratschläge für die Arbeit im Garten und in der Wirtschaft.

Die nationalen Spannungen und der Ausbruch des Ersten Weltkrieges unterbrachen die Tätigkeit des Vereins für einige Jahre. Über die Aktivitäten während der jugoslawischen Verwaltung gibt es nicht viele Aufzeichnungen, aber es kann angenommen werden, dass sich der Verein der Agitation für Jugoslawien anschloss (→ Grenzfrage 1918/20).

Nach der → Volksabstimmung im Jahre 1920 übernahm Arnold Allesch vlg. Blatnik den Vorsitz des Vereins. Im Jahre 1922 wurde die erste Jahresmitgliederversammlung nach der Nachkriegszeit abgehalten, wobei Lovro Kramer vlg. Janšej als Obmann gewählt wurde. Er führte den Verein bis 1946 mit einer Unterbrechung von 1929–1931, als Valentin Rainer vlg. Oran die Leitung übernahm. Wieder wurden viele Versammlungen mit Theater- und Gesangsaufführungen und Deklamationen durchgeführt. Einzelne Vereinsmitglieder waren auch bei einer Tournee der → *Slovenska krščansko-socialna zveza* [Slowenischer christlich-sozialer Bund] in Slowenien dabei. Im Jahre 1930 wurde in Schallers Gasthaus ein Lustspiel aufgeführt, das von den Gegnern der slowenischen Volksgruppe bedroht und deshalb von der Gendarmerie gesichert werden musste. Am selben Tag wurde im selben Gasthaus die lokale Organisation des Heimatschutzes gegründet, deren Mitglieder die slowenische Vorstellung mit Krakeel, Heil-Rufen und Trampeln störten. Dies waren die ersten Auswüchse faschistischer Intoleranz.

Als im Jahre 1933 Schallers Gasthaus in den Besitz der slowenischen Darlehenskasse kam, konnten die Vereinsmitglieder den Saal für ihre Bedürfnisse adaptieren, um intensiver arbeiten zu können (→ Genossenschaftswesen). Erstmals traten im Jahre 1936 auch die Schieflinger Tamburizzaspieler auf (→ Tamburizzamusik). Zwei Jahre hindurch hatte der Verein unzählige Veranstaltungen und auch Gastauftritte bei den Nachbarvereinen. Bis zum → »Anschluss« konnte man noch ungestört viele Stücke aufführen und den Haushaltskurs durchführen. Im selben Jahr entstand auch ein gemischter Chor unter der Leitung von Anton Umek, der Männerchor befand sich weiterhin in den Händen von Stefan Wertschnig. Die letzte öffentliche Veranstaltung der »Edinost« war eine Muttertagsfeier.

Bald nach der Besetzung Österreichs durch Hitlerdeutschland begann für die slowenische Volksgruppe eine schicksalsschwere Zeit. Die slowenische Sprache wurde in der Schule und in der Kirche verboten, und es begann die berüchtigte Nazi-Propaganda »Der Kärntner spricht deutsch!«. Es folgte das Verbot sämtlicher Aktivitäten des slowenischen Kulturvereins »Edinost«. 442 Bücher und 12 Tamburizzainstrumente samt Noten wurden beschlagnahmt und später wahrscheinlich verbrannt. 1939 wurde auch der Kochkurs von Milka → Hartman verboten.

Am 14. April 1942 wurden fünf Familien überfallsartig durch die SS von ihren Höfen vertrieben und zur Zwangsarbeit nach Deutschland verschleppt (→ Deportationen 1942). Das waren die Familien RESEI vlg. Žlosar/Schlosser aus Roach/Rove, Familie ANDERWALD vlg. Ožl aus Zauchen/Suha, Familie KRAMER vgl. Janšej aus Techelweg/Holbiče, Familie UMEK vgl. Kramarč aus Schiefling/Škofiče und Familie SCHLEICHER, Gasthaus in Aich/Dob.

Pfarrer Alois → NADRAG, Simon ALLESCH vlg. Požaričnik aus Auen/Log und Max SUCHER aus Zauchen/Suha wurden ins Konzentrationslager Dachau abgeführt, wo Max SUCHER verstarb. Etliche Personen wurden verhaftet und im Klagenfurter Gefängnis festgehalten, so dreimal Johann NOTSCHNIK vlg. Lipej aus St. Kathrein/Podjerberk und einmal gleich die ganze Familie. Dasselbe Schicksal ereilte auch die Töchter Resi und Marta WISTER vlg. Hauptmann aus Ottosch/Otož. Der Terror entfachte den Widerstand und einige Soldaten kehrten nicht an die Front zurück, sondern schlossen sich den Widerstandskämpfen südlich der Drau/Drava an, hatten aber auch Positionen im Turiawald/Turje und wurden von einheimischen Familien unterstützt.

Die Erneuerung des politischen und kulturellen Wirkens nach dem Zweiten Weltkrieg war schwierig, da die Obrigkeit und einige Gemeindebürger den Angehörigen der slowenischen Volksgruppe abermals missgünstig gegenüberstanden. Obendrein mussten die verfallenen Höfe wieder instand gesetzt werden. Aber schon im März 1946 wurde das erste Schauspiel aufgeführt. Im selben Jahr wurde bei der ersten Vollversammlung der Nachkriegszeit Miro MISCHKULNIG zum Obmann gewählt. Bis zum Jahre 1955 wurden noch neun Schauspiele aufgeführt. Dazwischen gab es Auftritte mit der Tamburizza-Gruppe und den Sängern sowie Gastauftritte in Velden/Vrba bei der DRABOSNJAK-Aufführung, in → Ferlach/Borovlje, in → Keutschach/Hodiše, in St. Egyden/Šentilj, in Achomitz/Zahomec und in Sittersdorf/Žitara vas. Im Jahre 1949 trat die Tamburizza-Gruppe anlässlich einer Gedenkveranstaltung zum einhundertsten Todestag des Dichters → PREŠEREN im Klagenfurter Radio auf. Eine größere Veranstaltung der »Edinost« gab es im Jahre 1951 im Gasthaus Schütz. Lustige Szenen wechselten mit Gesangsdarbietungen sowie Tamburizza- und Harmonikaspiel. Der Verein hat auch in den vereinigten Sängerchören von der → Sattnitz/Gure mitgewirkt und im Jahre 1953 mit großem Erfolg in Maribor und Slovenske Gorice gastiert. Der Chorleiter war Paul → KERNJAK. Auch zwei Chöre aus Slowenien gastierten in Schiefling/Škofiče – der geistliche Chor der → *Družba sv. Cirila in Metoda* [Kyrill und Method-Verein] und der Kammerchor aus Celje im Jahre 1954.

Ein gesondertes Lemma ist dem → Kirchenchor von Schiefling/Škofiče gewidmet.

Lit.: *Na poti skozi čas/Auf dem Weg durch die Zeit, Škofiče z okolico skozi 90 let/Streifzug durch 90 Jahre Kultur und Alltag in Schiefling und Umgebung.* Klagenfurt/Celovec 1997; J. Hafner (Hg.): *Die Marktgemeinde Schiefling am See und ihre Geschichte 1256–2006.* Schiefling am See 2006.

Avguštin Malle

Edlinger, slow. *kosezi* (in Hofnamen *Koseze*), bezeichnet eine privilegierte slowenische soziale Schicht freier Bauern. Die slowenische Bezeichnung *kosezi* ist urkundlich nicht belegt. Die bairischen E. sind erst seit dem 13. Jh. als Hofname (→ Ortsname) *Edling* belegt. Besonders häufig kommen sie in Kärnten/Koroška vor. Das Wort ist eine karantanische Prägung und außerhalb Kärntens im übrigen Österreich kaum üblich. Ursprünglich waren sie vielleicht identisch mit bairisch *Adalunc/Adelunc* (als Personenname im Salzburger → Verbrüderungsbuch). Besonders nördlich von und um Klagenfurt/Celovec (→ Klagenfurter Feld/Celovško polje, → Zollfeld/Gosposvetsko polje) sowie im Kärntner Zentralraum gab es zahlreiche *Edlinger*höfe. In lateinischen Texten sind es die *libertini, rustici liberti, nobiles, pagani gentiles* (→ *Carmula*), slowenisch *svobodnik* (auch als → Personenname). Leider haben zahlreiche Studien kaum Klarheit über die eigentliche Funktion der E. gebracht.

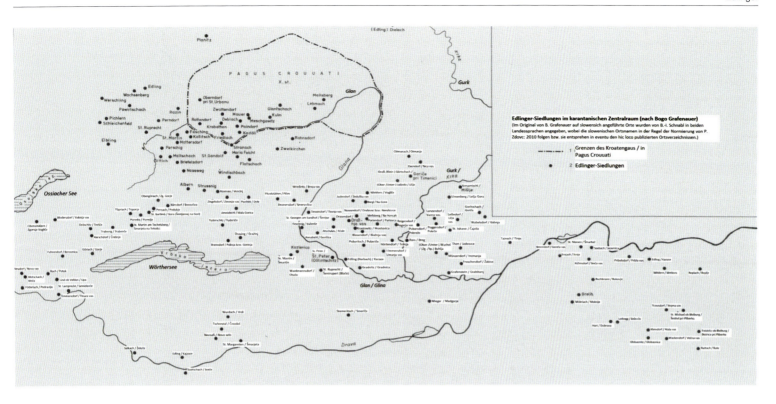

Edlinger/*kosezi* im Zentral-südkärntner Raum nach Bogo Grafenauer, übersetzt/bearbeitet von Bojan-Ilija Schnabl (ES 5, 1991, 314)

Wiewohl die Nationalitätenfrage im Mittelalter wenig Bedeutung hatte, ist zu beachten, dass die bairisch *Edlinger* Benannten, keine (wie literaturüblich unterstellt) fränkisch/bairische soziale Schicht waren, sondern ein slawischer/slowenischer Stand. Dieser wurde aus fränkisch/bairischer feudalrechtlicher Sicht aufgrund seiner Privilegien (Fürstenwahl) als aristokratischer Stand verstanden und als solcher akzeptiert. Bei Verträgen wurden die Zeugen nicht, wie bei den Baiern üblich, an den Ohren gezogen *(per aures - tracti, per aures trahere)* (→ St. Georgen am Längsee [Šentjurij ob Dolgem jezeru]). Dieser Brauch (→ Rechtsinstitutionen) ist übrigens nicht wie literaturüblich vermutet *germanisch*, sondern *römisch-ladinisch*. Nach alter römischer Anatomie ist in den Ohren *aures* der Sitz des Verstandes. Auch an den → Personennamen der E. und ihrer Untergebenen (*servi/servae, mancipia*) ist zu erkennen, dass es sich um *slowenische* Bauern/Gutshöfe handelt.

Es war ein Stand freier Bauern mit eigenem Grundbesitz und ursprünglich verschiedenen militärischen Verpflichtungen wie Bewachung von Verkehrswegen, Pässen, Brücken, Befestigungsanlagen, in der Funktion identisch mit den »Kroaten« *Crouuati* (in pago → Crouuati) als Wehrbauern. Im Gegensatz zu den gewöhnlichen Bauern hatten die *Edlinger/kosezi* als Großbauern einen privilegierten Rechtsstatus. Sie zahlten andere oder keine Steuern. Sie waren das »Wahlvolk« bzw. Wahlmänner bei der → Fürsteneinsetzung. Der *dux Carantanorum* musste ihnen per Eid in windischer/slowenischer Sprache gewisse Rechte und Freiheiten zusichern. Auffällig wurden sie im 8. Jh. aus religiösen Gründen, da sie sich der offiziellen Annahme des Christentums als *pagani gentiles* widersetzten und weiterhin ihre alten Götter verehrten (→ *Carmula*).

In Baivarien (→ Bagoaria) waren nur einige adelige Familien berechtigt, den *dux* aus ihren Reihen zu stellen. In → Karantanien waren offenbar alle E. als Freibauern berechtigt, den *dux* zu wählen. In der → *Conversio* wird → Virgil gegenüber »undeutlich« angedeutet, dass das »slowenische Volk« *(petentibus sclavis, illi eum ducem fecerunt)* Gorazd und Cheitmar als *dux* wollte (→ *Duces Carantanorum*), allerdings auch *per iussionem Francorum*.

Entgegen fantasievoller Theorien (u.a. < turksprachigem *qasaq* »Grenzposten, Wächter, freier Krieger«, semantisch verlockend aber phonetisch kaum möglich) könnte der Name *kosezi/kasezi* mit dem turksprachigen *gaziz* »der Freund« zusammenhängen und ähnliches bedeuten wie die fränkischen *amici regis*. Das wäre eine karantanerslowenische Gruppe von Bauern, die an strategisch wichtigen Stellen für das Funktionieren der awarisch-slowenischen Verwaltung sorgte (→ Awaren). Während die Bezeichnung *Crouuati* offenbar auf den großen »Grundbesitz« hinweist, wie auch Porphyro-

Edlingersiedlungen nach Bogo Grafenauer (ES 5, 1991, 313)

GENNETOS um 950 bemerkt, bezeichnet *kosezi* mehr die konföderative »Freundschaft« mit den Awaren. Möglich ist ein etymologischer Zusammenhang dieses turksprachigen Wortes mit dem polnischen *ksiądz* (heute »der Pfarrer«, im Mittelalter *magnus dominus*, literaturüblich < altschwedisch *konung*, russisch kune-Ndz'/*knjaz'*, slowenisch *knez*). Möglich ist ein Zusammenhang mit dem ebenfalls von PORPHYROGENNTOS erwähnten »Kroaten« *Kosentsis* (< *Kosendz*), einem der fünf Brüder/Anführer eines Kroatenstamms: »Die Kroaten sind sich ihrer awarischen Abstammung bewusst« (→ Awaren). Im 12. Jh. wird im Seckauer → Verbrüderungsbuch noch ein Novize *conversus Crouat* erwähnt. Alle diese Bezeichnungen kommen auch als → Personennamen vor, dürften also populär gewesen sein.

Aus einer ursprünglich slawischen/slowenischen Institution (→ Rechtsinstitutionen) entsteht in → Karantanien die »Volkswahl« (Wahlmännerwahl) des Fürsten durch die Edlinger. Erstaunlich ist das späte Auftauchen der slowenischen Bezeichnung *kosezi* (nur im Plural).

Lit.: ES (B. Grafenauer: *Kosezi*). – P. Lessiak: *Edling – Kazaze.* In: *Car I* (1913) 81–94; A. Dopsch: *Die ältere sozial- und Wirtschaftsverfassung der Alpenslawen.* Weimar 1909; H. Ebner. *Von den Edlingern in Innerösterreich.* Klagenfurt 1956 (Archiv für vaterländische Geschichte und Topographie 47); W. Fresacher: *Das Ende der Edlinger in Kärnten.* Klagenfurt 1970; O. Kronsteiner: *Die alpenslawischen Personennamen.* Wien 1975; O. Kronsteiner: *Gab es unter den Alpenslawen eine kroatische, ethnische Gruppe?* In: *Wiener Slavistisches Jahrbuch* 24 (1978) 137–157; W. Mayerthaler: *Historiker »per aures trahere«.* In: *Papiere zur Linguistik* 40 (Tübingen), 1/89: 105–106; W. Wadl (Hg.): *Magdalensberg, Natur, Geschichte, Gegenwart, Gemeindechronik.* Klagenfurt 1995; *Die Byzantiner und ihre Nachbarn. Die De administrando imperio genannte Lehrschrift des Kaisers Konstan-*

tinos Porphyrogennetos für seinen Sohn Romanos. Übersetzt, eingeleitet und erklärt von Klaus Belke und Peter Soustal, Byzantinische Geschichtsschreiber, Hg. Johannes Koder. Bd. XIX. Wien 1995, 165; B.-I. Schnabl: *Inkulturacija, fenomen kulturnih procesov.* In: SMS XV (2012) 231–246; B.-I. Schnabl: *Celovško polje, Neznani zaklad osrednje slovenske kulturne pokrajine.* In: KK 2013. Celovec [2012], 107-122.

Otto Kronsteiner

Edlingerdienste, Gurnikämter und Brennamt im Gemeindegebiet von Magdalensberg/Štalenska gora, frühneuzeitliche Abgaben der → Edlinger/*kosezi*.

In der fortwährenden Erbteilung lag eine Wurzel für den Untergang der → Edlinger/*kosezi* als freibäuerliche Schicht. Die Kriterien für Wehrhaftigkeit und die Fähigkeit, Kriegsdienst zu leisten, hatten sich nämlich vom Früh- zum Hochmittelalter entscheidend verschoben. An die Stelle eines Volksheeres, das zu Fuß kämpfte, war eine Spezialtruppe berittener und gerüsteter Berufskrieger getreten. Für Kriegsdienst mit Rüstpferd und Harnisch reichte die wirtschaftliche Substanz kleiner Bauerngüter, die durch freigene Erbteilung aus ehemaligen Edlingergütern hervorgegangen waren, in keinem Fall aus. Allenfalls konnte man sie noch für Mannschaftsdienste auf Burgen und dergleichen einsetzen.

Nur jene Edlingerfamilien, in denen die Besitzteilung noch nicht weit fortgeschritten war, schafften daher den Aufstieg in die Dienstmannschaft des Landesfürsten oder eines anderen geistlichen oder weltlichen Machtträgers. Ein Beispiel dafür im Gemeindegebiet von Magdalensberg/Štalenska gora am → Klagenfurter Feld/Celovško polje dürften die Portendorfer sein. Diese dürften ursprünglich eine bäuerliche Edlingerfamilie gewesen sein, die in den Stand der herzöglichen ritterlichen Dienstleute aufstieg und mit Lehensbesitz ausgestattet wurde. Mit dem kleinen Edelmannsitz (»Gesäß«) waren als landesfürstliche Lehen sechs Huben zu Portendorf/Partovca und drei Huben zu Blasendorf/Blažnja vas sowie das **Brennamt** verbunden. Über dieses mysteriöse Amt, welches schon der Geschichtsschreiber → Johann von Viktring erwähnt, ist viel gerätselt worden. Ausgehend vom spätmittelalterlichen Chronisten Jakob → Unrest verbreitete sich die Auffassung, dass es den Portendorfern gestattet gewesen sei, »im Lande Kärnten während des Huldigungsaktes am Zollfeld und der dortigen Lehensverleihung ... nach Belieben zu sengen und zu brennen oder anstatt diesem Brandschatzungen vorzunehmen« (Katastralschätzung 1830), d.h. ganz in Mafiaart Schutzgelder zu erpressen. Diese Interpretation ist möglicherweise auch auf das Wappen der Portendorfer zurückzuführen, welches zwei überkreuzte Barten (= Streitäxte) enthält. Die moderne Rechtsgeschichte sah darin das »Symbol einer Welt, in der innerstaatliche Fehde möglich ist« und in der erst ein rechtmäßig eingesetzter Fürst Raub und Brand überwinden könne (Otto Brunner). Die ältere Deutung liefert Johann von Viktring, wonach das Amt lediglich darin bestanden habe, bei der Huldigung Reisighaufen zu Ehren des Fürsten (→ *Duces Carantanorum*) zu entzünden. Diese könnten ein letztes Relikt einer Zeit gewesen sein, in der die Edlingerbauern sich im Rahmen ihrer militärischen Aufgaben mithilfe von Feuerzeichen verständigten. Walther Fresacher hat diesbezüglich zu Recht darauf hingewiesen, dass in den ehemaligen Siedlungsgebieten der Edlinger der Hof- und Familienname »Brenner« häufig vorkomme. Den Chronisten und Rechtsgelehrten des Spätmittelalters war das seltsam und barbarisch anmutende Privileg weder in der einen noch in der anderen Deutung geheuer. Die habsburgischen Beamten erklärten schließlich 1602, dass es eine unchristliche und »wider die lieb des negsten ... schedliche Freiheit« sei, »die nit mehr verliehen und gestattet werden solle«. Im frühen 15. Jh. war Portendorf/Partovca im Erbwege an die Familie Mordax gefallen. Die Mordax schenkten und verkauften ab 1500 zahlreiche Güter und Zehente an die Propstei → Tainach/Tinje sowie die nahe gelegenen Kirchen St. Thomas/Šenttomaž und St. Lorenzen/Šentlovrenc. Sie bauten den kleinen Edelmannssitz zu einem Schloss aus und übernahmen sich möglicherweise. In der zweiten Hälfte des 16. Jh.s erwarben sie auch Güter in → Krain/Kranjska und wandten sich dem → Protestantismus zu, weshalb ein Zweig der Familie 1629 nach Nürnberg emigrierte.

Die große Masse der übrigen Edlinger geriet zunehmend unter den Druck der neuen feudalen Kriegerkaste und damit in Gefahr, von ihr in die persönliche Unfreiheit gedrückt zu werden. Eine Möglichkeit, dem zu entgehen, war ins städtische Bürgertum überzuwechseln. Walter Fresacher hat in einer umfassenden Studie nachgewiesen, dass die mittelalterlichen Bürger Klagenfurts in großer Zahl solche Edlinger gewesen sein dürften, die sich als städtische Gemeinschaft ihre eigene Rechtssphäre sicherten. Viele dieser Bürger haben in der Folge Güter am Land kirchlichen Institutionen gestiftet. Für diesen Vorgang gibt es im Gemeindegebiet von Magdalensberg/Štalenska gora eine Reihe interessanter urkundlicher Zeugnisse. Viele andere, die am Land geblieben waren, begaben sich persönlich mitsamt ihren Besitzungen freiwillig in die Untertänigkeit kirchlicher Einrichtungen, weil ihnen dies erstrebenswerter schien als das Leben unter einer unberechenbaren weltlichen Herrschaft.

Die verbliebenen Edlinger standen unter der Vogtei verschiedener weltlicher Herrschaften, denen sie für dieses Schutzverhältnis ursprünglich nur sehr geringe Abgaben entrichten mussten. Meist handelte es sich um eine kleine Menge Hafer sowie einige Hühner und Eier. Daher werden die herrschaftlichen Ämter, in denen diese Edlingervogteien zusammengefasst waren, noch in der frühen Neuzeit »**Gurnikämter**« genannt (von slow. *kura* = Huhn). Die zahlreichen Edlinger des Gemeindegebietes von Magdalensberg/Štalenska gora standen in der Mehrzahl unter der Vogtei der Herrschaften Karlsberg und Stein im Jauntal/Kamen v Podjuni. Aber auch unter den Untertanen der Herrschaft Timenitz/Timenica gibt es etliche, welche die typischen **Edlingerdienste** reichen mussten (z.B. der Merlinghof/Merlin in Matzendorf/Domačnja vas). Aus der Tatsache, dass die Herrschaft Neudenstein/Črni grad im Besitz mehrerer Edlingerburgfriede (→ Edlingergerichtsbarkeit) (St. Lorenzen/Šentlovrenc, Sillebrücke/Žilje, Wutschein/Bučinja vas) im Gemeindegebiet von Magdalensberg/Štalenska gora stand, kann schließlich geschlossen werden, dass auch sie zu den Vögten mancher Edlinger gehörte. Ihr unmittelbarer Vorgänger ist die Burg Zeiselberg/Čilberk. Die Zeiselberger als hohe herzogliche Dienstmannen dürften demnach im 13. Jh. zahlreiche Edlinger zu ihrer Mannschaft gezählt haben. In diesem Zusammenhang ist eine rätselhafte Eintragung im Urbar der Kirche St. Lorenzen/Šentlovrenc bemerkenswert: bei drei Untertanen findet sich der Vermerk »auf Halbmannschaft«. Sollten diese Huben als halbe ehemalige Edlingergüter zu Mannschaftsdiensten verpflichtet gewesen sein? Später wurde die unverständliche, offensichtlich einer viel älteren Vorlage entstammende Eintragung gestrichen.

Ab Mitte des 16. Jh.s verstärken sich bei allen Vogteiherrschaften Tendenzen, die Edlinger den normalen bäuerlichen Untertanen gleichzustellen und ihre Abgaben kräftig anzuheben. Die Edlinger, deren Freiheitsrechte – sieht man vom **Herzogbauer** zu Blasendorf/Blažnja vas ab – nirgends verbrieft waren, konnten wenig entgegensetzen. Ein Mittel, sich der Edlinger zu bemächtigen, war die Einführung zusätzlicher Abgaben und Leistungen, die man auch ihnen auferlegte, so v. a. das extrem hohe Robotgeld, für Robotleistun-

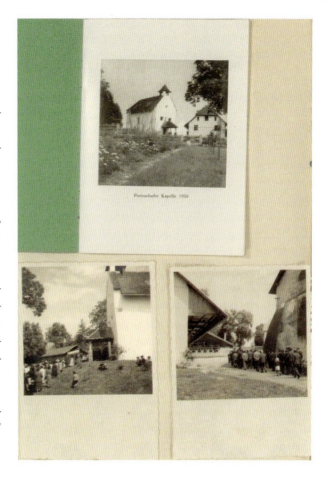

Portendorf/Partovca, Kapelle, Liber Memorabilium der Pfarre St. Thomas/Šenttomaž beim Bericht des Pfarrprovisors. J. Jäger, 16.7.1956, ADG

gen, welche die Herrschaft wegen der weiten Entfernung gar nicht in natura fordern konnte. So musste die Großhube in Reigersdorf/Rogarja vas z.B. noch 1578 nur 1 Gans, 3 Hühner und 30 Eier abliefern, 1629 jedoch zusätzlich schon ca. 2 Gulden Grundzins und 5 Gulden Robotgeld. Um 1600 verschwand allmählich jeder Unterschied zwischen den Edlingern und ihren stets untertänig gewesenen Nachbarn. Als freibäuerliche Schicht sind die zahlreichen Edlinger im Gemeindegebiet von Magdalensberg/Štalenska gora zur Gänze verschwunden. Nirgends fand ein Übergang zu den Freisassen, der freibäuerlichen Schicht der Neuzeit, statt (→ Kontinuität; → Personalitätsprinzip; → Rechtsinstitutionen, karantanerslowenische).

Archive: KLA, ADG.
Lit.: O. Brunner: *Land und Herrschaft. Grundfragen der territorialen Verfassungsgeschichte Österreichs im Mittelalter*. Wien, Wiesbaden ⁴1959, 90 ff.; W. Fresacher: Klagenfurt – eine Edlinger-Siedlung? In: *Car I* 150 (1960) 118–161; W. Fresacher: *Das Ende der Edlinger in Kärnten* (= Das KLA 1). Klagenfurt ²1984; H. Ebner: *Von den Edlingern in Innerösterreich* (= AGT 47). Klagenfurt 1956; W. Wadl (Hg.): *Magdalensberg, Natur, Geschichte, Gegenwart, Gemeindechronik*. Klagenfurt 1995, 60 f., 148, 168; B.-I. Schnabl: *Celovško polje, nez-*

nani zaklad osrednje slovenske kulturne pokrajine. In: KK 2013. Celovec [2012], 107–122.

Wilhelm Wadl

Edlinger-Gemeinschaftswald am Christofberg/Krištofova gora im Gemeindegebiet von Magdalensberg/Štalenska gora.

Über die Größe der Edlingergüter wurde in der Forschung viel geschrieben. Im Spätmittelalter und in der frühen Neuzeit waren die Edlingergüter in der großen Mehrzahl kleine bäuerliche Huben. Dies ist jedoch ein Endzustand, zu dem es dadurch kam, dass die Edlingergüter als freieigenener Besitz beliebig teilbar waren. In der fortwährenden Erbteilung lag eine Wurzel für den Untergang der → Edlinger/*kosezi* als freibäuerliche Schicht. Aus den großen Edlingerhöfen entwickelten sich durch Erbteilung ganze Bauerndörfer, bei denen sich oft jeweils noch ein großes Gut erhalten hat. Trägt man alle Indizien aus den Urbaren der Vogteiherrschaften und aus mittelalterlichen Urkunden, in denen Edlinger Liegenschaftgeschäfte tätigten, zusammen, so kommt man zu dem Schluss, dass mindestens die Hälfte der rund 200–220 frühneuzeitlichen Huben im Gemeindegebiet von Magdalensberg/Štalenska gora am → Klagenfurter Feld/Celovško polje aus frühneuzeitlichen Edlingerhöfen entstanden sind. Nahezu geschlossene Edlingersiedlungen dürften Gottesbichl/Ovše, Portendorf/Partovca, Gundersdorf/Gundrska vas, Reigersdorf/Rogarja vas, Zinsdorf/Svinča vas, Hollern/Bezovje, St. Lorenzen/Šentlovrenc, Schöpfendorf/Žilje (hist. Jamnica), Sillebrücke/Žilje und Wutschein/Bučinja vas gewesen sein. In größerer Zahl saßen Edlinger aber auch in Matzendorf/Domačna vas, Leibnitz/Ličje, Gammersdorf/Mižlja vas, Treffelsdorf/Trebeša vas, Ottmanach/Otmanje, Eixendorf/Nica vas, Geiersdorf/Virnja vas und Pischeldorf/Škofji Dvor. Gemeinschaftsbesitz ganzer Dorfschaften von Edlingern/kosezi blieben – wie Herwig EBNER nachwies – oftmals ausgedehnte Wälder. Ein anschauliches Beispiel im Gemeindebereich ist der ausgedehnte Gemeinschaftswald, den Bauern zahlreicher Dörfer am Christofberg/Krištofova gora besaßen. Dieser Waldkomplex stand im 16. Jh. unter der gemeinsamen Vogtei der Herrschaften Stein im Jauntal/Kamen v Podjuni, Timenitz/Timenica und Osterwitz/Ojstrovica, die nachweislich zahlreiche Edlinger bevogteten.

Zu den eigenartigsten historischen Phänomen gehören die zahlreichen Waldparzellen, die Dutzende Talbauern des Gemeindegebietes von Magdalensberg/Štalenska gora noch heute am Christofberg/Krištofova gora besitzen. Zur Frage der Entstehung dieses Waldbesitzes liefert das Urbar der Herrschaft Stein/Kamen v Podjuni (1586) die früheste Information:

»Dieser Perg am Khulm ist ain Gemain, daraus sich vil Dörfer zu behülzen haben und ist mit dem Perkhrecht dem Ambt Stain, auch dem von Windischgrätz gen Höchenpergen, desgleichen dem von Silberberg gen Timenitz underworffen.« Jede dieser Wald- und Vogteiherrschaften erhalte den gleichen Zins, nämlich 40 Pfennige und 100 Eier, die der Müller zu Vellach/Bela einsammle. Der Steiner Waldrechtsanteil ging später an die Herrschaft Osterwitz/Ojstrovica über, der durch den Eiersammler am Kulm/Hum um 1780 240 Eier abgeliefert werden mussten (meist 11 Eier/Bauernhof).

Nach der Grundentlastung des Jahres 1848 mussten die Eigentumsverhältnisse an diesem rund 300 Hektar großen Waldgebiet neu geregelt werden. Die Grundlastenablösungskommission verfügte im Jahre 1864 die gleichmäßige grundbücherliche Zuschreibung an alle nutzungsberechtigten Bauern und Keuschler, wobei deren Besitzgrößen bei der Verteilung keine Rolle spielten. Der zunächst noch gemeinschaftlich verwaltete Besitzkomplex wurde um 1880 in Dorfschaftsparzellen zerteilt und bald darauf in Form kleiner Parzellenteile den einzelnen Miteigentümern in ihr jeweiliges Grundbuch übertragen. Betroffen waren davon Liegenschaften in Ottmanach/Otmanje (4), Rottmannsdorf/Rotmanja vas (1), Eixendorf/Nica vas (14), Pirk/Breza (6), Skukau/Sekov (4), Kleingörtschach/Spodnje Goriče (2), Großgörtschach/Zgornje Goriče (6), Kronabeth/Smolje (1), Gammersdorf/Mižlja vas (7), Deinsdorf/Dominča vas (6), Leibnitz/Ličje (3), Haag/Zapuže (3), Matzendorf/Domačnja vas (6), Lassendorf/Vasja vas (8), Timenitz/Timenica (6), Rosendorf/Rožna vas (1), Arndorf/Varpja vas (1), Treffelsdorf/Trebeša vas (1), Krähwald/Hreblje (10), Christofberg/Krištofova gora (3), St. Filippen/Šentlipš (2), Freudenberg/Frajnberk (2), Sillebrücke/Žilje (1), Krobathen/Hrovače (1), Vellach/Bela (1), Geiersdorf/Virnja vas (7), Zinsdorf/Svinča vas (1), Hollern/Bezovje (2) und St. Lorenzen/Šentlovrenc (8).

Eine erhebliche Zahl der beteiligten Liegenschaften waren zu diesem Zeitpunkt schon längst nur noch Zuhuben. Trotzdem lag die durchschnittlich zugeteilte Waldfläche im Bereich von 2–4 Hektar, war somit trotz der großen Waldfläche für die einzelnen Betriebe nur eine relativ unbedeutende Verbesserung ihrer fast durchwegs durch Waldmangel geprägten Struktur. Am besten schnitten noch die kleinen Keuschler ab, deren Gesamtfläche sich teilweise fast verdoppelte. Die Bauern im Krähwald/Hreblje und am Christofberg/Krištofova gora erhielten Waldstrecken als Ablöse für ehemalige Weiderechte; alle Talbauern sind entweder ehemalige Görzer Urbaruntertanen aus dem Amt Timenitz/Timenica bzw. aus dem Timenitzer Lehen oder in der großen Mehrzahl Edlinger des Unteren Gurnikamtes, die allerdings großteils schon im Spätmittelalter in die Obhut kirchlicher Grundherrschaften geflüchtet waren. (→ Edlingerdienste).

Archive: KLA, ADG.
Lit.: H. Ebner: *Von den Edlingern in Innerösterreich* (= AGT 47). Klagenfurt 1956; W. Wadl (Hg.): *Magdalensberg, Natur, Geschichte, Gegenwart, Gemeindechronik*. Klagenfurt, Verlag Johannes Heyn 1995, 60 f, 193 f.; B.-I. Schnabl: *Dvojezična ustava Koroške in deželni glavar Janez Nepomuk Šlojsnik*. In: KK 2012. Celovec [2011], 165–188; B.-I. Schnabl: *Celovško polje, neznani zaklad osrednje slovenske kulturne pokrajine*. In: KK 2013. Celovec [2012], 107–122.

Wilhelm Wadl

Edlinger-Gerichtsbarkeit im Gemeindegebiet von Magdalensberg/Štalenska gora. Das niedere Gerichtswesen beruhte auf dem Gebiet der heutigen Landgemeinde Magdalensberg/Štalenska gora am → Klagenfurter Feld/Celovško polje insbesondere auch auf 10 kleinen Burgfrieden, von denen es sich bei einigen um Dorfgerichte von Edlingerbauern handelt, deren Grenzen bis heute in den Katastergrenzen nachvollzogen werden können (→ Edlinger/*kosezi*).

Weite Teile des Zivilrechtes wurden vor der Bauernbefreiung durch die Grundherrschaft unmittelbar wahrgenommen (Grundbuchswesen, Verlassenschaften, Vormundschaften, Zivilklagen usw.). Die Strafrechtspflege stand in der Regel nur größeren Grundherrschaften zu, wobei man zwischen Hoch- und Niedergerichten (Landgerichte und Burgfriede) unterschied. Im heutigen Gemeindegebiet von Magdalensberg/Štalenska gora befand sich niemals der Sitz eines Hochgerichtes. Es lag vielmehr im Sprengel der beiden Landgerichte → Maria Saal/Gospa Sveta und Osterwitz/Ostrovica, wobei die Grenze ungefähr entlang der heutigen Straße Ochsendorf/Dešinje – Pischeldorf/Škofji Dvor – Eixendorf/Nica vas – Treffelsdorf/Trebeša vas verlief.

Im Bereich der heutigen Gemeinde Magdalensberg/Štalenska gora waren die beiden Landgerichte in ihrer Kompetenz durch 10 kleine Burgfriede eingeschränkt. Die Inhaber dieser Niedergerichte übten fast die gesamte Strafrechtspflege selbst aus. Lediglich bei Verbrechen, auf welche die Todesstrafe stand, musste der Übeltäter dem Landgericht ausgeliefert werden. Nur einige Burgfriede (Portendorf/Partovca, Zeiselberg/Čilberk, Timenitz/Timenica und Freudenberg/Frajnberk) gehen auf mittelalterliche Burgen bzw. neuzeitliche Edelmannssitze zurück.

In allen anderen lag niemals ein Herrschaftssitz. Bei ihnen handelt es sich um **Dorfgerichte von Edlingerbauern** (Reigersdorf/Rogarja vas, St. Lorenzen/Šentlovrenc [zusammen mit Hollern/Bezovje], Wutschein/Bučinja vas, vielleicht auch Pischeldorf/Škofji Dvor). In Schöpfendorf/Žilje (= der heutige Eibelhof/Ovčjak) wurde ein mittelalterliches Edlingergericht von einem neuzeitlichen adeligen Burgfried abgelöst. Lassendorf/Vasja vas schließlich entstand durch Abspaltung vom Burgfried Timenitz/Timenica.

Der Besitz eines Burgfriedes war wirtschaftlich gesehen uninteressant, doch sah man darin ein Statussymbol, welches es zu bewahren galt. Die Inhaber der Gerichtsrechte waren daher stets auf die genaue Vermarkung und regelmäßige Grenzbegehungen bedacht. Als Grenzpunkte erscheinen in den Beschreibungen neben Gewässern und Wegläufen sehr oft auch markante einzeln stehende Bäume (v. a. Linden), von denen einige noch heute existieren. Wo solche Orientierungspunkte fehlen, wurden Grenzsteine mit Inschriften gesetzt. Manche davon sind durch heutige Tiefpflüge in den letzten Jahren ausgeackert worden, so ein Burgfriedstein von Schöpfendorf/Žilje (hier hist. Jamnica) und der in der Beschreibung des Burgfriedes St. Lorenzen/Šentlovrenc (1570) erwähnte »weiße Stein«.

Die im Verlauf des Mittelalters entstandenen Gerichtsorganisationen sind zwar nach der Revolution des Jahres 1848 aufgehoben worden (→ Revolutionsjahr 1848, → Oktroyierte Märzverfassung 1849), die alten Gerichtsgrenzen sind jedoch bis heute wirksam geblieben. Als es nämlich in den 1780er-Jahren im Zuge der Reform des gesamten Steuersystems zur Unterteilung des Landes in Steuergemeinden (»Katastralgemeinden«) kam (→ Kataster), orientierte man sich an den damals bestehenden Gerichtsgrenzen. Kleinere Burgfriede, die aneinander grenzten, wurden zu einer Katastralgemeinde zusammengefasst (Freudenberg/Frajnberk und Pischeldorf/Škofji Dvor; Wutschein/Bučinja vas und Schöpfendorf/Žilje), Burgfriede die in isolierter Lage in einem Landgericht lagen, wurden jedoch ohne Rücksicht auf ihre winzige Größe zu eigenen Katastralgemeinden (z.B. Reigersdorf/Rogarja vas

Katastralgemeinden östlich von Klagenfurt/Celovec. Karte der Gerichtsbezirke und Katastralgemeinden (1929) (Detail), NUK – Z 282.4-53

7 ha, Lassendorf/Vasja vas 15 ha, Zeiselberg/Čilberk 64 ha). Diese kurios anmutenden Verwaltungseinheiten der untersten Ebene bilden bis heute die Grundlage des gesamten Grundbuchs- und Vermessungswesens. Nach 1848 lieferten sie auch die Ausgangsbasis für die räumliche Gliederung der neu geschaffenen politischen Ortsgemeinden. Deshalb sind auch die heutigen Gemeindegrenzen noch in weiten Bereichen identisch mit Gerichtsgrenzen, die sich vor mehr als einem halben Jahrtausend herausgebildet haben (→ Kontinuität,

Edlingergerichtsbarkeit KG Reigersdorf/Rogarja vas, Stand 1901, vermessen 1827, Foto Bojan-Ilija Schnabl

→ Personalitätsprinzip, → Rechtsinstitutionen, karantanerslowenische).

Archive: KLA, ADG.
Lit.: M. Wutte: *Kärntner Gerichtsbeschreibungen* (= AGT 20/21). Klagenfurt 1912, 90 f. und 131 ff.; A. Jaksch/M. Wutte: *Erläuterungen zum historischen Atlas der österreichischen Alpenländer I/4: Landgerichtskarte: Kärnten, Krain und Istrien*. Wien 1914, 116 ff.; W. Wadl (Hg.): *Magdalensberg, Natur, Geschichte, Gegenwart, Gemeindechronik*. Klagenfurt, Verlag Johannes Heyn 1995, 80–82; B.-I. Schnabl: *Celovško polje, neznani zaklad osrednje slovenske kulturne pokrajne*. In: KK 2013. Celovec [2012], 107–122.

Wilhelm Wadl

Egg bei Hermagor/Brdo pri Šmohorju (Gemeinde Hermagor-Pressegger See/Šmohor-Preseško jezero), vgl. Sachlemmata: → *Brdo, Katoliško slovensko izobraževalno društvo* [Katholischer slowenischer Bildungsverein Egg]; sowie: → Gailtal/Ziljska dolina; → Gailtaler Dialekt; → Inschrift, slowenische; → *Jepa, Izobraževalno društvo »Jepa«* [Bildungsverein »Jepa«]; → *Melviče, Katoliško slovensko izobraževalno društvo* [Katholischer slowenischer Bildungsverein Mellweg]; → Pfarrkarte der Diözese Gurk/Krška škofija 1924; → *Sodaliteta presvetega Srca Jezusovega*; → Sprachgrenze (2) im 18. Jh. in Kärnten/Koroška; Personenlemmata: → Grafenauer, Ivan; → Jobst, Anton; → Mikula, Franz; → Perdon, Matthias; Brugg/Moste bei Egg/Brdo: → Grafenauer, Franc (Abgeordneter); Melach/Mele bei Egg/Brdo: → Hebein, Josef.

Ehrlich, Alois (Bruder des Lambert), → Ehrlich, Lambert.

Ehrlich, Lambert (* 18. September 1878 Camporosso/Saifnitz/Žabnice, † 26. Mai 1942 Ljubljana), Theologe, Ethnologe.

Lambert Ehrlich

E.s Eltern waren mittelständische slowenische Bauern, die im Dorf im → Val Canale/Kanaltal/Kanalska dolina auch ein Gasthaus und die Poststelle betrieben. Sie waren äußerst bildungsfreundlich. Im Laufe der Jahre konnten sie ihren Besitz wesentlich erweitern. E. trat im Schuljahr 1889/1990 ins Gymnasium in Klagenfurt/Celovec ein, wo sein Bruder Alois gerade das erste Gymnasialjahr abgeschlossen hatte. Lambert und Alois maturierten gemeinsam 1897. Alois studierte Jus, wurde zunächst Richter in Črnomelj und nach seiner Rückkehr nach Kärnten/Koroška Richter in Eberndorf/Dobrla vas und Klagenfurt/Celovec. Lambert entschied sich – gegen seine Ankündigung, Philosophie zu studieren – für das Theologiestudium und inskribierte an der Universität Innsbruck. Hier wohnte er im Jesuitenkollegium Canisianum. Am 20. Juli 1902 wurde er zum Priester geweiht, worauf er seine Studien in Paris und Rom fortsetzte. Seine Promotion erfolgte 1903 an der Innsbrucker Universität. Als Kaplan wirkte E. zunächst in → Villach/Beljak und in der Dompfarre Klagenfurt/Celovec. 1907 wurde er Sekretär des Bischofs Josef → Kahn, in dieser Funktion verblieb er bis 1912. Ab 1910 lehrte er am Klagenfurter → Priesterseminar Fundamentalistik und tomistische Philosophie. Während des Krieges betreute er zunächst Kriegsgefangene und wurde später Militärkurat bei verschiedenen Einheiten der k. u. k. Armee. Nach seinen Studien und dem Eintritt in die Dienste des Gurker Ordinariats widmete sich E. auch der slowenischen Bewegung, deren rigorose Ausrichtung im christlich-sozialen Sinne er tatkräftig unterstützte. Er war Initiator bzw. Mitinitiator bei der Gründung diverser slowenischer Vereine v. a. auf dem Gebiet der Bildungs- und Arbeitervereine (Klagenfurt/Celovec, Unterloibl/Podljubelj, Hundsdorf/Podsinja vas. 1906 gründete E. die slowenische Priestervereinigung → Sodaliteta, 1907 meldete er den Vereinsbehörden die Gründung der → Slovenska krščanska socialna zveza za Koroško [Slowenischer christlich-sozialer Verband für Kärnten] an. 1910 war E. unter den Mitbegründern des Vereins Dijaški dom [Schülerheim]. Für Bischof → Hefter verfasste er bald nach Beginn des Ersten Weltkrieges ein Memorandum über die patriotische Haltung des slowenischen Diözesanklerus. 1919 war er slowenischer Vertreter in der Miles-Kommission und Experte der jugoslawischen Delegation bei den Pariser Friedensverhandlungen. Schon vor dem Krieg war E. einer der Hauptautoren der Kampfschrift *Aus dem Wilajet Kärnten*. Nach dem Ersten Weltkrieg verfasste er die umfangreiche Abhandlung *Pariška mirovna konferenca in Slovenci 1919/20* [Die Pariser Friedenskonferenz und die Slowenen 1919/20] (→ Vertrag von Saint-Germain). 1922 wurde er ordentlicher Professor an der Theologischen Fakultät der Universität in Ljubljana.

E. wurde zum Ideologen des akademischen Klubs *Straža* [Wacht]. Als Antikommunist opponierte er während des Krieges der Befreiungsfront OF *(Osvobodilna fronta)* Am 1. 4. 1942 übergab er den italienischen Okkupationsbehörden ein Memorandum mit einer Situationsanalyse sowie Vorschlägen zur Vernichtung der Partisanenbewegung. Dieses Memorandum überarbeitete er im Auftrag Bischofs Gregorij → Rožman für den Vatikan. Er wurde vom Sicherheitsnachrichtendienst VOS *(Varnostno obveščevalna služba)* wegen seiner kollaborationistischen Tätigkeit am 26. 5. 1942 auf offener Straße in Ljubljana liquidiert.

Quellen: ADG; NŠAL (osebni zapiski).
Werke: *Aus dem Wilajet Kärnten*. Klagenfurt 1913 [Mitautor]; *Pariška mirovna konferenca in Slovenci 1919/20. Ehrlichova spomenica za Vatikan 14. aprila 1942*. (Za objavo pripravila Marija Vrečar.) Ljubljana 2002.
Lit.: SBL; ES; OVSBL. – E. Škulj (Red.): *Ehrlichov simpozij v Rimu*. Celje 2002; V. Sima: *Ehrlich, Lambert*. In: S. Karner (Hg.): *Kärnten und die nationale Frage* = S. Karner, A. Moritsch (Hg.): *Aussiedlung – Verschleppung – nationaler Kampf*, Band 1. Klagenfurt/Celovec [e.a.] 2005, 296–297; M. Vrečar (Hg.): *Južna Koroška in njena cerkvena podoba v 20. stoletju, Ob 100-letnici Sodalitete, združenja slovenskih duhovnikov na Koroškem (1906–2006)*. Celovec [e.a.] 2007; J. Pirjevec, B. Repe (Hg.): *Resistance, Suffering, Hope. The Slovene Partisan Movement 1941–1945*. Ljubljana 2008.

Avguštin Malle

Ehrlich, Martin (* 7. Mai 1871 Camporosso/Saifnitz/Žabnice, † 5. April 1929 Klagenfurt/Celovec), Priester, Theologieprofessor.

Nach dem Besuch der Volksschule trat E., Bruder von Lambert → Ehrlich, im Studienjahr 1881/1882 ins humanistische Gymnasium in Klagenfurt/Celovec ein, wo er 1889 maturierte. Er erwählte den Priesterberuf. Schon vor der Priesterweihe am 15. August 1893 war er Präfekt im → Marianum. Seine theologischen Studien setzte E. an der Universität Wien fort, wo er 1897 promovierte. Danach war er zunächst Kaplan in → Bleiburg/Pliberk und → Villach/Beljak, für zwei Jahre übernahm er dann wieder eine Präfektenstelle im Marianum. Mit 16. Februar 1902 wurde er zum Vizerektor des Österreichischen Hospiz in Jerusalem ernannt. Er wurde am 1. Juli 1906 dessen Rektor und bekleidete diese Funktion bis 30. September 1910. Zwischen 1. Oktober 1910 und 15. November 1920 war er Professor für biblische Wissenschaften am Klagenfurter → Priesterseminar. Danach wurde er Administrator und am 16. Juli 1921 Propstpfarrer in → Tainach/Tinje, 1928 Domkanonikus in Klagenfurt/Celovec. Mit seinem Bruder Lambert gründete er die slowenische Priestervereinigung → *Sodaliteta*, zu deren Obmann er bald gewählt wurde. E. unterstützte auf verschiedene Weise slowenische Gymnasiasten und arbeitete auch im *Dijaški dom* [Schülerheim] sowie bei zahlreichen slowenischen kirchlichen Vereinen mit. 1918 verfasste er für Bischof → Hefter ein Schreiben, worin er diesem abriet, den Priestern ein Agitationsverbot für die → Maideklaration zu erteilen. Nach der → Volksabstimmung 1920 musste E. Diskriminierungen durch die Kärntner Landesbehörden erdulden.

Lit.: SBL; OVSBL. – G. Rožman: *Naši življenjepisi. Prelat dr. Martin Ehrlich.* In: *Koledar Družbe svetega Mohorja v Celju* (1930) 110–112; *Prelat dr. Martin Ehrlich.* In: *Naši rajni duhovniki. Kratki orisi njihovega trudapolnega dela in življenja.* Celovec 1968, 73–76.

Avguštin Malle

Eicher, Jožef, Verwalter, 1911, 1917 und 1920 ausgewiesen als Mitglied der slowenischen Spar- und Darlehenskasse *Hranilnica in posojilnica Št. Tomaž* in St. Thomas am Zeiselberg/Šenttomaž pri Celovcu aus → Maria Saal/Gospa Sveta (→ *Edinost Št. Tomaž,* → Genossenschaftswesen).

Archiv/Lit.: *Blagajniški dnevnik, Pomožna knjiga z 99 listom.* Ljubljana dne 14. septembra 1910 (Kassabuch der *Hranilnica in posojilnica Št. Tomaž*, ca. 25,5 x 34 cm, 1910–1931), S. 7, 34; *Knjiga hranilnih vlog, Glavna knjiga hranilnih vlog, 200 listov.* Ljubljana dne 1. septembra 1910, S. 30 (Privatarchiv).

Bojan-Ilija Schnabl

Eidesformeln. Ein wichtiger mündlicher Anwendungsbereich des Slowenischen waren die Gerichte. Weder die kirchlichen noch die weltlichen Gerichte und Administrationsorgane benutzten in der inneren Verwaltung und im Schriftverkehr das Slowenische oder nur ausnahmsweise. Dies gilt für alle slowenischen Gebiete. In Angelegenheiten jedoch, wo mündliche Kontakte mit Parteien stattfanden, hat sich über viele Jahrhunderte der Gebrauch des Slowenischen erhalten müssen, da die Landbevölkerung und nicht selten auch die Stadtbewohnerschaft des Deutschen nicht oder ungenügend mächtig war.

Den umfangreichsten Teil der im Zusammenhang mit dieser Sphäre des gesellschaftlichen Lebens entstandenen und den Gebrauch des Slowenischen im amtlichen Sektor beweisenden Texte stellen verschiedene Arten und Varianten der Eidesformeln dar, wohl deshalb, weil sie zu den normierten Texten gehörten und sich die schriftliche Fixierung und Tradierung empfahl.

Slowenische Eidesformeln haben sich in allen slowenischen Gebieten für Angehörige aller sozialen Klassen und für verschiedene Situationen, in denen eine Eidesleistung verlangt wurde, erhalten. Diese Texte lassen den Schluss zu, dass einige Formeln in solcher genetischen Verbindung miteinander stehen, die nicht nur von der deutschen Vorlage herrührt, sondern zumindest teilweise eine von der deutschen Vorlage unabhängige Abschreibtradition im gesamten slowenischen Gebiet angenommen werden kann. Auf eine solche Tradition haben I. → Grafenauer (1946) und J. Koruza (1972/73) hingewiesen.

Lehenseide: Zur Zeit Kaiser Ferdinands III. (1608–1657) wurde nach dem Jahre 1637 im Buch der Eidesformeln von → Innerösterreich eine Eidesformel (»Juramentum Slavonicum«) eingetragen, die nicht an ein einziges Land gebunden war, sondern für alle innerösterreichischen Länder galt. Aus dem Jahre 1653 stammt der Lehenseid, der dem Gurker Bischof zu leisten war. Er hatte seine Gültigkeit ebenfalls für Adlige aus allen slowenischen Ländern, da das Gurker Bistum Besitzungen auch außerhalb Kärntens hatte. Diese beiden Eide aber weisen darauf hin, dass nicht der gesamte Adel der slowenischen Länder deutsch sprechen konnte, dass also die soziale Sprachgrenze bei Weitem nicht lückenlos war (→ Adelssprache).

Bürgereide, Diensteide, Eidesformeln für Bauern, Reformationseide: Slowenische Bürgereide, slowenische Diensteide für Stadtfunktionäre oder städtische Bedienstete und Eidesformeln für die Abschwörung des evangelischen Glaubens sind bisher in Kärnten/Koroška keine aufgefunden worden, wohl aber sind solche für → Krain/Kranjska bezeugt. Ebenso wenig sind bisher in Kärntner Archiven Eidesformeln für Bauern entdeckt worden.

Gerichtseide: Verhältnismäßig reichlich fließen die Kärntner Quellen auf dem Gebiet der Gerichtseide. Das älteste Beispiel eines solchen wurde zwischen 1601 und 1609 am Ende eines Buches mit Gerichtsprotokollen von Viktring/Vetrinj niedergeschrieben. Dieselbe Eidesformel ist auch in einer jüngeren, aus Griffen/Grebinj stammenden Quelle überliefert.

Im Unterschied zur Viktringer Eidesformel ist die Griffener in deutscher Fraktur geschrieben. Beide

Martin Ehrlich

Neznani rokopis slovenskega slovstva 17. in 18. stoletja

Boris Golec: *mestna prisežna besedila*

stimmen im Wortlaut jedoch so genau überein, dass sie als Beweis einer zumindest mündlichen Tradition gelten müssen. Beide Formeln stehen im slowenischen Raum zu dieser Zeit insofern isoliert da, als sie eine zweiteilige Form haben.

Die bemerkenswertesten slowenischen Eidesformeln, die in Kärnten/Koroška überliefert wurden, sind in einem Bleiburger Formelbuch aus dem 17. Jh. erhalten. Es geht dabei um zwei slowenische Varianten zweiteiliger Eidesformeln: Einer langen belehrenden Ansprache über das Wesen des Eides folgt jeweils eine kurze eigentliche Eidesformel.

J. Koruza, der eine zusammenfassende Darstellung der slowenischen Eidesformeln verfasste, vertrat die Meinung, dass die Sprache der Eidesformeln generell »trotz zahlreicher dialektaler Besonderheiten fast nie vollkommen mit der Mundart übereinstimmt und hinter den zwischenmundartlichen Mischungen und zahlreichen Fremdwörtern so etwas wie eine besondere Kanzleisprache zu erahnen ist. Diese steht nur in seltenen Fällen unter schriftsprachlichem Einfluss, auch orthographisch lehnt sie sich mehr ans Deutsche an und ignoriert fast immer die Regeln, die von den Protestanten durchgesetzt wurden, an die sich mehr oder weniger auch das katholische religiöse Schrifttum hält.« Die in Kärnten/Koroška erhaltenen Eidesformeln bestätigen Koruzas Eindruck. Dabei ist die Griffener Variante in einer dem lokalen → Dialekt am meisten angenäherten Sprachform abgefasst.

Den Schreibern der Eidesformeln von Viktring/Vetrinj und Griffen/Grebinj war das slowenische Schrifttum offensichtlich unbekannt, sei es das protestantische, sei es das katholische, doch sind für die überdialektale Schreibsprache charakteristische Merkmale festzustellen. Ähnliches gilt für das »Juramentum Slavonicum« aus der Zeit Friedrichs III. und den Gurker Lehenseid.

Besonders hervorzuheben sind die Eidesformeln von → Bleiburg/Pliberk, weil sie in Unterschied zu den Viktringer und Griffener Eidesformeln der Tradition der slowenischen Schriftsprache des 16. Jh.s nahestehen. Zudem gehören sie zu den längsten slowenische Eidesformeln des 17. und 18. Jh.s überhaupt.

Neben den schriftlichen bestanden natürlich auch mündliche Formen des slowenischen Sprachgebrauchs im amtlichen Sektor und in der äußeren Verwaltung. Ein Prozess, der im Jahre 1675 vor dem landeshauptmannschaftlichen Gericht in Klagenfurt/Celovec stattfand, verdeutlicht diese Praxis. In einem Prozess, der im Zusammenhang mit Konflikten zwischen Grundherren und Untertanen aus dem südöstlichen Teil Kärntens stand, konnte man nicht ohne Juristen, die des Slowenischen mächtig waren, auskommen. Die Protokollführung im Ermittlungsverfahren der Untersuchungskommission übernahm ein geschworener Landschrannenadvokat, weil dieser die »Kärntner → windische Sprache« beherrschte. Die Verhöre der vorgeführten Untertanen mussten in slowenischer Sprache durchgeführt werden. In »windischer vertulmetschung« wurden ihnen ihre Beschwerden vorgehalten. Danach wurden sie aufgefordert, dazu Stellung zu nehmen.

Quellen: KLA, *HS Griffen* 1916; KLA, *Bleiburg HS* 1230.
Lit.: J. Sket: *Koroško-slovenska prisega od leta 1601*. In: *Kres* V. Celovec 1885, 53–59; I. Grafenauer: *Slovensko slovstvo na Koroškem*. In: *Koroški zbornik*. Ljubljana 1946, 311; F. Erjavec: *Koroški Slovenci, 3. del*. Celovec 1956, 346; E. Nußbaumer: *Geistiges Kärnten*. Klagenfurt 1956, 172; J. Mal: *Die Eigenart des karantanischen Herzogtums*, Südostforschungen 20, 1961, 33–37, 70; J. Koruza: *O zapisanih primerih uradne slovenščine iz 16., 17. in 18. stoletja*. In: JiS 19 (1972/73) 248; J. Koruza: *Dopolnilo k pregledu zapisanih primerov uradne slovenščine iz 16., 17. in 18. stoletja*. In: JiS 19,6–7 (1973/74) 266 ff.; *Iz Roda v rod, Pričevanja o slovenskem jeziku, Razstava Arhiva SR Slovenije*. Ljubljana 1982; H. Valentinitsch: *Der Prozeß gegen den »Feind des Vaterlandes« Hans Siegmund Cornion 1675–1677, Ein Beitrag zur rechtlichen Situation der Unterkärntner Bauern in der frühen Neuzeit*. In: Car I, 175 (1985) 235; T. Domej: *Die Slowenen in Kärnten und ihre Sprache, mit besonderer Berücksichtigung des Zeitalters von 1740 bis 1848* (Phil. Diss.). Wien 1986 (VII, 562 S.), 141 f.; A. Ogris: *Slovenica v Koroškem deželnem arhivu*. In: *Arhivi* 27/2004, Nr. 2, 295–306.
Web: B. Golec: *Mestna prisežna besedila v slovenskem jeziku do začetka 19. stoletja. Elektronska znanstvenokritična izdaja*. Ljubljana 2009, http://nl.ijs.si/e-zrc/prisege/html/prisege.html.

Theodor Domej

Einspieler, Andrej (Einšpieler, Andreas, Ps. Svečan, * 13. November 1813 Suetschach/Sveče [Feistritz im Rosental/Bistrica v Rožu], † 16. Jänner 1888 Klagenfurt/Celovec), Politiker, Landtagsabgeordneter, Publizist, Lehrer, Priester.

E.s Vater war Weber und Mesner, die Mutter stammte aus kleinbäuerlichem Haus. Den ersten Unterricht erhielt er von Pfarrer Herker. Nach der Absolvierung des sechsklassigen Gymnasiums in Klagenfurt/Celovec und des viersemestrigen Lyzeums trat E. 1835 in das Klagenfurter → Priesterseminar ein. Am Lyzeum und in der theologischen Lehranstalt begegnete er seinem Gönner Matija → Ahacel, der an Letzterer Landwirtschaft lehrte. Prägend für E. war auch die Begegnung mit Anton Martin → Slomšek,

der nicht nur Spiritual der theologischen Lehranstalt war, sondern dort auch Slowenisch lehrte. E. wurde 1837 zum Priester geweiht. Er hatte viel Sinn für eine permanente Weiterbildung. Bischof Valentin → WIERY bezeichnete ihn 1863 als einen der gebildetsten Priester der Diözese. Nach seiner Priesterweihe wirkte E. bis 1846 als Kaplan an verschiedenen Stationen der Diözese und kam dann als zweiter Kaplan an die Stadtpfarre Klagenfurt/Celovec. Hier blieb er bis 1851. Von 1852 bis zu seiner Pensionierung 1882 war er Katechet und Slowenischlehrer an der (Ober-)Realschule in Klagenfurt/Celovec. Die Lehramtsprüfung aus Slowenisch legte er 1855 bei Franz → MIKLOSICH ab. E.s Interesse für Slowenisch und sein späteres breites gesellschaftspolitisches Engagement weckten vor allem Anton M. SLOMŠEK, Matija AHACEL und Matija → MAJAR Ziljski. Mit Begeisterung las er → ŠAFAŘÍKS *Slowanske starožitnosti* [Slawische Altertümer]. 1848 war E. unter den Mitbegründern des → *Slovensko društvo v Celovcu* [Slowenischer Verein in Klagenfurt]. Führend war E. 1852 neben SLOMŠEK und Anton → JANEŽIČ bei der Gründung des Hermagorasvereins *(Društvo sv. Mohorja, → Mohorjeva)*. Nach ihrer rechtlichen Umgestaltung 1860 war E. Jahre hindurch stellvertretender Obmann der *Mohorjeva*, bis zu seinem Tod auch Kassier. 1855 half er bei der Gründung des Katholischen Gesellenvereins und tatkräftig beim Bau des Gesellenhauses. 1869 war er Mitbegründer des Katholisch-konstitutionellen Volksvereines für Kärnten, er bekleidete hier verschiedene Funktionen und kann Jahre hindurch als dessen Seele und somit als einer der verschwiegenen Väter der konservativen (kath.) Bewegung in Kärnten/Koroška bezeichnet werden. Zahlreiche lokale katholisch-konstitutionelle Vereine im slowenischen ethnischen Gebiet hatten slowenische Statuten. E. trat bei ihren Versammlungen immer wieder als Redner in Erscheinung.

Andrej Einspieler, Postkarte

Andrej Einspieler, Autograf

E.s Engagement im Rahmen der → *Tabor*-Bewegung und seine Mitgliedschaft beim slowenischen liberalen politischen Verein → *Trdnjava* [Festung] sind dokumentiert. Er begeisterte sich 1848 für die Idee des Vereinten Slowenien (→ *Zedinjena Slovenija*), agitierte in diesem Sinne, trat aber bald gegen die Zerstückelung des Kronlandes Kärnten/Koroška auf und für seine Teilung in zwei Kreise nach ethnischen Gesichtspunkten ein. Nach dem Fall des Neoabsolutismus begeisterte er sich für die innerösterreichische Ländergruppe und war Mitautor des sogenannten Programms von Maribor (*Mariborski program*) (→ *Zedinjena Slovenija*; → Innerösterreich). Zugleich ermöglichte er mit seiner Zeitung → *Slovenec* die Wiederbelebung bzw. Propagierung des Programms des Vereinten Slowenien.

In seinen späten Jahren soll E. über die Früchte der deutsch-slowenischen politischen Zusammenarbeit auf katholischer Grundlage enttäuscht gewesen sein, jedenfalls wandte er sich ab 1882 fast ausschließlich »seinen« Slowenen zu. Er erlebte die organisatorische Loslösung vom gemeinsamen konservativen Weg nicht mehr, die in der Gründung des Vereins → *Katoliško politično in gospodarstvo društvo za Slovence na Koroškem*

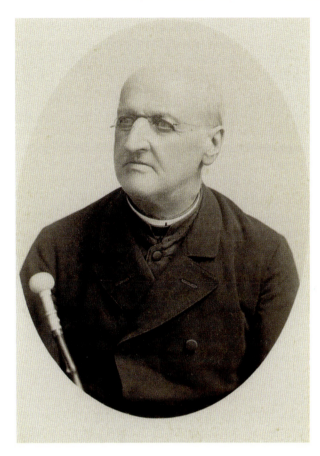

Andrej Einspieler

[Katholisch-politischer und wirtschaftlicher Verein für die Slowenen in Kärnten] im Jahr 1890 durch seinen Neffen Gregor → EINSPIELER zum Ausdruck kam.

Der »Vater der Kärntner Slowenen« war 1862–1863 erstmals → Abgeordneter des Kärntner Landtages. Diese Funktion hatte er auch zwischen 1871 und 1878 sowie zwischen 1880 und 1888 inne. E. meldete sich im Landtag zu zahlreichen politischen Fragen zu Wort, wobei »nationale« nicht immer maßgebend waren. So forderte er wiederholt die Gründung einer Landesversicherungsanstalt, setzte sich für kirchliche Belange ein und hatte für Bildungsfragen stets ein offenes Ohr. Keinen Zweifel ließ er diesbezüglich aufkommen, dass wahre Bildung nur auf katholischer und muttersprachlicher Grundlage erfolgen könne. Ein Grundanliegen seiner Landtagsdebatte war die sprachliche Gleichberechtigung in Schule, vor Ämtern und Gerichten (→ Landesgesetzblatt, → Amtssprache).

Mit seiner publizistischen Tätigkeit begann E. 1848. Er korrespondierte mit der *Slovenija*, der *Südslavischen Zeitung*, den *Slavischen Centralblättern*, veröffentlichte einiges in der amtlichen *Klagenfurter Zeitung* und setzte seine publizistische Tätigkeit in der Zeitschrift → *Slovenska bčela* fort. Die erste von ihm gegründete Zeitschrift trug den Titel → *Šolski prijatel* (1852–1855), worauf er den Titel in → *Slovenski prijatel* (1856–1883) änderte und inhaltlich nach den Bedürfnissen der Geistlichen ausrichtete. Politisch bedeutend war v. a. sein *Slovenec* (1865–1867), obwohl er selbst wohlweislich im Hintergrund blieb. Der *Slovenec* veröffentlichte auch Beiträge bekannter liberaler Slowenen. Als seine letzte slowenische Zeitung gründete er den → *Mir* [Der Friede] (1882–1920). Im Sinne seiner politischen Orientierung versuchte E. mit deutschsprachigen Zeitungen zu agitieren. Zunächst propagierte er seine »innerösterreichische Idee« mit den *Stimmen aus Innerösterreich* (→ Publizistik). Ein kritischer Bericht über die Arbeit des Kärntner Landtages brachte ihm einen Monat Arrest, den Verlust des Landtagsmandats und eine unmissverständliche und äußerst scharfe Rüge SCHMERLINGS ein. Er stellte die Zeitung ein und versuchte sich mit der *Draupost* (1863–1866, Oktober 1865) und später mit dem *Kärntner-Blatt* bzw. der *Kärntner Volksstimme* (1869–1883), in die er auch große finanzielle Mittel investierte (→ Publizistik). Angesichts der deutschliberalen bzw. deutschnationalen Übermacht hatte er wenig Erfolg. Sein politisches Programm war katholisch-konservativ und legitimistisch. Da er nach dem Presseprozess nicht mehr öffentlich arbeiten konnte, blieb er auch bei der Gründung der → *Slovanska (Slovenska) čitavnica* [Slawischer (Slowenischer) Leseverein] in Klagenfurt/Celovec Ende 1863 im Hintergrund. Diese *čitavnica* war lange der gesellige Mittelpunkt der Klagenfurter Slowenen. In ihren Räumen lagen die bedeutendsten Zeitungen und Zeitschriften auf und hier verkehrten auch Deutsche. Zweifellos war E. die zentrale Figur der slowenischen politischen Bewegung in Kärnten/Koroška in der zweiten Hälfte des 19. Jh.s.

Werke: Svečan [A. Einspieler]: *Deržavni zakonik in vladni list*. In: *Slovenija*, Nr. 92, 16. 11. 1849, 1–2; *Politični katekizem za Slovence*. Celovec 1865, ²1873, ³1890; *Jedro katoliškega nauka*. Celovec 1872; *Wegweiser für die Wähler der österreichischen Rechtspartei*, 1873; *Gesänge und Gebete für katholische Realschüler*. Klagenfurt o. J.; *Was für Schulen braucht Kärnten?* In: Programm der Realschule. Klagenfurt 1864.
Lit.: SBL; ES; OVSBL. – A. Kalan (Hg.): *Einspieler – zlatomašnik. Spominska knjižnica*. Ljubljana 1887; I. Boreski: *Dva zlatomašnika*. In: KMD 1888, 60–69 (65–69); K. Glaser: *Zgodovina slovenskega slovstva*, 3. [Ljubljana] 1896, 157–158; F. Ilešič: *Korespondenca dr. Jos. Muršca* (Schreiben von A. Einspieler an J. Muršec vom 19. Februar 1849, 11. Februar 1851 u. 13. März 1851). In: L. Pintar (Hg.): Zbornik znanstvenih in poučnih spisov, Nr. VII, Slovenska matica. Ljubljana 1905, 92 ff.; F. Kotnik: *Andrej Einspieler, Ob stoletnici njegovega rojstva*. In: KMD 1914, 40–48; V. Inzko: *Das Leben und Wirken Andreas Einspielers* (Phil. Diss.). Graz 1948; B. Petrei: *Die slowenische*

Frage in der Kärntner Presse 1848–1863 (Phil. Diss.). Wien 1951; J. Pleterski: *Narodna in politična zavest na Koroškem*. Ljubljana 1965; J. Pleterski: *Slowenisch oder deutsch? Nationale Differenzierungsprozesse in Kärnten (1848–1914)*. Klagenfurt/Celovec 1996; T. Zorn: *Andrej Einspieler in slovensko politično gibanje na Koroškem v 60. letih 19. stoletja*. In: ZČ 23, 1969, 31–51; A. Malle: *Die slowenische Presse in Kärnten 1848–1900*. Klagenfurt/Celovec 1979; E. Škulj (Hg.): *Einspielerjev simpozij v Rimu*. Celje 1997; A. Malle: *Andrej Einspieler*. In: KK 1989. Celovec 1988, 97–98; J. Zerzer: *Andrej Einspieler, oče koroških Slovencev. Ob 200. obletnici rojstva Andreja Einspielerja*. In: KMD 2014. Klagenfurt/Celovec [e.a.] 2013, 32–37.

Avguštin Malle

Einspieler, Gregor (* 10. März 1853 Suetschach/Sveče [Feistritz im Rosental/Bistrica v Rožu], † 28. Juli 1927 Sv. Jurij v Slovenskih goricah), Priester, Herausgeber, Landtagsabgeordneter, Ausschussmitglied der *Mohorjeva*.

Nach dem Besuch der Volksschule in Suetschach/Sveče und des Gymnasiums in Klagenfurt/Celovec setzte E. seine Studien an der Theologischen Lehranstalt in Klagenfurt/Celovec fort. Seine Wirkungsstätten erstreckten sich auf Metnitz (1876–1878), St. Jakob im Rosental/Št. Jakob v Rožu (1878–1879), Camporosso/Saifnitz/Žabnice, Monte Lussari/Luschari/Sv. Višarje mit Unterbrechungen (1879–1883), Sagritz im Mölltal (1881), Tarvisio/Tarvis/Trbiž (1882), → Villach/Beljak (1883–1886) und → Klagenfurt/Celovec (1886–1888), wo er auch als Ausschussmitglied der Hermagoras-Bruderschaft (→ *Mohorjeva*) fungierte. Längere Zeit war E. Pfarrer von → Arnoldstein/Podklošter (1888–1907), dann Propst in → Tainach/Tinje, von wo er am Beginn des Jahres 1919 während der »Abwehrkämpfe« vertrieben wurde, sodass er in → Bleiburg/Pliberk Zuflucht suchte. Nach der → Volksabstimmung resignierte er auf die Propstei in → Tainach/Tinje (5. Jänner 1921). E. ging in die Diözese → Lavant (heute Maribor), wo er zunächst in Šentlenart pastorierte und danach bis zu seinem Tod als Pfarrer von Sv. Jurij (1922) wirkte. Als Propst von Tainach/Tinje unterzeichnete E. eine Eingabe von 70 slowenischen Kärntner Priestern an den Kärntner Landespräsidenten Alfred Freiherr von Fries-Skene, die auf die nach Kriegsausbruch 1914 erfolgte »Priesterhetze« in Kärnten/Koroška hinwies. Nach dem Tod von Andrej → Einspieler übernahm E. als Eigentümer und Herausgeber die Zeitung → *Mir* [Friede]. Er wurde von den Gemeinden des Bezirkes → Völkermarkt/Velikovec in den Kärntner Landtag gewählt (1888–1902) und war langjähriger Obmann des von ihm gegründeten Katholisch Politischen und Wirtschaftlichen Vereins für Slowenen in Kärnten (→ *Katoliško politično in gospodarsko društvo za Slovence na Koroškem*). Sein Einstieg in die politische Tätigkeit war dramatisch; von der deutschnationalen Presse wurde ihm die Schuld an einem Totschlag in Arnoldstein/Podklošter während des Wahlkampfes in die Schuhe geschoben. Im Landtag setzte E. die Politik Andrej Einspielers fort; er war regelmäßiger Wortspender bei Budgetdebatten, verwies auf Ungesetzlichkeiten im Kärntner Schulwesen, forderte konfessionelle Schulen und solche mit slowenischer Unterrichtssprache, in denen Deutsch als nicht obligatorischer Gegenstand geführt würde, bemängelte die für die Volksgruppe ungünstige Aufteilung der Wahlbezirke (→ Wahlordnung, → Wahlkreiseinteilung), verlangte die Erhöhung der Abgeordnetenzahl aus Agrargemeinden und suchte die Interessen der Slowenen und der katholischen Partei zu wahren.

Gregor Einspieler, 1926

Quellen: ADG, *Personalakt Einspieler Gregor*.
Lit.: SBL; OVSBL. – *Sveče, rojstna vas Einspielerjev*. In: KMD 1848, 52–56; J. Till: *Kirche und Geistlichkeit als Faktoren der »Nationalisierung« der Kärntner Slowenen*. In: T. Bahovec (Hg.): *Eliten und Nationwerdung/Elite in narodovanje*. Klagenfurt/Celovec [e.a.] 2003, 143–221; V. Sima, J. Stergar: *Einspieler, Gregor*. In: S. Karner (Hg): *Kärnten und die nationale Frage* = S. Karner, A. Moritsch (Hg.): *Aussiedlung – Verschleppung – nationaler Kampf*, Band 1. Klagenfurt/Celovec [e.a.] 2005, 297.

Josef Till

Einspieler, Lambert (* 10. September 1840 Feistritz im Rosental/Bistrica v Rožu, † 3. Februar 1906 Klagenfurt/Celovec), Dompropst von Gurk, Wirtschaftsorganisator, Reichsratsabgeordneter.

E. war ein Cousin des Andrej → Einspieler. Nach dem Gmynasium in → Klagenfurt/Celovec erhielt er seine theologische Ausbildung am Klagenfurter → Priesterseminar, die Priesterweihe empfing er am 8. August 1863. Auf die Kaplansjahre in Kappel an der Drau/Kapla ob Dravi, in Camporosso/Žabnice/Saifnitz und am Monte Lussari/Luschari/Sv. Višarje sowie in → Villach/Beljak folgte 1868 die Bestellung zum Hofkaplan und bischöflichen Sekretär. Von da an ging es mit der Karriere E.s rasch bergauf: Referent und Archivar (1873), Konsistorialrat (1875), Kanonikus von Straßburg (1878), Ordinariatskanzler (1881–1891), Domkapitular (1884), Diözesan-Gerichtsrat (1887), Propst des Straßburger Kollegiatskapitels (1895). Gleichzeitig wurde er zum Domscholaster des Gurker Domkapitels befördert (Diözese → Gurk/Krkška

Lambert Einspieler, 1863

škofija), 1899 wurde er zum Gurker Dompropst bestellt und 1901 zeichnete ihn der Papst mit der Würde eines apostolischen Protonotars aus. E. war ein guter Kenner der kulturellen Verhältnisse und engagierte sich in der Politik. Von 1869 bis 1886 war er Sekretär, dann Obmannstellvertreter und von 1899 bis zu seinem Tod Vorsitzender der → *Mohorjeva* (Hermagoras-Bruderschaft). Er gilt als einer der bedeutendsten Wirtschaftsorganisatoren der Kärntner Slowenen: Er war Mitbegründer der *Hranilnica in posojilnica* [Spar- und Darlehenskasse] in Klagenfurt/Celovec (1889) und der *Gospodarska zadruga* [Wirtschaftsgenossenschaft] in Kühnsdorf/Sinča vas (→ Genossenschaftswesen). Als erster Kärntner Slowene wurde er in den k.k. Reichsrat (1897–1901) gewählt, wo er auch als Mitglied des Petitionsausschusses 1898 wirkte (→ Abgeordnete). Er setzte sich gegen die Benachteiligung der Slowenen in Kärnten/Koroška und in der Steiermark/Štajerska ein. An ihm rühmten die Zeitgenossen seine große Gewandtheit in Geschäften, seine kirchenrechtlichen Kenntnisse, großen Fleiß und seine Pünktlichkeit.

Quellen: ADG (Priesterpersonalakt); NUK (Ms. 1664).
Lit.: SBL; ÖBL; EJ; ES; OVSBL. – S. Karner, V. Sima, J. Stergar: *Wer war wer? Slowenen in Kärnten – Deutschkärntner in Slowenien*. In: S. Karner, A. Moritsch (Hg.): Aussiedlung – Verschleppung – nationaler Kampf. Klagenfurt/Celovec [e.a.] 2005, 293–330 (297).

Peter G. Tropper

Einspieler, Lekš (Vereinsobmann, KZ-Opfer), → *Kočna, Slovensko krščansko izobraževalno društvo* [Slowenischer christlicher Bildungsverein Kočna].

Eisenbahn (Südbahn, Franzensbahn), vgl. → *Beljaško omizje* (Trieste/Trst/Triest); → *Beljaško omizje* (Villach/Beljak); → Germanisierung; → Oktroyierte Märzverfassung 1849; → Dezemberverfassung 1867; → Miklavič, Pavel.

Eisenkappel (Bad Eisenkappel)/Železna Kapla, vgl. Sachlemmata: → Eisenkappel/Železna Kapla; → *Zarja, Slovensko prosvetno društvo* [Slowenischer Kulturverein Zarja]; → Eisenkappler Passionsspiel/ *Kapelški pasijon* sowie → Abgeordnete; → Abstimmungszonen; → *Ante pante populore*; → Chorwesen; → Gewässer in Südkärnten/Južna Koroška; → Jauntal/Podjuna; → Karawanken/Karavanke; → Kulturgeschichte (= Einleitung, Band 1); → Kulturvereine, slowenische in Kärnten/Koroška; → Landesverfassung, Kärntner von 1849; → Liedersammlung, handschriftliche; → Namenkunde; → Pfarrkarte der Diözese Gurk/Krška škofija 1924; → Saualpe/Svinška planina; → *Slovanska čitalnica* [Slawische Lesehalle]; → Südkärnten/Južna Koroška; → Theater, slowenisches in Kärnten/Koroška; → Verfolgung slowenischer Priester ab 1938 in Kärnten/Koroška; → Vertreibung 1920; → Völkermarkt/Velikovec; → Volkslied, geistliches; → Wahlkreise der Landtagswahlordnungen in Kärnten/Koroška ab 1849; → Wallfahrt(en); → Wehrkirche(n); Personenlemmata: → Aljančič, Andrej; → Benetek, Anton; → Brabenec, Jan; → Brandstätter, Valentin; → Cukala, Dr. Franc; → Ebner, Johann; → Germ, Matthias; → Holmar, Tomaž; Konrad, Maria, geb. Grollnig (→ Zeugen Jehovas); → Kristan, Etbin; → Mairitsch, Ludwig; → Markovič, Peter; → Miklauz, Anton; → Muden, Simon; → Muri, Franc; → Pogačnik, Jožef; → Pörtsch, Franz; → Prežihov Voranc; → Ražun, Matej; → Reichman, Blaž; → Singer, Stefan; → Svetina, Anton (senior); → Treiber, Franc; → Zechner, Aleš; Leppen/Lepena: → Prušnik, Karel-Gašper; Lobnig/Lobnik: → Kutej, Anton; → Piskernik, Angela; → Srienc, Kristijan; Unterort/Podkraj pri Rebrci: → Ilaunig, Dr. Ožbolt.

Eisenkappel/Železna Kapla (bis 1890 Kappel/Kapla, slowenisch verkürzt und, wenn es im Kontext klar ist, bis heute auch nur Kapla, amtlich deutsch nunmehr Bad Eisenkappel), urbane Siedlung im Vellachtal/dolina Bele in den östlichen → Karawanken/Karavanke (1.013 Einwohner im Jahr 2001), Sitz der Gemeinde und des Bezirksgerichts im zweisprachigen → Südkärnten/Južna Koroška.

Der Ort entwickelte sich an einem bedeutenden historischen Verkehrs- und Handelsweg, der über den Seebergsattel/Jezerski vrh (1.218 m) Kärnten/Koroška mit → Krain/Kranjska bzw. mit der Gorenjska (Oberkrain) verbindet, und zwar dort, wo die Leppen/Lepena und der Ebriachbach/Obirski potok sowie einige weitere kleinere Zuflüsse in die Vellach/Bela einfließen. Die durch die genannten Zuflüsse gebildeten Seitentäler bilden die leichteste Verkehrsverbindung zum gebirgigeren Einzugsgebiet von Zell/Sele und E./Ž. K. (slow. *selsko-kapelsko podolje*) mit der Hauptstraße über den Seebergsattel/Jezerski vrh. Dieses Gebiet umgeben Berge von über 2.000 m. Höhe.

Der Ort Kappel/Kapla wird in Urkunden erstmals Mitte des 11. Jh.s erwähnt. Die Entwicklung des Ortes

Eisenkappel/Železna Kapla

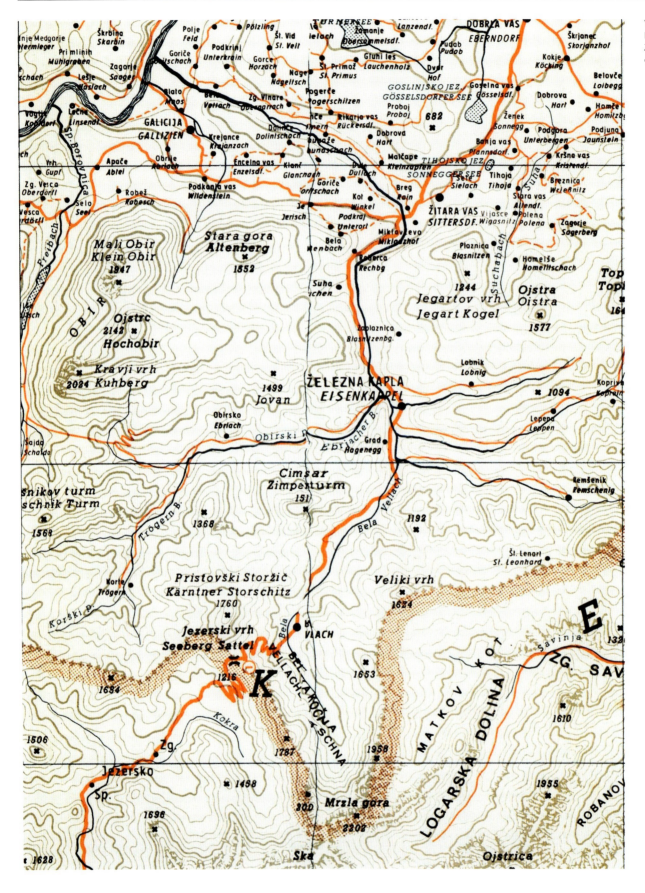

Vladimir Klemenčič, Koroška/Kärnten (Detail Eisenkappel/Železna Kapla mit Vellachtal/dolina Bele)

Ansichtskarte, KOK Ravne na Koroškem

Nach dem Krieg bemühten sich Kärntner SlowenInnen um die Wiederanbringung zweisprachiger Aufschriften, Eisenkappel/Železna Kapla, März 1947. Archiv SZI, Klagenfurt/Celovec

Buchcover, Mohorjeva

BERTRAND KOTNIK

Zgodovina hiš južne Koroške
Die Geschichte der Häuser in Südkärnten

15. knjiga | Band 15

Tržna občina Železna Kapla-Bela
Marktgemeinde Eisenkappel-Vellach

war seit dessen Gründung verbunden mit dem Verkehr über den Seebergsattel/Jezerski vrh. Als Markt wird der Ort erstmals 1267 erwähnt. Im Mittelalter lebte der Ort vom Handel mit Weizen, Eisen, Wolle, Blei, Meersalz und anderen Waren, die zwischen Kärnten/Koroška und Krain/Kranjska gehandelt wurden. Dazu wurden Lagerhäuser für Blei, Eisen und Salz errichtet. 1473 wurde der Ort ebenso wie die Kirche zum hl. Michael von Türken/Osmanen zerstört. Daran erinnert die gut erhaltene Talsperre knapp vor dem Ort, die im Volksmund *Na tabrih* genannt wird (→ Wehrkirche). Der Wehrkomplex umfasste Türme und eine Anlage, die es ermöglichte, aufgestautes Wasser auf feindliche Einheiten in Sturzfluten zu ergießen und war zu jener Zeit die größte ihrer Art im damaligen → Innerösterreich.

Obwohl nach 1518, als → Klagenfurt/Celovec zur Landeshauptstatt wurde, ein Gutteil des Verkehrs über den Loiblpass/Ljubelj umgeleitet wurde, behielt der Verkehrsweg durch E./Ž. K. seine Bedeutung vor allem für den Handel mit Eisen. Die Wasserkraft der Vellach/Bela und ihrer Zuflüsse, die nahe gelegenen Erzvorkommen in Lobnig/Lobnik und Leppen/Lepena sowie die Vorkommen von Braunkohle in Lobnig/Lobnik stellten auch weiterhin eine wichtige Grundlage für die Entwicklung von Hammerwerken dar. Diese waren in E./Ž. K. bereits Ende des 15. Jh.s in Betrieb. Neben dem lokalen Eisen wurden auch aus anderen Teilen Kärntens Eisen durch E./Ž. K. und weiter nach Krain/Kranjska transportiert.

Da sich neben dem Verkehr, dem Bergbau und der Eisenverarbeitung noch zahlreiche weitere Handwerke entwickelten, wurde E./Ž. K. ein bedeutender Marktort, der bereits Mitte des 18. Jh.s 161 Häuser hatte.

Als schließlich in moderner Zeit der Verkehr über den Seebergsattel/Jezerski vrh auf Kosten des Loiblpasses/Ljubelj immer mehr abnahm, wurde dieser Rückgang mit der Errichtung einer Schmalspurbahn nach Kühnsdorf/Sinča vas wettgemacht. Dies ermöglichte den Abtransport von Holz, das in diesem gebirgigen Gebiet zuhauf vorkam, was die Bedeutung von E./Ž. K. als urbanem Zentrum bestärkte. In der Folge wurde der Ort im Rahmen der Verwaltungsreform im Zuge der Implementierung der → Oktroyierten Märzverfassung von 1849 Sitz des Bezirksgerichtes und einiger weiterer Ämter. 1890 erhielt der Ort seinen heutigen Namen. Trotz seiner peripheren Lage mitten in einer Gebirgslandschaft veränderte sich die Bevölkerungszahl nicht wesentlich. 1880 hatte E./Ž. K. 1.203 Einwohner, 1910 immerhin noch 1.176. Wesentlich stärker ging im selben Zeitraum der Anteil der Bevölkerung mit Slowenisch als → Umgangssprache zurück, nämlich von 575 (47,80 %) im Jahr 1880 auf 303 (25,77 %) im Jahr 1910. Natürlich handelte es sich dabei im Wesentlichen um das Phänomen der sog. statistischen → Germanisierung der slowenischen Bevölkerung und nicht um einen massiven Exodus oder den Zuzug einer deutschsprachigen Bevölkerung (→ Binnenwanderung). Das bestätigt auch die private Volkszählung von 1910, nach der damals in E./Ž. K. 1.058 (91,56 %) Slowenen lebten.

Zur Abwehr der → Germanisierung begannen sich die Slowenen aus E./Ž. K. und Umgebung bereits Ende des 19. Jh.s in → Kulturvereinen und auf wirtschaftlichem Gebiet zu organisieren (→ Vereinswesen). Der gemeinsame Slogan *Skupno delo – skupni blagor* [Gemeinsame Arbeit – gemeinsamer Wohlstand] begeisterte im Jänner 1898 um die 100 Bauern, die der heimische Pfarrer Franc LENZ zur Gründung der *Posojilnica za Belo in okolico v Železni Kapli, registrirana zadruga z neomejeno zavezo* [Darlehenskassa für Fellach und Umgebung in Eisenkappel, eingetragene Genossenschaft mit unbegrenzter Haftung] geladen hatte (→ Genossenschaftswesen). Die neue Sparkasse, die einen bedeutenden wirtschaftlichen Rückhalt der Slowenen bildete, wurde vom Handelsgericht in Klagenfurt/Celovec am 10. Februar 1898 bestätigt.

Im Jahr 1907 wurde in E./Ž. K. das *Slovensko katoliško izobraževalno društvo* [Slowenischer katholischer Bildungsverein] als Vorgängerorganisation des *Slovensko prosvetno društvo → Zarja* [Slowenischer Kulturverein Zarja] gegründet. In den Jahren vor dem Ersten Weltkrieg wurden zahlreiche → Laienspiele bzw. Theatervorstellungen mit religiösem, humoristischem und bäuerlichem Inhalt zur Aufführung gebracht. Meist wurden sie im Rahmen von Versammlungen des Bildungsvereins gespielt, die von politisch-informativen, wirtschaftlichen und religiösen Vorträgen begleitet wurden. Bis 1912 stieg die Zahl der Mitglieder auf 250. Im Rahmen des Vereins waren auch ein Chor und eine Bücherei zur Hebung der Sprach- und → Lesekultur aktiv (→ Chorwesen).

Zu Beginn des Ersten Weltkrieges schränkten die cisleithanischen österreichischen Behörden die Tätigkeit der Slowenen im kulturellen und wirtschaftlichen Bereich ein. Ihre Aktivitäten entfalteten sich erst wieder nach der → Volksabstimmung, als in E./Ž. K. als Wirtschafts- und Verwaltungszentrum zahlreiche Angehörige der slowenischen Intelligenzia, Lehrer und Beamte lebten und die bäuerliche und Arbeiterjugend zu kulturellem Engagement anregten. In der Zeit vor der Volksabstimmung verschmolz bei den Slowenen das kulturelle Engagement mit den politischen Auseinandersetzungen über die zukünftige Staatszugehörigkeit der Kärntner Slowenen und der Agitation für einen Anschluss an das Königreich der Serben, Kroaten und Slowenen (→ Jugoslawien).

Der Ausgang der Volksabstimmung, bei dem in E./Ž. K. 67,79 % der Wahlberechtigten für den Verbleib bei Österreich gestimmt hatten, sowie die Ereignisse nach der Volksabstimmung führten zu einer starken Lähmung des slowenischen Kulturlebens, da die österreichischen Behörden alle identitätsbewussten slowenischen Kulturarbeiter und die wenigen Bildungsbürger verfolgten (→ Vertreibung 1920). Wegen des starken deutschnationalen Drucks, durch den das Slowenische aus dem öffentlichen Leben einschließlich auch der Kirche verdrängt wurde, kam das organisierte slowenische Kulturleben fast gänzlich zum Stillstand (→ Deutschnationale Vereine). Erst Mitte der 20er-Jahre des 20. Jh.s sammelte sich die slowenische Jugend erneut im Bildungsverein, 1927 wurde das *Slovensko katoliško izobraževalno društvo* [Slowenischer katholischer Bildungsverein] gegründet. 1930 begann der Chor erneut mit seiner Tätigkeit, etwas später die Laienspielgruppe. Auf der Jahresversammlung wurde das *Slovensko katoliško izobraževalno društvo* in *Slovensko prosvetno društvo »Zarja«* [Slowenischer Kulturverein Zarja] umbenannt und entfaltet seine Tätigkeit bis heute unter diesem Namen.

In der Zwischenkriegszeit stieg die Bedeutung von E./Ž. K. als Grenzort an der österreichisch-jugoslawischen Grenze. Wegen des Zuzugs von deutschsprachigen Beamten erhöhte sich die Bevölkerungszahl auf 1.265 Personen und der Anteil der Personen mit slowenischer Umgangssprache sank auf 23,79 %.

Trotz des starken Assimilationsdrucks hörten die slowenischen Kulturarbeiter nach dem → »Anschluss« nicht mit ihrer Tätigkeit auf. So beteiligten sich an der Jahresversammlung 1939 über 100 Vereinsmitglieder. Vor diesem Hintergrund formierten sich bereits im Sommer 1942 nach den massiven → Deportationen von Slowenen im April desselben Jahres in Zell/Sele die ersten Zellen des bewaffneten Widerstands in Kärnten/Koroška. Von da aus breitete sich die Widerstandsbewegung auf ganz Südkärnten/Južna Koroška aus. Gleichzeitig kamen in dieses Gebiet auch Partisanengruppen und Aktivisten der slowenischen Befreiungsbewegung OF aus dem Gebiet des heutigen Slowenien, die versuchten, die Wehrmachtsdeserteure anzuwerben. Im November 1942 überfiel die Gestapo die Partisanen in Ebriach/Obirsko und E./Ž. K. und nahm ca. 180

Ante pante populore

Peršman

Zarja

von ihnen fest. Im April 1943 verurteilte der »Volksgerichtshof« in Klagenfurt/Celovec 13 Mitglieder der Kärntner Volksbefreiungsbewegung zum Tode und den Großteil der anderen zu langjährigen Haftstrafen. Wegen der gut organisierten Partisanenbewegung, in der auch deutschsprachige und Angehörige einiger anderer europäischer Völker wirkten, planten die Partisanen zusammen mit den Alliierten Kräften im Sommer 1944 die Befreiung des Vellachtals/dolina Bele zusammen mit E./Ž. K., um so die Nutzung des strategisch bedeutenden Seebergsattels/Jezerski vrh durch die Wehrmacht zu verhindern.

Auf dem Gebiet von E./Ž. K. waren während des Zweiten Weltkrieges auch einige Partisanendruckereien und kleinere Lazarette tätig. In der Partisanenbewegung wirkten ca. 250 Einwohner von E./Ž. K. mit, von denen 29 im Kampf fielen. Daneben verloren wegen der Nazigewalt 66 Zivilpersonen das Leben. Darunter stechen fast alle Mitglieder der Peršman-Familie mit zahlreichen Kindern heraus, die durch wütende SS-Einheiten, noch wenige Tage vor Kriegsende, ermordet wurden. Am Peršmanhof befindet sich nunmehr das zentrale, privat geführte Museum zum Partisanenwiderstand und zu den → Deportationen in Kärnten/Koroška, vor dem das Denkmal für die Gefallenen der → Saualpe/Svinja aus → Völkermarkt/Velikovec seine Heimstätte gefunden hat.

E./Ž. K. ist auch Schauplatz des ursprünglich slowenischen → Brauches des Kirchleintragens → *Ante pante populore* sowie des → Eisenkappler Passionsspiels.

Lit.: ES. – G. Glauert: *Ein Kärntner Grenzmarkt in den Karawanken im 17. und 18. Jahrhundert (Železna Kapla)*. In: *Süddeutsche Forschungen*, Jg. 55 (Dez. 1939), Nr. 3–4, 643–684; B. Grafenauer, *Narodnostni razvoj na Koroškem od srede 19. stoletja do danes*. In: *Koroški zbornik*. Ljubljana 1946, 117–248; A. Melik: *Slovenski alpski svet*. Ljubljana 1954; *700 Jahre Markt Eisenkappel*. Klagenfurt 1968; P. Fister: *Arhitektura protiturških taborov*. Ljubljana 1975; *80 let Slovenskega prosvetnega društva Zarja v Železni Kapli*. Železna Kapla 1987; *100-letnica Posojilnice-Bank Železna Kapla*. Železna Kapla 1998; M. Klemenčič und V. Klemenčič: *Die Kärntner Slowenen und die Zweite Republik: Zwischen Assimilierungsdruck und dem Einsatz für die Umsetzung der Minderheitenrechte*. Klagenfurt/Celovec [e.a.] 2010.
Web: www.persman.at, www.bad-eisenkappel.info/ (13. 1. 2012).

Matjaž Klemenčič; Üb.: Bojan-Ilija Schnabl

Eisenkappler Passionsspiel, slow. *kapelški pasijon*. Die Kärntner slowenische Literatur war mangels einer ökonomischen Grundlage und entsprechender Pflegestätten bis zum Beginn des 19. Jh.s fast ausschließlich auf die mündliche und handschriftliche Überlieferung angewiesen. Auf diese Tradition verweist auch die Handschrift des Passionsspiels *Komödia od Kristusouiga Terplinja Katiro so nekidei na te ueliki zhetertig inu na te uelikonozhni Pondelik v Kappli spilali (Komödie vom Leiden Christi, die einst am Gründonnerstag und am Ostermontag in Kappel gespielt wurde)*, die 1899 vom damaligen Kaplan Stefan SINGER in → Eisenkappel/Železna Kapla gefunden wurde (SINGER 1938: 255).

Der erhaltene Teil der Handschrift besteht aus 144 Seiten im Format 36 x 22,2 cm. Auf der Innenseite des Einbandes befindet sich die Jahreszahl 1816 mit dem Zusatz 2 fl 45X [= 2 Gulden, 45 Kreuzer], was KOTNIK (1943: 100) als Datum des Erwerbs und als Preis der Hanschrift deutet. Der Großteil der Handschrift besteht aus handgeschöpftem Papier mit dem Wasserzeichen »FW« der Papiermühle Franz und Anna WEINLÄNDER in Viktring/Vetrinj und kann somit zwischen 1771 und 1815 datiert werden.

Das Passionsspiel besteht aus drei Vorstellungen und einem Nachspiel. Die erste wurde am Vormittag, die zweite am Abend des Gründonnerstags, die dritte und das Nachspiel am Ostermontag aufgeführt. Die Aufführung fand auf einer Bühne im Unterort, die Kreuzigung auf der Berglehne von Maria Dorn/Marija v Trnju statt (SINGER 1938: 255).

Jede Vorstellung beginnt mit einem Prolog. Der erste Teil des *Donnerstags-Vormittagsspiels* zerfällt wiederum in zwei Teile. Der erste umfasst das Letzte Abendmahl, der zweite Teil die Leidensgeschichte von der Sitzung des Hohen Rates bis zum Urteil des Pilatus. Signifikant sind dabei folgende Abweichungen und Ausschmückungen: Nach der Geißelung tritt ein Soldat auf, der Christus befreien will. Die Teufel schlitzen Judas den Bauch auf und werfen die Eingeweide heraus. Die Szene zwischen Pilatus und seiner Frau wird als höfischer Dialog gezeichnet, im Urteil des Pilatus werden die Textsortenkonventionen eines Gerichtsurteils nachgeahmt. Vom ursprünglichen Epilog ist allerdings nur mehr ein Bruchstück erhalten.

Die *Abendvorstellung* schildert die Leidensgeschichte von der Kerkerszene bis zur Kreuzesabnahme. Drei Juden bewachen Christus vor dem Kerker. Da es ihnen kalt ist, bitten sie die Magd, ihnen Feuer zu bringen. Im Streitgespräch mit ihr werden volkstümliche Stereotype über Schwächen und Vorzüge von Männern und Frauen ausgetauscht. Christus wird im Kerker von einem Engel getröstet. Das Annageln ans Kreuz und das Würfeln um die Kleider Christi werden besonders ausgeschmückt. Longinus, der Christi Seite öffnet, wird von seiner Blindheit geheilt und betet Christus an. Nach der Kreuzesabnahme schildert Maria in einer Art Interludium die Leiden, die Jesus und sie als seine Mutter erdulden mussten. Den reuigen Sünder tröstet sie, dass ihm durch Christi Leiden seine Schuld erlassen werde. Mitten in der Szene der Kreuzesabnahme bricht die Handschrift ab.

Die mystischen Elemente sind bei der *Vorstellung am Ostermontag* stärker ausgeprägt. Bereits in der ersten Szene treten zwei Engel und der Tod auf. In seinem Monolog verkündet dieser, dass alle unter seine Sense kommen müssten, mögen sie nun jung oder alt, arm oder reich, »*Bauern, Herren oder Könige, Kaiser, Päpste oder Kardinäle*« sein. Die Hohen Priester beraten über Jesu Ankündigung, er werde nach drei Tagen wieder auferstehen. Mit der Drohung, ihn beim Kaiser zu verklagen, erpressen sie Pilatus. Die vier Soldaten, die zur Wache abkommandiert wurden, beschließen, die Würfel entscheiden zu lassen, wer die Wache übernehmen müsse. Der Soldat, auf den das Los fällt, bittet die scharfzüngige Magd Ancilla, ihm Feuer zu bringen. Im Streit mit ihr werden wiederum Männer- und Frauenstereotype bedient. Schließlich legt er sich zu seinen Kameraden, über deren stinkende Winde er sich beklagt. Zwei Engel verkünden die Auferstehung, Christus erscheint seiner Mutter. Als die Soldaten aufwachen, herrscht Verwirrung und Chaos, das mit volkstümlichem Humor geschildert wird. Die darauf folgenden Szenen entsprechen wiederum stärker der biblischen Vorlage aus der Osterliturgie. Ein Lied schließt die Vorstellung und leitet zum Nachspiel über.

Im *Nachspiel* tritt Luzifer als Kläger vor Christus, dem gerechten Richter, auf und fordert die Verdammnis der Seele, die seine Gebote gebrochen habe. Die Seele wendet sich an Maria um Fürbitte bei Christus. Der Erzengel Michael mit seiner Seelenwaage wird gerufen, die zugunsten der Seele ausschlägt, als Maria den Rosenkranz, den die Seele eifrig gebetet hat, in die Waagschale wirft.

Bei der erhaltenen Handschrift handelt es sich offensichtlich um eine Kompilation älterer Texte. Die zeitliche Reihenfolge, in der die einzelnen Elemente aneinandergefügt wurden, ist nicht eindeutig festzustellen. Für das relative Alter des Passionspiels scheint vor allem seine Dreiteiligkeit zu sprechen, die nach GRABER (1923 b: 10 ff.) charakteristisch für die Kärntner Passion im 16. Jh. war. Die jüngste Schicht scheint eine reimlose Dramatisierung der Synopsis der vier Evangelisten zum Palmsonntag und des Johannesevangeliums zum Gründonnerstag (Joh. 13, 1-15) zu sein. Die Textvorlagen wurden den katholischen Perikopen, die unter dem Titel *Evangelia i listuvi* seit 1612 (BREZNIK 1917) in zahlreichen Ausgaben gedruckt wurden, entnommen. Texte aus der Osterliturgie, z. B. das Improperium *popule meus*, das *Te deum* und das *Stabat mater*, werden eingefügt.

Der kompilatorische Charakter geht aus der Wiederholung einiger Szenen, mehrerer Abschreibfehler und Bruchstellen hervor. Das Fehlen eines Hinweises auf das Letzte Abendmahl im Prolog der Vormittagsaufführung lässt vermuten, dass dieser Teil erst später hinzugefügt wurde. Im Prolog zur Abendvorstellung des Gründonnerstags wird das Reichen des Schweißtuches nicht Veronika, sondern Maria Magdalena zugeschrieben. Diese Verwechslung dürfte dem Bestreben geschuldet sein, Maria Magdalena als Sünderin, deren erotische Darstellung des Öfteren Anlass zu Beschwerden und Verboten war, im ursprünglichen Text zu tilgen.

Eine von GRABER (1923) und nach ihm von KRETZENBACHER (1952) vermutete Abhängigkeit vom deutschen Passionsspiel der Glanhofer-Gruppe lässt sich nach Vorliegen des gesamten Textes nicht nachweisen. KORUZA (1979: 152 f.) sieht die Vorlage in einer Aufführung des Christi-Leidensspiels, das 1615 von den → Jesuiten im nahe gelegenen Eberndorf/Dobrla vas aufgeführt wurde. KOTNIK (1943: 105) verortet auch das Nachspiel vom Armen Sünder in der jesuitischen Spieltradition der Expositur Eberndorf/Dobrla vas. Die Drastik, die etwa beim Herausreißen der Gedärme in der Judasszene und bei den flatulierenden Soldaten vor dem Grabe Christi als Stilmittel zum Tragen kommt, verweist auf eine barocke Ästhetik.

Lit.: A. Breznik *Literarna tradicija v ›Evangelijih in listih‹.* In: DiS 30:5 (1917) 6, 170–174; 225–230; 279–281; A. Stegenšek: *Zgodovina pobožnosti sv. križevega pota.* V Mariboru 1912; G. Graber: *Kärntner Volksschauspiele, III Passionsspiel. Das Kärntner Spiel vom Leiden und Sterben Christi.* (Deutsche Hausbücherei 82). Wien 1923; S. Singer: *Kultur- und Kirchengeschichte des Jauntales. Band III: Dekanat Eberndorf.* Kappel 1938 (Im Selbstverlage des Verfassers) [Photomechanischer Nachdruck: Klagenfurt/Celovec 1979]; F. Kotnik: *Pasionska igra iz Železne Kaple.* In: Slovenske starosvetnosti – nekaj zapiskov, orisov in razprav (Slovenska poljudnoznanstvena knjižnica I/1. V) Ljubljana 1943, 99–105; L. Kretzenbacher: *Passionsbrauch und Christi-Leiden-Spiel in den Südost-Alpenländern.* Salzburg 1952; J. Koruza: *Starejša slovenska koroška dramatika.* In: E. Prunč, A. Malle (Hg.): Koroški kulturni dnevi I. Zbornik predavanj. Maribor 1973, 128–145; J. Koruza: *Začetki slovenske posvetne dramatike.* In: JiS 24 (1979) 8, 149–266; E. Prunč: *Kapelški pasijon.* In: A. Skaza, A. Vidovič-Muha (ed.): Obdobje baroka v slovenskem jeziku, književnosti in kulturi. Mednarodni simpozij v Ljubljani od 1. do

3. julija 1987. Ljubljana 1989, 191–208. Eine kritische Edition von Matija Ogrin und Erich Prunč erschien 2015 in elektronischer und gedruckter Edition.

Erich Prunč

Ekar, Anton (Publizist, Kulturaktivist), → *Mir* [Der Friede].

Elaunik, Oswald (Publizist, Kulturaktivist), → *Mir* [Der Friede].

Eller, Dr. Fran (Ps. Boris, Prosekar, * 10. August 1873 Maria Gail/Marija na Zilji, † 14. Februar 1956 Ljubljana), Dichter, Jurist, Universitätsprofessor.

E.s Vater, der Lehrer Franc ELLER (der bei → Maria Gail/Marija na Zilji unterrichtet hatte, wo er nach 25 Jahren zum Ehrenbürger ernannt wurde), stammte aus Vojnik bei → Celje, seine Frau war Marija, geb. SERAJNIK. Sie stammte aus Maria Gail/Marija na Zilji. E. maturierte 1891 am Gymnasium in → Villach/Beljak, wo Josip LENDOVŠEK sein Lehrer für Slowenisch war. Er studierte zunächst an der Universität Graz Geschichte, Geografie und Slawistik, und wechselte 1893 nach Wien, wo er mit dem Jusstudium begann, das er 1899 mit dem Doktorat abschloss. In Wien gehörte E. seit 1896 zu den Mitarbeitern des *Literarni klub* [Literarischer Klub], in welchem auch die Vertreter der slowenischen literarischen Moderne Ivan → CANKAR, Fran GOVEKAR, Fran GÖSTL, Ferdo JANČAR, Anton MAJARON, Ivan ŠKERJANEC, Fran VIDIC und Oton → ŽUPANČIČ anzutreffen waren. E. zählte zu den aktiveren Mitgliedern des Klubs. Aus CANKARS Korrespondenz geht hervor, dass er E. als Dichter schätzte und seinen Durchbruch als Dichter erwartete, zu dem es jedoch nicht gekommen war. 1903–1909 war E. in Ljubljana, Litija und Novo mesto tätig, danach bis 1918 im Finanzministerium in Wien. An der neu gegründeten Universität in Ljubljana wurde er 1920 ordentlicher Professor für Finanzrecht und -Lehre, 1935 wurde E. emeritiert. Bis zu seinem Tod lebte er in Ljubljana, wo er auch begraben wurde. Während des Krieges brach er das sog. »kulturelle Schweigen« (*kulturni molk* – ein Verbot der Befreiungsbewegung OF, literarische Werke in vom Besatzer kontrollierten Publikationen zu veröffentlichen) und publizierte 24 Gedichte in der Anthologie *Slovenska lirika, Najlepše pesmi od Prešerna do najnovejšega časa* [Slowenische Lyrik, Die schönsten Gedichte von PREŠEREN bis zur jüngsten Zeit] (Ljubljana 1944), die der Dichter Anton PODBEVŠEK herausgegeben hatte. In der Folge konnte seine einzige zu Lebzeiten erschienene Sammlung, die *Koroške pesmi* [Kärntner Gedichte], lediglich bei der → *Slovenska Matica* [Slowenische Gesellschaft für Wissenschaft und Kultur] erscheinen, der er zuvor testamentarisch sein gesamtes Vermögen sowie seine Handschriften überlassen hatte.

Obwohl E. bereits in seiner Wiener Studentenzeit zu schreiben begonnen hatte, widmete er sich der Literatur im Besonderen erst in seiner letzten Lebensphase, von der Emeritierung bis zum Tode. Seine frühe Poesie entstand zwar unter dem Einfluss der ästhetischen Ideen und Maßstäbe der Moderne, die er auch selbst in dieser Zeit in den Aufsätzen *Moderno kritično stališče* [Der moderne kritische Standtpunkt] (1898) und *Moderna o namenu umetnosti* [Die Moderne über den Zweck der Kunst] (1898) entwickelte, die er aber seiner eigenen Poetik streng unterordnete, indem er gewisse klassische Elemente beibehielt. Auch die ideologisch-dogmatische katholische Kritik einerseits und das L'art pour l'art andererseits akzeptierte er nicht. Er vertrat zwar die subjektive Gestaltung lyrischer Empfindungen, doch andererseits war E. der Meinung, dass nur jene Lyrik, die in formalisierten Formen gestaltet wird, wahre Lyrik sei, wobei er dem Sonett den Vorzug gab. Seine frühen Gedichte erschienen unter seinem Namen und unter dem Pseudonym Boris in der Zeitschrift → *Ljubljanski zvon* (1894–1905). Sehr früh kommen in seinem Œuvre Motive aus Kärnten/Koroška und von Kärntner Menschen zum Tragen, so im siebenteiligen Zyklus *Korotan* (LZ 1895) (→ *Korotan*); er schreibt auch intime und reflexive Bekenntnislyrik, weniger Liebesgedichte, impressionistische Bilder der Natur und des Lebens. Einige dieser Gedichte veröffentlichte er unter dem Pseudonym PROSEKAR auch im liberalen *Slovan* (1902–1903).

Seine erste Schaffensperiode wurde durch berufliche Verpflichtungen und den Krieg unterbrochen; erst Mitte der 1920er-Jahre begann E. wieder intensiver zu publizieren. 1925 erschien im → *Ljubljanski zvon* ein Zyklus von vier Gedichten. Unter ihnen sticht *Pesem o svitnici* [Gedicht über das Rorate] hervor. E. blieb dem *Ljubljanski zvon* bis 1929 treu, die bedeutendste Veröffentlichung stellt der Zyklus *Vsakdanji soneti* [Alltägliche Sonette] dar. In den 1930er-Jahren veröffentlichte er in den Zeitschriften *Dom in svet* und *Modra ptica* (*Ena o smrti, Sanje, Senca*). Während des Zweiten Weltkriegs erschienen 24 seiner Gedichte in der bereits erwähnten Anthologie, die Anton PODBEVŠEK herausgab,

Fran Eller, Büste von France Gorše im Skulpturenpark von Suetschach/Sveče, Foto Johann Jaritz (Wiki)

der auch der Autor der einzigen Studie über E.s Poesie geblieben ist (*Dr. Fran Eller 1873–1956. Sodobnost* 1973). Nach dem Krieg publizierte er einige neue Gedichte, aber auch Gedichtvarianten, die E. bereits in dem Gedichtband *Koroške pesmi*, in der Triester Zeitschrift *Razgledi*, in der Klagenfurter *Svoboda*, im *Koledar Slovenske Koroške* (KSK) sowie in den Mariborer *Nova Obzorja* veröffentlicht hatte.

E. schrieb relativ wenige Gedichte, zu Lebzeiten hat er nur einen einzigen Gedichtband, *Koroške pesmi* (1947), herausgegeben. Darin trug er seine besten Gedichte aus der Vorkriegslyrik zusammen, die er teilweise bearbeitet und ergänzt hatte und denen er einige neue Gedichte, die als Reaktion auf Okkupation und Krieg entstanden waren, hinzufügte; so das Gedicht über die Zerstörung des Dorfes *Rašica* (1941) oder das Gedicht *Letalski alarm* [Fliegeralarm] (1941). Der Band besteht aus zwei Zyklen, *Klic izpod Jepe* [Der Ruf vom Fuß des Mittagskogels] und *Soneti* [Sonette]. Der Band wurde wegen der spezifischen Poetik des Dichters, aber auch wegen der völlig anderen ästhetischen Maßstäbe der ersten Nachkriegszeit nahezu übersehen. Im ersten Teil finden sich Gedichte, die von der Assimilation der Slowenen, aber auch von der Ergebenheit in ihr Schicksal handeln (*Mrtva zemlja* [Tote Erde], *Bilčnikov Neček* [Der Bilčnikov Neček], *Doklej* [Bis wann], *Mi Čuši* [Wir Tschuschen]). Der zweite Teil hingegen enthält Sonette, die u.a. bedeutenden Kärntner Slowenen und ihrem Schicksal gewidmet sind, z.B. *V spomin Urbanu Jarniku* [Zum Andenken an Urban → Jarnik], *Koroški psalm 137* [Kärntner Psalm 137]. Der Band wurde in der *Ljudska pravica* und im *Slovenski poročevalec* trotz der Kärntner Thematik und der Gedichte, die sich mit dem Volksbefreiungskampf solidarisierten, negativ kritisiert. Eine Auswahl von E.s Poesie unter dem Titel *Fran Eller, Znane in neznane poezije* erschien 1995 in Klagenfurt/Celovec in der Redaktion von France Bernik. Als Herausgeber nahm er auch etwa 50 Gedichte aus dem Nachlass auf, wobei einige Varianten von bereits veröffentlichten Gedichten darstellen; außerdem versah Bernik den Band mit einem kurzen Geleitwort, sowie mit bibliografischen und sachlichen Anmerkungen. Einige Gedichte (rund dreißig, davon der Großteil unvollendet oder in Varianten schon publizierter Gedichte) befinden sich noch in seinem Nachlass, der im Archiv der *Slovenska matica* aufbewahrt wird.

Quellen: SM, Archiv [Nachlass].
Werke: *Moderno kritično stališče*. In: LZ 18 (1898) 79–86, 145–151; *Moderna o namenu umetnosti*. In: SN 1898; A. Podbevšek (Hg.): *Slovenska lirika. Najlepše pesmi od Prešerna do najnovejšega časa* [Eine Anthologie]. Ljubljana 1944; *Koroške pesmi*. Ljubljana 1947; *Znane in neznane poezije* (Hg. F. Bernik). Celovec 1995.
Lit.: SBL; EJ; ES; LPJ; OVSBL. – F. Vodnik: *Ob smrti Frana Ellerja*. In: *Naši razgledi* 4 (25. 2. 1956) 89; Ivan Cankar, Zbrano delo. Bd. 26. Ljubljana 1970, Bd. 27. Ljubljana 1971; Bd. 28. Ljubljana 1972; A. Podbevšek: *Dr. Fran Eller*. In: *Sodobnost* 1973; F. Bernik: *Ob 25-letnici smrti Frana Ellerja*. In: *Naši Razgledi*, 3 (13. 2. 1981) 77.

Denis Poniž; Üb.: Katja Sturm-Schnabl

Ellersdorfer, Florijan (* 24. April 1861 Unterlinden/Podlipa bei Haimburg/Vovbre [Völkermarkt/Velikovec], † 3. Februar 1929 Griffen/Grebinj), Bürgermeister von Griffen/Grebinj und Landtagsabgeordneter.

Als ältester Sohn der Familie vlg. Mentl, die aus dem Lavanttal/Labotska dolina nach Unterlinden/Podlipa pri Vovbrah zugezogen war und sich rasch in das gänzlich slowenische Umfeld integriert hatte, arbeitete E. nach dem Militärdienst in der Montoni-Ziegelei bei Feistritz an der Gail/Ziljska Bistrica. 1903 verkaufte er das Mentl-Anwesen an Alexander und Franciska Gril (vgl. Pavel → Gril, Srečko → Puncer). Er heiratete die einzige Tochter vom Anwesen Pikš in Griffen/Grebinj, übernahm so die große Landwirtschaft mit einer Säge, zwei Mühlen und einer Ölpresse und modernisierte diese. Als langjähriger (seit 1903) und allgemein beliebter → Bürgermeister von Griffen/Grebinj war er ein deklarierter zweisprachiger Slowene und kandidierte am 14. Mai 1907 für die slowenische Partei in Verbindung mit den deutschen Christlichsozialen bei den ersten Wahlen zum Reichsrat nach der Einführung des allgemeinen Männerwahlrechts. Im → Wahlkreis → Völkermarkt/Velikovec – Eberstein/Svinec – Althofen/Stari Dvor kam er am 25. Mai 1907 in den zweiten Wahlgang, wo er jedoch mit 1.897 zu 2.791 Stimmen dem deutsch-liberalen Kandidaten J. Nagele unterlag, den die im ersten Wahlgang unerwartet unterlegenen Sozialdemokraten aufgrund von Weisungen aus Wien unterstützt hatten. Bei den letzten Landtagswahlen vor dem Ersten Weltkrieg am 29. März 1909 erhielt E. im Wahlkreis Völkermarkt/Velikovec – Eberndorf/Dobrla vas eine überzeugende Mehrheit auf der slowenischen Liste (748 : 523) und wurde so in die Kurie der Landgemeinden gewählt (→ Abgeordnete, → Wahlordnungen). Im Landtag interessierte er sich vor allem für wirtschaftliche Fragen und überließ die ethnopolitischen Fragen dem anderen slowenischen Abgeordneten Franc → Grafenauer. Im Zuge der → Volksabstimmung, wo er laut Franc → Petek, seinem Hausarzt, »selbst nicht wusste ob er Slowene oder Deutscher sei«, optierte er endgültig für die deutsche Seite (→ Assimilant, → Assimilationszwang).

Archive: KLA, Stenographische Protokolle des kärntnerischen Landtages.
Quellen: Stenographische Protokolle der X. Wahlperiode des kärntnerischen Landtages zu Klagenfurt [1909–1914].
Lit.: OVSBL. – *Pogreb Florijana Ellersdorferja.* In: *Koroški Slovenec* 20. 2. 1929, Nr. 8; V. Melik: *Wahlen im alten Österreich – am Beispiel der Kronländer mit slowenischsprachiger Bevölkerung.* Wien/Köln/Weimar 1997, 256, 340, 429, 434, 435 (slowenische Erstausgabe Ljubljana 1965; 248, 324, 402, 407); J. Pleterski: *Slowenisch oder deutsch? – nationale Differenzierungsprozesse in Kärnten [1848–1914].* Klagenfurt/Celovec 1996, 397, 399, 400, 402, 403, 408 (slowenische Erstausgabe Ljubljana 1965; 365, 367–370, 374); F. Petek: *Iz mojih spominov.* Ljubljana – Borovlje 1979, 21, 24; J. Lukan: *Franz Grafenauer (1860–1935). Volkstribun der Kärntner Slowenen.* Klagenfurt/Celovec 1981 (Studia Carinthiaca Slovenica; 2), 51, 53, 99, 345.

Janez Stergar; Üb.: Bojan-Ilija Schnabl

Elze, Ludwig Theodor (* 17. Juli 1823 Alten bei Dessau, † 27. Juni 1900 Venedig), evangelischer Theologe, Kirchenhistoriker, Literaturhistoriker, Dichter, Numismatiker und Ethnologe.

E. studierte in Tübingen und Berlin (1842–1845) evangelische Theologie und arbeitete anschließend als Hauslehrer in Italien. Wegen eines Vergehens musste er sich im Ausland nach einer Pfarrstelle umsehen und wurde von der 1850 konstituierten Kirchengemeinde Ljubljana 1851 als Pastor berufen. Er verstand sich gleichsam als Nachfolger des 1598 abgesetzten und nach Württemberg emigrierten Felician TRUBAR, eines Sohnes des Reformators Primož → TRUBAR, welchem er sein Lebenswerk widmete. 1865 wechselte er nach Meran in Südtirol, nach weiteren drei Jahren an die evangelische Gemeinde in Venedig, wo er bis 1891 wirkte und seinen Ruhestand verbrachte. Während seiner 14-jährigen Tätigkeit in Ljubljana stellte er eine umfangreiche Materialsammlung zur slowenischen Reformationsgeschichte zusammen und verfasste viel beachtete wissenschaftliche Beiträge. Er setzte seine Tätigkeit auch später in Italien fort. Eine geplante Geschichte der krainischen Literatur im 16. Jh. kam nicht zustande, aber er veröffentlichte zahlreiche Schriften über Einzelfragen. Er behandelte die protestantische Kirche und Schule in → Krain/Kranjska, ihre führenden Persönlichkeiten (Superintendenten, Prädikanten, Kirchenräte, Rektoren), verschiedene Gattungen von Druckschriften (Katechismen, Postillen, Gebetbücher, Gesangbücher, Ritualschriften) usw. Anlässlich des 400-Jahr-Jubiläums der Universität zu Tübingen verfasste er die Festgabe *Die Universität Tübingen und die Studenten aus Krain* (1877), wofür ihm 1878 der Dr. phil. h. c. verliehen wurde. E. war als Materialsammler und Publizist einer der treibenden Kräfte der Erforschung der slowenischen Reformation. Seine Schriften blieben noch Jahrzehnte unumgängliche Referenzen für alle nachfolgenden Arbeiten zu dieser Epoche. Sein wohl wichtigstes Werk, *Primus Trubers Briefe*, wurde erst 1986 von der erweiterten zweisprachigen Neuausgabe überholt.

Werke: *Die Superintendenten der evangelischen Kirche in Krain.* Wien 1863; *Truber Primus und die Reformation in Krain.* In: Real-Encyklopädie für protestantische Theologie u. Kirche, Suppl. III, 1866; 2. Ausg. Bd. XVI, 1885; *Die Universität Tübingen und die Studenten aus Krain.* Tübingen 1877 (München 1977); *Die slowenischen protestantischen Druckschriften.* Venedig 1896; *Primus Trubers Briefe.* Tübingen 1897.
Lit.: SBL; ES; OVSBL. – P. F. Barton (Hg.): *Bibliographie zur Geschichte der evangelischen Christen und des Protestantismus in Österreich und der ehemaligen Donaumonarchie.* Wien 1999, 568; C. Weismann: *Th. Elze und seine Beziehungen zur Universität Tübingen.* In: Geschichte, Kultur und Geisteswelt der Slowenen, 14. München 1977, 113–122; A. A[škerc]: *† Theodor Elze.* In: LZ 20/8 (1900) 505–508 [mit Bibliografie]; W. A. Schmidt: *Ein katholisch-slowenischer Nachruf auf Th. Elze.* In: JGPrÖ 23 (1902) 110–114; J. Rajhman: *Pisma Primoža Trubarja.* Ljubljana 1986; D. Voglar: *Theodor Elze: 1823–1900.* In: *Stati in obstati* 1/1–2 (2005) 228–232; A. Schindling: *Primus Truber-Gedenkorte in Süddeutschland.* In: *Primus Truber und die Reformation in Slowenien* (= Fresacher Gespräche 2012). Klagenfurt 2013, 13–29 [zugleich Sonderdruck aus *Carinthia* I 203 (2013)].

Karl W. Schwarz, Darko Dolinar

Emigration. Der Begriff der E. bzw. Auswanderung definiert jene räumlichen Veränderungen von Einzelpersonen oder Gruppen aus einem Abwanderungs- hin in ein Einwanderungsgebiet oder einen Ort mit dem Ziel einer temporären oder dauerhaften Auswanderung bzw. Niederlassung über Staatsgrenzen hinweg. Bis zum Ende des Ersten Weltkrieges werden unter E. nur jene Wanderbewegungen aus Kärnten/Koroška gezählt, bei denen sich die Migranten außerhalb der österreichisch-ungarischen Monarchie niederließen, danach jene außerhalb der Republik Österreich.

Bis zum Beginn der Industriellen Revolution war das Phänomen der E. aus Kärnten/Koroška relativ wenig bedeutend. Für kürzere oder längere Zeit verließen vornehmlich Handwerker, Händler und Saisonarbeiter das Land. In dieser Zeit wanderten auch einige Protestanten hauptsächlich in deutsche Länder aus, einige später in die USA. In die USA wanderten auch vereinzelt Priester, die in der neuen Heimat in deutschen Pfarren

KS 16. 11. 1916

Skočidol. (Izseljenci.) Iz župnije Lipe je odšlo letos spomladi 6 fantov „s trebuhom za kruhom" v daljno Kanado, med njimi tudi Fallejev Lipej. Iz župnije Skočidol in Drava pa so se lani in letos na vigred podali na to dolgo in doslej od naših izseljencev še neshojeno pot ti-le fantje: Valentin Kaufmann (Šustaričev vedno muhasti Foltej), Janez Orasch (Vaznikov Hanjžek), Janez Čajnik (Toml), ki jim je bil kot že vešči Amerikanec navdihovatelj in za prvo silo tudi kažipot, Johann Weidacher, Lojzej Mikl (Špicarjev Lojzej), Franc Mikl (Špicarjev France), Valentin Dersola, kovač, Anton Orasch (Košejev Tonej, ki si je pri delu najprej tam poškodoval nogo, potem pa prišel pod padajoče drevo v lesu, tako da je moral v bolnico, kjer so mu morali izvzeti eno rebro, Jožef Maček (Mačekov Pepi, ki sta ga ladja in puh-puh zanesla celo na otok Vancouver v velikem oceanu), brata Robert in Jakob Fugger (Iličeva), Rajmund Florijančič (Skalarjev). Prvi 3 so iz Dol, četrti iz Podravelj, peti, šesti in sedmi iz Krošič, osmi iz Dragnič, deveti iz Podravelj, deseti, ednajsti in dvanajsti pa iz Udmata. Eden je pa iz Hovč, župnija Domačale: Jožef Sturm. Kakor se sliši, se godi še vsem precej dobro. Delajo in pridni so. Ko so odšli, so prejeli vsi prej sv. zakramente. Imeli smo malo cerkveno poslovilnost. Tamburaši pa so je spremljali na kolodvor oz. jim na domu zasvirali v slovo. Pevci pa so jim peli. Vse je tedaj jokalo: oni, ki so odhajali, in ti, ki so jim dajali roko v zadnji pozdrav in slovo. A v duhu smo pri njih, če smo tudi ločeni za pol sveta. Kedaj se spet vidimo?

Slovenec — župan ameriškega mesta. V mestu Elly ameriške države Minnesota so se nedavno vršile volitve v mestno zbornico. Izmed sedmih odbornikov je bilo voljenih pet Slovencev z imeni Štefan Banovec, Franc Schweiger, Martin Skala in Janez Slobodnik. Slovenci so postavili tudi mestnega župana.

KS 4. 5. 1938

Ivanu Strauss-u v spomin. Pred sedemdesetimi leti je odšel mladi globaški rojak Ivan Strauss v šole — v tujino. Sprva je še pogosto prihajal na počitnice med domače, pozneje pa vedno bolj redko. In ko se je lani vrnil sivolasi dvorni svetnik Ivan Strauss v svoj rodni kraj, so zamogli le še najstarejši Globašani spoznati v njem svojega nekdanjega tovariša iz otroških let — Podevovega Anzeja. Njegova življenska pot je bila izjemna: rodna kmečka hiša ukaželjnemu fantu ni mogla nuditi zadostnih sredstev za študij in mladi Ivan je bil že kot študent navezan na samega sebe. S svojo marljivostjo, izredno energijo in nadarjenostjo ter odločnim nastopom pa se je znal v velikem svetu povsod uveljaviti. Po svojih študijah v Št. Pavlu, Celovcu in v Gradcu, kjer se je agilno udejstvoval v „Triglavu", je nastopil svojo prvo službo v Gradcu, od tam je šel v Tuzlo in končno prišel kot sekretar deželne vlade v Sarajevo. Tam se je kaj kmalu povspel do šefa statističnega urada, ki ga je vzorno uredil. O statistiki Bosne in Hercegovine je priobčil številne publikacije. V priznanje za njegovo delovanje na polju statistike ga je izvolil mednarodni statistični inštitut svojim rednim članom. Kot tak je zastopal pred in povojno Avstrijo na kongresih mednarodnega statističnega instituta po vseh velikih evropskih mestih, se seznanil in sklenil prijateljstva s svetovnoznamimi učenjaki in veljaki. Za svoje zasluge je prejel številna odlikovanja, med drugim dvojno odlikovanje od sv. Očeta v Rimu ter od perzijskega vladarja sončni in levji red. Vse svoje življenje je z živim zanimanjem sledil narodnostni borbi koroških Slovencev. Kljub temu, da je prebil večino svojih dni v tujini, je vedno čutil ozko povezanost s svojim rodom, dokler ga ta sila ni privedla v njegovo rodno vas, kjer je preživel svoj življenski večer in dočakal svojo smrt. Naj bi mu bila domača zemlja lahka.

KS 13. 2. 1935

wirkten oder als Missionare unter den nordamerikanischen Indianern.

Mit der Entwicklung der Industrie in den westeuropäischen Staaten suchten Kärntner vermehrt Beschäftigung im Ruhrgebiet, im Saarland und in Westfalen, einige in den Bergbaugebieten Belgiens und Nordfrankreichs. Ab der Mitte des 19. Jh.s wanderten zahlreiche Kärntner in die USA aus, da die heimischen Industriezentren die überschüssigen Arbeitskräfte des überbevölkerten ländlichen Raums nicht beschäftigen konnten. So wanderten alleine zwischen 1870 und 1910 3,5 Millionen Menschen aus Österreich-Ungarn in die Überseestaaten, davon ca. 3 Millionen in die USA, 358.000 nach Argentinien, 158.000 nach Kanada, 64.000 nach Brasilien und einige Tausend nach Australien. Etwas weniger als eine Million wanderte bis 1920 aus.

Aus der österreichischen Reichshälfte (Cisleithanien) wanderten im Zeitraum 1870–1920 ca. 2,15 Millionen Menschen aus, darunter auch zahlreiche slowenisch- und deutschsprachige Kärntner. Die deutschsprachigen Kärntner gründeten in Chicago, Illinois den Kärntner Klub »Koschat«, die slowenischsprachigen waren in den Vereinen aktiv, die sie gemeinsam mit den slowenischen Auswanderern aus anderen Gebieten gegründet hatten. Unter den Auswanderern waren zahlreiche höher gebildete Personen, insbesondere Priester wie z.B. Josip Varh, Alojzij Mlinar, Juri und Jožef Reš (Roesch) sowie John Smolej (dieser war zwar in Kranjska Gora geboren, doch war er seit seiner Priesterweihe 1896 bis zur Auswanderung 1907 in Kärnten/Koroška tätig).

Als die USA in den Jahren 1923 und 1924 die Einwanderung beschränkten, verringerte sich auch der

Emigranten aus Vorderberg/Blače, NUK

KS 10. 11. 1926

Umfang der Auswanderung dorthin beträchtlich (siehe → Miklautsch, Johann). Weiterhin wanderten die Menschen jedoch nach Kanada, nach Südamerika und nach Australien aus. Bis zum → »Anschluss« reduzierte sich die Zahl der Auswanderer aus Kärnten/Koroška in die USA auf einige Tausend. Unter ihnen waren zahlreiche Slowenen, die nach der → Volksabstimmung emigrierten, so z.B. der Priester Jurij → Trunk.

Zu einer bedeutenden Auswanderungswelle aus politischen und wirtschaftlichen Gründen kam es nach dem Zerfall der österreichisch-ungarischen Monarchie und der Schaffung der Ersten Republik sowie des Königreiches SHS (→ Jugoslawien). So mussten nach der Volksabstimmung am 10. Oktober 1920 wegen des offenen antislowenischen Drucks zwischen 5.000 und 6.000 slowenischsprachige Kärntner aus Kärnten/Koroška in das neu entstandene Königreich SHS auswandern, weil sie sich vor der Volksabstimmung offen für eine Vereinigung des slowenischen Teiles Kärntens mit dem Königreich SHS ausgesprochen hatten (→ Vertreibung 1920). Die Mehrzahl ließ sich in → Ljubljana und in → Maribor nieder, viele auch in Industrieorten (→ Celje, Jesenice, Trbovlje, Kranj, Škofja Loka), einige aber auch in ländlichen Gegenden, so z.B. in der → Mežiška dolina (Mießtal) und in der Dravska dolina (slowenisches Drautal). Unter ihnen waren ebenso Arbeiter, Eisenahnarbeiter, Bauern, Händler und Handwerker wie auch Lehrer, Professoren, Priester und andere Intellektuelle (der Epidemiologe Dr. Herman → Vedenik in Rogatica/BiH). Nach gewissen Quellen haben Kärnten/Koroška 43 slowenischsprachige Priester und 61 Lehrer, die entlassen worden waren, verlassen. So lebten 1931 im Königreich Jugoslawien 29.521 Personen, die in Österreich geboren worden waren, davon 16.736 in der *Dravska banovina* [Drau-Banschaft] (Slowenien), 6.350 in der *Savska banovina* [Banschaft an der Save] (Kroatien) und einige auch in Serbien (Beograd) und in der Vojvodina (Veliki Bečkerek, heute Zrenjanin und Novi Sad).

Andererseits wanderten Beamte, Militärangehörige und ein Teil der wirtschaftlich Aktiven deutschsprachigen Bevölkerung aus dem neuen jugoslawischen Staat in das Gebiet der Republik Österreich aus. Insbesondere in → Südkärnten/Južna Koroška besetzten sie Arbeitsplätze, von denen zuvor Slowenen entlassen worden waren. All das trug in der Folge zur → Germanisierung des südlichen/slowenischen Teiles Kärntens bei. Einige Migrationsströme waren seitens der → deutschnationalen Vereine und Organisationen zu diesem Zwecke geplant. So siedelten sich im Rahmen von gezielten »Besiedlungsaktionen« der deutschnationalen Organisationen Kärntner Heimatbund und Deutscher Schulverein Südmark, die sich die Festigung des Deutschtums in den slowenischen Orten zum Ziel gesetzt hatten, bis 1932 in ganz Kärnten/Koroška 137 Familien aus Deutschland an. Diese hatten sich 6.604 Ar (ca. 3.800 ha) Land in einem Wert von ca. 4,85 Millionen damaligen Schilling angeeignet. 71 dieser Familien siedelte in Südkärnten/Južna Koroška in slowenisch-ethnischem Gebiet und kauften 3.677 Ar (2.100 ha) Land. Die Zusiedlung von Deutschen ging auch nach dem → »Anschluss« 1938 weiter (→ Binnenwanderung).

Lit.: M. Klemenčič: *Migrations in History*. In: A. K. Isaacs (Hg.): Immigration and Emigration in Historical Perspective (Migration, 1). Pisa 2007, 28–54; D. Grafenauer: *Življenje in delo Julija Felaherja in koroški Slovenci* (Phil. Diss.). Maribor 2009; J. Stergar, D. Grafenauer: *Die Auswanderung von Österreichern nach Jugoslawien nach der Kärntner Volksabstimmung 1920*. In: Zwischenwelt 27–1/2 (2010), 29–33; R. Vospernik: *Zweimal aus der Heimat vertrieben. Die Kärntner Slowenen zwischen 1919 und 1945: Eine Familiensaga*. Klagenfurt/Wien 2011.

Matjaž Klemenčič; Üb.: Bojan-Ilija Schnabl

Endonym (regionale slowenische E.), vgl. Sachlemmata: → Namenkunde; → Ortsname; → Zweinamigkeit, mittelalterliche.

»Entethnisierung«. Die E., die synonymisch für »Entslowenisierung« oder Tabuisierung alles Slowenischen steht (slow. *deetnizacija, deslovenizacija*), kann als Phänomen in der kollektiven Wahrnehmung und der Historiografie in Kärnten/Koroška definiert werden, bei der der slowenische Anteil an der (Kultur-)Geschichte und in der Gesellschaft systematisch minimalisiert und negiert wird. In der Folge existiert das, was im öffentlichen Raum nicht benannt wird und keinen Namen hat, in der kollektiven Wahrnehmung schlichtweg nicht (→ Name und Identität). Personen und Gegebenheiten werden zuerst ohne ethnische Qualifikation und in einer weiteren Phase mit einer neuen ethnischen oder regionalen bzw. *territorialen* → *Identität* versehen (die regionale Identität »Kärntner« steht einerseits als Ersatz für »Slowene«, sowie mit der Beifügung »echter Kärntner« als kryptisierte Bezeichnung für »deutsch«). Gleichzeitig wird das Slowenische auf die politische, gesellschaftlich unattraktive »Minderheitenrolle« beschränkt, außerhalb derer es nicht oder kaum aufscheint (→ Landessprache, → »Minderheit«). Das heißt: Statt eines integrativen roten Fadens der kollektiven Erfassung der Umwelt bzw. der → Geschichtsschreibung und der → Kulturgeschichte in Kärnten/Koroška darzustellen, was angesichts der historischen Relevanz und Präsenz der Slowenen durchaus logisch erscheinen würde, wird das Slowenische auf eine scheinbar unerklärliche, historisch weit zurückliegende Zufallserscheinung minimalisiert (diese Analyse kann, wenn auch differenziert, in weitem Maße auf das gesamte 20. Jh. angewendet werden).

Zöchling, *Profil*

Die Wurzeln liegen einerseits in der gezielten und umfassenden Politik der → Germanisierung, deren Ziel es war, das Slowenische aus dem kollektiven Bewusstsein zu verdrängen; andererseits in der kollektiven Selbstverneinung jener, die sich dem Assimilationsprozess ergeben hatten, bzw. jener, die in den posttraumatischen Nachwehen dieses Prozesses die neue Identität durch deren Überbetonung zu integrieren und das Trauma der Selbstverneinung zu überwinden such(t)en (→ Assimilation und PTBS; → Assimilant). Hinzu kommen kollektive kognitive Dissonanzen als Resultat der generationenübergreifenden Indoktrinierung durch eine obrigkeitliche Geschichtsideologie, die die kognitiven Dissonanzen ihrerseits vertiefen (→ Geschichtsschreibung und kognitive Dissonanzen). Anschaulich beschreibt Hösler die verschiedenen Phasen der deutschsprachigen Geschichtsschreibung zu → Krain/Kranjska und der Untersteiermark/Spodnja Štajerska und deren phasenweise politisch-ideologische Instrumentalisierung. In dieser kann man durch die Einschränkung auf spezifische Perspektiven und Schwerpunkte Aspekte der E. erkennen. Die E. im Kärntner Kontext kann als Aspekt der sog. *Kärntner → Zweisprachigkeitsideologie* aufgefasst werden bzw. als Aspekt der dieser zugrunde liegenden → Windischentheorie (→ Wutte, Martin).

Die E. steht im Gegensatz zur → Windischen-Ideologie des 16. Jh.s, die das Slowenische im Geschichtsverständnis hochstilisierte. Beispiele der E. finden sich bereits im 19. Jh. mit der gesellschaftlichen Festigung der großdeutschen Idee, deren Vertreter das Slowenische im Land systematisch zurückzudrängen versuchten (→ Deutschnationale Vereine, → Dezemberverfassung 1867, → Wahlordnungen, → Wahlkreise).

E. als Erscheinung in der wissenschaftlichen Literatur ist, wo sie auftritt, zumindest Ausdruck eines mangelnden gesamtheitlichen bzw. interdisziplinären Ansatzes. Die angewendeten Methoden oder Perspektiven führen »ganz natürlich« dazu, dass nicht nur keinerlei Verbindungen mit der slowenischen → Kulturgeschichte aufscheinen, die Frage danach stellt sich nicht einmal. Dies führt allerdings zu suggestiven Forschungsresultaten. Dabei wird jedoch der Rahmen der wissenschaftlichen Ethik bisweilen überspannt und die Resultate

Franz Krahberger

gleiten in pseudowissenschaftliche Geschichtsideologie. Zudem führt der solchermaßen systematische Ausschluss eines der zentralen Aspekte der Geschichte und gesellschaftlichen Verhältnisse im Land zu unrichtigen bzw. wissenschaftlich nicht haltbaren Resultaten. Es liegt auf der Hand, dass eine genaue Abgrenzung zu einer epistemologisch durchaus indizierten Perspektivverengung und Fokussierung bisweilen schwierig ist. Zudem würde ein entsprechendes Mainstreaming zur Überwindung der E. in der Wissenschaft einen aktiven kognitiven Prozess und Wandel erfordern.

Beispielhaft für E. seien verschiedene deutschsprachige Biografien von Slowenen/Personen angeführt, die nicht primär ethnopolitisch engagiert waren, so jene des Landschaftsmalers Markus → Pernhart vom Viktringer Künstlerkreis *(Vetrinjska šola umetnikov)*, des Flugzeugpioniers Josef → Sablatnig und der Bischöfe Franz K. → Luschin/Lušin und Jakob P. → Paulitsch/Paulič oder der Vertreter des Nötscher Kreises *(Čajnska šola umetnikov)* Franz Wiegele. Deren slowenische Herkunft wird in der Regel nicht einmal thematisiert (im slowenischen Nekrolog gezeichnet von Anton M. → Slomšek wird hingegen Lušin als erster slowenischer Bischof aus Kärnten/Koroška erwähnt, dem Paulič folgte). Als Slowenen/slowenisch werden demnach nur politisch aktive Personen oder Gruppen dargestellt, der Rest sind »nur« Kärntner. Hinzu kommt, dass aufgrund der gesellschaftspolitischen Konstante im Land, wonach gesellschaftlicher Aufstieg zwingend konditioniert ist mit der Verneinung der slowenischen Herkunft und Sprache (→ Assimilationszwang), und die Slowenen selbst gezwungen waren, ihre ethnische Herkunft im öffentlichen Raum gänzlich zu verschweigen und so zur E. beitrugen (→ Kryptoslowenen).

Die E. manifestiert sich auch im Nicht-Gebrauch slowenischer Ortsnamen ebenso wie im inflationären Gebrauch einer ungenauen Terminologie, wo klare Begriffe zur wissenschaftlichen Erkenntnis beitragen würden (→ Alpenslawisch *(alpskoslovansko)*, → karolingisch/karolingerzeitlich, → slawisch, → windisch oder → gemischtsprachig). So heißt es im »Kurzen Abriss der Kärntner Geschichte vom Frühmittelalter bis 1920« von F. W. Leitner im Museumsführer des Kärntner Landesmuseums: »Eine mehr als tausend Jahre währende Schicksalsgemeinschaft der slawischen (sic!) und deutschen (sic!) Volksteile im Lande hatte bei gegenseitiger Toleranz ein gemeinsames Kärntner Heimatbewusstsein entstehen lassen, welches allein den positiven Ausgang der Abstimmung für Kärnten und damit für Österreich als Sieg buchen konnte.« Ein weiteres Eingehen auf spezifische Aspekte der slowenischen → Kulturgeschichte wird im gesamten zitierten Werk vergeblich gesucht.

Ein Mittel der E. in der Geschichtsschreibung ist auch die Wahl des Themas und dessen Eingrenzung, die jeden Bezug zu Fragen der kulturgeschichtlichen Relevanz und Kontinuität obsolet erscheinen lässt. Beispielhaft dafür ist die Objekteinführung und Themendarstellung der für die karantanische, Kärntner und slowenische Kulturgeschichte bedeutenden Flechtwerksteine (slow. *pleteninasti kamni, pleterji*) aus → frühmittelalterlichen Kirchen in Kärnten/Koroška und weiterer Artefakte des → (karantanisch-)Köttlacher Kulturkreises (in drei Wandvitrinen) im Kärntner Landesmuseum (Ausstellungsstand August 2011, 2014 im Umbau begriffen) unter dem irreführenden Titel »Gotenherrschaft und Karantanien«. Auf insgesamt 39 Zeilen wird zunächst von den Goten (ohne Objektbezug) geschrieben, auf 19 Zeilen von den Karantane(r)n, wobei vor allem die suggestiven Inhalte auffallen: Germanische Vorgeschichte, Rechristianisierung durch das bairische/deutsche Erzbistum Salzburg (Regermanisierung), Karantanen auf romanischem Substrat mit awarisch-byzantinischen und fränkischen Waffen (also ohne Eigenständigkeit im weitesten Sinn und mit abgeschlossener Geschichte zwischen 590 und 828), bairisch-deutsche Geschichte ab 828 (quasi in der Tradition der gotisch-germanischen Kontinuums). Karantanien erscheint als historisch kurzfristige Erscheinung ohne nachhaltige Auswirkung:

»… Um das Jahr 600 kam es bei *Aguntum* (Lienz) zu heftigen Kämpfen zwischen Baiern und Slawen, die – von den Awaren bedrängt und abhängig – spätestens um 590 im Ostalpenraum seßhaft geworden waren. Auf romanischem Substrat, das die stereotypen Trachtenelemente vom Typ Köttlach entscheidend prägt, vollzog sich in wenigen Generationen im Konflikt mit der Kirche die Ethnogenese der Karantanen (ca. 590–828). Von den Awaren bedroht, riefen sie 741 den baierischen Herzog Odilo zu Hilfe und kamen mit den Baiern 749 unter fränkische Oberherrschaft. Hohe militärische Würdenträger *(ban)* trugen im frühen 8. Jh. awarisch-byzantinische Militärgürtel und fränkische Waffen, Zeugnis einer eigenständigen Stellung der Karantanen zwischen Franken und Awaren. Die Rechristianisierung vom baierischen Erzbistum Salzburg aus scheiterte in einem ersten Anlauf unter Chorbischof Modestus im Jahre 772 (Karantanenaufstand). Unter Bischof Theoderich kam es 799 zu einem neuen erfolgreichen Anlauf. 811 wurde die Drau als Grenze zwischen Aquileia und Salzburg festgelegt. Auch nach Einrichtung der Ostlandpräfektur unter Karl d. Gr. im Jahre 803 blieben die einheimischen Fürsten (*duces*) eigenständig. Nach der Beteiligung am Liudewit-Aufstand (818/820) setzte Ludwig der Deutsche 828 einen baierischen Grafen in Karantanien ein.«

Bisweilen wird etwa im Kontext der Ethnologie oder Personenforschung mit der Regionalbezeichnung Kärntner, Rosentaler, Jauntaler, Gailtaler ein Konnex mit der slowenischen Kulturgeschichte höchsten suggeriert, bzw. ist nur für Insider erkennbar: jedenfalls wird dieser Inhalt beim Empfänger der Information nicht wahrgenommen. Im Museumsführer des Landesmuseums von Kärnten/Koroška aus 1984 finden sich regional bestimmte Artefakte der → Volkskunst: »Große ›Wazanrein‹ aus Maria Rain 1796« (S. 120), »Weihkorbdecke aus dem Rosental« (S. 122), »Totenkrone aus dem Rosental« (S. 124), → »Südkärntner Baugruppe« (S. 142) (→ Volksarchitektur). Bezeichnend für die wissenschaftliche Methode sind die einzigen zwei Stellen im Rahmen der Darstellung der Volkskunde in den Museumsführern, die Aspekte der slowenischen Kulturgeschichte höchstens andeuten: In der zusammenfassenden Gesamtschau zur Volkskunde heißt es im Museumsführer aus 1987 bei Ilse Koschier: »Die Vielfalt der volkskundlichen Teilbereiche innerhalb eines räumlich begrenzten regionalen Gebietes, aber auch die Verbindung mit den umgebenden Nachbarländern lässt die Kärntner Volkskunde als Besonderheit innerhalb der europäischen Kulturgeschichte erscheinen.« (S. 141) Ihre Beschreibung der Exponate in Raum V zieht Parallelen zu slowenischen Trachten, ohne sie als solche zu identifizieren (S. 142): »… Die Gailtaler Frauentracht enthält viele auch für die slowenischen Trachten charakteristische Elemente: kurzer, reich gefalteter Rock, gestrickte ›Zipfelstrümpfe‹, reich gezogene, gestärkte Unterröcke, buntes Tüchel, Bindehaube und gestrickter Schaffellmantel« (Unterstreichung vom Autor des vorliegenden Beitrages; vgl. auch → Brauch, → Gailtaler Tracht/*ziljska noša*). Insgesamt sucht man vergeblich nach einer (umfassenden) Darstellung der slowenischen Kulturgeschichte oder nach spezifischen Aspekten, da sie offensichtlich nach dem regionalgeschichtlichen Ansatz methodisch obsolet erscheinen. In der Konsequenz jedoch werden relevante Aspekte und Perspektiven der slowenischen politischen und Kulturgeschichte nicht erfasst, was die zugrunde liegende Methode selbst als problematisch erscheinen lässt.

Eine wohl als E. zu interpretierende konzeptuelle Ausgrenzung der slowenischen Kultur- und Sprachgeschichte findet sich im *Führer durch die Ausgrabungen auf dem Magdalensberg* (Klagenfurt/Celovec 1999, 2003), wo in der slowenischen Zusammenfassung die angeführten Orte in der Region, die durchwegs eine absolut geläufige und normierte slowenische Entsprechung haben, nur auf Deutsch und nicht auch auf Slowenisch angegeben sind. So heißt es: »Med mesti Klagenfurt in Sankt Veit an der Glan se razprostira zgodovinsko važni Zollfeld (Gosposvetsko polje) … Najvišja vzpetina na vzhodnem robu Zollfelda je 1058 m visoki Magdalensberg … mladenič … danes v umetnostno-zgodovinskem muzeju v Wienu …« (Unterstreichungen in beiden Zitaten der sprachlich eindeutig fehlerhaften Stellen vom Autor des vorliegenden Beitrages). Eine vergleichbare »Politik« der Schreibweise von → Ortsnamen findet sich historisch in der Zwischenkriegszeit in der Zeitung → *Koroška domovina* [Kärntner Heimat] mit einer offenen Germanisierungstendenz, so dass auch im gegenständlichen Fall eine politische Intentionalität nicht von der Hand gewiesen werden kann. Im wissenschaftlichen Kontext bzw. im Kontext der → Geschichtsschreibung ist dies jedoch als äußerst problematisch zu betrachten, zumal im Land eine konstitutive slowenische Volksgruppe lebt und somit Slowenisch eine der → Landessprachen ist. Ob mit einer solcherart manifestierten Sprachpolitik einer regionalen wissenschaftlichen Einrichtung ein reales Interesse, den slowenischen Anteil der Kulturgeschichte des Landes zu erforschen, vereinbar ist, kann bezweifelt werden, damit aber auch die wissenschaftliche Methodik an sich, was allerdings wiederum die Frage nach dem gesetzlichen Auftrag und der Kontrolle der gesetzlichen Umsetzung aufwirft. Cornelia Kogoj weist auf das positive – verantwortungsvolle – Beispiel des Landesmuseums Burgenland mit dem Umgang mit der sprachlich-kulturellen Vielfalt und Geschichte im Land hin, die sie, in einem Beitrag im Winter 2012, im Landesmuseum in Kärnten/Koroška noch vermisste bzw. kritisiert. (In diesem Rahmen ist anzumerken, dass das slowenische ethnografische Institut *Slovenski etnografski institut Urban Jarnik* aus Klagenfurt/Celovec seit 2005 im Kontext von Sonderausstellungen eine fruchtbare Zusammenarbeit mit dem Landesmuseum Kärnten/Koroška pflegt. Doch stellen Sonderausstel-

www.karawankengrenze.at

Peter Gstettner, *Erinnern an das Vergessen,* Radio Agora

lungen keine Dauerausstellung und auch keine systemische Integration slowenischer kulturgeschichtlicher Aspekte in einer an sich dazu berufenen zentralen Landeseinrichtung dar.)

Wie sehr sich der kärntnerslowenische wissenschaftliche Diskurs – wenn man ihn so bezeichnen kann – auch von manchen Erscheinungen in Slowenien unterscheidet (die aber auch nicht zum Mainstream zählen), zeigt ein Beitrag von Kosi (2010) auf. Dieser verneint kategorisch die »tausendjährige« (wie er es nennt) historische Kontinuität der Slowenen, da die moderne Nation erst ab der Mitte des 19. Jh.s entstanden sei, weshalb vom Gebrauch des Terminus des slowenischen ethnischen Territoriums als Hilfsmittel für die geografische Einschränkung der historiografischen Forschung Abstand zu nehmen sei. Damit wäre die Grundlage geschaffen, gänzlich unbelastet und unvoreingenommen Archivmaterialien zu lesen und man wäre davon befreit, überall national-aufklärerische Intentionen in der ersten Hälfte des 19. Jh.s suchen zu müssen. Begründet wird diese Verneinung der Kontinuität etwa damit, dass sich Trubar selbst immer nur als Krainer bezeichnet habe, oder mit der Kritik der Soziobiologie. In seiner suggestiven Form und Botschaft bleibt dieser Ansatz natürlich die Antwort schuldig, ob und inwieweit ältere einschlägige tradierte sprachliche, kulturelle, politische, rechtliche, mythologische u.a. Erscheinungsformen vor der Mitte des 19. Jh.s überhaupt von einer »slowenischen« Historiografie behandelt werden dürften und wieweit diese die Grundlage für spätere Erscheinungsformen bildeten, da sich diese notwendigerweise auf einem – in historischen Phasen durchaus unterschiedlichen – geografischen Gebiet manifestierten. Damit wird gleichsam die gesamte Genese moderner sprachlicher, kultureller usw. Erscheinungsformen bei den Slowenen, aber auch in Kärnten/Koroška und Österreich allgemein der wissenschaftlichen Forschung entzogen, was neben der Tatsache, dass die Slowenen als solche in ihrer historischen Genese, ihren durchaus vielfältigen parallelen *territorialen → Identitäten,* infrage gestellt und als Konstrukt des 19. Jh.s dargestellt werden, wissenschaftlich und epistemologisch nicht zielführend ist.

Insgesamt ist darauf hinzuweisen, dass etwa 1999 Fahlbusch auf die besondere Verantwortung der Wissenschaft und der historischen Mittäterschaft von Wissenschaftern im NS-Verbrecherregime hinweist, was von weiteren Autoren wie Svatek (2010) oder Stoy (2007) jeweils in Aspekten oder global bestätigt wird. So beteiligte sich der Slawist Viktor Paulsen (1913–1987) – und Autor einer unveröffentlichten dialektologischen Dissertation bei Prof. A. → Trubetzkoy zur *Lautlehre des slowenischen Gailtaler dialektes in Kärnten* (1935) – bereits vor dem Krieg als Angehöriger der Wiener *Südostdeutschen Forschungsgemeinschaft* in der Förderung des Deutschtums in Slawonien, aber auch im Gebiet des heutigen Sloweniens. Während des Zweiten Weltkrieges war er in einschlägiger Funktion am Raub von Archivalien in Jugoslawien und in der Sowjetunion beteiligt (er brachte es bis zum SS-Untersturmbannführer), wobei diese Archivalien teilweise dazu benutzt wurden, um, wie Svatek (2010: 133) es mit einem historischen Begriff beschreibt, »ethnographische Flurbereinigung« durchzuführen. Zur historischen Verantwortung der Germanistik insgesamt äußert sich Krahberger unter Bezugnahme auf die Lebensläufe so mancher ihrer Vertreter in ähnlicher Form.

In Übrigen stellt Trummer in Bezug auf das slawische/slowenische Erbe in der österreichischen Steiermark ebenso eine, wie er es nennt, Verdrängung aus dem Bewusstsein und das Vergessen in der Öffentlichkeit, in der Politik, in der Schule und im fachwissenschaftlichen Leben fest, was durchaus Analogien zu Kärnten/Koroška aufweist.

Gesellschaftspolitische Folge ist u.a. eine fortschreitende eingeschränkte Wahrnehmungsfähigkeit (kognitive Dissonanz) gegenüber dem Slowenischen im Land und eine Minderung der gesellschaftlichen Toleranz gegenüber den Slowenen bzw. die Negation der Grund- und Menschenrechte (→ Schulwesen, → Amtssprache, → Ortsnamen) sowie ein tief liegendes Unvermögen, diese als demokratischen Mindeststandard zu akzeptieren. Eine solchermaßen eingeschränkte wissenschaftliche Tätigkeit konnte und kann allerdings auch keinen Beitrag zur allgemeingesellschaftlichen Zukunftsfähigkeit des Landes leisten.

Nicht unberücksichtigt gelassen darf in diesem Kontext die durchaus nachvollziehbare moderne Kritik an einer (sachlich nicht nachvollziehbaren) **Ethnisierung** und ›Kulturalisierung‹ der Geschichtsschreibung. Denn das vermeintliche Gegenstück einer übermäßigen Ethnisierung, der regionalhistorische Ansatz in der Geschichtsschreibung, kann, unter dem Vorwand der Überwindung nationaler Geschichtsschreibung, durchaus seinerseits als ideologisches Mittel der Exklusion und des Ethnozentrismus dienen. Die nationalideologisch bewusste oder aufgrund von kognitiven Dissonanzen unbewusst transportierte E. der slowenischen

Kulturgeschichte in Kärnten/Koroška, d.h. die »Entslowenisierung« der Kärntner Regionalgeschichte, ist gerade durch die Negation eines nicht unwesentlichen Teilaspektes der politischen und sonstigen Geschichte problematisch, eben weil sie als Instrument der Exklusion und des Ethnozentrismus angesehen werden kann. Gerade dieses vielfache Verschweigen der slowenischen Kulturgeschichte trägt, weil das Slowenische gesellschaftlich im Wesentlichen nur in dessen Verneinung wahrgenommen wird, zur gesellschaftlichen Akzeptanz von Diskriminierung und Menschenrechtsverletzung und zur gesellschaftlichen Akzeptanz von zivilisatorischen Tragödien und kollektiven Traumatisierungen von Menschen aufgrund ihrer slowenischen Herkunft bei (→ Assimilant, → Assimilation, → Assimilationszwang, → Gemischtsprachig, → Germanisierung, → Deutschnationale Vereine, → Internierungen 1919, → Vertreibung 1920, → »Generalplan Ost«, → Deportationen 1942, → Windischentheorie, → Zweisprachigkeitsideologie, → Schulwesen). »Entethnisierung« und Ethnisierung bilden daher nicht notwendigerweise einen Widerspruch. Die Kritik an der *Ethnisierung* sowie an der *»Entethnisierung«* stellt vielmehr Ausprägungen desselben humanistischen Diskurses in unterschiedlichen gesellschaftlichen Kontexten dar.

Die solchermaßen definierte Gleichung lautet: Nationalideologisch begründete »Entethnisierung« unter dem Vorwand der Überwindung nationaler Geschichtsschreibung in Kärnten/Koroška > »Entslowenisierung« > Regionalisierung/regionalhistorischer Ansatz > Geschichtsschreibung ohne slowenischen Teilaspekt > suggestive Perspektivenverengung > Sender-Empfänger-Modell in der Kommunikation > Schaffung und graduelle Vertiefung kognitiver Dissonanzen > der slowenische Teilaspekt der Geschichte wird zur unbegründeten Zufallserscheinung und verschwindet aufgrund von kognitiven Dissonanzen aus dem Bewusstsein > die Restmenge der Regionalgeschichte ist deutsch > Ethnisierung. Das heißt, der regionalhistorische Ansatz unter dem Vorwand der Überwindung als negativ empfundener nationaler (slowenischer) Geschichtsschreibung führt zur Kärntner E. der Geschichtsschreibung, die aufgrund des Sender-Empfänger-Modells in der Kommunikation und aufgrund von kognitiven Dissonanzen eine verdeckte, schleichende Ethnisierung mit dem Ziel der ideologischen Germanisierung der Geschichtsschreibung des Landes war.

Quellen: Wurzbach; ÖBL – A. M. Slomšek: *Franišček Ksaveri Lušin, Svetlo ogledalo svojim slovenskim rojakom* (Nekrolog). In: *Drobtince za novo leto 1855, Učiteljem ino učencom, staršam in otrokom v poduk in kratek čas*, U Celovcu (1855) 109–120; R. Milesi: *Markus Pernhart*. Klagenfurt, Wien 1950; *Das Landesmuseum Kärnten*. Klagenfurt 1984 (»Große ›Wazanrein‹ aus Maria Rain 1796«, S. 120, »Weihkorbdecke aus dem Rosental«, S. 122, »Totenkrone aus dem Rosental«, S. 124, »Südkärntner Baugruppe«, S. 142); I. Koschier: *Volkskunde*. In: Das Landesmuseum für Kärnten und seine Sammlungen. Klagenfurt ²1987, 137–150; F. W. Leitner: *Kurzer Abriss der Kärntner Geschichte vom Frühmittelalter bis 1920*. In: ebd. ²1987, 91–101; A. Rohsmann: *Markus Pernhart – Die Aneignung der Landschaft und Geschichte*. Klagenfurt 1992; G. Piccotini, H. Vetters †, mit Ergänzungen von H. Dolenz: *Führer durch die Ausgrabungen auf dem Magdalensberg*, Verlag des Landesmuseums für Kärnten. Klagenfurt 1999, ²2003, 151 f.

Lit.: H. Haas, K. Stuhlpfarrer: *Österreich und seine Slowenen*. Wien 1977; *Österreichischer Atlas für höhere Schulen* (Kozenn-Atlas), Wien ¹¹1978; G. Fischer: *Das Slowenische in Kärnten, Bedingungen der sprachlichen Sozialisation. Eine Studie zur Sprachenpolitik*. Wien, Sprache und Herrschaft, Zeitschrift für eine Sprachwissenschaft als Gesellschaftswissenschaft, Reihe Monographien Nr. 1/1980; M. Trummer: *Slawische Steiermark*. In: Ch. Stenner (Hg.): *Slowenische Steiermark*. Wien, Köln, Weimar 1997; A. B. Mitzman: *Vom historischen Bewusstsein zur mythischen Erinnerung, Nationale Identitäten und Unterdrückung im modernen Europa*. In: J. Rüsen, J. Straub (Hg.): Die dunkle Spur der Vergangenheit, Psychoanalytische Zugänge zum Geschichtsbewusstsein, Erinnerung, Geschichte, Identität 2. Frankfurt/Main 1998, 397–416; M. Fahlbusch: *Wissenschaft im Dienst der nationalsozialistischen Politik? Die Volksdeutschen Forschungsgemeinschaften von 1931–1945*. Baden-Baden 1999 (zu Paulsen S. 171, 294, 337, 482, 486–489, 492, 606, 629, 655, 659); J. Breidenbach, I. Zukrigl: *Tanz der Kulturen. Kulturelle Identität in einer globalisierten Welt*. Reinbek 2000; J. Hösler: *Vom »Kampf um das Deutschtum« über die »Ostforschung« zur »Freien Sicht auf die Vergangenheit« – Krain und die Untersteiermark des 19. Jahrhunderts im Spiegel der deutschsprachigen Geschichtsschreibung*. In: V. Rajšp [e.a.] (Hg.): Melikov zbornik. Ljubljana 2001, 121–151; T. Baumer: *Handbuch Interkulturelle Kompetenz* (2 Bd.). Zürich 2002 u. 2004; S. Salzborn: *Ethnisierung der Politik. Theorie und Geschichte des Volksgruppenrechts in Europa*. Frankfurt am Main 2005; P. Štih: *Poglavje iz nacionalizirane zgodovine ali O zgodnjesrednjeveških začetkih zgodovine Slovencev*. In: *Studia Historica Slovenica* 5/1–3 (2005) 105–132; P. Štih: *Miti in stereotipi v podobi starejše slovenske nacionalne zgodovine*. In: Mitsko in stereotipno v slovenskem pogledu na zgodovino: zbornik 33. Zborovanja ZZDS. Ljubljana 2006, 25–47; P. Štih: *Pledoaje za drugačen pogled na starejšo slovensko zgodovino*. In: *Nova Revija* Jg. XXVI (2007), 194–206; M. Stoy: *Das Österreichische Institut für Geschichtsforschung 1929–1945*. Wien 2007. (= Mitteilungen des Instituts für Österreichische Geschichtsforschung, Ergänzungsband 50); J. Kosi: *Je bil proces formiranja slovenskega naroda v 19. Stoletju res zgolj končni nasledek tisočletne slovenske kontinuitete?* In: ZČ 64 Nr. 1–2 (2010), 154–175; *Letno poročilo Narodopisnega društva in inštituta Urban Jarnik za leto 2009*. Celovec (2010?), 23; M. G. Ash, R. Pils, W. Nieß (Hg.): *Geisteswissenschaften im Nationalsozialismus. Das Beispiel der Universität Wien*. Wien 2010; P. Svatek: *»Wien als Tor nach dem Südosten« – Der Beitrag Wiener Geisteswissenschafter zur Erforschung Südosteuropas während des Nationalsozialismus*. In: M. G. Ash, R. Pils, W. Nieß (Hg.): *Geisteswissenschaften im Nationalsozialismus. Das Beispiel der Universität Wien*. Wien

2010, 111–139; H. D. Pohl: *Ortsnamen voller Geheimnisse*. Interview in: *Kleine Zeitung* (18. 9. 2011), 16–17; M. Piko-Rustia: *Unterwäsche der traditionellen Frauenfesttracht aus dem Gailtal*. In: Landesmuseum Kärnten (Hg.): Dessous, Eine Kulturgeschichte hautnah, Begleitheft zur gleichnamigen Sonderausstellung im Landesmuseum Kärnten – Rudolfinum. Klagenfurt 2012, 25–27; C. Kogoj: *Kein Slowenisch im Landesmuseum Kärnten, Dialog und Kultur – eine kritische Analyse*. In: Stimme, Zeitschrift der Initiative Minderheiten 85 (Wien, Winter 2012) 22–23.

Web: F. Krahberger: *Germanistik – eine befangene Wissenschaft*. In: www.ejournal.at/essay/germanistik.html (Besprechung von P. Wiesinger und D. Steinbach, 150 Jahre Germanistik in Wien. Außeruniversitäre Frühgermanistik und Universitätsgermanistik). Wien 2001.

Bojan-Ilija Schnabl

Entlehnung. Überbegriff für alle Arten von Übernahmen sprachlicher Phänomene von einer Sprache in eine andere. Die Koexistenz zweier Sprachen in Kärnten/Koroška hat zu einer starken gegenseitigen Beeinflussung geführt. Diese betreffen nahezu alle Bereiche der Sprache, v. a. Phonetik, Phonologie, Syntax und Wortschatz (→ Akkulturation; → Inkulturation; → Sprachmischung, mittelalterliche; → Umgangssprache).

Entlehnungen aus dem Slowenischen ins Deutsche. Betrachtet man die E. aus dem Slowenischen ins Deutsche, ist auf der Ebene der Phonetik und Phonologie zunächst die sog. »Kärntner Dehnung« zu nennen. Sie ist eine frühe Folge von → Sprachkontakt (Längung des Vokals vor alter Doppelkonsonanz, z.B. *offen*, *Wasser* wird mundartlich zu [ōfn], [wāsə(r)]. Ebenso die Verteilung von /ch/ und /h/: nach dem slowenischen Muster *suh ~ suha* realisiert man *Villach* [-ch] und *Villacher* [-h-]. Dazu kommen noch einige Aussprachegewohnheiten wie u.a. die Satzintonation, die typisch für Südkärntner sind.

Auf dem Gebiet der *Syntax* ist die sog. Ellipse (Wegfall) des Pronomens *es* bei unpersönlichen Verben kennzeichnend, z.B. *hait rēgnet* ›heute regnet es‹, *gestern wār åbə khålt* ›gestern war es aber kalt‹, v. a. in → Südkärnten/Južna Koroška, → Klagenfurt/Celovec und → Villach/Beljak. Im gemischtsprachigen Gebiet ist nach slowenischem Vorbild *aber* (slow. *pa*) recht häufig, z.B. *frai i mi åbə dås i di sīg* ›ich freue mich [aber], dass ich dich sehe‹. Häufig ist das Verbum an den Anfang des Satzes gerückt, insbesondere im Dialog, bei Antworten u. dgl., z.B. *khum i glai(ch)* ›ich komme gleich‹, *saint se schon untəwēgs* ›sie sind schon unterwegs‹ usw. Initialstellung des Verbs ist im Slowenischen häufig, da meist das Pronominalsubjekt (ich, du …) fehlt, wodurch rein statistisch das Verb öfter am Satzanfang steht als es ihm wortfolgetheoretisch eigentlich zukommt, was Auswirkungen auf das Kärntner Deutsch hat. Auffällig ist der adverbiale Gebrauch von *nichts* [niks] im Sinne von ›nicht‹ (als Negation), was z.T. dem slowenischen *nič* ›nichts, ist nicht‹ entspricht, z.B. *er is niks då* ›er ist nicht da‹ (Nachahmung von slowenischen mundartlich *nič ne biti* ›nicht sein‹). Gemeinsam ist auch die Fragepartikel *a*, z.B. *a khimst hait zu uns?* ›kommst du heute zu uns?‹.

E. im Bereich des Wortschatzes: *Jause* (→ Küchensprache), *Keusche*, mundartlich *Kaischn* ›kleines Bauernhaus‹ (aus slowenischem *hiša*, germanisches Lehnwort), *Kraxe* ›Rückentrage‹ (entlehnt noch in der frühslowenischen Lautung *krǎšńa, später *krošnja*), *Paier* ›Quecke‹ (ein Ackerunkraut, Agriopyrum repens, aus slow. *pirje*), *Pater, Gepater* auch *Gepranter* ›Oberboden der Scheune usw.‹ (slow. *petro* oder *peter*, aus slawisch **p(r)ętro*), *Potitze* ›Art Reinling‹ (aus slow. *pov(i)tica* ›Rollkuchen‹), *Sasaka* ›Verhacktes, ausgelassener geräucherter Speck‹ (aus slow. *zaseka*), *Schwachta* ›Sippschaft (abwertend)‹ (aus slowenisch mundartlich → *žlahta* ›Geschlecht‹, aus dem Deutschen), *Strankele* ›Fisole‹ (Küchensprache), *zwīln* (mundartlich, umgangssprachlich) ›klagen, jammern‹ (aus slow. *cviliti*), *Wābm* (mundartlich, umgangssprachlich) ›altes Weib (meist abfällig)‹ (aus slow. *baba* ›alte Frau‹).

Bemerkenswert sind semantische Gleichungen nach romanischen Vorbildern wie *Unterdåch* ›Dachboden‹ (wörtlich ›Unterdach‹ wie slow. *podstrešje* und furlanisch *sotèt* aus romanisch *subtum tectum*) oder *Auswart* ›Frühling‹ (wörtlich ›auswärts‹, vgl. slow. *vigred* [wörtlich ›Ausgang‹] und furlanisch *insude* aus romanisch **in-exitus*).

Heinz-Dieter Pohl

Entlehnungen aus den Nachbarsprachen ins Slowenische. Unter Kärntner Slowenisch wird hier die gesprochene slowenische Sprache in ihrer Variabilität verstanden (→ Dialekt, → Dialektgruppe, → Soziolekt). Starre, homogene slowenische Mundartsysteme sind nicht mehr vorhanden; ein dynamisches Sprachverhalten der durchwegs zweisprachigen slowenischen Sprecher ist die Regel (→ Mischsprache, → Zweisprachigkeit). Die Kultur der gesprochenen Sprache einzelner Sprecher bezieht sich im Wesentlichen auf die grammatische Richtigkeit einschließlich des integrierten deutschen Lehnguts, z. B: *cagati – scagati- scagovati* ›zweifeln‹, ›verzweifeln‹, *šoltati – šoltovati* ›schalten‹, *premzati – zapremzati* ›bremsen‹ etc. und ist von Al-

Heinz-Dieter Pohl

ter, Bildung und sozialer Zugehörigkeit der Sprecher abhängig.

Vor dem Hintergrund soziolinguistischer Faktoren ist für slowenische Sprecher ein starker Verlust des Sprachbewusstseins typisch (→ Assimilation [1, 2]).

Deutsche E. prägten die Kärntner slowenischen Soziolekte nachhaltig. Mehrere Schübe infolge von gesellschaftlichen Veränderungen (Handel und Gewerbe, Industrialisierung, Technologisierung) sind feststellbar. Die älteste Schicht ist nicht markiert und wird von kompetenten slowenischen Dialektsprechern in Kärnten/Koroška als neutral empfunden (→ Archaismus). Dazu gehören Beispiele, die noch auf das Althochdeutsche zurückzuführen sind, z.B. *antlasnik -a* ›Fronleichnamstag‹, *cila -e* ›Zeile‹, ›Reihe‹, *cviblati* ›zweifeln‹, *flisek* ›fleißig‹, *gmah -a* ›Ruhe‹, *hilati* ›eilen‹, *kreg -a* ›Streit‹, *marenj -nja* ›Gerede‹, *nid -a* ›Neid‹, *onidati* ›nicht gönnen‹, *nidek* ›neidig‹, *rida -e* ›Kurve‹, *špiža -e* ›Speise‹, *šribati* ›schreiben‹, *troštati* ›trösten‹, *vižati, viževati* ›lenken‹, ›weisen‹, *virh -a* ›Weihrauch‹, *žnabel -bla* ›Lippe‹, *žolnir -ja* ›Soldat‹, *žolt -a* ›Krieg‹ etc.

Deutsch ist seit jeher auch der Großteil der Berufsbezeichnungen, z.B. *bognar -ja* ›Wagner‹, *fajmoštar -tra* (aus Pfarrmeister) ›Pfarrer‹, *lerarica -e* ›Lehrerin‹, *muraren -rna* ›Maurer‹, *šoštar -ja* ›Schuster‹, *rihtar -ja* ›Richter‹, *šribar -ja* ›Schreiber‹, *štamec -mca* (aus Steinmetz) ›Maurer‹, *zotlar -ja* ›Sattler‹, *žnidar -ja* ›Schneider‹ und Bezeichnungen für Straffällige: *merdar -ja* ›Mörder‹, *farprehar -ja* ›Verbrecher‹, *šterc -a* ›Dieb‹, *ravbar -ja* ›Räuber‹ etc.

Durch deutschssprachige Massenmedien und zunehmende Mobilität setzte ab den 50er- und 60er-Jahren des 20. Jh.s und später eine Flut des zum Teil unnotwendigen deutschsprachigen Lehnguts ein. Zur fach- oder bereichsspezifischen Lexik bzw. → Terminologie (Technik, Alltag, Verwaltung, Schule) gehören unzählige Beispiele wie *ajnkavfat iti* ›einkaufen gehen‹, *ajnkomen -mna* ›Einkommen‹, *ajnperufati* ›einberufen‹, *ajnpruh -a* ›Einbruch‹, *ajnrikati* ›einrücken‹, *ajntrit -a* ›Eintritt‹, *arcelati* ›erzählen‹, *avfpasati* ›aufpassen‹, *avfsoc -a* ›Schulaufsatz‹, *bosarlajtinga -e* ›Wasserleitung‹, *farherati* ›verhören‹, *farhondlinga -e* ›Verhandlung‹, *farsihringa -e* ›Versicherung‹, *fortajl -a* ›Vorteil‹, *fortšrit -a* ›Fortschritt‹, *gediht -a* ›Gedicht‹, *gesuh -a* ›Gesuch‹, *geštapo -a* ›Gestapo‹, *gruntpuh -a* ›Grundbuch‹, *holat iti* ›holen gehen‹, *imargrin-a* ›Immergrün‹, *kuplinga -e* ›Kupplung‹, *medrešar -ja* ›Mähdrescher‹, *nalodati* ›ein Gewehr laden‹, *ontrog -a* ›Antrag‹, *plicoblajtar -ja* ›Blitzableiter‹, *plindarm -a* ›Blinddarm‹, *pref -a* ›Brief‹, *šravbencegar -ja* ›Schraubenzieher‹ etc. Viele davon sind in der Forschung ohne ihre funktional-kommunikative Rolle aufgezeichnet worden und sind Beispiele für fremdes Gedankengut.

Auch Zitatwörter wie *ajnfarštonten* ›einverstanden‹, *Estarajh -a* ›Österreich‹, *fernse* indecl. ›Fernsehgerät‹ (abwechselnd mit *fernsehar -ja*), die Partikeln *a so* ›ach so‹, *doh* ›doch‹ usw. Häufiges Code-switching (Sprachumschaltungen) und individualsprachliche Innovationen, die in das lexikalische System der slowenischen Sprachnorm in Kärnten/Koroška nicht integriert sind, nehmen mit abnehmendem Sprachbewusstsein zu.

Geringfügig und unproduktiv sind die E. aus dem Romanischen. Sie erstrecken sich v. a. auf das → Gailtal/Zilja. Dazu gehören z.B. *kavža biti* ›schuld sein‹, *bošk -a* ›Wald‹, *čompe* Plural für ›Erdäpfel‹, *canetel -tla* ›Stecktuch‹, ›Tüchlein‹, *kandela -e* ›Kerze‹, *konta -e* ›Burschenvereinigung zum Kirchtag‹, *kontar -ja* ›Mitglied der Burschenvereinigung‹, *kontati* ›freundschaftlichen Umgang pflegen‹, *kontrabant -a* ›Schmuggel‹, *mandirar -ja* ›Zeremonienmeister der Hochzeit‹ etc.

Ludwig Karničar

Lit.: J. Zerzer: *Die deutschen Lehnwörter in der slowenischen Mundart von Suetschach* (Phil. Diss.). Wien 1962; St. Hafner, E. Prunč (Hg.): *Lexikalische Inventarisierung der slowenischen Volkssprache in Kärnten.* Graz 1980; St. Hafner, E. Prunč (Hg.): *Schlüssel zum Thesaurus der slowenischen Volkssprache in Kärnten.* Wien 1982; G. Neweklowsky: *Kärntner Deutsch aus slawistischer Sicht: zum deutsch-slowenischen Sprachbund in Kärnten.* In: Germanistische Linguistik 101–103 (1990) 477–500; H.-D. Pohl: *Österreich. Deutsch–Slowenisch.* In: Kontaktlinguistik. Ein internationales Handbuch zeitgenössischer Forschung, 2. Halbbd. Berlin [e.a.] 1997, 1797–1812; H.-D. Pohl: *Slowenisches Erbe in Kärnten und Österreich.* In: *Kärntner Jahrbuch für Politik* (2005) 127–160; H.-D. Pohl: *Kleines Kärntner Wörterbuch.* Klagenfurt 2007, 21–24; H.-D. Pohl: Sprachkontakt in Kärnten. In: Michael Elmentaler (Hg.), *Deutsch und seine Nachbarn* (Kieler Forschungen zur Sprachwissenschaft, Bd. 1). Frankfurt a. M. usw. (2009) 117–132; K. Sturm-Schnabl: *Slovensko narečje v funkciji komunikacijskega sredstva za tuje prisilne delavce v letih 1938–1945 v političnem okraju Celovec, Dokumentacija o slovenskem življu do druge svetovne vojne.* In: *Obdobja 26 – Metode in zvrsti. Slovenska narečja med sistemom in rabo.* Ljubljana 2009, 371–391; L. Karničar: *Der Obir-Dialekt in Kärnten. Die Mundart von Ebriach / Obirsko.* ÖAW. Wien 1990. **Web**: http://members.chello.at/heinz.pohl/Slowenisches.htm (6. 8. 2013).

Entnationalisierung, Entnationalisierungspolitik, → »Entethnisierung«.

»Entslowenisierung«, → »Entethnisierung«.

Eppensteiner, → Herzöge von Kärnten/Koroška.

Erat, Anton (Kulturaktivist), → Miklavič, Pavel.

Erbland/Erbländer (slow. *dedna dežela / dedne dežele*), → Kronland.

Erjavec, Fran (* 4. September 1834 Ljubljana, † 12. Jänner 1887 Gorizia/Gorica/Görz), slowenischer Erzähler und Naturwissenschafter.

Fran Erjavec, um 1886

Von 1847 bis 1855 besuchte E. das Gymnasium in Ljubljana. Am Gymnasium kam er mit Simon → Jenko, Janez Mandelc, Ivan Tušek und Valentin Zarnik in Kontakt. Diese sogenannten *Vajevci* vertraten ein literarisches Programm für den gebildeten Leserkreis. In diesem Lichte ist auch E.s populärwissenschaftliches und literarisches Schaffen zu sehen.

E. als Naturwissenschafter: Nach seiner Matura studierte E. in Wien das Lehramt für die Fächer Naturkunde und Chemie. Nach seinem Universitätsabschluss 1859 absolvierte er sein Probejahr an der Realschule Wien-Gumpendorf, bevor er eine Professorenstelle in Zagreb antrat. Von Zagreb aus (1860–1871) bereiste er den Westbalkan, Tschechien, Frankreich und Norditalien. Sein Interesse galt der Erforschung der landestypischen Flora und Fauna. Seine wissenschaftlichen Erkenntnisse veröffentlichte E. in zahlreichen Aufsätzen. Aufgrund seiner Abhandlung über die Mollusken, d.h. Weichtiere, Slavoniens (*Slavonija u malakologičnom pogledu*, 1875) bestellte ihn die *Jugoslavenska akademija znanosti i umjetnosti* (JAZU) [Südslawische Akademie der Wissenschaften und Künste] in Zagreb zum korrespondierenden Mitglied. Die ihm angebotene Professur an der Zagreber Universität lehnte E. aber ab. Nach elf Jahren in Zagreb ging er 1871 nach → Gorizia/Gorica/Görz, wo er bis zu seinem Tod an der Realschule unterrichtete. Durch seine populärwissenschaftlichen, erzählerisch geschickt aufbereiteten Tierporträts (1858) wollte er ein breites naturkundliches Interesse wecken. Diese Tierporträts (u.a.: *Mravlja*; *Žaba*, 1863; *Domače in tuje živali v podobah*, 1868–1873) erschienen großteils bei der Klagenfurter → Mohorjeva. E. verfasste auch slowenische → Schulbücher (*Prirodopis živalstva*, 1864; *Kemija*, 1870; *Somatologija*, 1881). Mit seinen naturwissenschaftlichen Artikeln und Schulbüchern stabilisierte er die slowenische wissenschaftliche Terminologie bzw. wurde zu ihrem Mitbegründer.

E. als Literat: Nach E.s ersten literarischen Schritten im Umfeld der *Vajevci* veröffentlichte er im *Glasnik slovenski* einige Erzählungen. E.s Erzählstil ist durch den Realismus geprägt, es finden sich aber auch romantische Elemente. Neben Erzählungen verfasste E. auch Reisebeschreibungen. Diese sind vor allem aus volkskundlicher Sicht (Bräuche, soziale Verhältnisse) interessant.

Gemeinsam mit Simon → Jenko gilt E. als Begründer der slowenischen Kurzprosa (*Avguštin Ocepek,* erschienen in: *Vaje/Glasnik slovenski*, 1860). Für die Zeitschrift *Zvon* verfasste E. Literaturkritiken.

Wissenschaftliche Werke: *O postanku i razvitku trakavica*, Bericht der Zagreber Realschule. Zagreb 1862; *O vlasnicah ili trihinah*. Zagreb 1864; *Prirodopis živalstva*, 1864; *Rudninoslovje ali mineralogija*, 1867; *Domače in tuje živali v podobah*. Celovec 1868–1873; *Kemija*, 1870; *Slavonija u malakologičnom pogledu*, Rad JAZU 31. Zagreb 1875; *Živalstvo*, 1875; *Die malakologischen Verhältnisse der gefürsteten Grafschaft Görz im österreichischen Küstenlande,* Bericht der Görzer Realschule. Görz 1877; *Naše škodljive živali v podobi in besedi* I-III. Celovec 1880–1883; *Somatologija*, 1881.

Literarische Werke: *Veliki petek* (Novice, 1857), *Črtice iz življenja Schnackschepperleina* (Glasnik slovenski, 1858); *Kako se je Slinarju z Golovca po svetu godilo* (Glasnik slovenski, 1859), *Avguštin Ocepek* (Glasnik slovenski, 1860), *Na stričevem domu* (Glasnik slovenski, 1860), *Ena noč na Kumu* (Glasnik slovenski, 1862), *Huzarji na Polici* (Glasnik slovenski, 1863), *Cvetje z domačih in tujih logov* (1863), *Hudo brezno ali Gozdarjev rejenec* (KMD 1864), *Na kraški zemlji* (Zvon, 1877), *Božični večer na Kranjskem* (Soča, 1877), *Med Savo in Dravo* (Zvon, 1878–1879), *Ni vse zlato kar se sveti* (KMD 1887); *Fran Erjavec, Izbrani spisi* I-II, ur. F. Levec. Ljubljana 1888–1889; *Fran Erjavec, Zbrano delo I–IV*, ur. A. Slodnjak. Ljubljana 1934–1939.

Lit.: SBL; ES. – I. Prijatelj: *Izbrani eseji I – Anton Aškerc*. Ljubljana 1952; G. Kocijan: *Kratka pripovedna proza od Trdine do Kersnika*. Ljubljana 1983; M. Mitrović: *Geschichte der slowenischen Literatur, Von den Anfängen bis zur Gegenwart. Aus dem Serbokroatischen übersetzt, redaktionell bearbeitet und mit ausgewählten Lemmata und Anmerkungen ergänzt von Katja Sturm-Schnabl*. Klagenfurt/Celovec [e. a.] 2001.

Reinhold Jannach

Etgar, dux, → Archäologisches Bild von Kärnten/Koroška im Frühmittelalter; → *Duces Carantanorum*.

»Ethnische Flurbereinigung«, → »Ethnische Säuberung«.

»Ethnische Säuberung«, vielfach verwendeter Begriff der politischen Geschichte des ausgehenden 20. Jh.s, der unterschiedliche, ethnisch motivierte Formen der Gewalt und des Terrors gegen ethnisch bestimmten Personengruppen in definierten geografischen Gebieten umschreibt, wobei der Begriff der »Säuberung« die zynisch-systematische und menschenverachtende Vorgehensweise meint. Da »Säuberung« auch positiv besetzt sein kann, ist dessen unkritische Verwendung problematisch, sodass, wenn er denn schon verwendet wird, aus dem Kontext stets eindeutig Sinn und Intention hervorgehen müssen, um nicht als Euphemismus oder als ein suggestives Gutheißen von Gewalt missverstanden zu werden.

Der Begriff der »ethnischen Säuberung« teilt mit dem Begriff des »Ethnozids« die Intentionalität (Führeraufruf »Macht mir dieses Land deutsch«, dem vielfach private Täter und institutionelle Akteure noch lange danach Folge leisteten), während die Übergänge zum »Genozid« (Völkermord) fließend sein können.

Im historischen Kontext umschreibt der Begriff der »*Ethnischen Flurbereinigung*« aus der menschenverachtenden NS-Ideologie ähnliche Handlungen, wobei mit diesem Begriff Staatsterror, Massenmord, Deportation und Vertreibung von ganzen Bevölkerungsgruppen in geografischen Regionen euphemistisch umschrieben wurden. (Vgl. dazu → »Entethnisierung«, dort die Rolle und Verantwortung der Wissenschaft im NS-Regime am Beispiel Viktor Paulsens).

In der slowenischen Kulturgeschichte des 20. Jh.s in Kärnten/Koroška kann der Begriff der »ethnischen Säuberung« oder »Formen ethnischer Säuberung« aufgrund von Handlungen, Systematik, politischer Motivation und Auswirkungen durchaus auf die → Vertreibung 1920, die → Verfolgung slowenischer Priester ab 1938 in Kärnten/Koroška sowie auf die → Deportationen 1942 Anwendung finden. In die Systematik der ethnisch bedingten institutionellen Diskriminierungen mit dem Ziel der Verdrängung des Slowenischen/der Slowenen fügten sich zuvor bereits die Auswüchse der von Klemenčič beschriebenen → Militärgerichtsbarkeit in Kärnten/Koroška zur Zeit des Ersten Weltkrieges sowie die von Vospernik untersuchten → Internierungen 1919 ein. Inhaltlich und ideologisch fanden die »ethnischen Säuberungen« ihren Niederschlag im → »Generalplan Ost« des NS-Verbrecherregimes. Erschwerend wirkt sich aus, dass es auch nach der Befreiung bei maßgeblichen gesellschaftlichen Akteuren (→ »Entethnisierung«, → Geschichtsschreibung und kognitive Dissonanz) vielfach nicht zu einer eindeutigen Distanzierung von Handlungen und Intentionen der Vorkriegszeit gekommen war. Dadurch wurden die posttraumatischen Auswirkungen der durch Formen »ethnischer Säuberungen« hervorgerufenen Traumatisierungen vertieft und die → Assimilation und → Germanisierung ganzer Landstriche und Bevölkerungsgruppen bewirkte, womit die Intentionalität der Germanisierungspolitik der Vorkriegs- und Kriegszeit letztlich erst nachhaltig in die Tat umgesetzt wurden (zu posttraumatischen Belastungsstörungen/PTBS siehe → Assimilation).

Lit.: J. Pleterski (Hg.): *Politično preganjanje Slovencev v Avstriji 1914–1917 – poročili vojaške in vladne komisije* (= Viri, 1). Ljubljana 1980; N. M. Naimark: *Flammender Hass. Ethnische Säuberungen im 20. Jahrhundert*. München 2004; R. Vospernik: *Internierungen von Kärntner Slowenen im Jahre 1919*. In: Car I 2007, S. 383–421; D. Brandes, H. Sundhaussen, S. Troebst (Hg.): *Lexikon der Vertreibungen. Deportation, Zwangsaussiedlung und ethnische Säuberung im Europa des 20. Jahrhunderts*. Wien, Köln, Weimar 2010; B.-I. Schnabl: *Asimilacija in sindrom posttravmatskega stresa*. In: KK 2011. Celovec 2010, 117–130; R. Vospernik: *Zweimal aus der Heimat vertrieben, Die Kärntner Slowenen zwischen 1919 und 1945, Eine Familiensaga*. Klagenfurt/Celovec 2011; F. Wutti, D. Wutti: *Kein Ende traumatischer Erfahrungen der Kärntner SlowenInnen nach dem 2. Weltkrieg*. In: T. Heise, S. Golsabahi, I. Özkan (Hg.): Integration. Identität. Gesundheit. Beiträge zum 5. Kongress des Dachverbands der transkulturellen Psychiatrie, Psychotherapie und Psychosomatik im deutschsprachigen Raum e.V. 23.–25. September 2011 Alpen-Adria-Universität Klagenfurt. Berlin 2012; H. Burger: *Der Generalplan Ost und die ›Bereinigung der Slowenenfrage‹*. In: V. Oman, K. Vouk: *Denk Mal – Deportation!*, hg. von der Zveza slovenskih izseljencev, Verband slowenischer Ausgesiedelter. Celovec 2012, 13–20 = www.slo.at/zso/wissenschaft_de_more.php?id=P1772_0_36_0_C; B. Entner, V. Sima (Hg.): *Zweiter Weltkrieg und ethnische Homogenisierungsversuche im Alpen-Adria-Raum = Druga svetovna vojna in poizkusi etnične homogenizacije v alpsko-jadranskem prostoru*. Klagenfurt/Celovec 2013; M. Schwartz: *Ethnische »Säuberungen« in der Moderne. Globale Wechselwirkungen nationalistischer und rassistischer Gewaltpolitik im 19. und 20. Jahrhundert*. München 2013; B. Entner: *Wer war Klara aus Šentlipš/St. Philippen? Kärntner Slowenen und Sloweninnen als Opfer der NS-Verfolgung. Ein Gedenkbuch*. Klagenfurt/Celovec 2014.

Bojan-Ilija Schnabl

Ethnisierung, → »Entethnisierung«.

Ethnogenese. Es gibt viele Versuche, dem politischwissenschaftlichen Begriff E. einen verständlichen Sinn zu geben. E. ist kein naturgegebener, sondern ein intellektuell geplanter Vorgang. Früher wurde E. interpretiert als genetische *Stammesbildung* (R. Wenskus), dann als *Volkwerdung* zu *gentes* im frühen Mittelalter (H. Wolfram). Daneben entstand die politisch geplante *Volkmachung* Stalins (russisch *étnogenez*), indem man im sowjetischen Bereich machtpolitisch lästige Völker durch *Umvolkung* zerstückelte: Aus einem Teil der Tataren wurden Baschkiren, aus Finnen Karelier, aus Rumänen Moldavier, aus Bulgaren Makedonier und ähnlich aus Slowenen → *Windische* (→ Wutte, → Windischentheorie). Die kommunistischen Neuvölker erhielten Attribute der klassischen *Nationen*:

eine neue Geschichte, eine neue Nationalliteratur, eine Flagge, Hymne, Fußballmannschaft, eine Akademie der Wissenschaften, – und eine in Schrift und Orthografie neue Sprache. Es erweist sich, dass Völker nichts Naturgegebenes sind: Sie entstehen und vergehen mit ihrem Namen. Bestimmend ist die Definition von *Stamm, Volk, Ethnos*, lat. *gens*, sowie *Nation* (und *Nationalität*). Seit dem 19. Jh. steht im Mittelpunkt die *Nation*, eine europäische Erfindung, und der *Nationalstaat* in der Gleichung *Volk = Staat/Nation = Sprache*. Somit dominiert als zentrale Frage der Prozess der *Nationwerdung*.

Entscheidende Kriterien für Volk/Nation sind → Identitäten: eine Herkunftssage *origo gentis*, gleiche Geschichte, gleiche Sprache (gleiche Schrift, gleiche Orthografie) oder gleicher → Dialekt, gleiche Religion, gleiches Brauchtum, gleiche → Lieder, Rechtsgemeinschaft (→ Brauch, → Edlinger/*kosezi*, → Edlingergerichtsbarkeit, → Rechtsinstitutionen, karantanerslowenische). Für die Erforschung der E. typisch wird die Suche nach *Anfang, Einheit, geografischem Raum* und die etymologische Deutung des *Namens* (→ Ethnonym).

Am Beispiel *Österreicher*: am Anfang als keltische Noriker (Noreia) der späteren römischen Provinz Noricum, als ladinisch, slowenisch, bairische *Ostarrichi/Ostriki*-Leute (1000-Jahre-Mythos, → Ostarrichi), als Österreicher der Monarchie vor 1918 und als Deutsch-Österreicher danach, als Deutsche nach 1938 (gleiche Sprache), und als Österreicher ab 1945. Das alles sind verschiedene Identitäten.

Am Beispiel *Slowenen*: am Anfang in Gestalt der *Veneti/Venetisci* (→ Windische), als ladinisch-slowenische Karantaner des Fürstentums Karantanien (→ *Carantani*), als sprachlich geeinte Slowenen (unter krainischer Dominanz, der sich die Kärntner Slowenen angepasst haben) seit der Bibelübersetzung durch die Krainer → TRUBAR *(lubi Slovenci!)* und → DALMATIN, seit dem »nationalen Erwachen« im frühen 19. Jh. (→ *preporod*, → Kontinuität, → Kulturgeschichte, → Ethnonym *Slovenci* im Slowenischen, → Ethnonym *Slowene* im Deutschen). Offen bleibt, was vorher war (Einwanderungstheorien, Urheimat).

Die Schwierigkeit der klaren Antwort wird neuerdings demagogisch/nationalistisch umgangen mit der Frage, worauf man (wem gegenüber) stolz sei. Modell: Ich bin stolz Deutscher, Österreicher, Slowene, Franzose, zu sein, weil … In Deutschland muss man zur »leichteren« *Integration* (deutsche Leitkultur) der Türken, in Frankreich zu der der Afrikaner den traditionellen Geschichtsunterricht ändern: Nicht alle heutigen Franzosen waren Gallier, nicht alle Deutschen haben im Teutoburger Wald gegen Rom gekämpft. Seit dem *Nationalstaat* führen durch Überbetonung *einer* Identität unklare Antworten über intellektuelle Grauzonen zu perspektivlosen Auseinandersetzungen und Kriegen: der → »Anschluss« Österreichs an Deutschland (gleiche Sprache), der Zerfall Jugoslawiens (verschiedene Religionen: katholische Kroaten, orthodoxe Serben, mohammedanische Bosniaken, und konfessionslose Bürger). Minimale Sprachunterschiede werden trotz gleicher Sprache »wissenschaftlich« durch Neologismen oder Archaismen bereichert, um die eigene politisch »gewollte« Sprache als möglichst eigenartig darzustellen und abzugrenzen.

Es gibt trotz einer latenten Hierarchie der Identitätskriterien eine Nationwerdung mit vorherrschender Rechtsgemeinschaft, wo Sprache und Religion *keine* differenzierende Rolle mehr spielen (europäisches Konzept). Man ist *Österreicher* trotz gleicher Sprache mit den Deutschen (Katholiken und Protestanten) in Deutschland, oder trotz gleicher Sprache mit den Slowenen in Slowenien. Im Hinblick auf die *Sprache* ist man »glottonymisch« Deutscher oder Slowene. Im Hinblick auf die *Religion* ist man katholischer, protestantischer oder jüdischer Österreicher, also Katholik, Protestant, Jude. Das wird sprachlich meist durch Formulierungen verwischt wie »die Slowenen *und* die Österreicher« statt *die slowenischen und die deutschen Österreicher* oder *die österreichischen Slowenen und die österreichischen Deutschen*. Bei Neuzuwanderung: »die türkischen und albanischen Österreicher«. Alles endet zwangsläufig mit der »Passnation« und dem »Migrationshintergrund«.

Ein anderes Problem entsteht bei *Minoritäten*. Sind die karantanischen Slowenen eingewandert, die *anderen* (heute bairisch-deutschen) Österreicher nicht? Wie ist die Position der (heute) österreichischen Slowenen gegenüber den Slowenen Sloweniens? Die Kärntner Slowenen wurden auf Anregung des Kärntner Historikers und Nationalsozialisten → WUTTE in Nationalslowenen (»heimatfeindlich«) und → Windische (»heimattreu«) geteilt: Windisch sei nicht Slowenisch, sondern ein altertümlicher Mischdialekt der Kultursprache *Deutsch*, schließlich germanisch. Dies wurde 1972 in der Ortstafelkommission der österreichischen Bundesregierung von den Slawisten → ISSATSCHENKO und KRONSTEINER erstmals seit der nationalsozialistischen »Ostmark« offiziell als linguistisch unrichtig und ethnografisch abwegig klargestellt. Seither wird → *windisch* amtlich nicht mehr verwendet. Die Diskussion zeigt die Grenzen der E. als Forschungskonzept. Die Begriffe *Ethnos/Ethnie* und *Nation* stören und irritieren die Zugehörigkeit einer Minorität zu einem Volk, zu einer Nation. Sind die deutschsprachigen Südtiroler (Pass-Italiener) *Deutsche* oder *Österreicher*? Haben die heute deutschsprachigen und slowenischsprachigen Österreicher die gleiche Geschichte? Wer ist eingewandert, wer war schon da? Seit wann ist Österreich *zweisprachig* (slowenisch/deutsch) oder nur *einsprachig* (deutsch)? Gibt es → Kontinuität, → Inkulturation, → Sprachmischung, → Sprachwechsel, → Assimilation oder sind »fertige« Völker/*gentes* eingewandert? Das allfällige Ergebnis, die *Österreicher* waren schon immer da (Millennium), die Slowenen in Kärnten/Koroška sind eingewandert, entspricht nicht den historischen Fakten. Die Toponymie (→ Ortsnamen) zeigt Kontinuität für *alle*, frühere Mehrsprachigkeit trotz heutiger Dominanz des Deutschen, und mehrmaligen → Sprachwechsel durch Herrschafts- und Besitzwechsel (→ Adelssprache). E. ist kein exklusiv linguistischer, kein biologischer, sondern vielfach ein differenzierter, komplexer auch ideologisch-politischer Prozess von stets wandelbaren Identitäten. Die slowenische E. ist nicht allein sprachlich darzustellen. Sie ist *kein* linguistischer oder biologischer, sondern ein ideologischer Prozess. Slowenische Dialekte sind als soziologischer Prozess seit dem 7. Jh. entstanden durch Vermischung der Sprache der einheimischen romanischen Bevölkerung (→ Altladinisch) mit dem Slawisch der Awarenherrschaft und des karantanischen Staates und dem später dominant werdenden Bairisch. Ladinische Dialekte wurden von Graubünden, Friaul, Slowenien bis Niederösterreich gesprochen (um Salzburg bis ins 13. Jh., um Innsbruck bis ins 16. Jh., in Graubünden und Friaul bis heute). Die *ladinische* Grundlage der christlichen → Terminologie des Slowenischen wurde lang unterschätzt. Es sind die »fehlenden 100 (→ karantanerslowenischen) Jahre« einer slawistischen Geschichtsumdeutung, die »slawische Geschichte« erst mit Kyrill und Method und einer eigenen slawischen Schrift (→ Glagolica) in einem fiktiven »großmährischen« Reich beginnen lässt. Slowenisch wird älteste slawische Schriftsprache durch Verschriftung der karantanerslowenischen Dialekte im 8. Jh. als Kirchen- bzw. → Liturgiesprache (→ Sprachgattungen, → Freisinger Denkmäler) und ab dem 16. Jh. als Literatursprache aller Slowenen durch Verschriftung des krainischen Dialekts (Jurij → Dalmatin, Primož → Trubar).

Wie überall in den Alpen gibt es keine »Landnahme«, sondern sprachliche Slawisierung der einheimischen Bevölkerung Karantaniens. Die heutigen Slowenen in Kärnten/Koroška sind keine Einwanderer, sondern eine ebenso autochthone Bevölkerung wie die *anderen* Österreicher mit dem Unterschied gegenüber den Slowenen in Slowenien, dass sich dort das Slowenische als alleinige Staatssprache durchgesetzt hat, während es in Kärnten/Koroška mit Deutsch als Majoritätssprache zu einer *Minoritätssprache* (bei sozial differenzierter → Zweisprachigkeit) geworden ist.

Lit.: R. Wenskus: *Stammesbildung und Verfassung. Das Werden der frühmittelalterlichen gentes.* Köln ²1977; H. Wolfram: *Ethnogenesen im frühmittelalterlichen Donau- und Ostalpenraum (6.–10. Jahrhundert).* In: H. Baumann, W. Schröder (Hg.): *Frühmittelalterliche Ethnogenesen im Alpenraum.* Sigmaringen 1985; H. Friesinger, F. Daim: *Typen der Ethnogenesen unter besonderer Berücksichtigung der Bayern.* Wien 1990; B. Grafenauer: *Oblikovanje severne slovenske narodnostne meje.* Ljubljana 1994; O. Kronsteiner: *Die Verfremdung unserer gemeinsamen Vergangenheit.* In: *Die Slawischen Sprachen* 57 (1998) 275–287; *Slovenija in sosednje dežele med antiko in karolinško dobo – začetki slovenske etnogeneze = Slowenien und die Nachbarländer zwischen Antike und karolingischer Epoche – Anfänge der slowenischen Ethnogenese.* Hg. R. Bratož. Ljubljana 2000; O. Kronsteiner: *Die fehlenden 100 karantanischen Jahre vor Kyrill und Method in der literatürlichen Geschichte der Slawistik. Wirklichkeit und Ideologie.* Vortragmanuskript. Kals 2012.

Otto Kronsteiner

Ethnologie, historische und vergleichende Wissenschaft über Alltagsleben und Alltagskultur.

Die E. formierte sich in Europa in der zweiten Hälfte des 18. Jh.s auf der Grundlage des enzyklopädischen historisch-geografischen, sprachlichen, philosophischen, itinerarischen und chorografischen Interesses an rational objektiven Beschreibungen und Erklärungen kultureller Besonderheiten, Unterschiede und Ähnlichkeiten zwischen den ethnischen Gruppen. Wichtig für die Entwicklung der E. waren die → Aufklärung (die Enzyklopädisten in Frankreich: D'Alembert, Diderot u.a.) und die Romantik, Letztere war vom geistigen Schaffen (Folklore) des einfachen Volkes begeistert. In den meisten europäischen Ländern verzweigte sie sich auf das Sammeln und Erforschen der eigenen Volkskultur (die sog. Ethnografie, Volkskunde, später Folkloristik) und auf die vergleichende Erforschung außereuropäischer Kulturen (die sog. Völkerkunde und die allgemeine Ethnologie). In den Ländern Mitteleuropas stand meist die heimische Ethnografie (Volkskunde) im Vordergrund;

Institut Urban Jarnik (NIUJ), Klagenfurt/Celovec

SEM

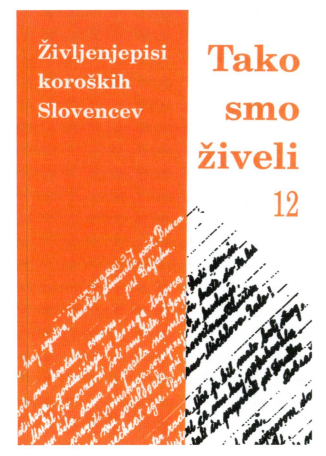
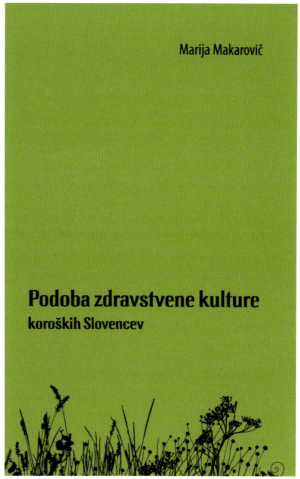

Marija Makarovič, Buchcover, Mohorjeva

Buchcover, Mohorjeva

sie wurde mit nationsbildenden Tendenzen in Verbindung gebracht und war auf die Volkskultur fokussiert, die die nationale Autonomie legitimieren sollte, wurde aber im 19. Jh. durch einen zusätzlichen national-politischen Aspekt instrumentalisiert. Eine solche Entwicklung der E. betraf als typisches Phänomen jene Nationen, deren politisch-administrative Grenzen wechselhaft waren, die nationalistischem Druck und Streit ausgesetzt waren, deren kulturelle und sprachliche Eigenständigkeit infrage gestellt wurde. Innerhalb der Habsburgermonarchie betraf dies vor allem die kleineren Völker.

Für die Slowenen in Kärnten/Koroška waren die Folgen der postplebiszitären Grenzziehung und die Aufteilung in einen deutsch-österreichischen und einen slowenischen/jugoslawischen Teil nur einer der Schläge während der mehrhundertjährigen → Germanisierung, über die bereits Urban → Jarnik geschrieben hatte (1826). Die besondere *territoriale* → *Identität* und das nationale Bewusstsein der Kärntner Slowenen entwickelte sich auf der Grundlage ihrer Zugehörigkeit zum Slowenentum sowie mit der Erfahrung des Lebens in einem bikulturellen, zweisprachigen Umfeld, wo ihre Identität unter dem dominanten Deutschtum einer starken → Assimilation, Verneinung bis hin zur Auslöschung unterworfen war. Die → Kontinuität des Bewusstseins, dass die Kärntner Slowenen anders als ihre deutschsprachigen Landsleute seien, haben durch das Dokumentieren der Sprache und anderer Kulturfaktoren die österreichischen allgemeinbildenden, wissenschaftlichen und heimatkundlichen Aktivitäten aufrechterhalten. Eine slowenische E. in Kärnten/Koroška wurde erst Ende des 20. Jh.s im Rahmen des *Slovenski narodopisni inštitut Urban Jarnik/Slowenisches Volkskunde Institut Urban Jarnik* institutionalisiert. Für die slowenische E. in Kärnten/Koroška sind alle → Quellen und Zeugnisse bedeutungsvoll: von Primož → Trubars Erwähnung der Kärntner Slowenen (1564) über Janez V. → Valvasors Herausgabe zweier Kunstalben über Kärnten/Koroška (1681, 1688), über den belegten Gebrauch der slowenischen Sprache in sprachwissenschaftlichen Handbüchern (Oswald → Gutsmann, Urban Jarnik, Anton J. → Murko, Anton → Janežič), seit dem 17. Jh. auch unter ungeschulten bäuerlichen Volksliteraten (→ Bukovništvo) dokumentiert, bis zu den das gesamte Slowenentum verbindenden kulturellen Charakteristika. Anton Tomaž → LINHART schrieb in der ersten slowenischen Nationalgeschichte (1788, 1791) über die Einheit der Slawen in → Krain/Kranjska, Steiermark/Štajerska und Kärnten/Koroška und schränkte dabei die Geschichte, die Sprache und Volkskultur auf die slowenischen Länder als Einheit ein. Der Aufklärer Balthasar → HACQUET beschrieb ethnografisch die regionalen Gruppen der »Wenden, Illyrer und Slaven« (1801–1808) auf Grund eigener Feldforschung; das Kapitel über die Gailtaler erfuhr die größte (auch kritische) Beachtung, wurde öfters nachgedruckt und bearbeitet; dabei geht HACQUET (nicht immer verlässlich) auf → Ortsnamen, die geografische Lage, Charakterisierung der Menschen, → Lieder, → Tänze, Arbeitsgewohnheiten und Tracht ein (→ Bekleidungskultur). Die Gailtaler hielt HACQUET für eine »besondere Spezies«. Gerade an ethnischen Grenzen stärkte die romantische Bewegung das Interesse für Sprache und Volksleben (es wurde mündlich überlieferte Sprachkunst gesammelt und publiziert und Bräuche beschrieben). Auch Klagenfurt/Celovec erreichten in der ersten Hälfte des 19. Jh.s (von der Romantik geprägte) Anregungen aus den österreichischen und deutschen Zentren. Größten Widerhall fanden die Ideen HERDERS, denen Urban JARNIK mit der Veröffentlichung des sog. Slawenkapitels in der → Carinthia (1812) zusammen mit der Einladung zum Sammeln von mündlicher Volksüberlieferung Akzeptanz verschaffte. JARNIKS Kommentar und Korrekturen zu HACQUETS Kapitel über die Gailtaler sowie seine systematische Beschreibung des Lebens der Gailtaler (1813), eine Abhandlung über die slowenischen → Sibyllen (1813) und die Veröffentlichung von hundert Sprichwörtern (1814) haben JARNIKS Stellenwert in der E. begründet. Das ethnografische Material schickte er an Pavel J. → ŠAFAŘÍK, Stanko → VRAZ u.a. weiter. JARNIKS Verdienst ist es, den nationalen Erwecker Matija → MAJAR herangebildet zu haben. Dieser sammelte Volkslieder aus dem → Gailtal/Zilja, schickte sie an Stanko VRAZ und veröffentlichte sie auch selbst in zeitgenössischen Medien (1844, 1850, 1852). So konnte sie später auch Karel → ŠTREKELJ in seine *Slovenske narodne pesmi* aufnehmen. MAJAR erarbeitete Anleitungen für das Sammeln von Liedern (1850) und schloss in die Sammeltätigkeit auch Erzählungen, Sagen, Gebete, Gebräuche (1848, 1851) und den Volksglauben ein. Seine Interpretation des Mate-

Gebet für schönes Wetter, Nachlass Lisca → Watzko, aus einem slowenischen Evangeliar aus 1780 mit späteren Zusätzen

rials ist historisch-mythologisch im Spiegel der indoeuropäischen Kultur (→ Inkulturation). Im ersten Teil des *Handbuchs der Geschichte des Herzogthums Kärnten* (1843) schrieb er über die Volkssage und das → Volkslied der Slowenen. Erstmals Bekanntheit und Aufsehen in der slawischen Welt erregten die Kärntner Slowenen, als MAJAR zur ethnografischen Ausstellung in Moskau 1867 auf eigene Kosten einen Hochzeitswagen mit einer Mitgifttruhe und sechs Hochzeitstrachten aus dem Gailtal/Zilja schickte (→ Gailtaler Tracht *(ziljska noša)*, → *prvi rej* [Hoher Tanz]). Klagenfurt/Celovec wurde ab der Mitte des 19. Jh.s zum allgemeinen kulturellen und auch ethnografischen Zentrum für alle Slowenen. Hier erschienen die Zeitschriften → *Slovenska bčela* (1851–1854), → *Slovenski glasnik* (1858–1868, in dem u.a. Volkslieder, Beschreibungen von Bräuchen und Sprichwörter veröffentlicht wurden). 1881–1886 waren Gregor → KREK und Davorin → TRSTENJAK die Herausgeber der wissenschaftliche Zeitschrift → *Kres*. Gegen Ende des 19. Jh.s meldete sich Johann → SCHEINIGG, der über die slowenischen Dialekte in Kärnten, über slowenische Autoren, über Ortsnamen und Mythen schrieb, zudem eine Volksliedsammlung herausgab (1889) und für den Band *Kärnten und Krain* des sog. Kronprinzenwerks *Die österreichisch-ungarische Monar-*

chie in Wort und Bild einen Beitrag über die *Mythen, Sagen und Volkslieder der Slovenen* in Kärnten/Koroška (1891) beibrachte. Ivan → GRAFENAUER beschäftigte sich in den ersten Jahrzehnten des 20. Jh.s (Synthesen: 1946, 1967) mit dem Kärntner slowenischen Schrifttum. Zeitgleich leistete der Philologe und Ethnograph Franc → KOTNIK bedeutende Sammelarbeit, die er der Öffentlichkeit in gedruckter Form zur Verfügung stellte; er hatte sich schon als Student in Matija → MURKOS Seminar an der Universität in Graz mit den slowenischen Bräuchen in Kärnten/Koroška und mit dem Volksliteraten Andrej → SCHUSTER – DRABOSNJAK befasst. Nach MURKOS Vorbild hat er die ethnologischen Stoffe auf zahlreiche Themen der materiellen (Bauwesen, Tracht, Gewerbe), sozialen (Bräuche) und geistigen Kultur (Volksreligion, Literatur, Medizin, Theater) ausgedehnt. Pavel → KOŠIR (1922,1923) und Vinko → MÖDERNDORFER (1926, 1927) ist die Veröffentlichung der von ihnen gesammelten Materialien zur Volksmedizin zu verdanken; MÖDERNDORFER publizierte auch Sagen und schrieb über das Brauchtum der Kärntner Slowenen (1924, 1934, 1937, 1946). France → MAROLT erforschte die Bräuche und → Tänze im Gailtal/Zilja (1935, 1946). Josip → ŠAŠELJ gab ein besonders wertvolles toponomastisches, dialektkundliches und ethnografisches Werk (1936) heraus. Diese Aktivitäten erbrachten ein wissenschaftsrelevantes Gegengewicht zur These von der germanischen Kontinuität jener Kärntner, die in der (österreichischen) E. vor allem Oswin MORO (1927) und Georg GRABER (1934) vertreten hatten, denen aber andere, deutsche Ethnografen (Franz → FRANZISZI, Franz → SARTORI, Viktor GERAMB, Arthur HABERLANDT, L'ESTOQUE, Leopold KRETZENBACHER) keineswegs folgten. Eine korrekte Bewertung aller dieser Beiträger nahm Vilko NOVAK (1973) vor.

Quellen: J. W. Valvasor: *Topographia Archiducatus Carinthiae modernae.* Wagensperg in Crain 1681; J. W. Valvasor: *Topographia Archiducatus Carinthiae antiquae et modernae completa.* Nürnberg 1688; A. T. Linhart: *Versuch einer Geschichte von Krain und den übrigen Ländern der südlichen Slaven Österreichs, I., II.* Laibach, 1788, 1791; B. Hacquet: *Abbildung und Beschreibung der südwest- und östlichen Venden, Illyrer und Slaven.* 5 Bd. Leipzig 1801–1808; U. Jarnik: *Slavische Völker.* In: *Car* 1812; U. Jarnik: *Züge aus den Sitten der Gailthaler.* In: *Car* 1813; U. Jarnik: *Über die Gailthaler in Kärnten.* In: Vaterländische Blätter für den österreichischen Kaiserstaat 1813; U. Jarnik: *Die slovenischen Sibyllen.* In: *Car* 1813; U. Jarnik: *Sber lepih ukov sa Slovensko mladino.* Celovec 1814; U. Jarnik: *Andeutungen über Kärntens Germanisierung.* In: *Car* 1826; M. Majar: *Volks-Sagen und Volks-Lieder der Kärntner Slovenen von den Türken-Krigen und dem Könige Mathias Korvin.* In: Handbuch der Geschichte des Herzogthums Kärnten, 1. Klagenfurt 1843; M. Majar: *Nekaj od Slovencov.* In: *Novice* 1844; M. Majar: *Vile i šta o njih znade narod slovenski u Koruškoj.* In: *Kolo* (Zagreb) 4, 1847; M. Majar: *Slovenski besednik.* In: *Novice* 1848; M. Majar: *Narodove pesmi.* In: SB 1, 1850; M. Majar: *Slovenski običaji.* In: SB 1851; F. Franzisci: *Cultur-Studien über Volksleben, Sitten und Bräuche in Kärnten.* Wien 1879; J. Scheinigg: *Narodne pesmi koroških Slovencev.* Ljubljana 1889; J. Scheinigg: *Mythen, Sagen und Volkslieder der Slovenen.* In: Die österreich-ungarische Monarchie in Wort und Bild, Kärnten und Krain. Wien 1891; F. Kotnik: *Donesek k zgodovini praznoverja med koroškimi Slovenci.* In: ČZN 3, 1906; F. Kotnik: *O slovenski kmetski hiši.*, In: DiS 19, 1908; F. Kotnik: *Koroške narodopisne črtice I.–II., III., IV., V.* In: ČZN 5, 1908; 9, 1912; 10, 1913; 15, 1919; F. Kotnik: *Storije I. Koroške narodne pripovedke in pravljice.* Prevalje 1924; P. Košir: *Ljudska medicina na Koroškem I., II.* In: ČZN 17, 1922; 18, 1923; V. Möderndorfer: *Narodne pripovedke iz Mežiške doline.* Ljubljana 1924; P. Košir, V. Möderndorfer: *Ljudska medicina med koroškimi Slovenci.* In: ČZN 21, 1926; 22, 1927; O. Moro: *Volkskunde von Kärnten.* In: Deutschösterreich, sein Land und seine Kultur. Weimar 1927; G. Graber: *Volksleben in Kärnten.* Graz 1934 (2. 1943, 3. 1949); V. Möderndorfer: *Narodno blago koroških Slovencev.* Maribor 1934; F. Marolt: *Tri obredja iz Zilje*, Ljubljana 1935; J. Šašel, F. Ramovš: *Narodno blago iz Roža*, Maribor 1936; V. Möderndorfer: *Narodno blago koroških Slovencev.* In: *Mladika* 18, 1937; L. Kreztenbacher: *Germanische Mythen in der epischen Volksdichtung der Slowenen.* Graz 1941; I. Grafenauer: *Slovensko slovstvo na Koroškem kot živ člen vseslovenskega slovstva.* In: Koroški zbornik. Ljubljana 1946; F. Marolt: *Gibno-zvočni obraz slovenskega Korotana.* In: Koroški zbornik. Ljubljana 1946; V. Möderndorfer: *Koroške narodne pripovedke.* Celje 1946; V. Möderndorfer: *Koroške uganke in popevke.* Celje 1946; F. Kotnik: *Naši bukovniki, ljudski pesniki in pevci.* In: Narodopisje Slovencev, 2. Ljubljana 1952; F. Kotnik: *Verske ljudske igre.* In: Narodopisje Slovencev, 2., Ljubljana 1952; F. Kotnik: *Iz ljudske medicine.* In: Narodopisje Slovencev, 2. Ljubljana 1952; V. Möderndorfer: *Ljudska medicina pri Slovencih.* Ljubljana 1964; I. Grafenauer: *Über die Stellung des kärntnerslowenischen Volksliedes zum Volkslied der übrigen Slowenen.* Klagenfurt 1967; W. Wadl: *Sagen aus dem Gemeindegebiet.* In: W. Wadl: Magdalensberg, Natur, Geschichte, Gegenwart, Gemeindechronik. Klagenfurt 1995, 291–296.

Lit.: ES; SEL. – I. Grafenauer: *Übersicht der kärntnerslowenischen Literatur.* In: Koroški zbornik, Ljubljana 1946; V. Novak: *Über den Charakter der Slovenischen Volkskultur in Kärnten.* München, 1973; V. Novak: *Raziskovalci slovenskega življenja.* Ljubljana 1986; L. Kretzenbacher: *Volkskunde in Mehrvölkerraum.* München 1989; J. Fikfak: *Ljudstvo mora spoznati sebe. Podobe narodopisja v drugi polovici 19. stoletja.* Ljubljana 1999; *Koroški etnološki zapisi I.* Celovec 1999; I. Slavec Gradišnik: *Etnologija na Slovenskem.* Ljubljana 2000; P. Wiesflecker: *Hiša kot »sveti kraj« v ljudskem verovanju in običajih pri koroških Slovencih / The House as »Sacred Place« in Folk Belief and Customs of Slovenes Living in Koroška.* In: ČZN 82/4 (2011) 193–206; P. Wiesflecker: *»Jetzt weicht die Welt vor mir zurück!« Sterben, Tod und Ewigkeit in der bäuerlichen Welt Südkärntens.* In: Th. Heimerl, K. Prenner (Hg.): Vergänglichkeit. Religionswissenschaftliche Perspektiven und Thesen zu einer anthropologischen Konstante. Graz 2011, 113–133; P. Wiesflecker: *Posnemanje, inicija, predpisovanje. Pripombe k podeželski kulturi praznikov z zgodovinskega vidika na primeru Spodnje Ziljske doline / Kopie, Initiation, Reglementierung. Anmerkungen zur ländlichen Festkultur aus historischer Perspektive am Beispiel des Unteren Gailtales.* In:

ČZN 84/2–3 (2012) 83–99; P. Wiesflecker: *Mit in arhetip o koncu sveta. Podor Dobrača leta 1348 v kolektivnem spominu v Spodnji Ziljski dolini / The myth and the archetype oft the end of the world – the rockslide of Dobratsch in 1348 and its position in within the collective memory of the Gailtal*. In: ČZN 84/4 (2013) 5–27.

Ingrid Slavec Gradišnik; Üb.: Katja Sturm-Schnabl

Ethnonym(e) oder *Völkernamen* (Ethnos/Volk) sind etymologisch und semantisch oft nicht erklärbar und daher umstritten. Seit dem Altertum sind sie Gegenstand ideologisierender Interpretation. Voraussetzung ist Klarheit, *wer* gemeint ist: ein *Staatsvolk (die Österreicher, die Jugoslawen, die Belgier, die Schweizer)*, ein *Sprachvolk (die Deutschen, die Franzosen, die Slowenen)*, oder eine geografische Gruppe ohne genaue kulturelle Gemeinsamkeit *(die Innviertler, die Chiemgauer, die Ennstaler, die Baiern »Salzachgauer«)*. Zu unterscheiden ist weiters die *Eigen-* und die *Fremd*-Benennung. Deutsch »die Deutschen« aber englisch *the Germans*, französisch *les allemands*, italienisch *i tedeschi*, finnisch *saksalainen*, türkisch *almanlar*, slowenisch *nemci* (*Nemčija* »Deutschland«), russisch *nemci* (*Germanija* »Deutschland«). Nicht immer sind *alle* »Deutschsprachigen« gemeint. Daneben gibt es (kulturgeschichtlich beachtenswert) auch noch Spottnamen wie die *Piefke* (in Österreich), die *Preißen* (in Bayern), *les boches* (in Frankreich) und *švabi, švabica* bei den südlichen Slawen.

In der → Methodvita heißt es, Method sei (vom russischen Abschreiber unverstanden) *na Svaby* (statt Švaby) eingesperrt worden, was literaturüblich mit »in Schwaben« übersetzt wird. *Švabi* war seit dem Mittelalter bei den südlichen Slawen die Bezeichnung für alles »Deutsche«, damals ohne Unterschied ob Baiern, Franken oder Schwaben/Alemannen. Daher auch die unkorrekte Lokalisierung der Klosterhaft Methods mit Ellwangen »in Schwaben« (→ Chiemsee).

Unexakt und missverständlich sind Kollektiv-Namen wie *die* → *Slawen, die Germanen*, deren gemeinsames Merkmal gleiche Sprache, gleiche Abstammung, gleiche Geschichte, gleiche Kultur etc. suggeriert. Insbesondere deren Adjektive wie die *slawische* Küche, Musik, Seele und dgl. Das E. *Slawen* wird von (»nordslawisch/westslawisch«) *slavjane/slovjane* »die Redenden« (< *sluti/slovjon*, dazu auch *slovo* »das Wort« und *slava* »der Ruhm«) abgeleitet (»südslawisch« wäre *slavljane*) und literaturüblich den *nemci* »die Stummen« (< slawisch *nem-* »stumm«) gegenübergestellt. Wahrscheinlicher ist die Benennung der Slawen nach einem Fluss ähnlich den lateinisch/ladinischen Gaunamen (Traungau, Chiemgau, Attergau). Mehrere Flüsse in den Karpaten (nördliche »Urheimat«) sind mit dem Element *slov* (*Slovut, Slovutič*) gebildet. Semantisch analog in den Alpen *Klaffer* (der Klafferkessel in den Schladminger Tauern, im Mittelalter öfter *klaffundes wasser* »ein murmelnder/sprechender Bach«). *Nemci* leitet sich ab vom (keltischen?) Stamm der *Nemeti* (im pannonischen Raum), daher auch ungarisch *német* »der/die Deutsche«, neben *nemzet* »Volk, Nation«.

Die Slowenen und Slowaken haben, wie die Slowinzen und Slawonier, das Element *slov* in ihrem E. behalten und es mit *ec* und *ák* erweitert (*slovenec/slovenka* »Slowene/Slowenin«, Adjektiv *slovenski*, und *slovák/slovenka* »Slowake/Slowakin«, Adj. *slovenský*). → Trubar nennt als Erster in seinem Katechismus sein Sprachpublikum *lubi Slovenci!* (meine lieben Slowenen). In kärntnerslowenischen Dialekten *Sloven/Slovenka* als Adj. *slovenj*. Das Morfem *enec/enci* in *Slovenec* ist typisch für die steirische Region an der Mur/*Mura* (Prekmurje).

Die Karantaner heißen etatistisch (als »Staatsvolk«) bei den Ladinern *Coranzanus* (so auch als Personenname im Salzburger → Verbrüderungsbuch), latinisiert *Corotanus*, in der Nestorchronik *Chorutane*, slowenisch heute *korošec/korošci* (vom Adjektiv *koroški* »ein Kärntnerischer« zu *Koroška* eigentlich »das Karantanische/Kärntnerische«, dt. »Kärnten«).

Das E. taucht zuerst (in lateinischen Texten) im → karantanischen Raum auf als *sclavi, sclavani, sclaveni, sclavoni*. Bei den Ladinern in Friaul als *sclavons*, in Baivarien als → Windische. Die Ungarn bezeichneten die Slawen/Slowenen in Pannonien als *tót* (später nur die Slowaken), offenbar ein E., das sich wie *deutsch* von alteuropäisch *taut/teut* ableitet. Bei den *sclavi/sclavani* in der lateinischen Literatursprache des Mittelalters kann man noch nicht erkennen, ob nur die *Sclavi/Sclavani* Karantaniens, die → Carantani, oder auch andere wie die Krainer *Carnioli/Carniolenses* (von *Carniola*/Krain) gemeint sind. Von den Baiern wurden alle bis ins 20. Jh. → *Windische* genannt. Im Deutschen setzt sich die Benennung *Slowenen/slowenisch*, in Österreich zwar im → Reichs- und Landesgesetzblatt-Patent von 1849 rechtlich und terminologisch verankert, in der Umgangssprache erst im Lauf gesellschafts- und staatspolitischer Umwandlungen durch. Damit geht auch ein Bedeutungswandel des Begriffs *Windisch* einher (→ Windischentheorie). Seit dem Ortstafelkonflikt in den 70er-Jahren des 20. Jh.s wird im österreichischen Amtsdeutsch *windisch* nicht mehr für *slowenisch* verwendet. In Ortsnamen wurde früher unterschieden zwischen *Windisch* und *Bairisch*. Diese Differenzierung wurde aber mehr und mehr weggelassen. In Oberösterreich *Windisch*garsten und *Bairisch*garsten (heute nur Garsten), *Bairisch* Graz (heute nur Graz [slow. *Gradec*], die Hauptstadt der Steiermark/Štajerska) und *Windisch*graz (heute Slovenj Gradec in Slowenien).

Das deutschsprachige Begriff *Slowene* beginnt seit Anfang des 19. Jh.s mit den Ideen der »Wiedergeburt« (→ *preporod*), mit den wissenschaftlichen Publikationen über die Frühzeit und den Fragen nach der ethnischen Identität der Slowenen populär zu werden, in der Sprachwissenschaft endgültig seit → Kopitar (→ Ethnonym Slowene im Deutschen). Die alte Unterscheidung in *windisch/Windische* und *krainisch/Krainer* wird gezielt verdrängt.

Die Nationalphilologien versuchen, für ihr E. aus der eigenen Sprache eine Erklärung zu finden (→ Ostarrichi/Österreich < volksetymologisch *Ostreich*; → Bagoaria/Baivaria < (gelehrte Volksetymologie) germanisch *Bajawarjoz »Männer aus *Boiohaemum*/Böhmen«). Gemeinsam mit National-Historikern entstehen oft linguistisch wunderliche semantische Erklärungen, um kunstreiche → Ethnogenesen zu bestätigen.

In den meisten europäischen Sprachen entstehen E. aus → *Gewässernamen* (»die Leute am Fluss N). Man vergleiche die vielen keltischen E. mit dem Wort *ambe* »Fluss«, was die Römer als *Ambidravii* (am Fluss Dravus, die Drautaler) übernommen haben. Sonst entstehen im Lateinischen einfach nach dem Flussnamen mit *ius/ii* (die am Fluss N) wie die Iberer/*Ibarii* am Fluss *Ibarus*, oder mit *pagus* »Gau« die Baiern/*Pagivarii*, die im *pagus* des Ivarus (der alte Name der Salzach, → Bagoarii) »die Salzachgauer«. Ebenso finden sich in der Nestorchronik die *Bužane* (die am Bug), die *Wišljane* (die an der Weichsel), die *Moravjane/Moravljane* (die an der Morava), bei den vielen *Morava*-Flüssen ein häufiges, nicht immer leicht zu lokalisierendes E. Das ist das, historisch gesehen, beliebteste Modell von E.

Aus → *Orts*- oder → *Gegendnamen* nach einem wichtigen Ort benannt: Latium > *Latini*, die → *Carantani*/Karantaner (nach → Karnburg/*Caranta* oder der Region mit den vielen *karn*-Namen), *Tiroler* (nach dem Ort/Schloss Tirol, *Österreicher* (nach der Gegend *Ostra gora* > *Ostriki* »die am steilen Berg« → Ostarrichi).

Seltener aus → *Personennamen* (Abstammungsnamen). Diese wurden meist für Ortsnamen (Besitzernamen: lat. *Ursus* > *villa ursina*/bairisch *Irsching*, *Oto* > *villa Otina*/bairisch *Ötting*) verwendet. Bezeichnungen wie Goten, Franken/Franzosen, Alemannen, Markomannen oder Germanen werden literaturüblich auf germanische »Ahnherren« zurückgeführt. Dabei steht der subjektiven Deutung jede Möglichkeit offen. Hier beginnt die etymologische Grauzone.

Bevor es ein *ethnos* als geografische oder genetische Gruppe gibt, werden die Menschen meist nach einer Gegend benannt. Wird daraus später ein *Volk* mit eigener Identität (→ Ethnogenese), so entsteht, sofern der Name sich durchsetzt, ein E. Oft bezeichnet dasselbe E. sprachlich und kulturell verschiedene Völker in verschiedenen Regionen, zu verschiedenen Zeiten (*Veneti* → Windische, *Volcae* → Walchen), ohne dass »Völkerwanderungen« stattgefunden haben oder gemeint sind.

Lit.: O. Kronsteiner: *Sind die slovjane »die Redenden« und die nemci »die Stummen«? Zwei neue Etymologien zum Namen der Slawen und der Deutschen.* FS für W. Steinhauser (Sprache und Name in Österreich). Wien 1980, 339–361; T. Domej: *Die Slowenen in Kärnten und ihre Sprache, mit besonderer Berücksichtigung des Zeitalters von 1740 bis 1848.* Wien 1986 (Diss.); O. Kronsteiner: *Zur Etymologie der Bezeichnung* Nemici/Nemci *»die Deutschen«.* In: *Onomastica jugoslavica* 9 (1982) 237–341; O. Back: *Glottonymie und Ethnonymie.* In: *Die Slawischen Sprachen* 14 (1988) 5–9.

Otto Kronsteiner

Ethnonym *Slovenci* im Slowenischen. Die ältesten dem Slowenischen bzw. der slowenischen Sprache zugeschriebenen Schriftdenkmäler sind die → *Freisinger Denkmäler*, niedergeschrieben ab der Mitte des 10. bis zum Beginn des 11. Jh.s, entstanden für liturgische Zwecke im Rahmen der → Christianisierung der Karantaner (→ Altslovenisch, → Altslowenisch, → Carantani, → Karantanerslowenisch, → Liturgiesprache). In der Folge bestätigen Berichte zur → Fürsteneinsetzung etwa von → Johann von Viktring und Sprachdenkmäler wie das → »Buge waz primi«, literaturüblich aus 1227, und die → Klagenfurter Handschrift die → Kontinuität der Sprache. Die erste erhaltene Verwendung des Ethnonyms *Slovenci* im Slowenischen findet sich beim Reformator Primož → Trubar zur Zeit des → Protestantismus. Im Katechismus von 1550 heißt es in der einleitenden Anrede: *Vsem Slovenzom gnado, mir, milhost inu pravu spoznane božje skuzi Jesusa Christusa prossim* [Allen Slowenen Gnade, Friede, Erbarmung und die wahre göttliche Erkenntnis durch Jesus Christus erbitte ich]. In seinem Evangelium des hl. Matthäus (*Ta evangeli svetiga Matevža*, 1555) beginnt seine slowenische Einleitung mit *Lubi Slovenci* [Liebe Slowenen]. Im Geleitwort zur Übersetzung des neuen Testaments (*Ta celi novi testament*, 1581) schreibt er ebenfalls: *vom mujim lubim Slovenom* [Euch meinen lieben Slowenen]. Damit wird der konzeptuelle Schritt vom individuellen Sprachgebrauch zu einer überregionalen kollektiven sprachlichen Identität, d.h. zu einer im weitesten Sinn nationalen Identität vollzogen, die sich am sprachlich definierten Ethnos orientiert (und nicht sosehr an einer regionalen *territorialen → Identität*, die sich an den historischen Herzogtümern orientiert). Die konzeptuelle Synthese und Innovation Trubars, die sich auch in seinem überregionalen, gesamtslowenischen Wirken ebenso wie im Gebrauch einer überregionalen verschrifteten Sprache und durch die Gründung einer protestantischen Gemeinde in → Agoritschach/Zagoriče ausdrückt, erhält mit dem Gebrauch des Begriffs *Slovenci* eine terminologische Fixierung (→ Terminologie). Verstärkt wird sie durch die nachhaltige Prägung der slowenischen → Kulturgeschichte durch den Trubarschen Protestantismus und dessen langfristige Auswirkungen (→ Dalmatinbibel, → Bukovnišvo).

Trotz der territorialen und feudalen Zersplitterung des slowenischen Sprachgebietes und der damit formalrechtlich definierten und vielfachen kollektiven *territorialen → Identitäten*, bleibt der konzeptioncllc Begriff *Slovenci* im slowenischen Sprachgebrauch als eine der Ausdrucksformen von Identität erhalten. Der barocke Erudit J. → Popowitsch/Popovič schreibt 1750 in seinen *Untersuchungen vom Meere* diese Selbstbezeichnung seinen steirischen Landsleuten zu: »... *meine Landsleute, die Viertelzillerischen Winden, nennen sich Slowenci und ihre Muttersprache to slowensko* ...«. Damit ist auch klar, dass die Identität schon immer unterschiedlich und kontextbezogen ausgedrückt wurde (hier die Viertelziller, die Winden und *Slovenci*) und dass parallel mehrere Bezeichnungen verwendet wurden. Im Zuge der slowenischen Wiedergeburtsbewegung (→ Preporod) als Folge der → Illyrischen Provinzen, vor allem aber ab der Mitte des 19. Jh.s erstarkt das Bewusstsein einer kollektiven ethnischen bzw. nationalen Identität und wird im politischen Programm für ein Vereinigtes Slowenien formuliert (→ Zedinjena Slovenija). Das Ethnonym *Slovenci* umfasste zu dieser Zeit im Slowenischen alle Menschen mit slowenischer → Muttersprache, unabhängig davon, welche → Lingua franca sie zusätzlich sprachen. Nach dem Zerfall der Monarchie und der Schaffung des SHS-Staates bzw. → Jugoslawiens veränderte sich die Begrifflichkeit weder im neuen Staat noch im Grenzausland, in dem ein Drittel aller Slowenen lebte. Nach 1945 und der Errichtung des Föderalstaates Jugoslawien behielt der Begriff *Slovenci* im Wesentlichen seine Bedeutung, wie es das Konzept des »gemeinsamen slowenischen Kulturraumes« *(skupni slovenski kulturni prostor)* ausdrückt. Bisweilen konnte er kontextbezogen so interpretiert werden, dass nur die ethnischen Slowenen der Sozialistischen Republik Sloweniens bzw. Jugoslawiens gemeint waren.

Mit der Ausrufung des unabhängigen Staates Republik Slowenien 1991 blieb im Slowenischen zwar die nach dem Ethnos orientierte Begriffsdefinition für der Begriff *Slovenci*, wie er von den Grenzauslandsslowenen in Österreich und Italien allgemeinsprachlich wie auch verfassungsrechtlich weiterhin gebraucht wurde, dieselbe. Doch erhielt dieser Begriff neue, zusätzliche Bedeutungsfelder und bezeichnet(e) teilweise ausschließlich die Staatsbürger der Republik Slowenien, unabhängig von deren ethnischer Zugehörigkeit. Entsprechend unterschiedlich sind terminologischen Ansätze und konzeptuelle Zugänge in der »slowenischen« → Geschichtsschreibung zum Forschungsfeld *zgodovina Slovencev* [Geschichte der Slowenen].

Allgemein kann davon ausgegangen werden, dass im modernen Slowenischen, dort wo der Begriff *Slovenci* für die frühere oder mittelalterliche Geschichte verwendet wird, vereinfachend interpretiert werden kann als »Menschen mit Slowenisch als Muttersprache« (wobei Slowenisch hier alle historischen, regionalen oder sozialen Ausprägungen umfasst) bzw. als »Personen im Sprach-, Rechts-, Siedlungs- und mythologischen → Kontinuum zu den Slowenen in der Konzeption Trubars«. Ab Trubar ist der Begriff *Slovenci* als »ethnische Slowenen in der Konzeption Turbars« zu verstehen, ab dem → *preporod* endgültig als »Slowenen als modernes Volk«. Für die neueste Zeit bezeichnet der Begriff *Slovenci* im Slowenischen entweder »ethnische Slowenen« (unabhängig von deren Staatsbürgerschaft) oder »Staatsbürger der Republik Slowenien«.

Primož Trubar, Katechismus (1550): »Vsem Slovenzom/ Gnado/Mir/Mylost inu pravu Spoʃnanje boʃhye …«

Quellen: vgl. Primož → Trubar, Johann Sigismund → Popowitsch.
Lit.: ES (*Slovenci*, 165–258; *Slovenci na avstrijskem Štajerskem*, 259–260; *Slovenci v Italiji*, 260–295; *Koroški Slovenci*, 290–304; I. Grdina: *Trubar, Primož*, 272–378). – T. Domej: *Die Slowenen in Kärnten und ihre Sprache, mit besonderer Berucksichtigung des Zeitalters von 1740 bis 1848* (Phil. Diss.). Wien 1986 (VII, 562 S.) 309 f.; O. Back: *Glottonymie und Ethnonymie*. In: *Die Slawischen Sprachen* 14 (1988) 5–9; R. Lencek: *The Terms* Wende-Winde, Wendisch-Windisch *in the Historiographic Tradition of the Slovene Lands*. In: *Slovene Studies Journal*. Bd. 12, Nr. 2 (1990) (Digitalisat); M. Klemenčič: *Slovenia at the Crossroads of the Nineties: From the First Multiparty Elections and*

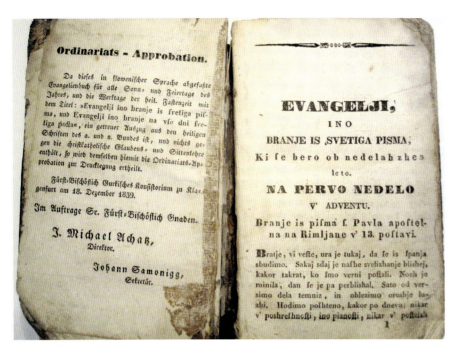

Ordinariatsapprobation 1839 für ein in slowenischer Sprache abgefasstes *Evangelienbuch* – Nachlass Lisca → Watzko (Drobolach am Faaker See/Drobole ob Baškem jezeru)

the Declaration of Independence to Membership in the Council of Europe. In: *Slovene Studies* 14, 1 (1992) 9–34; M. Klemenčič: *Slovenska izseljenska zgodovina kot del slovenske nacionalne zgodovine: inavguralno predavanje ob izvolitvi v naziv rednega profesorja na Oddelku za zgodovino Filozofske fakultete Univerze v Ljubljani, 8. 4. 1998.* In: ZČ 52, 2 (1998) 175–193; M. Glavan: *Prve slovenske knjige – slovenski reformacijski tisk v izvirnikih in v ponatisih: ob 450 letnici prve slovenske knjige: razstavni katalog, 23. november 2000 – 2. januar 2001.* Ljubljana, Narodna in univerzitetna knjižnica, 2000; M. Klemenčič, M. N. Harris: *Introduction.* In: M. Klemenčič, M. N. Harris (Hg.): European Migrants, Diasporas and Indigenous Ethnic Minorities (Europe and the Wider World, 4). Pisa 2009, XI–XXI; P. Štih: *Slovansko, alpskoslovansko ali slovensko? O jeziku slovanskih prebivalcev prostora med Donavo in Jadranom v srednjem veku (pogled zgodovinarja).* In: ZČ 65 (2011) 8–51.

Bojan-Ilija Schnabl

Ethnonym *Slowene* im Deutschen. Eine eng mit der sog. slowenischen Wiedergeburtsbewegung (→ *Preporod*) während der Aufklärung und Romantik verbundene Entwicklung ist das Entstehen des deutschsprachigen Ethnonyms »Slowene«, gebildet unter Heranziehung der traditionellen Eigenbezeichnung »Slovenci«.

In der zweiten Hälfte des 18. und der ersten Hälfte des 19. Jh.s setzte sich allmählich die endgültige Erkenntnis vom Umfang und der Einheit der Slowenen durch. Auch Kärnten/Koroška hatte daran einen nicht geringen Anteil. Regelmäßige Kontakte zwischen Angehörigen der slowenischen Wiedergeburt in den verschiedenen slowenischen Ländern wurden zum festen Bestandteil des kulturellen Lebens der Slowenen in Kärnten/Koroška. Diese intensiven Kontaktbeziehungen ermöglichten eine raschere Akkumulation neuer Ideen und Erkenntnisse.

Sprachwissenschaftliche und historische Untersuchungen gaben der slowenischen Wiedergeburtsbewegung neue Impulse. Gegen Ende des 18. Jh.s fand Anton Tomaž → Linhart über eine Analyse der slowenischen Frühgeschichte zur Überzeugung von der ethnischen Einheit der innerösterreichischen → Slawen (→ Innerösterreich, → Geschichtsschreibung). Etwa zur selben Zeit näherte sich in Kärnten/Koroška der Grammatiker Oswald → Gutsmann mit sprachlichen Argumenten diesem Standpunkt an. Den endgültigen Durchbruch auf sprachwissenschaftlicher Ebene schaffte Bartholomäus → Kopitar. Seine Grammatik ist ein ähnlicher Meilenstein der slowenischen → Kulturgeschichte wie A. Linharts »Versuch einer Geschichte von Krain und den übrigen Ländern der südlichen Slaven Österreichs«. Auch B. Kopitar verstand die innerösterreichischen → Slawen als ethnische Einheit mit einer gemeinsamen Sprache.

Als äußerer Ausdruck der zum Allgemeingut der slowenischen Intellektuellen jener Zeit gewordenen Übereinstimmung in der Frage der ethnischen Identität kann die endgültige terminologische Klärung der Frage der ethnischen Bezeichnung gelten. Die terminologische Klärung erfolgte für die deutschsprachige Bezeichnung, parallel dazu aber auch für andere Sprachen. Die Begriffe »Slowene« und »slowenisch« im heutigen Sinn beginnen sich um das Jahr 1809/10 durchzusetzen, endgültig setzte sich der Begriff erst um die Mitte des 19. Jh.s durch. Die alte Unterscheidung in »→ windisch/Winde/Wende« und »krainerisch/Krainer« wird aufgegeben und gezielt verdrängt. Eine Ausnahme bildete das deutschnationale polemische Schrifttum.

Im slowenischen Raum war es B. Kopitar, der den Terminus »Slowene, slowenisch« zuerst gebrauchte. Er führte ihn in seinen deutschsprachigen Briefen ein. Bald übernahm die jüngere Generation der slowenischen Wiedergeburtsbewegung diesen Terminus, der im Hinblick auf die damalige deutsche → Terminologie eine Neuschöpfung darstellte, anders als im Slowenischen, wo die Bezeichnung »Slovenec, slovenski jezik« jahrhundertelang in Geltung war und nur teilweise (vor allem im slowenischen Zentralgebiet) an Geltung einbüßte. Dort setzte sich nämlich auch im Slowenischen die Bezeichnung »kranjski jezik« [krainische Sprache] stark durch.

Der älteste Kärntner Beleg für den in deutscher Standardsprache neuen Begriff stammt aus dem Jahre

1810/11. Urban →Jarnik gebrauchte ihn in einem Brief an Johann Nep. →Primic. In Druck erschien er in Kärnten/Koroška erstmals am 29. Juli 1811, in engster Verbindung mit der Veröffentlichung des ersten slowenischsprachigen Beitrags in der Zeitschrift *Carinthia*, des Gedichtes »Na Slovenze« von U. Jarnik. Der Redakteur ließ dem slowenischen Gedicht eine Anmerkung folgen, in der er, halb erklärend, halb um Verständnis bittend, meinte: »Da Kärnten sowohl Deutsche, als Slowenen (Slovenzi) bewohnen, so gehört es mit in den Plan der Carinthia, auch manche slowenische Aufsätze zu liefern, da wo nämlich der Raum der Deutschen dieß zu thun gestatten wird.«

Das neue Ethnonym fand verhältnismäßig früh auch in die Ämter Eingang. Das Kreisamt Klagenfurt/Celovec gebrauchte ihn erstmals im Jahre 1813. Bis zum Jahre 1848 war aber der Terminus »windisch« in amtlichen Schriften der klar vorherrschende, »slowenisch« weiterhin eine sehr seltene Ausnahme. Im → Reichsgesetzblatt-Gesetz von 1849 wird schließlich der Begriff »slowenisch« normiert und die Begriffe »windisch oder krainisch« als Regionalismen definiert (→ Kundmachung (1), Reichs- und Landesgesetzblatt-Patent, kaiserliches vom 4. März 1849).

Quellen: *Car 1*, 5 (1811) 4; KLA, Kreisamt Klagenfurt, Fasc. 21.
Lit.: Kidrič: *F. Dobrovsky in slovenski preporod njegove dobe*. Ljubljana 1930; T. Domej: *Die Slowenen in Kärnten und ihre Sprache, mit besonderer Berücksichtigung des Zeitalters von 1740 bis 1848* (Phil. Diss.). Wien 1986 (VII, 562 S.), 309 f.; R. Lencek: *The Terms* Wende-Winde, Wendisch-Windisch *in the Historiographic Tradition of the Slovene Lands*. In: *Slovene Studies Journal*. Bd. 12, Nr. 2 (1990) (Digitalisat).

Theodor Domej

Europäischer Nationalitätenkongress (ENK). Der Minderheitenschutz, den das System der Friedensverträge nach dem Ersten Weltkrieg gewährleisten sollte (→ Vertrag von Saint-Germain), erwies sich als unzureichend und ineffizient und war durch die Instrumentalisierung für die Machtpolitik gekennzeichnet. Die Bemühungen des Völkerbundes, der Interparlamentarischen Union und des Verbands der Vereine für den Völkerbund sowie des Verbandes der Volksgruppen (*Union des Nationalités*, 1912–18) führten zum ersten Kongress des gleichnamigen Dachverbandes nationaler Minderheiten in Europa, der *Europäischen Nationalitätenkonferenz (ENK)* bzw. der *Konferenz der organisierten Volksgruppen der europäischen Staaten* am 15.–16. Oktober 1925 in Genf. Dort fanden auch die folgenden *Europäischen Nationalitätenkongresse* bis 1931 statt. 1932 wurde der Kongress in Wien abgehalten, 1933 und 1934 in Bern, 1935 und 1936 wieder in Genf, 1937 in London, der letzte, aufgrund der politischen Verhältnisse bereits geschwächte Kongress in der Vorkriegszeit fand 1938 in Stockholm statt.

Unter den Initiatoren des ersten Treffens in Genf war der slowenische Abgeordnete im italienischen Parlament, der Triestiner Anwalt Dr. Josip Vilfan (1878–1955, bis Oktober 1939: Wilfan, Abgeordneter 1921–28), der als italienisches Mitglied der Interparlamentarischen Union bereits seit 1921 in der *Kommission für Minderheitenfragen* tätig war sowie Autor der *Deklaration über die Rechte und Pflichten der Volksgruppen* (Kopenhagen 1923). 1925 gründete er in → Trieste/Trst/Triest das *Slovensko društvo za Ligo narodov* [Slowenischer Verein für den Völkerbund]. Vilfan hatte den Vorsitz der ENK und leitete den ständigen Ausschuss des ENK (bzw. der »Konferenz«) bis zum Herbst 1939, als diese aufgrund des Krieges ihr Wirken einstellten. Der Ausschuss hatte seinen Sitz von 1928 bis zum Kriegsausbruch 1939 in Wien, danach übersiedelte Vilfan nach Belgrad. Die Hauptlast der Tätigkeit trug der Generalsekretär, der estnische Deutsche Dr. Ewald Ammende (1892–1936). Ihm folgte in dieser Funktion Ferdinand von Uexküll-Güldenband. An den Kongressen nahmen Vertreter von über 30 europäischen Minderheiten teil. Unter den Slowenen finden sich noch der ehemalige Abgeordnete im italienischen Parlament Dr. Engelbert Besednjak (1894–1968, Abgeordneter 1924–28), die zwei Kärntner Landtagsabgeordneten Dr. Franc → Petek und Janez (Ivan) → Starc und ab der Mitte der 30er-Jahre auch Dr. Joško → Tischler. An den Tagungen nahmen auch Vertreter der burgenländischen Kroaten sowie der Wiener Tschechen und Slowaken aus Österreich teil. Beim Kongress 1929 initiierte Besednjak den *Verband der Minderheitenjournalisten* und leitete diesen danach auch.

Der ENK vertrat ausschließlich ethnische Minderheiten (nicht religiöse, politische oder andere), die jedoch nicht durch Emigranten vertreten werden durften. Der ENK vertrat den legitimistischen Grundsatz der Unantastbarkeit der Staatsgrenzen. Als Gegensatz zum Selbstbestimmungsrecht empfahl sie Anfang 1925 die → Kulturautonomie nach estnischem Vorbild für die Regelung der Minderheitenrechte. In den Kongressdokumenten enthielt er sich der Kritik einzelner Staaten. In den Kontakten zu den einzelnen Regierungen setzten sich die Vertreter des ENK als Vermittler für eine Verbesserung der Lage einer Reihe von Minderheiten ein (so auch für die Slowenen aus dem Italien zugesprochenen Litorale/Küstenland/Primorje und für die Kärntner Slowenen; für diese wurde Ende der 20er-Jahre erfolglos versucht, eine Kultur- bzw. Schulautonomie auszuhandeln). Der Kongress trat gegen die Zwangsassimilation sowie für die wirtschaftliche, politische und kulturelle Gleichberechtigung der Minderheiten ein (→ Assimilation, → Assimilationszwang). Er machte auf die Bedeutung eines geregelten Status der Minderheiten für den Frieden in Europa aufmerksam, pflegte Kontakte mit der Paneuropäischen Bewegung und setzte sich für eine Ausweitung der Minderheitenrechte auf der Grundlage des kollektiven Schutzes in Form des Völkerbundes als wirksamen Garanten der Minderheitenrechte in allen Mitgliedstaaten ein. Einige radikaler gesinnte Minderheitenorganisationen (z.B. die der Basken) trat in den 30er-Jahren aus dem ENK aus. Vor allem nach der Machtübernahme der Nazis wurde die Kritik lauter, der ENK arbeite mit Regierungen totalitärer Regime zusammen. Trotz des überragenden Anteils der deutsch- und ungarischsprachigen Minderheiten vor allem in den letzten Jahren der Tätigkeit des ENK blieb dieser nach Ansicht von VILFAN »vor allem ein Instrument der kleinen Völker und der kleinen Staaten«.

Der Kongress unterstützte die Institutionalisierung der wissenschaftlichen Forschung über Minderheiten. Zu den diesbezüglichen Vorbildern zählte auch das 1925 in Ljubljana gegründete → *Manjšinski institut* [Minderheiten-Institut]. Der küstenländische Slowene Dr. Vladimir MISELJ (1889–1944) war VILFANS Verbindungsperson im Völkerbund, wo MISELJ 1921–40 im Sekretariat in Genf als jugoslawischer Diplomat tätig und auch für den Menschenrechtsschutz zuständig war. Die jugoslawische Regierung unterstützte die Tätigkeit des ENK, massiv auch die deutsche.

Die Akten der ersten 13 Nationalitätenkongresse wurden in Buchform veröffentlicht. 1931 erschien ein umfangreicher Sammelband mit Berichten über die Lage der einzelnen Minderheiten unter dem Titel *Die Nationalitäten in den Staaten Europas*. 1925–44 erschien die Monatsschrift *Nation und Staat*, bis 1933 gaben deutsche Juden die Zeitschrift *Kulturwehr* heraus.

Nach dem Zweiten Weltkrieg wurde die Tätigkeit des ENK ab 1949 von der **Föderalistischen Union Europäischer Volksgruppen (FUEV)** mit jährlichen Treffen und der Herausgabe der Zeitschrift *Europa Ethnica* (ab 1961) fortgeführt. 1985 belebte die FUEV unter der Leitung des Kärntner Slowenen Dr. Reginald VOSPERNIK in Zusammenarbeit mit der *Internationalen Vereinigung zum Schutz der bedrohten Sprachen und Kulturen* (AIDLCM, *Association internationale des langues et cultures menacées*) und dem *Internationalen Institut für Nationalitätenrecht und Regionalismus* (INTEREG, München) den EKN wieder und hielt vom 16.–18. Mai in Genf dessen 15. Treffen ab, an dem Vertreter von 35 europäischen Minderheiten teilnahmen. Der 16. Kongress wurde im April 1989 in Versailles abgehalten und begrüßte in seiner Mitte bereits die ersten Vertreter osteuropäischer Minderheiten.

Archive: ARS: Fond Dr. Josip Vilfan; Archiv INV: L. Ude: *Kakšen mednarodni forum je združeval manjšine pred drugo svetovno vojno, uspehi tega foruma?* (Studie, datiert 8. 3. 1952, 3 S.).
Lit.: ES (Janez Stergar). – *Društvo narodov in narodne manjšine*. In: *Jutro*, 3. 3. 1929, S. 10, 5. 3. 1929, S. 1; J. Wilfan, *Manjšinski kongresi*. In: *Sodobnost* 2, 1934, 145–151, 200–205; I. Grahor: *Pogled na manjšinsko gibanje*. In: *Jadranski koledar 1936*, Zagreb [1935], 36–44; Ž. J. [Žiberna Joško]: *Manjšinski kongresi*. In: *Sodobnost* 1938, 459–461; J. Stergar: *Mednarodna manjšinska zaščita*. In: *Vestnik koroških partizanov*, 9, 1975, Nr. 1–2, 96–104; F. Petek: *Iz mojih spominov*. Ljubljana – Borovlje 1979, 127–29, 132, 149–155, 182, 187–88, 206, 249–51; R. Michaelsen: *Der Europäische Nationalitäten-Kongress 1925–1928*. Frankfurt am Main [e.a.] 1984; [Th. Veiter]: Die Wiedergründung des Europäischen Nationalitätenkongresses. In: *Europa ethnica*, 42, Wien 1985, Nr. 2–3, S. 65–70; Th. Veiter: *Les Congrès des Nationalités Européennes d'autrefois et leur importance pour les groupes ethniques*. In: *Europa ethnica*, 42, Wien 1985, Nr. 2–3, 75–79; S. Vilfan: *The Archives of the President of the European Congresses of European Nationalities*. In: *Ethnic Groups Studies*. Ljubljana 1988, 69–62; M. Kacin-Wohinz: *Prvi antifašizem v Evropi – Primorska 1925–1935*. Koper 1990, 342–353; P. Svoljšak: *Kongres evropskih narodnosti*. In: *Slovenska kronika XX. stoletja*, Bd. 1, 1900–1941. Ljubljana 1991, 309–310; J. Stergar: *Kongres evropskih manjšin*. In: *Veliki splošni leksikon v osmih knjigah*, Četrta knjiga, Ka–Ma, Ljubljana 1997, 2047; A. Vrčon: *Kongresi evropskih narodnosti (1925–1928)*, (diplomsko delo). Ljubljana 1998; S. Bamberger-Stemmann: *Der Europäische Nationalitätenkongreß 1925 bis 1938 – nationale Minderheiten zwischen Lobbyistentum und Großmachtinteressen*. Marburg 2000; A. Vrčon: *Društvo narodov, varstvo manjšin in Kongres evropskih narodnosti*. In: *Josip Vilfan: Življenje in delo primorskega pravnika, narodnjaka in poslanca v rimskem parlamentu*. Koper 2005, 105–112, 183–185; E. Pelikan: *Josip Vilfan v Kongresu evropskih narodnosti v letih 1925–1938*. In: *Josip Vilfan: Življenje in delo primorskega pravnika, narodnjaka in poslanca v rimskem parlamentu*. Koper 2005, 113–122, 186–188.

Janez Stergar; Üb.: Bojan-Ilija Schnabl

Exonym, vgl. Sachlemmata: → Namenkunde; → Ortsname; → Zweinamigkeit, mittelalterliche.

Faaker See/Baško jezero, Sachlemmata: → Gewässer in Südkärnten/Južna Koroška; sowie: → Gailtal/

Ziljska dolina; Gailtaler Dialekt/*ziljsko narečje*; → Gegendname; → Gewässernamen; → Bildstock; → *Jepa. Izobraževalno društvo »Jepa«* [Bildungsverein »Jepa«]; → Kirchtag; → Kreuzweg; → *Metarnikovo prerokovanje* [Metarnik-Weissagung]; → Rosentaler Dialekt/*rožansko narečje;* → Südkärnten/*Južna Koroška*; Personenlemmata: → Aichholzer, Franz; → Arnejc, Dr. Janko; → Ogris, Dr. Josip; → Progar, Alojzij; → Rauter, Flora; → Resman, Franc; → Santonino, Paolo; → Sekol, Janez; → Treiber, Franz.

Fabiani, Max/Maks (* 29. April 1865 Kobdilj [Komen, Primorska], † 18. August 1962 Gorizia/Gorica/Görz), Architekt, → Wien.

Falle, Anton (* 25. März 1886 Rajach/Sreje [Velden am Wörthersee/Vrba], † 15. Jänner 1945 KZ Dachau), sozialdemokratischer Funktionär und Publizist.

»Toni« kam als 14. Kind aus einer armen slowenischen Bauernfamilie zur Welt. Nach der zweiklassigen Grundschule in Lind/Lipa war er Hilfsarbeiter in verschiedenen Berufen (in Kärnten/Koroška, in der Schweiz und in Graz) und danach Soldat im Ersten Weltkrieg. Als Autodidakt war er bereits im Jahrzehnt vor dem Ersten Weltkrieg Gewerkschafter und zwischen 1918 und 1928 Sekretär der Sozialdemokratischen Partei im Bezirk → Villach/Beljak. Von 1921 bis 1934 war er Abgeordneter zum Nationalrat sowie nach dem Tod von Florian Gröger 1928–34 Führer der Kärntner Sozialdemokraten und Leiter der Kärntner Redaktion des »Arbeiterwillens«. 1934–44 war er Führer der illegalen »Kärntner Revolutionären Sozialisten« und Vertrauensmann der Kärntner Arbeiter. Zur Zeit des Austrofaschismus wurde er am 21. März 1935 zum zweiten Mal verhaftet und am 22. November 1935 wegen Hochverrats zu einem Jahr schweren und verschärften Kerkers verurteilt. Von den Nationalsozialisten wurde er ab April 1938 polizeilich bewacht und im August 1944 im Zuge der Repressionen nach dem missglückten Attentat auf Hitler zusammen mit 160 sozialdemokratischen Genossen verhaftet und ins KZ Dachau verschleppt, wo er einige Monate vor der Befreiung an Schwäche und wegen der winterlichen Kälte umkam. In der Kärntner Grenzfrage 1918–20 war er ein Gegner des Anschlusses Südkärntens an Jugoslawien und Mitglied des Arbeiterbataillons. Trotzdem hat er seine Zugehörigkeit zur slowenischen Volksgruppe nie verleugnet, er verteidigte die Minderheitenrechte und verwahrte sich gegen den Vorwurf des Irredentismus (so z.B. anlässlich der feierlichen Sitzung des Nationalrats am 16. Juli 1930). Von den Deutsch-Nationalen wurde er scharf angegriffen (u.a. während einer Versammlung am 15. November 1925 in Sankt Jakob im Rosental/*Šentjakob v Rožu* und im Nationalrat am 10. und 11. Dezember 1925), doch blieb er mit seiner konsequenten Position in diesen Fragen auch in seiner Partei in der Minderheit (z.B. am Parteitag der Kärntner Sozialdemokraten am 3. und 4. Oktober 1925).

Werke: *Die politischen und wirtschaftlichen Voraussetzungen der Volksabstimmung in Kärnten.* In: Abwehrkampf und Volksabstimmung in Kärnten 1918–1920. Klagenfurt 1930, 7–15.
Lit.: EJ; ES; OVSBL. – *Anton Falle zum Gedächtnis.* In: Die neue Zeit, 15. 1. 1948, 1–2; R. B. Blatnik: *Anton Falle.* In: N. Leser (Hg.): Werk und Widerhall. Wien 1964, 146–153; W. Brunbauer (Red.): *Dokumentation des Raumplanungsgespräches Südkärnten.* Wien 1977, 27–28; J. Pleterski (Hg.): *F. Petek – Iz mojih spominov.* Ljubljana, Borovlje 1979, 240–244; K. Dinklage: *Geschichte der Kärntner Arbeiterschaft, II.* Klagenfurt 1982, 82 ff. J. Stergar: *Anton Falle – 25. 3. 1886–15. 1. 1945 – spraševanje ob stoletnici koroškega slovenskega socialdemokratskega voditelja.* In: *Naši razgledi,* 28. 3. 1986, 185. Gekürzt in: *Slovenski vestnik* 18. 4. 1986, 6; J. Stergar: *Falle, Anton.* In: S. Karner, V. Sima, J. Stergar: *Wer war wer? Slowenen in Kärnten – Deutschkärntner in Slowenien.* In: S. Karner, A. Moritsch (Hg.): *Aussiedlung, Verschleppung, nationaler Kampf.* Klagenfurt/Celovec [e.a.] 2005, 298; W. Koroschitz: *»Sind wir ein Negerstamm?«* In: W. Koroschitz & L. Rettl (Hg.): Katalog … »Heiss umfehdet, wild umstritten …«. Klagenfurt/Celovec 2005, 230–232; B. Entner: *Wer war Klara aus Šentlipš/St. Philippen? Kärntner Slowenen und Sloweninnen als Opfer der NS-Verfolgung. Ein Gedenkbuch.* Klagenfurt/Celovec 2014, 474.

Janez Stergar; Üb.: Valentin Sima, Bojan-Ilija Schnabl

Faschang, Gregor (Fašank, * vor 1566 Radovljica? [Gorenjska], † nach 1600 Tübingen?), protestantischer Geistlicher.

F. entstammt einer slowenischen protestantischen Familie aus der Gorenjska (Oberkrain). Als »Corniolanus« aus Radovljica am 31. Mai 1566 in Tübingen immatrikuliert, studierte er Theologie und Philosophie und half Primož → Truber beim Druck des slowenischen Katechismus und als Bote; er wirkte sodann ab 1572 als Prediger an der slowenischen (→ »windischen«) Kirche zum Hl. Geist (Spitalkirche, *cerkev sv. Duha*) in → Klagenfurt/Celovec, geriet in einen kirchenrechtlichen Konflikt mit dem Stadtpfarrer Bernhard → Steiner, der seinem Vikar unterstellte, dass er die »windischen« Gemeindeglieder zu einer eigenen selbständigen Kirchengemeinde sammeln wollte. Dieser glaubte, »aus einer Kirche wegen der verschiedenen Sprachen« zwei machen zu können, um so seine Position aufzuwerten und sich als Pfarrer einer abgesonderten Pfarre verstehen zu können (Malloth 100).

Sein Weggang von Klagenfurt/Celovec löste das Problem nur vordergründig. 1580 ist er als Prediger in der Gorenjska, sodann bis 1581 in Tarvisio/Tarvis/Trbiž nachgewiesen, ehe er schließlich 1582–1600 wieder nach Klagenfurt/Celovec zurückkehrte. Er unterzeichnete 1582 die Konkordienformel, verfasste gemeinsam mit dem Stadtpfarrer Adam Colbius/Kolbe, den Landschaftspredigern Moritz Faschang, Adam Raunacher und dem Rektor des → *Collegiums sapientiae et pietatis* Hieronymus → Megiser ein Gutachten (19. Juli 1600), in dem sie zum Widerstand aufriefen (Fräss-Ehrfeld 609). Infolge der Gegenreformation wurde er am 29. Dezember 1600 entlassen und ging über Rosegg/Rožek ins Exil nach Deutschland.

Lit.: ES; OVSBL. – T. Elze: *Die evangelischen Prediger Krains im XVI. Jahrhundert.* In: JGPrÖ 21 (1900) 159–201, 168; N. Lebinger: *Die Reformation und Gegenreformation in Klagenfurt I.* Klagenfurt 1867, 19; H. Malloth: *Beiträge zur Geschichte der Stadt Klagenfurt vom großen Brand 1514 bis zum entscheidenden Erfolg der Gegenreformation im Jahre 1604* (phil. Diss.). Innsbruck 1964; C. Fräss-Ehrfeld: *Geschichte Kärntens II.* Klagenfurt 1994; J. Rajhman: *Pisma slovenskih protestantov. Briefe der slowenischen Protestanten.* Ljubljana 1997; R. Leeb: *Die Reformation in Kärnten.* In: W. Wadl (Hg.): *Glaubwürdig bleiben. 500 Jahre protestantisches Abenteuer.* Klagenfurt am Wörther See 2011, 83–105.

Karl W. Schwarz

Faschang, Johann (Fašank, * vor 1555 Gorenjska [?], † nach 1582, o. O.), protestantischer Geistlicher.

F., vermutlich aus der Gorenjska (Oberkrain) stammend, ist 1555 in Althofen (Stari dvor) und 1559 in → Klagenfurt/Celovec nachgewiesen (Eintragung als »Christi famulus« in Zusners Album), wirkte 1566–1582 als Pfarrer in Tultschnig/Čajnče, als der er die *Confessio Carinthiaca* (1566) unterzeichnete, er beteiligte sich 1581 an der Revision der slowenischen Bibelübersetzung J. → Dalmatins in Ljubljana und unterzeichnete 1582 die Konkordienformel.

Er hatte zwei Söhne Christoph und Moritz, welche 1578 in Tübingen und 1579 in Straßburg immatrikuliert waren. Letzterer war krainerischer Stipendiat im Tiffernum (seit 1579), magistrierte 1583 in Tübingen, studierte danach in Jena (1586) und Wittenberg (1587), ehe er als Prediger der Kärntner Landschaft berufen wurde, musste aber infolge der Gegenreformation entlassen werden. Die Landschaft gab ihm eine Abfertigung von 500 fl. und Ersatz für sein Haus in Klagenfurt/Celovec.

Lit.: ES; OVSBL. – T. Elze: *Die evangelischen Prediger Krains im XVI. Jahrhundert.* In: JGPrÖ 21 (1900) 159–201, 169; N. Lebinger: *Die Reformation und Gegenreformation in Klagenfurt I.* Klagenfurt 1867; P. Dedic: *Kärntner Exulanten des 17. Jahrhunderts.* Klagenfurt ²1979; C. Fräss-Ehrfeld: *Geschichte Kärntens II.* Klagenfurt 1994; W. Neumann: *Michael Gothard Christalnick. Kärntens Beitrag zur Geschichtsschreibung des Humanismus.* Klagenfurt ²1999.

Karl W. Schwarz

Februarpatent, 1861, → Dezemberverfassung 1867; → Wahlkreise.

Feistritz/Bistrica, vielfach auftretende Namensdublette von Orten (→ Namenkunde; → Ortsnamen) und Gewässern (→ Gewässernamen) etymologisch aus urslawisch »bystrъ« = klar, speziell in Kärnten/Koroška, bisweilen aktuell in Verwendung oder in historischen amtlichen → Ortsrepertorien (→ Ortsverzeichniss 1849/50, 1854, 1860, 1880/82, 1883, 1918), in manchen Fällen aktuell nicht mehr amtlich und doch gebräuchlich, sowie historisch im ehemaligen karantanischen Raum verwendet (→ Karantanien, → *Slovenia submersa*, → Toponyme [in der Steiermark, in Osttirol und in Salzburg] → Zweinamigkeit, mittelalterliche).

Bojan-Ilija Schnabl

Feistritz im Gailtal/Bistrica na Zilji, vgl. Sachlemmata: → *Zila, Katoliško slovensko izobraževalno društvo* [Katholischer slowenischer Bildungsverein Zila (Gail/-tal)] sowie: → Arnoldstein/Podklošter; → *Brdo, Katoliško slovensko izobraževalno društvo* [Katholischer slowenischer Bildungsverein Egg]; → Bürgermeister; → Chronogramm; → *Družba sv. Cirila in Metoda* (CMD) [Gesellschaft der hll. Kyrill und Method]; → Gailtal/Ziljska dolina; → Gailtaler Dialekt/*ziljsko narečje*; → Gegenreformation; → Inschrift, slowenische; Kreuzweg; → Kufenstechen; *Prvi rej* [der erste Tanz]; → Nachbarschaft/*soseščina* im Unteren Gailtal; → Russophilie; → Südkärnten/Južna Koroška; → Vertreibung 1920; → Volkslied; → *Žlahta* im Unteren Gailtal/Spodnja Ziljska dolina; Personenlemmata: → Brandstätter, Valentin; → Hebein, Josef; → Kattnig, Josef; → Pipp, Johann; → Schaubach, Alois; → Schnabl, Gregor; → Schnabl, Johann (1827–1904); → Schnabl-Hrepec, Janez (1897–1964); → Wiegele, Ferdinand; → Zwitter, Davorin.

Feistritz im Rosental/Bistrica v Rožu, Sachlemmata: → Abstimmungszonen; → Ferlach/Borovlje; → Inschrift, slowenische; → Karawanken/Karavanke;

→ *Kočna, Slovensko krščansko izobraževalno društvo* [Slowenischer christlicher Bildungsverein Kočna]; → *Koroška slovenska stranka* (KSS) in der Ersten Republik; → Landesgesetzblatt, zweisprachiges Kärntner; → Liedersammlung, handschriftliche; → Rosental/Rož; → Rosentaler Dialekt/*rožansko narečje*; → Vertreibung 1920; → Widerstandsbewegung; Personenlemmata: → Einspieler, Lambert; → Hornböck, Janez; → Kahn, Josef; → Košir, Pavel; → Maklin, Walter; Potočnik, Franc (→ Widerstandsbewegung); → Sorgo, Maks; → Sturm, Andrej; → Svetina, Anton (senior); Hundsdorf/Podsinja vas: → Lapuš, Florijan; Rabenberg/Šentjanške Rute: Rudl, Joseph (→ Zeugen Jehovas); Suetschach/Sveče: → *Kočna, Slovensko krščansko izobraževalno društvo* [Slowenischer christlicher Bildungsverein Kočna]; sowie → Einspieler, Andrej; → Einspieler, Gregor; → Ferčnik, Lambert; → Inzko (sen.), Valentin; → Kersche, Gregor; St. Johann im Rosental/Šentjanž v Rožu: → *Šentjanž. Katoliško slovensko izobraževalno društvo za Št. Janž in okolico* [Katholischer slowenischer Bildungsverein für St. Johann und Umgebung]; → Hornböck, Janez; → Maklin, Walter; Unterkrajach/Muta: → Inzko, Marija (geb. Einspieler); Weizelsdorf/Svetna vas: → Mišič, Dr. Franc; Posratschnig, Franz (→ Zeugen Jehovas).

Feistritz ob Bleiburg/Bistrica pri Pliberku, vgl. Sachlemmata: → Abstimmungszonen; → Bleiburg/Pliberk; → Bürgermeister; → Jauntal/Podjuna; → *Koroška slovenska stranka* (KSS) in der Ersten Republik; → Kulturgeschichte (= Einleitung, Band 1); *Tabor*; Personenlemmata: → Poznik, Albin; Feistritz ob Bleiburg/Bistrica pri Pliberku: → Kreuzweg; sowie → Kraut, Jurij; → Leder – Lesičjak, Franc; → Majar – Ziljski, Matija; St. Michael ob Bleiburg/Šmihel pri Pliberku: → *Šmihel. Slovensko katoliško izobraževalno društvo za Šmihel in okolico* [Slowenischer katholischer Bildungsverein für St. Michael und Umgebung]; Tscherberg/Črgoviče: → Jekl, Josef.

Felaher, Josip, vlg. Trbišnik (Gasthausbesitzer, Kulturaktivist) → *Melviče, Katoliško slovensko izobraževalno društvo* [Katholischer slowenischer Bildungsverein Mellweg].

Felaher, Julij (Fellacher, Julius, * 3. Jänner 1895 Mellweg/Melviče [Hermagor – Pressegger See/Šmohor – Preseško jezero], † 28. Mai 1969 Ljubljana), Jurist, ethnopolitisch engagierter Funktionär, wissenschaftlicher Mitarbeiter und Publizist.

Feistritz an der Gail/Bistrica na Zilji, Archiv Milka Kriegl

Die Grundschule besuchte F. in Mellweg/Melviče und das humanistische Gymnasium in Klagenfurt/Celovec, wo er 1915 maturierte. Das Rechtsstudium absolvierte er in Wien, Zagreb und in Ljubljana, wo er 1922 promovierte. Als Schüler war er aktiv im heimischen *Katoliško slovensko izobraževalno društvo* → *Melviče* [Katholischer slowenischer Bildungsverein Mellweg] sowie unter den slowenischen Schülern in → Klagenfurt/Celovec (→ Kulturvereine). Im Ersten Weltkrieg war er österreichisch-ungarischer Soldat an der italienischen und an der russischen Front. 1918–20 war er aktiv beteiligt am militärischen und politischen Kampf für die Vereinigung von Teilen → Südkärntens/Južna Koroška mit dem Königreich SHS. Er war im → *Narodni svet za Slovensko Koroško* [Volksrat für das Slowenisch-Kärnten] in → Völkermarkt/Velikovec tätig sowie danach beim Distriktsrat der Alliierten Volksabstimmungskommission in Klagenfurt/Celovec und in → Bleiburg/Pliberk. Nach der → Volksabstimmung musste er wie die Mehrzahl der slowenischen Intellektuellen Kärnten/Koroška verlassen (→ Vertreibung 1920). 1923–1945 war er vornehmlich in Ljubljana als Richter und Jurist im Staatsdienst tätig. 1928 zählte er zu den Gründungsmitgliedern des → *Klub koroških Slovencev* [Klub der Kärntner Slowenen], dessen Vorsitzender er bis zu seinem Tod war, mit Ausnahme allerdings der Kriegsjahre und zwischen 1945–50. Zu dieser Zeit war → Prežihov Voranc Vorsitzender, er hingegen geschäftsführender stellvertretender Vorsitzender. Außerdem war er in einer Reihe weiterer ethnopolitischer Organisationen aktiv: Er war Vorsitzender und Ausschussmitglied des *Branibor* und Vorsitzender und stellvertretender Vorsitzender der → *Družba sv. Cirila in Metoda* [Kyrill und Method-Bruderschaft]. F. engagierte sich in der → *Jugoslovanska matica*, im → *Gosposvetski zvon*, in der → *Legija koroških borcev* [Legion der Kärntner Veteranen] usw. Ab 1925 wirkte er aktiv im *Manjšinski inštitut* [Minderheiten-Institut] in Ljubljana, ab Mai 1945 war er in der Abteilung für Grenzen des wissenschaftlichen Instituts beim Vorsitz des SNOS *(Slovenski narodnoosvobodilni svet)* [Slowenischer Volksbefreiungsrat], später des *Inštitut za narodnostna vprašanja* [Institut für Volksgruppenfragen] in Ljubljana. Er wirkte mit beim Sammeln und beim Sortieren sowie bei der Vorbereitung von Unterlagen für die Bedürfnisse der jugoslawischen Delegation bei der Friedenskonferenz nach dem Zweiten Weltkrieg, die die Vereinigung von Teilen Südkärntens mit → Jugoslawien forderte. Ende des Krieges wurde er von der Volksregierung Sloweniens beauftragt, im slowenischen Teil Kärntens die Rechtsinstitutionen (Gerichte, Gerichtsgebäude, Strafanstalten einschließlich des Inventars, der Akten, der Grundbücher usw.) in ihrem Auftrag zu übernehmen, doch zogen sich bereits am 20. Mai die jugoslawischen Kräfte zurück. Er sammelte und veröffentlichte zahlreiche Beiträge über das kulturelle, soziale, wirtschaftliche und politische Leben der Kärntner Slowenen. F. arbeitete mit Hingabe und systematisch für die Verbesserung der Lage der Kärntner Slowenen. Seinen Landsleuten half er mit eigenen Mitteln, schrieb Eingaben, gab rechtliche Hilfe, intervenierte usw. Er war einer der besten Kenner der sog. »Kärntner Frage« und der Lage der Kärntner Slowenen.

Lit.: ES. – J. Stergar: *Devetdesetletnica rojstva dr. Julija Felaherja*. In: *Koroški koledar 1985*. Celovec 1984, 210–211; J. Stergar: *Felaher (Fellacher), Julij (Julius)*. In: S. Karner, V. Sima, J. Stergar: *Wer war wer? Slowenen in Kärnten – Deutschkärntner in Slowenien*. In: S. Karner (Hg.), Kärnten und die nationale Frage = S. Karner, A. Moritsch (Hg.), Aussiedlung – Verschleppung – nationaler Kampf, Band 1. Celovec [e.a.] 2005, 298–299; D. Grafenauer: *Julij Felaher, pozabljeni koroški Slovenec*. In: *Koroški koledar* 2009. Celovec 2008, 157–178; D. Grafenauer: *Življenje in delo Julija Felaherja in koroški Slovenci* (Phil. Diss., Univerza v Mariboru). Maribor 2009; D. Grafenauer: *Julij Felaher, slovenski sin Ziljske doline*. In: KMD 2015. Celovec 2014, 125–130.

Danijel Grafenauer; Üb.: Bojan-Ilija Schnabl

Felaher, Pavle, vlg. Mlinar (Latschach/Loče) Bibliothekar, Kulturaktivist, → *Melviče, Katoliško slovensko izobraževalno društvo* [Katholischer slowenischer Bildungsverein Mellweg].

Ferčnik, Lambert (Fertschnig, * 17. September 1827 Suetschach/Sveče [Feistritz im Rosental/Bistrica v Rožu], † 24. Dezember 1887 Camporosso/Saifnitz/Žabnice), Geistlicher, Autor von Erbauungsschriften, Übersetzer.

F. absolvierte das Gymnasium in → Klagenfurt/Celovec, besuchte danach dort das → Priesterseminar und wurde 1850 zum Priester geweiht. F. wurde an mehreren Pfarren im → Rosental/Rož, in Camporosso/Saifnitz/Žabnice im → Val Canale/Kanaltal/Kanalska dolina sowie in Klagenfurt/Celovec als Kaplan eingesetzt, bis er 1864 Pfarrer und Dekan von Camporosso/Saifnitz/Žabnice wurde, was er bis zu seinem Tode blieb. Neben seinem Priesterberuf publizierte F. in slowenischen und deutschen Zeitschriften, von denen die meisten konservativ ausgerichtet waren. Im *Besednik* erschienen Reiseberichte und eine → Biografie von Karl Dürnwirth (1829–1874). Im *Slovenski prijatel* und im *Dušni pastir* [Seelenhirte] publizierte F. mehrere Predigten und geistliche Reden. In der Reihe → *Slovenske večernice* erschien 1870 eine Biografie von Anton → Janežič, mit dem er persönlich befreundet gewesen war (→ Publizistik). 1859 erschien ein Gebetbuch für Frauen *Glej, tvoja mati* [Siehe, deine Mutter], das F. zusammengestellt hatte. F. übersetzte und bearbeitete das christlich-katholische Erbauungsbuch *Slovenski Goffine ali Razlaganje cerkovnega leta*. Celovec I–II, 1878–1881 [Der slowenische Goffiné oder Auslegung des Kirchenjahres] von Leonhard Goffiné (Mainz, deutsche Erstauflage 1690, 120 Auflagen insgesamt). 1875 verfasste er für die Diözese → Gurk/Krška škofija einen Schematismus.

Während der Zeit, als er Pfarrer von Camporosso/Saifnitz/Žabnice war, betätigter er sich als meteorologischer Beobachter und übermittelte seine Wahrnehmungen an das Landesmuseum in Klagenfurt/Celovec. F. erarbeitete jeweils die Statistik über die Ernteerträge für die → Kärntner Ackerbaugesellschaft; die handschriftliche Zeitschrift *Venec* zählte ihn zu ihren Redakteuren.

Werke: *Glej, tvoja mati*. Maribor 1859; *Geistlicher Personalstand der Diözese Gurk im* Jahre 1875. Klagenfurt 1875.
Üb.: *Slovenski Goffine ali Razlaganje cerkvenega leta*. Celovec [1878]–1881 (in vier Bündeln).
Lit.: SBL. – K. Glaser: *Zgodovina slovenskega slovstva, 3*. [Ljubljana] 1896, 158–159; M. Inzko: *Lambert Ferčnik – ob 100-letnici smrti*. In: KMD (1988) 114–115.

Martin Grum; Üb.: Katja Sturm-Schnabl

Ferdič, Štefana (Rednerin, Kulturaktivistin), → *Šmihel. Slovensko katoliško izobraževalno društvo za Šmihel in okolisco* [Slowenischer katholischer Bildungsverein für St. Michael und Umgebung].

Ferdinandeum (Ausbildungsanstalt für Geistliche in → Graz), → Grochar, Anton; → Rohrmeister, Jakob.

Ferjančič, Andrej (1848–1927, Politiker), → Wien.

Ferjančič, Viktor (Diskriminierungsopfer), → Internierungen 1919.

Ferk, Juliana (Kirchensängerin), → Liedersammlung, handschriftliche.

Ferlach/Borovlje, vgl. Sachlemmata: → Ferlach/Borovlje; → *Borovlje. Slovensko prosvetno društvo »Borovlje«* [Slowenischer Kulturverein »Borovlje« (Ferlach)] sowie → Abgeordnete; → Abstimmungszonen; → *Buge waz primi gralva Venus;* → Celje; → Chorwesen; → Dezemberverfassung (1867); → *Družba sv. Cirila in Metoda* (CMD) [Gesellschaft der hll. Kyrill und Method]; → *Edinost Škofiče. Slovensko prosvetno društvo »Edinost« Škofiče* [Slowenischer Kulturverein Edinost (Einheit) Schiefling]; → Germanisierung, statistische; → Gewässer in Südkärnten/Južna Koroška; → *Gorjanci. Slovensko izobraževalno društvo Gorjanci, Kotmara vas* [Slowenischer Bildungsverein Gorjanci, Köttmannsdorf]; → Görz (Gorizia/Gorica); → Grenzfrage 1918–1920; → Kulturgeschichte (= Einleitung, Band 1); → Karawanken/Karavanke; → *Kmečka zveza* [Bauernbund]; → *Koroška zora;* → Kreuzweg; → Kulturvereine, slowenische in Kärnten/Koroška; → Liedersammlung, handschriftliche; → *Osəmca* [Achter]; → Pfarrkarte der Diözese Gurk/Krška škofija 1924; → Prag (Praha); → Publizistik, slowenische in Kärnten/Koroška; → Rosental/Rož; → Schulwesen unter jugoslawischer Verwaltung in der Zone A in den Jahren 1919–1920; → *Slovanska čitalnica* [Slawische Lesehalle]; → *Sodaliteta presvetega Srca Jezusovega;* → Tamburizzamusik; → Vertreibung 1920; → Wahlkreise der Landtagswahlordnungen in Kärnten/Koroška ab 1849; Wallfahrt(en); Personenlemmata: → Aichholzer, Franz; → Albreht, Ivan; → Benetek, Anton; → Brandstätter, Valentin; → Brollo, Jacobo; → Dobernik, Jože; → Gregoritsch, Anton; → Kaltner, Balthasar; → Kandut, Ciril; → Kazianka, Johann; → Kersche, Gregor; → Košir, Kristo; → Kristan, Etbin; → Lapuš, Florijan; → Limpel, Valentin; → Lučovnik, Dr. Johann; → Maierhofer, Janez; → Mencin, Rudolf; → Muri, Ignac(ij); → Nagele, Anton; → Perkonig, Josef Friedrich; → Rožman, Gregorij; → Rulitz, Matija; → Ruprecht, Viktor; → Schaubach, Franc; → Scheinigg, Johann; → Schuster, Dr. Oton; → Sorgo, Maks; → Starc, Johann; → Štrekelj, Karel; → Trunk, Jurij; → Wiegele, Ferdinand; Dobrawa/Dobrova: Mišič, Dr. Franc; Dornach/Trnje: Ogris, Josef (→ Zeugen Jehovas); Glainach/Glinje: → Muden, Simon; → Müller, Valentin; → Rabitsch, Johann; → Reichman, Blaž; → Serajnik, Lovro; → Zablatnik, Dr. Pavle; Kirschentheuer/Kožentavra: Čavko, Anton Matthäus, Paul und Theresia (→ Zeugen Jehovas); Laiplach/Liplje: Hedenig, Franz (→ Zeugen Jehovas); Strau/Struga bei Kappel an der Drau/Kapla ob Dravi: → Singer, Stefan; Rudl, Joseph (→ Zeugen Jehovas); → Windisch Bleiberg/Slovenji Plajberk: → Ogris, Albin; → Šašel, Josip.

Ferlach/Borovlje, Stadtgemeinde am rechten Ufer der Drau/Drava, der größte Ort im → Rosental/Rož und die südlichste Stadt in Österreich, Sitz eines Bezirksgerichtes.

Der Ort entwickelte sich 10 km südlich von Klagenfurt/Celovec an der antiken und mittelalterlichen Handelsstraße, die das antike Emona mit Virunum verband bzw. das Becken von Ljubljana mit dem Klagenfurter Becken/Celovška kotlina und die über den Loiblpass/Ljubelj, die Brücke über die Drau/Drava bei Hollenburg/Humperk und die Ebene zwischen Maria Rain/Žihpolje und Viktring/Vetrinj führte. Zunächst diente der Ort als Raststätte vor der Aufnahme des weiteren Weges über den Loiblpass/Ljubelj oder die → Sattnitz/Gure. Bereits im 16. Jh. begann sich die Eisenverhüttung zu entwickeln sowie das Schmiede- und Büchsenmacher-Handwerk. Die Ferlacher Büchsenmacher versorgten zu Beginn des 19. Jh.s Arsenale und statteten zahlreiche österreichische Regimenter mit ihren Erzeugnissen aus. Obwohl die Ferlacher Büchsenmacher schon bald nicht mehr mit der industriellen Produktionsweise konkurrieren konnten, waren 1844 in F./B. und in den umliegenden Orten 164 Büchsenmachermeister tätig. Ein ähnliches Schicksal widerfuhr auch der Eisenverhüttung und Schmiedetätigkeit in F./B. sowie in den nahe gelegenen Orten Waidisch/Bajtiše und Unterloibl/Podljubelj. Wegen dieser Probleme

KS 19. 1. 1938

> **HRANILNICA IN POSOJILNICA V BOROVLJAH**
> registrovana zadruga z neomejeno zavezo.
> *Vabilo*
> na
> **XXX. redni občni zbor,**
> ki se vrši v **nedeljo dne 6. februarja 1938** v uradnih prostorih pri Bundru v Borovljah ob ½3. uri popoldne.
> Dnevni red:
> 1. Čitanje zapisnika zadnjega občnega zbora.
> 2. Poročilo načelstva in nadzorstva.
> 3. Odobritev računskega zaključka za leto 1937.
> 4. Čitanje revizijskega poročila.
> 5. Volitev načelstva in nadzorstva.
> 6. Slučajnosti in predlogi.
> Vse zadrugarje vabi
> 7   Načelstvo.

konzentrierte sich der Großteil der Betriebe der Metallindustrie ab der 2. Hälfte des 19. Jh.s in F./B. selbst. Die langsamere wirtschaftliche Entwicklung des Ortes kann man einerseits der Nähe von Klagenfurt/Celovec zuschreiben, weshalb aus Angst vor Konkurrenz die Ausbildung eines urbanen Ortes mit allen Rechten eines Markt- und Handwerkszentrums behindert worden sein könnte. Andererseits war F./B. bis zum Beginn des 20. Jh.s ohne Bahnanbindung und auch danach wurde nur eine lokale Abzweigung von Kappel an der Drau/Kapla ob Dravi errichtet. F./B. erhielt das Marktrecht erst 1910.

Zahlreiche Rezessionserscheinungen der Ferlacher Wirtschaft führten zum langsamen Wachstum der Bevölkerung, die zwischen 1869 und 1910 von 1.527 lediglich auf 1.584 stieg. Wegen des beträchtlichen Anteils der Beschäftigten in den Bereichen des Handwerks und der Industrie unterschied sich die soziale Struktur von F./B. und der Orte im unmittelbaren Umland beträchtlich vom stark agrarisch geprägten Rosenthal/Rož. Handwerk und Industrie hatten auch Einfluss auf die Entwicklung der anderen Bereiche. So wurde die erste Schule von F./B., in der der Unterricht in slowenischer und in deutscher Sprache abgehalten wurde, bereits 1777 eingerichtet. 1878 wurde die Büchsenmacher-Fachschule gegründet. Für den Ort war auch von Bedeutung die Gründung der Bürgerschule (1909–1911), die 1927 in eine vierklassige Hauptschule umgewandelt wurde.

F./B., in dem 1880 die Hälfte der Bevölkerung slowenischsprachig war, war auch ein bedeutendes politisches und kulturelles Zentrum der Kärntner Slowenen. Das gilt noch besonders für die Zeit nach 1848 (→ Revolutionsjahr 1848), als sich am Übergang aus einer agrarisch-feudalen Gesellschaft zu einer Industriegesellschaft die Slowenen zu einer modernen europäischen Nation wandelten und es zwischen den deutsch- und slowenischsprachigen Einwohnern zu immer stärkeren interethnischen Gegensätzen kam (→ Oktroyierte Märzverfassung 1849). Als sich Ende der 60er-Jahre und zu Beginn der 70er-Jahre des 19. Jh.s endgültig die nationalen Differenzierungsprozesse manifestierten, hatte die deutschliberale bzw. deutschnationale Seite wegen des Wahlrechts eine privilegierte Stellung, während die slowenische nationale Bewegung und die Arbeiterschaft in einer untergeordneten Rolle blieben (→ Wahlordnungen, → Wahlkreiseinteilung, Franz → Muri).

Trotzdem kommt es bereits bald nach 1848 in F./B. und den umliegenden Orten zu den ersten Formen organisierten kulturellen und politischen Lebens der Slowenen. Es wurde ein Leseverein gegründet, zwei Jahrzehnte später breitete sich das Vereinsleben der Slowenen weiter aus (→ *slovanska čitalnica*, → Lesekultur). Im November 1870 wurde das *Katoliško konstitucionalno društvo za boroveljski sodni okraj* [Katolisch-konstitutioneller Verein für den Gerichtsbezirk Ferlach] gegründet, im Mai 1871 gründeten demokratisch-orientierte Slowenen den *Napredovansko društvo v Ročni* [sic!] *dolini* [Rosenthaler Fortschritt-Verein]. Obwohl beide Vereine bereits zu Beginn der 80er-Jahre des 19. Jh.s ihre Tätigkeit einstellten, trugen sie doch wesentlich zur organisierten Form des slowenischen Kulturlebens und zur wirtschaftlichen Entwicklung bei. Zunächst war es verbunden mit dem Chorgesang, später kamen Auftritte von Laienspielgruppen hinzu.

Bis zum Beginn des 20 Jh.s war das slowenische Kulturleben in F./B. gänzlich unorganisiert. Wesentlich besser war die Situation im nahe gelegenen Glainach/Glinje, das die örtliche Darlehenskasse (→ Genossenschaftswesen) unterstützte sowie in Unterloibl/Podljubelj. Die kulturelle Tätigkeit der slowenischen Ferlacher beschränkte sich auf den Gesang der slowenischen Kirchenlieder. Sie waren jedoch nicht als Verein organisiert. Auch in der Schule in F./B. war die Unterrichtssprache lediglich Deutsch, das Slowenische wurde nur teilweise beim Religionsunterricht verwendet.

Das organisierte Vereinswesen in F./B. lebte im März 1906 mit der Gründung des *Tamburaško društvo »Strel«* [Tamburizza-Verein *Strel*] wieder auf. Später wurden noch einige weitere Vereine gegründet, wobei *Podružnica Borovlje* → *Družbe sv. Cirila in Metoda* [Zweigverein Ferlach des Kyrill und Method-Vereins], gegründet im Dezember 1907, *Telovadno društvo »Sokol«* [Turnverein »Sokol«], gegründet im September 1909, sowie *Izobraževalno društvo za Borovlje, Podljubelj in okolico* [Bildungsverein für Ferlach, Unterloibl und Umgebung], gegründet im Dezember 1912, hervorzuheben sind (→ *Borovlje, Slovensko prosvetno društvo*, → Kulturvereine, → Tamburizzamusik). Alle diese Vereine waren im Hinblick auf das slowenische Identitätsbewusstsein tätig, weshalb ihre Veranstaltungen häufig Ziele von Störaktionen deutschnationaler Kreise waren oder sie von den lokalen Behörden beschränkt wurden.

Die Tätigkeit der slowenischen Vereine hörte nicht einmal während des Ersten Weltkriegs völlig auf, obschon sie sich vor allem auf die Veranstaltung geselliger Abende beschränkte. Zu einer neuerlichen Steigerung der Aktivitäten kam es im Mai 1917 im Zuge der Unterschriftenaktion für die → Maideklaration und ganz besonders nach dem Ende des Krieges und dem Zerfall der österreichisch-ungarischen Monarchie, da das neu geschaffene Königreich der Serben, Kroaten und Slowenen den Südkärntner Raum beanspruchte. In dieser Zeit des Umbruchs wurde F./B. Sitz des slowenischen → *Narodni svet za Rož* [Nationalrat für das Rosental], der unter der Leitung des Büchsenmachers Jakob Pošinger und des Pfarrers Jurij → Trunk bis 2. November 1918 die Macht in der Gemeinde ausübte. Dabei ist zu erwähnen, dass die Slowenen aus F./B. in den ersten Nachkriegswochen nicht ein Leben in einem monarchisch gestalteten Jugoslawien erwogen, sondern sich für eine demokratische Einrichtung des damaligen Jugoslawiens einsetzten. Am 19. November 1918 besetzten slowenische Freiwillige unter der Leitung von Major Alfred Lavrič F./B., doch mussten sich die slowenischen Soldaten im Zuge der Grenzkämpfe bereits im Jänner 1919 aus F./B. und seiner Umgebung zurückziehen (→ Grenzfrage 1918–1920). Ebenso mussten die Mitglieder des slowenischen Nationalrates nach Ljubljana flüchten. Als im Zuge der Verhandlungen in Paris beschlossen wurde, dass über die staatliche Zugehörigkeit von Südkärnten/Južna Koroške eine → Volksabstimmung abgehalten werden sollte, nahmen slowenische Truppen erneut F./B. unter ihre Kontrolle. Für diese Periode vor der Volksabstimmung ist kennzeichnend, dass die jugoslawischen (slowenischen) Besatzungskräfte im Bereich der Zone A die politische Tätigkeit sowohl der österreichisch-deutschen als

Ferlach/Borovlje, KMD 1889

auch der slowenischen politischen Parteien verboten. Teilweise wichen sie von dieser Position lediglich bei der *Jugoslovanska demokratska stranka* [Jugoslawische demokratische Partei] ab, die als ein Gegengewicht zu den österreichischen sozialdemokratischen Vorfeldorganisationen galt. Die slowenischen Sozialdemokraten, insbesondere jene aus Feistritz im Rosental/Bistrica v Rožu, setzten sich für eine Vereinigung aller Vorfeldorganisationen der österreichisch-deutschen Sozialdemokraten aus dem Rosental/Rož mit der Zentrale in Ljubljana ein. Das wiederum lehnten die Ferlacher Sozialdemokraten entschieden ab und trugen gleichzeitig in bedeutendem Ausmaß dazu bei, dass die Abstimmung am 10. Oktober 1920 zugunsten Österreichs ausging. Als F./B. 1930 zur Stadt erhoben wurde, wurde in einem Dokument, das die Erhebung von einem Markt in eine Stadt begründete, festgehalten, dass in der Zeit der Besatzung und der Abstimmung Ferlach die wichtigste Stütze der republikanischen, österreichischen, Kärntner Idee gewesen sei. Es habe mit dieser Haltung nicht nur selbst viel zum Sieg beigetragen, sondern damit auch in höchstem Maße auf das ganze Rosental/Rož Einfluss gehabt.

Nach der Volksabstimmung fanden die Slowenen aus F./B. völlig veränderte Rahmenbedingungen vor. Viele, die für Jugoslawien gestimmt hatten, mussten Südkärnten/Južna Koroška verlassen (→ Vertreibung 1920), gleichzeitig stieg der Assimilationsdruck auf die Kärntner Slowenen (→ Assimilation). Das organisierte Kulturleben der Slowenen kam fast völlig zum Erliegen, sodass die Slowenen aus F./B. zur Erneuerung der kulturellen, wirtschaftlichen und politischen Organisationen erst aus der Klagenfurter »Zentrale« angeregt werden mussten. Zu einer Wiederaufnahme der organisierten Tätigkeit im Kulturbereich kam es im April 1924 mit der Gründung des *Društvo slovenskih diletantov* [Verein slowenischer Dilettanten]. Dieser Verein war besonders aktiv im Bereich des Chorgesanges und des Laientheaters. Seine Veranstaltungen wurden im *Kulturni dom Cingelc* [Kulturhaus Cingelc] im nahe gelegenen Ort Glainach/Glinje, im *Delavski dom Podljubelj* [Arbeiterheim Unterloibl] sowie auch im Ferlacher Kinosaal abgehalten. Seine Errichtung noch vor dem Ersten Weltkrieg hatten auch die slowenischen Gemeinderatsmitglieder mit ihrer Stimme im Gemeinderat ermöglicht. Mit dem »Anschluss« wurde die Tätigkeit der Slowenen in F./B. erneut verboten.

Lit.: ES. – J. Šajnik [= Scheinigg]: *Borovlje in puškarija v Borovljah*. In: KMD 1889, 47–55; J. F. Perkonig: *Heimat in Not*. Klagenfurt 1921; F. Lex, V. Paschinger, M. Wutte: *Landeskunde von Kärnten*. Klagenfurt 1923; L. Ude: *Vojaški boji na Koroškem v letu 1918/1919*. In: J. Pleterski, L. Ude, T. Zorn (Hg.): Koroški plebiscit – razprave in članki. Ljubljana 1970, 131–214; A. Malle: *Kulturno in narodnopolitično delovanje v Borovljah: zgodovinski prerez/Kultur und nationalpolitische Aktivitäten in Ferlach: historische Skizze*. In: M. Verdel (Hg.): Borovlje in Borovljani: kultura skozi 125 let/Ferlach und die Ferlacher: Streifzug durch 125 Jahre Kultur. Klagenfurt/Celovec 1995, 19–88; *Kultura – delavstvo – narodnost: Borovlje od 1848 do danes/Kultur – Arbeitschaft – Nationalität: Ferlach von 1848 bis heute*. Celovec/Klagenfurt 1997; A. Malle: *Nekateri aspekti socialne in kulturne zgodovine Borovelj*. In: *Koroški vestnik* 31–1 (1998) 1–10; M. Klemenčič: *Jurij Trunk med Koroško in Združenimi državami Amerike ter zgodovina slovenskih naselbin v Leadvillu, Kolorado, in v San Franciscu, Kalifornija*. Celovec [e.a.] 1999.

Matjaž Klemenčič; Üb.: Bojan-Ilija Schnabl

Ferlitsch, Hans (* 7. Dezember 1890 Vorderberg/Blače [St. Stefan im Gailtal/Štefan na Zilji], † 11. September 1968 ebd.), Landwirt, Bürgermeister, Landtagsabgeordneter, Landespolitiker der ÖVP.

Vom elterlichen Bauernhof im mehrheitlich slowenischen Dorf, das jedoch bereits von der kleinen deutsch-liberalen Bourgeoisie dominiert wurde, ging er auf die Landwirtschaftschule Kucherhof in Klagenfurt/Celovec. Nach geleistetem Militärdienst in Klagenfurt/Celovec war er während des Ersten Weltkrieges in Galizien und an der italienischen Front. Als erfolgreicher Landwirt wurde er in der heimatlichen Gemeinde Vorderberg/Blače 1. Gemeinderat, weiters war er Vorsitzender der Elektrizitätsgenossenschaft und Bauern-Gauobmann. Er förderte u.a. die Melioration der landwirtschaftlichen Flächen und die Wildbachverbauung. Ab 1925 war F. für seinen Heimatbezirk Hermagor/Šmohor im Landeskulturrat bzw. ab 1932 in der neuen Landwirtschaftskammer. 1927 zog er für den Landbund in den Kärntner Landtag ein. Den Kärntner Landesregierungen gehörte er vom 7. April 1934 bis zum 2. Dezember 1937 an und leitete die Landwirtschaftsagenden, wo er sich u.a. für das Landwirtschaftsschulwesen und für die Regulierung der Gail/Zilja einsetzte (→ Gailtal/Zilja). Vom 30. Dezember 1936 bis zum 22. September 1937 wurde er Landesbauernführer-Stellvertreter. 1937 schied er jedoch aus der Politik aus und lehnte später vermutlich jede Zusammenarbeit mit Nationalsozialisten ab, wobei andererseits festgehalten wurde, dass er »sich 1940 der NSDAP als Ernährungsreferent angeboten [hat], sein Antrag […] jedoch abgelehnt [wurde]«.

Nach dem Ende des Zweiten Weltkrieges war F. einer der Gründer des Bauernbundes und der Kärntner Volkspartei (ÖVP). Vom 7. Mai bzw. 6. Juni 1945 bis zu seinem altersbedingten Rückzug aus der Politik am 30. März 1960 war er Landesrat bzw. Erster Landeshauptmannstellvertreter; seine Hauptaufgaben waren die Versorgung der Bevölkerung mit Lebensmitteln, die Erschließung des ländlichen Raums, die Modernisierung der Landwirtschaft und die Entwicklung des landwirtschaftlichen Schulwesens. 1947–1960 war er Präsident des Kärntner und von 1951–1954 auch Vizepräsident des Österreichischen Bauernbundes.

In der Zeit vor der → Volksabstimmung 1920 war F. aufseiten Deutsch-Österreichs engagiert. Im Kreise der »deutschnational orientierten Slowenen« baute er zusammen mit Vinzenz → SCHUMY, Josef GLANTSCHNIG und Jakob → LUTSCHOUNIG im slowenischen bzw. zweisprachigen → Südkärnten/Južna Koroška die Vormachtstellung des Bauernbundes bzw. des Landbundes aus (→ Assimilant, → Assimilationszwang, → Deutschtümler). Nach dem Zweiten Weltkrieg widersetzte er sich auf der Sitzung des Kollegiums der Kärntner Landesregierung vehement dem zweisprachigen Schulunterricht im dritten Schuljahr (→ Schulwesen). Hingegen sprach er sich auf der feierlichen Sitzung des Kärntner Landtages am 28. Jänner 1947 in der Zeit der Bemühungen für den Erhalt der Staatsgrenzen der Ersten Republik anlässlich des Beginns der Staatsvertragsverhandlungen für die völlige Wiedergutmachung des Unrechts gegenüber den slowenischen Vertriebenen (→ Deportationen 1942) ein, lobte aus taktischen Gründen die Einführung des zweisprachigen Schulwesens nach Schweizer Vorbild, das Recht der → Minderheit nach eigenen Organisationen, den Gebrauch der → Muttersprache vor Gericht und vor Ämtern (→ Amtssprache) und erklärte die Bereitschaft der Regierung für ein Entgegenkommen bei einer eventuellen Forderung nach einer Kulturautonomie der Kärntner Slowenen: »Wir haben in einem bestimmten Gebiet des Landes in allen Gemeinden, wo auch nur ein kleiner Bruchteil der Bevölkerung slowenischer Muttersprache ist, ein zweisprachiges Schulsystem eingeführt und fragen das Kind nicht, ob deutsch oder slowenisch, sondern fordern die Erlernung beider Sprachen von dem Schüler.« Um 1948 besuchte er die Veranstaltungen des »Bundes heimattreuer Südkärntner«. Anfang 1955 sagte er im Kärntner Landtag als Stellvertreter des Landeshauptmannes offen zum Slowenischen: »Das ist die Sprache der Todfeinde eines freien und ungeteilten Kärnten.« Er wirkte an der Verzögerung der Verwirklichung der Volksgruppen-Schutzbestimmungen des Artikels 7 des Staatsvertrags über die Wiedererrichtung eines unabhängigen und demokratischen Österreich vom Mai 1955 mit und dabei insbesondere auch an der Abschaffung des verpflichtenden zweisprachigen Unterrichts in den Jahren 1957–58. Die Abteilung der Landesregierung unter der Leitung von F. war u.a. verantwortlich für die Diskriminierung der slowenischen Landwirtschaftsschule in Föderlach/Podravlje, die lange Jahre keinerlei Fördermittel vom Land erhielt.

F. wurde mit dem Großen Goldenen Ehrenzeichen der Republik Österreich ausgezeichnet.

Quellen: Sten.-Prot. der Kärntner Landtages, Festsitzung 28. 1. 1947, XVI. GP;

Lit.: *Allgemeine Bauern-Zeitung* 5. 2. 1955, 3. 12. 1960, 4. 12. 1965, 10. 10. und 19. 10. 1968; *Slovenski vestnik* 24. 2. 1956; J. Tischler: *Die Sprachenfrage in Kärnten vor 100 Jahren und heute. Auswahl deutscher Zeitdokumente und Zeitstimmen.* Klagenfurt 1957, 34; K. Dinklage [e.a.]: *Geschichte der Kärntner Landwirtschaft und bäuerliche Volkskunde Kärntens.* Klagenfurt 1966, 293, 296, 309, 311; *Ökonomierat Hans Ferlitsch gestorben.* In: *Die Kärntner Landsmannschaft* 1968, Nr. 10, S. 31; *Ein Leben für Kärnten und für Österreich.* In: *Volkszeitung* 13. 9. 1968; H. Haas, K. Stuhlpfarrer: *Österreich und seine Slowenen.* Wien 1977, 91; I. Lapan: *Der Kärntner Landtag von 1918–1938 und die Tätigkeit der Abgeordneten*, Diss. Graz 1982, 193–194; E. Steinböck: *Kärnten.* In: E. Weinzierl – Kurt Skalnik (Hg.): *Österreich 1918–1938 – Geschichte der Ersten Republik*, Bd. 2, Graz/Wien/Köln 1983, 801–840, Zit. 819, 827; Thomas M. Barker with the collaboration of Andreas Moritsch: *The Slovene Minority of Carinthia.* New York 1984, 209; H. Grafenauer: *Geschichte der Katastralgemeinde Vorderberg/Blače von 1830 bis zur zweiten Hälfte des zwanzigsten Jahrhunderts. Sozial-wirtschaftliche Entwicklung und nationaler Differenzierungsprozess.* Klagenfurt 1988 (Diplomarbeit), 91, 96–97, 120, 123, 139–140; A. Kreuzer: *Kärntner Biographische Skizzen.* Klagenfurt 1995, 134–36; S. Karner (Hg.): *Kärnten und die nationale Frage.* Klagenfurt/Celovec [e.a.] 2005, Bd. 1, 91, Bd. 2, 37–40, 161, 168–69, Bd. 3, 203, 212–13, Bd. 4, 88–89, 94, 121; H. Valentin: *Der Sonderfall – Kärntner Zeitgeschichte 1918–2004*, Klagenfurt/Celovec [e.a.] 2005, 172; H. Filipič [e.a.] (Hg.): *Simpozij o dr. Jošku Tischlerju. Zbornik predavanj in prispevkov.* Celovec [e.a.] 2009, 286–287; M. Klemenčič, V. Klemenčič: *Die Kärntner Slowenen und die Zweite Republik, Zwischen Assimilierungsdruck und dem Einsatz für die Umsetzung der Minderheitenrechte.* Klagenfurt/Celovec [e.a.] 2010, 58, 67, 82.

Janez Stergar; Üb.: Bojan-Ilija Schnabl

Fertala, Adolf (nach Eigendefinition ein »Windischer«, Amateursprachkundler), → Gailtal/Ziljska dolina; → »Windischen, die«.

Fertala, Franc (Franz, * 18. Februar 1904 Arnoldstein/Podklošter, † 23. Oktober 1969), Priester, Kulturaktivist, in Haft im KZ-Dachau.

F. erweckte nach MALLE bereits als Pfarrer von Poggersdorf/Pokrče die Aufmerksamkeit der NS-Machthaber bzw. des Sicherheitsdirektors ISSELHORST. Er ließ die Priester überwachen, zumal sich F. die Gegnerschaft der deutschnationalen Kräfte zugezogen hatte, weil sein Organist am slowenischen → Volkslied festhielt. Dabei hatte F. zusammen mit Edgar GERAMB und KRIŽAJ begonnen, slowenische → Kirchenlieder in fragwürdiger Qualität ins Deutsche zu übersetzen, die sich so »auf den Weg der Entfremdung der slowenischen Gläubigen begaben« (MALLE) (→ Assimilation; → Germanisierung). Bereits 1938 kamen negative, mit der slowenischen Frage verbundene Berichte über F. an den Sicherheitsdirektor. Dieser teilte am 5. April 1938 dem Ordinariat mit, D. habe Institutionen des NS-Staates kritisiert. Das Ordinariat wies F. an, sich in dieser Sache beim Landesrat MAIER-KAIBITSCH zu melden. F. wurde 1939 wegen der Sammlung von Geld für die Renovierung seiner Kirchen verhaftet und zunächst zu 300,– RM und zur Bezahlung der Verfahrenskosten verurteilt. Die gesammelten 125,– RM wurden eingezogen. 1940 musste F. den Gau verlassen und ging als Hauspriester in die Steiermark auf Schloss Tannhausen bei Weiz. Doch auch die Steiermark musste er verlassen. Er ging nach Altötting. Später wurde er nach TROPPER wegen »Slowenenseelsorge in der Diözese Passau« verfolgt. Aus dem KZ Dachau ist ein Brief vom 8. September 1943 erhalten, wo er bis zum Kriegsende inhaftiert war. Nach dem Krieg war er einige Zeit zu Heilungszwecken in der Schweiz und übernahm da-

Gemeinde Finkenstein/
Bekštanj, Sparkasse Ledenitzen/Ledince, KS 6. 3. 1935

Gemeinde Finkenstein/
Bekštanj, Sparkasse St. Stefan/Šteben, KS 1. 7. 1925

Vabilo k občnemu zboru
HRANILNICE IN POSOJILNICE V LEDINCAH,
registrovane zadruge z neomejeno zavezo,
ki se vrši dne 19. marca 1935 ob 3. uri popoldne
pri Čemernjaku na Pečnici s sledečim sporedom:
1. Čitanje zapisnika zadnjega občnega zbora.
2. Poročilo načelstva.
3. Odobritev računskega zaključka.
4. Volitev načelstva in nadzorstva.
5. Slučajnosti.
17   Načelstvo.

Vabilo na občni zbor
Hranilnice in posojilnice v Štebnu pri Beljaku
r. z. z. n. z., ki se vrši
v nedeljo dne 5. julija 1925 ob 3. uri pop.
v posojilničnem prostoru v Štebnu,
DNEVNI RED:
1. Odobritev zapisnika zadnjega občnega zbora.
2. Poročilo načelstva in nadzorstva.
3. Odobritev računskega zaključka za leto 1924.
4. Volitev načelstva in nadzorstva.
5. Slučajnosti.
K obilni udeležbi vabi NAČELSTVO.

nach die Pfarre Schattendorf bei Ossiach/Osoje. (Siehe auch → Verfolgung slowenischer Priester ab 1938 in Kärnten/Koroška.)

Archive: ADG (Personalakt Franz Fertala).
Lit.: *Franc Fertala.* In: Naši rajni duhovniki, Kratki oris njihovega trudapolnega dela in življena. Izdala krščanska kulturna zveza v Celovcu. Celovec 1968, 482; A. Malle: *Koroški Slovenci in katoliška cerkev v času nacizma.* In: A. Malle, V. Sima (Red.): Narodu v državi sovražni. Pregon koroških Slovencev 1942 – Volks- und staatsfeindlich. Die Vertreibung von Kärntner Slowenen 1942. Celovec/Klagenfurt 1992, 85–130 (deutsche Zusammenfassung: Die Kärntner Slowenen und die katholische Kirche, S. 131 f., zu Fertala S. 101–102); P. G. Tropper: *Kärntner Priester im Konzentrationslager.* In: M. Liebmann, H. Paarhammer, A. Rinnerthaler (Hg.): Staat und Kirche in der »Ostmark«. Frankfurt am Main [e.a.] 1998 (mit weiterführender Literatur), 411–449 (Priesterschicksale: 414–416).

Bojan-Ilija Schnabl

Luise Maria Ruhdorfer, Radio Agora

Finkenstein am Faaker See/Bekštanj, vgl. Sachlemmata: → Adelssprache; → Gailtal/Ziljska dolina; → Gailtaler Dialekt/*ziljsko narečje*; → Internierungen 1919; → Kreuzweg; → Kulturvereine, slowenische in Kärnten/Koroška; → Maria Gail/Marija na Zilji; → Pfarrkarte der Diözese Gurk/Krška škofija 1924; → Revolutionsjahr 1848; → Sibyllen; *Slovanska čitalnica* [Slawische Lesehalle]; → Sprachgrenze (2) im 18. Jh. in Kärnten/Koroška; → Wehrkirche(n); Personenlemmata: → Marković, Peter; → Millonig, Filip; → Santonino, Paolo; Faak am See/Bače: → Treiber, Franc; → Treiber, Franz; → Trunk, Jurij; Korpitsch/Grpiče: → Pipp, Johann; Ledenitzen/Ledince: → Bürgermeister; → Resman, Franc; Mallestig/Malošče: → Kandut, Ciril; → Mikl, Karl; Smounig, Franz (→ Zeugen Jehovas); Oberaichwald/Hriber: → Mikula, Janko; Petschnitzen/Pečnica:→ *Jepa. Izobraževalno društvo »Jepa«* [Bildungsverein »Jepa«]; St. Stefan/Šteben: → Hochmüller, Ivan; → Wiegele, Ferdinand; Susalitsch/Žužalče: → Brandner, Anton; Unteraichwald/Spodnje Dobje: → Aichholzer, Franz.

Finžgar, Fran Saleški (* 9. Februar 1871 Doslovče [Žirovnica, Gorenjska], † 2. Juni 1962 Ljubljana), Priester, Schriftsteller, Dramatiker, Dichter, nationalpolitisch engagierter Kulturarbeiter.

Das Gymnasium in → Ljubljana beendete F. 1891, danach trat er in das dortige Priesterseminar ein und wurde 1894 zum Priester geweiht. F. war Kaplan bzw. Exposit in Bohinjska Bistrica, Jesenice, Kočevje, Sveti Jošt und Škofja Loka (dort war er auch Pfarrprovisor) und Kurat im Arbeitshaus in Ljubljana. 1902–1908 war F. Pfarrer in Želimlje, 1908–1918 in Sora und 1918–1936 in Ljubljana (Trnovo). F. war 1917–1946 fast ununterbrochen Vorsitzender der *Nova založba* [Neuer Verlag]. In Übereinstimmung mit dem kulturpolitischen Programm von Janez E. → Krek hatte sich dieser Verlag die Aufgabe gestellt, künstlerisch anspruchsvollere Literatur herauszugeben. 1922–1952 war er Sekretär der → *Mohorjeva* in → Jugoslawien, deren Druckmaschinen im Zuge der → Volksabstimmungswirren 1919 von Klagenfurt/Celovec nach Prevalje gebracht wurden (vgl. Andrej → Sturm, Marija → Inzko geb. Einspieler) und die 1927 nach → Celje umzog. F. hat den Verlag als Volksverlag gefestigt und ausgebaut. F. hatte auch die Redaktion der

Publikationen der *Mohorjeva* und ihres Familienorgans → *Mladika* übernommen: Seit 1922 zusammen mit France → Bevk, seit 1925 zusammen mit Marija → Kmet u.a., danach bis 1933 allein. Als angesehener Kulturarbeiter und entfernter Verwandter von France → Prešeren leitete er 1935–1939 die Aktion für den Ankauf des Geburtshauses des Dichters zum Zwecke der Umgestaltung zu einem Museum. 1936 wurde er Vorsitzender des Vereins *Jegličev akademski dom* [Akademisches Heim Jeglič]. Als solcher besorgte er die Verbesserung der Lebensverhältnisse der dort wohnenden Studenten. 1939 wurde er zum Mitglied der Slowenischen Akademie der Wissenschaften und Künste (*Slovenska akademija znanosti in umetnosti*, SAZU) in Ljubljana ernannt. F. war während des Zweiten Weltkrieges, wie auch andere slowenische Priester, Gesinnungsgenosse der Befreiungsfront OF (*Osvobodilna fronta*) gewesen (die italienischen Okkupanten beabsichtigten sogar seine Erschießung als Geisel), weshalb auch nach Ende des Zweiten Weltkriegs unter dem neuen Regime sein Priesterberuf kein Hindernis für die akademische Mitgliedschaft war.

Bereits im Gymnasium hatte F. zu schreiben begonnen. Für seine ersten Erzählungen waren Josip → Jurčič und Josip → Stritar seine Vorbilder. Er unternahm aber auch erste Versuche in der Jugendliteratur und in der Lyrik. 1896 erschien seine Dichtung *Triglav*, die als (post)romantischer Wunsch nach der Schaffung einer slowenischen Epik zu verstehen ist. Bis zum Ersten Weltkrieg folgte auf die Jugendwerke eine Reihe erfolgreicher und künstlerisch immer höheren Ansprüchen genügender Volksstücke. Diese brachten mehr und mehr realistische dramaturgische Grundsätze zur Geltung (*Divlji lovec* [Der Wilderer], *Naša kri* [Unser Blut], *Veriga* [Die Kette], *Razvalina življenja* [Die Ruine eines Lebens]), eine impressionistisch angehauchte Kurzprosa (die Skizze *Na petelina* [Die Jagd auf den Auerhahn]). Mit dem Roman *Pod svobodnim soncem* [Unter freier Sonne] (1906–1907) schuf F. nach dem Vorbild von Henryk Sienkiewicz eine slowenische Prosaepopöe. Der Stoff wurzelt in der Zeit der Kämpfe der → Slawen mit dem byzantinischen Kaiser Justinian. Der Roman *Iz modernega sveta* [Aus der modernen Welt], der das gespannte Verhältnis zwischen Arbeit und Kapital thematisiert, war weniger erfolgreich.

F. hatte sich bereits zur Zeit der Habsburgermonarchie großes schriftstellerisches Ansehen erworben. Im slowenischen Raum war er der erfolgreichste und künstlerisch überzeugendste katholische Autor. F. selbst anerkannte die Existenz einer besonderen katholischen Literatur nicht. Wie keiner seiner Zeitgenossen verstand er es, die schöpferischen Ideale der elitären, national repräsentativen mit der populären Literatur zu vereinen. Seinen schöpferischen Höhepunkt erreichte F. mit dem Zyklus »*Ciklus slik iz svetovne vojne*« *Prerokovana* [»Zyklus von Bildern aus dem Weltkrieg« Das Prophezeite]. Der ursprüngliche Plan wurde nach dem Erscheinen der ausdrucksstarken Erzählung *Boji* [Kämpfe] von der österreichischen Zensur unterbunden. Deshalb verschob F. die Handlung der folgenden Erzählung in die napoleonische Zeit (*Kronika gospoda Urbana* [Die Chronik des Herrn Urban]). In der Zeit nach 1920 werden seine Werke immer spärlicher, doch nehmen das Jugendbuch *Gospod Hudournik* [Herr Wildbach], der Märchenzyklus *Makalonca* [Makalonca] und seine Autobiografie *Leta mojega popotovanja* [Meine Wanderjahre] einen großen Stellenwert ein.

Fran Saleški Finžgar, 1931

Quellen: NŠAL (rodovnik).
Werke: *Zbrani spisi I–XII*, 1924–43; *Zbrano delo I–XV*, 1979–99.
Lit.: SBL; EJ; LPJ; ES; OVSBL. – J. Moder: *Mohorska bibliografija II*. Celje 1957, 230 (literarhistorische und kritische Aufsätze 1925–1945); J. Dolenc: *Finžgar. Bibliografija*, Književni glasnik Mohorjeve družbe 6, 1961, št. 1; J. Toporišič: *Pripovedna dela Frana Saleškega Finžgarja*. Ljubljana 1964; S. Cajnkar: *Franc Saleški Finžgar in njegova doba*. Celje 1976; J. Šifrer: *Fran Saleški Finžgar*. Ljubljana 1983.

Igor Grdina; Üb.: Katja Sturm-Schnabl

Fischer/Fišer, Martin (1904 Landtagsabgeordneter in der 9. Wahlperiode im Wahlkeis der Landgemeinden Tarvis/Trbiž und Arnoldstein/Podklošter), → Abgeordnete.

Flacius Illyricus, Matthias/Matija Vlačič, Vlačić Ilirik, → *Collegium sapientiae et pietatis*, → *Confessio Carinthiaca*, → Protestantismus; → Lang, Andreas; → Trubar, Primož.

Flašberger, Janez (vlg. Otart aus Micheldorf/Velika vas) Kulturaktivist, → *Brdo, Katoliško slovensko izobraževalno društvo* [Katholischer slowenischer Bildungsverein Egg].

Flechtwerkstein(kirchen), → Frühmittelalterliche Kirchen.

Florijana peti [Florianisingen]. In einigen Teilen von Kärnten/Koroška und der slowenischen Štajerska (Steiermark) kennt man noch heute das Ansingen (slow. *koledovanje*, → Lied) unter dem Namen *Florijana peti* [Florianisingen] oder *jajčarija*, *jajčvinje* und *hajcánje* [alle etwa Eierbrauch].

Der Ursprung dieses Brauchs der Verehrung des hl. Florian ist nicht vollends geklärt, die Umzüge am Vorabend seines Namenstages wurde wahrscheinlich von den → Jesuiten im Dekanat Eberndorf/Dobrla vas im 17. Jh. eingeführt. Mit der Vermittlung der Priester der Diözese → Lavant/Lavantinska škofija wurde er danach auch in die slowenische Steiermark/Štajerska übertragen. Da haben die Burschen, die erstmals am Umzug teilnehmen, die Aufgabe, vor dem Feiertag die Kunde über das Kommen des Umzugs zu übermitteln. Auch anderswo ist der Namenstag des hl. Florian ein wichtiger Feiertag, da in der Vergangenheit bis heute an diesem Tag die Burschen in die dörflichen Burschenvereine aufgenommen werden, womit diese u.a. das Recht bekommen haben, an diese Umzügen aktiv teilzunehmen.

In der Nacht vom 3. zum 4. Mai oder an jenem Wochenende, das dem Namenstag am nächsten ist, gingen in der Regel unverheiratete Burschen von Haus zu Haus und sammelten Eier, Geld, Würste, Hefestrudel, Butter, Getränke usw. Die Burschen des Florianizuges führen einen Ziehharmonikaspieler in ihrer Begleitung mit und singen das Umzugslied, welches vom Leben des Heiligen erzählt und vom Segen, den sie bringen sowie von der Bitte um eine Gabe. Mancherorts verkünden die Burschen ihr Kommen statt mit dem Lied auch mit dem Ruf *Florijani gredo!* [Die Florianisinger kommen!]. Im Haus oder vor ihm warten die Gaben, die oftmals versteckt sind, und die die Burschen erst suchen müssen. Als Dank für die Bewirtung und die Gaben machen die Burschen mancherorts Kreuze aus gesegnetem Holz oder heizen mit diesem Holz im Herd ein. Anderswo, wie z.B. in Ebriach/Obirsko und in der → Mežiška dolina (Mießtal) hinterlassen sie auch eine Einladung zu einem Dorffest, das sie vorbereiten. Wenn die Gastgeber keine Geschenke vorbereiten, kann sie eine Strafe treffen, so z.B. können die Burschen gewisse Dinge verstecken, bringen Unordnung in den Holzschuppen, hängen die Wäsche hoch in einen Baum und Ähnliches.

Die Florianisinger veranstalten innerhalb einer Woche bzw. innerhalb eines Monats ein Fest, das u.a. unter verschiedenen mit dem Begriff des Eies verbundenen Namen benannt ist: *jajčarija*, *jajčanca*, *jajčna veselica*, *cvrčarija*, *cvrtje*. Auf dieses Fest sind alle Dorfbewohner geladen. Alle Speisen, oder zumindest ein Teil davon, sind auf diesen Festen umsonst, da es aus dem Gesammelten bzw. aus dem Verkaufserlös der zuvor erhaltenen Gaben bezahlt wird.

In der Regel werden aus den gesammelten Eiern und aus dem erhaltenen Brot auch warme Speisen zubreitet, meist Eierspeisen, in Ei getunkte Brotschnitten, die u.a. unter dem Namen *šnite*, *šnətce*, *šetice*, *cvrča* bekannt sind. In einigen Teilen Kärntens wurde in der Vergangenheit zu den Festen auch Eiersalat angeboten oder die Eier wurden gar roh getrunken. Bleiben nach dem Fest Speisen vor allem aber Getränke übrig, wird mancherorts noch ein kleineres Fest veranstaltet oder aber die Burschen teilen sich diese untereinander auf (vgl. auch → Brauch).

Lit.: F. Kotnik: *Slovenske starosvetnosti: Nekaj zapisov, orisov in razprav.* Ljubljana 1943; P. Zablatnik: *Čar letnih časov: Stare vere in navade na Koroškem.* Celovec 1984; P. Zablatnik: *Volksbrauchtum der Kärntner Slowenen.* Klagenfurt/Celovec 1992; K. Oder: *Etnološka topografija slovenskega etničnega ozemlja: občina Ravne na Koroškem.* Ljubljana 1992; N. Kuret: *Praznično leto Slovencev: Starosvetne šege in navade od pomladi do zime. Druga knjiga.* Ljubljana 1998.

Tomaž Simetinger; Üb.: Bojan-Ilija Schnabl

Flurname, auch: Mikrotoponym (slow. *ledinsko ime*), Bezeichnung eines kleinräumigen Landschaftsteils (einer Flur) ohne Häuser und benennt somit die kleineren und kleinsten geografischen Einheiten, wie Berge (→ Bergname), Täler, Wälder, Weiden, Wiesen, Äcker und Fluren bis hin zu einzelnen Grundstücken.

F. sind überlieferte geografische Namen, die sich im örtlichen Sprachgebrauch entwickelt haben und in Österreich unter den Kaisern Joseph II. und Franz I. erstmals im Grundkataster aufgezeichnet wurden. Vielfach widerspiegeln sich in ihnen Merkmale der lokalen → Dialekte. Die F. werden zwar im Slowenischen in Kärnten/Koroška normalerweise in ihrer standardsprachlichen Form geschrieben, z.B. *Strugarica* (Bodental/Žabnica) oder *Vranjica* ›Rabenberg‹ (→ Rosental/Rož), im Deutschen erscheinen sie jedoch meist in deutscher Orthografie, in unserem Fall *Strugarza* und *Oreinza*-Sattel (→ Standardsprache). Manche Namen wurden dann im Deutschen umgeformt, so ist *Märchenwiese* romantisierend aus slowenisch-mundartlich *Na Mlakah* [na mwáqah] entstanden. Die erste planmäßige kartografische Erfassung der habsburgischen Erblande war die Josephinische Landesaufnahme (1764–1787), die erste systematische Erhebung aller geografischen Namen der Franziszeischen → Kataster

Gorjanci

Košuta

Liste slowenischer Flurnamen in Kärnten (Wiki)

(von 1817 bis 1861 erstellt und nach Kaiser Franz I. benannt). Eine weitere bedeutende Namenquelle sind die Landkarten des k.u.k. Militärgeographischen Instituts (des Vorläufers der heutigen Austrian Map, vormals Österreichische Karte 1:50.000, ÖK 50). Bei der Erstellung des österreichischen Grundkatasters wirkten auch zahlreiche böhmische Landvermesser mit, die mit den alpinen Dialekten nicht vertraut waren, wodurch es zu zahlreichen Fehlschreibungen (z.B. *Koralpe*, von *Kar*, mundartlich *Kår*) oder zum Gebrauch von tschechischen Morphemen (*na Osli* statt *na Oslu*, dt. Eselsberg) kam. Slowenische Namen wurden meist in deutscher Orthografie geschrieben (z.B. *Koschuta* für *Košuta*).

2010 wurden die slowenischen Flur- und Hofnamen in Kärnten/Koroška in das UNESCO-Verzeichnis des immateriellen Kulturerbes in Österreich aufgenommen (→ Kulturlandschaft; → Vulgoname).

Lit.: R. Badjura: *Ljudska geografija*. Ljubljana 1953; O. Kronsteiner: *Die slowenischen Namen Kärntens*. Wien 1982; A. Feinig: *Hišna in ledinska imena v Gorjah na Zilji*. In: Letno poročilo Zvezne gimnazije in Zvezne realne gimnazije za Slovence v Celovcu (1990/1991), S. 97–100; H.-D. Pohl: *Gebirgs- und Bergnamen. Slavisch*. In: Namenforschung – Ein internationales Handbuch zur Sprach- und Kommunikationswissenschaft. 2. Berlin [e.a.] 1996, 1524–1531; H.-D. Pohl: *Sprachliche Spurensuche – slowenische Orts- und Flurnamen*. In: W. R. Baier, D. Kramer (Hg.): Karantanien (*Studia Carinthiaca*, Bd. 22.). Klagenfurt/Celovec 2003, 55–68; R. Untergugenberger: *An der Schnittstelle dreier Kulturen – zum slawischen Erbe in der Mundart des Kärntner Lesachtales unter besonderer Berücksichtigung der Feld- und Flurnamen* (Studia Carinthiaca; Bd. 24). Klagenfurt/Celovec 2004; R. Untergugenberger: *Pferraf, polica in gose – uporabno raziskovanje ledinskih imen v koroškem Lesnem dolu (Lesachtal)*. In: KMD. Celovec 2005, 60–64; H.-D. Pohl: *Die Gössnitz (Gemeinde Heiligenblut,) Mölltal, Oberkärnten. Die Namen unter besonderer Berücksichtigung der Flurnamen slowenischen Ursprungs*. In: *Razprave*. [Razred 2], Razred za filološke in literarne vede. Classis 2, Philologia et litterae, 20 (2007) 209–218; H.-D. Pohl: *Unsere slowenischen Ortsnamen, Naša slovenska krajevna imena*. Klagenurt/Celovec 2010; *St. Margareten im Rosental/Šmarjeta v Rožu* (zemljevid/Karte merilo/Maßstab 1:15.000), Hg. Kulturno društvo Šmarjeta-Apače/Kulturverein St. Margareten – Abtei und Slovenski narodopisni inštitut Urban Jarnik. Celovec 2011; *Škofiče – Schiefling*. Izdalo: Slovensko prosvetno društvo Edinost Škofiče/Hg. von: Slowenischer Kulturverein Edinost Schiefling, 2011 [Landkarte]; K. Klinar, J. Škofič, M. Šekli, M. Piko-Rustia: *Metode zbiranja hišnih in ledinskih imen*, Projekt FLULED v okviru Operativnega programa Slovenija-Avstrija 2007–2013. Jesenice, Celovec 2012 *Trška občina Bistrica v Rožu: Ledinska, hišna in krajevna imena / Marktgemeinde Feistritz im Rosental: Flur-, Haus- und Ortsnamen. Merilo/Maßstab 1: 16.000*. Izdajatelji/Hg. Slovensko prosvetno društvo Šentjanž, Slovensko prosvetno društvo Kočna, Krščanska kulturna zveza, Slovenska prosvetna zveza, Slovenski narodopisni inštitut Urban Jarnik 2015; *Marktgemeinde Finkenstein am Faaker See = Beštanj ob Baškem jezeru, Trška občina, Touristikkarte mit slowenischen Flur- und Hausnamen = Turistični zemljevid s slovenskimi ledinskimi in hišnimi imeni*. Maßstab/merilo 1:18.300. Hg. von: KKZ, SPZ, SNIUJ, SPD Dobrač, SKD Jepa-Baško jezero, EL Bekštanj. Finkenstein am Faaker See/Bekštanj ob Baškem jezeru 2015.

Web: N. Penko Seidl: *Significance of Toponyms, with Emphasis on Field Names, for Studyng Cultural Landscape = Pomen toponimov s poudarkom na ledinskih imenih za proučevanje kulturne krajine*. In: *Acta geographica Slovenica* 48–1 (2008) 33–56 (Digitalisat auf www.dlib.si); V. Wieser, B. Preisig, J. Pack: *Kotmara vas: Horni Kompánj, Konják in Hudár – slovenska ledinska, krajinska in hišna imena/Köttmannsdorf: Horni Kompánj, Konják in Hudár – slowenische Flur-, Gebiets- und Hofnamen* (Kartenmaterial), Hg. SPD Gorjanci. Kotmara vas/Köttmannsdorf 2008, www.gorjanci.at; *Košuta* (Karte 1:20.000), Interesna skupnost selskih kmetov (ISSK)/Interessengemeinschaft der Zeller Bauern (Hg.), GeoInfoGraz. Graz 2008, www.kosuta.at/landkarte/; *Verzeichnis des immateriellen Kulturerbes in Österreich, Slowenische Flur- und Hofnamen in Kärnten*, http://nationalagentur.unesco.at/cgi-bin/unesco/element.pl?eid=12 (7. 10. 2011); www.flurnamen.at; www.ledinskaimena.si.

UNESCO, immaterielles Kulturerbe

Heinz-Dieter Pohl

Flurnamen in St. Thomas am Zeiselberg/Šenttomaž pri Celovcu und in der weiteren Umgebung.

St. Thomas am Zeiselberg/Šenttomaž pri Celovcu ist eine Altgemeinde und heute der südöstliche Teil der im Zuge der Gemeindereform von 1972/73 geschaffenen Gemeinde Magdalensberg/Štalenska gora, die aus den Gemeinden St. Thomas/Šenttomaž und Ottmanach/Otmanje entstand und im zentral-nördlichen Teil des → Klagenfurter Feldes/Celovško polje liegt. Die Gemeinde ist seit karantanischer Zeit (→ Karantanien) eng verbunden mit der slowenischen → Kulturgeschichte (= Einleitung, Band 1) und weist in einigen ihrer vergleichsweise winzigen Katastralgemeinden rechtshistorische Besonderheiten auf (→ Kataster, → Edlinger-Gerichtsbarkeit im Gemeindegebiet von Magdalensberg/Štalenska gora). Weitere historische Ansatzpunkte und die Interpretationsgrundlage für die mit → Flurnamen versehenen Katasterkarten aus 1898, 1901 und 1906 auf der Grundlage der Vermessung 1827 aus dem Gemeindearchiv bilden die überregionale Tätigkeit des slowenischen → Kulturvereins → *Edinost Št. Tomaž* [Edinost/Einheit St. Thomas], der slowenischen Spar- und Darlehenskasse *Hranilnica in posojilnica Št. Tomaž* (→ Genossenschaftswesen) sowie die Tatsache, dass die Pfarren St. Thomas/Šenttomaž und Timenitz/Timenica noch 1924 als slowenische Pfarren ausgewiesen sind und Ottmanach/Otmanje als »deutsche und slowenische Pfarre« geführt wurde (→ Pfarrkarte der Diözese Gurk/Krška škofija 1924).

Wadl weist darauf hin, dass seit der Katastralvermessung von 1826–28 jedes Grundstück eine Parzel-

KG Wutschein/Bučinja vas aus 1901, Detail, Archiv Marktgemeinde Magdalensberg/Štalenska gora, Foto Bojan-Ilija Schnabl

lennummer hat, zuvor jedoch einen Namen trug, wobei diese Namen im Zuge der staatlichen Grundsteuerregulierung erstmals zur Gänze schriftlich festgehalten wurden. Dabei ist die Niederschrift der slowenischen Flurnamen in den Katasterkarten von 1898, 1901 und 1906 auf der Grundlage der Vermessung von 1827 aus dem Gemeindearchiv durchwegs als historisch zu betrachten, weil einerseits dialektale Elemente ebenso einwirken wie offensichtliche Bohemismen der böhmisch-tschechischen Beamten, die die auditiv erfassten Namen niederschrieben (so etwa *Na Osli* statt *Na Oslu* zwischen Reigersdorf/Rogarja vas und Eselsberg/Na Oslu sowie *Sa Mostom*, slow. standardsprachlich *Za mostom* südöstlich von Sillebrücke/Žilje).

Zudem weisen Namensformen wie *per Rabi* (slow. standardsprachlich *Pri Rabi*) nördlich von Blasendorf/Blažnja vas, *per Krisu* (slow. standardsprachlich *Pri križu* [beim Kreuz]; → Bildstock) nordöstlich von Reigersdorf/Rogarja vas und *per Stegnach* (slow. standardsprachlich *Pri stegnah*) östlich von Hollern/Bezovje auf die historische zeitgenössische slowenische Orthografie hin, die sich auch in der Zusammenschreibung mancher Lokativ-Formen äußert (z.B. *Podoswam*, slow. standardsprachlich *Pod Oslom*, Flur südlich des Eselsberges/Na Oslu, *Sapotam*, slow. standardsprachlich *Za potom*, Flur südlich von Reigersdorf/Rogarja vas, und *Vodinach*, slow. standardsprachlich *Na vodinjah*, Flur südöstlich von Zinsdorf/Svinča vas. Beim Flurnamen *Namirlach*, Flur westlich von Pubersdorf/Pobreže und südlich der Pleschauka/Plešavka, ist die standardsprachliche Form nicht eindeutig eruierbar).

Andere Flurnamen wiederum entsprechen diesbezüglich eher einer modernen standardisierten Form (*pod Leschjam*, heute etwa *Pod lešjam* [nach WADL »unterm Wald« bzw. »unterm Haselstaudenhain«], nördlich von Hollern/Bezovje und südlich von St. Lorenzen/Šentlovrenc, oder *med Bresjam*, slow. standardsprachlich *Med brezjem* [etwa »im Birkenhain«, »im Birkenwald«], nördlich von Wutschein/Bučinja vas, und *Nad Hamrom* am Hammerberg sowie *nad Horom*, heute slow. dialektal *Nad horom*, slow. standardsprachlich *Nad goro* oder *Nad gozdom* aufgrund der Doppelbedeutung vom dialektalen slow. *hora* (= Berg oder Wald, ebenso wie im regionalen deutschen Dialekt), nördlich von *med Bresjam* (bereits in der heutigen Gemeinde Poggersdorf/Pokrče).

Gewisse Namensformen sind lokal einem Wandel unterlegen (die Fika bzw. der Fika-Wald zwischen Zinsdorf/Svinča vas und vlg. Weigott/Bajgot ist noch als *Fike* ausgewiesen), während etwa *Nasdreti*, slow. standardsprachlich *Na zdrtu* [»am Steilhang«] nördlich der Filialkirche St. Margareten/Šmarjeta in Hörtendorf/Trdnja vas heute lokal vielfach als St. Margaretner Wald/Šmarješki gozd bezeichnet wird.

Bei der modernen Niederschrift stellt sich jedenfalls das Problem einer die lokale Tradition respektierenden, standardisierten Orthografie, die gerade bei Flurnamen historische Formen in Berücksichtigung der dialektalen Aussprache durchaus zu integrieren vermag. So können manche historische Formen durchaus unmittelbar übernommen werden (*Tinja* [nach WADL »eingezäunte Fläche (= Dorfweide)«] nordöstlich von St. Lorenzen/Šentlovrenc am rechten Ufer der Gurk/Krka oder *Kukenja* [nach WADL »Aussichtspunkt«] und *Pod Kukenjo* [nach WADL »unter der Kukenja«] östlich von Sillebrücke/Žilje). Andere bedürfen lediglich einer Harmonisierung der phonetischen Transkription (*Nežca* statt *Neschza* [nach WADL »Grube, Vertiefung«] nördlich von St. Lorenzen/Šentlovrenc, *Pod hišo* statt *Pod hischo* [nach WADL »Unterm Haus«], *Ročica* statt *Rotschiza* [nach WADL »Bächlein«] (Feldflur an der Einmündung des Wutscheiner Baches/Bučinski potok), beide südlich von Sillebrücke/Žilje.

Für die Zeit der Erfassung der Flurnamen stellt WADL weiters fest: »Das Gebiet südlich der Görtschitztal-Bundesstraße erhielt ausschließlich slowenische Flurnamen. Längs der Straßenverbindung dominieren deutsche Flurnamen, nördlich von ihr wieder slowenische. Im Ottmanacher Raum verläuft eine klare Trennlinie bei Gammersdorf. Nördlich von ihr überwiegen deutsche Flurnamen, südlich davon gibt es fast nur slowenische. Daraus lässt sich schließen, in welchen Gemeindebereichen die Bevölkerung um 1827 schon in der Lage war, die Namen in einer deutschsprachigen Form anzugeben und wo sie noch ausschließlich in der bodenständigen slowenischen Mundart dachte.« (→ Umgangssprache; → Sprachgrenze) Auf den Katasterkarten aus 1898, 1901 und 1906 auf der Grundlage der Vermessung 1827 aus dem Archivbestand der Gemeinde Magdalensberg/Štalenska gora wurden die Orte durchwegs mit ihrem jeweiligen deutschen → Ortsnamen ausgewiesen. So treten bei den erwähnten deutschsprachigen Flurnamen entlang der Görtschitztal-Bundesstraße allerdings in den Katasterkarten aus dem Bestand der Gemeinde ausschließlich die nach dem jeweiligen Ort benannten *Feld*-Namen hervor (von West nach Ost: *Zeiselsdorferfeld*, *St. Thomaserfeld*, *Matzendorferfeld*, *Lassendorferfeld* – slow. *Čilberško polje*, *Šenttomaško polje*, *Domačevaško polje* und *Vasjevaško polje*), während das *Spodnu Polle* (slow. standardsprachlich *Spodnje polje*) [Unteres Feld] nordwestlich von Zinsdorf/Svinča vas die slowenische Namensform behielt. Die Flurnamen *Obere Rabi* und *Untere Rabi* bei Schöpfendorf/Žilje weisen eine sprachliche Mischform auf, wobei die slowenische gramatikalische Form ins Deutsche übernommen wurde (→ Entlehnung).

WADL weist schließlich mit zahlreichen (oben zitierten) Beispielen darauf hin, dass der Großteil der Flurnamen Lagenamen sind, die sich an geografischen Gegebenheiten ausrichten und dass andere auf spezifische Wirtschaftsformen hinweisen (so *Kollwerch* (= Köhlerstätte), der Wald neben dem Eiblhof/Ovčjak) oder auf frühere Herrschaftsverhältnisse (*per grovou Mlin* (slow. standardsprachlich *Pri grofovem mlinu*) [nach WADL »bei der Grafenmühle«], wobei in diesem Fall wohl die Grafen von Görz gemeint seien, die im Mittelalter Eigentümer des Amtes Timenitz/Timenica gewesen waren.

Neben den oben angeführten Flurnamen seien der Vollständigkeit halber noch folgende in den Katasterkarten aus 1898, 1901 und 1906 aus dem Gemeindearchiv von Magdalensberg/Štalenska gora erwähnt: *Strugenza*, slow. orthografisch *Strugenca*, wohl zu slow. standardsprachlich *struga* [Bachbett] im Gemeindegebiet von → Maria Saal/Gospa Sveta westlich vom Sechzigerberg/Na Tamnah (?); *Barollone* südwestlich und *Stuck* nördlich von Portendorf/Partovca; *Flitzka*, slow. orthografisch *Flicka* nord-nordöstlich von Zinsdorf/Svinča vas; *Beski*, wohl Ableitung von slow. standardsprachlich *bezeg* = Holunder bei Hollern/Bezovje,

KG Zinsdorf/Svinča vas (mit Auslassung der KG Reigersdorf/Rogarja vas), Detail, Archiv Marktgemeinde Magdalensberg/Stalenska gora, Foto Bojan-Ilija Schnabl

südwestlich von St. Lorenzen/Šentlovrenc; *Ni Klini* (?) südöstlich von Sillebrücke/Žilje; *Na Uresi*, slow. standardsprachlich *Na vresi* [auf der Heide] südlich vom Lassendorfer Feld/Vasjevaško polje; *Smerzhina*, vergleiche slow. standardsprachlich *smrečje* [Fichtenbestand] nördlich von Timenitz/Timenica; *Brezovca*, (südwestlich von Kreuth/Rut bei Pischeldorf/Škofji dvor zwischen dem linken Ufer der Gurk und der Hauptstraße nach Poggersdorf/Pokrče), Ableitung zu slow. standardsprachlich *breza* [Birke]; und *Vogra* südlich von Kreuth/Rute ob der Gurk/Krka (→ Kranzmayer leitet *Vogrče*/Rinkenberg aus slow. *Voger/Oger* für Ungar ab).

Laut Aushang des Flächenwidmungsplanes Ottmanach/Otmanje sind anzuführen: *Buaza* und *Vogra* südwestlich, *Bernza* südlich von Gammersdorf/Mižlja vas, vergleiche dazu slow. standardsprachlich *Brnca*, *Prode* zu slow. *prod* [Kies, Schotter] und *Dulla* zu slow. *dol* [Seitental], östlich von Possau/Posova (Maria Saal/Gospa Sveta) bzw. südlich vom erwähnten *Vogra*; *Blatto*, slow. standardsprachlich *Blato* [Schlamm], südöstlich von Stuttern/Srepiče. Für die Flurnamen *Na Ziwunza* südöstlich von Gammersdorf/Mižlja vas und *Krameta* östlich von Stuttern/Srepiče konnten derzeit noch keine Ableitungen erstellt werden.

Am Klagenfurter Feld/Celovško polje finden sich zahlreiche weitere slowenische Flurnamen, die im Franziszeischen Kataster Eingang gefunden haben und in der Regel in einer historischen Rechtschreibung wiedergegeben sind. So etwa in/bei Annamischl/Mišlje: *nad Vasjo* (Nad vasjo), *pod Koglem*, *Ruthescha*, *Pettram*, *Ograie* (Ograje), *Gmaina* (Gmajna), *per Gori* (Pri gori), *Raunia*, *pod Rowom* (Pod rovom), *Vojach*; in/bei Atschalas/Ačale: *na Pudlach*, *Na Kosenji*; in/bei Blasendorf/Blažnja vas: *Blatenza* (Blatenca), *Na Blatti* (Na blati), *Pod Krajam* (Pod krajom), *Velke Nive* (Velike njive), *Rathschnicza* (Račnica), *Voglach*; in/bei Farchern/Borovje: *Brezova Hora* (Brezova hora [!]), *Podmirom* (Pod mirom), *Pri Krischi* (Pri križu), *Blatta* (Blato), *Poznak*, *Spodnopolle* (Spodnje polje), *Tablitza* (Tablica), in/bei Drasendorf/Dražnja vas: *Puschenje* und *Kamniza*, *Peitschzca*; in/bei Ebenthal/Žrelec: *Krainach*, *na Buatach*, *na Buate* (na Blatu), *na Gorzach* (na Gorcah), *Ouschie* (Olšje) › *per Guane* (pri Glini), *Sobotnize*, *Ta spodni Traunze*, *u Grinbensu*; in/bei Grafenstein/Grabštanj: *graisko Polle* (Grajsko polje); in/bei Hörtendorf/Trdnja vas: *Za Martiniakom* (Za Martinjakom), *Per Wodi* (Pri vodi), *Nive pod traunikim* (Njive pod travniki), *pod Jeschom* (Pod ježom), *na Jeschu* (Na ježu), *per Cesti* (Pri cesti), *Bresnica* (Breznica), *nad Wirthom*, *per Gruschi* (Pri Gruši), *nad starum Czestum* (Na stari cesti), *Krive Nive* (Krive njive), *Gmainach* in *Gmaina* (Gmajna); in Limmersdorf/Limarja vas: *Nacilla*, *per Sellenem Polli* (Pri zelenem polju), *Uokroglica* (Okroglica), *Krive Nive* (Krive njive), *Ograda* (Ograda), *Kernica* (Krnica), *per stari Czesti* (Pri stari cesti); in/bei Linsenberg/Lečja Gora: *spodno Polle* (Spodnje polje), *Sverne Polle* (Severno polje), *Ograja* (Ograja), *nad Koglem*, *nad Wasiom* (Nad vasjo), *nad Stucki*, *Meschnarze* (Mežnarce); in/bei Marolla/Marola: *pod Leschjam*, *Na Vinzi*, *Podvinz*; in/bei Pubersdorf/Pobreže: *Puberschka gmeina* (Pobrežka gmajna), *Na Stamina*, *Uresa* (Vresa), *Modschach*, *Dobrava* (Dobrava), *Dornova*; in/bei St. Georgen am Sandhof/Šentjur pri Celovcu: *Bresje* (Brezje); in/bei

TainachTinje: *Gmaina* (Gmajna), *na Bellich, na Jamnach* (na Jamnah), *na Puscharie*; *na Sillach, per Czesti* (pri cesti), *per Kapeli* (pri kapeli), *per Tratta* (pri Trati), *Ograda, pod Bresnikum* (pod Breznikom), *pod Jurnam, pod Paschenzach, Stuckacker, Tinska Hora* (Tinjska gora), *Ureppa*, in/bei Terndorf/Trnja vas bei Annabichl/Trnja vas (sic!): *Na Hribi* (Na hribu), *Domitzach, Stene* u.v.m.

Nördlich von Possau/Posova bei Maria Saal/Gospa Sveta ist schließlich der historische und dialektal gefärbte Flurname *Per Goritschnig* überliefert, dem eine standardisierte slowenische Form *Pri Goričniku* entspricht und die an den Hofnamen Goritschnig (Goričnik) westlich von Treffelsdorf/Trebeša vas knüpft (→ Vulgoname).

Eine literarische Dimension erhalten die lokalen Orts- und Flurnamen in den Erzählungen von B.-I. Schnabl.

Archive: Gemeinde Magdalensberg/Štalenska gora; KLA; NUK; Privatarchiv.
Quellen: Katasterkarten aus St. Thomas am Zeiselberg/Šenttomaž pri Celovcu aus 1898, 1901 und 1906 auf der Grundlage der Vermesung 1827 aus dem Gemeindearchiv von Magdalensberg/Štalenska gora (Folio Portendorf 1–2, Reigersdorf, St. Thomas mit Lassendorf 1–5, Wutschein 1–4, Zinsdorf 1–5); *Alphab. Verzeichnis der Grundbesitzer der Ortsgemeinde St. Thomas a. Z.*, 52 S.; *Parzellen-Protokoll der Gemeinde Reigersdorf*, 7 S.; *Parzellen-Protokoll der Gemeinde St. Thomas*, 59 S.; *Parzellen-Protokoll der Gemeinde Schurianhof*, 5 S.; *Parzellen-Protokoll der Gemeinde Wutschein*, 38 S.; *Parzellen-Protokoll der Gemeinde Zeiselberg*, 10 S.; *Parzellen-Protokoll der Gemeinde Zinsdorf*, 62 S.; *Uibersichts-Karte* (sic!) *der Steuer Bezirke und Katastral-Gemeinden von Kärnthen 1829* (3 Blatt, NUK Sig. Z 282.4-53); *Situation der Thomann-Realität und des Elektrizitäts-Werkes, Uibersicht* (sic!) *der vom Herrn Forstverwalter Franz Kofler im Dezember 1898 im Auftrag der Firma Ganz & Comp. Eingetauschten resp. Gekauften Parzellen.* Maßstab 1:2.880, 4 Blatt koloriert, ca. 34 x 48 cm; [o. T.] [*Katasterplan/Lageplan Zinsdorf, Reigersdorf, St. Margaretha, Hörtendorf*], schwarz-weiß, 4 Blatt, ca. 30 x 36,5 cm [s. d., s. l.]; *Flächenwidmungsplan Ottmanach* (Aushang in der Gemeinde Magdalensberg/Štalenska gora); Fotodokumentation; www.kagis.ktn.gv.at. (5. 7. 2014).
Werke: B.-I. Schnabl: *Božja pot do Gospe Svete in nazaj, ali Večno mlade lipe.* In: KMD 2012. Celovec 2011, 112–116; B.-I. Schnabl: *Tamnah, Na Tamnah – Temna gora: Zgodovinska črtica o imenu gore nad celovškim poljem.* In: KMD 2013. Celovec 2012, 133–138; B.-I. Schnabl: *Magnolija in tulipani, Pripovedi in resnične pravljice s Celovškega polja.* Klagenfurt/Celovec 2014; sowie wie lokale Informanten (Katja Sturm-Schnabl, u.a.).
Lit.: E. Kranzmayer: *Ortsnamenbuch von Kärnten, II. Teil, Alphabetisches Kärntner Siedlungsnamenbuch.* Klagenfurt 1958, 179; P. Ribnika: *Zemljiški kataster kot vir za zgodovino.* In: ZČ 36 (1982) 321–337; W. Wadl (Hg.): *Magdalensberg, Natur, Geschichte, Gegenwart, Gemeindechronik.* Klagenfurt 1995, 62–64; *Magdalensberg*, Gemeindeplan 1: 14.000, Wander- und Radwanderkarte 1:46.000, Umgebungskarte 1:800.000. freytag & berndt, s. d., s. l., ISBN 3-7079-0517-9; B. Goleč: *Zemljiški katastri 18. in 19. stoletja kot vir za stavbno, gradbeno in urbanistično zgodovino slovenskega ozemlja*, 1. del. In: *Arhivi* 32 (2009) 283–338; B. Goleč: *Zemljiški katastri 18. in 19. stoletja kot vir za stavbno, gradbeno in urbanistično zgodovino slovenskega ozemlja*, 2. del. In: *Arhivi* 33 (2010) 339–396; P. Zdovc: *Slovenska krajevna imena na avstrijskem Koroškem, razširjena izdaja. Die slowenischen Ortsnamen in Kärnten, erweiterte Auflage.* Ljubljana 2010; Manuela Maier: *Pittoreske »Merkwürdigkeiten«, Volksfrömmigkeit, kärglicher Lebensalltag – der Franziszeische Kataster für Kärnten als kulturgeschichtliche Quelle der ländlichen Raumes* (Phil. Diss.). Feld am See 2013; J. Grascher: *Landnutzung in der marktgemeinde Poggersdorf zu Beginn des 19. Jahrhunderts.* In: R. Jernej (Red.): Chronik der Marktgemeinde Poggersdorf, Hg.: Marktgemeinde Poggersdorf. Klagenfurt 2014, 81–105; B.-I. Schnabl: *Ledinska imena v Šenttomažu pri Celovcu in okolici.* In: KK 2015. Celovec 2014, 119–126; B.-I. Schnabl: *Ledinska imena v Šenttomažu pri Celovcu in okolici.* In: *Glasnik SED* 54, 4 (2015) 2–31.

Bojan-Ilija Schnabl

Föderalismus (unter dem Aspekt der nationalen Frage), → Oktroyierte Märzverfassung.

Föderlach/Podravlje (Gemeinde Wernberg/Vernberk), vgl. Sachlemmata: → *Beljaško omizje* [Villacher Kreis] in Villach/Beljak; → Gurk, Diözese/Krška škofija; → Ossiacher Tauern/Osojske Ture und Moosburger Hügelland/Možberško gričevje; → Pfarrkarte der Diözese Gurk/Krška škofija 1924; → *Slovensko šolsko društvo* (SŠD) [Slowenischer Schulverein]; → *Sodaliteta presvetega Srca Jezusovega*; → Tamburizzamusik; → Villach/Beljak; Personenlemmata: → Ferlitsch, Hans; → Hochmüller, Ivan; → Ogris, Janko; → Špicar, Jakob; → Ulbing, Thomas; → Vospernik, Janez; → Vospernik, Mathias.

Forstner, Ivan (1905–1975), Schauspieler, Regisseur und Autor zahlreicher Stücke, Kulturaktivist, → Mežiška dolina.

Franziszi, Franz (Franzisci, * 26. Dezember 1825 Klagenfurt/Celovec, † 1. Dezember 1920 Grafendorf im Gailtal/Kneža), Geistlicher, Wissenschafter, Volkskundler.

Nach schweren inneren Kämpfen folgte F., dessen Interesse auf Wissenschaft und Kunst gerichtet war, dem Wunsch seiner Mutter, Priester zu werden. Er besuchte bis 1851 das → Priesterseminar in Klagenfurt/Celovec. 1851–1870 arbeitete er als Kaplan an verschiedenen Orten (Sagritz, Heiligenblut, Pusarnitz, St. Veit an der Glan). Von 1870 bis zu seinem Tod war er zuerst als Pfarrer, dann als Dechant in Grafendorf im Gailtal/Kneža tätig. Auf seinen einsamen Wegen als Seelsorger durch die verschiedenen Kärntner Pfarren ging er seiner wissenschaftlichen Neigung nach. Als guter Beobachter des einfachen Volkes konnte er so alle Bereiche des Volkslebens seiner Heimat studieren, und er machte sich um die → Kulturgeschichte Kärntens verdient. 1905 wurde er Ehrenmitglied des Historischen Vereins für Kärnten (→ Geschichtsverein für Kärnten).

F. gab seine volkskundlichen Schilderungen in eigenen Büchern heraus, die als grundlegend für die Kärntner Volkskunde gelten. Bekannt sind v. a. seine mehrmals aufgelegten »Culturstudien« *Aus den Kärntner Alpen* sowie die mit dem Geleitwort von Peter ROSEGGER 1879 erschienenen und den Hochzeitsbräuchen der Slowenen ein eigenes Kapitel widmenden *Cultur-Studien über Volksleben, Sitten und Bräuche in Kärnten*, die 1908 unter dem Titel *Über Volksleben, Sitten und Bräuche in Kärnten* neu aufgelegt wurden. Volkskundlich bedeutend sind seine *Touristischen Farbenskizzen und Volkslebensbilder aus Kärnten* (1885) sowie das Buch *Kärntner Alpenfahrten* (1892) und nicht zuletzt die in der *Kärntner Volksbücher*-Reihe 1884 bei Leon erschienenen *Märchen aus Kärnten* sowie *Sagen und Märchen aus Kärnten*.

Fast den Charakter einer Monografie hat sein Kärnten/Koroška gewidmeter Beitrag in der *Österreichisch-ungarischen Monarchie in Wort und Bild*; Band *Kärnten und Krain* (1891). Das Kapitel *Zur Volkskunde Kärntens. Volkscharakter, Trachten, Sitten und Bräuche* hat F. gemeinsam mit dem ebenso guten Kenner der Kärntner Volkskultur Rudolf WAIZER verfasst. Darin wurden die beiden Nationalitäten (Deutsche und Slowenen) gleichwertig bearbeitet, wobei die Bezeichnung »Slowene« immer, »slowenisch« wesentlich öfter als »windisch« verwendet wurden (→ Ethnonym *Slowene* im Deutschen, → »Windisch«). Sehr glaubhaft ist die Vermutung, dass F. in diesem umfangreichen Beitrag wohl die Jahres- und Lebensbräuche erläutert hat. Die im Nachlass erhaltenen Märchen-Texte F.s sind entziffert und kommentiert vom Günther BIERMANN, illustriert von Hans Gerhard KALIAN in der Buchreihe des Kärntner Landesarchivs, Band 34/2006 erschienen.

Werke: *Aus den Kärntner Alpen. Cultur- und Lebensbilder nebst Kärntner Volkssagen im Anhang.* Wien [o. J.]; *Cultur-Studien über Volksleben, Sitten und Bräuche in Kärnten. Nebst einem Anhang: Märchen aus Kärnten.* Wien 1879; *Zur Volkskunde Kärntens. Volkscharakter, Trachten, Sitten und Bräuche.* In: Die österreichisch-ungarische Monarchie in Wort und Bild. Kärnten und Krain. Wien 1891, 97–131. *Kärntner Alpenfahrten. Landschaft und Leute – Sitten und Bräuche in Kärnten.* Wien 1892; *Kinder- und Hausmärchen aus Kärnten*, Klagenfurt 1995; *Märchen aus Kärnten* (Hg. G. Biermann), Klagenfurt 2006; *Kulturstudien über Volksleben, Sitten und Bräuche in Kärnten* (Hg. und kommentiert v. G. Biermann). Klagenfurt 2009.

Lit.: ÖBL. – *Wiener Zeitschrift für Volkskunde*, 27/1 (1921) 22; G. Graber: *Franz Franziszi*. In: *Car. I* 122 (1922) 125–127; L. Schmidt: *Geschichte der österreichischen Volkskunde*. Wien 1951, 105, 110.

Helena Ložar-Podlogar

Französische Revolution und ihre historische Zeitspanne von 1789–1799. Ende des 18. Jh.s legten die sozial-politischen Errungenschaften der französischen Nation die Grundlage für die fortan schnellläufige Desintegration der europäischen Großreiche. Der gewaltvolle Übergang von Feudalgesellschaft zu bürgerlich-kapitalistischer Gesellschaft wurde in Frankreich innerhalb eines bewegten *Jahrzehnts* vollzogen. Die Begründer der revolutionären Ideen, die »Lumières« – Protagonisten der französischen Aufklärung – prägten die kulturelle und politische Entwicklung Frankreichs des 18. Jh.s. Das von ihnen zur Zeit der Renaissance und des Humanismus aus der griechischen antiken Philosophie wiederentdeckte »Individuum« und dessen vorausgesetzte Fähigkeit zur »Rationalität« – beides überarbeitete neoklassische Konzepte, die aus den Erkenntnissen der Reformation und späteren Aufklärung abgeleitet wurden – führten zur Befreiung des menschlichen Geistes aus der metaphysischen Weltanschauung, welche dem mittelalterlich katholisch geprägten Feudalsystem entsprang. Aus der menschlichen Fähigkeit, rationale Schlussfolgerungen zuzulassen, wurde das Recht auf individuelle Selbstbestimmung abgeleitet. Ein Individuum, das seinen »naturgegebenen« im Gegensatz zum »gottgegebenen« Menschenverstand zum Meistern seines Alltags zu nutzen wusste, sollte demnach auch dazu befähigt sein, seinen Lebensablauf selbst zu bestimmen. Die autoritär-gestalterische Rolle, die bis dahin dem absolutistischen Herrscher und seiner Verbündeten, der katholischen Kirche, zugefallen war, wurde damit für obsolet erklärt.

Die europäische Gesellschaft würde in Hinkunft nach den Prinzipien der Aufklärung selbst ihre Entwicklung gestalten. Nach den Idealen der Revolution sollte das Bürgertum den entscheidenden gesellschaftlichen Rollenträger darstellen, der alle sozialen Interessengruppen in einem friedvollen und prosperierenden Staat vereint. Mithilfe der instrumentalisierten Arbeiterschaft sollte das Bürgertum sich an die Spitze der Staatsmacht hieven, Schlüsselpositionen einnehmen und damit den ökonomischen Werdegang der europäischen Nationen entscheidend umgestalten. Nachdem das revolutionäre Frankreich mit großen Opfern – der Terror der Guillotine 1792–1795 – die liberalen Rechte für das Individuum – die Menschenrechtserklärung von 26. August 1789 – durchgesetzt und sich der restriktiv eingreifenden Feudalmacht entledigt hatte, stand der ökonomische Liberalismus – nicht zu verwechseln mit seinem Ursprung, dem Kapitalismus, welcher bereits mit Beginn der europäischen Kolonialisierung im 15. Jh. und Versklavung der afrikanischen Bevölkerung ab dem 16. Jh. begonnen hatte – in seinen Startlöchern. Das Zeitalter der Großbourgeoisie, der industriellen Revolutionen und der sozialen Klassenkämpfe war angebrochen.

Die Analyse der F. R. als historisches Phänomen erlaubt zwei grundverschiedene Zugänge: Der erste, weitverbreitete Ansatz stellt die F. R. und ihre ideellen Nachwirkungen in einen *gesamt-europäischen Kontext*. Der zweite Ansatz, welcher verstärkt in französischen Geschichtsbüchern zu finden ist, konzentriert sich auf das Erforschen nur bedingt zusammenhängender Ereignisse, welche Wechselwirkungen erzeugten, die den Beginn und den Verlauf der F. R. bestimmten und ihr *Einzigartigkeit im welthistorischen Kontext* verliehen. Diesem Gedanken folgend ist der Unterschied zwischen niedergeschriebener und gelebter Geschichte bedeutend, denn während die geschriebene Geschichte großzügig mit philosophischen, sozial-politischen und verklärenden Interpretationen ausgeschmückt wird, kann die erlebte Geschichte als ein »sich ereignender« Sachverhalt bloß objektiv festgestellt, recherchiert und in einen wertefreien Zusammenhang gebracht werden.

Die französische Geschichtsschreibung nutzt beide Ansätze, orientiert sich jedoch verstärkt an der Sachverhalt- bzw. Faktenklärung, wenn es darum geht, den Entwicklungsprozess der F. R. herauszuarbeiten. Die einzelnen Ereignisse werden in eine logische Sukzession gebracht und niemals aus dem Kontext gerissen. Somit sind die europäischen Nachwehen, welche die F. R. nach sich zog, für den Verlauf ihrer »eigenen« Geschichte unbedeutend und aus diesem Grund aus ihrer Nacherzählung auszuschließen.

Für die Aufarbeitung der Historie der F. R. ist das Hervorheben der sozio-politischen Gegebenheiten im vor-revolutionären Frankreich entscheidend.

Im Vorfeld der F. R. befindet sich Frankreich in einer schweren Finanzkrise, deren Auswirkungen sich unter allen drei Gesellschaftsständen – der Aristokratie, dem Klerus und dem dritten Stand der Werktätigen – spürbar machen. Die Staatskassen sind leer und die Monarchie sucht nach einem Weg aus dem Ruin.

Die von CALONNE geplante Revision des Steuergesetzes stieß hauptsächlich innerhalb der Aristokratie auf starken Widerstand. Diese war nicht bereit, ihre Privilegien aufzugeben, um den Staatsbankrott abzuwenden. Nach SOUBOUL sahen CALONNE und Loménie DE BRIENNE in der Errichtung der Steuergleichheit das einzige Heilmittel gegen die Finanzkrise der Monarchie. Die in Paris vereinte »Notablenversammlung« des adeligen Standes legte im Herbst 1788 ein Veto gegen die königliche Revision des Steuerrechts ein und widersetzte sich damit erfolgreich ihrer Hoheitsgewalt.

Der französische Romantiker CHATEAUBRIAND schrieb dazu: »Die Patrizier begannen die Revolution; die Plebejer vollendeten sie« (SOBOUL, 2000, 15). Da sich die Aristokratie und der Klerus geweigert hatten, ihren Teil zur Staatssanierung beizutragen, und sich damit gegen den Beschluss des absoluten Monarchen aufgelehnt hatten, folgte vonseiten des Dritten Standes eine Welle der Empörung. Diese richtete sich als Erstes gegen die arbiträre Monarchie, die eine solche Ungerechtigkeit duldete, und darauf folgend auch gegen die privilegierten Stände. Der Dritte Stand machte immerhin 96 Prozent der damaligen Bevölkerung aus und setzte sich aus Bauern, Handwerkern, der Handelsbourgeoisie bis zur hohen Finanzbourgeoisie – welche sich in Bildung und Lebensstil kaum mehr von der hohen Aristokratie unterschied – und allen restlichen Schichten der französischen Gesellschaft zusammen. Diese waren gezwungen, die Last der Finanzkrise allein zu tragen, und besonders stark traf dies die ärmste und breiteste Schicht des Dritten Standes. Aufgrund von »[…] Missernten und […] – [der] – sich daraus zwangsläufig ergebenden Wirtschaftskrise […]« (SOBOUL, 2000, 21) verbreitete sich unter der Bevölkerung eine Hungersnot. »Die städtischen und ländlichen Volksmassen sind 1789 keineswegs durch die aufrührerischen Umtriebe der Bourgeoisie (welche sich seit Längerem aus der absolutistischen Wirtschaftsordnung zu befreien wünscht) in Bewegung gesetzt worden […] Aufgelehnt haben sie sich vielmehr aus Hunger: eine unbezweifelbare Wahrheit, die Michelet mit Nachdruck hervorhebt (›Ich bitte Euch, schaut es Euch an, dieses auf bloßer Erde liegende Volk, armer Hiob […]‹) Der Hunger ist eine Tatsache der staatlichen Ordnung: man hat Hunger im Namen des Königs« (SOBOUL, 2000, 27).

SOBOUL zufolge führte die Ernährungskrise zu Elend, Unterkonsumption, zu Schrumpfung des Arbeitsmarktes, Unterbeschäftigung, Bettelei und Vagabundentum. Dieser Dominoeffekt stürzte Frankreich in einen Ausnahmezustand, der weder finanziell noch politisch aufzuheben war. Als die Versuche des Finanzministers Loménie DE BRIENNE, Reformen zur Erhaltung des Absolutismus durchzuführen, am Widerstand der Aristokratie scheiterten und dieser infolgedessen die Generalstände – die drei Stände – zu einer Plenarsitzung einberief, kam der Dritte Stand endlich zum Zug. Am 5. Mai 1789 wurde die Sitzung der Generalstände eröffnet, und von da an übernahm der politisch gebildete Teil des Dritten Standes, nämlich die Bourgeoisie, die Führung. Ihre Ziele, so SOBOUL, waren »die Zerstörung der aristokratischen Privilegien und die Errichtung bürgerlicher Gleichheit in einer Gesellschaft ohne Stände oder Körperschaften. Dabei wollte sie sich allerdings an einen strikten Legalismus halten. In ihrem Handeln gestärkt wurde sie durch die Volksmasse, die das wirklich treibende Element bildete« (SOBOUL, 2000, 33).

Damit beginnt das politische Tauziehen: Der Dritte Stand mit der Bourgeoisie als Sprachrohr verlangt eine »gemeinsame Wahlprüfung, die die Abstimmung nach Köpfen und nicht nach Ständen impliziert« (SOBOUL, 2000, 49). Diesem Wunsch widersetzt sich die Aristokratie gemeinsam mit dem Klerus vehement. Diese beiden Stände versammeln sich getrennt vom Dritten Stand in eigenen Räumlichkeiten und halten den Kontakt mit der Opposition so gering wie möglich.

König LUDWIG XVI. willigt bei seiner Rede am 23. Juni 1789 vor seinen Generalständen in eine mögliche konstitutionelle Monarchie – eingeführt am 4. September 1791 – und die Abschaffung des Steuerprivilegs ein. Seine Bedingung dabei ist, dass die »traditionelle Gesellschaftsordnung« erhalten bleiben soll. Darunter verstehe man: die »Lehensabgaben, Renten sowie die feudalen und grundherrlichen Belastungen […]« (SOBOUL, 2000, 49). Anhänger aller drei Lager wünschten sich einen alsbaldigen Kompromiss, jedoch scheiterte dieser an der fehlenden Bereitschaft des Adels, seinen Privilegien abzuschwören. Parallel dazu ergriffen soziale Unruhen immer weitere Teile Frankreichs. »[…] Unruhen auf Märkten, Plünderungen von Getreidetransporten, Angriffe auf städtische Zollschranken […]« (SOBOUL, 2000, 50) verunsicherten die Bevölkerung und drängten auf ein schnelles Handeln der Politik. Die Fronten zwischen der Bourgeoisie und dem Adel verhärteten sich zusehends, die Generalstände liefen Gefahr, in einer Blockadepolitik zu erstarren.

Letztlich entschied das Volk. Am 14. Juli 1789 mit dem Sturm auf die Bastille wird symbolisch mit dem arbiträren Absolutismus abgerechnet. Die erhitzten Gemüter der Pariser Bevölkerung finden in der Zerstörung des königlichen Staatsgefängnisses kurzzeitige Genugtuung. Von der extremen Gewaltbereitschaft der Bevölkerung verunsichert, akzeptiert der Adel die zwischen dem 5.–11. August 1789 beschlossenen Erlässe zur Aufhebung der aristokratischen Privilegien; dabei hofften die Monarchie und der Adel weiterhin auf eine militärische Intervention aus dem Ausland, die ihr Feudalsystem noch retten sollte. Die Furcht vor Intrigen ausländischer Höfe, der Verrat des Königs – sein Bittschreiben um militärische Intervention an das Ausland –, sein Fluchtversuch nach Varennes am 21. Juni 1791 und die Angst vor einem »aristokratischen Komplott« ließen die Spannungen in der Bevölkerung weiter ansteigen. In den ländlichen Regionen kämpfte die Bauernschaft gegen den Landadel, der weiterhin an seinen Privilegien festzuhalten versuchte. Zu diesem Bürgerkrieg kam ab 20. April 1792 der Krieg mit Österreich und Preußen hinzu. Das französische Volk bewaffnet sich daraufhin mithilfe der Handelsbourgeoisie und nimmt den Kampf gegen die Aristokratie Europas auf. »Wenn dem Vaterland Gefahr droht«, verkündet die Pariser Sektion Butte-des-Moulins, »muss der Souverän – verstanden als das Volk im Sinne ROUSSEAUS – auf seinem Posten sein: an der Spitze seiner Armee, an der Spitze seiner Angelegenheiten, überall hat er zu sein« (SOBOUL, 2000, 73–74). Das Volk, dem bis dato keine selbstbestimmte Rolle in der Verteidigung seines Landes zugefallen war, leitete nun die Geschicke seiner Nation selbst. Erstmals, so SOBOUL, wird ein demokratisches Element im revolutionären Frankreich sichtbar.

Aus Angst vor dem Verlust der erkämpften Rechte wurde unter dem Druck der Pariser Revolutionäre das Revolutionäre Tribunal am 17. August 1792 eingerichtet. Dieses Tribunal hatte als Aufgabe, die Feinde der französischen Nation zu klagen und über sie zu urteilen. Seine Kompetenzen waren unbegrenzt und konnten sich gegen jeden, ob Funktionär, Militär oder einfachen Zivilisten richten.

Seit dem Fluchtversuch des Königs im Juni 1791 werden seine staatsmännischen Handlungen von der Pariser Bevölkerung mit Misstrauen beobachtet. Da im Sommer 1792 der Krieg gegen Preußen und Österreich für die französischen Soldaten nur mit Verlusten einhergeht, wächst die Missgunst gegenüber der regierenden konstitutionellen Monarchie weiter an. Am 10.

August 1792 wird der Palast der Tuilerien von Pariser Revolutionären gestürmt und der König mitsamt seiner Familie wird gefangen genommen. Im September desselben Jahres werden willkürliche Hinrichtungen von klerikalen Gefangenen und mutmaßlichen Revolutionsgegnern vorgenommen. Nachdem die Monarchie mit den Ausschreitungen des 10. Augusts zu Fall gebracht worden war, stand nun die Nationalversammlung des Dritten Standes an der politischen Spitze, und mit dem Werkzeug des Revolutionären Tribunals in den Händen steuerte Frankreich Ende 1792 direkt auf die »Schreckensherrschaft« der Guillotine zu.

Die Bourgeoisie befindet sich damit endlich in der Position, um ihre Ideale von ökonomischem und sozialem Liberalismus bedingungslos durchzusetzen. Die Bevölkerung ist durch den Krieg verängstigt und sinnt auf Rache am Adel und Klerus. Die Institution der Monarchie scheint völlig in Ungnade gefallen zu sein. Als am 20. September 1792 ein entscheidender Schlag gegen die Preußen in der Schlacht bei Valmy gelingt, nutzt die Nationalversammlung die Euphorie des Moments, um noch am selben Tag den Staat für laizistisch zu erklären, und am Tag darauf die Abschaffung der Monarchie und die Errichtung der Ersten Republik zu proklamieren. Damit entledigt sich die Bourgeoisie gleich zweier unerwünschter Mitspieler: der katholischen Kirche und des französischen Königshauses.

Für die Vertretung der Handelsbourgeoisie, die Girondisten, gilt die Liberalisierung der Wirtschaftsprozesse als oberstes Gebot. Die Durchsetzung des unbeschränkten Eigentums für den Nicht-Adel und der Zugriff auf zuvor staatshoheitliche Wirtschaftsmonopole waren der eigentliche Beweggrund ihres revolutionären Treibens. Man bediente sich nach Souboul der Bevölkerung, um den nötigen Regimewechsel zu erkämpfen und eigene Interessenvertreter über die Nationalversammlung in politische Schlüsselpositionen zu wählen. Brisset, ein Vertreter der Girondisten, äußert sich 1792 folgendermaßen: »Die Zerstörer sind jene, die alles gleichmachen wollen, das Eigentum, den Wohlstand, die Lebensmittelpreise, die verschiedenen in der Gesellschaft zu leistenden Dienste« (Soboul, 2000, 76). Man erkennt anhand dieser Aussage bereits den liberal-ökonomischen Geist, der den Beginn der industriellen Revolution und der Klassenkämpfe ankündigt.

Im auffallenden Gegensatz dazu standen die *Montagnards*. Als überzeugte Republikaner wollten diese das Gerüst der neu gegründeten französischen Nation auf einem starken sozialen Patriotismus aufbauen. Robespierre (1792): »Das oberste Recht ist das Recht auf Leben. Das erste Sozialgesetz besteht also darin, dass allen Mitgliedern der Gesellschaft die Mittel zum Leben garantiert werden; alle anderen Gesetze sind dem untergeordnet« (Soboul, 2000, 77). Diese beiden die Nationalversammlung dominierenden Lager lieferten sich ab 1793 nach der Hinrichtung des des Hochverrates für schuldig erklärten Königspaares einen erbitterten Machtkampf, der über ganz Frankreich hinweg ausgetragen werden würde. Eine fatale Rolle kam dem Revolutionären Tribunal zu, welches die Todesurteile über die durch das »Comité du salut public« (Komitee des allgemeinen Wohls) angeklagten, mutmaßlichen Revolutionsgegner, Verräter und Feinde der französischen Nation aussprach. Die politische Denunziation führte dazu, dass sich unter den Opfern der Guillotine auch viele politische Gegner aus den verfeindeten Lagern wiederfanden. In der kurzen Zeitspanne zwischen April 1793 und Juli 1794 fanden annähernd 100.000 Menschen ihren Tod durch Enthauptung.

Die Kenntnis um die Ereignisse im revolutionären Frankreich verbreitete sich mit Windeseile in ganz Europa. Dies hatte eine Reihe von Reaktionen zur Folge: Bei der europäischen Regentschaft führte es zu inneren Meinungsumschwüngen; so nahmen die einst als aufgeklärt geltenden Monarchen wie Joseph II., Katharina die Grosse und Friedrich II. Abstand von ihren fortschrittlichen politischen Ideen, während sozio-politisch unterdrückte Volksgruppen innerhalb der europäischen Großreiche in den Schlagworten der Revolution: *Liberté, Égalité et Fraternité*, auf Deutsch: Freiheit, Gleichheit und Brüderlichkeit, einen Wegweiser aus ihrer Misere sahen. Die Freiheit bezog sich in diesem Kontext direkt auf die Deklaration der Menschen- und Bürgerrechte von 1789. Dem folgend bedeutete »Freiheit«, das Recht zu haben, alles zu tun, solange es nicht einem anderen Schaden bringe. Der Begriff »Gleichheit« basiert auf dem revolutionären Gedanken, dass das Recht für jede/n gleich sei, und kein Unterschied der sozialen Geburt die Wahrheit, dass alle Menschen vor der Natur und dem Recht gleich seien, beeinflusse.

Der letzte Begriff »Brüderlichkeit« drückt ein rein sozial-staatliches Gedankengut aus, so sollten der gesellschaftliche Zusammenhalt, die Solidarität und die gegenseitige Wertschätzung der Bürger und Bürgerinnen der 1. Französischen Republik den Weg in eine bessere Zukunft weisen.

Die ländlichen Revolten im slowenischsprachigen → Krain/Kranjska 1789 und 1790 hingen also direkt mit dem geistigen Einfluss der Ereignisse der Revolution zusammen. Die Lage der Bauernschaft und die natürliche Ungerechtigkeit des feudalen Systems waren europaweit dieselben. Der letztendliche Erfolg der solidarischen F. R. schenkte auch anderen Völkern Hoffnung auf eine bessere Zukunft und gab ihnen die nötige Kraft zum aktiven Widerstand. Während nun der Dritte Stand begann, sich politisch neu zu organisieren und gegen seine Unterdrückung zu erheben, begleiteten nationale Lyriker diese Bewegung.

So nahm z.B. Anton Tomaz → LINHART in seiner Komödie: *Matiček se ženi* [Die Hochzeit des Matiček] 1790 direkt auf das sozio-politische Werk »Mariage de Figaro« des Franzosen BEAUMARCHAIS Bezug, was eine subtile Hommage an die Revolution darstellt. Im selben Geiste verfasste Miha → ANDREAŠ 1973 ein Gedicht, das das Thema der F. R. behandelte. Zu erwähnen wären wenigstens noch Sigismund → ZOIS und sein Kreis, Valentin → VODNIK, Franz → GRUNDTNER, Anton → MIKSCH und als Vorreiter, der ganz im Geiste der Lumière tätig gewesene Johann S. → POPOWITSCH/Popovič. Der positive Charakter der slowenischen literarischen Aufnahme des Themas war ein umso besonderer, wenn man bedenkt, dass dies in einer Region der habsburgischen Monarchie verfasst wurde. Wird zeitgleich der parallele Vergleich zur deutschsprachigen Literatur zum selben Thema aufgestellt, ist offensichtlich, dass die F. R. im ganzen österreichisch-ungarischen Reich einer sehr negativen Propaganda unterzogen wurde. Und da das Deutsche Staatssprache war, ist es kaum verwunderlich, dass politische Ideen der Obrigkeit vor allem in der deutschsprachigen Literatur verbreitet wurden. Es kann demnach festgestellt werden, dass die Fähigkeit zum Gebrauch einer Sprache, die nicht durch die feudale Obrigkeit monopolisiert wurde, die Chance zu einer unabhängigen politischen Bildung und Sensibilisierung einer Gruppe ermöglichte. Die zu diesem Zeitpunkt deutschsprachige Staatsobrigkeit, welcher durch einen Systemwechsel der Verlust ihrer sozialen und politischen Alleinherrschaft drohte, instrumentalisierte die Staatssprache zu Propagandazwecken. Genauso nutzte die slowenische Sprachgruppe ihre Sprache zu eigenen politischen Zwecken. Diese Volksgruppe hatte abgesehen von ihrem Leben wenig bis gar keinen Besitz zu verlieren, dafür aber den größten irdischen Reichtum zu gewinnen, den ihrer Freiheit. Dieser intrinsische Antrieb, welcher auch die Devise der F. R.: *Vivre libre ou mourir*, auf Deutsch: Ein freies Leben führen oder sterben, prägte, kam auch hier sozio-politisch und kulturell zum Tragen. Die folgenden Repressalien der Obrigkeit im Bereich der Sprache und damit der Kultur der Völker der Donaumonarchie, hier spezifisch der Slowenen, sollten einen reinen Substitutionskampf darstellen, der die Mächtigen gegen ihre der Freiheit beraubten Untertanen stellen würde. Dies trug letztlich den Charakter eines reinen Klassenkampfes in sich und führte damit geradlinig in die nächste große historische Revolution Europas.

Lit.: *Encyclopédie, La Révolution française*, Larousse, Paris 1971; K. Sturm-Schnabl: *L'Influence de la Révolution française sur le mouvement de l'affirmation de l'individualité nationale slovène*. In: L'image de la France révolutionnaire dans les pays et les peuples de l'Europe Centrale et du Sud-Est, Colloque international 13–15 octobre 1988. Inalco. Paris 1989, 103–120; *Slovenci v letu 1889*, hg. J. Horvat. Narodni muzej. Ljubljana 1989; G. Castellan: *La Révolution française et son impact en Europe du Sud-Est*. In: *Revue historique*, CCLXXXII/I (1990) 187–195; K. Sturm-Schnabl: *Odmev Francoske revolucije na slovenskem Koroškem*. In: ZČ 45, 1 (1991) 47–53; K. Sturm-Schnabl: *Pensée scientifique et réveil national slovène au XVIIIè siècle*. In: Progrès techniques et évolution des mentalités en Europe Centrale (1750–1840), Colloque international 22–24 novembre 1990. Inalco. Paris 1991, 49–59; A. Soboul: *Geschichte der Französischen Revolution*. Regensburg 2000; F. Furet, D. Richet: *La Révolution francaise*, tome 1. Paris 2008.

Vesna-Patricia Schnabl

Frauen im ländlichen Raum in Südkärnten/Južna Koroška. Die Frauen bäuerlicher Herkunft und der benachteiligten sozialen Schichten, die Ende des 19. und zu des Beginns des 20. Jh.s in der Habsburgermonarchie sowie in den weitgehend agrarisch geprägten Nachfolgestaaten lebten, hinterließen in der männlich dominierten Gesellschaft ihre Spuren nicht nur in den Geburts-, Heirats- und Todesmatrikeln sowie in Notariatsakten, anlässlich von Abfertigungen und Eheverträgen. Ihr Vermächtnis ist auch in der mündlichen Überlieferung noch präsent.

Eine exemplarische Studie in St. Johann im Rosental/Šentjanž v Rožu und in Rabenberg/Šentjanške Rute, Rosental/Rož spiegelt die allgemeinen gesellschaftlichen Trends, wie sie für den slowenischen Raum in → Südkärnten/Južna Koroška typisch waren. Die statistischen Daten zeichnen folgendes Bild: 1883 lebten in beiden Orten 265 Personen, alles Slowenen, im Jahr 1900 deklarierten sich 7 als Deutsche, im Jahr 1905 waren dies 5, bei der Volkszählung 2002 waren ca. 23 % slowenischsprachig. Im Jahr 1935 hatten 45 % der Besitzer landwirtschaftlicher Güter weniger als 5 ha Land und 21 % mehr als 20 ha.

Die erhaltenen → Quellen aus dieser Zeit bezeugen die wirtschaftliche Rolle der Frauen und gleichzeitig ihre gesellschaftliche Unterordnung. Eine Darstellung der Rolle der Frau im agrarisch geprägten Zeitalter aufgrund von Einkommensnachweisen außerhalb des familiären Rahmens würde die Auffassung ihrer Minderwertigkeit ihrer Arbeit reflektieren, da sie bis heute nicht in Geldwert ausgedrückt wird. Die Geschlechterteilung bei der Arbeit und die Diskrepanz zwischen der tatsächlichen Bedeutung der Frauenarbeit und ihrer gesellschaftlichen Wertung erfordern eine umfassende Sichtweise, bei der alle von Frauen verrichteten Arbeiten berücksichtigt und bewertet werden. Die neuzeitige Teilung in bezahlte und nicht bezahlte Arbeit hat nämlich das Bild der Frauenarbeit geprägt und den Marktpreis dessen beträchtlich verfälscht, was bezahlt wird und was als Beitrag zur Haushalts- und Selbstversorgung angesehen wird. Die Frauen verrichteten nämlich immer jede Arbeit, unabhängig von deren geschlechtlicher Zuordnung, während die Männer keine Frauenarbeit übernahmen. Trotz der kulturellen Unterschiede ist das Modell von Margaret MEAD universell, wonach alle alles tun können, solange es nicht als Frauenarbeit angesehen wird. Mit der Industrialisierung wurden jene Tätigkeiten, die mit der Selbstversorgung für das Überleben der Familie verbunden waren und die keinen unmittelbaren Verdienst generierten, zu Frauenarbeit. Jene Tätigkeiten, die marktorientiert und gut bezahlt waren, wurden zu Männerarbeit, obwohl in allen Gesellschaften die Frauen mit ihren Überlebensstrategien die Lebenshaltungskosten im weitesten Sinn deutlich verringerten.

Nach der Proletarisierung der männlichen Arbeitskraft wurden zwar die ersten Industriearbeiter bereits in den beiden letzten Jahrzehnten des 19. Jh.s als Inwohner bzw. Untermieter in den Personenstandsbüchern eingetragen (in den angeführten Orten bereits 1888), doch können ihre Familien noch nicht als typische Arbeiter- oder Handwerksfamilien betrachtet werden. SIEDER meint zwar, dass die ersten Arbeiter die Familie als wirtschaftliche Einheit durch die bezahlte Beschäftigung ersetzten, dass aber ihre Frauen für das Überleben Arbeiten verrichteten, die die Mutterschaft und den Haushalt weit übertrafen, weshalb das Überleben der Familie wegen des agrarischen Hintergrunds noch lange auf einer dualen Wirtschaft beruhte.

Da die bäuerliche Wirtschaft auf dem Grundbesitz beruhte und gleichzeitig arbeitskräfteintensiv war, war die Erbschaft Voraussetzung für die Heirat und die eigene Unabhängigkeit. In den untersuchten Orten bzw. im unersuchten Gebiet Südkärntens galten die Unteilbarkeit bzw. das Alleinerbrecht. In der Regel erbte der älteste Sohn, der nach der Übernahme des Hofes sog. Pflichtteile auszahlte. Frauen erbten nur, wenn kein männlicher Nachfahre vorhanden oder wenn dieser nicht geschäftsfähig war. Die Pflichtteilempfänger, sog. weichende Kinder, bildeten eine vielfältige Gruppe, die sich von den Bauern durch ihre gesellschaftliche Lage unterschied.

Der gesellschaftliche Status der zukünftigen Eheleute zeigt die soziale Endogamie auf, doch wurde die Grenze zwischen dem bäuerlichen Stand und den Landarbeitern oft überwunden. Ein zeitweiliges Ausscheren aus dem solchermaßen privilegierten Bauernstand war vor allem vor der Hochzeit die Regel, da sich zahlreiche Bauernsöhne und -töchter vor der Hofübernahme oder Hochzeit ihren Lebensunterhalt anderswo verdienten.

Auch die Wahl der Ehepartner kann nicht getrennt von der bäuerlichen Wirtschaft gesehen werden. Der unteilbare landwirtschaftliche Besitz verhinderte die Gründung neuer, eigenständiger Existenzen und führte zu einer großen Zahl von unverheirateten Personen. Erst Mitte des 20. Jh.s ermöglichte erstmals in der europäischen Geschichte ein regelmäßiges monatliches Gehalt, sofern sie eine regelmäßige Arbeit hatten, allen erwachsenen Staatsbürgern die Ehe und die Gründung einer Familie.

Die ersten Hebammenkurse wurden z. B. in Klagenfurt/Celovec 1753 organisiert und der Unterricht soll bis 1893 in slowenischer Sprache abgehalten worden sein. Die allgemeine Landeskrankenanstalt mit einer Geburtenstation wurde 1784 errichtet. In den Geburtenstationen wurde bis zu den ersten Jahrzehnten des 20. Jh.s praktischer Unterricht der Hebammen nur unverheirateten Müttern und Frauen in Not erteilt, nicht aber verheirateten Frauen und Witwen. Bis aber eine bäuerliche Frau aus St. Johann im Rosental/Šentjanž v Rožu erstmals die Geburtenstation in Anspruch nehmen konnte, vergingen 149 Jahre. In Österreich wurden erstmals 1842 im Strafgesetzbuch Strafen für Geburtshilfe von Personen ohne Ausbildung oder Genehmigung vorgesehen; bis dahin halfen ungeprüfte Hebammen Frauen bei der Geburt.

Kinder wurden in die häusliche Wirtschaft je nach ihren Fähigkeiten eingebunden. Ihre Sozialisierung war verbunden mit ihrem Beitrag für das Überleben. Die Werte wurden an die folgenden Generationen durch die Vorbilder tradiert. Die Geburtenrate ging in Mitteleuropa erst zurück, als das Überleben nicht mehr vom Grundbesitz und der Anzahl der Kinder als Arbeitskräfte abhängig war.

Die agrarische Wirtschaftsführung erforderte von den Frauen aufgrund der Einheit von Wohnen und Arbeit, sich sowohl in der Produktion als auch in der Reproduktion einzubringen. Trotz des hohen moralischen Stellenwerts der Mutterschaft wurde die Arbeitskraft voll ausgenutzt. Wegen des großen Bedarfs an Arbeitskräften ermöglichte die agrarische Wirtschaft auch den unverheirateten Müttern und ihren Kindern ein Überleben. Dabei war die Einstellung zu unverheirateten Frauen und ihren Kindern in den einzelnen Kronländern der Habsburgermonarchie recht unterschiedlich. Die gesellschaftliche Stigmatisierung stand im umgekehrten Verhältnis zur Häufigkeit der Erscheinung. So wurden in Kärnten/Koroška mit dem geringsten Anteil an verheirateten Eltern und dem höchsten Anteil an unehelichen Kindern diese am wenigsten stigmatisiert. 1890 waren in Kärnten/Koroška 45 % und im Bereich der gesamten Monarchie 15 % der Kinder unehelich. Die südlichen Kronländer verzeichneten selten einen Anteil über 10 % unehelicher Geburten. Zwischen 1832 und 1945 wurden in beiden durch die Mikrostudie erörterten slowenischen Orten 17 % der Kinder unehelich geboren. Die Statistiken in den einzelnen Dörfern zeigen, dass Töchter größerer Güter die meisten unehelichen Kinder hatten. Ihnen folgten weibliche Inwohner und Mägde, was beweist, dass uneheliche Kinder die Folge der Art der Wirtschaftsführung waren, die einem gewissen Teil der Bevölkerung eine Eheschließung aus wirtschaftlichen Gründen vorenthielt. In beiden genannten Orten fielen mehr als die Hälfte der unehelichen Geburten auf Töchter großer Höfe, 15 % der Mütter waren Mägde und 24 % Taglöhnerinnen.

Die staatliche Wohlfahrt entlastete die Arbeiterfamilien hinsichtlich der schwachen Familienmitglieder und die sozialpolitische Gesetzgebung, die in Mitteleuropa in den letzten Jahrzehnten des 19. und in den ersten Jahren des 20. Jh.s eingerichtet wurde. Der 1909 in Österreich erstellte Entwurf einer Bauernversicherung wurde abgelehnt, weil man überzeugt war, dass die Bauern wegen der ungenügenden Besitzstruktur und der damit verbundenen zahlenmäßigen Dominanz der Kleinbauern die finanziellen Belastungen nicht tragen könnten. Die österreichische Gesetzgebung für eine bäuerliche Krankenversicherung wurde erst 1965 angenommen, jene für die bäuerliche Pensionsversicherung im Jahr 1969.

Die Frauen arbeiteten in der Landwirtschaft bis zur Geburt und danach. Der Staat regelte später den Mutterschutz am Arbeitsmarkt. Damit sicherte er sich in der Zeit, als den Frauen die Mutterschaft als Lebensziel diktiert wurde, eine Reservearmee billiger Arbeitskräfte. Erst feministische Studien über die Fürsorgegesetzgebung und den Mutterschutz brachten ans Licht, dass diese Maßnahmen nicht wegen der Frauen selbst getroffen wurden, sondern um die Ideologie über ihre primäre Rolle, die vor allem in der Fürsorge für die Kinder und die übrigen Familienmitglieder lag, zu festigten.

Die Trennung von Produktion und Reproduktion beeinflusste beide Geschlechter, so hinsichtlich der Arbeitsteilung wie auch hinsichtlich der Aufgaben der Familienmitglieder, vor allem aber hinsichtlich des Verhältnisses zwischen dem privaten Familienleben und der öffentlichen Arbeitswelt. Die Hausarbeit wurde zunehmend im Namen der Sorge und Liebe verrichtet, die wirkliche Erwerbstätigkeit fand außerhalb des Heims statt. Zudem verdrängte auch die Technisierung der Landwirtschaft parallel zur Intimisierung der Familie die Frauen immer mehr aus der Produktion. Mit der veränderten Rolle der Hausfrau und Mutter, die nicht mehr funktional war und die gleichzeitig Trägerin besonderer symbolhafter Bedeutungen war, begann sich der private und öffentliche Bereich auch am Land voneinander zu lösen.

Mit dem Aufleben des organisierten slowenischen → Vereinswesens im Rahmen der → Kulturvereine zu Beginn des 20. Jh.s erhielten Frauen erweiterte Möglichkeiten der gesellschaftlichen Partizipation vor allem im Bereich der Volkskultur, die sie durchaus auch wahrnahmen (vgl. dazu beispielhaft: Milka → Hartman, Maria Magdalena → Knafelj-Pleiweis, Maria → Zwitter, Amalia → Lužnik; → Frauenfrage, → Frauenliteratur, → *Edinost Št. Tomaž*, → Laientheater, → Theater).

Lit.: M. Mitterauer: Frauenarbeit in der Geschichte: Geschlechtsspezifische Arbeitsteilung in vorindustrieller Zeit. In: *Beiträge zur historischen Sozialkunde*, 3. Salzburg 1981, 77, 81; G. Neyer: *Sozialpolitik von, für und gegen Frauen: Am Beispiel der historischen Entwicklung der Mutterschutzgesetzgebung in Österreich*. In: *Österreichische Zeitschrift für Politikwissenschaft* 13 (1984) 428; M. Segalen: *Historical Anthropology of the Family*. Cambridge 1988, 203–204; E. Bahovec: *Pre-*

davanje za uvod: Feminizem in materinstvo. In: *Delta* 1–2 (Ljubljana) 1995, 47; D. Zaviršek: *Motnje hranjenja: Žensko telo med kaosom in nadzorom.* In: *Delta* 3–4 (Ljubljana) 1995, 67–68; C. Olivier: *Die Söhne des Orest: Ein Plädoyer für Väter.* München 1979, 179; A. Leira: *The Modernisation of Motherhood.* In: Woman, Work and the Family in Europe. London in New York 1998, 161–162; R. Sieder: *Socialna zgodovina družine.* In: *Studia Humanitatis* 27, 61 (Ljubljana 1998) 242–243; A. Giddens: *Preobrazba intimnosti: Spolnost, ljubezen in erotika v sodobnih družbah.* Ljubljana: 2000; A. Oakley: *Gospodinja.* Ljubljana 2000, 62; I. Destovnik: *Moč šibkih, ženske v času kmečkega gospodarjenja.* Klagenfurt/Celovec ²2011.

Irena Destovnik; Üb.: Bojan-Ilija Schnabl

Frauenfrage. Diskussion der Stellung der Frau insbesondere auf sozialem, wirtschaftlichem und politischem Gebiet, verbunden mit der Begründung von und der Bestrebung nach Gleichberechtigung, v. a. gleichberechtigtem Zutritt zu Bildung, Erwerbstätigkeit und politischen Rechten

Wie im slowenischen Gebiet insgesamt wurde auch in Kärnten/Koroška die F. seit Mitte des 19. Jh.s eng mit der slowenischen nationalen Frage verbunden und die Stellung der Frau im Rahmen der nationalen Bewegung thematisiert. Dabei förderten die vorherrschende konservativ-klerikale Orientierung der männerdominierten Politik und die in Kärnten/Koroška besonders ausgeprägte führende Rolle der katholischen Geistlichkeit patriarchale Sichtweisen auf das Geschlechterverhältnis.

Als Grundeinheit der Gesellschaft galt die Familie. Der Mann war zuständig für ihre materielle Sicherung, die Frau sollte ihre erfüllende Lebensaufgabe als Mutter und Hausfrau finden. Die Macht in der Familie lag, wie Janez Evangelist → Krek erklärte, beim Vater, während die Mutter seine Helferin war. Das patriarchale Ehe- und Familienmodell wurde im österreichischen Allgemeinen Bürgerlichen Gesetzbuch von 1811 rechtlich kodifiziert und galt in seinen Grundzügen bis in die zweite Hälfte des 20. Jh.s.

In ihrer nationalen Rolle war die (Kärntner) slowenische Frau zuständig für die Geburt neuer Generationen und die Weitergabe der slowenischen Sprache und Kultur sowie der katholischen Religion. Sie sollte die Liebe zum slowenischen Volk vermitteln, das als Familie jener verstanden wurde, die die gleiche Sprache sprechen und von gleichem Blut sind, wie auch die Wertschätzung der slowenischen Kultur, die von der deutschnationalen Ideologie als minderwertig dargestellt wurde (→ Windischentheorie). Wegen der Benachteiligung des Slowenischen im Kärntner → Schulwesen hatte die sprach- und kulturerzieherische Aufgabe der Frau einen besonderen Stellenwert.

Damit die Frau die ihr zugewiesenen Rollen erfüllen konnte, wurde eine ihren Aufgaben entsprechende slowenische Bildung gefordert. Dies bedeutete in Kärnten/Koroška v. a. die Einrichtung slowenischer Haushaltungskurse sowie der von den slowenischen → Schulschwestern geleiteten Hauswirtschaftsschulen in St. Ruprecht/Šentrupert bei → Völkermarkt/Velikovec und → St. Peter/Šentpeter bei St. Jakob im Rosental/Šentjakob v Rožu (→ Schulschwestern, slowenische). Wie Matej → Ražun, Proponent der Haushaltungsschule in St. Peter/Šentpeter, 1905 erklärte: Eine national und religiös bewusste Jugend werde man mithilfe bewusster Mütter erziehen, und so wie die Slowenen nationalbewusste Mütter brauchen, brauchen sie auch wirtschaftlich ausgebildete Hausfrauen.

Im Kampf gegen die Krisen der Moderne und den – in Kärnten/Koroška deutschen – Liberalismus sollte die patriarchale bäuerliche Familie als Kernschicht des Slowenentums bewahrt werden. Daher sollte die (Kärntner) Slowenin gerne Bäuerin sein und mit ihrer mannigfaltigen Tätigkeit in der Küche, im Stall und am Feld die bäuerliche Wirtschaft stützen. Sie sollte nicht in die – deutsch konnotierte – Stadt streben, aus der verderbliche Einflüsse aufs slowenische Land vordrangen. Der Imperativ der Treue zur slowenischen Scholle wurde unterstrichen durch ihre Mystifizierung als fürsorgliche Mutter, die für die Ernährung und Bewahrung des slowenischen Volkes sorgt.

Jede Veränderung der patriarchalen Geschlechterverhältnisse wurde als bedrohlich angesehen, da sie nicht nur die weibliche »Natur« und die bestehende gesellschaftliche Ordnung, sondern insbesondere den Bestand des slowenischen Volkes gefährden konnte. Der konservative Geschlechterdiskurs und der national geprägte Blick auf die F. finden sich daher in zahlreichen (Kärntner) slowenischen Publikationen der letzten Jahrzehnte des 19. und der ersten Hälfte des 20. Jh.s. Das Insistieren auf traditionellen Geschlechtermodellen ist aber auch ein Indiz dafür, dass sie in der Lebensrealität der Menschen zunehmend brüchig wurden.

Pavel → Turner stellte 1881 im → *Kres* fest, dass die Betrachtung und Lösung der F. bei den Slowenen noch als ein wenig unnotwendig gesehen werde, obwohl sie in engster Verbindung mit dem Fortschritt stehe, denn wie die Frau, so die Familie, und wie die Familie, so das Volk. Kenntnisse der Küchenangelegenheiten seien zwar für jede Frau die erste Aufgabe, doch

Buchcover, Drava Verlag

verlange die moderne Idee der Nationalität auch eine national gebildete Frauenschaft. Auch Pavlina → Pajk unterstrich im *Kres* 1884 die Notwendigkeit der (dem familiären und sozialen Status entsprechenden) weiblichen Bildung. Nationaler Fortschritt sei unmöglich, wo Frauen in Unwissen aufwachsen, wobei die Bildung des Herzens wesentlicher sei als die des Verstandes. Frauen seien die für die Aufzucht und Erziehung des Nachwuchses geschaffene Hälfte der Menschheit, und Mutter und Familie böten die wichtigste praktische Erziehung der Mädchen zur sparsamen Hausfrau, liebenswürdigen Ehefrau und vorbildlichen Mutter.

Die im *Slovenski prijatel* bis zu den 1880er-Jahren veröffentlichten Predigten illustrieren das kirchliche Frauenbild. Die brave christliche Mutter, Ehe- und Hausfrau sollte den Haushalt fleißig und klug besorgen, dem Ehemann treu sein, ohne Widerworte zu geben, in göttlichen Dingen fromm und inbrünstig sein und ihre Kinder ein gottgefälliges Leben lehren. Ähnlich propagierten die Goldenen Lehren für slowenische Hausfrauen im → *Koledar Mohorjeve družbe* für das Jahr 1904 die sanfte, ergebene, nicht herrschsüchtige, sondern nachsichtige Ehefrau, die jeden Tag mit einem Gebet beginnt und beendet, sich am liebsten um Haushalt, Kinder und Familie kümmert und ihre Heimat und → Muttersprache liebt.

Die Zeitung → *Mir* beschäftigte sich seit der Jahrhundertwende verstärkt mit der Bedeutung der nationalen Frauenschaft. Das Volk erwarte von den Frauen nationale Begeisterung, es erwarte, dass die Mütter den Kindern die Liebe zu Gott und Heimat einimpfen, und es erwarte, dass Hausfrauen beim Einkauf heimische Produkte und Händler bevorzugen. Frauen, die nicht Slowenisch sprachen, wurden angeprangert, denn wenn sich Sloweninnen schon beim Gespräch untereinander der Sprache schämten, die sie ihre Mutter lehrte, dann drohe das Ende. Der → *Korošec* wandte sich auch an die Kärntner Hausfrauen, damit sie brave Sloweninnen bleiben und werden. Vor der Volkszählung 1910 verlangte er von der slowenischen Mutter, die ihre Kinder der Heimaterde bewahren will, nicht zu verleugnen, dass sie eine unerschütterliche Slowenin ist. Der → *Koroški Slovenec* bezeichnete in der Zwischenkriegszeit die Mutter als Verteidigerin des Heimes und Bewahrerin des Wohlstandes, des Glaubens und des Volkes, wobei die Familie die erste slowenische Schule, der erste Leseverein sein sollte. Er warnte vor der gefährlichen Krankheit des Geburtenrückgangs, die unter dem Slowenentum in Kärnten der doppelten Aufmerksamkeit bedürfe, da der nationale Kampf in einer jeden Familien gewonnen werde (→ Publizistik).

National geprägt war auch der Eintritt der (Kärntner) Sloweninnen ins öffentliche Leben und ihre gesellschaftliche und politische Teilhabe und Organisierung unter den in der Habsburgermonarchie herrschenden ungleichen Rahmenbedingungen für Frauen (kein allgemeines und gleiches Wahlrecht, Verbot der Mitgliedschaft in politischen Vereinen) (→ Wahlordnungen, → Wahlkreiseinteilungen). Kärntner Sloweninnen waren Unterzeichnerinnen der Petitionen für ein Vereintes Slowenien (→ *Zedinjena Slovenija*) 1848, Teilnehmerinnen der Kärntner → *Tabor*-Versammlungen 1870/71 und Mitglieder des slowenischen Schulvereins → *Družba sv. Cirila in Metoda*. Kärntner slowenische Frauenvereine oder Frauenzeitschriften gab es im 19. Jh. nicht. Doch verzeichnete die in → Trieste/Trst/Triest 1897–1902 erscheinende erste slowenische Frauenzeitschrift *Slovenka* 1899 unter ihren 508 Abonnements fünf in Kärnten. Auch im *Mir* wurde zur Abonnierung der *Slovenka* aufgerufen, die zeitweise Kärntner Themen aufgriff. So wurde der große künstlerische Wert der Kärntner Erzählungen von Gabriela → Preissová gelobt oder die aufrichtige Freude anlässlich der Wahl des ersten Kärntner slowenischen Reichsratsabgeordneten Lambert → Einspieler ausgedrückt.

Am Beginn des 20. Jh.s erfolgte die breitere Einbindung von Kärntner Sloweninnen im Rahmen der → *Slovenska krščansko-socialna zveza za Koroško* [Slowenischer christlich-sozialer Verband für Kärnten]. Seit 1909 wurde eine Frau in den Verbandsausschuss gewählt, seit 1911 wurden Frauenversammlungen organisiert, um die Frauen für eine Frauenorganisation auf religiös-nationaler Basis zu begeistern und in die Tätigkeit für Glauben, Heim und Kaiser *(za vero, dom, cesarja)* miteinzubeziehen. Dabei wurden die allseitige Bildung der christlichen Frau, die Erziehung in nationalem und christlichem Geist, die Bedeutung des Bauernstandes oder die Gefahren von Auswanderung und Alkoholismus thematisiert. Eine weitere, kirchlich initiierte Organisationsform besonders für unverheiratete Mädchen waren die *Marijine družbe* [Marianische Kongregationen]. Als Leit- und Kontrollinstanz für einen gläubigen, moralischen Lebenswandel sollten sie Unschuld, Frömmigkeit und Bescheidenheit fördern und sündiges Wissen, Tanz und unnötigen Umgang mit dem anderen Geschlecht verhindern. Damit sollten sie aber auch dem Volk dienen, denn dessen Zukunft hing von der anständigen christlichen Mutter und Ehefrau ab, wie Ivan → Arnejc bei der Versammlung der zehn Kärntner slowenischen *Marijine družbe* 1911 in St. Jakob im Rosental/Šentjakob v Rožu erklärte.

Die Umbruchszeit des Ersten Weltkrieges verstärkte die Mitwirkung von Frauen am slowenischen politisch-nationalen Projekt und ihre Kooperationen über Landesgrenzen hinweg. Die Unterstützungserklärungen für die → Maideklaration, die den Zusammenschluss der südslawischen Gebiete der Habsburgermonarchie forderte, wurde auch in Kärnten/Koroška zu einem großen Teil von Frauen gesammelt bzw. unterzeichnet. *Mir* publizierte vermehrt Beiträge von und für Frauen und appellierte an deren Patriotismus, wobei er sie auch als Jugoslawinnen ansprach, die ihre jugoslawische Heimat treu und ergeben bis zum Tod lieben sollten. Als Abstimmungsberechtigte bei der Kärntner → Volksabstimmung wurden Kärntner Sloweninnen im Rahmen der → *Zveza ženskih društev na Koroškem* [Verband der Frauenvereine in Kärnten] organisiert und von südslawischen Frauenorganisationen unterstützt.

In der Zwischenkriegszeit betonte die männerdominierte Kärntner slowenische Führung die Notwendigkeit der Mobilisierung der Frauen im Hinblick auf die nationalen Interessen der → Minderheit. Da im Unterschied zu → Jugoslawien Frauen in Österreich das Wahlrecht hatten, versuchte die → *Koroška slovenska stranka* [Kärntner slowenische Partei] sie als Unterstützerinnen und Wählerinnen zu gewinnen. Frauen vermeintlich näherstehende Themen wie Familie und Religion wurden in den Vordergrund gestellt und bei der Kritik an der politischen Konkurrenz des Sozialismus und Kommunismus deren gottesferne und modernistische Haltung in Geschlechterfragen betont. Dem allgemeinen Trend folgend, dass Frauen häufiger für klerikale Parteien stimmen, erhielt die *Koroška slovenska stranka* mehr Stimmen der weiblichen Wahlberechtigten als der männlichen. Allerdings waren nur Männer als gewählte politische Vertreter der Minderheit tätig. Die 1922 als Unterverband der wiedererrichteten *Slovenska krščansko-socialna zveza za Koroško* gegründete *Ženska zveza* [Frauenverband] strebte laut Satzungen die Unterrichtung der Mitglieder in allen den Frauenstand betreffenden Angelegenheiten, die Aneiferung ernster Tätigkeit auf wohltätigem, wirtschaftlichem, sozialem und kulturellem Gebiet und die Vereinigung aller Frauen- und Mädchenkörperschaften im Lande an. Die *Dekliška zveza* [Mädchenverband] unter der Leitung von Milka → Hartman förderte in ihren rund 30 Sektionen die Bildung der Bauernmädchen in nationaler Richtung, organisierte Mädchentage, Laienschauspiel und Chorgesang sowie die Lektüre von aus Slowenien zugeschickten Jugend- und Frauenzeitschriften (→ Chorwesen, → Laienspiel, → Lesekultur). Wichtige weibliche Betätigungsfelder waren Muttertagsfeiern, die seit 1926 nach dem Vorbild Sloweniens zur Feier und Förderung der ehelichen Mutterschaft veranstaltet wurden, sowie Haushaltungskurse, in denen die Teilnehmerinnen auch eine schöne Ausdrucksweise in schriftslowenischer Sprache lernen sollten.

Nach dem → »Anschluss« Österreichs an NS-Deutschland im März 1938 und der forcierten → Germanisierung in Kindergärten, Schulen und öffentlichem Leben wurde die Rolle der Mütter und Familien für den nationalen Erhalt besonders betont. So wurde am Tag der slowenischen Frau im Herbst 1938 verlangt, den slowenischen Geist und sein kostbares Gefäß, die slowenische → Muttersprache, zu verteidigen. Das NS-Regime behinderte und verbot schließlich slowenische Haushaltungskurse und Muttertagsfeiern. Doch noch bzw. gerade zu Weihnachten 1940 kreiste die von der → *Slovenska prosvetna zveza* [Slowenischer Kulturverband] herausgegebene Publikation *Družinske večernice* [Abendgeschichten für die Familie] unter Verweis auf Autoritäten wie Anton Martin → Slomšek, Primož → Trubar, France → Prešeren oder Ivan → Cankar um die drei Ideale der slowenischen Nationalideologie: Mutter – Heimat – Gott (siehe auch → Frauen im ländlichen Raum, → Frauenliteratur).

Lit.: S. Dermutz, M. Jurić: *Minderheiten-Frauen*. In: Slowenische Jahrbücher 1986–1988. Klagenfurt/Celovec 1988, 200–244; S. Vavti: *Männliche Kriegsgeschichten und weibliche Heiratssachen. Ethnische und geschlechtsspezifische Identitäten in Südkärnten*. In: C. Fräss-Ehrfeld (Hg.): Lebenschancen in Kärnten 1900–2000. Klagenfurt 1999, 237–250; M. Jurić Pahor: *Narod, identiteta, spol*. Trst 2000; M. Ramšak: *Zgodbe z obrobja. Vloge koroških podeželskih žensk v prvi polovici 20. stoletja*. In: Etnolog 11 (2001) 91–126; I. Destovnik: *Moč šibkih. Ženske v času kmečkega gospodarjenja*. Klagenfurt/Celovec 2002; M. Wakounig: *Für Vaterland und Heimat. Frauen in Slowenien 1900–2000*. In: M. Wakounig (Hg.): Die gläserne Decke. Innsbruck [e.a.] 2003, 181–208; T. Bahovec: *Mutter – Heimat – Gott. Das weibliche Prinzip in der slowenischen Nationalideologie in Kärnten/Mati – Domovina – Bog. Ženski princip v slovenski nacionalni ideologiji na Koroškem*. In: Signal. Jahresschrift des Pavelhauses/Letni zbornik Pavlove hiše 2008/2009, 121–130; T. Bahovec: *»Die Frau muss Frau bleiben und darf die von der Natur gegebenen Grenzen nicht überschreiten«. Geschlecht und Nation in der Kärntner slowenischen Geschichte*. In: W. Berger [e.a.] (Hg.): *Kulturelle Dimensionen von Konflikten*. Bielefeld 2010, 54–71.

Tina Bahovec

Frauenliteratur. Da sich die historischen Voraussetzungen der weiblichen literarischen Produktion in vielerlei Hinsicht vom Schaffen der Autoren unterscheiden, sei hier unter F. die spezifische Geschichte der von Autorinnen geschriebenen Literatur verstanden. Der Begriff erweist sich in der feministischen Literaturwissenschaft jedoch als problematisch, wenn er zur Bezeichnung einer Gattung oder eines Phänomens verwendet wird.

Die Zeitschriften → *Slovenska bčela*, *Besednik* und → *Slovenski glasnik* waren für die slowenischen Literatinnen von großer Bedeutung, weil sie darin die Möglichkeit bekamen, ihre Texte zu veröffentlichen, ebenso die → *Mohorjeva* in Klagenfurt/Celovec. Josipina → Turnograjska, die als erste slowenische Schriftstellerin gilt, publizierte ihre erste Erzählung in der *Slovenska bčela*. Ihre Beiträge ermutigten in den 1850er-Jahren auch andere Dichterinnen (Alojzija Oblak, Milica Žvegelj) zum Schreiben (→ Publizistik). In den 1860er-Jahren veröffentlichte Luiza → Pesjak ihre Aphorismen und die Erzählung *Dragotin* im *Slovenski glasnik* und im *Besednik*; im → *Kres* erschienen ihre Gedichte. In der Zeitschrift *Kres* veröffentlichte auch Pavlina → Pajk. Die ersten slowenischen Schriftstellerinnen und Dichterinnen veröffentlichten ihre Beiträge häufig unter einem Pseudonym, um einer Abwertung als Literatur von Frauen zu entgehen (unter ihnen Vida Jeraj [Vida, Viola], Marica Strnad [Marica II], Kristina Šuler [Kristina], Ljudmila Poljanec [Bogomila, Mirka, Zagorska, x–y], Franja Trojanšek [Zorana], Zofka → Kveder [Milena, »Z«], auch Marica Nadlišek-Bartol selbst [Márica, Nada]). Um die Jahrhundertwende bekamen mit der 1897 in → Trieste/Trst/Triest ins Leben gerufenen Zeitschrift *Slovenka*, deren Redakteurin bis 1899 Marica Nadlišek Bartol war, auch diejenigen Autorinnen die Möglichkeit zu publizieren, deren Literatur dem Standard der damals führenden literarischen Zeitschriften → *Ljubljanski zvon* und *Dom in svet* nicht entsprach. Zofka Kveder brachte 1900 im Selbstverlag ihren ersten Prosatext *Misterij žene* [Mysterium der Frau] heraus, der empörte Reaktionen des slowenischen Lesepublikums und der Kritiker hervorrief. Als erste professionelle slowenische Schriftstellerin wurde sie zum Vorbild für ihre Zeitgenossinnen (u.a. Marica Nadlišek Bartol, Vida Jeraj, Kristina Šuler, Marija Kmet, Marica Gregorič und Marica Strnad) und auch für Schriftstellerinnen aus späteren Generationen. Nach 1902, als die *Slovenka* nicht mehr erschien, gab es keine literarischen Zeitschriften mehr, in der der Literatur von Frauen angemessen Platz gegeben wurde. Erst mit der Gründung des Frauenverlags *Belo-modra knjižnica* [Weiß-blaue Bücherei] gab es einen Verlag, in dem viele slowenische Schriftstellerinnen ihre Erstlinge herausbringen konnten. In Kärnten/Koroška spielte die Zeitschrift → *Koroška zora* eine ähnliche Rolle wie die *Slovenka*, die 1920 14-tägig erschien (Redaktion Ani Furlan, Alojzija Modic). Die Zeitschrift enthielt national-patriotische Gedichte und kürzere Erzählungen. Ihre wichtigste Autorin war Milka → Hartman. (Vgl. auch → Frauen im ländlichen Raum, → Frauenfrage.)

Lit.: K. Sturm-Schnabl: *Ženska v slovenski literaturi kot avtorica in kot lik*. In: JiS. Jg. 48 (1997/98), Nr. 3, 97–107. S. Borovnik: *Pišejo ženske drugače?* Ljubljana 1996; M. Kušej: *Prve učiteljice, prve pisateljice – kdo jih še pozna? – ženski prispevek k slovenski literaturi od začetkov do 1918*. Celovec 1996; *Ženske skozi zgodovino, Zbornik referatov slovenskih zgodovinarjev, Celje, 30. september–2. oktober 2004*. Ljubljana 2001; K. Mihurko Poniž: *Nation and Gender in the Writings of Slovene Women Writers 1848–1918*. In: *Aspasia* 2 (2008) 28–43.

Katja Mihurko Poniž

Freising. Das Bistum F. wurde 739 im Zuge der bairischen Diözesanorganisation gegründet. Bistumspatron ist der hl. CORBINIAN. Im Frühmittelalter hatte der Adelsverband der »Huosi« bestimmenden Einfluss auf die Entwicklung des Bistums F. Dieses besaß seit dem ausgehenden 8. Jh. mit → Innichen im Pustertal ein Missionszentrum (Kloster bzw. später Stift und Hofmark), das auch für → Karantanien/Kärnten von großer Bedeutung war. So befanden sich Besitzungen von F. am Wörther See/Vrbsko jezero (Erstnennung von [Maria] Wörth/Otok um 880: ad Weride) und in Oberkärnten/Zgornja Koroška (bis um 1600). Unter Bischof → ABRAHAM (957–993) erwarb F. umfangreichen Besitz südlich der Drau/Drava: im Dolomitenraum die Grafschaft Cadore (bis 1508) und – vor allem – in Oberkrain/Gorenjska das Gebiet um Škofja Loka (Bischoflack), das zu einer großen Grundherrschaft ausgebaut wurde; diese gehörte bis zur Säkularisation 1803 zum Hochstift F., während andere Besitzungen im heutigen Slowenien (in Unterkrain/Dolenjska; kurzzeitig auch in Nordistrien) früher verloren gegangen waren. Im Zuge der Missionstätigkeit von F. in Karantanien bzw. → Krain/Kranjska entstanden auch die sog. → Freisinger Denkmäler *(Brižinski spomeniki)*. Seit dem ausgehenden 10. Jh. erwarb F. auch wichtige Besitzungen östlich der Enns (vgl. Nennung von → Ostarrichi 996) sowie im frühen 11. Jh. in der Obersteiermark (Wölz- und Katschtal). Bischof OTTO (I.) von F. (1138–1158), im Zisterzienserorden geformter Geschichtsdenker und Zeithistoriker, wirkte auch als Kirchenreformer; u.a. erhob er um 1146 die Pfarrkirche Maria Wörth/Otok zu einem Kollegiatstift, dessen Propstei bis ins 16. Jh. bestand. Einer der Filialkirchenorte des Kollegiatstifts, Schiefling/Škofiče, erinnert namentlich an das Bistum F. Nach der Säkularisierung 1803 wurde in Nachfolge der Diözese F. 1821 das Erzbistum München und F. mit der Bischofsresidenz in München errichtet.

Lit.: J. Maß: *Das Bistum Freising im Mittelalter.* München ²1988; G. Schwaiger (Hg.): *Das Bistum Freising in der Neuzeit.* München 1989; H. Glaser (Hg.): *Hochstift Freising. Beiträge zur Besitzgeschichte.* München 1990; A. Ogris: *Die Kirchen Bambergs, Freisings und Brixens in Kärnten.* In: *Kärntner Jahrbuch für Politik* (2000) 139–153, bes. 140–143; M. Heim: *Bistum Freising.* In: Die Bistümer des Heiligen Römischen Reiches von ihren Anfängen bis zur Säkularisation. Ein historisches Lexikon. Hg. von E. Gatz unter Mitwirkung von C. Brodkorb und H. Flachenecker. Freiburg i. Br. 2003, 210–222; A. Krah: *Die Handschrift des Cozroh. Einblicke in die kopiale Überlieferung der verlorenen ältesten Archivbestände des Hochstifts Freising.* In: *Archivalische Zeitschrift* 89 (2007) 407–431; *Die Regesten der Bischöfe von Freising. Band 1: 739–1184.* Bearbeitet von A. Weißthanner, fortgesetzt und abgeschlossen durch G. Thoma und M. Ott. München 2009.

Harald Krahwinkler

Freisinger Denkmäler (FD), slow. *Brižinski spomeniki* (BS), drei → altslowenische (→ karantanerslowenische) Texte in einem sonst aus lateinischen Texten bestehenden Kodex verschiedenen Inhalts aus der Dombibliothek → Freising, welcher seit 1803 unter der Signatur Clm 6426 in der Bayerischen Staatsbibliothek München aufbewahrt wird. Der Pergament-Kodex ist ein »Missionshandbuch« des Freisinger Bischofs → ABRAHAM († 994). Er enthält Predigten, liturgische Texte, sowie einige Texte aus dem kirchlichen und weltlichen Recht in lateinischer Sprache. Auf neun der 338 Seiten finden sich die in der Slawistik so benannten FD. Der Kodex wurde offenbar aus älteren Salzburger Vorlagen zusammengestellt und in der Seelsorge des Bistums Freising, das in → Karantanien Besitzungen hatte, verwendet. Im 10. Jh. wurden auch noch im südwestlichen Niederösterreich, im Raum Neuhofen (→ Ostarrichi/Ostriki, 996; Windischendorf), um Amstetten und Waidhofen an der Ybbs, wo Freising mit Schenkungen bedacht wurde, slowenische (bzw. altslowenische, karantanerslowenische) Dialekte gesprochen.

Brižinski spomeniki

Text I und III sind Beichtformeln, Text II eine Beicht-Predigt *(adhortatio ad poenitentiam)*. Die Texte I und III waren von den Gläubigen nachzusprechen und offenbar den Priestern und dem »Volk« in mündlicher Überlieferung vertraut. Literaturüblich wird nicht unterschieden zwischen dem *Alter* des Kodex, den Bischof ABRAHAM zusammenstellen ließ, dessen *Handschrift* des Textes aufgrund der Schriftform (karolingische Minuskel) auf das 10. Jh. weist, und dem Alter des Original*textes* selbst, der wahrscheinlich schon im 8. Jh. so formuliert, von den Salzburger Priestern in der Seelsorge benützt wurde (→ Schrift, → karolingisch). Andere Texte, die es sicher gab (→ Kiewer Blätter), dürften verschwunden oder bei Bibliotheksbränden vernichtet worden sein: Eine sehr wahrscheinliche Vermutung, für die es keinen üblichen Beweis gibt. Gottesdienste ohne Texte sind jedenfalls kaum vorstellbar. Im Papstbrief der → Methodvita wird ausdrücklich darauf hingewiesen, dass schon *vor* KYRILL/METHOD die Lesung und das Evangelium (→ Bibel) »wie bisher« auf Lateinisch und Slowenisch erfolgte. Die *Kiewer Blätter*, literaturüblich: ältester slawischer Text, sind möglicherweise eine glagolitische Transliteration eines in lateinischer Schrift vorhandenen slowe-

FD, Clm 6426, 78r.

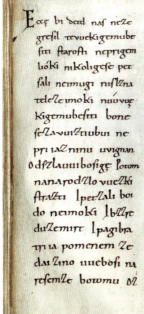

FD, Faksimile

FD, interaktiv mit Übersetzungen

nischen Textes des Mess-Ordinariums (eines Missales) aus dem Umkreis METHODS.

Aus chronologischen Gründen ist ein literaturüblicher »kyrillomethodianischer Einfluss« auszuschließen. Manipulativ und unbegründet ist die Vermutung, FD II sei die Transliteration einer Beichthomilie von KLIMENT OHRIDSKI aus der glagolitischen (→ Glagolica) in die lateinische Schrift. Ebenso suggestiv und unbegründet sind literaturübliche kyrillische Transliterationen der FD. Anzunehmen sind umgekehrt *karantanerslowenische* Einflüsse im glagolitischen *činъ nadъ ispovědajǫštiimь sę* (Beicht-Ordo) des Euchologium Sinaiticum. In den FD handelt es sich um Übersetzungen aus der → altladinischen und → altbairischen (literaturüblich »althochdeutschen«) kirchensprachlichen Praxis, etwa bei Wörtern wie *krilatci*/Engel (die Geflügelten), *izpoved*/Beichte (die Aussage, vgl. das Outing), *krištiti*/taufen (*cristianum facere* »zum Christen machen«), *nedel*/Sonntag (der *dies natalis* »Geburtstag des Herrn«), *zlodej*/Teufel (*malefactor* »der Übeltäter«), *vuvraken vu svet*/in die Welt kommen (*invertere* noch heute bairisch »einkehren«), *božirab*/Gottesdiener (*servus dei* »der Gottesknecht«), *vumazustvo*/Schwängerung (*in/maculatio* »die Befleckung«), *cesarstvo*/Reich (Kaiserreich: *kraljevstvo* für *regnum* ist erst nach *Karl* DEM GROSSEN aufgekommen), *raj*/Paradies (*radius* »der Sonnenkreis«) oder *quoniam* > *ponje* »weil«.

Da die Texte ursprünglich aus Karantanien stammen, möglicherweise in Salzburg oder Freising kopiert wurden (der Kodex insgesamt ist in keiner erkennbaren Ordnung gebunden), werden die FD seit ihrer Auffindung im 19. Jh. mit Recht dem → Altslowenischen, präziser dem *Karantanerslowenischen* zugeordnet. Schreibweise und Phonetik stimmen mit der in alten karantanerslowenischen Ortsnamen überein. Die FD sind die ältesten slawischen Texte in lateinischer → Schrift und die ältesten in einer slawischen Sprache überhaupt. Literaturüblich vermutete »kyrillomethodianische«, »großmährische«, »althochdeutsche« oder »irische« Vorlagen oder Einflüsse sind nicht nachweisbar. Wahrscheinlich liegt die Sprache der als Übersetzer tätigen ladinischen und bairischen Priester aus Salzburg zugrunde, die irgendwie das damalige Slowenisch erlernt haben. Auch karantanerslowenische Priester werden als Autoren vermutet. Es sind Texte der in Karantanien seit 750 üblichen Kirchen- bzw. → Liturgiesprache, in der auch das Evangelium und die Lesung bei der Messe vorgelesen wurden, in der gepredigt, gebetet und gebeichtet wurde, seit → VIRGIL Priester und einen Weihbischof (→ MODESTUS) nach → Maria Saal/Gospa Sveta und in die vielen Kirchen Karantaniens und seiner östlichen Missionsgebiete (*confines*, → KOCELJ) geschickt hatte. Ihre Slowenität ist im Vergleich zu den geografischen Namen der Region Karantanien eindeutig. Die ältesten METHOD-Texte (Kopien) in altbulgarischer Sprache und glagolitischer oder »kyrillischer« Schrift (meist Bibeltexte, alle undatiert) stammen aus dem 11. und 12. Jh. Sie sind zeitlich jünger und sprachlich, nicht nur phonetisch andersartig. Literaturüblich werden in der Slawistik die 100 *karantanischen* Jahre *vor* KYRILL/ METHOD damnativ als »nichtslawisch« (weil nicht kyrillomethodianisch) verworfen. Lediglich → ISAČENKO hat seine literaturüblichen Ansichten zugunsten des Slowenischen korrigiert.

Auffällige Sprachmerkmale der FD sind: Die in → ladinischen und → altbairischen Texten übliche Verwechslung von *p/b* (*botomu*/potomu, *bovvedal*/povedal), die von *t/d*, die ladinische Schreibung von *k* als *c* (*caco*/kako, *tacoga*/takoga) und die von *j* als *g* (*pongese*/ ponježe, *pomngu*/pomnjon). Dem *c/č/št* anderer slawischer Sprachen entspricht das karantanerslowenische *k* (*vsemogonki*, *krišken*, *imonki*, *malomogonka*).

Über 500 Publikationen sind zu den FD erschienen. Daher auch viele unterschiedliche Meinungen über *Entstehung, Alter, Lesart, Einflüsse*. Gesichert aus heutiger Kenntnis ist, dass, wie schon → MIKLOSICH vor

150 Jahren vermutete, → Method († 885) durch die seit etwa dem Jahr 750 bestehende altslowenische Kirchensprache beeinflusst war und nicht umgekehrt diese durch ihn (siehe auch → Molzbichl).

Lit.: ES (J. Pogačnik: *Brižinski spomeniki*) – F. Miklosich: *Die christliche Terminologie der slavischen Sprachen. Eine sprachgeschichtliche Untersuchung.* Wien 1875; S. Pirchegger: *Untersuchungen über die altslovenischen Freisinger Denkmäler.* Leipzig 1931 (Veröffentlichungen des Slavischen Instituts an der Friedrich-Wilhelms-Universität Berlin, 5); F. Ramovš, M. Kos: *Brižinski spomeniki.* Ljubljana 1937; A. Isačenko: *Jazyk a pôvod Frizinských pamiatok.* Bratislava 1943; O. Kronsteiner: *Die slawischen Denkmäler von Freising. Der Text. Studienausgabe.* Klagenfurt 1979 (Klagenfurter Beiträge zur Sprachwissenschaft. Slawistische Reihe 1); M. Orožen: *Brižinski spomenici (freisinški spomeniki).* In: Enciklopedija Jugoslavije 2. Zagreb 1982, 484–486; O. Kronsteiner: *Zur Slowenizität der Freisinger Denkmäler und der alpenslawischen Orts- und Personennamen.* In: *Die Slawischen Sprachen* 21 (1990) 105–114; SAZU: *Brižinski spomeniki. Znanstvenokritična izdaja.* Ljubljana 1992 und 1993; P. G. Parovel: *Cenni di storia del popolo sloveno sino ai tempi dei monumenti di Frisinga.* In: J. Jež: Monumenta Frisingensia = Brižinski spomeniki – la prima presentazione in Italia dei Monumenti letterari Sloveni di Frisinga del X–XI secolo alle prime tracce scritte della lingua italiana – con traduzione dei testi cenni di storia degli Sloveni e dati sugli Sloveni in Italia/Janko Jež; prefazione ed appendici storiche di Paolo G. Parovel. Trieste, Firenze 1995, 91–105; O. Kronsteiner: *Die Freisinger Denkmäler. Lesart und Übersetzung.* In: *Die Slawischen Sprachen* 53 (1997) 5–17; O. Kronsteiner: *Waren in der Salzburger Kirchenprovinz schon vor Method Teile der Bibel ins Altslowenische übersetzt?* In: *Die Slawischen Sprachen* 53 (1997) 19–36; O. Kronsteiner: *Die Übersetzungstätigkeit des Hl. Method in der Salzburger Kirchenprovinz.* In: *Die Slawischen Sprachen* 53 (1997) 39–47; D. Kuhdorfer: *Die historische und literarische Bedeutung der Handschrift mit den »Freisinger Denkmälern«.* In: *Bibliotheksforum Bayern,* 32, 3 (München 2004) 233–253. **Web**: *Brižinski spomeniki. Monumenta frisingensia.* http://nl.ijs.si/e-zrc/bs/; www.nuk.uni-lj.si/bs.html (interaktive Darstellung mit Übersetzungen der FD); www.bayerische-landesbibliothek-online.de/freisinger-denkmaeler (22.6.2014).

Otto Kronsteiner

Fremdsprache, → Bildungssprache; → Lingua franca; → Muttersprache; → Zweisprachigkeit.

Freudenberg/Frajnberk (Pfarre Timenitz/Timenica, Marktgemeinde Magdalensberg/Štalenska gora).

Lit.: R. Vouk: *Popis koroških utrakvističnih šol do leta 1918, Bestandsaufnahme der Kärntner utraquistischen Schulen bis 1918,* Klagenfurt/Celovec 1980, 33, 74; Vgl. Sachlemmata: → Edlinger-Gemeinschaftswald am Christofberg/Krištofova gora; → Edlinger-Gerichtsbarkeit; → Germanisierung; → Klagenfurter Feld/Celovško polje; → Pfarrkarte der Diözese Gurk/Krška škofija 1924; Personenlemmata: → Brollo, Jacobo; → Pernhart, Markus.

Friaul (it. Friuli, lad. Friûl, slow. Furlanija) → Friuli.

Friedensvertrag von Saint-Germain → Vertrag von Saint-Germain.

Friedl, Hugo (Vorstandsmitglied, Kulturaktivist), → Borovlje. *Slovensko prosvetno društvo »Borovlje«* [Slowenischer Kulturverein »Borovlje« (Ferlach)].

Friuli (dt. Friaul, lad. Friûl, slow. Furlanija), vgl. Sachlemmata: → Altladinisch, → Aquileia, → Bamberg, → Celje, → Ethnogenese, → Ethnonym(e), → Historischer Verein für Innerösterreich, → Jesuiten, → Kanaltal (Val Canale, Kanalska dolina), → Karolingisch, → *Leški rokopis* [Handschrift von Leše], → Ossiach/Osoje, → Porcia, → Resianischer Dialekt/*rezijansko narečje*, → St. Paul im Lavanttal/Šentpavel v Labotski dolini, → Südkärnten/Južna Koroška; → Wehrkirche(n); Personenlemmata: → Bevk, France; → Brollo, Jacobo; → Herberstein, Sigismund Freiherr von; → Kocelj; → Santonino, Paolo.

Frintaneum, k.u.k. Höheres Weltpriester-Bildungs-Institut zum Heiligen Augustin in Wien, 1816–1918. Die josephinische Pfarregulierung (→ Josephinismus) hatte in den habsburgischen Erblanden einen besorgniserregenden Priestermangel zur Folge, dem Kaiser Franz II. (I.) durch die Vermehrung von Bildungseinrichtungen, besonders von Gymnasien, gegenzusteuern suchte. Noch unmittelbarer griff er ein, als er vielen Bischöfen erlaubte, (wieder) eigene Seminare zu eröffnen und theologische Lehranstalten einzurichten. Dem Defizit an qualifizierten Führungs- und Lehrkräften suchte ein Plan abzuhelfen, den Hof- und Burgpfarrer Jakob Frint im September 1813 dem Kaiser vorlegte. In Wien sollte der Souverän eine Art Seminar einrichten, in dem bereits geweihte Priester aus allen Provinzen der Monarchie Aufnahme fänden, um an der Wiener Universität das theologische Doktorat zu erwerben, in der Burgkapelle liturgische Dienste zu leisten und sich im Seminar einer intensiven spirituellen Formung zu unterziehen. Das Konzept wurde wesentlich erweitert, als Österreich auf dem Wiener Kongress (1815) eine Reihe von Gebieten gewann, deren kirchliche Verhältnisse nach dem österreichischen Kirchenrecht geordnet werden sollten. So lag es nahe, in das Wiener Bildungsinstitut, sogar bevorzugt, Priester aus diesen neu oder wiedererworbenen Provinzen aufzunehmen, die dann, vertraut gemacht mit den österreichischen Gesetzen, höhere Ämter in der Kirche und im Gubernium ihres Herkunftslandes einnehmen sollten.

Dieses Konzept setzte der Kaiser mit einem Kabinettschreiben vom 29. März 1816 in Kraft. Kritiker sahen in der Gründung einen weiteren Erfolg des josephinischen Staatskirchentums und als Etappe auf dem Weg zu einer österreichischen Nationalkirche. So zögerten mehrere Bischöfe Oberitaliens mit der Beschickung auch noch, als sie schon wiederholt von den Gubernien dazu aufgefordert worden waren.

Frint erhielt den Auftrag, die Satzung und eine Lebensordnung für das Institut, das später auch offiziell seinen Namen trug, auszuarbeiten. Die Satzung sah die unmittelbare Leitung des Instituts durch den Monarchen vor, der die (vom Bischof genannten) Kandidaten aufnahm, sich von deren Fortschritten berichten ließ und sie nach erfolgreicher Beendigung der Ausbildung oder aus einem triftigen Grund entließ. Die persönliche Bindung des Einzelnen an den Kaiser bildete die subjektive Grundlage für den dynastischen Patriotismus, den das Institut seinen Mitgliedern vermitteln sollte. Obervorsteher war der Hof- und Burgpfarrer, den ein Studiendirektor und der Spiritual (beide Hofkapläne) unterstützten. Als Unterkunft wurde dem Institut der Großteil des Augustinerklosters und dessen Kirche zugewiesen. Neuartig war die Finanzierung der Gründung über den Religionsfonds. Bestand ein solcher nicht, wie in den meisten oberitalienischen Gebieten, musste für jedes Mitglied eine individuelle Finanzierung gesucht werden.

Am 1. November 1816 wurde das Institut eröffnet. Noch im ersten Jahr stieg die Zahl der Mitglieder auf 23, um sich in den nächsten Jahren bei ungefähr 40 pro Jahr einzupendeln. Insgesamt wurden in den fast genau hundert Bestandsjahren des Frintaneums 1.096 Auszubildende, darunter 96 griechisch-katholische, in das Institut aufgenommen.

Jüngste Forschungen in den Biografien von 280 Frintaneisten lassen statistisch gestützt erkennen, dass weit mehr als die Hälfte das Institutsziel erreichte und sich den Absolventen dementsprechende Laufbahnen eröffneten. So erhielten ca. 80 Bischöfe der Donaumonarchie ihre Vorbildung im F. Aus Kärnten/Koroška, den Diözesen → Lavant/Lavantinska škofija und → Gurk/Krška škofija, lassen sich 15 Frintaneisten namhaft machen; darunter die Slowenen Valentin → Müller, Martin → Ehrlich und Gregor → Rožman. Bei Lorenz Wölbitsch (Eintritt 1817) ist die sprachliche Zuordnung unsicher. Die Genannten bildeten zusammen mit den slowenisch sprechenden Mitgliedern aus den Diözesen → Trieste/Trst/Triest, → Gorizia/Gorica/Görz, → Ljubljana und → Maribor eine im Vergleich große sprachliche Gruppe (→ Innerösterreich). Für sie wurden noch vor Mitte des 19. Jh.s aus dem Kreis der unterdessen drei Studiendirektoren, wie für andere Sprachangehörige auch, verantwortliche Tutoren auf Dauer bestellt, unter denen sich sechs spätere Bischöfe, jedoch kein Kärntner, befanden.

In den → Revolutionsjahren 1848/1849 geriet das Frintaneum durch den teils korporativen Auszug der nationalen Gruppierungen in eine existenzbedrohende Krise, doch kehrten viele Institutsangehörige 1850 zurück und setzten ihre Ausbildung fort. Die in der zweiten Hälfte des 19. Jh.s zunehmenden nationalen Spannungen übertrugen sich auch auf das Frintaneum. Das als Umgangssprache unter seinen Mitgliedern verordnete Latein war wenig geeignet, die Kommunikation unter den Landsmannschaften im Institut zu fördern. Das seit 1848 verstärkte Zurückdrängen des staatskirchlichen Josephinismus zugunsten einer größeren Kirchenfreiheit ließ das Frintaneum nahezu unberührt. Bis zu seiner faktischen Schließung im November 1918 blieb es, auf der Basis der ersten Satzung, das k.u.k. Höhere Priesterbildungsinstitut.

Quellen: J. Frint: *Darstellung der höheren Bildungsanstalt für Weltpriester zum h. Augustin in Wien, nach ihrem Zwecke, sowohl als nach ihrer Verfassung.* Wien 1817.
Lit.: E. Hosp: *Zwischen Aufklärung und katholischer Reform. Jakob Frint. Bischof von St. Pölten. Gründer des Frintaneums in Wien* (= Forschungen zur Kirchengeschichte Österreichs; 1). Wien/München 1962; K. H. Frankl, P. G. Tropper (Hg.): *Das »Frintaneum« in Wien und seine Mitglieder aus den Kirchenprovinzen Wien, Salzburg und Görz (1816–1918)* (= Studien zum Frintaneum; 1), Klagenfurt 2006; K. H. Frankl, R. Klieber: *Das Priesterkolleg St. Augustin »Frintaneum« in Wien. 1816 bis 1918.* (= Studien zum Frintaneum; 2), Wien [e.a.] 2008 [Mit weiterführender Bibliografie].
Karl Heinz Frankl

Frole, Ivan (Bahnbeamter, Kulturaktivist), → *Beljaško omizje* [Villacher Kreis] in Villach/Beljak.

Frühmittelalter, vgl. Sachlemmata: → Alpenslawisch; → Altbairisch; → Arhäologisches Bild von Kärnten/Koroška im Frühmittelalter; → Awaren; → Bagoaria; → Bauernaufstände; → *Carantani* (Karantaner); → *Carmula*; → Chiemsee; → Christianisierung; → *Conversio Bagoariorum et Carantanorum*; → *Duces Carantanorum*; → Edlinger/*kosezi*; → *In pago Crouuati*; → Frühmittelalterliche Kirchen in

Kärnten/Koroška; → Fürsteneinsetzung; → Fürstenstein (Herzogstuhl); → Grabelsdorf/Grabalja vas im Frühmittelalter; → Hermagor – Pfarre; → Herzöge von Kärnten/Koroška; → *Historia Langobardorum*; → Iro-schottische Mission; → Karantanien; → Karantanische Mark; → Karantanisch-Köttlacher Kulturkreis; → Karnburg/Krnski Grad; → Keutschach/Hodiše; → Kolonisierung, mittelalterliche; → Kiewer Blätter; → Krain/Kranjska; → Kroatengau; → Liudevit-Aufstand; → Methodvita; → Millstatt/Milštat (Milje); → Molzbichl (Molec); → *Ostarrichi*; → Personalitätsprinzip; → Personennamen, karantanerslowenische; → Rechtsinstitutionen, karantanerslowenische; → Sankt Peter am Bichl/Šentpeter na Gori; → *Slovenia submersa*; → Slowenenzehent; → *Tabula Peutingeriana*; → Verbrüderungsbuch; → Walchen; → Zweinamigkeit, mittelalterliche; Personenlemmata: → Domitian von Millstatt; → Hemma von Gurk/Ema Krška; → Hermagoras; → Hildegard von Stein/Liharda Kamenska; → Johann von Viktring; → Kocelj; → Modestus; → Virgil.

Frühmittelalterliche Kirchen in Karantanien. Während der römischen Spätantike (4./5.–6. Jh.) war die Bevölkerung der Provinz Noricum Mediterraneum weitestgehend christianisiert. Bis in die zweite Hälfte des 6. Jh.s hinein ist von einer aufrechten kirchlichen Verwaltung auszugehen, die in vielen Belangen auch für die staatlich-politische Organisation verantwortlich war. Man kennt Bischofssitze in Virunum, Teurnia und Aguntum sowie zahlreiche frühchristliche Kirchenbauten im Südostalpenraum. Als in der zweiten Hälfte des 6. Jh.s die offizielle Verwaltung Noricums zu Ende ging, konnte auch eine institutionalisierte religiöse Organisation nicht mehr aufrechterhalten werden. Die profane Nachnutzung von Kirchenbauten zu Wohnzwecken, wie sie etwa am Hemmaberg/Sveta Hema nachgewiesen wurde, wird als archäologischer Hinweis hierfür gezählt. In diese Zeit fällt auch die Zuwanderung slawischer Bevölkerungsteile mit paganer Konfession. Die ab dem 7. Jh. dominante und nach außen hin repräsentative Elite sprach eine slawische Sprache und pflegte eine heidnische Religion, sodass zeitnahe bzw. zeitgenössische Chronisten in diesem Zusammenhang vom slawischen → Karantanien sprechen, in dem das Heidnische praktisch »Staatsreligion« war. Von Christentum ist ab dem 7. Jh. vorerst nicht mehr die Rede.

Diese historische Überlieferung in Kombination mit archäologischen Indizien hat in der Forschung das Bild geprägt, dass heidnische → Slawen im Zuge einer Landnahme in die römische Provinz einfielen und hier für die Zerstörung der spätantiken Kirchen verantwortlich sind. Das Fehlen frühchristlicher Vorgängerbauten unter mittelalterlichen Kirchen bestärkte diese These der Diskontinuität. In letzter Zeit haben sich jedoch Hinweise und Belege für ein zumindest rudimentäres Nachleben des Christentums gehäuft. In Osttirol konnte eine kirchenbauliche Kontinuität von der Spätantike in das Frühmittelalter etwa in Oberlienz nachgewiesen werden. In → Molzbichl (Molec) knüpft die Kirchengründung des 8. Jh.s direkt an die Verehrung des spätantiken Diakons Nonnosus an, was ein Fortleben seines Kultes unter slawischer Herrschaft voraussetzt. Zuletzt wurden am Hemmaberg/Sveta Hema unter der mittelalterlichen Hemmakirche deutliche Hinweise auf einen frühchristlichen Vorgängerbau entdeckt (→ Archäologisches Bild von Kärnten/Koroška im Frühmittelalter, → Inkulturation).

Im Gegensatz zur traditionellen Forschungsmeinung ist für den Südostalpenraum nun nicht mehr von einem kompletten Kontinuitätsbruch des Christentums auszugehen. Vielmehr dürfte die autochthone Bevölkerung ihren Glauben weiterhin gepflegt haben, wenn auch in rudimentärer, eventuell synkretistischer Form und ohne institutionalisierten Überbau. In zeitgenössischen Quellen genannte Laienpriester »clerici illiterati« dürften hierbei die liturgischen Abläufe geleitet haben. Es ist davon auszugehen, dass vereinzelte frühchristliche Gotteshäuser hierfür in Verwendung standen und daher auch kontinuierlich in Betrieb waren. Quantität und Qualität dieser Kirchen wie auch ihrer Gemeinden dürften jedoch eher gering einzustufen sein.

Die politische Elite des Südostalpenraums (→ *Duces Carantanorum*) beginnt nicht zuletzt aus politischen Gründen ab den 740er-Jahren zum Christentum zu konvertieren (→ Christianisierung, → Iro-schottische Mission). Die Bekehrungsgeschichte der Baiern und Karantanen (→ *Conversio Bagoariorum et Carantanorum*), welche im 9. Jh. in → Salzburg verfasst wurde, berichtet davon, dass der aus Salzburg entsandte Missionsbischof → Modestus in den 750er-Jahren mehrere Gotteshäuser weihte. Ihre Lokalisierung ist nicht gänzlich geklärt. Die gängigen Interpretationsvarianten gehen von einer Kirche im Gebiet des spätantiken Teurnias aus, die zweite wird in der Regel mit → Maria Saal/Gospa Sveta im → Zollfeld/Gosposvetsko polje, also im Umfeld des römischen Zentrums Viru-

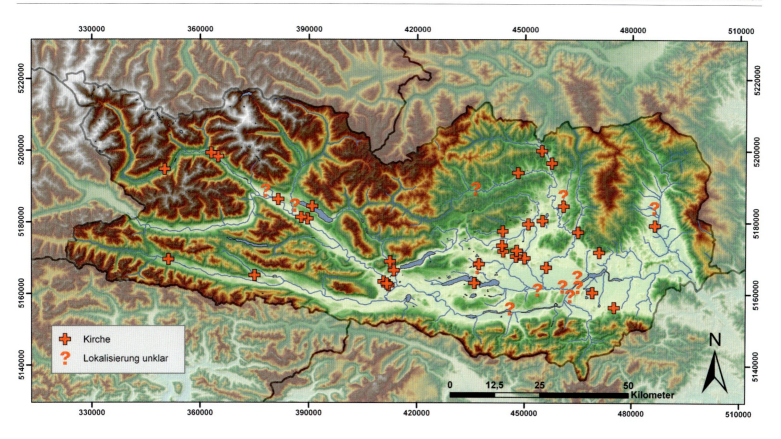

Karte: Kirchen innerhalb der heutigen Kärntner Landesgrenzen, für die eine Gründung vor 1000 nachgewiesen werden kann. (Entwurf: Stefan Eichert; Kartengrundlagen Höhenmodell: NASA Srtm. Gewässer, Landesgrenzen: KAGIS Kärnten)

num, gleichgesetzt, während man eine dritte Kirche im Großraum Fohnsdorf-Knittelfeld sucht (→ *Slovenia submersa*). Bei diesen Kirchen handelte es sich am wahrscheinlichsten um Eigenkirchen der lokalen, politischen Elite. Daneben ist jedoch auch noch die Möglichkeit zu bedenken, dass hier spätantike Gotteshäuser neu konsekriert wurden.

Aufgrund politischer, sozialer und religiöser Spannungen kann die Missionierung der Karantanen nicht ungestört erfolgen und die Missionsgeschichte spricht von Aufständen und kriegerischen Zuständen aufgrund derer die Salzburger Missionare auf mehrere Jahre das Land verlassen mussten (→ *Carmula*). Die sogenannten »Modestuskirchen« dürften also eher eine singuläre Erscheinung und nicht beispielhaft für die folgenden Jahrzehnte gewesen sein. Erst der militärische Sieg des Bayernherzogs Tassilo III. über die Karantanen (→ *Carantani*) führte 772 einen bedeutsamen Paradigmenwechsel herbei und konnte die südostalpine Elite nun endgültig davon überzeugen, dass das Christentum der wahre Glaube für sie sei. Sie passte sich praktisch postwendend dem westlich-bairisch-fränkischen Lebens- und Repräsentationsstil an (→ *Inkulturation*). Dies äußerte sich sehr eindrucksvoll in der Errichtung von zahlreichen Eigenkirchen mit repräsentativer Marmorausstattung in karolingerzeitlichem Flechtwerkstil (→ *karolingisch*). Es handelt sich hierbei um die ersten Steinbauten mit Mörtelmauern seit der römischen Antike im Ostalpenraum. Das Innere ist mit Steinmetzarbeiten im bereits erwähnten Flechtwerkstil gestaltet. Ein wesentliches Element hierbei sind marmorne Chorschranken, welche den Laienbereich vom Presbyterium abtrennen. Daneben finden sich vereinzelt auch die Reste marmorner Ziborien und Lesepulte sowie Hinweise auf Stifter- und Reliquiengräber. Als Bauherren und Finanziers fungierten lokale, slawisch-karantanische Eliten und die räumliche Verbreitung zeigt auch deren zentrale Machtgebiete an. Diese Flechtwerksteinkirchen können aufgrund historischer und kultureller Rahmenbedingungen gut in den Zeitraum der christianisierten und noch unabhängigen Karantanenherrschaft zwischen 772 und 828 datiert werden. Mit Molzbichl (Molec) und vermutlich auch Zweikirchen (Pri Dveh cerkvah), die über dortige Flechtwerksteine in das spätere 8. und frühe 9. Jh. datiert werden können, lassen sich auch bereits erste Eigenklöster der lokalen Eliten fassen. Die Gotteshäuser von → Millstatt (Milštat/Milje) und → St. Peter am Bichl (Šentpeter na Gori), die ursprünglich ebenfalls marmorne Flechtwerksteinausstattung aufwiesen, lassen sich über Grab-

Datierung	Kirche \ Nachweis	schriftlich	Flechtwerkstein	Friedhof	Bauphasen	indirekt
Vor 772	St. Michael Pusarnitz (Liburnia?)	x				
Vor 772	St. Peter in Holz (Liburnia ?)	x		x		
Vor 772	Maria Saal (Ecclesia sanctae Mariae?)	x				
772-828	St. Peter am Bichl	x	x			
772-828	St. Peter und Paul Karnburg	x	x		x	
772-828	St. Tiburtius (Nonnosus) Molzbichl		x	x	x	
772-828	St. Peter Moosburg		x	x		
772-828	St. Michael Moosburg		x			
772-828	St. Veit Stadtpfarrkirche (Karner St. Michael)		x			
772-828	St. Lorenzen a.d. Gurk		x			
772-828	St. Martin Niedertrixen		x			
772-828	St. Wolfgang Fratresberg		x			
772-828	Millstatt		x			
772-828	St. Johannes d. T. Zweikirchen		x			
772-828	St. Stefan Zweikirchen		x			
772-828	St. Daniel Grabelsdorf					x
Nach 828	St. Martin Villach	x		x		
Nach 828	Marienkirche Stallhofen	x				
Nach 828	St. Paul Kappel am Krappfeld	x				
Nach 828	St. Martin am Krappfeld	x				
Nach 828	St. Margarethen Lieding (Maria, Gregor, Martin)	x				
Nach 828	Hl. Andreas Glantschach	x				
Nach 828	Friesach	x				
Nach 828	St. Marein Lavanttal	x				
Nach 828	Marienkirche an der Drau	x				
Nach 828	Maria Wörth (Primus Felicianus)	x				
Nach 828	St. Martin Obervellach	x				
Nach 828	St. Lorenzen bei Brückl	x				
Nach 828	St. Andrä im Lavanttal	x				
Nach 828	St. Lamprecht Pörtschach am Berg	x				
Nach 828	St. Peter bei St. Georgen Längsee	x				
Nach 828	St. Georg Stall im Mölltal	x				
Nach 828	St. Daniel im Gailtal			x	x	
Nach 828	St. Peter Edling bei Spittal			x	x	
Nach 828	St. Jakob Villach			x	x	
Nach 828	Hl. Hermagoras Hermagor			x		
Nach 828	St. Johannes Jaunstein			x		
Nach 828	St. Laurenzius Lorenzenberg			x		
Nach 828	St. Peter Heiligenkreuz Villach Perau			x		
Nach 828	St. Aemilian Altenmarkt					x
Nach 828	St. Laurentius bei Stein im Jauntal					x
Nach 828	St. Martin Gurnitz					x
Nach 828	St. Maximilian in Treffen					x
Nach 828	St. Paul in Möchling					x
Nach 828	St. Peter bei Grafenstein					x
Nach 828	St. Ruprecht am Moos					x

Tabelle: Kirchen innerhalb der heutigen Kärntner Landesgrenzen, für die eine Gründung vor 1000 n. Chr. nachgewiesen werden kann. (Entwurf: Stefan Eichert)

bzw. Stifterinschriften sogar mit den Persönlichkeiten → DOMITIAN und OTKER-RADOZLAV verbinden.

Mit der Annahme des Christentums ändern sich auch die Grabsitten der karantanischen Bevölkerung. Die Elite, die sich zuvor in (Hügel-)Gräbern vom Typ → Grabelsdorf/Grabalja vas bestatten ließ, lässt sich nun in Stiftergräbern im Kircheninneren oder in besonderen Memorialbauten beisetzen. Die breite Masse der Bevölkerung wechselte, sofern ein nahe gelegenes Gotteshaus vorhanden war, vom Gräberfeld ohne Kirchenanbindung zu einem christlichen Kirchenfriedhof und bestattete hier nun nach christlichem Ritus. Beigaben verschwanden nach und nach und es gelangen praktisch nur mehr Kleidungsbestandteile und Schmuck ins Grab.

Für 811 ist ein Schiedsspruch KARLS DES GROSSEN festgehalten, in dem er die Drau/Drava als Diözesangrenze zwischen dem Bistum → Salzburg und dem Patriarchat von → Aquileia festhielt. Der Einfluss der Diözesanherren äußert sich eindrucksvoll im Bereich der Patrozinien. Während die von Salzburg geweihten Kirchen die für das Bistum typischen Patrone, wie etwa Petrus, Maria, Martin, Michael oder Laurentius aufweisen, finden sich südlich der Drau/Drava oftmals aquilensische Patrozinien wie Daniel, Kanzian oder → Hermagoras.

Spätestens 828 wurde Karantanien als Grafschaft in das Karolingerimperium eingegliedert. In diesem Zusammenhang wurden die karantanischen Fürsten durch bairische Grafen ersetzt, und es endete die eigenständige, politische Entwicklung des slawisch regierten Karantaniens. Gesellschaftlich, sprachlich wie auch kulturell waren karantanische Traditionen jedoch auch weiterhin stark vertreten (→ Kontinuität, → Kulturgeschichte, → Landessprache, → Personalitätsprinzip). Die Grundherrschaft etablierte sich als territoriale Organisationsform und mit der Erschließung alter und neuer Gebiete kamen auch zahlreiche Gotteshäuser der neuen, zumeist westlich-bairisch-fränkischen Grundherren auf. Diese Eigenkirchen traten meist deshalb in Erscheinung, weil sie verkauft oder getauscht wurden. Im Gegensatz zu den karantanischen Flechtwerksteinkirchen dienen sie kaum noch der persönlichen Repräsentation, sondern entstanden eher aus der Seelsorgepflicht der Grundherren heraus. Keine der historisch genannten Kirchen des 9. und 10. Jh.s weist mehr marmorne Flechtwerksteinausstattung auf.

Bauliche Aspekte der frühmittelalterlichen Kirchen Karantaniens sind in Ermangelung archäologischer Untersuchungen nur in Einzelfällen bekannt. Bei Molzbichl (Molec) handelte es sich beispielsweise um eine rechteckige Saalkirche mit eingezogener, gestelzter Apsis. Der Kirche waren Klostergebäude angefügt, die jedoch spätestens im 10. Jh. schon aufgegeben worden waren. In St. Daniel im Gailtal konnte eine rechteckige Saalkirche des 9. Jh.s freigelegt werden, der im 10./11. Jh. ein Rechteckchor angefügt worden war. Eine vorromanische Bauphase von St. Peter bei Spittal zeigt ebenfalls eine Saalkirche mit Rechteckchor.

Das Bistum Salzburg mit seinen karantanischen Chorbischöfen stellte im 9. und 10. Jh. den wohl einflussreichsten Kircheneigentümer in Karantanien dar. Besonders in der Osthälfte Kärntens war es begütert und → Maria Saal/Gospa Sveta wurde hier als geistliches Zentrum des Bistums angesehen. In Oberkärnten/Zgornja Koroška sowie in Maria Wörth/Otok am Südufer des Wörther Sees/Vrbsko jezero war speziell das bairische Bistum → Freising ein wichtiger Kirchenherr. Im → Jauntal/Podjuna erlangte mit Bischof Albuin von Brixen dieses Hochstift nachhaltig an kirchlicher Bedeutung (→ Hildegard von Stein/Liharda Kamenska). Der Einfluss des Patriarchats Aquileia lässt sich besonders im → Gailtal/Ziljska dolina beobachten. Neben diesen geistlichen Institutionen traten auch die Krone, adelige Dynastien und lokale Eliten als Besitzer von Gotteshäusern auf. Bei den Kirchen handelte es sich praktisch ausschließlich um Eigenkirchen, die nach Belieben des Eigentümers verkauft, getauscht und verpfändet werden durften. Eine institutionalisierte Pfarrorganisation lässt sich erst im Hoch- und Spätmittelalter erkennen.

Lit.: F. Glaser: *Frühes Christentum im Alpenraum, Eine archäologische Entdeckungsreise*. Graz/Wien/Köln 1997; A. Pleterski: *Modestuskirchen und Conversio*. In: R. Bratož (Hg.): *Slovenija in sosednje dežele med antiko in karolinško dobo – začetki slovenske etnogeneze = Slowenien und die Nachbarländer zwischen Antike und karolingischer Epoche – Anfänge der slowenischen Ethnogenese*. Ljubljana 2000, 425–476; K. Karpf: *Frühmittelalterliche Flechtwerksteine in Karantanien*. Monographien zur Frühgeschichte und Mittelalterarchäologie 8. Innsbruck 2001; P. Gleirscher: *Frühmittelalterlicher Kirchenbau zwischen Salzburg und Aquileia. Ein Diskussionsbeitrag*. In: *Beiträge zur Mittelalterarchäologie in Österreich* 22 (2006) 61–80; H.-D. Kahl: *Das Fürstentum Karantanien und die Anfänge seiner Christianisierung*. In: P. Stih, R. Bratož (Hg.): Streifzüge durch das Mittelalter des Ostalpenraums. Ausgewählte Abhandlungen (1980–2007). Dela/Opera 37 (Ljubljana 2008) 89–152; S. Eichert: *Die frühmittelalterlichen Grabfunde Kärntens. Die materielle Kultur Karantaniens anhand der Grabfunde vom Ende der Spätantike bis ins 11. Jahrhundert*. Aus Forschung und Kunst 37. Klagenfurt 2010; St. Eichert: *Kirchen des 8. bis 10. Jahrhunderts in Kärnten und ihre Bedeutung für die Archäologie der Karantanen*. In: L. Poláček, J. Maříková-Kubková (Hg.): Frühmittelalterliche Kirchen als archäologische und historische Quellen. Internationale Tagungen in Mikulčice VIII = *Spisy Archeologického Ústavu* AV ČR Brno 41 (Brno 2010) 219–232; S. Eichert: *Frühmittelalterliche Strukturen im Ostalpenraum. Studien zu Geschichte und Archäologie Karantaniens*. Aus Forschung und Kunst 39, Klagenfurt am Wörther See 2012; H. Wolfram: *Conversio Bagoariorum et Carantanorum. Das Weißbuch der Salzburger Kirche über die erfolgreiche Mission in Karantanien und Pannonien mit Zusätzen und Ergänzungen*. Zweite, gründlich überarbeitete Auflage. Ljubljana 2012.

Stefan Eichert

Fuger, Janez (Vereinsvorsitzender, Kulturaktivist), → *Kot, Katoliško slovensko izobraževalno društvo* [Katholischer slowenischer Bildungsverein Winkl].

Funder, Peter (* 30. Oktober 1820 Waisach bei Greifenburg, † 1. Oktober 1886 Klagenfurt/Celovec), Bischof der Diözese Gurk/Krška škofija 1881–1886.

F. stammte aus einer Oberkärntner Gastwirtefamilie, deren Wurzeln bis in das 16. Jh. zurückreichen. Nach dem Besuch des Gymnasiums in Klagenfurt/Celovec trat er in das → Priesterseminar der Diözese → Gurk/Krška škofija ein und erhielt seine theologische Ausbildung am Klagenfurter Lyzeum. Die Priesterweihe empfing er am 31. Juli 1844. 1851 wurde er zum Gymnasialprofessor für die Fächer Religion und Latein in Klagenfurt/Celovec bestellt, 1854 wurde er Prediger an der Stadtpfarrkirche St. Egid/Šentilj und 1856 Vizedirektor des Priesterseminars. 1865 wurde er in das Gurker Domkapitel berufen und zum Kanzler des Gurker Ordinariats ernannt. Nach dem Tode des Gurker Bischofs Valentin → WIERY wählte das Gurker Domkapitel F. einstimmig zum Kapitularvikar. Obwohl der Wunsch nach einem slowenischen Bischof laut wurde, ernannte ihn Kaiser FRANZ JOSEPH am 30. März 1881 zum Fürstbischof von Gurk. F. sprach nicht slowenisch, galt aber als verbindlich und entgegenkommend. Die Bischofsweihe empfing er am 26. Juni 1881; als Ordinariatskanzler folgte ihm Lambert → EINSPIELER. Bereits in seinem Antrittshirtenschreiben vom 10. Juli 1881 warnte F. die Kärntner Bevölkerung vor nationalem Hader und vor Entzweiung. Als Bischof vertrat er die Auffassung, er habe nicht in die Politik einzugreifen, dies sei Sache des Kaisers und dessen Minister. F. starb nach kurzer Regierung am 1. Oktober 1886 an den Folgen eines Bruchleidens.

Quellen: [Hirtenbriefe deutsch und slowenisch].
Lit./Web: I. Kadras: *Die Ernennung Peter Funders zum Fürstbischof von Gurk und die Salzburger Privilegien.* In: MGSLk 197 (1967), 277–288; J. Obersteiner: *Die Bischöfe von Gurk 1824–1979.* Klagenfurt 1980, 115–124; E. Gatz (Hg.): *Die Bischöfe der deutschsprachigen Länder 1785/1803 bis 1945. Ein biographisches Lexikon.* Berlin 1983, 223–224; http://de.wikipedia.org/wiki/Peter_Funder

Peter G. Tropper

Funktionale Immersion, → Immersion.

Funktionale Sprachkenntnisse, → Bildungssprache; → Muttersprache; → Zweisprachigkeit.

Furlan, Ani (Publizistin, Kulturaktivistin), → Frauenliteratur; → *Koroška zora, Glasilo Zveze ženskih društev za Koroško* [Kärntner Morgenröte. Zeitschrift des Verbandes der Frauenvereine für Kärnten].

Fürnitz/Brnca (Gemeinde Finkenstein am Faaker See/Bekštanj), vgl. Sachlemmata: → »*Dobrač*«, *Slovensko tamburaško in pevsko društvo* [Slowenischer Tamburizza- und Gesangsverein »Dobrač« (Dobratsch)] sowie → Arnoldstein/Podklošter; → *Beljaško omizje* [Villacher Kreis] in Villach/Beljak; → Chorwesen; → Gailtal/Ziljska dolina; → Internierungen 1919; → *Jepa. Izobraževalno društvo »Jepa«* [Bildungsverein »Jepa«]; → *Klub koroških slovenskih akademikov na Dunaju* (KKSAD) [Klub der Kärntner slowenischen Akademiker in Wien]; → Kulturgeschichte (= Einleitung, Band 1); → Kulturvereine, slowenische in Kärnten/Koroška; → Pfarrkarte der Diözese Gurk/Krška škofija 1924; → Sprachgrenze (2) im 18. Jh. in Kärnten/Koroška; → Tamburizzamusik; → Volkslied (*Brnški sekstet* [Fürnitzer Sextett]); → Villach/Beljak; → Volkslied; Personenlemmata: → BRANDNER, Anton; → HOCHMÜLLER, Ivan; → ŠTREKELJ, Karel.

Fürsten, karantanische/karantanisch-slowenische, → *Duces Carantanorum.*

Fürsteneinsetzung. Die Einsetzung der → *duces Carantanorum,* slow. *ustoliče(va)nje koroških vojvod,* und die damit verbundenen Zeremonien am → Fürstenstein und Herzogstuhl und in der Kirche von → Maria Saal/Gospa Sveta sind wissenschaftlich oft hinterfragte Rechtsakte (→ Rechtsinstitutionen) des *ducatus Carantanorum,* von → *Karantanien* (bis 976 und danach).

Trotz umfangreicher Literatur bleibt vieles im Dunklen. Sicher ist: Frauen kamen zeitgemäß ohnehin nicht in Betracht. Keine ist namentlich erwähnt, auch nicht als Gattin (→ Minnesänger). Die zentralen Fragen sind: Welcher Mann war wählbar, und von welchen Wahlmännern wurde er gewählt? Seit wann es diese »Wahl« gab, ist ebenfalls Gegenstand von Diskussionen. In der → *Conversio* heißt es lediglich, dass die Karantaner CARASTUS/GORAZD, den Sohn des BORUT, der damals (um 750) *dux* war, und dann seinen Neffen CHEITMARUS/HOTIMIR, den Sohn seines Bruders, zum Fürsten »machten«, *ducem fecerunt.* Also blieb die Nachfolge innerhalb der Familie. Literarisch bekannt ist die F. erst vom 14. Jh. an. Bis zur Trennung Karantaniens vom Fürstentum Baivarien (976) wurden offenbar nur Einheimische zu Fürsten gewählt. Danach auch »Fremde«. Durch die wechselnde Wahl eines Fürsten konnte kein unabhängiges Herrschaftsgebiet mit Familientradition entstehen. Die spätere Erblichkeit der fürstlichen Gewalt war etwas Neues: Überliefert sind die F. von MEINHARD VON TIROL (1286), die der Habsburger OTTO (2. Juli 1335), ALBRECHT (1342), RUDOLF IV. (1360), ERNST VON INNERÖSTERREICH (18. März 1414) (→ Innerösterreich). Er war der letzte

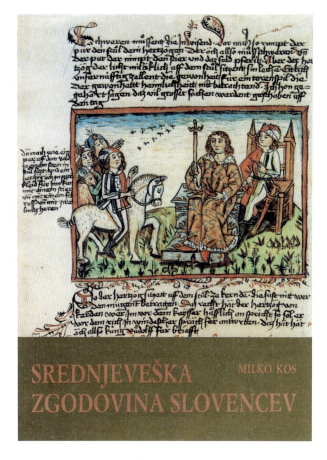

Buchcover mit einer zeitgenössischen Darstellung der Herzogseinsetzung von Leopold Stainreuter aus dem 14. Jh.

Habsburger, der sich der gesamten Zeremonie der F. unterzog. Ab 1597 fand die F. nicht mehr statt. Die ältesten Berichte über eine »Fürstenwahl« und ihre Zeremonie kennen wir aus der Reimchronik des OTAKAR AUS DER GAAL († um 1320), aus dem Schwabenspiegel, einem Rechtsbuch des 14. Jh.s (Einschub: *von hertzogen und kaerdnern rechten*), und aus dem Bericht *liber certarum historiarum* des Abtes von Viktring/Vetrinj → JOHANNES († 1347). Was vom 8. bis ins 13. Jh. wirklich bei den einzelnen F. geschah, kann man nur vermuten. Allen Berichten gemeinsam ist, dass → windisch/slowenisch gesprochen wurde (der gewählte Fürst wurde ›windisch‹ gefragt und musste ›windisch‹ antworten) und dass das »Volk« bei der Huldigung *windische Laissen* (→ Lieder) gesungen hat. Leider sind die Texte nicht aufgeschrieben. Die Volksversammlung (bei den Russen *veče*), bestehend aus den freien Bauern (→ Edlinger/*Kosezi* [vgl. polnisch *ksiądz*]), den Wehrbauern (→ in pago *Crouuati*) oder den Wahlmännern (*dobri ljudi*, bairisch »die Herren«). Sie »wählten« den neuen Fürsten. Geschäftsführend war der slowenische »Herzogbauer«. Da Slowenisch nicht geschrieben wurde, sondern nur Latein und Bairisch (→ Minnesang), ist die slowenische Terminologie für *Fürst/Herzog, Herzogbauer, Parlament, Wehrbauer, Freibauer, Eid* und dgl. wie in der deutschsprachigen Historiografie üblich nur aus Relikten im Wortschatz rekonstruierbar. So heißt im Gegensatz zu allen anderen slawischen Sprachen »der Bauer« *kmet*. Das geht eindeutig auf lat. *comis/comitem* (meist als »Graf« übersetzt, slowenisch heute *grof*) und das Ladinische (heute *cunt*, französisch *comte*) zurück. Es scheint mit der bedeutenden Rolle der karantanerslowenischen Freibauern (→ Edlinger/*kosezi*) »den Grafen *comites*« zusammenzuhängen.

631 wird erstmals ein *dux Vinedorum* genannt, dann der sagenumwobene SAMO (7. Jh.) und nach einer Zeitlücke von etwa 100 Jahren im 8. Jh. BORUT († 750), sein Sohn CARASTUS/GORAZD, sein Neffe CHEITMAR/HOTIMIR, dann ein WALTUNC/*Vladyka* († um 788) und noch eine Reihe anderer → *duces Carantanorum*. In dieser Zeit gab es öfter Aufstände → *carmula* der heidnischen Granden *pagani gentiles*, die das Christentum nicht annehmen wollten. Eine entscheidende Veränderung war unter BORUT die Einführung des Christentums durch → Salzburg und der Anschluss an → Baivarien (ab 745) (→ Christianisierung). Ein Fürst musste von da an Christ (karantanerslowenisch *krišken*, so in den → Freisinger Denkmälern) sein. Zur Diskussion steht, welche Sonderrechte und eigene Bräuche »in Baivarisch/Salzburger Zeit« in Karantanien erhalten blieben oder entstanden sind. Waren es landeseigene, ursprünglich slawisch/slowenische oder awarische (→ Awaren)? »Germanische« Herkunft, an die man in nationalsozialistischen Zeiten dachte, verbietet sich aufgrund des völligen Fehlens germanischen Brauchtums im Alpenraum (→ Personalitätsprinzip). Jedenfalls ist die vom Abt von Viktring/Vetrinj geschilderte Zeremonie der F. (er war bei einer selbst Augenzeuge) in ihrer Art weiterhin einzigartig. Das Thema wurde literaturüblich zu einer rechtshistorisch/volkskundlichen Frage. Die von → VIRGIL erwähnten → *carmula* waren keine von manchen ideologisch gedeuteten Aufstände der »Ackerbauern« gegen die »Viehzüchter« oder der Slowenen gegen die Awaren, sondern der renitenten, dem alten Glauben anhängenden »Slowenen« der Oberschicht *pagani gentiles* und der Taufwilligen. Bedauerlich ist, dass nicht einmal der slowenische Titel (die Dignitätsbezeichnung) des Fürsten, des Herrschers und obersten Richters bekannt ist: *Blag/blaž* (*Blažje polje* »Fürstenfeld«), *župan/pan*, *bojan/ban* (*Baniki/Fanning*) kämen infrage. *Knez* (in der Kiewer Rus aus altschwedisch *konung* über altrussisch *kunendz* > rus-

Herzogseinsetzung nach Janez Vajkart Valvasor, *Des hochlöblichen Herzogthums Crain Topographisch-historischer Beschreibung Fünftes Buch*, S. 395

sisch *knjaz'*) und *vojvoda* (Übersetzung von altbairisch »Herzog«) dürften in ihrer heutigen Bedeutung erst seit dem 16. Jh. im Slowenischen (Bibelübersetzung) üblich sein. Auf lateinisch hieß der slowenische Fürst *dux*, in bairischen Texten »der windische herr«. Die deutsche Duplizität von *Fürst* (Fürstentum) und *Herzog* (Herzogtum), sowie *Fürsten*stein und *Herzog*stuhl hat zu weiterer Verwirrung beigetragen (→ Herzöge von Kärnten/Koroška).

Aus allen bekannten Berichten kann geschlossen werden, dass sich die F. folgendermaßen abgespielt haben dürften:

1. Die Wahl des *dux* durch eine Volksversammlung in der (*curtis carantana*) → Karnburg/Krnski Grad. 2. Die Einsetzung des neuen Fürsten auf dem → Fürstenstein im »*Blažje polje*« »Fürstenfeld« mit ritualisierten slowenischen Fragen an den Fürsten (ob er ein gerechter Richter, freien Standes und christlichen Glaubens sei) und dessen ritualisierte slowenische Antworten. Zumindest bis 976 fand die Zeremonie nur auf Windisch/Slowenisch statt, nachher wahrscheinlich auch auf Bairisch. Der Gewählte musste ein freier Bauer »*kmet*« *rusticus libertus* sein. Er war als Bauer gekleidet und trug einen *windischen Hut*. Mit einer Hand führt er einen Stier, mit der anderen ein Feldpferd: *die herren sollen fueren in / fur den geburen hin / der da sitzet uf dem stein / der selbe sol ein bein / auf das andere legen / windischer rede sol er phlegen*. In einer Handschrift der Reimchronik heißt es: *fuerent in och dristund vmb den selben stain vnd singent och alle klain vnd gross vnd frowen vnd man gemeinlich iren windischen laissen das ist ir windisch gesang*. Nach Ablegung mehrerer Eide vor den Versammelten begann 3. die kirchliche Weihe des Fürsten im 757 von → MODESTUS eingeweihten Dom von Maria Saal/Gospa Sveta und das Festessen. Nach der Reimchronik OTAKARS war der Fürst von Kärnten/Koroška tatsächlich *der windische herre*, dem der *graue windische Hut* gebührt, den er sogar vor dem Kaiser tragen durfte. Danach erfolgte 4. die Lehensverleihung auf dem Herzogstuhl auf dem → Zollfeld/Gosposvetsko polje.

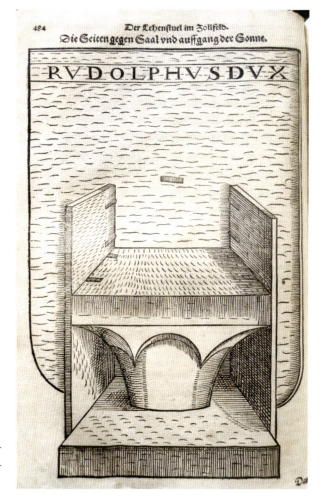

Herzogseinsetzung nach Janez Vajkart Valvasor, *Des hochlöblichen Herzogthums Crain Topographisch-historischer Beschreibung Fünftes Buch*, S. 394

Herzogstuhl (Ostseite) nach Megiser, *Sechstes Buch der Chronik*, S. 484

Die in der Presse in gewissen Abständen von deutschen (Kärntner) und slowenischen (Ljubljaner) Historikern immer wieder diskutierte Frage, ob die F. ein germanischer oder slawischer Brauch sei, ist eindeutig zu beantworten. Es ist ein *karantanerslowenischer* Brauch, der bei anderen slawischen Völkern unbekannt ist (→ Personalitätsprinzip, → Inkulturation). Beachtenswert ist, dass manche slowenische Historiker literaturüblich noch immer → *slawisch* und → *slowenisch* ungenau differenzieren.

Lit.: A. v. Jaksch: *Die Edlinge in Karantanien und der Herzogbauer am Fürstenstein bei Karnburg*. Wien 1927 (AdW SB Phil.-hist. Kl., Bd. 205); J. Mal: *Probleme aus der Frühgeschichte der Slowenen*. Ljubljana 1939; B. Grafenauer: *Ustoličevanje koroških vojvod in država karantanskih Slovenov*. Deutsche Zusammenfassung: *Die Kärntner Herzogseinsetzung und der Staat der Karantanerslawen*. Ljubljana 1952; B. Grafenauer: *Deset let proučevanja ustoličevanja koroških vojvod, kosezov in države karantans kih Slovencev*. In: ZČ 16 (1962) 176–209; H. Dopsch: »in sedem Karinthani ducatus intronizavi ...« *Zum ältesten gesicherten Nachweis der Herzogseinsetzung in Kärnten*. In: Regensburg, Bayern und Europa. Regensburg 1995, 103– (Hg. L. Kolmer, P. Segl); H. Dopsch: *Die Kärntner Pfalzgrafschaft und der Herzogstuhl*. In: W. Wadl (Hg.): Kärntner Landesgeschichte und Archivwesen. Klagenfurt 2001, 105–129; H.-D. Kahl: *Der Staat der Karantanen. Fakten, Thesen und Fragen zu einer frühen slawischen Machtbildung im Ostalpenraum (7.–9. Jh.). Država Karantancev. Dejstva, teze in vprašanja o zgodnji slovanski državni tvorbi v vzhodnoalpskem prostoru (7.–9. stol.)*. Ljubljana 2002 (Slovenija in sosednje dežele med antiko in karolinško dobo. Začetki slovenske etnogeneze. Supplementum); T. Domej: *Ob 600-letnici zadnjega ustoličenja koroških vojvod*. In: KK 2014. Klagenfurt/Celovec [2013], 32–50; *Poslednje ustoličenje na Gosposvetskem polju*, Hg. Svetovni slovenski kongres = Slovenian World Congress. Ljubljana 2013.

Otto Kronsteiner

Fürstenstein, slow. *knežji kamen* und der **Herzogstuhl** *knežji stol* (auch *vojvodski prestol*) spielen in der Geschichte → Karantaniens eine dominante Rolle. Die Unterscheidung in *Fürst* und *Herzog*, slowenisch beides heute *knez* (neuerdings auch *vojvoda*) ist arbiträr. In den lateinischen Texten heißen alle *duces*. Die literaturübliche Unterscheidung in *Fürst* und ab 976 in *Herzog* besteht in der deutschsprachigen Geschichtswissenschaft seit dem 19. Jh. Es gibt keine sprachliche Begründung, die karantanerslowenischen duces *Fürsten* und die »deutschen« *Herzoge* zu nennen, die bei der Einsetzungszeremonie und auch sonst slowenisch sprachen. Die Landesfürsten nach 976 haben Slowenisch verstanden und gesprochen (historischer

Fürstenstein, Foto Zalka Kuchling, Detail

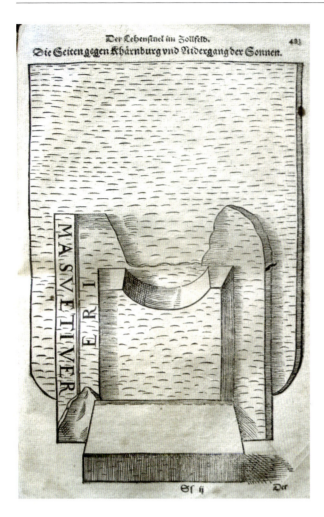

Markus Pernhart, Karnburg/Krnski Grad mit dem Fürstenstein in situ, KLA

Herzogstuhl (Westseite) nach Megiser, *Sechstes Buch der Chronik*, S. 483

Appelativ → windisch, vgl. auch → Karantanerslowenisch, → altslowenisch). Der Steirer ULRICH VON LIECHTENSTEIN (→ Minnesänger) wird im 13. Jh. mit dem traditionellen kärntnerslowenischen Gruß *Bog vas primi* (Gott nehm Euch auf) vom Landesfürsten begrüßt (→ *Buge waz primi gralva Venus*). Der karantanerslowenische F. ist auf der 2-Cent-Münze der Republik Slowenien dargestellt.

Der Brauch, den karantanischen *dux* auf dem F. einzusetzen (→ Fürsteneinsetzung), besteht offenbar seit Existenz der karantanerslowenischen → *duces Carantanorum*, zumindest seit BORUT († um 750) kontinuierlich. Ob dieser Brauch einheimischen, slawisch/slowenischen Ursprungs (→ Rechtsinstitutionen, → Inkulturation) ist, war Gegenstand geschichtswissenschaftlicher Dispute. Tatsache ist, dass diese Art der Fürsteneinsetzung weder bei den → Awaren noch bei den anderen Slawen üblich war. Es handelt sich eindeutig um einen karantaner*slowenischen* und nicht um einen slawischen Rechtsbrauch, noch dazu auf einer römischen Säule. Der F. ist der Sockel einer abgeschnittenen, umgedrehten römischen Säule, vermutlich aus den zahlreichen Beständen von Virunum, auf dem der neu gewählte Fürst zu sitzen hatte. Wieweit das römische Erinnerungen assoziieren sollte, ist nicht klar. Vielleicht sollte die Verwendung eines *römischen* Steines symbolhaft den Machtanspruch in Noricum und die staatliche → Kontinuität dokumentieren. Bis 1862 war der F. in der Nähe der Kirche von → Karnburg/Krnski grad, im Blachfeld (slow. *Blažje polje* »Fürstenfeld«, möglicherweise von karantanerslowenisch *blag* »der Fürst«). Der F. befand sich bis 1905 *in situ* und wurde dann ohne entsprechende archäologische Bearbeitung und Kennzeichnung des genauen Standortes der Entnahme ins Kärntner Landesmuseum gebracht, was eine unverständliche ethnopolitische Diminuierung der Symbolkraft und Verbindung mit der slowenischen Geschichte darstellt. Seit 2006 ist der F. im Kärntner Landhaus in Klagenfurt/Celovec aufgestellt. Er wurde angeblich 1414 zum letzten Mal unter Abhaltung des Ritus in slowenischer Sprache benützt.

Der **Herzogstuhl** ist 1161 erstmals erwähnt als *sedes Karinthani ducatus*. Die Zeremonie der Inthronisation (→ Fürsteneinsetzung) des *dux Carantanorum* bestand seit dem 8. Jh. Der Herzogstuhl am → Zollfeld/Gosposvetsko polje ist ein Doppelthron mit gemeinsamer Rückenwand nach vorn und hinten, aus ebenfalls römischen Steinen. Als Zeit seiner Anfertigung wird das 9. Jh. vermutet. Die Huldigung auf dem Herzogstuhl wurde von einigen Herrschern symbolisch angeblich noch bis 1651 vollzogen (→ Herzöge von Kärnten/Koroška).

Fürstenstein nach Megiser, *Sechstes Buch der Chronik*, S. 428

Lit.: J. Mal: *Probleme aus der Frühgeschichte der Slowenen*. Ljubljana 1939; B. Grafenauer: *Ustoličevanje koroških vojvod in država karantanskih Slovencev*. Deutsche Zusammenfassung [Die Kärntner Herzogseinsetzung und der Staat der Karantanerslawen]. Ljubljana 1952; A. Ogris: *Fürstenstein und Herzogstuhl – Symbole der Kärntner Landesgeschichte im Widerstreit ethnischer und territorialer Tendenzen in der slowenischen Geschichtsschreibung, Publizistik und Politik*. In: Carinthia I 183 (1993) 729 ff.; J. Šavli: *Slovenska znamenja*. Gorica 1994; H. Dopsch: »in sedem Karinthani ducatus intronizavi …« *Zum ältesten gesicherten Nachweis der Herzogseinsetzung in Kärnten*. In: Regensburg, Bayern und Europa. Regensburg 1995, 103 ff. (Hg. L. Kolmer, P. Segl); W. Deuer: *Die Einsetzung des Kärntner Herzogs am Fürstenstein*. In: Ostarrichi – Österreich 996–1996. Katalog der Österreichischen Länderausstellung in Neuhofen an der Ybbs und St. Pölten (Hg. E. Bruckmüller und P. Urbanitsch) Horn 1996; A. Ogris: *Fürstenstein und Herzogstuhl. Mythos und geschichtliche Hintergründe*. In: Karantanien: Mutter von Kärnten und Steiermark. Studia Carinthia 22. Klagenfurt 2002, 105 ff.; H.-D. Kahl: *Der Staat der Karantanen. Fakten, Thesen und Fragen zu einer frühen slawischen Machtbildung im Ostalpenraum (7.–9. Jh.)*. Ljubljana 2002; *Poslednje ustoličenje na Gosposvetskem polju*, Hg. Svetovni slovenski kongres = Slovenian World Congress. Ljubljana 2013.

Otto Kronsteiner

erinnern.at

Fusine in Valromana (dt. Weißenfels, friul. Fusinis, slow. Fužine auch Bela Peč), → Gailtaler Dialekt/ *ziljsko narečje*, → Kanaltal.

Gabernik, Simon, Autor einer Handschriftensammlung aus 1780, → Bukovništvo.

Gabriel, Gregor und **Ivan** (Widerstandskämpfer), → Widerstandsbewegung, → Knez, Alojz.

Gabriel, Michael, → Internierungen 1919.

Gail/Zilja, → Gailtal/Ziljska dolina (Zilja), → Gewässer in Südkärnten/Južna Koroška.

Gailer, Johann (Abgeordneter in der 10. Wahlperiode [1909–1914] in der Kurie der Landgemeinden im Wahlkreis Villach/Beljak–Paternion/Špartjan–Rosegg/ Rožek), → Abgeordnete.

Gailitz/Ziljica/Slizza, → Gailtal/Ziljska dolina (Zilja), → Gewässer in Südkärnten/Južna Koroška.

Gailtal/Ziljska dolina, slowenisch auch Zilja, dialektal Zila, ein etwa 125 km langes, in West-Ost Richtung verlaufendes Tal, das durch den Flusslauf der Gail/Zilja geprägt ist. Im Norden wird das Gailtal/Ziljska dolina durch die Lienzer Dolomiten und die Gailtaler Alpen/ Ziljske Alpe mit dem Dobratsch/Dobrač begrenzt. Die Grenze nach Süden bilden die Karnischen Alpen/Karnijske Alpe bzw. östlich der Gailitz/Ziljica die → Karawanken/Karavanke. Die Gail/Zilja entspringt am Kartitscher Sattel in Osttirol und mündet bei → Maria Gail/ Marija na Zilji in die Drau/Drava. Der Flusslauf der Gail/Zilja wird von West nach Ost in drei Untereinheiten gegliedert: das Lesachtal (Lesna dolina) erstreckt sich vom Ursprung der Gail/Zilja am Kartitscher Sattel bis nach Kötschach-Mauthen (Koče-Muta). Zwischen Kötschach-Mauthen (Koče-Muta) und Hermagor/ Šmohor spricht man vom Oberen Gailtal (Zgornja Ziljska dolina). Als Unteres Gailtal/Spodnja Ziljska dolina (auch: Spodnja Zilja) bezeichnet man das Gebiet zwischen Hermagor/Šmohor und → Villach/ Beljak. Das weitere Gebiet des Zusammenflusses von Gail/Zilja und Drau/Drava, d.h. das Villacher Becken/ Beljaška kotlina, nennt Ilešič auch Beljaška sovodenj. Den Kernbereich des Villacher Beckens/Beljaška kotlina bildet das Villacher Feld/Beljaško polje. Das bedeutendste Nebental des Gailtales/Ziljska dolina ist das

375

Gitschtal (Višprijska dolina). Die wichtigsten Nebenflüsse der Gail/Zilja sind die Gössering (Gosrinja), die bei Möderndorf (Modrinja vas) in die Gail/Zilja mündet und die Gailitz/Ziljica, die sich bei → Arnoldstein/Podklošter mit der Gail/Zilja vereinigt. Eine Besonderheit im Einzugsgebiet der Gail/Zilja ist der Warmbach (Toplica) bei Warmbad-Villach (Beljaške Toplice), der, bedingt durch die Warmbader Thermalquellen, ganzjährig eine Wassertemperatur von 20° bis 25 °C aufweist (Hartl, 1992: 411). Das einzige größere stehende Gewässer im Gailtal/Ziljska dolina ist der Pressegger See/Preseško jezero (slowenisch auch Pazrijsko jezero), der über den Seebach/Jezernica in die Gail/Zilja entwässert. Über den Faaker Seebach/Jezernica entwässert auch der Faaker See/Baško jezero, der nicht mehr im Gailtal/Ziljska dolina liegt, in die Gail/Zilja. Nördlich des Faaker Seebaches/Jezernica zwischen Faak/Bače und Höfling/Dvorec liegt das Finkensteiner Moor/Maloško-Štebensko Blato, das u.a. seltenen Schmetterlingen und Libellen eine Heimat bietet. Während die Gail/Zilja ab dem Ende des 19. Jh.s großräumig begradigt und mit Hochwasserschutzanlagen versehen worden ist, sind westlich und östlich von Vorderberg/Blače einige Altarme erhalten geblieben. An ihrem Oberlauf im Lesachtal (Lesna dolina) ist die Gail/Zilja noch ein naturbelassener Fluss. Eine botanische Besonderheit des Oberen Gailtales (Zgornja Ziljska dolina) ist die Kärntner Wulfenie (*Wulfenia carinthiaca* subsp. *carinthiaca*), deren natürliches Vorkommen auf mehrere Almen rund um den Gartnerkofel (Krniške skale) begrenzt ist. Eine naturkundliche Besonderheit des Unteren Gailtales/Zilja ist das Bergsturzgebiet Schütt/Groblje. Das Gepräge der Schütt/Groblje ist von einem prähistorischen Dobratsch-Bergsturz und einem historischen Bergsturz im Jahre 1348 bestimmt. In der Schütt/Groblje gibt es aufgrund der Südexposition und der natürlichen Verbindung in den Süden (über das → Val Canale/Kanaltal/Kanalska dolina) eine Reihe in Österreich sonst seltener Pflanzen- und Tierarten. Auf der »Gladiolenwiese«, einer Feuchtwiese bei Oberschütt/Rogaje, befindet sich der einzige natürliche Standort der Illyrischen Gladiole (*Gladiolus illyricus*) in Österreich.

Das Untere Gailtal/Zilja bildet als autochthones Siedlungsgebiet der Kärntner Slowenen das am weitesten im Westen gelegene slowenische Sprachgebiet, wobei sich die gegenwärtige → Sprachgrenze erst im Laufe der Zeit herausbildete. Das belegen u.a. die Reiseberichte des Paolo → Santonino der zwischen 1485 und 1487 Visitationsreisen durch die aquileischen Pfarren Kärntens machte. Santonino berichtet, dass zwischen dem heute rein deutschsprachigen St. Daniel (Šentanel) im Oberen Gailtal (Zgornja Ziljska dolina) und Villach/Beljak Deutsche und Slowenen nebeneinander leben. Nach Schnabl wird in den amtlichen → Ortsverzeichnissen von 1860 und 1918 im Oberen Gailtal (Zgornja Ziljska dolina) und im Gitschtal (Višprijska dolina) neben den deutschsprachigen Ortsnamen eine Reihe slowenischer Ortsnamen als ortsüblich ausgewiesen.

Das Gebiet, in dem der slowenische Gailtaler Dialekt gesprochen wird, wird im Süden durch das Friulanische sowie im Westen und Norden durch das Deutsche begrenzt. Nur im Osten (Villacher Becken/Beljaška kotlina, → Rosental/Rož) und Südosten (Val Canale/Kanaltal/Kanalska dolina) schließen slowenische Dialekte an.

Das slowenische Untere Gailtal/Zilja tritt schon im Mittelalter in der deutschen Literatur auf. Ulrich von Liechtenstein kam 1227 (Matičetov führt 1238 an) nach Kärnten/Koroška. Bei Thörl-Maglern/Vrata-Meglarje wurde der als Venus verkleidete → Minnesänger vom Kärntner Herzog Bernhard von Spanheim mit dem slowenischen Gruß → *Buge waz primi, gralva Venus* [Gott zum Gruß, königliche Venus] willkommen geheißen. Die Grußszene hat Ulrich von Liechtenstein in seinem Roman *Frauendienst* (1255) festgehalten.

Die Haupterwerbsquelle der Gailtaler Slowenen war über Jahrhunderte die Pferdezucht. Mit der Pferdezucht verbunden ist auch die Säum- und Handelstätig-

Gasthaus Janach, heute Stara pošta/Alte Post in Feistritz an der Gail/Bistrica na Zilji, Archiv Bertrand Kotnik

Alte Post, *Land und Leute*

Gailtaler slowenische Reiter in Wien 1910 (?), Archiv Paul Miroslav Schnabl

Stara pošta, *dežela in ljudje*

keit der Gailtaler Slowenen, die ihnen relativen Wohlstand und wirtschaftliche Unabhängigkeit bescherte. In der weitgehenden wirtschaftlichen Unabhängigkeit liegt auch eine der Ursachen dafür, dass das Untere Gailtal/Zilja trotz des Vorrückens des Deutschen im Mittelalter slowenisch blieb. Der wirtschaftliche Abstieg der Gailtaler Slowenen ging mit dem Bau der Gailtalbahn von Arnoldstein/Podklošter bis → Hermagor/Šmohor (1894) einher. Etwas zeitversetzt folgte dem wirtschaftlichen Verfall das Einsetzen der → Germanisierung. Der slowenische → Gailtaler Dialekt *(ziljsko narečje)* wird heute beinahe ausschließlich von älteren Menschen beherrscht; im Alltag aber oft nicht mehr gesprochen. Flora → RAUTER (* 1896 St. Leonhard bei Siebenbrünn/Šentlenart pri Sedmih studencih, † 1996 Villach/Beljak) schrieb slowenische Gedichte mit dialektalem Anklang. Die Dichterin Maria BARTOLOTH (* 1938 Göriach/Gorje) schreibt Gedichte in slowenischem Gailtaler Dialekt. In den letzten Jahren gibt es im Gailtal und im Val Canale/Kanaltal/Kanalska dolina verstärkt Bemühungen, den → Dialekt vor dem Aussterben zu bewahren; u.a. erschien die CD *Črnjəva kapca* [Rotkäppchen] mit Märchen im Gailtaler Dialekt. Alessandro OMAN verfasste mehrere Bücher, die den slowenischen Dialekt im Val Canale/Kanaltal/Kanalska dolina dokumentieren. Der Dokumentation des slowenischen Gailtaler Dialektes widmen sich auch mehrere international anerkannte Sprachwissenschafter (u.a. Karmen KENDA JEŽ, Tijmen PRONK).

In der slowenischen Ethnografie und Dialektologie wird die Gegend um Villach/Beljak und den Faaker See/Baško jezero als Übergangszone vom Gailtal/Zilja zum östlich anschließenden Rosental/Rož gesehen.

Brauchtum, Tracht und Kulturlandschaft. Charakteristische → Bräuche des einst slowenischen Unteren Gailtales/Zilja sind das → Kufenstechen *(štehvanje)*, der Lindentanz *(rej pod lipo, → prvi rej)*, die Hochzeitsbräuche *(ziljska ohcit)* und die Ansinglieder *(koledovanje,* Gailtaler Slowenisch: *kaleda)* (→ Lied). Während einige Bräuche, wie das Schappen oder Pisnen *(šapanje)* am Unschuldigen Kindertag (28. Dezember), weithin verbreitet sind, sind andere Bräuche nur mehr lokal bekannt. In Göriach/Gorje hat sich ein Kinderbrauch erhalten, der bis zum Vorabend des Zweiten Weltkrieges noch in anderen Teilen des Unteren Gailtales/Spodnja Zilja begangen wurde. Am 31. Oktober gehen die Kinder von Haus zu Haus »krápəčvat« und bitten mit dem Satz »*Prosən za en krápəč!*« um einen Krapfen. Ein weiterer nur lokal erhaltener Kinderbrauch wird an Christi Himmelfahrt in Achomitz/Zahomec begangen. Die Kinder ziehen dabei von Haus zu Haus und rufen: »*Sjəjtə, sjəjtə, da bo kej žita gratalə!*« [Sähet, sähet, damit das Korn gerät!]. Daraufhin tritt die Hausherrin vor die Tür und »sät« Süßigkeiten und Geld für die Kinder.

Die Untergailtaler Festtracht, die im slowenischen Dialekt *svenščə gvant* [slowenisches Gewand] genannt wird, hebt sich deutlich von den anderen Trachten Österreichs ab. Sie ähnelt vielmehr der Tracht der Kanaltaler Slowenen und den Trachten aus der Gorenjska (Oberkrain), besonders jener von Rateče. Die Tracht spiegelt den gemeinsamen Kulturraum wieder (vgl. → Gailtaler Dialekt und seine Verbreitung; → Gailtaler Tracht). In jüngerer Zeit wurde die Untergailtaler Festtracht im Rahmen des Villacher Kirchtages popularisiert.

Die → Kulturlandschaft des Unteren Gailtales/Zilja wird noch heute von (Doppel-)Harpfen (slowenisch: *kozolec,* Gailtaler Slowenisch: *stôg*) geprägt. Dieser Harpfentypus verbindet das Untere Gailtal/Zilja mit dem Val Canale/Kanaltal/Kanalska dolina und der Gorenjska (Oberkrain).

Religion. Aus religiöser Sicht nehmen die Gailtaler Slowenen eine Sonderstellung unter den Kärntner Slowenen ein. Protestantische Prediger lassen sich im 16. Jahrhundert für das ganze, damals überwiegend slowenischsprachige Gebiet zwischen Hermagor/Šmohor und dem Faaker See/Baško jezero nachweisen. Noch 1808 erwähnt Urban → JARNIK (nach F. KIDRIČ) slowenische Protestanten u.a. in Egg/Brdo (das ihnen nächstgelegene evangelische Bethaus befand sich in Watschig [Vočiče]). Auch im Unteren Gailtal/Zilja und im Oberen Rosental/Zgornji Rož haben slowenische Protestanten die Zeit der → Gegenreformation überdauert und nach dem Toleranzpatent 1781 in → Agoritschach/Zagoriče ein evangelisches Bethaus errichtet (→ Protestantismus). Unter den slowenischen Protestanten des Unteren Gailtales/Zilja haben sich mehrere wertvolle slowenische Drucke und Handschriften erhalten, die großteils aus der Reformationszeit stammen und heute u.a. im evangelischen Diözesanmuseum in Fresach (Breže) aufbewahrt werden. Noch in der Zeit nach dem Ersten Weltkrieg verließen slowenische Protestanten Österreich und emigrierten ins heutige Slowenien (mündliche Quelle: Vladimir MISELJ [1923–2010], Geistlicher der Evangelischen Kirche A. B. in Slowenien/*Evangeličanska cerkev A.V. v Republiki Sloveniji*). Auch wenn die Agoritschacher Protestanten bereits 1936 die Frage, ob sie einer slowenischen seelsorgerischen Betreuung bedürfen, verneinten, bedeutet das nicht, dass das Deutsche das Slowenische als → Umgangssprache ersetzt hatte. Als Filialgemeinde der deutschsprachigen evangelischen Pfarrgemeinde Bad Bleiberg waren sie an die Seelsorge in deutscher Sprache gewöhnt. Slowenischsprachige Protestanten lassen sich in Kärnten/Koroška bis in die Gegenwart nachweisen. So lesen wir in einem neueren Beitrag zum Protestantismus unter den Kärntner Slowenen: »Po podatkih 74. letnega Zagoričana F., je danes v Zagoričah dve tretjini katoličanov in ena tretjina evangeličanov. V Zagoričah je /…/ 22 hiš. V desetih hišah še razumejo slovensko. Od teh desetih hiš je tri četrtine protestantskih.« [»Nach den Angaben des Agoritschachers F. leben in Agoritschach heute zwei Drittel Katholiken und ein Drittel Evangelische. In Agoritschach gibt es /…/ 22 Häuser. In zehn Häusern versteht man noch Slowenisch. Von diesen zehn Häusern sind drei Viertel evangelisch.«] (ZALTA, 2006: 157). Diese slowenische Quelle wird durch eine jüngere Kärntner Quelle, und zwar den Nachruf auf den Agoritschacher Adolf FERTALA († 2012), bekräftigt. Im Nachruf heißt es: »… Adolf Fertala, [war] Zeit seines Lebens bemüht /…/, die evangelische Pfarrgemeinde Agoritschach als selbstständige und unabhängige w i n d i s c h e Gemeinschaft zu erhalten …«

Der slowenische Geheimprotestantismus sollte der Grundstein für die Entwicklung der literarischen Strömung des → Bukovništvo werden (→ Kirchenlied, → Latschacher Kirchenliedbuch).

Vereinswesen. Gegen Ende des 19. und zu Beginn des 20. Jh.s wurde im Unteren Gailtal/Zilja eine Reihe slowenischer → Kulturvereine und Genossenschaften gegründet (→ Genossenschaftswesen). Diese spiegeln die Tatsache wieder, dass das Untere Gailtal/Zilja damals noch eine weitgehend gefestigte slowenische Sozialstruktur hatte. Bestätigt wird dies auch dadurch, dass das Slowenische in praktisch allen Pfarren des Unteren Gailtales/Zilja alleinige → Liturgiesprache war – nur in drei Pfarren wurde die Liturgie auch auf Deutsch gefeiert (→ Pfarrkarte der Diözese Gurk/Krška škofija 1924). Andererseits war die Gründung slowenischer Vereine und Genossenschaften auch eine Reaktion auf den wachsenden Germanisierungsdruck (→ Vereinswesen, → Germanisierung). Die meisten dieser slowenischen Vereine und Genossenschaften hatten bis zur Auflösung durch die Nationalsozialisten im Jahre 1941 Bestand (Aufzählung der Vereine und Genossenschaften von West nach Ost; soweit nicht anders erwähnt,

To in ono z Zilje. Odkar piše č. Hani svoja pisma iz Pečnice, je zavladal v našem listu nekakšen molk o Zili. Življenje pri nas pa gre svojo pot. Par najvažnejših dogodkov: Bistrica je dobila novega župana že v septembru in sicer v osebi Janeza Katnika, pd. Štroblča. Njegov oče, korenit in pristen ziljski mož, je zložil znano našo himno: Tam kjer teče bistra Zila…" Naše interese zastopajo v novem odboru še Jožef Hebein, pd. Čičej, Brandstätter Jožef, pd. Vaguta, in Milonik Lojze, pd. Miševc. Tudi Straja ves ima že precej časa nov občinski odbor. Župan je Janez Schnabl, pd. Hrepec, poleg njega nas še vodijo in zastopajo Janez Wiesek v Drevljah, Šnabl Jože v Draščah in Milonik Janez, pd. Koren v Zahomcu. — Še kaj o letini, ker začenjamo že nove pridelke. Žita so bila dobra. Bali smo se za krompir, pa je razmerno dobro pokazal. Koruze nam je precej požrla v avgustu suša. Posebno težko je prizadeta Bistrica. Italijani še mnogo povprašujejo po našem lesu. S plačevanjem pa se jim nič ne mudi, menda čakajo na zmago v Abesiniji. Nekaj časa je izredno cvetel izvoz sena na Trbiž, kjer so ga plačevali po 9 šilingov meterski stot, sedaj pa ima dovoljenje za izvoz en sam posestnik, ki je vložil prošnjo za tozadevno izvozno dovoljenje. — Ker bo vsak čas zapadel sneg, se že pripravljamo na smučanje in „kšeft" ob njem, če ga bo kaj. Začenši od naših malih pa do častnih načelnikov „Škivereina" si že vsak maže in pripravlja svoje „dilce". Menda v smučarskem društvu močno pogrešajo gospoda Hanija. Gorjanci nameravajo za smučarje napraviti posebno progo s svoje planine. — Da vzdržimo ravnovesje z drvečo civilizacijo, se naše slovensko društvo poglublje v kulturnem delovanju. Po Miklavževem večeru priredi o božiču krasno igro „Vrnitev". Tudi bistriški ferajn nekaj pripravlja, pa se njegove konkurence malo bojimo. Tudi v verskem pogledu smo prav pridni in so čč. dušna pastirji z nami gotovo zadovoljni. Dovršujemo ravnokar nekake stanovske duhovne vaje, ki so vlile farnima družinama novega duha. Adventni čas pa nam bo še posebej dobra priprava na še globlje življenje s Cerkvijo.

Gegen das Verstummen einer Sprache

KS 4. 12. 1935

Latschach am Faaker See/ Loče ob Baškem jezeru, Ansichtskarte datiert 1909

Buchcover, Mohorjeva

KD Jepa-Baško jezer

erfolgte 1941 die Auflösung; → Kulturvereine, → Vereinswesen, → Genossenschaftswesen):

Im Februar 1903 wurde in Egg/Brdo das *Katoliško slovensko izobraževalno društvo → Brdo* [Katholischer slowenischer Bildungsverein Egg] gegründet. Eine interessante Facette aus der Geschichte von Egg/Brdo ist, dass nach dem Ende des Ersten Weltkrieges die Ortsgruppe des → *Narodni svet za Slovence* [Nationalrat für die Slowenen] die lokalen Verwaltungsaufgaben übernahm. Angestrebt wurde eine Vereinigung mit dem Königreich SHS – ein Plan, der aufgegeben wurde, als das Untere Gailtal/Zilja ohne → Volksabstimmung der Republik Österreich zugeschlagen wurde (→ Vertrag von Saint-Germain). Die führenden Köpfe der Ortsgruppe des *Narodni svet za Slovence* (u.a. Franc → Grafenauer) mussten ins Königreich SHS fliehen (→ Vertreibung 1920).

In Mellweg/Melviče wurde 1910 das *Katoliško slovensko izobraževalno društvo → Melviče* [Katholischer slowenischer Bildungsverein Mellweg] ins Leben gerufen. Die *Hranilnica in posojilnica v Št. Jurju na Zili* [Spar- und Darlehenskasse St. Georgen im Gailtal] wurde am 1. Februar 1903 gegründet. In St. Stefan im Gailtal/Štefan na Zilji wurde 1890 eine Ortsgruppe der → *Družba sv. Cirila in Metoda* [Kyrill und Method-Gesellschaft] gegründet, die bis 1910 Bestand hatte. Die *Hranilnica in posojilnica za Štefan na Zili in okolico* [Spar- und Darlehenskasse für St. Stefan im Gailtal und Umgebung] wurde am 4. Mai 1895 gegründet.

In Achomitz/Zahomec bzw. Feistritz a. d. Gail/Ziljska Bistrica gab es ein besonders ausgeprägtes slowenisches Vereinsleben. Am 14. Dezember 1891 wurde

BREDA VILHAR
ZILJSKE FRESKE

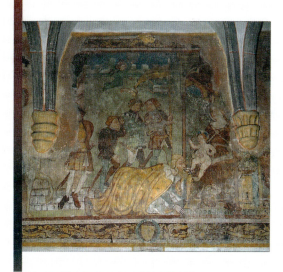

DIE GAILTALER FRESKEN

die *Hranilnica in posojilnica na Ziljski Bistrici* [Spar- und Darlehenskasse Feistritz a. d. Gail] gegründet. Der örtliche Pferdezuchtverein wurde 1896 ins Leben gerufen. Außerdem verfügte Feistritz a. d. Gail/Ziljska Bistrica ab 1899 über die erste Molkereigenossenschaft Kärntens. Im Jahre 1901 wurde in Achomitz/Zahomec die erste Sektion des slowenischen Alpenvereins in Kärnten/Koroška ins Leben gerufen. Das *Katoliško slovensko izobraževalno društvo → Zila za Zahomec in okolico* [Katholischer slowenischer Bildungsverein Zila für Achomitz und Umgebung] wurde 1904 gegründet, 1941 aufgelöst und nach dem Zweiten Weltkrieg in Feistritz a. d. Gail/Ziljska Bistrica als *Slovensko prosvetno društvo Zila* (Slowenischer Kulturverein Zila) wiederbelebt. Er ist auch heute noch aktiv. Ein Fixpunkt in seinem Programm ist das Frühlingskonzert *Bivaži pr' Zile* [Frühling im Gailtal]. Im Jahr 1953 wurde in Achomitz/Zahomec der erfolgreiche zweisprachige Sportverein Achomitz/*Športno društvo Zahomec* gegründet.

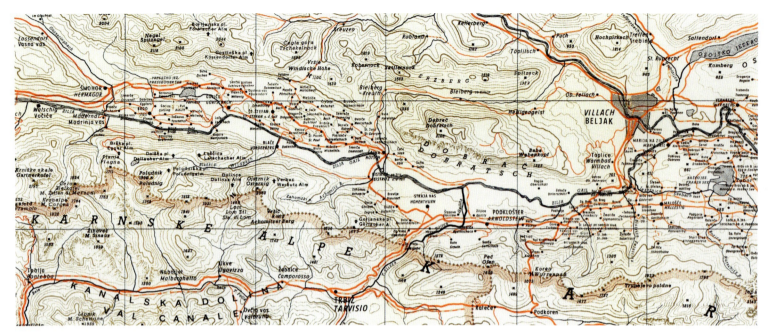

Vladimir Klemenčič, Koroška/Kärnten (Detail Gailtal/Zilja)

Die Spar- und Darlehenskasse für St. Leonhard bei Siebenbrünn/Šentlenart pri Sedmih studencih wurde am 3. November 1892 als *Hranilnica in posojilnica za sv. Lenart in okolico* gegründet. Nach dem Zweiten Weltkrieg wurde sie in Hart/Ločilo erneut gegründet und tritt seit dem Zusammenschluss mit den slowenischen Genossenschaftskassen St. Stefan-Finkenstein/Šteben und Maria Gail/Marija na Zilji als *Posojilnica-Bank Zila* auf. Der Slowenische Kulturverein Dobrač/*Slovensko prosvetnodruštvo Dobrač* hat seinen Sitz in Fürnitz/Brnca, wo der Verein 1906 zunächst als Tamburizzagruppe und Gesangsverein gegründet wurde (→ Tamburizzamusik). In Maria Gail/Marija na Zilji waren mehrere slowenische Vereine aktiv. In der weiteren Umgebung rund um den Faaker Sees/Baško jezero wirkt das *Slovensko kulturno društvo Jepa-Baško jezero* [Slowenischer Kulturverein Jepa-Baško jezero], das 1922 unter dem Namen *Izobraževalno društvo* → *Jepa* [Bildungsverein Jepa] gegründet wurde.

Der Auflösung slowenischer Vereine und Genossenschaften 1941 folgte im Jahre 1942 die → Deportation slowenischer Familien in deutsche Lager (→ »Generalplan Ost«). Aus dem Gailtal/Zilja wurden mehrere Familien deportiert. Die Deportierten stammten aus der (Alt-)Gemeinde Egg/Brdo, den Gemeinden Feistritz a.d. Gail/Ziljska Bistrica, Hohenthurn/Straja vas, Riegersdorf/Rikarja vas und Hart/Ločilo. Auch aus dem Faaker-See-Gebiet wurden zahlreiche Familien deportiert.

Bedeutende Gailtaler Slowenen. Der Pfarrer, Dichter, Sprachwissenschaftler und Volkskundler Urban → Jarnik wurde 1784 in Bach/Potok bei St. Stefan im Gailtal/Štefan na Zilji geboren. Im Jahr 1809 erblickte in Wittenig/Vitenče östlich des Pressegger Sees/Preseško jezero der Pfarrer, Herausgeber, Sprachwissenschafter und Volkskundler Matija → Majar – Ziljski das Licht der Welt. Matija Majar – Ziljski war Vertreter des → Panslawismus und trat für einen geeinten slowenischen Staat (→ *Zedinjena Slovenija*) ein. Der Reichsrats- und Landtagsabgeordnete Franc → Grafenauer, der 1860 in Brugg/Moste geboren wurde, war ein Vorkämpfer für die Gleichberechtigung der Kärntner Slowenen (→ Abgeordnete – ethnopolitische engagierte Slowenen). Der 1862 in Feistritz a. d. Gail/Bistrica na Zilji geborene Josef/Jožef → Kattnig/Katnik verfasste und setzte das bekannte Lied *Tam, kjer teče bistra Zila* [Dort, wo die klare Gail fließt]. In Maria Gail/Marija na Zilji erblickte 1873 der Rechtsprofessor, Dichter und Wegbereiter der slowenischen literarischen Moderne Fran → Eller das Licht der Welt. Ivan → Grafenauer, der später Sprachwissenschaftler, Literaturhistoriker und Ethnologe werden sollte, wurde 1880 in Micheldorf/Velika vas südlich von Hermagor/Šmohor geboren. Der Jurist Franc → Schaubach wurde 1881 in Draschitz/Drašče geboren. Er ging 1910 nach → Krain/Kranjska, da er wegen seiner proslowenischen Haltung in Kärnten/Koroška keine Anstellung bekam. Vinko → Möderndorfer, Lehrer und Volkskundler/Ethnograf, wurde 1894 in Dellach/Dole bei Egg/Brdo geboren. Im selben Jahr kam in Egg/Brdo der Komponist Anton → Jobst zur

SPD Zila

Buchcover, Mohorjeva

BERTRAND KOTNIK
Zgodovina hiš južne Koroške
Die Geschichte der Häuser in Südkärnten
12. knjiga | Band 12
Spodnja Zilja | Das Untere Gailtal

Welt. Im Jahre 1895 wurde in Mellweg/Melviče südlich des Pressegger Sees/Preseško jezero Julij → Felaher geboren. Felaher musste wegen seiner projugoslawischen Haltung nach der Volksabstimmung 1920 ins Königreich SHS fliehen, wo er später Vorsitzender des → *Klub koroških Slovencev* [Klubs der Kärntner Slowenen] in → Ljubljana wurde (→ Vertreibung 1920).

Quellen: M. Bartoloth, V. Miselj, L. Mletschnig; U. Sereinig: *Popotnik po Zilji* (unveröffentlichtes MS).

Lit.: ES; SEL. – Ante Beg: *Narodni kataster Koroške.* V Ljubljani, dne 2. julija 1910, 54 ff. (http://www.sistory.si/SISTORY:ID:27172); dr. Moravski [Valentin Rožič]: *Slovenski Korotan.* Celovec 1919; F. Kidrič: *Slovenische Protestanten aus dem Gailtale in der Lausitz?* In: V. Jagić: *Archiv für slavische Philologie* 37. Berlin 1920; A. Melik: *Slovenski alpski svet.* Ljubljana 1954; O. Sakrausky: *Geschichte einer protestantischen Gemeinde im gemischtsprachigen Südkärnten.* Klagenfurt 1960; S. Ilešič: *Pokrajinsko okolje na slovenskem Koroškem.* In: V. Klemenčič (Hg.): Koroška in koroški Slovenci, Zbornik poljudnoznanstvenih in leposlovnih spisov. Maribor 1971, 11–28; Z. Kumer: *Od Dolan do Šmohora.* Celje 1981; M. Zadnikar: *Po starih koroških cerkvah.* Celovec 1984; R. Vospernik [e.a.]: *Das slowenische Wort in Kärnten – Slovenska beseda na Koroškem, Schrifttum und Dichtung von den Anfängen bis zur Gegenwart – Pismenstvo in slovstvo od začetkov do danes.* Wien 1985; Z. Kumer: *Slovenske ljudske pesmi Koroške, 2. Ziljska dolina.* Ljubljana 1986; N. Golob: *Poslikani leseni stropi na Slovenskem do sredine 18. stoletja.* Ljubljana 1988; M. Makarovič: *Slovenska ljudska noša v besedi in podobi. Zv. 5, Zilja.* Ljubljana 1991; F. Rauter: *Kot zemljo orje Bog srce.* Klagenfurt/Celovec 1991; M. Bartoloth: *Pa Zila še vəsčəs šəmi. Die Gail rauscht noch ållweil.* Klagenfurt/Celovec 1992; H. Hartl [e.a.]: *Verbreitungsatlas der Farn- und Blütenpflanzen Kärntens,* Naturwissenschaftlicher Verein für Kärnten. Klagenfurt 1992; M. Matičetov: *Od koroškega gralva 1238 do rezijanskega krajaua 1986.* In: JiS 38 (1992/93); A. Oman: *Etnobotanica della Val Canale – con particolare riguardo ai fitonimi sloveni di Ugovizza, Valbruna, Camporosso e S. Leopoldo.* Cividale del Friuli 1992; F. Rauter: *V dolini pod Jepo.* Villach/Beljak 1993; H. Ložar-Podlogar: *V adventu snubiti – o pustu ženiti. Svatbene šege Ziljanov.* Celovec 1995; *Bergsturzlandschaft Schütt, Dokumentation und Naturführer,* Amt der Kärntner Landesregierung, Abt. 20 – Landesplanung/Naturschutz und Magistrat der Stadt Villach. Klagenfurt 1998; P. Wiesflecker: *Siedlungsentwicklung im Gailtal – eine Skizze.* In: 125 Jahre Gailregulierung. Wasserwirtschaft im Wandel der Zeit. Hermagor 2001, 21–27; P. Wiesflecker: *Feistritz an der Gail. Ein Dorf im Schnittpunkt dreier Kulturen.* Feistritz/Gail 2003; A. Oman: *Pa nàšam – primo libro di lettura per i bambini.* Malborghetto-Valbruna 2004; R. Dapit: *Ovčja vas in njena slovenska govorica – Valbruna e la sua parlata slovena.* Ugovizza/Ukve 2005; A. Zalta: *Protestantizem med koroškimi Slovenci.* In: M. Kerševan (Hg.): *Protestantizem, slovenska identiteta in združujoča se Evropa.* Ljubljana 2006; M. A. Fischer, K. Oswald, W. Adler: *Exkursionsflora für Österreich, Liechtenstein und Südtirol.* Land Oberösterreich, Biologiezentrum der OÖ Landesmuseen. Linz ³2008; B. Kotnik: *Zgodovina hiš južne Koroške = Die Geschichte der Häuser in Südkärnten, Spodnja Zilja = Das Untere Gailtal, 12. knjiga = Band 12.* Celovec 2008; T. Pronk: *The Slovene dialect of Egg and Potschach in the Gailtal, Austria.* Amsterdam/New York 2009; P. Wiesflecker: *Hohenthurn – Geschichte eines Lebensraumes und seiner Menschen.* Klagenfurt 2009; »*Identità e folklore nei costumi tradizionali dei tre confini«,* Museo Etnografico di Palazzo Veneziano di Malborghetto (Ausstellung). Malborghetto, Settembre 2010; P. Wiesflecker: *Zahomec – vas »za holmecem«. Pripombe k zgodovini kraja v Spodnji Zilji / Achomitz/Zahomec – Das Dorf »hinter dem Hügel«. Notizen zur Geschichte eines Untergailtaler Ortes.* In: KMD 2011. Klagenfurt/Celovec 2010, 88–94; *Črnjəva kapca (CD): pravljice v ziljskem narečju.* Ziljska Bistrica 2011; F. M. Dolinar: *Primus Truber und die slowenische Reformation im Rahmen des Kärntner Protestantismus.* In: Glaubwürdig bleiben – 500 Jahre protestantisches Abenteuer, Kärntner Landesausstellung Fresach 2011, Klagenfurt, 2011; R. Jannach: *Koroška in slovenski protestantizem.* In: *Novice,* 19. 8. 2011, Nr. 31; A. Oman: *Naša špraha – ziljsko narečje iz Ukev – dizionario zegliano di Ugovizza.* Ugovizza/Ukve 2011; B.-I. Schnabl: *Dvojezična ustava Koroške in deželni glavar Janez Nepomuk Šlojsnik*: In: KK 2012. Celovec [2011], 182–183; J. Turk: *Slovenski toponimi v Karnijskih Alpah med Ziljsko in Kanalsko dolino.* In: KK 2012. Celovec [2011], 140–149; M. Jamritsch: *Zum 70. Jahrestag der K-Aktion – Die Gailtaler Opfer.* In: *Car. I* (2012) 413–434; P. Wiesflecker: *»… hast halt doch noch die liebe Heimat …« – Die Aussiedlung slowenischer Familien aus den Gemeinden Feistritz an der Gail und Hohenthurn.* In: *Car. I* (2012) 435–470; B. Gitschtaler, D. Jamritsch: *Das Gailtal unterm Hakenkreuz – Über Elemente nationalsozialistischer Herrschaft im Gailtal.* Hermagor 2013; P. Wiesflecker: *Mit in arhetip o koncu sveta. Podor Dobrača leta 1348 v kolektivnem spominu v Spodni Ziljski dolini / The myth and the archetype oft the end of the world – the rockslide of Dobratsch in 1348 and its position in within the collective memory of the Gailtal.* In: ČZN 84/4 (2013), 5–27; P. Wiesflecker: *»V Planjah«, Delo in vsakdanjik na spodnjeziljskih gorskih travnikih.* In: KMD 2014. Klagenfurt/Celovec [e.a.] 2013, 58–65; E. Gašperšič [e. a.] (Hg.): *Dr be Zila kna biva: ljudske pesmi z Zilje iz zapuščine Lajka Milisavljeviča.* Celovec [e. a.] 2014; P. Wiesflecker: *Cesar na deželi, Praznovanja v čast cesarja in njegovi obiski v Spodnji Ziljski dolini.* In: KMD 2015. Celovec 2014, 63–70; J. Zerzer: *Po koroških poteh, kulturno-zgodovinski turistični vodič.* Celovec 2014; M. Bartoloth: *Zilšča pušəlč – Pesmi s spodnje Zilje – Gedichte aus dem Unteren Gailtal.* Hg. SNI/SVI Urban Jarnik. Klagenfurt/Celovec [e. a.] 2015; M. Ravnik: *»Na žegen!« Žegnanje in

drugi prazniki z rekruti v Ukvah v Kanalski dolini. Ljubljana 2015; B. Gitschtaler (Hg.): *Ausgelöschte Namen, Die Opfer des Nationalsozialismus im und aus dem Gailtal*. Salzburg 2015.
Web: JiS: www.ff.uni-lj.si/publikacije/jis/lat1/038/55c01.htm; SKD Jepa-Baško jezero: www.jepa.at; SPD Zila (Facebook): www.facebook.com/pages/SPD-Zila/110747568957766; SV Achomitz: www.achomitz-zahomc.at; Kataster: www.kagis.gv.at; www.erinnern-gailtal.at; Nachruf auf Adolf Fertala: www.kaernterwindische.com/chronik/ (31. 5. 2013).

Reinhold Jannach

Gailtaler Dialekt, slow. *ziljsko narečje*. Der G. D. wird im (Unteren) → Gailtal/(Spodnja) Ziljska dolina in Österreich, im → Val Canale/Kanaltal/Kanalska dolina in Italien sowie in der Zgornjesavska dolina (Oberes Save-Tal) bis zur Einmündung des Baches Belca in Slowenien gesprochen. Aus der Gailtaler slowenischen Dialektgrundlage entwickelte sich auch der slowenische → Dialekt im Val Resia/Rezija (Resia-Tal) und im Valle Uccea/Učja (Uccea-Tal) in Italien, wo sich nach dem 14. Jh. der → resianische Dialekt (*rezijansko narečje* oder *rezijanščina*) als eigenständiger Dialekt herausbildete. Die südwestliche und nördliche Dialektgrenze bildet gleichzeitig die Sprachgrenze hin zum Friulanischen bzw. zum Italienischen sowie zum Deutschen, während der G. D. im Süden vom slowenischen → Dialekt des Soča-Tales (Isonzo) durch Bergrücken der Julischen Alpen (Julijske Alpe) getrennt wird. Im Nordosten bildet ein breiter Streifen von Übergangsmundarten die Grenze hin zum → Rosentaler Dialekt (*rožansko narečje*), wobei sich Rosentaler Elemente bereits ab der Gailitz/Ziljica westlich von → Arnoldstein/Podkloster nachweisen lassen. Aufgrund von Ergebnissen neuester Studien wurde die Grenze zwischen dem G. D. und dem Rosentaler Dialekt zwischen Finkenstein/Bekštanj und dem Faaker See/Baško jezero bestimmt. Im Südosten bildete sich an der Grenze zum slowenischen Dialekt der Gorenjska (Oberkrain) – der *gorenjščina* – die Übergangsmundart von Kranjska Gora (*kranjskogorski govor*).

Ebenso wie die anderen slowenischen Dialekte der Kärntner → Dialektgruppe hat auch der G. D. folgende Merkmale: a) eine späte Verlängerung des verkürzten alten sowie des neuen kurzen Akuts in nichtletzten Silben (doppelter Reflex des urslawischen *ě*, *e*, *o* – *mlíəko* ›mleko‹ [Milch], *bəsîəu̯* ›vesel‹ [glücklich] – *stréxa* ›streha‹ [Dach], *sẹ́dn̥* ›sedem‹ [sieben]; *rûəg* ›rog‹ [Horn]: *ọ́la* ›volja‹ [Wille]); b) vornehmlich weite Reflexe für die urslawischen Nasale *ę̇*, *ǫ* und *ə* in langen Silben (*pêst* ›pest‹ [Faust], *môš* ›mož‹ [(Ehe-)Mann]; *dên* ›dan‹ [Tag], *wês* ›vas‹ [Dorf]); c) das sog. švapanje (Übergang von urslawischem ł > w) (*débwo* ›deblo‹ [Stamm], *smọ́wa* ›smola‹ [Pech]) und die damit verbundenen Assimilationserscheinungen (*ûč* ›luč‹ [Licht], *ûpi* ›lušči‹ [schälen]); d) den Erhalt der einstigen Lautgruppe črě-/žrě- (*črẹ́wo* ›črevo‹ [Darm], *zrẹ́be* ›žrebe‹ [Fohlen]); e) die Zehnerzahlwortbildung von 40 bis 90 mit dem Morphem -*rẹd* (*dẹbàtrêd* ›devetdeset‹ [neunzig]); f) zahlreiche Sprachkontaktphänomene (wie → Lehnwörter – z. B. *štóm* ›deblo‹ [Stamm], *pọ́ŋgart* ›vrt‹ [Garten], *krágən* ›vrat‹ [<Kragen]; entlehnte Wortbildungselemente – z. B. die deutschen Präfixe * *zu-* – etwa *cmáwo* ›premalo‹ [< zu wenig], *cózək* ›preozek‹ [< zu eng] und Partikelverben – etwa *šíwa kə̀p* ›sešije‹ [< er näht zusammen], *wə̀n rẹ́zatẹ* ›izrezati‹ [< ausschneiden]); g) Archaismen auf verschiedenen Sprachebenen, z. B. im Bereich der Phonetik (Spuren der zweiten urslawischen Palatalisierung – Lokativ Singular *w róce* ›v roki‹ [in der Hand], Dativ, Lokativ Singular *nọ́ze* ›nogi‹ [Fuß], Lokativ Singular *w krûse* ›v kruhu‹ [im Brot] sowie j) der Morphologie (Formen mit erhaltenem kontinuaten -*ě* im Lokativ Singular Maskulinum und Neutrum und im Dativ, Lokativ Singular Feminin – *na póte* ›na poti‹ [am Weg], *na mlíəce* ›na mleku‹ [auf der Milch], *g gníbe* ›na njivo‹ [auf das Feld], *péte* ›peta‹ [Ferse] – sowie in der bestimmten Form des Adjektiv im Nominativ Neutrum – *jâre žíto* [Sommergetreide] sowie der Lexik (*sôk* ›grča‹ [Astloch], *pâznaxt* ›parkelj‹ [Klaue], *te bîəle̩ drûəb* ›pljuča‹ [Lunge], *te čə̂rne̩ drûəb* ›jetra‹ [Leber]).

Das Areal der dialektalen Eigenheiten, die man für gewöhnlich als Differenzierungsmerkmal dem G. D. zuschreibt, haben ihren Mittelpunkt im nordwestlichen Dialektgebiet des G. D., der auch am meisten erforscht ist (so der Übergang Vokale in vortoniger Stellung in *ə*; der Schwund des *w* in intervokalischer Stellung (← *ł*, *u̯*) und des *j* zwischen zwei nicht vorderen Vokalen (*kráa* ›krava‹ [Kuh], *déatẹ* ›delati‹ [arbeiten], *kọ́o* ›kolo‹ [Rad]; *prêa* ›preja‹ [spinnen]) sowie die Ausfüllung des Hiatus mit den Konsonanten *j* und *w* (*nəsîja* ›nosila‹ [sie hat getragen], *zéja* ›vzela‹ [sie hat genommen], *čéjo* ›čelo‹ [Stirn]; *drúwe* ›druge‹ [die anderen] (Nominativ Plural feminin), der Übergang *v* vor vorderen Vokalen in *b*/*ḅ* (*bídle* ›vile‹ [(Heu-)Gabel]); die Assimilation *gt* > *ft* (*nôft* ›noht‹ [Fingernagel]); die Metathese *pu̯ítẹ* ›vpiti‹ [schreien], *mu̯ítẹ* ›umiti‹ [waschen], *mwə̂sto* ›v mesto‹ [in die Stadt]). Auch nimmt von West nach Ost die Anzahl der Lexeme mit erhaltener Konsonantengruppe *tl/dl* (*kríduo* [Flügel], *pu̯ačíduo* [Zahlung]) ab, so wie auch das Verbalpräfix *vy-* (*bədríati* ›izdreti‹ [herausziehen], *bəgnáti* ›izgnati‹ [vertreiben], *bəžéti* ›izžeti‹

Potoče

Audio posnetek v ziljskem narečju

Je komaj nuəč stariva se

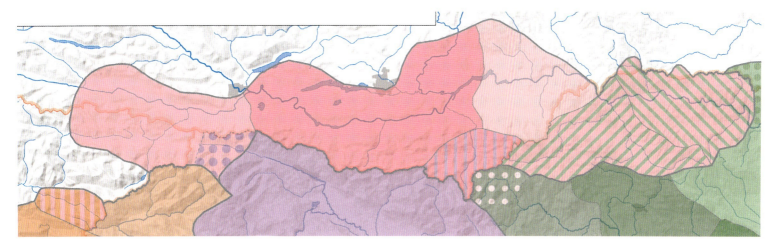

 Gailtaler Dialekt,

 Mundart von Kranjska Gora,

 Resianischer Dialekt,

nach Tine Logar, Jakob Rigler, Vera Smole, Jožica Škofič, 2011

[auswringen], *bíwažej* ›pomlad‹ [Frühling] und die Häufigkeit der Rhinesmus (*lènča* ›leča‹ [Linse], *srènča* ›sreča‹ [Glück], *òbranč* ›obroč‹ [Ring/Reifen]). Neben den archaischen Elementen ist für den westlichen G. D. die größere Anzahl von Germanismen und Romanismen auf allen Sprachebenen charakteristisch bzw. deren jeweiligen Einflüsse.

Intonationsoppositionen in langen Silben sind im Zentralgailtalerischen erhalten und werden als Opposition zwischen dem hohen (zirkumflektierten) und dem niedrigen (akutierten) Ton realisiert; bei Akut in der nichtletzten Silbe ist der tonale Höhepunkt auf der ersten oder der zweiten folgenden Silbe. Wegen der typischen gailtalerischen Kürzung der Vokale vor Konsonantenverbindungen hat das nordwestliche Gailtalerische auch eine Intonationsopposition in den kurzen Silben. Für die dialektalen Randbereiche (z. B. Val Canale/Kanaltal/Kanalska dolina, → Maria Gail/Marija na Zilji) ist die Instabilität der Wortintonationen charakteristisch. Im Kernbereich des Dialektes kam es zur regressiven Akzentverschiebung von einer kurzbetonten Endsilbe (z. B. in Potschach/Potoče: *sjèstra* ›sestra‹ [Schwester], *pwòtak* ›potok‹ [Bach], *mòγwa* ›megla‹ [Nebel]) und von der zirkumflektierten Länge (*sẹ́no* ›seno‹ [Heu], *méso* ›meso‹ [Fleisch], *ọ́ko* ›oko‹ [Auge]). Die Reflexe der sekundär betonten Vokale *e* und *o* in den einzelnen Mundarten deuten darauf hin, dass die Verschiebung zeitlich unterschiedlich erfolgte (*iè – é – ẹ́; u̯ò – ó – ọ́*). Die Dehnung des Akuts bei oxitonierten Verben des Typs *nesẹ́* [er trägt] stellt eine Verbindung des G. D. zum Dialekt des Prekmurje (der *prekmurščina*) her (so etwa in Egg/Brdo: *nəsẹ́* ›nese‹ [er trägt], *pačẹ́* ›peče‹ [er brät], *gərbẹ́* ›grebe‹ [er scharrt]).

Für den gesamten Dialektbereich gilt ein mehr oder weniger einheitliches monophthongisch-diphthongisches System langer Vokale (*i – iə – ẹ – e – a – o – ọ – uə – u*) mit einem zusätzlichen Paar von Diphthongen *i̯e – u̯o* in den nordwestlichen Mundarten. Für die Mundart von Kranjska Gora ist das monophthongische System der langen Vokale mit den erhaltenen breiten *e*- und *o*-Reflexen für die nasalen ę und ǫ charakteristisch. Die Systeme der kurzen und unbetonten Vokale unterscheiden sich voneinander durch den unterschiedlichen Zusammenfall der urslawischen Ausgangsvokale (vergleiche auslautendes -*i*, -*u*: Egg/Brdo, Vorderberg/Blače, Ugovizza/Uggowitz/Ukve, Kranjska Gora: *znátę* ›znati‹ [können]: *sínọ* ›sin‹ [dem Sohn] (Dativ Singular) – Förolach/Borlje, Feistriz an der Gail/Ziljska Bistrica, Arnoldstein/Podklošter, Riegersdorf/Rikarja vas: *znátə* [können] – *sínə* [dem Sohn]). Während sich im nordwestlichen G. D. die Entwicklungen der Vokale jeweils vor und nach der Betonung voneinander unterscheiden (Vokale vor der Betonung werden meist zu ə, in Positionen nach der Betonung kommt es hingegen zum sog. Akanje [e, o > a]), ist für die südöstlichen Gailtaler Mundarten sowie für die Mundarten des Val Canale/Kanaltal/Kanalska dolina und für Rateče das sogenannte reine Akanje charakteristisch.

Den Gailtaler Konsonantismus betreffend ist die Spirantisierung von *b, d, g* erwähnenswert, vor allem bei einer intervokalischen Position und im absoluten Auslaut (*jərəƀíca* ›jerebica‹ [Rebhuhn], *jágńe* ›jagnje‹ [Lamm], *jẹ́đọ* ›jelka‹ [Tanne], *grûəzđ* ›grozd‹ [Traube]). Zu erwähnen ist auch der Erhalt der stimmhaften Nichtsonanten vor einer Pause (*kûəs* ›kos‹ [Amsel]: *kúəz* ›koz‹ [Genitiv Plural] [der Ziegen]) sowie die slowenische dialektale Palatalisierung *k, g, h > č, j, š* (*blíči* ›veliki‹ [der Große], *péje* ›pege‹, *gúši* ›gluhi‹ [der Taube] [Nominativ Plural, Maskulinum]). Das *l'* ist (im Gegensatz zu anderen Kärntner slowenischen Mundarten) in den archaischen Mundarten des Kanaltals und der Zgornjesavska dolina erhalten, das *ń* im ganzen Gebiet. Eine Besonderheit des Zentralraumes des G. D. im Rahmen der Kärntner Dialektgruppe ist der Erhalt der Konsonantenverbindung *šč* (*nə tə̀šče* ›na tešče‹ [nüchtern/auf nüchternen Magen]). Während die Sprecher des slowenischen Rosentaler und Jauntaler Dialektes das »r«, wie die meisten Sprecher des Deutschen, als Reibelaut (Frikativ) artikulieren, ist, besonders für ältere Sprecher des Gailtaler Dialektes, das sog. »Gailtaler-r« charakteristisch. Das »Gailtaler-r« kommt als »Zungenspitzen-r« der slowenischen Standardaussprache sehr nahe (Quelle: R. Jannach).

Die auffälligsten Besonderheiten in der Morphologie des G. D. sind der mehrheitliche Erhalt des Dual (Zweizahl) und die Kategorie des Neutrums im Singular. Auf dem Präsens-Suffix betonte Verben haben in der 2. und 3. Person Dual und in der 2. Person Plural im Zentralgailtaler Dialekt die Endung *-sta/-ste* (*ļtíste* ›letite‹ [ihr (zwei) lauft]). Die Präsens-Endung *-ó* für die 3. Person Plural ist in analoger Weise auch bei jenen Verba verbreitet, bei denen man ein *-é* erwarten würde (*žbó* ›živijo‹ [sie leben]). Eine Besonderheit des G. D., und hierbei vor allem seiner nordwestlichen Mundarten, ist das Konditional in der Vergangenheit, das aus dem einstigen Aorist entstanden ist (*bẹ́sņ, bẹ́sẹ, bẹ́* …): *bẹ́sņ vẹ́du, bẹ́sņ šù* ›če bi (bil) vedel, bi šel‹ [wenn ich gewusst hätte, wäre ich gegangen]. Bei der Wortbildung findet man neben dem bestehenden Präfix *vy-* noch recht häufig männliche Substantivbildungen mit dem Suffix *-(i)č* (*klúčəč* ›ključek‹ [kleiner Schlüssel], *kùpčəč* ›kupček‹ [kleiner Haufen], *pìskərč* ›lonček‹ [kleiner Topf]).

Die Einteilung des G. D. in Mundarten ist noch nicht endgültig. Üblicherweise spricht man neben dem Zentralgailtaler Dialekt noch von der Mundart des Val Canale/Kanaltal/Kanalska dolina und Rateče sowie von der Übergangsmundart von Kranjska Gora. Den Gailtaler Zentralraum teilt Ivan → GRAFENAUER in vier Mundarten ein (die Feistritzer Gruppe [Pfarren Göriach/Gorje und Feistritz/Bistrica]), die St. Stefaner Gruppe [Pfarren Saak/Čače, St. Georgen im Gailtal/Šentjurij, St. Paul im Gailtal/Šentpavel, St. Stefan an der Gail/Štefan und Förolach/Borlje], die Vorderberger Gruppe [Pfarre Vorderberg/Blače] sowie die Pfarren Mellweg/Melviče und Egg/Brdo), während Viktor PAULSEN (→ »Entethnisierung«) sechs Mundarten identifiziert (die Egg-Görtschacher Mundart [slow. *brško-goriški govor*], die Mundart der *pənəgórcə* (Ponagorci) in den Gemeinden Nötsch im Gailtal/Čajna und St. Stefan im Gailtal/Štefan na Zilji, die Saaker Mundart [slow. *čaški govor*], die Vorderberger Mundart [slow. *blaški govor*], die Feistritzer Mundart [slow. *bistriški govor*] sowie die Radendorfer Mundart [slow. *radniški govor*]).

Ähnlich wie die anderen Kärntner slowenischen Dialekte wurde auch der G. D. erstmals in den Arbeiten von Izmail I. → SREZNEVSKIJ (1841) und von Urban → JARNIK (1842) dargestellt, während die handschriftliche Abhandlung zum G. D. von Vatroslav → OBLAK als verschollen gilt. Der Autor der ersten umfassenden Abhandlung zum G. D. ist Ivan → GRAFENAUER, ihm folgten Fran → RAMOVŠ und Victor PAULSEN. Tine LOGAR steuerte Abhandlungen über die Mundarten von Potschach/Potoče, Uggovizza/Uggowitz/Ukve, Rateče und Kranjska Gora bei, Karmen KENDA-JEŽ und Peter JURGEC veröffentlichten eine Analyse zur Lautlehre von Valbrunna/Wolfsbach/Ovčja vas. In einer Monographie widmete sich T. PRONK den Mundarten von Egg/Brdo und Potschach/Potoče sowie G. NEWEKLOWSKY der Mundart von Feistritz an der Gail/Ziljska Bistrica.

Archive: ISJ FR ZRC SAZU.
Quellen: I. Grafenauer: T001 Brdo/Egg, 1958; T002 Borlje/Förolach, 1961; T003 Blače/Vorderberg, 1958, T004 Ziljska Bistrica/Feistritz an der Gail, 1960; T006 Podkloštr/Arnoldstein, 1960; T007 Rikarja vas/Riegersdorf, 1959 (Archivmaterial des SLA, beim ISJ FR ZRC SAZU); *Thesaurus der slowenischen Volkssprache in Kärnten*, ÖAW, Band 1 (A–B, 1982), Band 2 (C–dn, 1987), Band 3 (do–F, 1992), Band 4 (G–H, 1994), Band 5 (I–ka, 2007), Band 6 (kd–kv, 2009), Band 7 (L–mi, 2012); *Schlüssel zum Thesaurus der slowenischen Volkssprache in Kärnten* (1982).

Lit.: I. Grafenauer: *Zum Accente im Gailthaler Dialekte*. In: AslPh (1905) 195–228; V. Paulsen: *Lautlehre des slowenischen Gailtaler Dialektes in Kärnten*. (Phil. Diss.) Wien 1935; F. Ramovš: *Historična gramatika slovenskega jezika. VII. Dialekti*. Ljubljana 1935; T. Logar: *Dialektološke študije I: Dialektična podoba zgornje savske doline*. In: SR 5–7 (1954) 166–167; *Vokalizem in akcent govora Potoč v Ziljski dolini*. In: Zbornik za filologiju i lingvistiku (1968), 137–143; *Dialektološke študije XV: Govor Slovencev Kanalske doline v Italiji*. In: SR 19 (1971), 113–150; G. Neweklowsky: *Slowenische Akzentstudien: Akustische und linguistische Untersuchungen am Material slowenischer Mundarten aus Kärnten*, Wien 1973; S. Hafner u. E. Prunč: *Lexikalische Inventarisierung der slowenischen Volkssprache in Kärnten* (= Slowenistische Forschungsberichte 1). Graz 1980; *Potoče (Potschach; OLA 146)*. In: *Fonološki opisi srpskohrvatskih/hrvatskosrpskih, slovenačkih i makedonskih govora obuhvaćenih opšteslovenskim lingvističkim atlasom*, Sarajevo 1981 [und Archivmaterial OLA, beim ISJ FR ZRC SAZU]; H. Lausegger: *Značilnosti slovenskega govora pri Mariji na Zilji*. In: Zbornik razprav iz slovanskega jezikoslovja: Tinetu Logarju ob sedemdesetletnici, Ljubljana 1989; L. Karničar: *Aktualnost slovenskih narečij na Koroškem in tipologizacija izoleks*. In: Logarjev zbornik, Zora 8 (Maribor 1999) 204–213; P. Jurgec: *Fonetični opis govora Ovčje vasi*, K. Kenda-Jež: *Fonološki opis govora Ovčje vasi*. In: Ovčja vas in

Gailtaler Tracht/*ziljska noša*, SEM

njena slovenska govorica = Valbruna e la sua parlata slovena. Ukve – Ljubljana 2005, 60–70, 85–104; M. Bayer: *Sprachkontakt deutsch-slavisch: Eine kontrastive Interferenzstudie am Beispiel des Ober- und Niedersorbischen, Kärntnerslowenischen und Burgernlandkroatischen*: Frankfurt am Main [e.a.] 2006; L. Karničar: *Iz koroške poljedelske leksike*. In: Diahronija in sinhronija v dialektoloških raziskavah, *Zora* 41 (Maribor 2006) 320–327; L. Karničar: *Diatopische Synonyme für die Kartoffel in den Kärntner slowenischen Dialekten*. In: Kritik und Phrase, Festschrift für Wolfgang Eismann zum 65. Geburtstag. Wien 2007, 553–565; T. Pronk: *The Slovene Dialect of Egg and Potschach in the Gailtal, Austria*. Amsterdam, New York 2009; G. Neweklowsky: *Der Gailtaler slowenische Dialekt, Feistritz an der Gail/Bistrica na Zilji und Hohenthurn/Straja vas*. Klagenfurt/Celovec 2013; G. Neweklowsky: *Deutsche Lehnwörter im slowenischen Dialekt von Feistritz an der Gail/Bistrica na Zilji*. In: A. Leben, M. Orožen, E. Prunč, Beiträge zur interdisziplinären Slowenistik, Festschrift für Ludvik Karničar. Graz 2014, 173–182.

Karmen Kenda-Jež; Üb.: Bojan-Ilija Schnabl, Peter Weiss, Reinhold Jannach

TV Beitrag Servus Österreich, 2014

Gailtaler Tracht, slow. standardsprachlich *ziljska noša*, eine besondere Festtagskleidung der Slowenen im Unteren → Gailtal/Spodnja Ziljska dolina, die im heimischen Umfeld bei Festtagen wie → Kirchtagen oder beim Lindentanz (→ *Prvi rej*) anlässlich des → Kufenstechens/ *štehvanje* oder aber außerhalb der lokalen Gemeinschaft zur Darstellung eines der herausragendsten Merkmale des slowenischen Gailtaler → Brauchtums getragen wird. Die traditionelle Gailtaler Frauenfesttracht wird ortsüblich auch *svabencla* (slowenische Tracht), *zlanka* (Gailtaler Tracht) oder *ras* genannt (Piko-Rustia) oder auch *svenšča gvant* [slowenisches Gewand].

Die G. T. als typisierte → Bekleidung zur Manifestation der slowenischen Identität begann sich, den ältesten bekannten → Quellen nach zu schließen, zumindest seit der Mitte des 18. Jh.s herauszubilden, In diesen Quellen werden die Besonderheiten der Bekleidung der slowenischen Gailtaler oder Gailtaler Slowenen, vor allem der Frauen, hervorgehoben, wobei vor allem im Vergleich zur Bekleidung der deutschen Frauen die relativ kurzen Röcke und einige weitere Elemente hervorstechen. Die Betonung der Besonderheiten dieser Kleidung findet sich in der Folge auch im 19. und im 20. Jh., als sich die typisierte Gestalt der Gailtaler Frauentracht herausbildete. Diese charakterisieren ein besonderer Schnitt, die Verarbeitung und der Erhalt der Tracht. Die Tracht der slowenischen Gailtalerinnen setzt sich zusammen aus der Bluse *(vajšpat, valšpat, olšpat, rokavǝ)* mit einem besonderen, sorgfältig hergerichteten Faltkragen *(krǝjžǝl)*, der den Rücken ziert. Hinzu kommen die Unterhose *(hvače)*, die bis unters Knie reicht, darüber der enge Unterrock (Anstandsrock) *(rajuc, rajovc)* und der weite Unterrock *(untǝrfat)*, die in der Regel unten stärker gekräuselt sind als oben. Der *rajuv* oder *rajovc* [eigentlich slow. »der Tänzer«] soll beim Tanz die im Schritt offene Unterhose bedecken, daher auch seine slowenische Dialektbezeichnung. Ältere Formen waren kürzer als der Rock, bei jüngeren Trachten ist der Unterrock etwas länger und reicht sichtbar über den Rock hinaus. Hinzu kommt ein Hüftröckchen *(hanzič)* zur Betonung der Hüften. Die hohen, weißen gestrickten Noppenstrümpfe *(štumfǝ, popacǝ)* mit Fußteil werden um das Knie herum mit Strumpfbändern *(pantǝlnǝ)* befestigt, darunter werden zusätzlich Wadenstrümpfe *(štendrafǝ)* getragen, die die Haut bedecken und die Waden formen und betonen (Piko). Die hohen bis zu den Wadenansätzen reichenden Schuhe *(čriǝvlǝ)* werden mit kunstvoll verarbeiteten und mit Zierstickerei versehenen Schuhbändern oder Riemen zusammengebunden *(čriǝvlǝ na pantǝlne)*. Über der Unterwäsche wird ein kurzer, kaum über das Knie reichender Rock getragen, der reich gefältelt und wiederum in Röhrlfalten gelegt *(v rorče djano)* ist. Für gewöhnlich ist der kurze Rock vorne gespreizt und mit dem Oberkleid (Trägerkleid) *(ras bzw. čikwa na njedǝrc)* vernäht, was die Form der Gailtaler Frauentracht ganz besonders kennzeichnet. Zur Festtagstracht gehört auch eine Schürze *(burtah, birtah, birtǝh)*, die für gewöhnlich ebenso plissiert ist bzw. war wie der Rock. Diese Schürze wird zusammen mit dem unumgänglichen und aufwendig mit Gänse- oder Pfauenkiel in verschiedenen Ziermustern verarbeiteten Gürtel getragen. Rechts oder links hängen bis zum Rockende

Gailtaler Tracht

Gailtaler Tracht/*ziljska noša*,
Archiv Sonja Welsh-Millonig

Gailtaler Tracht/*ziljska noša*

ein ebenfalls mit Kielen bestickter Gürtel *(pas)* und verschiedenfarbige Bänder *(žvotə)*, die am Gürtel befestigt sind. An der Taille wird ein zum Dreieck gefaltetes Brusttuch *(canetəl, facnetəl, pəcənetəl)* angelegt und am Rücken geknotet. Die Dreieckspitze mit schönen Fransen wird nach oben angelegt und unter dem Halsausschnitt mit einer schönen Brosche an der Bluse befestigt. Der Kopf wurde mit einem *pintl* bedeckt, der eine Variation der Haube darstellt. In jüngerer Zeit wird ein Kopftuch als Kopfbedeckung getragen, das, zum Dreieck gefaltet, ebenfalls hinten unter dem darüberliegenden freien Tuch keck verknotet wird. Diese Tücher sind bunt, mit Blumenmuster verziert oder kariert *(židovc)*.

Die slowenische Gailtaler Männertracht *(moška ziljska noša)* weist weniger Besonderheiten als die Frauentracht auf und ist verwandt mit zahlreichen Varianten im gesamten alpenländischen Bekleidungsraum. Die Tracht setzt sich zusammen aus kniehohen Stiefeln, einer krachledernen, bis übers Knie reichenden Hose *(jirhaste hvače)*, einem weißen Hemd *(srejšča)* mit breiten Ärmeln, einer hohen geknöpften Weste *(pruštah)* und einem Halstuch *(židovc)*, das unter der Weste geknüpft ist. In jüngeren Formen wird das Tuch auch über der Weste geknüpft. Hinzu kommt eine Zipfelmütze *(cipfla, žlajfica, smrtnica)* und darüber ein Hut *(kvobək)*.

Auf die Besonderheiten der Gailtaler Tracht macht ein Patent aus dem Jahr 1755 aufmerksam, das das Tragen der für damalige Verhältnisse zu kurzen Röcke zu unterbinden suchte, was jedoch nicht gelang. Wahrscheinlich kam es gerade wegen der kaiserlichen Ermahnungen dazu, dass die Kürze der Röcke bis heute eine Besonderheit geblieben ist, mit der man die slowenische Bekleidungstradition der Gailtalerinnen von jener anderer Gebiete in Kärnten/Koroška unterscheiden kann, wobei diese eine immer weiteren Anklang findet (→ Inkulturation). Im Jahr 1867 sandte der damalige Pfarrer von Göriach/Gorje und Vertreter der slowenischen politischen und kulturellen Emanzipationsbewegung Matija → MAJAR ein Ensemble von zwei Gailta-

Gailtaler Tracht aus der russischen Sammlung, ausgestellt in Brüssel/Bruxelles/Brussels im Rahmen des EU-Vorsitzes Sloweniens 2008, Foto Martina Piko-Rustia

ler Frauentrachten und vier Männertrachten nach → Moskau zur ethnografischen Ausstellung *Slavjanski mir* [Slawische Welt] und präsentierte sie in Form einer szenischen Darstellung und erreichte damit ein großes Aufsehen (→ Panslawismus).

Abgesehen von den typisierten Festtagstrachten der slowenischen Gailtaler Frauen und Männer unterschied sich das Alltagsgewand wenig von jenem anderswo im Alpenraum und in der Zeit der Vereinheitlichung der Bekleidungsmode ab der zweiten Hälfte des 19. Jh.s von jenem anderswo in Europa. Die Gailtaler trugen im 19. und in der ersten Hälfte des 20. Jh.s Pelz, Jacke, Spenzer *(špencer)*, Umhang, Mantel, Anzug, Holzschuhe, Gilet, Gürtel *(opasica)*, Hosenträger, Sakko usw., was von zahlreichen Faktoren abhängig war, die die Bekleidung von Menschen gewisser Gesellschaftsschichten in gewissen Orten und in gewissen Epochen bestimmte.

Lit.: M. Ložar: *Slovenska ljudska noša*. In: Narodopisje Slovencev II. Ljubljana 1952; M. Makarovič: *Slovenska ljudska noša v besedi in podobi: Zilja: Peti zvezek* (Zveza kulturnih organizacije Slovenije). Ljubljana 1991; T. Domej: *Wie die Unterwäsche der Gailtaler Tracht nach Sankt Petersburg kam*. In: Dessous. Eine Kulturgeschichte hautnah, Begleitheft zur gleichnamigen Sonderausstellung im Landesmuseum Kärnten – Rudolfinum. Klagenfurt 2012, 23–24; M Piko-Rustija: *Unterwäsche der traditionellen Frauenfesttracht aus dem Gailtal*. In: Dessous. Eine Kulturgeschichte hautnah, Begleitheft zur gleichnamigen Sonderausstellung im Landesmuseum Kärnten – Rudolfinum. Klagenfurt 2012, 25–27.

Bojan Knific; Üb.: Bojan-Ilija Schnabl

Gaj, Ljudevit (* 8. Ljudevit 1809 Krapina [Kroatien], † 20. April 1872 Zagreb) Anführer der Illyrischen Bewegung.

Geboren in einer Apothekerfamilie, in der Deutsch gesprochen wurde, besuchte G. das Gymnasium in Varaždin und Karlovac, studierte danach an den Universitäten von Wien, Graz und Pest. In Graz war er Mitglied des »Illyrischen Klubs«, dessen Vorsitz der Serbe M. Baltić innehatte. Dieser lehrte G. das Štokavische und die Kyrillica und las mit ihm Lieder von Vuk Karađić. Noch in Graz freundete G. sich mit dem Kroaten D. Demeter und den Slowenen S. Kočevar und A. → Murko an. In Pest knüpfte er Kontakte zu

Slowaken, Tschechen, Serben und schloss Freundschaft mit Jan Kollar, der ihm Tschechisch beibrachte. Über Kollar erfuhr G. von P. J. → Šafařík, den er während seines Pragbesuches 1833 persönlich kennenlernen sollte.

1830 publizierte G. in Buda sein Buch *Kratka osnova horvatsko-slavenskoga pravopisanja* [Kurze Einführung in die kroatisch-slawische Rechtschreibung], in dem er den Kroaten die Annahme der tschechischen Rechtschreibung nahelegte (→ Hus, Jan). Dieses Werk war zudem durchdrungen von der Idee der ethnischen Verwandtschaft, der kulturellen und sprachlichen Nähe sowie der Einheit der historischen Schicksale der slawischen Völker. G. brachte die Hoffnung zum Ausdruck, dass auch die slowenische Orthografie nach dem Muster der tschechischen verändert werden würde, denn nur durch die Annahme eines einheitlichen Alphabets könnten die zahlreichen Dialekte der Slawen in die vier slawischen Hauptdialekte zusammenfließen. Zu jener Zeit war G. überzeugt, dass die Slowenen in Vorzeiten Kroaten gewesen wären. Nach ihm ist die in der Folge insbesondere von den Kroaten und Slowenen verwendete → Schrift **Gajica** benannt.

Nach seiner Ankunft in Zagreb Ende 1831 wurde G. zum politischen Anführer der kroatischen Patrioten. Unter aktiver Unterstützung J. → Draškovićs gelang es ihm, die Genehmigung zur Herausgabe der Zeitung *Novine Horvatzke* (*Novine*) samt Literaturbeilage *Danicza Horvatzka, Slavonzka i Dalmatinzka* (*Danica*) zu erhalten. Die Zeitung samt Beilage erschien ab Jänner 1837; daran beteiligten sich nicht nur kroatische Patrioten, sondern auch Anhänger der → Illyrischen Bewegung aus anderen slawischen Ländern. 1835 publizierte G. einige Artikel in der *Danica*. Er stellte darin die Behauptung auf, dass das 80 Millionen starke slawische Volk, das flächenmäßig die Hälfte Europas und ein Drittel Asiens einnehme, sich in zwei Zweige teile: den illyro-russischen und den tschechisch-polnischen. Der illyro-russische wiederum teile sich in den illyrischen und den russischen. Zum illyrischen Zweig gehörten Kroatien, Slawonien, Dalmatien, Südungarn, die Untersteiermark/Spodnja Štajerska, → Krain/Kranjska, Kärnten/Koroška, Istrien/Istra, Bosnien, Herzegowina, Montenegro, Dubrovnik, Serbien und Bulgarien. Gemeinsam bildeten sie Großillyrien – ein großes Volk, das schon seit einigen Tausend Jahren bestehe. G. wies darauf hin, dass »die Muttersprache das festeste Bindegewebe der Einheit und die stärkste Stütze der nationalen Souveränität« sei. Unter Berufung auf das Beispiel der Deutschen und der Italiener rief er alle Illyrer (Südslawen) dazu auf, eine einheitliche Literatursprache zu schaffen. Den gebildeten Slawen empfahl er das Studium sowohl der lateinischen als auch der kyrillischen → Schrift. Er trat vehement gegen jegliche Intoleranz in religiösen Fragen auf.

Ab Ende der 30er-Jahre beteiligte sich G. aktiv am politischen Kampf. Während seines Berlin-Aufenthalts 1838 übersandte er über den russischen Polizeichef Benckendorff ein Memorandum an den russischen Zaren Nikolaj I. Darin schlug er die Organisation eines Aufstandes in Bosnien und Herzegowina vor. Nach deren Befreiung sollten beide gemeinsam mit Serbien und Albanien der Oberhoheit Russlands unterstellt werden. Für dieses Unternehmen erbat er die Summe von 3 Millionen Forint. Sein Memorandum blieb unbeantwortet. Während seiner Russlandreise 1840 suchte G. bei der russischen Regierung erneut um materielle Unterstützung an, wobei er versprach, in seinen Publikationsorganen zugunsten Russlands zu wirken und sich insbesondere dafür einzusetzen, dessen Einfluss bei den Südslawen zu verstärken. Gleichzeitig übergab er M. P. Pogodin eine Notiz, in der er seine Bereitschaft erklärte, alle Illyrer auf Basis der kyrillischen Schrift und des orthodoxen Glaubens zu vereinen. Die russischen Behörden enthielten sich jeglicher Antwort auf G.s Appell; die russischen Slawophilen und die Russische Akademie der Wissenschaften hingegen stellten ihm 25.000 Rubel zur Verfügung. G. wurde zum Wirklichen Mitglied der Gesellschaft der Freunde der Geschichte und des Altertums in Odessa gewählt.

Nach dem behördlichen Verbot der Bezeichnung »Illyrer« im Jahr 1843 trat G. als Anführer dieser Bewegung offiziell zurück. Ab 1844 stellte er geheime Kontakte zum Vertreter der polnischen Emigration auf dem Balkan, F. Zach, her. 1846 reiste G. nach Belgrad, wo er vom serbischen Fürsten Aleksandar Karađorđević eine gewisse Geldsumme erhielt. Seine zweite Belgrad-Reise fand 1847 statt. Zu jener Zeit betrachtete G. Belgrad als das Zentrum eines zukünftigen Großillyriens. Er erstattete auch Metternich Bericht über seine Reisen.

Mit dem Beginn der Revolution 1848 schaltete sich G. aktiv in die Politik ein. Am 25. März 1848 verfasste eine Gruppe kroatischer Nationalisten die »Forderungen des kroatischen Volkes«. Mit diesen Forderungen trat eine Delegation unter der Führung G.s den Weg zum Kaiser an. G. nahm bis zum 11. Juni 1848 an der

KS 2. 2. 1938

> **Gallizien—Galicija.** V nedeljo 6. t. m. nastopi naše društvo na novo postavljenem odru Suhčeve dvorane v Encelni vesi z igro „Pogodba". Za oddaljenejše goste igra ob 2. uri pop. za domačine pa ob 8. uri zvečer. Med odmori obakrat sodelujejo domači tamburaši. Odbor se nadeja, da bo še nepoznana veseloigra privabila mnogo občinstva.

Arbeit des kroatischen Sabor teil, d.h. bis zu jenem Zeitpunkt, da die Affäre rund um eine bedeutende Geldsumme, die er von Miloš Obrenović erhalten hatte, publik wurde. Dieses Faktum wurde von Jelačić politisch ausgenützt, und G. verlor für immer das Vertrauen der kroatischen Patrioten. Ende 1849 begrüßte er die → Oktroyierte (März-)Verfassung. Am 28. März 1850 nahm G. an der Konferenz südslawischer Philologen in Wien teil, wo die Annahme der Reformen Vuk Karađićs durch die Kroaten in einem Vertrag fixiert wurde (→ Reichsgesetzblatt).

Werke: *Kratka osnova hrvatsko-slavenskoga pravopisňa, poleg mudrolubneh narodneh i prigospodarneh temelov i zvokov od L. o. G. – Kurzer Entwurf einer kroatisch-slavischen Orthographie nach philosophischen, nazionalen und ökonomischen Grundsätzen*, Von L. v. G., Vu Budimu, iz tiskarnice Kralovskog Vseučilišča, 1830.
Lit.: J. Horvat: *Ljudevit Gaj*. Beograd 1960; J. Ravlić: *Hrvatski narodni preporod*. Zagreb 1965; J. Šidak: *Hrvatski narodni preporod – ideje i problemi*. In: *Kolo* (Zagreb, 1966) 8, 9, 10; I. I. Leščilovskaja: *Illirizm*. Moskva 1968; Z. Vince: *Putevima hrvatskog književnog jezika*. Zagreb 1978; *Hrvatski narodni preporod. 1790–1848*. Zagreb 1985; И. И. Лещиловская: *Хорватия в XVII–XIX веках : культурные аспекты исторического развития*. Москва 2013.

Iskra Vasiljevna Čurkina; Üb.: Nieves Čavić-Podgornik

Gajica, → Schrift.

Gallizien/Galicija (Gemeinde am Fuße der → Karawanken/Karavanke im Bezirk Völkermarkt/Velikovec), vgl. Sachlemmata: → Abstimmungszonen; → Gewässer in Südkärnten/Južna Koroška; → Jauntal/Podjuna; → Jauntaler Dialekt/*podjunsko narečje*; → Karawanken/Karavanke; → Kreuzweg; → Rosental/Rož; → Tamburizzamusik; → Wehrkirche(n); Personenlemmata: → Drobiunik, Jožef; → Ebner, Johann; → Kogelnik, Ivan; → Rohrmeister, Jakob.

Gaspari, Anton (Tone, Ps. Tone Rakovčan, * 16. Jänner 1893 Selšček [Cerknica, Notranjska], † 4. Jänner 1985 Ljubljana) Dichter, Schriftsteller, Volksliedsammler, Herausgeber.

Der Maler Maksim Gaspari war sein Bruder. G. besuchte die Volksschule in Rakek und Postojna (1899–1904) und drei Klassen des Gymnasiums in → Ljubljana (1904–1908). Danach studierte er in Ljubljana an der Lehrerbildungsanstalt (1908–1912). In Babno Polje war er als Lehrer tätig (1912–1914), danach wurde G. zur k.u.k. Armee mobilisiert, war in Galizien (1915) und an der italienischen Front im Einsatz (1916–1918). Nach dem Zerfall der Habsburgermonarchie war er Lehrer in Globasnitz/Globasnica in Kärnten/Koroška (1918–1920), nach der → Volksabstimmung unterrichtete er an der Bürgerschule in Krško (1920–1926) und war bis 1941 Schuldirektor in Rakek und in Domžale. Nach dem Überfall auf → Jugoslawien durch das Deutsche Reich wurde G. im April 1941 von den Deutschen verhaftet und nach drei Monaten in Ljubljana konfiniert. Er erhielt keine Stelle mehr, war für das Rote Kreuz tätig und arbeitete für die Befreiungsfront OF *(Osvobodilna fronta)*. Nach dem Ende des Zweiten Weltkrieges 1945 wurde G. Administrator des Untergymnasiums in Radovljica und ging 1950 in Pension. Auf Honorarbasis unterrichtete er weiter in Kursen und Fachschulen. 1962–1972 war er pädagogischer Berater in Kranj und übersiedelte 1973 nach Ljubljana. Seine Gedichte, erzählende Prosa und Theaterstücke publizierte er in verschiedenen Zeitungen und Zeitschriften, wobei er anfangs unter dem Pseudonym Tone Rakovčan veröffentlichte. Vor der Kärntner → Volksabstimmung war G. einer der produktivsten Mitarbeiter der Zeitschrift → *Mlada Jugoslavija* gewesen. Sein Zielpublikum war in erster Linie die Jugend, mit der Ausnahme seiner Erzählung *Cesta* [Die Straße] (1930). Er redigierte die Zeitschrift *Razori* [Ackerfurchen] von 1932–1940, und gab gemeinsam mit Pavel → Košir unter dem Titel *Gor čez izaro* [Übern See hinauf] eine Sammlung von beliebten slowenischen Kärntner Märchen und Liedern (1923), und unter dem Titel *Sijaj, sijaj, solnčece* [Scheine, scheine, liebe Sonne!] eine Sammlung beliebter Kärntner slowenischer → Lieder (*Mladika* 1923). G.s musikalisches und literarisches Opus beinhaltet im Wesentlichen slowenische → Volkslieder, Sitten und → Bräuche.

Quellen: *Inštitut za kulturno zgodovino* ZRC SAZU; Slovenski šolski muzej; Ljubljana; ZAL, Enota za Gorenjsko, Kranj.
Werke: *Gor čez izaro*. Ljubljana 1923 [Hg., zusammen mit P. Košir]; *Sijaj, sijaj, solnčece*. Ljubljana 1923 [Hg., zusammen mit P. Košir].
Lit.: SBL; EJ; LPJ; OVSBL. – J. Kos (Hg.): *Slovenska književnost*. Ljubljana 1996.

Franc Križnar; Üb.: Katja Sturm-Schnabl

Gattersdorf/Štriholče (Stadtgemeinde → Völkermarkt/Velikovec), → Völkermarkter Hügelland/Velikovško podgorje – slowenische Kulturvereine (dort: Važenberk, *Katoliško izobraževalno društvo za Važenberk [Želinje] in okolico*); → Kreuzweg.

Gattung, literarische. Da das slowenische literarische System in seinen Anfängen in Kärnten/Koroška entstanden ist, ist die Frage nach spezifischen Kärntner literarischen Gattungen mit der Frage nach den Anfängen des Systems der slowenischen literarischen Gattungen identisch. Wegen der engagierten Herausgebertätigkeit war Klagenfurt/Celovec im dritten Viertel des 19. Jh.s das slowenische literarische Zentrum. Ljubljana ergriff die Initiative erst 1881 mit der Gründung des → *Ljubljanski zvon*, mit dem bis 1886 die Klagenfurter literarische Zeitschrift → *Kres* konkurrierte. Danach aber beschränkte sich die Rolle von Klagenfurt/Celovec auf die Buchausgaben der → *Mohorjeva*. Das literarische Leben in Klagenfurt/Celovec erfuhr noch eine Verdichtung im Jahrzehnt vor dem Ersten Weltkrieg (1910–1918) und in den 70er- und 80er-Jahren des 20. Jh.s. Wegen des Assimilationsdruckes (→ Assimilation, → Germanisierung) und wegen der zeitgleichen Partizipation der Protagonisten am deutschen literarischen System sind die slowenischen literarischen Genres in Kärnten/Koroška verarmt. Der Initiator einer organisierten belletristischen Produktion in Klagenfurt/Celovec, Anton → Janežič, redigierte nacheinander mehrere Zeitschriften (→ *Slovenska bčela* 1850–1853, → *Glasnik slovenskega slovstva* 1854, → *Slovenski glasnik* 1858–1868). Er gab Almanache und Lesebücher heraus (*Cvetje slovanskega naroda: Slovenske narodne pesme, prislovice in zastavice*, 1852, *Slovensko berilo za Nemce*, 1854, *Slovenska koleda*, 1858 und 1859). Janežič schrieb auch eine slowenische Literaturgeschichte (→ *Kratek pregled slovenskega slovstva z malim cirilskim in glagoliškim berilom za Slovence*, 1857). In den 50er-Jahren waren die literarischen Beiträge noch nicht nach Genres und Gattungen gekennzeichnet, in den 60er-Jahren aber setzten sich Bezeichnungen wie *domača povest, zgodovinska novela, historično-romantičen obraz, zgodovinski obraz in narodna pripovedka* [Heimaterzählungen, historische Novelle, historisch-romantisches, historisches Gemälde, Volkserzählung] durch. Der Abdruck von Gedichten auf der ersten Seite verweist auf den Stellenwert der Poesie im System der literarischen Gattungen. Der Anteil längerer Prosatexte nimmt langsam zu. Die literarischen Gattungen werden durch halbliterarische oder nicht literarische Gattungen ergänzt: humoristische Erzählungen, Beschreibungen von Wallfahrtswegen, erzieherische und wirtschaftliche Lehren, Tierbilder, Biografien, Reiseberichte, Ortsbeschreibungen und andere ethnologische Beiträge. Vor dem organisierten slowenischen Literatursystem war in Kärnten/Koroška die Literatur der Volksliteraten (→ Bukovništvo) entstanden. Das waren erbauliche, abergläubische, praktische Bücher und Erzählungen, Gedichte, Volks- und religiöse Dramen, die Autodidakten aus dem Volk verfassten oder übersetzten (Miha → Andreaš, Andrej → Schuster – Drabosnjak u. a.). Aus dieser Tradition entstammt die Liedersammlung von Matija → Ahacelj *(Koroške in Štajerske pesmi Matije Ahacla)*, die zwischen 1833 und 1855 vier Auflagen erlebte. Vom Genre her geht es um reflexive Gedichte, bezogen auf die Themen Alter, Freude, Jugendzeit, Abschied, Stand (Bauern-, Soldaten- Mädchenlieder …), Lieder über die Jahreszeiten, Feiertage, Tagesverrichtungen (Aufwachlieder, Wiegenlieder) und Trinklieder. Das erste Jugendbuch verfasste Urban → Jarnik im Jahre 1814 (*Zbér lépih ukov za Slovensko mladíno* [Sammlung schöner Lehren für die slowenische Jugend]). Der erste publizierte Dramentext war eine Übersetzung von Matija → Majar: das Volksschauspiel *Jagodica* [Die Erdbeeren in *Slovenska koleda*, 1859] von Schmid. Das erste Drama für Gebildete aber war die Übersetzung von Schillers *Maria Stuart* durch France → Cegnar (es war als erster Band der Reihe → *Cvetje iz domačih in tujih logov* 1861–1868 von Anton → Janežič erschienen). Mit Ausnahme der ersten drei Jahre, da das Hauptaugenmerk Dramen und epischen Gedichten gegolten hatte, herrschten Erzählungen vor. Es waren nur zwei Lyriksammlungen erschienen, da der Redakteur im Gegensatz zur → *Mohorjeva* lieber Übersetzungen publizierte. Die Zeitschrift → *Kres* (1881–1886 unter der Redaktion von Jakob → Sket) veröffentlichte Prosa und Lyrik, Dramen finden sich darin keine. Auf die literarischen Ambitionen der Zeitschrift weist die Bevorzugung der Novelle (neunmal; die konkurrierende Zeitschrift *Ljubljanski zvon* publizierte in der gleichen Zeit nur drei Novellen); neben Sket publizierten im *Kres* noch Pavlina → Pajk und Anton → Koder. Eine ähnliche Frequenz weist die Bezeichnung *povest* [Erzählung] auf, die dreimal für lange und fünfmal für kürzere Texte steht. Die Bezeichnung *roman* [Roman] erscheint viermal, wieder von Pajk und Koder. Für kurze Prosa war die Kennzeichnung *pripovedka* [Erzählung, Sage] der

Miran Hladnik

www.slolit.at

Standard, mit dem Adjektiv *narodna* versehen [Volkssage]. Zur Vielfalt steuerten einzelne Humoresken, Bilder, Kurzgeschichten usw. bei. Es gab kaum Prosa ohne Kennzeichnung des Genres. Die publizierte Lyrik hatte keine Gattungsbezeichnungen, in den Titeln wird aber die Herkunft *aus dem Volk* betont. Ein Sonett und ein Sonettenkranz sind wieder der Verdienst des strebsamen Koder. Dichter sind in der Zeitschrift *Kres* vorherrschend. Bei der *Mohorjeva* war der Anteil der Belletristik sehr unterschiedlich, im Durchschnitt machte sie ein schwaches Viertel aus. Die Anzahl der Prosaisten war größer als die der Dichter, Dramatiker aber hat es kaum drei auf 100 Autoren gegeben. Die meisten Bücher waren seit 1860 im Rahmen der Reihe → *Slovenske večernice* erschienen, wo sie in Gesellschaft der erbaulichen Literatur waren, die den hervorstechenden Anton Martin → Slomšek zum Autor oder Redakteur hatte (→ Gebetbücher, Glaubenslehren, Heiligenviten, → Kirchenlieder und praktisch belehrende Bücher). Der erste lange Prosatext bei der *Mohorjeva* 1853 war die Übersetzung von Wilhelm Baubergers *Blagomir puščavnik*. In der Regel waren die Prosatexte kurz, aufgrund des Mediums (→ *Koledar Mohorjeve družbe*) und von ihrem Charakter her entspricht ihnen die Bezeichnung *Kalendergeschichte.*

Die *Mohorjeva* hat mit Literaturpreisen die bäuerliche, historische, regionale, volkskundliche und biografische Prosa angeregt. In den 50er- und 60er-Jahren war Übersetzungsliteratur nach dem Muster von Christoph → Schmid und seinen glaubenserzieherischen Geschichten vorherrschend (Heiligenviten von Frauen, Mädchen-, Missions- und Märtyrergeschichten). In den 60er- und 70er-Jahren standen originale historische Geschichten aus dem 15. Jh. an erster Stelle, dabei drehte sich die Thematik um die Türkeneinfälle in die slowenischen Länder. In der Zeit von 1880 bis 1910 wiederum war es die Bauerngeschichte. Die historischen Geschichten bei der *Mohorjeva* waren im Unterschied zum historischen Roman, wie ihn Josip → Jurčič in Anlehnung an Walter Scott schrieb, nach dem Muster des antiken Liebes- und Abenteuerromanes aufgebaut. Dieser wurde im Mittelalter zum christlichen Familien-Abenteuerroman modifiziert, indem die Geschlechterverhältnisse durch Familienverhältnisse ersetzt wurden. Die Geschichten nach dem Muster von Christoph Schmid sorgten für die religiöse Erziehung, die historischen Geschichten für die nationale und die Bauerngeschichten für die wirtschaftliche Erziehung. Nach 1910 gesellte sich zu der Vielfalt der populären Genres noch die humoristische Geschichte. Die Kurzprosa begann mit Übersetzungen von Jäger- und Berggeschichten, diese aber wurden bald durch Geschichten mit Geschehnissen in Russland oder sogar Sibirien ersetzt, was wir als Ausdruck der Sympathien für das Slawische verstehen können (→ Panslawismus).

Die belletristischen Texte wurden bei der *Mohorjeva* meist nach literarischen Gattungen gekennzeichnet, am häufigsten als *povest* [Erzählung] (ein Viertel der Erzählungen betrifft die Kurzprosa, 13 % die längere Prosa), *narodna pripovedka* [Volkssage], *črtica* [Kurzgeschichte] und *pravljica* [Märchen] haben jeweils 10 % der Kennzeichnungen, andere Kennzeichnungen (*slika, zgodba, spomini …* [Bild, Geschichte, Erinnerungen …]) waren seltener. Unter den Buchausgaben heben sich wegen der Nachdrucke ab: Heiligenviten, naturkundliche Tiergeschichten (*Živali v podobah* [Tiere in Bildern]), Tiermärchen und kirchliche Gesangbücher. Das Fehlen bzw. eine sehr schwache und späte Vertretung kennzeichnet den Roman und die Novelle. Romane erscheinen bei der Klagenfurter *Mohorjeva* erst nach 1957 in größerer Anzahl. Heute besteht die Hälfte der Auflagen aus Romanen (historische, autobiografische, Kriminalromane, Tagebuchromane, Aussageromane), nur die Hälfte der Bücher, aber immer noch viele, sind Lyrikbände, der Rest (Dramen, Kurzprosa, Essays, Novellen …) ist selten. Für die volkstümliche längere Prosa wird noch immer die jetzt schon anachronistische Kennzeichnung *povest* [Erzählung] verwendet. In der Zeit, als die *pokrajinska povest* [regionale Erzählung] in Mode war, wurde Kärnten/Koroška hauptsächlich von Autoren, die nach 1920 in Slowenien/Jugoslawien lebten (Ksaver → Meško, *Na Poljani 1907*, → Prežihov Voranc) oder aus Slowenien waren, thematisiert. Bei Ivan → Pregelj (*Umreti nočejo: Zgodbe slovenske bolečine na Koroškem* [Und sie wollen nicht sterben: Geschichten vom slowenischen Schmerz in Kärnten], 1930) und Ivan → Matičič (*Moč zemlje* [Die Kraft der Erde], 1931) geht es konkret um die Thematik der → Volksabstimmung, also um eine national propagandistische Erzählung, die man auch unter slowenischen Grenzroman einordnen könnte (→ Grenzkämpfe 1919–1920) oder aber als Heimatroman. In der Kärntner slowenischen Literatur, wie sie in Anthologien, Literaturzeitschriften und auf Internetseiten widergespiegelt wird, sind nach 1945 Lyrik und Prosa quantitativ gleichmäßig vertreten. Bei der Prosa geht es um gesellschaftskritische, satirische und erotische

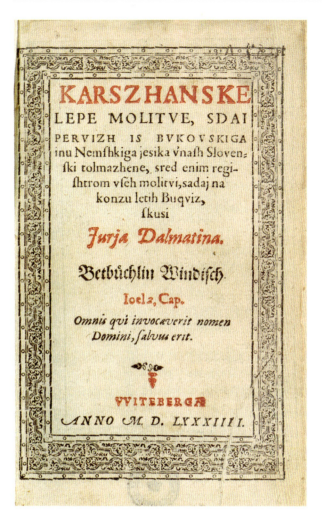

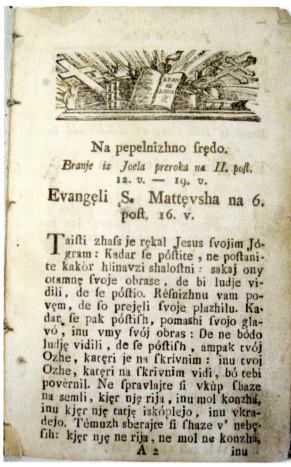

Jurij Dalmatin, Karzanske lepe molitve, 1584, NUK

Gebetbuch s.d., Nachlass Lisca → Watzko (Drobolach am Faaker See/Drobole ob Baškem jezeru)

Romane, in der Poesie um gesellschaftskritische, elegische, intime, folkloristische und idyllische Gedichte. Die Periodika und Sammelbände bieten kürzere Texte (Gedichte, Kurzprosa). Eine Ausnahme bildet die Zeitung → *Nedelja* (seit 1926 [1941–1945 von den Nazis verboten]), die in ihrer Beilage auch Fortsetzungsromane bringt. Die literarischen Aktivitäten teilen sich auf Belletristik, Erinnerungsliteratur (autobiografische dokumentarische Texte beziehen sich am häufigsten auf die Zeit des Ersten und Zweiten Weltkriegs), auf Kinderbücher und volkstümliche Schöpfungen. Fast zwei Drittel umfassen Gedichtbände, ein schwaches Fünftel besteht aus längerer Prosa in Form von Romanen und Erzählungen, ein Siebentel aus Kurzprosa; Dramentexte und Szenarien sowie Radiodramen fehlen wegen des Mangels an entsprechenden Institutionen. Gattungskennzeichnungen sind außer für Romane (die fruchtbarsten Romanautoren sind Florjan Lipuš und Valentin Polanšek) nicht mehr üblich; da und dort finden sich für die kurze Prosa Kennzeichnungen wie *črtica* [Kurzgeschichte], *zgodba* [Geschichte], *kabaret* [Kabaret], *storija* [<Historia], für gebundene Formen *epigram, aforizem, psalm, politična in satirična pesem* [Epigramm, Aphorismus, Psalm, politisches und satirisches Gedicht]. Janko → Messner zusammen mit Anita → Hudl haben die größten Verdienste für die Produktion und die Kennzeichnung von Dramentexten *(glasbena igra, dramski prizor, radijska igra, televizijska drama, monodrama)*.

Lit./Web: J. Moder [e.a.]: *Mohorska bibliografija*. Celje 1957; M. Hladnik: *Mohorjanska pripovedna proza*. In: SR 30/4 (1982) 389–414, Web; F. Zadravec, A. Leben (Hg.): *Monologi in dialogi z resničnostjo: Antologija slovenske koroške literature*. Celovec 1995; *TraDok: Translation-Dokumentation (Deutsch-slowenische/kroatische Übersetzung 1848–1918)*. (Red. E. Prunč.) Web, 2008; *Slolit.at: Slovenska literatura na Koroškem*. (Red. P. Wieser [e.a.]) Web, 2008.

Miran Hladnik; Üb.: Katja Sturm-Schnabl

Gausnig, Maria (Ferlach/Borovlje), → Liedersammlung, handschriftliche.

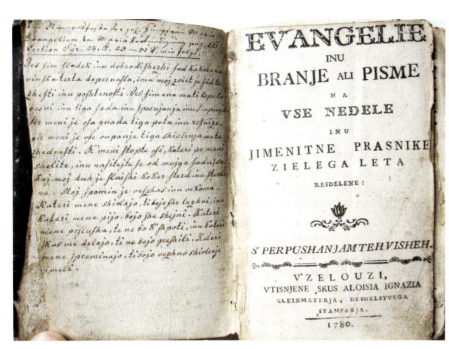
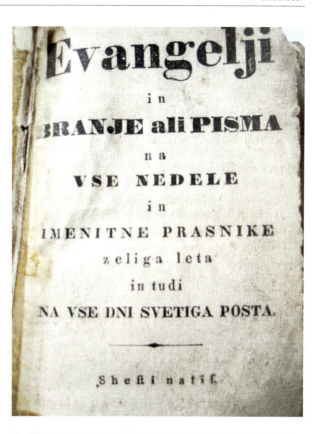

Evangelien, 1780, Nachlass Lisca Watzko

Evangelien, 1780, handschriftlicher Eintrag, Nachlass Lisca Watzko

Evangelium, 1839, Nachlass Lisca Watzko

Evangelium, 1839, Nachlass Lisca Watzko

Gebetbuch, slow. *molitvenik*. Slowenische G. sind auch in Kärnten/Koroška seit dem 18. Jh. in zahlreichen Ausgaben erschienen. Normalerweise waren sie zugleich auch Gesangsbücher ohne Noten und nur auf die Liedtexte beschränkt, so dass die Benützer sie daher auch als Meditationen lesen konnten (→ Lied). Diese Gebetbücher bestanden zu einem großen Teil aus verschiedenen Litaneien und Kreuzwegandachten mit Gebeten und Gesängen wie auch den Texten für den Empfang der Sakramente, besonders der Beichte und

Kommunion. Der Jesuit Pater Primož → Lavrenčič ist Autor des ältesten Buches dieser Art: *Missijonske Catholish Karshanske Pejsme* [Katholisch-christliche Lieder für die Mission], das 1752 in Klagenfurt/Celovec erschienen war. In Graz wurden 1757 *Missijonske Pesne inu Molitve* [Missions-Lieder und Gebete] gedruckt. In Klagenfurt/Celovec wurde auch Oswald → Gutsmann tätig, seine *Bukvize Molituvne* [Gebetbüchlein] wurde zum ersten Mal 1771, später aber noch mehrmals gedruckt. Im 19. Jh. druckte auch die *Družba svetega Mohorja* in ihrem Verlag → *Mohorjeva* in Klagenfurt/Celovec große Auflagen verschiedener G., die im gesamten slowenischen Raum verwendet wurden. Unter ihnen waren auch neue Ausgaben der *Imitatio Christi* von Thomas A. Kempis und der *Geistliche Kampf* von Lorenzo Scupuli. Außerhalb der rechtgläubigen katholischen G. waren auch volkstümlichere Ausgaben im Umlauf, die sich als → *Duhovna bramba* [Geistliche Wacht] und → *Kolomonov žegen* [Colomaniseegen] in verschiedenen Handschriften und in gedruckten Ausgaben großer Beliebtheit erfreuten.

Werke: P. Lavrenčič: *Missionske Catolish karshanske Pejsme*. Celovec 1752; *Missionske Pesne inu Molitve*. Ljubljana 1757; O. Gutsmann: *Molitoune bukvize – v' katireh se najdejo juterne, inu vezherne molitvize; tudi molitve per svetei meshi, per spovedi, inu svetem obhaili; s' permishluvanjam Christusovega terplenja; sraven drugeh posebneh molitviz k' svetei Divizi Marii* … Celovec 1788.
Lit.: MB; ES (M. Smolik: *Molitvenik*). – J. Marn: *Jezičnik*, Jg. 22 (1884) 26–27; F. Kidrič: *Primož Lavrenčič in njegova cerkvena pesmarica*. In: D. Dolinar (Hg.): France Kidrič, Izbrani spisi. Ljubljana 1978.
Marijan Smolik

Gegendname oder Gebietsname, slow. *ime pokrajine*, Bezeichnung eines aufgrund von geografischen Merkmalen abgegrenzten Gebietes, vielfach aber vor allem eine → Kulturlandschaft, die aufgrund von geschichtlichen feudal- und kirchenrechtlichen, ethnologischen, sprachlichen, dialektalen oder aufgrund von anderen Kriterien als Einheit betrachtet und benannt wird (→ Ethnologie, → Dialekt).

Für die Benennung von Gegenden bzw. geografischen Einheiten können → Bergnamen, → Flurnamen, → Gewässernamen und → Ortsnamen die Grundlage bilden (so etwa → Gailtal/Ziljska dolina, → Jauntal/Podjuna, → Klagenfurter Feld/Celovško polje, → Lavanttal/Labotska dolina, Moosburger Hügelland/Možberško gričevje, → Ossiacher Tauern/Osojske Ture, → Rosental/Rož, → Völkermarkter Hügelland/Velikovško podgorje oder Velikovško Čezdravje).

Bei Benennungen im bikulturellen Umfeld kommen bisweilen unterschiedliche (Volks-)Etymologien zum Tragen (→ Sattnitz/Gure, → Saualpe [Saualm]/Svinška planina [Svinja]). Vielfach werden Gegenden in Kleinräume unterteilt (etwa die Sattnitz/Gure in *Radiške Gure* [die östliche Radsberger Sattnitz] und in die *Zahodne Gure* [die westliche Sattnitz] und diese wiederum in *Hodiško Turje* [Keutschacher Turia-Wald], *Podgorje Jedvovce* [Pyramidenkogel(gebiet)] und *Hodiško podolje* [am ehesten Keutschacher Seenplatte]). Ebenso wird das Rosental/Rož weiter unterteilt. Zum Oberen und Unteren Rosental (Zgornji respektive Spodnji Rož) gesellt sich so noch nach Melik noch der etwa 15 km lange Talabschnitt zwischen Glainach/Glinje und Möchling/Mohliče mit dem slowenischen Namen Podolec oder Podol, auch Podole hinzu. Im Übergangsgebiet zwischen Rosental/Rož und dem Gailtal/Ziljska dolina identifiziert Melik zudem das Faaker Seental/Dolina Baškega jezera (Baška dolina).

Der Mittelgebirgsstock des Krähwalds (bisweilen subsumiert unter Magdalensberg-Massiv) westlich von Brückl/Mostič bzw. im Nordnordosten des Klagenfurter Feldes/Celovško polje hat seinen Namen von den namengebenden Orten Ober- und Unter-Krähwald, für die es im Slowenischen historische amtliche sowie dialektale Bezeichnungen gibt (*Zgorne Hreble* und *Spodne Hreble* – nach gängiger harmonisierter Orthografie *Zgornje* und *Spodnje Hreblje* [vgl. → Kranzmayer, Ortsnamen, alphabetisches Verzeichnis; → Ortsverzeichnis 1880]). Bei Melik 1954 (S. 495) und Josip → Šašel bzw. Šašel-Kos (S. 200) findet sich die an eine hochsprachliche Norm angelehnte Namensvariante *Hrebelja*. Die dialektalen Varianten sind aufgrund des Dialektkontinuums zur *Mundart des → Klagenfurter Feldes/Celovško polje* jedenfalls nachvollziehbar. Im Slowenischen stehen also zwei Varianten für die Benennung eines wohl als historisch zu bezeichnenden Teiles des slowenischen Sprachraums zur Auswahl, wo der Sprachwechsel insbesondere aufgrund demografisch-wirtschaftlicher Gründe frühzeitig stattfand (Gravitation zu deutschsprachigen Zentralorten: zum urbanen St. Veit (Šentvid) und zum industrialisierten Eberstein [Svinec]).

Die G. spiegeln auch Prozesse der → Inkulturation wider. Die Erörterung der Begrifflichkeiten ist Teil der → Namenkunde. Gerade in interkulturellen Kontaktsituationen können unterschiedliche kulturhistorische Perspektiven durchaus auch zu unterschiedlichen Einteilungen von Regionen und Gegenden führen. So stehen den aus der deutschsprachigen kulturhistorischen Perspektive konzipierten Gegndnamen Ober-, Unter- und Mittelkärnten (slow. Zgornja -, Spodnja - respektive Srednja Koroška), die die slowenische → Kulturgeschichte spiegelnden Begriffe und Konzepte → Südkärnten/Južna Koroška und Nordkärnten/Severna Koroška bzw. → »gemischtsprachiges/zweisprachiges Gebiet« und *Slovenska Koroška* [Slowenisch Kärnten] oder *koroška Slovenija* [Kärntner Slowenien] (*Koroški Slovenec*, 13. Juli 1927) gegenüber. Gegenden sind somit nicht nur »natürliche« oder historische geografische Einheiten, deren Benennung drückt vielfach unterschiedliche territoriale, historische oder sprachliche Konzepte, Identitäten und Perspektiven aus.

Die Benennung bzw. der Name von Gegenden gibt vielfach eine kulturhistorische Perspektive und eine *territoriale* → *Identität* der Bewohner wider (→ Name und Identität). Die Einwohner benennen sich nach ihrer Region: die slowenischen *Poljanci* vom Klagenfurter Feld/Celovško polje wie auch des östlichen Jauntals/Podjuna (um nur diese *Poljanci* zu nennen), die *Vršani* vom westlichen Jauntal/Podjuna (benannt nach der Gegend, bei MELIK dafür auch »Na Vrhih« oder »Šentprimški griči«), die *Gorjanci* von der Sattnitz/Gure, die *Ponagorci* im Unteren Gailtal/Spodnja Zilja (in den Gemeinden Nötsch im Gailtal/Čajna und St. Stefan im Gailtal/Štefan na Zilji). Ihre Benennung kann auch einer äußeren Perspektive entspringen, d.h., sie werden von Bewohnern von Nachbarregionen benannt: die slowenischen *Zajezerani* [< ›die hinter dem See‹] für die slowenischen Bewohner der nördlichen Gestade des Wörther Sees/Vrbsko jezero, die *Čezdravci* [< ›die jenseits der Drau/Drava‹] vom Völkermarkter Hügelland/Velikovško Čezdravje. Letztere nennen sich auch *Dravci* [Bewohner ob der Drau]. *Zvrhnjači* werden die Einwohner der Gegend Faak am See/Bače und Malestig/Malošče (Finkenstein/Bekštanj) genannt.

In überregionalem, bikulturellem Umfeld sind solche Benennungen aufgrund der historischen Prozesse des → Sprachwechsels nicht notwendigerweise in beiden Sprachen vorhanden. So wird die Gegend um den Faaker See/Baško jezero auf Slowenisch *Zvrhni kraj* genannt und hat als solche, so weit bekannt, keine genuine Entsprechung im Deutschen, was darauf deutet, dass die → Zweisprachigkeit, wie sie heute langläufig interpretiert wird, ein Phänomen aus historisch jüngerer Zeit ist. Nicht selten findet sich etwa in der deutschsprachigen Literatur vereinfachend der politisch-historische Begriff Klagenfurter Becken/Celovška kotlina als Synekdoche für den Zentralteil Klagenfurter Feld/Celovško polje. Für Letzteren hat das Slowenische eine breite Palette von differenzierenden Spezialbegriffen (dialektal *Puale, Na Pualah*, für die Einwohner *Poljanci, Poljanke*). Im Slowenischen wiederum umfasst der literaturübliche ethnologische Begriff → *Rož*, der in geografischem Sinn eigentlich mit → *Rosental* übersetzt wird, den gesamten → Südkärntner Zentralraum/Osrednja južna Koroška.

Quelle: *Skočidol – Ljubljan (Na grobu Gabronovem)*. In: *Koroški Slovenec*, 13. 7. 1927; Marlen Smole Taupe.
Lit.: ES. – A. Melik: *Slovenski alpski svet*. Ljubljana 1954, u.a. 495; P. Zdovc: *a) Imena večjih južnokoroških pokrajin* In: P. Zdovc: *Slovenska krajevna imena na avstrijskem Koroškem*. Celovec 2008, 215; T. Pronk: *The Slovene dialect of Egg and Potschach in the Gailtal, Austria*. Amsterdam, New York 2009, 5; P. Zdovc: *Imena večjih južnokoroških pokrajin = Die wichtigeren Gegendnamen Südkärntens*. In: P. Zdovc: *Slovenska krajevna imena na avstrijskem Koroškem, razširjena izdaja = Die slowenischen Ortsnamen in Kärnten, erweiterte Auflage*. Ljubljana 2010, 385; *Pozorišče letečih procesij ob Gosposvetskem polju*, Faksimile einer historischen Landkarte wiedergegeben in: M. Šašel-Kos: Kelti in Rimljani v prispevkih Josipa Šašla. In: Josip Šašel: *Spomini II, Zbornik s simpozija o Josipu Šašlju, Josip Šašel in njegov pomen za kulturno zgodovino koroških Slovencev*. Hg. M. Kropej, A. Malle, M. Piko-Rustia. Klagenfurt/Celovec [e.a.] 2012, 200.

Bojan-Ilija Schnabl

Gegenreformation bezeichnet Maßnahmen seitens des Landesfürsten und der römisch-katholischen Kirche, mit denen die Vormachtstellung des römisch-katholischen Bekenntnisses wiederhergestellt werden sollte. Die Gegenreformation in → Innerösterreich umfasst die Zeitspanne zwischen dem Regierungsantritt Erzherzog KARLS II. (1564) und dem Ableben MARIA THERESIAS (1780). Das Toleranzpatent (1781) beendete die Gegenreformation. Dennoch wurde z. B. den Geheimprotestanten im Zillertal noch im beginnenden 19. Jh. die Gründung einer Kirchengemeinde untersagt und 1837 schließlich sogar ihre Auswanderung aus Tirol erzwungen. Erst das Protestantenpatent (1861), das unter dem Minister für Cultus und Unterricht Leo Graf → THUN-HOHENSTEIN ausgearbeitet wurde, führte zu einer relativen Gleichberechtigung der Protestanten in religiösen Angelegenheiten. Ebenso zu erwähnen sind Art. 14. und 15. des Grundrechtskataloges der → Dezemberverfassung von 1867. Die volle Gleichberechtigung der evangelischen mit der katholischen Kirche wurde erst mit dem Protestantengesetz (1961) gewährt.

Die rechtlichen Grundlagen für die G. wurden auf dem Augsburger Reichstag 1555 mit dem Augsburger Religionsfrieden *(cuius regio, eius religio)* geschaffen. Auf dem Münchner Fürstentag (13./14. Oktober 1579) beschlossen die Herrscher Bayerns, Tirols und Innerösterreichs planmäßig gegen die »Häretiker« vorzugehen. In Innerösterreich nahm man vorerst den Adel von gegenreformatorischen Maßnahmen aus, weil man auf seine finanzielle und militärische Unterstützung im Kampf gegen die Osmanen angewiesen war.

Ab 1594 kam es in den von evangelischen Slowenen bewohnten Gebieten (→ Gailtal/Zilja, → Rosental/Rož, Umgebung von → Villach/Beljak) zu ersten gegenreformatorischen Maßnahmen durch die bambergische Güterverwaltung bzw. den aquileischen Erzpriester zu → Arnoldstein/Podklošter (→ Aquileia/Oglej).

Die 1587 zum Zwecke der Gegenreformation eigens ins Leben gerufene Religions-Reformations-Kommission bereiste 1600 unter Fürstbischof Martin Brenner von → Seckau erstmals Kärnten/Koroška. Die Kommission wurde von Soldaten begleitet, die in den größeren Städten (u.a.: Klagenfurt/Celovec, Villach/Beljak, Tarvisio/Tarvis/Trbiž, Hermagor/Šmohor), aber auch in damals slowenischen Dörfern (u.a.: St. Stefan im Gailtal/Štefan na Zilji, Feistritz a. d. Gail/Bistrica na Zilji, Vorderberg/Blače, Saak/Čače) zu den Waffen greifen mussten, um die evangelischen Prädikanten zur Flucht und die evangelische Bevölkerung zum Aufgeben zu zwingen.

Martin Brenner, Bischof von → Seckau, und Tomaž → Hren, Bischof von Ljubljana, waren die »geistlichen« Väter der Gegenreformation in Innerösterreich. Eine wichtige Rolle kam den → Jesuiten zu, die in Ljubljana seit 1597, in Klagenfurt/Celovec seit 1604 wirkten.

Die gegenreformatorischen Maßnahmen umfassten zu Beginn öffentliche Bücherverbrennungen, die Vertreibung evangelischer Prädikanten und Lehrer und die Zwangsauflösung des evangelischen Kirchen- und Schulwesens. Später folgten die Zerstörung evangelischer Kirchen und Friedhöfe, die Einlieferung von Protestanten in Zucht- und Konversionshäuser, die Errichtung von 26 römisch-katholischen Missionsstationen in Kärnten/Koroška, die öffentliche Zurschaustellung am Pranger mit Geld- und Leibesstrafen, die erzwungene Ablegung des römisch-katholischen Religionseids, Denunziationen durch Spitzel, verpflichtende Nachweise (etwa bei Berufsantritt) über »einen katholischen Lebenswandel« (abgelegte Beichte, Kommunion und Einhaltung der Fastenvorschriften), Heiratsverbot zwischen Katholiken und Nicht-Katholiken und Einziehung zum Kriegsdienst. Kinder evangelischer Eltern wurden römisch-katholischen Vormunden zur (Um-)Erziehung nach römisch-katholischem Bekenntnis übergeben. Nachdem die »Türkengefahr« einigermaßen gebannt war und die römisch-katholische Seite zu Beginn des Dreißigjährigen Krieges Erfolge verzeichnen konnte, wurde 1628 der evangelische Adel Innerösterreichs vor die Wahl gestellt – Bekehrung zum Katholizismus oder Ausweisung (Hans Freiherr von → Ungnad). Zu den Folgen der Vertreibung des evangelischen Adels zählen u.a. eine spürbare wirtschaftliche Verschlechterung und eine Hungersnot in Kärnten/Koroška.

Im 18. Jh. wurden die der evangelischen Konfession trotz Verfolgung treu gebliebenen Geheimprotestanten (primär Bauern und Bergknappen), so man ihrer habhaft werden konnte, vor die Wahl gestellt, sich öffentlich der römisch-katholischen Kirche zuzuwenden oder auf eigene Kosten nach Siebenbürgen deportiert zu werden. Während sich unter den deutschsprachigen Evangelischen Kärntens eine größere Zahl für die Deportation entschied, lassen sich unter den slowenischsprachigen Evangelischen nur Einzelpersonen ausmachen. Der Großteil der evangelischen Slowenen entschied sich – zumindest nach außen hin –, in die römisch-katholische Kirche zurückzukehren. Ihre Nachkommen bildeten nach dem Toleranzpatent (1781) die slowenische evangelische Filialgemeinde zu → Agoritschach/Zagoriče, einige der slowenischen Protestanten (z.B. jene aus Outschena/Ovčena, Finkenstein/Bekštanj, Faak/Bače und Srajach/Sreje) schlossen sich der evangelischen Pfarrgemeinde St. Ruprecht am Moos/Šentrupert na Blatu bei Villach/Beljak an.

Die Reformation ist für die Etablierung der slowenischen Sprache als → Standard- und Literatursprache von unschätzbarer Bedeutung. Die mit der Gegenreformation einhergehende Vernichtung der evangelischen slowenischen Schriftlichkeit wirkte sich negativ auf den religiösen, literarischen und nationalen Bereich aus. So wurde die Entwicklung der slowenischen Literatur für 250 Jahre hintangehalten und die nationale Einigung verlangsamt, zumal sich regionale Sprachformen und regionale *territoriale* → *Identitäten* durchsetzen konnten (→ Slowenisch in Kärnten/Koroška).

Lit.: G. Loesche: *Geschichte des Protestantismus im vormaligen und im neuen Österreich.* Wien 1930; O. Sakrausky: *Geschichte einer protestan-*

tischen Gemeinde im gemischtsprachigen Südkärnten. Klagenfurt 1960; G. F. Litschauer, W. Jambor: *Österreichische Geschichte*. Wien 1970; O. Bünker (Red.): *Die evangelische Kirche in Kärnten einst und heute*. Klagenfurt 1981; O. Sakrausky: *Geduldet und gleichberechtigt – 200 Jahre evangelische Pfarrgemeinde Bad Bleiberg*. Bad Bleiberg 1983; O. Sakrausky: *St. Ruprecht am Moos – Die Geschichte einer evangelischen Pfarrgemeinde im Großraum Villach*. St. Ruprecht bei Villach 1986; F. M. Dolinar [e.a.] (Hg.): *Katholische Reform und Gegenreformation in Innerösterreich 1564–1628, Katoliška prenova in protireformacija v notranjeavstrijskih deželah 1564–1628*. Klagenfurt [e.a.] 1994; A. Zalta: *Protestantizem med koroškimi Slovenci*. In: M. Keršavan (Hg.): *Protestantizem, slovenska identiteta in združujoča se Evropa*. Ljubljana 2006; O. Luthar (Hg.): *The Land Between – A history of Slovenia*, Frankfurt/Main 2008; F. M. Dolinar: *Primus Truber und die slowenische Reformation im Rahmen des Kärntner Protestantismus*. In: Glaubwürdig bleiben – 500 Jahre protestantisches Abenteuer, Kärntner Landesausstellung Fresach 2011. Klagenfurt 2011; R. K. Höfer: *Gegenreformatorische Maßnahmen in Kärnten 1590–1650*. In: Glaubwürdig bleiben – 500 Jahre protestantisches Abenteuer, Kärntner Landesausstellung Fresach 2011. Klagenfurt 2011; P. G. Tropper: *Rekatholisierungsmaßnahmen – Bedrängung – Transmigration* In: Glaubwürdig bleiben – 500 Jahre protestantisches Abenteuer, Kärntner Landesausstellung Fresach 2011. Klagenfurt 2011; K. W. Schwarz: *Vom Protestantenpatent (1861) zum Protestantengesetz (1961): Die Evangelische Kirche in Österreich und der Staat* In: Glaubwürdig bleiben – 500 Jahre protestantisches Abenteuer, Kärntner Landesausstellung Fresach 2011. Klagenfurt 2011.

Reinhold Jannach

Geheimprotestantismus (Kryptoprotestantismus), → Protestantismus; → Agoritschach/Zagoriče.

Gemischtsprachig, slowenisch – im Kärntner Kontext – *dvojezično* (eigentlich *zweisprachig*), im Deutschen im Kärntner Kontext vielfach elliptische Bezeichnung für *slowenischsprachig*, wobei »slowenisch« zum suggestiven Bedeutungsinhalt reduziert wird. Somit vielfach Synonym für *slowenisch* oder *slowenischsprachig*, wird ähnlich verwendet wie der (bisweilen auch suggestiv verwendete) Begriff *zweisprachig* (→ Zweisprachigkeit).

Eine »gemischtsprachige Familie« ist im historischen Kontext in der Regel eine slowenische Familie, in der das Slowenische (bzw. ein slowenischer → Soziolekt) gesprochen wird und wo deren Mitglieder durchaus Deutsch als → Bildungssprache oder als → *Lingua franca* beherrschen können (→ Umgangssprache), nie eine ethnisch deutschsprachige Familie mit Fremdsprachenkenntnissen (vgl. dazu Anton → Uran). Der Begriff »gemischtsprachiges Gebiet« wird synonym für → Südkärnten/Južna Koroška verwendet, wobei im historischen Kontext das geschlossene slowenische Siedlungsgebiet gemeint wird und der Begriff somit ahistorisch ist.

Obschon der Begriff G. bereits in der Habsburgermonarchie Verwendung findet, bleibt sein Bedeutungsinhalt im Lichte seines Bedeutungswandels zu hinterfragen. Historisch-ideologisch ist der Begriff G. so auch mit der → Windischentheorie in Verbindung zu bringen, wonach die Slowenen in Südkärnten/Južna Koroška kein reines Slowenisch sprächen, sondern eine ohnehin bereits stark durch das Deutsche geprägte → Mischsprache mit slowenischen Elementen (→ »Windisch«). Sie seien somit bereits teilweise assimiliert (→ Assimilation) und – wenn sie auch mangels (umfassender) deutscher Sprachkenntnisse noch nicht den vermeintlich erstrebenswerten Status von Kärntnern (sprich Deutschen) hätten – dann doch am besten Wege dorthin seien, wie eben das ideologische Konstrukt der → Windischen nahelegt. Der so definierte Begriff entspringt somit der Intentionalität einer psycholinguistischen Beeinflussung der Denkmuster im öffentlichen Raum. Der Begriff ist folglich, wenn er auch vielfach nicht bewusst ideologisiert verwendet werden mag und dies eher auf kognitive Dissonanzen zurückzuführen ist (vgl. → Geschichtsschreibung und kognitive Dissonanzen, → »Entethnisierung«), doch als nicht gänzlich unbelastet zu werten und ist im wissenschaftlichen Kontext bzw. außerhalb klar definierter Grenzen im modernen Deutsch insbesondere auf Kärnten/Koroška bezogen nicht oder nur eingeschränkt verwendbar.

Erst im jüngeren soziokulturellen Kontext kann der Begriff »gemischtsprachige Familie« eine klassische oder eine Patchwork-Familie bezeichnen – und das wäre eventuell eine mögliche korrektere Verwendung des Begriffs –, in der die beiden Elternteile oder Kinder aus Vorehen oder vorhergehenden Beziehungen unterschiedlicher sprachlicher oder ethnischer Herkunft sind und in der die jeweiligen Sprachen gleichberechtigt praktiziert werden bzw. diese als emotional behaftete → Muttersprachen der zweiten Generation zu werten sind. In diesem Kontext ist allerdings ebenfalls der Begriff *zwei-* oder *mehrsprachige Familie* vorzuziehen (vgl. auch → Terminologie, → Zweisprachigkeits-Ideologie).

Lit.: Vgl. dazu etwa: G. Fischer: *Das Slowenische in Kärnten, Bedingungen der sprachlichen Sozialisation, Eine Studie zur Sprachenpolitik*. Wien, Sprache und Herrschaft, Zeitschrift für eine Sprachwissenschaft als Gesellschaftswissenschaft, Reihe Monographien Nr. 1/1980.

Bojan-Ilija Schnabl

Gender, Sachlemmata: → Frauen im ländlichen Raum; → Frauenfrage; → Frauenliteratur; → *Zveza ženskih društev na Koroškem*; Personenlemmata: → Hartman, Milka; → Hemma von Gurk/Ema Krška; → Inzko geb. Einspieler, Marija; → Inzko geb. Ziherl, Marija; → Knafelj-Pleiweis, Maria Magdalena; → Kmet, Marija; → Košutnik, Matilda; → Kveder, Zofka; → Lužnik, Amalija; → Miklav, Katarina; → Němcová, Božena; → Pajk, Pavlina; → Pesjak, Louise; → Piskernik, Angela; → Preissová, Gabriela; → Rautar, Flora; → Řeháková, Ana; → Turnograjska, Josipina; → Zwitter, Maria; Kališnik, Justina, Konečnik Zofija, vgl. beide → Mežiška dolina.

»Generalplan Ost« und die Slowenen. Der Terminus »Generalplan Ost« bezeichnet eine Reihe von Plänen und Planungsskizzen, die in den Jahren 1939–1942 unter Hinzuziehung namhafter Wissenschafter in den Planungsabteilungen des »Reichskommissars für die Festigung deutschen Volkstums« (RKF) und parallel dazu (und teilweise konkurrierend) im »Reichssicherheitshauptamt« (RSHA) in Berlin entstanden sind. In diesen ging es um die Umsetzung der nationalsozialistischen »*Rassen- und Raumtheorien*« im militärisch eroberten »Lebensraum« des Ostens. Eine schwarze Utopie, die ihre Ursprünge einerseits im Imperialismus des späten Kaiserreiches und andererseits in der seit der Jahrhundertwende immer populärer werdenden und im Nationalsozialismus vollends zur Leitwissenschaft gewordenen »Rassenanthropologie und Rassenhygiene« hatte.

Politisch verantwortlich für die »Generalplanung« im Osten war Heinrich Himmler, der »Reichsführer-SS« und »Reichskommissar für die Festigung deutschen Volkstums«. Mit letzterer Funktion war er am 7. Oktober 1939, knapp nach der Eroberung und Besetzung Polens, durch einen (Geheim-)Erlass Hitlers betraut worden. Nach diesem Erlass »zur Festigung deutschen Volkstums« oblag Himmler erstens »die Zurückführung der für die endgültige Heimkehr in das Reich in Betracht kommenden Reichs- und Volksdeutschen im Ausland«, zweitens »die Ausschaltung des schädigenden Einflusses von solchen volksfremden Bevölkerungsteilen, die eine Gefahr für das Reich und die deutsche Volksgemeinschaft bedeuten« und drittens »die Gestaltung neuer deutscher Siedlungsgebiete durch Umsiedlung, im besonderen durch Seßhaftmachung der aus dem Ausland heimkehrenden Reichs- und

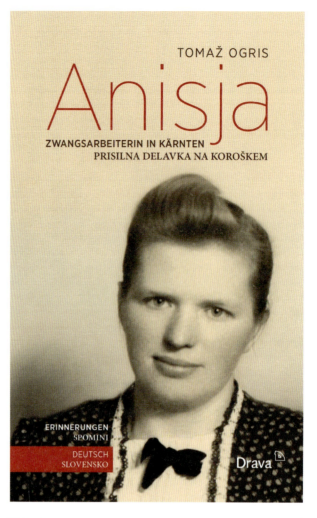

Buchcover Drava Verlag

Dietrich Eichholz

Volksdeutschen«. *Wissenschaftlich* verantwortlich und federführend bei den wichtigsten Fassungen des Generalplans war der führende Agrarwissenschafter und Raumplaner, Leiter des Instituts für Agrarwesen und Agrarpolitik an der Friedrich-Wilhelm-Universität Berlin, zugleich SS-Obersturmführer und Mitarbeiter im »Rasse- und Siedlungshauptamt«, Professor Dr. Konrad Meyer (auch: Meyer-Hetling genannt) (Heinemann, *Vortrag*, Mai 2003).

Der Generalplan oder *die* Generalpläne Ost stellen eine bemerkenswerte Verquickung von wissenschaftlicher Forschung und rationaler technokratischer Planung auf der einen Seite mit nationalsozialistischer Eroberungs- und Vernichtungspolitik auf der anderen Seite dar. Zahlreiche Wissenschafter: Agrarfachleute, Raumordnungs- und Landschaftsplaner, Ökonomen, Ethnologen, Eugeniker, Anthropologen, Mediziner und Historiker waren darin eingebunden, häufig unterstützt und gefördert durch Projekte der *Deutschen Forschungsgemeinschaft* (Heinemann, *Katalog*, 58).

Karawankengrenze.at

Buchcover Drava Verlag

Die ersten Planungsdokumente erschienen im Februar 1940 und betrafen die annektierten polnischen Gebiete. Nach dem Überfall auf die Sowjetunion am 22. Juni 1941 entstanden in rascher Folge weitere, radikalere Fassungen des »Generalplans Ost«. Während in der im Reichssicherheitshauptamt entstandenen Version vom November 1941, unter SS-Standartenführer Dr. Hans EHLICH, ohne Umschweife die Vernichtung von über 30 Millionen Slawen angekündigt wurde – durch Deportation, Aushungern oder Ermordung –, bedienen sich die aus der Werkstatt von Konrad MEYER stammenden Versionen einer wissenschaftlich-rationalen Sprache, in der sich die erwünschte Reduktion der »fremdvölkischen Bevölkerung« nur indirekt aus der Differenz von Ist- und Sollzahlen ergibt.

Mit Fortschreiten des Krieges wurden die Planungen mehrfach an die wechselnden, sich radikalisierenden Vorstellungen der Nationalsozialisten angepasst. So legte Konrad MEYER Anfang Juni (datiert: 28. Mai 1942) eine nach den Direktiven HIMMLERS stark erweiterte Version unter dem Titel »*Generalplan Ost. Rechtliche, wirtschaftliche und räumliche Grundlagen des Ostaufbaus*« vor. In dieser waren neben den annektierten Gebieten Polens und des Generalgouvernements auch die eroberten Teile des Baltikums, der Ukraine und die Region um Leningrad einbezogen. In nur 25 Jahren (zuvor 30 Jahre) sollten diese Gebiete vollständig »eingedeutscht« werden. Der Plan sah die Schaffung von drei großen »Marken des Reiches« vor, genannt: »Ingermanland« (Petersburger Gebiet), »Gotengau« (das Krim-Gebiet) und das »Memel-Narew-Gebiet« (Bezirk Białystok und Westlitauen). Diesen sollte eine Kette von 36 befestigten deutschen Siedlungsstützpunkten vorgelagert sein (*Generalplan Ost* ... 1942).

Für die Besiedlung der Marken und Stützpunkte sollten 4,8 Millionen Siedler gewonnen werden. Da der wachsende Bedarf an »rassisch geeigneten« Siedlern nicht mehr allein durch reichsdeutsche Bauern und »Volksdeutsche« gedeckt werden konnte, sollten Siedler nun auch aus Übersee (rückkehrwillige Auswanderer), bei anderen »germanischen« Völkern oder durch »Umvolkung« und »Eindeutschung« von Angehörigen anderer Völker gewonnen werden. Darüber hinaus sollte im Osten, als dem neuen »Pflanzgarten des Reiches«, durch rassische Auslese – der sogenannten »Leistungszüchtung« – neues »Menschenmaterial« gewonnen werden (MAI, 358).

Für die Zeit des Aufbaus sah der »Generalplan Ost« vor, die Siedlungsmarken aus ihrem bisherigen staatsrechtlichen Territorialverband auszugliedern und der Hoheitsgewalt des »Reichsführer-SS« zu unterstellen. Nach den Prinzipien des Führerstaates oblagen diesem sowohl Rechtsetzung, Rechtsprechung als auch deren Vollzug. Gedacht war an eine Belehnung von Grund und Boden nach mittelalterlichem Vorbild, entweder als »Zeitlehen«, »Erblehen« oder »Eigentum besonderen Rechts«. Für das Aufbauwerk Ost, für das ein Zeitraum von 25 Jahren vorgesehen war, wurden insgesamt 66,6 Milliarden Reichsmark an Finanzmitteln kalkuliert. Für die ersten beiden Fünfjahresabschnitte war der Einsatz von 450.000 Arbeitskräften vorgesehen, wobei für die Bereiche forstwirtschaftlicher Aufbau, Landschaftsgestaltung, Straßenbau, Wasserstraßen der »kolonnenweise Einsatz von Kriegsgefangenen« und sonstigen »fremdvölkischen Arbeitskräften« geplant war. Zur Finanzierung war neben Mitteln aus dem ordentlichen Reichshaushalt auch eine das »Altreich« treffende Ostaufbausteuer vorgesehen, aber auch Finanzmittel aus »Tributleistungen« durch den Einsatz von »fremdvölkischen Arbeitskräften« (Kriegsgefangenen, Zivilgefangenen, Polizeigefangenen). Neben historisierenden Rückgriffen auf Germanentum und Mittelalter enthielt der »Generalplan Ost« durchaus auch modern anmutende sozioökonomische, ökologische und landschaftsplanerische Elemente, etwa die Anlage von »wasserwirtschaftlich und klimatologisch wichtigen Schutzpflanzungen«. Sahen frühere Pläne eine Dezimierung der einheimischen Bevölkerung durch »Evakuierung« vor, so sollten jetzt Teile der »bodenständigen Bevölkerung« auf Kolchose- und Sowchoseland »umgesetzt« werden, teilweise sogar Besitzrechte an Grund und Boden erhalten, allerdings nur jene, die nach »Auslese nach dem Leistungsprinzip« dazu berufen schienen. Die erwünschte Dezimierung der slawischen Bevölkerung ergibt sich indirekt durch gewaltige (kolonnenweise) Zwangsarbeitsprojekte sowie die geforderte radikale »Entstädterung« – allein für die Region Leningrad war eine Reduktion der Bevölkerung um drei Millionen Menschen vorgesehen.

Seit Sommer 1942 ging es allerdings nicht mehr bloß darum, die »rassen- und raumpolitischen« Ziele allein im Osten durchzusetzen, sondern es eröffnete sich jetzt die Chance, diese auch im Westen, in allen eroberten und besetzten Gebieten umzusetzen. Zwar hatte die »Lösung der Judenfrage« absolute Priorität, doch HIMMLER forcierte weiter »seinen« »Generalplan Ost« und verlangte diesen zu einem europäischen »Gesamtsiedlungsplan« umzubauen, in den neben den Ostgebieten nun auch das Elsass, Lothringen, Oberkrain die Südsteiermark sowie Böhmen und Mähren einbezogen werden sollten *(Alsace, Lorraine, Gorenjska, Štajerska, Česko, Moravsko)* (HEINEMANN, *Wissenschaft ...*, 2006, 53). Dieser *»Generalsiedlungsplan«*, erstellt durch das Planungsamt des Reichskommissars für die Festigung deutschen Volkstums unter Federführung Konrad MEYERS, datiert am 29. Oktober 1942, existiert nur in Fragmenten, fertiggestellt wurde er nie. Der Mangel an brauchbaren und umsiedlungswilligen Siedlern, vor allem aber der Kriegsverlauf – nach Stalingrad flohen die begehrten »Volksdeutschen« in Massen vor der Roten Armee – machten das Planungswerk schwieriger. Aus den erhaltenen Fragmenten geht indes hervor, dass, wie von HIMMLER erwünscht, bei der flächenmäßigen Berechnung nun auch die Gorenjska (Oberkrain) und die Štajerska (Untersteiermark) einbezogen worden waren (Dispositionen und Berechnungsgrundlagen für einen Generalsiedlungsplan, 29. Oktober 1942 und 23. Dezember 1942).

Der »Generalplan Ost« und der »Generalsiedlungsplan« wurden auf dem Höhepunkt des Massenmordens in Osteuropa entwickelt, als Millionen sowjetischer Kriegsgefangener und Millionen Juden starben. Während die »Endlösung« trotz der militärischen Verluste unerbittlich fortgeführt wurde, erlosch nach der Niederlage von Stalingrad das Interesse Hitlers an einem endgültigen Generalplan Ost. Nach dem Ausbleiben eines militärischen Sieges erwies sich der »Generalplan Ost« nur abgeschwächt realisierbar (SNYDERS, 414), doch Teilprojekte wurden bis zum Ende des Krieges umgesetzt. So erfolgte etwa auf Grundlage der Fassung des »Generalplan Ost« vom Mai 1942 die Aussiedlung von mehr als hunderttausend Polen und Juden aus der Region Zamość (Generalgouvernement). Und nach dem »Generalsiedlungsplan« vom Oktober 1942 wurden rund 100.000 Menschen aus dem Elsass, aus Lothringen und Luxemburg in den unbesetzten Teil Frankreichs »umgesiedelt«.

Ebenfalls nach dem »Generalsiedlungsplan« wurden 35.000 bis 40.000 Slowenen und Sloweninnen aus dem Gebiet Brežice nach Serbien und Kroatien abgeschoben (dem sog. Ranner Dreieck in der Štajerska [Untersteiermark], das ist das an der Sava [Save] gelegene Gebiet zwischen Krško [Gurkfeld], Brežice [Rann], Sevnice [Lichtenwald] und Radeče [Ratschach]). Es galt Platz zu schaffen für die Umsiedlung von Gottscheer Deutschen aus dem Gebiet der Sprachinsel im Kočevje (Gottschee) im ehemaligen österreichischen Kronland → Krain/Kranjska, das damals italienisch besetztes Gebiet war (HAAS, STUHLPFARRER, 599). 1942/43 erfolgten weitere Zwangsaussiedlungen in das Deutsche Reich: 35.092 Slowenen und Sloweninnen aus der Štajerska (Untersteiermark) und 3.324 aus der Gorenjska (Oberkrain) und der → Mežiška dolina (Mießtal) (KARNER, 2000, 307).

Im »Generalsiedlungsplan« vom Oktober 1942 waren die Slowenen erstmals ausdrücklich erwähnt und ihnen eine »Wiedereindeutschungsfähigkeit« von 50 Prozent attestiert worden, d.h., der Hälfte der Slowenen und Sloweninnen war zugebilligt worden, *germanisiert* zu werden, der anderen Hälfte war das Schicksal der Zwangsarbeit zugedacht. Als »Gesamtbevölkerungszahl« war im »Generalsiedlungsplan« für die Gorenjska (Oberkrain) und die Štajerska (Untersteiermark) 737.200 ausgewiesen, davon wurden als »vorhandene deutsche Bevölkerung« 107.500 klassifiziert, weitere 331.000 galten als »eindeutschungsfähig«. Die Differenz zwischen der vorhandenen Bevölkerung abzüglich der deutschen und der »eindeutschungsfähigen« Bevölkerung galt als »rassisch unerwünscht«. Diese 298.700 Slowenen sollten durch »deutsche Siedler« ersetzt werden (ROTH, 1993, *Tabelle II. »Erstrebte Bevöl-*

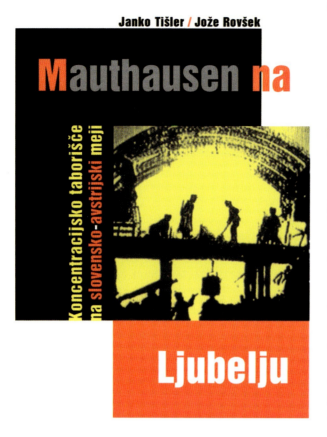

Buchcover Drava Verlag

kerungszahl und Siedlerbedarf«). Dieser Logik folgend wurde die slowenische Bevölkerung aller annektierten Gebiete durch den Apparat des RKF, insbesondere aber des »Rasse- und Siedlungshauptamts« (RuSHA), einer Selektion nach den rasse- und erbbiologischen Merkmalen der »Deutschen Volksliste« unterzogen (HEINEMANN, Göttingen 2003, 282 f.). Nach Plänen des »Reichskommissariats für die Festigung deutschen Volkstums« sollten 220.000 bis 260.000 Slowenen in drei Wellen ausgesiedelt werden. Tatsächlich wurden, nach einem Tätigkeitsbericht des RKF von Ende 1942, etwa 17.000 »deutschfeindliche« Slowenen nach »Restserbien« »evakuiert«; 37.000 slowenische und → »windische« Grenzbewohner teils als »Eindeutschungsfähige« (11.000), teils als »fremdvölkische« Arbeitskräfte ins Altreich verbracht (ALY, 286).

Bei der Deportation der 917 *Kärntner Slowenen* (Männer, Frauen und Kinder) in Lager der Volksdeutschen Mittelstelle (VoMi) im Deutschen Reich am 14. und 15. April 1942 scheint ein Zusammenhang mit dem »Generalplan Ost« weniger eindeutig. Mit Ausnahme von Tone FERENC wird ein Zusammenhang zwischen der Vertreibung von Kärntner Slowenen und dem »Generalplan Ost« in der Literatur kaum erwähnt. Wohl vor allem deshalb, weil sich der Erlass HIMMLERS vom 25. August 1941 zu allererst der Umsiedlung der *Kanaltaler* widmet (→ Val Canale/Kanaltal/Kanalska dolina). Diese aber war schon im Rahmen des deutsch-italienischen »Abkommens über die Umsiedlung der Deutschen aus Südtirol« vom 23. Juni 1939 vorgesehen, lange bevor ein »Generalplan Ost« überhaupt existierte. Darüber hinaus wurde in den Köpfen der Nationalsozialisten die Frage der Umsiedlung der deutschen Minderheit aus Südtirol spätestens seit 1939 (eventuell auch schon seit Ende der Zwanzigerjahre) mit der Vertreibung der Slowenen aus Kärnten/Koroška verbunden.

Vergleicht man allerdings die am 14./15. April 1942 durchgeführte »Aktion K« mit der Zwangsaussiedlung der Slowenen aus der Štajerska (Untersteiermark) und aus der Gorenjska (Oberkrain) und der im November 1941, so wird deutlich, dass Organisation, Kommandostruktur, Durchführung und Ablauf nahezu identisch sind (KARNER, 2005, 21). Im Unterschied zu den aus den besetzen jugoslawischen Gebieten ausgesiedelten Slowenen kam es bei den Kärntner Slowenen jedoch nicht zu einer generellen rassischen Überprüfung (KARNER, 2005, 21). Eine solche erübrigte sich offenbar, da alle von der »Aktion K« Betroffenen als »volks- und staatsfeindlich« klassifiziert wurden und somit ohnehin bloß eine strafweise Deportation ins »Altreich« zwecks Zwangsarbeit infrage kam. In der »Anordnung Nr. 46/I des Reichskommissars für die Festigung deutschen Volkstums« vom 25. August 1941 heißt es dazu: »Zur Bereinigung der volkspolitischen Lage« seien die »Betriebe der etwa 200 slowenischen Familien dieses Gebietes, die als volks- und staatsfeindlich bekannt sind« heranzuziehen (Absatz 3). Unter Punkt 4: »Die Feststellung, welche Slowenen als staatsfeindlich zu evakuieren bzw. in das Altreich zu überführen sind, erfolgt durch die Dienststellen des Chefs der Sicherheitspolizei und des SD, der sich wegen der geplanten Ansetzung von Kanaltalern auf den Betrieben der Slowenen mit den Dienststellen des Reichskommissars für die Festigung deutschen Volkstums in Verbindung setzt« (SIMA, 156 f.). Tatsächlich wurden alle aus Kärnten/Koroška in die Lager der Volksdeutschen Mittelstelle, nämlich Hesselberg, Frauenaurach, Hagenbüchach, Schwarzenberg, Rehnitz, Eichstätt, Wildsheim, Ettlingen, Rastatt, Weisenburg, Wernfels, Gerlachsheim, Buch, Altenberg-Terneberg, Rettenbach und Altötting, deportierten Slowenen – ob Frauen, Männer oder Jugendliche – zur Zwangsarbeit in verschiedenen (Rüstungs-)Fabriken des Reiches, in der Land- und Forstwirtschaft oder als Haushaltshilfen eingesetzt (SIMA, 758).

Ab der Kriegswende 1942/43 befand sich die Masse der slawischen Zwangsarbeiter nicht, wie ursprünglich vorgesehen, im kolonialisierten Osten, sondern in den Lagern des »Altreiches« – darunter auch die vertriebenen Kärntner Slowenen. Konsequenterweise kam es zu einer allmählichen Übertragung des Generalplan-Ost-Konzeptes auf das Deutsche Reich (ROTH, 1985, 7). So wurde das System der rassischen Selektion von Fremdarbeitern und Fremdarbeiterinnen ab Mitte 1943 im gesamten Reichsgebiet eingeführt. Fiel das »Rasseexamen« bei Personen nicht deutscher Herkunft positiv aus, so erklärten die Rasseexperten dies mit »verloren gegangenen deutschen Wurzeln« (HEINEMANN, Katalog, 30 f.), im gegenteiligen Fall drohte bei den sog. »Unwerten« (Wertungsgruppe IV) physische Vernichtung (MAI, 362). Darüber hinaus errichteten die Emissäre des Rasse- und Siedlungshauptamtes in den Zwangsarbeitslagern ein dichtes Überwachungssystem, das das Verbot sexueller Kontakte, die Beurteilung von Neugeborenen auf Eindeutschungsfähigkeit, »Sonderbehandlungen« wie Zwangssterilisierungen und »wilde Euthanasien« (bei Tuberkulosekranken und psychisch Kranken) umfasste (HEINEMANN, Rasse, 2003). In diese Maschinerie von RKF und RuSHA gerieten in den Lagern der Volksdeutschen Mittelstelle auch die vertriebenen Kärntner Slowenen und Sloweninnen.

Der »Generalplan Ost« – ursprünglich ein Herrschaftsentwurf von ehrgeizigen Wissenschaftern und nationalsozialistischen Ideologen für ein supranationales Germanisches Reich nach dem »Endsieg« – zielte nach der Kriegswende 1942/43 nicht mehr vorrangig auf die eroberten Gebiete im Osten, sondern auf alle, die sich, wo auch immer, unter deutscher Herrschaft befanden. Leitbild für dieses totalitäre Reich waren die nationalsozialistischen Lehren von »Rasse und Raum«. Ein »Lebensraum« im Osten für die einen – eine Todeszone für die anderen. Das der slawischen Bevölkerung zugedachte Schicksal war – nach einer Grunddezimierung um eine im »Generalsiedlungsplan« vom Oktober 1942 errechneten Zahl von *dreißig Millionen siebenhundertvierundsiebzigtausend* »rassisch Unerwünschten« durch Hunger, Vertreibung und Zwangsarbeit – im besten Falle die des (Menschen-)Materials für Zucht und Auslese im neuen »Pflanzgarten des Reiches«, im anderen Fall: ein vorläufiges Dasein als Arbeitssklaven, langfristig die Vernichtung.

Quellen und **Web:** *Erlass des Führers und Reichskanzlers zur Festigung deutschen Volkstums, 7. Oktober 1939*, zit. nach: 1000 Schlüsseldokumente zur Geschichte im 20. Jahrhundert, http://www.1000dokumente.de; *Generalplan Ost. Rechtliche, wirtschaftliche und räumliche Grundlagen des Ostaufbaus*, datiert: 28. Mai 1942, an Himmler übergeben Juni 1942, Kopie der 100-seitigen Fassung aus dem Bundesarchiv Berlin-Lichterfelde, zit. nach: http://gplanost.x-berg.de/gplanost.html; *Dispositionen und Berechnungsgrundlagen für einen Generalsiedlungsplan*, 29. Oktober 1942 und 23. Dezember 1942, zit. nach: http://gplanost.x-berg.de/gensiedplan.html.

Lit./Web: *Der Generalplan Ost* (Dokumentation). In: *Vierteljahreshefte zur Zeitgeschichte*, 6 (1958) Heft 3, 288–325; C. Madajzyk: *Introduction to General Plan East (Generalplan Ost)*. In: Polish Western Affairs 1962, Vol. III, Nr. 2, http://gplanost.x-berg.de/generalplaneast.html; H. Haas, K. Stuhlpfarrer: *Österreich und seine Slowenen*. Wien 1977; K. H. Roth: *Bevölkerungspolitik und Zwangsarbeit im Generalplan Ost, Dokumentationsstelle zur NS-Sozialpolitik*. In: *Mitteilungen*, 1. Jg. 1985a, Heft 2–4, S. 7; T. Ferenc: *Položaj slovenskega naroda ob okupaciji leta 1941*. In: A. Malle, V. Sima: Narodu in državi sovražni/Volks- und staatsfeindlich. Die Vertreibung von Kärntner Slowenen 1942. Celovec/Klagenfurt 1992, 21–35; D. Eichholtz: *Der »Generalplan Ost« als genozidale Variante der imperialistischen Ostexpansion*. In: M. Rössler, S. Schleiermacher (Hg.): Der »Generalplan Ost«. Hauptlinien der nationalsozialistischen Planungs- und Vernichtungspolitik. Berlin 1993; M. Rössler, S. Schleiermacher (Hg.): *Der »Generalplan Ost«. Hauptlinien der nationalsozialistischen Planungs- und Vernichtungspolitik*. Berlin 1993; K. H. Roth: *»Generalplan Ost« – »Gesamtplan Ost«. Forschungsstand, Quellenprobleme, neue Ergebnisse* (einschließlich: *Tabelle II. »Erstrebte Bevölkerungszahl und Siedlerbedarf«*). In: M. Rössler, S. Schleiermacher (Hg.): Der »Generalplan Ost«. Hauptlinien der nationalsozialistischen Planungs- und Vernichtungspolitik. Berlin 1993, 25–117; G. Aly: *»Endlösung«. Völkerverschiebung und der Mord an den europäischen Juden*. Frankfurt am Main 1999; S. Karner: *»... des Reiches Südmark«. Kärnten und Steiermark im »Dritten Reich« 1938–1945*. In: E. Tálos: NS-Herrschaft in Österreich. Ein Handbuch, Wien 2000, 292–325; V. Sima: *Kärntner Slowenen unter nationalsozialistischer Herrschaft: Verfolgung, Widerstand und Repression*. In: E. Tálos [e.a.] (Hg.): NS-Herrschaft in Österreich. Ein Handbuch, Wien 2000, 744–766; U. Mai: *»Rasse und Raum«. Agrarpolitik, Sozial- und Raumplanung im NS-Staat*. Paderborn 2002; I. Heinemann: *Rasse, Siedlung, deutsches Blut. Das Rasse- und Siedungshauptamt der SS und die rassenpolitische Neuordnung Europas*. Göttingen 2003; I. Heinemann: *Wissenschaft, Planung, Umvolkung. Konrad Meyer und der »Generalplan Ost«*, Vortrag an der Humboldt-Universität: Die Berliner Universität unterm Hakenkreuz. Berlin, Mai 2003; D. Eichholtz: *»Generalplan Ost« zur Versklavung osteuropäischer Völker*. Vortragsmanuskript vom 15. Mai 2004. In: http://scepsis.ru/de/articles/id_6.php; S. Karner: *Die Aussiedlung von Kärntner Slowenen 1942*. In: S. Karner, A. Moritsch: Aussiedlung, Verschleppung, nationaler Kampf. Klagenfurt 2005, 21–53; I. Heinemann [e.a.] (Hg.): *Katalog zur Ausstellung der Deutschen Forschungsgemeinschaft (DFG)*. Bonn 2006; I. Heinemann: *Wissenschaft und Homogenisierungsplanungen für Osteuropa. Konrad Meyer, der Generalplan Ost und die Deutsche Forschungsgemeinschaft*. In: I. Heinemann, P. Wagner (Hg.): Wissenschaft – Planung – Vertreibung. Neuordnungskonzepte und Umsiedlungspolitik im 20. Jahrhundert. Stuttgart 2006, 45–73; R. Giordano: *Wenn Hitler den Krieg gewonnen hätte. Die Pläne der Nazis nach dem Endsieg*. Köln 2008, 153–213;

Hranilnica in posojilnica Bilčovs, Mitgliedkarte 1910

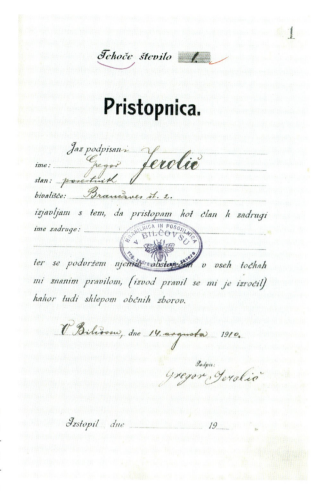

P. Longerich: *Himmler. Eine Biographie.* München 2008; T. Snyder: *Bloodlands. Europa zwischen Hitler und Stalin.* München 2011, 173 ff.; H. Burger: *Der Generalplan Ost und die ›Bereinigung der Slowenenfrage‹.* In: V. Oman, K. Vouk: *Denk Mal – Deportation!*, hg. von der Zveza slovenskih izseljencev, Verband slowenischer Ausgesiedelter. Celovec 2012, 13–20 = www.slo.at/zso/wissenschaft_de_more.php?id=P1772_0_36_0_C; B. Entner: *Wer war Klara aus Šentlipš/St. Philippen? Kärntner Slowenen und Sloweninnen als Opfer der NS-Verfolgung. Ein Gedenkbuch.* Klagenfurt/Celovec 2014.

Hannelore Burger

Geschichte der Posojilnica Celovec, *Koroška kronika*, 26. 7. 1946

Genossenschaftswesen. Das G. bei den Slowenen in Kärnten/Koroška reicht zurück in die → *Tabor*-Bewegung, die unter den Kärntner Slowenen ein Problembewusstsein für wirtschaftliche Fragen weckte und die erste Initiativen zur Gründung von Kreditgenossenschaften setzte. Josip → Vošnjak unterstützte publizistisch im *Koledarček Mohorjeve družbe* KMD [Kalender der Hermagoras-Bruderschaft] und später in der Zeitung → *Mir* diese Bemühungen. Sein Bruder Michael war gemeinsam mit Anwalt Ivan Dečko die treibende Kraft bei der Gründung der *Zveza slovenskih posojilnic v Celju* [Verband slowenischer Kreditgenossenschaften in → Celje], die eine wesentliche Rolle beim Auf- und Ausbau des slowenischen genossenschaftlichen Kreditwesens in Kärnten/Koroška spielte. Ivan Dečko war es auch, der Andrej → Einspieler zur Herausgabe der Zeitung *Mir* bewegen konnte. Der Verband führte bei seinen Kärntner Mitgliedsgenossenschaften schon lange vor 1903 Revisionen durch, war Geldzentrale und organisierte Intensivschulungen von Genossenschaftsfunktionären. Die erste, noch heute aktive ländliche Kreditgenossenschaft, ist die am 5. September 1872 gegründete *Posojilnica Št. Jakobska v Rožu*, die heute unter dem Namen *Posojilnica v Šentjakobu v Rožu/Kreditbank St. Jakob im Rosental* firmiert (vgl. Valentin → Janežič). Die Kreditgenossenschaften der ersten Gründungsphase fußten auf dem Schulze-Delisch-System Vošnjak'scher Prägung. Die Mitglieder konnten eine unbegrenzte Anzahl von Geschäftsanteilen erwerben, die auch verzinst wurden, hatten aber bei Vollversammlungen trotzdem nur eine begrenzte Stimmenanzahl. Kreditnehmer mussten Mitglieder sein, Einleger ihre Mitgliedschaft ausdrücklich erklären. In der zweiten Gründungsphase (nach 1900) orientierten sich die neuen Genossenschaften nach dem Raiffeisensystem. Der Zweck der Kreditgenossenschaft war, »sich mit ihrem Gesellschaftskredite Geldmittel zu verschaffen, Kredite zu gewähren und

Slovenske posojilnice na Koroškem

Naše kmetovalce bo gotovo zanimalo, kakšno je bilo pred vojno stanje naših posojilnic, ki jih bomo, kakor upamo, zopet oživili. Podatki, ki jih navajamo, so vzeti iz leta 1936. in nam nudijo sledečo sliko:

Kraj	vloge v šil.	rez. fond.	članov
Bilčovs	49.000	4.000	148
Borovlje	184.000	13.000	305
Celovec	250.000	30.000	501
Djekše	40.000	17.000	62
Doberlavas	186.000	30.000	299
Galicija	31.000	6.000	117
Glinje	85.000	7.000	254
Globasnica	55.000	10.000	111
Hodiše	49.000	5.000	89
Št. Jakob	69.000	19.000	192
Št. Janž	117.000	38.000	216
Št. Jurij	45.000	5.000	120
Kostanje	12.000	9.000	112
Kotmaravas	30.000	4.000	76
Krčanje	41.000	8.000	61
Ledenice	23.000	3.000	72
Št. Lenart	44.000	2.000	54
Loče	43.000	8.000	155
Marija na Zili	5.000	4.000	74
Pliberk	113.000	14.000	314
Podljubelj	12.000	2.000	123
Podravlje	62.000	8.000	100
Sele	26.000	2.000	42
Skofiče	66.000	8.000	171
Šmarjeta	48.000	5.000	111
Šmihel	60.000	14.000	114
Šteben	30.000	8.000	121
Šteben Zila	24.000	5.000	?
Slov. Šmihel	8.000	1.000	38
Sv. Tomaž	50.000	6.000	68
Velikovec	322.000	18.000	234
Vevbre	65.000	3.000	58
Bistrica	101.000	14.000	95
Kapla	57.000	10.000	153
Želinje	9.000	1.000	51
Žvabek	51.000	7.000	121
	2.475.000	363.000	4932

K tem številkam je treba pripomniti to, da so všteti kot člani le tisti, ki so najemali posojilo, ne pa tisti, ki so denar nalagali. Brez dvoma bi, če bi šteli še te, število članov doseglo 7000.

Spareinlagen gegen Verzinsung anzunehmen«. Ende 1890 hatten 12 Kreditgenossenschaften 2.443 Mitglieder, wobei die *Št. Jakobska posojilnica* allein 1.308 zählte, im Jahr 1897 waren es 19 mit 5.727 Mitgliedern. In den Jahren 1906 und 1910 kam es zu großen Veränderungen. Außer zwei Kärntner slowenischen Kreditgenossenschaften verließen alle die *Zadružna zveza v Celju* und rechtzeitig vor ihrem Zusammenbruch auch die Zentralkasse landwirtschaftlicher Genossenschaften in Kärnten/Koroška – die Leitung Letzterer lag in den Händen Kärntner christlich-sozialer Politiker – und traten der *Zadružna zveza v Ljubljani* [Genossenschaftsverband in Ljubljana] bei. Bei der genannten Zentralkasse waren 1909 insgesamt sechs slowenische Kredit- und Warengenossenschaften mit insgesamt 1.465 Mitgliedern organisiert. Vor Beginn des Ersten Weltkrieges hatte das slowenische Genossenschaftswesen des Kronlandes Kärnten/Koroška 40 Kredit-, zwei Molkerei- und sieben Viehzuchtgenossenschaften sowie je eine Konsum-, Wirtschafts- und Brandschadenversicherungsgenossenschaft. Die Mitgliederanzahl im Jahr 1914 ist nicht überliefert. Die Genossenschaften erfüllten in dieser Phase ihrer Tätigkeit in erster Linie eine wirtschaftliche Funktion, indem sie über die Förderung ihrer Mitglieder zur ökonomischen Entwicklung beitrugen. Darüber hinaus beeinflussten sie durch rege Unterstützungstätigkeit den kulturellen, religiösen, politischen und sozialen Lebensbereich der Kärntner Slowenen.

Nach dem Ersten Weltkrieg gründeten slowenische Genossenschafter am 28. Februar 1921 die *Zveza koroških zadrug* [Verband der Kärntner Genossenschaften] mit der Betriebsgattung Revision und Anwaltschaft, Geld- und Warenverkehr. Zum Vorsitzenden wurde Janez → Vospernik gewählt, dem am 8. Februar 1935 Florijan → Lapusch folgte. Von Bedeutung war die Mitarbeit Valentin → Podgorc', der seit 1896 im Genossenschaftswesen mitgearbeitet und im Februar 1899 mit der *Gospodarska zadruga v Sinči vasi* [Wirtschaftsgenossenschaft Kühnsdorf] die erste Warengenossenschaft in Kärnten/Koroška gegründet hatte. 1924 zählte der Verband 44 Mitgliedsgenossenschaften, die 1930 insgesamt 4.942 Mitglieder hatten. Große Schwierigkeiten bereiteten die Behörden den Genossenschaften hinsichtlich des Schriftverkehrs. Der Gebrauch des Slowenischen wurde verboten, Verstöße mit finanziellen Sanktionen belegt. Zwischen 1927–1929 wurde den slowenischen Firmenbezeichnungen eigenmächtig deutsche beigefügt. Für die Zwischenkriegszeit ist in allen Sparten ein rückläufiger Trend zu verzeichnen, der auf ungünstige politische Rahmen-

Die slowenischen Sparkassen in Kärnten/Koroška, Tabelle: Ort/Einlagen in Schilling/Reservefonds/Mitglieder, *Koroška kronika*, 2. 8. 1946

Sparbuch der *Hranilnica in posojilnica Bilčovs*

Slovenska gospodarska zveza

Weihnachtswünsche, Freunden, Mitstreitern, Mitgliedern und Anlegern, KS 19. 12. 1935

Vorstand Hranilnica in *posojilnica Bilčovs* 1910

Zveza Bank

kulturelle und soziale Anliegen der Kärntner Slowenen fördern.

Nach dem »Anschluss« setzten starke Repressionsmaßnahmen gegen das slowenische Genossenschaftswesen und slowenische Genossenschafter ein. Aus außenpolitischen Rücksichten auf → Jugoslawien wurde es nicht sofort aufgelöst. Dazu entschloss sich das NS-Regime erst nach dem 6. April 1941. Es folgte die »Abwicklung«, unter der alle Maßnahmen verstanden werden, die das Ziel verfolgten, das slowenische Genossenschaftswesen in Kärnten/Koroška aufzulösen. In der slowenischen Literatur wird treffsicherer von Liquidierung gesprochen (→ »Generalplan Ost«). So wurden 22 slowenische Genossenschaften (21 Kredit- und eine Warengenossenschaft) mit deutschen fusioniert bzw. verschmolzen und verloren so ihre Rechtspersönlichkeit. Die Rechtspersönlichkeiten behielten 12 durch »Übernahme« bzw. »Eindeutschung« (elf Kredit- und eine Warengenossenschaft), vier befanden sich während des Krieges im Liquidationsverfahren, auf fünf hatte man einfach vergessen. Bei der »Abwicklung« spielten das

bedingungen und das Fehlen einer kompetenten Führungsschicht zurückzuführen ist. Nach einer Schätzung erreichte das slowenische Genossenschaftswesen knapp vor dem → »Anschluss« an Hitlerdeutschland 1938 ca. 20 % seines Einlagenstandes aus dem Jahre 1910. In bescheidenem Maße konnten die Kreditkassen

Ortsdreieck (→ Bürgermeister, Ortsbauernführer und NS-Ortsgruppenleiter) sowie die deutschen Genossenschaftsverbände eine wesentliche Rolle. Inkludiert war auch Alois Maier Kaibitsch als Beauftragter des Reichskommissars für die Festigung deutschen Volkstums, RKFDV. Alle Vorsitzenden der Kreditgenossenschaften und viele weitere Funktionäre wurden inhaftiert oder im April 1942 ins Deutsche Reich deportiert (→ Deportationen 1942). Personell wird die Vernichtung mit dem kommissarischen Verwalter aller slowenischen Kassen und der *Zveza koroških zadrug* Karl Geissner, dem Direktor der Raiffeisen-Zentralkasse in Klagenfurt/Celovec, verbunden. Der »Abwicklung« versuchte man einen rechtlichen Anstrich zu geben und die Liquidierung der Genossenschaften wurde mit Rationalisierungsmaßnahmen im Genossenschaftswesen begründet (vgl. auch → »Generalplan Ost«).

Lit.: *Letopis slovenskih posojilnic 1889–1909.* Celje 1889–1909; *Jubiläums-Bericht der Zentralkasse landwirtschaftlicher Genossenschaften in Kärnten pro 1909 anläßlich der Feier des zehnjährigen Bestandes.* Klagenfurt 1910; J. Sitter: *Die Anfänge des slowenischen Genossenschaftswesens in Südkärnten und deren Struktur, Einordnung und Position in der österreichischen Genossenschaftsorganisation unter besonderer Berücksichtigung der Warenorganisation* (Dipl.-Arb.). Linz 1981; A. Malle: *Pomen slovenskih hranilnic in posojilnic na Koroškem.* In: 100 let Posojilnice Dobrla vas. Dobrla vas 1990, 13–41; A. Malle: *Nekateri aspekti obnove slovenskega zadružništva na Koroškem po drugi svetovni vojni.* In: V. Rajšp [e.a.] (Hg.): *Melikov zbornik.* Ljubljana 2001, 95–106; A. Malle: *Vloga slovenske duhovščine pri vzpostavljanju ekonomskih struktur na Koroškem.* In: T. Bahovec (Hg.): Eliten und Nationswerdung. Klagenfurt/Celovec 2003, 223–263; A. Malle [e.a.]: *Vermögensentzug, Rückstellung und Entschädigung am Beispiel von Angehörigen der slowenischen Minderheit, ihrer Verbände und Organisationen.* In: C. Jabloner [e.a.] (Hg.): Veröffentlichungen der Österreichischen Historikerkommission. Bd. 23/1. Wien-München 2004.

Avguštin Malle

Germ, Matthias (Matthäus, Matej, * 17. Jänner 1867 Adlešiči [Črnomelj, Bela krajina], † 17. Februar 1923 Eisenkappel/Železna Kapla), Priester.

Nach dem Theologiestudium in Klagenfurt/Celovec und der Ordination (1892) wirkte G. als Kaplan in Klagenfurt/Celovec (1892–1893), St. Jakob i. R./Šentjakob v R. (1893–1894), St. Michael ob Bleiburg/Šmihel pri Pliberku (1894–1895), als Provisor in St. Stephan unter Feuersberg/Šteben (1895–1896) und in Rabelj/Raibl/Cave del Predil (1896–1909). Seit 1909 war er Pfarrer in → Eisenkappel/Železna Kapla, wo er bis zu seinem Tod wirkte. G. setzte sich in der Pfarre und Schule für die Rechte der Slowenen ein und musste in der labilen Zeit vor der → Volksabstimmung die Zerstörung des

Stempel mit Jahresabschluss 1930 der Hranilnica Št. Tomaž (Detail)

Pfarrhofes vor allem durch aufgebrachte einheimische Frauen hinnehmen, so die Pfarrchronik.

Quellen: ADG, *Personalakt Germ*; *Liber memorabilium, Chronik der Pfarre Eisenkappel.*
Lit.: J. Till: *Die Kärntner Slowenen und die Diözese Gurk-Klagenfurt.* In: A. Moritsch (Hg.): *Kärntner Slowenen. Koroški Slovenci 1900–2000.* Klagenfurt [e.a.] 2000, 67–169; P. G. Tropper: *Nationalitätenkonflikt, Kulturkampf, Heimatkrieg, Dokumente zur Situation des slowenischen Klerus in Kärnten 1914–1921.* Klagenfurt 2002.

Josef Till

Germanisierung, Prozess und/oder planmäßige Politik der »Eindeutschung« nicht deutscher oder nicht deutschsprachiger Territorien und Menschen durch graduelle Kolonisierung und Besitzergreifung oder durch Assimilierung von nicht deutschsprachigen bzw. historisch von nicht »germanischen« Völkern und deren Gebieten.

In Kärnten/Koroška ist G. in der Frühphase der interkulturellen Beziehungen als Prozess zu verstehen, der auf wirtschaftliche, politische und feudalrechtliche Ursachen zurückzuführen ist. Dabei indiziert etwa das Fortbestehen paralleler Rechtsordnungen, des Standes der → Edlinger/*kosezi* und einer zumindest partiell eigenständigen → Edlingergerichtsbarkeit aufgrund des frühmittelalterlichen → Personalitätsprinzips insbesondere Prozesse der → Akkulturation. Gleiches gilt angesichts der →Windischen-Ideologie des Erzherzogtums Kärnten/Koroška grundsätzlich auch für die frühe Neuzeit.

Nach Bogo → Grafenauer umfasste das ursprünglich von → Slawen Ende des 6. Jh.s besiedelte Gebiet den Raum zwischen Donau/Donava und der oberen Adria/Jadran, zwischen dem Ursprungsgebiet der Drau/Drava und dem Balaton/Plattensee/Blatno jezero in der

Pannonischen Tiefebene (→ Alpenslawisch, → *Slovenia submersa*). Dieses wird wegen des Sprach-, Rechts- und Siedlungskontinuums im Rahmen der karantanischen bzw. in weiterer Folge im Rahmen der nicht exklusiven slowenischen → Kulturgeschichte mitberücksichtigt und hatte nach GRAFENAUER eine Ausdehnung von 70.000 km² (→ Karantanien; → Kontinuität; → Rechtsinstitutionen, karantanerslowenische). Bis zum 15. Jh. verkleinerte sich dieses Gebiet auf ca. 24.000 km², während ca. 36.000 km² wegen der mittelalterlichen Kolonisierung einem → Sprachwechsel hin zur deutschen Sprache unterworfen gewesen seien. Weitere 2.000 km² in Kärnten/Koroška und Steiermark/Štajerska im Rahmen der Grenzen der späteren Republik Österreich seien ab der Mitte des 19. Jh.s demselben ethnischen Wandel unterworfen gewesen.

Nachdem in einer ersten Phase von einer dünnen Besiedlung ausgegangen wird, kommt es zwischen der Mitte des 10. Jh.s bis zum 12. und teilweise bis zum 13. Jh. zur Hauptphase der Fernkolonisierung der Zentralräume, wobei gebirgigere Bereiche in Oberkärnten/Zgornja Koroška und Obersteiermark/Zgornja Štajerska vorerst nicht betroffen waren (→ Karantanische Mark). Nach DOMEJ war die G. in dieser Phase lediglich eine Begleiterscheinung. Einen Hinweis für das Nebeneinander der Sprachen geben die → Ortsnamen (→ Toponyme, alpenslawische (slowenische) in der Steiermark, → Toponyme slawischer bzw. slowenischer Herkunft in Osttirol und Salzburg) bzw. die urkundlichen Erwähnungen *Karantanerslowenischer* → Personennamen. Ab ca. 1200 bis zum 15. Jh. kommt es zu einer neuen Form der Kolonisierung durch bereits einheimische Bevölkerungsteile aus den Siedlungszentren, d.h. zur Binnenkolonisierung, was nach GRAFENAUER zu einer Homogenisierung durch die jeweils vorherrschende Bevölkerungsgruppe beigetragen habe und somit zur Herausbildung einer → Sprachgrenze. Literaturüblich wird etwa → Hermagor/Šmohor als deutschsprachiger Ort an der Sprachgrenze dargestellt. (Differenzierend dazu sind die von SCHNABL erstmals edierten → Ortsverzeichnisse 1860, 1880/82 und 1883, in denen »ortsübliche Bezeichnungen« westlich und nordwestlich davon im Gitschtal/Višprijska dolina ausgewiesen werden. Gleiches gilt für das amtliche → *Ortsverzeichnis aus 1918* auf der Grundlage der Volkszählung 1910 [→ Sprachenzählung] und entsprechendes zeitgenössisches slowenisches Kartenmaterial.) Innerhalb dieser literaturüblich angegebenen Sprachgrenze waren später im Bereich des utraquistischen → Schulwesens in Kärnten/Koroška vor dem Einsetzen der massiven neuzeitlichen Assimilationsprozesse im 19. Jh. neben kleineren Sprachinseln 97,5 % der Bevölkerung Slowenen.

Gegen Ende des 18. Jh.s kommt es zu vertieften soziologischen Differenzierungsprozessen der Sprachen, wobei aufgrund staatlicher Zentralisierungstendenzen des → Josephinismus und auf einer bereits bestehenden gesellschaftlichen Schichtung der Eliten aufbauend, Deutsch als allgemeine Verkehrs- und Staatssprache bzw. als → *Lingua franca* in der Monarchie nach dem Vorbild Frankreichs forciert wurde. Eine frühe Erwähnung dieser soziolinguistischen Tendenzen findet sich in der Vorrede zur *Windischen Sprachlehre* von O. → GUTSMANN (1777), wo dieser die rhetorische Frage nach dem Nutzen der Sprachlehre und der Sprache selbst stellt, was ›nicht selten‹ bezweifelt werde. Urban → JARNIK zeigte in den *Andeutungen über Kärntens Germanisirung* 1826, also in einem frühen Stadium neuzeitlicher Germanisierungsprozesse, erstmals die historischen und sozialen Erklärungen des historischen Sprachwechsels bzw. der G. der Slowenen in Kärnten/Koroška und das Werden der → Sprachgrenze auf.

Mit dem Aufkommen der nationalstaatlichen Idee und des politischen Deutschnationalismus in der Habsburgermonarchie, bedingt durch dessen sozial und wirtschaftlich privilegierte Stellung und Hegemonie, erhält die G. als politisches Ziel in den als deutsch betrachteten Kronländern → Innerösterreichs (einschließlich → Krains) einen neuen Aufschwung – und zwar trotz der Verfassungsbestimmungen über die Gleichberechtigung der konstitutiven Völker in der → Oktroyierten Märzverfassung von 1849 und in den auf dieser basierenden → Landesverfassungen sowie ebenso trotz der der einschlägigen Bestimmungen der Dezemberverfassung von 1867 [→ Wahlordnungen, → Wahlkreiseinteilungen]).

Seit den 1880er-Jahren erhielt die planmäßige G. eine neue politische Dimension und Dynamik, wobei insbesondere → *deutschnationale Vereine* und Organisationen, wie Deutscher Schulverein (gegründet am 13. Mai 1880) und Südmark (gegründet 1889 in Graz) sowie in der Folge der Kärntner Heimatdienst (gegründet 1918, 1924 umbenannt in Kärntner Heimatbund), die Rolle von ›Frontorganisationen‹ einnahmen und sich als ›Vorposten im Südosten‹ und ihre Tätigkeit ideologisch begründet sahen (→ Windischentheorie). Dabei entsprach die diesbezügliche Unterstützung durch die politische Nomenklatur in der Monarchie und in der Ersten Republik durchaus den europäischen Trends

(→ Vertrag von Saint-Germain). Der Landesverweser Arthur LEMISCH definierte bereits am 25. Oktober 1920 in einem Beitrag in der *Kärntner Landsmannschaft*, wenige Tage nach der → Volksabstimmung und den leeren Versprechungen der → Volksabstimmungspropaganda, die Assimilierung der Slowenen, d.h. die G. des Landes als Landesideologie und als Aufgabe, für die eine Generation, ein Menschenalter Zeit sei, und bekräftigte dies in einer Rede im Kärntner Landtag am 25. November 1920. Nach HÖSLER betrieb etwa der Verein Südmark eine aktive Besiedlungspolitik (sprich Kolonisierungspolitik), für das er ein Viertel seiner Gesamtausgaben aufgewendet habe. Mit dem Ziel, zunächst eine ethnisch deutsche Landbrücke zwischen Šentilj und → Maribor zu schaffen sowie später einen Zugang zur Adria (wozu auch wirtschaftspolitische und Infrastrukturmaßnahmen wie der Bau der Südbahn durchaus insturmentalisiert wurden). Die verfassungswidrigen Diskriminierungen und Menschenrechtsverletzungen durch staatliche Einrichtungen wurden somit wirtschaftlich flankiert (→ *Glas pravice*, → Internierungen 1919, → Vertreibung 1920). Slowenen wurden vom Arbeitsmarkt ausgeschlossen (→ Assimilationszwang), slowenische Gehöfte wurden planmäßig in Konkurs getrieben bzw. auf solchen Gehöften planmäßig deutsche Ansiedler angeworben. (HÖSLERS Analysen oben können durchaus analog für Kärnten/Koroška angewendet werden. WADL bestätigt dies an Beispielen in seiner Gemeindechronik von Magdalensberg/Štalenska gora am → Klagenfurter Feld/Celovško polje, so etwa: »Wie viele andere Gutsbetriebe in der engeren Umgebung von Klagenfurt wurde auch der Farchenhof in der Wirtschaftskrise der frühen dreißiger Jahre von einem Reichsdeutschen [...] erworben« [S. 151]. WADL führt als diesbezügliches Beispiel in seiner Gemeindechronik auch den Gutshof/Schloss Freudenberg/Frajnperk an, geht jedoch diesbezüglich auf andere ähnlich gelagerte Fälle nicht ein. Vgl. auch → Emigration). Dabei brachten diese deutschsprachigen Zusiedler in der Vorkriegszeit und während des Krieges, unabhängig ihres individuell zu bestimmenden aktiven politischen deutschnationalen Sendungsbewusstseins, in vielen Fällen de facto die deutsche Sprache erstmals in zahlreiche Orte in → Südkärnten/Južna Koroška, wo bis dahin das Deutsche noch keineswegs → *Lingua franca* gewesen war. Der Maler Werner BERG wird als ein (seltenes) Vorbild für dessen Integration in die slowenische Gesellschaft im → Jauntal/Podjuna dargestellt.

Diese als neuzeitliche, ethnopolitisch motivierte Kolonisierung zu wertende und nach GRAFENAUER »ethnozidäre« Politik führte in slowenischen Orten durch gesellschaftliche, psychosoziale und wirtschaftliche Zwänge zur Assimilierung slowenischer Bevölkerungsteile (G. im eigentlichen Sinn, da sie in ihrer oben beschriebenen Planmäßigkeit die individuelle Niederlassungsfreiheit überstieg). Die systematische Verfolgung der Slowenen gipfelte im Nazi-Terrorregime. Auf der Grundlage eines ideologisch und pseudowissenschaftlich begründeten Rassenwahns, wie er im → »Generalplan Ost« methodisch verwirklicht werden sollte, wurden zunächst 1838/39 → »ethnische Säuberungen« in den Reihen der Kirche vorgenommen und zahlreiche slowenische Priester entweder zwangsweise nach Nordkärnten versetzt oder in KZs verschleppt (→ Verfolgung slowenische Priester ab 1938 in Kärnten/Koroška). Dem folgten systematische, auf das gesamte slowenische Sprachgebiet in Kärnten/Koroška verteilte → Deportationen 1942. Durch die gesellschaftliche Umkehr der Täter-Opfer-Rollen nach 1945 kam es kollektiven Erscheinungsformen posttraumatischer Belastungsstörungen bei den Kärntner Slowenen und zu deren massiver → Assimilation, was zur G. ganzer Landstriche führte (→ Sprachenzählung, → Umgangssprache).

In der Historiografie wird, nach GRAFENAUER (1984), mit der Rückverlegung der Resultate der Politik der aktiven G. des 20. Jh.s in die graue Vergangenheit gleichsam die Verantwortung dafür abgelegt (→ »Entethnisierung«; → Geschichtsschreibung und kognitive Dissonanz; → Minderheit). Die *statistische* → *Germanisierung* wiederum ist ein rechtspolitisches Instrument der nachhaltigen G.

Quellen: O. Gutsmann: *Windische Sprachlehre*. Klagenfurt 1777, ⁶1829; *Naseljenost Slovencev in narodnostno razmerje na koroškem (slov. uradno ljudsko štetje leta 1910.)*. (Karte. Nachdruck): Izdala: Založba Amalietti & Amalietti, d.n.o. Ljubljana, marca 2006 (= Karte, NUK, Inv.-Nr./.282-4-72); *Narodnostna karta Koroške – Lastno štetje 1910*. (= Karte, NUK, Inv.-Nr./.282-4-6); *Naseljenost Slovencev na Koroškem po cerkvenem šematizmu leta 1917/18* (Karte, NUK, Inv.-Nr./.282-4-10).
Lit./Web: ES (B. Grafenauer: *Germanizacija*). – Ante Beg: *Narodni kataster Koroške*. V Ljubljani, dne 2. julija 1910, 60 ff. (http://www.sistory.si/SISTORY:ID:27172); M. Kos: *Zgodovina Slovencev od naselitve do reformacije*. Ljubljana 1933; B. Grafenauer: *Germanizacija treh Avstrij*. In: B. Grafenauer, L. Ude, M. Veselko: Koroški zbornik. Ljubljana, 1946, 149–275; B. Grafenauer: *Narodnostni razvoj na Koroškem od srede 19. stoletja do danes*. In: B. Grafenauer, L. Ude, M. Veselko: Koroški zbornik. Ljubljana založba Slovenije, 1946, 117–

248; B. Grafenauer: *The National development of the Carinthian Slovenes*. Ljubljana 1946 (www.sistory.si/SISTORY:ID:24794); M. Kos: *Kolonizacija in germanizacija slovenske zemlje*. In: *Historijski zbornik* 4 (1951) 9–19; K. Stuhlpfarrer: *Germanisierung in Kärnten. 50 Jahre antislowenische Politik*. In: *Neues Forum* 19 (1972) 39–45; G. Fischer: *Das Slowenische in Kärnten, Bedingungen der sprachlichen Sozialisation. Eine Studie zur Sprachenpolitik*. Wien, Sprache und Herrschaft, Zeitschrift für eine Sprachwissenschaft als Gesellschaftswissenschaft, Reihe Monographien Nr. 1 /1980; A. Suppan: *Die österreichischen Volksgruppen. Tendenzen ihrer gesellschaftlichen Entwicklung im 20 Jahrhundert*. Wien 1983; B. Grafenauer (Hg.): *Urban Jarnik (1784–1844), Andeutungen über Kärntens Germanisierung/Pripombe o germanizaciji Koroške*. Klagenfurt/Celovec 1984; Th. Domej: *Die Slowenen in Kärnten und ihre Sprache mit besonderer Berücksichtigung des Zeitalters 1740 bis 1848*. (Phil Diss.). Wien 1986, VII, 562 S.; B. Grafenauer: *Oblikovanje severne slovenske narodnostne meje*. Ljubljana 1994 (www.sistory.si/?urn=SISTORY:ID:26736); W. Wadl: *Magdalensberg, Natur, Geschichte, Gegenwart, Gemeindechronik*. Klagenfurt 1995, Zitat S. 150; J. Hösler: *Vom »Kampf um das Deutschtum« über die »Ostforschung« zur »Freien Sicht auf die Vergangenheit« – Krain und die Untersteiermark des 19. Jahrhunderts im Spiegel der deutschsprachigen Geschichtsschreibung*. In: V. Rajšp [e.a.] (Hg.): Melikov zbornik. Ljubljana 2001, 121–151; A. Malle (Red.): *Die Vertreibung der Kärntner Slowenen/Pregon koroških Slovencev 1942–2002*. Klagenfurt/Celovec 2002; H. Valentin: *Die Entwicklung der nationalen Frage in Kärnten 1918–1945*. In: H. Valentin, P. Karpf, U. Puschnig (Hg.): Der Staatsvertrag von Wien 1955–2005: Die Kärntner Perspektiven. Kärnten Dokumentation, Bd. 22. Klagenfurt 2006 (www.volksgruppenbuero.at/images/uploads/band22_final_sc.pdf), 43–44; M. Klemenčič, V. Klemenčič: *Die Kärntner Slowenen und die Zweite Republik – zwischen Assimilierungsdruck und dem Einsatz für die Umsetzung der Minderheitenrechte*. Klagenfurt/Celovec [e.a.] 2010, 39–51 (Volkszählungen bis 1939) 105–130, (Volkszählungen 1951–1971) 155–226 (Volkszählungen 1976–2001).

Bojan-Ilija Schnabl

Germanisierung, statistische, Verwendung statistischer Mittel zum Zwecke der → Germanisierung von Regionen bzw. statistischer Einheiten. Während das Ziel der St. G. immer dasselbe war, d.h., die relative Zahl der Angehörigen von nicht deutschen Sprachgruppen oder nicht deutscher ethnischer Gruppen so gering wie möglich darzustellen, war diese Methode in unterschiedlichen historischen Phasen unterschiedlich gewichtet. Bis zum Ende des Ersten Weltkrieges versuchten die österreichisch-ungarischen Behörden mit den Mitteln der St. G. die führende Rolle der deutsch- und ungarischsprachigen Bevölkerung bei der Entscheidungsfindung über alle bedeutenden staatspolitischen Fragen zu rechtfertigen. Trotz der intensiven diesbezüglichen Bemühungen stellten jedoch die Angehörigen der deutsch- bzw. ungarischsprachigen Bevölkerung 1910 lediglich 45,1 % der Gesamtbevölkerung der österreichisch-ungarischen Monarchie. Nach dem Zerfall der Monarchie versuchten die Behörden vor allem im österreichischen Teil Kärntens mit den Mitteln der St. G. zu beweisen, dass Kärnten/Koroška ein deutsches Land sei, um damit den Anschluss des mehrheitlich slowenisch besiedelten Teiles → Südkärntens an Österreich zu rechtfertigen. Andererseits versuchten die Behörden mit den Mitteln der St. G. die Forderungen der österreichischen Volksgruppenangehörigen nach Volksgruppenschutz gemäß Art. 62–69 des Friedensvertrags von Saint-Germain zu übergehen. Nach dem Zweiten Weltkrieg war es der Zweck der St. G., die statistische Relevanz der Angehörigen der slowenischen und kroatischen Volksgruppe in Kärnten/Koroška, Steiermark/Štajerska und im Burgenland/Gradišće/Gradiščanska zu verringern, um so die Bestimmungen des Art. 7 Österreichischer Staatsvertrag, der ebenso die Volksgruppenrechte definiert, zu unterlaufen.

Die Behörden führten die St. G. mittels der Feststellung der → Umgangssprache aus, d.h. jener Sprache, die eine Person unabhängig von der → Muttersprache in der Öffentlichkeit verwendete. Diese Fragestellung war für Angehörige von Volksgruppen und → Minderheiten die ungünstigste. Denn sie machte es für Angehörige ebendieser Gruppen in der Monarchie und später in der Republik Österreich faktisch unmöglich, ihre Muttersprache anzugeben, wenn sie in einem mehrheitlich deutsch bzw. in einem sprachsoziologisch deutsch dominierten Sprachgebiet oder in deutschen Sprachinseln (z.B. in urbanen Zentren) lebten. Für alle österreichischen Spracherhebungen nach dem Ersten Weltkrieg ist auch die Veränderung der Definition für dieselbe statistische Bevölkerungskategorie charakteristisch. Bei der St. G. machten in allen Phasen der Spracherhebung jene Kräfte ihren Einfluss geltend, die gegen eine völlige Gleichberechtigung der »Minderheiten« mit der »Mehrheit« waren. Diese versuchten (bis zur letzten Sprachenerhebung 2001), insbesondere in Kärnten/Koroška, in der Steiermark/Štajerska und im Burgenland/Gradišće (slow. Gradiščanska), auf unterschiedlichste Weise ihr Ziel zu erreichen, die tatsächliche zahlenmäßige Stärke der Angehörigen der Volksgruppen in allen Phasen der Volkszählung zu beweisen: von den Vorbereitungen und Umsetzung der Volkszählung bis hin zur Erklärung der Ergebnisse und deren Verwendung bei der Volksgruppengesetzgebung.

Die habsburgischen Behörden führten erstmals 1846 eine Erhebung der ethnischen Struktur der Bevölkerung unter der Leitung von Karl → Czoernig durch, wobei dabei der überwiegende Charakter der Ortschaft ermessen wurde. In den Jahren 1880, 1890, 1900 und 1910 wurde die Umgangssprache festgestellt. Aus der vergleichenden Analyse der Volkszählungsergebnisse hinsichtlich der Umgangssprache ergibt sich, dass einerseits die Gesamtzahl der Bevölkerung → Südkärntens von 88.388 im Jahr 1880 auf 90.903 im Jahr 1910 wuchs, dass aber dieses Wachstum vor allem auf den Anstieg der deutschsprachigen Bevölkerung zurückzuführen war, die um das Zweieinhalbfache stieg (von 12.750 im Jahr 1880 auf 33.036 im Jahr 1910), während der slowenischsprachige Bevölkerungsanteil im selben Zeitraum um ein Viertel, und zwar von 75.579 im Jahr 1880 auf 57.816 im Jahr 1910, zurückgegangen war. Nach den Angaben der Zählung von Czoernig hatte das damalige Kronland Kärnten/Koroška (einschließlich des → Val Canale/Kanaltal/Kanalska dolina, von Jezersko [Seeland] und der → Mežiška dolina [Mießtal]) 318.577 Einwohner, davon waren 22.033 (70,01 %) deutschsprachig und 95.544 (29,99 %) slowenischsprachig. Nach den Berechnungen von Bogo → Grafenauer hatte das Gebiet des sog. »Slowenisch-Kärntens« *(Slovenska Koroška)*, das ziemlich genau dem Gebiet des zweisprachigen Schulwesens entsprach (wie es später in der Schulverordnung 1945 definiert wurde), 115.472 Einwohner. Davon waren slowenischsprachig 56.799 Personen (49,19 %), slowenisch-deutsch-krainisch-sprachig 13.469 (11,66 %), slowenisch-deutschsprachig 14.524 (12,58 %), deutsch-slowenisch-sprachig 21.456 (18,58 %) sowie deutschsprachig 9.224 (7,99 %). Anders ausgedrückt: Slowenisch als Umgangssprache wurde in einer der erwähnten Kategorien von 92,01 % der Gesamtbevölkerung des erwähnten Gebietes angegeben.

Im Hinblick auf die Überlegungen des amerikanischen Historikers Pieter M. Judson waren die erwähnten Volkszählungen bei der Erstellung des Konzeptes der Sprachgrenzen als Grenzen zwischen verschiedenen Völkern hilfreich, denn sie ermöglichten den nationalistischen Aktivisten zum ersten Mal, verschwörerisch ihrer vorgeblichen demografischen Stärke bzw. ihrer Schwäche im geografischen Sinn Geltung zu verschaffen. Wenn eine Sprache (oder ein Volk) Vorteile auf Kosten einer anderen erlangt hatte, konnte man feststellen, wo dies geschehen war. Dies ermöglichte nationalistischen Organisationen, den »Kampfplatz« genau auszuwählen. Als es 1900 zur dritten Zählung in der Reihe der Volkszählungen kam, waren Volkszählungen eine Gelegenheit für nationalistische Propaganda auf allen gesellschaftlichen Ebenen. Die nationalistischen Aktivisten spornten ihre Anhänger an, sich möglichst vieler Bereiche zu bemächtigen und möglichst viele Menschen für ihre Sprache zu gewinnen. Viel Aufmerksamkeit schenkte man den Betrugsfällen oder Fällen gesetzwidrigen gegnerischen Drucks auf die der Volkszählung unterworfenen Personen.

Solche große Veränderungen der sprachlichen bzw. ethnischen Struktur der Bevölkerung Südkärntens sind freilich nicht nur die Folge natürlicher Bevölkerungsbewegungen und massenhaften Zuzugs deutschsprachiger Bevölkerung. Darauf wies in den Kommentaren zum Volkszählungsergebnis von 1910 auch Franz Hiess hin, der spätere Leiter des Bundesamtes für Statistik, der u. a. meinte: »... Der Vergleich der Ergebnisse der Sprachenzählungen aus den Jahren 1900 und 1910 weist an vielen Stellen auf so große Differenzen hin, dass man diese nicht mehr nur mit den tatsächlichen Veränderungen der Sprachstruktur erklären kann, sondern sehr viel eher mit den Unterschieden in der Erhebungstechnik der Zählung ...«. Gerade das ist der springende Punkt: nämlich die Frage, nach welchen Kriterien die Umgangssprache bestimmt wurde, wer gezählt hatte, wie sich der Zählende verhielt, wie die Kontrolle aussah und welche Sanktionen es bei eventuellen Mängeln gab, die die vielen Zweifel hinsichtlich der Objektivität der amtlichen Volkszählungen bereits zur Zeit der Habsburgermonarchie entstehen ließen. Gerade die fehlende Objektivität der amtlichen Volkszählung, deren Aufgabe darin lag, schon damals eine möglichst hohe Anzahl von Deutschsprachigen in einem bestimmten Gebiet aufzuzeigen, war neben der bereits erwähnten → Germanisierung die Hauptursache für die großen Veränderungen der nationalen Struktur der Bevölkerung in einigen habsburgischen Ländern. Das erfahren wir z.B. in der Steiermark/Štajerska auch aus den Aufforderungen der *Marburger Zeitung*, der zufolge jene Knechte und Mägde, die bei deutschen Dienstherren arbeiten, als ihre Umgangssprache die deutsche Sprache anführen sollen.

Der Germanisierungsprozess und die Fragwürdigkeit der Resultate der österreichischen Volkszählungen im Hinblick auf die Umgangssprache werden noch deutlicher, wenn man die Zahl der Orte mit einem gewissen Prozentsatz an slowenischer Bevölkerung in den einzelnen Volkszählungsergebnissen vergleicht.

Obwohl kein Zweifel besteht, dass die Volkszählungsergebnisse nicht der tatsächlichen Situation ent-

Tabelle 1: Anzahl der Orte im zweisprachigen Gebiet Kärntens, wie sie von der Schulverordnung aus dem Jahr 1945 definiert werden, nach dem Prozentsatz der Bevölkerung mit slowenischer Umgangssprache.

Anteil der Bevölkerung mit Slowenisch als Umgangssprache	Jahr 1880		Jahr 1890		Jahr 1900		Jahr 1910	
	Anzahl der Orte	%	Anzahl der Orte	%	Anzahl der Orte	%	Anzahl der Orte	%
0 – 10,0 %	19	2,5	23	2,9	46	5,9	42	5,3
10,1 – 25,0 %	16	2,1	6	0,8	18	2,3	41	5,2
25,1 – 50,0 %	17	2,2	29	3,7	46	5,9	88	11,2
50,1 – 75,0 %	40	5,2	52	6,6	86	10,9	145	18,5
75,1 – 90,0 %	53	6,9	105	13,5	109	13,8	95	12,0
90,1 – 98,0 %	131	16,9	155	19,9	131	16,7	102	12,9
98,1 – 99,9 %	64	8,3	49	6,3	53	6,7	34	4,3
100,0 %	432	55,9	361	46,3	297	37,8	242	30,6
zusammen	770	100,0	780	100,0	786	100,0	789	100,0

Quelle: M. Klemenčič: *Die ethnische Entwicklung und ethnische Situation der Bevölkerung in Kärnten vor der Volksabstimmung*. In: Kärnten: Volksabstimmung 1920: Voraussetzungen, Verlauf, Folgen, (Studien zur Geselschaft in Slowenien, Österreich un Italien, 1). Wien/München/Kleinenzersdorf 1981, 137–153.

sprachen und dass der Anteil der slowenischen Bevölkerung beträchtlich höher war, so zeigen die Ergebnisse doch Erfolge der St. G. Diese beflügelte die regierenden Akteure in Kärnten/Koroška zu einer offenen und konsequenten Haltung, wonach die Landespolitik niemals anerkennen dürfe, dass im Land neben einem geschlossenen deutschsprachigen Gebiet auch ein geschlossenes slowenischsprachiges Gebiet bestehe.

So ist es nicht weiter erstaunlich, dass die österreichischen Behörden die St. G. auch nach dem Ersten Weltkrieg fortführten. Die weitere Entwicklung der Geschehnisse zeigte der Landesverweser Arthur LEHMISCH auf der Festsitzung des Kärntner Landtages am 25. November 1920 auf: »Nur ein Menschenalter haben wir Zeit, diese Verführten zum Kärntnertum zurückzuführen: in der Lebensdauer einer Generation muß das Erziehungswerk vollendet sein ...« Dieses politische Ziel spiegelt sich in den Volkszählungen, die 1923 und 1934 in der Ersten Republik durchgeführt wurden. Bei diesen Volkszählungen wurde zwar die sprachliche Struktur der Bevölkerung erhoben, doch waren die entsprechenden Kriterien unterschiedlich. 1923 wurden auf der Basis der Erhebung der Umgangssprache, bzw. genauer, der Sprache, »die man am besten beherrscht und in der man denkt«, in Kärnten/Koroška 39.292 Personen (10,1 %) als slowenische Bevölkerung erfasst. Im Jahr 1934 betrug die Anzahl der Personen mit slowenischer Umgangssprache nur mehr 26.796.

Die Genauigkeit der Angaben aus beiden Volkszählungen ist sehr fragwürdig, insbesondere was jene aus dem Jahr 1934 betrifft, da die sprachliche Zugehörigkeit nach jener Sprache bestimmt wurde, »... deren Kulturkreis sich der Befragte zugehörig fühlt. Die sprachliche Zugehörigkeit wird also ausschließlich durch das Gefühl des Befragten, keineswegs aber durch irgend welche objektiven Merkmale wie Abstammung, Muttersprache, größere oder geringere Geläufigkeit in der Anwendung einer Sprache, die übliche Umgangssprache, Bildungsgang und dgl. bestimmt ...«. Dabei ist hervorzuheben, dass damals nicht einmal deutschsprachige Fachleute die Tatsache verneinten, dass so ein subjektives Volkszählungskriterium den Zweck der St. G. der Minderheit diente. So schrieb etwa der deutsche Volksgruppentheoretiker Willhelm GREVE: »Die Assimilationskraft des Deutschtums war so stark, dass sich zum Deutschen auch Personen bekannt haben, die tatsächlich keine Deutschen waren. Die Bestimmung der Nationalität aufgrund einer Erklärung, die keine Rücksicht darauf nimmt, dass gegen diese Erklärung die objektiven Merkmale sprechen, unterstützt also die Assimilatio.« (→ Deutschtümler, → Assimilation, → Assimilant). Das gestand auch der oben genannte österreichische Statistiker HIESS ein, der selbst ein subjektives Kriterium der sprachlichen/ethnischen Zugehörigkeit vertrat, wonach die ethnische Zuordnung ausschließlich auf der Grundlage der Aussage anlässlich der Volkszählung vorzunehmen sei: »... Als solches unterliegt es [die Erklärung] selbstverständlich allen Fehlerquellen einer Bekenntniserhebung überhaupt ... Die zwischen zwei Völkern stehenden Personen, entweder im Zwiespalte hinsichtlich ihres nationalen Gefühles oder ihnen vielleicht selbst unbewusst in der Bewegung von einem zum anderen Volkstume sich befindend, bedürfen nur eines geringfügigen Anstoßes, einer geeigneten Werbetätigkeit, eines entsprechenden Druckes, um sie zu einem Augenblicksbekenntnisse zu veranlassen. Durch einen verstärkten mittelbaren oder unmittelbaren wirtschaftlichen oder politischen Druck werden auch solche Personen, welche sich über ihre Volkszugehörigkeit durchaus im klaren sind, zu dem von den stärkeren Faktoren gewünschten Bekenntnisse bewogen, weshalb zwar unmittelbar aufeinanderfolgende Nationalitätenerhebungen recht abweichende Ergebnisse zeitigen können. ›Ihre Zahlen haben als Bekundungen von vielleicht vorübergehenden Volksströmungen keinen größeren oder geringeren Wert als etwa die Zahlen der Wahlstatistik‹‹ (→ Assimilationszwang).

Alle erwähnten Feststellungen und Vergleiche der Ergebnisse der Volkszählungen aus den Jahren 1923 und 1934 sowie deren Vergleich mit den Ergebnissen aus dem Jahr 1910 zeigen, dass diese nicht objektiv sind. Sie spiegeln lediglich die Veränderungen der allgemeinen Rahmenbedingungen, unter denen die slowenische Bevölkerung in Kärnten/Koroška an den Volkszählungen zwischen den beiden Weltkriegen partizipieren konnte, als es schwieriger war, sich zum Slowenischen zu bekennen als in der Habsburgermonarchie. Dabei gilt es hervorzuheben, dass die Angaben über die Sprache, »die man am besten beherrscht und in der man denkt« (1923) und über die Zugehörigkeit zu einem Kulturkreis (1934) nicht von der befragten Person selbst ausgefüllt wurde, sondern vom Zählkommissär. Dort, wo die Gemeinden in slowenischen Händen waren und wo nach Ansicht der staatlichen Behörden »zu viele« Slowenen gezählt wurden, wurde die Zählung später »amtlich berichtigt«. Da diese Berichtigungen nur zugunsten des Deutschen gingen, ist die geringe Zahl der Slowenen bei den Volkszählungen 1923 und 1934 nicht erstaunlich.

Dass die ermittelte Anzahl der »Slowenen« bei den »amtlichen« Volkszählungen 1923 und 1934 zu niedrig war, zeigen auch einige Schätzungen, wonach in dieser Zeit in Südkärnten zwischen 55.000 (Theodor Veiter) und 120.000 Slowenen (Richard Randhall) lebten. Darauf deuten auch die Ergebnisse der Volkszählung 1939, bei der die nationalsozialistischen Behörden in Kärnten/Koroška und in der Steiermark/Štajerska erstmals die Kategorie → »windisch« eingeführt hatten, womit sie die bis dahin einheitliche slowenische Volksgruppe in »Slowenen« und in »Windische« unterteilte. Damit erhielt die → Windischentheorie einen amtlichen Charakter und es wurde die Bevölkerung nach mehreren kombinierten Kategorien der Sprachzugehörigkeit erfasst. So wurde 1939 die Bevölkerung in fünf Kategorien eingeteilt (»deutsch«, »slowenisch«, »deutsch und slowenisch«, »windisch« und »deutsch und windisch«) sowie in zwei Kategorien, die sich auf weitere Muttersprachen bezogen (»eine andere« und »deutsch und andere«).

Bei der Volkszählung 1939 ist die Tatsache erstaunlich, dass die nationalsozialistischen Behörden nach dem Kriterium der Muttersprache 44.708 »slowenischsprachige« Einwohner zählten. Das geht aus der Summe all jener Kategorien hervor, die »slowenisch« und »windisch« enthalten (davon 39.304 auf dem Gebiet des zweisprachigen Schulwesens nach der Schulverordnung von 1945). Obwohl es sich dabei im Vergleich mit den Ergebnissen der Volkszählungen von 1923 und 1934 um eine beträchtlich höhere Zahl handelt, gewinnen die Volkszählungsergebnisse aus dem Jahr 1939 eine andere Wertigkeit, wenn man die angewendete Methode berücksichtigt. So wurde als »Muttersprache« nicht jene Sprache gezählt, »in der der Mensch denkt und deren er sich in seiner Familie und im häuslichen Verkehr am liebsten bedient«, sondern tatsächlich die Umgangssprache. Das ist ersichtlich aus dem Beitrag »Was bei der Volkszählung berücksichtigt werden muss« aus der Zeitung *Kärntner Grenzruf*, dem offiziellen Tagesblatt der NSDAP für den »Gau Kärnten«, in dem einige Anleitungen und Begriffserklärungen veröffentlicht wurden: »… Muttersprache ist die Sprache, derer ein Mensch sich im täglichen Umgang bedient. In der Regel spricht jeder Mensch eine solche Sprache. Diese ist in die Spalte 9 einzutragen. In Kärnten kommt es jedoch vor, dass einzelne Personen zwei Umgangssprachen benutzen, deutsch und slowenisch. Diese schreiben in die Spalte 9: deutsch und slowenisch. Der in gewissen Teilen Kärntens eingebürgerte Dialekt (windisch) ist jedoch keinesfalls mit der slowenischen Sprache gleichzusetzen. Zudem beherrschen fast sämtliche Bewohner dieses Gebietes neben dem erwähnten Dialekt die deutsche Sprache. Sie schreiben in die Spalte 9: »deutsch«. Sollte der seltene Fall vorkommen [sic!], dass jemand sich nur in der genannten Mischmundart verständigt, so kann er wahrgemäß in die Spalte 9 nur eintragen: ›windisch‹.« Daraus ist ersichtlich, dass es beim Sprachkriterium im Vergleich zu den vorhergehenden Volkszählungen nur hinsichtlich der Bezeichnung der Rubrik zu Veränderungen gekommen ist, in die die Sprache eingetragen wurde. So wurde statt der »Umgangssprache« die entsprechende Rubrik in »Muttersprache« umbenannt. Alleine diese Benennung war ein ausreichender Grund, dass sich die Zahl der »Slowenischsprachigen« fast um die Hälfte erhöhte (von ca. 26.800 im Jahr 1934 auf ca. 44.700 im Jahr 1939). Natürlich kam es zu einer so hohen Zahl von Personen mit slowenischer Muttersprache u. a. auch deshalb, weil die zuständigen Behörden nach der Volkszählung alle Kategorien zur slowenischen Sprache zählten, die irgendwie mit den Kategorien »slowenisch« und »windisch« verbunden waren, und zwar trotz der Erklärung, wonach »windisch« ein → Dialekt sei, der nicht mit dem Slowenischen gleichgesetzt werden dürfe.

Nach dem Zweiten Weltkrieg behielten die Behörden neben der deutschen und der slowenischen Umgangssprache auch die Erfassung des »Windischen« als Umgangssprache bei, ebenso wie alle möglichen Sprachkombinationen zwischen den angeführten Kategorien. Mit dieser fachlich unzulässigen statistischen Methode führten die Behörden auf der Grundlage von unwissenschaftlichen Kriterien die Teilung der slowenischsprachigen Bevölkerung fort, die dieselbe Sprache sprach (einen slowenischen Kärntner → Dialekt) und schufen damit zwei Sprach- bzw. Volksgruppen: die imaginäre Gruppe der »Windischen« und die »Slowenen«. Fachlich unzulässig seitens der österreichischen Behörden war auch die spätere Erfassung der Angaben zur Umgangssprache, die auf der Grundlage von methodisch zweifelhaften Volkszählungsdaten in der Kategorie der Volksgruppenzugehörigkeit extrahiert wurden. Wie sehr solch eine manipulative Volkszählung zu absurden Ergebnissen führte, die von den österreichischen Behörden sogar als Grundlage für die Volksgruppengesetzgebung verwendet wurden, zeigt die Tatsache, dass in Rauth/Rute in → Ferlach/Borovlje bzw. im Schulsprengel Waidisch/Bajdiše in einem Haushalt drei Einwohner erfasst wurden, wobei einer der Kategorie »slowenisch«, der zweite der Kategorie »windisch« und der dritte der Kategorie »windisch-slowenisch« zugeordnet wurde. Charakteristisch ist auch ein Beispiel aus der Altgemeinde Mieger/Medgorje, wo 1951 keine »Windischen« aufscheinen und wo die Mehrzahl der Einwohner der Kategorie »deutsch-slowenisch« (83 %) zugezählt wurden. Im Jahr 1961 wurde die Mehrheit der Bevölkerung der Kategorie »windisch-deutsch« zugeordnet (42,2 %), im Jahr 1971 dann 76 % als »deutsch« erfasst. So ist den statistischen Angaben nach in 20 Jahren der Anteil der Kategorie »deutsch« von 8 % auf 76 % gestiegen, während die Zuordnung zur Kategorie »deutsch-slowenisch« im selben Zeitraum von 83 % auf 12 % fiel. In der Kategorie »windisch-deutsch« wurde bei den Volkszählungen 1951 und 1971 niemand erfasst, 1961 jedoch 42,2 %.

Eine ähnliche St. G. wie in Südkärnten/Južna Koroška kann auch im Bereich des autochthonen Siedlungsgebietes der Slowenen in der österreichischen Steiermark/avstrijska Štajerska festgestellt werden (→ Steirische Slowenen). So wurden etwa in Sicherdorf/Žetinci bei der Volkszählung 1939 189 Personen mit slowenischer Umgangssprache erfasst, 1951 jedoch keine einzige Person mehr. Dabei ist es nicht verwunderlich, dass sich unter einigen österreichischen Politikern die Meinung festigte, dass es keine Slowenen in der Steiermark/Štajerska gäbe und dass sie lediglich durch Zufall in Art. 7 des österreichischen Staatsvertrags von 1955 erwähnt werden.

Die Volkszählungen waren zur Zeit der Habsburgermonarchie ebenso wie in der Ersten und in der Zweiten Republik nur eines der Mittel der St. G. Weitere Mittel der St. G. stellten die → Wahlordnungen bzw. die diskriminierenden → Wahlkreiseinteilungen und die territoriale Organisation allgemein dar und auch die Gemeindegliederungen und Gemeindezusammenlegungen mit für die Slowenen ethnopolitisch negativen Auswirkungen. Ebenso dienten die Volkszählungen unterschiedlichen Missbräuchen und spiegelten nie die tatsächliche ethnische Struktur in den von den Volksgruppen bewohnten Gebieten Kärntens, der Steiermark und des Burgenlandes. Der wahre Grund für diese Art der Volkszählungen zeigte sich im Rahmen der Volksgruppengesetzgebung, die dem Schutze der slowenischen (und kroatischen) Volksgruppe in Österreich dienen sollte. Die Gesetzgeber bestimmten zunächst nur jene Orte bzw. Gemeinden als unter den Schutz fallend, die einen Mindestanteil von 20 oder 25 % an slowenisch- (bzw. kroatisch-) sprechender Bevölkerung aufwiesen, wobei zu den »Slowenen« jene Personen nicht gezählt wurden, die in einer der kombinierten Sprachkategorien »windisch«, »windisch-deutsch« und »deutsch-windisch« erfasst wurden. Wegen solcher Methoden blieben die Volkszählungen auch nach dem Zweiten Weltkrieg in Ausdruck einer Konzeption der St. G. zur systematischen »statistischen Reduzierung« der Volksgruppen in Österreich.

Lit.: F. Hiess: *Methodik der Volkszählungen.* Jena 1931; L. Ude: *Kriterij in način ugotavljanja narodne pripadnosti na Koroškem.* In: L. Ude: Koroško vprašanje. Ljubljana 1936; W. Greve: *Die Bestimmung der Volkszugehörigkeit im Recht der europäischen Staaten.* Essen 1938; B. Grafenauer: *Narodnostni razvoj na Koroškem od srede 19. stoletja do danes.* In: *Koroški zbornik.* Ljubljana 1946, 117–196; R. R. Randall: *The Political Geography of the Klagenfurt Plebiscite Area* (Phil Diss.). Worcester 1955; T. Veiter: *Die Sprach- und Volkszugehörigkeit in Österreich nach den Ergebnissen der Volkszählung von 1939.* In: *Europa Ethnica*, Jg. 22/Nr. 3 (1965) 109–123; T. Veiter: *Das Recht der Volksgruppen und Sprachminderheiten in Österreich.* Wien 1970, 344; M. Klemenčič: *Germanizacijski procesi na Štajerskem od srede 19. stoletja do prve svetovne vojne.* In: ČZN, leto 49 (14), št. 1 (1978) 351; E. Brix: *Die Umgangssprachen in Altösterreich zwischen Agitation und Assimilation. Die Sprachenstatistik in den zisleithanischen Volkszählungen 1880 bis 1910.* Wien, Köln, Graz 1982; P. M. Judson: *Guardians of the Nation: Activists on the language frontiers of Imperial Austria.* Cambridge 2006; M. Klemenčič, V. Klemenčič: *Die Kärntner Slowenen und die Zweite Republik: Zwischen Assimilierungsdruck und dem Einsatz für die Umsetzung der Minderheitenrechte.* Klagenfurt/Celovec [e.a.] 2010.

Matjaž Klemenčič; Üb.: Bojan-Ilija Schnabl

Geschichtsideologie, → »Entethnisierung«; → Geschichtsschreibung und kognitive Dissonanz.

Geschichtsschreibung, vgl. Sachlemmata: → Geschichtsschreibung und → Geschichtsschreibung und kognitive Dissonanz; sowie: → Aleksandrinke [Alexandrinerinnen]; → *Conversio Bagoaorum et Carantanorum*; → *Časopis za zgodovino in narodopisje* [Zeitschrift für Geschichte und Ethnographie]; → »Entethnisierung«; → »Ethnische Säuberung«; → Gemischsprachig; → Germanisierung; → Germanisierung, statistische; → Identität, territoriale; → Inkulturation; → Inneroesterreichischer historischer Verein für Steiermark, Kaernten und Krain; → Kärnten/Koroška; → Karolingisch; → Klagenfurter Feld/Celovško polje; → Kronland; → Kulturgeschichte (= Einleitung, Band 1); → Landessprache; → Landesverfassung; → »Minderheit«/Volksgruppe; → Pannonische Theorie; → Personalitätsprinzip; → Rechtsgeschichte, ältere; → Slawen; → *Slovenia submersa*; → Sprachenzählung; → Sprachgrenze; → Terminologie; → *ustavna doba* [Verfassungsepoche]; → Verfassungsentwicklung und Sprache seit 1848; → Verfassungsgeschichte (*ustavna zgodovina*); → »Volksstamm«; → Windische Ideologie; → Windischentheorien; → Wirtschafts- und Sozialgeschichte; → *zgodovinske dežele*; → *Zgodovinsko društvo v Mariboru*; → Zweisprachigkeitsideologie, Kärntner; Personenlemmata: → Apih, Josip; → Christalnik, Michael Gotthard; → Hansiz, Markus; → Hauptman, Ljubmil; → Johann von Viktring; → Grafenauer, Bogo; → Grafenauer, Ivan; → Gruden, Josip; → Kidrič, France; → Kopitar, Jernej; → Kos, Franc; → Kos, Milko; → Linhart, Anton Tomaž; → Mal, Josip; → Megiser, Hieronymus; → Miklosich, Franz; → Murko, Matija; → Pohlin, Marko; → Prijatelj, Ivan; → Ramovš, Fran; → Schloissnig/Šlojsnik, Johann Nepomuk/Janez Nepomuk; Janez; → Trdina, Janez; → Trstenjak, Davorin; → Unrest, Jakob; → Valvasor, Johann Weikhard; → Wutte, Martin; → Zwitter, Fran.

Geschichtsschreibung, die Interpretation der Geschichte, von der ersten Hälfte des 19. Jh.s an die Darstellung der Erkenntnisse der wissenschaftlichen Historiografie, wie sie sich in der Zeit von der Quellenkritik des Humanismus bis zum Einsetzen der kritischen Methode als Forschungsstandard entwickelt hatte.

Koropedija

Bereits in der Antike wurde der slowenische Raum erstmalig historiografisch thematisiert. Er wurde von griechischen und römischen Geschichtsschreibern im Zusammenhang mit Geschehnissen im Grenzraum zwischen Italien und dem Illyricum behandelt. Darauf wurden die großen Völkerströme, die über diesen Raum hinwegzogen in einzelnen historischen Werken reflektiert, allerdings nie ganzheitlich. Die fragmentarischen Darstellungen sind auch noch für das frühe Mittelalter typisch (in lateinischer Sprache die *Pseudoredegar-Chronik*, die *Historia Langobardorum* des Paulus Diaconus und die → *Conversio Bagoariorum et Carantanorum*, in slawischen Texten → altkirchenslawische Quellen die Vitae Kyrills und → Methods *(Žitje Konstantina, Žitje Metodija)*. Aus dem Hoch- und Spätmittelalter stammen die ersten historiografischen Arbeiten, die sich vordergründig mit der Geschichte des von den Slowenen besiedelten Raumes befassen *(Cillier Chronik/Kronika grofov Celjskih)*, Nachrichten darüber finden sich häufig auch in Werken, die Ereignisse im weiteren Ostalpenraum an sich zum Thema haben, wie im *Frauendienst* von Ulrich von Liechtenstein (→ *Buge waz primi, gralva Venus*), oder in der *österreichischen Reimchronik* des Ottokar aus der Gaal (→ Minnesänger), und auch in der Kärntner und in der österreichischen Chronik des Jakob → Unrest. Außerordentliches Interesse zog damals, aber auch noch zur Zeit des Humanismus, die für das feudale Europa einmalige Kärntner → Fürsteneinsetzung in slowenischer Sprache auf sich, welche bereits im 16. Jh. von den

Beweisung dass Kärnten den Titel eine Erzherzogtums jerzeit ... nach Megiser, Das sechste Buch der Chronik, S. 658

Valvasor, Ehre des Herzogtums Krain (1689, Nachdruck 1877)

Kärntner Ständen im Sinne des Landespatriotismus als wichtige These gegen die Zentralisierungstendenzen der herrschenden Habsburger verwendet wurde (Einschub im *Schwabenspiegel*, *Liber certarum historiarum* von → Johann von Viktring, *De Europa* von Eneas Silvius → Piccolomini).

In slowenischer Sprache wird die Geschichte erstmals im 16. Jh. Thematisiert. Primož → Trubar schreibt in seinen *Artikuli* 1562 über die Anfänge der Reformation und lehnt sich dabei an den Aufsatz zum selben Thema von Sleidanus. Doch auch bei Trubar, Jurij → Dalmatin und Adam → Bohorič sind die Aufzeichnungen über die Vergangenheit des slowenischen Raumes größtenteils nur fragmentarisch. Eine G. im Einklang mit den Auffassungen der Humanisten wurde einzig in Kärnten/Koroška umgesetzt, wo die Stände mit ihrem Landesbewusstsein sie stützten (Michael Gotthard → Christalnik, Hieronymus → Megiser, → Windische Ideologie). Seit dem 17. Jh. wird dieses Paradigma auch in → Krain/Kranjska heimisch (Johann Ludwig Schönlebens *Carniolia antiqua et nova I*, 1681). Auf die Präsentationsstrategie hatte das Barock starken Einfluss (Johann Weikhard → Valvasor *Die Ehre dess Herzogthums Crain*, 1689). Martin Bauzer widmete sich der Geschichte des weiteren Raumes, seine *Historia rerum Noricarum et Foroiulensium* aus den Jahren 1657–1663 wurde erst 1975 in slowenischer Übersetzung gedruckt.

Die Autorität der benediktinisch-maurinischen quellenkritischen Historiografie führte im 18. Jh. dazu, dass sich bei den Slowenen eine G. entwickeln konnte, die der damaligen Spitzenhistoriografie in Europa methodologisch in nichts nachstand (Markus → Hansiz, *Germania sacra*, 3 Bd., 1727–1754). Die Intentionen des Völkerfrühlings (→ *preporod*) führten auch dazu, dass historiografische Schriften mit patriotischer und national-erweckender Tendenz entstanden. Manche unter ihnen missachteten häufig die Errungenschaften der zeitgenössischen kritischen G. (z.B. die im Manuskript verbliebene *Kraynska kronika* 1770, 1788 von Marko → Pohlin). Im Gegensatz dazu begründete der innovative Anton T. → Linhart mit seinem aufklärerisch-enzyklopädisch angelegten *Versuch einer Geschichte von Krain und den übrigen Ländern der südlichen Slaven Österreichs* (2 Bd., 1788, 1791) auch für die Untersuchung der eigenen, heimischen Geschichte die höchsten wissenschaftlichen Standards. Das Werk reicht in die → karolingische Zeit zurück und behandelt als monografische Abhandlung den gesamten Siedlungsraum eines Volkes ohne Rücksicht auf Landes- und Staatsgrenzen.

Die Rückkehr zum Paradigma der Landesgeschichtsschreibung kennzeichnete die erste Hälfte des 19. Jh.s. Unterstützt wurde diese durch die Gründung des → Inneroesterreichischen historischen Vereins für Steiermark, Kaernten und Krain (1843), weiters durch spezialisierte Zeitschriften und Museen, die in romantischem Geist das Interesse von Laien an der

Vergangenheit anregten. Das erste Geschichtsbuch in slowenischer Sprache erschien 1844 in Graz und wurde von Anton KREMPL herausgegeben, die *Dogodovšine Štajerske zemle* [Geschichte des Landes Steiermark], die an die von Andrija KAČIĆ-MIOŠIĆ 1756 herausgegebenen *Razgovori ugodni naroda Slovinskoga* [Angenehme Gespräche des slawischen Volkes] anknüpft. 1854 erschien dann die *Celska kronika* [Chronik von Celje] von Ignac OROŽEN. Die Historiografie des slowenischen Raumes behielt bis zum Anfang des 20. Jh. die Thematisierungen im Landesparadigma bei, allerdings erfuhr der kritische Zugang in den Arbeiten nicht professioneller Forscher eine Stärkung (August DIMITZ: *Geschichte Krains von der ältesten Zeit auf das Jahr 1813*, 4 Bd., 1874–1876; Ivan LAPAJNE: *Politična in kulturna zgodovina štajerskih Slovencev* [Politische und Kulturgeschichte der steirischen Slowenen], 1884; Franc KOVAČIČ: *Slovenska Štajerska in Prekmurje* [Die slowenische Steiermark und das Prekmurje], 1926).

Nach 1848 wollten einzelne Autoren im Geist des damals einflussreichen historisierenden Denkens mit ihren Beiträgen die slowenischen Emanzipationsbestrebungen unterstützen, doch wegen ihres unkritischen Zuganges war ihnen keine nachhaltige Bedeutung beschieden; dazu lassen sich die theoretisch autochthonistischen Studien von Davorin → TRSTENJAK oder die *Zgodovina slovenskega naroda* [Geschichte des slowenischen Volkes] (1866) von Janez → TRDINA zählen. Doch Historiker mit Universitätsbildung wie Fran ŠUKLJE, Simon RUTAR, Josip → APIH, Josip STARE und Franc → KOS sollten bald eine grundlegende Änderung herbeiführen. Die wissenschaftliche Kritik problematisierte in der zweiten Hälfte des 19. Jh.s überzeugend das Paradigma der Landesgeschichtsschreibung, die sich unter dem Einfluss des ständischen und später des habsburgischen verfassungs-staatsbürgerlichen Patriotismus entwickelt hatte. Die wichtigsten, bis zum Ersten Weltkrieg entstandenen Werke waren bereits dem gesamten slowenischen Raum gewidmet: Josip APIH: *Slovenci in 1848. leto* [Die Slowenen und das Jahr 1848] (1888); Dragotin → LONČAR: *Politično življenje Slovencev* [Das politische Leben der Slowenen] (1906); derselbe: *Slovenci. Načrt slovenske socialne zgodovine* [Die Slowenen. Der Plan einer slowenischen Sozialgeschichte] (1911). Ebenso wurden slowenische historische Vereine (→ *Zgodovinsko društvo v Mariboru*, 1903) und Zeitschriften gegründet (*Izvestja Muzejskega društva za Kranjsko* [Nachrichten des Museumsvereins für Krain], 1891; → *Časopis za zgodovino in narodo-*

Buchcover, Drava Verlag

pisje [Zeitschrift für Geschichte und Ethnographie], 1904). Mit der *Občna zgodovina za slovensko ljudstvo* [Allgemeine Geschichte für das slowenische Volk] (5 Bd., 1874–1888) von Josip STARE und der *Zgodovina slovenskega naroda* [Geschichte des slowenischen Volkes] (6 Bd., 1910–1916) von Josip → GRUDEN bekam der slowenische Raum populär geschriebene Darstellungen der allgemeinen und der Nationalgeschichte. Von besonderer Bedeutung ist das 1914 in Wien von Ivan SLOKAR herausgegebene Werk *Geschichte der Österreichischen Industrie und ihrer Förderung unter Kaiser Franz I.* Es ist fundiert geschrieben und führt Quellen an, die später vernichtet wurden. Alles in allem wurde es zum bisher breitenwirksamsten Werk der slowenischen Historiografie. Die G. erhielt im 19. Jh. und auch später starke Inputs von der Philologie bzw. Literaturgeschichte (Jernej → KOPITAR, Franc → MIKLOSICH, Matija → MURKO, Ivan → PRIJATELJ, France → KIDRIČ, Rajko NAHTIGAL, Fran → RAMOVŠ, Ivan → GRAFENAUER, Anton SLODNJAK). Die Philologie war für die Slowenen lange Zeit die zentrale Wissenschaft zur Erforschung der nationalen Problematik.

Nach der Gründung der Universität in Ljubljana erfuhr die slowenische G. einen großen Aufschwung.

Ljudmil → HAUPTMAN (*Grofovi Višnjegorski* [Die Grafen von Višnja gora], 1935; *Staroslovenska družba in obred na knežjem kamnu* [Die altslowenische Gesellschaft und die Zeremonie auf dem Fürstenstein], 1954) und Milko → KOS (*Zgodovina Slovencev od naselitve do reformacije* [Geschichte der Slowenen von der Ansiedlung bis zur Reformation], 1933, ergänzt 1955) hatten die mittelalterliche Problematik zum Thema; Fran → ZWITTER berücksichtigt bei seiner Forschungsarbeit Soziologie und Ökonomie auch der neueren Zeit (*Prebivalstvo na Slovenskem od XVIII. stoletja do današnjih dni* [Die Bevölkerung in den slowenischen Ländern vom 18. Jh. bis heute], 1936; *Nacionalni problemi v habsburški monarhiji* [Nationale Probleme in der Habsburgermonarchie], 1962). Josip → MAL setzt mit starker Betonung der Kulturgeschichte den Faden von GRUDENS *Zgodovina slovenskega naroda* [Geschichte des slowenischen Volkes] fort (10 Bd., 1928–1939). Sein Werk beleuchtet vor allem die Problematik der Zeit des Vormärz und ist dazu von grundlegender Bedeutung. Er widmete sich zeitweise auch älteren Epochen (*Probleme aus der Frühgeschichte der Slowenen*, 1939; *Stara Ljubljana in njeni ljudje* [Das alte Ljubljana und seine Menschen], 1957). Die Kirchengeschichte (Josip → GRUDEN, Franc Kovačič, Franc GRIVEC), Rechtsgeschichte (Bogumil VOŠNJAK, Janko POLEC, Metod POLENC), Kunstgeschichte (Avguštin STEGENŠEK, Izidor CANKAR, France STELE) und Musikgeschichte (Josip MANTUANI) hatten schon vor dem Ersten Weltkrieg ein hohes Niveau erreicht und erlebten nach 1918 einen neuerlichen bedeutenden Aufschwung. Mit der Antike befassten sich v. a. Archäologen (Balduin SARIA) und Spezialisten (Anton VON PREMERSTEIN). Nur wenige slowenische Forscher widmeten sich der Vergangenheit der anderen südslawischen Völker. Ihr Wirken war nicht unbedeutend (Ljudmil HAUPTMAN, Gregor ČREMOŠNIK).

Nach dem Zweiten Weltkrieg stand die G. unter dem Druck der kommunistischen Behörden. Der Maßstab bei der Beurteilung der Qualität war die Kompatibilität mit dem von Edvard KARDELJ 1939 publizierten Werk *Razvoj slovenskega narodnega vprašanja*. Doch trotz der Gründung des *Inštitut za zgodovino delavskega gibanja* [Institut für die Geschichte der Arbeiterbewegung], das die marxistischen Ansichten durchsetzen sollte, wurden diese nicht zu Leitbildern für die Erforschung der Vergangenheit, sie beeinflussten lediglich die Interpretationen der Zeitgeschichte und teilweise der Wirtschaftsgeschichte (Metod MIKUŽ, Janko PLETERSKI).

Die führenden Vetreter der slowenischen Historiografie – Milko KOS, Fran ZWITTER, Bogo → GRAFENAUER (*Zgodovina slovenskega naroda I–V, 1954–1961*), Vasilij MELIK (*Volitve na Slovenskem*, 1965), Ferdo GESTRIN (*Slovenska zgodovina od konca osemnajstega stoletja do 1918*, 1966 gemeinsam mit MELIK), Sergej VILFAN (*Pravna zgodovina Slovencev*, 1988) und Božo OTOREPEC (*Srednjeveški pečati in grbi mest na Slovenskem*, 1988) bewahrten ein hohes wissenschaftliches Niveau, was nach 1947 in hohem Maße in der zentralen historiografischen Zeitschrift *Zgodovinski časopis* zum Ausdruck kommt. Ihre Nachfolger schlossen sich immer erfolgreicher den breiteren europäischen historiografischen Strömungen an (Sozialgeschichte, Kulturgeschichte, Geschichte, Gender). Diese wurden auch an den Universitäten in Maribor, Koper und Nova Gorica umgesetzt. Nach dem Zweiten Weltkrieg erreichten die slowenischen Historiker in Österreich sichtbare Erfolge – Feliks J. BISTER, Theodor DOMEJ, Tamara GRIESSER-PEČAR, Walter LUKAN, Avguštin MALLE, Andreas MORITSCH und Marija WAKOUNIG. In Italien setzte sich Jože PIRJEVEC durch, in der DDR Walter MARKOV. Der bedeutendste slowenische Historiker in der Emigration ist France DOLINAR.

Lit.: ES (P. Vodopivec: *Zgodovinopisje*). – M. Kos: *Pregled slovenske historiografije*. In: *Jugoslovenski istoriski časopi* 1 (1935) 8–21; B. Grafenauer: *Struktura in tehnika zgodovinske vede*. Ljubljana 1960; O. Luthar: *Med kronologijo in fikcijo. Strategije historičnega mišljenja*. Ljubljana 1993.

Igor Grdina; Üb.: Katja Sturm-Schnabl.

Geschichtsschreibung und kognitive Dissonanzen. Die Historiografie zur slowenischen Geschichte und → Kulturgeschichte in Kärnten/Koroška und die Wahrnehmung ihrer Bedeutung im Land unterliegen wie viele andere Bereiche der Wahrnehmung und Kommunikation durchaus menschlichen Faktoren, wo vermeintlich objektive Wahrnehmungen, Analysen und Einstellungen unbewusst subjektiven Kriterien und Erwartungshaltungen untergeordnet werden. Solchermaßen werden Diskrepanzen zwischen Voreinstellungen, ideologisch gefärbten »Glaubenssätzen« und Erwartungshaltungen hervorgerufen, die auch im wissenschaftlichen Bereich zu *kognitiven Dissonanzen* führen (können). Solche innere Widersprüchlichkeiten bzw. Dissonanzen werden an sich als unangenehm empfunden. Deshalb kommt es bei kognitiven Dissonanzen nach Leon FESTINGER zu verschiedenen »Strategien«

der Dissonanzauflösung oder Dissonanzvorbeugung, die eine bereits vorhandene Einstellung oder Analyse zunächst (bisweilen »krampfhaft«) bestätigen oder rechtfertigen.

Nach Festinger vermeiden es Menschen sich Informationen auszusetzen, von denen sie eine Zunahme der Dissonanz erwarten, wobei es ihnen dennoch häufig gelingt, sich ihrem Einfluss durch Fehlwahrnehmung, Ungläubigkeit oder einem anderen gleichermaßen zweckdienlichen Prozess zu entziehen. Dies führt zum Schluss, »dass eine bereits bestehende Meinung, wenn sie mit einem bestehenden Verhalten oder einer bestehenden Gruppierung von Attitüden und Meinungen konsonant ist, sehr schwer zu ändern ist« (Festinger 1978, 158). Anfangs werden Informationen, die Einstellungen zuwiderlaufen, vermieden. Danach werden Informationen gesucht, die recht geben und bestätigen, dass das Richtige gemacht wurde. Hilft das nicht, werden Informationen uminterpretiert und Vorurteile bestätigt bzw. Ursachen der Inkonsistenz schlicht verdrängt. Erst wenn das alles nicht funktioniert, kommt es zu einer Änderung der Einstellungen. Eine Bestätigung der Sozialpsychologischen Analyse bietet Hüther aus neurobiologischer Sicht: »Alles, was ein Mensch an wichtigen Erfahrungen über sich selbst, über seinen Körper und seine Beziehungen zur äußeren Welt gesammelt und von anderen übernommen hat, ist in Form bestimmter Verhaltensmuster von Nervenzellen in seinem Gehirn als innere Repräsentanz verankert worden […]. Jede neue Wahrnehmung […] erzeugt im Gehirn ein entsprechendes Aktivierungsmuster, ein ›Wahrnehmungsbild‹. Im Gehirn wird nun versucht, ein bereits vorhandenes Nervenzell-Verschaltungsmuster zu aktivieren (ein ›Erinnerungsbild‹), das irgendwie zu dem durch die neue sinnliche Wahrnehmung entstandenen Aktivierungsmuster passt. […] Kann keinerlei Überlappung zwischen dem neuen und irgendeinem bereits vorhandenen Bild hergestellt werden, so passiert gar nichts. Das neue Wahrnehmungsbild wird gewissermaßen als ein nicht zu den bisherigen Erfahrungen passendes Trugbild verworfen.« Bei teilweisen Inkonsistenzen kommt es jedoch zur sukzessiven Erweiterung und Umgestaltung des alten Musters, »bis das durch die neue Wahrnehmung entstandene Aktivierungsmuster in das nun modifizierte Erinnerungsbild integriert werden kann« (Hüther 2008, S. 31 f.). Kropfberger gibt schließlich aus der Management-Perspektive einen Erklärungsansatz, wonach etwa Kontrollinformationen von »Insidern« – in unserem Fall wären dies Historiker einer gewissen »Schule« oder Angehörige einer sozialen »Gemeinschaft« – aufgrund von Informationsabwertung oder Verfälschung ebenso kognitiven Dissonanzen unterliegen und es so folglich, von außen gesehen, zu Fehleinschätzungen kommt.

Im Kärntner Kontext bieten neben der politisch motivierten Manipulation, etwa durch Martin → Wutte, der die → Germanisierung historisch darzustellen und mit der unhaltbaren → Windischentheorie die Negation der Menschenrechte, politische Verfolgungen und wirtschaftliche Diskriminierungen zu rechtfertigen versuchte, durchaus auch kognitive Dissonanzen einen Erklärungsansatz für Geschichtsbilder und -auffassungen. Dabei kann es u. U. zu Überlappungen mit der politischen Intentionalität kommen, sodass eine klare Trennlinie schwer zu ziehen ist. Jedenfalls kommt es in diesem Zusammenhang zu einer weitgehenden Negation der slowenischen → Kulturgeschichte im Lande. Sofern Aspekte der slowenischen Kulturgeschichte überhaupt berücksichtigt werden, erscheinen diese als vermeintlich inkohärente und unerklärliche **historische Zufallserscheinungen.**

Kognitive Dissonanzen können als Grundlage von Rechtfertigungsmechanismen von → Assimilanten und → Deutschtümlern in Betracht gezogen werden, zumal der → Assimilierungszwang als höchst traumatische individuelle und kollektive Erfahrung der Selbstverneinung erachtet werden kann (→ Assimilation und PTBS). In der Geschichtsschreibung begegnet man dem Phänomen der → »Entethnisierung«. Diese Entethnisierung ist entweder politisch motiviert, oder aber sie passiert (zum Teil) unbewusst, wobei sie in diesem Falle u.a. kognitiven Dissonanzen unterliegt. Von kognitiven Dissonanzen kann man ausgehen, wenn in der Rückschau oder Evaluierung von demokratisch legitimierten Einrichtungen eine systematische Negierung des slowenischen Anteils der Kulturgeschichte nicht beanstandet wird, weil sie nicht als solche erkannt wird (vgl. dazu die Beispiele im Lemma → »Entethnisierung«, wo etwa offensichtlich jahrzehntelang im Rahmen der ständigen Ausstellung im Landesmuseum von Kärnten/Koroška die slowenische Kulturgeschichte nicht in ihrer Spezifizität erörtert wurde). Der Begriff *Slowene/slowenisch* kam in der ständigen Schausammlung im 1. Stock (wie sie bis Ende 2012 aufgestellt war) offensichtlich in keiner einzigen (!) Objektbeschreibung vor.

Darauf, dass das Phänomen der kognitiven Dissonanzen in der Geschichtsauffassung alle gesellschaftlichen Akteure betrifft bzw. betreffen kann, deuten aber auch neueste konzeptuelle und terminologische Forschungsergebnisse im Rahmen der vorliegenden Enzyklopädie (→ Terminologie). So erfasst – um nur zwei Beispiele aus der Verfassungsgeschichtsschreibung zu nennen – literaturüblich der slowenische Begriff der allgemeinen Geschichtsschreibung »ustavna doba« [Verfassungsperiode] den Zeitraum ab 1860/61 bis zum Ende der Monarchie. Der Begriff erfasst jedoch nicht die frühkonstitutionelle Periode bzw. die Verfassungen und Verfassungsentwürfe ab 1848, was aus österreichischer verfassungshistorischer Perspektive konzeptuell kaum nachvollziehbar ist. Andererseits wurde die einzige Kärntner → Landesverfassung (aus dem Jahre 1849), die in ihrem Artikel 3 beide Völker als konstitutiv definiert und die sogar Rechtsfolgen zeitigte (was folglich auch die zweisprachige Edition des → Landesgesetzblattes von 1850 bis 1859 begründet), bisher von der wissenschaftlichen Literatur nicht bzw. nicht in relevantem Ausmaß berücksichtigt (vgl. dazu auch die Erkenntnisse zur → Inkulturation).

Ein weiteres Beispiel ist der *Atlas Slovenije*, der eine in sich inkohärente Kartografisierung unternimmt, wo zwar Teile des »zweisprachigen« Gebietes detailgenau und wissenschaftlich in durchaus erkenntniserweiternder Weise berücksichtigt werden, nicht aber etwa das Gebiet der Schulverordnung 1945 oder das der slowenischen/zweisprachigen → Liturgiesprache in seiner Gesamtheit. Hier interferieren zudem Denkmuster einer neu verstandenen *territorialen* → Identität in Slowenien, bei der es zu einer Reduktion der Konzeption der slowenischen Geschichte und Identität auf das Territorium der heutigen Republik Slowenien kommt (vgl. Štih 2001 und Štih 2009).

Lit.: L. Festinger: *A Theory of Cognitive Dissonance*. Standford, CA 1957; L. Festinger: *Theorie der kognitiven Dissonanz* (Hg. M. Irle, V. Möntmann). Bern [e.a.] 1978; B. Grafenauer: *Struktura in tehnika zgodovinske vede (Uvod v študij zgodovine)*. Ljubljana 1980; D. Kropfberger: *Erfolgsmanagement statt Krisenmanagement, Strategisches Management in Mittelbetrieben*, Linz 1986; J. Juhant: *Pojmovanje zgodovine in problemi reinterpretacije zgodovine Slovencev*. In: V. Rajšp [e.a.] (Hg.): *Melikov zbornik*. Ljubljana 2001, 95–106; P. Štih: *Srednjeveško plemstvo in slovensko zgodovinopisje*. In: V. Rajšp [e.a.] (Hg.): *Melikov zbornik*. Ljubljana 2001, 61–72; H. Valentin, S. Haiden, B. Maier (Hg.): *Die Kärntner Volksabstimmung 1920 und die Geschichtsforschung – Leistungen, Defizite, Perspektiven*. Klagenfurt 2002; P. Štih: *Poglavje iz nacionalizirane zgodovine ali O zgodnjesrednjeveških začetkih zgodovine Slovencev*. In: *Studia Historica Slovenica* 5/1–3 (2005) 105–132; G. Hüther, W. Roth, M. von Brück (Hg.): *Damit das Denken Sinn bekommt, Spiritualität, Vernunft und Selbsterkenntnis. Mit Texten des Dalai Lama*. Freiburg im Breisgau [u.a.] 2008; G. Hüther: *Bedienungsanleitung für ein menschliches Gehirn*. Göttingen ⁸2009; P. Štih: *Suche nach der Geschichte oder Wie der karantanische Fürstenstein das Nationalsymbol der Slowenen geworden ist*. In: H. Reimitz, B. Zeller (Hg.): *Vergangenheit und Vergegenwärtigung, frühes Mittelalter und europäische Erinnerungskultur*. ÖAW. Wien 2009, 229–240; B.-I. Schnabl: *Poljanci in poljanščina, Nova spoznanja o stari identiteti Slovencev na Celovškem polju*. In: *Nedelja*, priloga XIV dni, 1. 4. 2011, 4–6; B.-I. Schnabl: *Dvojezična ustava Koroške in deželni glavar Janez Nepomuk Šlojsnik*. In: KK 2012. Celovec [2011], 165–188; B.-I. Schnabl: *Božja pot v Gospo Sveto in nazaj, ali, Večno mlade lipe*. In: KMD 2012. Celovec [2011], 112–116; B.-I. Schnabl: *Inkulturacija, fenomen kulturnih procesov na Koroškem*. In: SMS 15 (2012) 231–246; B.-I. Schnabl: *1824 in 1849, ključni letnici za razumevanje slovenske politične in ustavne zgodovine na Koroškem*. In: KK 2014. Celovec 2013, 177–189.

Bojan-Ilija Schnabl

Geschichtsverein für Kärnten

Geschichtsverein für Kärnten, Verein zur Erforschung der Landesgeschichte, er wurde bei der Gründung *Historischer Verein für Kärnten* genannt, ab 1891 *Geschichtsverein für Kärnten* (slow. *Zgodovinsko društvo za Koroško*). Der Verein wurde am 16. September 1844 im Großen Wappensaal des Landhauses in → Klagenfurt/Celovec als Filiale des → *Historischen Vereins für Innerösterreich* unter dem Motto »Alles für Kärnten« gegründet (→ Innerösterreich, → Krain/Kranjska). Er gilt als die älteste wissenschaftliche Institution des Landes Kärnten/Koroška. Die Selbstständigkeit wurde am 24. Oktober 1849 beschlossen. Eines der Hauptziele lag in der Gründung und im Bau eines historischen Museums in Klagenfurt/Celovec. 1883 war das Ziel erreicht, und der Verein erhielt ein neues Gebäude für das Rudolfinum, das spätere Kärntner Landesmuseum.

Der Verein, der sich mit dem Studium der Landesgeschichte befasste, sammelte auch Quellen in Kloster-, Schloss- u.a. privaten Archiven. So kamen auch das Archiv von Viktring/Vetrinj, Kopien aus dem Klosterarchiv in → St. Paul im Lavanttal/Šentpavel v Labotski dolini und das Archiv der Grundherrschaft → Arnoldstein/Podklošter in seinen Besitz. Der erste Vorsitzende des Vereins, Gottlieb von Ankershofen, betreute als Erster das Archiv, nach ihm folgten Alois Weiss, der sich bei der Organisation das Germanische Nationalmuseum in Nürnberg zum Vorbild nahm, Josef Fresacher, August Jaksch u.a. Der Verein verfügte über weitere reiche Sammlungen (Bibliothek, Lapidarium, Kunstsammlung), die 1942 alle in das Eigentum des Kärntner Landesmuseums in Klagenfurt/Celovec übergingen.

Ab 1845 sammelte man auch naturkundlich relevante Objekte und setzte sich für die Gründung eines naturhistorischen Landesmuseums ein, die 1848 zustande kam. Das naturhistorische Museum hatte schon bald eine größere Zahl von Mitgliedern und größeren öffentlichen Einfluss und übertraf so bald den G.

Der G. ließ Archivare ausbilden und war bei den archäologischen Ausgrabungen führend. In den 50er- und 60er-Jahren des 19. Jh.s begann man Teurnia und den Magdalensberg/Štalenska gora, Virunum, das → Zollfeld/Gosposvetsko polje sowie Pfahlbauten an den Kärntner Seen (v. a. am → Keutschacher See/Hodiško jezero) zu erforschen. Als Archäologe erwarb sich Michael Franz von JABORNEGG-ALTENFELS große Verdienste, er setzte sich zum Ziel, alle römischen Denkmäler in Kärnten/Koroška zu erforschen (er ist der Herausgeber von *Kärntens römische Alterthümer*, 1870).

Die Mitglieder des G. schrieben mehrere selbstständige Arbeiten über Kärnten/Koroška und begannen mit der Herausgabe der Quellensammlung *Monumenta historica ducatus Carinthiae* (Klagenfurt 1896). Eine Landesgeschichte von 600 v. Chr. bis 1122 stammt aus der Feder von Gottlieb von ANKERSHOFEN (*Handbuch der Geschichte des Herzogthums Kärnten*, 1850). Er gilt auch als Begründer der modernen Kärntner → Geschichtsschreibung. Karlmann TANGL bearbeitete den Zeitraum von 1259 bis 1310 (1864), Heinrich HERMANN jenen von 1335 bis 1857 (1860).

Besondere Sorge um die zeitgenössische Geschichte zeigte die Führung auch mittels der Landeschronik. Die Mitglieder wurden angehalten, über Ereignisse historischen, kulturellen und naturkundlichen Charakters Berichte zu verfassen. Vom Verein wurden auch Vorträge veranstaltet, bereits 1846 über Diplomatik und Paläografie, so konnten Mitglieder ebenfalls für das Sammeln von Archivmaterial ausgebildet werden. Besondere Verdienste für den G. erwarben v. a. Gottlieb von ANKERSHOFEN, Michael Franz von JABORNEGG-ALTENFELS, Karlmann TANGL, Anton von GALLENSTEIN und Max von MORO (Vorsitzender 1860–1898). Zu den Mitgliedern zählten auch die Slowenen Matija → MAJAR, Andrej → EINSPIELER und Anton → JANEŽIČ. Zu Beginn des 20. Jh.s waren August JAKSCH, Josef FRESACHER und Martin → WUTTE die führenden Mitglieder des G. Vor der → Volksabstimmung (1918–1920) spielte der G. eine sichtbare Rolle in der → Volksabstimmungspropaganda für den Verbleib Kärntens/Koroške bei Österreich. Dabei waren die führenden Mitglieder, insbesondere tritt Martin WUTTE, der Erfinder der so genannten → Windischentheorie, hervor.

Bereits 1846, als der G. noch im Rahmen des *Historischen Vereins für Innerösterreich* tätig war, wollte er mit der Herausgabe einer eigenen Zeitschrift, dem *Archiv für Geschichte des Herzogthumes Kärnten*, beginnen. Doch die Zensur wies das Gesuch ab, da der Zentralausschuss des Historischen Vereins für Innerösterreich die Notwendigkeit einer solchen Zeitschrift verneinte. 1849, drei Jahre später, erschien die erste Nummer der Vereinszeitschrift *Archiv für vaterländische Geschichte und Topographie*, die zunächst nicht jährlich erscheinen konnte. Es wurden Artikel und Abhandlungen publiziert, ebenso wie Listen von Mitgliedern, erworbenen Bücher, Urkunden, und Münzen sowie Berichte über die Vereinstätigkeit. Der erste Herausgeber war bis zu seinem Tod Gottlieb von ANKERSHOFEN, danach wurde sie vom Vereinsvorstand herausgegeben. Die Zeitschrift enthielt, außer in den ersten Jahrgängen, kaum etwas über das Slawentum und ebenso wenig über die Slowenen in Kärnten/Koroška. Wegen der archäologischen Ausgrabungen auf dem → Zollfeld/Gosposvetsko polje wurde aber die Zeremonie der Herzogseinsetzung (→ Fürsteneinsetzung), der → Fürstenstein und der Herzogstuhl mehrmals erwähnt. Neben den Hauptmitarbeitern ANKERSHOFEN, JABORNEGG, GALLENSTEIN und HERMANN waren in den 50er- und 60er-Jahren des 19. Jh.s aktiv: Karlmann FLOR, Mathias KOCH und Franz Xaver RICHTER, von den vertretenen Slowenen sei Davorin → TRSTENJAK genannt. Die größten Verdienste um die Edition von Quellen erwarb sich Ignaz TOMASCHEK, der die Regesten über die Geschichte Kärntens vorbereitete, Beda SCHROLL edierte die Quellen zur Geschichte des Klosters → St. Paul/Šentpavel.

Die zweite Vereinszeitschrift war die → *Carinthia*, die 1811 zunächst als belletristische Wochenschrift erschien. Die *Carinthia* wird als älteste historische Zeitschrift in Österreich eingereiht. Sie hatte bereits 1844 ca. 900 Abonnenten, unter den Autoren finden wir auch Matija → AHACEL und Urban → JARNIK. Vor allem JARNIK schrieb viel über das slowenische Element in Kärnten/Koroška. 1864 schließt der G. eine Vereinbarung mit dem Naturhistorischen Museum; die *Carinthia* wurde zur Monatsschrift, zunächst wurde 1869 die Belletristik ausgesondert. Seit 1891 hat die Zeitschrift zwei Schriftenreihen: *Carinthia I* (*Mittheilungen des Geschichtsvereins für Kärnten*) und *Carinthia II* (*Mittheilungen des Naturhistorischen Landesmuseums für Kärnten*). Erstere nannte sich zunächst (1890) *Neue Carinthia*, publizierte nur wissenschaftliche Abhandlungen und erschien vierteljährlich. Sie veröffentlichte keine Quellen, um dem *Archiv* nicht in Konkurrenz zu stehen.

Die Ziele des Vereins sind dieselben wie während der ersten hundert Jahre geblieben: die Pflege der Landesgeschichte – vom Mittelalter bis zur Neuzeit und zur Zeitgeschichte, sowie der Ur- und Frühgeschichte, Archäologie, Kirchen-, Rechts-, Sozial- und Wirtschaftsgeschichte, aber auch Kunstgeschichte, Numismatik u.a.

Archive: Archiv des Geschichtsvereines für Kärnten, KLA.
Lit.: ES (O. Janša-Zorn: *Zgodovinsko društvo za Koroško*). – H. Braumüller: *Zur Hundertjahrfeier des Geschichtsvereins für Kärnten*. In: *Car I* 133 (1943) 18–35; A. Ogris (Hg.): *Festschrift zum 150-Jahr-Jubiläum des Geschichtsvereines für Kärnten*. In: *Car I* 184 (1994); O. Janša-Zorn: *Historično društvo za Kranjsko*. Ljubljana 1996.

Matija Zorn; Üb.: Katja Sturm-Schnabl

Gewässer in Südkärnten/Južna Koroška. Das Gewässersystem in Kärnten/Koroška umfasst ca. 8.000 km Fließgewässer und ca. 1.270 Seen. Diese sind weitgehend verbunden mit der Entstehung des Klagenfurter Beckens/Celovška kotlina, einer tektonischen Depression, deren Talgrund aus der ausbleibenden tektonischen Hebung der benachbarten Gebirgsregionen der Südlichen Kalkalpen/Južne apneniške Alpe und der Zentralalpen/Centralne Alpe hervorging. Dieses alpine Becken sorgt für die Entwässerung eines weiten Umfelds und stellt somit ein weitläufiges Zusammenflussgebiet dar. In der letzten Eiszeit wurde die Oberfläche durch den Drautaler und den Gailtaler Gletscher (dravski -, ziljski ledenik) umgeformt, die das Becken bis Bleiburg/Pliberk und Griffen/Grebinj auffüllten und die im Relief eine Vielzahl von Senken und tektonisch ausgeschürften Talfurchen hinterließen, in denen sich nunmehr die großen Seen befinden (Wörther See/Vrbsko jezero, Ossiacher See/Osojsko jezero, Millstätter See (Milštatsko [Miljsko]) jezero, Weißensee (Belo jezero), Längsee (Dolgo jezero), Faaker See/Baško jezero, Klopeiner See/Klopinjsko jezero usw.), zahlreiche kleinere Moorseen und Teiche (Pressegger See/Preseško jezero [Pazrijsko jezero], Rauchelesee/Rjavško jezero, Turnersee [Sablatniksee]/Zablaško jezero [→ Deutschnationale Vereine], Keutschacher See/Hodiško jezero) und Feuchtgebiete und Moore, die aus Verlandung kleinerer Seen entstanden sind (auch reichte der Wörther See/Vrbsko jezero bedeutend weiter in das → Klagenfurter Feld/Celovško polje hinein, als es heute der Fall ist).

Der bedeutendste Fluss Südkärntens ist die **Drau/Drava** (dt. historisch auch Drave), die einer der markantesten Flüsse des südlichen Teils der Ostalpen/Vzhodne Alpe und gleichzeitig der Pannonischen Tiefebene/Panonska kotlina ist. Dieser ca. 749 km lange Fluss hat seinen Ursprung in ca. 1.450 m Seehöhe in der Nähe von San Candido/→ Innichen in Südtirol in Italien und mündet bei Osijek in Kroatien in die Donau/Donava. Kärnten durchfließt die Drau/Drava auf einer Länge von 215 km. Die geologische Verbindung des Oberen Drautals (Zgornja Dravska dolina) mit dem Klagenfurter Becken/Celovška kotlina führte zur markanten West-Ost-Ausrichtung des Landes Kärnten/Koroška. Wegen der beträchtlichen Länge des Oberlaufs konnte das Klagenfurter Becken/Celovška kotlina für den Oberlauf keine zentralörtliche Funktion ausfüllen, sodass das Quellgebiet zusammen mit dem Flusslauf der Isel zu Tirol hin gravitierte. Das Einzugsgebiet der Drau/Drava mit ihren linken Zuflüssen (Isel und Möll/Mela u.a.) reicht in die höchsten Bereiche der Zentralalpen (Centralne Alpe), d.h. in die Gletschergebiete der Hohen Tauern (Visoke Ture). Diese Zuflüsse haben einen wichtigen Einfluss auf die Schwankungen der Durchflussmenge zu den verschiedenen Jahreszeiten, die sich wesentlich von den Wasserhaushalten der anderen Kärntner Flüsse unterscheiden. Die höchste Durchflussmenge erreicht die Drau/Drava im späten Frühjahr und im Frühsommer mit der Schneeschmelze, sodass die großen und charakteristischen Schwankungen bereits in der ersten Hälfte des 20. Jh.s wirtschaftlich für die Stromgewinnung genutzt wurden.

Der zweitwichtigste Fluss in → Südkärnten/Južna Koroška ist die **Gail/Zilja,** die trotz einer beträchtlichen Länge von 122 km ein ungewöhnlich schmales Flusssystem aufweist, und das sowohl im nördlichen als auch im südlichen Bereich. Etwas längere Zuflüsse sind die Gössering (Gosrinja. auch Višprijski potok – 20 km) auf der linken, nördlichen Seite sowie die Gailitz/Ziljica auf der rechten, südlichen Seite. Obwohl beide Zuflüsse relativ kurz sind, führen sie doch hohe Wassermengen, da ihre Quellen hoch in den Gailtaler Alpen/Ziljske Alpe und in den Karnischen Alpen/Karnijske Alpe/Alpe Carniche liegen, wo die Niederschlagsmenge über 2000 mm jährlich beträgt. Die höchsten Niederschlagsmengen werden im Herbst, insbesondere im Oktober, gemessen, so dass auch der Durchfluss der Gail/Zilja in dieser Periode am höchsten ist. Da ein Gutteil der Niederschläge mit Starkregen verbunden

Markus Pernhart, Bucht von Pörtschach/Poreče, Foto Bojan-Ilija Schnabl

ist, steigt die Gail/Zilja häufig schnell und verursacht Überschwemmungen. Wie groß die unterschiedlichen Durchflussmengen sind, zeigen die Messungen der Messstation Federaun/Vetrov unweit der Mündung in die Drau/Drava. Im Zeitraum 1951–2004 betrug die mittlere Durchflussmenge der Gail/Zilja 45 m³/Sek., die mittlere jährliche maximale Durchflussmenge betrug im selben Zeitraum 398 m³/Sek. Die höchste Durchflussmenge wurde am 5. November 1966 gemessen (850 m³/Sek.), als die Gail/Zilja große Überschwemmungen verursachte und beträchtlichen Schaden anrichtete.

Unter den Flüssen, die in Südkärnten/Južna Koroška in die Drau/Drava fließen sind besonders die Gurk/Krka mit ihrem Zufluss der Glan/Glina sowie die Lavant/Labotnica, die südliche Teile der Zentralalpen (Centralne Alpe) entwässern, hervorzuheben. Das breite Flusssystem der Gurk/Krka umfasst den gesamten Bereich der Gurktaler Alpen (Krške Alpe) sowie die Westhänge der → Saualpe/Svinja, während das etwas schmalere Flusssystem der Lavant/Labotnica das Wasser von den Osthängen der Saualpe/Svinja und den Westhängen der Koralpe/Golica bezieht.

Zu den bedeutenden Flüssen Südkärntens/Južna Koroška zählt auch die Vellach/Bela, die in den Steiner Alpen/Kamniške Alpe südlich von Eisenkappel/Železna Kapla entspringt und die unweit von Gallizien/Galicija in die Drau/Drava mündet. Obwohl ihre mittlere Jahresdurchflussmenge unweit ihrer Mündung in die Drau/Drava nur ca. 8 m³/Sek. beträgt, stellte die Vellach/Bela eine bedeutende Grundlage für die Entwicklung der Hammerwerke und anderer Industriezweige in → Ferlach/Borovlje dar.

Die Kärntner Flüsse sind jedoch nicht nur wegen ihres Wasserpotenzials von Bedeutung, ihre Täler sind schon seit jeher bedeutende Verkehrsachsen. So erschließen die Täler von Drau/Drava, Gurk/Krka, Glan/Glina und Gail/Zilja das Klagenfurter Becken/Celovška kotlina in fast alle Richtungen.

Ein bedeutendes Element im Kärntner Gewässersystem bilden auch die Kärntner Seen/Koroška jezera, die eine Fläche von ca. 60 km² bedecken. Zu den größten

Seen Südkärntens/Južna Koroška, die gleichzeitig auch große Bedeutung für den Tourismus haben, zählen der Wörther See/Vrbsko jezero (19 km²), der Faaker See/Baško jezero (2,3 km²) der Keutschacher See/Hodiško jezero (1,3 km²) und der Klopeiner See/Klopinjsko jezero (1,1 km²). Alle Seen in Südkärnten/Južna Koroška entstanden als Folge des Rückzugs der Gletscher, wobei bei einigen hinzukommt, dass sie in tektonischen Depressionen bzw. in ausgeschürften Talfurchen liegen (z.B. der Wörther See/Vrbsko jezero und der Keutschacher See/Hodiško jezero). Bei diesen war in der Eiszeit und danach zumindest teilweise der Abfluss durch Muränen und andere Gletscherablagerungen behindert, was zusätzlich zur Seenbildung beitrug.

Für alle Seen im Klagenfurter Becken/Celovška kotlina ist charakteristisch, dass sie abseits von großen Flussläufen liegen. Vor allem aber haben sie auch ein kleines Einzugsgebiet und es ergießen sich in sie nur kleinere Fluss- bzw. Bachläufe. Dementsprechend haben sie auch nur kleine Abläufe und insgesamt einen sehr geringen Durchfluss, so dass die Schwankungen sehr gering sind (beim Wörther See/Vrbsko jezero betragen diese im Durchschnitt nur bis zu einem halben Meter). Die höchsten Wasserstände erreichen die Seen im Herbst, die niedrigsten im Winter. Wegen des geringen Zuflusses füllen sich die Seen sedimentär nur sehr langsam und auch die Abflüsse vertiefen ihre Rinnen nur in geringem Maße.

Hervorzuheben sind die beträchtlichen Unterschiede der Eigenschaften der Seen in Südkärnten/Južna Koroška, die eine Folge der natürlichen Gegebenheiten sind. Das zeigt sich insbesondere in der Farbe und der Trübung des Wassers. Das klarste Wasser haben die Seen in der Nähe der → Karawanken/Karavanke und dabei insbesondere der Faaker See/Baško jezero und der Klopeiner See/Klopinjsko jezero. Ganz anders ist der Pressegger See/Preseško jezero (0,55 km²) und andere kleinere Seen, die trüb sind und auch verlanden.

Für die Seen in Südkärnten/Južna Koroška ist auch kennzeichnend, dass sie sich im Sommer stark aufwärmen und im Winter stark abkühlen. So beträgt die durchschnittliche Temperatur der obersten Wasserschichten im August im Wörther See/Vrbsko jezero 21,4 °C und im Klopeiner See/Klopinjsko jezero 22,3 °C. Im Winter frieren die Seen rasch zu, wobei das geringe Windaufkommen im Klagenfurter Becken/Celovška kotlina dazu beiträgt. Interessant ist, dass der Klopeiner See/Klopinjsko jezero im Winter am raschesten zufriert und sich im Sommer am stärksten aufwärmt. Die warmen Südkärntner Seen sind seit langem attraktiv für viele Touristen.

Lit.: S. Ilešič: *Slovenska Ziljska dolina*. In: *Planinski vestnik* (1939) 149–166; V. Paschinger: *Landeskunde von Kärnten und Osttirol*. Klagenfurt 1949; A. Melik: *Slovenski alpski svet*. Ljubljana 1954; F. Bezlaj: *Slovenska vodna imena*, [2 Bd.]. Ljubljana 1956, 1961; H. Paschinger: *Kärnten. Eine geographische Landeskunde* – 2 Bd. Klagenfurt 1976 und 1979; P. Mildner, H. Zwander (Hg.): *Kärnten – Natur. Die Vielfalt eines Landes im Süden Österreichs*. Klagenfurt ²1999.

Matjaž Klemenčič; Üb.: Bojan-Ilja Schnabl

Gewässername, auch: Hydronym. G. gehören zum ältesten Namengut überhaupt (→ Namenkunde). Der frühe Mensch orientierte sich am Wasser, in den meisten Fällen ist zuerst ein Gewässer benannt worden, dann erst die an ihm liegenden Siedlungen, Landschaften und oft auch die Anwohner. Demnach reflektieren die G. in erster Linie Eigenschaften des Wassers; ältere Namen sind wiederholt von der einen Sprachschicht zur nächsten weitergegeben worden (z.B. *Lavant* über frühslowenisch *labänt-* und keltoromanisch **Albanta* aus indoeuropäisch **albhanta* ›die Weißglänzende‹ von **albh-* ›weiß‹, slow. *Labotnica*). In Österreich sind manche G. keiner bestimmten Einzelsprache zuzuordnen und gehören somit zum ältesten Substrat, sie sind aber indoeuropäisch (z.B. *Drava* ›Drau‹ von indoeuropäisch **drowos* ›Fluss[lauf]‹), woran sich dann mehrere weitere Sprachschichten anschließen, v. a. eine keltoromanische (z.B. *Glan*, slowenisch-mundartlich *Glana* von keltisch **Glāna* ›die Lautere, Klare‹, slow. *Glina*), dann eine slawische (slowenische), und erst die jüngste Schicht ist deutsch, wobei die ältesten G. vom Slowenischen vermittelt wurden. Dort wo der → Sprachwechsel erst in jüngster Zeit geschah, wurde bisweilen der slowenische Name beibehalten (z.B. *Raba/Raba*, oder *Reka-Bach*).

Die meisten slowenischen G. sind Bildungen mit dem Suffix *-(n)ica* (aus älterem *-[n]ika*), z.B. *Ribnica*, dt. *Reifnitz* (›Fischbach‹ zu *riba* ›Fisch‹) oder *Bistrica*, dt. *Feistritz* (etwa ›Wildbach‹ zu slow. *bister* ›schnell [bewegend]; klar, hell‹), häufig sind auch Wortgruppen mit *potok* ›Bach‹ (z.B. *Obirski potok*, dt. *Ebriacher Bach*), auch *voda* ›Wasser‹ (z.B. *Globaška voda* o. *Globasnica*, dt. *Globasnitzbach*), weiters *reka* oder *rečica* ›Fluss, Bach‹ (davon u.a. *Reka* und *Ročica*, dt. *Rotschitzenbach*) oder *jezero* ›See‹. Oft begegnet das im Slawischen sehr beliebte Wortbildungsmuster, dass der kleinere Nebenfluss ein Diminutiv zum Hauptfluss ist, z.B. *Görtschitz* neben *Gurk* (slow. *Krčica* neben *Krka*).

Volksgruppenbüro, Ortsverzeichnis

Lit.: ES (F. Jakopin: *Imenoslovje*, J. Šašel, J. Kastelic: *Imenski prežitki*). – J. Scheinigg: *Die Ortsnamen des Gerichtsbezirkes Ferlach*. In: 56. Programm des Staats-Obergymnasium zu Klagenfurt 1905/1906. Klagenfurt 1906, 3–26; *Aus dem Wilajet Kärnten*. Klagenfurt 1913; F. Ramovš: *Historična gramatika slovenskega jezika. 2: Konzonantizem*. Ljubljana 1924; *VII: Dialekti*. Ljubljana 1935; F. Ramovš: *Kratka zgodovina slovenskega jezika. 1*. Ljubljana 1936 (Nachdruck 1995); R. Badjura: *Ljudska geografija*. Ljubljana 1953; F. Bezlaj: *Slovenska vodna imena*. 2 Bd. Ljubljana 1956–1961; E. Kranzmayer: *Ortsnamenbuch von Kärnten*. 2 Bd. Klagenfurt 1956–1958; O. Kronsteiner: *Die slowenischen Namen Kärntens* (mit einer Einleitung von H.-D. Pohl). Wien 1982; H.-D. Pohl: *Slowenisches Erbe in Kärnten und Österreich. Ein Überblick*. In: Kärntner Jahrbuch für Politik 2005, 127–160; H.-D. Pohl: *Die Slavia submersa in Österreich: ein Überblick und Versuch einer Neubewertung*. In: Linguistica XLV – Ioanni Orešnik septuagenario in honorem oblata I, Ljubljana 2005, 129–150; H.-D. Pohl: *Unsere slowenischen Ortsnamen, Naša slovenska krajevna imena*. Klagenurt/Celovec 2010.
Web: www.volksgruppenbuero.at/images/Ortsnamenverz_komplett.pdf (6. 8. 2013).

Heinz-Dieter Pohl

Glabotschnig, Gašpar (Glabotsnig, Globotschnig, Globosnick Gaspar, Casparus, * 1. Jänner 1664 St. Paul im Lavanttal/Šentpavel v Labotski dolini, † 4. April 1708 Wien) Jesuit, Theologe, Rektor des Jesuitenkollegiums in Wien.

G. stammte aus → St. Paul im Lavanttal/Šentpavel v Labotski dolini. Im Jahre 1680 trat er in den Jesuitenorden ein (→ Jesuiten). Das Noviziat absolvierte er 1680–1682 in Wien, wo er bis 1687 blieb und drei Jahre Philosophie studierte. Im letzten Jahr unterrichtete er Grammatik. 1689/90 unterrichtete er Rhetorik am Kollegium in Passau, kehrte danach nach Wien zurück, wo er von 1690 bis 1694 Theologie studierte. Nach seiner Priesterweihe absolvierte er 1694/95 im Kollegium in Judenburg die dritte Probation. Von dort ging er ein Jahr ans Jesuitenkolleg in Trenčín (heutige Slowakei). 1696 kehrte er nach Wien zurück, wo er bis 1699 Professor der Philosophie war. Danach sorgte er weniger als zwei Jahre im St. Anna Kollegium *(Domus probationis Viennensis)* für die Novizen. Am 29. Mai 1701 wurde er Rektor des Jesuitenkollegiums in Klagenfurt/Celovec. Nach zwei Jahren kehrte er wieder nach Wien zurück, wo er vom 12. September 1703 bis zu seinem Tod Rektor des St. Anna Kollegiums war. G. verfasste *Laudationes* an das österreichische Herrscherhaus in Form von Lobschreiben, Lobgedichten und Lobliedern in lateinischer Sprache.

Zwei seiner Werke erschienen im Druck, das »Lied« *Leopoldi Magni Caesaris …* (1698) und die *Epistolae poeticae …* (1698). Für den Druck bereitete er auch vor: *Phosphori Austriaci Sive Compendiosae Historiae de Augustissimae Domus Austriacae Origine, Magnitudine, et Potentia*. Libri duo …, Viennae 1699 (von dem soll auch eine zweite Ausgabe 1701 bestanden haben), nämlich eine etwas gekürzte Bearbeitung. Schließlich erfolgte ein Nachdruck des im Jahre 1665 erstmals erschienen Buches, und zwar in drei Bänden unter einem Titel: *Phosphori Austriaci, de Gente Austriaca libri tres in quibus illius prima origo, magnitudo, imperium ac virtus asseritur et probatur. Hic praemittur methodus legendi historias: et adjicitur de nobilitate officii Curialium. Lovanii, apud haeredes Coenestenii, 1665*.

Werke: *Leopoldi Magni Caesaris invictissimi Victoriae praecipuae ab anno 1683 ad 1697 adversus Turcas obtentae. Carmen*. Viennae, typis Cosmerovii, 1698; *Epistolae poeticae ad Domum Austriacam de ejus Virtute bellica*. Viennae 1698.

Lit.: SBL (Jože Glonar). – *Gesta et Scripta Prov. Austr., Glabotschnig, Casparus*. In: Scriptores Provinciae Austriacae Societatis Jesu, Collectionis scriptorum ejusdem Societatis Universae. Tomus Primus. Viennae 1855, 99; A. De Backer: *Glabotschnig, Gaspar*. In: C. Sommervogel (Hg.): Bibliothèque de la Compagnie de Jésus. Première partie: Bibliographie par les Pères Augustin et Aloys De Backer. Nouvelle édition. Tome III. Bruxelles [e.a.] 1892, 1496; P. Simoniti: *Sloveniae scriptores Latini recentioris aetatis*. Ljubljana [e.a.] 1972, 51; L. Lukacs: *Catalogi personarum et officiorum Provinciae Austriae S. I.*, 4. Bd. (1666–1683). Romae: Institutum Historicum S. I. 1990, 727, 774; L. Lukacs: *Catalogi personarum et officiorum Provinciae Austriae S. I.*, 5. Bd. (1684–1699). Romae: Institutum Historicum S. I. 1990, 30, 75, 122, 173, 223, 311, 379, 443, 488, 544, 577, 620, 647, 712, 766, 822; L. Lukacs: *Catalogi personarum et officiorum Provinciae Austriae S. I.*, 6. Bd. (1700–1717). Romae: Institutum Historicum S. I. 1993, 38, 93, 114, 169, 260, 314, 361, 409, 457, 516; M. Pohlin: *Bibliotheca Carnioliae*. In: M. Pohlin: *Kraynska grammatika. Bibliotheca Carnioliae*. (Znanstvenokritična izdaja). Ljubljana 2003, 354, 481; W. Drobesch, P. G. Tropper: *Die Jesuiten in Innerösterreich*. Klagenfurt/Celovec [e.a.] 2006, 114.

Monika Deželak Trojar; Üb.: Katja Sturm-Schnabl

Glagolica. Die → Methodvita berichtet, dass die slawischen *duces* (altbulgarisch *kneNdz slovensk*), Sventopulk (im Salzburger → Verbrüderungsbuch *Zuuentibulch*) und Rastislav von Morava sich um 861/862 an den griechisch-byzantinischen Kaiser Michail wenden, damit er ihnen »slawische« Missionare schicke. »*Es sind schon viele Christenlehrer von den Welschen* (iz Vlach), *den Byzantinern* (iz Grek) *und Baiern/Franken* (iz Nemec) *gekommen und haben verschieden gelehrt*.« Diese sind Fürsten eines Morava genannten Fürstentums (*iz Moravy*: Vita Methodii Kap. V). Nach *südlich der Donau* (I. Boba), nicht wie literaturüblich eines nördlichen. Die von Byzanz aus gesehen in der mentalen Geografie des Vitenautors nordwestlichen Gebiete (Pannonien) wurden schon 100 Jahre vor Eintreffen der »Slawenapostel« von Salzburg als *confines Carantanorum* religiös betreut. Die Leute des früheren *dux Maravorum* Moimar haben Pribina, den Vater von → Kocelj/Chezilo, aus Morava verjagt. Pribina floh »in den Westen«, kooperierte freundschaftlich mit → Salzburg und ließ an der Sala/Zala von Salzburger Baumeistern viele Kirchen erbauen und vom Salzburger Erzbischof einweihen. 861/862 fällt Pribina (*quem Maravi occiderunt*) in einer Schlacht der fränkischen Herrscher gegen die Moravaner des Rastislav. 863 schickt der griechisch-byzantinische Kaiser Kyrill und Method aus Solun/Saloniki (»*wo alle slawisch sprechen*«) nach Morava zu Rastislav und Sventopulk. Der Anfang der neuen, eigens für diesen Missionsauftrag erfundenen Schrift *Glagolica* beginnt 863 so: »*Gott offenbarte dem Filosofen die slawische Schrift und sogleich ordnete er* (Kyrill) *die Buchstaben und stellte ein Abecedarium* (a/beseda) *zusammen*.«

Die 60er-Jahre des 9. Jh.s waren für die *Confines Carantanorum* und die pannonische Umgebung von europäischer Bedeutung: Es ging um die politische Unabhängigkeit vom jeweiligen Nachbarn: Bulgarien von Konstantinopel, Pannonien vom fränkisch-bairischen Staat und der Salzburger Kirche. 863 treffen sich Ludwig »der Deutsche« (*rex Baivariorum*) und der bulgarische Chan Boris im niederösterreichischen Tulln zu Kooperations-Verhandlungen. Der griechisch-byzantinische Patriarch Photios wird von Papst Nikolaus wegen religiöser Streitigkeiten exkommuniziert. Photios exkommuniziert seinerseits den römischen Papst Nikolaus. Bulgarien wendet sich an Rom um Missionare. Der römische Papst plant eine Bulgarien-Mission. Es werden Bischöfe und Priester aus Rom und Baivarien nach Bulgarien entsandt. Eine hochrangige bulgarische Delegation geht über Cividale (friul. Cividat, slow. Čedad) mit einem Fragenkatalog nach Rom. Es entstehen die berühmten *Responsa Nicolai papae ad consulta Bulgarorum.*

In dieser verwirrenden Konstellation schickt der byzantinische Kaiser Michail die beiden Brüder Kyrill und Method nach Pannonien, in die *confines Carantanorum*. Daraufhin verlässt der Salzburger Erzpriester Rihpaldus, der am Hof des gefallenen Pribina tätig war, seinen pannonischen Amtssitz und geht frustriert nach Salzburg zurück. 869 starb Kyrill in Rom. 870 entsteht das Salzburger »Weißbuch« über die Mission bei den Karantanern und in den Confines, die → *Conversio Baivariorum et Carantanorum*. 870 wird Method von den Salzburgern zweieinhalb Jahre in Klosterhaft gehalten (→ Chiemsee). Die bairisch-fränkischen Priester müssen angeblich Morava/Pannonien verlassen. Die Rolle → Koceljs, des Sohns und Nachfolgers von Pribina, in seinem *ducatus* und seiner Burg (*in castro Chezilonis*) Mosapurc (heute ungarisch Zalavár) ist undurchsichtig. Er kooperiert mit zwei konträren Parteien: Noch 864 feiert der Salzburger Erzbischof Adalwin bei ihm Weihnachten. Gleichzeitig wendet er sich im Interesse Methods an den römischen Papst. Die Aktionen Roms waren wenig erfolgreich und Salzburg gegenüber unklug.

Das pannonische Abenteuer endet für das griechisch-byzantinische Konstantinopel, ebenso wie für Bulgarien, ungünstig. Der Moravaner Sventopulk schließt schon 870 mit dem fränkischen König Frieden und nähert sich wieder »dem Westen« an. Rastislav wird wegen Hochverrats zum Tod verurteilt und zur Blendung begnadigt. 874 wieder weiht der Salzburger Erzbischof Theotmar für Kocelj in Ptuj (Pettau) eine Kirche, obwohl Method in seiner Burg gerade die Bibel ins »Slawische« übersetzt. Kocelj selbst verhandelt weiterhin mit Rom für Method. 885 stirbt Method und wird in seiner Kathedrale in Sremska Mitrovica (Sirmium) als »moravischer Erzbischof« (*arhiepiskup moravsk*) begraben. Als Nachfolger hatte er sich den adeligen Gorazd gewünscht, weil dieser »in den *lateinischen* Schriften gut bewandert« ist. Man konnte übrigens das Slowenisch mit lateinischen Buchstaben ganz gut schreiben (→ Schrift). War es die Absicht Kyrills und seine persönliche Entscheidung, mit einer ganz neu erfunden Schrift statt der vertrauten lateinischen und griechischen einen dritten Weg zu gehen? Der byzantinische Kaiser jedenfalls hat ihm den Auftrag zur Erfindung einer neuen Schrift nicht erteilt. Übrigens erwähnt Porphyrogenntos 950 in *De administrando imperio* mit keinem Wort → Salzburg und das byzantinische Pannonien-Experiment.

Die Schrift, die Kyrill erfunden und für die Bibelübersetzung verwendet hat, ist die G., benannt nach dem 4. Buchstaben (*glagol*) des Alfabetgedichts. *Glagol* ist »das Wort«, *glagolati* bedeutet »sprechen«. Das Wort ist keltisch und wurde von den Ladinern (→ Altladinisch) übernommen. Römer und Griechen hatten keine Glocken. Der Glockenschwengel hieß ladinisch *clocul*, bairisch *Glachel*. Das glagolitische Abc, um einige Buchstaben für besondere slawische Laute ergänzt, entspricht genau dem griechischen »Alpha-Beta«. Außer dem hebräischen ⱳ/Ш stimmen einige

425

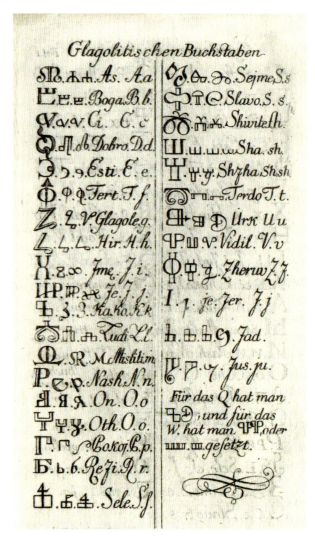

Pohlin, *Grammatika*, Laybach 1768, Kyrilliza, [S. 197]

Pohlin, *Grammatika*, Laybach 1768, Glagolica, [S. 198]

Buchstaben (Ж, Ъ, Ь, Ч) mit protobulgarischen Runen der Fels-Inschriften in der rumänischen Dobrudscha überein. Warum Kyrill für einen Kulturraum, in dem 900 Jahre die lateinische Schrift verwendet wurde, eine eigene Schrift erfindet oder nicht wenigstens seine vertraute griechische verwendet, ist unklar. Auch wenn sich, linguistisch gesehen, die Buchstaben der G. besser für das Slawische eignen. Heute wird das damals in Bulgarien aufgekommene, um einige Buchstaben aus der G. erweiterte griechische Alphabet als *Kirilica*, »die Schrift Kyrills«, bezeichnet. Es stammt aber in dieser Form nicht von Kyrill. Die eigentliche *Kirilica* ist die *Glagolica* Kyrills, die weder in Bulgarien noch in der Ukraine oder in Russland Bedeutung erlangte. In Pannonien wurden keine glagolitischen Inschriften gefunden. Die G. wurde nach 885 »Nationalschrift« der Kroaten in Istrien und im oberen dalmatinischen Küstengebiet, wo sie einige Method-Schüler verbreiteten. Daher auch das »nationale« Interesse Kroatiens an seiner Rolle als *Anfang* des slawischen Schrifttums (Jagić: *vagina glagoliticarum*). Die in Pannonien bei Kocelj am Plattensee gemachte (882 beendete) Übersetzung der Bibel ist zur Gänze in G. geschrieben. Die Abschriften der Originale sind in ganz Südosteuropa verstreut (Istrien/Dalmatien, Preslav, Ohrid, Rom, Konstantinopel, sogar im ägyptischen Sinai-Kloster: das *Psalterium Sinaiticum* und *Euchologium Sinaiticum*). Von den »Salzburger« Karantanerslowenen wurde diese Schrift nie verwendet.

Trotz → Miklosichs grundlegender Studie *Die christliche Terminologie der slawischen Sprachen* (1875) wird in der internationalen Slawistik seit seinem Schüler und Nachfolger Jagić die Meinung propagiert, Kyrill und Method seien als »Slawenapostel« die Schöpfer der *slawischen* Schrift *und* Literatur. Daher auch die strategisch »notwendige« Erfindung des »Großmährischen Reiches« als »Urstaat« der Mährer, Tschechen und Slowaken und der METHOD-Reise nach Visla (literaturüblich interpretiert als polnisch Wisła/Weichsel). Weder Tschechen noch Slowaken, noch die Polen haben je mit der G. oder der späteren bulgarischen *Kirilica* etwas zu tun gehabt. Dies hat schon DOBROWSKY 1792 in seiner *Geschichte der böhmischen Sprache und Literatur* richtig erkannt. Die glagolitischen Texte im Prager Emmaus-Kloster und im böhmischen Sázava-Kloster sind später von kroatischen Mönchen dorthin gebracht worden.

Auch die Resonanz der byzantinischen Mission im Volk erweist sich als gering. Literaturüblich wird das schon 100 Jahre vor der *Glagolica* bestehende slowenische Schrifttum in *lateinischer* Schrift bei den karantanischen Slowenen und in den zahlreichen Kirchen der *Confines* kulturhistorisch ausgeblendet. »Kyrillomethodianische« Einflüsse auf die karantanerslowenische Literatur (→ Freisinger Denkmäler) sind *chronologisch* und *sachlich* unmöglich: In Byzanz waren die lateinischen Beicht-*Adhortationes* und Messordinarien (Kiewer Blätter) völlig unbekannt.

Literaturüblich *unthematisiert* sind die Fakten: Das frühe Christentum in jenen Regionen des Imperiums fand ausschließlich in lateinischer Schrift statt. Seit → VIRGIL und seine Nachfolger ab 750 den MODESTUS als Weihbischof mit mehreren Priestern nach Karantanien (→ Maria Saal/Gospa Sveta, Teurnia/Lurnfeld, Ingering) schickten, wird nur die lateinische Schrift verwendet: in Karantanien *und* Pannonien bis heute. Daher der Ärger Salzburgs in der → *Conversio* über die *noviter inventes sclavinae litterae*. Es gibt seit 750, also mehr als 100 Jahre *vor* KYRILL und METHOD, slawische/slowenische Texte in *lateinischer* Schrift. Das ist der *Anfang*. Der ursprüngliche originale Text der Freisinger Denkmäler ist sicher schon im 8. Jh. verfasst worden. Die im Jahr 1803 in Freising aufgefundenen Folien in einem Missionshandbuch, die sog. Freisinger Denkmäler, sind deren älteste erhaltene *Kopie* und stammen aus dem 10. Jh. (→ Abraham [Missionshandbuch]). Für die Unterweisung im Christentum, den Gottesdienst und die Seelsorge waren ab 750 slowenische Texte notwenig. Sogar der Papst besteht in seinem Brief an KOCELJ, RASTISLAV und SVENTOPULK darauf: *diesen einen* Brauch *aber bewahrt: bei der Messe lest den Apostel und das Evangelium zuerst römisch* (lateinisch), *dann slawisch/slowenisch*. Das heißt: es gab schon lang vor METHOD slowenische Evangelientexte. Die Salzburger Priester haben Slowenisch gelernt bzw. waren selbst muttersprachliche Slowenen. Der Salzburger Erzbischof ADALWIN hat bei seinen Kircheneinweihungen und beim Weihnachtsfest 864, während die beiden »Slawenapostel« schon im Land waren, in Pannonien slowenisch gepredigt. Schon PIPPIN, der Vater KARLS DES GROSSEN, hat die Salzburger Kirche beauftragt, *cum doctrina et ecclesiastico officio procurare populum qui remansit de Hunia et Sclavis in illis partibus* (das Volk, das in jenen Regionen von Awaren und Slawen übrig geblieben ist, in Glaubenslehre und im Gottesdienst zu betreuen). Salzburg hat diesen Auftrag wahrgenommen und erfolgreich durchgeführt. Auch in der Zeit, als METHOD in der Burg des → KOCELJ an der Bibelübersetzung arbeitete. Seine Seelsorge-Tätigkeit dürfte nur sehr partiell dem »slawischen« Volk gegolten haben, eher dem »Knezen (*kuneNdz*)« und seiner engsten Umgebung. Es wird nicht berichtet, dass METHOD Kirchen gebaut, eingeweiht und mit Priestern ausgestattet hätte, was für die Salzburger selbstverständlich war. Das glagolitische Experiment war linguistisch interessant, kulturhistorisch beachtlich, sonst aber eher perspektivlos. Nach METHODS Tod geht die lateinische Liturgie in Pannonien und Mitteleuropa weiter, als ob es ihn nicht gegeben hätte. Trotzdem ist die fast tausendjährige glagolitische Schriftkultur in einigen kroatischen Gegenden ein europäisches Phänomen ohnegleichen. Es ist aber nicht der *Anfang* der »slawischen« Literatur. Das waren karantanerslowenische Texte in lateinischer Schrift.

Lit.: ES (Jože Pogačnik: *Brižinski spomeniki*). – I. Boba: *History of Moravia Reconsidered. A Reinterpretation of Medieval Sources.* The Hague 1970; B. Fučić: *Im Grenzbereich von Glagolica und Kirilica.* In: *Die Slawischen Sprachen* 1985/8: 41–51; O. Kronsteiner: *Method und die alten slawischen Kirchensprachen.* In: *Die Slawischen Sprachen* 8 (1985) 105–132; J. Schaeken: *Die Kiewer Blätter.* Amsterdam 1987; O. Kronsteiner: *Das Leben des hl. Method des Erzbischofs von Sirmium. Žitie blaženaago Methodia archiepiskupa moraviskaago/vyšineNjeN Moravy.* Salzburg 1989. *Die Slawischen Sprachen* 18 (Übersetzung aus dem Altbulgarischen ins Deutsche mit Glossar und Kommentaren); O. Kronsteiner: *Saint Methodius – A geographical Superstar?*, 113–127, und *Wie kommen die Morawismen an die Morava/March?* 131–148 In: *Die Slawischen Sprachen* 33 (1993); K. Popkonstantinov und O. Kronsteiner, Starobălgarski nadpisi. Altbulgarische Inschriften I. Salzburg 1994 (*Die Slawischen Sprachen* 36) und II. *Starobălgarski nadpisi. Altbulgarische Inschriften.* Salzburg 1997; *Conversio Bagoariorum et Carantanorum – das Weißbuch der Salzburger Kirche über die erfolgreiche Mission in Karantanien und Pannonien,* herausgegeben, übersetzt, kommentiert und um die Epistola Theotmari wie um Gesammelte Schriften zum Thema ergänzt von Herwig Wolfram, [Hg. von Peter Štih]. Ljubljana 2012.

Otto Kronsteiner

Glančnik, Dr. Jernej (* 22. August 1844 St. Stefan/Šentštefan [Völkermarkt/Velikovec], † 14. Jänner 1905 Maribor), Anwalt, ethnopolitisch engagierter Aktivist im Genossenschaftswesen und in der Wirtschaft.

G. besuchte laut Šlebinger die Volksschule in seinem Heimatort, das Gymnasium in Klagenfurt/Celovec, inskribierte 1864 an der juridischen Akademie in Zagreb, studierte danach Jus in Graz (1865–1869) und promovierte 1871. G. war danach Konzipient in Kranj, → Celje und → Maribor, wo er 1877 eine eigene Anwaltskanzlei eröffnete. Ab 1869 liefen mit seinem Zutun Vorbereitungen zur Gründung einer slowenischen Darlehenskasse nach tschechischem Vorbild, die jedoch auf systematischen ethnonational begründeten Widerstand und Schikanen seitens der deutsch orientierten steirischen Landesbehörden bzw. der Statthalterei stieß. Diese wiesen mehrere Anstränge, teils weil sie auf Slowenisch waren, zurück, und so wurden die Statuten erst 1872 genehmigt. Auf seine Initiative (Šlebinger) bzw. zusammen mit Franc Rapoc (1842–1882) (Andrejka/Baš) wurde schließlich 1882 die *Posojilnica za Maribor in okolico* [Sparkasse für Maribor und Umgebung] in Maribor gegründet. G. leitete sie bis zu seinem Tod, wobei er sie zu einem blühenden Geldinstitut der slowenischen Untersteiermark/Spodnja Štajerska ausbaute, das sich in einer national-verteidigenden Rolle sah: Die *Posojilnica* förderte das slowenische Gesellschafts- und Vereinsleben, unterstützte Schulen in Abwehr der diesbezüglichen Aktivitäten → *deutschnationaler Vereine* und »rettete unzählige slowenische Bauernhöfe, Händler und Gewerbebetreibende vor dem Konkurs« (*Kronika slovenskih mest*, 1935). Die *Posojilnica* wurde mit der Zeit zur Säule der wirtschaftlichen Autonomie der steirischen Slowenen. Gleichzeitig mit der *Posojilnica* wurde 1882 das *Slovensko politično društvo* [Slowenischer politischer Verein] gegründet, in dem sich G. ebenfalls engagierte. Aktiv war er auch im *Katoliško tiskovno društvo* [Katholischer politischer Verein] und zwischen 1894–1898 in der *Čitalnica* [Leseverein]. Die *Posojilnica* errichtete 1899 den *Narodni dom* [Volkshaus] nach Plänen des tschechischen Architekten Jan Vejrych als einen wahren slowenischen Vereinspalast (Šlebinger), in dem zahlreiche slowenische Vereine ihren Sitz hatten. Die Gründungsurkunde – die bei Restaurierungsarbeiten 1964 wiedergefunden wurde, ist von Dr Jernej Glančnik, Franjo Dolenc, Josip Rapoc, Dr. Franc Voušek, Dr. Anton Mlakar, Jožef Knez, dem Leiter des Gebäudes Dr. Filip Terč, Ivan Majcinger und Dr. Ferdinand Dominkuš gefertigt *(Zgodovinsko društvo dr. Franceta Kovačiča)*. G. unterstützte ethnopolitisch engagierte Unternehmen, besonders auch Schüler, und wirtschaftete vorbildlich.

Lit./Web: SBL (Janko Šlebinger: *Glančnik, Jernej [1844–1905]* http://www.slovenska-biografija.si/oseba/sbi201122/; Rudolf Andrejka, Franjo Baš: *Rapoc, Franc [1842–1882]*) – K. Vertovšek, KMD 1906, 25 (nach Šlebinger); Posojilnica v Mariboru (Narodni dom). In: *Kronika slovenskih mest* Jg 2 (1935) 58–59, URN:NBN:SI:DOC-FDRUZN9P, www.dlib.si; B. Hartman: *Narodni dom Maribor – 100 let Narodnega doma*, www.nd-mb.si/arhiv/100-let-narodnega-doma/; Dr. Filip Terč, Zgodovinsko društvo dr. Franceta Kovačiča (google: Nakaj-zapisov-o-dr-Filipu-Tercu)

Bojan-Ilija Schnabl

Glas pravice [Stimme der Gerechtigkeit] (1921), erstes slowenisches Blatt in der Zeit nach der → Volksabstimmung in Kärnten/Koroška. Herausgeber waren Valentin → Podgorc und Jurij → Trunk in Klagenfurt/Celovec. Vorgesehen war eine vierzehntägliche Erscheinungsweise, doch erschienen vom 21. Jänner bis zum 10. Juli lediglich 11 Nummern. Ab der 3. Nummer wurde das Blatt in Wien gedruckt, da in Kärnten/Koroška alle Druckereien den Druck verweigerten. Seine Ausrichtung war christlichsozial, doch war er in zahlreichen Fragen sehr ambivalent. Der verantwortliche Herausgeber Valentin Podgorc hatte bereits während der Volksabstimmungszeit, mehr jedoch noch danach, einige Ansätze der deutschen Kärntner Politik übernommen, vor allem die Parole von der natürlichen Einheit des Landes und der wirtschaftlichen Verbindung der Bauern mit Klagenfurt/Celovec. Im Blatt überwogen wirtschaftliche Beiträge. In den Beiträgen kommen antisozialistische Haltungen zutage, → Antisemitismus und ein Mangel an Verständnis für die Frauenfrage. In zahlreichen deutschsprachigen Beiträgen wurden insbesondere die markantesten Beispiele der Verfolgungen und Diskriminierungen identitätsbewusster Slowenen in der Zeit nach der Volksabstimmung aufgezeigt, es wurde die konsequente Einhaltung des → Vertrags von Saint-Germain gefordert und ein eigenständiges Auftreten bei Wahlen propagiert.

Lit.: ES (A. Malle). – T. Zorn: *Glas pravice – prvi slovenski časnik na avstrijskem Koroškem po plebiscitu*. In: ČZN n. v. 11 (1975) 323–329.

Avguštin Malle; Üb.: Bojan-Ilija Schnabl

Glaser, Karel (Karol, * 3. Februar 1845 Reka [Hoče–Slivnica, Štajerska], † 18. Juli 1913 ebd.), Orientalist, Indologe, Literaturhistoriker, Übersetzer.

G. absolvierte das Gymnasium in → Maribor und studierte danach klassische Philologie und Slawistik an der Universität Wien (1865–1869). Nach dem Abschluss des Studiums unterrichtete er an verschiedenen Gymnasien und verschiedenen Orten, am längsten (1880–1900) in → Trieste/Trst/Triest. G. setzte 1881 das Studium der Orientalistik in Berlin und in Wien fort und erwarb 1883 als erster Slowene das Doktorat aus Sanskrit. Umsonst bemühte er sich um eine Universitätsprofessur, arbeitete aber trotzdem wissenschaftlich weiter. G. publizierte orientalistische Aufsätze, Übersetzungen (z.B. Dramen von Kâlidâsa) und informative Artikel in deutscher und slowenischer Sprache. Am meisten befasste er sich mit altindischer Literatur, seine Arbeiten umfassen die Veden bis zur Epoche des klassischen Sanskrit, zeitweise beschäftigte er sich auch mit der altpersischen Literatur und anderen Themen der indoeuropäischen Philologie. G. konzipierte eine Sammlung von Theaterwerken mit dem Titel *Indijska Talija*. Im Selbstverlag gab er drei Übersetzungen der Dramen von KÂLIDÂSA ins Slowenische heraus. Außerdem übersetzte er elf Dramen SHAKESPEARES, die jedoch wegen mangelnder poetischer Qualität im Manuskript verblieben. G. publizierte Rezensionen literarischer Übersetzungen, zumeist von Werken SHAKESPEARES.

Auf dem Gebiet der Literaturwissenschaft ist G. mit zahlreichen Aufsätzen über slowenische Dichter und Schriftsteller präsent. Die Bedürfnisse im Schulunterricht inspirierten ihn zur Abfassung seiner *Zgodovina slovenskega slovstva* [Geschichte der slowenischen Literatur] in vier Bänden, die von der → *Slovenska matica* [Slowenische Gesellschaft für Wissenschaft und Kultur] herausgegeben wurde (1: 1894, 2: 1895, 3/1–2: 1896–1897; 4/1–3: 1898–1900). Darin wird erstmals umfangreiches biografisches und bibliografisches Material auch aus der neueren Zeit gesammelt und dargestellt. Die Fachkritik (Vatroslav → OBLAK, Fran → VIDIC) beanstandete aus der Sicht der positivistischen Historiografie inhaltliche und methodologische Mängel bei der Problembehandlung und kausalen Erklärung literarischer Prozesse. Deshalb wurde G.s Literaturgeschichte bald als veraltet angesehen; als Sammlung von Datenmaterial wurde es noch lange geschätzt, obwohl schon G.s Zeitgenosse K. ŠTREKELJ ihm auch diesbezüglich jeden Wert absprach. Die Orientalistik hingegen schreibt G. noch immer Verdienste zu und schätzt ihn als den Begründer der Indologie in Slowenien, nicht nur aufgrund seiner Übersetzungen, sondern auch aufgrund seiner Nacherzählungen der Märchenstoffe und thematischen Behandlung von altindischen Epen und Dramen, u.a. in der Zeitschrift → *Kres*.

Werke: Autorenbiografien über Taras Ševčenko, Kazimir Veliki (*Kres* 1883); Božidar Raič (LMS 1888), Franc Cegnar (DS 1892); Simon Gregorčič (*Edinost* 1893, 1–4) u. a; *Zgodovina slovenskega slovstva, Ljubljana*. 4 (7) Bd. Ljubljana 1894–1900.
Üb.: *Epiške indske pripovedke v pravljice*. *Kres* III, 1883–IV, 1884 (in Fortsetzungen); *Firduzi* (*Kres* 1884); Bâna: *Pârvatî's Hochzeit. Ein indisches Schauspiel. Zum ersten Male ins Deutsche übersetzt*. Triest 1886; Kâlidâsa: *Urvaši*. Trst 1885; *Mâlavika in Agnimitra*. Trst 1886 (recte: 1885); *Sakuntalâ ali »Prstan spoznanja«*. Maribor 1908.
Lit.: SBL; EJ; MB; ÖBL; LPJ; ES; OVSBL. – V. Rožič: *† Profesor dr. Karol Glaser. Slovenskemu rodoljubu učenjaku v spomin*. In. KMD 1915, 71–72; A. Dolar: *Prof. dr. dr. Karol Glaser, Obris življenja in dela*. In: ČZN 24 (1934) 1–54; K. Sturm-Schnabl: *Der Briefwechsel Franz Miklosich's mit den Südslaven – Korespondenca Frana Miklošiča z južnimi Slovani*. Maribor 1991, 10 und die Briefe 589 und 614 aus den Jahren 1887 und 1889; V. Pacheiner-Klander: *Verzna podoba Kalidasovih dram v Glaserjevih prevodih*. In: Zbornik ob sedemdesetletnici Franceta Bernika. (Hg. J. Pogačnik.). Ljubljana 1997, 405–435. V. Pacheiner-Klander: *Karol Glaser and Anton Ocvirk – two mediators of Indian literature to Slovenia*. In: Indian studies: Slovenian contributions (Hg. L. Škof.). Calcutta 2008, 49–61.

Darko Dolinar; Üb.: Katja Sturm-Schnabl

Glasnik za literaturo in umetnost, → *Slovenski glasnik*; → Publizistik.

Glitzner, Engelbert (Widerstandskämpfer), → KNEZ, Alojz.

Globasnica, Slovensko izobraževalno društvo [Slowenischer Bildungsverein Globasnitz], gegründet 1903 auf Initiative des lokalen Kaplans Ivan HOJNIK und des ersten Vorsitzenden Ivan IEKL.

Der Verein hatte bei der Gründung 27 Mitglieder. Er hatte seine Räumlichkeiten im Gasthaus Šoštar, wo sich bis heute der Sitz des Vereins befindet. Ziel des Vereins war der Erhalt und die Förderung der slowenischen Sprache und Kultur sowie die Weiterbildung seiner Mitglieder (→ Kulturvereine). Es wurde eine Vereinsbibliothek mit zahlreichen bedeutenden slowenischen Zeitschriften und Büchern zur Förderung der → Lesekultur eingerichtet und Bildungsvorträge abgehalten. Am weitesten entwickelt war das Laientheater (→ Laienspiel, → Theater). Stücke wurden auf der eigenen Bühne sowie im Rahmen von Gastspielen auswärts aufgeführt. Das erste größere und anspruchsvollere Stück war 1912 die *Miklova Zala* von

DRUŠTVENI VESTNIK

Globasnica. Izobraževalno društvo in slov. požarna bramba naznanjata, da priredita dne 6. grudna 1925 ob 4. uri popoldne v dvorani Šostarjeve gostilne „Miklavžev večer". Na sporedu je več pevskih točk in sviranje tamburašev. Nastopijo tudi šaljivi „Ribničanje". Nadalje sta na sporedu burki „Zdaj gre sem, zdaj pa tja". in „Kmet in avtomat". Nastop Miklavža in delitev daril, po izvršenih prireditvah prosta zabava. Ker se obeta mnogo zabave, naj pride vsak pogledat to našo prireditev. Gospodarji, pripeljajte svoje družine! — Obilne udeležbe pričakuje pripravljalni odbor.

KS 2. 12. 1925

Izobraževalno društvo v Globasnici

Vabilo
k igri
„Ben Hur"
ki jo uprizorimo o proliki Rozarskega žegnanja t. j. dne **16. septembra** ob 3. uri pop. v dvorani pri Šostarju. Začetek ob 3. uri

Igra je po svoji zgodovinski vsebini vredna, da si jo ogledate.   ODBOR.

KS 12. 9. 1934

Jakob → SKET. Daneben kamen in den Jahren vor dem Ersten Weltkrieg u.a. noch folgende Werke zur Aufführung: *Skriti zaklad* [Der versteckte Schatz], *Junaške Blejke* [Die heldenhaften Frauen von Bled], *Strahovi* [Ängste], *Roža Jeladvorska* [Die Rose von Jeladvor], *U Ljubljano jo dajmo* [Gehen wir nach Ljubljana], *Večna mladost in večna lepota* [Ewige Jugend und ewige Schönheit], *Domen* [Domen]. Der Verein weitete seine Aktivitäten stetig aus und rekrutierte seine Mitglieder aus ganz Globasnitz/Globasnica und St. Stefan/Šteben. Vor dem Ersten Weltkrieg hatte der Verein 150 Mitglieder. Der Krieg führte ab 1915 endgültig zum Stillstand der Vereinstätigkeit, weil einerseits zahlreiche Mitglieder einberufen wurden und andererseits während des Krieges alle Versammlungen verboten worden waren. Nach dem Ersten Weltkrieg trafen sich die Ausschussmitglieder erneut bereits 1918 und belebten die Vereinstätigkeit endgültig 1919, nachdem bereits 1918 vier Stücke aufgeführt worden waren. 1919 wurde die Vereinsbibliothek erneuert und es wurden slowenische Zeitschriften bestellt. Bereits 1920 musste allerdings der Verein wegen der → Volksabstimmung seine Tätigkeit einstellen, nahm diese jedoch 1921 wieder auf. 1922 trat der Verein dem Dachverband → *Slovenska krščansko socialna zveza* [Slowenischer christlichsozialer Verband] in Klagenfurt/Celovec bei. In diesem Jahr wurde auch eine Theatersektion eingerichtet. Jede Aufführung wurde in der Zeitschrift → *Koroški Slovenec* angekündigt. Das erste Stück nach der Volksabstimmung war der *Deseti Brat* [Der zehnte Bruder] von Josip → JURČIČ. Obwohl für jede einzelne Aufführung eine eigene Genehmigung eingeholt werden musste, entwickelte sich die Schauspieltätigkeit. In den folgenden Jahren wurden u.a. folgende Stücke aufgeführt: *Deseti brat, Tri tičke, Vsakdo, Fjabolo in Neža, Domen, Na dan sodbe, Veriga, Ribičeva hči, Roža Jelodvorska, Sokratov god, Kmet Herod, Krivoprisežnik, Divji lovec, Moč uniforme, Moravska svatba, Vsakdo, Lepa Vida, Cigani, Dva gluha, Nemški ne znajo, Miklova Zala, Za pravdo in srce, Mlinar in njegova hči, Razvalina življenja, Roka božja, Dom, Na trnjevi poti, Sanje, Planšarica, Legionarji, Danes bomo tički, Genovefa, tri sestre, Zlatorog, Vrnitev, Ben Hur*. Aufführungen wurden insbesondere zur Fastenzeit dargeboten, zu Ostern, zu Pfingsten, zu Mariä Geburt, zum Rosalienkirchtag, zum Nikolo, zum Muttertag und an einigen weiteren Festtagen und an Sonntagen. Die Kostüme schneiderten sich die Schauspieler selbst oder sie borgten sie sich bei einigen anderen Vereinen im slowenischen → Südkärnten/Južna Koroška aus. Mit dem Erlös der Aufführungen wurden wohltätige Zwecke unterstützt. Die Mitglieder des Vereins traten auch in anderen Südkärntner Orten auf. In den Jahren 1925, 1926, 1929 und 1930 war der spätere Landtagsabgeordnete Albert → BREZNIK (ab 1934) Vorsitzender des Vereins. 1929 wurde mit dem slowenischen Verein in St. Kanzian/Škocijan vereinbart, regelmäßig die Stücke auszutauschen. 1922 erneuerte der Verein seine Bibliothek. 1928 hatte diese bereits 1.193 Werke, im selben Jahr wurden 1.126 Entlehnungen verzeichnet. Die Vereinsbibliothek war an Sonntagen nach der Messe geöffnet. Die Bücher wurden entweder gespendet oder aus dem Erlös der Aufführungen angeschafft. 1930 wirkte im Verein die Sektion zur Verbreitung guter Literatur, vor allem der Bücher der → *Mohorjeva*. Der Verein abonnierte damals alle bedeutenden slowenischen Zeitschriften. Der Fortbildung der Mitglieder waren besondere Vereinssitzungen gewidmet, an denen geladene Referenten sprachen. Es wurden auch Sonntagskurse abgehalten, bei denen die Vereinsmitglieder einander wechselweise lehrten, miteinander diskutierten und Standpunkte austauschten.

Slovensko izobraževalno društvo Globasnica

KS 26. 1. 1926

Vabilo.

Kat. slov. izobraževalno društvo v Globasnici naznanja vsem članom, vsem prijateljem poštene zabave in ljubiteljem ljudske izobrazbe, da **ponovi dne 10. januarja t. l.** koroško igro

Miklova Zala

K obilni udeležbi vabi ODBOR.

Buchcover, Mohorjeva

Der Verein gab die illustrierte Vereinszeitschrift *Škorpijon* heraus, die über Vereinsaktivitäten und über Ereignisse berichtete, die für den Ort relevant waren. 1926 wurde der verpflichtende Gebrauch des Standardslowenischen bei Vereinssitzungen und Versammlungen beschlossen. 1927 entsandte der Verein erstmals ein Mitglied in eine Schauspielschule und 1928 wurde der erste Haushaltskurs unter der Leitung von Milka → Hartman abgehalten. Die Kurse wurden mit einer Ausstellung und einer Aufführung beendet. Die Zahl der Mitglieder stieg von Jahr zu Jahr. 1925 wurden zur Gewinnung weiterer Mitglieder in allen Dörfern der Gemeinde Vertrauenspersonen ernannt. Bis 1927 hatten die Globasnitzer keinen eigenen Chor, weshalb Chöre aus Nachbarorten zu Veranstaltungen eingeladen wurden, oder aber es trat der örtliche Kirchenchor auf (→ Chorwesen). Ein eigener Vereinschor wurde 1927 gegründet. Im Verein bildeten Mädchen eine eigene Sektion und führten Mädchenstücke zum Muttertag und zu anderen Gelegenheiten auf. Der Verein hatte erneut ernste Schwierigkeiten anlässlich des 10. Jahrestags der Volksabstimmung, als die Veranstaltungen von aufgehetzten Bürgern regelmäßig gestört wurden. Dabei kam es auch zu physischen Übergriffen. Einen großen Schlag bedeuteten für den Verein das Aufkommen des Nationalsozialismus, der → »Anschluss« und die Wirren des Zweiten Weltkriegs. Ab 1938 ging die Tätigkeit des Vereins stark zurück, da zudem viele Mitglieder einberufen wurden. Während des Zweiten Weltkrieges wurde der Verein zunächst amtlich nicht aufgelöst, doch war sein Wirken unmöglich gemacht worden. 1942 wurde zahlreiche Familien deportiert, unter ihnen Ana Hutter, die Eigentümerin des Gasthauses, in dem die Vereinsräumlichkeiten befanden (→ Deportationen 1942). Die Vereinsbibliothek wurde verbrannt, die Theaterkulissen wurden zerstört, darunter elf Bühnenbilder, die Kostüme und der Bühnenaufbau, den Jurij Hutter, vlg. Podev, zum 25-Jahr Jubiläum bemalt hatte. Dem Vizevorsitzenden des Vereins, Peter Rarej, gelang es, die Vereinsprotokolle vor der Vernichtung zu bewahren, so dass sie als historische Zeugnisse und als Zeugnisse der kollektiven slowenischen Erinnerung bis heute erhalten geblieben sind. Während des Krieges kamen Schauspiele im Gasthaus Paar in Globasnitz/Globasnica in deutscher Sprache zur Aufführung.

Der Verein nahm seine Tätigkeit 1946 wieder auf und nannte sich *Slovensko prosvetno društvo Matjaž* [Slowenischer Kulturverein Matjaž] in Anlehnung an die lokale Sage des Königs Matthias Corvinius (→ *kralj Matjaž*) unter dem Berg Petzen/Peca. Fortgeführt wurde insbesondere die Theatertätigkeit, die jedoch nicht den Umfang der Zeit vor dem Krieg erreichte.

Lit.: P. Sketelj: *Na stičišču dveh kultur: med delovnim in prostim časom v Globasnici*. Celovec 1995; K. Hren: *Grape in vrhovi. Čar Karavank med Peco in Obirjem*. Celovec 2012; www.skd-globasnica.at/ (8.9.2012).

Polona Sketelj; Üb.: Bojan-Ilija Schnabl

Globasnitz/Globasnica, vgl. Sachlemmata: → *Globasnica, Slovensko izobraževalno društvo* [Slowenischer Bildungsverein Globasnitz], sowie → Abgeordnete zum Kärntner Landtag, ethnopolitisch engagierte Slowenen; → Abstimmungszonen; → Bildstock; → Bürgermeister; → Bukovništvo; → Chorwesen;

431

→ *Gorjanci. Slovensko izobraževalno društvo Gorjanci, Kotmara vas* [Slowenischer Bildungsverein Gorjanci, Köttmannsdorf]; → Jauntal/Podjuna; → Jauntaler Dialekt/*podjunsko narečje*; → *Katoliško politično in gospodarsko društvo za Slovence na Koroškem* (KPGDSK) [Katholisch-politischer und Wirtschaftsverein für die Slowenen in Kärnten]; → *Koroška slovenska stranka* (KSS) in der Ersten Republik; → Kulturgeschichte (= Einleitung, Band 1); → Kulturvereine, slowenische in Kärnten/Koroška; → Liedersammlung, handschriftliche; → Mežiška dolina (Mießtal); → Militärgerichte im Ersten Weltkrieg; → Ortsname; → *Koroška slovenska stranka* (KSS) in der Ersten Republik; → Ravne na Koroškem; → Wallfahrt(en); Personenlemmata: → Gaspari, Anton/Tone; → Hutter, Janez; → Košutnik, Matilda; → Prežihov Voranc; → Rohrmeister, Jakob; → Sekol, Janez; St. Stefan/Šteben: → Kraiger, Ferdo; → Leder-Lesičjak, Franc; Wackendorf/Večna vas: → Breznik, Albert.

Glonar, Joža (Ps.: Ciprijen Korošak, * 10. April 1885 Zgornja Korena [Duplek, Slovenske gorice, Štajerska], † 1. November 1946 Ljubljana), Bibliothekar, Literaturhistoriker, Lexikograf, Übersetzer.

Nach dem Gymnasium in Maribor ging G. nach Graz, studierte dort klassische Philologie und Slawistik bei Matija → Murko und Karel → Štrekelj, machte 1911 sein Doktorat und arbeitete als Bibliothekar an der Grazer Universität, ab 1919 am slowenischen Lyzeum, später in der Universitätsbibliothek in Ljubljana, wo er sich für die Entwicklung des Bibliothekswesens engagierte. Hier wirkte er auch während des Zweiten Weltkriegs und publizierte 1944 die Bibliografie *Die Slowenen im Schrifttum 1914–1940 (Südost-Forschungen)*, in Zeiten slowenischer nationaler Bedrohung ein eminentes dokumentarisches Werk. 1945 wurde G. von der kommunistischen Regierung zunächst suspendiert, sollte dann als Bibliothekar nach Maribor geschickt werden, ging jedoch zuvor krankheitsbedingt in Pension.

G. formulierte diverse literatur-, sprach- sowie kulturkritische, naturwissenschaftliche und politische Beiträge für verschiedene Printmedien, z.B. → *Časopis za zgodovino in narodopisje, Veda, Slovan* u. a. m. Er erstellte das erste enzyklopädische slowenische Wörterbuch *Poučni slovar* (1929–1933), das erste einsprachige slowenische Wörterbuch *Slovar slovenskega jezika* (1935–1936) und das zweisprachige deutsch-slowenische Wörterbuch *Slovarček nemškega in slovenskega jezika* (1934–1935) sowie das Fremdwörterlexikon *Slovar tujk* (1927 und 1934), hielt sich bei seinen Aufzeichnungen allerdings nicht an die philologisch-methodischen Konventionen, sondern griff auf die lebendige slowenische Sprache zurück. Einige seiner Forschungsresultate sind nur als Manuskript erhalten, so etwa sein tschechisch-slowenisches Wörterbuch. G. war Koredakteur und Mitarbeiter des slowenischen biografischen Lexikons (*Slovenski biografski leksikon, SBL*) und verfasste Lemmata für die kroatische Enzyklopädie, den Brockhaus u.a. Seine sprachästhetischen Ansichten beschrieb er im Buch *Naš jezik* [Unsere Sprache] (1919). Von 1919–1921 war er Redakteur der Literaturzeitschrift → *Ljubljanski zvon* und ließ Arbeiten von Simon → Jenko und Fran → Levstik publizieren, den Sammelband von Ivan → Cankar und in Zusammenarbeit mit Avgust Pirjevec die gesammelten Werke France → Prešerens sowie seine Anthologie in kroatischer Sprache. Er komplettierte mit zwei Bänden Karl → Štrekeljs kritische Ausgaben seiner Literaturreihe *Slovenske narodne pesmi* [Slowenische Volkslieder] (1913–1923) und veröffentlichte den → *Kolomanov žegen* [Colomanisegen] (1920).

G. war polyglott und leistete eine umfangreiche Übersetzungsarbeit, übertrug deutsche, lateinische, v. a. aber slawische, russische, polnische, tschechische und kroatische Literatur, darunter den Nobelpreis-gekrönten Roman *Kmetje* [Die Bauern] (1929–1931) von Wladislaw Reymont. Er übersetzte außerdem slowenische Texte ins Deutsche (*Slovenische Erzähler* 1933). Später war er Autor der *Prager Presse*, wo er Ivan Cankar bekannt machte, mit dem ihn zeit seines Lebens eine enge Freundschaft verband.

Quellen: NUK.
Werke: *Naš jezik*. V Ljubljani 1919; *Žepni slovarček tujk*. Ljubljana 1927; *Poučni slovar*. Ljubljana 1931–33; *Taschenwörterbuch der deutschen und slowenischen Sprache Slovarček nemškega in slovenskega jezika*. Ljubljana 1934–1935; *Slovar slovenskega jezika*. Ljubljana 1936; *Slovenski pravopis*. Ljubljana 1936. Die Slowenen im Schrifttum 1914–1940, In: *Südost-Forschungen* 9/10 (1944/45) 497–583.
Üb.: Wł. St. Reymont: *Kmetje*. V Ljubljani 1929; *Slovenische Erzähler*. Ljubljana 1933; B. Prus: *Emancipiranke*. Ljubljana 1939.
Lit.: SBL; PSBL; ES; OVSBL. – J. Munda: *Glonar Joža: Die Slowenen im Schrifttum 1914–1940*. In: *Knjižnica* 22 (1978) 1–2, 120–122; P. Vodopivec: *Dr. Joža Glonar (1885–1946)*. In: *Glasnik slovenske matice*. Ljubljana 21 (1997) 1/2, 2–11. Niko Jež: *Joža Glonar kot prevajalec*. In: *Glasnik slovenske matice*, 21 (1997) 1/2, 39–44.

Maja Francé

Glottonyme oder *Sprachnamen* sind Benennungen für Schriftsprachen und Dialekte. Glottonymie, ist ein zu

Unrecht wenig beachtetes Gebiet der Sprachwissenschaft. Literatürüblich werden G. von Sprachwissenschaftern und Historikern konventionell und unbedacht verwendet. In vielen Fällen ist die semantische Abgrenzung von → Ethnonymen/*Völkernamen* und Choronymen/*Ländernamen* (Gegendnamen) ungenau. Besonders mit dem Zusatz *alt* werden Fakten vorgetäuscht, die es nicht gab. *Althochdeutsch* (es gibt keine *Althochdeutschen*) ist nicht altes *Hochdeutsch*, sondern altes *Alemannisch*, altes *Fränkisch*, altes *Bairisch* (→ Altbairisch). Die Übersetzung des lateinischen G. *sclavaniscus* mit »slawisch« ist meist nicht korrekt. Es kann in Karantanien auch → altslowenisch, → karantanerslowenisch, → alpenslawisch bedeuten.

Das G. *slowenisch* wird im Deutschen ausgehend von der wissenschaftlichen Literatur ab dem 19. Jh. verwendet. Das slowenische *slovenski* ist seit → Trubar und → Dalmatin belegt, wiewohl schon die → Freisinger Denkmäler heute als »slowenisch« (→ altslowenisch, → karantanerslowenisch, → Ethnonym *Slovenci* im Slowenischen, → Ethnonym *Slowenen* im Deutschen) bezeichnet werden. Die Sprachbenennung (Eigenbenennung und Fremdbenennung) ist meist nicht volkssprachlich *(vulgare vocabulum)* sondern von Sprachwissenschaftern eingeführt. Kein Sprecher würde seine Sprache je als *alt* (*alt*slowenisch, *alt*bulgarisch, → *alt*bairisch) benennen. Die (volkstümliche) bairische und später deutsche Bezeichnung → *Windisch* für »Slowenisch« ist heute veraltet und historisch.

Folglich sind die »volkstümlichen« G. und die sprachwissenschaftlichen zu unterscheiden. → *Alpenslawisch* oder → *Karantanisch* sind unpräzise G., die dasselbe meinen, ohne dass der Sprachwissenschaft mit dieser Differenzierung gedient wäre. Alle G. mit dem Zusatz *alt* entsprechen einer linguistischen Perspektive. Für *altbulgarisch* gibt es über 50 »wissenschaftliche« G. Der ideologische Streit um die G. → *altslowenisch, altslawisch, altkirchenslawisch, altrussisch, altbulgarisch* zeigt terminologische Grauzonen. Eigenbenennung war immer *slavensk/slavjansk* oder *slovensk/slovjansk*, meist als Gegensatz zu »Latein«, in kärntnerslowenischen Dialekten noch heute *slovenje: govorit slovenje* (im Dialekt *swoweje*). Eine linguistisch fundierte Abgrenzung von *altslowenisch* gegenüber *altslowakisch, alttschechisch, altkroatisch* ist aufgrund fehlender Texte nicht möglich und daher auch nicht sinnvoll.

Völlig unbrauchbar und missverständlich sind die Bezeichnungen → »gemischtsprachig« statt *zweisprachig*, oder »einzelsprachlich« und »voreinzelsprachlich« für ältere Stadien der Sprachgeschichte (→ Zweisprachigkeit, → Zweisprachigkeits-Ideologie, → Mischsprache). *Urslawisch, gemeinslawisch, südslawisch* sind wissenschaftliche G. ideologischer Ansichten einer vermeintlich gemeinsamen Sprachentwicklung. Ebenso ist *indogermanisch* oder *indoeuropäisch* kein G. für eine reelle, sondern eine inexistente Rekonstruktions-Sprache der Sprachwissenschaft. Die Grenze sinnvoller Sprachbenennung erweist sich an Bezeichnungen wie *altjugoslawisch, altmakedonisch* oder *altdeutsch*. *Chronologische* Differenzierungen nach dem Modell der Brüder Grimm (*Alt/, Mittel/, Neu/*Hochdeutsch) entsprechen keiner sprachhistorischen (räumlichen oder sozialen) Realität. Es hat vor dem 16. Jh. kein *Hochdeutsch* und kein Standard-Slowenisch gegeben. Die Benennung von Altsprachen und Dialekten (nicht standardisierten Sprachen) wie *bairisch, alemannisch, fränkisch* oder *alpenslawisch, windisch, karantanisch, krainisch* ist mehr »wissenschaftlich« als volkstümlich, insgesamt aber ungenau. Die Österreicher wissen im Allgemeinen nicht, dass sie, linguistisch gesehen, außer in Vorarlberg *bairisch* sprechen. Die literaturübliche Einteilung der slowenischen Dialekte von → Ramovš ist aufgrund exklusiv phonetischer Besonderheiten erstellt. Im »Volk« ist jedem bewusst, dass manche »anders« reden: die Gailtaler anders als die Jauntaler und Rosentaler. An sog. *Kennlauten* (*kamen/?amen, gora/hora*) und *Kennwörtern* (*potok/reka/struga* »Bach«, *boršk/boršt/gora/gozd/les* »Wald«, *modlit/petat* »beten«) lassen sich phonetische und lexikalische Unterschiede markieren. Dennoch bleibt die Benennung von Dialekten eher arbiträr, die von Standard-Sprachen plausibel. Standardsprachen sind geografisch und sozial klar abgrenzbar. Die Benennung von Dialekten aufgrund nur phonetischer Merkmale (Isoglossen) bleibt philologischer Selbstzweck, solange sie sonst nichts repräsentieren (administrative oder religiöse Einheiten, Religionsgemeinschaften, wirtschaftliche Gemeinschaften). Die G. der slowenischen Dialekte in Kärnten nach Ramovš orientieren sich nach zentralen Talschaften: → Gailtal/Ziljska dolina, → Rosental/→ Rož, → Jauntal/Podjuna (→ Dialektgruppen, → Gailtaler-, → Rosentaler-, → Jauntaler Dialekt). Vgl. damit die volkstümlichen G. im Register der Bibel von → Dalmatin: *Crajnski, Coroshki, Slovenski ali Besjazhki, Hervazki, Dalmatinski, Istrianski ali Crashki*. Erstaunlicherweise fehlt bei Ramovš ein G. für »Klagenfurt-Umgebung«, besonders die nördliche, in der sich seit Virunum, in → Karnburg/Krnski Grad und Maria Saal/Gospa Sveta die wesentliche

Geschichte Karantaniens (→ Fürsteneinsetzung) abgespielt hat. Neuerdings wird die alte Bezeichnung *poljanski* für die Klagenfurter Ebene bzw. das Klagenfurter Feld/Celovško polje wieder verwendet.

Lit.: K. Sturm-Schnabl: *Die slowenische Mundart und Mundartreste im Klagenfurter Becken*. Wien 1973 (Diss.); O. Kronsteiner: *Die slowenischen Mundarten Kärntens. Topographische Appellativa in Ortsnamen und im aktiven Wortschatz*. In: Österreichische Namenforschung 2 (1979) 36–53; S. Hafner, E. Prunč (Hg.): *Lexikalische Inventarisierung der slowenischen Volkssprache in Kärnten*. Graz 1980; O. Kronsteiner: *Altbulgarisch oder/und Altkirchenslawisch. Eine Glosse zu slawistischen Benennungsmythen*. In: *Die Slawischen Sprachen* 9 (1985) 119–128; H. Goebl: *Glottonymie, Glottotomie und Schizoglossie. Drei sprachpolitisch bedeutsame Begriffe*. In: Die Slawischen Sprachen 14 (1988) 23–66; O. Back: *Glottonymie und Ethnonymie*. In: *Die Slawischen Sprachen* 14 (1988) 5–9; H. Goebl: *Spracheinheit. Bemerkungen zur Problematik des Sprach-Unitarismus*. In: *Die Slawischen Sprachen* 19 (1989) 101–113; O. Kronsteiner: *Sind die slawischen Ortsnamen Österreichs slawisch, alpenslawisch oder slowenisch? Über Glottonyme und Identitäten jenseits heutiger Sprachgrenzen*. In: *Die Slawischen Sprachen* 58 (1998) 81–99; S. Troebst: *Slavizität. Identitätsmuster, Analyserahmen, Mythos*. In: *Osteuropa* 12/2009: 7–49; B.-I. Schnabl: *Rož, Podjuna, Zilja – in Celovška ravnina*. In: *Nedelja, priloga 14 dni*, 1. April 2011, 4–6.

Otto Kronsteiner

Gobec, Radovan (Schulmann, später Musiklehrer in Ljubljana, Kulturaktivist), → *Šmihel. Slovensko katoliško izobraževalno društvo za Šmihel in okolico* [Slowenischer katholischer Bildungsverein für St. Michael und Umgebung].

Godec, Franc (Pfarrer, Kulturaktivist), → *Borovlje. Slovensko prosvetno društvo »Borovlje«* [Slowenischer Kulturverein »Borovlje« (Ferlach)].

Goëss, Adelsfamilie, ursprünglich aus Portugal stammend, kam in die Niederlande und siedelte sich in Kärnten/Koroška an. Johann DE TROCH A GOESSEN (1611 in den spanischen Niederlanden geboren), der sich später nach dem Geschlecht seiner Mutter GOËSS nannte, war zunächst im diplomatischen Dienst, erhielt 1632 den Titel eines Reichsfreiherrn, 1639 den eines Reichshofrates. 1675 wurde er als Fürstbischof von Gurk eingesetzt, die Priesterweihe holte er nach 3 Monaten nach und wurde später zum Kardinal ernannt. Sein Adelsprädikat wurde 1677 per kaiserlichem Dekret auf seine von ihm adoptierten Neffen ausgedehnt, von denen nur Johann Peter VON GOËSS (* 1667 in den Niederlanden–† 1716 Kärnten/Koroška) den Tod des Onkels (1696 in Rom) überlebte und als sein Erbe die Herrschaft Karlsberg mit dem Stadthaus in Klagenfurt/

Schloss Ebenthal/Žrelec, Gravur von Johann Vajkart Valvasor, 1688 (Wiki)

Celovec, sowie das Gut Pfannhof und den Seebichlhof bei Kraig übernahm. Johann Peter erweiterte den Besitz und erwarb u.a. 1704 die Herrschaft Ebenthal/Žrelec im weitestgehend slowenischen Umfeld des → Klagenfurter Feldes/Celovško polje, die bis heute der Familiensitz ist. 1712 bis zu seinem Tode 1716 war Johann Peter VON GOËSS Landeshauptmann von Kärnten/Koroška. Mitglieder der Familie spielten im Verlauf der Geschichte eine wichtige Rolle im politischen Leben von Kärnten/Koroška, einige waren der slowenischen Sprache mächtig (so Johann Anton Graf VON → GOËSS). Landeshauptleute aus dem Geschlecht der GOËSS WAREN Johann Peter Graf VON GOËSS 1712–1716, Johann Anton Graf VON GOËSS 1734–1747, Peter Graf VON GOËSS 1804–1806 und 1808–1810 sowie Zeno Graf VON GOËSS 1897–1909.

Quellen.: ADG, Wurzbach, SBL, ÖBL, NDB.
Lit.: E. Webernig: *Der Landeshauptmann von Kärnten. Ein historisch-politischer Überblick*. Klagenfurt 1987; B. Kos: *Das Reisetagebuch der Isabella Gräfin Goëss-Thürheim, Reise an den Rhein, nach Belgien und nach Holland im Jahre 1840, Edition und Kommentar*. Wien/Köln/Weimar 2015.

Katja Sturm-Schnabl

Goëss, Johann Anton Graf von (* 3. November 1699 bei Venedig, † 16. August 1768, begraben in Strassburg/Kärnten/Koroška) Mäzen der slowenischen Emanzipationsbewegung, von 1734 bis 1747 Landeshauptmann von Kärnten/Koroška.

G. war Spross der ursprünglich aus Portugal stammenden, dann über die Niederlande und Deutschland eingewanderten Adelsfamilie derer von GOËSS, deren Hauptresidenz in Kärnten/Koroška, Schloss Ebenthal/

Žrelec, seit dem Erwerb 1704, im weitgehend slowenischen Umfeld des → Klagenfurter Feldes/Celovško polje lag.

Mit seiner moralischen und materiellen Unterstützung konnten die Jesuiten 1744 das *Dictionarium quatuor linguarum* von Hieronymus → MEGISER aus dem Jahre 1592 neu herausgeben: *Nunc vero Auspiciis Exc. D. D. Supremi Carinthiae Capitanei (Clagenfurti 1744)*. Weiter erschien mit der Unterstützung von G. die deutsche Übersetzung der → Grammatik von Adam → BOHORIČ aus dem Jahre 1592: *Grammatica oder Windisches Sprach-Buch, (1758)* (→ Windisch). Auch diese Grammatik ist G. gewidmet. Die literaturübliche Annahme, dass G. der in der Vorrede zu Oswald → GUTSMANNS *Deutsch-windischem Wörterbuch (1789)* angesprochene »… *hochgräfliche[n] Gönner[s] und gründliche[n] Kenner[s] der windischen Sprach* …« gewesen wäre, weist Theodor DOMEJ mit schlüssigen Indizien zurück und verweist auf Max Thaddäus EGGER. In der Zeit, als G. Landeshauptmann war, wurde der Landhaussaal von Josef Ferdinand FROMILLER ausgemalt, wobei die Darstellung der Herzogseinsetzung am → Fürstenstein eine zentrale Stelle einnimmt.

Lit.: Wurzbach; SBL; ÖBL. – T. Domej: *Oswaldus Gutsman SJ als Slawist*. In: W. Drobesch, P. G. Tropper (Hg.): Die Jesuiten in Innerösterreich: die kulturelle und geistige Region im 17. und 18. Jahrhundert. Klagenfurt/Celovec [e.a.] 2006, 128, 133, 134.

Katja Sturm-Schnabl

Goldene Bulle, Altmann, Frankfurter Übersetzung

MGH

Goldene Bulle aus 1356. Die *Goldene Bulle* ist ein staatsrechtliches Grundsatzdokument und das erste reichsumfassende Gesetz bzw. »wichtigste Grundlage der alten Reichsverfassung bis 1806« (SEIBT). Es regelt insbesondere die Nachfolge verstorbener Kaiser bzw. die Wahl zur Krönung der römisch-deutschen Könige durch die mit besonderen Privilegien ausgestatteten und taxativ aufgezählten sieben Kurfürsten des Hl. Römischen Reiches (die Bischöfe von Mainz, Köln, Trier, den König von Böhmen, den Pfalzgrafen bei Rhein/Rheinpfalz, den Herzog von Sachsen und den Markgraf von Brandenburg). Die Goldene Bulle wurde vom 1355 zum Kaiser gewählten böhmischen König KARL IV. (mütterlicherseits aus dem Geschlecht der böhmisch-tschechischen Přemysliden) im Jahr 1356 verlautbart. Sie führte zur endgültigen Festigung des Territorialitätsprinzips und zum Partikularismus innerhalb des Reiches im Gegensatz zum zentralistischen Modell der westeuropäischen Nationalmonarchien und hatte somit weitreichende Folgen für die staatsrechtliche Entwicklung des betroffenen Länderkomplexes. Die G. B. »beendete die Wirrungen durch Doppelwahlen und Kandidatenwechsel … [und] beendete auch in den Kurfürstentümern die Spaltung und Erbstreitigkeiten durch die Einführung der Primogenitur und befriedete damit wenigstens einige der größten Territorien in der Nachfolgefrage« (SEIBT). Die G. B. schloss die päpstliche Mitwirkung bei der Königswahl aus und gewährte für die folgenden 450 Jahre die Rechtssicherheit bei der deutschen Thronfolge. Mit den Bestimmungen zur Landfriedensgesetzgebung wurde aufgrund von Friedensbündnissen zwischen regionalen Mächten ein Instrument des Zusammenwirkens von Kaiser und Reich, wobei mit dem Widerspruchsrecht die Vorrangstellung der Zentralgewalt ein Weg gebahnt wurde (SEIBT). Die Originalsprache des Dokumentes, das in einer Reihe von Abschriften und historischen Übersetzungen überliefert ist, ist Latein.

Aus sprachhistorischer und sprachpolitischer Sicht weist sie im letzten Kapitel XXX (nach anderer Zählung XXXI) (u. d. T. *Von den manigerhande zungen der kurfursten* [Frankfurter Übersetzung, 1365] bzw. *Satzung zur Erlernung der Königl. und Fürstl. Söhn gewisser Sprachen* [Neuhochdeutsche Übersetzung, 1713]) der sog. *Metzter Gesetze* vom 25. Dezember 1356 auch einen für die → Relevanz von Sprachkenntnissen bemerkenswerten Aspekt auf (→ Geschichtsschreibung).

Die Bulle hebt die Bedeutung der verschiednen Sprachen des Reiches und deren Kenntnis hervor und definiert es gleichsam als einen multiethnischen Staat – und das in einer Zeit, als das Lateinische noch eine prädominante Rolle als Zivilisationssprache hatte und die Sprache der Bulle selbst war. Aeneas → PICCOLOMINI (1405–1464) vertrat in einem um 1450 verfassten Traktat, dem Erziehungsprogramm für LADISLAUS POSTUMUS (1440–1457), ebenso diesen Standpunkt zum multiethnischen Charakter des Staates und war der Ansicht, LADISLAUS könne die Sprachen spielend durch Konversation erlernen, zumal die Sprachkenntnisse seinem Großvater Kaiser SIGISMUND VON LUXEMBURG nützlich, die Unkenntnis derselben seinem Vater König ALBRECHT II. geschadet habe (SIMONITI).

Einerseits wird in der Bulle davon ausgegangen (Übersetzung FRITZ), dass *… für nützlich befunden [wird], wenn man die Kurfürsten – die Pfeiler und Mauern des Reiches – über die Verschiedenheiten der Mundarten und Sprachen belehrt.* Zudem wird bestimmt (Übersetzung nach FRITZ), *daß die Söhne, Erben oder Nachfolger* *der erhabenen Fürsten, nämlich des Königs von Böhmen, des Pfalzgrafen bei Rhein, des Herzogs von Sachsen und des Markgrafen von Brandenburg, die doch wahrscheinlich als Kinder die deutsche Sprache auf natürliche Weise erlernt haben, vom siebenten Jahre an in der lateinischen, italienischen und slawischen [d. h. wohl tschechischen] Sprache unterrichtet werden.*

Die Neuhochdeutsche Übersetzung aus 1713 lautet zwar: *… in der (Teutschen /) Lateinischen / Welschen / und Wendischen Sprachen … gelehrt werden*, bzw. das lateinische Original: *Italica ac Sclavica lingwis instruantur* (wobei MAL *Scalvica* bzw. *Wendisch* mit slawisch übersetzt).

Anzunehmen ist, dass unter Berücksichtigung der Hervorhebung der Kenntnis der Sprache der Untertanen in Böhmen »slavica« als Tschechisch, in Sachsen Sorbisch und in Brandenburg das örtliche slawische Idiom zu interpretieren waren. Zudem bestimmt die Bulle, dass die Adressaten *mit 14 Jahren in ihnen ausgebildet sein* sollen, zumal dies für *dienlich sei und* für *unentbehrlich gehalten* [wird], *weil diese Sprachen in besonderem Maße im Heiligen Römischen Reiche benützt und benötigt werden.* Schließlich gibt die Bulle noch modern anmutende pädagogische Anweisungen, die der → Immersion entsprechen und empfiehlt muttersprachliche Hauslehrer bzw. Konversationspartner (… [die Söhne] *in Gegenden schicken, wo sie jene Sprachen erlernen können, oder sie daheim sprachkundigen Erziehern, Lehrern und gleichaltrigen Gefährten übergeben*) (→ Adelssprache, dort MAXIMILIAN I.; → Muttersprache).

Für die Habsburger selbst, die in der G. B. nicht berücksichtigt waren, reklamierte sich RUDOLF IV. mit einer Fälschungsurkunde, in das *Privilegium Maius* 1358/59 hinein, das Kaiser FRIEDRICH III. schließlich 1453 reichsrechtlich anerkannte. Für die slowenischen Länder kann also rein theoretisch in Analogie angenommen werden, dass die Kenntnis des Slowenischen für die Habsburger in ihrer Funktion als Landesfürsten als verbindlich anzusehen war. Die Goldene Bulle behielt ihre formale Gültigkeit bis 1806.

Die Goldene Bulle wurde 2013 in das UNESCO-Verzeichnis des Weltdokumentenerbes aufgenommen.

Quellen/Web: *Die Hoch-Teutsche Übersetzung der güldenen Bull Kaysers Carl des Vierten.* In: J. Ch. Lünig (Hg.): *Das Teutsche Reichs-Archiv*, Bd. 1. Leipzig 1713, 34–53 (neuhochdeutsche Übersetzung); W. Altmann (Hg.): *Die alte Frankfurter Deutsche Uebersetzung der Goldenen Bulle Kaiser Karls IV.* [Entstehungsdatum: 1356, frühneuhochdeutsche Übersetzung spätestens vor Mai 1365]. In: *Zeitschrift der Savigny-Stiftung für Rechtsgeschichte/Germanistische Abteilung.*, Bd. 18–31 (1897) 107–147. Leipzig 1897, Quelle: Digitale Bibliothek des Max Planck-Instituts für europäische Rechtsgeschichte (http://dlib-zs.mpier.mpg.de/mj/kleioc/0010/exec/bigpage/%222085091_18%2b1897_0111%22); *Bulla aurea Karoli IV.* In: K. Zeumer: Quellen und Studien zur Verfassungsgeschichte des Deutschen Reiches in Mittelalter und Neuzeit, Band II, Heft 2. Weimar, Hermann Böhlaus Nachfolger 1908, 1–48 (*Monumenta Germaniae Historica*, MGH: www.dmgh.de); *Die Goldene Bulle – d. Reichsgesetz Kaiser Karls IV. vom Jahre 1356* / [Akad. d. Wiss. d. DDR, Zentralinst. für Geschichte]. Deutsche Übers. von W. D. Fritz. Geschichtl. Würdigung von Eckhard Müller-Mertens. Weimar 1978, 35–38 (Berlin-Brandenburgische Akademie der Wissenschaften, http://pom.bbaw.de/mgh/); *Die Goldene Bulle.* In: L. Weinrich (Hg.): *Quellen zur Verfassungsgeschichte des Römisch-Deutschen Reiches im Spätmittelalter (1250–1500)*. Freiherr von Stein Gedächtisausgabe Bd. XXIII, Darmstadt 1983, 314–393; UNESCO: www.unesco.org/new/en/communication-and-information/flagship-project-activities/memory-of-the-world/homepage/, www.unesco.at/kommunikation/memory.htm, www.unesco.at/kommunikation/basisdokumente/charta_digitales_kulturerbe_dt.pdf (20. 6. 2013).

Lit.: J. Mal: *Die Eigenart des karantanischen Herzogtums*, Südostforschungen 20 (1961) 68; F. Seibt: *Karl IV. (Taufname Wenzel)*. In: *Neue Deutsche Biographie* (NDB). Bd. 11. Berlin 1977, 188–191 (Digitalisat); B.-U. Hergemöller: *Fürsten, Herren, Städte zu Nürnberg 1355/56. Die Entstehung der »Goldenen Bulle« Karls IV.* Köln 1983; A. Wolf: *Goldene Bulle von 1356*. In: *Lexikon des Mittelalters*. Bd. 4. München/Zürich 1989, Sp. 1542–1543; R. Hoke: *Österreichische und deutsche Rechtsgeschichte*. Wien [e.a.] 1992; H. Baltl, G. Kocher: *Österreichische Rechtsgeschichte: unter Einschluss sozial- und wirtschaftsgeschichtlicher Grundzüge; von den Anfängen bis zur Gegenwart*. Graz ¹¹2008; T. Olechowski: *Rechtsgeschichte, Einführung in die historischen Grundlagen des Rechts*. Wien 2008; P. Simoniti: *Humanismus bei den Slowenen, Slowenische Humanisten bis zur Mitte des 16. Jahrhunderts*. Wien 2008, 188 f.; W. Brauneder: *Österreichische Verfassungsgeschichte*. Wien ¹¹2009; U. Hohensee, M. Lawo, M. Lindner [e.a.] (Hg.): *Die Goldene Bulle. Politik – Wahrnehmung – Rezeption*. 2 Bd. Berlin 2009.

Bojan-Ilija Schnabl

Goldene Bulle, Übersetzung Wolfgang Fritz

UNESCO Memory of the World

Gorazd, dux, → *Duces Carantanorum*.

Goritschnig, Andreas aus dem Rosental/Rož, Verfasser eines volksmedizinischen Büchleins *Arcniske bukve* (1765), → Bukovništvo.

Goritschnig/Goričnik, → Flurnamen in St. Thomas am Zeiselberg/Šenttomaž pri Celovcu und in der weiteren Umgebung; → Vulgoname.

Gorizia (ital.), Gorica (slow.), Görz (dt.), Gurize (friul.), Stadt am Übergang von der Soča/Isonzo zur friulanischen Ebene. Die erste schriftliche Erwähnung der Stadt findet sich in einer Urkunde vom 28. April 1001 als »villa quae Sclavorum lingua vocatur Goritia«.

Görz/Gorizia/Gorica, Ansichtskarte 1900 (Wiki)

1210 erhielt Gorizia/Gorica/Görz das Marktrecht und 1307 das erste Stadtstatut.

Bis zum 16. Jh. war die Stadt Bischofssitz, dann fiel sie unter die Herrschaft der Habsburger. Im 18. Jh. wurde Gorizia/Gorica/Görz Sitz des Erzbistums. Erzbischof Karl Michael → Attems gebrauchte das Slowenische bei seinem pastoralen Wirken (→ Liturgiesprache), für die Beziehungen zwischen Gorizia/Gorica/Görz und Kärnten/Koroška sind zudem die Aufzeichnungen seiner Visitationen in → Südkärnten/Južna Koroška einschließlich des → Val Canale/Kanalska dolina/Kanaltal wichtig, wo er einige Pfarren im slowenischsprachigen Gebiet besuchte (so z.B. → Ferlach/Borovlje, Sittersdorf/Žitara vas, Suetschach/Sveče (vgl. Paolo → Santonino).

Gorizia/Gorica/Görz hatte auch eine Reihe von slowenischen Bischöfen, so Jožef Walland (Balant) (1819–1834), Andrej Gollmayr (1855–1883), Alojzij Matija Zorn (1883–1897), Jakob Missia (1898–1902), Frančišek Borgia Sedej (1906–1931) sowie den Slowenen aus Kärnten/Koroška Franz Xaver → Luschin/Lušin (1835–1854).

Im 19. Jh. erhielt Gorizia/Gorica/Görz wegen seines milden Klimas den Beinamen »das österreichische Nizza«. In der Stadt siedelten einerseits reiche Bürger, andererseits hatte ab dem 19. Jh. auch der wirtschaftliche Aufschwung der slowenischen Bevölkerung immer mehr Gewicht. Ähnlich wie → Trieste/Trst/Triest war auch Gorizia/Gorica/Görz ein kulturelles und wirtschaftliches Zentrum der Slowenen mit einem besonders vielfältigen Verlagswesen.

Der Erste Weltkrieg hatte die Stadt schwer getroffen. Nach dem Krieg wurden die slowenischen Einrichtungen wie auch anderswo in Italien von den faschistischen Machthabern verboten. Darunter gilt es insbesondere die *Goriška Mohorjeva družba* [Görzer Hermagoras-Verlag] zu erwähnen, die 1924 entstanden war, weil es wegen des faschistischen Drucks nicht möglich war, Bücher aus → Celje zu beziehen. Der letzte Vorkriegskalender wurde 1939 veröffentlicht.

Der antifaschistische Widerstand als Folge der massiven Diskriminierungen und Verfolgungen der Slowenen im Küstenland (Primorska) begann bereits in den 1920er-Jahren. Unter den Organisationen dieser Zeit ist besonders → TIGR zu erwähnen (TIGR = **T**rst (Trieste/Triest), **I**stra (Istrien), **G**orica (Gorizia/Görz) und **R**eka (Rijeka/Fiume).

In Gorizia/Gorica/Görz wurde im Übrigen am 19. Juli 1858 Julius → Kugy als Sohn eines Kärntner Vaters und einer Triestiner Mutter geboren.

Lit.: ES (B. Marušič, B. Uršič, S. Plahuta: *Gorica*; B. Marušič: *Goriška*). – W. Baum: *Die Grafen von Görz in der europäischen Politik des Mittelalters.* Klagenfurt 2000; K. M. Attems: *Slovenske pridige*, Za prvo objavo pripravila in s spremnimi besedili opremila Lojzka Bratuž, Predgovor Breda Pogorelec. Trst 1993; P. G. Tropper: *Die Berichte der Pastoralvisitationen des Görzer Erzbischofs Karl Michael von Attems in Kärnten von 1751 bis 1762.* Wien 1993; J. Vetrih: *L'arcidiocesi di Gorizia, Goriška Nadškofija, Die Erzdiözese von Görz.* Udine 2002, 205 ff.

Peter Rustia; Üb.: Bojan-Ilija Schnabl

Gorjanci. Izobraževalno društvo Gorjanci, Kotmara vas [Bildungsverein Gorjanci, Köttmannsdorf], gegründet am 14. Dezember 1919, Vorgängerorganisation des *Slovensko prosvetno društvo Gorjanci* [Slowenischer Kulturverein Gorjanci].

Der slowenische → Kulturverein G. zählt zu jenen Vereinen mit der längsten lokalen Tradition. Dem Wunsch nach Erhaltung und Weiterentwicklung der slowenischen Volkskultur und -sprache entsprang die Gründung des Männerquartetts *Gorjanci* (Gorjanci < Gure/Sattnitzzug) im Jahre 1885 (→ Sattnitz/Gure; → Identität, territoriale). Initiiert wurde das Quartett von Matija → Prosekar, vlg. Razaj, geleitet wurde es von Valentin Stangl, vlg. Mežnarjev Foltan. Sie hatten eine überregionale Bedeutung. Dr. Joško → Tischler berichtet auf der 40-Jahr-Feier der → *Slovenska prosvetna zveza* [Slowenischer Kulturverband] im Jahre 1948 von deren begeisternden Auftritt in Haimburg/Vovbre bei → Völkermarkt/Velikovec und bezeichnet dieses Quartett aus Köttmannsdorf/Kotmara vas als erste außerkirchliche Gesangsgruppe unter den Kärntner Slowenen (→ Chorwesen). Eine handschriftliche → Liedersammlung aus dem Jahr 1890 mit 97 → Volks- und → Kunstliedern, die in der Umgebung Köttmannsdorfs gesungen wurden, war ein Beitrag von Janez Modrič, vlg. Toplicar aus Wurdach/Vrdi (na Vrdeh), zur Festigung des lokalen Kulturgutes.

Matija Prosekar unterstützte nach Ende des Ersten Weltkrieges auch den Aufbau des *Izobraževalno društvo Gorjanci* [Bildungsvereins Gorjanci], dem sein Sohn Tomaž Prosekar als erster Obmann vorstand. Wesentliches Vereinsziel war die Festigung der slowenischen Identität und die Pflege der Kultur und Weiterbildung (→ Identitätsbewusstsein). Stellvertretender Obmann war Pfarrer Janko Arnuš, weitere Vorstandmitglieder: Ožbalt Prosekar, Franc Waldhauser, Ivan Modric, Andrej Prosekar und Vincenc Wieser. Die formelle Gründung des Vereins am 14. Dezember 1919 fiel noch in die Zeit der jugoslawischen Verwaltung der Zone A (→ Abstimmungszone).

In der Zwischenkriegszeit wurden Frauen nur in Laienspielgruppen, nicht aber in die Gesangsgruppen aufgenommen. Neben Koch- und Haushaltskursen, die 1929 von Milka → Hartman geleitet wurden, gab es eigene Veranstaltungen und Zusammenkünfte für Frauen (→ Frauenfrage, → Frauen im ländlichen Raum, → Zveza ženskih društev na Koroškem).

Im Allgemeinen wurde die freiwillige Kulturarbeit hauptsächlich in den »Wintermonaten« gepflegt. In Köttmannsdorf/Kotmara vas wurden bis zu zwei Theaterstücke pro Jahr, und mehrere Auftritte des Männerchores organisiert (→ Chorwesen, → Theater). Die Vereinsbibliothek wurde 1923 eingerichtet (→ Lesekultur). Vereinsmitglieder wurden regelmäßig auf Kurse und fachliche Schulungen geschickt. Der Verein organisierte zahlreiche Vortragsabende sowie Lichtbildvorträge mit Referenten aus Klagenfurt/Celovec, Wien und der näheren Umgebung. Das Fehlen eigener Räumlichkeiten behinderte die Vereinsarbeit erheblich. Unter dem Druck deutschnationaler Kreise stellten viele Gastwirte der Gegend ihre Räumlichkeiten den slowenischen Vereinen nur sehr zögernd zur Verfügung (→ Assimilationszwang). Unter dem neuen Vorsitzenden Franc Niemec wurde deshalb 1927 ein besonderer Ausschuss für die Errichtung eines eigenen Vereinshauses eingerichtet. 1928 werden sogar Mittel für die Errichtung dieses Vereinszentrums gesammelt. Die Wirtschaftskrise und die verschärfte politische Atmosphäre verhinderten jedoch die Verwirklichung dieser Pläne.

Im ersten Jahr führte der Verein zwei Theaterstücke auf, der Chor veranstaltete mehrere Konzerte. Doch mit der → Volksabstimmung kam die Kulturarbeit aufgrund des allgemeinen gesellschaftlichen Klimas und der politischen Verhältnisse zum Erliegen. 1922 lebte der Verein wieder auf.

In der Zwischenkriegszeit wurden in Köttmannsdorf/Kotmara vas folgende Laien-Theaterstücke aufgeführt: 1924: *Domen*, 1925: *Tri sestre, Ne kliči vraga*, 1926: *Gorjanci igrajo »Deseti brat« pri Cingelcu na Trati*, 1927: *Deseti brat (težave z dvorano, očitki iredente), Lumpacij Vagabund in Krčmar pri zvitem rogu*, 1928: *Za pravdo in srce*, 1929: *Naša kri*, 1931: *Naša zemlja, Strup za podgane*, 1935: *Dve nevesti, Pojdam v Ljubljano*. Verantwortlich für die Laienspielertätigkeit waren Anton Žagar. vlg. Tomažič und Mirko Čimžar, vlg. Obrit. Die Regie wurde oft von Geistlichen durchgeführt (z.B. Pfarrer Mente). Es gab auch Gastauftritte im → Jauntal/Podjuna (etwa in Globasnitz/Globasnica) und im Unteren → Rosental/Spodnji Rož (etwa in Glainach/Glinje). Eine über 5 m breite Kulissenmalerei aus den Jahren 1923/24, entworfen, gemalt und hergestellt von vier Vereinsmitgliedern, zeugt noch heute von der Intensität der damaligen Tätigkeit.

Die Gesangstätigkeit wurde vom Männerchor getragen. Geleitet wurde der Chor in der Zwischenkriegszeit

Moški pevski zbor Gorjanci, 1913

SPD Gorjanci

Gorjanci, fb

von Alois PROSEKAR, Valentin MOSER und Josef LAMPICHLER. Neben Auftritten vor heimischem Publikum gab es auch Auftritte in Glainach/Glinje, → Ferlach/Borovlje, Unterbergen/Podljubelj, St. Johann/Šentjanž, Ludmannsdorf/Bilčovs, → Keutschach/Hodiše. 1930 und 1934 gab es Tourneen in Slowenien, der Auftritt in → Ljubljana wurde auch im Radio übertragen. Einen Höhepunkt der Kulturarbeit des Vereins stellte 1935 ein Treffen slowenischer Rosentaler Nachbarchöre aus Ludmannsdorf/Bilčovs, Radsberg/Radiše, Keutschach/Hodiše, Ferlach/Borovlje und Köttmannsdorf/Kotmara vas sowie des Tamburizzachors aus Unterloibl/Podljubelj beim Ille (Pri Ilnu) in Köttmannsdorf/Kotmara vas dar, bei dem einige Hundert Besucher verzeichnet wurden (→ Tamburizzamusik). Deutschnationale und/oder deutschtümlerische Störenfriede störten die Veranstaltung mit »Heil Hitler«-Grüßen und warfen mit faulen Eiern, was schon damals vom Erstarken des Nationalsozialismus zeugte (→ Deutschtümler, → Assimilant, → deutschnationale Vereine). Ab 1936 gab es erste Verbote slowenischer Veranstaltungen.

Bald nach dem → »Anschluss« verboten die nazistischen Machthaber jegliche Vereinstätigkeit und beschlagnahmten das Vereinsvermögen. Zahlreiche Vereinsmitglieder wurden in der Folge in Lager deportiert (→ Deportationen 1942), zu diesem Zwecke wurden sie als »volks- und staatsfeindlich« erklärt und ihr Vermögen eingezogen. Glücklicherweise konnten die meisten Köttmannsdorfer Deportierten im Juli und August 1945 zurückkehren. Besonders tragisch war aber das Schicksal von Janko PROSEKAR, dem Enkel von Matija PROSEKAR, der zuerst nach Hesselberg deportiert worden war, von dort in die Wehrmacht eingezogen wurde und dann in Polen den Tod fand.

Nach der Befreiung 1945 wurde der Verein am 18. August 1946 unter dem Namen *Slovensko prosvetno društvo Gorjanci* [Slowenischer Kulturverein Gorjanci] gegründet und nahm seine Aktivitäten wieder auf. Zum Vorsitzenden wurde Egid WASCHNIG, vlg. Glažar aus Tschachoritsch/Čahorče, gewählt (er war mit seiner 6-köpfigen Familie in die Lager Hagenbüchach, Eichstätt und Hesselberg deportiert worden). Er war auch bis zur Auflösung des Vereines 1938 der Vorsitzende der *Gorjanci*. Die Laienspielertätigkeit und der nunmehr gemischte Chorgesang wurden wieder aufgenommen.

Der Neubeginn nach der Zeit, in der die Slowenen als Volk zum Tode verurteilt worden waren (→ »Generalplan Ost«), in der die kulturellen Güter vernichtet, viele slowenische Bücher vor Ort verbrannt oder sonst wie vernichtet worden waren, gestaltete sich nicht problemlos. Die Beziehungen innerhalb der Volksgruppe und zu den Nachbarn mussten erneuert oder neu aufgebaut werden.

Quellen: *Koroški Slovenec.*
Lit.: *Gorjanci pojo* (Schallplatte), hg. Slovensko prosvetno društvo Gorjanci v Kotmari vasi. Kotmara vas 1983; *Gorjanci pojo*, (Audiokasette), hg. Slovensko prosvetno društvo Gorjanci v Kotmari vasi. Kotmara vas 1983; *100 let SPD Gorjanci*. Celovec 1985, 54 S.; *110 let SPD Gorjanci*, hg. Slovensko prosvetno društvo Gorjanci v Kotmari vasi. Kotmara vas 1985, 23 S.; *Kotmara vas, moj domači kraj* (kopierte Broschüre, A4, 50 S), Hg. Slovensko prosvetno društvo Gorjanci, 2000 (Projekt mit Jugendlichen, präsentiert auf einer Ausstellung des Bundesgymnasiums für Slowenen – vergriffen); Janez Modrič: *Pesmarica*, hg. Slovensko prosvetno društvo Gorjanci v Kotmari vasi. Kotmara vas 2002, 138 S.
Web: www.gorjanci.at (3. 8. 2012).

Vinko Wieser

»Gorotan« (Gesangsverein), vgl. Sachlemmata: → Chorwesen, → Korotan, → Šmihel. *Slovensko katoliško izobraževalno društvo za Šmihel in okolico* [Slowenischer katholischer Bildungsverein für St. Michael und Umgebung] → *Šmihel. Slovensko katoliško izobraževalno društvo za Šmihel in okolico* [Slowenischer katholischer Bildungsverein für St. Michael und Umgebung]; → Schwabegg/Žvabek, Neuhaus/Suha und Leifling/Libeliče: Kulturarbeit seit 1882.

»Gorotan«, Visokošolsko ferijalno društvo [Hochschul-Ferialverein »Gorotan« (bzw. »Korotan«)], → *Klub koroških slovenskih akademikov na Dunaju*

(KKSAD) [Klub der Kärntner slowenischen Akademiker in Wien].

Görtschacher, Urban (* um 1485; † nach 1530), Maler, → Bildstock.

Görz → Gorizia/Gorica/Görz/Gurize.

Gosposvetski zvon [Maria-Saaler Glocke], nationalverteidigender slowenischer Verein in Ljubljana und Prevalje in den frühen 1920er-Jahren. Der Verein wurde bald nach dem Ende des Ersten Weltkrieges in Ljubljana gegründet. Der erste Vorsitzende war Dr. Radolsav → KUŠEJ. Ihm folgte in dieser Position Dr. Josip Ciril → OBLAK, der später auch einige Zeit Vorsitzender des Vereins *Bran-i-bor* war. Der Kern der Mitglieder des *Gosposvetski zvon* setzte sich aus der slowenischen Intelligenz zusammen, die gezwungen war, Kärnten zu verlassen (→ Vertreibung 1920). Bereits nach zwei Jahren hatte der Verein ca. 1.000 Mitglieder. Nach der → Volksabstimmung wirkte der Verein noch einige Jahre, hörte dann jedoch auf zu bestehen, da seine nationalverteidigenden Aufgaben von der → *Jugoslovanska matica* und danach vom → *Klub koroških Slovencev* [Klub der Karntner Slowenen] übernommen und wahrgenommen wurden. Der Verein *Gosposvetski zvon* sorgte in erster Linie für die Propaganda im Zusammenhang mit der Volksabstimmung und setzte sich für eine Vereinigung des slowenischen Teiles → Südkärntens mit Jugoslawien (→ Volksabstimmungspropaganda). Nach der Volksabstimmung galt seine Sorge jenen Kärntner Slowenen, die in Österreich geblieben waren und jenen, die für Kärnten/Koroška wirkten sowie für die kärntnerslowenischen Flüchtlinge im damaligen → Jugoslawien. Der *Gosposvetski zvon* hatte in der ersten Hälfte der 1920er Jahre eine bedeuten Funktion im öffentlichen Leben. Unterstützung sammelte er auf unterschiedliche Weise: durch Schenkungen, durch die Veranstaltung von Sportveranstaltungen, durch Büchersammlungen usw. Einige Zeit war der *Gosposvetski zvon* parallel mit der *Jugoslovanska matica* tätig, danach kamen dessen Mitglieder zur Ansicht, dass für Kärnten/Koroška eine eigene Organisation notwendig sei. Der Verein veröffentlichte auch Literatur zu Kärnten/Koroška.

Lit.: T. Zorn: *Koroški Slovenci v letih 1920–1930*. In: J. Pleterski, L. Ude, T. Zorn (ur.): *Koroški plebiscit*. Ljubljana 1970, 514; A. Suppan: *Jugoslawien und Österreich 1918–1938. Bilaterale Aussenpolitik im europäischen Umfeld*. Wien, München 1996, 644; J. Stergar: *Klub koroških Slovencev v Ljubljani*. In: T. Bahovec (Hg.): Eliten und Nationwerdung/Elite in narodovanje – Die Rolle der Eliten bei der Nationalisierung der Kärntner Slovenen/Vloga elit pri narodovanju koroških Slovencev (Unbegrenzte Geschichte/Zgodovina brez meja, Bd./zv. 10). Klagenfurt/Celovec [e.a.] 2003, 36; D. Grafenauer: *Življenje in delo Julija Felaherja in koroški Slovenci* (Phil. Diss., Univerza v Mariboru). Maribor 2009.

Danijel Grafenauer; Üb.: Bojan-Ilija Schnabl

Gostinčar, Josip (Publizist, Kulturaktivist) → *Mir* [Der Friede].

Grabelsdorf/Grabalja vas im Frühmittelalter. Die heutige Ortschaft Grabelsdorf/Grabalja vas unterhalb des Felsrückens der Gracarca/Gračarca südlich des Klopeiner Sees/Klopinjsko jezero im → Jauntal/Podjuna war bereits prähistorisch ein bedeutender Siedlungspunkt, was zahlreiche hallstatt- und La-Tène-zeitliche Grabfunde widerspiegeln. Ein zugehöriges Herrschaftszentrum wird auf dem Höhenrücken der Gracarca/Gračarca angenommen, der auch als mögliche Variante für die Lokalisierung der norischen Hauptstadt Noreia diskutiert wird. Römerzeitliche Spolien aus der Umgebung lassen auch eine kaiserzeitliche bzw. spätantike Siedlung im Umfeld vermuten.

Im Verlauf des 7. Jh.s etabliert sich im Bereich des heutigen Grabelsdorf/Grabalja vas eine frühmittelalterliche Siedlung, deren Bevölkerung sich anhand zahlreicher Grabfunde manifestiert. Auf einem prominenten Geländesporn knapp oberhalb der Siedlung fanden sich mehrere hallstattzeitliche Hügelgräber, La-Tène-zeitliche Kenotaphe sowie frühmittelalterliche Körperbestattungen. Im flachen Gelände darunter wurden Hinweise auf weitere frühmittelalterliche Körpergräber und Brandbestattungen beobachtet. Von besonderer Bedeutung für die archäologische Erforschung → Karantaniens war die Nachbestattung eines Mannes im dominierenden, eisenzeitlichen Tumulus auf dem Geländesporn. Er war mit einer awarischen Gürtelgarnitur, zwei Messern, einem Knochenbehälter, einem damaszierten, einschneidigen fränkischen Schwert (Sax) und einem fränkischen Reitersporn ausgestattet. Diese Kombination westlicher Bewaffnung und Rüstung mit östlicher Tracht und Repräsentationsweise gilt als typisch für die Zeit der eigenständigen Herrschaft slawischer Eliten über den Ostalpenraum und findet sich in den slawisch besiedelten Arealen Oberösterreichs, der Steiermark und Kärntens (→ *Slovenia submersa*, → Toponyme, slawische [slowenische] in der Steier-

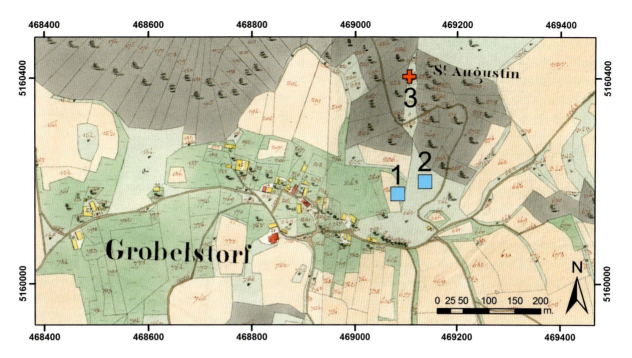

Grabelsdorf/Grabalja vas, Entwurf Stefan Eichert, Kartengrundlage Kärntner Landesarchiv. St. Daniel wird fälschlicherweise als St. Augustin bezeichnet

mark). Derartige Bestattungen werden nach dem Südkärntner Fundort als »Typ Grabelsdorf« angesprochen. Datiert wird das Grab aus Grabelsdorf/Grabalja vas in die Jahrzehnte um 700. Die anderen Bestattungen des Fundorts sind beigabenlos und als einfache Flachgräber außerhalb der älteren Grabhügel angelegt. Die Gesamtsituation macht deutlich, dass die frühmittelalterliche Gemeinschaft der Bestattung im Hügelgrab eine besondere Bedeutung beigemessen hat und insgesamt ist der bestattete Mann am wahrscheinlichsten als Oberhaupt der Siedlung anzusprechen. Über seine Beigaben kann er in das Milieu bewaffneter Reiterkrieger eingeordnet werden. Der Datierungsrahmen wie auch der archaische Begräbnisplatz lassen eine pagane Konfession der Verstorbenen am wahrscheinlichsten erachten (→ Inkulturation).

Der Ortsname Grabelsdorf/Grabalja vas ist im 11. Jh. erstmals als »villa Gabrielis« – Dorf des Gabriel überliefert. Er dürfte sich aber schon rund 300 Jahre zuvor etabliert haben und sich auf den damaligen Anführer der Siedlung beziehen: Mit der Missionierung der Karantanen (→ *Carantani*) im späten 8. und 9. Jh. konvertiert auch die Grabelsdorfer Bevölkerung wie auch das damalige Siedlungsoberhaupt, bei dem es sich eventuell gar um einen Nachfolger des Reiterkriegers aus dem Hügelgrab gehandelt haben kann, zum Christentum (→ Christianisierung). Für getaufte → Slawen lässt sich in diesem Zeithorizont beobachten, dass sie sehr häufig biblische bzw. alttestamentarische Taufnamen annehmen (→ Zweinamigkeit, mittelalterliche, → Personennamen). Baiern bzw. Franken oder Romanen tragen in diesen Breiten hingegen praktisch nie derartige Namen. Bei dem für Grabelsdorf/Grabalja vas namengebenden Gabriel hat es sich demnach mit großer Sicherheit um das konvertierte, slawische Siedlungsoberhaupt aus den Jahrzehnten um 800 gehandelt, das bei der Taufe einen eindeutig biblischen Namen annimmt.

Bis heute ist die kleine Kirche von St. Daniel/Sv. Danijel knapp oberhalb des urgeschichtlich-frühmittelalterlichen Bestattungsplatzes das Grabelsdorfer Gotteshaus. Seine Lage ist jedoch isoliert und es steht in einer deutlichen Entfernung zum Ortskern. Diese Situation lässt sich am besten über eine Anknüpfung an ein slawisch-paganes bzw. vorchristliches Heiligtum erklären, das von der Kirche ersetzt wurde. Die Aufgabe der paganen Bestattungsplätze im 8. oder frühen 9. Jh. lässt sich ebenfalls am besten über eine Verlagerung des Bestattungsortes von den Gräberfeldern zum Kirchenfriedhof erklären. Die historische Überlieferung des 11. Jh.s weist die Siedlung und Kirche von Grabelsdorf/Grabalja vas als Eigenbesitz einer lokalen Familie aus, die in einem Nahverhältnis zum Hochstift → Brixen steht und diesem nach und nach ihre Güter übergibt. Der Besitz ist damals jedoch aufgrund mehrerer Erbteilungen bereits stark zersplittert. Daraus kann abgeleitet werden, dass Kirche und Siedlung bereits mehrere Generationen im Besitz dieser lokalen Dynastie waren und dass das Gotteshaus demnach auf jeden Fall vor dem 11. Jh. geweiht worden war.

Insgesamt ist anhand der angeführten Indizien folgendes Erklärungsmodell für die Entwicklung Grabelsdorfs vom 7. bis in das 11. Jh. am wahrscheinlichsten: Im 7. Jh. etablierte sich hier die Siedlung einer paganen und slawischsprachigen Bevölkerung unter einem Anführer, der sowohl awarisch als auch fränkisch beeinflusst ist. Mit der Missionierung der Karantanen (→ Christianisierung, → Iro-schottische Mission) lassen sich die Grabelsdorfer taufen und ihr Siedlungsoberhaupt übernimmt den biblischen Namen Gabriel. Sehr wahrscheinlich ist er auch für die Kirchengründung verantwortlich, und das christliche Gotteshaus mit seinem Friedhof ersetzt nun einen ehemals paganen Kult- und Bestattungsplatz. Einiges deutet darauf hin, dass Siedlung und Kirche bis in das 11. Jh. hinein im Besitz der lokalen Elite um Gabriel und seine Nachfahren blieben, bis sie nach und nach vom Hochstift Brixen übernommen wurden (vgl. auch: → Archäologisches Bild, → Karantanisch-Köttlacher Kulturkreis, → Frühmittelalterliche Kirchen, → Ethnogenese).

Lit.: E. Szameit, P. Stadler: *Das frühmittelalterliche Grab von Grabelsdorf bei St. Kanzian am Klopeinersee, Kärnten.* In: *Archaeologia Austriaca* 77 (1993) 213–242; P. Gleirscher: *Ein karantanischer Adelsfriedhof über Grabelsdorf.* In: Franz Nikolasch (Hg.), Symposium zur Geschichte von Millstatt und Kärnten. Millstatt 2005, 56–66; St. Eichert: *Grabelsdorf – villa Gabrielis. Betrachtungen zur Entwicklung einer Siedlung vom 7. bis ins 11. Jahrhundert.* In: *Car I* 200 (2010) 105–132; S. Eichert: *Frühmittelalterliche Strukturen im Ostalpenraum. Studien zu Geschichte und Archäologie Karantaniens.* Klagenfurt am Wörther See 2012.

Stefan Eichert

Grabinschriften, slow. *nagrobni napis(i)*, traditionelle Ausdrucksform der slowenischen Sprachkultur in → Südkärnten/Južna Koroška, die im Rahmen der Gebrauchsliteratur auch als eine spezifische literarische Form der Gelegenheitslyrik identifiziert werden kann und ein besonders erhaltenswertes sprachkulturelles Erbe darstellt (in gleichem Maße wie die slowenischen → Flurnamen, die nunmehr in die UNESCO-Liste des immateriellen Weltkulturerbes aufgenommen wurden). G. finden sich auf Grabdenkmälern und Gedenksteinen für Verstorbene. G. beinhalten oft sprachbezogene Angaben zur Person, die, wenn sie slowenisch sind, angesichts des soziolinguistischen Kontextes in Kärnten/Koroška eine ethnische Zuordnung der Person und

Köstenberg/Kostanje, drei Grabsteine, Foto Bojan-Ilija Schnabl

ihrer Angehörigen implizieren, weshalb auch G. ohne sprachliche Merkmale anzutreffen sind, die u. U. auf einen Prozess des → Sprachwechsels bzw. der → Assimilation hindeuten.

Von besonderer literarischer und kulturhistorischer Bedeutung sind die auf slowenischen Gräbern anzutreffenden Verse und Gedichte, die als eigene *literarische* → Gattung anzusehen sind. Sie besitzen wegen der emotionalen und transzendentalen Dimension teils höchste literarische Qualität, auch oder gerade weil sie zutiefst in der Tradition der slowenischen Volkspoeten (→ Bukovništvo) verwurzelt sind. Meist sind G. in der slowenischen Schrift- bzw. → Standardsprache verfasst, selten sind sie im → Dialekt, was auch darauf zurückzuführen ist, dass seit der Reformation (→ Protestantismus), eine einheitliche slowenische → Liturgiesprache gepflegt wurde, was auch in der Volksliteratur normbildend wirkte.

St. Lorenzen/Šentlovrenc, Franc Sturm, gest. 21.8.1941, dessen Grab an der Ehrenmauer wurde zweimal zugeschüttet, so dass er schließlich an anderer Stelle am Friedhof begraben werden musste, Foto Bojan-Ilija Schnabl

Neben standardisierten Versen finden sich auf Grabsteinen insbesondere G., die als Zwei- oder Vierzeiler oder aber als epische Gedichte oft genuine Neuschöpfungen von anonymen Autoren sind, die oft anlässlich eines spezifischen Todesfalles und eines persönlichen Schicksals verfasst wurden. Seltener sind es literarische Zitate. So lautet die intimistische G. für die früh verstorbene Katarina STURM in St. Thomas am Zeiselberg/Šenttomaž pri Celovcu:

Tam med angeli vesela	[Dort unter den Engeln fröhlich]
nam naproti se smeji	[lächelt sie uns entgegen,]
vsmiljen Jezus jo zdaj vodi	[der bamherzige Jesus führt sie nun]
v vrtu svoje milosti.	[im Garten seiner Gnade]

St. Thomas am Zeiselberg/Šenttomaž, Grabstein für Familie Sturm, vulgo Morič, Foto Bojan-Ilija Schnabl

Dem früh verstorbenen Kind Peter ČERK (18. Juni 1908–21. Dezember 1913) ist am Friedhof von Diex/Djekše auf der → Saualpe/Svinška planina ein ebenso intimistisches Abschiedsgedicht gewidmet, wobei die Tradition der G. für die Toten bzw. Gefallenen aus beiden Weltkriegen aus derselben Familie (nunmehr

Köstenberg/Kostanje, Grabstein der Schwestern Borjančič, Foto Bojan-Ilija Schnabl

Linsenberg/Lečja Gora, Grabinschrift für die Gefallenen im Ersten Weltkrieg (1918), Foto Bojan-Ilija Schnabl

Tscherk) in deutscher Sprache weitergeführt wurde (→ Inkulturation). Es lautet:

Kot angelček ljubi	[Wie ein lieber Engel]
je šel iz sveta	[ging er von dieser Welt]
v angelski družbi	[in Engels Gesellschaft]
: za nas prosi Boga	[: für uns bitte Gott]

Die G., verfasst von Milka → Hartman für die im Abstand von drei Tagen verstorbenen Andrej und Zofija → Sturm in St. Lorenzen/Šentlovrenc, ist eindeutig politisch konnotiert und nur im Kontext der massiven Verfolgungen und Unterdrückung der slowenischen Sprache und ihrer Träger zu verstehen (→ Assimilationszwang, → Germanisierung, → Klagenfurter Feld/Celovško polje)

Z groba kliče oče mati	[Vom Grabe rufen Vater, Mutter,]
ta nasvet nam hoče dati:	[Diesen Rat wollen sie uns geben:]
H križu dvignite desnico	[Zum Kreuze hebt die Rechte]
se borite za pravico!	[Kämpfet für das Recht!]
Izpovejte vsi resnico:	[Rufet alle laut die Wahrheit:]
bogu rodu gre zvestoba	[Gott und Volk gehört die Treue]
preko križev vseh, do groba!	[Über alle Kreuze, bis zum Grabe!]

Eine besondere Form der G. bilden die Kriegerdenkmäler bzw. Denkmäler für einzelne gefallene Soldaten, die, wie etwa in Köstenberg/Kostanje oder in (Windisch) St. Michael ob der Gurk/Slovenji Šmihel, auf Slowenisch sind (beim Letzteren handelt es sich um einen Soldaten der SHS-Kräfte). Bei den Gedenktafeln aus der Zeit nach dem Ersten Weltkrieg wurde bisweilen noch die slowenische Rechtschreibung/Namensschreibung berücksichtigt. Ein besonderes Beispiel stellt das Jugendstil-Kriegerdenkmal von Linsenberg/Lečja gora, Pfarre (Windisch) St. Michael ob der Gurk/Slovenji Šmihel in der Gemeinde Poggersdorf/Pokrče dar, das eine slowenische Aufschrift aufweist: *V blag spomin padlim junakom 1914–1918* [In edler Erinnerung den gefallenen Helden 1914–1918]. Anzutreffen sind auch zahlreiche literarisch gestaltete Epitaphe für in der Fremde verstorbene Deportationsopfer und Partisanendenkmäler (→ Deportationen 1942). Gedenkinschriften für die zurückgebliebenen Opfer und die Heimkehrer, die das Grauen von Deportation und Zwangsarbeit überlebt hatten, finden sich auch auf → Bildstöcken.

Slowenische historische G. zählen zusammen mit den slowenischen → Inschriften im öffentlichen Raum zu den besonders gefährdeten Kulturgütern, da sie vielfach vom kulturellen Verständnis der nachfolgenden Generationen abhängig sind. Nach der umfassenden fotografischen Aufarbeitung und Repertorierung der slowenischen G. in Kärnten/Koroška von Manfred Tolmaier für das *Narodopisni inštitut Urban Jarnik* [Volksbildungsinstitut Urban → Jarnik] in Klagenfurt/Celovec steht eine (literatur-)wissenschaftliche Analyse ebenso wie eine rechtliche Unter-Schutz-Stellung noch aus.

Am Beispiel der G. von Jožef → Pogačnik, Priester in Timenitz/Timenica, sowie Valentin → Božič, Priester in Poggersdorf/Pokrče, zeigt sie deren Bedeutung für biografische Forschungen sowie die lokale und regionale → Geschichtsschreibung.

Archive: *Narodopisni inštitut Urban Jarnik*, Klagenfurt/Celovec.
Lit.: ES; Dehio. – P. Zablatnik: *Od zibelke do groba, Ljudska verovanja, šege in navade na Koroškem*. Celovec 1982, 117; A. Feinig: *Nagrobni napisi od Šentlenarta do Golšova*, Krščanska kulturna zveza (Hg.). Klagenfurt/Celovec 1997; M. Stanonik: *Nagrobni napisi na slovenskih pokopališčih = Epitaphs in Slovene cemeteries*. In: Etnološki in antropološki vidiki preučevanja smrti: mednarodni simpozij, 5.–8. November 1998 = Ethnological and anthropological approaches to the study of death – international symposium 5th-8th November 1998, 63–85 (www.dlib.si/details/URN:NBN:SI:DOC-ZZ1L0ANY); M. Žugman Širnik: *Nagrobni napisi med slovstveno folkloro in literaturo*. In: *Slovstvena folkloristika – glasilo Sekcije za zbiranje in raziskovanje slovenske slovstvene folklore*. Jg. 3, nr. 2 (Nov. 2004) 83–85; T. Ogris: *Radiše – Preteklost in sedanjost kraja in njegovih ljudi/Radsberg – Vergangenheit und Gegenwart des Ortes und seiner Menschen*. Klagenfurt/Celovec, Wien 2009; B.-I. Schnabl: *Celoviško polje, neznani zaklad osrednje slovenske kulturne pokrajine, Izsledki enciklopedijskih raziskovanj*. In: KK 2013. Celovec 2012, 107–122.

Bojan-Ilija Schnabl

Grafen von Cilli, slow. *Celjski grofje*, Dynastie, die ihren Herrschaftsbereich von → Celje (Cilli) aus dominierte, im 15. Jh. einen großen Teil des slowenischen Territoriums unter ihrem Szepter hatte und in der europäischen und Balkanpolitik eine prominente Rolle spielte.

Die G. v. C. entstammen einer Adelsfamilie, die um 1130 erstmals mit dem Beinamen »de Sovne« schriftlich aufscheint. Ab 1173 nehmen sie als Familiennamen den Vulgonamen ihres Schlosses Sannegg (Sanneck, Sonneck, slow. Žovnek) »de Sonekke« an. Ihr allodialer Besitz dehnte sich zunächst über Sannegg hinaus noch auf die Schlösser Schöneck (slow. Šenek), Liebenstein bei Kaplja vas pri Preboldu (dt. St. Paul bei Pragwald) und Osterwitz (slow. Ojstrica) im östlichen Teil der Savinjska dolina (Savinjatal) aus. Sie vergrößerten ihre Besitzungen vor allem in das obere und mittlere Savinjatal, zum Teil über Notariatsrechte an kirchlichen Besitztümern. Seit dem 13. Jh. kommt es zu dynastisch-politischen Eheschließungen mit steirischen Adelsgeschlechtern (Pettau [Ptuj], Mahrenberg [slow. *Marenberški* in Radlje ob Dravi]) und seit dem 14. Jh. mit serbischen Herrscherhäusern (Branković), die selbst über dynastische Heiraten mit dem byzantinischen Herrscherhaus (Kantskuzenos) und der Pforte (Bajezid I., Murad II.) verschwägert waren. Der gesellschaftliche und politische Aufstieg der G. v. C. steigerte sich im 14. Jh. rasch, sie nützten dazu die Habsburger und die mit ihnen rivalisierenden Luxemburger. Im Krieg um die böhmischen Krone, den 1308 die Habsburger mit dem Kärntner Herzog Heinrich von Görz-Tirol führten, standen sie auf der Seite der Habsburger. Sie überließen den Habsburgern ihren allodialen Besitz als Lehen und erhielten ihn selbst wieder als Lehen zurück. Als die Grafen von Heunburg *(Vovbrški grofje)* (1322) ausgestorben waren, konnten sie ihren Besitz bis zum Mittellauf der Savinja erweitern. Dieser Landstrich hatte zum Mittelpunkt Celje, das sie zu ihrer Residenz erhoben. 1336 ergänzten sie ihren Besitz noch mit Laško (dt. Tyffer) als Pfand. Durch Zukäufe begannen sie gleichzeitig ihren Besitz auch nach → Krain/Kranjska hin zu erweitern. Dies alles steigerte ihr Ansehen, so dass sie 1341 vom deutschen König Ludwig die Erhebung zu Grafen mit dem Beisatz von Cilli erreichen konnten. Dabei umfasste die Grafschaft nur das Gurker Lehen Lemberg (slow. Lemberg). Der deutsche König Karl IV. aber hob alle zum Schaden der Habsburger erteilten Privilegien auf, die sein Vorgänger Ludwig von Baiern ausgefertigt hatte, und so wurde die 1348 erfolgte Erhebung der G. v. C. infrage gestellt. Karl IV. erhob allerdings 1372 die Sannegger wiederum zu Grafen, und zwar mit Celje und dem westlich davon gelegenen Gebiet. In der Folge ging der steile soziale Aufstieg weiter, allerdings entfernten sich die G. v. C. zusehends von den Habsburgern. Ihr Aufstieg beruhte auf der verstärkten wirtschaftlichen Macht durch die Geldmittel, die sie sich durch die Feldzüge im Sold der Ungarnkönige Ludwig von Anjou und Sigismund von Luxemburg erworben hatten. Durch diese Feldzüge waren sie auch zu Verbindungen mit den höchsten Herrscherdynastien gekommen. Solche dynastische Heiraten waren jene von Wilhelm I. mit Anna, der Tochter des polnischen Königs Kasimir des Grossen, sowie jene seiner gleichnamigen Tochter mit dem verwitweten polnischen König Wladyslaw Jagiello (1401). Die G. v. C. erreichten als Herrscherhaus ihren Höhepunkt unter Hermann II. Dieser hatte sich mit dem ungarischen König Sigismund verbündet und war nach der Schlacht von Nikopolis 1396 zu umfangreichen Besitzungen in Ungarn gekommen. Ihre politische Ausrichtung ging von da an vor allem nach Südosten, folglich auch ihre dynastischen Verbindungen. Der Sohn von Hermann, Friedrich, heiratete Elisabeth Frankopan, seine Tochter Anna den ungarischen Palatin Nikolaj Gorjanski, seine Toch-

Köstenberg/Kostanje, Grabstein von Jozi Kokot, Foto Bojan-Ilija Schnabl

Grafen von Cilli, *Wappen nach Megiser, Das neundte Buch der Chronik,* S. 980

ter BARBARA den ungarischen König SIGISMUND. Ihr Ansehen festigten die G. v. C. auch durch die Übernahme einiger wichtiger Funktionen in Ungarn und konnten so ihr Ansehen noch erhöhen. 1423 mussten die Habsburger auf die Lehensoberhoheit über die G. v. C. verzichten. Diese gehörten nun zu den Reichsherrschaften des römisch-deutschen Kaiserreiches. Zu einer inneren Krise, die den Aufstieg bremste, kam es durch die Heirat FRIEDRICHS II. mit VERONIKA VON DESENIC *(Vernonika Deseniška)* und seiner zeitweiligen erzwungenen Abstinenz von der Leitung der Familienpolitik. Eine Phase der Konsolidierung beruhigte die Situation. Den Höhepunkt ihrer Macht erreichten die G. v. C. durch die Planpolitik HERMANNS, allerdings erst nach dessen Tod 1436, als die G. v. C. zu Reichsfürsten durch den deutschen König SIGISMUND erhoben worden waren, womit die Gründung des Fürstentums Cilli einherging. Die Erhebung hatte den Konflikt mit dem Habsburger FRIEDRICH III. zur Folge ebenso wie gegenseitige Angriffe, die bis 1443 andauerten. Zwischen den Streitparteien wurde ein gegenseitiger Erbvertrag geschlossen. Die Habsburger anerkannten formal den Fürstenstatus der Grafen von Cilli. FRIEDRICH II. besorgte die innere Verwaltung, sein Sohn ULRICH widmete sich der europäischen Politik und wollte damit das Ansehen der Familie festigen und vergrößern. Seine Frau war Katharina Gräfin von Cilli (geb. KANTAKUZENA BRANKOVIĆ), die Tochter des serbischen Despoten Djuradj BRANKOVIĆ, Nichte der Despina OLIVERA (die 1389–1402 mit Sultan BAJEZID I. verheiratet gewesen war) und Schwester der Kaiserin/Carica MARA (der Frau des Sultans MURAD II. und Stiefmutter des Sultans MEHMED des Eroberers). ULRICH hatte zur Zeit ALBRECHTS II. für einige Monate die Funktion des Stellvertreters in Böhmen inne. Nach ALBRECHTS Tod aber nahm er aktiv am Bürgerkrieg in Ungarn teil. Seine Absicht war es, sich über LADISLAUS POSTUMUS, den Sohn seiner Kusine, dessen Regentschaft er innehatte, als De-facto-Herrscher durchzusetzen. Ein Teil des ungarischen Adels mit JOHANN HUNYADI an der Spitze widersetzte sich dem, und der Streit endete mit der Ermordung ULRICHS in Belgrad am 9. November 1456, wodurch die Herrschaft G. v. C. ihr Ende fand. Seine Witwe KATHARINA versuchte die Herrschaft für die Kinder zu retten, wurde aber von den Habsburgern militärisch besiegt, worauf sie 1369 mit Erlaubnis des Sultans an den Hof ihrer Schwester, der Sultanin MARA, übersiedelte. Die Bestimmungen des Erbvertrages für Steiermark/Štajerska und Krain/Kranjska setzte der Habsburger FRIEDRICH III. im Jahr nach ULRICHS Tod um. In Kärnten/Koroška kam es zunächst zu Zusammenstößen mit den Grafen von Görz, die er 1460 mit dem Frieden von Pusarnitz *(Požarniški mir < Požarnica)* beilegen konnte. Nach dem Tod von LADISLAUS POSTUMUS 1458 übernahm in Ungarn JOHANN HUNYADIS jüngerer Sohn MATTHIAS CORVINUS (slowenisch die mythologische Figur des → *kralj Matjaž*) die Macht.

Mit Kärnten/Koroška verband die G. v. C. in erster Linie ihr dortiger Besitz. Bis Mitte des 14. Jh.s mischten sie sich in das Geschehen in Kärnten/Koroška kaum ein. Sie beschränkten sich eher auf zeitweise Kriegsbündnisse. Ihre ersten Besitzungen gehen auf die Heunburger zurück. Hinzu kamen in der zweiten Hälfte des 14. Jh.s noch einige kleinere Besitzungen. In Kärnten/Koroška festigten sie sich erst nach der Beerbung der Grafen von Ortenburg 1418 bzw. 1420. Der Schwerpunkt ihrer Politik lag in den letzten Jahrzehnten ihres Bestehens in Ungarn und am Balkan, wodurch ihre Herrschaft in Kärnten/Koroška keine tieferen Spuren hinterließ, allerdings wurde erst mit ihrem Aussterben 1456 die Ausbildung einer festen habsburgischen Landeshoheit in Kärnten/Koroška ermöglicht.

Lit.: ES; OVSBL. – J. Orožen: *Zgodovina Celja in okolice. I. del: Od začetkov do leta 1848.* Celje 1971; C. Fräss-Ehrfeld: *Geschichte Kärntens. Das Mittelalter.* Klagenfurt 1984; K. Sturm-Schnabl: *Mara, Katarina Kantakuzena.* In: *Prosopographisches Lexikon der Paialogenzeit.* Wien, ÖAW, 1988–, s. v.; *Celjski grofje, stara tema – nova spoznanja, Zbornik mednarodnega simpozija* (Hg. Fugger Germadnik Rolanda). Celje 1999; J. Mlinar: *Podoba Celjskih grofov v narativnih virih.* Ljubljana 2005.

Janez Mlinar; Üb.: Katja Sturm-Schnabl

Grafen von Görz *(Goriški grofje)* → Herzöge von Kärnten/Koroška.

Grafenauer, Bogo (* 16. März 1916 Ljubljana, † 12. Mai 1995 ebd.), Historiker, Professor an der philosophischen Fakultät der Universität Ljubljana.

Mit Kärnten/Koroška war G. familiär verbunden. Sein Vater Ivan → GRAFENAUER kam aus dem → Gailtal/Ziljska dolina nach Ljubljana, bei seinem Großvater verbrachte er als Volks- und Gymnasialschüler zahlreiche Ferien. Nach der Matura in Ljubljana studierte G. an der Universität Ljubljana Geschichte und Geografie, diplomierte 1940 und promovierte 1944. Während des Krieges war er einige Zeit in Italien interniert. Ab 1941 befasste er sich mit der slowenischen Nordgrenze.

Nach der Rückkehr aus der Internierungshaft beschäftigte er sich schwerpunktmäßig mit der Frage der Grenzen, weshalb er nach dem Krieg in die diplomatischen Verhandlungen einbezogen wurde und 1946 als Fachmann für Grenzfragen an der Friedenskonferenz in Paris teilnahm.

1946 begann die Universitätskarriere von G. mit der Ernennung zum Dozenten für Geschichte an der Philosophischen Fakultät der Universität Ljubljana, wo er 1956 zum ordentlichen Professor ernannt wurde. 1968 wurde er korrespondierendes Mitglied und 1972 ordentliches Mitglied der *Slovenska akademija znanosti in umetnosti* [Slowenische Akademie der Wissenschaften und Künste]. 1975 respektive 1978 folgte die Ernennung zum externen korrespondierenden Mitglied der Akademien der Wissenschaft und Forschung Bosniens und Herzegowinas sowie Serbiens. Ab 1977 war er Vorsitzender des → *Klub koroških Slovencev* [Klub der Kärntner Slowenen] in Ljubljana und erhielt 1987 den Tischler-Preis (*Tischlerjeva nagrada*, Jožko → Tischler). 1978–1988 war er auch Vorsitzender der → *Slovenska matica* [Slowenische Gesellschaft für Wissenschaft und Kultur] in Ljubljana.

Von der Gründung 1947 bis 1968 war er Herausgeber des *Zgodovinski časopis* [Historische Zeitschrift], dem zentralen Organ der slowenischen Historiker. In der ersten Nummer ist seine Abhandlung über Probleme und Aufgaben der slowenischen Historiografie hervorzuheben. G. war aktives Mitglied im *Zgodovinsko društvo za Slovenijo* [Historischer Verein für Slowenien], 1948–1952 dessen Sekretär und 1968–1974 dessen Vorsitzender. G. beteiligte sich aktiv an gemeinsamen Projekten jugoslawischer Historiker. Ab 1975 beteiligte er sich an der Umsetzung des Archiv-Abkommens aus dem Jahre 1923 mit Österreich und leitete eine Gruppe von Spezialisten für Kärntner, Tiroler und steiermärkische Archive.

G. schuf ein umfassendes wissenschaftliches Œuvre. 1952 erschien sein Werk zur Herzogseinsetzung (→ Fürsteneinsetzung, → Karantanien). Ab 1949 wirkte er an der *Zgodovina narodov Jugoslavije* [Geschichte der Völker Jugoslawiens] mit. 1954–1962 veröffentlichte er in fünf Bänden eine *Zgodovina slovenskega naroda* [Geschichte des slowenischen Volkes] von der Besiedlung bis zur Mitte des 19. Jh.s.

Seine bedeutendsten Forschungsresultate erzielte G. auf dem Gebiet der frühmittelalterlichen Geschichte. Besondere Aufmerksamkeit schenkte er der frühmittelalterlichen slowenischen und in erster Linie karantanischen politischen und Sozialgeschichte, der Frage der → Edlinger/*kosezi*. Seine letzte Arbeit im Zusammenhang mit den *kosezi*/Edlingern und der Herzogseinsetzung erschien in der Kärntner Zeitschrift → *Carinthia* 1993. Zu seinen Verdiensten zählt auch die erste Übersetzung in eine moderne Sprache, die Slowenische, der → *Historia Langobardorum* des Paulus Diaconus, zu der er einen umfassenden Kommentar schrieb.

Sein zweiter Forschungsschwerpunkt war die Agrar- und Sozialgeschichte und dabei ganz besonders die Bauernaufstände. 1962 erschien sein Buch *Kmečki upori na Slovenskem* [Die Bauernaufstände in den slowenischen Ländern].

Für das 20. Jh. sind seine Beiträge über die slowenischen Grenzen, die Kämpfe um die Grenzen und über die ethnischen Verhältnisse in Kärnten/Koroška beachtenswert (→ Grenzfrage). Im *Koroški zbornik* [Kärntner Sammelband] (1946) erörterte er in drei Beiträgen die ethnischen Verhältnisse in Kärnten/Koroška von der ersten Hälfte des 19. Jh.s bis zur Volkszählung 1934 sowie über die diplomatischen Bemühungen um die jugoslawisch-österreichische Grenze 1919 (→ Jugoslawien). Über die Herausbildung der slowenischen ethnischen Grenze referierte er 1992 auf der Tagung der slowenischen Historiker (→ Sprachgrenze). Der Beitrag erschien 1993 in Buchform.

G. beschäftigte sich auch mit der Geschichte der Historiografie in den slowenischen Ländern und bei den Slowenen sowie mit geschichtstheoretischen Fragen (der Struktur und Technik der Geschichtswissenschaft). G. war Autor zahlreicher enzyklopädischer Beiträge in der jugoslawischen und in der slowenischen Enzyklopädie sowie im slowenischen biographischen Lexikon.

G. wurde 1984 Ehrenmitglied des Professorenkollegiums der Universität Ljubljana und erhielt 1989 die *Kidričeva nagrada za življenjsko delo na področju zgodovinskih znanosti* [Kidrič-Preis für das Lebenswerk im Bereich der Geschichtswissenschaften], die damals höchste wissenschaftliche Auszeichnung Sloweniens.

Bogo Grafenauer

Werke/Web: *Narodnostni razvoj na Koroškem od srede 19. stoletja do danes.* In: Koroški zbornik. Ljubljana 1946, 117–248 + 22 zemljevidov v prilogi; *Zgodovina narodov Jugoslavije.* Ljubljana 1949; *Ustoličevanje koroških vojvodov in država karantanskih Slovencev – Die Kärntner Herzogseinsetzung und der Staat der Karantanerslawen* [sic!]. Ljubljana 1952; *Zgodovina narodov Jugoslavije,* 2 Bd. Ljubljana 1953–1959; *Zgodovina slovenskega naroda,* 5 Bd. Ljubljana 1954–1962; *Kmečki upori na Slovenskem.* Ljubljana 1962; *Die Kärntner Herzogseinsetzung und die Edlingerfrage. Protokoll eines Kolloquiums aus dem*

Grabstein von Franc Grafenauer in Egg/Brdo bei Hermagor/Šmohor, Foto Vincenc Gotthardt

Jahre 1965. In: *Carinthia I*. Klagenfurt 1993, Nr. 183, 353–366; *Oblikovanje severne slovenske narodnostne meje*. Ljubljana 1994 (www.sistory.si/?urn=SISTORY:ID:26736); http://www.sistory.si/.

Üb.: P. Diaconus: *Zgodovina Langobardov – Historia Langobardorum*. Maribor 1988.

Lit.: V. Rajšp (Hg.): *Grafenauerjev zbornik*. Ljubljana 1996, darin insbesondere die Beiträge von: D. Mihelič: *Bogo Grafenauer – utrinki iz življenja in dela*; P. Štih: *In memoriam. Akademik prof. dr. Bogo Grafenauer*; D. Samec: *Bogo Grafenauer – bibliografija*.

Vincenc Rajšp; Üb.: Bojan-Ilija Schnabl

Grafenauer, Franc (* 2. Dezember 1860 Brugg/Moste bei Egg/Brdo [Hermagor – Pressegger See/Šmohor – Preseško jezero], † 13. Dezember 1935 ebd.), Orgelmacher, Politiker, Gemeinderat von Egg/Brdo, Landtagsabgeordneter, Reichsratsabgeordneter.

Nach der Absolvierung der Grundschule in Egg/Brdo und der vierten Klasse in Hermagor/Šmohor nahm ihn sein Vater, der aus einer Kleinbauernfamilie stammte und sich den Status eines Orgelbaumeisters und Gemeindeausschussmitglieds erarbeitet hatte, zu sich in die Lehre. Nach seinem Tod übernahm G. das Geschäft und wurde mit der Einführung der ersten pneumatischen Orgel in Feldkirchen (Trg) zum Pionier auf dem Gebiet der Orgelbaukunst in Österreich. Er baute jedoch nur wenige weitere Orgeln in Kärnten/Koroška und anderen benachbarten Ländern, da sein politisches Engagement später den größten Teil seiner Konzentration verlangte. Unter dem Einfluss Andrej → Einspielers, des eigenen Vaters und einschlägiger Literatur beschäftigte sich G. viel mit der Politik und den in Kärnten/Koroška vorherrschenden sozialen und wirtschaftlichen Verhältnissen, was seine Wahrnehmung für die nationale Frage schärfte, sodass er schon bald soziopolitische Ambitionen entwickelte. Von der panslawistischen Idee (→ Panslawismus) erfasst, ließ er sich auf politische Diskurse mit seinen Gegnern ein und machte im Wochenblatt *Parlamentär* sowie nicht zuletzt im → *Mir*, zu jener Zeit die einzige slowenische Zeitung in Kärnten/Koroška, sein Volk auf gesellschaftliche Unzulänglichkeiten vor Ort aufmerksam (z.B. auf die wirtschaftliche Abhängigkeit der Slowenen von den Deutschen), kritisierte in diesem Zusammenhang die öffentlichen Körperschaften und ihre Politikführung bezüglich → Schul-, Amts- und Gerichtswesen und thematisierte die Polarisierung im eigenen Volk (→ Amtssprache, → Deutschtümler). Die Konsequenz daraus war eine 1888 erhobene Anklage, laut welcher G.s Vater wegen Majestätsbeleidigung zu sechs Monaten Haft verurteilt wurde und ihm selbst eine dreimonatige Untersuchungshaft wegen Hochverrats einbrachte. Von da an bekannte sich G. noch stärker zum Slowenentum und ließ sich nach seiner Entlassung sogleich in den Gemeinderat von Egg/Brdo wählen. Dies war der Beginn seiner politischen Karriere. 1890 wurde das slowenische Organ → *Katoliško-politično gospodarsko društvo za Slovence na Koroškem* [Katholisch-politischer und landwirtschaftlicher Verein für die Slowenen in Kärnten] gegründet, so dass die Kärntner Slowenen seit 1873 erstmals wieder als selbstständige politische Organisation auftreten und einen Kandidaten für die Landtagswahl aufstellen konnten. 1884 wurden mit Franc → Muri und Gregor → Einspieler nach Andrej → Einspieler erneut Slowenen in den Kärntner Landtag gewählt. 1896 gesellte sich auch G. unter die Abgeordneten und brillierte hier als hervorragender, humorvoller Redner bis zum Ausbruch des Ersten Weltkriegs. Mit dem Sieg des klerikalen Lambert → Einspielers bei den Reichsratswahlen 1897 hatten die Kärntner Slowenen einen Wahlerfolg auf staatlicher Ebene. 1907 kandidierte auch G. erfolgreich für das Parlament und erreichte 1911 trotz

Zuspitzung der nationalen Frage seine Wiederwahl. In der Funktion als Landtags- bzw. Reichsratsabgeordneter setzte sich G. fast drei Jahrzehnte lang für die schul- und sprachpolitische Gleichberechtigung sowie die wirtschafts- und nationalpolitischen Interessen der Slowenen in Kärnten/Koroška ein. Allerdings konnte er als einziger Kärntner gegen die Übermacht der übrigen slowenischen Abgeordneten aus → Krain/Kranjska im klerikalen parlamentarischen Lager, das dem Kaiser weiterhin Treue schwor, und auch gegen die in den später aus taktischen Gründen geschlossene Allianz des *Hrvatsko-slovenski klub* [kroatisch-slowenischer Klub] nur wenig für seine Heimat ausrichten. Dies brachte ihm immer wieder scharfe Kritik im liberalen kärntnerslowenischen Blatt → *Korošec* ein (→ Publizistik).

Ab Kriegsbeginn stand G. unter ständiger Beobachtung, da er als einflussreicher Kärntner-slowenischer Politiker aus der Sicht der deutschnationalen Behörden einen staatsgefährlichen Störfaktor darstellte. Folglich genügte eine russophile Äußerung G.s, um ihn zu arretieren und ihm das höchst zulässige Strafmaß von fünf Jahren Gefängnis aufzuerlegen, eine Haftstrafe, die er wegen des kaiserlichen Amnestieerlasses von 1917 nicht absitzen musste. Im Gefängnis entstanden seine Memoiren *Hudi dni* [Die schlimmen Tage], die 1920 in der Zeitschrift *Dom in svet* erschienen. Durch die Verurteilung verlor er sein Reichsratsmandat, welches trotz Einleitung juristischer Schritte und parlamentarischer Unterstützung seitens des Abgeordneten Anton → Korošec nicht revalidiert wurde. Nach seiner Freilassung kehrte er ins → Gailtal/Ziljska dolina zurück, wo er 1919 mit Freiwilligen eine Defensivwehr aufstellte. Nachdem eine militärische Verstärkung der Slowenen nicht rechtzeitig zur Hilfe geeilt war und sich die slowenischen Abwehrtruppen dazu gezwungen gesehen hatten, ihre strategisch wichtigen Standorte Hermagor/Šmohor, Villach/Beljak und Klagenfurt/Celovec aufzugeben, musste G. wie viele seiner Landsleute auf gesichertes slowenisches Territorium flüchten. Noch im selben Jahr schickte man G. als Abgeordneten der Kärntner Slowenen nach Beograd, dem Regierungssitz des Königreichs SHS. Er war an der Vorbereitung für die → Volksabstimmung 1920 beteiligt (→ Vertreibung 1920). Erst 1925/26 konnte er nach Kärnten/Koroška zurückkehren. Sein großes Verdienst liegt in der Tatsache, dass die slowenische Bewegung, die zuvor überwiegend von der Geistlichkeit getragen wurde, erstmals die breite slowenische Bevölkerung erfasst hatte, die sich alsdann zu ihrer slowenischen Identität bekannte und begann, ihre nationalrechtlichen Ansprüche bewusst einzufordern.

Lit.: SBL; PSBL; ES; OVSBL. – *Slovenec* XLVIII (1920) 1, 280. J. Lukan: *Franz Grafenauer 1860–1935, Abgeordneter der Kärntner Slowenen.* Wien 1969; J. Lukan: *Franz Grafenauer (1860–1935), Volkstribun der Kärntner.* Klagenfurt 1981; S. Granda: *Koroški Slovenec izvoljen v dunajski Parlament.* In: J. Cvirn [e.a.] (Red.): *Slovenska kronika XIX stoletja, 1884–1899.* Ljubljana 2003, 269; V. Sima: *Grafenauer, Franc.* In: S. Karner (Hg.): *Kärnten und die nationale Frage* = S. Karner, A. Moritsch (Hg.): *Aussiedlung – Verschleppung – nationaler Kampf,* Band 1. Klagenfurt/Celovec [e.a.] 2005, 300; J. Stergar: *Prva slovenska poslanca v koroškem deželnem zboru.* In: J. Cvirn [e.a.] (Hg.): *Slovenska kronika XX stoletja, 1900–1940.* Ljubljana 2005, 206–207.

Maja Francé

Franc Grafenauer (1860–1935), NUK

Grafenauer, Franc (* 7. Oktober 1894 Sankt Leonhard bei Siebenbrünn/Šentlenart pri Sedmih studencih [Arnoldstein/Podklošter], † 25. Februar 1956 Ljubljana), Mittelschullehrer, ethnopolitischer Aktivist.

G.s Vater Mihael (1858–1925) war gebürtig aus Brugg/Moste bei Egg bei Hermagor/Brdo na Ziliji, Organist in Sankt Leonhard bei Siebenbrünn/Šentlenart pri Sedmih studencih, wo er auch das Orgelspiel unterrichtete, so Johann → Pipp. G.s Onkel war der Orgelbaumeister, → Landtags- und Reichsratsabgeordneter zu Zeiten der Monarchie Franc → Grafenauer (1860–1935). Seine Mutter war Terezija, geb. Flašberger (vlg. Otartova aus Micheldorf/Velika vas). Die Volksschule besuchte G. im heimatlichen Ort, das Gymnasium in → Villach/Beljak und in Klagenfurt/Celovec, wo er 1914 auch maturierte. Am 1. November 1914 wurde er in das österreichisch-ungarische Heer einberufen. Er war an der Isonzo-/Soča-Front im Einsatz (2.–5. Offensive). Am 6. August 1916 wurde er gefangen genommen und danach in die Gefangenschaft nach Sizilien und ins italienische Landesinnere verbracht. Er schloss sich den jugoslawischen Freiwilligen in Thessaloniki an und war danach Oberleutnant (15. März 1920–20. Oktober 1920) in den Sicherheitseinheiten Drobollach/Drobrolje, Faak/Bače und Rosegg/Rožek. Er war auch Mitglied des → *Narodni svet* [Nationaler Rat] in Sankt Jakob im Rosental/Šentjakob v Rožu.

Im Jahr 1919 inskribierte er in die neu errichtete Universität Ljubljana, später in Beograd, wo er Geschichte und Geografie studierte. Er diplomierte an der Universität Beograd am 16. Oktober 1923. Die Lehramtsprüfung machte er 1926. Er unterrichtete an Gymnasien in Štip (1922–1927), Skopje (1927–1931) und Ljubljana (1931–1945), Novo mesto (1948–1950) und wieder in Ljubljana bis zu seinem Tode (1950–1956). Am 18. November 1934 ehelichte er in Ljubljana Lidija, geborene Kačič. Sein Trauzeuge war Dr. Julij → Felaher. Nach dem Zweiten Weltkrieg wurde er aus politischen Gründen zu drei Jahren Zwangsarbeit verurteilt und verlor seine staatsbürgerlichen Rechte. Er saß zwischen 25. Mai 1945 und 27. November 1946 in Gefängnissen in Ljubljana, Teharje und → Maribor ein. Nach 18 Monaten Haft wurde er freigelassen, doch hatte er bis zum 27. November 1947 keine staatsbürgerlichen Rechte. Nach der Wiederaufnahme des Prozesses wurde seine Strafe gelöscht (5. Februar 1955).

Aus Interesse befasste er sich mit Archäologie. Er war aktiv in unterschiedlichen volksverteidigenden und kulturellen Organisationen (*Ferijalni savez* [Ferienverband], *Pevsko društvo Vardar Skopje* [Gesangsverein Vardar Skopje], *Jadranska straža* [Adria Wacht], → *Klub koroških Slovencev* [Klub der Kärntner Slowenen] in Ljubljana, *Profesorsko društvo* [Lehrerverein], dessen Sektion in Ljubljana er über 13 Jahre leitete). Er schrieb für verschiedene Zeitschriften und Revuen.

Archive und Quellen: Privatarchiv Danijel Grafenauer; KOK dr. Franc Sušnik, Ravne na Koroškem; Felacherjev Arhiv; Daten Niederschriften der Tochter Alenka Zupan, Hinweis Peter Wiesflecker.

Danijel Grafenauer; Üb.: Bojan-Ilija Schnabl

Grafenauer, Ivan (* 7. März 1880 Micheldorf/Velika vas [Hermagor – Pressegger See/Šmohor – Preseško jezero], † 29. Dezember 1964 Ljubljana), Literaturhistoriker, Ethnologe.

G. kam aus einer bekannten slowenischen Kärntner Familie aus dem → Gailtal/Zilja. Nach dem Abschluss am Gymnasium von → Villach/Beljak studierte G. Slawistik und Germanistik in Wien (1900–1904), daraufhin unterrichtete er am Gymnasium in Kranj und ab 1908 in Ljubljana. 1917 machte er sein Doktorat in Wien, in Zagreb wurde er 1918 als Kandidat für die neue Universität in → Ljubljana habilitiert. Er bekam die Professur jedoch nicht und unterrichtete lediglich ein Semester lang als Privatdozent. 1918–1921 war er Schulaufseher, danach bis zu seiner Pensionierung wieder Gymnasiallehrer. 1940 wurde er in die Slowenische Akademie der Wissenschaften und Künste *(Slovenska Akademija znanosti in umetnosti SAZU)* gewählt. 1947 gründete G. eine Kommission für slowenische Volkskunde *(Komisija za slovensko narodopisje),* aus welcher 1951 das Wissenschaftsinstitut für slowenische Volkskunde *(Inštitut za slovensko narodopisje)* hervorging, das er bis zu seinem Tod leitete. Dort war er mit großem Erfolg als Organisator der Forschungsplanung tätig.

Seine wissenschaftliche Tätigkeit begann G. auf dem Gebiet der Dialektologie und Ethnografie und wandte sich dann der Literaturgeschichte zu. Sein erstes größeres Werk, *Zgodovina novejšega slovenskega slovstva* [Geschichte der neueren slowenischen Literatur] (1909–1911), wurde von den Kritikern größtenteils wegen veralteter Methoden sowie stofflicher Mängel abgelehnt. Im Gegensatz dazu wurde *Kratka zgodovina slovenskega slovstva* [Kurze Geschichte der slowenischen Literatur] (1917–1919) zu einem äußerst verbreiteten Handbuch, das in den Schulen noch gut zwei Jahrzehnte später Verwendung fand. Parallel dazu publizierte G. Material aus der → Prešeren-Ära, Abhandlungen zu speziellen literaturgeschichtlichen Fragen und eine monografische Studie über Valentin → Vodnik. In den 1920er-Jahren arbeitete er für enzyklopädische Basiswerke (SBL, *Narodna enciklopedija srpsko-hrvatsko-slovenačka* [Nationale serbisch-kroatische-slowenische Enzyklopädie]) zahlreiche Lemmata zu slowenischen Schriftstellern aus, stellte Lesebücher für Mittelschulen zusammen und gab Werke von Josip → Jurčič heraus (10 Hefte, 1917–1923). Bei seiner Forschung befasste er sich mit älteren Epochen, vor allem mit dem Mittelalter, wobei er Quellen edierte und in akribischen Studien und Polemiken (vor allem gegen die Ansichten von France → Kidrič) seine Thesen zur → Kontinuität in der slowenischen Schrifttradition und zur positiven kulturellen Rolle der katholischen Kirche zu jener Zeit verteidigte. Das wichtigste Werk auf diesem Gebiet ist seine Monografie über die Karolingische Katechese sowie über den Ursprung der → Freisinger Denkmäler (1936) (→ karolingisch).

In den 1930er-Jahren hatte sich G. allmählich vom Schrifttum in Richtung Volksliteratur, Ethnografie bzw. Folkloristik ausgerichtet. Nach dem Zweiten Weltkrieg wandte er sich wieder der Literaturgeschichte zu und erstellte eine erweiterte Version seiner Überblicksarbeit, in der er seine literarischen, sprachwissenschaftlichen, kulturgeschichtlichen sowie ethnologischen Erkenntnisse vereinte. Es gelang ihm jedoch nicht, das Werk zu vollenden; unter dem Titel *Kratka zgodovina starejšega slovenskega slovstva* [Kurze Geschichte der älteren slowenischen Literatur] (1973) wurde es posthum von seinem Sohn, dem Historiker Bogo → Grafenauer, herausgegeben.

Sein ganzes Leben hindurch war G. mit dem kärntnerslowenischen Gebiet verbunden, selbst wenn er seit seiner Jugend nicht mehr dort wirkte. Kärntnerische Themen erörterte er in zwei seiner ersten größeren Publikationen: zur Betonung im Gailtaler Dialekt (1905) und zu zwei exemplarischen Beispielen abergläubischer Schriften, → *Duhovna bramba* [Geistliche Schildwacht] und → *Kolomonov žegen* [Colomanisegen] (1907). Bis ins Detail untersuchte er die → Klagenfurter Handschrift/*Celovški rokopis* (1931, 1958), bearbeitete das Wörterbuch von Oswald → GUTSMANN und dessen Sprichwortsammlung (1935). Er schieb über Anton Martin → SLOMŠEKS pädagogische Tätigkeit in Klagenfurt/Celovec, über den Volksverlag → *Mohorjeva* (Hermagoras), über die bedeutenden literatur- und kulturengagierten Persönlichkeiten Urban → JARNIK, Matija → MAJAR, Anton → JANEŽIČ, Josip LENDOVŠEK u. a. m. Er beschäftigte sich mit dem Verhältnis zwischen Kärntnerischen u.a. slowenischen Volksliedern. Nach dem Ende des Zweiten Weltkriegs veröffentliche er eine Reihe literatur- und kulturtheoretischer sowie ethnografischer Beiträge, mehrheitlich im *Koroški koledar*. An der Spitze all dieser Bestrebungen steht der synthetische Umriss der Kärntnerischen Literatur als Bestandteil der gesamtslowenischen Literatur (1946). (Eine Auswahl von Aufsätzen mit Fokus auf Kärnten/Koroška erschien unter dem Sammeltitel *Koroške zasnove* [Kärntner Grundlage] in GRAFENAUER 1980, 439–631.)

G. gehörte zum katholischen Kulturkreis und war häufig in seinen Organen aktiv. Während seiner Studienzeit arbeitete er als Koredakteur der Zeitschrift *Zora*, später publizierte er regelmäßig in den Zeitschriften *Dom in Svet* und *Čas*. Als Erstere 1917 in eine Krise geriet, widersetzte er sich gemeinsam mit Izidor CANKAR der dogmatischen Ausrichtung der Kunst, die Aleš UŠENIČNIK vertrat. In der Zwischenkriegszeit griff G. weniger in umfassendere Kulturdiskurse ein, sondern brachte seine Anschauungen v. a. in fachspezifischen Polemiken zum Ausdruck. Aus ideologischen Gründen kam ihm nach dem Zweiten Weltkrieg weder die Aufmerksamkeit der breiten Öffentlichkeit noch ihre Anerkennung zu, welche sich G. aufgrund der hohen Qualität seiner wissenschaftlichen Arbeiten verdient hätte. Trotz allem verschaffte er sich Geltung als einer der hervorragendsten Kenner des slowenischen Schrifttums, der älteren slowenischen Literatur und gleichzeitig als international anerkannter Forscher der Volksliteratur.

Darko Dolinar; Üb.: Maja France

Während seiner Studienzeit veröffentlichte G. in der Zeitschrift → *Archiv für slavische Philologie* Rezensionen zu sprachwissenschaftlichen und literaturwissenschaftlichen Publikationen (siehe Werke). Seine bedeutendste Publikation in AfslPh ist die Studie *Zum Accente im Gailthalerdialekte* (1905), in der er die Betonung im Gailtaler Dialekt aufarbeitet. Als Grundlage dient G. dabei der slowenische Dialekt seiner Heimatpfarre Egg/Brdo, südöstlich von Hermagor/Šmohor. In *Zum Accente im Gailthalerdialekte* vergleicht G. die Betonung im → Gailtaler Dialekt *(ziljsko narečje)* u.a. mit der Betonung in der slowenischen → Standardsprache, in anderen slowenischen → Dialekten, in dem štokawischen und čakawischen Dialekt des Serbokroatischen und im Russischen. Sein Zugang bezieht sich sowohl auf die synchrone (gegenwärtige) als auch diachrone (historische) Situation. *Zum Accente im Gailthalerdialekte* ist ein bis heute viel zitiertes Standardwerk in der slowenischen Sprachwissenschaft. Später widmete sich G. der Sprachwissenschaft nur mehr einmal eingehend, und zwar in einer Studie zur Betonung der deutschen Lehnwörter im Slowenischen (*Naglas v nemških izposojenkah v slovenščini*, 1923).

Rezensionen in AfslPh.: Karásek, J.: *Die serbo-kroatische Literatur*, AfslPh 29 (1907); Ljapunov, M.: *Neskoľko zamečanij o slovensko-nemeckom slovare Pleteršnika*, AfslPh 26 (1904); Ozvald, K.: *Zur Phonetik des Dialektes von Polstrau*, AfslPh 27 (1905); Šašelj, I.: *Bisernice iz belokranjskega zaklada 1. V Adlešičih*, AfslPh 29 (1907); Tominšek, J.: *Narečje v Bočni in njega sklanjatev*, AfslPh 26 (1904).

Reinhold Jannach

Im Bereich der Philologie führten G. die Studien zum slowenischen mittelalterlichen Schrifttum (→ Freisinger Denkmäler, *Stiški rokopis* [Handschrift aus Stična], → Klagenfurter Handschrift/*Celovški rokopis*) in den 30er-Jahren des 20. Jh.s zu Erforschung der slowenischen literarischen Folklore. Mit Hilfe deutscher Paralleltexte zu ein- und zweigliedrigen slowenischen Bannsprüchen (slow. *zagovor*) konnte er ihr Entstehen zwischen dem 10. und dem 13. Jh. datieren. Das führte ihn dazu, erstens mit einer vergleichenden Analyse der slowenischen Liedmotive in anderen Sprachen und mit einem Vergleich der kulturellen und historischen Verhältnisse die tatsächliche Geschichte der slowenischen → »Volkslieder« zu eruieren und zweitens in der literarischen → Folklore deren mittelalterliche Elemente zu identifizieren. Darauf beruhen auch seine breit angelegten Forschungen mit einer methodischen Kombination einer vergleichenden literarhistorischen Methode

Ivan Grafenauer, NUK

und der kulturhistorischen Richtung in der Ethnologie. Am stärksten kam dieser Ansatz zum Ausdruck in seiner Abhandlung *Prakulturne bajke pri Slovencih* [Legenden aus der Urkultur bei den Slowenen]. Gegen einige Bedenken hinsichtlich seiner Erkenntnisse zu Studien insbesondere des slowenischen Volksliedes stellte er klar: »Wenn wir vom Alter unserer Volkslieder, Erzählungen, Legenden u. Ä. reden, dann bezieht sich das nie auf die Form des Liedes oder der Erzählung, in der sich diese Lieder, Erzählungen und Legenden bis zur heutigen Zeit erhalten haben, denn diese Form kann alt oder aber auch sehr jung sein. Es geht vielmehr um das Alter des Substrats der Fabel, um das Alter des Motivs und der Verbindungen untereinander, um die Motivschemata, die Motivfolge und um ihren sachlichen, tatsächlichen und historischen Hintergrund […] Auch bei den Volksliedern muss also unterschieden werden zwischen dem Alter der Liedform und dem Alter des Substrats und des historischen Stoffs« (*Spokorjeni grešnik*, Ljubljana 1965, 100–101).

Im Bereich der Folklore verwendete er am meisten Energie für die Erforschung des historischen Wandels der Stoffe, die Grundlage für die ausgezeichneten Balladen und Romanzen mit spanischen Motiven bildeten (*Slovenska narodna romanca o Romarju sv. Jakoba Kompostelskega* [Die slowenische Volksromanze über den Jakobspilger]). Der Jakobspilger enthält eine internationale Motivik der europäischen mittelalterlichen Volkspoesie. Dabei handelt es sich um eine Frau hohen Standes, die als singender Pilger/Mönch mit Musikspiel ihren Mann aus der Sklaverei befreit. Die Vorlage entstand und verbreitete sich wahrscheinlich bis zum 12. Jh., d.h. in der Zeit, als das älteste Epos des El Cid als Echo auf die Ritter- und Kreuzfahrerkriege im Nahen Osten und in Spanien entstanden war. In den slowenischen Ländern verbreitete sich der Stoff in einer Zeit, als die Kreuzfahrergeschichten aus dem Heiligen Land noch ein allgemeines Interesse hervorriefen. Die slowenische Fassung verfasste jemand, der lesen und schreiben konnte. Er sprach auch Fremdsprachen und lernte den Stoff auf der Reise durch Spanien, Frankreich und Italien kennen. Die spanischen Mauren wurden erst gegen Ende des 15. Jh.s durch die Türken ersetzt. Die Handlung der Romanze spielt im Zeitraum vom 8. bis zum 12. Jh. Ähnlich wurde der fremde Stoff auch in der Ballade *Zarika in Sončica* [Zarika und Sončica] aufgenommen. Eine spanische Königin vergiftet aus Eifersucht eine türkische Sklavin, doch als sie erkennt, dass dies ihre eigene Schwester war, stirbt sie vor Traurigkeit. Es handelt sich um die verwobenen Verhältnisse der Polygamie im Harem bei den Mohammedanern im 12. Jh., als die afrikanischen und spanischen Sarazenen fast noch ungehindert an den westlichen Küsten des Mittelmeeres plündern konnten. Zumindest aus dem Hochmittelalter, wenn nicht älter, sind nach G. die Lieder, in denen die epische Persönlichkeit des »spanischen Königs« vorkommt (*Sveta Uršula* [hl. Ursula], *Sveta Barbara* [hl. Barbara], *Mlada Breda* [Die junge Breda]). In Wirklichkeit handelt es sich dabei um den Herrscher der Sarazenen, Araber und Mauren. Seine Rolle übernahm ab den osmanischen Einfällen der »türkischer Zar«.

Im Gegensatz zu den Liedern, in denen die Tragödie der christlichen Personen die Folge der Übeltaten der Sarazenen ist, bestehen auch erzählende Lieder mit einem glücklichen Ende, so z.B. *Marija, ptica pevka in zamorska deklica* [Maria, der Singvogel und das Mohr-Mädchen]. Das Lied ist ein Echo aus dem Volk auf die Verbreitung der Mariengebete im 12. und 13. Jh. Damals entstanden auch einige bekannte slowenische Wallfahrtsziele (die Insel Bled, Šmarna Gora, Velesovo, Stična) und diese wiederum förderten das Entstehen von Marienlegenden (→ Wallfahrten). Die Methode der vergleichenden Erforschung der Legenden mit dem Motiv des reumütigen Sünders zeigt die Verwandtschaft des slowenischen und des irischen Stoffes auf, der im 12. und im 13. Jh. entstand. Die schwere Buße mit einem wundersamen Ende beweist, dass die Erzählung nicht mehr aus dem realen Leben entstammt, sondern dass sie ein erhebendes Beispiel dafür ist, dass auch der schwerste Sünder Sühne erwirken kann (*Spokorjeni grešnik*. 1965).

G. verfolgte mit großer Aufmerksamkeit die einzelnen Motive, die Teil der slowenischen Fassung der → *Lepa Vida* sind und widmete sich auch eingehend der Tradition des guten Königs Mathias (→ *kralj Matjaž*) und deren historischem Hintergrund.

Marija Stanonik; Üb.: Bojan-Ilija Schnabl

Werke: *Zum Akzente im Gailthalerdialekte.* AslPh 27/1 (1904/05) 195–228; »*Duhovna bramba*« in »*Kolomonov žegen*«. ČZN 4 (1907) 1–70; Fortsetzung in: Razprave SAZU 1 (1943) 201–339; *Zgodovina novejšega slovenskega slovstva* 1–2. Ljubljana 1909, 1911; *Kratka zgodovina slovenskega slovstva* 1–2. Ljubljana 1917, 1919 (združena in dopolnjena izdaja 1920); *Valentin Vodnik – pesnik*. Ljubljana 22 (1918) 104–169; *Naglas v nemških izposojenkah v slovenščini (Donesek k zgodovini slovenskega naglasa)*, Razprave Znanstvenega društva za humanistične vede. Ljubljana 1923; *Poglavje iz najstarejšega slovenskega pismenstva*. ČJKZ 8 (1931) 68–117; *O pokristjanjenju Slovencev*

in pričetkih slovenskega pismenstva. DS 47 (1934) 350–371, 480–503; *Karolinška kateheza ter izvor brižinskih spomenikov*. Ljubljana 1936; *Najstarejši slovenski zagovori*, ČZN 32 (1937) 275–293; *Slovenska narodna romanca o Romarju sv. Jakoba Kompostelskega*, DiS 50 (1937–1938), 338–348; *Prakulturne bajke pri Slovencih*. In: *Etnolog* 14 (1942) 2–45; *Lepa Vida*. Ljubljana 1943; *Slovensko slovstvo na Koroškem – živ člen vseslovenskega slovstva*. In: *Koroški zbornik*. Ljubljana 1946, 284–334; »*Mlada Zora*« *in pripovedke o Salomonu in njegovi ženi*. Ljubljana 1950; *Slovenske pripovedke o Kralju Matjažu*. Ljubljana 1951; *Slovenske ljudske pesmi o Kralju Matjažu*, SE 3–4 (1950–1951) 189–240; *Narodno pesništvo*. In: *Narodopisje Slovencev* 2, ur. I. Grafenauer in B. Orel. Ljubljana 1952, 12–85; *Celovški rokopis iz Rateč, podružnice beljaške prafare pri Mariji na Zilji*. Razprave SAZU, 2. r., 3 (1958) 157–201; *Spokorjeni grešnik, Študija o izvoru, razvoju in razkroju slovensko-hrvaško-vzhodnoalpske ljudske pesmi*. Ljubljana 1965, 7–168; *Kratka zgodovina starejšega slovenskega slovstva*, ur. B. Grafenauer. Celje 1973; *Literarnozgodovinski spisi*, ur. J. Pogačnik. Ljubljana 1980.
Lit.: ES. – N. Kuret: *Komisija (1947–1951) in Inštitut za slovensko narodopisje SAZU (od 1951): nastanek, razvoj, delo*. In: *Traditiones* 1(1972)–3(1974); K. Günther: *Archiv für slavische Philologie – Gesamtinhaltsverzeichnis*, Berlin 1962; M. Matičetov: *Ivan Grafenauer*. Letopis SAZU 15 (1964) 65–71; B. Grafenauer: *Življenje in delo I. G. Seznam spisov I. G*. In: I. G. 1973, 225-291, 292–309; gekürzte Fassung u. d. T. *Življenjepis. Bibliografija*. auch in: I. Grafenauer, 1980, 47–92, 93–111; J. Pogačnik: *I. G. in literarna zgodovina*. In: I. G 1980, 5–45; J. Koruza: *I. G. kot literarni zgodovinar*. JiS 26/2 (1980/81) 45-50; M. Stanonik: *Raziskovanje srednjeveške slovstvene folklore pri Slovencih*. Obdobja 10 (1989) 159–169; M. Matičetov: *Ivan Grafenauer*. In: *Enzyklopädie des Märchens* 6/1. Berlin, New York 1990, 80–82; M. Stanonik: *Folkloristicni portret iz 20. stoletja do konstituiranja slovstvene folkloristike*. Ljubljana 2013, 103–189.

Grafenauer, Ludvik (* 12. August 1902 Vorderberg/Blače [St. Stefan an der Gail/Štefan na Zilji], † 25. März 1973 Fram), Lehrer, Pädagoge, Kulturschaffender.

G. stammte aus einer Bauernfamilie in Vorderberg/Blače. Nach Abschluss des Gymnasiums in Klagenfurt/Celovec besuchte er bis zur → Volksabstimmung 1920 die slowenische Lehrerbildungsanstalt in → Völkermarkt/Velikovec, danach in Maribor (→ Schulwesen unter jugoslawischer Verwaltung in der Zone A). Seine erste Stelle als Lehrer bekam er in Libeliče, einem Grenzort, dessen Bevölkerung das Ergebnis der Volksabstimmung nicht anerkannte und 1922 den Anschluss an Jugoslawien erreichte. Von 1926–1939 war er Lehrer in Šentanel, wo er die einklassige Schule in eine vierklassige Grundschule ausbaute. Von 1939–1941 und 1945–1962 war er Schuldirektor in Fram bei Maribor. G. war in mehreren Kultur- und Bildungsvereinen tätig, nach dem Zweiten Weltkrieg auch in politischen Organisationen. In Šentanel kam es auf seine Initiative zur Wiederbelebung von Theateraufführungen. Er führte Regie und war Schauspieler beim katholischen Bildungsverein *(Katoliško prosvetno društvo)*. G. leitete Fortbildungskurse für Bauern, Kurse über die Bienenzucht, Obstbau und setzte sich für eine humane Jagd ein.

Während der nationalsozialistischen Okkupation Jugoslawiens musste G. mit seiner Familie nach Serbien ins Exil gehen, wo er sich 1944 den Partisanen anschloss. Nach Kriegsende organisierte er das kulturelle und politische Leben in Fram. Unter anderem war er dort Gründer und Leiter des örtlichen *Kulturno-umetniško društvo* [Verein für Kultur und Kunst], Schauspieler, Regisseur und Bibliothekar, langjähriger Sekretär der lokalen Organisation *Zveza borcev* [Verband der Widerstandskämpfer] sowie Ausschussmitglied der lokalen Leitung der *Socialistična zveza delovnega ljudstva* [Sozialistische Allianz des werktätigen Volkes, SZDL].

Lit.: *Biografski leksikon občine Prevalje*. Prevalje 2005.

Uši Sereinig

Grafenauer, Matevž (Micheldorf/Velika vas), Gastwirt, Kulturaktivist, → *Brdo, Katoliško slovensko izobraževalno društvo* [Katholischer slowenischer Bildungsverein Egg].

Grafenauer, Miha (Mesner der Stadtpfarre Heiligenkreuz/Sv. Križ in der Villacher Vorstadt Perau/Perava), → Militärgerichte im Ersten Weltkrieg.

Grafenstein/Grabštanj, vgl. Sachlemmata: → *Skala, izobraževalno društvo* [Bildungsverein Skala (Fels)], sowie → Abstimmungszonen; → Inschrift, slowenische; → Flurnamen in St. Thomas am Zeiselberg/Šenttomaž pri Celovcu und Umgebung; → Klagenfurter Feld/Celovško polje; → Pfarrkarte der Diözese Gurk/Krška škofija 1924; → *Tabor* (Versammlung); → Vulgoname;

Personenlemmata: → Luschin/Lušin, Franz Xaver; → Mairitsch, Ludwig; → Majar – Ziljski, Matija; → Prušnik, Karel – Gašper; → Dolina/Dolina: → Inschrift, slowenische; → Klagenfurter Feld/Celovško polje; → Kreuzweg; → Wallfahrt(en); → Markovič, Peter; Oberwuchel/Zgornja Buhlja: → *Tabor*; → Gutsmann, Oswald; Sabuatach/Zablate: → Lužnik, Amalija; Ober-/Unter- (?) Fischern/Zgornje/Spodnje (?) Ribiče: → Maierhofer, Janko.

Mitglieder der slowenischen Spar- und Darlehenskasse *Hranilnica in posojilnica Št. Tomaž* in St. Thomas am Zeiselberg/Šenttomaž pri Celovcu aus Grafenstein/Grabštanj (→ *Edinost Št. Tomaž*, → Genossenschafts-

Druckspenden u.a. aus Grafenstein/Grabštanj, KS 21. 1. 1925

Za tiskovni sklad so darovali:

Vastl Martin, Lovanke, 10.000; Praprotnik Matija, Pribla vas, 5000; Kajžer Boštjan, Dobrla vas, 4000; Galo Peter, Dobrova, 4000; Zdovc Rudolf, Goselna vsa, 2000; dobroznani, Celovec, 10.000; šmihelski paša k odlikovanju 100.000; Čas, Grebinj, 4000; par zavednih Slovencev iz okolice Grabštanja, 50.000; Grabštanj: neimenovana 20.000, neimenovana 15.000, neimenovana 20.000; iz grabštanjske okolice: neimenovan 15.000, neimenovana 20.000, neimenovani 16.000; Vodnik Janez, Važenberg, 5000; Breznik Štefan, Lečna gora, 50.000; novoleten dar Marije Vidman, Rožek, 10.000; novoletno darilo Marice Hebajn, Šmartno, 10.000; narodni davek 1,074.000; pd. Janežič v Želučah 10.000 K. Darovalcem najlepša hvala.

wesen) waren: Karl Schrott (Haidach/Vresje pri Grabštanju), Angela Taušic (Draža vas/Pirk), Andrej Sturm (St. Peter bei Grafenstein/Šentpeter pri Grabštanju), Franciska Dobernig pd. pri Hanzerju, Jozefa Dobernig pd. pri Hanzerju, Karl Dobernig pd. Hanzer, Karl Dobernig pd. Hanzerjev sin (Sand/Prod pri Grabštanju).

Quellen/Archiv: *Knjiga hranilnih vlog, Glavna knjiga hranilnih vlog, 200 listov* (Einlagenbuch). Ljubljana dne 1. septembra 1910; *Blagajniški dnevnik, Pomožna knjiga z 99 listom*. Ljubljana dne 14. septembra 1910 (Kassabuch der *Hranilnica in posojilnica Št. Tomaž*, ca. 25,5 x 34 cm, 1910–1931), 96, 97, 100, 103, 137, 147, 159 (Privatarchiv).

Pleteršnikov slovensko-nemški slovar

Grammatik bezeichnet in der Sprachwissenschaft die Systematisierung einer Sprache in Regeln der Laut-, Wort- und Satzlehre.

Die erste slowenische G. von Adam → Bohorič (1520–1598), *Arcticae horulae succisivae, de latinocarniolana literatura* […] [Winterliche Mußestunden, gewidmet der Lateinisch-Krainerischen G. …] (1584), ist gleichzeitig eine der ersten gedruckten G. überhaupt. Mit der Beschreibung der slowenischen Sprache auf zeitgenössischem philologischem Niveau weist ihr der Autor einen prominenten Platz innerhalb der europäischen Volkssprachen zu. Diese G., die auch das Verbreitungsgebiet anderer slawischer Sprach- und Schriftsysteme beschreibt, ist eine der frühesten und wichtigsten Publikationen des slowenisch-protestantischen Buchdrucks. Sie gab v. a. den Übersetzungen religiöser Schriften eine sprachliche Systematik an die Hand. Eine Neuauflage dieser G. wurde 1715 in Ljubljana durch den Kapuzinerpater Hipolit (Hipolitus Novomeški, Adam Gaiger, 1667–1772) besorgt.

Hieronymus → Megiser (1554 od. 55–1619) kann als Verfasser der zweiten slowenischen G. betrachtet werden. Der Anhang *Exempla aliquot declinationum et conjugationum* zum viersprachigen Wörterbuch *Dictionarium quatuor linguarum* (Graz 1592) bietet – in Anlehnung an Bohorič – slowenische Deklinations- und Konjugationsbeispiele. Er enthält darüber hinaus aber auch die entsprechenden Paradigmen für die drei übrigen im Wörterbuch behandelten Sprachen (Deutsch, Latein, Italienisch) und ist somit einer der ersten dokumentierten Versuche einer vergleichenden G. (Ahačič 2007).

Eine frühe grammatikalische Darstellung, die im katholischen Kontext entstanden ist, stammt vom italienischen Mönch Alasia da Sommaripa (1578–1626) und ist im Anhang von dessen *Vocabolario Italiano e Schiavo* 1607 in Udine erschienen. Sommaripa greift auf die Schriften von Trubar, Megiser und Dalmatin zurück, bezieht aber vor allem auch den Sprachgebrauch im slowenischen Küstengebiet ein.

1758 erschien bei Kleinmayr in Klagenfurt/Celovec eine ebenfalls von Bohorič beeinflusste G., welche von Kärntner Jesuiten in deutscher Sprache verfasst worden war.

1768 veröffentlichte Marko → Pohlin (1735–1801) in Ljubljana seine *Kraynska Grammatika*, mit der die Akzeptanz durch die Kirchen- oder Landespolitik gefördert und der Gebrauch des Slowenischen in öffentlichen religiösen oder politischen Angelegenheiten erreicht werden sollte. Das Slowenische sollte in seinen Ausdrucksformen und Möglichkeiten gefördert und zu einer Sprache der kulturellen, staatlichen und religiösen Belange gemacht werden. Pohlin weist wie Bohorič auf die Verfügung Karls IV. in der → Goldenen Bulle hin, in welcher dem Adel der Unterricht in der slawischen → Landessprache verordnet wurde (→ Kontinuität). Pohlins Argumente zur Affirmation des Slowenischen verweisen wie jene Bohoričs auf linguistische, historische, geografische und soziale Gegebenheiten, etymologische Spuren, Abstammungslinien, Größe und Verbreitung der slawischen Sprachen, um das Ansehen der slowenischen Sprache zu steigern. Ähnliche affirmative Herleitungen der historischen, geografischen und kulturellen Bedeutung des Slowenischen finden sich in späteren G., etwa bei Oswald → Gutsmann (1775–1790), Bartholomäus J. → Kopitar (1780–1844) und Anton → Janežič (1828–1869).

POHLIN propagierte eine überregional verständliche Sprache, die sich der volkssprachlichen Tradition entgegenstellt, weil er die Sprache der einfachen Bevölkerung als Hindernis für die Entwicklung von staatlichen und religiösen Funktionsweisen einer Sprache betrachtete. Gerade dafür wurde POHLIN von späteren Grammatikern kritisiert. Als GUTSMANN 1777 bei Kleinmayr in Klagenfurt/Celovec seine *Windische Sprachlehre* unter besonderer Berücksichtigung slowenischen Sprachmaterials aus Kärnten/Koroška veröffentlichte, setzte auch er sich zum Ziel, das Slowenische durch Systematisierung dem Status einer einfachen ländlichen Sprache zu entheben und zu einer Kultursprache zu machen (→ Windischentheorie). In den zweiten Teil seiner G. (»Wortfügungen und Eigenschaften der Windischen Sprache«) integrierte GUTSMANN eine Art erste slowenische Phraseologem-Sammlung (»Von besonderen Mund- und Redensarten«) (→ Windisch).

Von den Ideen der Aufklärung geprägt, veröffentlichte KOPITAR 1808 seine *Grammatik der Slavischen Sprache in Krain, Kärnten und Steyermark*. Mit diesem Werk erlangte das Slowenische in den aufkommenden sprachwissenschaftlich-komparativen Werken, im Rahmen indoeuropäischer Etymologien, Bedeutung. Das Slowenische sei – so KOPITAR – nicht nur in politischen Belangen, sondern auch im wissenschaftlichen Bereich unbeachtet und auf die private Alltagssprache beschränkt geblieben. Auch die Verteilung der südslawischen Sprachen und im Besonderen des Slowenischen unter fremd(sprachig)er Herrschaft schwäche den Einflussbereich dieser Sprachen durch politische Nichtbeachtung sowie mangelnde Kommunikation unter den Südslawen. KOPITARS G. sollte dagegen eine einheitliche Rechtschreibung und eine überregional verständliche → Standardsprache schaffen. Ausgangspunkt für die Konstruktion einer solchen Gesamtsprache war die detaillierte Beschreibung der einzelnen slawischen Dialekte. KOPITAR definierte sowohl die Methode der Linguistik als auch das Prinzip der G. als deskriptiv. Ihre Aufgabe sei, den Sprachbestand sprachwissenschaftlich zu dokumentieren, um davon ausgehend Möglichkeiten der Annäherung zwischen den unterschiedlichen → Dialekten nach dem Prinzip der Verständlichkeit auszumachen. Dem romantischen Konzept der Volkssprache folgend (re)konstruierte KOPITAR durch die Analyse des Sprachgebrauchs einen Standard, der als Leitbild einer zukünftigen Schriftsprache gelten sollte.

Zur Zeit der → illyrischen Provinzen galt als Direktive für die Schulen der Unterricht in der Landessprache. Valentin → VODNIK veröffentlichte 1811 die erste ausschließlich slowenischsprachige G., die sich als Systematik für den »Hausgebrauch« der slowenischsprachigen Bevölkerung verstand. Sein Begriff der → Muttersprache bezeichnet dabei jene familiäre Unmittelbarkeit, auf deren Basis bisher der Spracherwerb der slowenischsprachigen Bevölkerung erfolgte. Der Sprach- und Schriftunterricht sollte ohne den Zwang einer fremden Sprache erfolgen.

Zu Beginn des 19. Jh.s erschienen regionalsprachlich geprägte G., z.B. in der Steiermark/Štajerska die *Theoretisch-praktische Windische Sprachlehre* von Johann Leopold SCHMIGOZ (1812), das *Lehrbuch der windischen Sprache* von Peter DAJNKO (1824) sowie die G. von Anton Johann MURKO (1832 und 1843) und Jožef → MURŠEC (1847). In DAJNKOS Werk spiegeln sich die Anfänge des → Illyrismus.

Eine G. mit überregionaler Bedeutung war das *Lehrgebäude der Slowenischen Sprache im Königreich Illyrien und in den benachbarten Provinzen* (1825) von Franc → METELKO. Diese G. förderte die Etablierung des Slowenischen als Bildungssprache in → Krain/Kranjska, auf sie bezogen sich zahlreiche spätere Grammatiker wie Anton JANEŽIČ.

Das → Revolutionsjahr 1848 brachte für das Slowenische vorübergehend eine gleichberechtigte Verwendung in Schulen, Gesetzestexten und Ämtern (→ Oktroyierte Märzverfassung, → Landesverfassung 1849, → Amtssprache, → Kundmachung [1], → Landesverfassung). Matija → MAJAR versuchte in dieser Phase des Aufbruchs eine Einbindung des Slowenischen in eine gesamtsüdslawische Sprache im Rahmen einer G. (*Pravila* 1848). MAJAR schlug zwei parallele Sprachsysteme vor: Eine Sprache für den alltäglichen mündlichen Gebrauch, die den bisherigen Sprechgewohnheiten entspricht und die er als »Unterdialekte« des Illyrischen verstand, eine zweite Sprache der schriftlichen Kultur, welche die südslawischen Sprachen zu einer allgemeinen sog. illyrischen Gesamtsprache verschmelzen sollte. Dadurch sollte eine bedeutende slawische Schriftkultur sowie ein größerer Austausch zwischen den slawischen Sprachen ermöglicht werden. Auch seine *Slovnica za Slovence* (1850) ist der G. dieses Illyrischen gewidmet, sie ist jedoch auf Slowenisch verfasst und sollte als Unterrichtsmaterial in den nunmehr slowenischsprachig geführten Schulen verwendet werden.

Eine wichtige Grundlage für alle späteren slowenischen G. stellte Franz → MIKLOSICHS (1813–1891) *Vergleichende Grammatik der slawischen Sprachen* (1852–

Pohlin: *Kraynska Grammatika.* Laybach 1768 (Titelblatt)

Weissenthurn: *Saggio Grammaticale.* Trieste 1811 (Titelblatt)

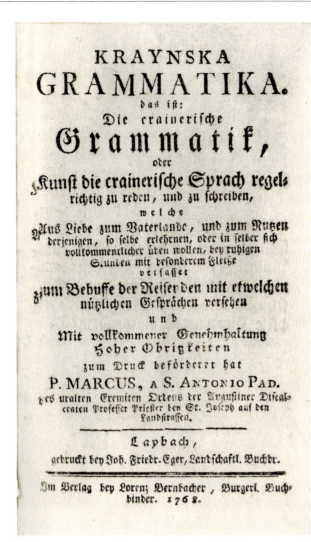

1876) dar. In diesen sprachwissenschaftlichen Untersuchungen analysierte MIKLOSICH die G. des Slowenischen im Verband der slawischen Sprachen.

In Ljubljana erschienen in der zweiten Hälfte des 19. Jh.s eine Reihe von G., u.a. von MALAVAŠIČ (1849), → NAVRATIL (1850), POTOČNIK (1858), Josip → MARN (1861), Andrej → PRAPROTNIK (1869, 1870, 1873, 1883) und ŠUMAN (1881).

In Kärnten/Koroška setzte in dieser Phase eine weite Verbreitung von Standard- und Schulgrammatiken in der Bevölkerung ein, die über das Netzwerk des Volksverlags → *Mohorjeva* auch in Krain/Kranjska und in der Steiermark/Štajerska Bedeutung erlangten.

1854 veröffentlichte Anton JANEŽIČ in Klagenfurt/Celovec bereits in dritter Auflage eine *Leichtfaßliche Slovenische Sprachlehre für Deutsche zum Schulgebrauche und Privatunterrichte* sowie für den Sprachunterricht eine slowenischsprachige G., *Slovenska slovnica s krat-*

kim pregledom slovenskega slovstva ter z malim cirilskim in glagoliškim berilom za Slovence (→ Schulbuch). Diese G. wurde weit über die Grenzen Kärntens hinaus bekannt. Im angeschlossenen Überblick über die slowenische Literatur betont JANEŽIČ die große Verbreitung der slawischsprachigen Bevölkerung sowie die Rolle des Christentums bei der Verbreitung des Slawischen. Er erwähnt die Wiederbelebung des Slowenischen ab dem 16. Jh., die zwar durch den »falschen« Glauben erfolgt sei, jedoch eine slowenische schriftliche Kultur ermöglicht habe. Er hebt auch die Bedeutung der G. von GUTSMANN, KOPITAR und METELKO hervor sowie das neu entstandene slowenische Zeitungswesen und die rege Tätigkeit von slowenischen Vereinen und Verlagen.

1863 erschien eine zweite, überarbeitete Auflage dieser G., die allen weiteren Ausgaben zugrunde liegt. Die G. JANEŽIČs erschienen bis zur vierten Auflage 1869 bei

LIEGL in Klagenfurt/Celovec, die späteren Auflagen (auch jene, die von Jakob → SKET redigiert wurden) im Verlag der *Mohorjeva*. JANEŽIČ formulierte seine grammatikalischen Regeln des Slowenischen auf Basis der zeitgenössischen gesprochenen Sprache. Die volkssprachliche Tradition betonend führte er in seinen G. erstmals verschiedene slowenische Dialekte des gesamten slowenischsprachigen Gebiets in einer Schriftsprache zusammen und zog auch ältere slowenische Schriften sowie die Formen des → Altslowenischen (nach MIKLOSICH) heran. Dadurch weichte er die sich entwickelnde zentralslowenische Norm auf und ebnete den Weg zu einer einheitlichen gesamtslowenischen Schriftsprache. JANEŽIČS G. von 1854 stellt darüber hinaus einen wichtigen Beitrag zur Vereinheitlichung der slowenischen sprachwissenschaftlichen Terminologie dar.

Jakob SKET (1852–1912) setzte den Weg JANEŽIČS fort. Auf Bitte der *Mohorjeva* gab er 1889 eine Neuauflage von JANEŽIČS G. heraus, die er auf der Grundlage von MIKLOSICHS sprachwissenschaftlichen Forschungen im Hinblick auf den zeitgemäßen Unterricht in den Mittelschulen überarbeitete. In der Folge erschien JANEŽIČS G. in der Überarbeitung SKETS in den Jahren 1894, 1900, 1906 bis zur 10. Auflage 1911. JANEŽIČS und SKETS G. prägten damit von 1854 bis zum Ersten Weltkrieg den slowenischsprachigen Unterricht in Kärnten/Koroška. In seinem Vorwort zur G. von 1889 würdigte SKET, dass JANEŽIČS G. die wichtigsten slowenischen Dichter und Schriftsteller beeinflusst und dadurch die slowenische Sprache kultiviert und die Schriftsprache gefestigt habe. SKET veröffentlichte 1888 außerdem einen *Grundriss der slowenischen Grammatik* (2. Aufl. 1904), mit dem er sich an deutschsprachige Personen in slowenischsprachigen Gebieten wandte.

Ab 1870 erschienen slowenische Schulgrammatiken auch in Wien, darunter Peter KONČNIKS *Slovenska slovnica za občne ljudske šole* in zahlreichen Auflagen von 1883–1915.

In Klagenfurt/Celovec erschienen bei der *Mohorjeva* 1876 und 1887 Ausgaben einer an JANEŽIČ angelehnten G. von Andreas → KOMEL (1829–1892) unter besonderer Berücksichtigung militärischer Terminologie sowie mit Übungen zu Gesprächen aus dem militärischen Leben.

Neben slowenischen Zeitschriften und Lesebüchern hat JANEŽIČS G. die Gleichberechtigung des Slowenischen in Schule und Amt gestärkt und die slowenische Standardsprache wesentlich mitgeformt.

Mit dem Ersten Weltkrieg endete die staatliche Akzeptanz des Slowenischen in Kärnten/Koroška. Nach der G. von Anton → BREZNIK (1881–1944) (Klagenfurt 1916) sind bis zum Ende des Zweiten Weltkriegs keine weiteren G. erschienen. Erst 1947 wurde in Klagenfurt/Celovec eine neue slowenische G. für Kärnten/Koroška gedruckt. Sie versucht, an die Tradition von JANEŽIČ und SKET anzuschließen, die das Slowenische in Kärnten/Koroška von der Mitte des 19. Jh.s bis zum Ersten Weltkrieg prägten und zur Entwicklung und Festigung der gesamtslowenischen Schriftsprache wesentlich beitrugen.

Quellen: A. Bohorič: *Arcticae horulae succisivae, de latinocarniolana literatura, ad latinae linguae analogiam accomodata, […]*. Wittenberg 1584; H. Megiser: *Dictionarium Quatuor Linguarum. […]*. Graz 1592; A. da Sommaripa: *Vocabolario Italiano e Schiavo*. Udine 1607; Pater Hipolit: *Grammatica Latino – Germanico – Slavonica*. Ljubljana 1715; *Grammatik oder Windisches Sprach-Buch*. Klagenfurt 1758; M. Pohlin: *Kraynska Grammatika*. Ljubljana 1768, ²1783; O. Gutsmann: *Windische Sprachlehre*. Klagenfurt 1777, ⁶1829; M. Zagajšek: *Slovenska grammatika oder Georg Sellenko's Wendische Sprachlehre*. Celje 1791; J. Kopitar: *Grammatik der Slavischen Sprache in Krain, Kärnten und Steyermark*. Ljubljana 1808; V. Vodnik: *Pismenost ali Gramatika sa Perve Shole*. Ljubljana 1811; V. Franul de Weissenthurn: *Saggio grammaticale italiano-cragnolino*. Triest 1811; J. L. Schmigoz: *Theoretisch-praktische Windische Sprachlehre*. Graz 1812; P. Dajnko: *Lehrbuch der windischen Sprache*. Graz 1824; F. Metelko: *Lehrgebäude der Slowenischen Sprache im Königreiche Illyrien und in den benachbarten Provinzen*. Ljubljana 1825; F. Metelko: *Slowenische Sprachlehre*, Ljubljana 1830; A. J. Murko: *Theoretisch-practische Slowenische Sprachlehre für Deutsche*. Graz 1832; A. J. Murko: *Theoretisch-practische Grammatik der Slowenischen Sprache in Steiermark, Kärnten, Krain, und dem illyrischen Küstenlande*. Graz 1843; J. Mursec: *Kratka slovenska slovnica za pervence*. Graz 1847; M. Majar: *Pravila kako izobraževati ilirsko narečje i u obče slavenski jezik*, Ljubljana 1848; M. Majar: *Slovnica za Slovence*. Ljubljana 1850; M. Majar: Узаемни правопис славјански. Prag 1863; F. Malavašič: *Slovenska slovnica za perve slovenske šole*. Ljubljana 1849; I. Navratil: *Kurze Sprachlehre mit einer möglichst vollständigen Rechtschreibung der slovenischen Sprache*. Ljubljana 1850; F. Miklosich: *Vergleichende Grammatik der slawischen Sprachen I–IV*. Wien 1852–1876; A. Janežič: *Slovenska slovnica*. Klagenfurt 1854, ²1863, ³1864, ⁴1869, ⁵1876; B. Potočnik: *Grammatik der slowenischen Sprache*. Ljubljana 1858; J. Marn: *Slovnica slovenskega jezika*. Ljubljana 1861; A. Praprotnik: *Slovenska Slovnica za pervence*. Ljubljana 1869, ²1870, ³1873, ⁵1883; *Slovenska Slovnica z naukom*. Wien 1870, 1876, 1881, 1883; A. Komel: *Kurzgefaßte praktische Grammatik der slowenischen Sprache für Deutsche*. Klagenfurt 1876, ²1887; J. Šuman: *Slovenska slovnica*, Ljubljana 1881. Klagenfurt 1884; P. Končnik: *Slovenska slovnica za občne ljudske šole*. Wien 1883, 1885, 1886, 1890, 1892, 1893, 1896, 1898, 1899, 1901, 1902, 1903, 1906, 1907, 1910, 1912, 1913, 1915; J. Sket: *A. Janežičeva Slovenska slovnica*. Klagenfurt ⁶1889, ⁷1894, ⁸1900, ⁹1906, ¹⁰1911; J. Sket: *Grundriß der slovenischen Grammatik*. Klagenfurt 1888, ²1904; A. Funtek: *Slovensko-nemška slovnica*. Wien 1891; B. Guyon: *Grammatica, esercizii e vocabolario della lingua slovena*. Mailand 1902; B. Guyon.: *Grammatica teorico-pratica della* *lingua slovena*, Mailand 1918; A. Breznik: *Slovenska slovnica*. Klagenfurt 1916, Ljubljana ²1921, Prevalje ³1924, Celje ⁴1934; F. Kleinmayr: *Grammatica, esercizi, dialoghi, lettere e vocabolario della lingua slovena*. Triest 1919; M. Gregorič-Stepančič: *Slovensko-italijanska slovnica*. Triest 1919; M. Gregorič-Stepančič: *Grammatica slovena*. Triest 1936; J. Brinar: *Slovenska slovnica za osnovne šole*. Ljubljana ²1921, ³1923; K. Štrekelj: *Historična slovnica slovenskega jezika*. Maribor 1922; F. Ramovš: *Historična Gramatika slovenskega jezika*. Ljubljana 1924; I. Trinko: *Grammatica della lingua slovena*. Gorizia 1930; J. Nemec: *Grammatica della lingua slovena*. Gorizia 1931; R. Nahtigal: *Slovanski jeziki*. Ljubljana 1938; J. Čuješ: *Slovenska slovnica*. Klagenfurt 1947. **Lit.:** A. Bajec, R. Kolarič, M. Rupel: *Slovenska slovnica*. Ljubljana 1956; J. Pogačnik: *Bartholomäus Kopitar*. München 1978; T. Domej: *Die Slowenen in Kärnten und ihre Sprache, mit besonderer Berücksichtigung des Zeitalters von 1740 bis 1848* (Phil. Diss.). Wien 1986 (VII, 562 S.); J. Toporišič (Hg.): *Adam Bohorizh. Arcticae horulae succisivae*. Maribor 1987; J. Toporišič: *Janežičeva Slovenska slovnica 1854*. In: Jezikoslovne in literarnovedne raziskave. Klagenfurt [e. a.] 1989, 87–97; E. Prunč: *Bartholomäus Kopitar und Urban Jarnik*. In: ÖOH 3 (1994) 397–410; K. Sturm-Schnabl: *Franz Miklosich – Fran Miklošič (1813–1891)*. In: M. Mitrović: *Geschichte der slowenischen Literatur, Von den Anfängen bis zur Gegenwart*. Klagenfurt/Celovec 2001, 186 f.; K. Ahačič: *Zgodovina misli o jeziku in književnosti na Slovenskem. Protestantizem*. Ljubljana 2007, 69–223; K. Ahačič: *Mala slovnica slovenskega jezika v italijansko-slovenskem slovarju Alasia da Sommaripe (1607)*. In: M. Košuta: *Slovenski slavistični kongres. Živeti mejo*. Triest [e. a.] 2007, 307–318; K. Ahačič: *The History of Linguistic Thought and Language Use in 16th Century Slovenia*. Frankfurt 2014.

Monika Wulz

Graz, slow. Gradec, Landeshauptstadt und zweitgrößte Stadt der Republik Österreich an der Mur/Mura am Übergang des südöstlichen Alpenvorlandes hin zur weiträumigen Mur-Ebene bzw. im Grazer Becken gelegen, war bis 1918 Hauptstadt des Herzogtums Steiermark/Štajerska (nach 1918 die des gleichnamigen Bundeslandes), zwischen 1379–1619 Residenzstadt für → Innerösterreich (slow. Notranja Avstrija) und bis 1749 Sitz bedeutender staatlicher Einrichtungen. G. ist Verwaltungszentrum und Gerichtsort.

Obwohl archäologische Funde Zeugnis über eine Besiedlung des Grazer Stadtgebietes und seiner Umgebung bereits in der Bronzezeit geben, ist eine spätere durchgehende Besiedlung nicht belegt. Mehrere Funde frühslawischer Töpferwaren auf dem Gebiet des Schlossberges, von Strassgang und von Gösting sind aus dem Frühmittelalter (→ karantanisch-Köttlacher Kulturkreis). Eine ständige Besiedlung auf dem heutigen Stadtgebiet besteht seit ca. 800, im Jahr 1128 wird die Stadt erstmals mit ihrem deutschen Namen Graz erwähnt. Der Name ist etymologisch auf das slowenische *Gradec* zurückzuführen und bedeutet »kleine Burg«. Die urslawische Wurzel »gordъ« bezeichnet eine Siedlung, einen umzäunten Raum oder Ort, sodass sich das Wort *Gradec* wahrscheinlich auf einen »kleinen Ort« bzw. »eine kleine Stadt« bezieht (→ Toponyme, alpenslawische [slowenische] in der Steiermark). 1164 wird Graz erstmals als »Marktsiedlung bei der Burg« erwähnt, aus der sich die spätere Stadt entwickelte. Bereits vor dem Aussterben der Babenberger wurde Graz zu einem bedeutenden Handelszentrum. Nach einigen Jahrzehnten der dynastischen Auseinandersetzung um die Erbfolge der Babenberger kam G. Ende des 13. Jh.s mit dem Großteil der Steiermark/Štajerska unter habsburgische Herrschaft. Bei der Teilung der habsburgischen Länder 1379 (Vertrag von Neuberg) wurde G. die Residenzstadt der Leopoldinischen Linie (Leopold III. [1351–1386] erhielt die österreichischen Alpenländer Steiermark/Štajerska, Kärnten/Koroška, Tirol und die »Vorlande« sowie → Krain/Kranjska, [Inner-]Istrien/Istra und die Neuerwerbungen an der Adria). G. blieb Residenzstadt der Leopoldinischen Linie (mit Ausnahme der Jahre 1482–85) bis 1619, als Kaiser Ferdinand II. seine Residenz nach Wien verlegte. Noch davor wurde G. nach dem Tod von Kaiser Ferdinand I. im Zuge einer neuerlichen Erbteilung der Habsburgermonarchie 1564 Residenzstadt unter der Herrschaft von Erzherzog Karl II. Franz von Innerösterreich (1540–1590), das die Steiermark/Štajerska, Kärnten/Koroška, Krain/Kranjska sowie das Küstenland/Primorje mit → Trieste/Trst/Triest und Istrien/Istra, also fast das gesamte slowenische ethnische Gebiet, umfasste.

G. erlangte als Residenzstadt Innerösterreichs seit der Zeit der → Gegenreformation schrittweise eine bedeutende Rolle in der politischen wie auch in der kulturellen Entwicklung der Slowenen. Bereits 1574 erschien in G. das erste slowenische katholische Buch unter dem Titel *Compendium Catechismi Catholici in Slavonica lingua*, das der Kärntner Zisterzienser Leonhard (Lenart) → Pachernecker, verfasst hatte. In den darauffolgenden Jahren erschienen in G. mehrere slowenische gegenreformatorische Bücher, die das protestantische Schrifttum substituieren sollten (→ Protestantismus). Für die Slowenen war die Universität G. von besonderer Bedeutung, die 1585 durch Erzherzog Karl II. von Innerösterreich gegründet wurde und bis 1782 unter der Aufsicht der → Jesuiten stand. An ihr studierten zahlreiche Slowenen, darunter der spätere Fürstbischof von Ljubljana Tomaž → Hren, der Archäologe, Botaniker und Geograf Janez S. V. Popovič, der Philologe und Autor religiöser Texte Oswald (Ožbald) → Gutsmann sowie der Volksdichter und Komponist Leopold Volkmer. Er gab 1783 bzw. 1789 im slowenischen Dialekt der *Prlekija* (im südöstlichen Teil der slowenischen Steiermark/Štajerska) die Liederbücher *Pesme k tem opravili te svete meše* [Lieder für die hl. Messe] und *Mešna pesem* [Messlieder] heraus, womit er den Gebrauch des Slowenischen ermöglichte. Mit den Theresianischen Verwaltungsreformen, mit denen die zentralen Verwaltungsstellen der innerösterreichischen Länder abgeschafft und die einzelnen Länder unter eine unmittelbarere Aufsicht der gesamtstaatlichen Organe gestellt wurden, beschränkte sich die Verwaltungsfunktion von G. bis zum Ende der Monarchie vornehmlich auf die Steiermark/Štajerska selbst. Ausnahmen davon waren die Gerichtsbarkeit und das Militär. Das Oberlandesgericht in G. war ab 1854 zuständig auch für Kärnten/Koroška, Krain/Kranjska und umfasste den Zuständigkeitsbereich des Generalstabs in G. (1866–83) bzw. des Kommandos des 3. Korps (1883–1918). Dieser umfasste neben der Steiermark/Štajerska noch Kärnten/Koroška, Krain/Kranjska und das Küstenland/Primorje. 1861 wurde zudem Kärnten/Koroška verwaltungsmäßig der Steiermark/Štajerska eingegliedert, doch wurde diese Reform rasch wieder zurückgenommen (vgl. Johann N. ›Schloissnig; → Landesgesetzblatt, Kärntner).

Auch nach 1748 behielt die Universität G. eine eminente Bedeutung für einen Gutteil des slowenischen ethnischen Territoriums, die ein Jahrzehnt nach der Auflösung des Jesuitenordens 1782 durch Josef II. in ein Lyzeum umgewandelt wurde. Zur Universität wurde dieses wiederum 1827 durch Franz I., der sie auch in Karl-Franzens-Universität umbenannte.

Im Vormärz wurde G. als Universitätsstadt mit zahlreichen slowenischen Studenten eines der Zentren des slowenischen nationalen Erwachens (→ *Preporod*) und kulturelles Zentrum der steirischen Slowenen. So wurde bereits 1810 der erste slowenische Verein, die *Societas slovenica* durch den Skriptor der Lyzealbibliothek Janez Nepomuk → Primic gegründet. Mit dem Namen »Slovenica« appellierte Primic an das allslowenische Bewusstsein und kündigte auch im Vorlesungsverzeichnis seine Vorlesungen im Grazer Lyzeum mit dem Zusatz »in slowenischer Sprache« an. Die wichtigste Aufgabe des Vereins, dessen Ziel es war, die Ideen des slowenischen Völkerfrühlings in der jüngeren Generation der Grazer Intellektuellen zu festigen, sollte eine »Erfassung des slowenischen Teiles der Steiermark/Štajerska in ihrem natürlichen Zustand sowie in wirtschaftlicher Hinsicht sein; eine Beschreibung der Einwohner, ihrer Besonderheiten, ihrer Bräuche und Gewohnheiten« bzw. eine topografische Beschreibung des gesamten Herzogtums Steiermark/Štajerska. Obwohl der Verein in eingeschränkter Form lediglich bis zum Frühjahr 1812 aktiv war, so übte er doch einen Einfluss auf zahlreiche slowenische Intellektuelle aus der Steiermark/Štajerska aus, wie z.B. auf den Philologen und religiösen Autor Peter Dajnko, den Lehrer der slowenischen Sprache Koloman → Kvas sowie auf den Historiker Anton Krempl u.a.

Auf die Initiative von Primic wurde 1812 am Grazer Lyzeum ein Lehrstuhl (Lektorat) für slowenische Sprache eingerichtet. Primic, der zum ersten Professor für slowenische Sprache am Lyzeum berufen wurde, führte in die deutsche wissenschaftliche → Terminologie den neuen Begriff *slowenisch* statt des bis dahin üblichen → *windisch* ein (→ Ethnonym Slowene im Deutschen). Er hielt Vorlesungen auf der Grundlage seiner in Graz erschienen Bücher *Abeceda za Slovence* [Abecedarium für Slowenen] (1812) und *Nemško-Slovénske branja* [Deutsch-slowenische Lektüre] (1813), doch musste er bereits im Herbst 1813 krankheitsbedingt seine Vorlesungen aufgeben. Mit Vorlesungen am Lehrstuhl setzte erst 1823 Koloman Kvas fort, die er bis zu seiner Pensionierung 1867 hielt. Einige Vorlesungen in slowenischer Sprache wurden auch auf der medizinischen Fakultät gehalten, wo von 1808 bis 1818 Matija Gorjup über Geburtshilfe, und zwischen 1809 und 1849 der aus Ljubljana stammende Ivan Nepomuk Kömm über Hebammenaufgaben und Geburtshilfe lasen, Letzterer ab 1840 nach seinem Lehrbuch *Bukve od porodne pomoči* [Buch zur Geburtshilfe], das er in Graz herausgebracht hatte.

Das Grazer Lyzeum wurde dank der Vorlesungen in slowenischer Sprache zunehmend attraktiver für slowenische Studenten. Unter ihnen traten bereits in der zweiten Hälfte der 20er-Jahre des 19. Jh.s Persönlichkeiten wie Anton Murko, Jurij Matjašič, Jožef → Muršec und Štefan Kočevar hervor. Ein lebhaftes Zentrum der slowenischen studentischen Jugend wurde die Stadt ab Herbst 1830, als Stanko → Vraz und Franz → Miklosich nach G. kamen. Um sie herum bildete sich 1832 die *Slovenska družba* [Slowenische Gesellschaft], in der eine Bibliothek zum Studium der slawischen Sprachen und Kultur eingerichtet wurde. Eine bedeutende Rolle nahm in diesem Kreis auch Anton Murko ein, der zwischen 1825 und 1843 in G. lebte. Seine beiden Handwörterbücher *Slovénsko-*

Historische Ansichtskarte von Graz

Némški und *Némško-Slovénski róčni besédnik* [Slowenisch-deutsches und deutsch-slowenisches Handwörterbuch] (1833) sowie seine → Grammatik (die erste slowenische Grammatik in der Gajica [→ Schrift]) hatten einen entscheidenden Einfluss auf die Entwicklung der slowenischen Schrift- bzw. → Standardsprache und halfen gleichzeitig die Danjčica-Schrift zu überwinden. Stanko Vraz gründete 1838 den slowenischen Leseverein *Slovenska čitalnica*. 1845 erschien in G. auch das erste slowenische Geschichtsbuch unter dem Titel *Dogodivščine Štajerske zemle* [Begebenheiten aus der Steiermark], das Anton Krempl vorbereitet hatte.

Bereits im Vormärz war G. auch ein bedeutendes wirtschaftliches Zentrum für die Slowenen, da es nach Trieste/Trst/Triest die einzige Stadt war, über die das aufkommende slowenische Bürgertum die ersten Informationen über die industrielle Revolution in Westeuropa bekam. Auch das 1811 von Erzherzog Johann geschaffene Joanneum, das ursprünglich Museum und auch Lehranstalt war, sollte die wirtschaftliche Entwicklung der innerösterreichischen Länder fördern. 1864 wurde es in den Rang einer »k.k. Technischen Hochschule« erhoben, der Vorläuferin der Technischen Universität Graz. 1837 wurde in G. auf Initiative des Erzherzogs Johann der Verein zur Beförderung und Unterstützung der Industrie und des Gewerbes in Innerösterreich *(Gospodarsko in podporno industrijsko-obrtno društvo za Notranjo Avstrijo)* errichtet, der Zweigstellen in Krain/Kranjska und in Kärnten/Koroška hatte.

Die slowenische Politik wurde zur Zeit der Märzrevolution 1848 (→ Revolutionsjahr 1848) neben den Wiener vor allem von Grazer Slowenen geführt (→ Wien). Nur vier Tage vor der Revolution (16. April 1848) gründeten sie den Verein *Slovenija*, dessen Vorsitzender der Theologe und Religionslehrer am Grazer Realgymnasium Jožef → Muršec war. Muršec wurde zur zentralen Persönlichkeit unter den Grazer Slowenen, vor allem nach der Veröffentlichung seines Artikels in der *Grazer Zeitung*, in dem er sich für die Achtung des Naturrechtes und die administrative Vereinigung des gesamten slowenischen ethnischen Territoriums im Rahmen eines unabhängigen Österreich einsetzte. Die Grazer *Slovenija* sammelte zudem mehrere Tausend Unterschriften für die Mai-Petition der Wiener *Slovenija* für ein Vereinigtes Slowenien (→ *Zedinjena Slovenija*).

Ab Juni 1848 tagte in G. der provisorische steirische Landtag. Obwohl in ihm die Slowenen verhältnismäßig gut vertreten waren, hatten sie kein gemeinsames politisches Programm. So übernahmen sie in der Debatte über die Zusammensetzung des Kronlandes ohne Widerspruch die These des »einheitlichen und unteilbaren Herzogtums« Steiermark/Štajerska. Erst in der Debatte über einige andere Fragen widersetzte sich der slowenische Abgeordnete Jakob Kreft diesem Grundsatz und forderte die Angliederung der Steiermark/Štajerska an Krain/Kranjska bzw. ein eigenes slowenisches Kronland.

Nach dem Jahr 1848 entwickelte sich G. rasch in allen Bereichen. Die industrielle und die Entwicklung der anderen Sektoren führten zu einem Zustrom von immer mehr deutsch-, aber auch slowenischsprachigen Einwohnern. Die Mehrzahl der Slowenen, die niedrigeren sozialen Schichten entsprang, siedelte sich in den Vierteln Lend und Gries in der Murvorstadt an, die auch »Windische Vorstadt« genannt wurde. In den führenden Gesellschaftsschichten festigten sich immer mehr deutschsprachige Zusiedler aus anderen Kronländern, die vornehmlich deutschnationaler politischer Ausrichtung waren. Deshalb ist es nicht verwunderlich, dass diese Kreise eine slowenische Etymologie des Namens der Stadt ablehnten und sie mit Unterstützung großdeutsch gesinnter Historiker die Überzeugung vertraten, G. sei eine »deutsche Festung« und »eines der größten Bollwerke der deutschen Nation« gegen die »eindringenden Slawen«.

Trotz des ansteigenden Deutschnationalimus waren sich die steirischen Landesbehörden der Bedeutung des Slowenischen durchaus bewusst, da die klare → Sprachgrenze einige Kilometer südlich von G. das Land in einen slowenischen und einen deutschen Teil teilte. Die Behörden waren sich auch der Tatsache bewusst, dass in der Steiermark/Štajerska und in Kärnten/Koroška Geistliche und Beamte benötigt wurden, die des Slowenischen mächtig waren, die jedoch nicht aus Krain/Kranjska angeworben werden konnten. Deshalb waren auch nach der Märzrevolution Wissenschafter slowenischer Herkunft an der Grazer Universität angemessen vertreten. Für die Slowenen war dies von außerordentlicher Bedeutung, da die Sprache nicht nur ein Kommunikationsmittel, sondern auch wegen der historischen Gegebenheiten Trägerin der nationalen Identität war.

In der zweiten Hälfte des 19. Jh.s wurden an der Grazer Universität Vorlesungen auf Slowenisch für Studenten der Slawistik, der Rechtswissenschaften, der Theologie und der Medizin gehalten. Das war gleichzeitig der Beginn der slawischen Fachsprachen. Die Slawistik und die Slowenistik an der Grazer Universität vertraten bis zum Zusammenbruch der österreichisch-ungarischen Monarchie ausnahmslos Slowenen. Mit Gregor → Krek, Karel → Štrekelj, Matija → Murko, Vatroslav → Oblak, Rajko Nahtigal und Fran → Ramovš wurde die Grazer Universität Ausgangspunkt für die wissenschaftliche Slowenistik.

An der theologischen Fakultät sind slowenische Vorlesungen (Übungen aus Rhetorik und aus der Katechese) für die Jahre 1849–1856 nachgewiesen. Sie wurden von Matija Robič (Matthias Robitsch) und von Jožef Tosi gehalten. Robič leitete zwischen 1851 und 1874 den Lehrstuhl für Kirchengeschichte und las auch aus Kirchenrecht. Daneben war er siebenmal Dekan der theologischen Fakultät und zweimal Rektor (1843–44, 1859–60). Tosi, der ordentlicher Professor für Dogmatik wurde, übernahm 1854 die Vorlesungen von Robič. Dessen Nachfolger wurde 1869 Franc Stanonik, der bis 1913 Vorlesungen hielt. Seine Vorschläge unter dem Titel *Zur Reform der Theologischen Studien in Österreich* (Graz 1873) wurden in der Folge von den österreichischen Bischöfen und von der Regierung übernommen. Neben den erwähnten Professoren hatten an der theologischen Fakultät noch Janez Kopač (Johann Kopatsch), Lovro Vogrin (Lorenz Vogrin) und Franc Ksavier (Xaver) Weninger Vorlesungen.

Als die Behörden 1849 beschlossen, dass die juristischen Vorlesungen in slowenischer Sprache aus Ljubljana an die Grazer Universität übertragen werden sollten, wurde Jožef Kranjc zum Dozenten für österreichisches Zivilrecht in slowenischer Sprache ernannt. Dem Lehrstuhl schlossen sich mit slowenischen Vorlesungen noch Janez Kopač und Josip M. Skedel an. Die Vorlesungen in slowenischer Sprache wurden 1854 mangels Zuhörern eingestellt und 1870 von den Behörden wieder zugelassen.

Neben den bereits erwähnten Persönlichkeiten unterrichtete an der Grazer Universität noch der Physiker Simon Šubic, der ab 1864 an der Handels- und Gewerbeakademie Professor für Algebra, Physik und elementare Mechanik war und ab 1869 bis zur Pensionierung 1903 Professor für theoretische Physik an der Universität. Einige Jahre (1888–1895) unterrichtete an der Grazer Universität auch der Professor für Physik Ignac Klemenčič. Im Bereich der Naturwissenschaften wirkte der aus Ljubljana stammende Friderik Pregl, der Begründer der organischen Mikroanalyse, der ab 1913 Professor für medizinische Chemie war und 1902 für seine wissenschaftlichen Forschungen den Nobelpreis erhielt.

In der zweiten Hälfte des 19. Jh.s nahmen mehrere Slowenen bedeutende berufliche Positionen ein. So war der spätere Bischof von Ljubljana, Erzbischof von Gorizia/Gorica/Görz und Kardinal Jakob MISSIA, der in Graz Theologie studierte, zwischen 1866 und 1871 Sekretär des Bischofs Ottokar ATTEMS, 1871–1879 bischöflicher Kanzler sowie bis zu seiner Übersiedlung nach Ljubljana Domkapitular. Joža → GLONAR trat 1911 seinen Posten in der Universitätsbibliothek an und war dort bis 1918 in Dienst. Noch einige Monate länger blieb in G. der Philosoph und spätere Professor an der Universität Ljubljana France VEBER. Der Historiker Anton KASPERT unterrichtete 20 Jahre als Gymnasialprofessor in G., der Jurist Metod DOLENC war ab 1905 im Präsidium des Oberlandesgerichtes in G. und forschte zusätzlich im Bereich der Rechtsgeschichte.

Zum gesellschaftlichen Leben der Slowenen in G. trugen auch die Abgeordneten zum steirischen Landtag bei, in dem zwischen 1861 und 1916 46 slowenische Abgeordnete tätig waren. Zu diesen kann auch Michael HERMAN gezählt werden, der deutscher Herkunft war, slowenisch gelernt hatte und 1861–1863 einer der wichtigsten Fürsprecher der slowenischen nationalen Forderungen war. Die slowenischen Abgeordneten waren mehrheitlich in Opposition. Da die Vertreter des deutschnational-liberalen Lagers fast alle slowenischen politischen und kulturellen Forderungen systematisch ablehnten, antworteten die slowenischen Abgeordneten mit Abstinenz (1869) und mit Obstruktion (Boykott unter dem Motto »Weg von Graz«), woraufhin die slowenischen Abgeordneten schließlich doch einige Forderungen durchsetzen konnten, so die Einrichtung einer Bürgerschule in Žalec und einer Landwirtschaftsschule in Šentjur bei → Celje. Zu erwähnen sind auch Franc JURTELA, der 1890 als erster Slowene Landeshauptmannstellvertreter wurde, und Josip SERNEC, der die Funktion des Landeshauptmannstellvertreters neun Jahre innehatte.

In der zweiten Hälfte des 19 Jh.s war das Vereinsleben in universitären Kreisen wie auch unter der Arbeiterschaft äußerst lebhaft. Nachdem der 1848 gegründete Verein *Slovenija* in der Zeit des Bach'schen Absolutismus seine Aktivitäten einstellen musste, wurde Mitte der 60er-Jahre des 19. Jh.s ein neuer Studentenverein unter demselben Namen gegründet. Gründungspersönlichkeit war der Student der Rechtswissenschaften und später der erste Berufsjournalist Anton TOMŠIČ. Der Verein hörte jedoch nach dessen Abgang mit der Tätigkeit auf. 1869 gründeten die slowenischen Studenten der Technik den literarischen Verein *Vendija*. Dieser Verein, dessen Vereinsziel die »sprachliche Bildung der Mitglieder im Slowenischen« war, wurde 1875 polizeilich aufgelöst. Zwei Jahre davor hatten Grazer Studenten den allslawischen literarischen Verein *Sloga* gegründet, der jedoch bereits ein Jahr danach seine Aktivitäten einstellte. Der Grund dafür war offensichtlich die allslawische Ausrichtung, die zu umfassend für eine konkrete Vereinstätigkeit war. Statt dem Verein *Sloga* begann 1875 der Verein *Triglav* mit seinen Aktivitäten. Dessen Mitglieder organisierten 1901 einen Protestmarsch jugoslawischer Akademiker in Graz zugunsten der Errichtung einer slowenischen Universität in Ljubljana.

Die Trennung zwischen dem liberalen und dem katholischen Lager im slowenischen Sprachraum fand auch innerhalb des Grazer *Triglav* seinen Niederschlag und so gründeten die katholisch gesinnten Mitglieder des *Triglav* ihren eigenen katholischen Verein *Zarja*. Die zweite Spaltung innerhalb des *Triglav* geht auf die sog. nationalen Radikalen (slow. *narodni radikali*) zurück, die 1904 den Verein *Tabor* gründeten und im Bereich der Volksbildung tätig waren. Alle Vereine waren bis zum Ersten Weltkrieg aktiv, mit dem fast alle ihre Aktivitäten aufhörten.

1851 wurden unter der Leitung des Musikers Benjamin IPAVEC zwei sog. *bésede* [Wörter] slawischer Patrioten veranstaltet. In den Jahren 1868–1875 wirkten die *Slovanska beseda* [Slawisches Wort] und 1876–1880 das *Slovansko pevsko društvo* [Slawischer Gesangsverein]. 1882 wurde ein slowenischer Leseverein gegründet, unter dessen Obhut sich auch der Studentenverein *Triglav* begab. Der Leseverein wurde mit seinen geselligen Veranstaltungen und dem slowenischen Theater im letzten Jahrzehnt vor dem Ersten Weltkrieg gesellschaftlicher Mittelpunkt der Grazer Slowenen. Zwei Jahre (1887–1889) bestand auch ein allslawischer literarischer Verein *Slavija*. Die Grazer Studenten halfen ab 1899 auch bei der Errichtung einiger Arbeitervereine (*Naprej* [Vorwärz], *Domovina* [Heimat], *Društvo sv. Marte* [Verein der hl. Martha]), deren Mitglieder Gewerbetreibende, Arbeiter und Dienstmägde waren. Im Rahmen des Vereins *Domovina* wirkte 1907 sogar ein slowenischer Kindergarten. Als die *Domovina* 1909 eine liberale Führung erhielt, gründete die katholische Seite noch im selben Jahr den Bildungsverein *Kres*, der noch zwischen den zwei Weltkriegen tätig war. Der Turnverein *Sokol* bestand ab 1906. Zu Beginn des 20. Jh.s hatten in G. noch die slowenischen Studenten der Medizin und der Technik ihre jeweils eigenen Vereine. Für die slowenischen Studenten in G. sorgten neben

Einzelpersonen noch Unterstützungs- und Krankenvereine, u.a. das 1897 gegründete *Podporno društvo za slovenske visokošolce* [Unterstützungsverein für slowenische Hochschüler]. Als die interethnischen Spannungen zu Beginn des Ersten Weltkriegs dramatisch zunahmen, bedeutete dies auch das Ende des vielfältigen kulturellen Lebens der Slowenen in G.

G. hatte bis 1918 eine bedeutende Rolle als Mittelpunkt der sozialistischen Arbeiterbewegung, da bereits ab 1874 die gesamte Bewegung in der Steiermark/Štajerska unter dem Einfluss der Zentrale in G. stand. Erst Mitte der 90er-Jahre des 19. Jh.s trat Ljubljana als Zentrum de jugoslawischen Sozialdemokratie auf.

G. war auch als Publikationsort zahlreicher slowenischer Bücher und Zeitschriften von Bedeutung, wie etwa der *Čitalnica* [Leseverein] (1865–66), *Štajerski gospodar* [Steirischer Besitzer] (1869–78, 1884) in *Gospodarski glasnik za Štajersko* [Wirtschaftszeitschrift für die Steiermark] (1884–1918). In G. erschienen auch die in slowenischer Sprache gedruckten Landesgesetzblätter: Allgemeines Landesgesetz- und Regierungsblatt für das Kronland Steiermark *(Obči deželni zakonik in vladni list štajerske kronovine)* (1850–51), Allgemeines Landesgesetz- und Regierungsblatt für das Herzogthum Steiermark *(Obči deželni zakonik in vladni list za vojvodino Štajersko)* (1852), Landes-Regierungsblatt für das Herzogthum Steiermark *(Deželni vladni list za vojvodino Štajersko)* (1853–59), Verordnungen der Landesbehörden für das Herzogthum Steiermark *(Ukazi deželnih oblasti za vojvodino Štajersko)* (1860, 1862–63), Verordnungen der Landesbehörden der vereinigten Kronländer Steiermark und Kärnten (Jänner bis inkl. April) dann für die Steiermark allein (Mai bis Ende Dezember) *(Ukazi deželnih oblasti za zedinjene kronovine Štajersko in Koroško)* (1861), Landesgesetz- und Verordnungsblatt für das Herzogthum Steiermark *(Deželni zakonik in ukazni list za vojvodino Štajersko)* (1864–1918).

Obwohl G. im deutschen ethnischen Territorium liegt, war es bis zum Ersten Weltkrieg eines der bedeutendsten kulturellen, politischen und wirtschaftlichen Zentren für die Slowenen. Zwar wiesen die amtlichen statistischen Publikationen im ersten Jahrzehnt des 20. Jh.s in G. nur etwas mehr als tausend Einwohner mit slowenischer → Umgangssprache aus. Dennoch deutet das lebhafte slowenische kulturelle und politische Leben der Grazer Slowenen darauf hin, dass diese Zahl deutlich zu gering angesetzt ist. Wie hoch die tatsächliche Zahl der Slowenen in G. war, ist schwer einzuschätzen, da die Volkzählungen in Cisleithanien die Umgangssprache erhoben, d.h. die Sprache, die eine Person unabhängig von ihrer ethnischen Herkunft in der Öffentlichkeit verwendet. Das machte es praktisch unmöglich, dass die Angehörigen nicht deutsche Völker in der österreichischen Monarchie, die auf deutschem Sprachgebiet lebten, ihre → Muttersprache anführten. Viele führten das Deutsche auch als Umgangssprache aus Angst vor dem Verlust des Arbeitsplatzes an. Angemerkt sei, dass die Grazer Volkszählungskommission bereits 1901 die Anweisung erhielt, dass sie bei slowenischsprachigen Personen, die ein öffentliches Amt ausüben, in der Rubrik »Umgangssprache« »deutsch« angeben sollten. Aufgrund dieser Überlegungen sollen nach gewissen Schätzungen am Ende des ersten Jahrzehnts des 20. Jh.s in G. und Umgebung 20.500 Personen slowenischer Herkunft gelebt haben. Da sie jedoch nicht genügend wirtschaftliche Macht hatten, konnten sie sich der → Assimilation nicht erwehren.

Während des Ersten Weltkriegs wirkte in G. eine Reihe »jugoslawischer« Studentenvereine, die jedoch bald ihre Aktivitäten einstellen mussten, als nach dem Krieg alles als »fremd« und »feindlich« stigmatisiert wurde, was mit dem Slawischen in Verbindung stand. Obwohl wegen des Assimilationsdrucks der Mehrheit und der Ereignisse nach dem Ersten Weltkrieg das Slowenische in G. nicht mehr erwünscht war, wurde 1921 der Verein *Jugoslovansko akademično društvo* [Jugoslawischer akademischer Verein] gegründet, der jedoch bereits 1923 aufgelöst wurde. Noch im selben Jahr gründeten slowenische Studenten den Verein *Triglav*, den zweiten unter diesem Namen in G. Auch die Slawistik an der Grazer Universität hatte zwischen den beiden Weltkriegen eher den Charakter eines slawischen kulturgeschichtlichen Lehrstuhls. Deshalb erstaunt es nicht, dass 1934 in G. lediglich 189 Personen mit slowenischer Umgangssprache gezählt wurden und dass zahlreiche steirische Historiker nach dem → »Anschluss« 1938 schrieben, dass »Graz wieder ein fester Grundstein des Deutschtums im Südosten des Vereinigten Reiches alles Deutschen« sei.

Lit.: W. Hecke: *Volksvermehrung, Binnenwanderung und Umgangssprache in den österreichischen Alpenländern und Südländern.* In *Statistische Monatsschrift* 39-1 (1913), 323–392; Richard Pfaundler: *Die Grundlagen der nationalen Bevölkerungsentwicklung Steiermarks.* In *Statistische Monatsschrift* 33-1 (1917), 557–592; W. H. Hubbard: *Auf dem Weg zur Großstadt: Eine Sozialgeschichte der Stadt Graz 1850–1914* (= Sozial- und wirtschaftsgeschichtliche Studien, 17). Wien 1984; S. Hafner: *Geschichte der österreichischen Slawistik.* In J. Hamm,

Simon Gregorčič

G. Wytrzens: *Beiträge zur Geschichte der Slawistik in nichtschlawischen Ländern*. Wien 1985, 11–88; V. Melik, P. Vodopivec: *Slovenski izobraženci in avstrijske visoke šole 1848–1918*. In Zgodovinski časopis 40 (1986), 269–282; E. Prunč, L. Karničar: *Materialien zur Geschichte der Slawistik in der Steiermark*. Graz 1987; P. Vodopivec: *Wien-Graz-Triest und die slowenische Kultur im 19. Jahrhundert*. In: E. Gaal, E. B. Schebesta (Hg.): Niederösterreich und seine historischen Nachbarn: Zentrale Orte und regionale Kultur im zentraleuropäischen Raum – Vorträge des internationalen interdisziplinären Symposions der UNESCO Niederösterreich im Stift Heiligenkreuz vom 28. bis 30. Oktober 1986 (Veröffentlichungen der UNESCO Niederösterreich, 1). Wien 1988, 129–146; G. M. Dienes: *In vedno znova nemški okop: Gradec in slovenski Štajerci. Pregled*. In: *Signal: Jahresschrift des Pavelhauses – Letni zbornik Pavlove hiše* (zima/Winter 2007/2008), 109–117; L. Karničar, V. Rajšp (Hg.): *Graz und Slowenen, Gradec in Slovenci, Sammelband zum gleichnamigen Symposium vom 20.–21. V. 2010 an der Karl-Franzens-Universität Graz*. Wien [e.a.] 2011; L. Karničar, A. Leben (Hg.): *Slowenen und Graz = Gradec in Slovenci, Monographie zur internationalen Tagung vom 27. II. bis 1. III. 2014 am Institut für Slawistik der Karl-Franzens-Universität Graz*. Graz 2014; S. Weitlaner: *Slovenska čitalnica v Gradcu*. In: KK 2015. Celovec 2014, 173–175.

Matjaž Klemenčič; Üb.: Bojan-Ilija Schnabl

Gregorius de Krainburg (1448 Professor an der Universität Wien), → Wien.

Gregorčič, Simon (* 15. Oktober 1844 in Vrsno pod Krnom [Kobarid, Primorska], † 24. November 1906 Gorizia/Gorica/Görz), Priester, Dichter, Übersetzer.

G. kam von einer mittelständischen Bauernwirtschaft und besuchte das Gymnasium in → Gorizia/Gorica/Görz. Das Studium der klassischen Sprachen konnte er aus finanziellen Gründen nicht beginnen, weshalb er den Wunsch seiner Eltern erfüllte und das Priesterseminar in Gorizia/Gorica/Görz absolvierte. Als Priester war er seit 1868 in Kobarid tätig (Liebesdrama mit der Lehrerin Dragojila MILEK), zwischen 1873 und 1881 in Rihenberg (heute Branik). Aus gesundheitlichen Gründen wurde er auf Zeit in den Ruhestand versetzt. 1878 inskribierte er an der Universität Wien, gab aber das Studium bald auf. In den Jahren 1882 und 1888 sowie 1897 und 1899 war G. Vikar in Gradišče bei Prvačina, dazwischen zog er sich als Landwirt zurück. 1899 trat G. endgültig in den Ruhestand und lebte ab 1903 in Gorizia/Gorica/Görz.

Mit dem Dichten begann G. im Gymnasium und publizierte seine ersten Gedichte (*Iskrice domorodne* [Heimatliche Funken]) im → *Slovenski glasnik*. Neben patriotischer und didaktischer Lyrik schrieb G. reflexive Gedichte. Seine späteren Gedichte umfassen die Themen Heimatliebe (*Soči, Na potujčeni zemlji, V pepelnični noči*), die Problematik des Seins (*Kupa življenja, Človeka nikar, Moj črni plašč*), verhüllte objektive Liebesbekenntnisse (*Njega ni, Izgubljeni cvet*), mit einer immer stärkeren Betroffenheit (*Nevesti, moč ljubezni, Dekletova molitev, Kako srčno sva se ljubila, Kropiti te ne smem*) bis zur Sehnsucht nach den heimatlichen Naturschönheiten als Abbild idyllischer Sorglosigkeit (*Veseli pastir, Pastir*). G. schrieb auch lyrisch-epische Gedichte (*Hajdokova oporoka, Jeftejeva prisega, Rabeljsko jezero*). Er publizierte in den Zeitschriften *Zvon, Besednik, Zora*, → *Ljubljanski zvon* und *Slovan*, in Letzterer redigierte er den Teil, der der Dichtung gewidmet war (→ Publizistik). Großen Erfolg und besonderes Lob der liberalen Literaturkritik brachte ihm sein erster Band *Poezije* (1882) ein, zu gleicher Zeit aber Angriffe des Theologen und Literaturkritikers Anton MAHNIČ sowie aus Kreisen seiner Priester-Kollegen, die ihm Unvereinbarkeit mit den Dogmen ankreideten. Diese Kritik machte G. tief betroffen und er verteidigte sich in einem Zyklus (*V obrambo*). Der erste Band der *Poezije* erschien auch in einer zweiten Ausgabe (1885). Der zweite (1888) und dritte Band (1902) der *Poezije* gelten als künstlerisch schwächer. Den vierten Band der *Poezije* gab nach G.s Tode Fran Ksaver → MEŠKO 1908 heraus. In der Reaktion von Anton MEDVED erschien zur selben Zeit bei der → *Mohorjeva* eine auflagenstarke Volksauflage von G.s Werken.

Als Übersetzer finden wir ihn in Ivan VESELS *Ruska antologija v slovenskih prevodih* (Gorica 1901). Er übersetzte Psalmen und das Buch Hiob aus dem Alten Testament. Sein Vers ist wohltönend, der Stil gefühlvoll und direkt, mancherorts auch belehrend und rhetorisch getragen. In der Tradition Josip → STRITARS stehend, bekennt G. sich zum erlebten Weltschmerz. Viele seiner Gedichte wurden vertont und zu Volksliedern, viele in andere Sprachen übersetzt. G. beeinflusste die Dichter seiner Zeit und bestärkte das Nationalbewusstsein, vor allem in Primorska (Küstenland/Litorale) und Kärnten/Koroška. In der zweiten Hälfte des 19. Jh.s ist G. mit seinen Gedichten über sein persönliches Lebensdrama und einigen Heimatgedichten neben Simon → JENKO der aufrichtigste Poet. Ein wesentlicher Aspekt seiner Ikonisierung auch in Kärnten/Koroška ist die Tatsache, dass seine Gedichte zum fixen Bestandteil slowenischer Lesebücher (→ Schulbuch) und Anthologien wurden. So hat Jakob → SKET in seinen Lesebüchern für Mittelschulen (*Mohorjeva* 1886–1893) neben A. Martin → SLOMŠEK, Francè → PREŠEREN und Josip → STRITAR G. einen hervorragenden Platz beigemessen, ebenso tat es Josip WESTERS in seinen 1903–1914 bei der *Mohorjeva* erschienenen Lesebüchern für Mittelschulen. In der von Josip LOVRENČIČ herausgegebenen Anthologie *Brstje iz vrta slovenskega peništva* (*Mohorjeva* Klagenfurt/Celovec 1918) ist G. neben Valentin → VODNIK, Anton M. SLOMŠEK, Francé PREŠEREN, Fran → LEVSTIK und Simon JENKO am stärksten vertreten. Diese Anthologie hat starken Bezug auf die Kärntner Slowenen. G.s vertonte Gedichte/Volkslieder wurden wegen ihres Wohlklanges und ihrer Beliebtheit während des Zweiten Weltkrieges zu Partisanenliedern umfunktioniert.

Werke: *Poezije*. Ljubljana 1882, ²1885; *Poezije*. Celovec 1908; *Zbrano delo*. 4 Bd. Ljubljana 1947–1951; *Izbrane poezije*. Gorica, Klagenfurt/Celovec 2006.
Lit.: SBL; MB; ES; PSBL; OVSBL. – A. Burgar: *Simon Gregorčič. Življenjepis*. Ljubljana 1907; D. Majcen: *Simon Gregorčič, pesnik najplemenitejšega domoljubja*. Rudolfwerth 1908; D. Strýbrný: *Simon Gregorčič*. Praga 1918; F. Koblar: *Simon Gregorčič. Njegov čas, življenje in delo*. Ljubljana 1962; J. Kos: *Primerjalna zgodovina slovenske literature*. Ljubljana 1987; B. Paternu: *Modeli slovenske literarne kritike. (Od začetkov do 20. stoletja.)* Ljubljana 1989, 26–35; M. Mitrović: *Geschichte der slowenischen Literatur. Von den Anfängen bis zur Gegenwart. Aus dem Serbokroatischen übersetzt, redaktionell bearbeitet und mit ausgewählten Lemmata und Anmerkungen ergänzt von Katja Sturm-Schnabl*. Klagenfurt/Celovec 2001, 262–272; J. Pogačnik: *Gregorčičeva pesem Človeka nikar!* In: Prevrednotenja. Ljubljana 2001. 137–147; F. Bernik: *Die Poesie Simon Gregorčičs im Licht der russischen formalistischen*. In: Literarische Avantgarde. Heidelberg 2001, [15]–28; V. Snoj: *Zaobljuba kot problem: biblična in Gregorčičeva Jeftejeva prisega*. Primerjalna književnost 24 (Ljubljana 2001), posebna številka, 165–186; F. Bernik: *Pesnik po milosti božji*. In: S. Gregorčič: Izbrane poezije: ob stoletnici pesnikove smrti. Gorica, Celje, Celovec 2006, 9–17; B. Pregelj, Z. Božič (ur.): *Pogledi na Simona Gregorčiča*. Nova Gorica 2006; M. Rijavec: *Biblični motivi v poeziji Simona Gregorčiča*. Ljubljana 2006.

Vita Žerjal Pavlin; Katja Sturm-Schnabl

Gregorič, Marica, Schriftstellerin, → Frauenliteratur.

Gregoritsch, Anton (Gregorič, Toni, * 29. November 1868 Ferlach/Borovlje, † 5. April 1923 München), Maler und Zeichner.

G. war nach LEITNER-RUHE »[e]iner der wichtigsten von den Brüdern WILLROIDER beeinflussten Kärntner Künstler«. Er schlug zunächst die Offizierslaufbahn ein und war bis 1895 Zeichenlehrer an der Infanterie-Kadettenschule in Liebenau bei Graz. Durch die Heirat mit Rosina BAECHLÉ, einer begüterten Ungarin, konnte er als freischaffender Künstler arbeiten. 1895 ging das Paar nach München und kaufte die nach der Gattin benannte Villa Rosina in Viktring/Vetrinj, womit auch der Anschluss an den Viktringer Künstlerkreis *(Vetrinjska šola umetnikov oder Vetrinjski krog)* gegeben war. G nahm bis 1900 zunächst Malunterricht in der Privatschule von Professor Heinrich KNIRR und danach bei dem Porträtisten und Defregger-Schüler Walter THOR, beide in München. Dem folgten bis 1907 Studienreisen nach Italien. G. malte repräsentative Porträts von Kärntner Persönlichkeiten sowie Landschaftsbilder vom Bodenseeraum während seines Aufenthaltes in Vorarlberg 1914–1918.

G. gewann großes Ansehen und Auszeichnungen (etwa die zweite Goldmedaille bei der »XI. Internationale« im Münchener Glaspalast für sein 1906 entstandenes Selbstporträt). Durch seine Freundschaft mit den in München wirkenden Villacher Malerbrüdern Josef und Ludwig WILLROIDER fand G. auch Anschluss an die Luitpold-Gruppe um den bayrischen Prinzregenten. Laut LEITNER-RUHE blieb er den Bildnissen der traditionellen Salonmalerei treu, während er sich in der Landschaftsmalerei an der Münchner Malerei mit dem Einfluss der Schule von Barbizon orientierte.

Obwohl in der Literatur bezeichnenderweise – und eventuell aus der Biografie durchaus nachvollziehbar – ein Konnex zum Slowenischen kaum oder nicht gegeben ist, wird G. hic loco aufgrund von Namen, Geburtsort und -datum in der regionalen slowenischen → Kulturgeschichte berücksichtigt (→ Assimilationszwang, → »Entethnisierung«).

Werke: Landschaftsbilder, Porträts, Selbstbildnis 1906 (Geschichtsverein für Kärnten) (nach ÖBL).
Lit.: ÖBL. – *Likovna enciklopedija Jugoslavije, 1, A–J*, Jugoslavenski leksikografski zavod »Miroslav Krleža«. Zagreb 1984, 499; B. Stockner: *Der jüngere Viktringer Malerkreis*. Graz 1999. 87; D. Pleschiutschnig: *Der Viktringer Künstlerkreis, 5. Toni Gregoritsch*. In: *Die Kärntner Landsmannschaft*, 6 (Juni 1976) 6 f.; K. Leitner-Ruhe: *Malerei und Plastik im 19. Jahrhundert*. In: Ch. Brugger, K. Leitner-Ruhe, G. Biedermann: Moderne in Kärnten. Klagenfurt 2009, 155–156.

Bojan-Ilija Schnabl

Grenzausland, slow. *zamejstvo*, → Identität, territoriale.

Grenzfrage, österreichisch-jugoslawische in Kärnten/Koroška (1918–1920). Nach Auflösung der österreichisch-ungarischen Monarchie am Ende des Ersten Weltkriegs kam es zu Grenzkonflikten zwischen den neu entstehenden Staaten, die ihre territorialen Ansprüche durch militärische und politische Aktivitäten auf nationaler und internationaler Ebene verfolgten. Die

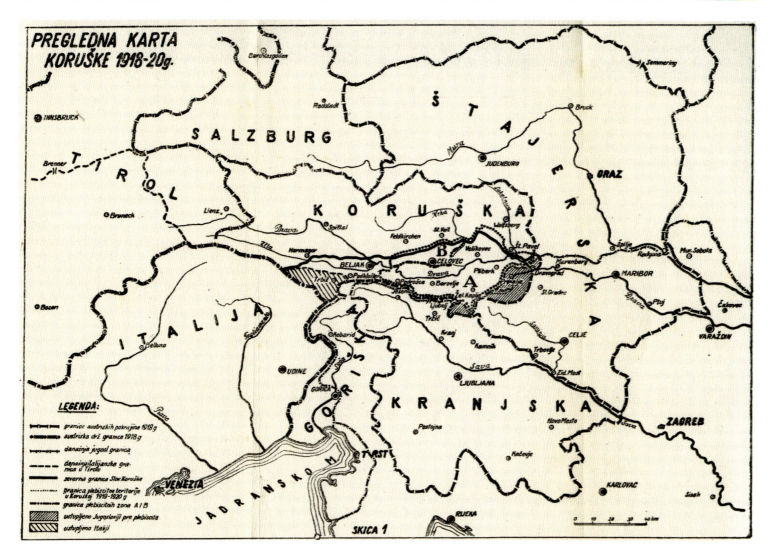

Übersichtskarte Kärnten/Koroška 1918–1920, Beograd 1950. Aus: *Vojne akcije u Koruškoj 1918/19 godine (kratak pregled)*, hg. vom Vojnoistorijski institut J. A. Beograd 1950.

Festlegung der Grenzen war aufgrund der vielfältigen Beziehungen zwischen Sprache, Ethnie, nationalem Bewusstsein und politischer Orientierung schwierig (→ Identität, territoriale). So waren laut Volkszählung 1910 nach der → Umgangssprache im Gebiet der späteren → Abstimmungszone A rund 69 % der Bevölkerung slowenischsprachig. Hingegen hatte in diesem Gebiet die slowenische Partei bei den Reichsratswahlen 1911 rund 44 % der Stimmen erhalten.

Über die Forderungen der → Maideklaration von 1917 hinausgehend verfolgten die Südslawen der österreichisch-ungarischen Monarchie seit Sommer 1918 die Loslösung vom habsburgischen Staat. Der im August 1918 in Ljubljana als gesamtslowenische politische Plattform gegründete *Narodni svet za slovenske dežele in Istro* [Nationalrat für die slowenischen Länder und Istrien] umfasste u. a. einen → *Narodni svet za Koroško* [Nationalrat für Kärnten] (unter Franc → Smodej), dessen Minimalforderung die → Sprachgrenze war. Der Nationalrat in → Ljubljana war Teil des Nationalrats der Slowenen, Kroaten und Serben in Zagreb, der am 29. Oktober 1918 den Staat der Slowenen, Kroaten und Serben auf deren gesamtem ethnografischem Territorium proklamierte. Dieser Staat vereinigte sich am 1. Dezember 1918 mit Serbien zum Königreich der Serben, Kroaten und Slowenen (SHS) unter der serbischen Dynastie Karadjordjević (→ Jugoslawien).

Die Ende Oktober 1918 gebildete provisorische Landesversammlung Kärntens umfasste Vertreter aller politischen Parteien mit Ausnahme der slowenischen. Sie erklärte Kärnten/Koroška zur Provinz des Staates Deutschösterreich, der am 12. November 1918 als demokratische Republik und Bestandteil der deutschen Republik gegründet wurde. Laut Beschluss der Landesversammlung wurde Kärnten/Koroška durch das geschlossene deutsche Siedlungsgebiet des ehemaligen Herzogtums und jene → gemischtsprachigen Siedlungsgebiete, die sich aufgrund des Selbstbestimmungsrechtes ihrer Bewohner Deutschösterreich verfassungsmäßig anschlossen, gebildet. Die Existenz eines geschlossenen slowenischen Siedlungsgebietes in Kärnten/Koroška wurde verneint (→ Südkärnten/Južna Koroška).

Um die umstrittenen Gebiete wurde in den Jahren 1918 und 1919 mit wechselnden Erfolgen und unter Mitwirkung verschiedener regulärer und Freiwilligenverbände gekämpft. Seit Anfang November 1918 besetzten südslawische Einheiten – auch in Verbindung mit dem Grenzkonflikt in der Steiermark/Štajerska – die → Mežiška dolina (Mießtal), das → Jauntal/Podjuna und das → Rosental/Rož bis → Ferlach/Borovlje, Rosenbach/Podrožca und Rosegg/Rožek. Federführend waren Freiwilligenverbände unter Alfred Lavrič, Franjo → Malgaj und Rudolf → Maister. Die Kärntner Landesregierung protestierte, reagierte jedoch nicht militärisch gegen die sich als Ententetruppen bezeichnenden südslawischen Einheiten. Nach ergebnislosen Verhandlungen über Demarkationslinien rückten südslawische Einheiten Ende November und Anfang Dezember im Raum → Bleiburg/Pliberk und → Völkermarkt/Velikovec weiter vor. Am 5. Dezember 1918 beschloss die Kärntner Landesversammlung, südslawischen Truppen – sofern sie nicht Ententetruppen waren – bewaffnet entgegenzutreten. Die Wiener Regierung stand dem aus außenpolitischen Überlegungen reserviert gegenüber. Unter dem Oberkommando von Ludwig Hülgerth gingen seit Mitte Dezember Volkswehr- und Freiwilligeneinheiten militärisch gegen die Südslawen vor. Nach schweren Kämpfen im Jänner 1919 zogen sich die Südslawen aus dem → Gailtal/Ziljska dolina und aus dem Rosental/Rož zurück.

Bei den folgenden Waffenstillstandsverhandlungen in Graz bot Sherman Miles, Mitglied der Studienkommission der amerikanischen Delegation auf der Pariser Friedenskonferenz, seine Vermittlung an. Vom 28. Jänner bis 6. Februar 1919 bereiste die Miles-Mission, in Begleitung eines österreichischen und südslawischen Vertreters (Franz → Smodej, ab 29. Jänner Lambert → Ehrlich), die umstrittenen Gebiete, um nach Erhebungen vor Ort eine Demarkationslinie vorzuschlagen. Da das Klagenfurter Becken/Celovška kotlina als wirtschaftlich-geografische Einheit mit überwiegend proösterreichischer Bevölkerung angesehen wurde, sprach sie sich mehrheitlich für die Karawankenlinie aus; eine abweichende Meinung vertrat die Draulinie.

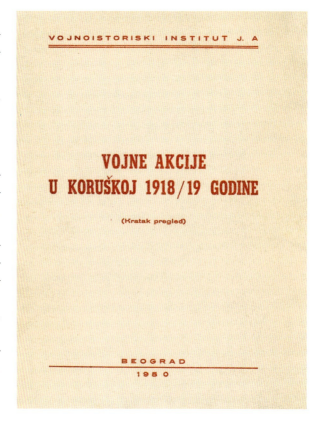

Buchcover, Beograd 1950

Ihre Empfehlungen wurden schließlich nicht für eine Demarkationslinie angewandt, beeinflussten aber die amerikanische Haltung in der Grenzfrage.

Der Mitte Jänner 1919 geschlossene Waffenstillstand hielt bis Ende April. Nach einem erfolglosen südslawischen Vorstoß am 29. April 1919 gingen österreichische Truppen unter der Führung von Hans Steinacher offensiv vor. Sie drängten die südslawischen Truppen über die ehemalige Landesgrenze zurück. Nach ergebnislosen Verhandlungen erfolgte vom 28. Mai bis 6. Juni 1919 die Gegenoffensive südslawischer Einheiten, die → Südkärnten/Južna Koroška und den Kärntner Zentralraum mit → Klagenfurt/Celovec besetzten.

Die bewaffneten Kämpfe um die Kärntner Grenze forderten insgesamt über 400 Tote. Die Zivilbevölkerung beteiligte sich zum Teil am bewaffneten Konflikt, vor allem aber war sie dessen Opfer. Auf beiden Seiten kam es zu Übergriffen und Gewalttaten, viele Personen flüchteten. Die militärischen Auseinandersetzungen präjudizierten jedoch nicht die Lösung der Grenzfrage. Denn auf der Pariser Friedenskonferenz setzte sich im Mai 1919 aus verschiedenen Lösungsvorschlägen die Idee einer → Volksabstimmung im Klagenfurter Becken/Celovška kotlina durch. Der SHS-Staat

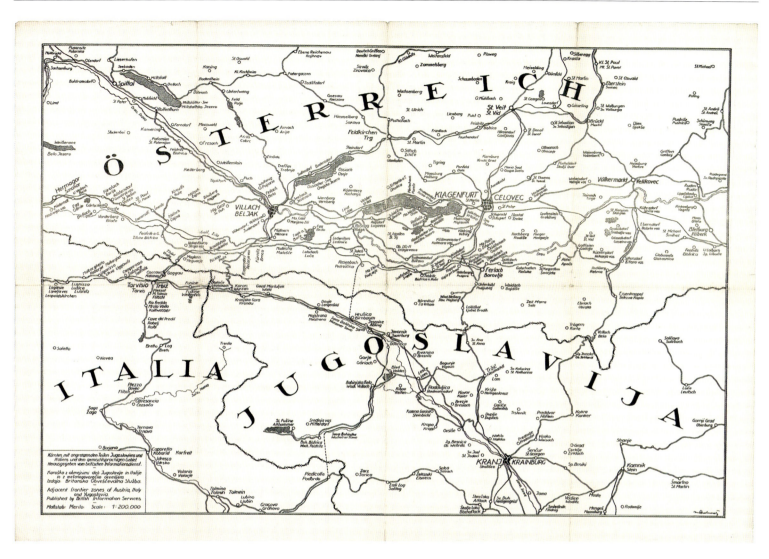

Britische Karte (vor 1938?), NUK

schlug demgegenüber eine Aufteilung des Gebietes ohne Abstimmung vor. Die Friedenskonferenz legte schließlich eine Abstimmung in 2 Zonen fest (→ Abstimmungszone). Im Falle der Mehrheit für Österreich in der zuerst abstimmenden südlichen Zone A entfiele die Abstimmung in der Zone B und das Klagenfurter Becken/Celovška kotlina käme ungeteilt zu Österreich. Ergäbe die Abstimmung in der Zone A eine Mehrheit für den SHS-Staat, würde auch die Bevölkerung der Zone B über die staatliche Zugehörigkeit abstimmen. Die Abhaltung des Plebiszits wurde im Friedensvertrag von Saint-Germain vom 10. September 1919 verankert (→ Vertrag von Saint-Germain). Dieser legte weiters fest, dass → Jugoslawien vom ehemaligen Kronland Kärnten/Koroška ohne Abstimmung die → Mežiška dolina (Mießtal) und Jezersko (Seeland) erhielt, Österreich das Gailtal/Ziljska dolina, während das → Val Canale/Kanaltal/Kanalska dolina an Italien fiel.

In den Gebieten, die während der Grenzkämpfe bzw. seit Sommer 1919 unter südslawischer Kontrolle waren, wurde eine neue Verwaltung aufgebaut, slowenische Schulen eröffnet, die slowenische → Amtssprache eingeführt (→ Schulwesen unter jugoslawischer Verwaltung in der Zone A). Es kam zu Repressionen gegen deutsch(gesinnt)e Personen, landwirtschaftliche und industrielle Güter wurden sequestriert. Slowenisch(gesinnt)e Personen wurden bevorzugt, etwa bei Lebensmittelzuteilungen und Posten. Am 26. Juni 1919 wurde auf Initiative MAISTERS der → Narodni svet za Koroško [Nationalrat für Kärnten] in → Völkermarkt/Velikovec als oberstes überparteiliches politisches Organ installiert. In Zusammenarbeit mit den örtlichen Nationalräten wurde die → Volksabstimmungspropaganda organisiert: große als → tabor(i) bezeichnete Volkstage, slowenische Flugblätter und Publikationen wie → Korošec, die deutschsprachige

Tageszeitung *Draupost* etc. (→ Publizistik). In der projugoslawischen Volksabstimmungspropaganda engagierte sich eine Mehrheit der slowenischen Geistlichkeit, mit Ausnahme etwa von Valentin → Podgorc, der für Österreich eintrat. Seit Sommer 1919 wurden Frauen im Rahmen der → *Zveza ženskih društev na Koroškem* [Verband der Frauenvereine in Kärnten] verstärkt in das politisch-propagandistische Geschehen eingebunden.

In den Gebieten unter österreichischer Oberhoheit fanden am 16. Februar 1919 Nationalratswahlen statt. Sie brachten mit knapp 50 % der Kärntner Stimmen bzw. rund 64 % der Stimmen im späteren Abstimmungsgebiet einen Erfolg für die sozialdemokratische Partei, deren pro-österreichische Haltung in der Grenzfrage von großer Bedeutung war. Südslawische Truppen mussten sich bis zum 31. Juli 1919 aus der Zone B zurückziehen, österreichische Truppen rückten nach. Am 22. August 1919 wurde das zentrale Organ für die Volksabstimmungspropaganda geschaffen, die Landesagitationsleitung, die im März 1920 in den Kärntner Heimatdienst umgewandelt wurde (→ Deutschnationale Vereine). Ein Netz von Vertrauensleuten und Gemeindeheimaträten wurde aufgebaut. Die proösterreichische Agitation erfolgte durch Mundpropaganda, Verbreitung von deutsch- und slowenischsprachigen (auch dialektalen) Flugblättern und Publikationen wie *Kärntner Landsmannschaft*; → *Koroško Korošcem* etc.

Die Propaganda sprach verschiedenste Themen an: In historischen Argumentationen berief man sich auf die slawische Vergangenheit Kärntens und → Karantanien oder eine jahrhundertelange deutsche Geschichte (→ Geschichtsschreibung, → Geschichtsschreibung und kognitive Dissonanz). Wirtschaftliche Argumente zeichneten die besseren Zukunftsaussichten im südslawischen oder deutschösterreichischen Staat. Die slowenische Seite betonte das nationale Argument, appellierte an die Gemeinsamkeit der → Muttersprache und kritisierte proösterreichische → Deutschtümler. Die deutsche Seite unterstrich die geografische, wirtschaftliche und historische Landeseinheit Kärntens. Die »deutsche Kultur« wurde dem »unzivilisierten Balkan« gegenübergestellt, die republikanische Staatsform und fortschrittliche Sozialgesetzgebung Österreichs der südslawischen Monarchie mit serbisch-orthodoxem Königshaus und allgemeiner Wehrpflicht. Am 28. September 1920 erklärte die Kärntner Landesversammlung, sie wolle den slowenischen Landsleuten ihre sprachliche und nationale Eigenart alle Zeit wahren

Grabstein Mijo Mešiček in St. Michael ob der Gurk (Windisch St. Michael)/Slovenji Šmihel, Foto Bojan-Ilija Schnabl

und ihrem geistigen und wirtschaftlichen Aufblühen dieselbe Fürsorge angedeihen lassen wie den deutschen Bewohnern des Landes.

Die Bestimmungen des Friedensvertrages von Saint-Germain traten am 16. Juli 1920 in Kraft. Die Abstimmungszonen wurden von österreichischen bzw. SHS-Truppen geräumt, Flüchtlinge konnten nach der Öffnung der Demarkationslinie Anfang August zurückkehren. Die in Klagenfurt/Celovec amtierende interalliierte Plebiszitkommission überwachte die Durchführung der Volksabstimmung am 10. Oktober 1920 in 51 Gemeinden der Zone A. Auf Österreich entfielen 22.025 (59,04 %) der gültigen Stimmen, auf den SHS-Staat 15.279 (40,96 %). Somit stimmten rund 12.000 Slowenischsprachige aus individuellen wirtschaftlichen, politischen und anderen Überlegungen für Österreich. Am 18. November 1920 kehrte die Zone A unter österreichische Souveränität zurück.

Die österreichisch-jugoslawische Grenzfrage war und ist ein zentrales Thema der historischen Erinnerung und Forschung. Lange nationalen Interpretationen verhaftet, wurden »Sieg« bzw. »Niederlage« analysiert und die Bedeutung des »Abwehrkampfes« bzw. des »Kampfes um die (slowenische) Nordgrenze« diskutiert. Die Kämpfenden wurden mit Auszeichnungen und Denkmälern geehrt und bei → Volksabstimmungs-

Stift Griffen/Grebinjski kloŝter, slowenischer Kirchenchor, 1950

feiern prominent eingebunden. Auch einflussreiche Veteranenorganisationen wie → *Legija koroških borcev* [Legion der Kärntner Veteranen] wurden gegründet. Der Grenzkonflikt wurde in zahlreichen (auto-)biografischen und literarischen Werken dargestellt, darunter *Požganica* (1939) (*Die Brandalm. Roman aus den Umsturztagen*, 1983) von → Prežihov Voranc (Lovro Kuhar) und *Patrioten* (1950) von Josef Friedrich → Perkonig.

Lit.: ES (J. Jer; Redaktion, D. Nećak: *Boj za meje*). – J. Pleterski, L. Ude, T. Zorn, (Hg.): *Koroški plebiscit*. Ljubljana 1970; L. Ude: *Boj za severno slovenski mejo 1918–1919*. Maribor 1977; H. Rumpler (Hg.): *Kärntens Volksabstimmung 1920*. Klagenfurt 1981; [ohne Hg.]: *Kärnten – Volksabstimmung 1920, Voraussetzungen, Verlauf, Folgen*. Wien [e.a.] 1981; M. Wutte: *Kärntens Freiheitskampf 1918–1920*. Klagenfurt 1985, Verb. Neudr. der 2., umgearb. und verm. Aufl. von 1943; H. Valentin, S. Haiden, B. Maier (Hg.): *Die Kärntner Volksabstimmung 1920 und die Geschichtsforschung*. Klagenfurt 2002; C. Fräss-Ehrfeld: *Geschichte Kärntens. Abwehrkampf, Volksabstimmung, Identitätssuche*. Klagenfurt ²2010.

Tina Bahovec

Grenzliteratur, Literatur, die im Grenzgebiet zwischen zwei Staaten und Kulturen entsteht. Der Begriff ist nicht nur an die Literatur, sondern auch an die Kulturgeschichte und die Kultur allgemein gebunden. Die Grenzliteratur ist an zwei Nationen, zwei Sprachen oder sogar an Mehrsprachigkeit gebunden. Ihre Charakteristiken sind regionale Bestimmtheit, Vermischung oder Koexistenz zweier bzw. mehrerer aneinander grenzender Sprachen, Dezentralisierung sowie eine starke Akzentuierung des Dualen: Die brückenbildende Rolle zwischen zwei Grenzkulturen und -völkern und gleichzeitig die Bewahrung der nationalen Identität, für gewöhnlich der literarischen, die das Produkt des zahlenmäßig geringer vertretenen Volkes darstellt. Der Begriff der »Grenzliteratur« hat sich zwar nicht auf der ihm zustehenden Ebene durchgesetzt, schließlich zählen zum Bereich dieser Art von Literatur sicherlich alle Minderheitenliteraturen. Vor Jahren erschien in Italien die Zeitschrift *Letterature di frontiera*, die sich mit weit gefächerten kulturologisch-literarischen Fragestellungen auseinandersetzte, so etwa mit der Minderheitenproblematik, der historischen Perspektive oder den Spezifika der Grenzliteratur.

Quellen: *Letterature di frontiera*, 1991–2003.
Lit.: A. Flaker: *Modelle von Grenzliteraturen: Zanini und Lipuš*. In: D. Medaković, H. Jaksche, E. Prunč (Hg.), E. Ertl (Rd.): *Pontes Slavici*. Graz 1986; I. Verč und M. Kravos [et al.] (Rd. u. Hg.): *Ednina, dvojina, večina*. Trst 1987; M. Košuta: *Krpanova sol. Književni liki in stiki na slovenskem zahodu*. Ljubljana 1996; M. Košuta: *Scritture parallele. Dialoghi di frontiera tra letteratura slovena e italiana*. Trst 1997; S. Borovnik: *Kratka proza Slovencev v Avstriji*, in: *Slovenska kratka pripovedna proza*, Ljubljana, 2006; M. Košuta: *E-mejli. Eseji o mejni literaturi*. Maribor 2008; D. Bandelj: *Večjezičnost v sodobni poeziji Slovencev v Avstriji: multikulturnost ali asimilacija?* In: *Slovenščina med kulturami*, Ljubljana, 2008; M. Jevnikar: *Slovenski avtorji v Italiji*, Trst, 2013.

David Bandelj; Üb.: Maja Francé

Grenzvertrag von Rapallo, → Jugoslawien.

Griffen/Grebinj, vgl. Sachlemmata: *Slovensko katoliško izobraževalno društvo za Grebinj, Grebinjski Kloŝter in okolico* [Slowenischer katholischer Bildungsverein für Griffen, Stift Griffen und Umgebung] unter → Völkermarkter Hügelland/Velikovško podgorje – slowenische Kulturvereine sowie → Bürgermeister; → Kulturgeschichte (= Einleitung, Band 1); → Abstimmungszonen; → Archivwesen; → Bamberg; → Eidesformeln; → Gewässer in Südkärnten/Južna Koroška; → Innichen (San Candido); → Jauntal/Podjuna; → Josephinismus; → Kreuzweg; → Liedersammlung, handschriftliche; → Saualpe/Svinška planina; *Sodaliteta presvetega Srca Jezusovega;* → Südkärnten/Južna Koroška; → Vertreibung 1920; → Völkermarkter Hügelland/Velikovško podgorje; → »Windische Ideologie«; Personenlemmata: → Ellersdorfer, Florijan; → Hutter, Janez; → Ladinig, Simon; → Meško, Franc Ksaver; → Possod, Josef; → Somer, Josef.

Gril, Adele (* 16. Dezember 1919, † 29. Dezember 2000), Deportationsopfer, Kulturaktivistin, Förderin der baulichen Erneuerung des Kultur- und Bildungshauses der → *Sodaliteta* in → Tainach/Tinje im Jahr 1994. Vgl. → Gril, Anton.

Gril, Aleš (vlg. Mentl, * 3. Juli 1860 Sv. Martin [Slovenj Gradec, hist. Štajerska, statistische Region Koroška], † 14. Oktober 1933 Unterlinden bei Haimburg/Podlipa pri Vovbrah), Unternehmer (bis 1898), Landwirt, Kulturaktivist.

G. war verheiratet mit Franciska (* geb. Lamprecht, 1860 in Vis bei Eibiswald [Ivnik] – 20. August 1944). Sie wurde mit der Familie ihres Sohnes Max 1942 nach Deutschland deportiert und kam mit der Schwiegertochter und deren Kindern auf Betreiben von deren Bruder vorzeitig frei (→ Deportationen 1942). G. war der Vater von Anton → Gril, Franciska Gril, verh. Zikulnig (* 25. Februar 1892 in Stari trg pri Slovenj Gradcu – † 25. Mai 1979 St. Martin/Šmartin pri Trušnjah), Pavel → Gril, Franc Gril (* 13. März 1894 in Stari Trg pri Slovenj Gradcu – † 9. Juni 1971 St. Agnes/Sv. Neža pri Velikovcu) (überlebte das KZ Dachau), Max Gril (* 29. September 1897 Stari Trg pri Slovenj Gradcu – † 1962 Unterlinden/Podlipa pri Vovbrah); Marija Gril, verh. Pavlica (* 1899 am Kabonhof in Dobrowa/Dobrava pri Vovbrah † 1953 Unterlinden/Podlipa) und Zofija Gril (* 8. Mai 1905 Unterlinden/Podlipa – † 3. März 1978 Zinsdorf/Svinča vas), verh. mit Andrej → Sturm.

G. lebte als Unternehmer in → Slovenj Gradec und übersiedelte mit seiner Familie 1898 nach Kärnten/Koroška, wo er sich zuerst das Gut Kabonhof kaufte. Nach dessen Veräußerung kaufte er 1904 den Mentlhof, wo er sich mit seiner Familie endgültig niederließ. 1906 ist er als Kulturaktivist, Gründungsmitglied und Vizeobmann des *Izobraževalno društvo za Vovbre, Št. Štefan in okolico* [Bildungsverein für Haimburg, St. Stefan und Umgebung] ausgewiesen (→ Völkermarkter Hügelland/Velikovško podgorje – slowenische Kulturvereine).

Quellen: *Darovi k slavnosti dvajsetletnice družbe sv. Cirila in Metoda v »Narodni šoli« v Št. Rupertu v Velikovcu*. In: *Mir*, 27. 7. 1905; Mündliche Hinweise dankend von Max Gril (* 1941 Podlipa/Unterlinden bei Haimburg/Vovbre) erhalten, Familenarchiv Katja Sturm-Schnabl (beide Enkel von Aleš Gril).
Lit.: Z. Kuchling: *20 let Prosvetno društvo Lipa v Velikovcu*. Štriholče/Gattersdorf 1994; P. Apovnik (Hg.): *O lepi in o hudih časih. Zbornik predavanj ob 90-letnici Prosvetnega društva Lipa v Velikovcu*. Velikovec 1996.

Katja Sturm-Schnabl

Anton und Adele Gril (vorne)

Gril, Anton (vlg. Jegart, * 1885 Stari trg pri Slovenj Gradcu [Slovenj Gradec, hist. Štajerska, statistische Region Koroška], † 20. September 1957 Blasnitzenberg/Plaznica [Sittersdorf/Žitara vas]), Unternehmer, Grundbesitzer, Landwirt, politischer Aktivist.

G. war Sohn des Aleš → Gril, Bruder des Pavel → Gril und Schwager von Andrej → Sturm. G. wurde als einer der drei slowenischen Madatare der Kmečka zveza [Bauernbund] 1932 in den Landeskulturrat gewählt. Mit seiner Tochter Adele Gril (1919–2000) wurde er Opfer der → Deportationen 1942. Nach seiner Rückkehr im Juli 1945 wurde er wieder im slowenischen → Genossenschaftswesen tätig. Er wurde zum Obmann der *Hranilnica in posojilnica Železna Kapla* [Spar- und Darlehenskasse → Eisenkappel] anlässlich der ersten Hauptversammlung nach der Befreiung im April 1946 gewählt und behielt diese Funktion bis zu seinem Tod 1957 (die Genossenschaft war von den Nazis beraubt und liquidiert worden, 1949 wurde das Eigentum nach einem intensiven Rechtsstreit restituiert).

Quellen: *Landwirtschaftliche Mitteilungen für Kärnten*, herausgegeben vom Landeskulturrat, Nr. 12 vom 25. November 1932, Nr. 13 vom 15. Dezember 1932. *Vesele in blagoslovljene božične praznike … [Weihnachtswünsche von Aktivisten]*. In: *Koroški Slovenec* 19. 12.

Pavel Gril, Primitz 1935. Mündliche Hinweise dankend von Max Gril (* 1941 Podlipa/Unterlinden bei Haimburg/Vovbre) erhalten.

Familie Gril, vulgo Mentl/Mentlnovi

Lit.: S. Rutar: *Spomini na prosvetno delo v Žitari vasi.* In: KK. Celovec 1959, 94–97; *Praznujte z nami! Feiern Sie mit uns! 100 let/Jahre Posojilnica-Bank Železna Kapla/Bad Eisenkappel.* Železna Kapla/Bad Eisenkappel Oktober 1998.

Katja Sturm-Schnabl

Gril, Pavel (* 19. Jänner 1890 Stari trg pri Slovenj Gradcu [Slovenj Gradec, hist. Štajerska, statistična regija Koroška], † 30. November 1963 in Šoštanj), Priester, Pädagoge, Komponist, sozial tätiger Aktivist.

G. wurde am 19. Jänner 1890 als Sohn des Unternehmers und Grundbesitzer Aleš GRIL und dessen Frau Franziska in Stari trg pri Slovenj Gradcu in der Diözese → Lavant/Lavantinska škofija geboren. Um 1900 übersiedelte die Familie nach Kärnten/Koroška, wo die Eltern (vgl. Franciska und Aleš → GRIL) den Mentlhof in Unterlinden/Podlipa bei Haimburg/Vovbre kauften (vgl. Andrej → STURM, Srečko → PUNCER). G. besuchte das Gymnasium und das Priesterseminar in Klagenfurt/Celovec und wurde dort am 15. Juli 1914 zum Priester geweiht. Er wirkte von Juni 1915 bis Mai 1916 als Kaplan in St. Jakob im R./Šentjakob v R. und von Mai 1916 an als Kaplan in St. Michael ob Bleiburg/Šmihel pri Pliberku. Er war danach als Leiter des slowenischen Studentenheimes, das dem damaligen slowenischen Gymnasium in → Völkermarkt/Velikovec angeschlossen war, tätig (→ Schulwesen unter jugoslawischer Verwaltung in der Zone A). Zusammen mit einigen Schülern flüchtete er im Oktober 1920 nach der → Volksabstimmung nach Kranj (→ Vertreibung 1920). Im Oktober 1920 erwirkte er einen einjährigen Urlaub von der Diözese → Gurk/Krška škofija, um die Präfektur des *Koroški konvikt* [Kärntner Konvikt] der Kärntner slowenischen Studenten in Kranj zu übernehmen und als Seelsorger an der dortigen Stadtpfarrkirche zu wirken. Dies wurde vom Gurker Ordinariat bewilligt (im ADG verlieren sich danach seine Spuren). Er bat um eine Stelle in der Diözese Maribor und war einige Zeit Präfekt im Seminar in Maribor. Danach ging er als Kaplan nach Šoštanj, und blieb es vom 1. Juni 1922 bis zum 1. Jänner 1927, als er dortselbst zum Pfarrer bestellt wurde und dies bis zu seiner Pensionierung am 1. November 1959 blieb. Während des Zweiten Weltkriegs wurde er nach Kroatien vertrieben, von wo er nach Kriegsende von einer Delegation der Arbeiter Šoštanjs auf seine alte Stelle zurückgeholt wurde. G. war ein außerordentlich engagierter Priester, er bemühte sich aber auch um die sozialen und kulturellen Anliegen der Bevölkerung, insbesondere der Arbeiterschaft (Bergbau). In der Nähe der Kirche erbaute er (mit finanzieller Unterstützung seiner Eltern) ein prächtiges Kulturhaus *Kulturni dom Slomšek* und organisierte selbst viele Kulturveranstaltungen. G. komponierte Kirchen- und Marienlieder, die z.T. zu → Volksliedern wurden. An seinem Begräbnis am 2. Dezember 1963 nahmen 37 Priester teil. Aus Kärnten/Koroška kamen im Namen der slowenischen Priesterschaft Dekan Kristo → SRIENC und der Kanonikus Aleš → ZECHNER, der auch eine Grabrede hielt. Das soziale Engagement G.s würdigte insbesondere der Vorsitzende der Gewerkschaft von Šoštanj am offenen Grab; dabei wies er besonders darauf hin, dass das jetzige Gewerkschaftshaus das ehemals von G. erbaute

471

Kulturhaus *(kulturni dom Slomšek)* sei (die Autorin hat als Nichte am Begräbnis teilgenommen).

Quellen: ADG; NŠAMb (kartoteka duhovnikov, Pavel Gril); ADG (Priesterpersonalakt Paul Grill); *Slovenski gospodar* 30. April 1925. Mündliche Hinweise dankend von Max Grill (* 1941 Podlipa/Unterlinden bei Haimburg/Vovbre) erhalten.
Lit.: *Naši rajni duhovniki – kratki orisi njihovega trudapolnega dela in življenja*. Hg. Krščanska kulturna zveza. V Celovcu 1968: A. Malle: *Del koroške zgodovine: šolstvo v coni A v času jugoslovanske uprave = Ein Stück Kärntner Geschichte. Anmerkungen zum Schulwesen in der Zone A zur Zeit der jugoslawischen Verwaltung*. In: *Die Brücke* 12, Kärntner Kulturzeitschrift, Jg. 6 (1980) 40–48.

Katja Sturm-Schnabl

Griuz, Georg, 1601–1606 Bürgermeister der Stadt Klagenfurt/Celovec, → Windisch, Christoph.

Grizold, A. (Sänger des Kulturvereins *Gorotan* aus St. Michael/Šmihel), → Schwabegg/Žvabek, Neuhaus/Suha und Leifling/Libeliče: Kulturarbeit seit 1882; → *Šmihel. Slovensko katoliško izobraževalno društvo za Šmihel in okolico* [Slowenischer katholischer Bildungsverein für St. Michael und Umgebung].

Grochar, Anton (Grocharus, Grohar, * zwischen 1563 und 1565 in Selce [Železniki, Gorenjska], † 2. Hälfte des Jahres 1638), Priester in Ottmanach/Otmanje.

Anton Grochar (Grocharus, nicht Groschar oder Kroscher wie bei Dehio) stammte aus Selce (Selzach bei Bischoflack) in → Krain/Kranjska, war ein ehelicher Sohn verheirateter Eltern. Er wurde am 20. Februar 1589 in das Ferdinandeum, einer Ausbildungsanstalt für Geistliche in Graz, aufgenommen, wo er die Universität besuchte, und zählte zu diesem Zeitpunkt 26 Jahre. 1591 finden wir ihn an der Universität Wien. Er sollte zwischen 1563 und 1565 geboren sein, da das Alter anlässlich der Visitation in Ottmanach/Otmanje 1622 mit 57 Jahren angegeben wird. Zu diesem Zeitpunkt war er 27 Jahre in der Erzdiözese → Salzburg tätig, davon 25 Jahre als Pfarrer in Ottmanach/Otmanje (heute Marktgemeinde Magdalensberg/Štalenska gora, vgl. → Klagenfurter Feld/Celovško polje, → Pfarrkarte der Diözese Gurk/Krška škofija). Für diese Pfarre wurde er am 20. Dezember 1596 vom Gurker Domkapitel dem Erzbischof von Salzburg präsentiert. Auf ihn geht laut Inschrift die Errichtung des Kirchturms südlich vom romanischen quadratischen Chorjoch im 2. Jahrzehnt des 17. Jh.s zurück (bezeichnet 161.) (Dehio). Sein Tod muss in der zweiten Hälfte des Jahres 1638 erfolgt sein, mit 7. November dieses Jahres folgte ihm Bartholomäus Gross als Pfarrer.

Quellen: ADG.
Lit.: Dehio 2001, 611.

Peter G. Tropper; Bojan-Ilija Schnabl

Gros, Sabine, vlg. Krošelj (Kulturaktivistin), → Völkermarkter Hügelland/Velikovško podgorje – slowenische Kulturvereine.

Gross, Šimen (* 26. Oktober 1892 Poggersdorf/Pokrče, † 24. April 1982 St. Jakob/Šentjakob na Vašinjah [Völkermarkt/Velikovec]), Kulturaktivist, Publizist, politischer Aktivist, Gemeinderat in St. Peter am Wallersberg/Šentpeter na Vašinjah.

G. wurde wegen seiner fortschrittlichen politischen und Kulturarbeit zur Zeit des Austrofaschismus eingesperrt, ebenso war er unter den ersten Slowenen, die unter den Nazis eingesperrt wurden. L. war Volkstribun, betätigte sich publizistisch, war eine Kapazität unter denn slowenischen Kommunisten und Mitglied der KPÖ. Ab 1945 war er einige Jahre Mitglied des *Pokrajinski odbor OF za Slovensko Koroško* [Regionalausschuss der Befreiungsfront OF für Slowenisch-Kärnten] und in dieser Zeit auch Gemeinderatsmitglied der KPÖ in St. Peter am Wallersberg/Šentpeter na Vašinjah. Im September 1948 trat er jedoch aus der Partei aus, da die Partei die Haltung des Informbüros und Stalins unterstützt hatte. Nach der Befreiung Vorsitzender der *Slovenska kmečka zveza za Slovensko Koroško* [Slowenischer Bauernverband für Slowenisch-Kärnten]. Mit der Neugründung der *Demokratična fronta delovnega ljudstva* [Demokratische Front des arbeitenden Volkes] im Sommer 1949 war er Mitglied deren Exekutivausschusses sowie deren stellvertretender Vorsitzender bis zu deren endgültiger Auflösung im Frühjahr 1957, nachdem die Organisation bereits mit der Unterzeichnung des Staatsvertrages ihre Grundlage verloren hatte.

Archive: INV.
Quellen: INV 166, SO 3, SO 4, SO 52; Brief von Pavel Žaucer 19. 6. 1945 in A INV 166 /stara sign.; *Slovenski vestnik* 7. 5. 1982 (Nekrolog).
Lit.: J. Pleterski: *Progresivne težnje med Slovenci na Koroškem*, In: I. Regent, J. Pleterski, I. Kreft: Progresivna Slovenija. Trst in Koroška, Murska Sobota 1964, 81–134, 118; J. Stergar [e.a.]: *Kronološki pregled zgodovine koroških Slovencev od 1848 do 1983*. In: J. Liška [e.a.]. (Hg.): Koroški Slovenci v Avstriji včeraj in danes. Ljubljana: 1984, ²1985, 175–283, Zit. S. 190, 227.

Janez Stergar; Üb. Bojan-Ilija Schnabl

Gross, Bartholomäus, Pfarrer in Ottmanach/Otmanje, → Grochar, Anton.

Gruden, Josip Valentin (* 14. Februar 1869 Ljubljana, † 1. Oktober 1922 ebd.), Geistlicher und Historiker.

G., der Sohn eines Schneiders war, besuchte die Volksschule in Idrija, dann das Gymnasium in Ljubljana. Nach dem Gymnasium studierte er zuerst in Ljubljana, später in Graz Theologie. 1892 empfing er die Priesterweihe; in den folgenden Jahren diente er als Kaplan in mehreren Pfarren in der Gorenjska (Oberkrain). Schließlich wurde er 1904 Direktor des *Alojzijevišče* (Collegium Aloysianum) in Ljubljana [*Alojzijevišče*: Erziehungsanstalt für Knaben, 1846 durch Anton Alojzij Wolf [1824–1859], Bischof von Ljubljana, gegründet; benannt nach dem italienischen Mönch Aloisius von Gonzaga [1568–1591], Patron der Schüler und Studenten]. Neben anderen Funktionen war G. fürstbischöflicher Inspektor für Religionsunterricht und Direktor des *Kranjski* (später: *Narodni*) *muzej* [Nationalmuseum] in Ljubljana. 1897 erlangte er an der Universität Graz die Würde eines Doktors der Theologie. Zwischen 1903 und 1911 war G. Professor für Kirchenrecht und Kirchengeschichte an der theologischen Fakultät in Ljubljana. In seinen Studien über die »Slawenapostel« Kyrill und Method (→ Methodvita) wies er nach, dass sich in ihrem Werk deutliche Spuren weströmischen Einflusses feststellen lassen (die Slowenen → Karantaniens wurden vor Kyrill und Method durch iro-schottische Missionare zum Christentum bekehrt [→ Christianisierung, → iro-schottische Mission]). Es entstand eine → altslowenische kirchliche Sprachpraxis (→ Liturgiesprache), die später die → Bibelübersetzung Kyrill und Methods beeinflusst hat (→ Altkirchenslawisch, → Karantanerslowenisch). Die Feiern rund um das vierhundertjährige Geburtstagsjubiläum von Primož → Trubar veranlassten G., sich eingehend mit der Kirchengeschichte des 15. und 16. Jh.s zu beschäftigen. G.s größter Verdienst um die Epoche der Reformation (→ Protestantismus) und → Gegenreformation ist, dass er der Forschung neue Quellen erschloss. Sein bekanntestes Werk ist *Zgodovina slovenskega naroda* [Geschichte des slowenischen Volkes], das in sechs Bänden von 1910 bis 1916 erschienen ist. *Zgodovina slovenskega naroda* behandelt die politische, kulturelle und kirchliche Geschichte der Slowenen. Im Hinblick auf Kärnten/Koroška sind seine Abhandlungen über die Einsetzung der Kärntner Herzöge von besonderer Bedeutung (→ Fürsteneinsetzung).

Werke: *Das soziale Wirken der katholischen Kirche in der Diözese Laibach*, 1906; *Cerkvene razmere med Slovenci v 15. stoletju in ustanovitev Ljubljanske škofije*, 1908; *Zgodovina slovenskega naroda*, 6. Bände, 1910–1916; Abhandlungen in den Zeitschriften *Čas*, *Dom in Svet*, *Katoliški obzornik*.
Lit.: ÖBL; SBL; EJ; ES; OVSBL.

Reinhold Jannach

Grudnik, Janko (1873–1939), Musikkünstler, → Liedersammlung, handschriftliche.

Grundrechte, → Oktroyierte Märzverfassung 1849, → Landesverfassung 1849, → Dezemberverfassung 1867, → Vertrag von Saint-Germain 1919; → Reichsgesetzblatt, RGBl.; → Landesgesetzblatt, zweisprachiges 1850–1859; → Kundmachung (1) – Reichs- und Landesgesetzblatt-Patent vom 4. März 1849; → Wahlkreiseinteilung; → Wahlordnungen und Nationalitätenpolitik vor dem Ersten Weltkrieg; → Amtssprache, → Landessprache, → »Minderheit«/Volksgruppe; → »Volksstamm«; → Diskriminierung.

Grundtner, Franz (Franc, * um 1767 Ort unbekannt, † 1. Mai 1827 in Klagenfurt/Celovec), Agronom und Ökonom, Inspektor der Graf Ferdinand Eggerschen Besitzungen in Kärnten/Koroška.

G. übersetzte auf Wunsch des Kreishauptmannes von Klagenfurt/Celovec Lieder aus der Collin'schen Sammlung »Lieder Österreichischer Wehrmänner« ins Slowenische, und zwar solche, die in den von Valentin → Vodnik übersetzten *Brambovske pesme* nicht enthalten waren. G. war einer der wenigen laizistischen Gebildeten unter den Kärntner Slowenen seiner Zeit. Er unterhielt intensive Beziehungen zu seinen Landsleuten, denen im Geiste der → Aufklärung eine intellektuelle und literarische Entwicklung der slowenischen Bevölkerung ein Anliegen war. G. war auch Mitglied frankophiler Zirkel von gebildeten Bürgerlichen und Mitgliedern der Freimaurerloge. Gleich nach dem Abzug der Franzosen am 11. Jänner 1810 wurden vonseiten des Klagenfurter Kreishauptmannes Franz von Fradeneck, des Stadt- und Landesrechtspräsidenten Ferdinand Freih. von Ulm und des Fürstbischofs Franz X. Altgraf zu Salm-Reiferscheid Denunziationen über das Verhalten frankophiler Personen während der französischen Besatzung, darunter auch G. und Josef Anton → Mitsch, an das Innenministerium in Wien geschickt.

Quellen: F. Kidric in SBL 1 (1925–1932) 271–272.

Werke: *Pesme za deželski bran.* Celovec 1809.
Lit.: F. Kotnik: *O Grundtnerju.* In: ČZN 10 (1913) 11 f.; M. Ortner: *Aus der Franzosenzeit in Kärnten. Zeugnisse zur inneren Geschichte der Epoche der Regierung des Kaisers Franz.* In: *Car I.* Mitteilungen des Geschichtsvereins für Kärnten, geleitet von Dr. Martin Wutte. 115. Jahrgang. Klagenfurt 1925, 75–96; W. Baum (Hg): *Weimar – Jena – Klagenfurt – der Herbert-Kreis und das Geistesleben Kärntens im Zeitalter der Französischen Revolution.* Klagenfurt 1989; K. Sturm-Schnabl: *L'influence de la Révolution française sur le mouvement de l'affirmation de l'individualité nationale slovène.* In: L'image de la France révolutionnaire dans les pays et peuples de l'Europe centrale et du sud-est. Colloque internationale tenu à Paris du 13 au 15 octobre 1988. Publications Langues'O. Paris 1989, 103–120; K. Sturm-Schnabl: *Franz Grundtner (1767–1827).* In: M. Mitrović: Geschichte der slowenischen Literatur, Von den Anfängen bis zur Gegenwart, aus dem Serbokroatischen übersetzt, redaktionell bearbeitet und mit ausgewählten Lemmata und Anmerkungen ergänzt von Katja Sturm-Schnabl. Klagenfurt/Celovec [e.a.] 2001, 110.

Katja Sturm-Schnabl

Gundersdorf/Gundrska vas (Marktgemeinde Magdalensberg/Štalenska gora, Pfarre/Altgemeinde St. Thomas am Zeiselberg/Šenttomaž pri Celovcu), vgl. → *Edinost Šenttomaž. Katoliško slovensko izobraževalno društvo Edinost Št. Tomaž pri Celovcu* [Katholischer slowenischer Bildungsverein St. Thomas]; → Edlinger-Gemeinschaftswald am Christofberg/Krištofova gora; → Klagenfurter Feld/Celovško polje; → Vulgoname; Mitglieder der slowenischen Spar- und Darlehenskasse *Hranilnica in posojilnica Št. Tomaž* in St. Thomas am Zeiselberg/Šenttomaž pri Celovcu aus Gundersdorf/Gundrska vas (→ *Edinost Št. Tomaž*, → Genossenschaftswesen) waren: Michael Česnik pd. Hafner, Stefan Česnik, Lena Ižep (*dekla*), Ferdinand Kogelnig, Karl Kulle, Vincenc Kulle, Agnes Lassnig (*zasebnica*), Lucija Slapar (*dekla*), Marg. Zechner.

Quellen/Archiv: *Knjiga hranilnih vlog, Glavna knjiga hranilnih vlog, 200 listov* (Einlagenbuch). Ljubljana dne 1. septembra 1910; *Blagajniški dnevnik, Pomožna knjiga z 99 listom.* Ljubljana dne 14. septembra 1910 (Kassabuch der *Hranilnica in posojilnica Št. Tomaž*, ca. 25,5 x 34 cm, 1910–1931), 19, 29, 66, 68, 98, 109 (Privatarchiv).

Gurk, Diözese, slow. *Krška škofija,* zur Kirchenprovinz Salzburg gehöriges Kärntner Landesbistum. Kaiser Karl der Grosse bestimmte im Jahr 811 die von Westen nach Osten durch Kärnten/Koroška fließende Drau/Drava zur Grenze zwischen den Kirchenprovinzen → Salzburg und → Aquileia (slow. Oglej).

In Anknüpfung an die Einrichtung der Salzburger Chorbischöfe errichtete Erzbischof Gebhard von Salzburg 1072 das Bistum G., das in geistlichen wie auch in weltlichen Belangen völlig vom Erzbischof von Salzburg abhängig sein sollte. Sowohl die Wahl als auch die Weihe des neuen Bischofs sollte einzig dem Salzburger Erzbischof zustehen und der Bischof von G. bloß Helfer in der Seelsorge sein. Der erste Bischof von G., Gunther von Krappfeld, wurde von Erzbischof Gebhard am 6. Mai 1072 geweiht. Erst im Jahr 1131 erfolgte die Zuteilung einer Diözese und im Jahr 1144 die Abtretung des Zehents dieses Sprengels durch Salzburg an G. Durch die Übertragung der Jurisdiktion über die Salzburger Archidiakonate Gmünd (Sovodnje), → Tainach/Tinje und Friesach (Breže) sowie über die Kärntner Pfarren des 1461 errichteten Bistums von Ljubljana (→ Ljubljana, Diözese) und die 1751 nach Aufhebung des Patriarchates von Aquileia an das Erzbistum → Gorizia/Gorica/Görz gelangten Pfarren in Kärnten/Koroška südlich der Drau/Drava wurde Gurk/Krka im Jahr 1787 zur Diözese für den größeren Teil des Landes. Von Lavant/Labot aus wurde nur das → Lavanttal/Labotska dolina und der Völkermarkter Distrikt seelsorglich betreut. Am 1. Juni 1859 fand die Verlegung des Lavanter Bischofssitzes von → St. Andrä im Lavanttal (Šentandraž v Labotski dolini) nach → Maribor und die Zuweisung des Kärntner Anteils der Diözese → Lavant/Lavantinska škofija an die Diözese G. statt. Diese wurde dabei um die Dekanate St. Andrä (Šentandraž), → Bleiburg/Pliberk, Eberndorf/Dobrla vas, St. Leonhard (Šentlenart), → Völkermarkt/Velikovec und Wolfsberg (Volšperk) erweitert. Die Seelenzahl für diese sechs Dekanate belief sich auf 90.912 Personen. Damit war die Diözese G. zum Landesbistum geworden. Die diözesane Statistik für 1860 weist 353 Pfarren in 24 Dekanaten mit 319.804 Katholiken und 16.922 Protestanten aus. Bei der Neuordnung der österreichischen Südgrenze nach dem Ersten Weltkrieg fiel das Dekanat von Tarvisio/Tarvis/Trbiž 1923 mit neun Pfarren an das Erzbistum von Gorizia/Gorica/Görz, später, 1929, an Udine (friul. Udin, slow. Videm), das Gebiet um Jezersko (Seeland, zwei Pfarren) an die Erzdiözese Ljubljana sowie die → Mežiška dolina (Mießtal) mit Dravograd (13 Pfarren) an die Diözese Lavant/Lavantinska škofija. Seit 1923 ist die Diözese G. mit dem österreichischen Bundesland Kärnten/Koroška nahezu deckungsgleich. Rechtskräftig wurde die Anerkennung der südlichen Diözesangrenze von G. erst im Jahr 1964/1965.

Ab der Mitte des 19. Jh.s erschienen immer wieder Behelfe und Bücher für den seelsorglichen Gebrauch drei- (Latein, Deutsch, Slowenisch) und auch zwei-

Diözese Gurk/Krška škofija

Wappen des Klosters zu Gurk/Krka nach Megiser, *Das Siebente Buch der Chronik*, S. 736

sprachig (Deutsch, Slowenisch). Seit 1850 lag ein »Manuale sacrum seu conpendium ritualis romano-salisburgensis« vor, das der Klagenfurter Professor für Pastoraltheologie, Norbert HEILMANN, verfasst hatte. Dieses Buch enthält neben den Ordines für die Sakramentenspendung und für unterschiedliche Benediktionen auch einen zweisprachigen Anhang mit zwei Trauungsreden und Gebeten bei Krankenbesuchen und Versehgängen in deutscher und slowenischer Sprache. Offizielle Texte wurden auch in slowenischer Sprache veröffentlicht: So erfolgte etwa die separate Drucklegung des Fastenhirtenbriefes von 1862 neben der üblichen Zahl der Verordnungsblättern für Pfarrämter und zentrale Stellen in 1.000 Exemplaren in deutscher und in 400 Exemplaren in slowenischer Sprache (→ *Liturgiesprache*). 1906 wurde die »Priestersodalität der Gurker Diözese zu Ehren des heiligsten Herzens Jesu mit dem Zweck der Erhaltung und Förderung des priesterlichen Geistes« gegründet, deren Mitglieder bis heute nahezu ausschließlich in den zweisprachigen Pfarren der Diözese tätig sind (→ *Sodaliteta*). 1910 berichteten slowenische Geistliche dem Erzbischof von Salzburg, dass in Kärnten/Koroška von den 347 Pfarren 20 Pfarren zweisprachig und 107 Pfarren rein slowenischsprachig seien. Die Zahl der Slowenen im Land belaufe sich auf ca. 110.000. Zwischen 1870 und 1910 habe sich bei ihnen nicht nur ein katholisch-politischer Volksverein gebildet, sondern auch ein christlich-sozialer Verband mit 32 nicht politischen Fortbildungs- und Jugendvereinen sowie die Organisation von 35 Vorschusskassen. Klagenfurt/Celovec war Sitz der → *Mohorjeva* (Hermagoras-Bruderschaft), die 86.000 Mitglieder unter den Slowenen zählte (→ *Vereinswesen*, → *Kulturvereine*). 1921 rief Bischof → HEFTER in der Diözese G. das »Karitassekretariat« parallel als deutsch- und slowenischsprachige Zentralstelle für die religiösen Standesbünde ins Leben. Erster Direktor der slowenischen Abteilung war Valentin → LIMPEL, dem 1927 Rudolf → BLÜML folgte. 1926 erschien die erste Nummer der slowenischen Kirchenzeitung → *Nedelja*, die bis 1941 im Eigenverlag von Monsignore Valentin → PODGORC herausgegeben wurde. In den 1920er- und 1930er-Jahren wurde auf Initiative slowenischer Priester in Kärnten/Koroška eine Reihe von Exerzitienheimen geschaffen, in denen nicht nur Exerzitien und Besinnungstage, sondern auch Kultur- und Bildungsveranstaltungen in slowenischer Sprache abgehalten wurden (→ *Sodaliteta*). Solche Heime entstanden in St. Johann im Rosental/Šentjanž v Rožu, Kappel an der Drau/Kapla ob Dravi, → Keutschach/Hodiše, Zell/Sele, Föderlach/Podravlje, Mellweg/Melviče und St. Margarethen im Rosental/Šmarjeta v Rožu. Laut statistischer Erhebung von 1936 wurde in 71 Kärntner Pfarren der slowenische Volksgesang gepflegt, in 57 Pfarren das Kunstlied (→ *Kirchenlied*, → *Pfarrkarte der Diözese Gurk/Krška škofija 1924*).

Lit.: G. Putz: *Die Kärntner Slowenen und die Kirche* (Theol. Diss.). Salzburg 1982; H. Rumpler: *Katholische Kirche und Nationalitätenfrage in Kärnten. Die Bedeutung des Klagenfurter Priesterseminars für die Ausbildung des slowenischen Klerus*. In: SDA 30/31 (1987/88) 40–77; *Veliko navdušenje. Iz koroških farnih kronik 1918–1920*. Celovec/Klagenfurt 1989; J. Marketz: *Interkulturelle Verständigung im christlichen Kontext. Der Beitrag der Kirche zum Zusammenleben der slowenischen und deutschen Volksgruppe in Kärnten*. Klagenfurt/Celovec [e.a.] 1994; P. G. Tropper: *Vom Missionsgebiet zum Landesbistum. Organisation und Administration der katholischen Kirche in Kärnten von Chorbischof Modestus bis zu Bischof Köstner*. Klagenfurt 1996; J. Till: *Die Kärntner Slowenen und die Diözese Gurk-Klagenfurt*. In: A. Moritsch (Hg.): Die Kärntner Slovenen 1900–2000. Bilanz des 20. Jahrhunderts. Klagenfurt/Celovec [e.a.] 2000, 67–169; S. Trießnig: *Der Kärntner slowenische Klerus und die nationale Frage 1920–1932*, Klagenfurt/Celovec [e.a.] 2000; H. Filipič: *Cerkev in koroški Slovenci*. In: M. Benedik (Hg.): Cerkev na Slovenskem v 20. stoljetu. Ljubljana 2002, 85–95; P. G. Tropper: *Nationalitätenkonflikt – Kulturkampf – Heimatkrieg. Dokumente zur Situation des slowenischen Klerus in Kärnten von 1914 bis 1921*. Klagenfurt 2002; T. Bahovec (Hg.): *Eliten und Nationwerdung/Elite in narodovanje. Die Rolle der Eliten bei der Nationalisierung der Kärntner Slovenen/Vloga elit pri narodovanju koroških Slovencev*. Klagenfurt/Celovec [e.a.] 2003; A. Malle: *Kirche und Kärntner Slowenen im 20. Jahrhundert. Zur Problematik des gesellschaftspolitischen Engagements von Geistlichen*. In: W. Drobesch, A. Malle (Hg.): Nationale Frage und Öffentlichkeit. Klagenfurt/Celovec [e.a.] 2005, 219–247; P. G. Tropper: *Verleumdet? Verfolgt? Vertrieben? – Zur Stellung des slowenischen Klerus in Kärnten zwischen den Jahren 1914 und 1921*. In: W. Drobesch, A. Malle (Hg.): Nationale Frage und Öffentlichkeit. Klagenfurt/Celovec [e.a.] 2005, 249–264; F. M. Dolinar: *Kärntens katholische Kirche aus der Sicht der Slowenen – Vom Zerfall der österreichisch-ungarischen Monarchie bis zur Verselbstständigung Sloweniens*. In: W. Drobesch, A. Malle (Hg.): Nationale Frage und Öffentlichkeit. Klagenfurt/Celovec [e.a.] 2005, 291–307; M. Wakounig: *Zur Ambivalenz einer Beziehung. Die Diözese Gurk und die Kärntner Slowenen (1848–1900)*. In: W. Drobesch, R. Stauber, P. G. Tropper (Hg.): Mensch, Staat und Kirchen zwischen Alpen und Adria 1848–1938. Einblicke in Religion, Politik, Kultur und Wirtschaft einer Übergangszeit. Klagenfurt/Celovec [e.a.] 2007, 151–161; M. Vrečar (Hg.): *Južna Koroška in njena cerkvena podoba v 20. stoletju. Ob 100-letnici Sodalitete, združenja slovenskih duhovnikov na Koroškem (1906–2006)*. Celovec 2007.

Peter G. Tropper

Gurnikamt *(kurnik)* → Edlingerdienste.

Gurnitz/Podkrnos (Gemeinde Ebenthal/Žrelec): Sachlemmata: → Bildstock; → Inschrift, slowenische;

→ Klagenfurter Feld/Celovško polje; → Liedersammlung, handschriftliche; → Verfolgung slowenischer Priester ab 1938 in Kärnten/Koroška; Personenlemmata: → Brabenec, Jan; → Brollo, Jacobo; → Drobiunig, Jožef; → Jarnik, Urban; → Limpel, Valentin; → Mitsch, Josef Anton; → Unrest, Jakob; → Wang, Jakob; → Widowitz, Johann Baptist.

Gutenberger, Lukas (aus der Dolenjska [Unterkrain], 1547 und 1557 Rector magnificus der Universität Wien), → Wien.

Gutsmann, Oswald (Gutsman Ožbald, * 4. August 1725 Oberwuchel/Zgornja Buhlja [Grafenstein/Grabštanj], † 18. Mai 1790 Klagenfurt/Celovec), Erbauungsschriftsteller, Priester, Jesuit, Grammatiker und Lexikograf.

Im Jahre 1739 schrieb er sich ins Jesuitengymnasium in Klagenfurt/Celovec ein und beendete seine Gymnasialstudien in Krems. 1746 wurde er in den Jesuitenorden aufgenommen und war zunächst in Wien, Krems, Leoben, Graz und in Zvolen in der Slowakei tätig. 1761 kehrte er nach Klagenfurt/Celovec zurück und wirkte als Wandermissionar vor allem auf dem slowenischsprachigen Gebiet von Kärnten/Koroška. Nach der Aufhebung des Jesuitenordens wurde er k.k. Missionar in Kärnten/Koroška. Nach seiner Rückkehr hatte sich G. aktiv in die literarisch-sprachlichen Bemühungen des Jesuitenordens eingebracht. Die Jesuiten entwickelten planmäßig sprachlich-literarische Konzepte für das Slowenische unter Berücksichtigung der dialektalen Vielfalt der Kärntner slowenischen Dialekte unter Einbeziehung der mittelslowenischen (= krainerischen, id est → Trubar'schen) Schrifttradition. Unter den Klagenfurter Jesuiten wurde G. bald zur Autorität bei der Versorgung der Kärntner Slowenen mit liturgischer Literatur (→ Liturgiesprache). G. wurde aber auch der wichtigste Kärntner Sprachtheoretiker der 2. Hälfte des 18. Jh.s, wobei er sich eine einheitliche Schriftnorm des Slowenischen und zugleich die Vereinheitlichung der gesprochenen Sprache angelegen sein ließ. Wahrscheinlich hat G. schon an den Vorbereitungen bei der Klagenfurter Ausgabe des Parhammer-Katechismus (die Ausgabe aus dem Jahre 1761 ist verschollen, die aus dem Jahre 1762 wurde wiederentdeckt) mitgearbeitet. Dieser Katechismus ist das erste Buch in slowenischer Sprache, das in Kärnten für den kirchlichen Gebrauch in der Redaktion eines Kärntner Slowenen herausgegeben wurde. Im Jahre 1770 gab G. 15 Predigten für Priester heraus: *Chriſtianſke Reſnize, ſkus Premiſhluvanje napreineſhene, inu ſa predige tudi naraunane* mit dem Anhang *Anmerkungen über die windisch- und krainerische Rechtschreibung*, Celovec, 1770 (238–246); darin polemisiert er mit Marko → Pohlin, wobei er die Gründe für die Ablehnung seiner Orthografie darlegt. Dieser Anhang erfuhr zwischen 1770 und 1777 eine Neuauflage in erweiterter Form. Im Jahre 1784 gab er das für die Jugend bestimmte Werk: *Meſhnu petje, Litanie inu Molitve, kaker so per Novei Napravi Boshje ſlushbe h' povſodnemu ſhpoganju bile priedpisane* (Celovec 1784) heraus. 1780 erschien das Handbuch für Priester: *Evangelie ino Branje ali Piſme na vſe Nedele inu jimenitne prasnike zielega leta resdelene*, Celovec 1780. Im Jahre 1788 erschien ein für die Bedürfnisse der Bauern gedachtes Büchlein: *Bukvize molitoune v' katireh ſe najdejo Juterne inu Vezherne Molitvize. Tudi MOLITVE per ſvetei Meſhi, per Spovedi, inu ſvetem Obhaili; S' permiſhluvanjem Chriſtuſovega terplenja; ſraven drujeh poſebneh Molitviz k' Svetei Divizi Marii k' boshjem Svetnikam inu za mnogotere Potriebe*, Celovec 1788.

G. hat seine theoretischen Ansichten über eine schriftsprachliche Norm der Kärntner slowenischen Literatursprache, die seiner Meinung nach eine möglichst große Anzahl von Varianten aus Zeit und Raum umfassen sollte und dem Gebrauch der Alltagssprache möglichst nahe kommen sollte, stellte er in seiner deskriptiven Grammatik: *Windiſche Sprachlehre*, Klagenfurt 1777 vor. Diese erfuhr sechs Auflagen, die letzte im Jahre 1829 besorgte Urban → Jarnik. Diese Grammatik ist kontrastiv aufgebaut und daher zu ihrer Zeit sehr gebrauchsfreundlich. Im ersten Teil werden die phonetischen Werte der Grapheme dargelegt, danach folgt die Formenlehre der Wortarten, wobei G. auf die morphologischen Doubletten und interne paradigmatische Besonderheiten verweist, im zweiten Teil erörtert G. zunächst die Syntax der Wortarten vordergründig im Hinblick auf die Unterschiede zum Deutschen, Teilabschnitte der dialektalen Besonderheiten, die allgemeinen sprachlichen Fehler, die Fehler beim Gebrauch von Wörtern deutscher Herkunft, die orthografischen Besonderheiten der Kärntner slowenischen Schriftnorm; G. bringt ein nach Wortarten gereihtes Verzeichnis von deutsch-slowenischen Lexemen, das er mit einem Zusatz der Namen der Wochentage und der wichtigsten Feiertage abschließt. Wenn G. bei der Einteilung des grammatischen Stoffes im Allgemeinen Marko Pohlins Grammatik aus dem Jahre 1768 folgt,

Oswald Gutsmann, *Deutsch-windisches Wörterbuch* (Titelblatt) (Wiki)

ist sein Hauptziel doch das, so zu schreiben, dass ihn nicht nur die Kärntner Slowenen gut verstehen sollten, sondern auch die steirischen und die krainerischen Slowenen; damit hat G. Pohlins Entscheidung nur für die Bedürfnisse der krainerischen Region zu schreiben, bei Weitem überschritten.

Im Jahre 1789 erschien: *Deutſch-windiſches Wörterbuch mit einer Sammlung der verdeutſchten windiſchen Stammwörter, und einiger vorzüglichern abſtammenden Wörter*, Klagenfurt 1789. G. hatte es bereits in der Einleitung seiner Grammatik angekündigt, seine Ansätze aber lassen sich in den Verzeichnissen am Ende der Grammatik (S. 149–164) erkennen. Das Wörterbuch umfasst 568 Seiten und beinhaltet neben seinem deutsch-slowenischen Hauptteil (S. 1–480) einen Zusatzteil (S. 481–489) und auch einen ergänzenden deutsch-slowenischen Zusatz (S. 560–561). G. hat seinem Wörterbuch die Alphabetisierungen deutscher Wörterbücher eines B. F. Nierenberge, J. C. Adelung und J. L. Frisch zugrunde gelegt. Von den slowenischen Wörterbüchern aber hat G. als Quelle für die slowenischen Entsprechungen neben dem Dialektmaterial aus dem → Jauntal/Podjuna und → Rosental/Rož (nicht aber → Gailtal/Zilja) vor allem Megisers Wörterbuch aus dem Jahre 1592 (mit seiner Kärntner Ausgabe aus dem Jahre 1744) und 1603 sowie Pohlins *Tu malu besediše treh jezikov* (1781) verwendet, von dem G.s Wörterbuch nur minimal abweicht. Dieses bildet die Grundlage Ludwig Karničars 1999 erschienenen Umkehrversion slowenisch – deutsch. Auch das lateinisch-kajkavisch-deutsch-ungarische Wörterbuch von Jambrešić aus dem Jahre 1742 diente G. als → Quelle, wahrscheinlich stand ihm noch eine weitere unbekannte mündliche Quelle zur Verfügung. Einen bedeutenden Teil des Wörterbuches stellen Neologismen, damit hat G. sein tieferes Verständnis für die Gesetzmäßigkeiten der slowenischen Wortbildung bewiesen; z. B. *zherkuvati* »buchstabieren«, *vuzhilnica* »Schulhaus«, *lubosumnost* »Eifersucht«. Spuren seines Aufenthaltes in der Slowakei finden sich in Lehnwörtern wie *urad* »Amt«, *uraden* »was vom Amte kommt« und *uradnik* »Amtsverwalter«. Viele Wörter aus Gutsmanns Wörterbuch blieben über Anton → Murkos Wörterbücher und alle vier Auflagen des Wörterbuches von Anton → Janežič sowie das Wörterbuch von Maks Pleteršnik der slowenischen Literatursprache erhalten, so z. B. *urad* (das Amt), *uradnik* (der Beamte), *učilnica* (das Klassenzimmer), *ljubosumnost* (die Eifersucht). Bis heute ist das Wörterbuch von G. eine außerordentlich wertvolle und unentbehrliche Quelle bei der Erforschung der slowenischen Lexik, denn es beinhaltet neben dialektalen Formen (z. B. *tretki* ›der dritte‹ < *tretji*) und zahlreichen dialektalen Varianten (z. B. *teden: tieden: keden* ›Woche‹; *tekauz: kavez: kauz* ›Weber‹) sowie zahlreichen Synonymen (z. B. *teden/tieden/keden: nedela* ›Woche‹; *tekauz/kavez/kauz: tekazh* ›Weber‹; *vidra: vider* ›Otter‹; *pomlad: spomlad: vigred: mladu letu* ›Frühling‹) so manches Wort, das in anderen slowenischen Quellen nicht vorkommt (z. B. *ovez* ›Schöps‹, *vider* ›Otter‹).

Werke: *Windiſche Sprachlehre*. Klagenfurt 1777; *Deutſch-windiſches Wörterbuch mit einer Sammlung der verdeutſchten windiſchen Stammwörter, und einiger vorzüglichern abſtammenden Wörter*. Klagenfurt 1789.
Üb.: *Katechisem tu je Bukvize tega sprashuvanje is pеshtukou zhastitega patra Petra Canisia* [= »Parhammer Katechismus«]. Klagenfurt 1762; *Chriſtianſke Reſnize, ſkus Premiſhluvanje napreineſhene, inu sa predige tudi naraunane.* [Mit Anhang:] *Anmerkungen über die windisch- und krainerische Rechtschreibung*. Celovec 1770; *Evangelie ino Branje ali Piſme na vſe Nedele inu jimenitne prasnike zielega leta resdelene*, Celovec 1780; *Meſhnu petje, Litanie inu Molitve, kaker so per Novei Napravi Boshje ſluſhbe h' povſodnemu ſhpoganju bile priedpisane.* Celovec 1784; *Bukvize molitoune v' katireh ſe najdejo Juterne inu Vezherne Molitvize. Tudi MOLITVE per ſvetei Meſhi, per Spovedi, inu ſvetem Obhaili; S' permiſhluvanjem Chriſtuſovega terplenja; sraven drujeh poſebneh Molit-*

viz k' Svetei Divizi Marii k' boshjem Svetnikam inu za mnogotere Potriebe. Celovec 1788.

Lit.: SBL; ES; OVSBL. – F. Kotnik: *Bibliographie der im Herzogtume Kärnten bis 1910 erschienenen Druckschriften*. In: ČZN 10 (1913) 50–52; A. Breznik: *Slovenski slovarji*. In: ZDHV III (1929) 165–167; T. Domej: *Oswaldus Gutsman SJ als Slawist*. In: W. Drobesch, P. G. Tropper (Hg.): Die Jesuiten in Innerösterreich – Die kulturelle und geistige Prägung einer Region im 17. und 18. Jahrhundert. Klagenfurt [e.a.] 2006; T. Domej: *Slovenska jezikovna misel na Koroškem v 18. stoletju*. In: B. Paternu, B. Pogorelec, J. Koruza (Hg.): Obdobje razsvetljenstva v slovenskem jeziku, književnosti in kulturi. Mednarodni simpozij v Ljubljani od 28. do 30. junija 1979. Ljubljana 1980; E. Prunč: *Prispevek k poznavanju virov za Gutsmanov slovar*. In: B. Paternu, B. Pogorelec, J. Koruza (Hg.): Obdobje razsvetljenstva v slovenskem jeziku, književnosti in kulturi. Mednarodni simpozij v Ljubljani od 28. do 30. junija 1979. Ljubljana 1980; J. Toporišič: *Gutsmanova slovnica*. In: Protestantismus bei den Slowenen/Protestantizem pri Slovencih, Beiträge zur 3. Slawistentagung der Universitäten Klagenfurt und Ljubljana. Klagenfurt, 26.–28. Mai 1983 (= Wiener slawistischer Almanach, Sonderbd. 13). Wien 1984, 209–227; G. Neweklowsky: *Jezik Gutsmannovega Katekizma 1762*. In: B. Pogorelec [e.a.] (Hg.): Jezikoslovne in literarnovedske raziskave, Zbornik referatov 6. srečanja slavistov Celovec – Ljubljana 1989. Ljubljana 1997, 55–65.

Metka Furlan; Üb.: Katja Sturm-Schnabl

Habich, Anton, vlg. Žaborc (Rauth/Rut), Kulturaktivist, → *Zvezda, Izobraževalno in pevsko društvo* [Bildungs- und Gesangsverein Zvezda (Stern)].

Habih, Miha (Habich, Michael, vlg. Zavorčev, * 19. September 1905 Keutschach/Hodiše, † 16. September 1936 ebd.), Kulturaktivist, der nach seinem Tod zum nationalen Märtyrer stilisiert wurde.

Der aus bäuerlichen Verhältnissen stammende H. war Mitglied und Sänger des Gesangs- und Bildungsvereins → *Zvezda* in → Keutschach/Hodiše. Er wurde am 13. September 1936 auf dem Heimweg von einer slowenischen Gesangsveranstaltung in Augsdorf/Loga vas in eine verbale und tätliche Auseinandersetzung verwickelt. Laut Presseberichten fielen Schimpfwörter wie *Tschusch* und *Irredentist*. H. wurde von zwei Männern geschlagen und erlag drei Tage später seinen Verletzungen. Begraben wurde er am Friedhof in Keutschach/Hodiše, wo 1937 auch eine Gedenktafel für ihn eingesegnet wurde. Die Tafel, die dem *Kameraden* von den *Burschen-Sängern* gewidmet wurde, enthielt eine Zeile aus dem bekannten Volkslied *Nmav čez izaro*. In Slowenien wurden unter Federführung des nationalen Schutzvereins → *Klub koroških Slovencev* [Klub der Kärntner Slowenen] Gedenkveranstaltungen für H. organisiert. Im November 1936 wurden H.s Angreifer vom Landes- als Schöffengericht Klagenfurt/Celovec wegen Totschlages zu zwei bzw. drei Jahren Haft verurteilt. Der Staatsanwalt erklärt bei der Verhandlung, der traurige Zwischenfall habe keinen politischen Hintergrund, doch belaste eine solche Tat das Zusammenleben von Deutschen und Slowenen im Lande. In slowenischen Berichten aus Kärnten/Koroška und aus Slowenien (bzw. der Drau-Banschaft) wurde ein nationaler Hintergrund des Angriffes postuliert und H. als nationaler Märtyrer bezeichnet, der Opfer seiner Liebe zur slowenischen Sprache und zum slowenischen → Lied wurde. Seine Angreifer wurden als → Deutschtümler bezeichnet, ihr Angriff als indirekte Folge der von der Obrigkeit unterstützten → Germanisierung.

Lit.: J. Stergar [e.a.]: *Kronološki pregled zgodovine koroških Slovencev od 1848 do 1983*. In: J. Liska [e.a.] (Hg.): Koroški Slovenci v Avstriji včeraj in danes. Ljubljana, Celovec 1984, hier 227; T. Bahovec: *Die Kärntner Slowenen 1930–1941*. (Phil. Diss). Klagenfurt 1999, hier 248.

Tina Bahovec

Haderlap, Franc, vlg. Potočnik (* 2. Oktober 1894 Koprein/Koprivna [Eisenkappel/Železna Kapla], † 19. Mai 1947), Chorleiter, Kulturaktivist, → *Zarja, Slovensko prosvetno društvo* [Slowenischer Kulturverein]; → Prušnik, Karel – Gašper.

Hafner, Angela (geborene Glawar), Laienschauspielerin, Kulturaktivistin, → Schwabegg/Žvabek, Neuhaus/Suha und Leifling/Libeliče: Kulturarbeit seit 1882.

Hafner, Krista (vlg. Črnkova), Vereinssekretärin, Kulturaktivistin, → *Šmihel. Slovensko katoliško izobraževalno društvo za Šmihel in okolico* [Slowenischer katholischer Bildungsverein für St. Michael und Umgebung].

Hafner, Matevž (Kulturaktivist), → *Klub koroških slovenskih akademikov na Dunaju* [Klub der Kärntner slowenischen Akademiker in Wien].

Hafner, Stanislaus (* 13. Dezember 1916 in St. Veit an der Glan [Šentvid ob Glini], † 9. Dezember 2006 Graz), Slawist, Slowenist, Literatur-, Sprach- und Kulturwissenschafter.

H. studierte in Wien als einer der letzten Schüler N. → Trubetzkoys Slawistik. 1939/40 Deutschlektor in → Ljubljana, 1941 Promotion in Graz. Im Zweiten Weltkrieg kam er in russische Kriegsgefangenschaft. Nach seiner Rückkehr wurde er Referent für Slawistik in der Österreichischen Nationalbibliothek in Wien.

Haimburg/Vovbre, slowenischer Kirchenchor 1955

Seit 1963 unterrichtete er an der Universität in Graz Slawistik, seit 1967 als Ordinarius. 1981 wird er korrespondierendes Mitglied der Slowenischen Akademie der Wissenschaften (SAZU), 1985 korrespondierendes Mitglied der Österreichischen Akademie der Wissenschaften (ÖAW), 1997 Mitglied der Serbischen Akademie (SANU).

H. publizierte in vielen namhaften slawistischen Zeitschriften und wird selbst Mitherausgeber des *Anzeigers für slavische Philologie* (Graz/Wiesbaden). H. setzt sich mit dem *nationalen* Denken von → KOPITAR und → MIKLOSICH (*über Miklosichs Weltbild*) auseinander und wird zu einem feinsinnigen, nicht unkritischen Beobachter der österreichisch-ungarischen Nationalkulturen und der Geschichte der europäischen Slawistik überhaupt. Besonders beachtenswert sind seine Essays *Der Beitrag der österreichischen Slawistik für das Erkennen und für den Aufbau der slawischen Nationalkulturen* und/oder *Kirche, Staatlichkeit, Sprache und Volkstum im Vielvölkerstaat und das Entstehen der slowenischen Nationalkultur*. Mit seinem Lehrer TRUBETZKOY ist H. überzeugt, dass es keine *höheren und niedrigeren* Kulturen gibt, sondern *ähnliche und nicht ähnliche*. Im Gegensatz zu → DOBROVSKÝS Ansicht vom »altbulgarischen System« der Christianisierung der Slawen steht H. in solider Kenntnis mitteleuropäischer Geschichte an Seite des »karantanisch-pannonischen Systems« von KOPITAR und MIKLOSICH (→ Altkirchenslawisch, → Freisinger Denkmäler, → Methodvita). Gemeinsam mit G. WYTRZENS und O. TUREČEK gab H. die mehrbändige Buchreihe *Slavische Geisteswelt* heraus. H. entdeckte viele neue unvertraute Seiten an vertrauten Persönlichkeiten: → MIKLOSICH und TRUBETZKOY *als Literaturwissenschafter*. H. wird zum profunden Kenner der mittelalterlichen Literatur in Serbien *(altserbische Herrscherbiographien),* was durch hohe serbische Auszeichnungen geehrt wurde. In vielen Beiträgen äußerte er sich über die slowenische Literatur, auch durch Übersetzungen ins Deutsche. Gemeinsam mit E. PRUNČ gibt H. in 6 Bänden (1982–1992) den bewundernswerten, leider unvollendeten *Thesaurus der slowenischen Volkssprache in Kärnten* (A–K) im Rahmen des Forschungsprojekts *Inventarisierung der kärntnerslowenischen → Volkssprache* bei der Österreichischen Akademie der Wissenschaften (Schriften der Balkankommission) heraus.

Werke: (Gemeinsam mit E. Prunč): *Lexikalische Inventarisierung der slowenischen Volkssprache in Kärnten (Grundsätzliches und Allgemeines).* Graz 1980; (Gem. mit E. Prunč): *Die slowenische Volkssprache in Kärnten.* Wien 1982 ff. (ÖAW); *Geschichte der österreichischen Slawistik.* In: Beiträge zur Geschichte der Slawistik in nichtslawischen Ländern. (Hg. J. Hamm, G. Wytrzens), Wien (ÖAW) 1985, 11–88; *Kirche, Staatlichkeit, Sprache und Volkstum im Vielvölkerstaat und das Entstehen der slowenischen Nationalkultur.* In: *Slavistische Forschung* 56 (1987) 1–21 (Sprachen und Nationen im Balkanraum. Die historischen Bedingungen der Entstehung der heutigen Nationalsprachen. Hg. Ch. Hannick); *Der Beitrag der österreichischen Slawistik für das Erkennen und für den Aufbau der slawischen Nationalkulturen.* In: *Die Slawischen Sprachen* 55 (1997) 7–18 (16. Salzburger Slawistengespräch. Die Funktion der Slawistik im europäischen Bildungswesen. Eine alternative Geschichte und Prognose. Hg. O. Kronsteiner); *Die Wiener Slawistik in der europäischen Wissenschaftsgeschichte.* In: *Wiener Slavistisches Jahrbuch* 45. Wien 2000, 41–52.

Lit.: *Pontes Slavici. Festschrift für Stanislaus Hafner zum 70. Geburtstag.* Hg. von D. Medaković, H. Jaksche, E. Prunč. Graz 1986 (mit Bibliografie); G. Wytrzens: *Stanislaus Hafner 70 Jahre*. In: *Österreichische Osthefte* 29 (1987) 70–72.

Otto Kronsteiner

Hafner, Urh (Vereinssekretär, Kulturaktivist), → *Edinost Pliberk. Katoliško slovensko izobraževalno društvo Edinost v Pliberku* [Katholischer slowenischer Bildungsverein *Edinost* (Einheit) in Bleiburg]; → *Melviče, Katoliško slovensko izobraževalno društvo* [Katholischer slowenischer Bildungsverein Mellweg].

Haimburg/Vovbre (Stadtgemeinde Völkermarkt/Velikovec), vgl. Sachlemmata: *Izobraževalno društvo za Vovbre, Št. Štefan in okolico* [Bildungsverein für Haimburg, St. Stefan und Umgebung] unter → Völkermarkter Hügelland/Velikovško podgorje – slowenische Kulturvereine, sowie → Abstimmungszonen; → *Gorjanci. Slovensko izobraževalno društvo Gorjanci, Kotmara vas*

[Slowenischer Bildungsverein Gorjanci, Köttmannsdorf]; → Liedersammlung, handschriftliche; → Pfarrkarte der Diözese Gurk/Krška škofija 1924; → Schwabegg/Žvabek, Neuhaus/Suha und Leifling/Libeliče: Kulturarbeit seit 1882; → Völkermarkter Hügelland/Velikovško podgorje; Personenlemmata: → Ebner, Johann; → Gril, Pavel; → Kogelnik, Ivan; → Maklin, Walter; → Scheliessnigg, Jakob; Unterlinden/Podlipa bei Haimburg/Vovbre: → Ellersdorfer, Florijan; → Puncer, Srečko.

Hainfelder Parteitag, → Perlornig, Ferdinand.

Hainsitsch, Georg, 1617–1618 Bürgermeister der Stadt Klagenfurt/Celovec, → Windisch, Christoph.

Hajnžič, Mirko (1905–1977), Musikschaffender, → Liedersammlung, handschriftliche.

Hansiz, Markus (Hanžič, Marko, Marcus, * 25. April 1683 Wasserhofen/Žirovnica [heute: Gemeinde Eberndorf/Dobrla vas], † 5. September 1766 Wien), Jesuit, Kirchenhistoriker.

Der im südkärntner »Gentiforensis« (vermutlich Wasserhofen/Žirovnica) geborene H. besuchte das Klagenfurter Jesuitengymnasium und trat 1697 in den → Jesuitenorden ein (Noviziat 1699–1700 in → Klagenfurt/Celovec). 1701–1703 studierte er Philosophie in Wien, 1704–1705 am Klagenfurter Lyzeum. Nach dem Studium der Theologie in Graz 1707–1709 absolvierte H. 1710 das Terziat in Leoben. In den folgenden Jahren übte er innerhalb des Ordens verschiedene Funktionen sowie Lehrtätigkeiten in den Jesuitenniederlassungen in Buda (1711), Graz (1712, 1715–1717) und → Gorizia/Gorica/Görz (1713–1714) aus. 1716 legte er in Graz die beiden letzten Gelübde ab. 1718–1720 betätigte er sich als Professor für Kasuistik, als Katechismus-Lehrer, Haushistoriograf und Konsultor in Passau, 1721–1730 als Beichtvater, Konsultor, Bibliothekar und Historiograf in Wien, 1761 bis zu seinem Tod 1766 als Historiograf in Wien. Bereits aus H.s Wiener Studienzeit datiert sein Interesse für die Geschichte, welches vom Präfekten der Wiener Hofbibliothek Johann Benedikt Gentilotti und der Ordensleitung unterstützt wurde. Ausgehend von seinen Studien über Passau und Lorch entwickelte er den Plan zu einer »Germania sacra«, mit der er sich in die Reihe bedeutender österreichischer Barockhistoriker stellt. H. war zunächst ein typischer Jesuitenhistoriker, er vertrat den Standpunkt des tridentinischen Katholizismus, die Idee eines katholischen römisch-deutschen Kaisertums sowie eines habsburgischen konfessionellen Absolutismus. Die Verflechtung von katholischem Glauben und habsburgischem Herrscherhaus führte zu einem spezifisch habsburgisch-absolutistischen »Österreich«-Bewusstsein, das die Sendung der Habsburger als Träger der Kaiserkrone des Heiligen Römischen Reiches betonte.

Zunehmend vertrat H. auch den Standpunkt einer quellenorientierten Geschichtsschreibung. Insbesondere nach der Begegnung mit dem herzoglichen Bibliothekar in Modena, Ludovico Antonio Muratori, und dem Historiker Franceso Scipione Marchese di Maffei auf seiner Romreise 1731 betrieb H. systematische Quellenstudien und fügte urkundliche → Quellen in seine Darstellungen ein. Bei der Auswertung orientierte er sich an jenen quellenkritischen Methoden, die von den Maurinern erarbeitet wurden. Er suchte persönlich die Archive in Graz, → St. Andrä (Šentandraž), Gurk oder in Straßburg in Kärnten/Koroška auf. Dementsprechend lange arbeitete er an der Fertigstellung des dritten Bandes der *Germania sacra*, von dem nach mehr als 20-jähriger Arbeit 1754 die Vorrede erschien. Obwohl er bis zu seinem Tod noch weiteres Quellenmaterial sichtete und bearbeitete, blieb das umfassende Werk zur Geschichte der Reichskirche unvollendet.

Möglicherweise aus eigenem Antrieb, wahrscheinlich aber auf Anregung und Wunsch des Klagenfurter Jesuitenkollegiums widmete sich H. in seinen letzten Lebensjahren auch der Kärntner und innerösterreichischen Geschichte. Die von ihm gesammelten Materialien erschienen allerdings erst posthum als zweiteilige *Analecta* (1782). Das zweite Opus, die *Historia reformationis in Styria, Carinthia und Carniolia* (1769), ist ein bloßer Materialauszug aus dem zweiten Band der *Germania sacra*. Ihm zugeschrieben wird auch ein (nicht auffindbares) *Chronicon rerum Carinthiacorum*. Anderes Material, das er im Zusammenhang mit den Recherchen zur Diözese → Gurk (Krška škofija) gesammelt hatte, blieb unausgewertet. Trotz des teils fragmentarischen Charakters markiert seine historiografische Arbeit für die Kirchengeschichte von → Innerösterreich und Kärnten/Koroška den Übergang von einer chronikalisch-erzählenden zu einer quellenorientiert-kritischen Geschichtsschreibung. Nicht zuletzt deshalb wurde diese zu einer wichtigen Grundlage für die Geschichte des innerösterreichischen Raumes.

Foltej Hartman

Werke: *Commentarii de ratione belli cum Turcis in Hungariae gerendi Raymundi principis Montecucoli, pars I et II.* Graecii 1716; *Quinquennium primum imperii Romano Germanici Caroli VI. Romanorum imperatoris […].* Graecii 1717; *Quinquennium secundum imperii Romano Germanici Caroli VI. Romanorum imperatoris […].* Viennae 1717; *Germania sacra, tomus I: Metropolis Laureacensis cum episcopate Pataviensi.* Augustae Vindelicorum 1727; *Germania sacra, tomus II: Archiepiscopatus Salisburgensis.* Augustae Vindelicorum 1731; *Germania sacra, tomus III: De episcopate Ratisbonensi prodromus.* Viennae 1754; *Historia reformationis religionis in Styria, Carinthia et Carniola.* Clagenfurti 1769; *Analecta seu collectanea pro historia Carinthiae concinnanda, pars I.* Clagenfurti 1782, pars I et II Norimbergae 1793.

Lit.: SBL; ES; OVSBL. – L. Lukács: *Catalogus generalis seu Nomenclator biographicus personarum Provinciae Austriae Societatis Jesu (1551–1773).* 1. Romae 1987; J. N. Stoeger: *Scriptores provinciae Austriacae Societatis Jesu ab eius origine ad nostra usque tempora.* Viennae-Ratisbonae 1856; F. Hausmann: *Ein verschollenes Diplomatar für Gurk und die »Germania sacra« des P. Marcus Hansiz S. J. und des Abtes Magnus Klein von Göttweig.* In: *Car I* 161 (1971) 197–212; [H. Hermann]: *Der kärntnerische Geschichtsschreiber Markus Hansiz.* In: *Car* 21 (1834) 87–89, *Car* 22 (1834) 92–94; J. N. Stoeger: *Scriptores provinciae Austriacae Societatis Jesu ab eius origine ad nostra usque tempora,* Viennae-Ratisbonae 1856; A. Coreth: *Österreichische Geschichtsschreibung in der Barockzeit (1620–1740).* Wien 1950; R. Graf: *Chronik des k. k. Gymnasiums zu Klagenfurt von seinem Entstehen bis zur Gegenwart.* In: I. Programm des k.k. Staatsgymnasiums zu Klagenfurt am Schlusse des Studienjahres 1851. Klagenfurt 1852, 1–68 (Hansiz betreffend: 30–33); D. Mihelič: *Karantanija v očeh zgodovinarjev od konca 15. do 18. stoletja.* In: ZČ 31 (1977) 306–328; D. Mihelič: *Jezuit Marko Hanžič v luči svoje koroške zgodovine.* In: Jezuiti na Slovenskem. Ljubljana 1992, 207–212; P. G. Tropper: *Die geistlichen Historiker Österreichs in der Barockzeit.* In: K. Gutkas (Hg.): Prinz Eugen und das barocke Österreich. Salzburg [e.a.] 1985, 365–374; P. Fiska: *Die österreichischen Stifte als Schrittmacher der österreichischen Geschichtsforschung.* In: Ordensnachrichten 48 (2009), 78–91.

Werner Drobesch

Harrich, Martin, vlg. Plaznik, Vereinsvorsitzender des *Izobraževalno društvo za Vovbre, Št. Štefan in okolico* [Bildungsverein für Haimburg, St. Stefan und Umgebung], Kulturaktivist, → Völkermarkter Hügelland/Velikovško podgorje – slowenische Kulturvereine.

Hartman, Foltej (Valentin, Folti, manchmal auch Zdravko, Hartmann, * 10. Februar 1907 Loibach/Libuče [Bleiburg/Pliberk], † 10. Oktober 1984 Klopein/Klopinj), Kulturarbeiter, Chorleiter.

H. ist als zweiter Sohn bzw. als drittes Kind der bäuerlichen Familie Hartmann *(Ortmanova družina)* geboren (Vater Tevžej, Mutter Trezka, Kinder Anzej, Milka, Foltej, Trezka, Tevžej), die für ihr slowenisches Identitätsbewusstsein und ihre Musikalität bekannt war. H. besuchte die Volksschule in Loibach/Libuče, danach die staatliche Landwirtschaftsschule in Grm bei Ljubljana und die Handelsschule in Ljubljana. Die musikalische Ausbildung erhielt er in der Orgelschule in Klagenfurt/Celovec und in Šentvid pri Ljubljani. Bereits in den 30er-Jahren des 20. Jh.s sammelte H. Sänger und Kulturaktivisten aus der Umgebung von → Bleiburg/Pliberk um sich. Der erste Auftritt dieses Männerchors fand bereits 1932 bei einer größeren Veranstaltung in Eberndorf/Dobrla vas statt. Dieses Wirken führte er bis 1938 fort, d.h. bis zum → »Anschluss«, mit dem die slowenischen Sänger nicht mehr auftreten durften. 1938 wurde H. auch das erste Mal als slowenischer Kultur- und politischer Aktivist verhaftet. 1941 wurde er ins KZ Dachau gebracht, wo er bis zum Ende des Dritten Reiches inhaftiert blieb. Bemerkenswert für diese Zeit ist, dass H. sogar in den äußerst schwierigen Umständen im KZ Sänger aus dem slowenischen Kulturraum um sich sammelte und sie in einem anerkannten Kultur- und Gesangsensemble vereinte, das in jedem Sänger und in jedem Zuhörer in der schwersten Not mit dem Gesang ungeahnte, versteckte Kräfte erweckte, um so das Grauen der Lagerhaft leichter zu verkraften. Unter diesen Sängern im KZ war auch Božo Grošelj, der bekannte Sänger und Mitglied des berühmten *Slovenski oktet* [Slowenisches Oktett]. 1946 kehrte H. heim und begann bald wieder mit der Kulturarbeit im → Jauntal/Podjuna. Zunächst unterrichtete er die Smrtnik-Schwestern, die im Sextett den Gesang auf hohem Niveau pflegten. Unter ihnen lernte er seine zukünftige Frau Terezija kennen, mit der er vier Kinder hatte (Folti, Marija, Božo und Andreja). Seiner Familie schuf er ein Heim in Klopein/Klopinj in der Gemeinde Sankt Kanzian/Škocjan, wo er bis zu seinem Tod lebte. Auf dem örtlichen Friedhof liegt er auch begraben. Den Männerchor des Slovensko prosvetno društvo *Edinost* [Slowenischer Kulturverein Edinost] in Bleiburg/Pliberk leitete er von 1946 bis zu seinem Tod (→ *Edinost Pliberk*). Lange Jahre war er der führende Chorleiter der → *Slovenska prosvetna zveza* [Slowenischer Kulturverband] und bereiste so Jugoslawien, trat in Italien und in anderen Staaten auf. H. ist auch einer der Initiatoren der musikalischen Revue *Od Pliberka do Traberka* [Von Bleiburg bis Traberk] sowie der Mitbegründer der Gesangsrevue *Od Korotana do Jadrana* [Von Kärnten bis zur Adria] sowie der noch größeren Gesangsveranstaltung *Pesem ne pozna meja* [Das Lied kennt keine Grenzen] (→ Korotan). Er erhielt verschiedene Auszeichnungen, darunter die Gallus-Plakette und Urkunde. H. zeichnete mitverantwortlich für ein steigendes Niveau des Chorgesangs im slowenischen Teil Kärntens und war sich stets auch der politischen Bedeutung jedes kulturellen Wirkens bewusst (→ Chorwesen).

Lit.: OVSBL. – R. Gobec: *Padel je steber, Folteju Hartmanu v spomin*. In: KK 1985. Celovec 1984, 193–195; A. Malle [e.a.]: *Dachau – spomin in opomin, primeri preganjanja antifašistov iz Koroške – ob 100-letnici rojstva Folteja Hartmanna in 75-letnici Moškega pevskega zbora »Foltej Hartman« Slovenskega prosvetnega društva »Edinost« v Pliberku – Erinnern und Gedenken – Beispiele der Verfolgung von Antifaschisten aus Kärnten – anläßlich des 100. Geburtstages von Foltej Hartman und des 75. Bestandsjubiläums des Männerchores »Foltej Hartmann« des Slowenischen Kulturvereines »Edinost« in Bleiburg*. Klagenfurt 2007.

Božo Hartmann; Üb.: Bojan-Ilija Schnabl

Hartman, Milka (Hartmann, Rosa Ludmilla, Ljudmila, geb. SCHICK. * 11. Februar 1902 Unterloibach/Spodnje Libuče [Bleiburg/Pliberk], † 9. Juni 1997 ebd.), Kulturarbeiterin, Lehrerin, Kulturschaffende, Volkspoetin.

Zweites von sechs Kindern einer bäuerlichen Familie, Vater Matej Grundbesitzer, Mutter Terezija, geb. KUŠEJ, Schwester von → Radoslav KUŠEJ. Besucht sechs Jahre die zweiklassige utraquistische Volksschule in Loibach/Libuče, bis sie im Ersten Weltkrieg auf der elterlichen Landwirtschaft mithelfen muss. Bei Kriegsende erlebt sie den Grenzkonflikt und die → Volksabstimmung, bei der Loibach/Libuče mehrheitlich für → Jugoslawien stimmt (→ Grenzfrage). Sie engagiert sich im *Katoliško izobraževalno društvo Pliberk* [Katholischer Bildungsverein Bleiburg] (→ *Edinost v Pliberku*) sowie in der Marianischen Kongregation. In den 1920er-Jahren bildet sie sich neben der Arbeit auf der elterlichen Landwirtschaft in Slowenien beruflich durch Besuch eines zehnmonatigen Lehrgangs an der Hauswirtschaftsschule der → Schulschwestern in → Ljubljana fort sowie durch einen Fortführungskurs bei den Schulschwestern in → Maribor. Seit Ende der 1920er-Jahre ist sie als Wanderlehrerin in Slowenien und Leiterin von meist sechs- bis achtwöchigen Haushaltungskursen in Kärnten/Koroška tätig. Diese Kurse dienen der fachlichen und sprachlich-nationalen Bildung, ihre Abschlussveranstaltungen beinhalten auch kulturelle Darbietungen, oft von H. verfasst. 1927 wird sie in den Vorstand der → *Slovenska krščansko-socialna zveza* [Slowenischer christlich-sozialer Verband] gewählt. Sie leitet die Unterorganisation *Dekliška zveza* [Mädchenverband], die Mädchen christlich, konservativ und national formen will. 1931–1936 organisiert sie gemeinsam mit dem → *Klub koroških Slovencev* [Klub der Kärntner Slowenen] an der kroatisch-dalmatinischen Adria Sommerkolonien für kärntnerslowenische Kinder, die auch der sprachlich-nationalen Bildung dienen sollten. Aufgrund ihrer identitätsstiftenden Tätigkeit wird H. von den Behörden überwacht und als fanatische Jugoslawin diffamiert. Sie ist auch tätlichen Angriffen ausgesetzt. 1939 verbietet das NS-Regime die Abhaltung slowenischer Kochkurse. Einer der letzten öffentlichen Auftritte H.s erfolgt im Juni 1939 beim Slowenischen Tag in Sigmontschitsch/Zmotiče. Während des Zweiten Weltkrieges führt sie in St. Jakob ob Gurk den Haushalt von Pfarrer Tomaž → HOLMAR. 1941 ist H. zwei Monate in Gestapo-Haft (→ TOMASCH/TOMAŽ, Maria/Marija). Ihre Familie wird 1942 deportiert (→ Deportationen 1942). Nach dem Zweiten Weltkrieg setzt H. ihre Bildungs- und Frauenarbeit fort und engagiert sich politisch. Ihre projugoslawische Haltung und ihre zahlreichen Auftritte dokumentieren ihre Verbundenheit mit → Jugoslawien. 1956 tritt sie gesundheitsbedingt in den vorzeitigen Ruhestand und zieht sich in ihren Heimatort zurück. In der Folgezeit wird ihr dichterisches Œuvre zunehmend öffentlich rezipiert und sie erhält zahlreiche Preise.

H. ist nach der → Volksabstimmung eine herausragende Vertreterin der Kärntner slowenischen Intelligenzia und durch mehrere Jahrzehnte die einzige slowenische Lyrikerin in Kärnten/Koroška (→ Bukovništvo). Gegen Ende des Ersten Weltkriegs schreibt die Autodidaktin erste Texte und Melodien, einige in Mundart. In den 1930er-Jahren veröffentlicht sie Beiträge in der zentralen Volksgruppenzeitung → *Koroški Slovenec* (→ Publizistik) sowie Bühnenstücke für Laienspiele. 1934 erscheinen in Ljubljana im Eigenverlag erstmals zwei Hefte mit Liedern und Melodien, vertont von Marko → BAJUK. Nach dem Zweiten Weltkrieg publiziert sie u.a. in den Zeitschriften *Vera in dom, Naš tednik*, → *Nedelja*. Anlässlich ihrer Geburtstagsjubiläen erscheinen umfangreiche Gedichtbände. Viele ihrer rund 860 religiösen, Liebes-, Natur- und Heimatgedichte werden vertont, teils von ihr selbst. Die Gedichte und insbesondere ihre Prosa, Erinnerungsliteratur und Publizistik spiegeln die wechselvolle Geschichte der Kärntner SlowenInnen im 20. Jh. Ihr Nachlass ist im Verlag der → *Mohorjeva* archiviert.

Archive: *Mohorjeva*.
Werke: 1934 *Dekliške pesmi. Med cvetjem in v solncu*; 1952 *Moje grede*; 1972 *Lipov cvet*; 1977 *Pesmi z libuškega puela*; 1982 *Poezije*, 1998 *Zimske rože; Der Frost verspinnt die Beete mit feinen Netzen*. Hg. A. Leben. Klagenfurt/Celovec 2007.
Lit.: F. J. Bister: *Tekst in dokumentacija*. In: Milka Hartman: *I. Življenje*. Celovec [e.a.] 1982; M. Spieler: *Milka Hartman*. In: J.

Milka Hartman

Milka Hartman, Radio Agora

Milka Hartman, Foto Feliks Bister

Strutz (Hg.): *Profile der neueren slowenischen Literatur in Kärnten.* Klagenfurt/Celovec 1998, 33–40; Krščanska kulturna zveza (Hg.): *Milka Hartman. Dovolj je je cvetje dalo zrnja.* Celovec 2004; V. Sima: *Hartman, Milka.* In: S. Karner (Hg.): *Kärnten und die nationale Frage* = S. Karner, A. Moritsch (Hg.): *Aussiedlung – Verschleppung – nationaler Kampf,* Band 1. Klagenfurt/Celovec [e.a.] 2005, 301; A. Leben: *Nachwort.* In: Der Frost verspinnt die Beete mir mit feinen Netzen. Klagenfurt 2007, 116–141.

Tina Bahovec

Hašnik, Jozip (Liedschöpfer um 1854), → Lied; → Volkslied.

Haushaltskurse, vgl. → Hartman, Milka und → Kulturvereine sowie → *Brdo, Katoliško slovensko izobraževalno društvo* [Katholischer slowenischer Bildungsverein Egg]; → *Danica, Katoliško izobraževalno društvo* [Katholischer Bildungsverein Danica (Morgenstern)]; → *Edinost Škofiče. Slovensko prosvetno društvo »Edinost« Škofiče* [Slowenischer Kulturverein Edinost (Einheit) Schiefling]; → *Globasnica, Slovensko izobraževalno društvo* [Slowenischer Bildungsverein Globasnitz]; → *Gorjanci. Slovensko izobraževalno društvo Gorjanci, Kotmara vas* [Slowenischer Bildungsverein Gorjanci, Köttmannsdorf]; → *Loga ves, Slovensko pevsko in izobraževalno društvo* [Slowenischer Gesangs- und Bildungsverein Augsdorf]; → *Narodna šola* [National- bzw. Volks-Schule]; → *Planina, Katoliško prosvetno društvo v Selah (KPD Planina)* [Katholischer Kulturverein Planina in Zell]; → *Srce. Slovensko katoliško izobraževalno društvo za Dobrlo vas in okolico* [Slowenischer katholischer Bildungsverein für Eberndorf und Umgebung].

Hausname, slow. *hišno ime,* → Vulgoname.

Hauptmann, Ljudmil (* 5. Februar 1884 Graz, † 19. April 1968 Zagreb), Historiker.

H. hatte in Graz Geschichte und Geografie studiert und war 1907 promoviert worden. Zunächst war er als Gymnasialprofessor tätig. 1920–1926 war H. ordentlicher Professor für allgemeine Geschichte des Mittelalters und ältere slowenische Geschichte an der philosophischen Fakultät in Ljubljana, 1926–1948 ordentlicher Professor für allgemeine Geschichte des Mittelalters an der Universität in Zagreb. H. wurde 1928 Mitglied der jugoslawischen Akademie der Wissenschaften und Künste *(Jugoslovenska akademija znanosti i umjetnosti, JAZU),* 1936 korrespondierendes Mitglied der serbischen Akademie der Wissenschaften und Künste *(Srbska akademija nauka i umetnosti, SANU)* und 1940 der slowenischen Akademie der Wissenschaften und Künste *(Slovenska akademija znanosti in umetnosti, SAZU).*

H.s Forschungsgebiet war vor allem die frühmittelalterliche Geschichte von der Ansiedlung der Slawen bis zum 12. Jh. Dabei standen Fragen der Beziehungen zwischen Slawen und → Awaren (slow. *Obri*) im Vordergrund. Weiters befasste er sich mit dem Verhältnis und der Verbundenheit → Karantaniens mit dem Stammesverband von → Samo und mit der gesellschaftlichen Rolle der *kosezi/*→ Edlinger. Letztere hielt H. später für ein kroatisches Element, das unter die Alpenslawen (→ alpenslawisch) zugewandert war (→ *Crouuati, in pago;* → Kroatengau; → Inkulturation). Zum Kreis seiner Forschungsthematik gehörte auch die Entstehung und Entwicklung der Grenzmarken zur Zeit der Franken, insbesondere die Ausformung des Landes → Krain/Kranjska. In H.s wissenschaftlichen Publikationen stechen die genaue Formulierung der Probleme sowie die Klarheit und Disziplin bei deren Lösung hervor. Alle von H. angeschnittenen Forschungsbereiche betreffen direkt oder indirekt auch Fragen der älteren Geschichte von Kärnten/Koroška.

Quellen: [Bibliografie.] In: Hauptmanov zbornik. Ljubljana 1966, 11–15.

Lit.: SBL; ES; OVSBL. – B. Grafenauer: *Ob osemdesetletnici Ljudmila Hauptmanna.* In: Hauptmanov zbornik. Ljubljana 1966, 4–10; B. Grafenauer: *Ljudmil Hauptmann.* In: *Letopis Slovenske akademije znanosti in umetnosti* 19 (1968). Ljubljana 1969, 51–62.

Janez Mlinar; Üb.: Katja Sturm-Schnabl

Hebein, Josef (* 18. März 1872, Melach/Mele bei Egg/Brdo [Hermagor – Pressegger See/Šmohor – Preseško jezero], † 31. März 1946, Feistritz an der Gail/Bistrica na Zilji) Landwirt, slowenischer Bürgermeister von Feistritz an der Gail/Bistrica na Zilji.

Nach dem Besuch der Volksschule in Egg/Brdo und Hermagor/Šmohor sowie einer Bürgerschule, der Tätigkeit am väterlichen Hof in Micheldorf/Velika vas bei Egg/Brdo und in der Steiermark heiratete H. 1904 auf einen Bauernhof (vlg. Čiči) in Feistritz an der Gail/Bistrica na Zilji ein. H. gehörte zum Freundeskreis des slowenischen Landtags- und Reichsratsabgeordneten Franz → GRAFENAUER (→ Abgeordnete), dessen Patensohn er war und der sein Trauzeuge wurde. Mit H.s Heirat und Besitzantritt in Feistritz/Bistrica erfolgte zugleich eine Neupositionierung der → *Koroško slovenska stranka* (KSS) [Kärntner slowenische Partei] in der eben erst von Hohenthurn/Straja vas getrennten Gemeinde. Anlässlich der ersten Gemeinderatswahl 1906 war H. Kandidat der KSS für den Gemeinderat. In den folgenden Jahren war er in verschiedenen slowenischen Vereinen und Genossenschaften wie dem → Kulturverein → *Zila* und der *Darlehenskasse/Posojilnica Feistritz* aktiv, zugleich jedoch in nicht national oder politisch gebundenen Vereinen und Genossenschaften (→ Genossenschaftswesen). So war er Gründungsmitglied der 1911 in Nötsch/Čajna gegründeten *Landwirtschaftlichen Genossenschaft für das Untere Gailtal*. 1928 wurde er als Kandidat der KSS mit Unterstützung einer lokalen Wählervereinigung, der sog. Kleinen Wirtschaftspartei, zum → Bürgermeister von Feistritz an der Gail/Bistrica na Zilji gewählt. H. kandidierte nach Ablauf der Periode 1932 nicht mehr für dieses Amt und schied aus der Gemeindepolitik aus, hatte jedoch bis 1938 weiterhin Funktionen in den örtlichen und regionalen Genossenschaften inne. Eine offenbar bereits geplante → Deportation im Jahr 1942 unterblieb. Sein Enkel und Besitznachfolger ÖR Ing. Josef WIESFLECKER war von 1991–2003 Bürgermeister der Gemeinde Feistritz an der Gail/Bistrica na Zilji und u. a. von 1966–1971 als Bezirks- und von 1971–1991 als Landwirtschaftskammerrat in der bäuerlichen Standesvertretung tätig.

Quellen: ADG und Pfarrarchive Egg und Feistritz/Gail, Tauf-, Heirats- und Sterbematriken. KLA, Vereinsakten. Archiv Wiesflecker/Schnabl (Achomitz/Zahomec), Nachlass Josef Hebein.

Lit.: P. Wiesflecker: *Feistritz an der Gail. Ein Dorf im Schnittpunkt dreier Kulturen*. Klagenfurt 2003, 173, 184–185, 223.

Peter Wiesflecker

Hedenig, Franz (* 1904 Laiplach/Liplje bei Ferlach/Borovlje), NS-Opfer, → Zeugen Jehovas.

Hefter, Adam (* 6. Dezember 1871 Stetten bei Prien am Chiemsee [Bayern], † 9. Jänner 1970 Prien am Chiemsee), Bischof der Diözese Gurk/Krška škofija 1914–1939.

H. entstammte einer Bauernfamilie im bayrischen Prien am Chiemsee. Auf Einladung von Fürstbischof Joseph → KAHN in das priesterarme Kärnten/Koroška gekommen, hatte er am Klagenfurter → Priesterseminar studiert. Er wurde am 26. Dezember 1914 zum Bischof der Diözese → Gurk/Krška škofija ernannt. Die Amtszeit Bischof H.s ist einerseits gekennzeichnet von der starken Belastung auch der Kirche durch die Nationalitätenfrage in Kärnten/Koroška, andererseits durch den Ausbau der Seelsorge und die Intensivierung der religiösen Praxis. Wenngleich nach der → Volksabstimmung zahlreiche slowenische Geistliche die Diözese Gurk/Krška škofija verließen, wodurch der Priestermangel in Kärnten/Koroška noch drückender wurde, gelang es H. in der Folgezeit, den Priesternachwuchs aus der eigenen Diözese zu steigern und ein einheitlicheres Diözesanpresbyterium zu schaffen. Den sprachlichen Wünschen der slowenischen Bevölkerung versuchte er dadurch Rechnung zu tragen, dass er die Seminaristen zur Erlernung des Slowenischen verpflichtete. Bei den Firmungen und Visitationen in → zweisprachigen Pfarren wurde die deutsche Predigt des Bischofs durch dessen Hofkaplan bzw. Sekretär slowenisch ergänzt; 1930 setzte er die Herausgabe eines slowenischen, eines slowenisch-deutschen und eines deutschen Katechismus durch. Das Andenken der Slowenen an diesen Bischof ist positiv: Er errichtete ein slowenisches Caritas-Sekretariat, das er mit denselben Kompetenzen ausstattete wie das im Mai 1920 geschaffene deutsche Pendant. Nach der Errichtung des neuen Priesterseminars in der Tarviser Straße in Klagenfurt/Celovec übergab H. 1934 die Alte Priesterhauskirche den in der Stadt lebenden Slowenen als Stätte für slowenische Gottesdienste (→ Pfarrkarte der Diözese Gurk/Krška škofija 1924). Seine Bemühungen als geistliches Oberhaupt galten vor allem dem Ausbau und der Intensivierung der Seelsorge, dem kirchlichen Vereinswesen und der Jugendarbeit. Unter ihm wurden zwei Diözesansynoden (1923 und 1933) abgehalten. Das Jahr 1929 stand im Zeichen der Einführung der Katholischen Aktion in der Diözese Gurk/Krška škofija. Bereits 1931 hatte der seit Langem kränkliche

Hemma von Gurk (Bildnis von Sebald Bopp um 1510)

Gurker Bischof dem Hl. Stuhl seinen Rücktritt vom Bischofsamt angeboten; das Gesuch war aber nicht angenommen worden. Stattdessen erhielt H. 1933 in seinem damaligen Seminarregens Andreas ROHRACHER einen Weihbischof. H.s Verhältnis zum Nationalsozialismus ist als ambivalent zu bezeichnen; einerseits lehnte er eine gemeinsame dezidierte Erklärung der österreichischen Bischöfe gegen den Nationalsozialismus aus Furcht vor einem Massenaustritt aus der Kirche ab, andererseits stand er dem → »Anschluss« Österreichs an das Deutsche Reich und einzelnen sozialen Neuerungen des nationalsozialistischen Staates positiv gegenüber. Ein neuerliches Rücktrittsgesuch wurde vom Vatikan im Juli 1939 angenommen und H. zum Erzbischof ernannt. Er starb am 9. Jänner 1970 und wurde im Dom zu Klagenfurt/Celovec beigesetzt.

Archive: ADG.
Quellen: [Hirtenbriefe deutsch und slowenisch].
Lit./Web: C. Fräss-Ehrfeld-Kromer: *Adam Hefter – Kirche und Staat in der Ersten Republik*. In: Festschrift für Franz Koschier. Klagenfurt 1974, 139–176; J. Obersteiner: *Die Bischöfe von Gurk 1824–1979*. Klagenfurt 1980, 161–196; E. Gatz (Hg.): *Die Bischöfe der deutschsprachigen Länder 1785/1803 bis 1945. Ein biographisches Lexikon*. Berlin 1983, 298–299; P. G. Tropper: *Bemerkungen zum Weg der katholischen Kirche in Kärnten von März bis September 1938*. In: H. Rumpler (Hg.): März 1938 in Kärnten. Fallstudien und Dokumente zum Weg in den »Anschluß«. Klagenfurt 1989, 119–151; P. G. Tropper (Hg.): *Kirche im Gau. Dokumente zur Situation der katholischen Kirche in Kärnten von 1938 bis 1945*. Klagenfurt 1995; S. Trießnig: *Der Kärntner slowenische Klerus und die nationale Frage 1920–1932*. Klagenfurt/Celovec [e.a.] 2000; P. G. Tropper: *Nationalitätenkonflikt, Kulturkampf, Heimatkrieg. Dokumente zur Situation des slowenischen Klerus in Kärnten von 1914 bis 1921*. Klagenfurt 2002; http://de.wikipedia.org/wiki/Adam_Hefter (14. 11. 2008).

Peter G. Tropper

Heiligenviten → Bischöfe und Heiligenviten.

Heimatbund, Kärntner, → Deutschnationale Vereine.

Helbling, Alex, → Abgeordnete.

Helwinus, dux, → *Duces Carantanorum*.

Hemma von Gurk (HEMA KRŠKA, sv. Ema, * o. J., o. O., † um 1045), Heilige, Stifterin.

H., die der nicht gesicherten Überlieferung nach im Jahr 1045 starb, war zu ihrer Zeit eine der reichsten und mächtigsten Frauen in Kärnten/Koroška. Über sie ist nur wenig Konkretes bekannt, Wirklichkeit und Legende sind zu eng in der Überlieferungsgeschichte verwoben. Verwandt mit Kaiser HEINRICH II. und verheiratet mit dem Grafen WILHELM von Friesach und an der Sann *(Viljem II mejni grof Savinjske marke)*, finden sich in ihrer Ahnenreihe Angehörige des alten karantanisch-slawischen Adels ebenso wie Vertreter von zugewanderten bairischen Geschlechtern und der fränkischen Reichsaristokratie. Von ihren Vorfahren hatte sie reiche Besitzungen geerbt: das Gurk- und Metnitztal (Krška dolina, dolina Motnice), den Ort Zeltschach (Selče), Güter und Burgen im Trixner Tal/Trušenjska dolina in Kärnten/Koroška sowie im heutigen Slowenien ausgedehntes Land um Brestanica (Rajhenburg) und Krško (Gurkfeld). Vermutlich im Jahr 1036 wurde ihr kaisertreuer Mann vom aufständischen Kärntner Herzog Adalbero von EPPENSTEIN ermordet; H. vereinigte seither das Erbe zweier mächtiger Familien in ihrer Hand (→ Herzöge von Kärnten/Koroška). Der Großteil dieses Erbes diente der Stiftung der Klöster Admont und Gurk (Krka). Während die Gründung des obersteirischen Klosters erst Jahre nach ihrem Tod realisiert wurde, konnte H. die Realisierung des Frauenstiftes in Gurk (Krka) am 15. August 1042 (oder 1043) noch selbst erleben. H. ist in ihrer Klosterkirche begraben. 1174 hat man ihre sterblichen Überreste feierlich in die Krypta des Gurker Domes übertragen und dort bestattet. Wenngleich die Heiligerklärung H.s durch den Papst erst am 5. Jänner 1938 erfolgte, wurde sie schon durch die Jahrhunderte davor vom gläubigen Volk als Heilige verehrt; besonders Slowenen aus Kärnten/Koroška, aus der Steiermark/Štajerska und aus dem heutigen Slowenien (»Krainer Wallfahrt«) suchten in Gurk/Krka ihr Grab auf. H.s Gedenktag ist der 27. Juni.

Lit.: ES; OVSBL. – *Hemma von Gurk. Katalog der Ausstellung auf Schloss Strassburg/Kärnten*. Klagenfurt 1988; J. Till: *Hemmas Welt. Hemma von Gurk – ein Frauenschicksal im Mittelalter*. Klagenfurt 1999; J. Till: *Auf Hemmas Spuren*. Klagenfurt 2005.
Web: http://de.wikipedia.org/wiki/Hemma_von_Gurk; www.hemmapilgerweg.com (14. 10. 2012)

Peter G. Tropper

Herberstein, Karl Johann von (Karel Janez, * 7. Juli 1719 Graz, † 7. Oktober 1787 Ljubljana). Bischof von Ljubljana 1772–1787.

Väterlicherseits entstammte er dem Geschlecht der Herberstein, mütterlicherseits dem der Dietrichstein. In der Wissenschaft besteht keine einheitliche Meinung zu H.s Studienort. Verbreitet ist die Ansicht, dass H. in den Jahren zwischen 1757 und 1761 am jesuitischen Collegium Germanicum in Rom Theologie studierte. Allerdings konnte Valentin EINSPIELER Unstimmigkeiten in der gängigen Forschungsmeinung aufzeigen. EINSPIELER konnte nachweisen, dass H. in Salzburg Theologie studierte, wo er am 5. Dezember 1735 in den Matrikeln erwähnt wird. Für ein Studium bei den Benediktinern in Salzburg spricht neben zeitlichen Faktoren und genannter Erwähnung in den Matrikeln nicht zuletzt H.s theologischer Standpunkt, der sich mit einer jesuitischen Ausbildung kaum vereinbaren lässt. Von 1769 bis 1772 war er Hilfsbischof; von 1772 bis 1787 Bischof von → Ljubljana. Er war Vertreter des österreichischen Reformkatholizismus in der Form des → (Spät-)Jansenismus und Verfechter der josephinischen Staatsreform, des → Josephinismus. In jansenistischem Geiste war H. dezidierter Förderer der slowenischen nationalen Wiedergeburt (→ *preporod*). H. erkannte die Bedeutung der Volkssprache für die Erneuerung der römisch-katholischen Kirche (→ Jansenismus) und des Staatswesens (Josephinismus). Folglich wurde H. zum großen Förderer der slowenischen Sprache und ihrer Verschriftlichung. Im Jahre 1773, also kurz nachdem er ordentlicher Bischof von Ljubljana geworden war, gab er seinem bischöflichen Sekretär Jurij → JAPELJ (1744–1807) den Auftrag zu einer katholischen Übersetzung der Heiligen Schrift in slowenische Sprache. Die Übersetzung erschien in Heftform von 1784 bis 1802. Bis zu JAPELJS Übersetzung war durch eine päpstliche Sondererlaubnis die protestantische Bibelübersetzung Jurij → DALMATINS (erschienen 1584) in Gebrauch. Neben dem Auftrag zur Übersetzung der Heiligen Schrift regte HERBERSTEIN JAPELJ u.a. zum Verfassen von Gesang- und Gebetsbüchern sowie des Großen Katechismus (1779) in slowenischer Sprache an. H.s durch den Spätjansenismus geleitete Bemühungen um die slowenische Volkssprache knüpften an die literarische Tätigkeit der slowenischen Reformation an (→ Protestantismus) und sorgten so, wenn man von der Epoche der → Gegenreformation absieht, für die Kontinuität der slowenischen Schriftsprache (→ Standardsprache). Gerade wegen dieser Verflechtung des Spätjansenismus mit der slowenischen nationalen Wiedergeburt hielt sich der Spätjansenismus im slowenischen Gebiet länger als in anderen Teilen der Monarchie. Neben JAPELJ rief H. junge jansenistisch gesinnte Geistliche, wie Janez Pavel STROJ (1758–1807), Janez Krstnik RODE (1742–1818), Jernej BASTJANČIČ (1754–1818), Jurij GOLLMAYER (1755–1822) und Janez DEBEVEC (1758–1821), an den bischöflichen Hof. Sie hatten die Aufgabe, die Schriften der französischen Jansenisten aus dem Französischen ins Slowenische zu übersetzen. Die Übersetzungen dieser theologischen Texte stellten eine wahre Herausforderung dar, festigten aber die slowenische Schriftsprache und nationale → Identität. In Zusammenhang damit kam es zur Zusammenarbeit mit den Aufklärern (u.a.: Blaž KUMERDEJ) aus dem Kreis um Žiga → ZOIS. Auch Anton Tomaž → LINHART und Martin KURALT arbeiteten, wenn auch nur kurzzeitig, an den Übersetzungen mit. Die ins Slowenische übersetzten Bücher wurden mehrmals nachgedruckt. GOLLMAYERS Übersetzung *Sveta maša ino krščansko premišljevanje za vsak dan iz svetega pisma* [Die Hl. Messe und christliche Überlegungen aus der Hl. Schrift für jeden Tag] nach einem Werk von François-Philippe MESENGUY wurde insgesamt 18 Mal neu (verbessert) aufgelegt.

Allgemein sorgte H. dafür, dass die Geistlichen eine gute Ausbildung in slowenischer Sprache erhielten. H.s Streben nach Erneuerung der Kirche kommt in seinen Hirtenbriefen, seinen Anleitungen für die Geistlichen im alljährlichen Gottesdienstkalender und in den Dekreten der bischöflichen Synoden zum Ausdruck. Deutlich josephinische Züge zeigt sein Hirtenbrief aus dem Jahre 1782, ein Jahr nach dem Toleranzpatent Kaiser JOSEPHS II. 1781, in welchem H. die Gläubigen zu religiöser Toleranz auffordert und dem Kaiser das Recht einräumt, in innerkirchliche Angelegenheiten einzugreifen. Dieser Hirtenbrief gilt als Höhepunkt der österreichischen Kirchenreform. Bei JOSEPH II. konnte H. eine sich an den politischen Landesgrenzen orientierende Neuordnung der Pfarr- und Diözesangrenzen erreichen. JOSEPH II. schlug H. als Erzbischof von Ljubljana vor. Als Gegenleistung für die Zustimmung zur Ernennung zum Erzbischof forderte der Vatikan H. auf, seine »Irrungen« zu widerrufen, was H. ablehnte. Die daraus resultierenden Spannungen zwischen dem Papst und dem Kaiser wurden erst nach H.s Tod beigelegt.

Lit.: ÖBL; SBL; EJ; ES; OVSBL. – V. Einspieler: *Johann Karl Graf von Herberstein, Bischof von Laibach. Sein Leben, Wirken und seine Stellung in der Geschichte des Josephinismus* (Phil. Diss.). Wien, 1951; A. Slodnjak: *Slovensko slovstvo*. Ljubljana 1968; P. Hersche: *Der aufgeklärte Reformkatholizismus in Österreich*. Bern, Frankfurt/M. 1976; P. Hersche: Der Spätjansenismus in Österreich. Wien 1977; K. Sturm-Schnabl: *Slovenski narodni preporod in njegovi neposredni odnosi s francoskim razsvetljenstvom in janzenizmom*. In: ČZN 43 (1989); M. Lorenz: *Der Jansenismus in der Habsburgermonarchie*, (Dipl.-Arb.). Wien 2007.

Reinhold Jannach

Herberstein, Sigismund Freiherr von (Siegmund, Žiga, * 24. August 1486 Vipava [Vipacco/Wippach in der Notranjska/Innerkrain], † 28. März 1566 Wien), Diplomat, kaiserlicher Gesandter, Humanist, Ethnograf, Autobiograf, Begründer der Russlandkunde.

H. entstammte einem ursprünglich in der Steiermark (Štajerska) ansässigen Geschlecht, welches im 15. Jh. auch in → Krain (Kranjska) zu Besitz kam. Seine Vorfahren väterlicherseits waren Hauptmänner (capitanei) am Kras (Carso/Karst) sowie in Innerkrain (Notranjska) und besaßen u.a. die Herrschaften Lupoglav (Marenfels) in Istrien (Istra), Vipava (Vipacco, Wippach) in Innerkrain und Hrastovec (Gutenhag) in der Untersteiermark (Spodnja Štajerska) sowie ein Freihaus in → Trieste/Trst/Triest. Mütterlicherseits entstammte H. den berühmt-berüchtigten Luegg (Lienz, Luger, Log, Logarji), die in der Notranjska das Felsenschloss Jama besaßen und wegen unehrenhaften Verhaltens sowohl des Großvaters Nikolaus als auch des Onkels Erasmus von H. in kaiserliche Ungnade fielen. Die Mutter von H., Barbara, war die Schwester der Mutter von Christoph → Rauber. H. besuchte bis zum Tod der Mutter 1496 in Vipava und Lonspach (? Ložane/Losach) die Schule, wo er in deutscher und slowenischer (»windischer«) Sprache unterrichtet wurde – dieser autobiografische Hinweis räumt die Möglichkeit nicht aus, dass die Muttersprache von H. Furlan/Friaulisch gewesen sein und somit auch als Erklärung für seine Italienischkenntnisse herangezogen werden könnte. H. kam als zehnjähriger Halbwaise nach Gurk (Krka), wo er eine Pagenausbildung erhielt. 1497 begab sich H. mit seinem Bruder Georg nach Wien. Nach der zweijährigen Schulzeit bei St. Stefan (1497–1499) studierte H. ab 1499 an der Artistenfakultät, die er 1502 mit einem Bakkalaureat abschloss. Zwischen 1509 und 1514 stellte H. im Venezianerkrieg seine militärischen Fähigkeiten unter Beweis, wofür ihn Kaiser Maximilian I. mit dem Ritterschlag, dem Titel eines Rates und der Verwendung im diplomatischen Dienst belohnte. Seine insgesamt 69 diplomatischen Missionen führten H. u.a. nach Dänemark, Venedig, Spanien, in die Niederlande, Ungarn, Polen und ins Moskauer Reich, das er zweimal besuchte (1516/1518 und 1526/1527); für den ersten Aufenthalt war ursprünglich sein Cousin Rauber vorgesehen gewesen, der schließlich H. vorschlug. H. reihte sich in die Gruppe jener Diplomaten ein, die aus der Berührungszone der slawischen, romanischen und germanischen Welt stammten, das slawische (slowenische) Idiom beherrschten und von den Habsburgern bevorzugt für die Ostdiplomatie eingesetzt wurden. H. bekannte in seinen Schriften freimütig ein, dass ihm die slowenische (»→ windische«) Sprache – trotz Verspottungen in seiner Jugend – große Dienste im späteren Berufsleben erwiesen habe (→ Adelssprache).

H. war Mitglied des niederösterreichischen Regiments, des Kriegs- und Geheimrates, zog 1526 in die Niederösterreichische Raitkammer ein, deren Präsidentschaft er von 1539 bis zu seinem Tod ausübte, war seit 1537 Mitglied des Kriegsrates, in dem er 1543 den Vorsitz übernahm, bekleidete seit 1556 das Amt eines Erbkämmerers und Erbtruchsesses von Kärnten/Koroška, betätigte sich als Mäzen für Studierende aus Krain (Kranjska), als Förderer des Humanismus, als Sponsor von Dedikationen und setzte sich für die finanziellen Belange der Wiener Universität ein. H. war um die Besserung des Familienwappens (1522), die Erhebung zu Freien (1531) und 1537 in den erblichen Freiherrenstand sowie um die Hebung seiner Familienehre sehr bemüht, hinter diesem Hintergrund sind seine zahlreichen Schriften zu sehen. Sein Œuvre umfasst Selbstzeugnisse, Rechtfertigungsschriften, Beschreibungen von Naturerscheinungen sowie seine berühmte »Moscovia«, die unter dem lateinischen Titel *Rerum Commentarii Moscoviticarum* noch zu seinen Lebzeiten in lateinischer (1549 Wien), deutscher und italienischer Sprache erschien. Das viel gelesene und viel rezipierte Werk trug H. den Titel *Entdecker Russlands* ein. Ob H. jedoch die lateinische Version selbst verfasste, ist zweifelhaft, zumal neueste Forschungen zwingend nahelegen, dass H. einen Ghostwriter engagierte, nämlich den aus Krain (Kranjska) stammenden Humanisten und Wiener Universitätsprofessor für Poetik und Rhetorik, Lukas Gutenfelder (Drinak/Bonicampius/Agathopedius), mit dem der kinderlose H. eine Vater-Sohn-Beziehung unterhielt und für den H. 1562 eine Leichenrede in Auftrag gab. H. war sehr daran interessiert, von den Zeitgenossen als Humanist anerkannt zu werden, davon zeugen nicht nur die erhaltene Korrespondenz, sondern auch Lobgedichte, die ihm zu Ehren verfasst wurden.

H.s Ehe mit Helene Saurau (∞ 1523, verwitwete Graswein) blieb kinderlos, vermutlich wegen Syphilis, an der H. seit den Venezianerkriegen litt. Er starb hochbetagt am 28. März 1566 in Wien.

Werke und Quellen (Auswahl): *Rerum Moscoviticarum Commentarii Sigismundi Liberi Baronis in Herberstain*, Neiperg & Guettenhag. Viennae 1549 (weitere Ausgaben: Basel 1551, 1556 und 1571, vgl. auch Digitalisat der Göttinger Staatsbibliothek); *Moscouia der Hauptstat in Reissen, durch Herrn Sigmunden Freyherrn zu Herberstain, Neyperg vnd Guetenhag Obristen Erbcamrer, und obristen Erbtruckhsessen in Kärntn, Römischer zu Hungern und Beheim Khü. May. etc. Rat, vnd Presidenten der Niderösterreichischen Camer zusamen getragen.* Wien 1557 (vgl. Digitalisat der Göttinger Staatsbibliothek); *Rerum Moscoviticarum Commentarii.* Synoptische Edition der lateinischen und der deutschen Fassung letzter Hand Basel 1556 und Wien 1557/ Unter der Leitung von Frank Kämpfer erstellt von E. Maurer und A. Fülberth, red. und hg. von H. Beyer-Thoma. München/Regensburg 2007; http://www.osteuropa-institut.de/publikationen/weitere-publikationen/herberstein.html) auch als Book on demand; *Gratae posteritati Sigismvnduvs Liber Baro in Herberstain Neyperg & Guettenhag, Primarius Ducatusd Carithiae Haereditariusque & Camerarius & Dapifer & c. Immunitatae meritorum ergo donatus, actiones suar a puero ad annum vsque aetatis suae septuagesimum quertum, breui commentariolo notatas reliquit,* Viennae 1558 und 1560; *Sigmund Freyher zů Herberstain Neyperg/ vnd Guttenhag/ oberster Erbcamrer vnd oberster Druchsas in Karnttn. Den Gegenwurtign vnd nachkomendn Freyherrn zu Herberstein.* Wien 1558 (sowie 1560 und 1561); *Mein Sigmunden Freyherrn zu Herberstain, Neyperg und Guttenhag, Raittung und Antzaigen meines Lebens und Wesens wie hernach volgt,* Autobiografische Aufzeichnung bis zum Jahr 1545. In: M. G. Kovachich (Hg.), Sammlung kleiner, noch ungedruckter Stücke, in welchen gleichzeitige Schriftsteller einzelne Abschnitte der ungarischen Geschichte aufgezeichnet haben, Bd. 1/3, Ofen 1805, 111–276; *Die Selbst-Biographie Sigmunds von Herberstein.* In: T. v. Karajan (Hg.), Fontes rerum Austriacarum I/Scriptores 1. Wien 1855, 1–66; F. Adelung: *Siegmund Freiherr von Herberstein. Mit besonderer Ruecksicht auf seine Reisen in Russland.* Sankt Petersburg 1918 (Digitalisat der Göttinger Staatsbibliothek); L. M. Golia (Hg.), *Sigismund Herberstein, Moskovski zapiski.* Ljubljana 2001; A. Leonidovna Choroškevič (Hg.), *Sigizmund Gerberštejn. Zapiski o Moskovii,* 2 Bd. Moskva 2008.

Lit.: SBL; ES; OVSBL. – P. Simoniti: *Humanizem na Slovenskem in slovenski humanisti do srede XVI. stoletja.* Ljubljana 1979, 213–220; W. Leitsch: *Siegmund von Herberstein (1486–1566).* In: Die Steiermark. Brücke und Bollwerk. Katalog der Landesausstellung. Graz 1986, 539–542; G. Pferschy (Hg.): *Siegmund von Herberstein. Kaiserlicher Gesandter und Begründer der Rußlandkunde und die europäische Diplomatie,* Veröffentlichungen des Steiermärkischen Landesarchivs 17. Graz 1989; B. Picard: *Das Gesandtschaftswesen Ostmitteleuropas in der Frühen Neuzeit. Beiträge zur Geschichte der Diplomatie in der ersten Hälfte des sechzehnten Jahrhunderts nach den Aufzeichnungen des Freiherrn Sigmund von Herberstein,* Wiener Archiv für Geschichte des Slawentums und Osteuropas 6. Graz/Köln/Wien 1967; H. Tersch: *Österreichische Selbstzeugnisse des Spätmittelalters und der Frühen Neuzeit (1400–1650). Eine Darstellung in Einzelbeiträgen.* Wien [e.a.] 1998, 193–213; F. Kämpfer (Hg.): *450 Jahre Sigismund von Herbersteins Rerum Moscoviticarum Commentarii 1549–1999.* München 2002; M. Wakounig: *»… hab ich teutsch und windisch gelernet …« Zur Herkunft und zu den kulturellen Wurzeln von Sigismund von Herberstein.* In: Russland, Polen und Österreich in der frühen Neuzeit. Festschrift für Walter Leitsch zum 75. Geburtstag. Wien [e.a.] 2003, 15–30; M. Wakounig: *Rodina Gerberštejna, Materinskaja linija,* Venskij universitet. In: Anna Leonidovna Choroškevič (Hg.): Sigzmund Gerberštejn. Zapiski o Moskovii, Bd. 2: Staty, kommentarij, priloženija, ukazateli, karty. Moskva 2008, 51–63, 177–179; P. Simoniti: *Humanismus bei den Slovenen. Slovenische Humanisten bis zur Mitte des 16. Jahrhunderts,* Zentraleuropa-Studien 11. Wien 2008, 260–268; P. Simoniti: *The 1551 Herberstein-Wernher Description of Lake Cerknica – Herberstein-Wernherjev opis Cerkniškega jezera iz leta 1551.* In: *Acta Carsologica* 39/1 (Postojna 2010) 147–161.

Marija Wakounig

Uǝdamč je biü na srenčan mož

Hermagor – Pressegger See/Šmohor – Preseško jezero, vgl. Sachlemmata: → Hermagor/Šmohor, Pfarre, sowie → Archäologisches Bild von Kärnten/Koroška im Frühmittelalter; → Arnoldstein/Podklošter; → Arnoldstein, Kloster; → Bamberg; → *Confessio Carinthiaca;* → Gailtal/Ziljska dolina; → Gegenreformation; → Germanisierung; → Kulturgeschichte (= Einleitung, Band 1); → Pfarrkarte der Diözese Gurk/Krška škofija 1924; → Schulwesen unter jugoslawischer Verwaltung in der Zone A in den Jahren 1919–1920; → Sprachgrenze (1), slowenische; → Südkärnten/Južna Koroška; → Umgangssprache; → Wahlkreise der Landtagswahlordnungen in Kärnten/Koroška ab 1849; Personenlemmata: → Abuja, Matthias; Ferher, Balthasar (→ *Confessio carinthiaca*); → Ferlitsch, Hans; → Levičnik, Jernej; → Limpel, Valentin; → Perdon, Matthias; → Santonino, Paolo; → Trunk, Jurij; Brugg/Moste bei Egg/Brdo: → Grafenauer, Franc (Abgeordneter); Dellach/Dule: → Möderndorfer, Vinko; Egg/Brdo: → *Brdo, Katoliško slovensko izobraževalno društvo* [Katholischer slowenischer Bildungsverein Egg]; → Jobst, Anton; Melach/Mele bei Egg/Brdo: → Hebein, Josef; Mellweg/Melviče: → *Melviče, Katoliško slovensko izobraževalno društvo* [Katholischer slowenischer Bildungsverein Mellweg]; → Felaher, Julij; → Mikula, Franz; Micheldorf/Velika vas: → Grafenauer, Ivan; Potschach bei Hermagor/Potoče pri Šmohorju: → *Uǝdamč je biü na srenčan mož* Wittenig/Vitenče: → Majar – Ziljski, Matija.

Hermagor/Šmohor, Pfarre. Dem 9./10. Jh. zuzuordnende Funde im Bereich des Kirchhügels, auf dem oberhalb der Kirche ehemals auch der Adelssitz »Stocksteinwand« lag, machen in Verbindung mit dem Patrozinium (→ Hermagoras) wahrscheinlich, dass zumindest die Kirche, vielleicht auch die Pfarre wohl im 9. Jh. von – oder, wahrscheinlicher, in Zusammenarbeit mit – → Aquileia zur Missionierung der Karantaner der Gegend gegründet wurde (→ Archäologisches Bild von Kärnten/Koroška im Frühmittelalter, → Christianisierung, → Karantanisch-Köttlacher Kulturkreis). Erstmals in einer Quelle genannt wurde der Ort jedoch

Hermagoras, Mosaik am Hermagorasgebäude in Klagenfurt/Celovec, Foto Vincenc Gotthardt

erst 1169. Die gemeinsame Lage von Adelssitz und Kirche auf dem gut zu verteidigenden Hügel spricht mit einiger Wahrscheinlichkeit dafür, dass es sich bei der Anlage ursprünglich um einen Herrschaftssitz mit zugehöriger Eigenkirche (zu Eigenkirchen → St. Peter am Bichl/Šentpeter na Gori) gehandelt hat. Die Pfarre gehörte ursprünglich zum Patriarchat Aquileia, ab 1751 zum Erzbistum → Gorizia/Gorica/Görz, seit der josephinischen Diözesanregulierung 1786 zur Diözese → Gurk/Krška škofija (zwischenzeitlich 1809–14 zur Diözese → Ljubljana). Die Pfarre H./Š. ist gleichzeitig Sitz eines Dekanats, das neben der alten Pfarre H. auch das Untere → Gailtal/Spodnja Ziljska dolina umfasst.

Der Sprengel der alten Pfarre erstreckte sich auch über die später aus ihr hervorgegangenen Tochterpfarren Gatschach (am Weißensee), Weißbriach (Višprije), St. Lorenzen (im Gitschtal) (Šentlovrenc v Višprijski dolini), Rattendorf (Radnja vas), Tröpolach (Dropole), Mitschig (Mičiče) und Förolach/Borlje. Derzeit umfasst er neben der eigentlichen Stadt H./Š. die Ortschaften Möderndorf (Modrinja vas), Kühwegboden, Guggenberg (Gugenberg), Aigen (Aigen), Kreuth ob Möschach (Rut), Unter- und Obermöschach (Spodnje und Zgornje Moše), Grünburg (Grinburg), Radnig (na Radencah), Kraß (Kras), Ober- und Untervellach/Zgornja und Spodnja Bela und Presseggen/Preseka (→ Ortsverzeichnis, zweisprachiges aus 1860, 1880, 1883 und 1918). Das Patronat über die Pfarre scheinen zunächst die Grafen von Görz wahrgenommen zu haben. 1391 verleibte Patriarch Johann von Aquileia die Pfarre dem Kloster → Arnoldstein/Podklošter ein, bei dem sie bis zu dessen Aufhebung 1785 blieb. Da zur Pfarre, die nach dem Visitationsbericht von 1751 etwa 4.000, nach jenem von 1756 nur 2.000 und 1762 nur 1.600 Seelen zählte, auch slowenischsprachige Gebiete gehörten, wurde der Pfarrer 1751 von zwei Kaplänen, »uno pro sclavis et alio pro germanis«, unterstützt (vgl. auch Visitationsbericht von Paolo → Santonino 1485 und → ›Pfarrkarte der Diözese Gurk/Krška škofija 1924‹).

Lit.: ES (J. Zupančič, A. Malle, T. Knific, I. Stopar: *Šmohor*). – H. Dolenz: *Funde aus Kärnten aus dem 7.–11. Jahrhundert*, Car I 150 (1960) 733–749; G. Moro: *Zum Alter der Siedlung Hermagor*. In: *Car I* 159 (1969) 461–464; F. Goritschnig: *Die Geschichte der Pfarre Hermagor bis Joseph II.* [masch. Dipl.], Graz 1977; P. Korošec: *Zgodnjesrednjeveška arheološka slika karantanskih Slovanov I–II*, Ljubljana 1979, Dela SAZU 1. razred 22; H. Rogy (Hg.): *Stadtgemeinde Hermagor – Pressegger See. Geschichte – Kultur – Natur.* Klagenfurt am Wörther See 2010; P. G. Tropper: *Die Berichte der Pastoralvisitationen des Görzer Erzbischofs Karl Michael von Attems in Kärnten von 1751 bis 1762.* Wien 1993; P. G. Tropper: *Vom Missionsgebiet zum Landesbistum.* Klagenfurt 1996.

Markus Wenninger

Hermagoras, slow. Mohor, Spätantiker Märtyrer, Hauptheiliger des Patriarchats Aquileia.

H. war ein Märtyrer und ist seit der Spätantike der wichtigste Diözesanheilige des Patriarchats → Aquileia (Aquilee/Oglej). Nach der Legende wurde er in der Nähe von → Trieste/Trst/Triest geboren und vom Evangelisten Markus als Bischof von Aquileia installiert, wo er unter Kaiser Nero den Märtyrertod erlitten haben soll; diese schon in der Spätantike ausformulierte Legende sollte mit der darin behaupteten apostolischen Gründung der Diözese den Anspruch Aquileias auf den Patriarchentitel untermauern, ist jedoch historisch nicht haltbar. Historisch ist die Gestalt des H. schwer fassbar. Wahrscheinlich ist sie ident mit einem dem 3. Jh. zuzuordnenden Märtyrer namens Hermogenes, der während der diokletianischen Christenverfolgungen getötet wurde. Als Titelheiliger des Doms von Aquileia (zusammen mit Maria und dem hl. Fortunat) wurde

489

er Patron mehrerer Kirchen im bis 1751 in kirchlicher Hinsicht zum Patriarchat Aquileia gehörigen Kärnten/Koroška südlich der Drau/Drava und im 19. Jh. quasi Nationalheiliger insbesondere der Kärntner Slowenen. Als solcher wurde er auch namengebend für den 1852 auf Anregung von Bischof Anton Martin → Slomšek gegründeten »St. Hermagoras-Verein« (ab 1860 »St. Hermagoras-Bruderschaft«, → *Mohorjeva*).

Lit.: BBKL. – R. Egger: *Der heilige Hermagoras*. Klagenfurt 1948; J. F. Kristof: *Die kulturpolitische Bedeutung der »St. Hermagoras-Bruderschaft« (»Družba Sv. Mohorja«) für die Kärntner Slowenen*. Hausarbeit aus Geschichte [masch.]. Salzburg 1982.

Markus Wenninger

Hermannus de Carinthia (Hermannus Dalmata, Sclavus, Secundus, slow.: Herman Koroški, s Koroškega, * um 1111 in Kärnten/Koroška, † unbekannt), Philosoph, Gelehrter.

Von seinem Geburtsland heißt es, es sei: »Istrie tres partes, maritima et montana, in medio patria nostra Karinthia.« Er studierte in den Jahren 1130–1135 in Chartres und in Paris. Danach reiste er mit Robertus Retinensis in den Nahen Osten. Zusammen übersetzten sie arabische Werke ins Lateinische. Im Jahre 1138 übersetzte H. die Abhandlung des Sahl ibn Bišr *Sextus astronomie liber*, und im Jahre 1140 das Werk *Liber introductorius in astronomiam Albumazar* des Abu Ma'šar, in welchem eigene Symbole für die Planeten verwendet werden. Als H. im Jahre 1142 zusammen mit Robertus Retinensis an der Übersetzung des Korans arbeitete, schrieb er zwei kürzere Abhandlungen über den Islam *De generatione Mahumet*. Im darauffolgenden Jahr übersiedelte H. nach Südfrankreich. Dort übersetzte er u.a. das Werk von Ptolemäus *Planisphaerium* und beendete seine eigene Arbeit *De essentiis*. In dieser vereinigte er die westeuropäische platonistische Überlieferung, die er in Chartres kennengelernt hatte, mit der aristotelischen Philosophie, die ihm in Abu Ma'šar's Werk begegnet war. Im Jahre 1144 gestaltete H. die Zeichen der Sternbilder der Tierkreise auf der Basis der → *Glagolica*.

Lit.: K. Gantar: *Herman de Carinthia*. In: JiS 10 (1965) *125–232*; S. Low-Beer: *Herman of Carinthia. The Liber Imbrium, the Fatidica, and the De Indagatione Cordis*. New York 1979; *Herman Dalmatin, rasprava o bitima I/II*. Pula 1990; Ž. Dadić: *Herman Dalmatin, Herman of Dalmatia (Hermannus Dalmata)*. Zagreb 1996; V. Nartnik: *Hermanovo iskanje med iranico in glagolico*. In: *Riječ* (Rijeka) 16 (2010)/2, 124–132.

Vladimir Nartnik; Üb.: Katja Sturm-Schnabl

Herrenchiemsee, → Chiemsee.

Herzöge von Kärnten/Koroška. Die Trennung Kärntens von Baiern und seine Erhebung zu einem eigenen Herzogtum 976, der die Erinnerung an das ehemalige Fürstentum → Karantanien zugrunde liegen muss, war eine politische Maßnahme nach einem Aufstand des bairischen Herzogs gegen Kaiser Otto II., um Baiern zu schwächen. Aber die Kärntner Herzöge konnten im Land nie eine starke Stellung aufbauen, denn bis ins späte 11. Jh. kamen sie aus unterschiedlichen Familien und wechselten in rascher Folge. Dazu gaben die Könige beträchtliche Teile des Landes an geistliche Fürsten, vor allem an die Erzbischöfe von → Salzburg und an die Bischöfe von → Bamberg. Weitere Teile standen unter der Herrschaft verschiedener hochfreier, de facto mehr oder weniger selbstständiger Familien. Das herzogliche Eigengut und damit seine wichtigste Machtbasis blieb daher gering. Zudem hatten mehrere Herzöge faktisch nur die Stellung von Titularherzögen, waren aber wenig im Land. So blieb die Stellung des Herzogs gegenüber dem einheimischen Adel schwach. Erst im Lauf des 11. Jh.s konnten die Eppensteiner, deren eigentlicher Machtbereich in der heutigen Steiermark/Štajerska lag, eine stärkere Stellung aufbauen, doch starben sie schon 1122 aus. Mehr Erfolg hatten die ihnen folgenden fränkischen Spanheimer, vor allem der tatkräftige und lang (1202–1256) regierende Herzog Bernhard. Trotzdem ist bezeichnend für die Situation, dass für Graf Meinhard II. von Tirol-Görz, der 1286 zum Herzog von Kärnten erhoben wurde, zwar der Herzogstitel wichtig war, weil er erst durch ihn zum Reichsfürsten wurde, dass aber das Land selbst für ihn ebenso wie für seine Söhne stets ein Nebenland blieb. Noch mehr galt das für die ihnen 1335 folgenden Habsburger, von denen auch in Zeiten, in denen die habsburgischen Gebiete auf mehrere Linien aufgeteilt waren, keiner je in Kärnten/Koroška residierte.

Die von der gesprochenen Sprache zu unterscheidende Sprache der Urkunden war im Mittelalter zunächst ausschließlich das Lateinische, das in den Jahrzehnten um 1300 weitgehend vom Deutschen abgelöst wurde. Das Slowenische (hist. → ›Windisch‹) war in Urkunden allenfalls im einschlägigen Namengut präsent (→ Zweinamigkeit, mittelalterliche; → Personennamen, karantanerslowenische). Als gesprochene Sprache war es jedoch, wie andere Quellen belegen, zu

Hermanus de Carinthia (Wiki)

Wappen der Auffensteiner nach Megiser, *Das neunte Buch der Chronik*, S. 963

Wappen der Khevenhüller nach Megiser, *Das elfte Buch der Chronik*, S. 1417

Wappen der Grafen von Ortenburg nach Megiser, *Das zwölfte und letzte Buch der Chronik*, S. 1648

dieser Zeit keineswegs nur die Sprache der bäuerlichen Schichten, sondern wurde zumindest in manchen Situationen auch vom Adel bis hinauf zum Herzog gebraucht (→ Adelssprache). Darüber hinaus hatte das ›Windische‹, wie das Slowenische im Mittelalter und bis ins 19. Jh. auf Deutsch bezeichnet wurde, eine für Kärnten/Koroška geradezu identitätsbildende Funktion (vgl. Primož → Trubar, → Ethnonym *Slovenci* im Slowenischen, → Ethnonym *Slowene* im Deutschen, → Windische Ideologie). Die dafür vielleicht wichtigste, jedenfalls aber die älteste der maßgeblichen Quellen stammt vom steirischen Adligen, Dichter und Politiker Ulrich von Liechtenstein, der in seinem *Frauendienst* unter anderem eine von ihm im Jahr 1227 in Verkleidung als Königin Venus durchgeführte Reise von Mestre nach Wien beschreibt (ob diese Reise und damit auch die folgend geschilderte Begegnung nur fiktiv war, wie man heute meist vermutet, oder tatsächlich stattfand, spielt im gegebenen Zusammenhang keine Rolle). Dabei kam er durch das → Val Canale/Kanaltal/Kanalska dolina nach Kärnten/Koroška und traf bei Thörl/Vrata auf den dort gerade mit einem größeren Gefolge rastenden Herzog. Dieser und die Seinen begrüßten Ulrich/Venus hochoffiziell mit den Worten → »*Buge waz primi, gralva Venus!*« (Gott grüße euch, Königin Venus!). Der Herzog und seine Ritter beherrschten also nicht nur das Slowenische, sondern sie setzten eine gewisse Kenntnis davon offensichtlich auch beim Steirer Ulrich, dessen Identität als Königin Venus ihnen bekannt war, voraus, und sie identifizierten sich bzw. das Land Kärnten/Koroška so sehr mit dieser Sprache, dass sie sie bewusst für die Begrüßung wählten.

Damit decken sich mehrere Quellen des 14. und 15. Jh.s, die allgemein (zwei *Schwabenspiegel*-Handschriften) oder konkret im Hinblick auf die Situation von 1286 und die damalige Einsetzung Meinhards II. von Tirol-Görz zum Herzog von Kärnten/Koroška (die *Steirische Reimchronik* Ottokars aus der Geul/Gaal und der Bericht des Abtes → Johann von Viktring) das Verfahren der Herzogseinsetzung »nach alter Gewohnheit« sowie bestimmte Rechte und Eigenschaften des Kärntner Herzogs schildern. Der auf dem → Fürstenstein sitzende Herzogbauer (→ Edlinger/*kosezi*) empfing demnach den neuen Landesfürsten und seine Begleitung mit »windischer Rede«. Ersterer wurde, durch die Zeremonie zum rechtmäßigen Landesfürsten geworden, als *windischer herre* bezeichnet. Selbst wenn vor dem Kaiser gegen ihn Klage geführt wurde, brauchte er sich nur in »windischer Sprache« bzw. nur gegenüber einem *windischen man* – hier nicht als ein ›Windisch‹/Slowenisch Redender, sondern allgemein als Bewohner des Landes Kärnten/Koroška zu verstehen – zu rechtfertigen. Das ›Windische‹/Slowenische galt also, obwohl zu dieser Zeit das deutschsprachige Element bevölkerungsmäßig auf das gesamte Herzogtum bezogen schon überwog (→ Sprachgrenze) und speziell der Adel wohl insgesamt deutsch war, als genuine → Landessprache, Kärnten/Koroška noch immer als ein slawisches/slowenisches Herzogtum, und das, wie weitere Quellen belegen, bis ins 16. Jh. (→ Windische Ideologie, → Megiser, → Unrest). Aus den Schilderungen der Quellen geht übrigens nicht hervor, ob Meinhard selbst wenigstens über rudimentäre slawische Sprachkenntnisse verfügte, denn die Fragen des Herzogbauern waren nicht an ihn gerichtet, sondern an seine Begleiter, die die Fragen über seine Eignung als Landesfürst zu bejahen und ihre Antwort zu beeiden hatten. Es kann allerdings insofern angenommen werden, als die Besitzungen seiner Familie, der Grafen von Görz, zu einem sehr erheblichen Teil im slowenischen und kroatischen Siedlungsgebiet (Karst/Kras, → Krain/Kranjska, Istrien/Istra) lagen. Wieweit das auch noch für die späteren habsburgischen Herzöge zutrifft, muss weitgehend offen bleiben (→ Goldene Bulle). Bemerkenswert ist allerdings, dass Kaiser Maximilian I. in seinem *Weißkunig* festhielt, dass er die böhmische und windische Sprache von einem Bauern – das zugehörige Bild zeigt einen solchen, der mit einem Korb Eier in eine Burg/Palast gekommen war, im Gespräch mit dem jungen Weißkunig (= Maximilian) – lernte. Das ist zumindest bezüglich des ›Windischen‹/Slowenischen nicht unwahrscheinlich, da Maximilian ja einen Teil seiner Kindheit auf Burg Finkenstein/Bekštanj verbrachte.

Lit.: H. Dopsch: *Zwischen Dichtung und Politik. Herkunft und Umfeld Ulrichs von Liechtenstein*. In: F. V. Spechtler, B. Maier (Hg.): *Ich – Ulrich von Liechtenstein*. Klagenfurt 1999, 49–104; W. Neumann: *Wirklichkeit und Idee des »windischen« Erzherzogtums Kärnten*. In: *Südostdeutsches Archiv* 3 (1961) 141–168 (auch in: W. N.: *Bausteine zur Geschichte Kärntens*. Klagenfurt 1985, 78–112).

Markus Wenninger

Herzogseinsetzung, → Fürsteneinsetzung; → *Duces Carantanorum*; → Herzöge von Kärnten/Koroška; → St. Peter und Paul.

Markus Pernhart, Herzogstuhl/*vojvodski prestol* mit Maria Saal/Gospa Sveta, Zeichnung, KLA/Geschichtsverein für Kärnten

Herzogstuhl *(vojvodski prestol)*, → Fürstenstein *(knežji kamen)*.

Hildegard von Stein (LIHARDA KAMENSKA, Hiltigart, Hildegarda Agata, Lihard, nach TILL: * um 910, † 5. Februar 985, nach SLOMŠEK: * 10. Jh., † am Tag der hl. Agatha um 1024 Stein im Jauntal/Kamen v Podjuni), Gräfin, Volksheilige, »barmherzige Mutter der Slowenen«, Patronin des lokalen Volksbrauches Striezelwerfen *(metanje kržejev)*.

H./L., eine historisch belegte Persönlichkeit, war nach der Überlieferung eine fromme Adlige mit ausgedehnten Besitzungen in Kärnten/Koroška und der Steiermark/Štajerska um → Celje (SLOMŠEK). GRABER hebt noch 1941 hervor: »Bei den Leuten der Umgebung ist jedoch der [slowenische, Anm.] Name Liharda oder Likart gebräuchlicher als Hildegard.« Sie war die Gemahlin des Edlen ALBUIN (Dehio), slow. ALBOIN. Nach SINGER, der die älteste Fassung der in lateinischer Sprache niedergeschriebenen Legende von Pfarrer von Stein/Kamen v Podjuni Jakob RAUNIGG/RAVNIK aus dem Jahre 1753 wiedergibt, war ihr Gemahl PAULUS, ein → Graf von Cilli und Pfalzgraf von Kärnten/Koroška. Dessen Sitz war die heute nicht mehr existierende Burg Prosnitza/Prosnica oder Brežnica am Skrbin/Škrbina, am östlichen Rand der → Sattnitz/Gure am linken Ufer hoch über der Drau/Drava. Vielleicht war es auch eine Höhlenburg, ähnlich jener in Rottenstein/Podgrad am Südhang der Sattnitz/Gure. H./L. hatte drei Söhne und zwei Töchter. Der älteste Sohn, der hl. ALBUIN, wurde Bischof von → Brixen (975–1006) und die Tochter HILDEGARD Nonne.

Von der Legende der H./L. gibt es verschiedene Fassungen, die sich teils in literarisch anmutenden Details unterscheiden. Anton Martin → SLOMŠEK schrieb die Legende erstmals 1853 in seinen Heiligenviten *Djanje Svetnikov božjih* und 1855 in den → *Drobtinice* nieder und trug so zur ihrer weiteren Tradierung bei den Slowenen bei. Nach SLOMŠEK besagt die Legende, dass während der Abwesenheit des Gatten dessen Bruder PERO (nach TILL und GABER heißt er UDUIN) H./L. hofierte, die ihn jedoch abwies, weshalb sich der im Stolz verletzte PERO rächte (J. SCHEINIGG 1893 weist PERO als slowenischen → Personennamen aus und identifiziert einen adeligen PERO aus Stein im Jauntal/Kamen v Podjuni als Onkel des Diakons ALBUIN, des späteren Bischofs von Brixen [975–1006] und stellt die Frage, ob einer der ersten Bischöfe von Brixen

Hildegard von Stein/Liharda Kamenska, *Drobtinice* 1855

Sv. Lihard, koroška grafinja.
Lepo ime: „vbogih mati"
More v hvali nam ostati.
Prosi za rejence svoje – za Slovence!

Slowene gewesen sei). Nach der Rückkehr erfuhr so ALBUIN/ALBOIN von der bösen Kuhmagd LUPA von der vermeintlichen Untreue. Er stürzte sich im Zorn auf die betende H./L. und ihre Zofe DOROTHEA und warf beide aus dem Fenster über dem Abgrund. Engel hätten H./L. jedoch gerettet und sie auf ihre Burg am Felskegel von Stein/Kamen jenseits der Drau/Drava getragen. In Dankbarkeit für ihre wundersame Rettung beschloss H./L. fortan auf ihrer Burg Stein/Kamen zu leben. ALBUIN/ALBOIN, der das Wunder bzw. die wegen des »Meineids« – eines im mittelalterlichen Recht schwerwiegenden Vergehens – versteinerte Magd kurz darauf erblickte, erkannte seine Untat und bereute sie zutiefst. Er bat um Verzeihung und darum, H./L. möge wieder auf Burg Prosnitza/Prosnica zurückkehren. Nach SLOMŠEK erblindete er aufgrund der vielen vergossenen Tränen. H./L. hatte ihm jedoch bereits verziehen und bat lediglich, er möge Buße tun. Erblindet, ging er auf eine Buß- und Pilgerreise, wo er alle zentralen heiligen Stätten besuchte, → Aquileia (Oglej), Rom, Santiago de Compostela und Jerusalem. Bei seiner Rückkehr starb er im Nahen Möchling/Mohliče, wo er in der Kirche zum hl. Paul begraben ist. Bei SINGER und TILL erblindet er, kurz nachdem er seinen Fehler erkannte, durch den Lichtstrahl, der erschienen war, als H./L. von Engeln getragen auf ihre Burg auf dem Felssporn von Stein/Kamen gerettet wurde und trat danach seine Bußreise an. Nach der Rückkehr bat er wiederholt um Vergebung. Als H./L. ALBUIN/ALBOIN vergeben und seine Lider sanft berührt hatte, erhielt ALBUIN/ALBOIN das Augenlicht wieder und errichtete danach aus Dank die Kirche in Möchling/Mohliče. H./L. aber, die ihren Mann lange überlebte, versorgte ihre Kinder, diente Gott und half den Armen. ALBUIN/ALBOIN, ihr ältester Sohn, bekam 973 laut ANKERSHOFEN gemäß einer historischen → Quelle die Burg Stein/Kamen und acht »slavenische« Huben, womit ein weiterer Hinweis auf vielfältige rechtshistorische Inkulturations- und Rezeptionsprozesse gegeben ist (→ Rechtsinstitutionen, karantanerslowenische). Ihre Burg wurde zur Zufluchtstätte der Armen. Unter der Burg richtete sie ein Hospiz für Arme ein. SLOMŠEK schreibt: *Bila je usmiljena mati Slovencev, kateri so ob krajih Drave živeli, in tudi po svoji smrti jih pozabila nij, kajti je sporočila, naj se vsako leto na dan njene smrti ubogim gosti naredé, ki se na Kamenu pri božjem opravilu snidejo.* [Sie war eine barmherzige Mutter der Slowenen, die beiderseits der Drau lebten, und sie vergaß sie auch nach ihrem Tode nicht, da sie vorsah, dass alljährlich an ihrem Todestage die Armen bewirtet werden sollen, die sich in Stein zum Gottesdienst einfinden]. SLOMŠEKS Rezeption und Beurteilung der H./L. erklärt sich auch aus der Tatsache, dass sich Stein/Kamen lange Zeit tief im slowenischsprachigen Binnenland befand (→ Sprachgrenze, → Lingua franca). Nach SLOMŠEK starb sie fast 100-jährig am Tag der hl. Agatha (5. Februar) 1025, was ihre mythologische Bedeutung unterstreicht. Eine ihr zugeschriebene Armenstiftung ist in einer Urkunde aus dem 18. Jh. belegt und ist nach dem Ersten Weltkrieg erloschen. 1805 wurde ein Teil ihrer Gebeine in Klarissenkloster nach Graz übertragen, der Rest wird weiterhin in der im Kern romanischen Laurentius-Kirche in Stein/Kamen verehrt. Die letzten Reste der Burg Stein/Kamen wurden 1780 abgetragen.

Dieser Legende entspringt der Volksbrauch des Striezelwerfens (slow. *metanje kržejev* oder *metanje štrucejev*) am Fuße des Felskegels der ehemaligen Burgmeierei am ersten Sonntag im Februar nach der feierlichen Messe. Die Agathenstriezel *(Lihardini kruhki, Lihardini kržeji, hlebčki oder štruceji* bzw. auch *Agatini kržeji)*, denen nach dem Volksglauben wundersame

Liharda, www.svetniki.org

Kräfte zum Schutz vor Zaubersprüchen, Blitzschlag, Feuer und Unbilden in den Bergen zugeschrieben werden, werden nach deren Segnung während der Messe in die wartende Menge geworfen. Nach ZABLATNIK schützen sie vor Krankheit und Unglück. Wenn sie jedoch danach zu Hause verschimmeln, droht Krankheit und Ungemach.

Nach ŠEGA und KURET geht der → Brauch vermutlich auf einen vorchristlichen religiösen Kult zurück, der im christlichen Glauben über die hl. Agatha rezipiert und inkulturiert wurde und in der Folge im lokalen Rahmen von der Verehrung der H./L. aufgenommen wurde. Dafür sprechen dieselben Attribute und derselbe Gedenktag (5. Februar). Damit ist der Brauch ebenfalls ein Beispiel für mehrfache → Inkulturation. Die sizilianische Heilige, Agatha, die den Märtyrertod im Jahr 251 starb, ersetzte die griechisch-römische Fruchtbarkeitsgöttin Demeter (lat. Ceres). Ihre im Martyrium abgetrennten Brüste wurden in der Folge mit runden Brötchen symbolisiert. Die Verehrung der hl. Agatha wurde über die Staufer in Schwaben und in die Schweiz verbreitet, ist jedoch nach KURET in Kärnten/Koroška bei den Slowenen und den »deutschsprachigen Nachbarn« nicht üblich. Im → Jauntal/Podjuna geht der lange Zeit slowenische Brauch wahrscheinlich auf vorchristliche Kulte zurück, sodass es zu einer Verschmelzung der Überlieferung einer historischen Persönlichkeit, dem Volksglauben und einem Brauch, dem Striezelwerfen, kommt. Jedenfalls bedurfte es für die Tradition und die Rezeption des Volksbrauches notwendigerweise der Vermittlerrolle des Slowenischen, zumal das Jauntal/Podjuna jahrhundertelang im slowenischen Binnenland lag und der tief greifende Sprachwandel erst im 20. Jh., vielfach erst nach 1945 stattfand (→ Assimilation und PTBS).

Nach *svetniki.org* wurde H./L. von der Kirche gewiss vor 1171 seliggesprochen, im Volksglauben gilt sie als Heilige, doch ist das urkundlich nicht belegt. Sie zählt neben der hl. → HEMMA VON GURK/EMA KRŠKA, mit der sie eventuell in einem Verwandtschaftsverhältnis steht, zu den beliebtesten Volksheiligen der Slowenen in Kärnten/Koroška, zu denen slowenische → Wallfahrten abgehalten wurden. In der Laurentius-Kirche in Stein/Kamen ist ihr ein barocker Seitenaltar gewidmet, der mit der slowenischen → Inschrift *Sv. Liharda prosi za nas* [Hl. Hildegard, bitte für uns!] versehen ist.

LOGAR weist seinerseits hic loco auf drei handschriftliche → Liedersammlungen (*Wolfova-, Partejeva-* und *Deutschmannova zbirka*), in denen das LIHARDA-Lied *Z andohtjo se vkup zberimo* niedergeschrieben ist sowie auf deren Publikation. Zudem schrieb Ožbolt → ILAUNIG ein literarisches Werk, das die Legende der hl. Hildegard von Stein/sv. Liharda Kamenska thematisierte. Das unterstreicht nur die Bedeutung der H./L. für die slowenische regionale → Kulturgeschichte. Dem entspricht zudem die Wahl des Sujets von Stein im Jauntal/Kamen v Podjuni in einem Landschaftsgemälde von Markus → PERNHART.

Lit.: Dehio, 907; SEL (P. Šega: *Lihardin kruh*). – Gottlieb Frhr. von Ankershofen: *Urkunden-Regesten zur Geschichte Kärnthens, Nr. 1–84, s. 770 bis 1000*. In: AÖG, Bd. 1, Heft 3. Wien 1848, 24, Nr. XLVI; *Djanje Svetnikov božjih in razlaganje prestavnih praznikov ali svetkov / spisali družniki sv. Mohorja, na svetlo dal Anton Slomšek*. 2 zv. U Gradcu 1853, 174–177; A. M. Slomšek: *Izveličana Lihard, ubogih mila mati, Slovenka*. In: *Drobtinice za leto 1855*. U Celovcu 1855, XI–XV; J. Scheinigg: *Slovenska osebna imena v starih listinah*. In: Izvestja Muzejskega društva na Kranjskem. Hg. Anton Koblar. Jg. III/sešitek 1 (1893) 11; S. Singer: *Kultur- und Kirchengeschichte des Jauntales. Dekanat Eberndorf*. Kappel 1936, 287–291 (Celovec ²1979); K. Dinklage: Hl. Hildegard von Stein. In: *Car. I* (1975); G. Sorger: *Hildegard von Stein*. In: *Festschrift 1000 Jahre Stein im Jauntal 975–1975*. Klagenfurt [1975]; P. Zablatnik: *Čar letnih časov v ljudskih šegah. Stare vere in navade na Koroškem*. Celovec 1984, 33–34; N. Kuret: *Praznično leto Slovencev 2*. Ljubljana 1989, 540 543; *Z andohtjo se skup zberimo, to sveto Lihard* FC pred 1958. In: E. Logar: *Vsaka vas ima svoj glas III–IV*. Celovec 1991, 235; *Z andohtjo se skup zberimo – Sveta Liharda, ljudska s Kamna*. In: F. Cigan: *Mešani zbori [Glasbeni tisk]: duhovne pesmi*. Celovec 1997; J. Till: *4 K in Stein im Jauntal in der Gemeinde St. Kanzian am Klopeiner See*. Klagenfurt/Celovec [e.a.] 2009; M. Orožen: *Anton Martin Slomšek, Djanje svetnikov božjih – vzgoja duha, kultura srca in govora v novoslovenskem knjižnem jeziku sredi 19. stoletja*. In: *Slavia Centralis* Jg. 4, Nr. 1 (2011) 14–47; B.-I. Schnabl: *Sveta Liharda Kamenska, »usmiljena mati Slovencev« in njeni podjunski stručeji*. In: *Nedelja* (27. 1. 2013) 4–5; B.-I. Schnabl: *Sveta Liharda Kamenska, »usmiljena mati Slovencev« in njeni podjunski krežiji, Iz nove velike Enciklopedije slovenske kulturne zgodovine na Koroškem*. In: KMD 2014. Celovec 2013, 48–52.
Web: http://svetniki.org/viri-svetnikov; G. Graber: *Sagen aus Kärnten*. Graz 1941: www.sagen.at/texte/sagen/oesterreich/kaernten/Graber/hildegard_von_stein.html (3. 1. 2012).

Bojan-Ilija Schnabl

Hillinger, Karl, → Abgeordnete.

Historia Langobardorum [Geschichte der Langobarden]. Hauptwerk von Paulus DIACONUS, bedeutende historische Quelle aus dem 8. Jh. n. Chr. In den Jahrzehnten zwischen 490 und 568 geriet der Osten des heutigen Österreich in zunehmendem Maße unter den Einfluss der Langobarden und unter die Herrschaft ihrer Könige. Von dieser Zeit berichtet die H., die Paulus Diaconus als letztes seiner zahlreichen Werke im letzten Jahrzehnt des 8. Jh.s, sicher vor 796, in Monte Cassino verfasste. Der aus Cividale (friul. Cividât > slow. Čedad) stammende Langobarde Paulus Diaconus wurde in den 720er-Jahren geboren und starb nach einer wechselvollen Karriere an den Höfen langobardischer Fürsten ebenso wie an dem Karls des Grossen als Mönch in Monte Cassino an einem 13. April, wohl in der ersten Hälfte der 790er-Jahre. Er war einer der bedeutendsten Gelehrten des 8. Jh.s, der als Geschichtsschreiber der Langobarden zahlreiche einzigartige Nachrichten überlieferte.

Da der Autor bis 612 die Arbeit des Secund(in)us von Trient verwendete und auch der *Origo gentis Langobardorum* folgte, die 670 endet, besitzt das Werk trotz des großen Zeitabstandes zu den Ereignissen außerordentlichen Wert. Dies gilt jedoch nicht nur für die Geschichte seines Volkes, sondern ebenso für die südostalpine Sclavinia (→ *Slovenia submersa*), die um und nach 600 in der Auseinandersetzung mit den Baiern und unter awarischer Herrschaft entstand und in der sich im 8. Jh. die → Ethnogenese der Karantanen mit der Befreiung von den Awaren vollzog (Bogo → Grafenauer, → alpenslawisch, → *Carantani*, → Karantanien).

Quellen: Paulus Diaconus: *Historia Langobardorum* (= MGH SS rerum Langobardicarum; Hg. G. Waitz). Hannover 1878, ²1988, 12–187; Pavel Diakon: *Zgodovina Langobardov*/Paulus Diaconus: *Historia Langobardorum* (= Iz antičnega sveta 25; Hg. und Üb. F. Bradač, B. Grafenauer u.a.). Maribor 1988.
Lit.: ES. – B. Grafenauer: *O Pavlu Diakonu in zgodovini Slovencev v novi domovini*. In: Pavel Diakon: Zgodovina Langobardov/Historia Langobardorum. Maribor 1988; W. Pohl: *Paulus Diaconus*. In: Reallexikon der Germanischen Altertumskunde 22. Berlin [e.a.] ²2003, 527–532.

Herwig Wolfram

Historischer Verein für Innerösterreich, slow. *Zgodovinsko društvo za Notranjo Avstrijo*.

Die ersten Bemühungen einen historischen Verein für → Innerösterreich zu gründen, gehen auf das Jahr 1839 zurück. Die wichtigsten Initiatoren waren Erzherzog Johann als bedeutender Schirmherr der historischen Forschung und einige steirische Historiker, wie Albert von Muchar, der Archivar Josef Wartinger, Karl Gottfried von Leitner, der Abt Ludwig Crophius von Kaiserssig und etliche Mitglieder des Lesevereins am Joanneum. Der Kaiser erlaubte die Gründung eines Vereins am 29. April 1843 und zugleich die Übernahme der Schirmherrschaft durch Erzherzog Johann. Die schriftliche Genehmigung ist mit dem 21. Mai 1843 datiert; dieses Datum gilt als der Beginn der drei Landesvereine bzw. des gemeinsamen Vereins. Drei Landesfilialen mit Sitzen in → Ljubljana, → Klagenfurt/Celovec und Graz, bildeten den Historischen Verein für Innerösterreich, wobei Graz den Sitz des Zentralausschusses beherbergte. Ende 1844 hatten sie bereits über 800 Mitglieder. 1844 beriefen alle drei Landesfilialen (Provinzialvereine) Gründungs- und Hauptversammlungen ein. Zuerst die Krainer Filiale (5. September), zu deren Direktor der Baron Anton Codelli gewählt wurde. Danach folgte die Hauptversammlung in Kärnten/Koroška (16. September), zum Direktor wurde Gottlieb von Ankershofen gewählt. Die Hauptversammlung in der Steiermark (14. Oktober) entschied sich für Ludwig Crophius von Kaiserssig als Direktor. Später wurde er Direktor des gemeinsamen Vereins.

Der Zentralausschuss setzte sich aus acht Mitgliedern zusammen (dem Vorsitzenden Erzherzog Johann, dem Direktor, dem Sekretär und fünf weiteren Mitgliedern), sie wurden aus den in Graz ansässigen Mitgliedern gewählt.

Als Vereinszweck wurde in den Statuten die Bewahrung und Klärung der Geschichte der drei Länder festgeschrieben. Es wurden allerart geschriebener und gedruckter → Quellen gesammelt, ebenso wie mündlich überliefertes Volksgut. In den Statuten wurde auch festgehalten, was es für die Zukunft zu bewahren gelte: Beschreibungen von Ortschaften, Diözesen, Dekanaten, Pfarrgemeinden und Grundherrschaften; weiters Schilderungen und Bemerkungen zu religiösen Institutionen, Schulen, Erziehungs- und Bildungseinrichtungen; Berichte über adelige Familien, Biografien von Staatsmännern, Helden, Geistlichen, Wissenschaftern, Künstlern; ethnografische Darstellungen der Landesbevölkerung; Beschreibung der Feiertage, Feste, Spiele, → Bräuche und Sitten, Sammlungen von Sprichwörtern, Weissagungen, Aberglauben; regionale sprachliche Besonderheiten; Berichte über den Fortschritt in Wissenschaft und Kunst; Beschreibungen von Naturerscheinungen und Naturereignissen; Angaben zum Stand von Industrie, Gewerbe, Handel und Verkehr, zu den Jahr- und Wochenmärkten, Produktpreisen und Löhnen; Berichte über die Volksgesundheit und über Krankheiten; Beschreibungen von Bergwerken und Eisenhütten; Darstellung der Landkreise aus topografisch-politischer, religiöser, naturwissenschaftlicher und ökonomischer Sicht.

Bei der Erforschung der Archive im Staat und außerhalb seiner Grenzen, die für Innerösterreich relevantes Material bargen, entwickelte der Zentralausschuss 1846 eine rege Tätigkeit. Man wollte mit der Königlichen Bibliothek in München in Kontakt treten, ebenso brachte man dem Patriarchatsarchiv in → Aquileia besonderes Interesse entgegen. Man wandte sich auch an das Haus-, Hof- und Staatsarchiv in Wien, insbesondere an die Abteilungen des Erzbistums → Salzburg, des Patriarchats von Aquileia und der Grafen von Görz-Tirol, sowie an die Archive in Venedig. Die Zusammenarbeit mit friaulischen Gemeinden hätte beinahe zu einer Vergrößerung des I. geführt, als sich der 1847 gegründete Verein zur Erforschung Friauls inkorporieren wollte. Der Vorschlag wurde abgelehnt, da man in der Entfernung, der Sprache und wegen der ohnehin schon komplizierten Abgleichung zwischen den bestehenden Filialen Schwierigkeiten sah.

1848 erschien in Graz die gemeinsame Zeitschrift *Schriften des Historischen Vereines für Innerösterreich*. Es kam jedoch nur dieses eine Heft heraus, denn Kärnten/Koroška und → Krain/Kranjska waren bemüht, eigene Zeitschriften herauszubringen, nur die steirische Filiale wäre für eine gemeinsame Zeitschrift gewesen. In Kärnten/Koroška wollte man schon 1846 eine eigene Zeitschrift mit dem Titel *Archiv für Geschichte des Herzogtumes Kärnten* gründen, doch wurde dies von der Zensur abgelehnt, da der Zentralausschuss eine solche Zeitschrift als nicht notwendig erachtete. Der Krainer Filiale gelang es aber noch im selben Jahr, eine eigene Zeitschrift, die *Mittheilungen des historischen Vereines für Krain*, herauszubringen, doch durfte man nur Tätigkeitsberichte des Vereins und unbedeutende Aufsätze publizieren.

Mit ANKERSHOFEN an der Spitze war der Wunsch nach größerer Selbstständigkeit der Kärntner Filiale schon von Anfang an zu orten. So beispielsweise aus der Beschwerde, dass die steirische Filiale sich das Privileg nehme, die Münchner Archive zu erforschen, während die Gesuche der Kärntner nach finanzieller Unterstützung für derartige Forschungen abgelehnt würden. ANKERSHOFEN schlug auch vier Zeitschriften vor, so dass jede Filiale neben der gemeinsamen Zeitschrift auch eine eigene Zeitschrift haben sollte. Der Wunsch der Kärntner nach einer eigenen Zeitschrift blieb unerfüllt, doch hatten sie die seit 1811 erscheinende → *Carinthia*, die damals noch einen literarischen Schwerpunkt hatte und erst später Beiträge historischen Inhalts aufnahm. Die Kärntner glaubten, ihre eigene Filiale nicht mit den anderen vergleichen zu können, denn in Graz gab es das Joanneum, in Ljubljana das Landesmuseum, in Klagenfurt/Celovec aber gab es eine solche Institution nicht. Deshalb setzten sich die Kärntner Vereinsmitglieder in der ersten Phase hauptsächlich für die Gründung eines Landesmuseums ein.

Der Widerstand gegen den gemeinsamen Verein der Kärntner und Krainer beruhte vor allem auf der zentralistischen Monopolstellung des Grazer Zentralausschusses. Angespannte Verhältnisse ergaben sich auch bei der Ernennung von Ehrenmitgliedern und wegen der Beiträge für Zahlungen des Gesamtvereines. Nach dem Tod Albert VON MUCHARS, der die bestehende Vereinsform verteidigt hatte, wurde der Verein 1850 in drei selbstständige Vereine geteilt: den *Historischen Verein für Kärnten* (→ *Geschichtsverein für Kärnten*), den *Historischen Verein für Krain* und den *Historischen Verein für die Steiermark*. Überraschenderweise entschied sich die steirische Filiale als Erste für die Selbstständigkeit (Gründung 21. Juni 1849). Der *Historische Verein für Kärnten* folgte am 24. Oktober 1849, der *Historische Verein für Krain* am 5. September 1850 mit seiner selbstständigen Gründung.

In all den Jahren seines Bestehens gelang es dem I. nicht, eine gemeinsame Hauptversammlung zu organisieren, es tagte lediglich der Zentralausschuss, und von der gemeinsamen Zeitschrift war auch lediglich ein Heft erschienen. Nichtsdestotrotz hatte der Historische Verein für Innerösterreich eine positive Rolle, zumal im Statut die Aufgaben und fachliche Orientierungen festgelegt waren. Vor allem das Sammeln historischen Materials setzt den Beginn der organisierten wissenschaftlichen, historischen Forschung.

Lit.: ES (O. Janša-Zorn: *Zgodovinsko društvo za Notranjo Avstrijo*). – F. Popelka: *Der Historische Verein für Innerösterreich und sein steirischer Zweigverein*. In: ZHV 41 (1950) 3–23; O. Janša-Zorn: *Der Historische Verein für Krain*. In: ÖOH 32 (1991) 545–564; E. Webernig: *Die Gründung des Geschichtsvereines für Kärnten und Beginn seiner Verlagstätigkeit*. In: Car I 184 (1994) 25–47 (Festschrift zum 150-Jahr-Jubiläum des Geschichtsvereines für Kärnten); O. Janša-Zorn: *Historično društvo za Kranjsko*. Ljubljana 1996.

Matija Zorn; Üb.: Katja Sturm-Schnabl

Hoba Sclavanisca, vgl. Sachlemmata: → Rechtsinstitutionen, karantanerslowenische; → HILDEGARD VON STEIN/LIHARDA KAMENSKA.

Hobel, Franc, vlg. Rojak (Pogerschitzen/Pogrče), Vereinsvorsitzender, Kulturaktivist, → *Danica*, *Katoliško* *izobraževalno društvo* [Katholischer Bildungsverein Danica (Morgenstern)].

Hochfeistritz/Visoka Bistrica (Gemeinde Eberstein [Svinec]), vgl. Sachlemmata: → Ansichtskarte; → Ortsverzeichnis 1860, 1880, 1883, → Saualpe/Svinška planina; → Wehrkirchen.

Hochmüller, Ivan (* 20. Februar 1873 St. Stefan/Šteben [Finkenstein/Bekštanj], † 14. Dezember 1954 Maribor), identitäsbewusster slowenischer Kulturaktivist.

Nach der Volksschule in Fürnitz/Brnca und → Villach/Beljak besuchte H. in Letzterem und in Wien die höhere Fachschule für Möbel und Bautischlerei des k.k. Technologischen Gewerbe-Museums in Wien. In Klagenfurt/Celovec setzte man ihn als Zeichner ein, später in Wien als Geschäftsführer und Möbelzeichner (-designer). 1900 war er als technischer Hilfsbeamter bei der Bahndirektion der Staatsbahn in Villach/Beljak angestellt. H. war nationalbewusster Slowene und frequentierte den allwöchentlichen slowenischen Kreis im Villacher Gasthaus Brunner, dessen Tätigkeit er wiederbelebte und ausweitete (→ *Beljaško omizje* [Villacher Kreis] in Villach). Er hatte lange Zeit versucht, in Villach/Beljak ein Zentrum für das nationale sowie politische Wirken der Kärntner Slowenen aus dem → Gailtal/Ziljska dolina zu schaffen. Die Anzahl der Mitglieder stieg auf 17 Personen an, zu gegebenen Anlässen auch auf 20 bis 30. Für eine Stadt wie Villach/Beljak nicht wenig. Vor dem Ersten Weltkrieg setzten sich die Mitglieder aus slowenischen Lehrern der Villacher Mittelschulen zusammen, nämlich Lendovšek, Artl, → Wang, Skrbinšek, aus den Bahnbeamten Knafelc, Zobec, Kustrin und Frole, dem Kaufmann Šuster, dem Geistlichen Jurij Matej → Trunk, dem Beamten Anton → Brandner, dem späteren Vorsitzenden des Unterausschusses des → *Klub koroških Slovencev* [Klubs der Kärntner Slowenen] in → Maribor, u.a.

Aus seinen Mitgliedern stellte H. sowohl einen Sing- als auch einen Tamburizzaverein zusammen, mit denen er in Villach/Beljak und Umgebung sowie in den anderen slowenischen Ländern auftrat. Er betätigte sich auch im Rahmen der → *Družba sv. Cirila in Metoda* (CMD) [Kyrill- und Method-Gesellschaft], half bei der Bildungsarbeit und finanzierte die Gründung des Tamburizza-Schülerchors *(Dijaški tamburaški zbor)* in Villach/Beljak, ein Unternehmen, weswegen ihm die Leitung des Villacher Gymnasiums Schwierigkeiten gemacht hatte. 1905 bezuschusste er die Gründung des Blattes *Dijaški odmevi* [Schülerecho], dessen erste Ausgabe mit dem Gedicht *Oče dijakov* [Vater der Schülerschaft] H. gewidmet war. Auf seinen Impuls hin wurde die ersten slowenischen → Kultur- und Tamburizzavereine → *Dobrač* und *Lipa* in Fürnitz/Brnca respektive in Föderlach/Podravlje ins Leben gerufen (→ Tamburizzamusik). Als er sich bereits in Jugoslawien aufhielt, verliehen ihm beide Vereine ein Ehrenmitgliedsdiplom.

H. war Initiator, Mitbegründer und Vorsitzender des *Podporno društvo za dijake in vajence* [Förderverein für Schüler und Lehrlinge] in Villach/Beljak, wo er ebenfalls das *Delavsko pevsko društvo* [Gesangsverein der Arbeiter] ins Leben rief, der wegen der zwangsweisen Versetzung von identitätsbewussten slowenischen Arbeitern nur kurze Zeit Bestand hatte. Im Vorsitz des Vereins *Drava*, den er die ganze Zeit über innehatte, gruppierte er junge slowenische Gymnasialschüler um sich, die sich für ein slowenisches Kärnten/Koroška starkmachten. Der slowenische Kreis in Villach/Beljak regte stets die auf dem Land ansässigen Slowenen zu nationalbewusstem Denken und Wirken an, u.a. auch durch Gesang. Er hatte eine eigene Hymne, die von Ivan Frole geschrieben und von Karl Rožanc vertont wurde, beide ebenfalls Bahnbeamte. Sie lautete:

»Omizje je naša trdnjava ob meji,
Branitelji majke nam Slave smo mi,
Borimo za geslo se vedno krepkeji:
Naj mili naš narod na veke živi.

Slovensko omizje beljaško je skala,
Zaman se v njo upira sovražni vihar;
Ni strah nas nevihte, viharja, ne vala,
Nas sila sovražna ne uniči nikdar.

Branimo se krepko vsi zoper krivice,
Ki dela nam ljuti sovražnik jih naš
In v slogi branimo si svoje pravice,
Umreti za narod je zadnji naš glas.«

Der /Villacher/ Kreis ist unsere Festung an der Grenze,
Wir sind die Verteidiger unserer Mutter Slava,
Immer stärker kämpfen wir für unseren Wahlspruch:
In Ewigkeit lebe unser geliebtes Volk.

Der slowenische Kreis in Villach ist der Fels,
Gegen den vergebens feindlicher Sturm sich stemmt,
Keine Angst macht uns Unwetter, Sturm und Welle,
Die feindliche Macht vernichtet uns nimmermehr.

Wehren wir alle beherzt uns gegen Unrecht,
Das der bösartige Feind uns zugedacht,
In Einheit verteidigen wir unsere Rechte,
Für unser Volk zu sterben sei unser letzter Laut

H. wurde bei der Eröffnung der Bahnstrecke Villach/Beljak – Trieste/Trst/Triest 1906 wegen nationaler Agitationen zusammen mit weiteren Beamten bzw. Mitgliedern des slowenischen Kreises in die Direktion der Staatsbahn in → Trieste/Trst/Triest versetzt, wo jene ihren sog. *Beljaško omizje* (→ *Beljaško omizje* [Villacher Kreis] in Triest) wiederbelebten, der im slowenischen Kulturzentrum *Narodni dom* [Volkshaus] organisiert und auch von heimatverbundenen slowenischen Triestinern besucht wurde.

1909 war H. Mitbegründer und erster Vorsitzender der Organisation *Zveze jugoslovanskih železničarjev* [Verband jugoslawischer Eisenbahner] die ihn ob ihres 30-jährigen Jubiläums zum Ehrenmitglied ernannte. In der Küstenstadt übernahm er die Leitung der *Zadružna gostilna in trgovina* [Genossenschaft für Gastronomie und Handel], die der *Narodna delavska organizacija* [Nationale Arbeiterorganisation] unter Leitung von Dr. Mandič unterstand. Als er im September 1910 aus Wien zurückkehrte, wo er sich an Verhandlungen zur Gehaltserhöhung von Bahnangestellten beteiligt hatte, wurde er in ein Zugsunglück verwickelt und im Folgejahr wegen der Nachwirkungen des Unfalls pensioniert. Daraufhin kehrte er nach Villach/Beljak zurück. Nachdem der Erste Weltkrieg begonnen hatte, wurde er als »nationaler Slowene« unter polizeiliche Aufsicht gestellt; er erlebte mehrere Hausdurchsuchungen und wurde schließlich in Göllersdorf bei Hollabrunn interniert.

Im Januar 1917 schickte man ihn mit 44 Jahren an die russische Front nach Galizien. In der Zwischenzeit wurde gegen ihn am Divisionsgericht in Wien Anklage wegen Hochverrats erhoben. Im Verfahren wurde er jedoch freigesprochen (→ Militärgerichtsbarkeit). Als haltlos erwiesen sich auch alle übrigen 16 Denunziationen, u.a. auch die, H. hätte in einem Gespräch behauptet, die Slowenen wollten einen slowenischen König. Da seitens der Landesregierung die Konfination drohte, zog er sich nach Kriegende aus Klagenfurt/Celovec nach Kranj zurück. 1919 kam er wieder nach Kärnten/Koroška, wo er in St. Jakob im Rosental/Šentjakob v Rožu ob der → Volksabstimmung tatkräftig die slowenische Propagandatätigkeit unterstützte. Deshalb sah er sich 1920 gezwungen, nach → Jugoslawien zu emigrieren, ging zunächst nach Bled, dann nach → Maribor, wo er sich sogleich national-kulturell engagierte (→ Vetreibung 1920). Er wurde Ausschussmitglied in der Organisation *Narodna odbrana* [Volksverteidigung] im CMD, im *Slovensko trgovsko društvo* [Slowenischer Handelsverein], Vizepräsident in der Volksverteidigungsgesellschaft *Branibor* usw.

Er initiierte und organisierte alle Arten von Zusammenkünften der Kärntner Slowenen in Maribor. Von 1928 bzw. 1929 bis 1947 übernahm H. den Vorsitz des Unterausschusses des → *Klub koroških Slovencev* [Klub der Kärntner Slowenen] in Maribor, der 1928 von emigrierten Kärntner Slowenen auf einer Versammlung in → Celje gegründet worden war, und fungierte 1948 als dessen Ehrenvorsitzender. Zwischen 1925 und 1948 hatte er in Maribor eine Kernölfabrik. Zwischen den Weltkriegen leistete H. den Kärntner Slowenen Hilfestellung, die nach Jugoslawien gekommen oder nach 1938 geflohen waren. Zu Beginn des Zweiten Weltkriegs arretierte man H. und seine Familie. Er verbrachte einige Monate im Gefängnis, dann wurde er nach Bayern deportiert. Nach dem Krieg lebte er als pensionierter Beamter in Maribor.

Lit.: A. B. [Anton Brandner]: *Ivan Hochmüller*. In: »*Mariborski večernik*« *Jutra*, VII (1933) 41, 2; *Ivan Hochmüller in Koroška*. In: »*Mariborski večernik*« *Jutra*, XII (1938) 40, 3; A. Brandner: *80-letnica koroškega narodnega delavca*. In: *Svoboda*, VII (1954) 1, 30–32; A. Kovačič, J. Natek: *Kronika Kluba koroških Slovencev v Mariboru 1928–1988*. Maribor 1988; D. Grafenauer: *Ivan Hochmüller (1873–1954)*. In: Jepa, XIX (2010) 1 (55), 2; D. Grafenauer: *Življenje in delo Julija Felaherja in koroški Slovenci* (Phil. Diss., Univerza v Mariboru). Maribor 2009, 166–168.

Danijel Grafenauer; Üb.: Maja Francé

Hochosterwitz (Ostrovica) (Burg), vgl. Sachlemmata: → Archivwesen; → Christalnick, Michael Gotthard; → Jarnik, Urban; → Kranzmayer, Ortsnamen, alphabetisches Verzeichnis; → Ortsverzeichnis, zweisprachiges aus 1883; → Ostarrichi; → Zollfeld/Gosposvetsko polje.

Hohenthurn/Straja vas, vgl. Sachlemmata: → Arnoldstein/Podklošter; → Bürgermeister; → Gailtal/Ziljska dolina; → Kreuzweg; → Kulturgeschichte (= Einleitung, Band 1); → Nachbarschaft/*soseščina* im Unteren Gailtal/Spodnja Ziljska dolina; → Pfarrkarte der Diözese Gurk/Krška škofija 1924; → *Trdnjava* [Festung]; Personenlemmata: → Hebein, Josef; → Wiegele, Ferdinand; → Achomitz/Zahomec: → *Zila, Katoliško*

Trauvater Tomaž Holmar (ganz rechts) mit den Kulturaktivisten des Vereins Edinost St. Tomaž aus St. Thomas am Zeiselberg/Šenttomaž pri Celovcu v. L. n. R.: Valentin Lesjak, Andrej → Sturm, Katarina Sturm vereh. Polcer sowie Andrej Polcer vulgo Lazar aus Obersammelsdorf/Zgornje Žamanje, Tomaž Holmar

slovensko izobraževalno društvo; → *Aleksandrinke* [Alexandrinerinnen]; → Kriegl, Niko; → Milonig, Filip; → Schnabl, Gregor; → Schnabl, Johann/Janez (1827–1904), → Schnabl, Johann/Janez (1897–1964); → Zwitter, Dr. Franci; Draschitz/Drašče: → Millonig, Johann; → Schaubach, Franc; → Zwitter, Maria; → Zwitter, Vinko; → Zwitter, Dr. Zdravko; Dreulach/Drevlje: → Schaubach, Alois; → Zwitter, Davorin (Martin).

Hojnik, Ivan (Kaplan, Kulturaktivist, → *Globasnica, Slovensko izobraževalno društvo* [Slowenischer Bildungsverein Globasnitz].

Holcer, Jozef, Laienschauspieler, Kulturaktivist, → *Edinost Šenttomaž. Katoliško slovensko izobraževalno društvo Edinost Št. Tomaž pri Celovcu* [Katholischer slowenischer Bildungsverein St. Thomas].

Tomaž Holmar, Foto Vincenc Gotthard

Holmar, Tomaž (Thomas, Ps. Gosposvečan, * 14. April 1905 Maria Saal/Gospa Sveta, † 3. März 2003 Bad Eisenkappel/Železna Kapla), Priester, Chorleiter, Publizist.

Die elementare schulische Sozialisation erfuhr H. ab 1911 in Camporosso/Saifnitz/Žabnice und ab 1916 in → Maria Saal/Gospa sveta. 1917 kam er ins → Marianum nach Klagenfurt/Celovec. Gregor → Rožman, Professor am → Priesterseminar in Tanzenberg/Plešivec, übernahm für H. die Kosten für Logis und Schulgeld. Die Ereignisse rund um die → Volksabstimmung 1920, die Enttäuschung über die nicht eingehaltenen Zusicherungen sowie die einsetzende subtile → Germanisierung lösten bei H. ein lebenslanges Trauma aus. Während seines Schulbesuchs im Marianum in Ljubljana (1923–1925) bekam H. einen SHS-Pass (→ Jugoslawien). In → Ljubljana studierte er bis 1930 Theologie. Trotz eines gegenteiligen vatikanischen Bescheides ließ er sich 1931 von Bischof Adam → Hefter in Klagenfurt/Celovec zum Priester weihen. Seine Primiz feierte er am Wallfahrtsort Monte Lussari/Luschari/Sv. Višarje im italienisch gewordenen → Val Canale/Kanaltal/Kanalska dolina. Danach half ihm Caritassekretär Rudolf → Blüml und machte ihn zu seinem Mitarbeiter. Von 1931 bis 1935 weilte H. in Wien, wo er sich mit liturgischen Studien bei Pius Parsch befasste und als Krankenhausseelsorger in Klosterneuburg arbeitete. In Wien engagierte er sich aktiv in der kulturellen Arbeit des → *Klub koroških slovenskih akademikov na Dunaju* [Klub der slowenischen Akademiker in Wien]. Die begonnene Dissertation brachte er allerdings nicht zum Abschluss.

Nach seiner Rückkehr aus Wien im Jahre 1935 kam H. ins mölltalerische Sagritz als Kaplan (1935–1936) und wurde bald danach nach → Tainach/Tinje versetzt, wo er einen Männerchor gründete und neben Blüml zum Repräsentanten der liturgischen Bewegung in Kärnten/Koroška wurde. Im Frühjahr 1937 wurde H. Kaplan in St. Jakob im Rosental/Šentjakob v Rožu, wo es eine fruchtbare Zusammenarbeit mit dem Organisten und Komponisten Anton → Nagele gab, die zur Herausgabe einer Kindermesse mit dem Titel *Ob božjem oltarju* [Am Altare Gottes] im Jahre 1937 führte. H. schrieb u.a. das Libretto zu Jakob → Skets *Miklova Zala*. Für die Vertonung durch Nagele hatte H. sowohl die inhaltliche als auch die musikalische Vorlage beigesteuert. Nach einem halben Jahr wurde H. als Provisor in die an der deutsch-slowenischen Sprachgrenze gelegene Pfarre St. Margarethen am Töllerberg/Šmarjeta pri Velikovcu versetzt (16. Oktober 1937–31. März 1938) (→ Völkermarkter Hügelland/Velikovško podgorje). Während er noch für Schuschniggs Volksabstimmung agitierte, marschierte Hitler bereits in Österreich ein. Unter der deutschen Okkupation galt H. den neuen Machthabern als suspekt und wurde deshalb vom Gurker Ordinariat aus Schutzmotiven zunächst in die Pfarre Wachsenberg und am 31. Oktober 1938 auf eigenen Wunsch nach St. Jakob ob der Gurk versetzt (1938–1945). In dieser Zeit besuchte H. häufig jene im Jahre 1942 deportierten Kärntner Slowenen und Sloweninnen in den Lagern des Deutschen Reiches. In St. Jakob ob der Gurk führte die slowenische Volksdichterin Milka → Hartmann H.s Haushalt. Auf Initiative des slowenischen Kulturverbandes verfasste H.

499

das Libretto für die *Miklova Zala*, das A. → Nagele für seine Komposition verwendete. Gemeinsam mit Filip → Millonig publizierte er *Svete pesmi* [Heilige Lieder], Texte für den Volksgesang, die im Jahre 1940 die → *Nedelja* verlegte.

Unter dem Pseudonym Gosposvečan veröffentlichte H. einige Beiträge im → *Koledar Mohorjeve družbe*.

Werke: *Na sveti poti. Višarski molitvenik.* Gorica 1931; Gosposvečan (Tomaž Holmar), Anton Nagele: *Ob božjem oltarju*. Celovec 1937.
Lit.: OVSBL. – L. Karničar: *90 let Tomaža Holmarja*. In: KMD 1996. Klagenfurt/Celovec 1995, 99–104; A. Malle: *Koroški Slovenci in katoliška cerkev v času nacizma*. In: A. Malle, V. Sima (Red.): Narodu in državi sovražni. Pregon koroških Slovencev 1942 – Volks- und staatsfeindlich. Die Vertreibung von Kärntner Slowenen 1942. Celovec/Klagenfurt 1992, 85–130 (deutsche Zusammenfassung: Die Kärntner Slowenen und die katholische Kirche, 131 f., zu Holmar S. 103); M. Makarovič (Hg.): *Tomaž Holmar*, Krščanska kulturna zveza/ Christlicher Kulturverband. Klagenfurt/Celovec 2001; P. G. Tropper: *Nationalitätenkonflikt, Kulturkampf, Heimatkrieg. Dokumente zur Situation des slowenischen Klerus in Kärnten 1914–1921*. Klagenfurt 2002; J. Till: *Der Abraham a Sancta Clara Unterkärntens. Tomaž (Thomas) Holmar*. In: J. Mikrut (Hg.): *Faszinierende Gestalten der Kirche Österreichs*, 10. Wien 2003, 41–70; J. Zerzer: *Dobri pastirji. Naši rajni duhovniki 1968–2005*. Celovec 2006, 75–80. J. Till: *Verouk ob izzivih družbenih sprememb v 20. stoletju*. In: M. Vrečar (Hg.): Južna Koroška in njena cerkvena podoba v 20. stoletju. Celovec 2007, 259–312; A. Malle: *Avtobiografski zapisi in dokumenti: Primer Tomaž Holmar*. In: KK 2015. Celovec 2014, 127–142.

Josef Till

Hoo-rrruk …! List za plebiscitno zabavo [Hauruck …! Blatt für den Plebiszitspass], September–Oktober 1920. Erscheinungsweise »nach Bedarf«, drei Nummern erschienen.

Verantwortlicher Redakteur Wilhelm Held. Laut Eigenbezeichnung das »verbreitetste Blatt in der Zone A. Auch die B-Zonler lesen es fleißig« (→ Abstimmungszone). Satirisches Blatt in slowenischem Sinn. Die Beiträge sind in slowenischer und deutscher Schriftsprache, z.T. im → Dialekt verfasst. Verspottet und verlacht Deutschösterreich (z.B. in einer Spottversion der Volkshymne), die politischen GegnerInnen und insbesondere DeutschtümlerInnen und alle Formen von Deutschtümelei. Proösterreichische Propagandaveranstaltungen und Publikationen (z.B. die als »lausmanšaft« bezeichnete *Kärntner Landsmannschaft*) werden ins Lächerliche gezogen. Viele kurze Notizen beziehen sich auf lokale Gegebenheiten und Personen, die durch Texte und/oder bildliche Darstellungen lächerlich gemacht werden. Enthält u.a. die Rubriken

Hoo-rrruk, Jg. 1 (1920) Nr. 3 – Titelblatt

Politične novice [Politische Neuigkeiten], *Mala oznanila* [Kleine Ankündigungen] und *Novice iz cone A in B* [Neuigkeiten aus der Zone A und B]; humoristische Beiträge in Form von Rätseln, Anzeigen, Telegrammen sowie zahlreiche → Karikaturen (u.a. die Amateurversion einer Karikatur über einen Truthahn → Deutschtümler aus einer der führenden slowenischen humoristischen Zeitschriften *Kurent*).

Lit.: Š. Bulovec, M. Malle, A. Malle: *Časniki in časopisi koroških Slovencev v Avstriji 1849–1983*. In: Koroški Slovenci v Avstriji včeraj in danes. Ljubljana, Celovec 1984, 284–299.

Tina Bahovec

Hornböck, Janez (Ivan, Johann, * 5. Juli 1878 St. Johann im Rosental/Šentjanž v Rožu, † 6. August 1942 KZ Dachau), Priester, Seelsorger, Pädagoge, KZ-Opfer.

Nach dem Gymnasium studierte H. Theologie in Klagenfurt/Celovec, die Priesterweihe erhielt er am 21. Juli 1901. Er war zwölf Jahre lang Kaplan in → Bleiburg/Pliberk. Er war als guter Prediger, hervorragender Sänger, geselliger Mensch, Freund der Jugend und verständiger Katechet sehr beliebt. H. war Mitbegründer des slowenischen Bildungsvereins → *Edinost v Pliberku* [Kulturverein Edinost (Einheit) in Bleiburg], leitete die

Janez Hornböck, Foto Vincenc Gotthard

allwöchentlichen Versammlungen und hielt dort informative Vorträge. Zudem leitete er die Laienspielgruppe des Vereins. 1916 wurde er zum Pfarrer von Mežica (Mieß) bestellt, obwohl im damals deutsch dominierten Ort deutschnational gesinnte Herren seine Bestellung zu verhindern suchten. Da er Unterschriften für die → Maideklaration sammelte und da man ihn nach Kriegsende in den Volksrat für die → Mežiška dolina (Mießtal) wählte, wurde er im Mai 1919 zur Zielscheibe der Volkswehr, deren erklärten Mordabsichten er sich durch die Flucht nach Brezovica bei Ljubljana entzog. Nach der Rückkehr war er in seiner Pfarre nicht nur ein vorbildlicher Seelsorger, sondern auch im Katholischen Bildungsverein *Peca* aktiv, er gründete einen Männergesangsverein, spielte im Tamburizza-Ensemble, leitete die Darlehenskasse und war Mitglied des Gemeinderates (→ Kulturvereine, → Tamburizzamusik, → Genossenschaftswesen). Dafür wurde er zum Ehrenbürger der Gemeinde ernannt. Von den jugoslawischen Behörden wurde ihm der Orden des hl. Sava verliehen, der Bischof ernannte ihn zum Geistlichen Rat, 1938 wurde er zum Dechanten der Mežiška dolina bestellt.

Wohl aufgrund alter Rechnungen aus der Zeit der Grenzkämpfe wurde er am 11. April 1941 arretiert, nach Prevalje verbracht und von dort ins Polizeigefängnis nach Klagenfurt/Celovec überstellt. Ohne konkrete Beschuldigung oder ein Gerichtsverfahren wurde er am 24. Juli ins KZ Dachau verschleppt, wo er trotz seines hohen Alters acht bis neun Stunden Zwangsarbeit leisten musste. Dieser Belastung war er nicht gewachsen. Nach schwerer Krankheit verhungerte er am 6. August 1942 in Dachau. Seine Asche wurde nach St. Johann/Šentjanž überstellt.

Quellen: Personalstammblatt ADG; Diensttabelle und Geschichtlicher Abriss der Pfarre Mežica, Erzbischöfliches Archiv Maribor.
Lit.: *Naši rajni duhovniki*. Celovec/Klagenfurt 1968, 82–90; A. Malle: *Koroški Slovenci in katoliška cerkev v času nacizma*. In: A. Malle, V. Sima (Red.): Narodu in državi sovražni. Pregon koroških Slovencev 1942 – Volks- und staatsfeindlich. Die Vertreibung von Kärntner Slowenen 1942. Celovec/Klagenfurt 1992, 85–130 (deutsche Zusammenfassung: Die Kärntner Slowenen und die katholische Kirche, S. 131 f., zu Hornböck S. 103); Št. Lednik: *Mežica*. Mežica 1994; *Koroški Fužinar*, 4/1998; B. Entner: *Wer war Klara aus Šentlipš/ St. Philippen? Kärntner Slowenen und Sloweninnen als Opfer der NS-Verfolgung. Ein Gedenkbuch*. Klagenfurt/Celovec 2014, 88.

Janko Zerzer

Horner, Josef, → Abgeordnete.

Hotimir, dux, → *Duces Carantanorum*.

Hotimitz, Franz (* 1862) (Globasnitz/Globasnica), → Liedersammlung, handschriftliche.

Hranilnica [Sparkassa], vgl. auch → *Posojilnica*; → Genossenschaftswesen.

Hranilnica in posojilnica [Spar- und Darlehenskasse] in Ravne na Koroškem, → Kotnik, Janko.

Hranilnica in posojilnica [Spar- und Darlehenskasse] in St. Kanzian/Škocjan v Podjuni, → Poljanec, Vincenc.

Hranilnica in posojilnica [Spar- und Darlehenskassa] in Zell/Sele, gegründet 1926, → Vauti, Alojzij.

Hranilnica in posojilnica [Spar- und Darlehenskasse], gegründet 1903, → Keutschach/Hodiše; → Starc, Johann.

Hranilnica in posojilnica [Spar- und Darlehenskasse], gegründet 1888, → Šmihel. Slovensko katoliško izobraževalno društvo za Šmihel in okolico [Slowenischer katholischer Bildungsverein für St. Michael und Umgebung].

Hranilnica in posojilnica Borovlje [Spar-und Darlehenskasse], gegründet 1908, → *Borovlje*. Slovensko prosvetno društvo »Borovlje« [Slowenischer Kulturverein »Borovlje« (Ferlach)]; → Mišič, Dr. Franc.

Hranilnica in posojilnica Celovec [Spar- und Darlehenskasse Klagenfurt], gegründet 1889, → Einspieler, Lambert; → Rozman, Josef; → Schnabl, Franc sen.; Zwitter, Vinko.

Hranilnica in posojilnica Edinost v Št Tomažu pri Celovcu [Spar- und Darlehenskasse *Edinost* St. Thomas am Zeiselberg], gegründet 1910, → *Edinost Šenttomaž*. Katoliško slovensko izobraževalno društvo *Edinost Št. Tomaž pri Celovcu* [Katholischer slowenischer Bildungsverein St. Thomas]; → Flurnamen in St. Thomas am Zeiselberg/Šenttomaž pri Celovcu und Umgebung; → Klagenfurter Feld/Celovško polje; → Brabenec, Jan; → Lesjak, Valentin; → Sturm, Andrej.

Hranilnica in posojilnica Kotmara vas [Spar- und Darlehenskasse Köttmannsdorf], → Prosekar, Matija.

Hranilnica in posojilnica Marija na Zilji [Spar- und Darlehenskasse Maria Gail], gegründet 1903, → Maria Gail/Marija na Zilji.

Hranilnica in posojilnica na Kostanjah [Spar- und Darlehenskasse in Köstenberg] gegründet 1912, → *Kostanje. Katoliško slovensko izobraževalno društvo za Kostanje in okolico* [Katholischer slowenischer Bildungsverein für Köstenberg und Umgebung].

Hranilnica in posojilnica na Ziljski Bistrici [Spar- und Darlehenskasse Feistritz a. d. Gail], gegründet 1891, → Gailtal/Ziljska dolina.

Hranilnica in posojilnica Podravlje [Spar- und Darlehenskasse Föderlach] in Föderlach/Podravlje, → Vospernik, Janez.

Hranilnica in posojilnica Šentjanž [Spar- und Darlehenskassa St. Johann], → *Šentjanž. Katoliško slovensko izobraževalno društvo za Št. Janž in okolico* [Katholischer slowenischer Bildungsverein für St. Johann und Umgebung]; → Krasnik, Matevž.

Hranilnica in posojilnica v Pliberku [Spar- und Darlehenskasse in Bleiburg], gegründet 1908, → Bleiburg/Pliberk; → *Edinost Pliberk. Katoliško slovensko izobraževalno društvo Edinost v Pliberku* [Katholischer slowenischer Bildungsverein *Edinost* (Einheit) in Bleiburg].

Hranilnica in posojilnica v Št. Jurju na Zili [Spar- und Darlehenskasse St. Georgen im Gailtal], gegründet 1910, → Gailtal/Ziljska dolina.

Hranilnica in posojilnica za Djekše [Spar- und Darlehenskasse für Diex], → Benetek, Anton.

Hranilnica in posojilnica za Štefan na Zili in okolico [Spar- und Darlehenskasse für St. Stefan im Gailtal und Umgebung], gegründet 1895, → Gailtal/Ziljska dolina.

Hranilnica in posojilnica za sv. Lenart in okolico [Spar- und Darlehenskasse für St. Leonhard bei Siebenbrünn und Umgebung], gegründet 1892, → Gailtal/Ziljska dolina.

Hranilnica in posojilnica Železna Kapla [Spar- und Darlehenskasse → Eisenkappel], → Gril, Anton.

Hren, Tomaž (Hrön, Thomas, * 13. November 1560 Ljubljana, † 10. Jänner 1630 Gornji Grad), römisch-katholischer Geistlicher, Bischof zu Ljubljana, Kunstmäzen.

H. wuchs in einer angesehenen, vermögenden evangelischen Familie in Ljubljana auf. Sein Vater, ein überzeugter Protestant, der sich am Grazer Hof für die Rückkehr Primož → Trubars nach → Krain/Kranjska einsetzte, war über mehrere Jahre Richter und Bürgermeister von Ljubljana. H.s Abwendung vom → Protestantismus geht auf den Einfluss seines streng katholischen Onkels mütterlicherseits, Gašper Žitnik, zurück. Žitnik, der Professor an der Universität Wien war, nahm den jungen H. zu sich. Ebenfalls durch Žitniks Vermittlung kam H. 1573 zu den → Jesuiten nach Graz, wo er eine umfassende humanistische Bildung erhielt. Ursprünglich wollte H. in Padova (Padua) Recht studieren, doch auf dem Weg von Wien nach Padova erkrankte H. schwer und gelobte, bei Genesung Geistlicher zu werden. So schrieb er sich 1586 in das Studium der Theologie bei den Jesuiten in Graz ein. 1588 wurde H. zum Priester geweiht und zum Kanonikus an der Domkirche zu → Ljubljana bestellt, nachdem die Stelle des Kanonikus seit der Vertreibung Trubars 1547 vakant geblieben war. 1597 wurde H. zum Bischof der Diözese Ljubljana ernannt. 1600 leitete er die → Gegenreformation in Krain/Kranjska ein, die unter seinem Vorgänger Bischof Janez Tavčar (um 1544–1597) nur zögerliche Anfänge gefunden hatte. H. war als Leiter der Religions-Reformations-Kommission die treibende Kraft der Gegenreformation in der → Diözese Ljubljana mit ihren Besitzungen in Krain/Kranjska, der Steiermark/Štajerska und Kärnten/Koroška (Gebiet südlich der Drau/Drava). Als Leiter dieser Kommission war er für die Vertreibung evangelischer Geistlicher, Bücherverbrennungen und die Zerstörung evangelischer Kirchen und Friedhöfe verantwortlich. Von den Bücherverbrennungen waren die slowenischen evangelischen Bibelübersetzungen von Primož Trubar und Jurij → Dalmatin ausgenommen. H. holte die päpstliche Erlaubnis für den Gebrauch der Dalmatinbibel zu Ausbildungszwecken der römisch-katholischen Geistlichkeit ein. Es muss H. zugutegehalten werden, dass er die unermessliche Bedeutung der evangelischen Bibelübersetzung für die Slowenen erkannt und die → Dalmatinbibel von den Büchervernichtungen ausgenommen hat. Zusätzlich förderte H. das römisch-katholische Schrifttum in slowenischer Sprache, um der umfangreichen slowenischen evangelischen Literatur entgegenzutreten. Trotz aller Anstrengungen konnte die slowenische katholische Literatur mit der slowenischen evangelischen Literatur nicht mithalten; die literarischen Aktivitäten verliefen sich bald. H.s Einsatz für die Verwendung der slowenischen Sprache im kirchlichen Bereich darf wohl auf seine kindliche evangelische Prägung zurückgeführt werden (→ Liturgiesprache). Auch H.s Streben nach Erneuerung der römisch-katholischen Kirche mittels einer guten Ausbildung der Geistlichkeit ist eindeutig protestantisch geprägt. In diesem Sinne förderte H. die jungen Orden der Jesuiten und Kapuziner. Ökumenisch ausgerichtet war H.s streben nach Zusammenarbeit mit den (serbisch-)orthodoxen *Uskoken* (Serben, die vor den Osmanen nach Norden, u. a. in slowenisches Gebiet, geflohen waren) auf dem Gebiet seiner Diözese. Zwischen 1614 und 1621 war H. Stellvertreter des Landesfürsten. Wie Trubar ein Förderer der (religiösen) Literatur war, war H. ein Förderer der (kirchlichen) Kunst. Er unterstützte den Wiederaufbau vieler durch die Osmanen zerstörten Kirchen und ließ neue Kirchen errichten. Im Zuge der Innenausstattung der Kirchen wurde H. zum Mäzen der bildenden Kunst. Gleichermaßen war er Förderer der Kirchenmusik und achtete sorgsam sowohl auf die musikalische Ausbildung des Priesternachwuchses als auch auf die vokale und instrumentale Umrahmung des Gottesdienstes. Zur instrumentalen Umrahmung des Gottesdienstes ließ er Orgeln installieren. H. veranlasste außerdem die Anschaffung von umfangreichen Notenwerken der damals populären Komponisten. H.s jugendliche Nähe zu Italien (geplantes Studium in Padova) findet sich später in seiner Vorliebe für den italienischen Kunstgeschmack wieder. In Gornji Grad begründete er das *Collegium Marianum*, das seinerseits andere Ausbildungsorte der Geistlichkeit beeinflusste. H. setzte sich außerdem für das → Theater ein, in dem er ein Mittel zur Verbreitung von Glaubensinhalten und Bildung sah.

Quellen: Johann Weichart Valvasor: *Die Ehre deß Herzogthums Crain*. 1669, Anhang des sechsten Buchs / welcher eine Anzahl gelehrter Scribenten begreifft / so aus Crain bürtig gewest, 348–349.
Lit.: SBL; ES; OVSBL. – I. Prijatelj: *Izbrani eseji I*. Ljubljana 1952; A. Slodnjak: *Slovensko slovstvo*. Ljubljana 1968; A. Lavrič: *Vloga ljubljanskega škofa Tomaža Hrena v slovenski likovni umetnosti I*. Ljubljana 1988; E. Škulj: *Hrenove korne knjige*. Ljubljana 2001; O. Luthar (Hg.): *The Land Between – A history of Slovenia*. Frankfurt/Main 2008.

Reinhold Jannach

Hribernik, Valentin (Vereinsvorsitzender, Kulturaktivist), → *Planina, Katoliško prosvetno društvo v Selah (KPD Planina)* [Katholischer Kulturverein Planina in Zell].

Hribovšek, Ivan (* 19. Juni 1923 Radovljica [Gorenjska], † Mai oder Juni 1945), Schriftsteller.

H. war einer jener slowenischen Schriftsteller, der zu früh verstarb, der aber dennoch aufgrund seiner künstlerischen Tiefe während der Exponiertheit der Kriegszeit von der Literaturgeschichte zu der slowenischen Schriftstellerelite seiner Generation gezählt wird.

Er besuchte das klassische Gymnasium in Ljubljana, wo er im Schuljahr 1940/41 die siebente Klasse absolvierte. Die Schulausbildung setzte er kriegsbedingt in → Villach/Beljak fort, wo er im Februar 1943 maturierte. Zu jener Zeit war er aktives Mitglied der Widerstandsbewegung in einer Gruppe christlicher Sozialisten. Im Mai 1943 inskribierte er an der philosophischen Fakultät der Universität Wien und widmete sich dem Studium der klassischen Philologie. Zeitweise hielt er sich auch in Klagenfurt/Celovec auf. Im Herbst 1944 hätte er in die Wehrmacht eingezogen werden sollen, schloss sich in der Not jedoch den slowenischen Domobranzen an, die sich am Ende des Krieges ins Flüchtlingslager bei Viktring/Vetrinj zurückzogen, von wo aus sie von der britischen Besatzungsmacht an Jugoslawien ausgeliefert wurden. Im Juni 1945 endete er mit 22 Jahren in einer durch die kommunistischen Machthaber verübten Massenexekution.

Den Großteil seiner Gedichte schuf H. während des Krieges. Anfangs beeinflusste ihn die slowenische Dichtertradition, insbesondere Edvard Kocbek. In Wien standen ihm Friedrich Hölderlin und Rainer Maria Rilke am nächsten. Im Mittelpunkt seiner Poesie befand sich die Erde, aber nicht nur in ihrer unerschöpflichen Vitalität, sondern auch in ihrer vergeistigten Dimension. Im Hinblick auf die Verhältnisse, in denen er zu leben hatte, entwickelte H. eine stark existenzielle Motivik und beschrieb entweder sein persönliches Trauma, das aus seiner Konfrontation mit dem Tod resultierte, oder suchte die Tragik seiner geopferten Generation in hymnischen Versen auszudrücken. Sein dichterischer Ausdruck war stilistisch vollendet, apollinisch schlicht, ob in Gedichten oder im freien Vers bzw. klassischen Versmaß, insbesondere in der ausgefeilten Form des Sonetts. Hinsichtlich seiner Ausdruckskraft ist er ohne Weiteres mit dem Dichter France Balantič gleichzusetzen.

Im Mai 1944 arrangierte er in Wien die handschriftliche Sammlung *Pesmi* [Lieder], allerdings konnte er sie nicht veröffentlichen. Nach dem Krieg war er in seiner Heimat verboten, so dass die Gedichte erst 1965 unter dem Titel *Pesem naj zapojem* [Lieder soll ich singen] in Buenos Aires herausgegeben wurden, wo eine dynamische slowenische politische Emigrantengruppe wirkte. In Slowenien gingen seine Gedichte erst in Druck, als das Land unabhängig und demokratisch geworden war.

Werke: I. Hribovšek, T. Debeljak (Red. und Kommentar): *Pesen naj zapojem*, Buenos Aires 1965; *Zbrano delo*. Ljubljana 2010.
Lit.: ES; OVSBL. – F. Pibernik: *Poezija Ivana Hribovška*. In: Ivan Hribovšek, Pesmi. Ljubljana 1990; F. Pibernik: *Slovenski dunajski krog 1941–1945*. Ljubljana 1991; F. Pibernik: *Vrnitev iz tišina*. In: Ivan Hribovšek: *Himna večeru*. Celje 1993, 73–266; F. Pibernik: *Ivan Hribovšek*. Ljubljana 2010.

France Pibernik; Üb.: Maja Francé

Hubad, Franc (* 28. Jänner 1849 Skaručina [Šmarna gora, Vodice, Gorenjska], † 3. Dezember 1916 Ljubljana), Ethnograf, Schulmann.

Nach der dritten Gymnasialklasse in → Trieste/Trst/Triest wechselt H. nach → Ljubljana und absolvierte dort die restlichen Schulklassen. In Graz studierte er Klassische Philologie und Slawistik, wo ihn Gregor KREK für die Folkloristik begeisterte. Er wurde Lehrer, später Direktor in Ptuj und Graz. Auf Wunsch des Wiener k.u.k. Kultusministeriums, in dem er seit 1891 als Referent wirkte, übernahm er die Leitung der Lehrerbildungsanstalten in Ljubljana. 1901–1914 fungierte er als Landesschulaufseher und wurde für seine Verdienste auf dem Gebiet der Unterrichtsmethodik 1909 mit dem Ritterorden der Eisernen Krone ausgezeichnet. 1912 berief man ihn zum Hofrat, zwei Jahre darauf ging er in den Ruhestand.

Im Zentrum von H.s Interessen standen die slawischen Völker, was sich in einer Vielzahl seiner ethnografischen Essays widerspiegelt. In seiner Abhandlung *Črtice o starožitnostih slovanskih* [Skizzen zu den slawischen Sitten] thematisiert er die Gastfreundschaft als besonderes Charakteristikum der Slawen, die ehemals im Strafprozessverfahren angewandte und Methode zur Fällung von Urteilen *Božja sodba* [Gottesurteil] sowie die *Dodole in Prporuše*-Rituale bei Frühlingsbeginn (Regen- bzw. Fruchtbarkeitstänze, von jungen Frauen bzw. Männern durchgeführt). Zudem befasste er sich mit den verschiedenen Glaubensrichtungen in Bosnien und Herzegowina, mit Weihnachtsbräuchen bei den Serben, dem Verhaltenskodex bei Bestattungszeremonien, den Hochzeitsbräuchen bei den Bulgaren und mit Gebräuchen beim Hausbau.

Für diverse Zeitschriften übertrug H. Volksmärchen aus unterschiedlichsten Kulturen bzw. Erzählungen darüber ins Slowenische, z.B. im → *Kres Eno leto med Indijanci* [Ein Jahr unter Indianern]. In der Literaturreihe → *Slovenske večernice* erschien eine kürzere Abhandlung *Črtice iz francoskih bojev na Koroškem l. 1813* [Kurzgeschichten zu den französischen Kämpfen in Kärnten im Jahr 1813], in der H. die Rückeroberung von Kärnten/Koroška und die Befreiung aus der napoleonischen Vorherrschaft (→ Illyrische Provinzen) beschrieb. Seine in der Zeitschrift *Kres* erschienene Abhandlung zum Hildebrandslied, dem ältesten germanischen Heldenepos, beweist, dass entsprechende motivische Pendants auch bei den Slawen (ebenso wie bei den Griechen, Persern, Iren, Russen und Serben) zum kulturellen Erbe zählen (1884). Seine Auseinandersetzung mit slawischen Adaptationen der Ödipussaga *Pravljica o Oedipu v slovanskej obleki* [Die Geschichte von Ödipus in slawischer Gestaltung] (1881) veröffentlichte er ebenfalls im *Kres*. Später erschienen beide Studien in Jakob → SKETS Lesebuch für fünfte und sechste Klassen.

Daneben verfasste er Biografien zu Rudolf von HABSBURG und FRANZ JOSEF I. anlässlich des 40., 50. und 60. Jubiläums seiner Regentschaft. Ebenso publizierte H. Jugendliteratur (*Pripovedke za mladino I–III* [Erzählungen für die Jugend]) und war Ko-Autor der *Čitanke za ljudske šole I–IV* [Lesebücher für Volksschulen I–IV] (1900–1906). Außerdem war er für die dritte (1893) und vierte (1908) erweiterte Ausgabe von Anton → JANEŽIČS slowenisch-deutschem Wörterbuch verantwortlich. In der Literaturzeitschrift → *Ljubljanski zvon* gab er ein positives Urteil zu Gregor → KREKS erweiterter Ausgabe seiner *Einleitung in die slavische Literaturgeschichte* (1887) ab.

Franc Hubad

Quellen/Web: NUK, www.dlib.si.
Werke: *Regenzauber bei den Südslaven*. In: Globus 33 (1878), 139–142; *Črtice o starožitnostih slovanskih*. In: *Letopis matice slovenske* (1879), 49–87; *Pravljica o Oedipu v slovanskej obleki*. In: *Kres* 1881, 277–279; *Nemška pesen o Hildebrandu in njene sestre slovanske*. In: *Kres* (1882), 630–638; *Pripovedke za mladino 1–3*. V Ptuji 1882, 1888, V Ljubljani 1890; *Imentina knjiga*. In: *Ljubljanski zvon* 7 (1887) 7; *Črtice iz francoskih bojev na Koroškem*. In: *Slovenske večernice* 46. V Celovcu 1892, 90–101; F. Hubad: *Pripovedka o Edipu v slovanski obleki*. In: J. Sket (Hg. u. Rd.): Slovenska čitanka za peti in šesti razred srednjih šol. V Celovcu 1903, 107–110; *Franc Jožef I., cesar avstrijski*. V Ljubljani 1908.
Lit.: SBL; OVSBL. – K. Glaser: *Zgodovina slovenskega slovstva 1.*

Ljubljana 1894, 212; I Grafenauer: *Frančišek Hubad*. In: *Carniola* 7 (1916) 303 f.; K. Sturm-Schnabl: Der Briefwechsel Fran Miklosichs mit den Südslaven, Korespondenca Frana Miklošiča z Južnimi Slovani. Maribo 1991, Br. 577a, 578a, 579a, 583a.

Maja Francé

Hudelist, Sebastian (Sebastijan, Sébastien, Sebastianus, * 20. Jänner 1713, Klagenfurt/Celovec, † 1780 Trenčín [Slowakei]), Jesuit und Prediger.

H. wurde am 14. Oktober 1728 in den → Jesuitenorden aufgenommen und unterrichtete Grammatik und klassische Philologie. Danach war er über 20 Jahre Prediger. 1773 war er nach Backer/Sommervogel spiritueller Vater in Raab. Es ist nicht endgültig eruierbar, ob es sich dabei um den Ort Raab im Bezirk Schärding im Innviertel handelt, der erst mit dem Frieden von Teschen (polnisch Cieszyn) 1779 zu Österreich kommen sollte und zuvor bayrisch war und mit Hudelists Trauerrede für den Bischof von Passau in Verbindung gebracht werden kann, oder ob es sich um die ungarische Stadt Győr, deren deutscher Namen ebenfalls Raab ist, handelt. Beides ist plausibel, wobei etwa auch Oswald/Ožbolt → Gutsmann in der Slowakei wirkte. H. starb 1780 in Trenčín in der heutigen Slowakei.

Sein überregionaler Lebensweg und sein Wirken in mehreren Sprachmilieus stehen für das Potenzial des gebürtigen Klagenfurter Jesuiten jener Zeit mit typischem → Südkärntner Namen.

Werke: *Zweyte Trauer- und Lobrede, welche Pater Sebastianus Hudelist, der Gesellschaft Jesu Priester, der Kirche des Academischen Collegii bemelderter Gesellschaft gewöhnlicher Sonntagsprediger vorgetragen hat, ff. 6.* In: *Trauer- und Lobreden auf dem am dreyssigsten des August monathes im Jahre 1761 erfolgten schmerzlichen Hintritt seiner Hochfürstlichen Eminenz … Joseph Dominicus aus dem gefürsteten Hause der Grafen von Lamberg, … Cardinals Priester, Bischof zu Passau, etc.* Passau, im Verlage Friedrich Gabriel Mangolds, 1761, fol.

Lit.: SBL (J. Glonar). – *Bibliothèque de la Compagnie de Jésus. Première Partie – Bibliographie*/par Augustin et Aloys de Backer, Nouv. éd. par Carlos Sommervogel. Bruxelles [u.a.] 1960, *Tome IV, Haakman – Lorette*, 505 und *Tome IX, Supplément: Casalicchio - Zweisig; Anonymes – Pseudonymes*, 500.

Bojan-Ilija Schnabl

Humanismus, vgl. Sachlemmata: → Adelsprache; → Bibelübersetzung; → *Confessio Carinthiaca*; → Dalmatinbibel; → Grammatik; → Protestantismus; → »Windische Ideologie« (Ideologie des »windischen« Herzogtums Kärnten/Koroška); Personenlemmata: → Christalnik, Michael Gotthard; → Dalmatin, Jurij; → Elze, Ludwig Theodor; → Faschang, Gregor; → Faschang, Johann; → Herberstein, Siegmund Freiherr von; → Lang, Andreas; → Leban, Johann; → Megiser, Hieronimus; → Perdon, Matthias; → Piccolomini, Aeneas Silvius; → Pohlin, Anton; → Rauber, Christoph; → Rot, Johannes; → Sakrausky, Oskar; → Santonino, Paolo; → Sladkonja, Georg/Jurij; → Steiner, Bernhard; → Trubar, Primož; → Ungnad, Hans Freiherr von; → Unrest, Jakob.

Hus, Jan (* um 1370 in Böhmen, † 6. Juli 1415 Konstanz am Bodensee), Theologe, Philosoph und Begründer der tschechischen Schriftsprache.

H. studierte in → Prag, wo er im Jahr 1400 zum Priester geweiht wurde. In seinen Predigten kritisierte er die zahlreichen Missstände in der römisch-katholischen Kirche, weswegen H. vom Pisaer Gegenpapst Alexander V. das Predigen verboten wurde. Da sich Hus nicht an das Predigtverbot hielt, belegte ihn Johannes XXIII., der Nachfolger von Alexander V., 1411 mit dem Kirchenbann. Nachdem ihm vom Kaiser sicheres Geleit zugesagt worden war, reiste Hus 1414 zum Konzil nach Konstanz, um seine Lehre zu verteidigen. Auf dem Konzil wurde H. gefangen genommen – man wollte ihn zwingen, seine Lehren zu widerrufen. Da Hus den Widerruf verweigerte, wurde er am 6. Juli 1415 am Scheiterhaufen verbrannt und seine Asche in den Rhein gestreut.

In seinen reformatorischen Ansichten wurde H. vom englischen Theologen Wyclif beeinflusst. H. selbst wiederum übte Einfluss auf Luther aus, welcher seinerseits den slowenischen Reformator → Trubar beeinflusste.

Hus' umfassende Bildung und Sprachkenntnisse (tschechische, lateinische, deutsche, kroatisch-altkirchenslawische, hebräische) kamen ihm bei der Verschriftlichung der tschechischen Sprache zugute. Wie Trubar nach seiner Vertreibung aus → Krain/Kranjska war Hus nach dem Kirchenbann vor allem auf die schriftliche Kommunikation mit seinem Volk angewiesen. So wurde Hus zum Schöpfer der tschechischen Schriftsprache, wie Trubar zum Schöpfer der slowenischen Schriftsprache wurde. In seinem später *De orthographia Bohemica* genannten Traktat forderte Hus anstelle der damals üblichen mehrdeutigen Schreibung der Zischlaute und palatalisierten Konsonanten (*cz, ſſ, ſz, rz, n, t,* u.Ä.) ihre Verschriftlichung mit je einem einzigen Buchstaben (*ć, ś, ż, ŕ, ṅ, ṫ,* usw.). Aus dem Punkt über den Konsonanten wurde bei Hus' Nachfolgern ein gerader Strich, der sich später zu einem Häkchen (č, ň, ř, š, ť, ž usw.) entwickelte. Diese Schreibung wurde von den Slowenen in den 1830er-Jahren in einer durch Ljudevit → Gaj leicht modifizierten Form übernommen. Diese Gajica genannte Schreibung ersetzte die Bohoričica, die seit der slowenischen Reformation benutzt wurde (→ Schrift).

Lit./Web: BBKL. – F. M. Bartoš: *Literarni činnost M. J. Husi.* Praha 1948; J. Dachsel: *Jan Hus, ein Bild seines Lebens und Wirkens.* Berlin 1964; J. Schröpfer: *Hussens Traktat »Orthographia Bohemica« – Die Herkunft des diakritischen Systems in der Schreibung slavischer Sprachen und die älteste zusammenhängende Beschreibung slavischer Laute.* Wiesbaden 1968; www.konstanzer-konzil.de/web/index.php/de/rueckblick/personen/jan-hus; www.konstanzer-konzil.de/web/index.php/de/rueckblick/personen/jan-hus/42-rueckblick/verlauf/49.

Reinhold Jannach

Hutter, Janez (Ivan, Johann, Nepomuk, * 4. Mai 1852 Globasnitz/Globasnica, † 22. Mai 1932 St. Peter/Šentpeter bei St. Jakob im Rosental/Šentjakob v Rožu), Religions- und Slowenischprofessor, Redakteur.

H. lebte seit seinem achten Lebensjahr bei seinem Onkel Janez Hutter, Priester in Griffen/Grebinj. Nach der Volksschule in Griffen besuchte H. die Lateinische Schule des Gymnasiums in → St. Paul im Lavanttal (Šentpavel v Labotski dolini). Nach Abschluss der Oberstufe am Gymnasium in Klagenfurt/Celovec trat H. 1872 ins → Priesterseminar ein. Nach drei Studienjahren wurde H. 1875 von Bischof Valentin → Wiery zum Priester geweiht. Als Kaplan war er in den Pfarren → Tainach/Tinje sowie in der Pfarre Windisch St. Michael (heute St. Michael ob der Gurk)/Slovenji Šmihel tätig. Im Herbst 1882 übernahm er von Andrej → Einspieler den Posten des Religions- und Slowenischprofessors an der Bundesrealschule in Klagenfurt/Celovec, den er 37 Jahre innehatte. Von 1885 bis 1896 war er Redakteur und Sekretär des Volksverlags → Mohorjeva, wo er sich vor allem als Lektor für Slowenisch einen Namen machte, gute Kontakte zu slowenischen Schriftstellern aufbaute und im alljährlichen → *Koledar Mohorjeve družbe* in der Rubrik *Družbin oglasnik* (Vereins-Anzeigeblatt) immer wieder zur Mitarbeit aufrief. In dieser Zeit verdoppelte die *Mohorjeva* ihre Mitgliederzahl von 35.000 auf 70.000. Auch in den folgenden Jahren war H. Mitglied des Ausschusses der *Mohorjeva*. Nach dem Zusammenbruch der Habsburgermonarchie wurde H. 1919 als Religionsprofessor entlassen. Von November 1919 bis 1923 übernahm er nochmals die Redaktion der *Mohorjeva* und musste wegen eines Beitrages im *Koledar* 1920 kurzzeitig sogar Kärnten/Koroška verlassen (→ Vertreibung 1920). Von 1924 bis zu seinem Tod war H. Priester bei den slowenischen → Schulschwestern in St. Peter/Šentpeter bei St. Jakob im Rosental/Šentjakob v Rožu.

Quellen: ADG.
Werke: *Spomin na dr. Jan. Ev. Kreka.* In: KMD 1920 (Prevalje 1920) 71–76.
Lit.: *Profesor Ivan Hutter.* In: Naši rajni duhovniki. Celovec 1968, 97–99; *Janez Nep. Hutter.* In: KS v. 25.5.1932, 1–2; *Ivan Hutter.* In: KMD 1933 (Celje 1932) 68.

Hanzi Filipič

Hutter, Joško (Publizist, ethnopolitischer und Kulturaktivist), → *Klub koroških slovenskih akademikov na Dunaju* [Klub der Kärntner slowenischen Akademiker in Wien]; → *Mladi Korotan* [Das junge Korotan].

Hutter, Jurij, vlg. Podev (Bühnenmaler, Kulturaktivist), → *Globasnica, Slovensko izobraževalno društvo* [Slowenischer Bildungsverein Globasnitz].

Huttner, D. (Sänger des Kulturvereins *Gorotan* aus St. Michael/Šmihel, Kulturaktivist), → Schwabegg/Žvabek, Neuhaus/Suha und Leifling/Libeliče: Kulturarbeit seit 1882; → *Šmihel. Slovensko katoliško izobraževalno društvo za Šmihel in okolico* [Slowenischer katholischer Bildungsverein für St. Michael und Umgebung].

Identität, vgl. Sachlemmata: → Identität, literarische; → Identität, territoriale; → Identitätsbewusstsein; → Muttersprache (sprachliche Identität); → Name und Identität; sowie → Assimilant; → Deutschtümler; → Kryptoslowenen; → Windischen, die.

Identität, literarische. Literatur trägt in besonderer Weise zur Herausbildung kultureller Identität bei. Sie spielt eine wesentliche Rolle in der Bildung und Erhaltung der Gemeinschaftsidentität von → Minderheiten. Den Autor betreffend ist Identität sowohl eine Frage der literarischen Konvention als auch der philosophischen Kategorie der personalen Identität. Die Konvention schreibt eine auktoriale Identität in der Gesellschaft und ihrer Kultur(en) vor und drängt dem kreativen Autor eine repräsentative Rolle auf. Die auktoriale Identität beinhaltet verschiedene Annahmen über den Autor (über die biografische Kontinuität der Person, die Quelle der Originalität und die Beziehung zu Texten), die von der Vorstellung der personalen

Identität oder des Selbstseins abgeleitet werden oder diese entwerfen.

Auktoriale Identität ist irrelevant für mündliche Literatur und von geringer Bedeutung für Literatur, die Intertextualität schätzt, weil der Wert an individueller Originalität und Innovation relativ gering ist. In solchen Literaturgattungen ist die glaubhafte Wiedergabe oder die passende Aneignung das Ziel der Textdarbietung oder Produktion. Mit der Aufklärung kommen Fragen zu auktorialer und personaler Identität auf den Prüfstand.

Ein Zusammentreffen ökonomischer, politischer und religiöser Faktoren begründete die moderne philosophische Beschäftigung mit dem Ich. Descartes, Montaigne, Luther und andere sind als Pioniere in Bezug auf das Denken und Schreiben über das Ich bekannt geworden. Rousseau hat die erste moderne Autobiografie verfasst, und mit den Romantikern (z.B. Coleridge und Wordsworth) begannen kreativer Ausdruck und philosophische Theorien zur personalen Identität zusammenzulaufen. Der Wechsel im westlichen Denken, der hier zum Ausdruck kommt, hatte weniger Einfluss in der streng römisch-katholischen Habsburgermonarchie, in der die Slowenen lebten (→ Jansenismus).

Trotz ernsthafter Bedenken über die Beständigkeit des individuellen Ichs im Laufe der Zeit (von Hume bis Parfit) hat sich das »Konstrukt Autor« für Literaturwissenschafter und generell für Historiker und Politiker, die darauf besonders in Bezug auf mitteleuropäische nationale und regionale Identitätsbildung vertraut haben, als notwendig erwiesen. Im Falle Kärntens legitimiert ein Autor wie Urban → Jarnik (1784–1844) Kärntner Forderungen nach literarischer Signifikanz im Slowenentum zu Beginn der nachaufklärerischen Zeit (→ Aufklärung). Die auktoriale Identität Jarniks und späterer Kärntner Autoren war nützlich, um eine regionale ethnische Identität aufzubauen.

Der Verlauf von Jarniks Schriftstellerkarriere – von Lyrik über folkloristische, historische und philologische Studien und die damit verbundenen Arbeiten – ist sinnbildlich dafür, dass die literarischen Gattungen die Untersuchung des Ichs im Kontext der slowenischen Literatur des 19. Jh.s einschränken. Mit dem Aufschwung regionaler Prosa in Europa seit 1870 wurde deutlich, dass dem Autor durch das Betonen soziogeografischer Zusammenhänge und Traditionen die Rolle eines Ethnografen zukommt, ganz nach am Vorbild von Jarniks Karriere. Der Erzähler in Jakob → Skets (1835–1912) bekannter Geschichte über die Türkenkriege, *Miklova Zala* (1884), ist ein historischer Ethnograf. Die Kärntner Regionalprosa aus der Zeit vor dem Zweiten Weltkrieg gipfelte in der Arbeit von → Prežihov Voranc (Lovro Kuhar, 1893–1950), der oft alternativ als Sozialrealist kategorisiert wird. In Milka → Hartmans Lyrik der 1930er-Jahre ist das Motiv eng mit der Kärntner Landschaft in der Tradition der Kärntner Lyrik verbunden.

Wenn europäische Schriftstellerei über die Ich-Identität dazu tendiert, einen der drei Aspekte – den metaphysischen, sozialen oder physikalischen – in den Vordergrund zu stellen, müsste man sagen, dass Kärntner Literatur den sozialen und ländlichen Kontext hervorhob. Auktoriale Identität und die Betrachtung der personalen Identität waren kompliziert, da viele Kärntner Autoren Pädagogen oder Pfarrer oder beides waren, die in slowenischen Organisationen mitarbeiteten. Daher hatte die auktoriale Identität überwiegend eine soziale Funktion. Nach der → Volksabstimmung 1920 nahm das Interesse, die slowenische Gemeinschaft zu erhalten, immens zu und die kommunale Funktion des Autors wurde immer wichtiger.

Bereits zu diesem Zeitpunkt und während des Zweiten Weltkrieges wurde durch die oft schrecklichen Erfahrungen junger Autoren die Basis für die Erinnerungsliteratur, die im Laufe der darauffolgenden sechs Jahrzehnte publiziert wurde, gelegt. Diese Gattung und das Aufblühen der Dichtung belegen einen Wechsel vom sozialen zum individuellen Aspekt der personalen Identität im doppelten Sinn, auktorial und persönlich.

Lit.: A. Leben: *Die slowenische Literatur in Kärnten*. Klagenfurt/Celovec 1994; R. Vospernik, P. Zablatnik, E. Prunč, F. Lipuš: *Das slowenische Wort in Kärnten, Slovenska beseda na Koroškem*. Wien 1985; P. Štih, V. Simoniti, P. Vodopivec: *Slowenische Geschichte*. Graz 2008; J. Seigel: *The idea of the self*. Cambridge 2005; M. Hladnik: *Slovenska kmečka povest*. Ljubljana 1990; F. Zadravec: *Prežihov Voranc: Jamnica*. In: Slovenski roman 20. stoletja, prvi analitični del. Ljubljana 1997, 65–73; M. Juvan: *Žanrska identiteta in medbesedilnost*. In: PK 25/1 (junij 2002) 9–26; M. Juvan: *Stil in identiteta*. In: JiS 48/5 (sept.–okt. 2003) 3–18.

Tim Pogačar

Identität, territoriale, Selbstbild der territorialen, regionalen oder örtlichen Zugehörigkeit einer Person oder Gruppe, die mit einer sprachlichen oder ethnischen Identität identifiziert werden kann, aber im historischen Kontext vor der Bildung der Nationalstaaten mit diesen nicht notwendigerweise übereinstimmt. Die t. I.

ist also eine der vielfachen Manifestationen der individuellen und kollektiven Identität, bei Weitem nicht die einzige. Sie kann als t. I. der Pfarre, des Dekanats, der Talschaft, einer Gegend, des (Kron-)Landes oder darüber hinaus zum Ausdruck kommen (→ Gegendname). Neben der oder den territorialen Identitäten bilden etwa die sprachlichen, sozialen und vielfältigen weiteren Identitäten insgesamt das Selbstbild von Personen oder Gruppen, die sich bisweilen in spezifischen → Soziolekten manifestieren. Bei den Slowenen spiegeln sich zudem solchermaßen definierte politische, kirchliche oder geografische Identitäten vielfach auch in den Mundarten, → Dialekten und → Dialektgruppen. Knüpft die Identität an ein Land bzw. ein → Kronland an, kann von politischem Landesbewusstsein gesprochen werden, zu dem die regionalen Geschichtsvereine ihren jeweiligen Beitrag leisteten (→ *Društvo za zgodovino in narodopisje koroških Slovencev* [Verein für Geschichte und Volkskunde der Kärntner Slowenen]; → Geschichtsverein für Kärnten; → Innerösterreichischer historischer Verein für Steiermark, Kärnten und Krain; → *Zgodovinsko društvo v Mariboru* [Historischer Verein in Maribor]).

Gerade die slowenische Staatsrechts- und → Kulturgeschichte in Kärnten/Koroška ist nach der im historischen und im europäischen Kontext vergleichsweise frühen Erlangung der Staatlichkeit → Karantaniens mit einer um 100 Jahre versetzten, aber fast ebenso frühen feudalen mitteleuropäischen Vernetzung verbunden, die in der Folge zu einer territorialen Regionalisierung, vorerst unter Beibehaltung der »Staatssprache«, führten (→ *Duces Carantanorum*, → Christianisierung, → Landessprache). Parallel mit dem fortschreitenden regionalen → Sprachwechsel (→ *Slovenia submersa*, → Sprachgrenze) fanden dynastische Prozesse statt (→ Herzöge von Kärnten/Koroška; → Karantanische Mark, → Kärnten/Koroška, → Krain/Kranjska). Dabei verdrängten auch spätere tief greifende Veränderungen der staatlichen Lenkungsstrukturen nicht notwendigerweise die über Generationen bereits entwickelten territorialen Identitäten der Bewohner der slowenischen bzw. innerösterreichischen Ländergruppe (→ Innerösterreich, → Illyrische Provinzen). Diese identitären Pendelbewegungen ziehen sich im Übrigen wie ein roter Faden durch die slowenische Geschichte, wobei etwa der protestantische Erneuerer Primož → Trubar einen gesamtslowenischen ethnischen Ansatz hatte, den man insbesondere mit der historischen staatsrechtlichen Funktion des Slowenischen in Kärnten/Koroška in Verbindung bringen kann (→ Fürsteneinsetzung, → Adelssprache, → Windische Ideologie des Erzherzogtums Kärnten/Koroška). Mit Trubar wird das slowenische → *Ethnonym* »Slovenci« [Slowenen] in der slowenischen → Standardsprache normiert, und damit das Konzept der überregionalen ethnischen Identität.

Grundsätzlich fanden ähnliche Prozesse in allen mitteleuropäischen, durch den feudalstaatlichen Partikularismus gekennzeichneten Gebieten statt und hatten Anteil an der → Ethnogenese verschiedener Völker und an den partikularistischen territorialen Identitäten, so dass vielfach die staats- und nationenbildenden bzw. ethnogenetischen Prozesse erst mit dem 20. Jh. als abgeschlossen gelten. (Ab wann spricht man von »Italienern«, ab wann von »Österreichern« im modernen nationalstaatlichen Sinn?) Vielfach gelten limitrophe/angrenzende interkommunikable → Dialekte in unterschiedlichen historischen Phasen als Teil verschiedener Schrift- oder Nationalsprachen oder aber es werden nicht interkommunikable Dialekte als Teile derselben Schriftsprache angesehen, so dass sich unterschiedlichste Formen der sprachlichen, historischen und kulturellen → Kontinuität und somit der t. I. ergeben (vgl. auch → Akkulturation, → Inkulturation). Häufig trugen unterschiedliche religiöse Bekenntnisse derselben Sprachgruppe zur Herausbildung verschiedener Nationen im modernen Sinn bei und somit zu deren Identität. Dabei kann die Frage nach der Bezeichnung des Ethnos in historisch frühen Phasen der Sprach- und Ethnogenese methodisch nur unter Berücksichtigung des historischen Kontextes gestellt werden. So sind zweifellos die Babenberger und die frühen Habsburger oder aber die mittelalterlichen → Minnesänger, unabhängig ihrer ethnischen Selbstbezeichnung, integrierender Bestandteil der österreichischen Staatsgeschichte, der deutschen Sprach- und Literaturgeschichte sowie der österreichischen t. I., auch wenn man von modernen Nationen mit dem heutigen begrifflichen Kontext nicht sprechen kann (→ Geschichtsschreibung, → Geschichtsschreibung und kognitive Dissonanzen). Zudem hat sich die deutsche Sprache über die Jahrhunderte so sehr gewandelt und ist in ihrer mittelhochdeutschen Form heute kaum noch verständlich – wesentlich weniger zumindest, als etwa die modernen interkommunikablen Staatssprachen Italienisch und Spanisch, wobei innerhalb dieser Sprachen wiederum die dialektalen Unterschiede bisweilen so stark ausgeprägt sind, dass eine dialektübergreifende Kommunikation ohne standardsprachlicher Bildung nicht möglich ist.

Aus der Perspektive der slowenischen Kulturgeschichte wird deshalb vielfach auf die Sprache und andere Aspekte der → Volkskultur, der → Mythologie und etwa der Rechtsgeschichte oder auf die diversen regionalen territorialen Identitäten der Slowenen in den verschiedenen habsburgischen Kronländern, in den Ländern der ungarisch-kroatischen Krone oder unter Venezianischer Oberhoheit abgestellt und es wird nicht ausschließlich an eine moderne Staatsgeschichte der Slowenen ab Mitte des 19. Jh.s geknüpft (eine solche Reduktion der slowenischen Kulturgeschichte auf die Prozesse ab dem 19. Jh. oder nur auf die Identitätsbewussten Slowenen – im Gegensatz zu vermeintlichen → »Windischen« – wäre wohl als ahistorisch und schlicht als widersinnig zu betrachten).

Für die slowenische Kulturgeschichte durchaus relevanter Aspekt der t. I. ist jener der verschiedenen Sprachgruppen in Istrien/Istra im 19. Jh. (Slowenen, Kroaten, Italiener, Friulaner und Aromunen/Vlachen), mit der sich bereits Franz → MIKLOSICH befasste. Die *Società agraria Istriana*, die diese regionale (territoriale) Identität versinnbildlichte, förderte die regionale wirtschaftliche Entwicklung und gemeinsame regional-istriotische Interessen und pflegte zudem die Einzelsprachen und Kulturen (vgl. dazu STURM-SCHNABL).

Da ab den → Freisinger Denkmälern von slowenischer Sprache gesprochen wird – die sich über die Jahrhunderte noch wandeln sollte (→ Karantanerslowenisch, → altslowenisch, → altslowenisch, → Slowenisch in Kärnten/Koroška, → Dialektgruppen) –, ist zu unterscheiden zwischen: 1. den verschiedenen, auf feudal- und kirchenrechtliche Prozesse zurückgehenden territorialen Identitäten, 2. der sprachlichen Identität aufgrund der → Muttersprache sowie 3. zwischen der Benennung der Sprache eines Sprachdenkmals, welche der jeweilige Autor oder die jeweilige Gruppen sprachen.

So ist das Sprachdenkmal → *Buge waz primi* [Gott zum Gruß] aus 1227, das von ULRICH VON LIECHTENSTEIN niedergeschrieben und Herzog BERNHARD VON SPANNHEIM zugeschrieben wird: a) territorial u.a. zu Kärnten/Koroška zu zählen (ULRICH selbst war wahrscheinlich aus dem Gebiet der heutigen Obersteiermark), während die subjektive t. I. des zitierten Sprechers BERNHARD in diesem Kontext irrelevant ist. b) Sprachlich ist das Zitat eindeutig slowenisch (keinesfalls als → Alpenslawisch oder → Slawisch zu benennen). Weiters ist etwa der umgedrehte Basisteil einer römisch-ionischen Säule aus Virunum, der als → Fürstenstein in die Geschichte einging, über Inkulturationsprozesse integrierender Bestandteil der karantanischen, Kärntner und österreichischen (Rechts-) Geschichte. Durch dessen → Inkulturation wurde der Fürstenstein zudem ab dem Zeitpunkt, wo man von Slowenisch spricht, integrierender Bestandteil der slowenischen (Sprach- und Staats-)Geschichte und zu einem slowenischen Rechtsdenkmal, und zwar unabhängig davon, ob sich in späteren historischen Epochen die Landesidentität und die im Ort → Karnburg/Krnski Grad gesprochene Sprache gewandelt haben oder welche spezifische t. I. die Slowenen vom → Zollfeld/Gosposvetsko polje oder darüber hinaus hatten.

Die territoriale Identitätsbezeichnung »echter Kärntner« meint aufgrund ethnopolitischer Interessen vielfach nur die vermeintlich »rein« Deutschsprachigen, hat folglich eine eindeutige ethnische Konnotation und wird somit psycholinguistisch reduzierend eingesetzt (→ Windischentheorie, → »Entethnisierung«, → Geschichtsschreibung und kognitive Dissonanz, → Assimilationszwang).

Andererseits findet offensichtlich im neueren gesellschaftlichen und wissenschaftlichen Diskurs in Slowenien ein Paradigmenwandel im Hinblick auf die t. I. und auf deren Bezeichnung statt. Hier kommt es aufgrund der jüngeren staatsrechtlichen Geschichte der Republik Slowenien zumindest teilweise zu einer Beschränkung des Konzeptes der »Geschichte der Slowenen« auf die Geschichte des Territoriums der heutigen Republik Slowenien, wobei in der historischen Dimension bisweilen implizit nur auf → Krain/Kranjska und den Völkerfrühling des 19. Jh.s Bezug genommen wird. Dieser Paradigmenwechsel betrifft die Slowenen in Kärnten/Koroška insbesondere im Hinblick auf den transkulturellen Dialog. Die slowenischen Muttersprachler, die in unterschiedlichen Staaten lebten bzw. leben und folglich unterschiedliche staatliche Traditionen »erlebt« haben (Staatsbürger Österreichs, → Jugoslawiens, Sloweniens, Kroatiens, Italiens, Ungarns), subsumieren im Slowenischen unter demselben Begriff *Slovenec* bzw. *slovensko* [Slowene/slowenisch] unterschiedliche kontextuelle Inhalte. Per definitionem ist etwa ein slowenisches Rechts- oder Sprachdenkmal in Kärnten/Koroška eben nicht »slowenisch« im Sinne von »zum Territorium der heutigen Republik Slowenien gehörend«, wie der Begriff u. U. auch interpretiert werden kann. Gleichermaßen hat das → *Ethnonym »Slovenci« im Slowenischen* eine historische Dimension sowie, insbesondere seit der staatlichen Unabhängigkeitserklärung Sloweniens, auch verschiedene moderne Bedeutungsebenen.

Soweit die Begriffe *Slovenec/slovensko* nicht etwa den Kärntner Anteil einer t. I. und die Kontinuität der Slowenen insbesondere in Kärnten/Koroška subsumieren, erfassen sie folglich die slowenische t. I. nicht in ihrer historischen Dimension. Štih 2009 verneint etwa kategorisch die ethnische und staatsrechtliche Kontinuität der Slowenen (wohl im Sinne von Slowenen auf dem Territorium der Republik Slowenien) mit Karantanien, da der Großteil des slowenischen Territoriums (sprich der heutigen Republik Slowenien) von → Aquileia aus christianisiert worden sei und nicht von → Salzburg aus. So seien die »Karantanen« (→ *Carantani*/Karantaner) nicht oder höchstens nur einer der Vorfahren der Slowenen (sprich der Einwohner der Republik Slowenien) und »der → Fürstenstein keineswegs ein Symbol der slowenischen Staatlichkeit« (sprich ein Symbol der Staatlichkeit der Republik Slowenien). Diese Argumentation ist eben nur mit einem Denkmuster vereinbar, bei dem es zu einer Reduktion der Begrifflichkeit »Slowene = Bürger der Republik Slowenien« und »Geschichte der Slowenen/Sloweniens = Geschichte des Territoriums der heutigen Republik Slowenien« kommt. Aus kommunikationswissenschaftlicher und translatorischer Sicht ist zu bemerken, dass es die slowenisch- wie auch die deutschsprachige Fassung oder Übersetzungen dieses Konzeptes (slowenische Geschichte = Geschichte des Territoriums der heutigen Republik Slowenien) verabsäumten, terminologisch den transkulturellen Dialog so weit zu berücksichtigen, dass der gewählten Begrifflichkeit die unterschiedlichen historischen Erfahrungen und Erwartungshaltungen sowie der verfassungsrechtlichen Stellung der Slowenen in Kärnten/Koroška sowie der Sprecher der deutschen Zielsprache gebührend Rechnung tragen würde, um unmissverständlich zu sein bzw. um nicht einer weiteren Interpretation zu bedürfen (Slowenisch ist eben nicht nur → Amtssprache in Slowenien, sondern auch Amts- und Wissenschaftssprache im Grenzausland). Solch eine Reduktion der Begrifflichkeit und Nichtberücksichtigung des soziolinguistischen Kommunikationskontextes entspricht einer Kommunikation mit sich selbst und mit Seinesgleichen, aber nicht mit der Außenwelt.

Unabhängig von diesen translatorischen Kommunikationsüberlegungen – und der beschriebenen konzeptuellen Reduktion entsprechend – vertritt Štih 2001 die Ansicht, dass die slowenische → Geschichtsschreibung (sprich die Geschichtsschreibung der Republik Slowenien) vornehmlich jene der Menschen und des Gebietes der heutigen Republik Slowenien sei und so auch etwa den deutschsprachigen Adel vom heutigen Gebiet der Republik Slowenien berücksichtigen solle und nicht die ethnischen Slowenen im Grenzausland (*zamejstvo*). In Bezug auf die Geschichte der Kärntner Slowenen hieße das jedoch, dass alle wesentlichen Aspekte der ethnischen, territorialen, kulturellen, sprachlichen, mythologischen und Siedlungskontinuität und Interferenzen mit dem Raum nördlich der → Karawanken/Karavanke als nicht existent oder als irrelevant betrachtet würden. Auf Österreich umgesetzt würde dies bedeuten, dass einerseits die Babenberger und frühen Habsburger, deren kulturelle und zivilisatorische Errungenschaften sowie deren territoriale Entwicklung nicht im Rahmen der österreichischen Ethnogenese und t. I. berücksichtigt werden sollten, und andererseits, dass sich die österreichische Geschichtsschreibung auf das Territorium der Republik Österreich beschränken sollte, wobei so die Habsburger nicht in ihrer internationalen Dimension erfasst werden könnten. Beides ist wissenschaftlich weder vertretbar noch haltbar.

Insgesamt kann man also davon ausgehen, dass – individuell durchaus differenziert – die Kärntner Slowenen u. a. eine oder mehrere territoriale Identitäten haben, die an das Land Kärnten/Koroška in seiner Gesamtheit, an dessen südlichen Teil oder an eine Mikroregion gebunden sind (→ Gegendname, → Südkärnten/Južna Koroška), dass sie weiters eine mehrsprachige Identität haben, die in Bezug mit der slowenische Sprache in ihrer Gesamtheit oder zu deren einzelnen → Dialekten oder → Soziolekten steht und dass sie vielfältige weitere Identitäten haben (Gender, soziale Identitäten etc.) (→ Identitätsbewusstsein). Das schließt parallele oder überlappende Identitätsmuster etwa beider im Land wohnenden Sprachgruppen keinesfalls aus.

Lit./Web: J. Mal: *Probleme aus der Frühgeschichte der Slowenen.* Ljubljana 1939; B. Grafenauer: *The National Development of the Carinthian Slovenes.* Ljubljana 1946 (www.sistory.si/SISTORY:ID:24794); B. Grafenauer: *Ustoličevanje koroških vojvod in država karantanskih Slovencev, Die Kärntner Herzogseinsetzung und der Staat der Karantanerslawen.* Ljubljana 1952; S. Vilfan: *Pravna zgodovina Slovencev, od naselitve do zloma stare Jugoslavije.* Ljubljana 1961; J. Pleterski: *Narodna in politična zavest na Koroškem, Narodna zavest in politična orientacija prebivalstva slovenske Koroške v letih 1848–1914.* Ljubljana 1965 (www.sistory.si/SISTORY:ID:871); S. Vilfan: *Rechtsgeschichte der Slowenen bis zum Jahre 1941.* Graz 1968; G. Fischer: *Das Slowenische in Kärnten, Bedingungen der sprachlichen Sozialisation. Eine Studie zur Sprachenpolitik.* Wien, Sprache und Herrschaft, Zeitschrift

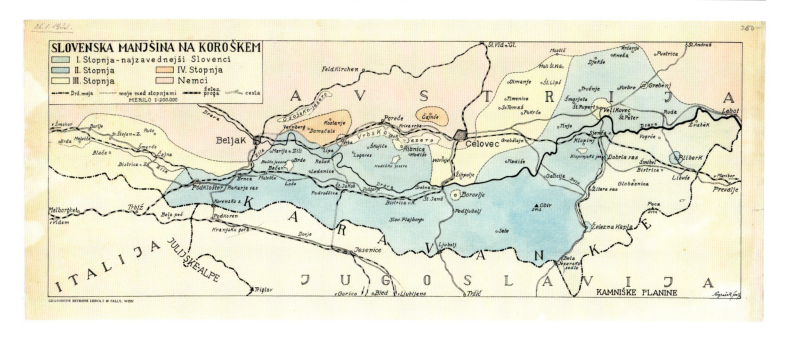

Die slowenische Volksgruppe in Kärnten/Koroška mit dem Grad des Identitätsbewusstseins (I-IV), (rosa = deutsche) (handschriftlich datiert 1933), NUK

für eine Sprachwissenschaft als Gesellschaftswissenschaft, Reihe Monographien Nr. 1/1980; R. Vospernik, P. Zablatnik, E. Prunč, F. Lipuš: *Das slowenische Wort in Kärnten = Slovenska beseda na Koroškem, Schrifttum und Dichtung von den Anfängen bis zur Gegenwart = Pismenstvo in slovstvo od začetkov do danes*. Wien 1985; T. Domej: *Die Slowenen in Kärnten und ihre Sprache mit besonderer Berücksichtigung des Zeitalters 1740 bis 1848* (Phil Diss. Universität Wien). Wien 1986, VII, 562 S.; D. Larcher: *Sprache, Macht und Identität*. In: K.-B. Boeckmann, K. M. Brunner, M. Egger [e.a.] (Hg.): *Zweisprachigkeit und Identität*. Klagenfurt 1988, 9–64; K. Sturm-Schnabl: *Der Briefwechsel Franz Miklosich's mit den Südslaven – Korespondenca Frana Miklošiča z Južnimi Slovani*. Maribor 1991, Brief 393 und Anm.; H. Wolfram (Hg.): *Österreichische Geschichte*, Bd. 1–16. Wien 1994–; D. Nećak (Hg.): *Avstrija. Jugoslavija. Slovenija, Slovenska narodna identiteta skozi čas, Lipica, 29. Maj–1. junij 1996*. Ljubljana 1997 (http://www.sistory.si/SISTORY:ID:20421); R. Wodak, R. de Cillia, M. Reisigl [e.a.]: *Zur diskursiven Konstruktion nationaler Identität*. Frankfurt/M. 1998; J. Zupančič: *Identiteta Slovencev v Avstriji*. In: J. Zupančič: *Slovenci v Avstriji. The Slovenes in Austria*. Ljubljana 1999, 144–192; P. Štih: *Srednjeveško plemstvo in slovensko zgodovinopisje*. In: V. Rajšp [e.a.] (Hg.): *Melikov zbornik*. Ljubljana 2001, 61–72; D. Nećak [e.a.] (Hg.): *Slovensko-avstrijski odnosi v 20. stoletju = Slowenisch-österreichische Beziehungen im 20. Jahrhundert*. Ljubljana 2004 (www.sistory.si/SISTORY:ID:26810); H. Baltl, G. Kocher: *Österreichische Rechtsgeschichte, Unter Einschluss sozial- und wirtschaftsgeschichtlicher Grundzüge. Von den Anfängen bis zur Gegenwart*. Graz [11]2008; M. Klemenčič, M. N. Harris: *Introduction*. In: M. Klemenčič, M. N. Harris (Hg.): European Migrants, Diasporas and Indigenous Ethnic Minorities, (Europe and the Wider World, 4). Pisa 2009, XI–XXI; P. Štih: *Suche nach der Geschichte oder Wie der karantanische Fürstenstein das Nationalsymbol der Slowenen geworden ist*. In: H. Reimitz, B. Zeller (Hg.): *Vergangenheit und Vergegenwärtigung, frühes Mittelalter und europäische Erinnerungskultur*. ÖAW. Wien 2009, 229–240; M. Klemenčič, V. Klemenčič: *Die Kärntner Slowenen und die Zweite Republik, Zwischen Assimilierungsdruck und dem Einsatz für die Umsetzung der Minderheitenrechte*. Klagenfurt/Celovec [e.a.] 2010; B.-I. Schnabl: *Inkulturacija, fenomen kulturnih procesov na Koroškem*. In: SMS XV (2012) 231–246; B.-I. Schnabl: *Celovško polje, neznani zakladi osrednje slovenske kulturne pokrajine*. In: KK 2013. Celovec [2012], 107–122.

Bojan-Ilija Schnabl

Identitätsbewusstsein, slow. *zavest o identiteti* (identitätsbewusste Slowenen, slow. *zavedni Slovenci*).

I., ein Begriff, der im Kontext der jüngeren kärntnerslowenischen → Kulturgeschichte insbesondere ab dem 19. Jh. eine Haltung in Bezug auf das sprachlich-kulturelle und ethnische Selbstbild von Personen/SlowenInnen beschreibt, die nach dem Erhalt und der Vertiefung kultureller Werte streben und sich entsprechend gesellschaftlich oder kulturell in Vereinen oder anderen, vielfach organisierten Formen engagieren (→ Kulturvereine, → Chorwesen, → Kirchenchöre, → Vereinswesen; zu Gender-Fragen siehe dort, etwa → Frauenfrage, → Frauen im ländlichen Raum). Besondere Bedeutung kommt dem Erhalt und der Vervollkommnung der eigenen slowenischen → Muttersprache zu (etwa durch → Laienspiel, → Theater, → Lesekultur, → Slovanska čitalnica). Die historische Grundlage kann in dem als → Bukovništvo bekannten Kulturphänomen bzw. in der Kulturströmung gesehen werden, die sich durch das Streben nach höheren kulturellen Werten und Leistungen auszeichnet (vgl. → Kulturgeschichte = Einleitung, dort Bukovništvo). Diese Haltung kann als vornehmlich positiv, in sich ruhend gewertet werden, wenn auch institutionelle Diskriminierungen einer der

Auslöser des betonten Kulturaktivismus sein können und die eigene Identität durch deren Verneinung erst »bewusst« wird.

I. muss von einem negativen **Nationalismus** unterschieden werden, der seine Berechtigung in einer vermeintlich naturrechtlichen und sozialdarwinistischen Hierarchisierung und Wertung von Sprachen, Kulturen und Völkern findet, sich selbst genügt und vornehmlich *gegen* andere Sprachen, Kulturen oder Völker gerichtet ist – und nicht die eigene kulturelle Vervollkommnung um der Vervollkommnung willen anstrebt (Herrenvolktheorie). Das Bestreben von Nationalismus ist nicht ein positiver »Wettstreit« der Kulturen und kulturellen Exzellenz als Beitrag zur universellen Zivilisation, sondern die Verneinung und Negation anderer Sprachen, Kulturen und Völker (→ »Generalplan Ost«, → Deutschtümler). Daher kommt es bei → Assimilation und → Germanisierung zunächst zu einer »Proletarisierung« bzw. zum Verlust kultureller Errungenschaften, die erst durch allgemeine Kulturprozesse wie der → Akkulturation transgenerationell überwunden werden (können).

Lit.: G. Fischer: *Das Slowenische in Kärnten, Bedingungen der sprachlichen Sozialisation. Eine Studie zur Sprachenpolitik.* Wien, Sprache und Herrschaft, Zeitschrift für eine Sprachwissenschaft als Gesellschaftswissenschaft, Reihe Monographien Nr. 1/1980; W. Bohleber: *Transgenerationelles Trauma, Identifizierung und Geschichtsbewußtsein.* In: J. Rüsen, J. Straub (Hg.): Die dunkle Spur der Vergangenheit. Psychoanalytische Zugänge zum Geschichtsbewusstsein, Erinnerung, Geschichte, Identität 2. Frankfurt/Main 1998, 256–274; A. B. Mitzman: *Vom historischen Bewusstsein zur mythischen Erinnerung. Nationale Identitäten und Unterdrückung im modernen Europa.* In: J. Rüsen, J. Straub (Hg.): Die dunkle Spur der Vergangenheit. Psychoanalytische Zugänge zum Geschichtsbewusstsein, Erinnerung, Geschichte, Identität 2. Frankfurt/Main 1998, 397–416; R. de Cillia: *Burenwurscht bleibt Burenwurscht, Sprachenpolitik und gesellschaftliche Mehrsprachigkeit in Österreich.* Klagenfurt/Celovec 1998; S. Zavratnik Zimic: *Pogovori s koroškimi Slovenci, O etnični identiteti, slovenščini, dvojezični vzgoji in samopodobi.* Celovec 1998; A. F. Reiterer: *Lebenswelt Muttersprache, Das Slowenische und seine heutige Wahrnehmung – ein Bericht.* In: K. Anderwald, P. Karpf, H. Valentin (Hg.), *Kärntner Jahrbuch für Politik.* Klagenfurt 2000, 340–362; B.-I. Schnabl: *Asimilacija in sindrom posttravmatskega stresa.* In: KK 2011. Celovec 2010, 117–130.

Bojan-Ilija Schnabl

Ideologie des »slowenischen« Erzherzogtums Kärnten/Koroška, slow. *ideologija o slovenski nadvojvodini Koroški* (B.-I. Schnabl), → »Windische Ideologie«.

Ideologija o Korotanu kot slovenji nadvojvodini (T. Domej) → »Windische Ideologie«.

Iekl, Ivan (Vereinsvorsitzender, Kulturaktivist), → *Globasnica, Slovensko izobraževalno društvo* [Slowenischer Bildungsverein Globasnitz].

Ilaunig, Dr. Ožbolt (Ilavnik, Oswald, Ožbald, Ožbej, Ps. Reberški Ožbej; * 26. Juli 1876 Unterort/Podkraj pri Rebrci [Eisenkappel-Vellach/Železna Kapla-Bela], † 8. Februar 1945 Lenart [Štajerska]), Richter, Schriftsteller, Volkspoet.

I. wuchs zunächst bis zum 12. Lebensjahr im bäuerlichen Milieu als uneheliches Kind auf, bis seine leiblichen Eltern Marija Brum und Janez Ilaunig heirateten und Ožbolt den väterlichen Familiennamen annahm. I. war ein ausgezeichneter Schüler in der Volksschule von Sittersdorf/Žitara vas. Den Besuch des Gymnasiums in Klagenfurt/Celovec (1888–1898) finanzierte er sich weitgehend mit Nachhilfeunterricht; sein Lehrer Jakob → Sket ermutigte ihn zu ersten literarischen Arbeiten. Nach einem ersten Studienjahr am → Priesterseminar in Klagenfurt/Celovec studierte I. Rechtswissenschaften in → Graz, wo er 1905 promovierte. Dort war er aktiver Sekretär des slowenischen Studentenklubs *Triglav*. Ab dem Beginn des Jahres 1904 war er im richterlichen Amt in Klagenfurt/Celovec sowie in St. Veit an der Glan (Šentvid ob Glini). Von 1908 bis zu seiner Pensionierung 1940 war er Richter in Lenart in den Slovenske gorice (Windische Bühel) in der Untersteiermark/Spodnja Štajerska, wo eine ähnliche identitäre Situation bzw. ein ähnlicher Nationalitätenkampf wie in Kärnten/Koroška jener Zeit herrschte. Diese wiederum wurde vom naturalistischen Schriftsteller Lojze Kraigher im Roman *Kontrolor Škrobar* [Kontrolleur Škrobar] thematisiert, dessen Titelheld Züge von I. aufnimmt und verarbeitet. Nach den Studentenjahren und der Hochzeit mit einer vermögenden deutschsprachigen Frau exponierte er sich trotz eines sehr lebhaften gesellschaftlichen Lebens nicht mehr politisch; er schrieb viel, reiste und beschäftigte sich mit Obstbau.

I. selbst publizierte Humoresken im → *Mir* sowie historische, teilweise autobiografische Kurzprosa und Erzählungen vor Kärntner und Untersteirer Hintergrund im Stile Josip → Jurčičs im → *Koroški Slovenec* und im *Ponedeljski Slovenec*. Zwei längere Erzählungen wurden dramatisiert und vielfach von slowenischen Laienspielgruppen lokaler → Kulturvereine aufgeführt: *Slednji vitez Rebrčan* [Der letzte Ritter von Rechberg] wurde von Jakob → Špicar dramatisiert, *Črni križ pri Hrastovcu* [Das schwarze Kreuz bei Hrastovec] von Davorin Petančič und Tanja Ješovnik, beide auch von

Matilda → Košutnik (so Zablatnik 1985, Rupel 1993). Weitere Werke thematisieren etwa den → Bauernaufstand in Eisenkappel/Železna Kapla (*Kapelški punt*, 1928) oder die Legende der hl. → Hildegard von Stein/sv. Liharda Kamenska. Die erhaltenen Erinnerungen und die Korrespondenz I.s weisen ihn auch als »glaubwürdigen Chronisten der Geschehnisse in Lenart«, insbesondere in den wechselvollen Jahren 1918/19 (M. Toš), sowie seines Heimatortes Rechberg/Rebrca aus.

I. wurde für seine Verdienste als Richter in Lenart mit dem Orden der jugoslawischen Krone IV. Klasse und dem Hl.-Sava-Orden III. Klasse ausgezeichnet.

Werke: *Tine in Barigeljc* (*Mir* 1905–); *Slednji vitez Reberčan: zgodovinska povest* (1927); *Črni križ pri Hrastovcu – zgodovinska povest* (1928, 1988, 1989, 2006, 2013); *Kapelški punt – zgodovinska povest* (1928); *Tatenbah – zgodovinska povest* (1930), *Dva soseda – povest iz preteklega stoletja* (19??); *Hildegarda – povest iz Podjune* (19??); *Dogodki pri Sv. Lenartu za časa prevrata*, Manuskript. In: Knjižnica Lenart; *Kronika sodnije pri Sv. Lenartu*, Manuskript in PAM, Fond Ilaunig Ožbalt 1923–1944, 1937045/2; J. Špicar: *Bilštanj in Reberca ali Slednji vitez Reberčan* (1933); *Spomini koroškega študenta*. In: *Ponedeljski Slovenec* 1937, Nr. 26–37; Autobiografie *Moje življenje*, Zit. Nach *Večer* 16. 8. 2014; T. Ješovnik: *Spomenik pri Hrastovcu: tragedija v petih dejanjih in desetih slikah*. Čermljenšak 1953; *Zgodovinski spomini na Rebrco*. Klagenfurt 2015.
Quellen/Web: *Koroški Slovenec* (*Zadnji vitez Reberčan*, 23. 12. 1925; *Sv. Jurji v Slov. goricah*, 28. 7. 1926; *Dr. Ožbolt Ilaunig: Slednji vitez Reberčan*, 16. 11. 1927; *Naše knjige*, 16. 11. 1927; *Vabilo*, 4. 4. 1934; *Bilštanj in Reberca ali Slednji vitez Reberčan v Št. Primožu v Podjuni*, 2. 5. 1934; *Jubilej našega rojaka v Jugoslaviji*, 8. 8. 1934; *Dobrla vas. (Slednji vitez Reberčan)*, 16. 1. 1935; *Širom naše zemlje*, 20. 3. 1940) (www.mindoc.eu, 1. 9. 2014); J. Jezernik: *Ilaunigovi zgodovinski spomini na Rebrco*, Interview mit Karl Hren und Martin Kuchling auf Radio Agora: http://cba.fro.at/287527 (16. 6. 2015).
Lit.: LPJ II. – I. Rogl: *Dr. Ožbalt Ilavnik. Življenje in delo* (seminarska naloga). Ljubljana 1956; J. Felaher: *Iz literarne zapuščine rebrškega Ožbeja*. In: KK 1965; M. Kmecl: *Književnost zamejskih Slovencev po plebiscitu*. In: *Dialogi* 6 (1970) 661–671; F. Petek: *Iz mojih spominov*. Ljubljana, Borovlje 1979, Zit. S. 42, 43, 221; P. Zablatnik: *Literatur der Kärntner Slowenen vom Jahre 1918 bis zur Gegenwart*. In: R. Vospernik [e.a.] (Hg.): *Das slowenische Wort in Kärnten = Slovenska beseda na Koroškem*. Wien 1985, 175–213, Zit. S. 178; P. K[olšek]: *Ožbalt Ilaunig: Črni križ pri Hrastovcu*. In: *Delo*, 14. 9. 1989; N. Rupel: *Deset sprehodov med Slovenci na Koroškem*, 2. knjiga. Celovec 1993, 35; J. Kos, K. Dolinar, A. Blatnik (Hg.): *Slovenska književnost*. Ljubljana 1996, 147; B. Omerzel: *Zgodovinske povesti Ožbolta Ilauniga* (Diplomsko delo). Ljubljana 2002; M. Toš: *Davorin Polič, zamolčani Maistrov podpornik, sokolski vaditelj …* In: ČZN 2011, 2–3, Zit. S. 127–129; M. Toš: *Značajnosti ni več, zato propadamo! Ob stoletnici Kontrolorja Škrobarja*. In: *Večer* (Beilage *V soboto*), Nr. 189 (Maribor, 16. 8. 2014), 24–25.

Bojan-Ilija Schnabl, Janez Stergar

Ilaunig, Radio Agora

Ilešič, Fran (* 30. Juli 1871 Sv. Jurij ob Ščavnici [Štajerska], † 1. Juli 1942 Ljubljana), Publizist, Herausgeber, Literatur- und Kulturhistoriker, Pädagoge.

I. absolvierte das Gymnasium in → Maribor und studierte dann 1892–1896 Slawistik an der Universität Graz, wo er 1901 promoviert wurde. In den Jahren 1896–1919 war I. Supplent, dann Professor in → Ljubljana an der Lehrerinnenbildungsanstalt und am Gymnasium. 1914 habilitierte sich I. an der Universität Zagreb, wo er 1919 zum ordentlichen Professor für slowenische Sprache und Literatur berufen und 1941 nach der Okkupation → Jugoslawiens jedoch entlassen wurde. 1907–1914 war I. Vorsitzender der → *Slovenska matica* [Slowenische Gesellschaft für Wissenschaft und Kultur] und 1907–1914 Redakteur ihrer Publikationen, darunter des ersten Sammelbandes zu Primož → Trubar (*Trubarjev zbornik* 1908). 1910–1913 war I. Herausgeber der Zeitschrift *Slovan* [Der Slawe] und 1906 Gründungsmitglied des *Društvo slovenskih profesorjev v Ljubljani* [Verein slowenischer Professoren in Ljubljana]. Nach seiner Übersiedlung nach Zagreb zog er sich aus dem slowenischen öffentlichen Leben zurück, wirkte jedoch weiterhin als Vermittler zwischen der slowenischen und der kroatischen Literatur.

I.s literatur- und kulturpublizistische Aufsätze erschienen in slowenischen, kroatischen, deutschen, tschechischen und polnischen periodischen Printmedien. Am meisten schrieb er über die Epoche des → *preporod* (nationale Wiedergeburt), die illyrische Bewegung (→ Illyrismus) und über France → Prešeren. Besondere Aufmerksamkeit widmete er den steirischen Literaten, literarischen und kulturellen Beziehungen in der südslawischen und slawischen Welt sowie einzelnen Fragen der deutsch-slowenischen → Literaturkontakte. I.s literaturhistorische Beiträge sind hauptsächlich deskriptiv gehalten und ruhen auf einer positivistischen methodologischen Basis. I. brachte verhältnismäßig viel Quellenmaterial in Evidenz, doch sind seine Bearbeitungen fragmentarisch und mancherorts ideologisch tendenziös. Er war auch Sprachwissenschafter, befasste sich mit dialektologischen und grammatikalischen Fragen und trat u.a. gegen die Rechtschreibung von Fran → Levec auf. Seine Veröffentlichungen beziehen sich auf die Bereiche der Ethnografie und Pädagogik, er redigierte Lehrbücher und untersuchte einzelne Fragen aus der Geschichte des slowenischen → Schulwesens, vor allem Fragen des Slowenisch-Unterrichts. I. hatte mehrere Anthologien slowenischer Literatur für die Leser des serbokroatischen Sprachraumes herausgegeben und war auch der Herausgeber der Reihe *Hrvatska knjižnica* [Kroatische Bücherei], die 1906–1913 bei *Slovenska matica* erschienen war.

I. war Anhänger der jugoslawischen politischen Idee. Er war von der dringend notwendigen sprachlich-kulturellen Annäherung und schrittweisen Vereinigung der Slowenen mit den anderen südslawischen Völkern überzeugt und unterstützte dies durch seine wissenschaftliche und publizistische Tätigkeit. Während des Ersten Weltkrieges wurde er aus politischen Gründen von seiner Stelle suspendiert. Das neue jugoslawische Regime nach dem Krieg war ihm besser gesinnt. Versuche einer Erneuerung und Modernisierung des Illyrismus, die er unternahm, stießen bei den slowenischen Intellektuellen, insbesondere bei Literaten, Wissenschaftern und Publizisten, die für die kulturelle Autonomie der Slowenen kämpften, auf scharfe Ablehnung (wie etwa bei Ivan → CANKAR, Ivan → PRIJATELJ, France → KIDRIČ). Solche Widersprüche waren für den Prozess der Ausformung der kulturpolitischen Orientierung im Slowenien des frühen 20. Jh.s charakteristisch. Sie fanden in den Debatten um die Bedeutung der slowenischen Reformation anlässlich der Feiern zum vierhundertsten Geburtstag von Primož → TRUBAR (1908) ihren Ausdruck, sowie im Zusammenhang mit den Fragen der literarischen und kulturellen Wiedergeburt. Nach dem Ersten Weltkrieg erneuerten sie sich im neuen staatlichen Rahmen und standen vor dem Hintergrund der Gründung der Universität in Ljubljana (1918–1919).

Werke: *Prešeren in slovanstvo*. Ljubljana 1900; *O pouku slovenskega jezika*. Ljubljana 1902; *O slovenskem Štajerju v jožefinski dobi*. In: ČZN 1 (1904) 113–158; *Pohlinova »Bibliotheca Carnioliae«*. In: ZMS 6 (1904) 1–22; *Iz prvih časov romantike*. In: ČZN 2 (1905) 102–168; *Cviećе slovenskog pjesničtva*. (Hg.). Zagreb 1906; *Stanko Vraz u školama*. In: Gradja za povijest književnosti hrvatske. Zagreb 1907, 77–117; *Primož Trubar in njegova doba*. In: Trubarjev zbornik (ur. F. I.) = ZMS 10 (1908) V–XXXII; *Prispevki k zgodovini našega preporoda*. In: ZMS 13 (1911) 49–60; *Češko-jugoslovanske paralele in odvisnosti*. In: ČZN 15 (1919) 1–22; *Noviji slovenski pisci*. (Hg.). Zagreb 1919; *Iz Vrazove literarne zapuščine*. In: ČZN 22 (1927), 25 (1930), 27 (1932), 29 (1934).
Lit.: SBL; EJ; ÖBL; LPJ; ES; OVSBL. – J. Toporišič: *Ilešičevstvo*. In: Obdobje simbolizma v slovenskem jeziku, književnosti in kulturi, *Obdobja* 4/2 (1983) 305–327 [auch in: J. Toporišič: Portreti, razgledi, presoje. Maribor 1987]; I. Gantar Godina: *Novoilirizem*. In: Oxfordova enciklopedija zgodovine 2. Ljubljana 1993, 189; J. Čeh: *Cankarjev pogled na novoilirizem in novoilirističnе ideje Frana Ilešića*. In: Preseganje meje. Zbornik Slavističnega društva Slovenije 17 (2006) 151–162.

Darko Dolinar; Üb.: Katja Sturm-Schnabl

Ilgovc, Jože (Organist und Chorleiter, Kulturaktivist), → Kirchenchor von Eberndorf/Dobrla vas.

Ilovnik, Mici (Vereinsvorstandsmitglied, Kulturaktivistin), → *Borovlje. Slovensko prosvetno društvo »Borovlje«* [Slowenischer Kulturverein »Borovlje« (Ferlach)].

Illyrien, vgl. Sachlemmata: → Illyrismus; → Illyrische Provinzen, → Königreich Illyrien, sowie: → Archivwesen (Illyrische Baudirektion im Gubernium von Ljubljana); → Austroslawismus (»illyrische Nationalität«); → Gailtal/Ziljska dolina (Illyrische Gladiole, *Gladiolus illyricus*); → Geschichtsschreibung (Illyricum); → Grammatik (das »Illyrische«); → Neoillyrismus; → Kärnten/Koroška (illyrisch-hallstattzeitliche Besiedlung); → Kontinuität; → KRANZMAYER, Ortsnamen, alphabetisches Verzeichnis (»illyrische Wallburg«); → Kundmachung (1) – kaiserliches Reichs- und Landesgesetzblatt-Patent vom 4. März 1849 (»serbisch-illyrische Sprache«); → Liederbuch (*Narodne pesni ilirske, koje se pevaju po Štajerskoj, Koruškoj i zapadnoj strani Ugarske* [Illyrische Volkslieder, die in der Steiermark, Kärnten und im Westen Ungarns gesungen werden]); → Ljubljana, Diözese/*Ljubljanska škofija* (»Illyrische Kirchenprovinz«); → Oktroyierte Märzverfassung 1849; → *Preporod*; → Reichsgesetzblatt; → Zollfeld/Gosposvetsko polje (»illyrische Wallburg«, illyrisch-keltisches Heiligtum); Personenlemmata (Auswahl): → BEAUHARNAIS, Eugène Rose de; → GAJ, Ljudevit (Großillyrien); → LADINIG, Simon (Illyrisches Gubernium); → LUSCHIN/LUŠIN, Franz Ksaver (Primas von Illyrien); → MAJAR – ZILJSKI, Matija; → MARMONT, Auguste Frédéric Louis Viesse de; → SLOMŠEK, Anton Martin; → VRAZ, Stanko; → WELWITSCH, Friedrich (Illyrien).

Illyrische Provinzen (1809–1814), slow. *Ilirske province*, fr. *Provinces illyriennes*. Die I. P. stellen ein politisches Phänomen von entscheidender nationaler und kultureller Bedeutung für die Südslawen dar. NAPOLEON I., welcher 1805 in einem Defensivkrieg das habsburgische Österreich eingenommen hatte, erließ am 14. Oktober 1809 ein Dekret, welches die Entstehung der I. P. beschloss. Die I. P. sollten die Region der östlichen Adria erfassen. Erster Gouverneur wurde Marschall Auguste Frédéric Louis Viesse de → MARMONT.

Dazu gehörten von Norden nach Süden ein Teil Kärntens mit → Villach/Beljak und → Krain/Kranjska, Istrien/Istra, die Häfen von → Trieste/Trst/Triest und

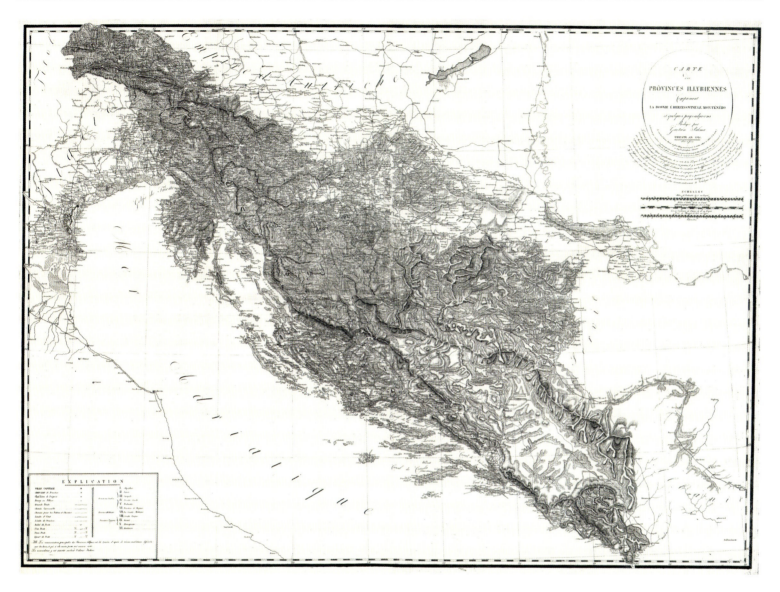

Illyrische Provinzen (1812), NUK

Rijeka/Fiume, ein Teil Zivilkroatiens südlich der Save und der kroatischen Militärgrenze/Vojna krajina, Dalmatien und das Gebiet der ehemaligen unabhängigen Republik Ragusa bis zur Bucht von Katarro (Boka Kotorska).

»Die Gebiete (der Illyrischen Provinzen) teilten sich eine Gemeinsamkeit und zwar hatten sie alle bis auf eine Ausnahme in einer gewissen Weise zu Österreich gehört; die Gebiete waren Österreich entweder durch den Vertrag von Pressburg (Bratislava) [Friede von Pressburg, Anm.] (27. Dezember 1805) oder den Vertrag von Wien [Friede von Schönbrunn, Anm.] (14. Oktober 1809) abgesprochen worden. Darunter befanden sich venezianische Kolonien, die Österreich nur von 1797 bis 1805 angehört hatten (Istrien und Dalmatien); aber auch Teile von Krain und Kärnten wie auch die Häfen von Triest und Fiume, die seit Längerem im Besitz der Habsburger waren; außerdem befand sich unter den Gebieten ein Teil der kroatischen Militärgrenze, welche durch die Kroaten im vorangegangenen Jahrhundert von den Osmanen zurückerobert worden war. Dazu kam noch das Gebiet der (antiken) unabhängigen Republik Ragusa (Dubrovnik), die 1806 eher durch Zufall von französischen Truppen erobert und 1808 annektiert worden war« (Zwitter, *Préface*).

Das Gebiet der I. P. erstreckte sich von Nordost nach Südwest entlang der Adriaküste. Das Besondere an diesem regionalen Herrschaftskonzept war, dass Napoleon I. aus dem neu erworbenen Gebiet kein Königreich gebildet hatte, wie für seine Europapolitik sonst üblich. Stattdessen hatte er der Region das außerordentliche Statut der »Provinz« verliehen. Als Provinz war die Region in Verwaltungsdingen recht autonom, und die dort ansässige Bevölkerung organisierte ihr politisches und kulturelles Leben nach üblichem Brauch weiter. Aus heutiger Sicht war die Entstehung der I. P. ein strategischer Schachzug Napoleons I. Die Region bot nämlich einen exzellenten geopolitischen Kontrollpunkt. »[…] der besondere Status der I. P. wirft einige Fragen auf. Die Erklärung, die sich spontan als Erstes anbietet, ist die karolingische, und zwar als Militärischer Vorposten, Verteidigungslinie und Basis für Offensiven zugleich. Hier treffen die Einflusssphären dreier Großmächte aufeinander. Das Franco-italienische Ensemble, Österreich und die Türkei; dazu kommt der Kontakt zu England, welches die Adria über seine Kriegsschiffe kontrolliert und die Nachbarschaft mit Russland, welches in Korfu und Kotor präsent war und seinen Einfluss in Serbien und Montenegro über die orthodoxe Solidarität ausübte. […] Es versteht sich, dass Napoleon Interesse an dieser strategischen Region hatte, besonders da damals bereits der Zerfall des Osmanischen Reiches als imminent angesehen wurde« (Zwitter, *Préface*).

Die kulturelle Befreiung der südslawischen Völker zu Zeiten der I. P. Die willkürliche Fremdherrschaft, welche den südslawischen Völkern durch Krieg und die Okkupation aufgezwungen worden war, trug dazu bei, dass die Südslawen sich als unterdrückte und unmündige Volksgruppen einander annäherten. Als 1809 die politischen Ereignisse in Europa den Südslawen die Chance boten, sich der erdrückenden Entmündigung zu entledigen und eine autonome kulturelle Entwicklung anzustreben, wurde diese genutzt, um die Weichen für die künftige jugoslawische Nationsbildung zu legen.

Der Gebrauch der eigenen Sprache als Amtssprache. Eine der entscheidenden Maßnahmen der französischen Administration war der Beschluss, die Sprache der Landesbevölkerung zur administrativen Sprache zu erklären und diese auch an den Schulen der I. P. unterrichten zu lassen; sodass die kommende Generation in der eigenen Muttersprache gebildet sein würde. Gleichzeitig ermöglichte die neue Administration, dass die Volkssprache über Mittel wie die Presse und Fachpublikationen literarisch in Umlauf gebracht wurde. Dabei wurden Grammatik-Literatur sowie Wörterbücher und historische Literatur vermehrt gedruckt. Die Möglichkeit des intellektuellen Austausches und des wissenschaftlichen Diskurses in der eigenen Sprache verhalf den südslawischen Völkern zu einem neuen Selbstbewusstsein, indem sie auf rhetorisch ebenbürtige Weise zu den deutschsprachigen und französischsprachigen Administrationen ihre Wissenschaft und ihre sozial-politischen Anliegen kommunizieren konnten. Dazu bereiteten diese Bildungsmaßnahmen den Weg für künftige Literaten, und somit legten sie die Grundlage für die südslawische Belletristik. In Hinkunft würde nicht allein die fremdsprachige Obrigkeit geistige und amtlich gültige Erkenntnis produzieren und diese nach eigenen Bedingungen, in eigener Sprache weitergeben, sondern die Südslawen würden selbst als schaffende Kraft an der Wissensfindung und Lehre mitwirken. Diese kulturelle Entwicklung hing einerseits eng mit der Nationswerdung der französischen Bevölkerung zusammen, andererseits wurde sie ohne Zweifel vom Zeitgeist der Romantik inspiriert, welche damals vor allem in deutschen Fürstentümern florierte. Ihre Vertreter des »nationalen (deutschen) Idealismus«, genannt seien Johann Gottfried Herder, Johann Gottlieb Fichte, Johann Wolfgang Goethe, Friedrich Hegel und Friedrich Schelling, basierten die gesellschaftliche Identitätsgrundlage auf der Nutzung einer gemeinsamen Sprache und ihrem gepflegten Gebrauch.

»Als die französischen Autoritäten den Gebrauch ›der Sprache des Landes‹ in die Administration und in die illyrischen Schulen gebracht haben und die Verbreitung von Presse und Publikationen von Fachliteratur (Grammatik, Wörterbücher, historische Literatur) unterstützt haben, handelten sie im eigenen Interesse, gaben aber gleichzeitig der linguistischen Problematik einen bis dahin unbekannten politischen Inhalt. Professor Zwitter beweist auf detaillierte Art, dass die Slowenen und die Kroaten (in minderer Weise) Dank den Franzosen aus ihren Bestrebungen, ihre eigene Sprache zu sprechen, den Kern gebildet haben, um welchen herum sich ihr nationales Bewusstsein formiert hat« (Zwitter, 10).

Weitere umfangreiche administrative Maßnahmen der Franzosen in Illyrien. Nach dem Vorbild ihrer französischen Heimat setzten die französischen Truppen auf Geheiß Napoleons das Prinzip der Gleichheit der Bürger und Bürgerinnen vor dem Gesetz um. Dazu wurden die ungleichen Steuerbelastungen unter den einzelnen Regionen aufgehoben, ein uniformes Steuereinnahmegesetz eingeführt und jegliche Privilegien in diesem Bereich gestrichen; Adelssitze und der katholischen Kirche zugehöriger Grund waren dabei nicht ausgenommen. Eine weitere einschneidende

Maßnahme betraf das Wehrpflichtgesetz; waren davor der Adel, die Priester, die Beamten samt Familie, das Großbürgertum, die Großgrundbesitzer samt Familie und Minderjährige von der Wehrpflicht ausgenommen gewesen, änderten die Franzosen dies und führten eine generelle Wehrpflicht ein, mit Ausnahme für verheiratete Personen oder Personen mit besonderen Bedürfnissen.

Im Bereich des Grundbesitzes wurden ebenfalls wesentliche Reformen durchgeführt. Während im österreichischen Teil der Habsburgermonarchie bereits einige Reformen auf dem Gebiet durchgeführt worden waren, waren sie in Kroatien unter der Stephanskrone noch nicht umgesetzt worden. Somit war die Lage der Bauern in dieser Region sehr prekär. Die Franzosen führten deshalb eine umfassende Reform für die allgemeinen Provinzen ein: »Die Franzosen entzogen – unabhängig von der Abschaffung der Rechtssprechung des Adels – im Allgemeinen allem Adel die Vormachtstellung im öffentlichen Bereich. Dabei sind drei Reformen wesentlich. Am 15. November 1810 wurde der Zehnt abgeschafft […]. Der Artikel 252 der Dekrete, die am 5. April 1811 erlassen wurden, präzisierte, dass die persönliche Leibeigenschaft ohne Entschädigung abgeschafft wird« (ZWITTER, 30).

Unter Leistungen der Leibeigenschaft fielen die Nutzung von Waisen als Hausarbeitskraft, verpflichtende »Schenkungen«, Steuerzahlungen ohne Zusammenhang mit der Grund- und Bodensteuer, alle Dienstleistungen von Frondiensten durch Halbpächter und bodenlose Bauern, oder im Falle eines diesen Pflichten Nicht-nachkommen-Könnens, der verpflichtende Geldausgleich.

Die Abschaffung der Leibeigenschaft war somit ein entscheidender Schritt in die Zukunft der politischen Emanzipation der südslawischen Bevölkerung. Im Rest der Habsburgermonarchie wurde die Leibeigenschaft erst 1848 als Reaktion auf die Märzrevolution abgeschafft, die ohne Frage ein politisches Aufbegehren der restlichen Bevölkerungsgruppen war und die einzelnen Nationalitäten des österreichischen Vielvölkerstaates gegen das Feudalsystem vereinte (→ Revolutionsjahr 1848, → Oktroyierte Märzverfassung 1849).

Auch wenn die napoleonische Herrschaft nur von kurzer Dauer gewesen ist, so hat sie doch zweifellos den revolutionären Geist der französischen Nation unter die Bevölkerung Österreichs gebracht. Mit den formalen Umsetzungen von politisch-emanzipatorischen Maßnahmen in der Region der I. P. steuerte sie allerdings noch die nötigen ideellen und amtlichen Mittel bei, die der Idee der Emanzipation aus der längst überholten Feudalherrschaft eine realistische Form gab und sie aus dem Reich des metaphysischen Wunschdenkens in handfeste politische Werkzeuge umwandelte, die in Hinkunft genutzt werden würden, um sich gegen die Obrigkeit zur Wehr zu setzen.

»Die Schaffung der Illyrischen Provinzen stellte eine strategisch ambitionierte Herausforderung dar. Die ersten Prämissen dazu sind in den bekannten Memoiren von TALLEYRAND aus 1805 zu finden. Die Logik, der diese Ambition folgte, war, das slawische Volk, welches bis dahin zwischen mehreren Staaten aufgeteilt gewesen war, zusammenzuführen. Diese damals begonnene Integrationsbewegung findet ihren Zenit in der Entstehung Jugoslawiens hundert Jahre später« (ZWITTER, 10).

Nach der Wiedereingliederung der I. P. in das Habsburgerreich wurde in Anlehnung an diese die Ländereinheit des → *Königreichs Illyrien* geschaffen.

Lit.: ES (J. Šumrada: *Ilirske province*). – *Les Relations entre la France et les pays yougoslaves du dix-huitième au vingtième siècle*. Acte du Colloque Franco-Yougoslave des historiens, qui s'est tenu à Ljubljana les 26 et 27 septembre 1985. Hg. Centre culturel »Charles Nodier«. Ljubljana 1987; *L'image de la France révolutionnaire dans les pays et les peuples de l'Europe Centrale et du Sud-Est*, Colloques langues'o, colloque international 13–15 octobre 1988. INALCO. Paris 1989; K. Sturm-Schnabl: *Slovenski narodni preporod in njegovi neposredni odnosi s francoskim razsvetljenstvom in janzenizmom*. In: ZČ 43 (1989) 362; K. Sturm-Schnabl: *Odmev Francoske revolucije na Slovenskem Koroškem*. In: ZČ 45 (1991) 1, 47–53; J. Šumrada: *Državnopravni status Ilirskih provinc s kratkim pregledom upravne ureditve*. In: V. Rajšp, E. Bruckmüller (Hg.): *Vilfanov zbornik*. Ljubljana 1999, 375–390; [Charles-Maurice de Talleyrand-Périgord]: *Mémoires du Prince de Talleyrand*. Paris 2007; P. Gašperič: *The 1812 Map of the Illyrian Provinces by Gaetan Palma = O Zemljevidu Ilirskih provinc Gaetana Palme iz leta 1812*. In: *Acta geographica Slovenica* 50-2 (2010) 277–294 (Digitalisat auf: www.dlib.si); F. Zwitter: *Les Provinces Illyriennes*. Paris, Collection de l'Institut Napoleon, 2010 (Übersetzung der Zitate durch V.-P. Schnabl); V.-P. Schnabl: *Die Verfassungsrevisionen Jugoslawiens und deren ökonomische und gesellschaftspolitische Konsequenzen*. (Mag.-Arb.) Wien 2012.

Vesna-Patricia Schnabl

Illyrisches Blatt, vgl.: → PREŠEREN, France; → RIZZI, Vinzenz; → ZUPAN, Jakob.

Illyrismus, Ideologie der Kroatischen Nationalen Wiedergeburt, deren Höhepunkt die Illyrische Bewegung war (1835–1848). Die wichtigsten Ideologen des I. waren neben Ljudevit → GAJ auch D. RAKOVAC und

L. Vukotinović. Sie formulierten das Konzept einer ethnischen, sprachlichen und kulturellen Einheit der Südslawen, das auf der Lehre des slowakischen Aufklärers Jan Kollar von den vier Sprachzweigen des slawischen Volkes (Polen, Tschechoslowaken, Russen und Illyrer) gründete. Die Vertreter des I. betrachteten die Südslawen als direkte Nachfahren des antiken Volkes der Illyrer, das den Balkan besiedelte. Die Wahl der Bezeichnung »Illyrer« erklärte Gaj folgendermaßen: »Ein Serbe würde nie ein Kroate oder ein Krainer werden wollen, ebenso wie diese beiden letzteren nicht um die Welt Serben werden könnten.« Die Schaffung einer einzigen nationalen Literatursprache auf Basis des štokavischen Dialekts des Serbokroatischen, welchen die Serben und die meisten Kroaten sprachen, sollte nach Gaj als Fundament für die Vereinigung der südlichen → Slawen (Illyrer) zu einem einzigen Volk dienen. Gaj modernisierte nach tschechischem Vorbild das kroatische Alphabet, das die Bezeichnung »Gajica« erhielt. Im Jahr 1836 publizierte V. Babukić in der Zeitschrift *Danica* die erste Grammatik der illyrischen Sprache.

Gaj brachte im Jahre 1835 die Zeitung *Ilirske novine* und die Zeitschrift *Danica ilirska* heraus, zunächst in kajkavischem Dialekt, ab 1836 allerdings in štokavischer Sprachform. Zu den Organisationszentren der Illyrischen Bewegung entwickelten sich die Lesehallen (→ *Slovanska čitalnica*), unter denen jene von Zagreb, im Jahr 1838 gegründet, die Hauptrolle spielte. Der dazugehörige Kulturfonds *Matica ilirska* wurde 1842 zur Herausgabe von Büchern gegründet. Der I. führte zum Aufblühen des kroatischen kulturellen Lebens, er förderte die Entwicklung sowohl der Dichtung (→ Vraz; Demeter; Mažuranić) als auch der Prosa, vor allem der historischen (Vukotinović und Kukuljević), aber auch des Theaters, der Musik etc. In den illyrischen Ausgaben der *Danica* und des *Kolo* wurden zahlreiche Beiträge slawischer Kulturschaffender veröffentlicht, darunter auch slowenischer (Vraz; → Jarnik).

In den ersten Jahren entwickelten sich die Ideen des I. im Rahmen der → Aufklärung und verfolgten literarische und kulturelle Ziele. In den 40er-Jahren begannen die ungarischen Behörden jedoch mit einer massiven Magyarisierung der Kroaten. Im Jahr 1841 wurde die proungarische Partei *Horvatsko-vugerska stranka* gegründet; als Antwort darauf riefen die Anhänger der Illyrischen Bewegung ihrerseits eine eigene Partei, die *Ilirska stranka*, ins Leben. Bei den ungarischen Landtagswahlen in den Jahren 1841 bis 1843 erzielte die Illyrische Partei große Erfolge. Im Jahre 1843 jedoch wurde unter ungarischem Druck die Bezeichnung »illyrisch« von der österreichischen Regierung verboten. Diese Bezeichnung wurde in Folge durch den Begriff »Volks-« ersetzt. Das politische Programm der Illyrischen Bewegung fasste Gaj in folgender Losung zusammen: »Gott behüte die ungarische Verfassung, das Königreich Kroatien und das illyrische Volk.« Auf diese Weise präsentierten die kroatischen Patrioten bereits am Vorabend der Revolution des Jahres 1848 ihr politisches Programm, ein Königreich Kroatien. Für sie war dies jedoch nur der erste Schritt. Noch in den 30er-Jahren schrieben die Verfechter der Illyrischen Bewegung von einem Großillyrien, welches neben den kroatischen auch die slowenischen Gebiete, Bosnien, Herzegowina, Serbien, Montenegro und die bulgarischen Gebiete umfassen sollte.

Die Ideen der Illyrischen Bewegung fanden nicht nur unter den Kroaten, sondern auch unter anderen Südslawen Anklang: bei den Serben in Dalmatien, in der Vojvodina, der Militärgrenze (B. Petranović, M. Baltić, D. Nikolajević) sowie in Bosnien und Herzegowina im Umfeld des Franziskanermönchs F. Jukić. Auch bei den Slowenen wurden illyrische Ideen aufgenommen. In Ljubljana studierten von 1839 bis 1843 die Seminaristen A. Žakelj, L. Pintar, J. Volčič, L. Jeran und andere die illyrische Sprache. Nach dem kaiserlichen Verbot der Bezeichnung »Illyrer« und nach dem Erscheinen von J. → Bleiweis' Zeitung *Kmetijske in rodkodelske novice* [»Bauern- und Handwerkernachrichten«] (*Novice*) im Jahr 1843 begannen sie in slowenischer Sprache zu schreiben. Bei den Slowenen aus der Steiermark/Štajerska und aus Kärnten/Koroška war das Interesse für die Illyrische Bewegung noch größer. Sie sahen darin einen Schutz vor der → Germanisierung, die bei ihnen stärker zu spüren war als bei den Slowenen aus → Krain/Kranjska. Anhänger der Illyrischen Bewegung in der Steiermark/Štajerska waren Stanko → Vraz, O. Caf, Davorin → Trstenjak sowie F. → Miklošič (Letzterer allerdings nur bis zu seiner Wiener Zeit). Vraz war der einzige Vertreter der Slowenen, der Gajs Konzept der illyrischen Sprache zur Gänze übernahm. Er übersiedelte nach Zagreb und wurde ein führender kroatischer Dichter. In Kärnten/Koroška begrüßte Urban → Jarnik die Ideen der Illyrischen Bewegung bereits 1837. In den Jahren 1839–1840 gab es in Klagenfurt/Celovec unter den Seminaristen einen »Illyrischen Kreis«. In einem Brief an Gaj nannte Š. Korošec unter dessen Mitgliedern J. Taušl, J. Orožen, Leskovšek, Otorepec und Matija → Majar. Nach Ansicht Korošecs war Majar der glühendste Anhänger der Illyrischen Bewegung. Dank seiner Bemühungen konnte auch der Theologieprofessor Javornik 1847 für die Bewegung gewonnen werden. Majar war der Meinung, dass nicht eine einzelne Sprachform des Südslawischen zur gemeinsamen Literatursprache werden könne, sondern dass eine solche künstlich auf Basis der südslawischen Dialekte geschaffen werden müsse. Im Jahr 1848 veröffentlichte er zu diesem Thema sein Buch *Pravila, kako izobraževati ilirsko narečje i u obče slavenski jezik* [Regeln, wie man die illyrische Sprachform bildet und die slawische Sprache im Allgemeinen]. Die slowenischen Anhänger der Illyrischen Bewegung mit Majar an der Spitze erreichten, dass die slowenischen Literaten als Alphabet die Gajica annahmen (→ Schrift). Die kroatischen Vertreter der Illyrischen Bewegung nahmen das Erscheinen slowenischer Bücher wohlwollend auf und schätzten die Errungenschaften der slowenischen Literatur positiv ein (→ Illyrische Provinzen, → *preporod*, → Revolutionsjahr 1848).

Lit.: I. Prijatelj: *Borba za individualnost slovenskega književnega jezika v letih 1848–1857*. Ljubljana 1937; F. Petré: *Poizskus ilirizma pri Slovencih*. Ljubljana 1939; A. Barac: *Hrvatska književnost od Preporoda do stvaranja Jugoslavije. I. Književnost ilirizma*. Zagreb 1954; I. I. Leščilovskaja: *Ilirizm*. Moskva 1968; *Hrvatski narodni preporod. 1790–1848*. Zagreb 1985; P. Korunić: *Jugoslavizam i federalizam u hrvatskom nacionalnom preporodu 1835–1875*. Zagreb 1989; M. Živančević: *Ilirizam*. In: Povijest hrvatske književnosti IV. Zagreb 1975, 7–217; Z. Vince: *Putevima hrvatskog književnog jezika*. Zagreb 1990; И. И. Лещиловская: *Хорватия в XVII–XIX веках : культурные аспекты исторического развития*. Москва 2013.

Iskra Vasiljevna Čurkina; Üb.: Nieves Čavić-Podgornik

Imkerei, → *Slovenski čebelar* [Der slowenische Imker]; → Volkskunst; → Janša, Anton.

Immersion, Lernmethode beim (Fremd-)Spracherwerb, bei der Kinder oder Erwachsene in ein gänzlich fremdsprachiges Umfeld »eintauchen«. Daher erleben sie die zu erlernende Sprache in unterschiedlichsten (Sprech-)Situationen und werden schrittweise, ohne sich dessen gewahr zu werden oder dies als negativen, von außen generierten Zwang zu empfinden, dazu geführt, sie aktiv anzuwenden. Sie lernen gleichsam, weil sie die Sprache sprechen »müssen«.

Da insbesondere (Klein-)Kinder die Welt, in die sie hineinwachsen, über die persönliche Beziehungsebene zu den Sprachbezugspersonen kennenlernen, ist jeder Lernprozess auch stark emotional besetzt. Sie lernen also insbesondere die → Muttersprache wie auch jede weitere Sprache durch Nachahmung der Sprache bzw. des → Soziolektes der jeweiligen Bezugsperson *ad personam*, situationsbezogen und schrittweise (→ Bildungssprache). Das Lernen entspringt einem Bedürfnis nach Kommunikation und emotionaler Beziehung. Es ist diese zutiefst affektive und unbewusste Motivation, die dem Lernprozess zugrunde liegt und ihn so nachhaltig prägt. Das Kind erlernt also in der Regel so viele Sprachen wie es Sprach-Bezugspersonen hat (»one person, one language«). Allerdings kommt es zu »Makkaronismen«, wenn Bezugspersonen im appellativen Modus (dem Kind zugewandt, das Kind ansprechend) Sprachen wechselweise verwenden. Das heißt, das Kind vermischt die Sprachsysteme auf lexikalischer und grammatikalischer Ebene und kann dieses »Mischsystem« nur schwer überwinden. Es hat nicht die Fähigkeit der Abstraktion, um verschiedene semantische Teile beim Hören des Sprachgemisches ein und desselben Sprechers verschiedenen Sprachen zuzuordnen. Es wird Sprachen mischen bzw. eine → »Mischsprache« sprechen, wenn die Bezugspersonen Sprachen mischen. Im mehrsprachigen Milieu kann dies zur Kreolisierung führen. Dort, wo die Sprachen jedoch gesellschaftlich und rechtlich hierarchisiert sind, führt dies zur Verdrängung der nicht dominanten durch die dominante Sprache (→ Assimilation, → Akkulturation).

Die I. macht sich das Kommunikations- und Beziehungsbedürfnis beim Erlernen von Fremdsprachen zunutze. Durch das faktische »Ausschalten« von anderssprachigen Kommunikationssituationen bleibt dieser Person nur die zu erlernende Sprache zur Abdeckung des Kommunikationsbedürfnisses. Gleichzeitig werden dieser Person schrittweise die notwendigen »Instrumente«, die Worte, die → Terminologie, die Ausdrucksweise und die »Fachsprache« im weitesten Sinn nähergebracht. Mögliche innere, unbewusste Widerstände, die in der mangelnden Sprachkenntnis begründet sind, werden dadurch ausgeschaltet, dass der Person das subjektive Gefühl vermittelt wird, durchaus in der Zielsprache kommunizieren zu können. Dies ist im mehrsprachigen Umfeld umso relevanter, weil – im Gegensatz zu einem einsprachigen Umfeld – die funktionale Mehrsprachigkeit »automatisch« ein Vergleichswert zur subjektiven Einschätzung der eigenen Sprachkenntnisse bietet. Während eine einsprachige Person eventuell gar nicht weiß, dass sie einen minimalen aktiven Wortschatz in ihrer Muttersprache gebraucht, ist eine mehrsprachige Person viel eher mit der inneren Frustration konfrontiert, eine der gesprochenen Sprachen funktional aktiv schlechter zu beherrschen. Das gilt bei einer *zwei*sprachigen Person umso mehr, als je nach Sprechsituation die subjektiven Sprachkenntnisse in einer der beiden Sprachen oftmals funktional geringer sind. Eine *mehr*sprachige Person kann dagegen dieses Manko in einer Sprache eher »relativieren« und empfindet es daher weniger stark frustrierend. Allein diese Frustration und das Bewusstsein des unterschiedlichen Sprachniveaus führen in der Regel zu einem »Schneeballeffekt« beim Gebrauch. Die subjektiv dominante Sprache kommt, weil dies als leichter empfunden wird, tendenziell vermehrt zur Anwendung und wird somit gefördert, die andere regressiert. Die I. verleiht hingegen der jeweiligen Sprache eine subjektive Relevanz, wodurch der Lerneffekt gestärkt wird. Zudem werden automatische, menschliche Vermeidungsstrategien wie geistiges »Abschalten« oder Flucht in die innere Kommunikation erschwert. Bei diesem kommt der Automatismus zum Tragen, wonach man bei der Kommunikation in jene Sprache wechselt, die man als »leichter« empfindet bzw. bei der man bessere relative, funktionale Sprachkenntnisse hat. Die Selbsttäuschung, man habe das Lernziel ohnehin erreicht, wird durch die aktive Praxis einer ständigen Prüfung unterzogen und strukturell überwunden. Die I. hat damit einen Einfluss auf den nachhaltigen Spracherwerb und somit auf die sprachliche Identität des Sprechers (→ Muttersprache).

Bei steigendem Alter verringern sich zwar die rein affektiven Aspekte des Spracherwerbs und der Nachahmung, doch die grundlegenden Gesetzmäßigkeiten des Spracherwerbs, nämlich → *Relevanz und Redundanz von Sprache,* bleiben bestehen. Deshalb werden etwa Sprachkurse im jeweiligen Mutterland der Sprache (Sprachferien) und sog. Konversationskurse mit Muttersprachlern für Erwachsene abgehalten, die ein situationsbezogenes Erlernen einer Fremdsprache oder der Muttersprache fördern und erleichtern sollen.

Eine frühe historische Beschreibung dieser Methode – ohne sie noch als solche zu bezeichnen – findet sich in der → *Goldenen Bulle* Kaiser Karls IV. aus dem Jahr 1356. Darin wird die Notwendigkeit hervorgehoben, die slawischen Sprachen der Länder des Heiligen Römischen Reiches zu beherrschen und den Söhnen der Kurfürsten die rechtliche Verpflichtung auferlegt, diese ab dem Alter von sieben Jahren zu lernen und sie bis zum 14. Lebensjahr zu beherrschen. Gleichzeitig wird de facto die I. als modern anmutende pädagogische Methode erläutert. Die Goldene Bulle empfiehlt muttersprachliche Hauslehrer bzw. Konversationspartner einschließlich moderner »Sprachferien«, indem sie festhält: »… [die Söhne] in Gegenden [zu] schicken, wo sie jene Sprachen erlernen können, oder sie daheim sprachkundigen Erziehern, Lehrern und gleichaltrigen Gefährten [zu] übergeben.« Aeneas → Piccolomini (1405–1464) vertrat in einem um 1450 verfassten Traktat, dem Erziehungsprogramm für Ladislaus Postumus (1440–1457), den Standpunkt, das Reich habe einen multiethnischen Charakter, und war der Ansicht, Ladislaus könne die Sprachen spielend durch Konversation erlernen, zumal die Sprachkenntnisse seinem Großvater Kaiser Sigismund von Luxemburg nützlich gewesen waren, die Unkenntnis derselben seinem Vater König Albrecht II. geschadet haben (Simoniti).

Nach Hannelore Burger war unter der Bevölkerung in Böhmen noch im 19. Jh. der sog. »Kindertausch« üblich: tschechische Kinder wurden auf einige Zeit (bis sie die Sprache erlernten) in deutsche Dörfer und umgekehrt geschickt. Wadl weist im Zusammenhang mit einer historischen Beschreibung der Herrschaft → Ossiach/Osoje aus dem Jahre 1803 auf eine vergleichbare, soziolinguistisch bemerkenswerte Praxis hin, die ebenfalls der I. entspricht: »Der Hofrichter beschreibt [in seiner historischen Beschreibung der Herrschaft Ossiach/Osoje] ausführlich, dass Bauern aus → ›windischen‹ Gegenden ihre Söhne über mehrere Jahre zum Spracherwerb in deutsche Orte schickten, weshalb bei den ›windischen‹ Untertanen der Herrschaft Ossiach die Männer nahezu alle → zweisprachig, die Frauen jedoch nur einsprachig seien« (zur gesellschaftlichen Rolle der Frauen vgl. → Frauen im ländlichen Raum).

Für die so beschriebene Lernmethode bietet sich der Begriff der **personalen Immersion** an.

Als ursprünglich aristokratische Methode des Spracherwerbs hat sich die I. bewährt, wie dies die Beispiele der Sprachkenntnisse aus den europäischen Adelshäusern bestätigen (→ Adelssprache, dort Maximilian I.), und zwar auch, weil sie, wie es die konzeptuelle Grundlage der Goldenen Bulle beweist, Ausdruck einer hohen Sprachkultur und Ethik ist. Historisch gesehen hat in Kärnten/Koroška die slowenische Kirchen- bzw. → Liturgiesprache mit ihren Litaneien und Wiederholungen mit strukturell denselben Lehrmethoden der **funktionalen Immersion** einen bedeutenden Beitrag zum Erhalt und zur Entwicklung der Sprache beigetragen. Bischof Anton Martin → Slomšek forderte mit äußerstem Weitblick und einer Modernität des pädagogischen Denkens, dass zumindest die Religionslehrbücher einsprachig slowenisch sein sollten, was dem Konzept der funktionalen I. im Schulunterricht entspricht.

Einen Missbrauch der pädagogischen Gesetzmäßigkeiten des Spracherwerbs erfährt die Methode der I. im Rahmen des utraquistischen → Schulwesens (in diesem Kontext von DOMEJ als *Submersion* bezeichnet). Dieses zielte darauf ab, die Muttersprache nur so lange in den untersten Volksgruppenklassen zu unterrichten, bis ein (Immersions-)Unterricht im Deutschen zum Zwecke der → Germanisierung möglich war. Damit wurde der Unterricht zum gezielt eingesetzten strukturellen Assimilationsinstrument. Ebenso stellte das Fehlen von entsprechenden slowenischen Unterrichtsbehelfen und Schulbüchern für den Slowenischunterricht eine pädagogische Untergrabung der verfassungsgesetzlich vorgesehen Unterrichtsziele, betreffend die slowenische Volksgruppe (→ »Minderheit«).

Der zentrale und empirisch nachverfolgbare Nachteil einer falsch verstandenen → Zweisprachigkeit aufgrund von mangelndem Fachwissen bzw. mangelndem pädagogischem Hausverstand oder aufgrund von unbewussten, durch kognitive Dissonanzen transportierte Methoden, bei der ein und dieselbe Sprachbezugsperson/Lehrer ständig zwischen zwei Sprachen wechselt, ist, dass durch → *Relevanz und Redundanz von Sprache* und Lerninhalten fast ausschließlich die gesellschaftlich dominante, als »leichter« empfundene Sprache aufgenommen wird. Dabei können die Schüler die nicht dominante Sprache, das Slowenische, bis zum Schulabschluss zum Gutteil »vermeiden« und beherrschen sie meist nicht dem formellen Lernziel entsprechend bzw. nur rudimentär, wenn überhaupt. (→ Assimilation, → Assimilationszwang).

Quellen/Web: *Die Goldene Bulle – d. Reichsgesetz Kaiser Karls IV. vom Jahre 1356* / [Akad. d. Wiss. d. DDR, Zentralinst. für Geschichte]. Deutsche Übersetzung von W. D. Fritz. Geschichtl. Würdigung von Eckhard Müller-Mertens. Weimar 1978, 35–38 (Berlin-Brandenburgische Akademie der Wissenschaften, http://pom.bbaw.de/mgh/).

Lit.: G. Fischer: *Das Slowenische in Kärnten, Bedingungen der sprachlichen Sozialisation, Eine Studie zur Sprachenpolitik.* Wien, Sprache und Herrschaft, Zeitschrift für eine Sprachwissenschaft als Gesellschaftswissenschaft, Reihe Monographien Nr. 1 /1980; Comité européen pour la défense des réfugiés et immigrés (CEDRI) (Hg.): *Gemeinsam oder getrennt? Die Situation der slowenischen Minderheit in Kärnten am Beispiel der Schulfrage, Bericht einer internationalen Beobachterkommission 1985.* Basel 1985; H. Burger: *Sprachenrecht und Sprachgerechtigkeit im österreichischen Unterrichtswesen 1867–1918.* Wien 1995; E. Montarini: *Wie Kinder mehrsprachig aufwachsen. Ein Ratgeber.* Frankfurt/Main 2000; L. Ogorevc-Feinig (Hg.): *Korak za korakom ... In zwei Sprachen leben. Fachinformation zur zwei- und mehrsprachigen Erziehung im Vorschulalter/Strokovna informacija o dvo- in večjezični vzgoji predšolskega otroka.* Klagenfurt/Celovec, DS privatnih dvo- in večjezičnih vrtcev/AG privater zwei- und mehrsprachigen Kindergärten 2001; H. Lotherington: *Bilingual Education*: In: A. Davies, C. Elder (Hg.): *Handbook of Applied Linguistics.* (Malden MA [e.a.]: Blackwell Publishing, 2005), 695–718; C. Laurén: *Die Früherlernung mehrerer Sprachen, Theorie und Praxis.* Bolzano/Bozen, Klagenfurt/Celovec 2006; E. Montarini: *Mit zwei Sprachen groß werden. Mehrsprachige Erziehung in Familie, Kindergarten und Schule.* München 2007; T. Feinig: *Slovenščina v šoli, zgodovina pouka slovenščine na Koroškem – Slowenisch in der Schule. Die Geschichte des Slowenischunterrichts in Kärnten.* Klagenfurt/Celovec 2008; P. Simoniti: *Humanismus bei den Slowenen. Slowenische Humanisten bis zur Mitte des 16. Jahrhunderts.* Wien 2008, 186 f., 189; V. Wakounig: *Der heimliche Lehrplan der Minderheitenbildung. Die zweisprachige Schule in Kärnten.* Klagenfurt/Celovec 2008; Š. Vavti: *»Wir haben alles in uns ...« Identifikationen in der Sprachenvielfalt, Fallbeispiele aus Südkärnten (Österreich) und dem Kanaltal (Italien).* Frankfurt/Main 2009; B.-I. Schnabl: *Poučna koroška balada o veseli večjezičnosti.* In: B.-I. Schnabl: *Asimilacija in sindrom posttravmatskega stresa.* In: Koroški koledar 2011. Celovec 2010, 127–130; M. Piko-Rustija [e.a.]: *Dvo- in večjezičnost v družini: 12 spodbud za sožitje v družini/Zwei- und Mehrsprachigkeit in der Familie: 12 Impulse für Sprachenvielfalt in der Familie.* Celovec [e.a.] 2011; Š. Vavti: *Včasih ti zmanjka besed; Etnične identifikacije pri mladih Slovenkah in Slovencih na dvojezičnem avstrijskem Koroškem.* Klagenfurt/Celovec 2012; W. Wadl: *Die Grundherrschaft des Klosters Ossiach.* In: W. Wadl: Ossiach, Natur – Geschichte – Kultur, Gemeindechronik. Klagenfurt am Wörther See 2012, 57–70, Zitat 66.

Bojan-Ilija Schnabl

In pago Crouuati, dt. »im Kroatengau«, wird 954 die Gegend zwischen Feldkirchen (Trg) und St. Veit (Šentvid) bezeichnet. Die lateinische Bezeichnung *pagus* »Gau« ist in dieser Region ungewöhnlich. Wir kennen *pagus*-Namen nur an Flussläufen oder Seen im voralpinen Bayern, Salzburg und Oberösterreich (Chiemgau, Attergau, *in pago Ivari/Pagivarii* → Bagoaria). Der Name *Kroaten* hat wegen der weiten Verbreitung vom südlichen Polen bis Griechenland zu vielen Deutungen geführt (→ Inkulturation). *Kroaten*-Namen kommen, von den im 16. Jh. angesiedelten Burgenland-Kroaten abgesehen, von Niederösterreich bis Kärnten/Koroška mehrmals vor. In Kärnten/Koroška noch als *Kraut* (1065 in loco Chrouvat, 1290 Chraubat) in Seeboden am Millstätter See (Milštatsko/Miljsko jezero), Krobathen/Hrovače bei Brückl/Mostič und Glanegg bei Feldkirchen (Trg). In der Steiermark/Štajerska gibt es fünf so benannte Orte, wie *Kraubath* (1050 Chrowata) bei → Seckau (Sekova). Und als → Personenname *Crouat* im Seckauer → Verbrüderungsbuch.

In pago Crouuati

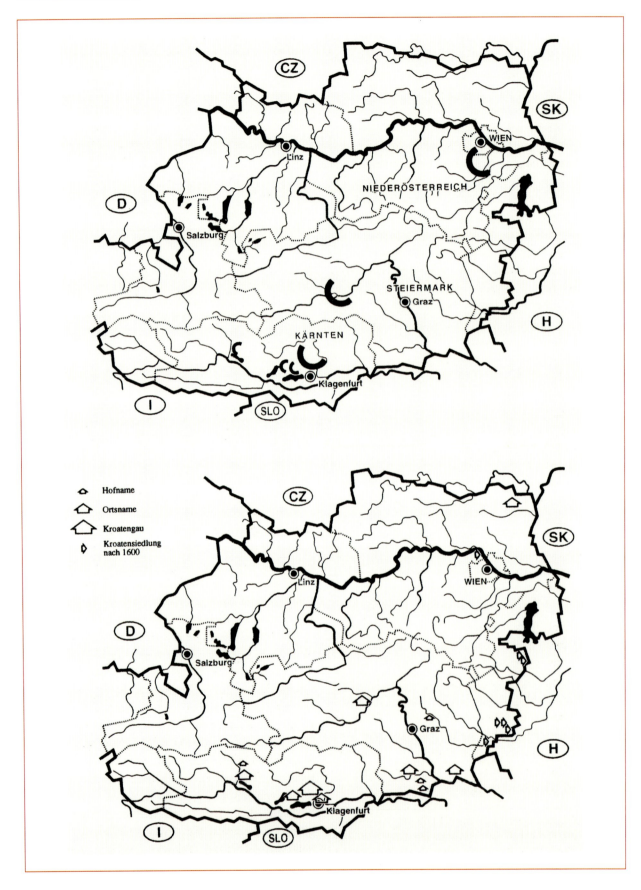

Otto Kronsteiner: *»Kroatische« Wehrsiedlungen und die frühmittelalterlichen Kroatenorte*

Eine toponymische Untersuchung des Umfelds dieser *Kroaten*-Orte hat ergeben, dass es sich offensichtlich um Wehrsiedlungen an strategisch wichtigen Punkten der alten Römerstraßen handelt mit slowenischen → Ortsnamen vom Typ *iki* (Kraig/*Kriviki*, Liebetig/*Ljubotiki*, Meiselding/*Myslotiki*, Nassweg/*Nežoviki*, Radweg/*Radoviki*, Tratschweg/*Dražoviki*, Strettweg/*Strachoviki*, Judenburg/*Junoboriki*, Zeltweg/*Selkoviki*) und jeweils einem Ortsnamen, in dem die Funktion eines *ban* vorkommt (Faning/*Baniki* im Lungau/Salzburg, Faning/*Baniče* und Pfannsdorf/*Banja vas* in Kärnten/Koroška sowie Fohnsdorf »Bansdorf« bei Knittelfeld/Steiermark). Möglicherweise hängt mit diesen Kroatengauen die Funktion der → Edlinger/*kosezi* zusammen. Es könnte sich um einen ähnlichen Stand handeln wie bei den fränkischen *amici regis*. In Turksprachen bedeutet *gaziz* »Freund«, bei Porphyrogennetos als Personenname *Kosentsis*. Das Verhältnis Slowenen/Awaren ist nicht geklärt. Die → Awaren sind bald Helfer, bald Unterdrücker, bald Verbündete, bald Feinde, die man los werden möchte, bald Heiden, bald Christen (→ *Carmula*). Selbst für Zeitgenossen war das nicht klar. Daher die Formulierung *Avari vel Sclavi*. Sie sind als *Obri* (bairisch *Hunnen/Heunen*) aus der Geschichte verschwunden.

Die *Kroaten*-Orte verweisen jedenfalls nicht auf »Volkssplitter« von Kroaten (literaturüblich bei kroatischen Historikern), sondern auf die militärische und soziale Funktion (Wehrbauern) der awarisch-slowenischen Strategie im frühen Karantanien (→ Inkulturation). Die → Ethnogenese der »kroatischen Nation« hat erst später in Kroatien und nicht schon in einer »transkarpatischen Urheimat« oder im Alpenraum stattgefunden.

Die Etymologie des Namens *crouuati* ist umstritten. Der byzantinische Kaiser Porphyrogennetos erklärt sie um 950 damit, dass sie (die Kroaten) viel Land (griech. *choora*) besitzen. Ein Element des Namens könnte man jedenfalls mit turksprachigem *chör* »Land« in Zusammenhang bringen. Aber auch mit *chür* »frei«. Das wäre dann die Erklärung für die → Edlinger, die aus Dank für die Hilfe an die Awaren privilegierten »Freibauern«. Weder in den Quellen noch in den geschichtswissenschaftlichen Analysen ist Klares zu erkennen.

Lit.: B. Grafenauer: *Hrvati u Karantaniji*. In: *Historijski zbornik* XI–XII (1958–59), 207–231; O. Kronsteiner: *Die alpenslawischen Personennamen*. Wien 1975; O. Kronsteiner: *Gab es unter den Alpenslawen eine kroatische ethnische Gruppe?* In: *Wiener Slavistisches Jahrbuch* 24 (1978), 137–157; O. Kronsteiner: *Kroaten und Serben – Gehörnte und Hausfreunde? Glosse zu einigen etymologischen und anderen Verirrungen*. In: *Die Slawischen Sprachen* 24 (1991) 89–96; ESSJ I, 205.

Otto Kronsteiner

indigenistisches Modell, → Inkulturation.

Ingo, dux → *Duces Carantanorum*.

Inkulturation, Übertragung und Anpassung bzw. Übernahme kultureller Merkmale einer Kultur in eine andere. Beim Herrschaftswechsel eine Form der → Kontinuität, die den Angehörigen der weiterhin präsenten Kultur einerseits die Akzeptanz der neuen Herrschaft erleichtern bzw. andererseits Widerstände brechen soll (in dieser Perspektive kann die Anerkennung des → Personalitätsprinzips als spezifische, rechtlich-politische Form der I. und der Sicherung der neuen Herrschaft betrachtet werden). Inkulturationsprozesse finden in Kontaktsituationen verschiedener Religionen und mythologischer Inhalte verschiedener Kulturen als Ausdruck des Werbens um die Gunst der Gläubigen statt. Peter weist etwa darauf hin, dass »sich auch das junge Christentum in die Welt des Hellenismus inkulturiert [hat]« und es einerseits eine Neuinterpretation biblischer Zeugnisse aus hellenistischer Perspektive gegeben habe und somit »hellenistische Erlösungsvorstellungen ins Christentum integriert [wurden]« und gleichzeitig der »jüdisch-christliche Gottesbegriff erheblich verändert und erweitert [wurde]« *(Korrelationsmodell)*. Peter weist weiters auf das *Übersetzungsmodell* der I. hin, dessen »klassische missionsgeschichtliche Gestalt der Übersetzung […] die *Akkomodation* bzw. die *Adaptation* [war]«. Dabei seien im Wesentlichen nur »einzelne Formen des von außen kommenden Christentums durch solche [nicht wesentliche] Elemente der lokalen Kultur [ersetzt worden], die mit dem Evangelium vereinbar schienen.« Schließlich hebt Peter das »kulturfunktionale Modell« bzw. »indigenistische Modell« hervor (auch *anthropologisches* oder *ethnographisches Modell*), das »heute bei der Revitalisierung von indigenen Traditionen eine wichtige Rolle [spielt]«. So sind die regional sehr unterschiedlichen religiösen Riten etwa der Katholiken Ausdruck der jeweiligen Substratkultur und deren Weiterentwicklung (Südkärntner Fleischweihe, spanische Osterprozessionen, mexikanische oder philippinische Osterbräuche; → Brauch).

Svantovit. Bei den frühen → Slawen treffen wir im Zuge der → Christianisierung auf den Transfer der Ei-

B.-I. Schnabl, *Inkulturacija*

genschaften von Gottheiten in die neue Glaubensdoktrin bzw., nach KATIČIĆ, auf die »christliche Reinterpretation slawischer heidnischer Kulte [wobei es im Falle von Kultstätten auf Berggipfeln] keinen Zweifel geben kann, dass der hl. Vitus, neben einigen anderen Heiligen, dabei eine herausragende Rolle spielte« (S. 17). Die Übernahme der Haupteigenschaften des slawischen Gottes *Svantovit* durch den hl. Vitus/Sankt Veit, slow. *sv. Vid* oder *Šentvid* auf der Insel Rügen und bei den baltischen Slawen gilt nach KATIČIĆ als nachgewiesen. Für den dalmatinischen Raum nimmt KATIČIĆ – unter Berücksichtigung der Tatsache, dass die ursprüngliche Legende des hl. Vitus davon getrennt zu sehen ist und trotz widersprechender Quellen – für Svantovid/*sv. Vid* eine »interpretatio christiana« an, wenn auch als Ersatz für einen Kult des slawischen Donnergottes *Perun*, wobei nach KATIČIĆ »trotz etymologischer Unsicherheiten [...] *Sventovit* [sic!] von seiner Bedeutung her als Epiklese [Anrufung] von *Perun* verstanden werden [kann]«. Eine Svantovit-Kultstätte begründet auch die Erklärung für die Herkunft des → Ortsnamens Ober St. Veit in Hietzing in → Wien, wie dies im lokalen Bezirksmuseum dargestellt ist (KATIČIĆ geht allerdings nicht auf die Kärntner St. Veit-Orte ein).

Iro-schottische Mission. Inkulturationsprozesse sind im Rahmen der → Iro-schottischen Mission bei den Karantanern (→ *Carantani*) relevant, im Rahmen derer es zur Herausbildung der → Liturgiesprache kam, wie sie in den → *Freisinger Denkmälern* verwendet wurde (→ ABRAHAM, Bischof von Freising); ebenso bei der *christlichen* → *Terminologie* selbst, die ladinischen Ursprungs ist (→ Altladinisch) und die 100 Jahre später im Rahmen der kyrillo-methodianischen Bibelübersetzung im → Altkirchenslawischen weiterverwendet wurde (→ Bibel, → Methodvita; zur Rolle des karantanischen Adels bei der Christianisierung vgl. auch → St. Peter am Bichl/Šentpeter na Gori).

Dreikopfstein/*Triglav*. Auf eine frühe Form der I. weist der Dreikopfstein von der kulturgeschichtlich bedeutenden Gipfelkirche zur hl Magdalena am zentralkärntner Magdalensberg/Štalenska gora hin. Dieser diente über Jahrhunderte als Weihwasserbehälter vor der Wallfahrtskirche, bevor er laut Überlieferung durch den ansässigen slowenischen Pfarrer und Ethnologen, Monsignore Pavle → ZABLATNIK, ins Innere der Kirche transferiert wurde (wahrscheinlich im Zuge der Restaurierungsarbeiten 1970).

Die Gipfelkirche selbst steht an der Stelle eines keltisch-römischen Heiligtums (am höchsten Punkt

Wappensaal, Kärntner Landtag mit Wandfresko von Josef Ferdinand Fromiller *Herzogseinsetzung* (1740) und dem Fürstenstein/*knežji kamen*, Foto Gert Eggenberger, © Kärntner Landtag

der keltischen und kurze Zeit römischen Hauptstadt des Norikum). Die Kirche wurde urkundlich erstmals 1262 erwähnt. Der Ort ist weiters deshalb relevant, weil er der Ausgangsort des sog. Vierbergelaufs ist. → ŠAŠEL und nach ihm ZABLATNIK sehen in diesem einen Wallfahrtsbrauch, der zumindest in Aspekten heidnisch-keltischen Ursprungs ist, was insgesamt auf eine kulturelle und kultische → Kontinuität an diesem zentralen Ort hindeutet. Im Gipfelbereich dieser einst slowenischen bzw. nach der → ›Pfarrkarte der Diözese Gurk/Krška škofija 1924‹ zweisprachigen Kirchengemeinde wurden auch slawische Ausgrabungsfunde sichergestellt und in einer Vitrine ausgestellt.

Der Dreikopfstein ist eine altertümliche zylindrische, ausgehöhlte Steinplastik (Basalt) und weist drei im Hochrelief herausgearbeitete Gesichter auf drei Seiten auf. Nach Dehio ist der Dreikopfstein vorrömisch – und somit heidnisch bereits zur Zeit des im Land existierenden römischen antiken Christentums. NIEDERLE erkennt hingegen gerade in der Polycephalie eine Charakteristik der slawischen Gottheiten (auch wenn er

Dreikopf aus St. Martin am Silberberg, Foto Peter Schwarz, Landesmuseum Kärnten

sich im Wesentlichen auf die baltischen Slawen und die Slawen der Rus konzentriert) und behandelt die 400 Jahre früher christianisierten Slawen des Alpenraumes/Karantaner nicht. Somit kann er auch nicht den Dreikopfstein vom Magdalensberg/Štalenska gora im Lichte einer eventuellen I. berücksichtigen, der jedoch mit der Darstellung des slawischen Gottes *Triglav* (dt. Dreikopf) Übereinstimungen aufweist (→ Mythologie). In der *Vitae Ottonis Episcopi Bambergensis* wird allerdings berichtet, wie OTTO VON BAMBERG 1127 noch im Zuge der Christianisierung der Slawen (Wenden) im Pommerschen Szczecin (Stettin) die Statue des *Triglav* stürzen, zerstören und die Köpfe als Trophäe abhacken und nach Rom transportieren ließ (… *Hoc Stetinae factum non esse apparet ex Herbordo H, 31, apud quam legimus Ottonem Triglawi idolam fregisse triaque eius capita postea Romam misse* [S. 851]). Da aber das hohe Alter der Skulptur außer Zweifel steht, muss sie jedenfalls verschiedene Prozesse der I. durchgemacht haben, um eben nicht als Denkmal und Götzenbild einer anderen Religion zerstört oder als Baumaterial geschändet zu werden.

Geht man von einer weiteren Hypothese aus, der Dreikopfstein sei originär heidnisch-karantanisch (aus der Frühzeit Karantaniens), so müsste dieser sich in einer zentralen Kultstätte des norisch-karantanischen Raumes befindliche Kultstein von der iro-schottischen Mission im Zuge der Christianisierung in einem ersten Schritt toleriert und danach inkulturiert worden sein. Dabei wäre aber zu beachten, dass gerade die religiöse Konvertierung das zentrale Anliegen der iro-schottischen Mission von → VIRGIL und → MODESTUS war, und zwar bei Achtung lokaler sprachlicher und rechtlicher Traditionen (→ Personalitätsprinzip). Die → DOMITIAN-Legende, einer der wenigen historischen Hinweise auf heidnische Kulte der Karantaner nach KAHL, deutet jedoch darauf hin, dass heidnische Kultobjekte im Zuge der Christianisierung auch in Karantanien zerstört wurden, also auch dieser Kultustein der Zerstörung anheimfallen hätte müssen.

Die in der Kirche selbst abzurufende Information, die wahrscheinlich wiederum auf ZABLATNIK zurückzuführen ist, datiert den Dreikopfstein in die frühe Phase der Christianisierung der Karantaner vom Ende des 8./Anfang 9. Jh.s, die mit dem wiederholten Aufleben von Widerständen übereinstimmt (→ *Carmula*, → LIUDEVIT-Aufstand). Diese Datierung führt zum gleichzeitig plausibelsten Erklärungsmodell, dass nämlich diese Darstellung, die nach KAHL nicht der später üblichen Darstellung der Dreifaltigkeit entspricht, einer I. des Triglav-Kultes in das neue christliche Religionsbekenntnis der Karantaner Slowenen entspringt (gleichsam als christliches Weihwasserbecken mit archaischer Motivik, um den Widerstand der Karantaner zu brechen und sie für die Bekehrung zu gewinnen).

Damit gibt der Stein auch Zeugnis über die kultische Kontinuität am Berggipfel ab und ist neben dem eindeutig ursprünglichen heidnisch-karantanischen Dreigesicht von St. Martin am Silberberg und dem Ritzrelief von → Keutschach/Hodiše eines der seltenen erhaltenen Denkmäler originär karantanischer Kunst am Übergang zum Christentum, das in seinem Kern einer »verkleideten« Darstellung der Triglav-Gottheit entspricht. Aufgrund der – in jeder der angeführten Hypothesen zum Ursprung des Kultsteines – notwendigerweise stattgefundenen Inkulturationsprozesse gibt der Stein Zeugnis über das Bestehen einer (zentralen) karantanisch-heidnischen Kultstätte am Magdalensberg/Štalenska gora ab. Da dieser Kultstein weiterhin für kultische Zwecke in Gebrauch war (in abgewandelter Form im Vergleich zu seiner originären Bestimmung), ist er zumindest durch I. auch als genuines slowenisches kulturgeschichtliches Denkmal anzusehen (→ Klagenfurter Feld/Celovško polje). Beim Dreigesicht von St. Martin am Silberberg wird hingegen der Inkulturationsprozess dadurch unterbrochen und beendet, dass er in die Friedhofsmauer eingemauert wurde und erst vor relativ kurzer Zeit als historisches Artefakt ohne spezifische Funktion wieder aufgetaucht ist.

Fürstenstein/*knežji kamen*. Eine Form der I. kann in der Verwendung eines ursprünglichen Basisteils einer römisch-ionischen Säule aus Virunum als → Fürstenstein bei der → Fürsteneinsetzung in → Karnburg/Krnski Grad gesehen werden, insbesondere wenn er als Ausdruck des staatlichen Kontinuitätsanspruchs verstanden wird, den man aus der Wahl des politischen und religiösen Zentralortes ableiten kann. Er ist deshalb spätestens mit dem Übergang von der Sprache der Karantaner zum Slowenischen (→ Karantanerslowenisch, → Altslowenisch) u.a. Teil der slowenischen → Kulturgeschichte geworden, weil er auch nach Abkommen vom Einsetzungsritus seine Symbolkraft beibehalten hat (→ Herzöge von Kärnten/Koroška; → Windische Ideologie des Erzherzogtums Kärnten/Koroška). Peter Štih (2014) weist seinerseits auf Aspekte der Integration der slawischen gesellschaftlichen Elite nach der Annahme der fränkisch-bairischen Oberhoheit und formellen Christianisierung hin, die neben der politischen Ebene auch eine kulturelle Dimension in sich tragen und als Prozess im Sinne der I. verstanden werden müssen (→ Adelssprache; → St. Peter am Bichl [Šentpeter na Gori]; → St. Georgen am Längsee [Šentjurij ob Dolgem jezeru]). Nicht zuletzt ist der Fürstenstein/*knežji kamen* auch ein historisches Kärntner Rechtsdenkmal und Teil der österreichsichen und europäischen Rechts- und Kulturgeschichte und so gleichsam ein Sinnbild von manigfaltigen Inkulturationsprozessen.

Edlinger/*kosezi*. Ähnlich verhält es sich im Hinblick auf die → Edlinger/*kosezi* und die sog. »Kroaten-Dörfer (→ Fürsteneinsetzung, Lj. → Hauptmann, → *in pago Croouati*, → Kroatengau). Bei all jenen Hypothesen, die bei den Edlingern nicht nur eine nicht slawische Etymologie ihrer Bezeichnung und/oder einen spezifischen sozialen Stand sehen, sondern auch eine andere ethnische Herkunft vermuten, muss im Zuge der karantanischen und karantanerslowenischen → Ethnogenese von einer sehr frühen I. ausgegangen werden (bei den »Kroaten-Dörfern« u. U. auch von einer → Akkulturation). Spätestens mit der I. der rechtsrelevanten Aspekte werden die Edlinger/*kosezi* u.a. zu genuinen Phänomenen der karantanischen und später aufgrund der sprachlichen, rechtlichen und territorialen → Kontinuität zu genuinen Phänomenen der slowenischen Staatsrechts- und Kulturgeschichte, wobei etwa nach Wadl so manche neuzeitliche und bis

Dreikopfstein/*Triglav* vom Magdalensberg/Štalenska gora, Foto Bojan-Ilija Schnabl

heute gültigen Katastralgemeinden in der heutigen Gemeinde Magdalensberg/Štalenska gora auf die mittelalterliche → Edlinger-Gerichtsbarkeit zurückzuführen sind und sich somit vielfache I.-Prozesse ergeben (→ Edlingerdienste, → Edlinger-Gemeinschaftswald am Christophberg/Krištofova gora). Das Konzept der I. ermöglicht also in diesem Fall die Überwindung exklusivistischer → Geschichtsschreibung und eines veralteten ethnozentrischen Geschichts-Darwinismus (vgl. auch → »Entethnisierung«, → Geschichtsschreibung und kognitive Dissonanz).

Wallfahrten. Auf Prozesse der I. alter Glaubensinhalte trifft man auch bei → Wallfahrten. So ist die Kirche am Magdalensberg/Štalenska gora Ausgangspunkt einer ethnologisch bedeutenden Wallfahrt über vier Berggipfel (dem Vierbergelauf). Bei dieser einst slowenischen Wallfahrt wurden vier Gipfel des zentralkarantanischen Raumes bezwungen, wobei nach Zablatnik dieser Wallfahrt ein Vegetations- und Wachstumskult zugrunde liegt, der der Fruchtbarkeitsgottheit noch aus vorrömischer Zeit gewidmet war. Dieser Wallfahrt liegen also einige sukzessive Inkulturationsprozesse zugrunde, was die karantanisch-slowenische Kontinuität am Magdalensberg/Štalenska gora auch im Hinblick auf den oben beschriebenen Dreikopfstein untermauert.

Folgt man GERNDT, so hat sich der Vierbergelauf, wie man ihn heute kennt, zwar erst gegen Ende des Mittelalters entwickelt, um das Leiden Christi darzustellen, und nur Aspekte weisen heidnische Elemente aus, die somit inkulturiert wurden (vgl. dazu auch ŠAŠEL KOS). Auch andere Wallfahrten, wie jene zur historisch belegten Volksheiligen → HILDEFGARD VON STEIN/SV. LIHARDA KAMENSKA, weisen vielfältige Inkulturationsprozesse bzw. sukzessive I. aus.

Volkslied und Volkskultur. Als weithin bekannte Form der I. in Kärnten/Koroška kann auch die Übernahme des slowenischen → Volksliedes bzw. seiner Charakteristika ins deutschsprachige »Kärntner Lied« angesehen werden, zumal zu den frühen Trägern → KOSCHAT zählte, der selbst aus dem in jener Zeit weitgehend geschlossenen slowenischen Siedlungsgebiet → Südkärntens stammte und wohl slowenischer Herkunft war. Inkulturiert wurden im Übrigen weite Teile der materiellen und immateriellen slowenischen → Volkskultur – alles außer der Sprache in ihrer Gesamtheit (→ »Entethnisierung«) – was die → Assimilation und schließlich die → Germanisierung des einst slowenischen Landes(-teiles) beschleunigen und erst ermöglichen sollte (vgl. auch → Akkulturation).

Quellen: [Johann V. Valvasor]: *Des hochlöblichen Herzogthums Crain topographisch-historischer Beschreibung siebendes Buch von der Religion in Crain*. [s. d., s. l.], 371–382; *Fontes historiae religionis Slavicae, collegit Carolus Henricus Meyer, Fontes historiae religionum ex auctoribus Graecis et Latinis collectos edidit carolus Clemen, fasciculus IV*. Berolini 1931; Monumenta Germaniae Historica: *Vitae Ottonis Episcope Bambergensis, 794, 851*.

Lit.: *Dehio-Handbuch, Kärnten*. Wien ³2001, 487. – L. Niederle: *Manuel de l'antiquité slave, Tome II: La Civilisation*. Paris 1926, 149, 315; B. Grafenauer: *Die Kontinuitätsfrage in der Geschichte des altkarantanischen Raumes (Kontinuitetna vprašanja v zgodovini starokarantanskega prostora)*. In: *Alpes orientales* V (Dela/Opera Slovenske akademije zananosti in umetnosti 24). Ljubljana 1969, 78–79; H. Gerndt: *Vierbergelauf. Gegenwart und Geschichte eines Kärntner Brauchs*. Klagenfurt 1973, 101 ff.; Λ. Goljevšček: *Mit in slovenska ljudska pesem*. Ljubljana 1982; P. Zablatnik: *Čar letnih časov: stare vere in navade na Koroškem*. Celovec 1984, 131–132; D. Ovsec: *Slovanska mitologija in verovanje*. Ljubljana 1991; W. Wadl (Hg.): *Magdalensberg, Natur, Geschichte, Gegenwart, Gemeindechronik*. Klagenfurt 1995; A. Peter: *Modelle und Kriterien von Inkulturation*. In: F. Frei (Hg.): Inkulturation zwischen Tradition und Modernität. Kontext – Begriffe – Modelle. Freiburg, Schweiz 2000, 311–335; H.-D. Kahl: *Kultbilder im Vorchristlichen Slawentum, Sondierungsgänge an Hand eines Marmorfragments aus Kärnten mit Ausblicken auf den Quellenwert von Schriftzeugnissen des 8.–12. Jh*. In: SMS (Ljubljana) VIII (2005) 9–55; R. Katičić: *Vidova gora i sveti Vid*. In: SMS (Ljubljana) XIII (2010) 15–32; B.-I. Schnabl: *Inkulturacija, fenomen kulturnih procesov na Koroškem*. In: SMS XV (2012) 231–246; V. Nartnik: *K oblikovanju letečih procesij na Koroškem/Zur Entstehung der Mehrbergwallfahrten in Kärnten*. In: *Josip Šašel, Spomini II, Zbornik s simpozija o Josipu Šašlu, Josip Šašel in njegov pomen za kulturno zgodovino koroških Slovencev*. Uredili M. Kropej, A. Malle, M. Piko-Rustia. Celovec 2012, 215 ff., 221 ff.; M. Šašel Kos: *Kelti in Rimljani v prispevkih Josipa Šašla. = Kelten und Römer in den Beiträgen von Josip Šašel*. In: *ebd.*, 187 ff., insbesondere 197 ff., 208 (Zitat der Sage) bzw. 210 ff.; P. Štih: *Integracija Karantancev in drugih alpskih Slovanov v frankovsko-otonsko cesarstvo*. In: ZČ 68, Nr. 1–2 (2014) 8–27; P. Štih: *Die Integration der Karantaner und anderer Alpenslawen in das fränkisch-ottonische Reich. Einige Beobachtungen*. In: Car. I 204/1 (2014) 43–59.

Bojan-Ilija Schnabl

Innerösterreich, slow. *Notranja Avstrija*, Ländergruppe der habsburgischen Erbländer südlich des Semmering, die aus sukzessiven dynastischen Erbteilungen (ab 1379, Vertrag von Neuberg zwischen Albertinischer und Leopoldinischer Linie) hervorgegangen war und vom Ende des 14. bis zur Mitte des 18. Jh.s Bestand hatte. Sie umfasste die Steiermark/Štajerska, → Kärnten/Koroška, → Krain/Kranjska und nach 1500 auch die Grafschaft Görz/Goriška.

Begrifflich wurde I. von den Ländern *Niederösterreichs* (Österreich ob und unter der Enns) sowie *Oberösterreichs* (Tirol und die Vorlande) unterschieden.

Zur politischen Einheit mit → Graz als Residenzstadt mit eigenem Hofstaat und Hofämtern wurde I. nach 1563, als ihm habsburgische Gebiete an der Adria einverleibt wurden. Unter Erzherzog KARL II. (1540–1590) erhielt I. Elemente staatlicher Eigenständigkeit im Zuge der zweiten habsburgischen Länderteilung unter den Söhnen FERDINANDS I. 1564, als es zu einer eigenen Landesherrschaft mit obersten Zentralbehörden für die Ländergruppe wurde: als oberste Behörde und Vertrauensorgan und Stellvertretung des Fürsten gab es den *Geheimen Rat*, den *Hofrat* (Revisionen der an den Hof appellierten Prozesse), die *innerösterreichische Hofkammer* (Verwaltung des gesamten Kameralvermögens), die *Kameralprokuratur* (errichtet 1571), die *innerösterreichische Regierung* (politische und Justizverwaltung, nach Abgang des Hofes nach Wien 1619 die zweithöchste Behörde der Ländergruppe), die *Hofkanzlei* sowie insbesondere den *Hofkriegsrat*. Im Zuge der Reformen MARIA THERESIAS wurde I. als territoriale Einheit endgültig aufgelöst.

I. hatte eine außerordentlich bedeutende Rolle als Grenzschutz gegen das Osmanische Reich, im Zuge der → Gegenreformation sowie im Zuge des Ausbaus der Verkehrswege. Dabei ist die Gründung der Universität Graz zu erwähnen, die sich jedoch vorerst nicht zu einer

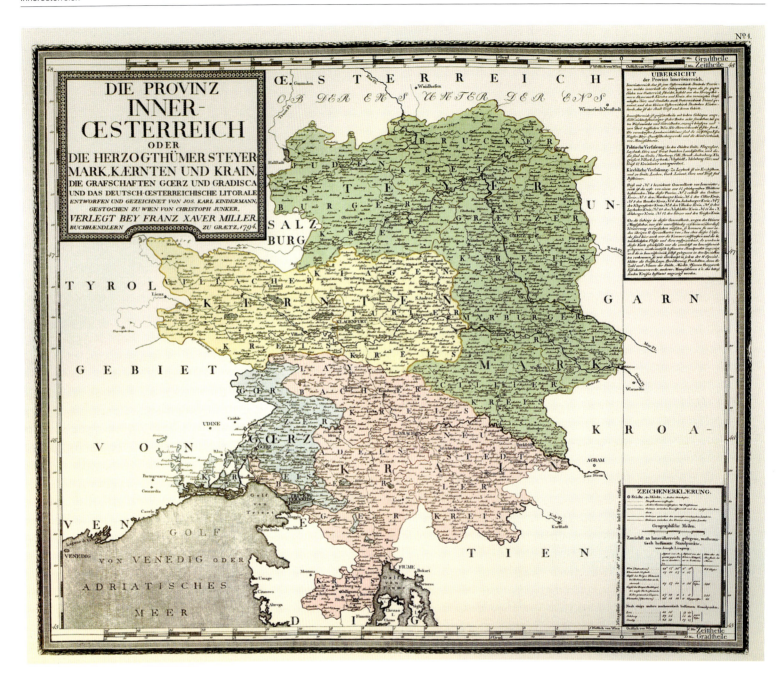

Provinz Innerösterreich, Joseph Carl Kindermann, gestochen von Christoph Junker, Ende 18. Jh

Volluniversität entwickelte. I. vereinigte insbesondere fast alle slowenischen Gebiete (außer jene unter der ungarischen Krone im Prekmurje [Übermurgebiet]) und trug so zu einem slowenischen Zusammengehörigkeitsgefühl auf der Grundlage der Sprache bei (→ KOZLER, Peter).

I. war auch wesentlicher Teil des sog. *Mariborski program* [Programm von Maribor] aus dem Jahre 1865, eines kurzfristigen slowenischen politischen Projektes, das alle innerösterreichischen Länder umfasste. Dieses Programm bezog sich auch auf die Stadt → Trieste/Trst/Triest und auf Istrien/Istra. Mittelbar sollte durch ethnische Kurien das slowenische politische Ziel eines Vereinigten Sloweniens (→ *Zedinjena Slovenija*) verwirklicht werden, und zwar nicht in territorialer Hinsicht, sondern im Rahmen der persönlichen kulturellen Verwirklichung. Die → Kronländer hätten demnach ihre bestehende Autonomie und die staatlichen Verwaltungsorgane behalten, jedoch zudem einige übergeordnete Organe nach dem Vorbild des ehemaligen I. erhalten. Im Sinne des Programms wäre die nationale Frage durch überregionale nationale Versammlungen für jedes Volk gelöst worden. Zu den größten Initiatoren dieses Programms zählte Andrej → Einspieler, zu dessen Gegnern sein Kärntner Landsmann und Freund Matija → Majar – Ziljski.

Lit.: ES (V. Rajšp: *Notranjeavstrijske dežele*). – V. Melik: *Slovenska politika v drugi polovici sedemdesetih let 19. stoletja*. In: ZČ 1974, 269–277; K. Spreitzhofer: *Die innerösterreichischen Zentralbehörden und die Verwaltung der innerösterreichischen Länder bis zur Mitte des 18. Jahrhunderts*. In: J. Žontar (Hg.): Handbücher und Karten zur Verwaltungsstruktur in den Ländern Kärnten, Krain, Küstenland und Steiermark bis zum Jahre 1918. Ein historisch-bibliographischer Führer […]. Graz [e.a.] 1988, 18 f.; E. Zöllner: *Geschichte Österreichs. Von den Anfängen bis zur Gegenwart*. Wien 1990; F. Gestrin: *Slovenske dežele in zgodnji kapitalizem*. Ljubljana 1991; V. Simoniti: *Vojaška organizacija na Slovenskem v 16. stoletju*. Ljubljana 1991.

Stane Granda, Bojan-Ilija Schnabl; Üb.: Bojan-Ilija Schnabl

Innichen, it. San Candido. Die Gründung erfolgte 769 durch den Baiernherzog Tassilo III., der das – im Bistum Säben gelegene – Gebiet *(locus)* von *India* bzw., wie es im volkssprachlich-romanischen Idiom (→ Altladinisch/Ladinisch) hieß, *Campo Gelau* (Toblacher Feld) an Abt Atto von Scharnitz-Schlehdorf zur Errichtung eines Klosters übertrug. Vom Namen des Kirchenpatrons Candidus – der in I. mindestens seit dem frühen 9. Jh. verehrt wurde – ist der italienische Ortsname San Candido abgeleitet; zweiter Kirchenpatron wurde Corbinian, der Schutzheilige → Freisings. Aus der in Bozen ausgestellten »Gründungsurkunde« von 769 geht – anders als im Falle von → Kremsmünster 777 – die Aufgabe der Slawenbekehrung hervor *(propter incredulam generationem Sclauanorum ad tramitem veritatis deducendam)*, das heißt die Missionierung im östlich benachbarten → Karantanien. Als »Slawengrenze« *(termini Sclauorum)* wird *ad rivolum montis Anarasi* – gemeint ist wohl der heutige Kristeinbach – angegeben (→ *Slavia submersa*). Infolge Attos Erhebung zum Bischof (783/84–810/11) fiel I. an das Bistum Freising, von dem es – abgesehen von kurzfristiger Zugehörigkeit zu → Salzburg (811? bis 816) – bis zur Säkularisation 1803 abhängig blieb. Königliche bzw. kaiserliche Immunitätsverleihungen und weitere Schenkungen ermöglichten eine rege Kolonisationstätigkeit in den angrenzenden Hochtälern und erweiterten den grundherrschaftlichen Besitz des Klosters. Beachtung verdient auch eine Urkunde aus dem Jahre 822, betreffend Besitz in Karantanien zwischen Trixen/Trušnje und Griffen/Grebinj. Die Umwandlung des freisingischen Benediktinerklosters I. in ein selbstständiges Kollegiatstift (Kanoniker) wird traditionell Bischof Otto von Freising zugeschrieben und um 1140 datiert; neuerdings setzt W. Landi den Übergang zur *vita canonica* bereits vor 972 an. Seit dem 12. Jh. wird Kaiser Otto I. als Gründer *(fundator)* von I. kommemoriert. Das Hochstift Freising behielt den Großteil der klösterlichen Besitzungen als »Hofmark« unter direkter Verwaltung, bis dann mithilfe der Vogtei weltliche Instanzen, nach 1271 vor allem die Grafen von Görz-Tirol, die Rechte Freisings auf die niedere Gerichtsbarkeit beschränkten. Die in der Grundstruktur romanische Stiftskirche (mit Krypta) fungiert seit 1814 als Pfarrkirche. Sie wurde im Zweiten Weltkrieg schwer beschädigt und in den 1960er-Jahren restauriert.

Lit.: E. Kühebacher: *Innichen*. In: *Germania Benedictina* III/2 (2001) 64–83 (mit Quellen- und Literaturangaben 79–83; zur Bibliotheksgeschichte 75–76); *Tiroler Urkundenbuch II/1* (Innsbruck 2009), bearbeitet von M. Bitschnau und H. Obermaier. Innsbruck 2009, zum Archiv XXVI ff.; W. Landi: *Otto Rubens fundador*. Insbruck 2015.

Harald Krahwinkler

Inschrift, slowenische in Kärnten/Koroška. Als historisches Zeugnis der Schriftkultur im öffentlichen Raum bezeugen slowenische Inschriften die soziolinguistische Stellung und Bedeutung des Slowenischen zur jeweiligen Entstehungszeit. Bisweilen sind sie Zeugnisse einer historischen Epoche und nunmehr kulturgeschichtliche Denkmäler einer → Kulturlandschaft (→ Kulturgeschichte). Inschriften weisen auf ein breites soziolinguistisches Spektrum der gelebten Sprache und auf eine intakte ganzheitliche soziale Struktur der slowenischen Gemeinschaft hin. Sie sind trotz → Germanisierung und → Assimilation keine Zufallserscheinungen (→ Geschichtsschreibung und kognitive Dissonanz). Als Kulturdenkmäler sind sie besonders schützenswert, weil sie Zeugnisse einer (historischen) sprachlichen und *territorialen* → *Identität* sind. Vielfach wurden slowenische Inschriften und Aufschriften übermalt oder mutwillig zerstört, um damit die slowenische Identität eines Ortes oder einer Institution aus dem öffentlichen, kollektiven Bewusstsein zu löschen (→ Name und Identität; Jacobo → Brollo).

Inschriften finden sich als historische amtliche Aufschriften auf k.u.k. Bahnhöfen oder als Hinweisschilder zur Verwaltungsgliederung einzelner Orte, an Ortseingängen und auf Ortstafeln. Sie können auch Zeugnisse der materiellen → Volkskunst sein, so auf → Bildstöcken und Wegkreuzen. Als → Grabinschriften, die im slowenischsprachigen Bereich als eigene literarische

Inschrift, KS 25. 8. 1926

Gattung aufgefasst werden können, sind sie Ausdruck der hohen Sprachkultur, vor allem wenn sie poetische Verse verewigen (→ Bukovništvo). In Kirchen als Fresken, auf Altären, Glocken, Missionskreuzen und Prozessionsfahnen oder in Friedhofskapellen spiegeln sie neben der sozialen Stellung auch die (historische) kirchenrechtliche Stellung des Slowenischen, wie sie etwa in der → Pfarrkarte der Diözese Gurk/Krška škofija von 1924 wiedergegeben wird.

Die ältesten slowenischen I. in einem öffentlichen Gebäude in Kärnten/Koroška sind in der Bohoričica verfasst (→ Schrift), und zwar im Freskenzyklus zur hl. Barbara in St. Martin am Techelsberg/Šmartin na Teholici, der um 1768 entstand. Aus dem 18. Jh. stammen auch die soziolinguistisch bemerkenswerten slowenischen → Chronogramme in Tibitsch/Tibiče und am Hauptaltar der Filialkirche zur hl. Magdalena im Wald/sv. Magdalena, errichtet im Jahr 1522, in Süßenberg/Planje in der Gemeinde Feistritz an der Gail/Bistrica na Zilji (nach Dehio aus 1729 jedoch ohne Hinweis auf die slowenische Sprache). Einerseits erhielt das Slowenische mit der Aufklärung bzw. dem → Josephinismus eine pragmatische Kommunikationsfunktion und es kommt zur → *Übersetzung von Patenten und Kurrenden* ins Slowenische, andererseits erhielt die Volksfrömmigkeit in der nachjosephinischen Zeit einen neuen Aufschwung, zeitgleich mit dem Beginn des ununterbrochenen Schrifttums bei den Slowenen in Kärnten/Koroška. Im Freskenzyklus von St. Martin am Techelsberg/Šmartin na Teholici etwa sind die Einwohner die Adressaten der mit Merkmalen des (lokalen) Dialektes des → Südkärntner Zentralraumes bzw. des sog. → Rosentaler Dialektes *(rožanščina)* versehenen Moralbotschaft (Domej).

Eine besondere Kategorie von I. bildet jene auf zahlreichen gemalten → Kreuzwegen bzw. Kreuzweg-Tafeln. Diese boten der Volkssprache einen neuen Raum, in dem sie zum Ausdruck kommen konnte, und so waren slowenische Kreuzwege die ersten, die das bis dahin vorherrschende Latein im öffentlichen Schrifttum in den Kirchen verdrängten. Domej weist 17 frühe Kreuzwege in der Bohoričica-Schrift nach, wobei die darauf befindlichen I. nicht einheitlich sind und zahlreiche Regionalismen und Entlehnungen aus dem Deutschen sowie in einem Fall aus dem Friulanischen aufweisen. Bei manchen Kreuzwegen aus der zweiten Hälfte des 19. Jh.s ist eine Anlehnung an die nach 1847 in Umlauf gekommenen Kupferstich-Vorlagen der Joseph von Führich-Kreuzwege nachgewiesen, bei ande-

St. Stefan/Šentštefan pri Velikovcu, Foto Tomo Weiss

Missionskreuz St. Franzisci/Želinje *(Reši dušo! Spomin sv. misijona od 3.–9. feb. 1924),* Foto Alois Pruntsch

ren nicht auszuschließen, vor allem bei jenen Beispielen vom Ende des 19. Jh.s, die künstlerisch einfacher und der → Volkskunst zuzuschreiben sind. Die vier Kreuzwege aus den Pfarren Poggersdorf/Pokrče und Tainach/Tinje aus dem → Klagenfurter Feld/Celovško polje bezeugen, dass, wie Sturm-Schnabl schreibt, diese Gegend noch bis 1938 weitgehend slowenisch und die slowenische Sprache eine gelebte Sprache war. Kreuzwege mit slowenischen I. und deren Schicksal spiegeln die gesellschaftspolitischen Verhältnisse. Jener am Christofberg/Krištofova gora scheint für immer verloren, bei jenem in Loibltal/Brodi wurden die slowenischen I. erst 2009 zerstört und danach neu angebracht, wobei in einem weiteren Schritt, deutschsprachige I. hinzugefügt wurden. Jener der Wallfahrtskirche → Maria Gail/Marija na Zilji vom Anfang des 19. Jh.s war ursprünglich slowenisch (versehen mit I. der Bohoričica wie auch in der Gajica-Schrift), danach wurde er lange Zeit eingelagert und schließlich 1994 nach der Restaurierung mit zweisprachigen I. versehen, wobei die slowenischen I. archaisierend sind (Hofer 1999, 380, 534).

Bemerkenswerte Beispiele slowenischer I. auf Altären finden sich in der Wallfahrtskirche Maria Sie-

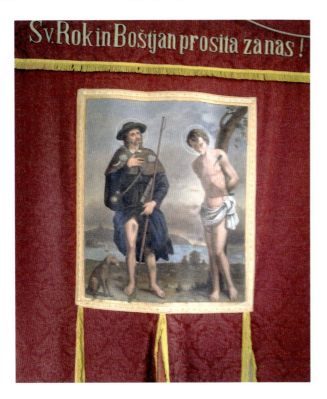

Prozessionsbanner aus Feistritz a. G./Bistrica na Zilji, Foto Marlen Smole Taupe

benbrünn/Marija pri Sedmih studencih, an zwei Seitenaltären in → Tainach/Tinje, auf einem barocken → HILDEGARD/LIHARDA-Seitenaltar in Stein im Jauntal/Kamen v Podjuni (*Sv. Liharda prosi za nas*), auf den Missionskreuzen ebendort in St. Franzisci/Želinje und in Köstenberg/Kostanje oder in einer Lünette am *sv. Ožbolt*-[Oswald]-Altar in St. Lorenzen ob der Gurk/Šentlovrenc. Matija → MAJAR – ZILJSKI ließ in seiner Pfarrkirche in Göriach/Gorje als Ausdruck des → Illyrismus und → Panslawismus am Valentins-Altar eine slowenische I. in kyrillischer Schrift anbringen (*V tem znamenju boš zmagal* [In diesem Zeichen wirst du siegen]). Diese ist damit auch Zeugnis einer historischen politischen Strömung. Weitere slowenische I. finden sich u.a. in St. Franzisi/Želinje, St. Georgen am Weinberg/Šentjurij na Vinogradih oder in St. Margarethen ob Töllerberg/Šmarjeta pri Velikovcu. Sie sind auch Ausdruck des Volksglaubens und als solche auf Prozessionsfahnen wie etwa in Eberndorf/Dobrla vas, in Neuhaus/Suha, in Mellweg/Melviče oder in der Kirche zum hl. Laurentius/sv. Lovrenc in Emmersdorf/Tmara vas. In Loibltal/Brodi wurde 2009 neben den slowenischen I. vom Kreuzweg auch die slowenische I. vom Stoffbehang der Kanzel entfernt bzw. nach einem Pressebericht offensichtlich zerstört. Die I. lautete: *Kdor je z Bogom, posluša božjo besedo* [Wer mit Gott ist, hört Gottes Wort].

Ein Beispiel eines Votivbildes der hl. Ursula mit der slowenischer I. *sv. URSULA. D.M. izprosi nam srečno zadnjo uro* aus dem Jahr 1873 befindet sich in der Pfarrkirche in Poggersdorf/Pokrče, doch wird im Kunstführer Dehio (2001, 632) nicht erwähnt, dass die I. slowenisch ist. In Zell/Sele berichtet eine I. auf einem Votivbild vom Tode von vier Arbeitern durch Blitzschlag 1870 (*Tukaj so štirje Hrevelnikovi hlapci Jožef [in] Peter Majnik, Matevž Pasterk in Tomaž Rapovt od grumo zadeti smert storili 18. rožnika 1870. smert pride ko tat, torej čujte nas nepripravljene rajne molite za nas*).

In Kerschdorf/Črešnje im Gailtal/Zilja befindet sich unter dem Christophorus-Bild der Filialkirche zum hl. Nikolaus/sv. Miklavž vom Ende des 15. Jh.s eine verwitterte slowenische Aufschrift aus dem 19. Jh. *V čast sv. Krištova post …* [Zu Ehren des hl. Nikolaus …]. In Rinkenberg/Vogrče hingegen findet sich eine moralisierende slowenische I. unter dem Christophorus-Fresko aus dem 19. Jh. an der Außenmauer des Presbyteriums: *Sveti Kristof vam pove »Kleti in duševati se ne sme«* [Der hl. Christoph sagt Euch »Fluchen und ex-trinken/Saufen ist verboten«]. In Suetschach/Sveče wird beim hl. Lambert unter dem Fresco mit dessen Bildnis Schutz für die Pfarre erbeten (*Sv. Lambert varuj našo župnijo*). Die der hl. Maria gewidmete slowenische I. in der Marienkapelle in Frög/Breg bei Rosegg/Rožek wurde der Überlieferung nach trotz der nazistischen Anordnung nicht zerstört und ist bis heute erhalten. Die slowenischen I. von der Friedhofs- und Grabkapelle in Gurnitz/Podkrnos sind nur noch fragmentarisch erhalten.

Ein Hinweis auf ein starkes slowenisches → Vereinswesen jener Zeit ist die slowenische I. *Bližnjemu v pomoč pod Florijanom* [Dem Nächsten zur Hilfe im Zeichen des hl. Florian] vom Feuerwehrhaus in Mühlbach/Reka bei St. Jakob im Rosental/Šentjakob v Rožu.

Das kulturhistorisch bedeutende Kunstwerk des Jacobo → BROLLO in St. Lorenzen ob der Gurk/Šentlovrenc pri Šenttomažu, das eine slowenische I. aufweist, konnte nach heftigen, engagierten Protesten aus der Bevölkerung gerettet werden (*Čez tri dni boš za menoj pridi* [sic!]). Teile der darauf abgestimmten Schablonenmalerei im Chorraum, die den Gesamteindruck ausmachte, wurden Restaurierungsarbeiten geopfert. Neben dem rein künstlerischen Wert liegt seine Bedeutung auch darin, dass es die soziolinguistische Situation des Gebietes nordöstlich von Klagenfurt/Celovec dokumentiert. Aus der Logik der geschichtlichen Ereignisse ist davon auszugehen, dass mit der willkürlichen Entfernung BROLLOS Malereien in den benachbarten Kirchen von St. Thomas/Šenttomaž (Gemeinde Magdalensberg/Štalenska gora) und St. Margarethen/Šmarjeta (heute Klagenfurt/Celovec, Hörtendorf/Trdnja vas) auch slowenische I. mutwillig zerstört wurden. Die I. am Torbogen der Friedhofsmauer vom genannten St. Lorenzen/Šentlovrenc *Bog jim daj večni mir in pokoj* [Gott gebe ihnen ewige Frieden und Ruhe], die während der Nazizeit lediglich übertüncht worden war und in den 70/80er-Jahren des 20. Jh.s wieder hervorschien, wurde herausgemeißelt. Ebenso wurde einige Jahre später die historische Orgel zu Brennholz zerhackt. In diesen wie in anderen Fällen wurden die slowenische I., vielfach ohne wissenschaftliche Sicherung, von Privatpersonen, kirchlichen Würdenträgern oder von Amtsträgern zerstört.

Zwei- oder mehrsprachige Inschriften auf modernen Kunstwerken, die das Slowenische berücksichtigen, sind ihrerseits Zeugnisse der gegenwärtigen Sprachsituation. So sind die Texte der 2006 eingeweihten 15 Kreuzwegstationen, die zur Filialkirche Hl. Kreuz/sv. Križ in Feistritz im Rosental/Bistrica v Rožu führen, zweisprachig. Valentin OMAN thematisierte im Jahr 2000 die zweisprachigen Ortsnamen → Südkärntens/Južna Koroška in einer Wandgestaltung der Dolmetscherkabine an der Universität Klagenfurt/Celovec. Giselbert HOKE und Johannes ZECHNER haben 1999/2000 moderne Glasfenster im Kirchenschiff der Wallfahrtskirche → Dolina/Dolina (Gemeinde Grafenstein/Grabštanj, Pfarre Poggersdorf/Pokrče) geschaffen, wobei neben dem mehrsprachigen großen Glasfenster, bei dem das Slowenische integriert wurde, auch jeweils einsprachige slowenische Fenster ohne Übersetzung gesetzt wurden. Zwei- oder mehrsprachig sind auch Gedenktafeln, so jene am Geburtsort vom berühmten Matija → MAJAR – ZILJSKI in Vitenig/Vitenče, von Urban → JARNIK in Moosburg/Možberk oder vom Komponisten Anton → JOBST in Egg/Brdo.

Slowenische historische I. im öffentlichen Raum zählen wie Grabinschriften zu den besonders gefährdeten Kulturgütern, da sie vielfach vom kulturellen Verständnis der nachfolgenden Generationen sowie jenem öffentlicher Amtsträger, der Kirchenbeiräte und örtlichen Pfarrer abhängig sind. Neben einer umfassenden Repertorierung slowenischer I. in Kärnten/Koroška steht eine umfassende sprach-, kunst- und kulturwissenschftliche Analyse ebenso wie eine systematische rechtliche Sicherung noch aus (vgl. auch → Ansichtskarte).

Archive: *Narodopisni inštitut Urban Jarnik*, Klagenfurt/Celovec; Fotodokumentation der slowenischen Inschriften in St. Franzisci/Želinje Alois Pruntsch/Martin Kuchling.

Lit.: Dehio. – M. Zadnikar: *Med umetnostnimi spomeniki na slovenskem Koroškem. Obisk starih cerkva pa še kaj mimogrede*. Celje 1979; *Naš tednik*, 17. 1. 1980, 1, 8; P. Zablatnik: *Od zibelke do groba, Ljudska verovanja, šege in navade na Koroškem*. Celovec 1982, 125; W. Deuer, W. Wadl: *St. Lorenzen an der Gurk, Kirchenführer*. St. Thomas 1994 (Selbstverlag der Pfarre); M. Jernej (Red.): *1195–1995, 800 Jahre Pfarre Tainach, Festschrift*. Tainach 1995, 49, 51; M. Makarovič (Red.): *Osem stoletji Vogrč*. Klagenfurt/Celovec 1995; W. Wadl (Hg.): *Magdalensberg, Natur, Geschichte, Gegenwart, Gemeindechronik*. Klagenfurt 1995; B. Vilhar: *Ziljske freske in še kaj s poti za sledovi gotskega stenskega slikarstva med Marijo na Zilji in Šmohorjem = Die Gailtaler Fresken*. Celovec [e.a.] 1996, 47, 50; T. Domej: *Stenske slike s slovenskimi napisi v župnijski cerkvi v Šmartinu na Teholici*. In: KMD 1998. Celovec 1997, 108–110; T. Domej: *Križevi poti na Koroškem iz družbenojezikovnega in jezikovnozgodovinskega zornega kota*. In: M. Košuta (Red.): *Slovenščina med kulturami*, Hg. Slovenski slavistični kongres. Celovec, Pliberk 2008, 64–76; F. Wakounig: *Škandal. V Brodeh so iz cerkve izginili slvoenski napisi*. In: *Novice* 47 (2. 12. 2009) 2; Dekanatamt Ferlach (Hg.)/Dekanijski urad Borovlje (izd.): *Dekanat Ferlach, Geschichte und Gegenwart = Dekanija Borovlje, zgodovina in sedanjost*. Klagenfurt/Celovec [e.a.] 2012, 209; B.-I. Schnabl: *Celovško polje, neznani zaklad osrednje slovenske kulturne pokrajine, Izsledki enciklopedijskih raziskovanj*. In: KK 2013. Celovec 2012, 107–122; J. Zerzer, F. Kattnig: *Rosegg und seine Kirchen = Rožek in njegove cerkve*. Klagenfurt/Celovec 2012.

Bojan-Ilija Schnabl

Maria Gail/Marija na Zilji um 1900, bis 1942, Foto Bundesdenkmalamt. Aus: Mirko Hofer, *Maria Gail*, 1999 (mit freundlicher Genehmigung). Die Inschrift lautete: *Poslanec je iz neba / skrivnost prinesel (?) od Boga*.

Institutio Sclavonica → Rechtsinstitutionen, karantanerslowenische.

Internierungen 1919. Nach dem Ende des Ersten Weltkrieges und dem Zerfall der österreichisch-ungarischen Monarchie wurden in Kärnten/Koroška im Zuge der Kämpfe um die Festlegung der Grenze zwischen Restösterreich und dem neu entstandenen südslawischen Staat (→ Grenzfrage) Ende April/Anfang Mai 1919 mehr als 300 slowenische Geiseln, darunter viele Priester, aus dem Raum → Villach/Beljak, dem slowenisch besiedelten Unteren → Gailtal/Spodnja Ziljska dolina, aus Klagenfurt/Celovec und dem → Rosental/Rož von Gendarmerie und/oder Volkswehr ohne Angabe von Gründen festgenommen und zunächst in der Jesuitenkaserne in Klagenfurt/Celovec, bald danach in Oberkärnten/Zgornja Koroška interniert. Die Kärntner Landesregierung hatte sich aus Klagenfurt/Celovec zeitweise nach Spittal an der Drau (Špital ob Dravi) zurückgezogen.

Erster Internierungsort in Oberkärnten/Zgornja Koroška war nach einer kurzen Unterbringung in Hotels die landwirtschaftliche Schule Litzlhof. Wegen unhaltbarer Zustände in diesem Lager bezüglich äußerst mangelhafter Verpflegung und Schlafstätten in großen Gemeinschaftssälen auf dem bloßen strohbedeckten Boden musste nach einem diesbezüglichen Bericht Fürstbischof Adam → HEFTER in einer geharnischten Stellungnahme am 10. Mai 1919 (»beinahe alle Pfarren in Südkärnten entbehren ihrer Seelsorger«) bei Landesverweser Arthur LEMISCH intervenieren und schärfsten Protest einlegen. LEMISCH veranlasste unverzüglich, dass sich der Landesbeamte Hofrat Hugo HENRIQUEZ zu einer Untersuchung nach Litzlhof und in andere Oberkärntner Internierungsorte begab. Zwischen dem 8. und dem 12. Mai wurden alle Internierten angehört, wegen fehlender Begründungen der Verhaftung wurden Gendarmerieprotokolle angefordert. Die meisten Internierten, gegen die keine Gründe für ein ordentliches Gerichtsverfahren vorlagen, unter ihnen auch alle sieben Priester, wurden daraufhin in den nächsten Tagen entlassen; die meisten von ihnen mussten sich über einen längeren Zeitraum täglich bzw. an jedem zweiten Tag bei der Gendarmerie melden. Neben Litzlhof gab es auch Internierungen in Oberdrauburg – mehrere Priester – sowie in Mallnitz und in Techendorf am Weißensee. Über das Schicksal der sechs Geistlichen, die im Pfarrhof in Oberdrauburg vom 4. bis 22. Mai, einige sogar bis 14. Juni verbleiben mussten, berichtet der damalige Oberdrauburger Pfarrer S. SULZER ein gutes Jahrzehnt nach den Ereignissen im *Kärntner Tagblatt* vom 10. Oktober 1930 unter dem Titel *Im Übereifer*.

Am 22. Mai 1919 waren noch 16 Personen – 13 Männer und drei Frauen – in Litzlhof interniert. Sie wurden am 7. Juni nach Trebesing in eine Baracke namens »Kriegsquelle« überstellt. Kriegsquelle heißt das hier entspringende, stark kohlensäurehaltige Mineralwasser deshalb, weil die Frontsoldaten der Monarchie das hier abgefüllte Wasser wegen seiner guten Haltbarkeit zur Marschverpflegung erhielten. Die Gefangenen kamen tatsächlich vom Regen in die Traufe. Am 9. Juni richteten sie ein wegen völlig unzureichender Ernährung und demütigender Unterbringung begründetes Schreiben an die Landesregierung: Morgens »ungezuckertes gefärbtes Wasser, Kaffee genannt, mittags klare Suppe u … 8 dkg Fleisch u. abends wieder wie morgens, … die Unterbringung in einem gänzlich verwahrlosten und verlausten Raum …, nehmen die Deutschen die Kultur und Humanität in Anspruch, so merken wir in unserer Lage nichts davon …«. Das Schreiben, in dem die sofortige Freilassung gefordert wurde, wurde von Dr. → Rožič Valentin, Johann SCHALLER, Viktor FERJANČIČ, Josef RENKO, Franjica ARNEJC, Michael GABRIEL, Dr. Ferdinand PIRNAT, Michael SCHLEICHER (Gemeindesekretär), Matija → VOSPERNIG (→ Bürgermeister), Math. → PROSEKAR, Paul JOHANN, Katica ARNEJC, Adele SCHAFFER, Martin PASARIĆ, Michael ZENZ und einer weiteren Person (Name unleserlich) unterzeichnet.

Diese Beschwerde war teilweise erfolgreich, verfügte doch die Bezirkshauptmannschaft Spittal an der Drau offensichtlich über Aufforderung durch die Landesregierung, dass die Internierten bereits am 17. Juni aus Trebesing in das sog. Alte Bürgerspital nach Gmünd gebracht und dort in drei Räumen untergebracht wurden. Als Hauptgrund der Verlegung wurde in einem Bericht an die Landesregierung die starke Verlausung der Räume in Trebesing angeführt.

Einem Inhaftierten – Matija → PROSEKAR – gelang kurzzeitig die Flucht; er wurde jedoch bald danach aufgegriffen und in das Internierungslager zurückgebracht. In der Nacht vom 3. auf den 4. August 1919 entflohen laut einem Gendarmeriebericht Valentin Rožič und Josef RENKO aus der Internierung in Gmünd, was für die Verbliebenen verschärfte Haftbedingungen zur Folge hat, wie Matija VOSPERNIK in einem an seinen Bruder Janez → VOSPERNIK gerichteten Brief berichtet.

Alle Bittgesuche und Eingaben von Angehörigen und Behörden an die Bezirkshauptmannschaft und die Landesregierung, die Internierten, denen man keinerlei strafbare Handlung nachweisen und sie daher auch nicht vor Gericht stellen, geschweige denn bestrafen konnte, blieben erfolglos. Mit ein Grund, vielleicht der Hauptgrund dafür war die Tatsache, dass auch die südslawischen Behörden eine Reihe von deutschgesinnten Kärntnern beider Landessprachen in Ljubljana internierten. Es dürften insgesamt an die 500 gewesen sein, wie man zeitgenössischen Berichten entnehmen kann. Deshalb stimmen die Kärntner Landesregierung und die Österreichische Bundesregierung auch einem vom SHS-Staat vorgeschlagenen Kopf-um-Kopf-Austausch nicht zu. Schließlich aber bewirkte der Druck auf die beiden in Grenzstreitigkeiten und Grenzkämpfe verwickelten Nachbarstaaten Österreich und dem Staat der Serben, Kroaten und Slowenen (SHS) seitens der alliierten Kommission, nicht zuletzt auch die nicht unerheblichen Kosten der Internierungen und der Beschluss, am 10. Oktober 1920 eine → Volksabstimmung der Bevölkerung zunächst in der Zone A (vorwiegend südlich der Drau/Drava, dann – im Falle einer für den SHS-Staat günstigen Entscheidung auch

533

in der Zone B) durchzuführen, dass die Internierten beider Seiten freigelassen wurden.

Am 30. September 1920 ging so der Leidensweg der letzten zwölf verbliebenen slowenischen Internierten in Gmünd zu Ende. Sie konnten nach Hause zurückkehren.

Dem Versuch einiger verhafteter Personen (vor allem aus dem geografischen Bereich südlich von → Villach/Beljak mit den zentralen Orten Finkenstein/Bekštanj, damals Mallestig/Malošče, und Fürnitz/Brnca), eine Haftentschädigung für die Vertreibungszeit von Haus und Hof zugesprochen zu bekommen, war kein Erfolg beschieden. Auch die Schäden, die durch Plünderungen seitens der Volkswehr entstanden waren, wurden kaum ersetzt.

Ein interessantes Detail am Rande dieses wenig bekannten Kapitels der Kärntner Landesgeschichte am Beginn des 20. Jahrhunderts: Im Jahre 1942 wurde ein knappes Dutzend slowenischer Kärntner Familien, die bereits 1919 von Vertreibung betroffen waren, neuerlich vertrieben und enteignet, diesmal von den nationalsozialistischen Machthabern. Bei ihrer Rückkehr im Sommer 1945 aus deutschen Anhaltelagern im sog. Altreich wurden sie, von Deutschland kommend, wiederum wie ihre Angehörigen 1919 für einige Tage in der desolaten Jesuitenkaserne in Klagenfurt/Celovec untergebracht, in der bereits ihre Familien Anfang Mai 1919 ihren Leidensweg der Internierung begonnen hatten. (Vgl. auch Alois → Schaubach, Josef → Kattnig.)

Archive: KLA: *Präsidialakten der Kärntner Landesregierung, Karton 430, Zl. 2616/1919.*
Lit.: S. Sulzer: *Im Übereifer.* In: *Kärntner Tagblatt,* 10. 10. 1930; [J. Schaller (vermutlich)]: *Bežni spomini na čas pred tridesetimi leti,* ohne Autorenangabe. In: *Svoboda slovenske Koroške,* Nr. 8/9 (1950) 227–229; C. Fräss-Ehrfeld: *Geschiche Kärntens,* Band 3/2, Kärnten 1918–1920: Abwehrkampf – Volksabstimmung – Identitätssuche. Klagenfurt/Celovec 2000; P. G. Tropper: *Nationalitätenkonflikt – Kulturkampf – Heimatkrieg. Dokumente zur Situation des slowenischen Klerus in Kärnten von 1914 bis 1921.* Klagenfurt 2002; P. G. Tropper: *Verleumdet? Verfolgt? Vertrieben? – Zur Stellung des slowenischen Klerus in Kärnten zwischen den Jahren 1914 und 1921.* In: S. Karner (Hg.): Kärnten und die nationale Frage, Bd. 2. Klagenfurt/Celovec, 2005; R. Vospernik: *Internierungen von Kärntner Slowenen im Jahre 1919.* In: *Car I 2007,* S. 383–421; T. Griesser-Pečar: *Die Stellung der slowenischen Landesregierung zum Land Kärnten 1918–1920.* Klagenfurt/Celovec 2010; R. Vospernik: *Zweimal aus der Heimat vertrieben. Die Kärntner Slowenen zwischen 1919 und 1945. Eine Familiensaga.* Klagenfurt/Celovec 2011.

Reginald Vospernik

Inzko, Marija (geb. Einspieler) (Preglejeva mama, * 29. Juli 1885 Unterkrajach/Muta bei Suetschach/Sveče [Feistritz im Rosental/Bistrica v Rožu], † 2. Oktober 1968 ebd.), Lehrerin, Korrespondentin slowenischer Zeitungen und Kulturaktivistin.

Marija Inzko, geborene Einspieler, vlg. *Preglejeva mama,* wurde beim vlg. Kvocar in Unterkrajach/Muta bei Suetschach/Sveče im → Rosental/Rož geboren. Ihre Mutter war Neža Zeichen, vlg. Račebova in Mühlbach/Reka bei St. Jakob im Rosental/Šentjakob v Rožu, ihr Vater Franc Einspieler, vlg. *Preglejev sin,* ein Kleinbauer und Frächter. Im Haus war ein Krämerladen, wo die nötigsten Dinge jener Zeit verkauft wurden, so auch Stoffe, die aus Italien eingeführt wurden. Oft tauschten die Leute eigene Produkte für Waren ein, die die Preglej (so der Vulgoname) aus dem Süden über das → Val Canale/Kanaltal/Kanalska dolina und über den Loiblpass/Ljubelj eingeführt hatten. Drei Söhne des Hauses wurden Priester und die Väter von drei Priestern waren beim Preglej geboren. Der Priester Andrej Einspieler (der jüngere) und Marija Inzko, geborene Einspieler, waren 30 Jahre in → Windisch Bleiberg/Slovenji Plajberk. Im Pfarrhof wuchsen drei Neffen und die Nichte, eben Marija Inzko, geborene Einspieler, auf. Der zweite Onkel war Franziskanerpater Oton Einspieler. Er unterrichtete am Priesterseminar in Kostanjevica, heute im slowenischen Nova Gorica, und ist im Wallfahrtsort Sveta Gora ebendort begraben.

Marija Inzko, geborene Einspieler, ging in Klagenfurt/Celovec bei den Ursulinen zur Schule und maturierte 1905 an der Lehrerbildungsanstalt. Sie war zunächst Lehrerin in St. Margarethen im Rosental/Šmarjeta v Rožu und danach bis 1919 in Poggersdorf/Pokrče im → Klagenfurter Feld/Celovško polje. Von dort wurde der Ortspriester Hani → Maierhofer in die Vipavska dolina an der Grenze zum Küstenland/Litorale/Primorje zwangsversetzt, weil er eine Briefmarke mit dem Kaiser verkehrt aufgeklebt hatte. Der Onkel Andrej Einspieler starb 1913, der Vater bereits 1911. Marija Inzko, geborene Einspieler, erbte das Preglej und das Mazovc-Haus und sorgte für die Mutter und für zwei Brüder. Der Probst Gregor → Einspieler in → Tainach/Tinje begeisterte sie sich für → Jugoslawien. In diesem Zusammenhang begrüßte Marija Einspieler den General Rudolf → Maister und die italienische Delegation.

Als sie in Poggersdorf/Pokrče wirkte, pflegte Marija Inzko, geborene Einspieler, eine Freundschaft mit der Familie des Andrej → Sturm, vlg. Toman in Zinsdorf/Svinča vas in der Altgemeinde St. Thomas

Inzko, Marija geb. Einspieler

am Zeiselberg/Šenttomaž pri Celovcu. Zusammen mit Andrej Sturm brachte sie mit einem Pferdefuhrwerk die Druckmaschine der → *Mohorjeva* über die Demarkationslinie bzw. über den Fluss Gurk/Krka beim Anwesen Toman (Tomanhof) und weiter zur Eisenbahnhaltestelle in Kühnsdorf/Sinča vas, von wo diese nach Prevalje und dann nach → Celje gebracht wurde und wo sie bis heute steht.

Unmittelbar nach der → Volksabstimmung verlor Marija Inzko, geborene Einspieler, ihre Anstellung, weil sie für Jugoslawien gestimmt hatte. Am 22. November 1920 heiratete sie Valentin → Inzko sen., vlg. Kovač, der deshalb seine Stelle als Gendarm verlor. Die Zeiten nach der Volksabstimmung waren für Marija Inzko, geborene Einspieler, besonders schwierig, weil sie und ihr Mann keine Anstellung und keine Pension erhielten und von der kärglichen bäuerlichen Wirtschaft leben mussten. Trotzdem schickte sie ihre drei Söhne und ihre Tochter zur Schule. Die Söhne absolvierten alle ein Universitätsstudium. Oto Inzko schloss das Medizinstudium ab und wurde Militärarzt, Valentin → Inzko sen. und sein Bruder Franz absolvierten das Lehramtsstudium, die Tochter Marija Inzko wurde Handarbeitslehrerin.

Auch nach dem Zusammenbruch des Nationalsozialismus erhielt Marija Inzko, geborene Einspieler, keine Anstellung, weil sie für Jugoslawien gestimmt hatte. Erst nach Jahren erhielt sie auf Interventionen von Valentin → Podgorc hin eine kleine Gnadenpension.

Marija Inzko, geborene Einspieler, war Korrespondentin der Zeitschriften → *Mir*, danach schrieb sie für den → *Slovenec*, den → *Koroški Slovenec* sowie für die Kirchenzeitung → *Nedelja*. Marija Inzko, geborene Einspieler, war trotz der zahlreichen Diskriminierungen stets um die slowenische Sprache und → Identität in Kärnten/Koroška bemüht. Sie sammelte Redensarten, Zeugnisse der Volkskultur und war aktiv am örtlichen Pfarrleben beteiligt.

Lit: *Marija Inzko-Einspieler*. In. KMD 1971, 150f.; K. Sturm-Schnabl: *Kulturno življenje v fari Št. Tomaž od začetka 20. stoletja do nemške okupacije*. In: KK 2009, 139–156.

Marija Inzko (geb. Ziherl); Üb.: Bojan-Ilija Schnabl

Inzko, Marija (geborene Ziherl) (* 10. Februar 1924 Vodice [Gorenjska]), Lehrerin, Kulturarbeiterin, Publizistin.

I. wurde in Vodice bei Ljubljana als Tochter einer in der Monarchie ausgebildeten slowenischen Postmeisterin und eines in → Trieste/Trst/Triest geschulten slowenischen k.u.k. Gendarmen im damaligen Königreich → Jugoslawien als Marija Ziherl geboren. Im Hause, das auch als Postamt diente, gab es noch sechs Geschwister. I. besuchte vier Jahre die Volksschule, danach fünf Jahre das Gymnasium in Ljubljana, wechselte aber in der Folge auf die Lehrerbildungsanstalt, die sie 1944 als Volksschullehrerin beendete. Die letzten Jahre des Studiums fielen in die Zeit des Krieges und waren mit einigen Schwierigkeiten verbunden, da die Trennlinie zwischen der italienischen und der deutschen Zone mitten durch das heutige Slowenien verlief, weshalb sie innerhalb des Landes erstmals flüchten musste, von der deutschen in die italienische Zone. Ein zweites Mal flüchtete sie wegen ihrer überzeugten katholischen Gesinnung im Mai 1945 vor dem Kommunismus nach Kärnten/Koroška. Sie verbrachte zwei Jahre in Flüchtlingslagern in Lienz und Spittal in Kärnten/Koroška, wo sie auch unterrichtete. 1947 übersiedelte sie nach → Südkärnten/Južna Koroška, wo sie im März 1948 Dr. Valentin → Inzko sen. heiratete. I. wurde Mutter von vier Kindern: Valentin, Maria, Rosalia/Zala und Magdalena/Alenka.

Seit ihrer Übersiedlung nach Südkärnten/Južna Koroška unterrichtete sie an der Hauswirtschaftsschule der Schulschwestern in St. Jakob im Rosental/Šentjakob v Rožu, gleichzeitig aber unternahm sie zahlreiche Aktivitäten im Kulturbereich der Volksgruppe. So organisierte sie Theaterveranstaltungen mit Jugendlichen. Auch war sie eine der ersten freiberuflichen Mitarbeiterinnen der slowenischen Abteilung des ORF in Kärnten/Koroška, wo sie über 30 Jahre tätig war. Ihre Stärke war aber das geschriebene Wort, und so findet man ihre Unterschrift als Autorin in über Tausend Texten in solchen Periodika wie *Naš tednik*, *Nedelja*, *Vera in Dom* und anderen Publikationen. I. ist auch Autorin von zwei Romanen: *Dom ob Dravi* [Heim an der Drau], eine Familiensaga aus dem → Rosental/Rož sowie *Zvesta srca* [Treue Herzen].

Auf ihre Initiative geht auch die Ansiedlung des slowenischen Bildhauers Franc Gorše, des letzten Meštrović-Schülers, in Suetschach/Sveče in Kärnten/Koroška zurück (vgl. Peter → Marković). Nach seinem Tod hinterließ er eine Galerie, durch die sie häufig Studierende und andere fachlich Interessierte führt. 2011 nahm sie auch aktiv am Symposium zu Franc Gorše anlässlich seines 25-jährigen Ablebens teil.

I. blickt auf eine ausgedehnte pädagogische Tätigkeit zurück, da sie in zahlreichen Schulen, insbesondere an der Bundeshandelsakademie und an der Handelsschule in Klagenfurt/Celovec seit 1964 bis zu ihrem Eintritt in den Ruhestand 1990 den Gegenstand »Slowenisch« unterrichtete. Sie war auch jahrelang Funktionärin im slowenischen → Kulturverein → Kočna in Suetschach/Sveče, ebenso wie Vorsitzende der slowenischen »Katholischen Frauenbewegung«.

Mit großer Hingabe widmete sie sich ihrer Familie, der Erziehung der Kinder, dem Ehegatten Valentin – »Volti«, dem sie zeit seines Lebens eine starke Stütze sein wollte. I. ist eine sehr neugierige Person und besitzt beinahe über ein universelles Wissen, insbesondere im Bereich der slowenischen Sprache. Als reife Frau im fortgeschrittenen Alter, die Jahrzehnte ihren Mann, den Minderheitenpolitiker Valentin INZKO sen., begleitet hat, fragt sie sich auch heute noch, ob angesichts des geschehenen Unrechts noch jemand kommen wird, die Tränen der Volksgruppe zu trocknen.

Für ihre Verdienste im pädagogisch-kulturellen Bereich wurde I. von Frau Bundesministerin Elisabeth GEHRER im Jahre 2001 mit dem Professorentitel ausgezeichnet.

Werke: *Prešeren in Koroška: (ob 120-letnici smrti).* In: KMD (1969) 46–51; *Lambert Ferčnik – ob 100 letnici smrti.* In: KMD (1988) 114–115; *Utrinki iz mladosti dr. Janka Hornböcka.* In: DiD 41, 3A (1990) 14; *Dekan Štefan Singer – duhovnik in zgodovinar – ob 50-letnici smrti (1871–1945).* In: KMD (1995) 83–84; *Ob 100-letnici rojstva Franceta Goršeta.* In: KMD (1997) 125–126; *Zvesta srca: zgodbi iz Roža.* Klagenfurt/Celovec [e.a.] 1999; *Gornik in pisatelj Vojko Arko.* In: KMD (2001) 115–116.
Lit.: *Profesorica Marija Inzko.* In: DiD (2002) 14.

Valentin Inzko

Inzko, Valentin sen. (* 22. Jänner 1923 in Suetschach/Sveče [Feistritz im Rosental/Bistrica v Rožu], † 6. November 2002 in Klagenfurt/Celovec) österreichischer Slawist, Historiker, Pädagoge, Schulinspektor und Publizist sowie Minderheitenpolitiker und -vertreter.

I. war der Sohn des Gendarmeriebeamten Valentin INZKO und der Lehrerin Maria, geborene EINSPIELER, sowie der Vater des Diplomaten Valentin INZKO, verheiratet mit Marija → INZKO, geb. ZIHERL. I. absolvierte das Slawistik- und Geschichtestudium an der Karl-Franzens-Universität Graz und promovierte zum Doktor der Philosophie 1948. Die Dissertation schrieb er über Andrej → EINSPIELER, den »Vater der Kärntner Slowenen«. I. war Professor an mehreren Gymnasien, ab 1951 an der Lehrerbildungsanstalt Klagenfurt/Celovec. 1963 bis 1988 war I. Fachinspektor für den Slowenischunterricht an höheren und mittleren Schulen in Kärnten/Koroška, 1983 bis 1988 auch Leiter der »Minderheitenschulabteilung beim Landesschulrat für Kärnten«.

I. wirkte prägend in slowenischen Organisationen: 1949 war er Mitbegründer des Rates der Kärntner Slowenen, von 1952 bis 1958 dessen Sekretär, von 1960 bis 1968 dessen Obmann; von 1958 bis 1959 Sekretär der *Krščanska kulturna zveza* [Christlicher Kulturverband]; er war langjähriger Obmann des slowenischen → Kulturvereins → Kočna, gründete das Gesangsquintett *Slaviček*, war von 1958 bis 1992 Vorstandsmitglied und ab 1994 Vorsitzender des Ehrenbeirats der Hermagoras-Bruderschaft (→ *Mohorjeva*). I. wurde aufgrund einer Klage des Kärntner Heimatdienstes (→ deutschnationale Vereine) am 5. Februar 1968 zu einer Geldstrafe bzw. einer Woche Arrest verurteilt. Er initiierte als Vorsitzender des Rates der Kärntner Slowenen 1965 bei den Landtagswahlen die eigenständige Kandidatur der Volksgruppe als »Wahlgemeinschaft«, die 4.272 Stimmen erhielt. Er vertrat slowenische Katholiken bei der Kärntner Diözesansynode 1970–72 und war maßgeblich an der Entstehung des historischen Synodalen Dokuments über das Zusammenleben von Slowenen und Deutschen in der Kirche Kärntens beteiligt. I. war gemeinsam mit Ernst WALDSTEIN Vorsitzender des deutsch-slowenischen Koordinationsausschusses der Diözese → Gurk/Krška škofija und seit 1974 gemeinsam mit ihm Initiator und Herausgeber der umfangreichen, elfbändigen Reihe »Das gemeinsame Kärnten – *Skupna Koroška*«. Als Minderheitenvertreter nahm er auch an der Österreichsynode teil. I. war auch langjähriger Vorsitzender des Pfarrgemeinderates in Suetschach/Sveče. 1995 war I. der erste Redner der slowenischen Volksgruppe bei der Feier zum 10. Oktober seit der → Volksabstimmung 1920. Als Sprecher der slowenischen Katholiken vertrat er die Kirche Kärntens in der von Bundeskanzler KREISKY einberufenen Ortstafelkommission, war außerdem Vertreter der Kirche im vom Bundeskanzler eingesetzten Volksgruppenbeirat sowie auch Vorstandsmitglied der Föderalistischen Union Europäischer Volksgruppen.

Jahrzehntelange schrieb I. ehrenamtlich Hunderte Leitartikel in zahlreichen Publikationen wie *Furche* (er war auch Mitglied des *Furche*-Beirats), ORF, *Präsent* (*Volksbote*), Presse, dem Kirchenblatt *Nedelja*, *Vera in Dom*, *Celovški Zvon*, der Wochenzeitung *Naš Tednik*, die er jahrelang auch redigierte oder der *Kleinen Zeitung*, etc. Sein Credo war das »Gemeinsame Kärn-

Valentin Inzko (sen.), Foto Vincenc Gotthardt

ten – Skupna Koroška«, die Versöhnungsarbeit und das Zusammenleben beider Volksgruppen. I. lebte und arbeitete für seine Volksgruppe, seine Heimat und die Kirche. Dafür wurde er wiederholt geehrt, seitens der Kirche aber auch seitens des Staates, der ihn auch mit dem Ehrentitel Hofrat auszeichnete. I. erhielt den Einspieler- (1988) und → Tischler-Preis (2002).

Werke: *Für den Religionsunterricht in der Muttersprache.* Klagenfurt 1966; *Koroški Slovenci v evropskem prostoru – Die Kärntner Slowenen im Europäischen Raum.* Celovec 1970; *Zgodovina Slovencev do 1918.* Celovec 1978; *Geschichte der Slowenen bis 1918.* Klagenfurt/Celovec 1978; *Wir lernen Slowenisch,* Klagenfurt/Celovec 1981; C. Broman: *Zgodovina koroških Slovencev – od leta 1918 do danes z upoštevanjem vseslovenske zgodovine* (pripravila komisija zgodovinarjev pod predsedstvom Valentina Inzka). Klagenfurt/Celovec 1985; *Geschichte der Kärntner Slowenen von 1918 bis zur Gegenwart.* Klagenfurt/Celovec [e.a.] 1988; *Volksgruppenproblematik 1848–1990.* Klagenfurt 1991.
Lit.: R. Vospernik: *Dr. Valentin Inzko – sedemdesetletnik.* In: *Celovški zvon* 38 (1993) 93; V. Ošlak (Hg.): *Čas zidanja – zbornik ob 75-letnici dr. Valentina Inzka.* Klagenfurt/Celovec 1999; M. Cibic-Cergol: *In memoriam Valentin Inzko.* In: Koledar Goriške Mohorjeve družbe (2003) 185–186; J. Zerzer, F. Kattnig, H. Filipič (Hg.): *Zbornik o dr. Valentinu Inzku.* Klagenfurt/Celovec [e.a.] 2013; J. Zerzer: *Zbornik o dr. Valentinu Inzku.* Klagenfurt/Celovec 2014.

Valentin Inzko

Iro-schottische Mission. Irland und Schottland waren über die Seewege, die entlang der Küsten führten, schon in der frühchristlichen Zeit christianisiert worden. Die Iro-schottische Kirche war eine evangelisch-apostolische Kirche, in der die Gläubigen vom neuen Glauben überzeugt werden und die religiösen Wahrheiten verstehen sollten. Daher bedienten sich die iro-schottischen Missionare für ihre Überzeugungsarbeit der jeweiligen Volkssprache (→ Liturgiesprache). Mönche der iro-schottischen Kirche führten im 6. bis zum 8. Jh. eine von Rom unabhängige Missionstätigkeit durch, die sich von Island bis Oberitalien erstreckte. Erstmals kam 590 ein irischer Mönch auf das Festland, nahm die *peregrinatio propter Christum* (Pilgerschaft um Christi Willen) auf sich und gründete 610 das erste Kloster *Annegray* in Burgund. In der bayrischen Mission waren Gallus († 645) und Eustasius († 629) wichtige Missionare, Letzterer war 615 Abt im Kloster *Luxeuil*. In Bayern missionierte Willibald (sein Sitz war die Willibaldsburg in Eichstätt). Seine Schwester Walburga gründete dort ein Frauenkloster. Nach Würzburg kam 686 der Ire Kilian, der dort 689 starb. Ein einflussreicher Vertreter der iro-schottischen Mission im bayrisch karantanischen Raum war → Virgil, der 750 Bischof von → Salzburg geworden war. Er schickte → Modestus nach Kärnten/Koroška. Dieser errichtete seinen Bischofssitz in → Maria Saal/Gospa sveta, von wo aus er die Slowenen missionarisch betreute (→ Karantanien; → Christianisierung; → Freisinger Denkmäler; → Terminologie, christliche; → Inkulturation; → St. Peter am Bichl/Šentpeter na Gori).

Lit.: Th. Dav. Popp: *Anfang und Verbreitung des Christentums im südlichen Teutschlande, besonders Errichtung der Diözese Eichstätt, Denkschrift zur eilften Säcularfeier des Bisthumes Eichstät.* Ingolstadt 1845; I. Grafenauer: *O pokristjanjevanju Slovencev in začetkih slovenskega pismenstva.* In: DiS, Jg. 47, Nr. 6/7 (1934) 350–503; I. Grafenauer: *Irsko-anglosaška misijonska metoda in slovensko pismensko in ustno slovstvo.* In: Zbornik Zimske pomoči. Ljubljana 1944; J. H. A. Ebrard: *Die iroschottische Missionskirche des sechsten, siebten und achten Jahrhunderts und ihre Verbreitung und Bedeutung auf dem Festland* (Gütersloh 1873). Hildesheim 1971; H. Löwe: *Die Iren in Europa im frühen Mittelalter I.* Stuttgart 1982; H. Dopsch, R. Juffinger (Hg.): *Virgil von Salzburg.* Salzburg 1985; P. G. Parovel: *Cenni di storia del popolo sloveno sino ai tempi dei monumenti di Frisinga.* In: J. Jež: *Monumenta Frisingensia = Brižinski spomeniki – la prima presentazion in Italia dei Monumenti letterari Sloveni di Frisinga del X–XI secolo coevi alle prime tracce scritte della lingua italiana – con traduzione dei testi cenni di storia degli Sloveni e dati sugli Sloveni in Italia.* Trieste, Firenze 1994, 91–105; L. E. von Padberg: *Christianisierung im Mittelalter.* Stuttgart 2006.

Katja Sturm-Schnabl

Isačenko, Aleksandr Vasil'evič (Alexander Issatschenko, * 3. Jänner 1911 Sankt-Petersburg [21. Dezember 1910 nach dem damals in Russland noch üblichen julianischen Kalender], † 19. März 1978 Klagenfurt/Celovec), Sprach- und Literaturwissenschafter, Slawist, Russist, Slowenist.

I. ist in der »Geschichte der österreichischen Slawistik« (Wien 1985), obwohl ehemaliger Ordinarius in Klagenfurt/Celovec, weder als »österreichischer« Slawist erwähnt noch in den sowjetischen und russischen Enzyklopädien als »russischer«.

I. stammt aus einer angesehenen Petersburger Familie (Großvater Vizepräsident des Obersten Gerichtshof des Russischen Reiches, Vater Rechtsanwalt, Mutter Schauspielerin, Schwester Tatjana Gsovsky Choreografin und Ballettmeisterin an der Deutschen Oper in Berlin). I. verließ 1920 mit seiner Familie Russland. Er absolvierte das humanistische Gymnasium in Klagenfurt/Celovec. Ab 1929 studierte er an der Wiener Universität Slawistik und nebenbei Psychologie, Ethnografie, Indische Philologie. 1933 promovierte er bei N. → Trubetzkoy mit einer Dissertation über die slowenischen → Dialekte des → Jauntals/Podjuna, die in der

Pariser Zeitschrift *Revue des Études slaves* auszugsweise veröffentlicht wurde. Nach der Promotion verbrachte I. ein Jahr in Paris bei den Sprachwissenschaftern MEILLET und VENDRYÉS und dem Slawisten VAILLANT. Von 1935 (er heiratet Elena, die Tochter TRUBETZKOYS) bis 1938 war er Lektor für Russisch an der Universität Wien. 1939 habilitierte er sich bei → RAMOVŠ an der Universität Ljubljana mit einer strukturalistischen, methodologisch neuen Monografie über den Dialekt von Zell im Rosental/Sele na Rožu (→ Dialektgruppe). Im gleichen Jahr erschien sein Buch über den slowenischen Vers *(Slovenski verz)*. Von 1940 bis 1945 arbeitete I. als Privatdozent an der Handelsschule in Bratislava, bis 1949 als a. o. Professor für russische Sprache an der Universität, bis 1955 als Leiter der Lehrkanzel für Slawische Philologie. 1943 erscheint sein Buch über die → Freisinger Denkmäler *(Jazyk a pôvod Frizinských pamiatok)* in slowakischer Sprache. Von 1955 bis 1960 unterrichtet I. an der Pädagogischen Hochschule Olomouc (Olmütz). Von 1960 bis 1965 begründet und leitet er die »Arbeitsstelle für Strukturelle Grammatik« der Deutschen Akademie der Wissenschaften in Berlin, von 1965 bis 1968 ist er Leiter der sprachwissenschaftlichen Abteilung des Instituts für Sprachen und Literaturen der Čechoslovakischen Akademie der Wissenschaften in Prag, von 1968 bis 1970 Gastprofessor für slawische Sprachen an der University of California in Los Angeles, von 1971 bis 1978 o. Professor für »allgemeine und angewandte Sprachwissenschaft unter besonderer Berücksichtigung der Didaktik der slawischen Sprachen« in Klagenfurt/Celovec. 1972 ist er gemeinsam mit O. KRONSTEINER Mitglied der Ortstafelkommission der Österreichischen Bundesregierung. 1973 begründet er die *Klagenfurter Linguistischen Wochen*, 1974 wird er korrespondierendes Mitglied der Österreichischen Akademie der Wissenschaften. Auf seine Initiative geht die Gründung der Zeitschrift *Russian Linguistics* zurück.

I. hat in vielen, besonders russistischen Bereichen Bahnbrechendes geleistet *(Die russische Sprache der Gegenwart,* Halle/Saale 1962; *Mythen und Tatsachen über die Entstehung der russischen Literatursprache,* Wien 1975; *Geschichte der russischen Sprache* 2 Bände, Heidelberg 1980/1983). Großes Aufsehen erregte seine Schrift »*Wenn Ende des 15. Jahrhunderts Novgorod über Moskau den Sieg errungen hätte ...Über eine nicht stattgefundene Variante der Geschichte der russischen Sprache*« auf dem Internationalen Slawistenkongress in Warschau (1973). In slowenistischen Bereichen hat I. neben den dialektologischen Arbeiten den Reisebericht des SIGISMUND VON → HERBERSTEIN aus dem 16. Jh. erstmals als wichtige Quelle für die russische Sprachgeschichte herangezogen (*Herbersteiniana* I und II). In seinen »Freisinger Denkmälern« geht er von der damals allgemein verbreiteten, noch heute literaturüblichen Ansicht aus, sie gingen auf westslawische (slowakisch-tschechische) und »althochdeutsche« Ursprünge und die Tätigkeit KYRILLS und METHODS im »Großmährischen Reich« (→ Methodvita) zurück. I. hat diese Ansicht von seinem »Schüler« O. KRONSTEINER postum zugunsten des vormethodianischen → altslowenischen (→ karantanerslowenischen) Ursprungs widerrufen lassen.

Aleksandr Vasil'evič Isačenko

Werke: *Die Dialekte des Jauntales in Kärnten.* Wien 1933 (Diss.); *Les parlers slovènes du Podjunje en Carinthie.* In: *Revue des Études slaves* 15 (1935) 53–63 und 16 (1936) 38–55; *Bericht über kärntner-slowenische Dialektaufnahmen anlässlich einer Kundfahrt im Sommer 1937.* In: *Anzeiger der Akademie der Wissenschaften in Wien.* Phil.-hist. Klasse 75 (1938) 1–10; *Vidovinka: kroatische Gesänge aus dem Burgenland* (Übersetzung und Nachwort). Graz 1938; *Narečje vasi Sele na Rožu.* (Habil.) Ljubljana 1939 (Razprave Znanstvenega društva v Ljubljani 16, Filološko-lingvistični odsek 4); *Slovenski verz.* Ljubljana 1939, Neuauflage 1975; *Jazyk a pôvod Frizinských pamiatok.* Bratislava 1943; *Windisch keine Mischsprache sondern slowenische Mundart, Gotscheer Mundart ebenso deutsch, wie die elsässische.* In: *Kärntner Tageszeitung* (KTZ), Nr. 245 vom 25. 10. 1972, S. 3; *Esli by v konce XV veka Novgorod oderžal pobedu nad Moskvoj ...* In: *Wiener Slavistisches Jahrbuch* 18 (1973) 48–55. (Nachdruck im Vestnik Rossijskoj Akademii Nauk 1998/11. Übersetzung von O. Kronsteiner: *Wenn Ende des 15. Jahrhunderts Novgorod über Moskau den Sieg errungen hätte...* In: *Die Slawischen Sprachen* 13 (1987) 35–43; *Opera selecta.* München 1976 (Forum Slavicum Bd. 45); *Eine Kindheit zwischen St. Petersburg und Klagenfurt.* Aus dem Russischen übersetzt, bearbeitet und ergänzt von (seiner Tochter) Warwara Kühnelt-Leddihn. Klagenfurt/Celovec, Ljubljana, Wien 2003

Lit.: O. Kronsteiner: *Die slawischen Denkmäler von Freising. Der Text. Studienausgabe.* Klagenfurt 1979 (Klagenfurter Beiträge zur Sprachwissenschaft. Slawistische Reihe 1); O. Kronsteiner: *Zur Slowenizität der Freisinger Denkmäler und der alpenslawischen Orts- und Personennamen.* In: *Die Slawischen Sprachen* 21 (1990) 105–114; K. Sturm-Schnabl: *Die Slowenistik an der Universität Wien als europäischer Beitrag.* Salzburger Slawistengespräche 20–23 November 1997. Die Funktion der Slawistik im europäischen Bildungswesen. Eine alternative Geschichte und Prognose. In: *Die slawischen Sprachen* 55 (1997) 95–114, sowie in: *Trans* 3 (1998) Internet: www.inst.at/trans/3Nr/sturm.htm (25.12.2008); H.-D. Pohl: *Zur Erinnerung an Alexander Issatschenko.* In: Kärntner Jahrbuch für Politik. Klagenfurt 2003, 249–253 und im Internet: Programm des Issatschenko-Memorials 2010 in Bayern (veranstaltet von O. Kronsteiner).

Otto Kronsteiner

Isak, I. (Beamter, Vereinsvorstandsmitglied, Kulturaktivist), → *Lipa, Katoliško izobraževalno društvo* [Katholischer Bildungsverein Lipa (Linde)].

Isepp, Sebastian (1884 Nötsch/Čajna–1954), akademischer Maler des Nötscher Kreises (*Čajnska šola umetnikov* oder *Čajnski krog*), → Wiegele, Franz (1887–1944); Kulturgeschichte (= Einleitung, Band 1).

Ivančič, Anton und **Franc** (Widerstandskämpfer), → Knez, Alojz.

Izobraževalno društvo za Vovbre, Št. Štefan in okolico, → Völkermarkter Hügelland/Velikovško podgorje, Kulturvereine.

Izobraževalno in pevsko društvo Zvezda v Hodišah, → *Zvezda, pevsko društvo (Hodiše).*

Izobraževalno kmetsko društvo za Rudo, Št. Peter in okolico, → Völkermarkter Hügelland/Velikovško pogorje, Kulturvereine.